CB127116

Tribunais de Contas do Brasil

Jurisdição e Competência

Coleção Jacoby de Direito Público

Coleção Jacoby de Direito Público v. 3

J. U. Jacoby Fernandes
Ana Luiza Jacoby Fernandes
Mércia Helena Siqueira Abinagem

TRIBUNAIS DE CONTAS DO BRASIL

Jurisdição e Competência

• Jurisdição • Competência • Processos de fiscalização de contas anuais e de contas especiais • Aposentadoria • Reforma • Denúncia • Representação • Defesa e garantias processuais • Revisão judicial das decisões • Execução e cobrança dos débitos e multas • Prescrição • Inelegibilidade •Sistemas de controle externo e interno • Estrutura e composição •

5ª edição revista, atualizada e ampliada

Belo Horizonte

FORUM
CONHECIMENTO

2025

© 2025 da 5ª edição - Editora Fórum

Coordenação Editorial: Liliane dos Santos Vieira
Revisão: BIPDH – Desenvolvimento Humano Ltda.

Capa: Murilo Queiroz Melo Jacoby Fernandes
Interferência na capa e produção gráfica: Walter Santos
Colaboração na revisão dos cap. 1 e 2: Álvaro Miranda da Costa Júnior

Dados Internacionais de Catalogação na Publicação (CIP) de acordo com ISBD

J17t Jacoby Fernandes, Jorge Ulisses

Tribunais de Contas do Brasil: jurisdição e competência / Jorge Ulisses Jacoby Fernandes, Ana Luiza Jacoby Fernandes, Mércia Helena Siqueira Abinagem. - 5. ed. rev. ampl. e atual. -. Belo Horizonte: Fórum, 2025.

877 p. 17x24cm
ISBN impresso 978-85-450-0966-5
ISBN digital 978-85-450-0963-4

1. Jurisdição. 2. Competências. 3. Formação dos processos de fiscalização. 4. Limites da auditoria. 5. Julgamento das contas anuais. 6. Parecer prévio. 7. Contas especiais. I. Jacoby Fernandes, Ana Luiza. II. Abinagem, Mércia Helena Siqueira. III. Título.

CDD: 342
CDU: 342

Ficha catalográfica elaborada por Lissandra Ruas Lima – CRB/6 – 2851

Informação bibliográfica deste livro, conforme a NBR 6023:2018 da Associação Brasileira de Normas Técnicas (ABNT):

JACOBY FERNANDES, Jorge Ulisses; JACOBY FERNANDES, Ana Luiza; ABINAGEM, Mércia Helena Siqueira. *Tribunais de Contas do Brasil*: jurisdição e competência. 5. ed. rev. ampl. e atual. Belo Horizonte: Fórum, 2025. 877 p. ISBN 978-85-450-0966-5.

Proibida a reprodução total ou parcial desta obra, por qualquer meio eletrônico, inclusive por processos xerográficos, sem autorização expressa do editor.

Dedicatória

A todas as personalidades que se destacaram no controle da Administração Pública brasileira, em especial: Élvia Lordello Castello Branco, Ivan Luz, Luis Octávio Pires de Albuquerque Gallotti; aos conselheiros Carlos Pinna de Assis e Flávio Régis de Moura Castro, pelos novos rumos dados à ATRICON; e aos portugueses: Francisco Teódosio Jacinto, Manoel Cruz Pestana de Gouveia, Antonio de Souza Franco e Alfredo José de Souza.

SUMÁRIO

Prefácio

É inegável, na atualidade, a relevância do papel desempenhado pelos Tribunais de Contas do Brasil sobre o Estado Democrático de Direito e seu aparelhamento como instrumento de exercício da cidadania. Isso significa dizer que a jurisdição e a competência das Cortes de Contas – especializadas no Controle Externo e na fiscalização contábil, financeira, orçamentária, operacional e patrimonial da Administração Pública – estão submetidas, acima de tudo, à Constituição, à lei e ao interesse público.

E, justamente nesse contexto institucional - aliás, com mestria delineado pelo autor –, vem à lume a primorosa e detalhada obra de JORGE ULISSES JACOBY FERNANDES, que, certamente, tornará ainda mais nítida tal consciência de coletividade, seja como contribuinte e interessada na satisfação das necessidades públicas, seja como destinatária do serviço público e das demais prestações positivas do Estado, enquanto sociedade politicamente organizada. Daí eu ter aceito de imediato o convite do autor para prefaciar a 1ª edição do livro "Tribunais de Contas do Brasil: jurisdição e competência".

Cumpre destacar que essa atividade (prefaciar um livro) implica a consideração de pelo menos quatro fatores: o autor, como estudioso do assunto; a obra em si, como criação intelectual; as perspectivas que envolvem o tema abordado e, por último, os efeitos sobre quem recebe a incumbência, que, diga-se de passagem, no curso de sua elaboração, embora nobre e enriquecedora, vai como que se transformando num enorme desafio, difícil de ser plenamente superado.

Quanto ao autor, é de todos conhecida sua vocação para o estudo e para a pesquisa jurídica, que, com privilegiado talento, convém aqui ressaltar, levou-o, ainda bem jovem, a integrar o Ministério Público junto ao Tribunal de Contas do Distrito Federal – TCDF, onde desenvolveu suas funções por mais de uma década, com permanente brilho, até ocupar o atual cargo de Conselheiro no mesmo Sodalício. Ou seja, como incansável pesquisador e abalizado profissional, Jorge Ulisses passou a merecer a classificação referida por Picakd: "nasceu jurista". E a tarefa a ser por ele consolidada, ao longo de sua impecável trajetória, acabou tornando-se tipicamente jurídico-dogmática, na medida em que passou a circunscrever-se à teorização e sistematização de sua experiência (teoria e prática), sempre com vistas à unificação construtiva dos juízos normativos, dos precedentes jurisprudenciais, das interpretações jurídicas e do esclarecimento de seus fundamentos. Hoje, sem sombra de dúvida, o Professor e Conselheiro Jorge Ulisses é, reconhecidamente, um dos maiores estudiosos do Direito Administrativo Brasileiro, com uma capacidade sem precedente para aprofundar o debate e o conhecimento a respeito das Cortes de Contas, representada em seus numerosos livros, artigos e palestras.

Eis, então, a primeira característica da obra, que vem lastreada de todos os atributos do autor, como aplaudido doutrinador e autorizado mestre do Direito, sendo certo tratar-se do seu mais recente trabalho de fôlego, no qual consegue ocupar-se, cuidadosamente, de todos os aspectos que envolvem os Tribunais de Contas, traçando, em resultado final, abrangente, fundamentado e consistente tratado da matéria nele magistralmente estruturada.

Impende lembrar, a propósito, que a expressão "jurisdição e competência" corresponde, numa análise do entendimento finalístico, à própria instrumentalidade e formação da função constitucional e jurisdicional dos órgãos, Poderes e agentes que a detêm. A jurisdição envolve o poder de julgar, entre o Estado e as partes; enquanto a competência, a ideia de distribuição e de atribuição da jurisdição entre vários julgadores. Então, a jurisdição, por ser de ordem pública, não pode ser modificada, nem pela construção doutrinária ou jurisprudencial do Direito, nem por vontade ou interpretação dos seus operadores. Já a competência, como parte desse poder jurisdicional, apenas informa o que "compete" a cada um desses julgadores, fixando a medida da jurisdição ou o limite dentro do qual o referido poder jurisdicional pode exercer sua função. Essa é a razão do cuidado e do rigor científico da obra, ao firmar as características da jurisdição, da coisa julgada, da competência e dos demais institutos que lhes são afins, em confronto com outras funções do Estado. Em seguida, o Professor Jorge Ulisses, conforme é de sua tradição, procura sistematizar todos os assuntos e matérias inerentes à missão constitucional, legal e regulamentar atribuída às Cortes de Contas.

Mais didático que erudito, o livro não esconde o claro propósito do autor de oferecer uma amadurecida reflexão crítica ao tema e, com isso, lançar luzes à valorização do Controle no Brasil. Com efeito, a obra vem substanciar um grande e extraordinário passo na caminhada que muitos vêm trilhando para tornar ainda mais conhecido, eficiente, digno e respeitado o sistema Tribunais de Contas do Brasil.

Por outro lado, assaz prestadia é sua abordagem simples, mas detalhada, das incontáveis questões relacionadas com a "jurisdição e competência", no âmbito das mencionadas instituições, porquanto a maioria delas fulcradas nos próprios "julgados", minuciosamente indicados pelo autor, em seu alentado e profícuo texto.

Outrossim, da leitura atenta das centenas de páginas desta que será uma memorável obra, o leitor acabará fixando-se em muito mais pontos do que representariam, em princípio, os apenas cinco capítulos.

O primeiro capítulo relaciona-se com a moderna moldura da função Controle, mostrada sabiamente pelo autor, que, em essência, deve ser compreendida em sua visão mais nobre, qual seja: a busca do redirecionamento das ações programadas, como vetor do processo decisório. Nesta parte, afigura-se legítima e apropriada a importante proposta de se desenvolver uma cultura que busque quantificar os custos da ação de controle.

E, assim, vai aos poucos se desvendando o que até então ou era desconhecido ou estava fragmentado, favorecido, obviamente, pela intimidade do autor com temas retratados em normas jurídicas, instruções, acórdãos, decisões, pareceres e casos concretos examinados pelas Cortes, resguardando o direito do leitor a saber como se formaram as múltiplas e fundamentadas opiniões ali expostas. O resultado é que não mais se precisará vasculhar diferentes publicações e numerosos estudos esparsos, para se alcançar e reunir as mais relevantes informações sobre as Cortes de Contas do Brasil.

Ademais, especial atenção dedicou o autor à chamada eficácia da coisa julgada nas decisões dos Tribunais de Contas e à posição institucional destes entre os Poderes, debatendo e consagrando "a posição moderna" de que "em nosso sistema, é um conjunto orgânico perfeitamente autônomo". Dessa forma, sem pretender criar polêmica, consegue abordar, com excepcional perícia, diversos tópicos sensíveis, quando envolve Controle Externo, discorrendo também sobre a função jurisdicional, o juiz natural e a apreciação da constitucionalidade de norma em tese e de projetos de lei; admitindo-se, neste diapasão, que nem todos os enfoques são apresentados como verdades absolutas, mas, sobretudo no propósito maior de suscitar o construtivo debate jurídico e doutrinário. Ao discorrer, por exemplo, sobre a natureza da "jurisdição específica e própria dos Tribunais de Contas", o autor soube imprimir um cunho acadêmico-didático (marca do professor e jurista), revelando, numa perspectiva macro, os casos de jurisdições anômalas, exercidas por instituições alheias ao Poder Judiciário. Fez lembrar, ao ensejo, que a própria Constituição, expressa e efetivamente, exclui do monopólio e do reexame judiciário certas questões (*ex vi* do art. 52, I e II e do art. 71), o que empresta à obra o justo sentido prático-teórico, sem que se olvide de seu rigor técnico-jurídico.

Com isso, ganha densa maioria o posicionamento esposado, em conferência dirigida a todos os membros dos Tribunais de Contas do Brasil, em 1989 (portanto, logo após a promulgação da Carta Política), pelo Emérito Ministro Luciano Brandão Alves de Souza, em artigo intitulado "A Constituição de 1988 e o Tribunal de Contas da União": "O Tribunal é, em síntese, órgão público de Controle Externo, investido de poder jurisdicional, próprio e privativo, em todo o território nacional, sobre matérias do seu rol de atribuições, detidamente explicitadas".

Assim, nos dias atuais, com a edição deste livro, além de mais segura e abrangente a tese retromencionada, passa-se a proporcionar um auspicioso reencontro das Cortes de Contas com as letras jurídicas, beneficiando todos os seguimentos, como estudantes, advogados, contadores, auditores, analistas e especialistas financeiros, magistrados, parlamentares, membros do Ministério Público e dos próprios Tribunais de Contas. Segura e abrangente - não só pela publicidade e densidade da obra, mas em especial pela releitura que permite dos escritos e dos trabalhos supervenientes à citada conferência, corroborando e consolidando, acima de tudo, o comando emergente da própria Lei Fundamental, a qual, com muito orgulho, tive a honra de, como Constituinte de 1988, ajudar a elaborar, e que consagrou, em seu art. 73, § 4º, as duas mais significativas conquistas nessa área: o reconhecimento do exercício das atribuições da "judicatura" pelos membros das Cortes de Contas e a legitimação da existência de uma "jurisdição em todo território nacional" a ser exercida por esses órgãos e agentes do Estado. Essa seria, por conseguinte, a maior virtude do Poder Constituinte, em relação às Cortes de Contas, ao transplantar em nível constitucional a concepção doutrinária, há muito defendida, e que foi, com rara felicidade, sintetizada pela obra ora prefaciada, segundo a qual, no atual modelo constitucional positivo, ficou indelevelmente definido o exercício da função jurisdicional pelos Tribunais de Contas, de forma cristalina e indiscutível.

Nessa linha de pensamento, o autor busca delinear, judiciosamente, a fundamentação de que a coisa julgada, além de ser atributo específico da jurisdição, é admissível, no âmbito dos Tribunais de Contas, por força e autorização extraída da própria Constituição.

Por tais revelações, já se poderia perceber o vulto da obra, que, para se ter uma rápida visão, até quando o autor se compromete a oferecer "ideias bastante sintéticas", o faz com exuberância, como aconteceu ao ocupar-se praticamente de todas as exceções processuais e substanciais cabíveis na processualística dos Tribunais de Contas.

De igual maneira, oferece um valioso compêndio como faz no Capítulo II, quando discorre sobre as provas, ônus e seus meios de demonstração, nos feitos que tramitam e são julgados nas entidades de Controle Externo. Em destacados tópicos, a obra apresenta informações completas sobre os institutos do devido processo legal, do contraditório e da ampla defesa, a exemplo do que ocorre no capítulo IV, bem como das impugnações e dos recursos judiciais que podem ser interpostos contra as deliberações das Cortes de Contas, como no Capítulo III, ampliando, de modo significativo, o leque de alternativas, por incluir desde as ações declaratórias e constitutivas até os embargos de terceiro, entre outros, dedicando, simultaneamente, atenção às hipóteses de impedimento e suspeição de seus membros.

Destarte, para sustentar os entendimentos e interpretações sobre as multifacetadas competências atribuídas a essas Instituições, a obra traz os melhores ensinamentos da doutrina e da jurisprudência do Supremo Tribunal Federal, do Tribunal de Contas da União e dos demais tribunais, notadamente do Tribunal de Contas do Distrito Federal – TCDF.

Ainda como parte de uma completa radiografia da jurisdição e competência dos Tribunais de Contas do Brasil, a obra focaliza uma verdade, repetida amiúde, com raiz no já mencionado Poder Constituinte Originário de 1988, que transforma a função jurisdicional de contas, em vez de administrativa, em nitidamente constitucional, e que pode ser reproduzida em poucas palavras: a ação fiscalizadora, dentro do Estado Democrático de Direito, alcança qualquer pessoa física ou jurídica, pública ou privada, que utilize, arrecade, guarde, gerencie ou administre dinheiros, bens e valores públicos ou pelos quais o Poder Público responda, ou que, em nome deste, assuma obrigações de natureza pecuniária.

Por derradeiro, considerando que a incumbência de prefaciar este extraordinário livro, além da honra e do privilégio que me foram conferidos pelo autor, vem engrandecer minha vida profissional, sou particularmente agradecido.

Incumbência que constitui difícil desafio, repito, pois ainda que eu tente tecer-lhe o devido encômio, quaisquer adjetivos que busque para traduzir o valor desta obra parecem-me apoucados à vista de sua importância. Livro de indiscutível utilidade, e, doravante, imprescindível subsídio aos estudiosos do assunto, pode-se classificá-lo, sem risco de exagero, de "esplêndido", dado o modo sistematizado, idôneo, minucioso e profundo pelo qual é versada a matéria de cada capítulo.

É conhecida a asserção de que o progresso intelectual é fomentado ou pelos grandes mestres ou pelos grandes adversários. Quanto a mim, reputo-me afortunado por ter sido sempre estimulado somente pelos primeiros. Muitas pessoas amigas e inteligentes me influenciaram positivamente no decorrer da minha vida profissional e pessoal. O Professor Jorge Ulisses é uma dessas, que conseguiu, em diversas ocasiões, aguçar-me o apetite pelo estudo e pela pesquisa das questões jurídico-administrativas.

Cumprimento, pois, o meu Mestre Jorge Ulisses e a Editora pela obra, que reafirma e enaltece os Tribunais de Contas na literatura jurídica brasileira, e, em especial, os leitores, maiores beneficiados pelo lançamento deste livro, os quais, com certeza, irão reiterar essas palavras congratulatórias.

Brasília, fevereiro de 2003.

Ministro Valmir Campelo

Presidente do Tribunal de Contas da União

Apresentação à 5ª edição

Certa vez, durante uma exposição de livros promovida em um evento realizado pelo Tribunal de Contas do Estado de Rondônia, um exemplar em particular chamou minha atenção. Sem hesitar comecei a analisá-lo cuidadosamente, percorrendo suas páginas e descobrindo que as narrativas ali contidas eram um verdadeiro convite a uma leitura envolvente e transformadora.

Qual não foi a minha surpresa ao encontrar em sua apresentação um breve relato da história de um menino criado num bairro operário de Curitiba. A narrativa conta que desde muito cedo, ele apreendeu através de exemplos diários com seus pais, lições de generosidade e altruísmo. As experiências vivenciadas marcariam indelevelmente sua trajetória, formação ética e moral, além de fortalecer sua crença no Direito e na Justiça.

O menino de outrora é cativantemente retratado pelo amigo e renomado jurista Jorge Ulisses Jacoby Fernandes, na reedição e apresentação do livro "O Caráter", do autor Samuel Smiles. O que ali retrata, nos assegura que suas memórias de infância ainda cintilam e alimentam sua alma, ressoando, para nosso regozijo, em todos os seus feitos – incluindo a obra que ora tenho a honra e o privilégio de apresentar.

Estou me referindo à quinta edição do livro Tribunais de Contas do Brasil, uma publicação inestimável para profissionais e estudantes que buscam não apenas compreender o complexo universo dessas instituições fundamentais, mas também enfrentar os desafios da Administração Pública moderna.

Mas não se enganem, estimados leitores! Esta obra não é uma compilação de informações áridas. Não! Ao contrário, ela oferece uma análise profunda e pluridimensional dos Tribunais de Contas, abordando sua trajetória histórica, missão, fundamentos legais, competências e vicissitudes. Assim, revela a imprescindibilidade dessas instituições no fortalecimento da democracia e na promoção da boa governança pública.

A narrativa conduz o leitor por uma jornada esclarecedora pelo intrincado universo do controle externo no Brasil. Ela fornece as ferramentas necessárias para percorrer com destreza esse campo complexo, além de nos lembrar que a independência e a integridade institucional são as trincheiras onde devemos travar nossas batalhas mais cruciais.

Jacoby Fernandes, com a sagacidade de um estrategista e a visão de um estadista, revisa e aprimora cada página com o zelo de quem compreende que nas entrelinhas da lei escreve o destino de uma nação. Ele incorpora casos práticos e exemplos atuais, expandindo a análise sobre o papel dos Tribunais de Contas no contexto da era informacional. Além disso, lança luzes sobre as recentes alterações legais e jurisprudenciais com rigor metodológico e profunda sabedoria, garantindo que esta obra seja não apenas atual, mas visionária.

O autor nos guia por um labirinto de conhecimento com destreza, sempre com os olhos fixos no pragmatismo que deve nortear a Administração pública. Ele nos ensina que o Direito, longe de ser uma ciência estéril, é a própria arte de gerir o bem comum – uma arte que transcende as barreiras do tempo e do espaço.

Digo, então, que esta obra – já consagrada nas edições anteriores – ressurge ainda mais robusta e perspicaz, perfeitamente adaptada aos tempos que correm. Aqueles que se aventurarem por suas páginas descobrirão os Tribunais de Contas em sua verdadeira essência: um instrumento de justiça, eficiência, moralidade e efetividade de direitos fundamentais.

Cinco edições. Sempre relevante.

Edilson Silva

Presidente da Associação dos Membros dos Tribunais de Contas do Brasil (Atricon)

Brasília, setembro de2025

CAPÍTULO I

A FUNÇÃO DE CONTROLE

1.1 Natureza

Controlar é uma função inerente ao poder[1] e à administração, motivo por que ocupa tanto ramos da Filosofia e da Política quanto os mais técnicos compêndios e manuais que estudam o comportamento humano.[2]

Portanto, a natureza da função do controle é precisamente uma expressão do poder. E essa função se faz, segundo parâmetros ditados pelo poder, como verificar quantidades, cumprimento de lei, atender a economicidades. A função de controle, quando inserida no âmbito de um país, assume maior complexidade; se o país escolhe o regime republicano, esse balizamento da função do controle se torna mais complexo, porque o detentor do poder exerce de forma soberana o controle por meio de instituições e funções de estado.

Para melhor compreensão é necessário emoldurar num quadro da cultura da civilização outros elementos para compreender a natureza da função de controle, o que se faz nas próximas linhas.

Há controvérsias sobre a etimologia da palavra *controle*, merecendo maior crédito a explicação atribuída a Giannini,[3] segundo o qual teria o vocábulo origem no

---

[1] Tanto pode referir-se ao controle hierárquico, como ensina Braibant, quanto aos demais casos em que se limita o Poder. Cf.: BRAIBANT, Guy; QUESTIAUX, Nicole; WIENER, Celine. ***Le contrôle de l'action administratif.*** Paris: Cujas, 1973, p. 265.

[2] É digno de nota, nesse sentido, que Karl Loewenstein, o festejado mestre da Universidade de Munique, em sua magistral *Teoria da Constituição*, incluía a função de controle dentre as mais relevantes na visão pós-moderna da Teoria do Estado de fins do século passado. Chega a asseverar que, na realidade política, o interjogo e a interação entre o Governo e o Parlamento constitui o miolo do processo de poder. A história do Estado Constitucional, desde suas origens, busca a fórmula mágica para o estabelecimento de um equilíbrio ideal entre governo e parlamento, e que assegure o mais possível a independência do último e elimine o mais possível a influência dos detentores do Poder Executivo sobre o exercício das funções de representação popular das Casas Legislativas. CASTRO, Carlos Roberto Siqueira. A atuação do Tribunal de Contas em face da separação de poderes do Estado. Texto da conferência proferida em 22 de outubro de 1997 por ocasião do XIX Congresso dos Tribunais de Contas do Brasil, realizado no Rio de Janeiro. **Revista do Tribunal de Contas do Estado do Rio de Janeiro**, Rio de Janeiro, ano 18, n. 38, p. 44, out./dez. 1997. Também a propósito, a lição e o questionamento do Conselheiro do TCE/RS, Cezar Miola: Do ponto de vista semântico, nenhuma grande dificuldade é capaz de trazer esta expressão. Porém, não interessa limitar o exame a uma mera questão gramatical. É preciso que se compreenda o controle como princípio, como dogma ínsito e inato da atividade estatal. Mas será o caso, propriamente, do controle do Estado, no Estado ou dos agentes e dos atos que estes praticam no exercício dos seus misteres governamentais?

[3] GIANNINI, Massimo Severo. ***Diritto amministrativo.*** Milano: A. Guiffre, 1970, p. 55, nota 13.

"latim fiscal medieval". Da contração de *contra* e *rotulum* surge, em francês, o termo *contrerole*, significando rol, relação de contribuintes a ser verificada pelos exatores.[4]

Eduardo Lobo Botelho Gualazzi, no concerto da sua valiosa obra considera:

> Assim, em consonância com a doutrina e o *jus positum*, conceitua-se controle como o princípio administrativo material, tutelar e autotutelar, de contrasteamento, supervisão e gestão integral da Administração, por meio de sistema horizontal de coordenação central, com o escopo de vigilância, orientação e correção, prévia ou posterior, de atos administrativos e de atos, decisões e atividades materiais de administração.[5]

A essência do controle está na verificação, trazendo subjacente uma análise comparativa de conteúdo axiológico, com os consectários que lhe são inerentes. Assim, o controle, em relação a bens patrimoniais, pode exaurir-se em confronto com dada relação que leva em conta o total de número de bens. Pode, ainda, implicar uma avaliação de qualidade, de melhor adequação à finalidade, de maior conformidade com as relações ergonômicas, de maior custo/benefício, de compatibilidade com o *layout* e de representatividade econômica da depreciação. Em um ou outro caso, poderá ser necessária explicitação documentada sob a forma escrita da avaliação, motivação, anulação de atos, punição de servidores, em conformidade com parâmetros definidores do elastério da competência para o exercício de cada controle, estabelecidos, implícita ou explicitamente, na norma. A participação do resultado da ação do controle, no redirecionamento das ações planejadas, também se contextualiza na forma da lei, ou, das boas regras da Administração, quando não previstas por aquelas.[6]

Obtempera Caio César Tibúrcio que, em todas as organizações e para todas as atividades, o processo básico de controle utiliza praticamente as mesmas fases:

a) obtenção de padrões fixados nos planos;
b) avaliação do desempenho; e
c) correção dos desvios.[7]

O objeto da função de controle, na atualidade, deve ser compreendido em sua visão mais nobre, enquanto vetor do processo decisório na busca do redirecionamento das ações programadas.[8] São, assim, instrumentos da função: a revisão dos atos, a

---

[4] MEDAUAR, Odete. **Controle da Administração Pública**. São Paulo: RT, 1993, p. 13.

[5] GUALAZZI, Eduardo Lobo Botelho. **Regime Jurídico dos Tribunais de Contas**. São Paulo: RT, 1992, p. 26.

[6] "Divergimos, na essência, dos que pretendem o registro, a verificação, e a direção como acepções do controle". Cf.: MEDAUAR, Odete. **Controle da Administração Pública**. São Paulo: RT, 1993, p. 14.

[7] TIBÚRCIO, Caio César. O papel específico do controle interno e a sua relação com o controle externo. **Seminário Nacional de Controle**, Brasília, p. 4, nov. 1999. Texto distribuído aos participantes.

[8] MOÇAMBIQUE. III Encontro dos Tribunais de Contas dos países de língua portuguesa. Tema II "Os Tribunais de Contas na melhoria da Administração Pública". Recomendação nº 1: "Que nos relatórios de auditoria sejam feitas recomendações aos serviços de Administração Pública para que estes adoptem [*sic*] as medidas correctivas das irregularidades e ineficiências constatadas". Maputo, 24 de outubro de 1997. **Diário Oficial [da] República Federativa do Brasil**, Brasília, DF, 24 nov. 1997. Seção 1, p. 27.440, Anexo IV do Relatório.

anulação, a admoestação e a punição dos agentes, sempre visando à reorientação do que está em curso, para obter o aperfeiçoamento.

Um exemplo desse tipo de ação do controle foi dado pelo Ministro Valmir Campelo em importante precedente:

> [...] procure implementar, junto aos órgãos governamentais pertinentes, rotinas e procedimentos de modo que os repasses orçamentários e financeiros ocorram segundo cronogramas que viabilizem a aplicação do tipo e modalidade de licitação pertinentes para realização das despesas; 8.2.3 - faça constar, formalmente, nos processos de dispensa de licitação os elementos dos incisos II e III do parágrafo único do art. 26 da Lei nº 8.666/93;[9]

1.2 Evolução do termo controle

Controle e poder, no desenvolvimento histórico, nem sempre puderam estar associados. Ao contrário, chegaram mesmo a ser expressões antagônicas, vez que a máxima expressão do segundo era a ausência do primeiro. Daí a importância da contribuição dos iluministas, destacando-se Montesquieu: "temos a experiência eterna de que todo homem que tem em mãos o poder é sempre levado a abusar dele, e assim irá seguindo, até que encontre algum limite". Em resumo: *le pouvoir arrête le pouvoir.*[10]

Limitar o poder, eis a síntese do controle. Por esse motivo, o órgão que vai exercer a função há que ser dotado de garantias, criando o que se convencionou chamar de *checks and balances.*

Nesse sentido, encontra-se o comentário do Professor Carlos Roberto Siqueira Castro:

> As atividades de controle interórganos despontam, assim, não só entre nós, mas também nas nações do mais destacado desenvolvimento político-constitucional, como essenciais ao Estado Democrático de Direito.[11]

O controlar, porém, precisa estabelecer-se em regras. Não pode ser uma função sem regramentos, sob pena de transformar o controlador em *poder*. Assim, há que ter função restrita e limitada a modelo previamente estabelecido, para que possa avaliar a regularidade da conduta que será controlada.

Da noção de verificar, confrontar com rol, relação ou modelo previamente definido, o sentido de controle evoluiu para colocar em evidência a condição de instrumento que é para o processo decisório, impulso suficiente ao redirecionamento

---

[9] BRASIL. Tribunal de Contas da União. Processo TC nº 926.268/1998-8. Decisão nº 524/1999 - Plenário. Relator: Ministro Valmir Campelo. Brasília, 11 de agosto de 1999. **Diário Oficial [da] República Federativa do Brasil**, Brasília, DF, 20 ago. 1999.

[10] Em vernáculo: "que o poder detenha o poder" [tradução livre].

[11] CASTRO, Carlos Roberto Siqueira. A atuação do Tribunal de Contas em face da separação de poderes do Estado. **Revista do Tribunal de Contas do Estado do Rio de Janeiro**, Rio de Janeiro, ano 18, n. 38, p. 44, out/dez 1997.

das ações programadas. Esta noção só veio a se associar ao termo no início deste século, com o desenvolvimento do planejamento.

Essa nova perspectiva, sentida de forma uníssona pelos órgãos de controle, mas ainda não muito bem sistematizada, é que vem dando impulso aos novos horizontes da função do controle.

Aliás, situando a questão atinente às funções do Estado, preleciona Luiz Zaidman:

> A legislação, os atos administrativos e as decisões judiciais podem ser objeto de controle. Não cabe, assim, logicamente, classificá-lo como uma quarta função do Estado. Tanto é possível identificá-lo em simples etapa da elaboração de lei, de pronunciamento judicial ou da ação administrativa, quanto, de modo autônomo, na própria lei, sentença ou decreto. Imaginados verticalmente os três Poderes do Estado, o de controle não se alinharia em paralelo, mas figuraria de modo transversal.[12]

Stanford Optner,[13] estudando os parâmetros relacionados com a função de realimentação, esclarece: os sistemas de planejamento apresentam, como todos os sistemas abertos auto-adaptativos intencionais, um conjunto de parâmetros. Após analisar aqueles que se referem ao objetivo final, entrada, processo e saída, demonstra que é a função de controle, de realimentação, nas suas mais variadas manifestações, que permitirá o surgimento da denominada "alça cibernética" ou "anel de retorno" e de elementos complementares mais próprios dos sistemas abertos.

Mas o controle sofreu ainda outra transladação de sentido, resultante da cadeia causal da separação entre o tesouro do Príncipe e os recursos do Estado. Se na origem, no latim medievo, o objetivo do controle estaria associado à arrecadação dos recursos para a Coroa, numa segunda etapa a estrutura orgânica passou a ter o objetivo de controlar para uma pessoa, não física, representante mediata do povo.

Em Portugal, por exemplo, à época de D. Fernando, surgiram os Vedores da Fazenda (1370) a quem cabia a administração superior do Patrimônio Real e da Fazenda Pública – uma fiscalização local das receitas e despesas efetuadas. Estabeleceu-se, então, a distinção entre os *Contos de Lisboa* e os *Contos del Rei*. Os primeiros tinham por função tomar e verificar as despesas e receitas de todos os almoxarifados do país; os segundos, os da Casa Real.[14]

Essa noção do beneficiário da ação do controle, que restringe o poder de quem se responsabiliza pela prática do ato e também – mais especialmente – daquele que executa a função do controle, é que deve ser mais sentida. Este é, sem dúvida, o novo paradigma para a ação do controle: influenciar o processo decisório, aprimorando-o, em prol da sociedade.

---

12 ZAIDMAN, Luiz. **As funções das Cortes de Contas brasileiras à luz da teoria do controle jurídico.** Belém, [s./n.], 1973, p. 11.

13 OPTNER, Stanford L. **Análise de Sistemas para administração de empresas.** São Paulo: Brasiliense, 1972, p. 33.

14 Dados disponíveis no portal eletrônico do Tribunal de Contas de Portugal: http://www.tcontas.pt.

Na verdade, a evolução do controle no Brasil tem, recentemente, levado o legislador federal a incluir, com crescente intensidade, a análise da ação governamental como medida típica do órgão controlador. Como parâmetro adicional para a apreciação das contas dos diversos responsáveis alinhados pela Constituição, há a necessidade de avaliar o nível de satisfação da sociedade na atuação de seus representantes.[15] Essa evolução na aplicação de recursos públicos leva a criar novas figuras como o orçamento impositivo e emendas ao orçamento, por partidos políticos e até individuais de parlamentares. Note que aí surge um novo tipo de controle que tende a verificar se a vontade do partido e do político foram atendidas e até a verificação se eram legítimas e deveriam, de fato, merecer a priorização pretendida.

1.3 Generalização do controle

Por esse motivo, o desenvolvimento de expressões indissociáveis do controle, como reengenharia, revisão qualitativa, racionalização, modernização vêm crescendo tanto no âmbito privado como no público.

Embora originariamente ligado à noção de arrecadação, o controle, como função, evoluiu para a fisionomia hoje vista, em igual passo com a iniciativa privada, donde colhe, permanentemente, subsídios.

A principal diferença dos esforços para aprimoramento do controle no setor público e sobre bens públicos, em relação aos privados, é sentida em decorrência da noção de propriedade. No primeiro caso, encontra-se difusa pela coletividade, sendo indispensável, para o seu desenvolvimento, elevado grau de conscientização social. Já no segundo, a função de controle deve não só prestigiar o fortalecimento da propriedade do patrão, como ainda revelar-se de forma objetivamente produtiva, por meio do lucro.

Definido o nível efetivo de interesse social envolvido, seria de elevado alvitre promover a controladoria das finanças públicas com o mesmo empenho com que os entes privados buscam o alcance de seus objetivos. Nesse ponto, inquestionável o acerto da comparação de Luiz Zaidman:

> A posição daquelas instituições de controle assemelha-se à de quem exerça o dever de velar, para que se mantenha intacta em seu patrimônio e em regular funcionamento, uma empresa industrial. Suas providências, observada desobediência à regra de segurança, falha em aparelho, deficiência de operário, ou subtração de ferramenta, consistirão em promover, pelos setores competentes, o cumprimento do preceito vulnerado, a paralisação e reparo da máquina defeituosa, a substituição ou aperfeiçoamento do artífice incapaz e a colocação de nova peça em lugar da desaparecida. Caberão a outros as averiguações para a punição dos culpados e

---

[15] Nesse sentido: MESQUITA, Ronaldo S. de. Novo enfoque do exame das contas públicas. **Revista do Tribunal de Contas do Rio de Janeiro**, n. 50, p. 56, out/dez 2000. Cf.: VILAÇA, Marcos Vinícios. Os Tribunais de Contas na melhoria da Administração Pública. **Revista do Tribunal de Contas da União**, v. 28, n. 74, p. 59, out./dez. 1997.

> para os ressarcimentos, a serem empreendidas antes, depois, ou durante o curso das medidas tomadas pelo controlante, seja por causa delas, seja em razão de motivos independentes.[16]

Mais modernamente, o controle ganhou novo enfoque generalizador, quando a Administração Pública teve seus sistemas revistos. Ao abordarem os sistemas alternativos de concepções desta, Ferlie, Ashburner, Fitzgerald e Pettigrew destacaram quatro modelos: no primeiro, a ênfase é no aumento dos controles financeiros, com desenvolvimento de sistemas de custos e de informações mais sofisticados; no segundo, a ênfase é no estilo de trabalho "comando e controle"; no terceiro, a ênfase está na extensão da auditoria a aspectos, tanto financeiros como profissionais, acompanhada de uma desregulamentação do mercado de trabalho; e, em contraste ao primeiro, no quarto modelo, que não é colocado como progressão de etapas evolutivas, há ênfase no *feedback*, no desenvolvimento do conceito de cidadania, garantia da participação e responsabilidade, desenvolvimento da aprendizagem social.[17]

Desse modo, embora a ação do controle não apareça sempre com a mesma nomenclatura, é forçoso reconhecer que se faz inerente a processos de administração, notadamente públicos, em que o titular dos recursos é o contribuinte-cidadão, ensejando novos paradigmas de titularidade como *interesses difusos* ou interesses da própria *coletividade*.

Nesse cenário, a concepção da ação do controle tanto pode ser a força motriz do desenvolvimento de uma nova Administração Pública quanto constituir-se num obstáculo à evolução.

Sylvie Trosa[18] assinala que há um círculo vicioso a ser quebrado: aceitar, na questão de objetivos, que o funcionário faça avaliações e assuma riscos; prever os riscos; motivar os funcionários a prestar contas, em termos quantitativos e qualitativos, sem medo de serem censurados, se seu procedimento no caso tiver sido razoável.[19] Para que essa mudança possa ocorrer, assinala Trosa, a obrigação de prestar contas do resultado deve ser enfaticamente reforçada, a não ser que se lance mão da entropia ou da corrupção no serviço público.

Para Sylvie Trosa, a obrigação de prestar contas é, para o serviço público, uma espécie de substituto do mercado, além de ser um corolário natural de um sistema democrático em que os agentes públicos prestam contas.[20]

---

[16] ZAIDMAN, Luiz. **As funções das Cortes de Contas brasileiras à luz da teoria do controle jurídico**. Belém, [s./n.], 1973, p. 15.

[17] FERLIE, Ewan; ASHBURNER, Lynn; FITZGERALD, Louise; PETTIGREW, Andrew. Trad. Sara Rejane de Freitas Oliveira. **A nova Administração Pública em ação**. Brasília: UnB/ENAP, 1999, p. 26-34.

[18] TROSA, Sylvie. **Gestão Pública por resultados**: quando o Estado se compromete. co-edição ENAP/Editora Revan, 2001, p. 47.

[19] Ver, neste capítulo, o subtítulo1.5.5 Princípio da aderência a diretrizes e normas.

[20] TROSA, Sylvie. **Gestão Pública por resultados**: quando o Estado se compromete. co-edição ENAP/Editora Revan, 2001, p. 265.

No cenário atual, a ideia exposta – há mais de vinte anos pela referida autora – teve outras vozes como a do ex-presidente da OAB, ao se referir ao apagão das canetas ou do presidente do TCU, Ministro Bruno Dantas, ao se referir a um processo de infantilização da Administração Pública.[21]

1.4 Controle como direito fundamental

No modelo constitucional brasileiro, não está expresso o controle como direito fundamental.

A opção do constituinte, em conformidade com as mais modernas concepções,[22] foi elencar direitos fundamentais, estendendo a possibilidade de o intérprete *reconhecer* a existência de outros. Ingo Sarlet esclarece que:

> [...] devemos ter em mente que a tarefa do Judiciário, no campo da identificação e localização dos direitos fundamentais situados fora do catálogo da Constituição, é, acima de tudo, a de identificar e revelar o que já existe, ainda que de forma implícita, sem prejuízo de uma atividade criadora de cunho suplementar e ampliativo.[23]

Assere, ainda, que a noção de direitos implícitos inclui os direitos decorrentes do "regime" e dos "princípios" consagrados pela nossa Constituição, referindo-se à extensão que faz a mesma, quando, no § 2º do art. 5º, dispõe, *in verbis*:

> Os direitos e garantias expressos nesta Constituição não excluem outros decorrentes do regime e dos princípios por ela adotados, ou dos tratados internacionais em que a República Federativa do Brasil seja parte.[24]

O controle que o cidadão exerce, ou pode/deve exercer, sobre a Administração Pública está expressamente consagrado e instrumentalizado, cabendo perfunctoriamente destacar o direito de:

a) petição aos poderes públicos, que tanto foi estabelecido em favor do peticionário quanto generalizado para evitar ilegalidade ou abuso de poder;[25]
b) receber dos órgãos públicos informações de interesse coletivo ou geral;[26]
c) interpor ação popular para anular ato lesivo ao patrimônio público ou de entidade de que o Estado participe, à moralidade administrativa, ao meio

---

[21] O RISCO de "infantilizar" a gestão pública: Agências reguladoras e gestores públicos em geral têm evitado tomar decisões inovadoras por receio de terem atos questionados. Ou pior: deixam de decidir à espera de aval prévio do TCU. **O Globo**, p. 1-5, 8 jan. 2018. Disponível em: https://oglobo.globo.com/opiniao/o-risco-de-infantilizar-gestao-publica-22258401. Acesso em: 16 maio 2018.

[22] Com destaque para Luhmann (Grundrechte als Institution, 1965) é acentuar a "multifuncionalidade" dos direitos fundamentais. Cf.: CANOTILHO, J. J. Gomes. **Direito Constitucional.** 4. ed. Coimbra: Almedina, 1986, p. 512.

[23] SARLET, Ingo Wolfgang. **A Eficácia dos Direitos Fundamentais**. Porto Alegre: Livraria do Advogado, 1998, p. 135.

[24] BRASIL. **Constituição da República Federativa do Brasil** (Versão Bolso). Organização dos textos e índice por J. U. JACOBY FERNANDES. 2. ed. Belo Horizonte: Fórum, 2019.

[25] *Ibidem*, art. 5º, inc. XXXIV, alínea "a".

[26] *Ibidem*, art. 5º, inc. XXXIII.

ambiente e ao patrimônio histórico e cultural, com isenção de custas judiciais e ônus da sucumbência;[27]

d) denunciar aos Tribunais de Contas, garantido na Constituição Federal, art. 74, § 2º, e nas leis orgânicas das Cortes de todas as unidades federadas.

A propósito da assimilação do controle como direito fundamental, cabe lembrar que a Declaração dos Direitos do Homem e do Cidadão de 1789, em seu artigo 15, definiu que "a sociedade tem o direito de pedir conta a todo agente público de sua administração".

Interessante à propósito o entendimento de Onofre Alves Batista Júnior, sobre a atuação da Administração Pública (AP):

> A questão do direito subjetivo público a uma atuação eficiente da AP nas relações de consumo
>
> Existe um direito a uma AP legal, proba, moral e eficiente, mas este é um direito da coletividade, e não um direito particularizado. Os direitos do indivíduo perante o Estado têm sua fonte primária na lei, daí, em linhas gerais, bastam o enunciado legal e o preenchimento pelo indivíduo de certas condições de fato e de direito que a lei prescreva para que se tenha um direito subjetivo público. A norma enuncia de modo geral o direito, ele se incorpora ao patrimônio jurídico do administrado no momento em que este preenche os requisitos aos quais ficou condicionada a sua individualização.[28]

Demonstrado o controle como direito fundamental e reconhecido que, na moderna estrutura estatal do país, a ação da sociedade se instrumentaliza por meio do Tribunal de Contas, forçoso concluir que esse organismo pode ser o destinatário ou demandado da ação de petição e até mesmo do interesse de conhecer informações de caráter geral que, de outra forma, não possam ser disponibilizadas. Para tanto, basta lembrar que, na concepção atual de ordenação sistêmica, há informações que somente são consolidadas em nível de unidade federada nos Tribunais de Contas.

Pelo mesmo motivo é que o princípio da publicidade se faz mais intenso no âmbito dessas Cortes. Não só porque, em regra, se está controlando recursos públicos, na origem de propriedade de todos, o que assegura o dever de amplo conhecimento, mas, sobretudo, porque qualquer cidadão tem direito fundamental ao controle. Somente outro direito fundamental poderia limitá-lo. Tal ocorre, portanto, quando do exercício da ampla defesa e do contraditório em processo de apuração de um fato perante um tribunal. Nessas circunstâncias, e até que se ultime o exercício desse direito, aquele referente ao controle pode ficar suspenso e até sem publicidade; exercido o direito, firmado o juízo, restaura-se na plenitude o vigor do direito fundamental ao controle.

---

[27] *Ibidem*, art. 5º, inc. LXXIII.

[28] BATISTA JÚNIOR, Onofre Alves. **Princípio constitucional da eficiência administrativa**. 2 ed. rev. e atual. Belo Horizonte: Fórum, 2012, p. 453.

1.5 Princípios específicos do controle

O controle apresenta-se como corpo sistemático e harmônico de enunciados verdadeiros, dotados de um sentido operacional, visando ao estudo e aplicação metódica do conhecimento especializado. Poderia, por isso, postular-se enquanto ramo autônomo do conhecimento, função autônoma que se insere em vários outros ramos da ciência, sem perder a própria identidade, vez que possui método próprio.[29]

Tércio Sampaio Ferraz Jr. ensina que **método** é o conjunto de princípios de avaliação da evidência, de cânones para julgar a adequação das explicações propostas, de critérios para selecionar hipóteses.

Nesse ponto, cabe indagar quais são os princípios que regem o controle e como podem permear tanto as funções de controle externo quanto do controle interno.

As classificações se proliferam; em igual número, os estudiosos do tema. Ainda assim, é possível encontrar um conjunto que desfrute de certa uniformidade de entendimento.

Antes de estudá-los, cabe lembrar sucinta exposição feita pelo ilustre professor e analista de controle externo, Caio César Tibúrcio,[30] amparado em Haroldo Koontz e Cyril O' Donnell, que prefere outra vertente de princípios, além do princípio da ação administrativa:

a) **princípio da confirmação dos objetivos do controle:** comprovar permanentemente a finalidade dos **objetivos** do controle, detectar desvios, se possível antes da ocorrência e de forma eficiente;

b) **princípio da responsabilidade do controle:** desenvolver a noção de que a **responsabilidade** pelo controle não é só do órgão de controle, mas, principalmente, do responsável pela execução do previsto no plano de trabalho;

c) **princípio do controle direto: desenvolver** esforços no sentido de aprimorar a qualificação dos executores dos atos para que detectem por si próprios a irregularidade;

d) **princípio do reflexo dos planos:** a ação do **controle** deve se fazer no sentido de valorizar o planejamento e refletir os próprios planos, contribuindo para o engrandecimento da unidade controlada;

e) **princípio do controle do ponto crítico, da exceção:** o controle deve voltar sua atenção para os **pontos** essenciais;

f) **princípio da flexibilidade do controle:** estar **preparado** para as modificações e ajustar-se aos novos paradigmas.

---

[29] Consideraram-se aqui as assertivas de dois importantes autores: BRANDÃO, Yulo. O problema do conhecimento e a sua exata posição. **Revista Brasileira de Finanças**. São Paulo, fasc. 105, p. 92-8, 1968; FERRAZ Jr., Tércio Sampaio. **A Ciência do Direito**. São Paulo: Atlas, 1977, p. 10-11.

[30] TIBÚRCIO, Caio César. O papel específico do controle interno e a sua relação com o controle externo. **Seminário Nacional de Controle**, nov. 1999, Brasília. Texto distribuído aos participantes.

Os princípios apontados acima de fato podem ser considerados como importantes na aplicação das normas e na interpretação dessas. A seguir, serão examinados os princípios mais clássicos em relação à atuação do controle.

1.5.1 Princípio da segregação das funções

A atividade de controle deve ser exercida em separado, de forma segregada das demais funções.

O princípio atua de dois modos distintos: primeiro, no que tange ao aspecto estrutural; segundo, funcional.

Na estruturação dos órgãos, deve a função de controle separar-se das demais, como contabilidade, licitação, jurídica, pagamentos, recebimentos, assessoria. O controle deve estar definido na estrutura orgânica, com identidade própria, do mesmo modo que a função de licitação deve ser separada da liquidação e do pagamento.[31]

Sob o aspecto funcional, o órgão que exerce o controle não poderia ser encarregado de outras funções, limitando-se a atuar como **controlador**. Não devem, pois, as autoridades superiores encarregar os servidores do controle de outras atividades, sendo-lhes especialmente vedadas as tarefas executivas. De longe vem o brocardo: "quem controla não executa, quem executa não controla". Caso contrário, quando um órgão de controle passa a desenvolver tarefas executivas, essas deixam de ser controladas.[32]

Deve-se destacar que a validade desse brocardo se insere na perspectiva da função autônoma e estrutural do controle. Certamente, todo superior hierárquico exerce o controle sobre suas próprias tarefas e a de seus subordinados.[33]

Importante lição legou o Tribunal de Contas do Estado do Rio Grande do Sul, em homenagem a esse princípio: nenhum servidor ou seção administrativa deve controlar todos os passos-chave de uma mesma transação ou fato.[34] Tendo presente que determinados órgãos possuem uma estrutura com reduzido número de servidores – insuficiente para se distribuir, individualmente, todas as responsabilidades-chave –, poderá ser utilizada a sistemática de rodízio de tarefas, incentivo ou determinação de

---

[31] Nesse último sentido, o TCU decidiu ordenar a separação da função de licitação, liquidação e pagamento: BRASIL. Tribunal de Contas da União. Processo TC nº 015.456/2006-3. Acórdão nº 1013/2008 - 1ª Câmara. Relator: Ministro Marcos Bemquerer Costa. Brasília, 8 de abril de 2008. **Diário Oficial da União [da] República Federativa do Brasil**, Brasília, DF, 11 abr. 2008.

[32] Por vezes, autoridades administrativas, que desconhecem esse aspecto, preocupam-se com a ausência de definição de tarefas, como controlar o controlador. A resposta a tais questões parece ser a cobrança de relatórios de planejamento e execução de atividades, a quantificação de resultados em termos de custo/benefício. Cabe lembrar, que, em face da moderna jurisprudência, é possível ao gestor, acusado em processo de irregularidade, buscar a corresponsabilidade do controle interno e do controle externo. Veja neste capítulo, o subtítulo 1.7.2.3 Controle interno - unidade da administração, e os subtítulos 1.7.2.3.2.4 Apoiar o controle externo, 1.7.2.3.2.4.4 Relação entre as funções do controle interno.

[33] Essa observação foi trazida ao autor como contribuição na perspectiva do princípio por um servidor público, sr. Milton Silva Filho.

[34] **Revista do Tribunal de Contas do Estado do Rio Grande do Sul**. Porto Alegre, v. 14, n. 24, p. 127, 1º sem. 1996.

férias anuais.[35] Nesse mesmo sentido, não se pode permitir que as funções de licitar, liquidar a despesa e pagá-la sejam exercidas pelo mesmo servidor. Também não se admite que um mesmo servidor atue como pregoeiro e como autoridade competente para homologar o certame.[36] Na lei de licitações, a segregação das funções é um reflexo desse entendimento.[37]

Desse modo, é sempre possível aperfeiçoar o controle com o acatamento desse princípio, além de oportunizar o aprimoramento funcional da equipe pela especialização e generalização.

1.5.2 Princípio da independência técnico-funcional

No desempenho de suas funções, os agentes de controle devem ter independência funcional para proceder às verificações, analisar documentos, colher provas e fazer amostragens, bem como emitir o resultado de suas análises. Significa, a princípio, que o controle não deve depender, funcionalmente, de outras pessoas ou órgãos para aferição do juízo técnico de valor nos trabalhos que realiza; não está, pois, subordinado tecnicamente. Consulte, a propósito, a aplicação desse princípio ao controle interno no subitem 1.7.2.2.3.3 Autonomia Técnica e Objetividade.

Nem mesmo a estrutura funcional hierarquizada, que obriga os agentes ao cumprimento de ordens, pode se sobrepor às considerações expendidas em termos de controle. É que, nesse particular, o controle emite sua manifestação como **parecer técnico.**

Hely Lopes Meirelles, em antiga lição, esclarece:

> Parecer técnico: é o que provém de órgão ou agente especializado na matéria, não podendo ser contrariado por leigos ou mesmo por superior hierárquico. Nessa modalidade de parecer ou julgamento, não prevalece a hierarquia administrativa, pois não há subordinação no campo da técnica.[38]

Em relação ao controle interno, não se pode deixar de reconhecer o vínculo hierárquico a que estão submetidos seus agentes. Este deve ser considerado à luz do ordenamento jurídico, que estabelece a corresponsabilidade diante das irregularidades cientificadas e não comunicadas ao respectivo órgão de controle externo. Desse modo,

---

[35] O Tribunal de Contas da União, em homenagem a esse princípio, também definiu que o executor do contrato (art. 67 da Lei nº 8.666/1993) não pode ser encarregado de receber o objeto, acumulando a função de controle com o pagamento, em desobediência ao princípio da segregação das funções: BRASIL. Tribunal de Contas da União. Relatório de Auditoria Especial. Processo TC nº 006.338/1994-1. Acórdão nº 20/1996 - Plenário. Relator: Ministro Carlos Átila Álvares da Silva. Brasília, 28 de fevereiro de 1996. **Diário Oficial [da] República Federativa do Brasil**, Brasília, DF, 18 mar. 1996. Seção 1, p. 4.523.

[36] BRASIL. Tribunal de Contas da União. Processo TC nº 012.538/2009-1. Acórdão nº 1647/2010 – Plenário. Relator: Ministro Valmir Campelo. Brasília, 14 de julho de 2010. **Diário Oficial da União [da] República Federativa do Brasil**, Brasília, DF, 19 jul. 2010.

[37] Q. cfr. os arts. 5º, 7º, § 1º e especialmente o 169, § 3º, inc. II da **Lei nº 14.133, de 1º de abril de 2021.**

[38] MEIRELLES, Hely Lopes. **Direito Administrativo Brasileiro.** 12. ed. São Paulo: Malheiros Editores, 1990, p. 194.

o fio da navalha entre a hierarquia e a independência funcional há que ser perfeitamente definido.

Pode, por exemplo, o ordenador de despesas, seja ele um secretário municipal, presidente de um tribunal ou diretor-geral de uma assembleia legislativa, determinar ao controle interno que faça auditoria em uma licitação, ou na folha de pagamento. Não pode, porém, interferir no mérito resultante da ação determinada, como seria o caso de ordenar a "realização de auditoria para concluir que está tudo certo em dada licitação". A conciliação e harmonia entre a independência funcional e a hierarquia se faz muito mais pelo caráter e ética das pessoas envolvidas do que por normas regradoras de competência e atribuições, embora não se deixe de reconhecer a necessidade de avanços no campo normativo para favorecer essas posturas positivas.

Influenciar, mediante fraude, o controlador, para concluir erroneamente é crime. O fato é, nesse caso, ainda mais lamentável se o controlador aceitar conscientemente essa influência e a fraude. Isso porque a estrutura jurídica atribui o direito de ingresso pelo mérito pessoal, mediante concurso, atribui-se-lhe a garantia da estabilidade, ou seja, aqueles a quem o ordenamento jurídico cercou de garantias que supostamente serviriam à preservação de sua independência.[39] A depender da relevância material, o fato pode ser enquadrado como prevaricação ou advocacia administrativa, nos termos dos arts. 319 e 321 do Código Penal Brasileiro, sem possibilidade de invocar a excludente de culpabilidade prevista no art. 22, do mesmo diploma (obediência hierárquica)[40].

Esse princípio, portanto, é o que garante imparcialidade técnica dos agentes e ética da conduta.

---

[39] BRASIL. Lei nº 8.429, de 2 de junho de 1992. Dispõe sobre as sanções aplicáveis em virtude da prática de atos de improbidade administrativa, de que trata o § 4º do art. 37 da Constituição Federal; e dá outras providências. [Redação dada pela Lei nº 14.230, de 2021]. Disponível em: https://www.planalto.gov.br/ccivil_03/leis/l8429.htm.. Arts. 10 e 11; BRASIL. **Código Penal Brasileiro.** Org. Juarez de Oliveira. 31. ed. São Paulo: Saraiva, 1993. Arts. 319 e 321 (versam, respectivamente, sobre prevaricação e advocacia administrativa). A jurisprudência vem se firmando no sentido de que o crime de prevaricação pode ser cometido em obediência a ordem de superior hierárquico, pois o acatamento de ordem do superior só isenta o subordinado se não for manifestamente ilegal: "[...] outorga-se, assim, ao inferior hierárquico, uma relativa faculdade de indagação da legalidade da ordem". BRASIL. Supremo Tribunal Federal. Acórdão nº 126.679. Relator: Ministro Moreira Alves, Brasília, DF, 1º de abril de 1976. **Revista dos Tribunais**, nº 490, p. 331.

[40] BRASIL, Decreto-Lei nº 2.848, de 7 de dezembro de 1940. Código Penal. Disponível em: https://www.planalto.gov.br/ccivil_03/decreto-lei/del2848compilado.htm. "Art. 319 - Retardar ou deixar de praticar, indevidamente, ato de ofício, ou praticá-lo contra disposição expressa de lei, para satisfazer interesse ou sentimento pessoal: Pena - detenção, de três meses a um ano, e multa." Vide, a propósito a Vide ADPF 881, ainda em tramitação no STF. "Art. 321 - Patrocinar, direta ou indiretamente, interesse privado perante a administração pública, valendo-se da qualidade de funcionário: Pena - detenção, de um a três meses, ou multa. Parágrafo único - Se o interesse é ilegítimo: Pena - detenção, de três meses a um ano, além da multa." "Art. 22 - Se o fato é cometido sob coação irresistível ou em estrita obediência a ordem, não manifestamente ilegal, de superior hierárquico, só é punível o autor da coação ou da ordem." A edição anterior mencionava, ainda, a possibilidade de imputação de ato de improbidade administrativa, por ofensa aos princípios da Administração Pública, na forma da antiga redação do art. 11 da Lei Federal nº 8.429, de 2 de junho de 1992. Ocorre que, com a recente reforma da lei, a partir da Lei Federal nº 14.230, de 25 de outubro de 2021, o referido dispositivo passou a conter rol exaustivo de tipificação, não contemplando conduta compatível com a prevaricação ou advocacia administrativa.

Outro vetor resultante do princípio da independência técnico-funcional é a necessidade de estruturação adequada do órgão, com alocação dos recursos necessários e suficientes ao desempenho da atividade, tema a ser examinado em vinculação ao princípio da relação custo/benefício, a ser examinado no próximo subtítulo.

1.5.3 Princípio da relação custo/benefício

Consiste na minimização da probabilidade de falhas/desvios quanto ao atingimento dos objetivos e metas.[41]

Significa isso que o custo do controle não pode exceder os benefícios que dele decorrem, ou causaria o descontrole. Trata-se da aplicação de antiga regra, inserida no direito positivo pátrio, Decreto-Lei nº 200/1967, art. 14: "o trabalho administrativo será racionalizado mediante simplificação de processos e supressão de contrôles [*sic*] que se evidenciarem como puramente formais ou cujo custo seja evidentemente superior ao risco"[42].

Didaticamente, propõe-se a subdivisão deste princípio em dois corolários principais.

1.5.3.1 Economicidade da ação de controle

É célebre, a esse respeito, a frase do emérito Ministro do Tribunal de Contas da União, Victor do Amaral Freire, quando se refere à necessidade de substituir a preocupação do tostão pelo controle do milhão, propondo uma série de medidas para tornar eficiente e eficaz o controle do Tribunal de Contas.[43]

O princípio, que já teve o nome de racionalização de meios, na atualidade se confirma com o nome de economicidade da ação de controle, podendo justificar tanto a expansão de determinada atividade de controle, como sua redução. De fato, sendo atividade meio, o controle não pode se sobrepor, em custos, aos órgãos que se dedicam à atividade-fim, seja em estrutura material, seja no procedimento imposto. Aí reside, por exemplo, a diferença entre luxo e conforto de prédios públicos, entre beleza e funcionalidade, entre custo/benefício ou custo/efetividade.

---

[41] BRASIL. Secretaria Federal de Controle Interno Instrução normativa nº 3, de 09 de junho de 2017. Aprova o Referencial Técnico da Atividade de Auditoria Interna Governamental do Poder Executivo Federal.. Disponível em: https://www2.ufjf.br/auditoriainterna/wp-content/uploads/sites/62/2023/08/Instrucao_Normativa_CGU_3_2017.pdf.

[42] a) BRASIL. Decreto-Lei nº 200, de 25 de fevereiro de 1967. Dispõe sôbre a organização da Administração Federal, estabelece diretrizes para a Reforma Administrativa e dá outras providências. Disponível em: https://www.planalto.gov.br/ccivil_03/decreto-lei/del0200.htm.

b) Consulte, a propósito, Acórdão nº 9952/2024 - TCU - 1ª Câmara, em que o TCU sopesou o custo-benefício da alocação de recursos fiscalizatórios com o seguimento da ação, entendendo que "os benefícios passíveis, em tese, de serem alcançados por meio da atuação direta do TCU não são relevantes o suficiente e não se referem a questões inéditas que permitam vislumbrar possível agregação de valor decorrente da eventual construção de jurisprudência em matéria de licitações e contratos". Disponível em: https://pesquisa.in.gov.br/imprensa/jsp/visualiza/index.jsp?data=21/11/2024&jornal=515&pagina=153&totalArquivos=158.

[43] FREIRE, Victor do Amaral. O Tribunal de Contas e sua jurisdição. **Revista do Tribunal de Contas do Rio de Janeiro**, p. 43 e 51, jun. 1982.

É necessário, porém, que a estrutura do controle, seja ele interno ou externo, torne viável o desempenho da função, assegurando a independência funcional. Não há que se falar em controle quando seus servidores têm que se valer de instrumentos pessoais de trabalho ou ficar "esmolando" dotações orçamentárias para garantir a subsistência de despesas correntes.[44]

Nas sábias palavras de Aliomar Baleeiro: "não basta instituir ou manter um Tribunal de Contas. É indispensável que este órgão, por suas atribuições e condições de independência, esteja a salvo de qualquer pressão das autoridades sujeitas constitucionalmente à sua inspeção"[45].

Esse postulado, firmado pelo STF na expressão daquele renomado mestre, deve guiar a estrutura de custos e a independência do controle.

1.5.3.2 Eficiência econômica

O controle externo erigido à função de guardião do princípio da economicidade – portanto, com base legal –, não pode praticar ou ordenar a prática de ato que afronte esse princípio.

Em prestígio a esse princípio, a Lei orgânica do TCU estabelece que:

> Art. 93. A título de racionalização administrativa e economia processual, e com o objetivo de evitar que o custo da cobrança seja superior ao valor do ressarcimento, o Tribunal poderá determinar, desde logo, o arquivamento do processo, sem cancelamento do débito, a cujo pagamento continuará obrigado o devedor, para que lhe possa ser dada quitação.[46]

Esse dispositivo é que dá amparo ao estabelecimento de valores de alçada para arquivamento das tomadas de contas especiais, no âmbito do TCU, conforme estabelecido no art. 6º, inciso I, da Instrução Normativa nº 98, de 27 de novembro de 2024. Referido dispositivo, repetido em quase todas as leis dos demais Tribunais de Contas, referendando a ideia de eficiência econômica como baliza principiológica da ação de controle, estabelece que fica dispensada a instauração da tomada de contas especial nas hipóteses em que o valor do débito for inferior a R$ 120.000,00 (cento e vinte mil reais).[47]

---

[44] Para os Tribunais de Contas que, junto com o Poder Legislativo, estão contidos nos limites de despesas de pessoal, estabelecidos no art. 20 da Lei de Responsabilidade Fiscal (LC nº 101/2000), está resguardada a garantia de repartição proporcional, conforme o § 1º do mesmo artigo.

[45] BRASIL. Supremo Tribunal Federal. Representação nº 764/ES - Pleno. Relator: Ministro Aliomar Baleeiro. Brasília, 6 de março de 1968. Diário da Justiça [da] República Federativa do Brasil, Brasília, DF, 8 ago. 1969. **Revista Trimestral de Jurisprudência**, Brasília, DF, v. 50, p. 2.245.

[46] BRASIL. **Regimento Interno e Lei Orgânica do Tribunal de Contas da União.** Organização dos textos e índice por J. U. JACOBY FERNANDES. Belo Horizonte: Fórum, 2014. Lei nº 8.443/1992. Art. 93.

[47] BRASIL. Tribunal de Contas da União. Instrução Normativa – TCU nº 76, de 23 de novembro de 2016. **Boletim do Tribunal de Contas da União**, ano 43, n. 36, 12 dez. 2024, p. 1.

Neste sentido, à luz da racionalidade administrativa e economomia processual, decidiu o TCU:

> A tomada de contas especial pode ser arquivada, sem julgamento de mérito, mesmo após a citação do responsável na hipótese de o valor apurado do débito ser inferior ao limite estabelecido para a instauração do processo, em observância aos princípios da racionalidade administrativa e da economia processual[48].

Vale notar que o TCU decidiu que ficará a critério do Tribunal de Contas o arquivamento, não havendo uma previsão peremptória nesse sentido. Pode haver casos em que, mesmo com expressividade monetária pequena, a repercussão negativa do dano para a sociedade ou a gravidade da conduta seja relevante, exigindo a continuidade do procedimento apuratório e a consequente responsabilização[49].

Esse argumento auxilia a decisão casuística e afronta o princípio da segurança jurídica. No passado, foi utilizado como justificativa para que a Controladoria Geral da União (CGU) ordenasse ampla auditoria nacional referente a valor ínfimo, por ter um Ministro usado o cartão corporativo[50], do qual tinha a posse, para comprar uma tapioca. Aproveitando-se do escândalo tentou-se mostrar eficiência para a sociedade escorando-se no controle do tostão; e adiando o controle do milhão.

1.5.4 Princípio da qualificação adequada

Esse princípio volta-se para os agentes de controle, que devem ter conhecimentos necessários e suficientes para o desempenho da função, pois não se pode conceber que aqueles que tenham por função controlar tenham menor qualificação que o controlado. Consulte a proposito o subitem 1.7.2.2.3.2 Proficiência e zelo profissional, referente à aplicação desse princípio ao controle interno.

A qualificação adequada desdobra-se nos seguintes fatores:

a) seleção rigorosa de pessoal e reposição permanente e periódica do efetivo;
b) treinamento sistemático e multidisciplinar;
c) rodízio de funções, com vistas ao desenvolvimento multifuncional dos agentes e redução/eliminação de fraudes;
d) política adequada de remuneração e premiação;
e) desenvolvimento de unidade de doutrina, que valorize a ação do controle, os princípios éticos e as iniciativas de ação;

---

[48] BRASIL. Tribunal de Contas da União. Acórdão 1276/2022-Primeira Câmara. Relator Ministro Bruno Dantas.

[49] BRASIL. Tribunal de Contas da União. Tomada de Contas Especial. Processo TC nº 024.358/2012-6. Acórdão 1469/2016 - Plenário. Relator: Ministro Raimundo Carreiro. Brasília, 08 de junho de 2016. **Diário Oficial [da] República Federativa do Brasil**, Brasília, DF, 11 de junho de 2016.

[50] As despesas com cartão corporativo podem ser consultadas no Portal Transparência. Para saber o posicionamento do TCU sobre o uso do cartão corporativo, consulte o Acórdão nº 1564/2023 - TCU – Plenário. Disponível em: https://pesquisa.in.gov.br/imprensa/jsp/visualiza/index.jsp?data=14/08/2023&jornal=515&pagina=130&totalArquivos=140.

f) estabilidade ou garantia de emprego contra despedida arbitrária.

Sem dúvida, a eficiência de um órgão de controle depende da qualidade dos seus recursos humanos. Se nas outras áreas esse fator é importante, no controle é fundamental, porque precisa sobretudo da dedicação e motivação de seus agentes. O pecado capital de um agente de controle, depois da corrupção, é a omissão, e, como se sabe, ambos são de difícil verificação.[51]

Parece, contudo, ao contrário do que às vezes se sustenta, que o número de cargos de confiança deve ser reduzido na área de controle, pois se seu exercício apresenta o lado positivo da valorização pela remuneração, de outro lado, demonstra o aspecto negativo de apego à função. Se o acesso a tais funções ficar restrito, na área técnica, aos servidores do quadro, o aspecto negativo será reduzido. Deve-se ainda considerar, nessa hipótese, a definição de atributos e requisitos objetivos para a ocupação dos cargos. Essa política já é praticada em vários Tribunais de Contas e órgãos de controle interno com resultados positivos.

Qualificação é um direito-dever do servidor e um dever-direito para a Administração.[52]

O verdadeiro compromisso de um servidor do controle é com a qualificação. A história dos Tribunais de Contas tem episódios lamentáveis. Alguns Tribunais têm patrocinado integralmente cursos de pós-graduação e até mestrado, sobrando vagas já contratadas e pagas e até com desistência de alunos. Por isso, vem surgindo a ideia de qualificação compulsória e oneração do servidor que após a matrícula desiste dos estudos. O dever de qualificação deve integrar não só o conjunto de deveres do Tribunal, mas também do servidor. E a omissão deveria ter consequências na carreira, na progressão e, até, na estabilidade. Um controlador desatualizado pode trazer danos ao controlado e à sociedade.

---

[51] a) Nesse sentido, cabe ao controle externo recomendar aos gestores públicos que dotem os controles internos de pessoal qualificado, a exemplo da seguinte decisão do TCU: "[...] 9.3.2. viabilize a inserção de engenheiros e/ou técnicos com experiência em obras portuárias nos Quadros da Coordenação de Auditoria Interna - COAUD, de modo a permitir a realização de fiscalizações sistemáticas nas obras contratadas pela empresa, visando ao fortalecimento da gestão e à racionalização das ações de controle, com vistas à verificação tempestiva de eventuais fragilidades nos processos de obras, desde a concepção até a finalização, de modo a prevenir a ocorrência de irregularidades, nos termos do disposto no art. 14 do Decreto nº 3.591, de 6 de setembro de 2000; [...]". BRASIL. Tribunal de Contas da União. Relatório de Levantamento de Auditoria - Fiscobras 2004. Processo TC nº 006.805/2004-0. Acórdão nº 894/2004 - Plenário. Relator: Ministro Adylson Motta. Brasília, 7 de julho de 2004. **Diário Oficial da União [da] República Federativa do Brasil**, Brasília, DF, 16 jul. 2004. Seção 1, p. 234-237.

b) Vide, a propósito da fiscalização de obras, o Acórdão nº 2207/2023 - TCU – Plenário. Disponível em: https://pesquisa.in.gov.br/imprensa/jsp/visualiza/index.jsp?data=09/11/2023&jornal=515&pagina=119&totalArquivos=135 e a página do FISCOBRÁS - Painel informativo do TCU. Disponível em: https://app.powerbi.com/view?r=eyJrIjoiY2QzMDAzOWMtZmNkYi00Njc2LWFhY2QtNGU3NjY4NWRjM2ZhIiwidCI6ImJmMTU4MTg4LTlhMTEtNDRjMi1iN2ZjLTIxZTg1NjEzYmEyNyJ9.

[52] JACOBY FERNANDES, Jorge Ulisses; JACOBY FERNANDES, Ana Luiza Queiroz Melo. **Contratação de treinamento**: teoria e prática, 2 ed. Curitiba: Negócios Públicos do Brasil, 2015, p. 31.

1.5.5 Princípio da aderência a diretrizes e normas

A ação dos agentes de controle deve ser realizada com fiel cumprimento das diretrizes de políticas públicas[53] e do acatamento de leis e normas em geral.

Muitas vezes, o agente de controle é tentado a se colocar em posição de substituir o administrador, confundindo o desempenho de sua função. Ora, é bem provável que um agente de controle seja capaz de encontrar solução *mais ótima* do que a que foi aplicada, até porque tem a vantagem de chegar após o fato, aferindo as causas e consequências da decisão.

Novamente, aqui há estreita correlação entre *gerir* e *controlar*, corolário do princípio da segregação das funções.

Quando busca o fiel cumprimento das normas e diretrizes, o órgão de controle também tolera, por dever de lógica, um conjunto de interpretações consideradas juridicamente razoáveis[54] e ações que não tiveram o rendimento *ótimo*, por terem sofrido os efeitos de fatores razoavelmente imprevistos.

Em Portugal, por razões que se prendem à credibilidade das próprias auditorias e com a salvaguarda da responsabilidade de quem as realiza, a regra é que devem ser efetuadas de acordo com normas previamente definidas em cada caso, que especifiquem métodos, técnicas e fases a serem observadas.[55]

No ordenamento pátrio, atualmente, o princípio encontra guarida expressa na Lei de Introdução às Normas do Direito Brasileiro – LINDB, que em seu art. 24 dispõe a respeito do necessário respeito às orientações gerais da época para a revisão de ato, contrato, ajuste, processo ou norma administrativa[56].

---

[53] Consulte, a propósito, as competências do Conselho de Monitoramento e Avaliação de Políticas Públicas (CMAP). e o BRASIL. Tribunal de Contas da União. Referencial de Controle de Políticas Públicas, 2020. Documento técnico que visa estabelecer uma estrutura de critérios comuns para avaliar o nível de maturidade de políticas públicas, orientando e sistematizando ações de controle, de modo a contribuir para a melhoria do desempenho e resultados das políticas públicas, por meio do aprimoramento de seus processos de formulação, implementação e avaliação. Disponível em: https://portal.tcu.gov.br/data/files/47/17/2B/CC/50D729104CE08619E18818A8/Referencial%20de%20Controle%20de%20Politicas%20Publicas.pdf.

[54] Nesse sentido: "[...] 32. Malgrado tenham procedido erroneamente - já que não foi feita a inabilitação da empresa no momento correto - os gestores ampararam-se em pareceres jurídicos contendo tese aceitável, alicerçados em lição de doutrina ou de jurisprudência (Nota MAA/CONJUR/TEM/nº 36/2002 e nº 35/2002, f. 2.345-2.555, anexo III, esse posicionamento consta de Parecer do MP/TCU lavrado no TC nº 005.766/95-8 - Decisão Plenária nº 289/96, Ata nº 19/96.) [...]". BRASIL. Tribunal de Contas da União. Processo TC nº 009.971/2002-9. Acórdão nº 718/2004 - Plenário. Relator: Ministro Lincoln Magalhães da Rocha. Brasília, 9 de junho de 2004. **Diário Oficial da União [da] República Federativa do Brasil**, Brasília, DF, 18 jun. 2004. Seção 1, p. 149-151.

[55] TRIBUNAL DE CONTAS. Apresentação Institucional. **O Tribunal de Contas na actualidade**. 3. A actividade de controlo. Disponível em: http://www.tcontas.pt. Acesso em: 28 abr. 2014.

[56] Decreto-Lei nº 4.657, de 4 de setembro de 1942. "Art. 24. A revisão, nas esferas administrativa, controladora ou judicial, quanto à validade de ato, contrato, ajuste, processo ou norma administrativa cuja produção já se houver completado levará em conta as orientações gerais da época, sendo vedado que, com base em mudança posterior de orientação geral, se declarem inválidas situações plenamente constituídas. Parágrafo único. Consideram-se orientações gerais as interpretações e especificações contidas em atos públicos de caráter geral ou em jurisprudência judicial ou administrativa majoritária, e ainda as adotadas por prática administrativa reiterada e de amplo conhecimento público." [Incluído pela Lei nº 13.655, de 2018] Disponível em: https://www.planalto.gov.br/ccivil_03/decreto-lei/del4657compilado.htm.

A própria lei define que devem-se considerar como orientações gerais as "interpretações e especificações contidas em atos públicos de caráter geral ou em jurisprudência judicial ou administrativa majoritária, e ainda as adotadas por prática administrativa reiterada e de amplo conhecimento público".

Mais recentemente ainda, a Lei de Licitações estabeleceu que na fase de planejamento a Administração Pública deve considerar o dever de qualificar os servidores que vão fiscalizar o contrato.[57]

Infelizmente, o mesmo critério não foi reproduzido para avaliação da responsabilidade do agente público. Nas edições anteriores, apontou-se a evolução da jurisprudência do controle a respeito da aplicação deste princípio, em especial, quando o agente público adota tese assentada em parecer jurídico ou técnico.

A tese decisória inicial, de não responsabilização do agente[58], evoluiu para o afastamento da responsabilidade somente quando for demonstrada a inexistência de erro grosseiro e a adoção de tese razoável[59].

No passado, houve decisões de órgãos de controle que sustentaram a possibilidade de responsabilização do agente, mesmo quando orientado pelas instâncias técnicas. Nesse sentido, "a manifestação contida em pareceres técnicos e jurídicos não vincula a atuação dos gestores, de modo que não tem força para impor ao administrador a prática de um ato manifestamente irregular", cabendo ao agente competente, em última instância, "decidir sobre a conveniência e a oportunidade de praticar atos administrativos"[60].

---

[57] Impressiona mesmo a previsão legal: **Lei nº 14.133, de 1º de abril de 2021.** Disponível em: https://www.planalto.gov.br/ccivil_03/_ato2019-2022/2021/lei/l14133.htm: "Art. 18. A fase preparatória do processo licitatório é caracterizada pelo planejamento [...] 1º O estudo técnico preliminar [...] e conterá os seguintes elementos: X - providências a serem adotadas pela Administração previamente à celebração do contrato, inclusive quanto à capacitação de servidores ou de empregados para fiscalização e gestão contratual".

[58] a) BRASIL. Tribunal de Contas da União. Processo TC nº 025.707/1982-5. Relator: Ministro Ivan Luz. Brasília, 11 de fevereiro de 1984. **Diário Oficial [da] República Federativa do Brasil**, Brasília, DF, 19 jun. 1984. Seção 1, p. 8.791. No mesmo sentido: Processo TC nº 008.902/1995-0. Acórdão nº 462/2003 - Plenário. Relator: Ministro Walton Alencar Rodrigues. Brasília, 7 de maio de 2003. **Diário Oficial da União [da] República Federativa do Brasil**, Brasília, DF, 26 maio 2003.

b) Consulte ainda: CAMMAROSANO, Márcio. Da responsabilidade de autoridades governamentais por atos que expedem tendo por suporte pareceres do judiciário. **Informativo de Licitações e Contratos**, Curitiba, v. 37, ano IV, p. 228-230, mar. 1997.

[59] a) BRASIL. Tribunal de Contas da União. Processo TC nº 014.973/1994-4. Acórdão nº 629/2004 – Plenário. Relator: Auditor Augusto Sherman Cavalcanti. Brasília, 26 de maio de 2004. **Diário Oficial da União [da] República Federativa do Brasil**, Brasília, DF, 9 jun. 2004. Voto do Relator.

b) Ainda sobre a ponderação isolada da intangibilidade profissional do advogado: BRASIL. Tribunal de Contas da União. Processo TC nº 010.763/2002-9. Acórdão nº 330/2003 – 2ª Câmara. Brasília, 20 de março de 2003. **Diário Oficial da União [da] República Federativa do Brasil**, Brasília, DF, 25 mar. 2003. O TCU já advertiu jurisdicionados sobre a gravidade da emissão de pareceres jurídicos desprovidos de lógica jurídica razoável, ou que deixem de observar jurisprudência consolidada, ou ainda que ignorem determinação anteriormente dirigida, pois podem resultar em aplicação de multa ou, eventualmente, imputação de débito aos consultores jurídicos que hajam concorrido para a irregularidade: Processo TC nº 004.874/2001-4. Acórdão nº 287/2002 – Plenário. Brasília, 7 de agosto de 2002. **Diário Oficial da União [da] República Federativa do Brasil**, Brasília, DF, 16 ago. 2002.

[60] Acórdão TCU 2.781/2016-Plenário.

O tema merece evolução. Com o máximo respeito, esse entendimento não parece ser aquele que melhor se adequa à realidade do gestor público. Na Administração Pública brasileira, há uma alastrada tendência cultural de concentração de competências nas autoridades administrativas, de modo que pressupor a capacidade de supervisão detalhada de todas as instâncias converte em objetiva a responsabilidade do agente público.

Um dirigente de uma estatal, por exemplo, não terá condições de reavaliar dados técnicos ou o atendimento de requisitos normativos em um processo licitatório, no momento de sua aprovação. É comum que esse tipo de deliberação seja adotado em um ambiente decisório estratégico, e não operacional. Avalia-se a pertinência do objeto em face dos interesses da instituição, e não o cumprimento de requisitos operacionais.

Diante de tantas atribuições e responsabilidades, não se demonstra razoável exigir de um agente público que atua no processo como **instância decisória** a revisão de conteúdo dos pareceres técnicos e jurídicos que lhe instruem, especialmente quando lhes carece o erro qualificado.

Esse nosso entendimento é compatível com a evolução das leis que vinculam o intérprete. De fato, por iniciativa do Senador Antônio Anastasia foi introduzido no ordenamento jurídico e hoje encontra amparo legal expresso no próprio art. 28 da LINDB, que também exige o erro grosseiro ou o dolo para que o agente público responda por suas decisões ou opiniões técnicas. Ocorre que a redação mais aberta do dispositivo é suscetível a interpretações amplamente subjetivas e que ocasionam inevitável insegurança jurídica. Há na jurisprudência, hoje, incontáveis definições do que seria erro grosseiro, sempre a partir do exame de casos particulares e pontuais.

A evolução pretendida ficou limitada com o veto ao §1º do art. 28 da LINDB, que, a título de elucidação normativa, não considerava erro grosseiro "a decisão ou opinião baseada em jurisprudência ou doutrina, ainda que não pacificadas, em orientação geral ou, ainda, em interpretação razoável, mesmo que não venha a ser posteriormente aceita por órgãos de controle ou judiciais."

Esse parágrafo foi vetado sob a alegação de que:

> A busca pela pacificação de entendimentos é essencial para a segurança jurídica. O dispositivo proposto admite a desconsideração de responsabilidade do agente público por decisão ou opinião baseada em interpretação jurisprudencial ou doutrinária não pacificada ou mesmo minoritária. Deste modo, a propositura atribui discricionariedade ao administrado em agir com base em sua própria convicção, o que se traduz em insegurança jurídica[61].

[61] Mensagem de veto ao art. 28, §1º, da LINDB. Disponível em: https://www.planalto.gov.br/ccivil_03/_Ato2015-2018/2018/Msg/VEP/VEP-212.htm.

Não seria precisamente o contrário? É essencial para a segurança jurídica na gestão pública **admitir que o agente público aja com base em sua própria convicção**, desde que devidamente fundamentada com tese jurídica ou técnica razoável.

No enfrentamento da gestão pública, há poucas ou quase nenhuma tese pacificada que resolva os problemas do País. É indispensável, assim, prestigiar o agente público que exerce sua função com brio e criatividade, na busca de alternativas que superem as inúmeras restrições a que, naturalmente, são submetidos (limitações orçamentárias, escassez de recursos humanos, entraves burocráticos etc.).

Não são dotados de tal discricionariedade os membros do Poder Judiciário, do Poder Legislativo e, também, do Controle?

Contraditoriamente, o elastecimento desarrazoado do nexo de causalidade e a apuração da responsabilidade do gestor público por ficção, com base em teses acadêmicas, é que tem assolado o país com a insegurança jurídica, sem que, com isso, tenha se conquistado qualquer terreno no combate à corrupção.

No momento do fechamento desta edição, as restrições impostas à evolução da aplicação do princípio da aderência estão em declínio. A alteração da lei de improbidade administrativa excluiu da tipificação, expressamente declarando: "Não configura improbidade a ação ou omissão decorrente de divergência interpretativa [...]"[62]. Outra lei – a nova Lei de Licitações e Contratos Administrativos – assegura a defesa pela Advocacia Pública quando o agente público segue parecer jurídico[63], conforme será visto no subitem 1.5.5.2 Defesa do ato pela advocacia Pública.

Por hora, é suficiente dizer que esse cenário – defender quem segue as normas ou defender quem segue a interpretação dada pelo jurídico às normas – e a tolerância sem punição desses agentes pelo controle é uma diretriz fundamental para efetivar a sabedoria, nobreza e efetividade deste. Note que o primórdio foi assentado no Brasil e no exterior há quase 50 anos e só não evoluiu porque a curva de aprendizado e evolução foi interrompida pela "era do escândalo" e pela "espetacularização do direito penal"[64]. Muito a propósito vêm as palavras do Ministro Marco Aurélio:

> A aparente moralidade pública, a **convidativa vitrine** do interesse público, no que envolvidas verbas de idêntica natureza, não se

---

[62]O § 8° foi acrescentado ao art. 1° da Lei n° 8.429, de 2 de junho de 1992, por força da Lei n° 14.230, de 25 de outubro de 2021. Disponível em: https://www.planalto.gov.br/ccivil_03/leis/l8429.htm.

[63] Lei n° 14.133, de 1° de abril de 2021. Disponível em: https://www.planalto.gov.br/ccivil_03/_ato2019-2022/2021/lei/l14133.htm. "Art. 10. Se as autoridades competentes e os servidores públicos que tiverem participado dos procedimentos relacionados às licitações e aos contratos de que trata esta Lei precisarem defender-se nas esferas administrativa, controladora ou judicial em razão de ato praticado com estrita observância de orientação constante em parecer jurídico elaborado na forma do § 1° do art. 53 desta Lei, a advocacia pública promoverá, a critério do agente público, sua representação judicial ou extrajudicial. § 1° Não se aplica o disposto no **caput** deste artigo quando: [...] II - provas da prática de atos ilícitos dolosos constarem nos autos do processo administrativo ou judicial. § 2° Aplica-se o disposto no **caput** deste artigo inclusive na hipótese de o agente público não mais ocupar o cargo, emprego ou função em que foi praticado o ato questionado." .

[64]A ESPETACULARIZAÇÃO do Direito Penal: e a Ameaça aos Direitos Fundamentais. 19 fev. 2019. Disponível em: https://www.jusbrasil.com.br/artigos/a-espetacularizacao-do-direito-penal-e-a-ameaca-aos-direitos-fundamentais / 720538145. Acesso em: 9 set. 2024.

> sobrepõem à liberdade e esta fica ferida de morte quando há o atropelo da organicidade do Direito, buscando-se, de uma hora para outra, a correção de rumo, a satisfação devida à sociedade, pouco importando que os meios utilizados desbordem do arcabouço normativo, elemento inafastável quando se fala em segurança jurídica. Situações irregulares hão de merecer glosa, mas sem abandono dos parâmetros próprios, dos princípios estabelecidos, das regras enunciadas nos diplomas de regência, alfim, dos meios reveladores do Direito[65].

1.5.5.1 Responsabilização do gestor e do órgão jurídico

A jurisprudência do Tribunal de Contas da União, órgão que constitui o paradigma federal de controle, tem se manifestado no seguinte sentido:

> [...] tese inaugurada com brilhante voto do Ministro Ivan Luz sustenta que, quando o administrador age com base em parecer jurídico bem fundamentado, que adota tese juridicamente razoável, em princípio, não pode ser condenado;[66]
>
> [...] a liberdade de gestão não está fora da ação do controle, que deve guiar-se também pelo princípio da razoabilidade. Em relação, por exemplo, a acordo judicial, submetido a exame do TCU, concluiu este que ficou demonstrada a pouca possibilidade de êxito, ensejando, pois, julgamento pela regularidade. Asseverou, no caso, o relator, que a avaliação jurídica, realizada à época, apontava reduzidas possibilidades de sucesso dos recursos interpostos pela Companhia, em virtude de decisões pretéritas similares, prolatadas pelo Poder Judiciário;[67]
>
> [...] mesmo quando se trata de parecer encomendado pela Administração Pública, os órgãos de controle procedem ao exame da tese sustentada, em respeito à possibilidade de interpretações divergentes. Por outro lado, os órgãos de controle não estão

---

[65] a) BRASIL. Supremo Tribunal Federal. Mando de Segurança no 23560/DF. Relator(a): Min. Marco Aurélio. Julgamento: 29 de outubro de 1999. Diário de Justiça, 09 de novembro de 1999, p. 84.

b) consulte decisão do TCU em que a unidade técnica entendeu que "glosar a despesa correspondente, apenas porque não integrava o plano de trabalho do convênio, resulta em violação ao princípio do não enriquecimento sem causa da Administração [...]". Acórdão nº 2365/2022 - TCU - 2ª Câmara. Disponível em: https://pesquisa.in.gov.br/imprensa/jsp/visualiza/index.jsp?data=18/05/2022&jornal=515&pagina=249&totalArquivos=255.

[66] a) BRASIL. Tribunal de Contas da União. Processo TC nº 025.707/1982-5. Relator: Ministro Ivan Luz. Brasília, 11 de fevereiro de 1984. **Diário Oficial [da] República Federativa do Brasil**, Brasília, DF, 19 jun. 1984. Seção 1, p. 8.791. No mesmo sentido: Processo TC nº 008.902/1995-0. Acórdão nº 462/2003 - Plenário. Relator: Ministro Walton Alencar Rodrigues. Brasília, 7 de maio de 2003. **Diário Oficial da União [da] República Federativa do Brasil**, Brasília, DF, 26 maio 2003.

b) Consultar ainda: CAMMAROSANO, Márcio. Da responsabilidade de autoridades governamentais por atos que expedem tendo por suporte pareceres do judiciário. **Informativo de Licitações e Contratos**, Curitiba, v. 37, ano IV, p. 228-230, mar. 1997.

[67] BRASIL. Tribunal de Contas da União. Prestação de Contas. Processo TC nº 279.300/1993-0. Acórdão nº 8/1998 - Plenário. Relator: Ministro José Antonio Barreto de Macedo. Brasília, 11 de fevereiro de 1998. **Diário Oficial da União [da] República Federativa do Brasil**, Brasília, DF, 25 fev. 1998. Seção 1, p. 45.

> obrigados a acolher a tese, mesmo que subscrita por nomes de expressão;[68]
>
> [...] o Tribunal de Contas da União tem por regra não penalizar o agente quando adota, em questão ainda não definida em sua jurisprudência, tese juridicamente *razoável*.[69]

Para exemplificar esse limite da ação do controle, basta lembrar julgamento em que foi relator o Ministro Benjamin Zymler, no qual, a partir de representação de Senador da República, pretendia-se discutir irregularidades, no desenvolvimento de ações de saúde em Roraima com a participação de cooperativa. Decidiu a Corte que não compete ao TCU controlar a opção política dos estados-membros quanto à forma de organizar seu sistema.[70]

O princípio da aderência a diretrizes e normas, no Brasil, consta expressamente entre os que regem o controle interno.[71]

Essa mesma linha de coerência se extrai na síntese do Ministro Carlos Átila Álvares da Silva, do Tribunal de Contas da União:

> [...] excetuando os casos flagrantes de abuso e de fraude, é preciso admitir que o administrador, para cumprir e executar a lei, é seu primeiro intérprete. A interpretação por ele formulada, diante muitas vezes de situações prementes de urgência operacional, deve ser respeitada pelo controle, evitando-se, na medida do possível, questionamentos baseados principalmente em divergências de exegese de dispositivos legais que, como no caso em exame, trazem inerente alto grau de subjetividade [...].[72]

---

[68] Interessante notar que, neste caso, deveria subsistir o dever de verificar se foram atendidos os requisitos gerais de contratação de pareceristas, estabelecido na Lei de Licitações. Na vigência da Lei no 8.666/1993, era dever indeclinável dos órgãos de controle também verificar esse fato, que, na maioria das vezes, não apresentava singularidade para justificar a contratação de notórios especialistas (TCU. Decisão nº 660/1995 - Plenário). A nova Lei de Licitações e Contratos – Lei no 14.133/2021 - não mais exige singularidade na contratação de notórios especialistas.

[69] BRASIL. Tribunal de Contas da União. Processo TC nº 002.521/1995-1. Decisão nº 326/1995 - Plenário. Relator: Ministro Homero Santos. Brasília, 12 de julho de 1995. **Diário Oficial [da] República Federativa do Brasil**, Brasília, DF, 1º ago. 1995. Seção 1, p. 11.513. No mesmo sentido: Processo TC nº 375.268/1998-7. Acórdão nº 1.412/2003 - Plenário. **Diário Oficial da União [da] República Federativa do Brasil,** Brasília, DF, 3 out. 2003; Processo TC nº 007.177/2003-8. Acórdão 1368/2004 - Plenário; Processo TC nº 005.637/2002-2. Acórdão nº 1.625/2003 – Plenário; Processo TC nº 279.269/1993-5. Acórdão nº 1.447/2003 - Plenário.

[70] BRASIL. Tribunal de Contas da União. Processo TC nº 013.104/1997-7. Decisão nº 828/1998 - Plenário. Relator: Ministro Benjamin Zymler. Brasília, 25 de novembro de 1998. **Diário Oficial da União [da] República Federativa do Brasil**, Brasília, DF, 4 dez. 1998. Seção 1, p. 59-60. Outro exemplo de aplicação do princípio foi adotado pela 2ª Câmara devido à incerteza jurídica na questão debatida, contrariamente à SECEX, transmudou o julgamento das contas de irregulares para regulares com ressalva: Tomada de Contas Especial. Processo TC nº 011.451/2002-6. Acórdão nº 484/2004 - 2ª Câmara. Relator: Ministro Benjamin Zymler. Brasília, 1º de abril de 2004. **Diário Oficial da União [da] República Federativa do Brasil**, Brasília, DF, 15 abr. 2004. Seção 1, p. 131-132.

[71] BRASIL. Ministério da Fazenda. Secretaria Federal de Controle Interno. Instrução Normativa nº 01, de 6 de abril de 2001. Define diretrizes, princípios, conceitos e aprova normas técnicas para a atuação do Sistema de Controle Interno do Poder Executivo Federal. Disponível em: http://www.cgu.gov.br. Acesso em: 28 abr. 2014.

[72] *Apud* DISTRITO FEDERAL. Tribunal de Contas. Processo nº 7678/1996. Decisão nº 7785/1998. Relator: Conselheiro José Eduardo Barbosa. Sessão Ordinária nº 3368, 6 de outubro de 1998. **Diário Oficial [do] Distrito Federal**, Brasília, DF, 15 out. 1998, p. 29-34.

A síntese do entendimento que vigora até hoje – como entendido à época da primeira edição desta obra, está firmada nos seguintes excertos:

> O parecer jurídico emitido por consultoria ou assessoria jurídica de órgão ou entidade, via de regra acatado pelo ordenador de despesas, constitui fundamentação jurídica e integra a motivação da decisão adotada, estando, por isso, inserido na verificação da legalidade, legitimidade e economicidade dos atos relacionados com a gestão de recursos públicos no âmbito da fiscalização contábil, financeira, orçamentária, operacional e patrimonial da administração pública federal, exercida pelo Congresso Nacional com o auxílio deste Tribunal, *ex vi* do art. 70, *caput*, e 71, II, da Constituição Federal. [...] Sempre que o parecer jurídico pugnar para o cometimento de ato danoso ao Erário ou com grave ofensa à ordem jurídica, figurando com relevância causal para a prática do ato, estará o autor do parecer alcançado pela jurisdição do TCU, não para fins de fiscalização do exercício profissional, mas para fins de fiscalização da atividade da Administração Pública.[73]
>
> Relativamente à alegada contradição, sob o argumento de que este Tribunal firmou entendimento segundo o qual, "quando o administrador age sob o entendimento de parecer jurídico, não se lhe deve imputar responsabilidade pelas irregularidades", há que se observar que esta Corte evoluiu, já há algum tempo, seu posicionamento no sentido de que tal entendimento somente pode ser admitido a partir da análise de cada caso, isto é, deve-se verificar "se o parecer está devidamente fundamentado, se defende tese aceitável, se está alicerçado em lição de doutrina ou de jurisprudência". Presentes tais condições, "não há como responsabilizar o advogado, nem, em consequência, a autoridade que se baseou em seu parecer [...].[74]

Decorre desse princípio, ainda, outra aplicação atinente à responsabilidade do órgão jurídico. Em termos de lógica, se o administrador que age com base em parecer que analisa a questão, com base em doutrina e jurisprudência, não pode ser penalizado, é óbvio que o advogado ou parecerista também não pode ser. O parecer

---

[73] BRASIL. Tribunal de Contas da União. Processo TC nº 008.902/1995-0. Acórdão nº 462/2003 – Plenário. Relator: Ministro Walton Alencar Rodrigues. Brasília, 7 de maio de 2003. **Diário Oficial da União [da] República Federativa do Brasil**, Brasília, DF, 26 maio 2003.

[74] a) BRASIL. Tribunal de Contas da União. Processo TC nº 014.973/1994-4. Acórdão nº 629/2004 – Plenário. Relator: Auditor Augusto Sherman Cavalcanti. Brasília, 26 de maio de 2004. **Diário Oficial da União [da] República Federativa do Brasil**, Brasília, DF, 9 jun. 2004. Voto do Relator.

b) Ainda sobre a ponderação isolada da intangibilidade profissional do advogado: BRASIL. Tribunal de Contas da União. Processo TC nº 010.763/2002-9. Acórdão nº 330/2003 – 2ª Câmara. Brasília, 20 de março de 2003. **Diário Oficial da União [da] República Federativa do Brasil**, Brasília, DF, 25 mar. 2003. O TCU já advertiu jurisdicionados sobre a gravidade da emissão de pareceres jurídicos desprovidos de lógica jurídica razoável, ou que deixem de observar jurisprudência consolidada, ou ainda que ignorem determinação anteriormente dirigida, pois podem resultar em aplicação de multa ou, eventualmente, imputação de débito aos consultores jurídicos que hajam concorrido para a irregularidade: Processo TC nº 004.874/2001-4. Acórdão nº 287/2002 – Plenário. Brasília, 7 de agosto de 2002. **Diário Oficial da União [da] República Federativa do Brasil**, Brasília, DF, 16 ago. 2002.

deve ser emitido antes da prática do ato, para que essa lógica se aplique; emitido posteriormente passa a se constituir defesa do ato já praticado, retirando-se lhe a força de sustentação do processo decisório.

Infelizmente, seja em razão do volume de trabalho ou pela compreensão de que a consulta contém ato de menor expressão, por vezes o parecer não apresenta uma explanação suficientemente concreta para que o controlador compreenda os fundamentos. É possível até que a fundamentação seja tão deficiente que se justifique o chamamento ao processo do advogado para a defesa do ato. Em tais situações, o gestor ficará melhor protegido, pois o tribunal estaria convocando o gestor e o respectivo advogado que emitiu parecer inconsistente.

Nada obstante o entendimento deste autor, o Supremo Tribunal Federal, em sentido contrário, decidiu que o Tribunal de Contas da União não tem competência para determinar a audiência ou citação de advogado de empresas públicas por atos praticados no regular exercício de sua atividade solidariamente com o administrador, porquanto os pareceres técnico-jurídicos não constituem atos decisórios. Com esse entendimento, o Supremo Tribunal Federal deferiu mandado de segurança contra ato do TCU que, realizando inspeção na Petrobrás, determinara a inclusão dos impetrantes, advogados, como responsáveis solidários dos administradores em virtude da emissão de parecer favorável à contratação direta, sem licitação, de empresa de consultoria internacional.[75]

Passadas duas décadas da primeira vez que foi exposto este entendimento, hoje o servidor passou a ter o direito à defesa quando atua em conformidade com parecer previamente elaborado e inserido nos autos. Diversas normas passaram a prever esse direito, conforme mencionado ao final do item 1.5.5, merecendo destaque em subtítulo próprio.

1.5.5.2 Defesa dos atos pela advocacia pública

Alguns estados do Brasil editaram leis autorizando o servidor que vem a se tornar réu em processos administrativos, inclusive os que correm perante os Tribunais de Contas, a contratarem advogados para realizarem sua defesa. Há muito tempo sustentamos na doutrina a pergunta: "quem defende o servidor"? Essas leis respondem com muita propriedade o dever de defender o servidor que atua na defesa do interesse público.

Na Lei das Estatais[76] foi prevista a contratação de seguro para defesa dos dirigentes. Outro significativo avanço no tratamento do tema foi alcançado por meio da redação do art. 10 da Lei nº 14.133, de 01 de abril de 2021 – a nova Lei de Licitações e Contratos. Esse dispositivo estabelece que para as autoridades competentes e os servidores públicos que tenham praticado atos em procedimentos

---

[75] BRASIL. Supremo Tribunal Federal. Mandado de Segurança nº 24.073/DF. Relator: Ministro Carlos Velloso. Brasília, 6 de novembro de 2002. Disponível em: http://www.stf.jus.br. Acesso em: 28 abr. 2014.

[76] Art. 17, § 1º, Lei nº 13.303, de 30 de junho de 2016. Disponível em: https://www.planalto.gov.br/ccivil_03/_ato2015-2018/2016/lei/l13303.htm

licitatórios ou contratos administrativos em estrita observância de orientação constante em parecer jurídico, "a advocacia pública promoverá, a critério do agente público, sua representação judicial ou extrajudicial"[77].

Trata-se de um instrumento de imensurável valor, pois assegura ao gestor público o direito de defesa em qualquer processo em que seja acusado de irregularidades no exercício de suas funções.

Sem essa garantia, muitas vezes, o agente público tem que recorrer à defesa de "próprio punho", ou despender recursos próprios significativos na contratação de profissionais habilitados, comprometendo sua qualidade de vida. Parece correto que, se o agente público age em representação à entidade ou órgão a que pertence, amparado em parecer jurídico, sua defesa no processo deve ser assegurada pelo Estado.

A propósito, ao tempo desta edição, a União Federal e 10 estados-federados já haviam editado norma tratando da possibilidade de defesa pela advocacia pública.[78]

Segundo pesquisa empreendida, a melhor lei sobre o tema foi elaborada pelo estado do Rio de Janeiro.[79]

1.6 Tipos de controle

Sob a nomenclatura da epígrafe, muitos doutrinadores pretendem inserir a forma de atuação - prévia, concomitante ou posterior - ou a análise estrutural da ação do controle. Embora possível compreender a expressão com esses significados, outro parece mais apropriado, não só em respeito à origem etimológica do termo, mas também pela habitualidade da compreensão na seara dos Tribunais de Contas.

No modelo constitucional consagrado no Brasil, o controle - tanto externo, quanto interno - pode ser do tipo legalidade, legitimidade e economicidade. Em congressos das entidades de fiscalização superior, com pequenas nuanças, é essa trilogia que prevalece.[80]

É preciso esclarecer que outros tipos, como o controle contábil, ou o operacional, acabam sendo absorvidos pelos três apontados, sem que com isso se

---

[77] Lei nº 14.133, de 1º de abril de 2021. Disponível em: https://www.planalto.gov.br/ccivil_03/_ato2019-2022/2021/lei/l14133.htm.

[78] Em âmbito federal: a Lei nº 14.230, de 25 de outubro de 2021, que alterou a Lei nº 8.429, de 2 de junho de 1992, que dispõe sobre improbidade administrativa. Veja também AGU. Representação Judicial de Agentes Públicos pela Advocacia-Geral da União. Brasília: AGU, 2009. Disponível em: https://www.gov.br/agu/pt-br/composicao/procuradoria-geral-da-uniao-1/procuradoria-nacional-da-uniao-de-defesa-da-democracia/publicacoes_arquivos/cartilha-representacao-de-agentespublicospelaagu.pdf. No âmbito dos estados: Acre (Lei Complementar nº 45/1994), Alagoas (Lei Complementar nº 07/1991), Amazonas (Lei nº 1.639/1983), Goiás (Lei nº 20.4491/2019), Mato Grosso (Lei Complementar nº 111/2002), Pará (Lei Complementar nº 41/20002), Pernambuco (Lei Complementar nº 394/2018), Santa Catarina (Lei Complementar mº 317/20005), Rio de Janeiro (Lei nº 6.450/2013) e Rio Grande do Norte (Lei Complementar nº 593/2019).

[79] Rio de Janeiro. Lei nº 6.450, de 15 de maio de 2013. Dispõe sobre o custeio de prestação de serviços de natureza jurídica com o fim que se especifica, e dá outras providências. Disponível em: http://alerjln1.alerj.rj.gov.br/CONTLEI.NSF/c8aa0900025feef6032564ec0060dfff/1cd4bd76c0a7f44083257b7300597d13?

[80] **Revista do Tribunal de Contas do Estado do Rio de Janeiro.** Rio de Janeiro, ano 18, n. 38, p. 65, out/dez 1997.

pretenda subtrair-lhes a importância. Nesse ponto, é preciso registrar que o Brasil acabou concretizando esferas normativas que produziram normas para estruturação científica, como ocorre com a contabilidade, por exemplo.

De certo modo, por esse fato, as ações do controle contábil, operacional e ambiental se restringem ao acatamento do arcabouço normativo. Esse fato nacional constitui uma garantia para os controlados, vez que os demais tipos admitem certa relatividade de aferição. Assim, enquanto no controle da legalidade o gestor sabe previamente os limites da sua ação, no controle da legitimidade e da economicidade há que se aceitar a solução que, mesmo não sendo *ótima*, esteja no campo da positivação desses tipos. Aqui, o controle se satisfaz com o ato não-ilegítimo e não-antieconômico. Nos controles dos atos de trato sucessivo, ou de procedimento padrão, é possível ao controle, porém, determinar a correção do ato para o futuro, indicando a melhor solução à luz dos atributos da legitimidade e economicidade.

1.6.1 Legalidade

A rigor, só existe ato administrativo quando a conduta está em conformidade com a lei. Leciona o eminente Ministro J. Batista Ramos, discorrendo sobre a legalidade do ato administrativo, com amparo na obra *General Theory of Law and State*, de Hans Kelsen:

> [...] o indivíduo age como um órgão do Estado somente na medida em que ele age com base em alguma norma válida. Esta é a diferença entre o indivíduo e o Estado como pessoas capazes de agir; [...] A um indivíduo que não funciona como um órgão do Estado é permitido fazer tudo aquilo a que não esteja proibido fazer pela ordem legal, enquanto que o Estado, isto é, o indivíduo que funciona como um órgão do Estado, somente pode fazer aquilo que a ordem legal o autoriza a fazer [...].[81]

Em oportuna lição, destaca o Ministro Adhemar Paladini Ghisi que ao administrador público não basta alcançar os objetivos fixados para a sua gestão; deve, ainda, pautar-se pelas normas disciplinadoras que regem o serviço público. Não vale aqui, obtempera o Ministro, a máxima de que "os fins justificam os meios [...] ao contrário, o princípio da legalidade restringe o poder discricionário e exige o cumprimento de formalidades, que passam a ser atributos dos atos administrativos"[82].

O controle de legalidade, portanto, nasce do acatamento do princípio da legalidade, ou seja, do dever do administrador de reconhecer quando um ato está em contrariedade com a lei, a fim de promover o seu ajustamento à norma ou mesmo para retirá-lo do mundo jurídico.

---

[81] RAMOS, J. Baptista. **Tribunal de Contas:** princípio de legalidade e legalidade da despesa. Rio de Janeiro: Forense, 1980, p. 11.

[82] BRASIL. Tribunal de Contas da União. Tomada de Contas Especial. Processo TC nº 574.084/1993-2. Acórdão nº 386/1995 - 2ª Câmara. Relator: Ministro Adhemar Paladini Ghisi. Brasília, 30 de novembro de 1995. **Diário Oficial [da] República Federativa do Brasil**, Brasília, DF, 13 dez. 1995, p. 20.842.

Estando a Administração Pública submetida ao princípio constitucional da legalidade, é dever das instituições de controle verificarem a compatibilidade de seus atos com as normas em vigor.

Nos termos do art. 71 da Constituição Federal, excepcionando-se os atos cujos desfazimentos foram alcançados pela prescrição, decadência ou impossibilidade física ou econômica – neste caso traduzida pela excessiva onerosidade ao erário –, no exame da legalidade, o Tribunal de Contas pode determinar que a autoridade competente proceda à anulação (inciso IX) ou sustação do ato (inciso X) comunicando a decisão à Câmara dos Deputados e ao Senado Federal.[83] Note, porém, que essa competência, em termos de contrato, é dividida com o parlamento.

A primeira possibilidade é sempre a mais recomendável, pois:

a) submete a decisão do tribunal ao juízo da autoridade destinatária da ordem que pode, *sponte própria*, reconhecer a ilegalidade e refazer o ato;
b) é mais segura, porque a autoridade destinatária da ordem conhece os fatos adventícios àqueles examinados pelo tribunal e pode avaliar os reflexos sobre direitos posteriores;
c) é mais jurídica, porque é inerente a essa via a possibilidade de recurso da determinação do tribunal, ao próprio tribunal, além de, eventualmente, ser permitida a impetração de ação judicial mandamental.

A restauração da ordem legal, de forma direta pelo Tribunal de Contas, sempre deve ser vislumbrada como exceção e admitida diante da inércia ou omissão da autoridade destinatária da ordem.

O exame da legalidade recai sobre seus dois subprincípios basilares, aplicáveis à Administração Pública: a primazia da lei e a reserva legal.

Pela primazia da lei tem-se que a Administração não pode sobrepor a sua vontade aos comandos legais. Toda ação administrativa deve se dar conforme autorizado por lei, e nunca em sentido contrário. Em lição esclarecedora sobre o tema, Itiberê de Oliveira Rodrigues ensina que:

> Em relação a todas as atividades da Administração Pública, esse princípio significa que ela necessita observar e aplicar as leis e que ela não pode substituir os comandos legais por suas próprias decisões. Isso significa, por conseguinte, que em virtude dessa primazia ou supremacia da lei, a Administração Pública somente pode agir *secundum legem* ou *praeter legem*, nunca, porém, *contra legem*. Assim agindo, seus atos serão inválidos.[84]

[83] BRASIL. **Constituição da República Federativa do Brasil** (Versão Bolso). Organização dos textos e índice por J. U. JACOBY FERNANDES. 2. ed. Belo Horizonte: Fórum, 2019. "Art. 71 [...] IX - assinar prazo para que o órgão ou entidade adote as providências necessárias ao exato cumprimento da lei, se verificada ilegalidade; X - sustar, se não atendido, a execução do ato impugnado, comunicando a decisão à Câmara dos Deputados e ao Senado Federal;".

[84] RODRIGUES, Itiberê de Oliveira. **Fundamentos dogmático-jurídicos da história do princípio da legalidade**

Pelo subprincípio da reserva legal, tem-se que somente com autorização expressa da lei será válida a atuação administrativa, cabendo à Administração Pública o restrito papel de "cumprir a lei de ofício"[85].

A reserva legal vem sendo objeto de discussão pela doutrina, especialmente diante de situações em que se verifica ser injustificável a omissão estatal tão somente pela ausência de uma previsão legal expressa. Tem se defendido, cada vez com maior vigor, a superação dessa vertente da legalidade estrita pela ideia de juridicidade, em que se admite - e se exige - que a Administração Pública atue mediante a interpretação das regras e princípios do Direito, em especial, aqueles importados diretamente da Constituição.

Nesse cenário, tem-se um espaço fértil para que a Administração Pública atue mediante um exercício interpretativo do Direito, essencialmente, na busca da efetivação dos direitos fundamentais.

Ocorre que o princípio da legalidade vem passando por uma transformação, conforme ensina Odete Medauar:

> Embora permaneçam o sentido de poder objetivado pela submissão da Administração à legalidade e o sentido de garantia, certeza e limitação do poder, registrou-se evolução na ideia genérica de legalidade. Alguns fatores dessa evolução podem ser apontados, de modo sucinto. A própria sacralização da legalidade produziu um desvirtuamento denominado legalismo ou legalidade formal, pelo qual as leis passaram a ser vistas como justas por serem leis, independentemente do conteúdo. Outro desvirtuamento: formalismo excessivo dos decretos, circulares e portarias, com exigências de minúcias irrelevantes. Por outro lado, com as transformações do Estado, o Executivo passou a predominar sobre o Legislativo; a lei votada pelo Legislativo deixou de expressar a vontade geral para ser vontade de maiorias parlamentares, em geral controladas pelo Executivo.
>
> Ante tal contexto, buscou-se assentar o princípio da legalidade em bases valorativas, sujeitando as atividades da Administração não somente à lei votada pelo Legislativo, mas também aos preceitos fundamentais que norteiam todo o ordenamento.[86]

Importa considerar, contudo, que o exame "purista" da legalidade vem perdendo força diante de uma visão constitucionalista do Direito Administrativo. Não

---

administrativa no Brasil. In: ÁVILA, Humberto (Org.). Fundamentos do Estado de Direito: Estudos me homenagem ao Professor Almiro Couto e Silva. São Paulo: Malheiros, 2005.

[85] A expressão é clássica no Direito Administrativo brasileiro, cunhada pelo singular administrativista Seabra Fagundes: FAGUNDES, Miguel Seabra. **O Controle dos Atos Administrativos pelo Poder Judiciário.** 4. ed. Edi. Forense, 1967.

[86] Medauar, Odete. **Direito administrativo moderno.** 20 ed., rev., atual. e ampl. São Paulo: Editora Revista dos Tribunais, 2016. Página 149.

se sustentam raciocínios cartesianos que pretendam justificar o sacrifício do interesse público em prol de uma subsunção normativa descomprometida com a realidade.

Assim é que a própria LINDB impôs ao intérprete o dever de um exame consequencialista das decisões sobre a validade de atos administrativos amparados na interpretação estrita da lei. Impõe o art. 21 que: "A decisão que, nas esferas administrativa, controladora ou judicial, decretar a invalidação de ato, contrato, ajuste, processo ou norma administrativa **deverá indicar de modo expresso suas consequências jurídicas e administrativas**"[87].

Note o prestígio da instância controladora, que rompeu a dicotomina – administrativa ou judicial, existente até o século passado. Em cenários tais que a invalidação do ato represente um sacrifício maior ao interesse público do que a sua preservação, a anulação do ato ficará prejudicada, sendo incabível "impor aos sujeitos atingidos ônus ou perdas que, em função das peculiaridades do caso, sejam anormais ou excessivos" (art. 21, p. único).

Um parêntese: aliás, no balizamento jurídico atual, essa angularização da relação jurídica parece ser a única possível. Note o art. 147 da Lei nº 14.133/2021 que permitiu a manutenção de contrato nulo a partir da verificação de onze requisitos. Com essa inovação, embora o Tribunal de Contas não possa determinar a anulação do contrato, pode informar que o entende por nulo e o controlado deverá, à luz desse dispositivo, avaliar a conveniência e a oportunidade de sua manutenção. Tal inovação não tem precedentes legais com essa contundência. É preciso reafirmar que a decisão final sobre nulidade de contrato para a instância controladora, quando há resistência do administrador, exige a convergência harmônica do tribunal de contas e do parlamento, que até o decurso de noventa dias, detém competência.

Sobre a extensão do princípio da legalidade e a defesa nos Tribunais de Contas, consulte, no capítulo IV, o subitem 4.1.1.

1.6.2 Legitimidade

O atributo da legitimidade do ato intersecciona as esferas do interesse público e da moralidade.

A propósito, Ana Luiza Jacoby esclarece que:

> A inserção do controle sob o aspecto da legitimidade constitui uma inovação da Constituição vigente.
>
> O parâmetro da legitimidade, para grande parte da doutrina, é de onde deriva o princípio da moralidade administrativa.
>
> Muitas vezes utilizados como sinônimos, moralidade e legitimidade têm como conceito posto por Alexandre de Moraes de que não basta ao administrador o cumprimento da estrita legalidade, devendo ele, no exercício da função pública: "respeitar os

[87] BRASIL. Decreto-lei nº 4.657, de 4 de setembro de 1942. Lei de Introdução às normas do Direito Brasileiro. Disponível em: https://www.planalto.gov.br/ccivil_03/decreto-lei/del4657compilado.htm.

> princípios éticos de razoabilidade e justiça, pois a moralidade constitui, a partir da Constituição de 1988, pressuposto de validade de todo ato da Administração Pública.[88]

Traduz o controle da legitimidade a aferição direta entre os motivos determinantes do ato administrativo e os resultados diretos e indiretos alcançados ou pretendidos. Nesse itinerário, desde a preparação do ato administrativo até a sua consumação, devem operar, em plenitude, os vetores da impessoalidade e do interesse público.

Nesta linha de entendimento, como explica Ana Luiza Jacoby "o controle de legitimidade comporta o aspecto formal e material: o primeiro é a verificação de que se quem produz os atos possui legítimo poder para tal, já o segundo é se os fins almejados são legítimos".

Mantendo a letra da legalidade, o controle da legitimidade vai além dessa fronteira, pois o agente público:

> [...] não poderá jamais desprezar o elemento ético de sua conduta. Assim, não terá que decidir somente entre o legal e o ilegal, o justo e o injusto, o conveniente e o inconveniente, o oportuno e o inoportuno, mas principalmente entre o honesto e o desonesto, consoante as regras contidas no art. 37, *caput*, e § 4º da Constituição Federal.[89]

O desvio de finalidade é uma das expressões do ato ilegítimo.

Quando o Tribunal recomenda estruturar um órgão para atender a demanda, treinar servidores e solucionar o problema da obsolescência do parque tecnológico da imprensa,[90] realiza auditorias avaliando a estrutura de governança de uma entidade,[91] ordena liberar os recursos a tempo e modo de sua regular aplicação, para evitar a retenção durante o exercício e a liberação no final do ano,[92] está fazendo o controle da legitimidade dos atos administrativos. Aqui é importante considerar que esse ângulo da função do controle não se há de confundir com a gestão ou *cogestão*. O controle aponta a causa da disfunção, o motivo pelo qual a meta não é atingida; a decisão é do gestor público. Somente quando se afasta das diretrizes ou da legalidade é que o gestor se subjugará ao veredito do controle.

---

[88] JACOBY FERNANDES, Ana Luiza. *Tribunal de Contas da União e a Nova Lei de Licitações e Contrato.* Uma nova proposta de controle em matéria de licitações e contratações públicas. Belo Horizonte: Fórum, 2024, p. 132 e 133.

[89] BRASIL. Decreto nº 1.171, de 22 de junho de 1994. Aprova o Código de Ética Profissional do Servidor Público Civil do Poder Executivo Federal. Disponível em: **https://www.planalto.gov.br/ccivil_03/decreto/d1171.htm.** Anexo, Código de Ética Profissional do Servidor Público Civil do Poder Executivo Federal, Capítulo I. Seção I, Das Regras Deontológicas.

[90] BRASIL. Tribunal de Contas da União. Processo TC nº 016.406/2009-0. Acórdão nº 2616/2011 - 2ª Câmara. Relação nº 14/2011. Relator: Ministro Augusto Nardes. Brasília, 3 de maio de 2011. **Diário Oficial da União [da] República Federativa do Brasil**, Brasília, DF, 10 maio 2011.

[91] BRASIL. Tribunal de Contas da União. Processo TC nº 032.190/2008-9. Acórdão nº 415/2009 - 2ª Câmara. Relação nº 3/2009. Relator: Ministro Benjamin Zymler. Brasília, 3 de maio de 2011. **Diário Oficial da União [da] República Federativa do Brasil**, Brasília, DF, 4 maio 2011.

[92] BRASIL. Tribunal de Contas da União. Processo TC nº 926.268/1998-8. Decisão nº 524/1999 – Plenário. Relator: Ministro Valmir Campelo. Brasília, 11 de agosto de 1999. **Diário Oficial [da] República Federativa do Brasil**, Brasília, DF, 20 ago. 1999.

1.6.3 Juridicidade

A constitucionalização do Direito Administrativo é um fenômeno que provocou uma revisitação aos pilares desse ramo jurídico à luz do Direito Constitucional. A aproximação com o Direito Constitucional fez com que a base estritamente formal e legalista do Direito Administrativo fosse suprimida em prestigio à eficácia imediata da Constituição.

Luís Roberto Barroso afirma que a constitucionalização promoveu uma releitura das bases do Direito Administrativo, atingindo, em especial, aquelas assentadas em perspectivas autoritárias injustificadas:

> Por fim, mais decisivo do que tudo para a constitucionalização do Direito Administrativo foi a incidência no seu domínio dos princípios constitucionais — não apenas os específicos, mas sobretudo os de caráter geral, que se irradiam por todo o sistema jurídico. Também aqui, a partir da centralidade da dignidade humana e da preservação dos direitos fundamentais, alterou-se a qualidade das relações entre Administração e administrado, com a superação ou reformulação de paradigmas tradicionais. Dentre eles é possível destacar:
>
> a) a redefinição da ideia de supremacia do interesse público sobre o interesse privado
>
> Em relação a este tema, deve-se fazer, em primeiro lugar, a distinção necessária entre interesse público (i) primário — isto é, o interesse da sociedade, sintetizado em valores como justiça, segurança e bem-estar social — e (ii) secundário, que é o interesse da pessoa jurídica de direito público (União, Estados e Municípios), identificando-se com o interesse da Fazenda Pública, isto é, do erário. Pois bem: o interesse público secundário jamais desfrutará de uma supremacia *a priori* e abstrata em face do interesse particular. Se ambos entrarem em rota de colisão, caberá ao intérprete proceder à ponderação desses interesses, à vista dos elementos normativos e fáticos relevantes para o caso concreto.
>
> b) a vinculação do administrador à Constituição e não apenas à lei ordinária
>
> Supera-se, aqui, a ideia restrita de vinculação positiva do administrador à lei, na leitura convencional do princípio da legalidade, pela qual sua atuação estava pautada por aquilo que o legislador determinasse ou autorizasse. O administrador pode e deve atuar tendo por fundamento direto a Constituição e independentemente, em muitos casos, de qualquer manifestação do legislador ordinário. O princípio da legalidade transmuda-se, assim, em princípio da constitucionalidade ou, talvez mais propriamente, em princípio da juridicidade, compreendendo sua subordinação à Constituição e à lei, nessa ordem.

> c) a possibilidade de controle judicial do mérito do ato administrativo
>
> O conhecimento convencional em matéria de controle jurisdicional do ato administrativo limitava a cognição dos juízes e tribunais aos aspectos da legalidade do ato (competência, forma e finalidade) e não do seu mérito (motivo e objeto), aí incluídas a conveniência e oportunidade de sua prática. Já não se passa mais assim. Não apenas os princípios constitucionais gerais já mencionados, mas também os específicos, como moralidade, eficiência e, sobretudo, a razoabilidade-proporcionalidade permitem o controle da discricionariedade administrativa (observando-se, naturalmente, a contenção e a prudência, para que não se substitua a discricionariedade do administrador pela do juiz).[93]

Note que, para Barroso, a moldura da juridicidade é preferida à da legitimidade. Para a função de controle, a legitimidade está expressa e constitucionalmente definida como vetor ou baliza, conforme o art. 70. A juridicidade é, portanto, forma mais ampla que o controle da legalidade. É o controle da juridicidade - com esteio no princípio de mesmo nome - que tem por escopo a submissão do agir do Estado ao Direito, conformando-se as normas em um exercício de harmonização de princípios e regras, e tendo sempre como premissa a realização de direitos fundamentais.

O controle de juridicidade, voltado a garantir a adequada conformação de toda ação administrativa ao Direito, possui duas repercussões relevantes na concepção moderna do Direito Administrativo:

(i) a submissão à legalidade estrita, num agir burocrático e objetivo, dá lugar à juridicidade, representando o *dever de agir na busca da máxima efetivação da Constituição,* seja de forma mediata, quando a lei infraconstitucional atender às premissas da Carta maior, seja de forma imediata, quando da ausência de lei em sentido estrito ou mesmo quando esta for presente, mas configure uma afronta aos preceitos constitucionais. Tem-se aqui, por outro vértice, a premissa de que ao controle incumbe acolher interpretações jurídicas que se escorem na Constituição Federal, fundamentalmente, em seus princípios, ainda que ausente previsão legal expressa.

(ii) a discricionariedade dá lugar à legitimidade, sendo um dever do Estado agir sempre fulcrado no atendimento aos direitos fundamentais. A respeito da revisão da noção de discricionariedade administrativa, Gustavo Binembojm aponta que:

> A emergência da noção de juridicidade administrativa, com a vinculação direta da Administração à Constituição, não mais permite

---

[93] BARROSO, Luís Roberto. A constitucionalização do direito e suas repercussões no âmbito administrativo. In: ARAGÃO, Alexandre Santos de; MARQUES NETO, Floriano de Azevedo (Coord.). **Direito administrativo e seus novos paradigmas**. Belo Horizonte: Fórum, 2012.

> falar, tecnicamente, numa autêntica dicotomia entre atos vinculados e atos discricionários, mas, isto sim, em diferentes graus de vinculação dos atos administrativos à juridicidade. A discricionariedade não é, destarte, nem uma liberdade decisória externa ao direito, nem um campo imune ao controle jurisdicional. Ao maior ou menor grau de vinculação do administrador à juridicidade corresponderá, via de regra, maior ou menor grau de controlabilidade judicial dos seus atos.[94]

Desse modo, a Administração Pública não terá a prerrogativa de agir em dissonância com a finalidade última da norma - o cumprimento dos preceitos constitucionais - sob pena de extrapolar "o círculo de liberdade indispensável para avaliar, no caso concreto, o que é conveniente e oportuno à luz do escopo da lei"[95]. Discricionariedade não é atributo do autoritarismo, mas um espaço de liberdade para que o agente público atue na busca da melhor maneira de concretização dos direitos fundamentais, em cada caso concreto[96].

1.6.4 Economicidade

Também é um princípio imposto pela Constituição Federal para a função do controle, conforme o art. 70.

Um erro bastante comum é a confusão que se faz entre economicidade e custo reduzido, pretendendo que prevaleça este último ainda quando possa haver risco de comprometimento da eficiência na Administração Pública.

Contrária a essa equivocada concepção, tem-se certo consenso doutrinário de que o controle da economicidade "visa aferir a relação entre o custo e o benefício das atividades e resultados obtidos pelos administradores na gestão orçamentária, financeira e patrimonial, pelos aspectos da eficiência e eficácia e à luz de critérios ou parâmetros de desempenho. Posto que, nem tudo que é de custo reduzido atende bem a coletividade".[97]

O emérito Ministro do Tribunal de Contas da União, Ivan Luz, precurssor do tema no âmbito do controle, sob o pálio do controle da economicidade, sustentou a possibilidade de fiscalização dos resultados objetivos dos planos, projetos e programas de governo. Em sua visão, o exame acerca da eficiência, da produtividade e da

---

[94] BINENBOJM, Gustavo. **A constitucionalização do direito administrativo no Brasil: um inventário de avanços e retrocessos.** Revista Brasileira de direito Público (RBDP), Belo Horizonte, Ano 4, n. 14, p. 9-53, jul/set 2006.

[95] MELLO, Celso Antônio. **Discricionariedade e Controle Jurisdicional.** 2. ed. São Paulo: Malheiros, 2008, p. 82.

[96] Respondendo à consulta, o Tribunal de Contas da União decidiu que não lhe cabe "emitir, no âmbito do processo de solicitação de informações, juízo de valor acerca da urgência de eventual prorrogação de auxílio emergencial, visto que a análise sobre a urgência na realização de uma despesa pública está inserida na discricionariedade do Poder Executivo, sem prejuízo da atuação das instituições que a Constituição legitimou para avaliar eventuais usos indevidos do instrumento do crédito extraordinário". Acórdão nº 189/2022 - TCU - Plenário. Disponível em: https://pesquisa.in.gov.br/imprensa/jsp/visualiza/index.jsp?data=11/02/2022&jornal=515&pagina=188&totalArquivos=269.

[97] NAGEL, José. Normas gerais sobre fiscalização e julgamento a cargo do TCU. **Revista do Tribunal de Contas da União, nº 74.** Disponível em: http://www.tcu.gov.br. Acesso em: 28 abr. 2014.

consistência dos estudos de viabilidade econômica permitiria verificar economicidade de forma íntegra, como a relação adequada entre os recursos envolvidos e os resultados alcançados[98].

Um dos principais estudiosos do tema, Paulo Soares Bugarin afirma que o controle de economicidade está associado à idéia fundamental de *desempenho qualitativo*. Assim, a partir de um exame de índole pluridisciplinar, busca a "obtenção do melhor resultado estratégico possível de uma determinada alocação de recursos financeiros, econômicos e/ou patrimoniais em um dado cenário socioeconômico"[99].

Para Bugarin, o princípio constitucional da economicidade da gestão de recursos e bens públicos autoriza o TCU ao exame de todos os elementos informadores dos processos subjetivos de tomadas de decisão de gastos/investimentos públicos e o conjunto objetivo dos resultados alcançáveis, "qualificando-os, efetiva ou potencialmente, como ganhos ou perdas sociais, evitando-se, deste modo, a despesa pública antieconômica e a conseqüente perpetração do, muitas vezes irremediável, prejuízo social".

Esse é o vetor que justifica instrumentos de controle como auditoria operacional, auditoria de desempenho e de resultados, todos com foco mais amplo do que uma avaliação limitada e restrita ao valor do desembolso.

1.7 Sistemas de controle

Sem deixar de reconhecer o valor das incontáveis classificações ou tipologias de controle, interessa, ao presente estudo, a existência de sistemas de controle distintos, dadas as implicações consequentes que serão reveladas. É imperioso, no entanto, deixar desde logo assentado que várias propostas de classificação de controle, repetidas num misoneísmo que se distancia de critérios racionais e didáticos, devem ser afastadas.

Sem dúvida, a mais útil classificação é a que se faz a partir do reconhecimento da existência de sistemas distintos, embora com atuações permeadas entre si. A existência de estrutura organizacional, procedimentos, responsabilidades, processos, atividades e recursos desses sistemas, perceptíveis de forma distinta de outros, além de revelar a melhor forma de compreensão, organiza o conhecimento.

O estudo dos sistemas de controle não se confunde com as modalidades, isto é, com o modo como é realizado aquele, tradicionalmente dividido em prévio, concomitante e posterior.

---

[98] LUZ, Ivan. **Do controle da eficiência e economicidade pelos Tribunais de Contas.** Porto Alegre, Revista do Tribunal de Contas do Estado do Rio Grande do Sul, Vol. 2, nº 5, jun/1985, pp.77/ 84.

[99] BUGARIN, Paulo Soares. **Reflexões sobre o princípio constitucional da economicidade e o papel do TCU.** Revista do Tribunal de Contas da União, v. 29, p. 41-45, 1998.

A Lei de Organização e Processo do Tribunal de Contas de Portugal estabelece a consagração do Tribunal de Contas como instituição suprema de um sistema nacional de *controlo* coordenado e integrado.[100]

1.7.1 Controle social

O primeiro e talvez o mais valioso sistema de controle seja o social.

Tratado em compêndios de política e de filosofia, mostra-se, sem dúvida, como o único verdadeiramente eficaz, porque considera todos os integrantes da sociedade.

Por vezes, num esforço extraordinário, tenta-se remover a letargia social, para alavancar a expressão de uma consciência que se revela imanente no corpo social, aguardando motivação.

A vida em sociedade revela a existência de um sistema de controle denominado social, genuinamente elementar e importante, que se biparte, tradicionalmente, em interno e externo. O interno, constituído pelo conjunto de ações adotadas pela sociedade para mentalizar nos indivíduos as normas, os valores e os objetivos da ordem social, é enfatizado pela comunidade durante a fase da socialização primária, pela família e pela escola. Lembra Garelli, a propósito, que:

> no controle social interno, os meios consistem na conscientização, não agem externamente ao indivíduo. É o grau de cultura de uma civilização que determina o controle social interno, como também ensejará o externo.[101]

Uma primeira premissa, que deve ser assentada com base nos estudos de Garelli, é no sentido de que "no curso de sua história cada sociedade ou grupo tende a modificar os mecanismos de controle social a que faz recurso [*sic*] para garantir o consenso". Não é, portanto, o controle social considerado, quanto aos meios, algo estático.

Cada dia mais avançam as concepções que, no âmbito do Direito, procuram encontrar meios de efetivar o controle social da Administração Pública e do próprio Estado.

Agustin Gordillo, assimilando essa expectativa, revela o que se pretende de uma sociedade participativa, no mais pleno sentido da palavra:

> participação nos benefícios da sociedade, participação na tomada de decisões do poder. Os esquemas clássicos da democracia representativa não se repelem, mas se revelam insuficientes: há que se criar novas e adicionais formas de participação do povo no poder, de modo tal que sua influência nele não se limite à eleição de candidatos.[102]

---

[100] PORTUGAL. Tribunal de Contas. Apresentação Institucional. **O Tribunal de Contas na actualidade.** 1. Quadro jurídico geral. Disponível em: http://www.tcontas.pt/. Acesso em: 28 abr. 2014. Lei nº 98, de 26 de agosto de 1997.

[101] GARELLI *apud* BOBBIO, Norberto; MATTEUCCI, Nicola; PASQUINO, Gianfranco. **Dicionário de política.** 4. ed. 1. v. Brasília: UnB, 1998, p. 285.

[102] GORDILLO, Agustin. **Princípios gerais de Direito Público.** São Paulo: RT, 1977, p. 39.

No Brasil, o controle social encontra ressonância no Estatuto Político Fundamental, embora seu exercício ainda seja incipiente, como revela um dos maiores especialistas em Direito Público, Carlos Ayres de Britto:

> A Constituição tanto aparelha a pessoa privada para imiscuir-se nos negócios do Estado para dar satisfações a reclamos que só repercutem no universo particular do sindicante, quanto aparelha a pessoa privada para imiscuir-se nos negócios do Estado para dar satisfações a reclamos no universo social por inteiro.[103]

Na mesma esteira, expressa-se Alice Gonzáles Borges, professora titular da Faculdade de Direito da Universidade Católica de Salvador:

> como instrumentos impulsionadores de toda essa indispensável ação dos poderes estatais, a Constituição institucionalizou, de várias formas, e perante os três poderes, o controle participativo dos cidadãos [...].[104]

Em julgamento ocorrido no Supremo Tribunal Federal, o Ministro Joaquim Barbosa, lembrando Shimdt-Aβmann, ponderou:

> A consecução da democracia, de último modo, depende da ação do Estado na promoção de um procedimento administrativo que seja: a) sujeito ao controle por parte dos órgãos democráticos, b) transparente, e c) amplamente acessível aos administrados. Nas palavras de E. Shimdt-Aβmann: "Na base ou no nível inferior do Estado Federal, a democracia é, antes de tudo, uma democracia administrativa, cujas funções legitimadoras se desenvolvem através do procedimento administrativo.[105]

Na presente edição, temos o prazer de evidenciar que o Brasil vem avançando no Controle Social. Em 2017, a Lei nº 13.460 dispôs sobre participação, proteção e defesa dos direitos do usuário dos serviços públicos da administração pública. Ao regulamentar a referida lei, o Decreto nº 9.492, de 5 de setembro de 2018 instituiu o Sistema de Ouvidoria do Poder Executivo federal. No ano seguinte, por meio do Decreto nº 9.723, de 11 de março de 2019, foi instituída a Rede Nacional de Ouvidorias e o dever da Controladoria-Geral da União de disponibilizar sistema integrado e informatizado às unidades da Rede Nacional, com a finalidade de promover a participação do usuário de serviços públicos nos processos de simplificação e desburocratização de serviços.[106]

---

[103] BRITTO, Carlos Ayres. Distinção entre 'Controle Social do Poder' e 'Participação Popular'. **Revista de Direito Administrativo**. Rio de Janeiro: Renovar, n. 189, 1992, p. 115.

[104] BORGES, Alice Gonzáles. O controle jurisdicional da Administração Pública. **Revista de Direito Administrativo**. Rio de Janeiro, n. 192, p. 49-60, abr./jun. 1993.

[105] BRASIL. Supremo Tribunal Federal. Ação Direta de Inconstitucionalidade nº 1.976/DF. Pleno. Relator: Ministro Joaquim Barbosa. Brasília, 28 de março de 2007. Disponível em: http://www.stf.jus.br. Acesso em: 28 abr. 2014. Voto.

[106] Consulte a propósito: a) BRASIL. Lei nº 13.460, de 26 de junho de 2017. Dispõe sobre participação, proteção e

1.7.2 Controle interno

Em qualquer organização, a partir de certo porte, seja pública ou privada, será possível vislumbrar a atuação de duas formas de controle: o interno e o externo. Tradicionalmente, controle interno é o realizado pela própria estrutura orgânica da Administração, ainda que em colaboração aos órgãos de Controle Externo. Discorrendo sobre a função, o Ministro Adhemar Paladini Ghisi explica que:

> o Controle Interno abarca todas as formas de controle, preventivo ou detectivo, existentes em determinada organização - pública ou privada - sejam de natureza financeira, contábil, técnica ou mesmo operacional. Os controles internos são implantados pela própria gerência de cada área no curso de suas rotinas e atividades, buscando evitar que sejam cometidos erros na execução. Não é demais assinalar que nenhuma organização subsiste sem a existência de mínimos controles internos.[107]

O externo, diversamente, é o praticado por outro agente ou órgão que não integra a estrutura organizacional controlada, conforme se verá, pormenorizadamente, no item 1.7.3.

O ilustre Jarbas Maranhão, em estudo sobre controle, assinala que a origem do controle interno pode ser associada ao Marquês de Pombal que, em 1761, criou o Erário Real, o Tesouro Geral e os Conselhos de Fazenda, sistemas que foram aperfeiçoados com a chegada de D. João VI ao Brasil. De imediato, foram instituídas três Contadorias Gerais, uma Conta-Geral e um Balanço Semestral.[108]

A atuação do controle interno não se coloca em conflito com o controle externo. Reforçando e esclarecendo esse entendimento, o Supremo Tribunal Federal assentou:

> A atuação do Tribunal de Contas da União no exercício da fiscalização contábil, financeira, orçamentária, operacional e

---

defesa dos direitos do usuário dos serviços públicos da administração pública. Disponível em: https://www.planalto.gov.br/ccivil_03/_ato2015-2018/2017/lei/l13460.htm. Decreto nº 9.492, de 5 de setembro de 2018. Regulamenta a Lei nº 13.460, de 26 de junho de 2017, que dispõe sobre participação, proteção e defesa dos direitos do usuário dos serviços públicos da administração pública federal, institui o Sistema de Ouvidoria do Poder Executivo federal, e altera o Decreto nº 8.910, de 22 de novembro de 2016, que aprova a Estrutura Regimental e o Quadro Demonstrativo dos Cargos em Comissão e das Funções de Confiança do Ministério da Transparência, Fiscalização e Controladoria-Geral da União. Disponível em: https://www.planalto.gov.br/ccivil_03/_ato2015-2018/2018/Decreto/D9492.htm e alterações; c) Manual do Fala.br – módulo acesso à informação, guia para SICs. Disponível em: https://repositorio.cgu.gov.br/bitstream/1/46648/1/Manual_FalaBr_SIC_versao2.pdf; d) OUVIDORA-GERAL DA UNIÃO e a SECRETÁRIA NACIONAL DE ACESSO À INFORMAÇÃO. Instrução Normativa Conjunta OGU-SNAI/CGU nº 1/2025.Disponível em: https://www.in.gov.br/en/web/dou/-/instrucao-normativa-conjunta-ogu-snai/cgu-n-1-de-7-de-marco-de-2025-616495904.

[107] GHISI, Adhemar Paladini. **O Tribunal de Contas e o sistema de controle interno**. Conferência realizada em Maputo, 1997. Texto impresso pelo TCU e gentilmente remetido ao autor pelo conferencista em 12 de janeiro de 1999, p. 6.

[108] Não se pode olvidar o esforço que o TCU vem desenvolvendo com vistas a manter a competência do controle interno, inclusive inibindo normas contratuais que visam excluir a sua ação. Nesse sentido, em relação à dívida externa e aos contratos com organismos multilaterais: BRASIL. Tribunal de Contas da União. Processo TC nº 013.400/2001-8. Decisão nº 1.142/2002. Relator: Ministro Benjamin Zymler. Brasília, 4 de setembro de 2002. **Diário Oficial da União [da] República Federativa do Brasil**, Brasília, DF, 13 set. 2002.

> patrimonial das entidades administrativas não se confunde com aquela atividade fiscalizatória realizada pelo próprio órgão administrativo, uma vez que esta atribuição decorre da de controle interno, ínsito a cada Poder e aquela, do controle externo a cargo do Congresso Nacional.[109]

Após essa breve introdução sobre os sistemas de controle, cabe, agora, tratar das relações entre o controle interno e externo; posteriormente, de cada um deles.

1.7.2.1 Relações entre o controle interno e controle externo

Tradicionalmente, ensina-se que a principal função do controle interno é apoiar os trabalhos do controle externo.[110] Esse apoio, contudo, só será efetivo se também o controle externo exercer institucionalmente o apoio na adequada estruturação e operação do controle interno.

Adhemar Ghisi destaca três pontos fundamentais como benefício da maximização da cooperação entre os dois sistemas, a saber:

a) redução do escopo dos trabalhos do controle externo, como decorrência da verificação da efetividade dos exames levados a termo pelo controle interno;
b) fornecimento, por parte do controle interno, de informações vitais para o melhor conhecimento dos setores a serem auditados. Por esse motivo, uma das funções do controle externo é aferir o grau de confiabilidade dos trabalhos realizados pelo controle interno;
c) eliminação da duplicidade de esforços, na medida do possível.[111]

Além da definição e limitação dos papéis, deve o Tribunal de Contas buscar maior integração com o controle interno, visando a atuação de forma sistêmica. Um exame preliminar revela que muitas vezes o tribunal, por falta de um aperfeiçoamento no relacionamento e na comunicação, acaba desempenhando funções de controle interno, como ocorre quando se institui uma representação permanente dentro do órgão controlado.

---

[109] BRASIL. Supremo Tribunal Federal. Pet-AgR nº 3606/DF. Relator: Ministro Sepúlveda Pertence. **Diário da Justiça da República Federativa do Brasil**, Brasília, DF, 27 out. 2006.

[110] III Encontro dos Tribunais de Contas dos países de língua portuguesa. Tema I - Os Tribunais de Contas e o controle interno. "[...] Recomendações: 1. Que os respectivos Governos instituam nos diversos departamentos ministeriais, *órgãos de controlo interno*, da respectiva entidade financeira. 2. Que, nos casos em que tais órgãos de *controlo interno* existam, seja articulada e harmonizada a sua atuação criando-se um verdadeiro *Sistema Nacional de Controlo Interno*. 3. Que sejam criadas condições legislativas e/ou administrativas para assegurar a *complementaridade articulada entre o sistema de controlo interno e o sistema de controlo externo* a realizar pelos Tribunais de Contas e entidades congêneres. 4. Que essa articulação se consubstancie no *dever legal dos órgãos de controlo interno* remeterem com antecedência aos Tribunais de Contas e entidades congêneres os programas anuais e plurianuais das suas acções, bem como os respectivos relatórios de auditoria, e ainda na possibilidade de realizarem a seu pedido acções de *controlo*. [...]". **Diário Oficial da União [da] República Federativa do Brasil**, Brasília, DF, 24 nov. 1997. Seção 1, p. 27.439.

[111] GHISI, Adhemar Paladini. **O Tribunal de Contas e o sistema de controle interno**. Conferência realizada em Maputo, 1997. Texto impresso pelo TCU e gentilmente remetido ao autor pelo conferencista em 12 de janeiro de 1999, p. 9.

Valiosa é a lição de Antônio Fonseca, acerca da interrelação dos controles:

> À administração também cabe estabelecer mecanismos de avaliação dos resultados. Isso permite detectar falhas e gera oportunidade de reparação. Avaliar resultados revela um comprometimento com o controle de qualidade da justiça administrativa. Afora o autocontrole ou Controle Interno, existe o Controle Externo, de ordinário realizado pelo Poder Judiciário e/ou pelo parlamento, este quando provido pelo quadro legal.[112]

É importante observar que, nada obstante seja tradicionalmente ensinado que a principal função do controle interno seja apoiar o controle externo, há que se compreender melhor essa questão e talvez evoluir esse ensinamento. É que a situação funcional do controle interno, não subordinada funcionalmente ao controle externo, mas a uma outra autoridade administrativa, deve levar à compreensão que a principal função é orientar essa autoridade e os agentes vinculados no sentido de observar a legislação e as orientações dos tribunais de contas e controladoria centrais[113]. Após orientar, sempre que possível, apresentar os caminhos para a regulação e certificar a regularidade dos atos.

1.7.2.2 Controle interno e autotutela

Na Administração Pública e nos compêndios em geral, ainda grassa confusão sobre autocontrole e controle interno, motivo porque impõe-se uma palavra sobre o tema.

Tecnicamente, o controle interno é o *gênero* em relação à autotutela. Ao primeiro termo associa-se a noção de estrutura própria – recursos humanos e materiais –, de um *sistema*. O segundo termo constitui uma prerrogativa, dever decorrente do princípio da eficiência, ao qual está jungida toda autoridade pública no sentido de verificar a correção dos atos que pratica ou por cuja função responde.

Alguns estudiosos do tema procuram incluir no conceito de autotutela a possibilidade de revisão dos atos dos subalternos pelo superior hierárquico, embora,

---

[112] FONSECA, Antônio. Papel dos tribunais administrativos e sistema judicial. **Revista de Informação Legislativa.** Brasília, ano 35, n. 137, p. 228, jan./mar. 1998.

[113] a) Regular o tema internamente é uma ótima opção para dar efetividade às ações do controle. Consulte, a propósito, norma interna da VALEC, que trata das demandas e a interlocução (o que) entre os órgãos, define matriz de responsabilidade (quem), define o modo pelo qual as comunicações serão feitas (como) e estabelece a necessidade de formalização por meio de planos de ação "que deverão prever as ações, prazos e responsáveis, de modo que contribuam para o planejamento do atendimento às determinações ou recomendações e possibilitem o acompanhamento da evolução dos trabalhos pela alta gestão". Instrução Normativa nº 1/AUDIN-INFRASA/CONSAD-INFRASA/AG-INFRASA/2023. Disponível em: https://pesquisa.in.gov.br/imprensa/jsp/visualiza/index.jsp?data=17/07/2023& jornal=515&pagina=169&totalArquivos=170.

b) a partir das recomendações dos tribunais de contas, os órgãos podem se organizar internamente, como fez o Ministério da Defesa, ao criar método de acompanhamento do Planejamento Estratégico Setorial de Defesa e GT para avaliar riscos expressos nas deliberações do TCU. Portaria GM-MD nº 5.988/2022 e Portaria SEPROD/SG-MD nº 6.030/2022. Disponíveis em: https://pesquisa.in.gov.br/imprensa/jsp/visualiza/index.jsp?data=15/12/2022& jornal=515&pagina=181&totalArquivos=296.

em sentido estrito, a conotação seja pertinente apenas à revisão dos próprios atos. Em sentido *lato*, admite-se a primeira conotação.

Para os fins deste trabalho, considera-se pertinente à autotutela a ação da autoridade administrativa sobre seus próprios atos e sobre a ação dos hierarquicamente subordinados - sentido *lato* -; como ação do controle interno tem-se aquela realizada por órgão com essa atribuição, integrante da estrutura administrativa.

Essa amplitude permitirá uma visão dialética e didática dos direitos, deveres e limites de ação, tanto da autotutela como do controle interno.

Em breves linhas, cabe destacar as características dessa forma de controle, os agentes responsáveis pela sua execução e os procedimentos aplicados.

A função do controle existe tanto no âmbito público quanto no privado e apresenta as seguintes características:

a) é a mais ampla, no que se refere aos limites;
b) é a de menor custo;
c) é a mais rápida;
d) é a menos burocratizada;
e) é qualitativamente melhor.

Importante acrescentar que em razão do Decreto nº 9.830/2019 - que regulamentou os trechos incluídos na LINDB, o Controle Interno dispõe, agora, de um novo instrumento para "corrigir falhas apontadas, aprimorar procedimentos, assegurar a continuidade da execução do objeto, sempre que possível, e garantir o atendimento do interesse geral". O Termo de Ajustamento de Gestão (TAG) está previsto no art. 11 do referido decreto e pode ser firmado entre os agentes públicos e os órgãos de controle interno da administração pública, devendo a decisão de celebrá-lo ser motivada, vedada a celebração em caso de dano ao erário, em razão de ato doloso ou erro grosseiro.

1.7.2.2.1 Amplitude do controle interno

A Constituição, em seu art. 74, estabelece a finalidade institucional do sistema de controle interno.[114] Vai mais longe, estabelecendo que os Poderes Legislativo, Executivo e Judiciário manterão, de forma integrada, um sistema de controle interno. Em forma de sistema, essas unidades de controle interno trabalharão de forma

---

[114] BRASIL. Constituição Federal da República Federativa de 1988. Brasília: **Planalto** [2025]. Disponível em: https://www.planalto.gov.br/ccivil_03/constituicao/constituicao.htm: "Art. 74. Os Poderes Legislativo, Executivo e Judiciário manterão, de forma integrada, sistema de controle interno com a finalidade de:(i) avaliar o cumprimento das metas previstas no plano plurianual, a execução dos programas de governo e dos orçamentos da União; (ii) comprovar a legalidade e avaliar os resultados, quanto à eficácia e eficiência, da gestão orçamentária, financeira e patrimonial nos órgãos e entidades da administração federal, bem como da aplicação de recursos públicos por entidades de direito privado; (iii) exercer o controle das operações de crédito, avais e garantias, bem como dos direitos e haveres da União; (iv) apoiar o controle externo no exercício de sua missão institucional.

integrada respeitando o balizamento próprio não só de cada poder, como também das entidades que se vincularem a esse sistema.

Essa pretensão constitucional exige profundo discernimento sobre a aplicação dessas balizas. Pretender uniformizar as normas de regência poderá implicar na violação das razões determinantes para a criação de pessoas jurídicas, integrantes ou não da Administração Pública.

Pode-se referir à situação das empresas estatais que durante muito tempo sofreram iniciativas de serem totalmente equiparadas, na Administração Pública, à administração direta. Sem considerar as peculiaridades, os órgãos centrais de controle interno e até mesmo do controle externo, passaram a exigir o cumprimento de normas que retiravam não só autonomia como a função empresarial que a Constituição Federal lhes reservara, por exceção à atuação na atividade econômica. Foi preciso lei expressa, ordenando um freio à atuação do controle e obrigando-o a considerar essas peculiaridades.[115]

O mesmo ocorreu em relação às atividades do sistema "S" em que, inicialmente, se obrigou o cumprimento da lei da administração direta para reger as licitações e contratos; na etapa evolutiva seguinte, dispensou-se o cumprimento dessa lei expressa, admitindo a criação de regulamento próprio, desde que observasse rigorosamente os princípios constitucionais que regem a administração direta. Por fim, em análise do Supremo Tribunal Federal, passou-se a flexibilizar aplicação dos princípios do artigo 37 da Constituição. Por outro lado, porém, o órgão central do controle interno do Poder Executivo, vez por outra, continua tendo a pretensão de obrigar o controle interno do sistema "S" ao modelo da administração direta.[116]

A propósito, o sistema "S" tem um erro estrutural que, até agora, não corrigiram. Contabilizam os recursos parafiscais junto com recursos próprios. Os recursos parafiscais devem ter controle correspondente à origem pública dos recursos, mitigado para que tenham autonomia e atinjam a nobre finalidade de capacitar mão-de-obra em nivel técnico. Os recursos próprios terão que ser aplicados na mesma finalidade, com maior amplitude e autonomia gerencial.[117]

É fundamental que o controle interno, na estruturação sistêmica, saiba organizar-se por princípios e definir normas de regência para cada controle interno; que concilie com sabedoria as peculiaridades que distinguem cada órgão, cada entidade.

---

[115] Lei nº 13.303, de 30 de junho de 2016. Dispõe sobre o estatuto jurídico da empresa pública, da sociedade de economia mista e de suas subsidiárias, no âmbito da União, dos Estados, do Distrito Federal e dos Municípios. Disponível em: https://www.planalto.gov.br/ccivil_03/_ato2015-2018/2016/lei/l13303.htm. "Art. 90. As ações e deliberações do órgão ou ente de controle não podem implicar interferência na gestão das empresas públicas e das sociedades de economia mista a ele submetidas nem ingerência no exercício de suas competências ou na definição de políticas públicas."

[116] BRASIL. Tribunal de Contas da União, Processo n° 011.777/1996-6. Acórdão n° 907/1997- Plenário. Ata n° 53/1997 Plenário. Relator: Ministro Lincoln Magalhães da Rocha. Brasília, 11 de dezembro de 2009.

[117] BRASIL. Supremo Tribunal Federal. Recurso Extraordinário (RE) n° 789.874 - Plenário. Ata n° 25, de 17/09/2014. Relator: Ministro Teori Zavaski. Brasília, 01 de dezembro de 2014.

1.7.2.2.2 Linhas de defesa do controle interno

Em 2017, acolhendo doutrina, a Instrução Normativa SFC/MTCGU nº 03, de 09 de junho de 2017[118], que regulamenta a estrutura de controles internos dos órgãos e entidades da Administração Pública Federal, estabeleceu que o sistema de controle interno deve contemplar as três linhas de defesa da gestão ou camadas, as quais devem comunicar, de maneira objetiva, as responsabilidades de todos os envolvidos e prover uma atuação coordenada e eficiente, sem sobreposições ou lacunas.

A primeira linha de defesa é responsável por "identificar, avaliar, controlar e mitigar os riscos, guiando o desenvolvimento e a implementação de políticas e procedimentos internos destinados a garantir que as atividades sejam realizadas de acordo com as metas e objetivos da organização". Contempla, portanto, os mecanismos de controle primário, que devem ser instituídos pelos gestores responsáveis pela implementação das políticas públicas, no âmbito de seus macroprocessos finalísticos e de apoio.

Na segunda linha de defesa, o escopo é "apoiar o desenvolvimento dos controles internos da gestão e realizar atividades de supervisão e de monitoramento das atividades desenvolvidas no âmbito da primeira linha de defesa, que incluem gerenciamento de riscos, conformidade, verificação de qualidade, controle financeiro, orientação e treinamento".

A terceira linha de defesa é representada pela atividade de auditoria interna governamental, que deve ser desempenhada com o propósito de "contribuir para o aprimoramento das políticas públicas e a atuação das organizações que as gerenciam".

Nessa última instância de controle interno, as unidades de auditoria devem apoiar os gestores da alta administração de cada entidade na estruturação e efetivo funcionamento da primeira e da segunda linha de defesa da gestão, "por meio da prestação de serviços de consultoria e avaliação dos processos de governança, gerenciamento de riscos e controles internos".

A distinção das instâncias do controle interno, muito bem formulada pela norma, permite enxegar com maior clareza a abrangência ampla do controle interno, no cumprimento de sua missão institucional.

A atuação do controle interno deve buscar atender não só a finalidade de cooperação com o controle externo, mas, sobretudo, exercer o seu papel de protagonista na orientação e monitoramento das ações realizadas internamente na Administração Pública, tanto sob a vertente repressiva como prospectiva.

---

[118] Ministério da Transparência e Controladoria-Geral da União. SFC. Disponível em: https://repositorio.cgu.gov.br/bitstream/1/33409/19/Instrucao_Normativa_CGU_3_2017.pdf. Após a edição da IN 3/2017 e sua alteração, com revogação de dispositivos, pela Instrução Normativa SFC/MF nº 07, de 06 de dezembro de 2017, vários outros documentos, como o Manual de Orientações Técnicas da Atividade de Auditoria Interna Governamental do Poder Executivo Federal, entraram em vigor. Consulte, a propósito, o site da CGU.

A propósito, essas três linhas de defesa foram inseridas no art. 169 da Lei de Licitações e Contratos[119].

1.7.2.2.3 Princípios da atividade de controle interno

A doutrina e, posteriormente, a Instrução Normativa SFC/MF nº 03/2017 elencam sete princípios fundamentais aplicáveis ao controle interno. Princípios que devem servir como vetores indispensáveis em todo processo de avaliação ou orientação, quais sejam:

a) integridade;

b) autonomia técnica;

c) objetividade;

d) alinhamento às estratégias, objetivos e riscos da unidade auditada;

e) atuação respaldada em adequado posicionamento e em recursos apropriados;

f) qualidade e melhoria contínua; e

g) comunicação eficaz.

Em prestígio à melhor didática, serão desenvolvidos nos subtítulos a seguir os principais princípios destacados pela referida norma[120].

1.7.2.2.3.1 Integridade

Este princípio está relacionado à dimensão axiológica do termo integridade, abrangendo valores como a honestidade e a confiança. Há, no entanto, um caráter pragmático inalienável, que está presente nas razões da importância deste princípio. Nenhuma ação de controle é efetiva se não houver uma relação de confiança e colaboração entre os seus agentes e os auditados.

Exige-se, portanto, que toda ação de controle seja exercida dentro dos limites da honestidade e da responsabilidade. Os agentes de controle devem rechaçar quaisquer condutas que comprometam ou coloquem sob suspeita a confiança em relação aos objetivos de seu trabalho, devendo, inclusive, renunciar a quaisquer práticas ilegais ou que possam desacreditar a sua função.

Ainda no escopo da integridade e da preservação de uma boa relação, pressupõe-se que "os agentes de controle devem se comportar com cortesia e respeito no trato com os auditados, mesmo em situações de divergência de opinião, abstendo-se de emitir juízo ou adotar práticas que indiquem qualquer tipo de discriminação ou preconceito"[121].

---

[119] Lei nº 14.133 de 1º de abril de 2021. Disponível em: https://www.planalto.gov.br/ccivil_03/_ato2019-2022/2021/lei/l14133.htm.

[120] Embora haja incontáveis outras definições e formas de se distinguir os princípios aplicáveis ao controle interno, por alinhamento doutrinário, adota-se como parâmetro a linha de definição assentada na Instrução Normativa SFC/MTCGU nº 03, de 09 de junho de 2017.

[121] Instrução Normativa SFC/MTCGU nº 03, de 09 de junho de 2017. Aprova o Referencial Técnico da Atividade de Auditoria Interna Governamental do Poder Executivo Federal. Disponível em: https://repositorio.cgu.gov.br/handle /1/33409, p. 11.

1.7.2.2.3.2 Proficiência e zelo profissional

A noção de proficiência e zelo profissional está associada à qualificação dos agentes de controle interno para proporcionar razoável segurança acerca das opiniões emitidas. Consulte a propósito o princípio geral do controle, princípio da qualificação adequada, no subtitulo 1.5.4, antecedente.

A Secretaria de Controle Interno Federal reúne na noção de proficiência todas as competências necessárias ao desempenho das responsabilidades do órgão de controle interno. Assim, são necessários conhecimentos sobre: (i) técnicas de auditoria; (ii) avaliação de riscos; (iii) as estratégias e objetivos específicos da entidade da Adminstração a que se integra; além da (v) habilidade para exercer o julgamento profissional devido.

O zelo profissional se refere à postura esperada na condução dos trabalhos. O agente de controle interno deve agir com a cautela esperada de um profissional prudente e competente, devendo demonstrar diligência e responsabilidade no desempenho das tarefas a ele atribuídas, de modo a reduzir a possibilidade de erros.

1.7.2.2.3.3 Autonomia técnica e objetividade

O princípio da autonomia técnica impõe que o agente de controle deve desenvolver seus trabalhos de maneira imparcial e independente. Nesse sentido, seu trabalho deve estar livre de interferências externas ou mesmo internas que possam comprometer a adequada determinação do escopo, a execução dos procedimentos e a comunicação dos resultados. Consulte, a propósito, o subitem 1.5.2 que trata do princípio geral do controle denominado "princípio da independência técnico-funcional".

No exercício de suas funções, o agente de controle interno deve ter condições de executar todas as atividades em um cenário de absoluta independência, detendo autonomia para posicionar-se nos processos sem qualquer receio de rechaçamento ou perseguição.

Há que se adotar especial cautela, ainda, quanto a eventual comprometimento das funções do controlador por ingerências políticas. Nesse sentido, inclusive, orienta a Secretaria Federal de Controle que nos casos em que o agente tenha atribuições de gestão externas à atividade de auditoria interna, ou mesmo que exista a expectativa de exercer tais atribuições no âmbito da unidade auditada, devem ser adotadas medidas de salvaguarda para evitar qualquer prejuízo à autonomia técnica do trabalho. Caso efetivamente se identifique esse tipo de risco de interferência no trabalho do agente de controle, ainda que subjetiva, "o trabalho de avaliação sobre os processos pelos quais foi responsável deve ser supervisionado por uma unidade externa à auditoria interna".

A objetividade exige que os agentes de controle interno atuem de forma imparcial e isenta, "evitando situações de conflito de interesses ou quaisquer outras que afetem sua objetividade, de fato ou na aparência, ou comprometam seu julgamento profissional"[122].

Em qualquer caso, os agentes de controle, de ofício, devem declarar impedimento ou suspeição. Em caso de dúvidas sobre potencial risco para a isenção de seu trabalho, deve-se buscar orientação junto aos responsáveis pela supervisão do trabalho ou à comissão de ética ou instância similar, conforme definido na organização a que se integre.

Um bom parâmetro normativo para tornar mais objetiva a análise do caso concreto é o que consta dos arts. 144 e 145 do Código de Processo Civil, voltados às situações de impedimento e suspeição dos magistrados, mas que também são aplicáveis a árbitros e peritos.[123]

Ainda com respeito a riscos de interferência subjetiva na análise, a Secretaria Federal de Controle orienta que os agentes de controle "devem se abster de auditar operações específicas com as quais estiveram envolvidos nos últimos 24 meses, quer na condição de gestores, quer em decorrência de vínculos profissionais, comerciais, pessoais, familiares ou de outra natureza, mesmo que tenham executado atividades em nível operacional"[124].

---

[122] Instrução Normativa SFC/MF nº 03, de 09 de junho de 2017, p.12. Alterada, com revogação parcial de dispositivos, pela Instrução Normativa SFC/MTCGU n° 07, de 06 de dezembro de 2017.

[123] "São essas situações taxadas no CPC:Art. 144. Há impedimento do juiz, sendo-lhe vedado exercer suas funções no processo: I - em que interveio como mandatário da parte, oficiou como perito, funcionou como membro do Ministério Público ou prestou depoimento como testemunha; II - de que conheceu em outro grau de jurisdição, tendo proferido decisão; III - quando nele estiver postulando, como defensor público, advogado ou membro do Ministério Público, seu cônjuge ou companheiro, ou qualquer parente, consanguíneo ou afim, em linha reta ou colateral, até o terceiro grau, inclusive; IV - quando for parte no processo ele próprio, seu cônjuge ou companheiro, ou parente, consanguíneo ou afim, em linha reta ou colateral, até o terceiro grau, inclusive; V - quando for sócio ou membro de direção ou de administração de pessoa jurídica parte no processo; VI - quando for herdeiro presuntivo, donatário ou empregador de qualquer das partes; VII - em que figure como parte instituição de ensino com a qual tenha relação de emprego ou decorrente de contrato de prestação de serviços; VIII - em que figure como parte cliente do escritório de advocacia de seu cônjuge, companheiro ou parente, consanguíneo ou afim, em linha reta ou colateral, até o terceiro grau, inclusive, mesmo que patrocinado por advogado de outro escritório; (Vide ADI 5953) IX - quando promover ação contra a parte ou seu advogado. § 1º Na hipótese do inciso III, o impedimento só se verifica quando o defensor público, o advogado ou o membro do Ministério Público já integrava o processo antes do início da atividade judicante do juiz. § 2º É vedada a criação de fato superveniente a fim de caracterizar impedimento do juiz. § 3º O impedimento previsto no inciso III também se verifica no caso de mandato conferido a membro de escritório de advocacia que tenha em seus quadros advogado que individualmente ostente a condição nele prevista, mesmo que não intervenha diretamente no processo. Art. 145. Há suspeição do juiz: I - amigo íntimo ou inimigo de qualquer das partes ou de seus advogados; II - que receber presentes de pessoas que tiverem interesse na causa antes ou depois de iniciado o processo, que aconselhar alguma das partes acerca do objeto da causa ou que subministrar meios para atender às despesas do litígio; III - quando qualquer das partes for sua credora ou devedora, de seu cônjuge ou companheiro ou de parentes destes, em linha reta até o terceiro grau, inclusive; IV - interessado no julgamento do processo em favor de qualquer das partes."

[124] Instrução Normativa SFC/MTCGU nº 03, de 09 de junho de 2017, p. 13. Alterada, com revogação parcial de dispositivos, pela Instrução Normativa SFC/MTCGU n° 07, de 06 de dezembro de 2017.

1.7.2.2.3.4 Alinhamento às estratégias, objetivos e riscos da unidade auditada

A ação do controle, embora independente e autônoma sob o enfoque técnico, não pode ser alienígena aos propósitos da entidade a que se integra. A ideia de um controle interno pressupõe o alinhamento desse órgão com os objetivos e as estratégias da entidade, de modo que toda avaliação busque direcionar as ações adotadas àqueles fins.

É aí que se configura uma das princiais diferenças entre o controle interno e o controle externo. Enquanto é vedado ao controle externo atuar de forma preventiva, como órgão de consultoria da Administração, o controle interno exerce papel preventivo e pedagógico, de consultoria. Tem como uma de suas principais funções orientar as instâncias decisórias a seguir nos trilhos da legalidade e da governança (que, como veremos adiante, tem uma amplitude muito maior do que o atendimento à lei estrita).

1.7.2.2.3.5 Governança e gerenciamento de riscos como objetivos precípuos do controle interno

Como *governo*, a palavra *governança* advém do verbo grego *kubernaein*, que significa dirigir. Sua utilização no ambiente corporativo e governamental tem por significado o conjunto de ações organizadas sistematicamente, por meio de políticas e processos, para o atingimento dos objetivos e estratégias institucionais.

No âmbito da Administração Pública Federal, o Decreto Federal nº 9.203, de 22 de novembro de 2017, representa um marco para a implementação da política de governança pública. Estabelecendo como uma prática cogente nos órgãos e entidades da Administração Pública Federal, é o próprio normativo que define governança pública como o "conjunto de mecanismos de liderança, estratégia e controle postos em prática para avaliar, direcionar e monitorar a gestão, com vistas à condução de políticas públicas e à prestação de serviços de interesse da sociedade"[125].

Partindo dessa apropriada definição, tem-se que é por meio de uma política adequada de governança que se definem os objetivos e estratégias de cada entidade da Administração Pública, assim como os riscos a que está submetida, a depender da atividade exercida.

A governança pública, portanto, possui uma relação bastante íntima com os órgãos de controle interno da Administração Pública, que tem por missão orientar as instâncias decisórias e assegurar o alcance de seus objetivos e estratégias. Assim, é papel do controle interno:

---

[125] Art. 2º, inc. I do Decreto Federal nº 9.203, de 22 de novembro de 2017. Disponível em: https://www.planalto.gov.br/ccivil_03/_ato2015-2018/2017/decreto/d9203.htm.

(i) avaliar e monitorar o gerenciamento eficaz do desempenho organizacional e *accountability*; e

(ii) avaliar o desenho, implantação e a eficácia dos objetivos, programas e atividades da entidade.

Compete ao controle interno, também, avaliar e contribuir para a melhoria do processo de gerenciamento de riscos da entidade administrativa a que se integre. Por gerenciamento de riscos tem-se o "processo de natureza permanente, estabelecido, direcionado e monitorado pela alta administração, que contempla as atividades de identificar, avaliar e gerenciar potenciais eventos que possam afetar a organização, destinado a fornecer segurança razoável quanto à realização de seus objetivos"[126].

Nesse ambiente, o papel do controle interno é assegurar que os riscos mais críticos são identificados e avaliados pelas áreas competentes; que as respostas aos riscos identificados são estabelecidas de forma compatível com o apetite ao risco da alta administração; e se as informações sobre esses riscos são organizadas e dispostas de tal forma que as instâncias decisórias possam adotar as providências de eliminação ou mitigação do risco, a depender da situação[127].

Sendo o gerenciamento de riscos um processo permanente, o controle interno deve, ainda, apoiar a alta administração no monitoramento da efetividade das políticas de governança e da área de gerenciamento de riscos, de modo a se manterem sempre atualizados os procedimento internos necessários.

1.7.2.3 Controle interno – unidade da administração

Destacada a autotutela, cabe ainda tratar do controle interno, como órgão, e da atuação sobre as atividades administrativas dos três poderes.

De acordo com o Guia de Orientação sobre Auditoria Internacional nº 05 da Federação Internacional de Contadores – IFAC[128], o ambiente de controle interno depende essencialmente de:

a) supervisão administrativa;

b) quadro de funcionários qualificados e honestos;

[126] Art. 2º, inc. IV do Decreto Federal nº 9.203, de 22 de novembro de 2017. Disponível em: https://www.planalto.gov.br/ccivil_03/_ato2015-2018/2017/decreto/d9203.htm.

[127] Consulte, a propósito, a Portaria nº 3.805, de 21 de novembro de 2023 que traz em aenxo duas deliberações: a) Deliberação CCCI nº 01/2023: Diretrizes para o monitoramento das recomendações emitidas pelas Unidades de Auditoria Interna Governamental do Poder e Executivo Federal (UAIG) e b) Deliberação CCCI nº 02/2023: Diretrizes para a elaboração do parecer sobre a prestação de contas da entidade previstona Instrução Normativa SFC nº 5, de27 de agosto de 2021. Disponível em: https://pesquisa.in.gov.br/imprensa/jsp/visualiza/index.jsp?data=23/11/2023&jornal=515&pagina=107&totalArquivos=116.

[128] A Federação Internacional dos Contadores - IFAC (*International Federation of Accountants*) foi criada em 1997, no Congresso Mundial dos Contadores, realizado na cidade de Munique.

c) estrutura organizacional que deve servir como molde, orientando a direção e controle de suas atividades.[129]

No Brasil, o tema ganhou tratamento em nível constitucional e amadurecimento de perspectiva com a Constituição Federal de 1988.

Algumas regras foram, então, definitivamente assentadas, como a estruturação *sistêmica*, a obrigatoriedade da instituição do controle interno, a função de apoio aos Tribunais de Contas e a corresponsabilidade pela omissão.

1.7.2.3.1 Obrigatoriedade da instituição

Já foi dito, alhures, que a Constituição Federal obriga a instituição de órgão de controle interno, de forma imperativa: "manterão". A constituição faz mais do que isso ao colocar a existência desse órgão como pressuposto, em artigo de disposição permanente. Logo, em 5 de outubro de 1988 quem não o possuía teve que se adequar imediatamente.

É, assim, obrigatória a existência de órgão de controle interno nos três poderes da União, na forma estabelecida na Constituição Federal[130]. Como o art. 75 estende as regras pertinentes ao controle realizado pelos Tribunais de Contas dos Estados e, tendo o controle interno a função de apoiar o externo, em homenagem à simetria que deve nortear a estrutura do controle, é correto assentar que também as unidades federadas devem possuir sistema de controle interno.

Não é suficiente, porém, estatuir. Indispensável estruturar os órgãos de modo a que possam cumprir adequadamente as funções que lhes são reservadas. Aliás, não faria sentido que o constituinte houvesse se preocupado em definir o amplo leque de atribuições e responsabilidades se, no cotidiano da Administração Pública, não fosse o órgão dotado dos recursos necessários e suficientes à atuação requerida para o cumprimento do elevado mister.

Nesse prisma, cabe destacar importante esforço que vem sendo desenvolvido pelos Tribunais de Contas, no sentido de fazer com que os órgãos valorizem o controle interno, embora com resultados aquém dos desejáveis. Merece destaque excerto de determinação proferida pelo TCU, no ano de 2010:

> em atenção ao Decreto-Lei 200/1967, art. 6º, V, estabeleça, normativamente para todos os entes sob sua jurisdição, a obrigatoriedade de a alta administração implantar uma estrutura

---

[129] BRASIL. Tribunal de Contas da União. Processo TC nº 015.773/2005-2. Acórdão nº 2636/2008 - 1ª Câmara. Relator: Ministro Valmir Campelo. Brasília, 20 de agosto de 2008. Disponível em: http://www.tcu.gov.br. Acesso em: 30 abr. 2014.

[130] BRASIL. **Constituição da República Federativa do Brasil** (Versão Bolso). Organização dos textos e índice por J. U. JACOBY FERNANDES. 2. ed. Belo Horizonte: Fórum, 2019: "Art. 74 - Os Poderes Legislativo, Executivo e Judiciário manterão, de forma integrada, sistema de controle interno com a finalidade de: [...] § 1º Os responsáveis pelo controle interno, ao tomarem conhecimento de qualquer irregularidade ou ilegalidade, dela darão ciência ao Tribunal de Contas da União, sob pena de responsabilidade solidária". Embora o *caput* refira-se apenas aos Três Poderes, trata-se de norma dirigida à União, conforme se depreende do que consta do § 1º do mesmo artigo.

> de controles internos, mediante a definição de atividades de controle em todos os níveis da organização para mitigar os riscos de suas atividades no processo de planejamento estratégico institucional [...].[131]

O esforço maior deveria provir exatamente das autoridades públicas que pretendem fazer uma gestão proba e responsável.

1.7.2.3.2 Funções constitucionais

Mostra-se recomendável sistematizar o estudo das funções do controle interno, no Brasil, a partir do delineamento constitucional.

1.7.2.3.2.1 Avaliar o cumprimento de metas e programas

A primeira atribuição do controle interno tem face aparentemente voltada para finanças e orçamento: na esfera federal, avaliar o cumprimento de metas previstas no plano plurianual, a execução dos programas de governo, dos orçamentos da União e dos Planos anuais de contração. Para estados e municípios, observar-se-á a correspondente simetria.

Constitui grave erro, porém, presumir que se trata de mera atribuição contábil, sem conteúdo axiológico. Ao contrário, é uma função que visa aferir a relação entre o que foi planejado e o que foi realizado, não na pobreza de interpretação das cifras, mas muito além disso. Nesse sentido, destacou o Ministro-Auditor Lincoln Magalhães da Rocha que a Constituição Federal não deixa dúvidas quando determina ao controle interno dessa competência - avaliar o cumprimento de metas e programas - o caráter técnico-político dessa avaliação.[132]

O planejamento é inerente à atividade administrativa e, no Brasil, há décadas está entre os princípios legais que estruturaram a reforma administrativa, levada a efeito pelo Decreto-Lei nº 200, de 25 de fevereiro de 1967[133]. Desde então, recursos públicos, orçamento e gestão deveriam estar compatibilizados entre si, estruturando o desenvolvimento socioeconômico do País.

A terminologia mudou de plano geral de governo e orçamento-programa anual, para os atuais planos plurianual, lei de diretrizes orçamentárias e lei orçamentária anual. Não é, portanto, dever novo.

---

[131] BRASIL. Tribunal de Contas da União. Processo TC nº 011.772/2010-7. Acórdão nº 1233/2012 - Plenário. Relator: Ministro Aroldo Cedraz. Brasília, 23 de maio de 2012. **Diário Oficial da União [da] República Federativa do Brasil**, Brasília, DF, 30 maio 2012. Seção 1, p. 162.

[132] ROCHA, Lincoln Magalhães. **Caráter técnico-político das decisões dos Tribunais de Contas.** Congresso da Federação Nacional dos Servidores dos Tribunais de Contas - FENASTC, 8. ed. Florianópolis, 1998. Texto da palestra gentilmente cedido ao autor.

[133] BRASIL. Decreto-Lei nº 200, de 25 de fevereiro de 1967. Dispõe sobre a organização da Administração Federal, estabelece diretrizes para a Reforma Administrativa e dá outras providências. Disponível em: https://www.planalto.gov.br/ccivil_03/decreto-lei/del0200.htm. "Art. 6º As atividades da Administração Federal obedecerão aos seguintes princípios fundamentais: I – Planejamento; [...]".

Constitui-se o plano plurianual no estabelecimento regionalizado de metas, objetivos e diretrizes, definidos a partir das despesas de capital e outras delas decorrentes. Também deve constar do plano plurianual a previsão de despesas para os programas de duração continuada.

A Lei de Responsabilidade Fiscal,[134] em consonância com a maioria das constituições estaduais e leis orgânicas dos municípios, estende a obrigatoriedade desses instrumentos às demais unidades da federação.[135]

Nas técnicas do planejamento, as diretrizes oportunizam à função do controle, no redirecionamento das ações programadas e reorientação do esforço, o desenvolvimento para alcançar as metas e objetivos.

Compete à lei de diretrizes orçamentárias[136] quatro importantes funções:

a) em relação à política de pessoal, estabelecer a autorização para concessão de qualquer vantagem ou aumento de remuneração, criação de cargos, empregos e funções ou alteração de estrutura de carreiras, admissão ou contratação de pessoal a qualquer título[137];
b) em relação à elaboração da proposta de orçamento anual da seguridade social, definir as metas e as prioridades para a elaboração da proposta de orçamento, a ser feita de forma integrada pelos órgãos responsáveis pela saúde, previdência social e assistência social,[138] dos órgãos do Poder Judiciário e do Ministério Público,[139] visando garantir a autonomia administrativa e financeira e estabelecer os limites para a elaboração das propostas orçamentárias, estipuladas conjuntamente com os demais poderes, e, finalmente para toda a Administração Pública estabelecer as metas e prioridades, incluindo as despesas de capital para o exercício financeiro subsequente, visando, sobretudo, orientar a elaboração da lei orçamentária anual;[140]

---

[134] BRASIL. **Lei de Responsabilidade Fiscal.** Lei Complementar nº 101, de 4 de maio de 2000. Organização dos textos e índice por J. U. JACOBY FERNANDES. 6. ed. atual. e ampl. Belo Horizonte: Fórum, 2014.

[135] Durante toda a tramitação da Lei de Responsabilidade Fiscal, foi debatido se seria aplicável essa estrutura a entes que não possuem conhecimento e pessoal mínimos. Destacam-se, nesse sentido, os pronunciamentos de Martus Antônio Rodrigues Tavares à "Comissão Especial PLP nº 18/99, Responsabilidade Fiscal", em 25 de maio de 1999, em resposta à intervenção do Deputado Gastão Vieira, e do jurista Adilson de Abreu Dallari, ao mesmo órgão, no dia 15 de junho de 1999.

[136] BRASIL. **Constituição da República Federativa do Brasil** (Versão Bolso). Organização dos textos e índice por J. U. JACOBY FERNANDES. 2. ed. Belo Horizonte: Fórum, 2019. Ato das Disposições Constitucionais Transitórias: "Art. 35. [...] § 2º. [...] Inc. II - O projeto de lei de diretrizes orçamentárias será encaminhado até oito meses e meio antes do encerramento do exercício financeiro e devolvido para sanção até o encerramento do primeiro período da sessão legislativa".

[137] Estão abrangidas por norma equivalente o Poder Legislativo e, apenas ressalvadas da necessidade dessa prévia autorização, as empresas públicas e as sociedades de economia mista.

[138] É importante notar que o art. 55 do Ato das Disposições Transitórias Constitucionais da Constituição Federal de 1988 estabelece que até que seja aprovada a lei de diretrizes orçamentárias, 30% do orçamento da seguridade social, no mínimo, excluído o seguro-desemprego, será destinado ao setor de saúde.

[139] BRASIL. **Constituição da República Federativa do Brasil** (Versão Bolso). Organização dos textos e índice por J. U. JACOBY FERNANDES. 2. ed. Belo Horizonte: Fórum, 2019. Art. 127, § 3º.

[140] *Ibidem*, art. 165, § 2º. [Redação atualizada pela Emenda Constitucional nº 109/2021]

c) em relação à matéria tributária, dispor sobre as alterações na respectiva legislação;[141]

d) em relação ao fomento, estabelecer a política de aplicação das agências financeiras oficiais:[142]

e) sobre a sustentabilidade da dívida, importante registrar a mudança para que a lei de diretrizes orçamentárias estabeleça as diretrizes de política fiscal e respectivas metas, em consonância com trajetória sustentável da dívida pública, conforme a Emenda Constitucional nº 109, de 2021.

Além de avaliar o cumprimento das metas previstas no plano plurianual, na lei de diretrizes orçamentárias e no orçamento anual, o controle interno deve avaliar a execução de programas de governo, relativos ao seu âmbito de atuação.

Os programas de governo podem ou não estar inseridos em lei. No âmbito da boa técnica administrativa, inafastável que a repercussão financeira devesse constar do plano plurianual. Nem sempre, contudo, é o que acontece: no mês de junho de 2000, por exemplo, em resposta à crescente manifestação contra a violência urbana, o Governo Federal lançou um programa nacional de combate à violência, remanejando e melhor coordenando a aplicação de recursos na área de segurança pública. Foi, desse modo, um dos primeiros a descumprir a Lei de Responsabilidade Fiscal que saudou com tanto entusiasmo.

A participação no controle interno pode se dar para além das fronteiras do plano plurianual e da lei de diretrizes orçamentárias, segundo programas de governo. Aliás, *de lege ferenda*, deveria ser atribuição do controle estabelecer uma relação entre as promessas de governo e o que foi efetivado pelo eleito.

1.7.2.3.2.2 Avaliar a gestão orçamentária, financeira e patrimonial

Também é dever do controle interno comprovar a legalidade e avaliar os resultados, quanto à eficácia e eficiência da gestão orçamentária, financeira e patrimonial nos órgãos e entidades da Administração Pública, bem como da aplicação de recursos públicos por entidades de direito privado.[143]

O segundo comando inserido na função é *avaliar*. Desse modo, inicia-se o atendimento à legalidade, isto é, à conformidade com a lei, de certo modo um reforço parcial da função anterior, pois implica verificar se o orçamento foi observado no que se refere às dotações, limites de gastos e aplicação das receitas; quanto à legalidade da gestão financeira, refere-se não apenas à obediência dos limites e regras do orçamento, mas à realização da receita e da despesa, de que são exemplos: o empenho, a ordem de pagamento, as vedações a pagamento antecipado, a aferição do cronograma físico-

[141] *Ibidem*.

[142] BRASIL. **Constituição da República Federativa do Brasil** (Versão Bolso). Organização dos textos e índice por J. U. JACOBY FERNANDES. 2. ed. Belo Horizonte: Fórum, 2019.

[143] *Ibidem*. Art. 74, inc. II, que utiliza a expressão administração federal ao invés de Administração Pública. A generalização aqui se impõe porque é função geral de controle interno.

orçamentário. No que tange à gestão patrimonial, o controle de bens móveis e imóveis[144], as regras de avaliação, a licitação, a compra, a alienação e a conservação.

O segundo controle, inserto na norma, refere-se ao mérito e foi traduzido pelo constituinte como *avaliação de resultados*, sob o aspecto da eficácia e eficiência.[145] Desse modo, uma das funções do controle é verificar se as metas estão sendo atingidas e, em caso afirmativo, se a relação *ótima* de custo frente aos resultados foi também alcançada. Não basta agora realizar o serviço, é preciso alcançar resultados com o máximo de eficiência. Daí, a conhecida conceituação do Ministro Bresser Pereira: eficiência é uma relação *ótima* entre a qualidade e custo dos serviços colocados à disposição do público[146].

Por esse motivo, compete ao órgão de controle interno desenvolver um sistema de custos das atividades da organização e de sua própria atuação.

1.7.2.3.2.3 Controlar as operações de crédito, aval, garantia, direitos e haveres

Tarefa que assume especial relevo para os órgãos de controle interno das instituições financeiras,[147] para o Ministério da Fazenda e Secretarias de Finanças é o

---

[144] a) De acordo com o consultor Vinícius de Souza Nascimento, "conforme recentes análises do TCU (especialmente, Acórdãos 726/2013, 484/2017, 797/2020, 1.286/2021 e 2.702/2021), a União possui o patrimônio de, aproximadamente, R$ 1,34 trilhão num universo de 700 mil imóveis (entre bens de uso comum, dominiais e de uso especial). E esse expressivo patrimônio, ainda em consonância com a análise da Corte de Contas, vem sendo gerido de forma ineficiente. Informativo Jacoby do dia 23.09.2022.

b) O TCU fez recomendações ao Ministério da Educação para divulgação das informações sobre o patrimônio imobiliário em página da internet, indicando, por exemplo, tipo do imóvel, localização, situação quanto ao uso, estado de conservação (bom, em obras, sem condições de uso). O não cumprimento afronta a garantia da legalidade, legitimidade, economicidade e transparência, implica em descumprimento aos arts. 8º e 9º da Instrução Normativa-TCU 84/2020; [...] a falta de atualização cadastral das informações referentes à ocupação dos imóveis de uso especial próprios ou de terceiros, no Sistema de Gerenciamento do Patrimônio Imobiliário de uso especial da União (SPIUnet) implica em descumprimento ao art. 4º da Portaria Conjunta-SPU/SEDGG/ME 38/2020. BRASIL. Tribunal de Contas da União. córdão nº 3146/2021 - TCU – Plenário.Disponível em: https://pesquisa.in.gov.br/imprensa/jsp/visualiza/index.jsp?data=20/01/2022&jornal=515&pagina=80&totalArquivos=105.

[145] Eficácia: medida do hiato que pode existir entre os resultados obtidos e as metas ou objetivos da qualidade especificados. Relaciona-se com o fazer as coisas certas, com o que deve ser feito, com o resultado do que se fez. É, em última análise, o grau com que as expectativas dos clientes são atendidas. Eficiência: relação entre os recursos humanos, as máquinas e o capital investido e os resultados advindos do uso desses recursos utilizados para produzir bens e serviços. Em termos financeiros, a eficiência é quantificada pela relação entre a receita e os custos mais despesas. Relaciona-se com o fazer certo, com a forma como as coisas são feitas – Cfr.: PRAZERES, Paulo Mundin. **Minidicionário de termos da qualidade**. São Paulo: Atlas, 1997, p. 79-80. Desse modo, enquanto eficácia é atingir o objetivo, eficiência é atingir o objetivo da melhor maneira possível.

[146] a) MOTTA, Carlos Pinto Coelho (Coord.). **Curso Prático de Direito Administrativo**. Belo Horizonte: Del Rey, 1999, p. 116.

b) Consulte a propósito, decisão do TCU que, dentre outros apontamentos ao DNIT, decide que "a aprovação de projeto executivo para as obras de reconstrução [...] da BR [...], contemplando solução para o acabamento da terraplenagem que não preveja, obrigatoriamente, a estabilização química com o uso de cal, bem como em camada com espessura mínima de 60 cm, configura perda da qualidade do objeto contratado, em afronta ao princípio da vinculação ao instrumento convocatório (Lei 12.462/2011, art. 3º)"; Acórdão nº 128/2022 - TCU - Plenário. Disponível em: https://pesquisa.in.gov.br/imprensa/jsp/visualiza/index.jsp?data=08/02/2022&jornal=515&pagina=102&totalArquivos=109.

[147] Sobre controle, instituições financeiras e sigilo bancário, consultar no Capítulo III, que trata da competência dos Tribunais de Contas, o subtítulo 3.2.1.34.

controle sobre operações de crédito, avais e garantias. Também os controles internos dos entes descentralizados devem efetivar esse controle em separado.

Já o controle sobre direitos e haveres compete a praticamente todos os órgãos de controle interno, pois é atividade que, de regra, permeia toda a Administração Pública.

Não bastando o controle, impõe-se a necessidade de que a Administração adote, em havendo recalcitrância na satisfação do crédito, efetivas providências, com vistas a obrigar o recolhimento. Nesse sentido, cabe destacar que a omissão, no caso, pode ser causa de dano, obrigando instauração de Tomada de Contas Especial.[148]

Em relação à contratação das operações de crédito, o Governo federal, com a aprovação da Lei de Responsabilidade Fiscal, impôs severos limites, visando ao equilíbrio das contas públicas e ao pagamento das dívidas pretéritas.[149]

A competência do controle interno é absoluta no órgão onde se insere. Sobre o tema, o TCU firmou o seguinte entendimento:

> a competência do Tribunal de Contas da União, no tocante às operações de crédito externo celebradas por pessoas jurídicas de direito público interno, com garantia da União, limita-se à fiscalização e controle das garantias prestadas pela última, sem interferência direta nas aplicações dos recursos pelo ente federado contratante, em homenagem ao Princípio Federalista e, por consequência, à autonomia dos entes federados, insculpida no art. 18, *caput*, da Constituição Federal;[150]

1.7.2.3.2.4 Apoiar o controle externo

Exercendo a função de controle, o órgão de controle interno já estará naturalmente auxiliando os Tribunais de Contas. O constituinte, porém, reforçou tal aspecto ao determinar que compete ao órgão de controle interno apoiar o controle externo. Há, porém, outras perspectivas para a noção de apoio.

Note que embora o controle interno tenha a função de apoiar o controle externo, aquele possui funções próprias que não podem ser usurpadas pelo tribunal de contas. O seguinte excerto é elucidativo: "não compete ao Tribunal de Contas da União instaurar a Tomada de Contas Especial antes da atuação dos controles internos, como decorrência do princípio da não-supressão das instâncias [...][151].

---

[148] BRASIL. **Regimento Interno e Lei Orgânica do Tribunal de Contas da União.** Organização dos textos e índice por J. U. JACOBY FERNANDES. Belo Horizonte: Fórum, 2014. Lei nº 8.443/1992 – Art. 8º, norma repetida em praticamente todas as leis orgânicas de Tribunais de Contas.

[149] BRASIL. Lei Complementar nº 101, de 4 de maio de 2000. **Lei de Responsabilidade Fiscal.** Disponível em: https://www.planalto.gov.br/ccivil_03/LEIS/LCP/Lcp101.htm. Art. 31, § 1º, inc. II, arts. 33 a 38, entre outros. [Redação atualizada]

[150] BRASIL. Tribunal de Contas da União. Processo TC nº 023.988/2008-5. Acórdão nº 2396/2008 - Plenário. Relator: Auditor Augusto Sherman Cavalcanti. Brasília, 29 de outubro de 2008. **Diário Oficial da União [da] República Federativa do Brasil**, Brasília, DF, 31 out. 2008.

[151] BRASIL. Tribunal de Contas da União. Processo TC nº 025.494/2009-2. Acórdão nº 6853/2009 – 1ª Câmara.

1.7.2.3.2.4.1 Exame prévio ao controle externo

A primeira forma de apoio consiste no desenvolvimento de uma atividade de controle anterior à remessa de informações e documentos aos Tribunais de Contas, que verifica a atuação do gestor.[152] Como resultado dessa verificação, poderá surgir a necessidade de correção e orientação, além de recomendação para apuração de responsabilidade.

Toda vez que, diante de fato concreto, o gestor público, provocado ou não pelo controle interno, adotar efetivas providências para coibir a repetição da irregularidade, com a apuração de responsabilidade, imputação de penalidade ou relevamento desta, em caráter excepcional, o controle externo evita nova e constrangedora ação. A missão de corrigir e autotutelar-se, uma vez atingida, dispensa a ação do controle externo. O objetivo da ação do controle, de forma integrada, tende a valorizar tanto o controle interno quanto o externo.

De certo modo, deve mesmo o controle externo buscar preservar a autoridade interna, quando esta entendeu que as medidas adotadas foram suficientes para impedir a repetição da irregularidade, pois a estreita convivência leva o administrador a conhecer melhor os agentes envolvidos e, por regra, aplicar com mais parcimônia as penalidades cabíveis ou verificar a existência de atenuantes que justifiquem o relevamento.

Somente quando há fundados indícios de ação corporativa ou condescendência é que se deve afastar o juízo de valor do órgão de origem e sobrepor a ação do controle externo na questão.

Desse modo, o exame prévio do ato feito pelo controle interno muitas vezes equaciona de modo suficiente a irregularidade verificada, esvaziando a necessidade de ação do controle externo.

Ata nº 43/2009 - 1ª Câmara. Relator: Ministro José Múcio Monteiro. Brasília, 1º de dezembro de 2009. **Diário Oficial da União [da] República Federativa do Brasil**, Brasília, DF, 4 dez. 2009.

[152] Exemplos dessa atuação na esfera federal:

a) BRASIL. Tribunal de Contas da União. Instrução Normativa-TCU nº 78, de 21/3/2018. Dispõe sobre o envio, o processamento e a tramitação, de informações alusivas a atos de admissão de pessoal e de concessão de aposentadoria, reforma e pensão, para fins de registro, no âmbito do Tribunal de Contas da União, nos termos do ar. 71, inc. III da Constituição Federal. Disponível em: https://pesquisa.apps.tcu.gov.br/redireciona/norma/NORMA-21264.;

b) BRASIL. Tribunal de Contas da União. Instrução Normativa **TCU nº 98, de 27/11/2024.** Dispõe sobre a instauração, a organização e o encaminhamento ao Tribunal de Contas da União dos processos de tomada de contas especial. . Disponível em: https://pesquisa.apps.tcu.gov.br/redireciona/norma/NORMA-33292.;

c) BRASIL. **Lei nº 8.730, de 10 de novembro de 1993**. Estabelece a obrigatoriedade da declaração de bens e rendas para o exercício de cargos, empregos e funções nos poderes executivo, legislativo e judiciário, e dá outras providências. Disponível em: **https://www.planalto.gov.br/ccivil_03/leis/l8730.htm**. Na forma do art. 1º, § 2º, inc. II e art. 2º, § 7º, alínea "b", determina o exame da declaração de bens do servidor, que deverá ser entregue no órgão de lotação, no momento da posse e no final de cada exercício financeiro, para aferição da legalidade e legitimidade dos bens e rendas, inclusive compatibilidade com as rendas declaradas;

d) BRASIL. Tribunal de Contas da União. **Instrução Normativa-TCU nº 87, de 12/8/2020**. Dispõe sobre os procedimentos referentes às Declarações de Bens e Rendas a serem apresentadas pelas autoridades e servidores públicos federais a que aludem as Leis 8.429, de 2 de junho de 1992, e 8.730, de 10 de novembro de 1993. Disponível em: https://pesquisa.apps.tcu.gov.br/redireciona/norma/NORMA-21729.

1.7.2.3.2.4.2 Orientação em conformidade com a jurisprudência dos Tribunais de Contas

A segunda forma de apoio, por vezes expressamente lembrada pelos Tribunais de Contas, consiste no dever de orientar o gestor de acordo com a jurisprudência dos órgãos de controle externo.[153]

É desse modo que se preserva a unidade funcional do controle nos diferentes órgãos da Administração Pública de uma esfera de governo. É também por isso que os Tribunais de Contas das demais unidades da federação devem ter por paradigma os julgamentos do Tribunal de Contas da União e também porque esse deve, sempre que possível, buscar certa uniformidade em relação aos outros Tribunais de Contas.[154]

O controle interno só cumpre seu verdadeiro papel conhecendo bem a atuação do controle externo, prevenindo a autoridade administrativa da ocorrência de irregularidades. Também por esse motivo, a leitura dos diários oficiais, o acompanhamento dos julgamentos e o travamento de relações entre os agentes é importante.

1.7.2.3.2.4.3 Comunicação de irregularidade

A terceira forma de apoiar o controle externo consiste no dever de levar ao conhecimento dos Tribunais de Contas as irregularidades de que tiver ciência, inclusive sob pena de corresponsabilidade.[155] Muito se tem debatido acerca do cumprimento desse dever, diante do fato de que, na atual forma de estruturação, invariavelmente, o titular do controle interno exerce função de confiança, sendo hierarquicamente subordinado ao ordenador de despesas.

É óbvio que, diante da ocorrência de irregularidade, o primeiro dever do controle interno é levar o fato ao conhecimento da mais alta autoridade do órgão para que cesse ou determine a cessação da prática do ato. Com esse modo de agir, oportuniza o princípio da autotutela. Mas, quando é, exatamente, que essa autoridade ordena o ato? Ao controle interno, em tais circunstâncias, cabe o constrangedor dever de alertar a autoridade para a irregularidade do ato e lembrar as possíveis consequências que decorrem da infração cometida. Mesmo diante de Constrangimento, essa conduta do controle interno deve ser formalizada, como única forma de isentar o seu titular da corresponsabilidade.

Em não havendo correção, o controle interno poderá, desde logo, levar o fato ao conhecimento do Tribunal de Contas ou, diante do receio de reprimenda por parte

---

[153] Nesse sentido, memorável caso deve ser lembrado, revelando a importância, para o sistema de controle, das orientações guardarem uniformidade: BRASIL. Tribunal de Contas da União. Levantamento de Auditoria. Processo TC nº 025.590/1992-8. Decisão nº 325/1993 - Plenário. Relator: Ministro Marcos Vilaça. Brasília, 28 de julho de 1993. **Diário Oficial [da] República Federativa do Brasil**, Brasília, DF, 4 ago. 1993. Seção 1, p. 11.999.

[154] BRASIL. Tribunal de Contas da União. Súmula nº 222. As Decisões do Tribunal de Contas da União, relativas à aplicação de normas gerais de licitação, sobre as quais cabe privativamente à União legislar, devem ser acatadas pelos administradores dos Poderes da União, dos Estados, do Distrito Federal e dos Municípios. **Boletim TCU Especial**, Brasília, ano XL, n. 6, 4 dez. 2007. Disponível em: http://www.tcu.gov.br. Acesso em: 30 abr. 2014.

[155] BRASIL. **Constituição da República Federativa do Brasil** (Versão Bolso). Organização dos textos e índice por J. U. JACOBY FERNANDES. 2. ed. Belo Horizonte: Fórum, 2019. Art. 74, § 1º.

da autoridade interna, aguardar para manifestação no momento da remessa das contas anuais. Já decidiu o Tribunal de Contas da União que o ato do titular do controle interno que dá conhecimento do fato à Corte não caracteriza denúncia, mas exercício indeclinável de dever legal.[156]

A possibilidade de manifestar-se nas contas anuais reduz o desgaste político da comunicação, além de possibilitar tempo para a correção do ato praticado, notadamente se houver reiteração de pedido de providências pelo controle interno. No momento da prestação ou tomada de contas anuais, é dever do controle interno manifestar-se sobre todos os aspectos da gestão, o que inclui o registro dos atos irregulares e das providências adotadas.[157]

1.7.2.3.2.4.4 Relação entre as funções do controle interno

A principal função do controle interno, para apoiar o controle externo, está no dever de orientar a autoridade pública no sentido de evitar o erro, efetivar um controle preventivo, colher subsídios mediante o controle concomitante para determinar o aperfeiçoamento das ações futuras e rever os atos já praticados para corrigi-los antes mesmo da atuação do controle externo.

1.7.3 Controle externo

Expendidas essas considerações sobre o controle interno, cabe agora analisar os sistemas de controle externo, o funcionamento, a competência e os modos de exercício das funções. Esses temas serão desenvolvidos nos demais capítulos dessa obra. Como já esclarecido, o estudo dos sistemas de controle não se confunde com as modalidades de controle, isto é, com o modo como o controle é realizado, tradicionalmente dividido em prévio, concomitante e posterior[158].

---

[156] BRASIL. Tribunal de Contas da União. Comunicação do controle interno. Processo TC nº 325.205/1994-9. Decisão nº 299/1995 - Plenário. Relator: Ministro Paulo Affonso Martins de Oliveira. Brasília, 28 de junho de 1995. **Diário Oficial [da] República Federativa do Brasil**, Brasília, DF, 24 jul. 1995. Seção 1, p. 11.042. Decidindo desse modo, o TCU resguardou a autoridade comunicante. De fato, se tivesse acolhido como simples denúncia, exsurgiria a possibilidade de ser questionado se o servidor não teria infringido o art. 116 da Lei nº 8.112/1990, que estabelece, no inciso VIII, a guarda do sigilo sobre assunto da repartição.

[157] Uma das mais importantes consequências estava na infração à Lei nº 8.429, de 2 de junho de 1992, que dispõe sobre as sanções aplicáveis aos agentes públicos nos casos de enriquecimento ilícito no exercício de mandato, cargo, emprego ou função na Administração Pública direta, indireta ou fundacional, notadamente o art. 11, inc. II, que considerava improbidade administrativa, atentatória aos princípios da Administração Pública, qualquer ação ou omissão que violasse os deveres de honestidade, imparcialidade, legalidade e lealdade às instituições, especialmente retardar ou deixar de praticar, indevidamente, ato de ofício. O inciso, entretanto, assim como vários outros, foi revogado pela Lei nº 14.230, de 25 de outubro de 2021, que também aperfeiçoou a Lei de Improbidade, conferindo maior segurança ao gestor. Disponível em: https://www.planalto.gov.br/ccivil_03/_Ato2019-2022/2021/Lei/L14230.htm#art2.

[158] É conhecida também a classificação apontada por Lafayette Pondé, amparado em Casulli, que a desenvolve nos seguintes termos: "Em qualquer caso, o controle pode ser preventivo ou repressivo, de legalidade ou de mérito, sobre atividade material ou ato jurídico. O controle é preventivo quando antecede a emissão do ato controlado ou os efeitos deste. É repressivo quando incide sobre um ato já executado ou em execução. No controle de legalidade, o ato controlado é aferido por uma norma legal, no controle do mérito, por sua conveniência, oportunidade, ou critérios de ordem técnica. Diz-se externo o controle (Constituição art., 70) quando o órgão que o exerce é externo,

O sistema de controle externo pode ser conceituado como *o conjunto de ações de controle desenvolvidas por uma estrutura organizacional, com procedimentos, atividades e recursos próprios, não integrados na estrutura controlada, visando fiscalização, verificação e correção de atos.* A par da existência de sistemas, há ainda outros órgãos de controle externo da Administração Pública que serão estudados.

Numa repetição sem fundamento, alguns autores dividem o controle externo em: parlamentar, judicial e administrativo (ou executivo).

Analisando a noção elementar de sistemas, é mesmo possível reconhecer a existência de um sistema legislativo e de um sistema judicial, mas não há, a rigor, um sistema administrativo, embora se reconheça a existência do controle externo respectivo. A classificação ignora, por completo, o sistema de controle externo dos Tribunais de Contas, que não integra o Poder Legislativo, além de induzir à errada ideia de que cada poder controla a si mesmo - pela identidade entre os poderes e os nomes atribuídos a cada unidade - e, portanto, distante de uma ideia de um só sistema de controle externo.

Desse modo, atento ao direito pátrio, é possível classificar o controle externo segundo a natureza do órgão que o exerce em: legislativo, judicial e dos Tribunais de Contas. Só esses assumem a forma de sistema de controle externo. Sobre o primeiro, ainda nesse capítulo, serão feitas breves considerações.

O Poder Legislativo, tradicionalmente, além de legislar, exerce o controle externo sobre o Poder Executivo e sobre o Poder Judiciário, segundo uniformidade de entendimento entre os doutrinadores:

> Tradicionalmente o Legislativo é o poder financeiro. De fato, às câmaras, ditas legislativas, por tradição ou data do medievo, compete autorizar a cobrança de tributos, consentir nos gastos públicos, tomar contas dos que usam do patrimônio geral. Na verdade, o poder financeiro das câmaras é historicamente anterior ao exercício, por elas, da função legislativa.[159]

Tal primazia decorre historicamente da própria representatividade do parlamento, lapidarmente sintetizada pelo preclaro Auditor José Roberto de Paiva Martins, nos seguintes termos:

> A missão primitiva dos Parlamentos que, como se sabe, teve início no que hoje chamamos Inglaterra, não foi de legislar. Na Inglaterra, os *Parlamentorum* eram porta-vozes das reclamações dos cidadãos junto ao soberano. Levavam-lhe as aspirações do povo sobre as necessidades públicas e, em especial, sobre os excessos de

---

em relação ao Poder a que pertence a autoridade que emite o ato controlado (CASULLI, V. R. N. Digesto Italiano, verbete "*controllo*")." (PONDÉ, Lafayette. Controle dos atos da Administração Pública. **Revista de Informação Legislação.** Brasília, DF, ano 35, n. 139, p. 132, jul./set. 1998.)

[159] FERREIRA FILHO, Manoel Gonçalves. **Curso de Direito Constitucional.** 18. ed., 1980, p. 138, *apud* MEDAUAR, Odete. Controle da Administração Pública pelo Tribunal de Contas. **Revista de Informação Legislativa,** Brasília, ano 27, n. 108, p. 101, out./dez. 1990.

> imposição tributária. Como levavam tais pleitos sob a forma de projetos, que eram sancionados (ou não) pelo Soberano, a prática foi adquirindo foros de atividade específica, dando origem à atividade parlamentar tal qual, *mutatis mutandis*, a conhecemos hoje, é da 1ª República de 1891, do início da República.[160]

Acentua, nesse sentido, o Ministro Homero Santos:

> Note-se que esse controle é uma das funções primordiais dos Parlamentos. É verdade que, por vezes, uma certa exaltação à função legislativa ofuscou, no passado, a relevância do controle como atividade parlamentar. Hoje, contudo, tem-se clara a noção de que a crescente importância dos atos administrativos, principalmente na esfera do Executivo, ainda que limitados pelo quadro legislativo existente, estão a exigir ampla atenção do Parlamento. É que tais atos são substancialmente de natureza decisória e constituem atividades de grande significação política. A crescente responsabilidade do Governo no que se refere ao andamento da vida econômica fez dele, ao mesmo tempo, empresário, mediador de conflitos e principal programador do desenvolvimento da sociedade. E a forma de participação do Legislativo nesse processo é precisamente mediante ações de controle. Caso o parlamento limitasse sua intervenção apenas à fase legislativa, deixaria de lado importantíssima parcela do processo político.
>
> Rui Barbosa, a seu tempo, preconizava o controle *a priori* da despesa pública, pelo qual o contrato com a administração somente poderia ser dado regularmente à execução após o seu registro no Tribunal de Contas. Essa sistemática, levada a extremos, revelou-se pouco operacional: além de não significar, necessariamente, maior vigor na fiscalização, representava um elemento a mais a onerar e retardar o processo administrativo.[161]

Não há consenso em relação à terminologia mais adequada: preferem uns controles políticos, outros, parlamentar e outros ainda, o assinalado na epígrafe. A denominação controle legislativo parece mais adequada ao sistema pátrio, que associa seu exercício à nomenclatura do poder que o exerce.

Em notável sistematização do tema, Carlos Pinto Coelho Motta[162] pugna por dividir o controle externo exercido pelo Poder Legislativo em: político e financeiro.

O Poder Legislativo exerce o controle externo sobre atos do Poder Executivo, não constituindo isso uma indébita interferência sobre outro poder. Ao contrário, na

---

[160] MARTINS, José Roberto de Paiva. O controle externo no Distrito Federal. **Revista do Tribunal de Contas do Distrito Federal**. Brasília, v. 21, 1995, p. 32.

[161] SANTOS, Homero. O controle da Administração Pública. **Revista do Tribunal de Contas da União**. Brasília, v. 28, n. 74, p. 19-20, out/dez 1997.

[162] MOTTA, Carlos Pinto Coelho (Coord.). **Curso Prático de Direito Administrativo**. Belo Horizonte: Del Rey, 1999, p. 564-576.

vetusta tripartição das funções do Estado, delineada por Aristóteles e aprimorada por Montesquieu, o poder controla o poder, num sistema de freios e contrapesos, conhecido pela elíptica expressão *checks and balances*. A interferência, contudo, ocorrerá apenas no desempenho da função de controle, não podendo um poder substituir o outro e passar a realizar suas funções. Por esse motivo, é que a interferência se faz apenas pontualmente, por *atos interventivos*, devendo o controlador retirar-se imediatamente do plano de desempenho das funções de outro poder.

O controle político é, sem dúvida, uma das maiores expressões de controle, pois, enquanto o ato a ser objeto do controle político está perfeitamente identificado, os limites da incidência do controle sobre ele não. Tomando, por exemplo, a ação do controle judicial, tem-se que esta é restrita ao exame da lei; sabe o administrador que atendo-se às regras do Direito na prática do ato, o mesmo não será alterado pelo Poder Judiciário. Já o mesmo não ocorre quando se trata do exercício do poder político, pelo Poder Legislativo, porque entra a discussão da conveniência e da oportunidade do ato, no âmago, *in ground of action*.[163]

1.7.3.1 Participação em atos compostos

A participação na prática do ato pode também representar uma forma de controle, inclusive como externo, em relação à primeira autoridade que pratica o ato. Assim entendido, no Brasil também teríamos, por força da Constituição Federal uma série de atos para os quais conjuga a vontade do Presidente da República com a do Poder Legislativo. Em alguns casos, a norma exigiu a conjugação da vontade das duas casas do Congresso Nacional, para a validade do ato segundo a importância.

No exercício do controle político desses atos:

a) não cabe controle judicial, ressalvado apenas o extrínseco, concernente à observância da competência e forma;
b) não se exige motivação, bastando a declaração de vontade, na forma da lei.[164]

O controle político sobre os atos compostos, por sua vez, ocorre mediante os seguintes instrumentos:

a) autorização, hipótese em que a manifestação de vontade do Poder Legislativo integra o ato, tornando-o eficaz; e[165]

---

[163] Fundamentos do mérito, o ponto central da questão.

[164] É tradição do Direito o não controle judicial sobre atos políticos, ressalvado o exame das fronteiras da legalidade, na feliz expressão de Cretella Jr., sem permissão para ingressar no mérito.

[165] BRASIL. **Constituição da República Federativa do Brasil** (Versão Bolso). Organização dos textos e índice por J. U. JACOBY FERNANDES. 2. ed. Belo Horizonte: Fórum, 2019. "Art. 49. É da competência exclusiva do Congresso Nacional: [...] II - autorizar o Presidente da República a declarar guerra, a celebrar a paz, a permitir que forças estrangeiras transitem pelo território nacional ou nele permaneçam temporariamente, ressalvados os casos previstos em lei complementar; III - autorizar o Presidente e o Vice-Presidente da República a se ausentarem do País, quando a ausência exceder a quinze dias; IV – [...] autorizar o estado de sítio [...]; [...] XV - autorizar referendo e convocar plebiscito; [...] Art. 52. Compete privativamente ao Senado Federal: [...] V - autorizar operações externas de natureza financeira, de interesse da União, dos Estados, do Distrito Federal, dos Territórios e dos Municípios".

b) aprovação, hipótese em que é a confirmação do ato pelo Poder Legislativo que lhe dá eficácia.[166]

Após amplo debate inclusive com instituições estrangeiras, evoluímos para considerar que embora exista uma espécie de controle externo na prática do ato pelo primeiro agente ou autoridade, na verdade não é controle externo da Administração. Desde então passamos a dispensar menor atenção a esse tema.

1.7.3.2 Controle financeiro

Ensina Jarbas Maranhão que, com o desenvolvimento das funções do Estado, o controle pelo Parlamento das finanças tornou-se a última etapa do ciclo financeiro público. Na mesma linha, assere que não se trata de conquista de nossos dias esse tipo de controle:

> A prestação de contas vem de longos tempos. Na Grécia antiga, [...] a assembleia popular - a "Eclésia" - reunida na Ágora - a praça pública - elegia dez oficiais, anualmente, com a missão de tomar contas de arcontes, embaixadores, generais, comandantes de galeras, sacerdotes e todos aqueles que geriam o dinheiro público.

Acresce ainda que essa função foi se desenvolvendo com a própria história:

> em Roma, era exercida pelo Senado Romano que muitas vezes a delegou a comissões especiais; na idade média, havia Conselhos de Contas para controlar as finanças do Monarca, embora aqui dissociados do parlamento. Enfim, no Estado moderno, na maioria dos países a função de controlar as contas encontrava-se vinculada ao parlamento.[167]

O Poder Legislativo exerce o controle financeiro sobre si e sobre os outros poderes na medida em que fixa a despesa e estima a receita, por meio do plano plurianual[168], da lei de diretrizes orçamentárias e do orçamento anual, assim, também quando impõe limites financeiros.[169]

---

[166] *Ibidem.*

[167] MARANHÃO, Jarbas. Tribunal de Contas e Poder Judiciário. **Revista de Informação Legislativa.** Brasília, ano 27, n. 107, p. 161-164, jul./set. 1990.

[168] O TCU tem feito o acompanhamento da elaboração da proposta de Plano Plurianual (PPA) e informado aos responsáveis (Comissão Mista de Planos e Orçamentos do Congresso Nacional, à Casa Civil da Presidência da República e aos diversos ministérios, quando identifica fragilidades e oportunidades de aprimoramento. Acórdão nº 2516/2023 - TCU - Plenário 1. Disponível em: https://pesquisa.in.gov.br/imprensa/jsp/visualiza/index.jsp?data=15/12/2023&jornal=515&pagina=256&totalArquivos=276 e Acórdão nº 132/2024. Disponível em: https://pesquisa.apps.tcu.gov.br/redireciona/acordao-completo/ACORDAO-COMPLETO-2642821. Trabalhos como esse apontam o novo cenário do controle atuando preventivamente na eficácia das políticas públicas. Orientação permanente conforme dispõe o art. 169 da Lei 14.133/2021, distinguindo os que erram por falta de conhecimento e punindo os que causam danos ao erário. O trabalho punitivo e "policialesco" vai ficando para trás na história. Contas é a competência dos Tribunais de Contas; investigação e denúncias é atividade policial.

[169] BRASIL. **Constituição da República Federativa do Brasil** (Versão Bolso). Organização dos textos e índice por J. U. JACOBY FERNANDES. 2. ed. Belo Horizonte: Fórum, 2019. "Art. 52. Compete privativamente ao Senado Federal: [...] VI - fixar, por proposta do Presidente da República, limites globais para o montante da dívida consolidada da União, dos Estados, do Distrito Federal e dos Municípios; VII - dispor sobre limites globais e condições para as operações de crédito externo e interno da União, dos Estados, do Distrito Federal e dos Municípios, de

Além do exercício da atividade legislativa, o parlamentar - em razão do desempenho do próprio *mister* e delegação das urnas - tem legitimidade para fiscalizar os atos da Administração e, inclusive, de socorrer-se do Poder Judiciário para o resguardo constitucional dessa atribuição de invulgar relevo na conjuntura democrática do poder.

No desenvolvimento do esforço de cada parlamentar para exercer o controle, registra-se uma das primeiras decisões no Brasil. Com essa dicção, o Tribunal de Justiça do Distrito Federal concedeu Mandado de Segurança com o objetivo de permitir aos deputados distritais o acesso ao SIAFEM que lhes havia sido negado pelo governador.[170]

No controle financeiro da gestão pública, o Poder Legislativo tem no Tribunal de Contas, sem dúvida, o mais importante auxiliar, atuando em termos técnicos. Exemplo desse viés é a seguinte manifestação do TCU, em resposta a consulta formulada pelo Senado Federal:

> 9.2.1. a competência do Tribunal de Contas da União, no tocante às operações de crédito externo celebradas por Estados, Distrito Federal ou Municípios, restringe-se à fiscalização das cautelas necessárias tomadas pela União, na condição de garantidora das operações, em face da autonomia dos entes federados, prevista no art. 18, *caput*, da Constituição Federal;
>
> 9.2.2. quanto aos aspectos legais e regulamentares da operação de crédito externo em referência, todas as providências necessárias foram tomadas pelos órgãos competentes, não havendo impedimento à concessão da garantia por parte da União; [...][171]

1.7.3.3 Controle jurisdicional

Como será detalhado no próximo capítulo[172], a Constituição Federal prevê exceções ao pretenso monopólio da função jurisdicional pelo Poder Judiciário.

Há, na Constituição Federal, três atos do Poder Legislativo Federal que expressam a *juris dictio*: julgamento das contas anuais do Presidente da República, processo de *impeachment* e sustação de atos normativos.

---

suas autarquias e demais entidades controladas pelo Poder Público federal; VIII - dispor sobre limites e condições para a concessão de garantia da União em operações de crédito externo e interno; IX - estabelecer limites globais e condições para o montante da dívida mobiliária dos Estados, do Distrito Federal e dos Municípios".

[170] DISTRITO FEDERAL. Tribunal de Justiça do Distrito Federal e Territórios. Administrativo e Constitucional. MS nº 752.497. Acórdão nº 105.742. Conselho Especial do Tribunal de Justiça do Distrito Federal e Territórios. Relator: Desembargador Eduardo de Moraes. Brasília, 12 de junho de 1998. **Diário da Justiça [da] República Federativa do Brasil**, Brasília, DF, 17 jun. 1998. Seção 3, p. 16.

[171] BRASIL. Tribunal de Contas da União. Processo TC nº 029.596/2009-0. Acórdão nº 22/2011 - Plenário. Relator: Ministro Valmir Campelo. Brasília, 19 de janeiro de 2011. **Diário Oficial da União [da] República Federativa do Brasil**, Brasília, DF, 25 jan. 2011. No mesmo sentido: Tribunal de Contas da União. Processo TC nº 033.016/2012-7. Acórdão nº 2165/2013 - Plenário. Relator: Ministro Valmir Campelo. Brasília, 14 de agosto de 2013. **Diário Oficial da União [da] República Federativa do Brasil**, Brasília, DF, 22 ago. 2013. P. 104.

[172] Consultar no Capítulo II, que trata da Jurisdição dos Tribunais de Contas, o subtítulo 2.7 Exercício da função jurisdicional fora do Poder Judiciário.

As duas primeiras formas de controle se fazem com a exclusão da revisibilidade judicial pelo Poder Judiciário. Na última, pode ou não haver a concorrência deste. Nos dois primeiros casos, o Poder Judiciário limita-se, e somente quando provocado, a verificar se foram atendidos os requisitos legais extrínsecos do ato. No caso de sustação de ato normativo do Poder Executivo que exorbite do poder regulamentar ou dos limites de delegação legislativa, o Congresso Nacional não retira o ato, apenas susta sua eficácia. Sustentam alguns que, nesse caso, a palavra final é do Supremo Tribunal Federal, a quem cabe apreciar a constitucionalidade das leis ou do ato normativo federal ou estadual.[173] É consabido, a propósito, que o decreto que regula lei não pode ser objeto de controle difuso de constitucionalidade, a não ser em restritíssimas hipóteses.[174]

Não parece, contudo, ser essa a melhor exegese. O Supremo Tribunal Federal, no caso, não estará no exercício da ampla revisibilidade judicial dos atos administrativos, exercendo a jurisdição sobre o ato do Poder Legislativo. A competência própria e, também, constitucional do Supremo Tribunal Federal, concretizável apenas mediante provocação nos termos da Constituição Federal, não se faz sobre o ato de sustação praticado pelo Poder Legislativo, mas *a latere*, isto sem qualquer correlação com a competência deste.[175]

Desse modo, a competência para sustar é uma declaração de direito que reconhece a extrapolação do poder regulamentar, seja em contraste com lei ou com a autorização legislativa delegada. Pode, assim, incidir sobre decretos e leis delegadas, mas não se contrapõe à competência do Supremo Tribunal Federal, que também poderá ser chamado a exercê-la por meio processual próprio.

Feito esse breve parêntese sobre as competências do controle legislativo, importa para o presente estudo a competência para "julgar anualmente as contas prestadas pelo Presidente da República, governador e prefeito".

Esse tema, todavia, pela sua importância será tratado no capítulo 3, item 3.2.1.16 e seguintes. Por hora, sigamos tratando dos efeitos da omissão em prestar contas.

---

[173] Sustenta Manoel Gonçalves Ferreira Filho que "esse controle não vai além da sustação da eficácia do ato, ficando a declaração de sua nulidade em mãos do Poder Judiciário. É este o único que tem a competência para a apreciação no mérito da inconstitucionalidade, cabendo nesse caso a última palavra ao Supremo Tribunal Federal". FERREIRA Filho, Manoel Gonçalves. **Comentários à Constituição Brasileira de 1988**. 2. ed. atual. e rev. São Paulo: Saraiva, 1992, 1. v., p. 535; BRASIL. **Constituição da República Federativa do Brasil** (Versão Bolso). Organização dos textos e índice por J. U. JACOBY FERNANDES. 2. ed. Belo Horizonte: Fórum, 2019. Art. 102, inc. I, alínea "a".

[174] BRASIL. Supremo Tribunal Federal. MS nº 23.565-DF. Relator: Ministro Celso de Mello. Brasília, 10 de novembro de 1999. **Diário da Justiça [da] República Federativa do Brasil**, Brasília, DF, 17 nov. 1999. Seção 1, p. 33.

[175] Sobre a possibilidade de o STF examinar o ato que susta Decreto, consultar: BRASIL. Supremo Tribunal Federal. Ação Direta de Inconstitucionalidade nº 748-3/RS. Relator: Ministro Celso de Mello. Brasília, 7 de agosto de 1992. **Diário da Justiça [da] República Federativa do Brasil**, Brasília, DF, 18 nov. 1992. Seção 1, p. 20.105; Ação Direta de Inconstitucionalidade nº 1533-8. Relator: Ministro Octavio Gallotti, Brasília, 9 de dezembro de 1996. **Diário da Justiça [da] República Federativa do Brasil**, Brasília, DF, 7 nov. 1997. Seção 1, p. 57.231.

1.7.3.3.1 Intervenção

Uma das causas de intervenção da União nos estados[176] e dos estados nos municípios[177] é a inobservância do princípio constitucional do dever de prestar contas.

O Supremo Tribunal Federal tem entendimento já firmado no sentido de que essa intervenção deve ser requerida pelo Poder Legislativo. No caso, o Tribunal de Contas auxilia o Parlamento e, ainda que possa ter a iniciativa do pedido de intervenção, deverá formalizá-lo ao Poder Legislativo.[178]

1.7.3.3.2 Comissão parlamentar de inquérito

No sistema constitucional de controle, o Poder Legislativo possui um importante instrumento de trabalho, por meio do qual assume poderes de "investigação próprios das autoridades judiciais". Embora o tema não se insira no escopo deste trabalho, é preciso definir os limites desse órgão e distingui-lo da função judicialiforme de *julgar contas.*

Sinteticamente, destacam-se os caracteres relevantes dessa espécie de controle:

I. *o poder investigatório há de estar vinculado a uma atribuição constitucional específica. Destarte, não sendo da alçada da Casa ou do Congresso tomar decisão a respeito do fato investigado, descabe a investigação. É a condição geral de pertinência, que enfatiza a doutrina;*[179]

II. *mesmo quando as comissões parlamentares de inquérito não eram sequer mencionadas na Constituição, estavam elas armadas de poderes congressuais, porque sempre se entendeu que o poder de investigar era inerente ao poder de legislar e de fiscalizar, e, sem ele, o Poder Legislativo estaria defectivo para o exercício de suas atribuições. O poder investigatório é auxiliar necessário do poder de legislar; conditio sine qua non de seu exercício regular;*

III. *se os poderes da comissão parlamentar de inquérito são dimensionados pelos poderes da entidade matriz, os poderes desta delimitam a competência da comissão. Ela não terá poderes maiores do que os de sua matriz;*

IV. *a comissão parlamentar de inquérito encontra na jurisdição constitucional do Congresso seus limites. Por uma necessidade funcional, a comissão parlamentar de inquérito não tem poderes universais, mas limitados a fatos determinados;*

V. *a comissão parlamentar de inquérito, destinada a investigar fatos relacionados com as contribuições congressuais, tem poderes imanentes ao natural exercício de suas*

---

[176] BRASIL. **Constituição da República Federativa do Brasil** (Versão Bolso). Organização dos textos e índice por J. U. JACOBY FERNANDES. 2. ed. Belo Horizonte: Fórum, 2019. *Ibidem* Art. 34, inc. VII, alínea d.

[177] *Ibidem*, art. 35, inc. II.

[178] BRASIL. Supremo Tribunal Federal. Ação Direta de Inconstitucionalidade nº 2.631/PA. Relator: Ministro Carlos Velloso. Brasília, 29 de agosto de 2002. **Diário da Justiça [da] República Federativa do Brasil**, Brasília, DF, 8 ago. 2003.

[179] HORTA, Machado. **Limitações constitucionais dos poderes de investigação.** RPD, 5:38.

atribuições, como colher depoimentos, ouvir indiciados, inquirir testemunhas, notificando-as a comparecer perante ela e a depor; a este poder corresponde o dever de, comparecendo a pessoa perante a comissão, prestar-lhe depoimento, não podendo calar a verdade. Comete crime a testemunha que o fizer. A Constituição, art. 58, § 3º, a Lei nº 1.579/1952,[180] *art. 4º, e a jurisprudência são nesse sentido;*

VI. *a comissão parlamentar de inquérito destina-se à apuração de fatos relacionados com a Administração*[181]*. Sua finalidade é conhecer situações que possam ou devam ser disciplinadas em lei, ou ainda verificar os efeitos de determinada legislação, sua excelência, inocuidade ou nocividade. Não se destina a apurar crimes nem a puni-los (competência dos poderes Executivo e Judiciário); entretanto, se no curso de uma investigação, depara fato criminoso, dele dará ciência ao Ministério Público para os fins de direito; e*

VII. *a comissão pode, em princípio, determinar buscas e apreensões, sem o que essas medidas poderiam tornar-se inócuas e quando viessem a ser executadas cairiam no vazio.*

1.7.3.3.3 Tribunais de Contas ou controlador-geral

A função de controle tem sido tema subjacente aos mais expressivos fatos da atualidade. Desde a corrupção, no regular emprego de recursos públicos, até a adoção de políticas de globalização, com restrições ao trânsito internacional de capitais especulativos, todos os fatos passam, necessariamente, pela formação de modelos organizacionais que possam estabelecer parâmetros adequados do controle da ação administrativa e, quando pertinente ao interesse público, da ação de particulares.

A implantação de novos paradigmas de ação econômica revelou ao mundo qual pode ser esse instrumento: no estabelecimento de política unificada do bloco econômico europeu, foi definida a criação de um Banco Central e de um Tribunal de Contas da União Europeia, afastando, de vez, todas as concepções que consideram esse modelo como inadequado para fazer face às novas contingências do futuro.

Em termos de modelos estruturais, a maioria dos países do mundo adota o sistema de tribunal, em contraposição ao modelo do auditor-geral ou controlador-geral, em que a função tem, na composição deliberativa, a decisão singular de um só sujeito. A congregação das chamadas *Entidades de Fiscalização Superior* – EFS –, motivada com o propósito de intercâmbio de experiências e cooperação entre instituições de controle, tem propiciado conhecimentos importantes.

Para melhor compreender a figura do controlador-geral, é preciso esclarecer que o modelo nasceu na Inglaterra e foi adotado pelo Congresso Americano. Esse modelo, que divide com o sistema de tribunal a forma de controle financeiro da Administração Pública, consiste na criação de Câmaras especializadas no Poder Legislativo,

---

[180] BRASIL. Lei nº 1.579, de 18 de março de 1952. Dispõe sobre as comissões parlamentares de inquérito. Brasília, DF [2025]. Disponível em: https://www.planalto.gov.br/ccivil_03/leis/l1579.htm.

[181] BRASIL. **Constituição da República Federativa do Brasil** (Versão Bolso). Organização dos textos e índice por J. U. JACOBY FERNANDES. 2. ed. Belo Horizonte: Fórum, 2019. *Ibidem* , art. 49, inc. X.

assessoradas pelo controlador ou auditor-geral, que é um funcionário do próprio parlamento auxiliado por grande quantidade de técnicos.

Nos Estados Unidos da América do Norte, o controlador-geral é nomeado pelo Presidente da República para um mandato de 15 anos, após consulta e aprovação pelo Senado. Também lá, por força de lei - *General Accounting Office*, de 1946 - integra o Poder Legislativo e é chefiado pelo controlador-geral, o qual, como outros agentes, está sujeito a *impeachment*.

O *ombudsman* tem atribuições não limitadas a finanças públicas, sendo este o motivo de um menor controle sobre os recursos públicos. O modelo mais aceito na atualidade, porém, é, sem dúvida, o Tribunal de Contas.

O modelo tribunal apresenta vantagens extraordinárias sobre o controlador-geral:

a) atuação em colegiado;
b) alternância de direção;
c) rodízio no controle dos órgãos;
d) distribuição impessoal de processos e
e) no Brasil, participação do Ministério Público que atua em caráter especializado.

Aos que argumentam em relação ao maior custo, verifica-se que não há comprovação segura, até porque o custo da estrutura administrativa de apoio é diluído no próprio Poder Legislativo.

Predominantes em termos de modelo,[182] os Tribunais de Contas não têm conseguido, no plano jurídico, uma uniforme doutrina que pudesse, superando as simples barreiras de idioma e matizes culturais, servir de substrato e aperfeiçoamento institucional.

Mais do que os órgãos do Poder Judiciário, os Tribunais de Contas ficam extremamente sujeitos a influências de conformação histórica, cultural e política. De fato, a perspectiva do *controle do poder*, concepção mediata do controle dos recursos públicos e da Administração Pública, tem implicado a extrema flexibilização de modelos. Em outra perspectiva, o *poder do controle* situa-se num movimento pendular: entre os que pretendem aniquilá-lo com as bandeiras da *desburocratização* e do *abrandamento do rigor formal* e os que vislumbram nesse instrumento a concepção necessária à correção de políticas públicas, à definição de limites, à conformação na aplicação de recursos tanto públicos (do Estado), quanto privados. Para os primeiros, o controle deve ser contido em fronteiras estreitas, sob pena de substituir, de

---

[182] Angola, Alemanha, Argélia, Bélgica, Benin, Brasil, Cabo Verde, Comunidade Europeia, Coreia, Espanha, França, Gabão, Gambia, Gana, Grécia, Guiné Bissau, Holanda, Ilhas Maurício, Itália, Japão, Líbia, Luxemburgo, Malásia, Marrocos, Mauritânia, Moçambique, Mônaco, Portugal, São Tomé e Príncipe, Senegal, Tanzânia, Tunísia, Turquia, Uruguai, Zaire.

confundir, o *controlador* com o *administrador*; para os segundos, até os novos paradigmas de fluxo de capital, público e privado, com reflexos nas políticas públicas, deveriam estar submetidos à ação do controle. Nesse último, a definição e o redirecionamento de políticas estatais e supranacionais, frente ao uso irregular ou abuso do poder econômico - seja público ou particular, abrangendo inclusive o trânsito de capital privado especulativo, porque este só ocorre em virtude de regulamentação ou ausência de regulamentação estatal e supranacional –, também se sujeita à ação de controle, vez que este abrange a função reguladora.

Por esse motivo, é de fundamental importância o desenvolvimento de uma doutrina que tenha presente essa nova perspectiva e valor da função de controle.

1.7.3.3.4 Tribunais de Contas do Brasil

No mundo, a Organização Internacional das Entidades Fiscalizadoras Superiores (Intosai) realiza encontros periódicos para estudar os modelos existentes de fiscalização superior nos diversos países, trocar experiências e demonstrar atuações exitosas em termos de controles da Administração Pública. Certamente essa instituição, cuja presidência passou a ser ocupada em novembro de 2024 pelo eminente ministro presidente do TCU, Bruno Dantas, é a que reúne o maior acervo sobre o tema tribunais de contas e controladorias gerais.

Quando em comparação com as instituições de fiscalização superior, do mundo, os Tribunais de Contas do Brasil se distinguem por vários fatores, com origem cultural garantias de estruturação, garantida pela Constituição Federal.

A estrutura colegiada, pertinente a uma instituição que se denomina tribunal, ocorre em alguns países do mundo. Marcos Valério de Araújo[183] esclarece:

> Conhecidas as denominações das EFS ibero-americanas, conclui-se, que possuem forma colegiada, os Tribunais de Contas do Brasil, Espanha, Portugal, Uruguai. As demais entidades do universo investigado, todas denominadas controladorias, ou oficinas do Controlador-Auditor apresentou forma centralizada de comando e decisão. Excetua-se desta regra a controladoria geral *Nederlandse-Antillen* que apresenta forma colegiada, composta de um presidente, 2 membros que toma as decisões em comum acordo. A República Dominicana convive com a forma centralizada. De sua controladoria geral e com a forma colegiada da sua câmara de contas. Em El Salvador [...] possui 2 instâncias decisórias [...]. Há uma forma descentralizada na primeira instância composta por juízes e uma forma colegiada. Na segunda instância, constituída por magistrados, que deliberam em conjunto. Em países como Bolívia, Brasil, Canadá, Equador, Panamá, Portugal e Estados

---

[183] realizou uma pesquisa que foi premiada pelo *Tribunal de Cuentas de Espanã e pela Sociedad Estatal Quinto Centenário*. Mais tarde esse trabalho tornou-se o livro: ARAÚJO, Marcos Valério de. **Como controlar o estado**: reflexões e propostas sobre o controle externo nas Américas, Portugal e Espanha. UNITEC, 1992. Biblioteca Digital do Tribunal de Contas da União.

> Unidos, onde as EFS mantêm delegações fixas em províncias ou regiões do território nacional, observa-se, não obstante a sua forma estrutural primária, um certo grau de descentralização do poder decisório. O mesmo princípio descentralizador está previsto na lei ou nos planos das entidades de fiscalização superior da Colômbia, Nicarágua, Panamá e Peru, embora estas não disponham ainda de tais delegações permanentes.

O modelo estrutural que vincula o Tribunal de Contas ao Parlamento, também ocorre em vários países do mundo. Mas nesse ponto o nosso país inicia a distinção, ao assegurar o assento no plenário de quatro estratos distintos: 2/3 ao parlamento, 1/3 ao Poder Executivo, com vagas vinculadas ao Ministério Público e aos Auditores, sendo que foram escolhidos em concurso público de Conselheiro-substituto ou Ministro-substituto.

O nosso País é o único a ter, atuando no plenário, de forma organizada, autônoma e independente, um Ministério Público especializado que tanto pode exercer a função de fiscal da lei, ou representar contra ato irregular praticado. Nesse caso, atuando como fiscal da lei passa a ser parte. Esse modelo assegura uma superioridade técnica no julgamento, com resguardo das garantias constitucionais processuais.

CAPÍTULO II

JURISDIÇÃO DOS TRIBUNAIS DE CONTAS

O tema em epígrafe tem ocupado a inteligência de vários doutrinadores no Brasil e no exterior. Assim, há os que se debatem contra o uso da expressão, no que se refere aos Tribunais de Contas, e os que detalham a sua extensão.

São indispensáveis para construir o arcabouço de uma ciência, a reflexão crítica, o exame acurado dos argumentos, a dialética. O uso da lógica se impõe, pois se o móvel do estudo pode ser a paixão, esta não será suficiente para firmar conclusões com caráter científico.

O debate deve procurar definir, com o máximo rigor científico, a expressão *jurisdição*, para depois proceder a um exame de direito comparado e, por fim, "erguer a sistemática que serve à lei, e fazê-la fecunda, no seu plano e dentro dos limites em que tem de ser aplicada"[184].

2.1 Jurisdição – conceito

Constitui preliminar inarredável lembrar e situar, com a precisão científica possível, o conteúdo dos institutos do Direito Processual, como *coisa julgada*, *jurisdição* e afins.

Ugo Rocco[185] observa que a doutrina não definiu com clareza as características da jurisdição, em confronto com outras funções do Estado. Assim, certos doutrinadores situam a jurisdição como tutela de direitos subjetivos pelo Estado.[186] Para outros, não há como caracterizar a jurisdição, a não ser considerando o órgão de que promana, "necessariamente um Juiz".[187] Outros ainda consideram que o elemento característico da jurisdição é a existência de um *contraditório*[188] ou a composição do conflito de *interesses*.[189]

---

[184] PONTES DE MIRANDA, Francisco Cavalcanti. **Comentários ao Código de Processo Civil.** 5. ed. Rio de Janeiro: Forense, 1995, p. 13.

[185] ROCCO, Ugo. **Corso di teoria e pratica de processo civile.** Napoli: Libreria Scientifica, 1951, v. 1, p. 49 e s.

[186] Tendo por expoentes Manfredini, Castellari, Gerber e Hellwig.

[187] Esse é o entendimento de Laband e Bornack *apud* BATALHA, Wilson de Souza Campos. **Tratado do Direito Judiciário do Trabalho.** 2. ed. rev. e atual. São Paulo: LTr, 1985, p. 36.

[188] Cujo expoente foi Ranelletti.

[189] Representada por Carnellutti.

Em todos os compêndios[190], a jurisdição é conceituada, com pequenas variações, como o poder do Estado de aplicar o direito ao caso concreto[191]. Etimologicamente, *jus dicere* ou *juris dictio*, dizer o direito. Expressão que passou a agasalhar a pretensão dos estudiosos do Direito judiciário, que dominaram o termo e, associando-o a estes elementos etimologicamente estranhos, como lide,[192] ação, execução do direito declarado, juiz etc., patrocinaram entendimentos dúbios que confundem os noviços no trato do tema. Jurisdição deve ser entendida como *poder de dizer o direito*. Nada mais do que isso, nada menos. A função jurisdicional, segundo Chiovenda, é aquela que tem por escopo a atuação da vontade concreta da lei por meio da substituição, pela atividade de órgãos públicos, da atividade de particulares, já no afirmar a existência da vontade da lei, já no torná-la praticamente efetiva.[193]

De Plácido e Silva assinala que a expressão *jurisdição*, embora normalmente usada para designar atribuições especiais conferidas aos magistrados, encarregados de administrar a Justiça, a ela não se adstringe. E acrescenta:

> em sentido lato, jurisdição quer significar todo *poder* ou *autoridade* conferida à pessoa, em virtude da qual pode *conhecer* de certos negócios públicos e os *resolver*. E neste *poder*, em que se estabelece a *medida das atividades funcionais* da pessoa, seja juiz ou *autoridade* de outra espécie, estão incluídas não somente as atribuições relativas à matéria, que deve ser trazida a seu conhecimento, mas ainda a extensão territorial, em que o mesmo poder se exercita.[194]

Também João Mendes limita o conceito de jurisdição com respeito à etimologia.[195]

A reflexão sobre o tema, sem dúvida, pode levar ao necessário estabelecimento de outros qualificativos, como a *finalidade* da jurisdição – compor lide, ou dependendo

---

[190] MARQUES, Frederico. **Instituições de Direito Processual Civil Brasileiro**. Rio de Janeiro: Forense, 1971, v. 1, p. 27-37; MENDES JÚNIOR, João. **Direito Judiciário Brasileiro**. Rio de Janeiro: Correcta e Aug, 1918, p. 29-31; BARBI, Celso Agrícola. **Comentários ao Código de Processo Civil**. Rio de Janeiro: Forense, 1994, v. 1, tomo 1, nº 1, p. 9-12, entre outros.

[191] Para fins de exposição, preferimos referir apenas a corrente de opinião perfilada por Betti, Chiovenda, Wach e Raselli, para os quais a jurisdição é a atividade do Estado dirigida à atuação do Direito objetivo, mediante a aplicação da norma geral ao caso concreto e a realização forçada da mesma norma geral. Não pode ser desconhecida a importância da corrente que sustenta ser a jurisdição atividade com a qual o Estado provê a tutela do direito subjetivo ameaçado ou violado, defendida por Hellwig, Gerber e Manfredini, entre outros.

[192] Campos Batalha, discorrendo sobre jurisdição, assinala que "não se nos afigura, ao contrário do que ponderava Pedro Lessa, que a função jurisdicional se caracterize invariavelmente pela ocorrência de litígio e pela insuperabilidade da exigência da iniciativa de parte. Ao contrário, constitui também exercício da jurisdição a prática de certos atos, mesmo na ausência de controvérsia entre as partes, além do que, por vezes, ao Poder Judiciário é conferida a iniciativa do processo". BATALHA, Wilson de Souza Campos. **Tratado do Direito Judiciário do Trabalho**. 2. ed. rev. e atual. São Paulo: LTr, 1985, p. 43-44.

[193] **Instituições**, 2. v., 2. ed., p. 4.

[194] SILVA, De Plácido e. **Vocabulário Jurídico**. Rio de Janeiro: Forense, 16. ed., 1999, p. 466. Grifos do original.

[195] Para João Mendes, "[...] jurisdição é o poder de dizer o direito aplicável aos fatos, nas relações dos indivíduos entre si e entre os indivíduos e a sociedade" *apud* NÁUFEL, José. **Novo Dicionário Jurídico Brasileiro**. 9. ed. rev. atual. e aum. Rio de Janeiro: Forense, 1997, p. 554. Semelhante é o conceito dado por MONTEIRO, João Pereira. **Teoria do Processo Civil e Comercial**. Atualização de J. M. Carvalho Santos. Rio de Janeiro: Borsói, 1912, v.1, parágrafo 34.

do caso, estabilizar relações – e a *efetivação concreta* do que foi dito, ou seja, executar o comando *dito* ou *decidido*. Esses elementos adjetivadores, criados pelos estudiosos, não estão incorretos e são mesmo úteis, em termos didáticos, para principiantes do Direito. Não seria correto, todavia, pretender limitar os termos ao uso que possuem no campo processual judiciário. Basta, desse modo, para invalidar o pretendido absolutismo desses ensinamentos, lembrar que a finalidade da composição de litígios inexiste na denominada jurisdição voluntária, que inclusive faz definitivo o direito declarado. Não há necessidade de concretizar o direito por meios constritivos quando se está diante de uma jurisdição voluntária ou sentença declaratória. Enfim, o termo jurisdição não está obrigatoriamente associado, na sua origem, a outros elementos e não há por que permitir que processualistas, ou melhor, estudiosos do Direito judiciário, pretendam o monopólio da aplicação do termo, no contexto que, embora verdadeiro para o seu ramo da ciência, não é correto no amplo conteúdo da teoria geral do direito.

Reportando-se à etimologia do termo, o insuperável Pontes de Miranda trazia o conceito com o seguinte significado: "O sentido exato é o de poder dizer o Direito (*dicereius*), razão porque se há de exigir o pressuposto conceptual de julgamento, de "dizer" (*dictio*) qual a regra jurídica, o *ius*, que incidiu"[196].

A mesma acepção pode ser encontrada em outros doutrinadores pátrios e alienígenas.[197]

2.2 Jurisdição – poder do Estado

Como *jurisdição* é o poder de dizer o direito, segue-se que não é todo direito dito que pode ser considerado como *jurisdição*, mas tão-só aquele que é declarado por quem detém tal poder.

Efetivamente, como salienta Recansès Siches[198], toda interpretação dada ao direito é provisória. Todos podem, de fato, dizer o direito, mas existe aquele que o diz de modo definitivo e faz cessar as interpretações provisórias.

Quem pode *dizer* o direito? O poder da *juris dictio* só pode, num Estado Democrático, ser definido pelo próprio direito. Essa é a regra que deve definir quem pode, como pode e quando pode dizer o direito. É indispensável norma definindo, implícita ou explicitamente, a função.

A função jurisdicional, conforme compacta e uniforme doutrina, é, na atualidade, própria do Estado; outrora função exclusiva do rei, depois transferida, em parcelas, a seus delegados; mais tarde, em Roma, aos magistrados superiores; no

---

[196] PONTES DE MIRANDA, Francisco Cavalcanti. **Comentários ao Código de Processo Civil**. 5. ed. Rio de Janeiro: Forense, 1995, p. 13.

[197] Observa Oderigo que a função jurisdicional ocorre quando, com finalidade executiva, o juiz, ou quem for, diz o direito, cria a norma particular de conduta. ODERIGO, Mário L. **Lecciones de Derecho Procesal**. Buenos Aires: Depalma, 1971, v. 1, p. 195.

[198] SICHES, Recansés *apud* NASCIMENTO, Amauri Mascaro. **Iniciação ao Direito do Trabalho**. São Paulo: LTr, 14. ed., 1989, p. 61.

período médio, em civilizações como a dos germânicos, a jurisdição era exercida pelo povo, que deliberava em assembleias populares.[199]

Desse modo, no amplo espectro de funções que devem ser definidas no ordenamento jurídico, compete à norma definir o exercício dessa função para regular a vida em sociedade.

Não bastará, porém, defini-lo: é indispensável, também, atribuir-lhe o caráter de executoriedade e definitividade da *dictio*.

Por esse motivo, sendo atividade do Estado, a jurisdição é uma das funções da soberania, porque de nada adianta dizer o direito aplicável ao caso concreto, se, em sendo necessário tornar efetiva e concreta essa interpretação, o agente encarregado não puder fazê-lo. Não poderia o Estado aplicar o comando contido na regra jurídica se, em determinado momento do processo, não impusesse a *definitividade* do julgamento. *Os próprios objetivos mediatos do Estado - conservação e desenvolvimento das condições de vida em sociedade -, que justificam a interferência na composição da lide, impõem que, após assegurada a possibilidade de as pessoas envolvidas contraporem, em determinado momento, seus argumentos - efetivação do princípio do contraditório -, o pronunciamento sobre o direito aplicável se estabilize para que a decisão final se possa concretizar.* É necessário que cessem as possibilidades de manifestação sobre a regra jurídica a ser aplicada e de recurso das decisões e que um terceiro isento diga, em definitivo, a solução a ser aplicada, com força para vencer recalcitrâncias e para materializar a paz social. É por isso que a jurisdição está intimamente associada à expressão *coisa julgada*.

Roberto Rosas, citando outros autores, obtempera que:

> O Estado substitui aos particulares na síntese das discussões, para indicar a quem pertence o Direito no exercício pelos órgãos do Estado, em especial, pelo magistrado, o Juiz. Mas o Juiz, e assinala Carnellutti, não é somente o indivíduo julgador, também o que dispõe, cuja decisão tem eficácia ordenadora e que essa eficácia esteja consubstanciada numa sentença que tem a característica principal para a sua configuração como ato jurisdicional, "a autoridade da coisa julgada" na devida expressão de Liebman, porque os limites objetivos da jurisdição civil são fixados em razão da causa material ou objeto sobre o qual incide essa função estatal, e isto encontramos nos atos discricionários não passíveis de reexame total pelo Judiciário, porém, examinam-se as formalidades extrínsecas e a regularidade dos atos executórios.[200]

Pode ser observada também a participação da Administração Pública no Direito Privado, nas palavras de Guido Zanobini.[201]

---

[199] Também exerceram a jurisdição os senhores feudais e a igreja.

[200] ROSAS, Roberto. Aspectos jurisdicionais na competência do Tribunal de Contas. **Revista do Tribunal de Contas do Distrito Federal**, Brasília, n. 1, p. 106, 1975.

[201] ZANOBINI, Guido. **Curso de Direito Administrativo**. v. II, 1950, p. 173.

2.3 Jurisdição e coisa julgada

Várias correntes de pensamento procuram explicar a natureza jurídica da coisa julgada. Para esse breve estudo, interessa o atributo da imutabilidade do pronunciamento do Estado acerca do fato submetido à sua apreciação.[202]

Para Savigny, é o princípio da coisa julgada que impossibilita a perpetuidade da instabilidade nas relações de direito, e, portanto, firma, por ela, a proteção das sentenças definitivas contra qualquer ataque ou modificação.[203]

Em sua obra *Teoria Pura do Direito*, Hans Kelsen assenta que:

a) a sentença judicial encarta-se no processo criador do direito;
b) essa manifestação de vontade do Estado, na composição de um conflito, constrói a norma particular aplicável ao caso concreto;
c) essa norma particular submete-se e conforma-se com as normas gerais superiores;
d) as normas superiores possuem eficácia até que outra a modifique ou revogue;
e) essas mesmas normas superiores condicionam a validade, eficácia e mutabilidade da norma particular;
f) quando a lei não mais faculta a modificação ou a alteração do pronunciamento do Estado, por motivos de certeza e segurança jurídica, diz-se que ocorre a coisa julgada, ou seja, a superação de todas as impugnações.[204]

Efetivamente, o conteúdo da jurisdição restaria vazio de significado lógico e prático se não lhe seguisse a imutabilidade da decisão. Aliás, se as partes pudessem atacar a decisão judicial a qualquer tempo, seja por meio de recurso, ou por outro processo, ela não teria eficácia; seria a própria negação do *juris dictio*.

Dessa forma, o fundamento lógico-jurídico - epistemologia jurídica - coloca o instituto da coisa julgada como indissociável da jurisdição.

2.3.1 Coisa julgada formal e material

Observa-se que, tradicionalmente, há uma firme divisão, proposta para fins didáticos, entre coisa julgada formal e material.[205]

---

[202] Assumiram relevo sobre o assunto as seguintes teorias: teoria da presunção da verdade de Ulpiano, renovada por Pothier e acolhida no Brasil no art. 815 do Regulamento nº 737, de 1850; teoria da ficção da verdade, elaborada por Savigny; teoria da força legal defendida por Pagenstecher; teoria da eficácia da declaração, elaborada por Hellwig, Binder e Stein; teoria da vontade do Estado, defendida por Chiovenda; teoria da imperatividade do comando da sentença, de Carnelutti; teoria de Liebman; teoria da extinção da obrigação jurisdicional de Ugo Rocco. A elaboração de Hans Kelsen mostra-se mais didática e adequada ao direito positivo pátrio, por isso a preferimos. SANTOS, Moacyr Amaral. Justificação da autoridade da coisa julgada. **Primeiras linhas de Direito Processual Civil**. São Paulo: Saraiva, 13. ed., 1993, 3. v., p. 45-52.

[203] SAVIGNY. **Traité de Droit Romain**. Paris: Firmin-didot, 1851,6 v., p. 256.

[204] Servimo-nos, nessa última passagem, da interpretação de BATALHA, Wilson de Souza Campos. **Tratado do Direito Judiciário do Trabalho.** São Paulo: LTr, 1985, 2. ed. rev. e atual., p. 549.

[205] Liebman está entre uma restrita minoria de doutrinadores que negam a distinção entre coisa julgada formal e

Em síntese, os especialistas em Direito Processual associam coisa julgada formal com a imutabilidade da própria sentença. Nesse sentido, o magistral escólio de Moacyr Amaral Santos:

> A coisa julgada formal consiste no fenômeno da imutabilidade da sentença pela preclusão dos prazos para recursos. Dá-se porque a sentença não poderá ser reformada por meio de recursos, seja porque dela não caibam recursos, seja porque estes não foram interpostos no prazo, ou porque do recurso se desistiu ou do interposto se renunciou. [...] Imutável o ato, dentro do processo, esgota-se a função jurisdicional. O Estado tem por cumprida a sua obrigação jurisdicional.[206]

A seu turno, coisa julgada material diz respeito à relação jurídica que foi apreciada, ou ao bem da vida assegurado ao autor ou réu, em virtude do pronunciamento do Estado, impedindo que em outro processo seja decidida de modo diferente. A coisa julgada material, na legislação pátria, como no direito comparado, merece interpretação restrita, só se perfazendo entre as mesmas partes e mesmo objeto, não alcançando nem prejudicando terceiros.[207]

A propósito consulte o subitem 2.14.2, adiante.

2.3.2 Crítica à visão unilateral do direito judiciário

O Direito pátrio produziu expressivo rol de doutrinadores, com nomeada internacional, mas poucos estudiosos com visão ampla do Direito, padecendo a grande maioria de restrita visão unilateral de um ramo. Esse aspecto diz respeito, de perto, ao problema em debate, vez que dele mais trataram especialistas do direito processual. Cingiram-se ao processo judiciário e, sem densidade, aplicaram os termos jurisdição, coisa julgada, recurso, codificação do processo, direito de defesa e contraditório. Fizeram dessa posição tão arraigada e obtusa doutrina que, ao contrário do que ocorreu em outros países, impediram o surgimento de um código de processo administrativo, pretendendo restringir até o termo "processo" para uso do judiciário, quando foi este que se apropriou daquele vocábulo.

Felizmente, os melhores autores pátrios e as instâncias superiores dos tribunais, como será amplamente demonstrado, consagram posição firme e em consonância com uma visão jurídica mais aprimorada, buscando corrigir equívocos graves que órgãos e juristas menos avisados vêm incorrendo.

---

material, *apud* BATALHA, Wilson de Souza Campos. **Tratado do Direito Judiciário do Trabalho**. São Paulo: LTr, 1985, 2. ed. rev. e atual., p. 550.

206 SANTOS, Moacyr Amaral. **Primeiras linhas de Direito Processual Civil**. 3. v. São Paulo: Saraiva, p. 43.

207 BRASIL. Lei nº 13.105, de 16 de março de 2015. Código de Processo Civil. Brasília, DF: Presidência da República, [2025]. Disponível em: https://www.planalto.gov.br/ccivil_03/_ato2015-2018/2015/lei/l13105.htm. Art. 502 eseguintes.

2.3.3 Coisa julgada e exercício da função jurisdicional

É indispensável tecer algumas considerações sobre o tema em destaque. Em primeiro lugar, deve-se verificar a existência da coisa julgada no âmbito administrativo e, em segundo, se há exercício da função jurisdicional fora do âmbito do Poder Judiciário.

2.4 Coisa julgada administrativa

Sustentam alguns, simplesmente, sua inexistência.[208]

O sempre lembrado Hely Lopes Meirelles, como vários outros autores de renome, ao contrário dos demais temas que abordaram, neste - coisa julgada administrativa - empreenderam uma perfunctória análise e concluíram que se trata apenas da preclusão administrativa que impede a reapreciação dos fatos. Textualmente, o mencionado jurista declarou que:

> essa imodificabilidade não é efeito da coisa julgada administrativa, mas é conseqüência [*sic*] da preclusão das vias de impugnação interna (recursos administrativos) dos atos decisórios da própria Administração. Exauridos os meios de impugnação administrativa, torna-se irretratável, administrativamente, a última decisão, mas nem por isso deixa de ser atacável por via judicial.[209]

Para fundamentar o entendimento, averba essa corrente de pensamento que perante o Judiciário qualquer decisão administrativa pode ser modificada, como estabelece o inc. XXXV, do art. 5º, da Constituição Federal.

Assim, generalizando o comando constitucional e os ensinamentos voltados para o direito processual, muitos autores de Direito Administrativo, no máximo, admitem a noção de que há coisa julgada administrativa, mas - pasmem - só no âmbito da própria Administração, inibindo-se apenas a esta e não ao Judiciário, a reapreciação do fato já decidido.

Ficaria o Poder Judiciário autorizado a rever, completamente, todos os atos administrativos até onde o "magistrado entenda ser seu campo de atuação"[210].

O assunto merece maior reflexão.

Com muita boa vontade e apenas como regra geral, essa proposição seria admissível.

---

[208] Importante notar que, sob o fundamento do dever de respeitar a coisa julgada administrativa, o STF concedeu liminar, posteriormente cassada, contra decisão do Tribunal de Contas da União, que reviu decisão anterior que julgara legal uma licitação: BRASIL. Supremo Tribunal Federal. MS nº 23.560-8. Relator para acórdão: Ministro Nelson Jobim. Brasília, 20 de setembro de 2000. **Diário da Justiça [da] República Federativa do Brasil**, Brasília, DF, 27 set. 2000. Seção 1, p. 84.

[209] MEIRELLES, Hely Lopes. **Direito Administrativo Brasileiro**. 17. ed. São Paulo: Malheiros Editores, 1992, p. 76.

[210] FIGUEIREDO, Lúcia Valle. **Curso de Direito Administrativo**. São Paulo: Malheiros, 1995, p. 240.

2.5 Limites à revisão judiciária dos atos administrativos em geral

Em primeiro plano, e também como princípio geral, ao Judiciário cabe apenas o *patrulhamento das fronteiras da legalidade*,[211] vedado o exame quanto à conveniência e oportunidade.

Não se trata de acolhimento de tese ortodoxa, ultrapassada ou de estudo reacionário. Não pode o juiz pretender examinar uma questão se não ficar evidenciada cristalina lesão à ordem jurídica. Em nome da harmonia - não dos poderes, mas do direito -, não se admite o exercício da aplicação concreta da lei com o afastamento da competência da autoridade administrativa.

Nesse sentido, revela José Cretella Jr:

> Inteiramente livre para examinar a legalidade do ato administrativo, está proibido o Poder Judiciário de entrar na indagação do mérito, que fica totalmente fora do seu policiamento.[212]

O saudoso mestre Seabra Fagundes assinala que:

> o Judiciário, chamado a atuar no processo de realização do direito, para remover anormalidade porventura surgida, circunscreve o âmbito da sua atuação ao caso sobre o qual tenha sido provocado. Extinguindo-se a situação anormal com o seu pronunciamento, cessa, por isso mesmo, a razão de ser de sua interferência. A sentença não vai, portanto, via de regra, ao ponto de revogar de modo absoluto o ato da Administração. Constatando a infringência constitucional ou legal, cujas conseqüências [*sic*] recaem no indivíduo, através do ato administrativo, limita-se a considerá-lo inaplicável, no caso submetido ao seu conhecimento.[213]

E, mais adiante, acrescenta:

> Concilia-se, dessarte, o amparo jurisdicional ao administrado, com a independência da Pública Administração. O controle se torna um fator de equilíbrio recíproco entre os poderes e não de prevalência dum sobre o outro.
>
> Revogando o ato, modificando-o, o que seria uma revogação parcial, ou suspendendo-o, o que importaria numa revogação temporária, o Poder Judiciário confundir-se-ia com o Poder Executivo. Praticaria atos próprios deste, penetrando no âmbito das atividades reservadas ao poder que exerce a função administrativa.

Com referência a esse entendimento, parece haver razoável uniformidade entre os administrativistas, merecendo citação alguns excertos, além dos já transcritos, que expõem com clareza essa distinção.

---

[211] Na feliz expressão de Cretella Jr.

[212] CRETELLA JÚNIOR, José. **Dos Atos Administrativos Especiais**. Rio de Janeiro: Forense, 1995, p. 448

[213] FAGUNDES, Seabra. **O Controle dos Atos Administrativos**. 4. ed. Rio de Janeiro: Forense, 1967, p. 159-161.

"O aspecto da legalidade é suscetível de revisão pelo Poder Judiciário. O de mérito não", ensina Celso Ribeiro Bastos, constitucionalista e administrativista, trazendo à colação estes acórdãos:

> Ao judiciário é vedado, no exercício do controle jurisdicional, apreciar o mérito dos atos administrativos, para dizer do acerto da justiça, da utilidade, da moralidade, etc., de cada procedimento. Não pode o juiz substituir-se ao administrador; compete-lhe, apenas, contê-lo nos estritos limites da ordem jurídica ou compeli-lo a que os retorne (TJSP, REO 165.977).
>
> O controle jurisdicional se restringe ao exame da legalidade do ato administrativo; mas, por legalidade ou legitimidade, se entende não só a conformação do ato à lei, como também com a moral administrativa e com o interesse coletivo (TJSP, Ap. 151.580, RDA, 89:134).[214]

Hely Lopes Meirelles também demonstra a impossibilidade de revisão judicial do mérito dos atos administrativos, tanto em relação aos vinculados como aos discricionários. Averba o mestre, em relação aos atos vinculados, que:

> em tais casos a conduta do administrador confunde-se com a do juiz na aplicação da lei, diversamente do que ocorre nos atos discricionários, em que, além dos elementos sempre vinculados (competência, finalidade e forma), outros existem (motivo e objeto), em relação aos quais a Administração decide livremente, e sem possibilidade de correção judicial, salvo quando o seu proceder caracterizar excesso ou desvio de poder.[215]

A preclara Professora Lúcia Valle Figueiredo, expendendo, com seu habitual brilho, considerações sobre o tema, pretende validar o controle judicial da motivação dos atos administrativos. Depois de reconhecer que o "mérito", *stricto sensu*, é de difícil conceituação – no qual também concorda que o Poder Judiciário não pode adentrar, pugna que, em alguns casos, só o exame do conteúdo do ato – *v.g.* quando se examina a lesividade em uma ação popular – poderá efetivar a tutela jurídica. Contudo, mesmo nesse específico caso, fica o juiz adstrito à verificação da legalidade, conforme consigna:

> Se o Judiciário deve conhecer qualquer lesão a direito, "*ipso facto*", é o Judiciário titulado a dizer quando a conduta administrativa *quedou-se dentro da moldura legal, não a desbordando.*[216]

Se a doutrina guarda uniformidade, nesse sentido, por que motivo pretendem alguns rever judicialmente as decisões dos julgamentos dos Tribunais de Contas? Julgar é apreciar o mérito e, portanto, mesmo que a Constituição não utilizasse expressamente o termo "julgar", ainda assim, uma decisão dessa Corte seria

---

[214] BASTOS, Celso Ribeiro. **Curso de Direito Administrativo**. São Paulo: Saraiva, 1994, p. 101.

[215] MEIRELLES, Hely Lopes. **Direito Administrativo Brasileiro**. 24. ed. São Paulo: Malheiros, 1999, p. 138.

[216] FIGUEIREDO, Lúcia Valle. **Curso de Direito Administrativo**. São Paulo: Malheiros, 1995, p. 129. Grifos não constam do original.

impenetrável para o Poder Judiciário. Se a maculasse manifesta ilegalidade, como qualquer sentença, poderia até ser cassada por meio de mandado de segurança, mas nunca, jamais, poderia se permitir ao magistrado substituir-se nesse julgamento de mérito. O juiz também deve conter sua atuação nos limites da lei e, foi a Lei Maior que deu a competência para julgar contas a uma Corte, devidamente instrumentalizada e tecnicamente especializada.

Portanto, mesmo que o julgamento das Cortes de Contas não fosse um ato jurisdicional típico, mas apenas um ato administrativo, seu mérito jamais poderia ser revisto pelo Poder Judiciário.

2.6 Atos judiciais e administrativos que podem ou não produzir coisa julgada

Em segundo plano, deve-se ter em conta que ninguém iria arguir a existência de coisa julgada, na esfera judicial, em relação a todos os atos praticados pelo juiz. Evidentemente, foge à razoabilidade tal cogitação - embora vários autores tentem elastecer, inopinadamente, esse efeito –, pois a coisa julgada só existe como acessório indispensável à concretização da jurisdição.

Logo, é elementar que somente os atos praticados pelos órgãos do Poder Judiciário, que sejam expressão da jurisdição, podem ter como efeito a coisa julgada.

Corrobora esse entendimento o Ministro Amaral Santos, quando esclarece que só as sentenças de mérito produzem coisa julgada, afastando expressamente desse espectro as sentenças terminativas, as sentenças proferidas em processos de jurisdição voluntária, as adotadas em processos cautelares, as decisões interlocutórias e os despachos de mero expediente.

Se assim ocorre no processo judiciário, haveria alguma razão plausível para se discutir a existência de coisa julgada administrativa para os atos administrativos em geral? É óbvio que não!

Somente seria admissível questionar essa possibilidade se, na esfera da Administração, fosse praticado algum ato de natureza jurídica jurisdicional. *Juris dictio*, dizer o direito, ocorre em relação aos chamados atos de jurisdição ou jurisdicionais.[217] Inconcebível falar de coisa julgada diante de atos negociais, ordinatórios ou contratos administrativos. Nesses, sim, há apenas mera preclusão da capacidade da revisão. Nos atos de jurisdição, em que a Administração decide a aplicação do direito, é possível em vários casos encontrar a coisa julgada, operando, preclusivamente, efeitos em relação à possibilidade de modificação, seja no âmbito da Administração, seja no âmbito judicial.

---

[217] A "jurisdição civil" é a jurisdição que não é "penal" nem "administrativa". Cf. PONTES DE MIRANDA, Francisco Cavalcanti. **Comentários ao Código de Processo Civil**. 5. ed. Rio de Janeiro: Forense, 1995, p. 81.

2.7 Exercício da função jurisdicional fora do Poder Judiciário

Parece uníssono, entre nós - tanto no Direito Administrativo quanto no Processual -, o entendimento de que o Brasil adota o sistema de *jurisdição única*, ou inglês, significando que somente o Poder Judiciário exerce a função jurisdicional, nos termos conceituados no início deste trabalho.

O sistema do *contencioso administrativo*, também denominado de sistema francês, que é oposto ao precedente, admite que um órgão, não integrante do Poder Judiciário, portanto da esfera administrativa, declare o direito aplicável ao caso concreto, inibindo a reapreciação do mesmo fato por aquele poder. Resulta desse sistema, a existência de coisa julgada administrativa formal e material. Os doutrinadores pátrios, *todos*, admitem que não existe sistema puro em nenhum país. Ora, o corolário natural do confronto dessas duas premissas é inarredável: de algum modo, os países admitem a coisa julgada administrativa.[218]

O ponto fundamental de arrimo para os estudiosos sustentarem a adoção pelo Brasil do sistema de jurisdição única é o atual art. 5°, inc. XXXV, da Constituição Federal, cujo teor, presente também nas constituições pretéritas, é indispensável relembrar: "a lei não excluirá da apreciação do Poder Judiciário lesão ou ameaça a direito".

O estudo desse preceito, segundo mestres da hermenêutica, entre os quais destaca-se José Afonso da Silva, conduz ao entendimento de que se trata de norma de eficácia plena,[219] de conteúdo proibitivo, dirigido ao legislador infraconstitucional.

Qualquer diploma infraconstitucional que impedisse que determinadas demandas fossem submetidas ao Poder Judiciário; que pretendesse criar empecilhos onerosos, como o recolhimento de taxas abusivas; que adiasse a possibilidade de ingresso em juízo ou o condicionasse ao prévio exaurimento da via administrativa; que impossibilitasse o afastamento a decisão de árbitro escolhido,[220] seria, a toda evidência, inconstitucional, por ofensa à norma em epígrafe. Quanto a isso, ninguém ousaria divergir.

O conteúdo da norma, como de todas as jurídicas, deve merecer mais detido exame, visando afastar a prevalência de um misoneísmo ilógico.

A disposição do art. 5°, inc. XXXV, da Constituição Federal tem por destinatário o legislador infraconstitucional, mas não veda que a própria Constituição, em dispositivo a ser coordenado, imponha o exercício da função jurisdicional a outro

[218] Já houve, no Brasil, a tentativa de incluir, em nosso ordenamento, o sistema do contencioso de contas, ainda que de forma parcial, como consta do Título II, Capítulo II. Seção III, do Projeto n° 175 - 1946, que pretendia a reorganização do TCU em face da então recente Constituição.

[219] Norma idêntica à examinada - art. 153, § 4°, da Constituição anterior - foi analizada pelo referido constitucionalista na sua clássica obra: SILVA, José Afonso da. **Aplicabilidade das Normas Constitucionais**. São Paulo: RT, 2. ed., p. 87.

[220] ANDRIGHI, Fátima Nancy. A arbitragem: solução alternativa de conflitos. **Revista da Escola Superior da Magistratura**, Brasília, n. 2, maio/ago. 1996, p. 149-173.

órgão não integrante do Poder Judiciário, ou, mais contundentemente, estabeleça que um determinado tipo de questão não seja objeto de apreciação judicial.

Sempre valiosa a lição de Carlos Maximiliano no seguinte sentido:

> [...] *não se encontra um princípio isolado em ciência alguma; acha-se cada um em conexão íntima com outros.* O Direito objetivo não é um conglomerado caótico de preceitos; constitui vasta unidade, organismo regular, sistema, conjunto harmônico de normas coordenadas, em independência metódica, embora fixada cada uma no seu lugar próprio. De princípios jurídicos mais ou menos gerais deduzem-se corolários; uns e outros se condicionam e restringem reciprocamente, embora se desenvolvam de modo que constituem elementos autônomos operando em campos diversos.

E acrescenta lapidarmente: "cada preceito, portanto, é membro de um grande todo; por isso do exame em conjunto resulta bastante luz para o caso em apreço".[221]

A Constituição Federal admitiu expressamente várias exceções a esse decantado monopólio absoluto do Poder Judiciário, como será visto adiante. Em outros casos, o constituinte não excluiu expressamente o direito de ação perante esse poder, mas declinou a competência para julgar a órgão que não o integra expressamente. Assim procedeu nesse breve elenco:

a) contas prestadas pelo presidente da República (competência exclusiva do Congresso Nacional);[222]

b) o presidente e o vice-presidente da República, nos crimes de responsabilidade, os ministros de Estado e os Comandantes da Marinha, do Exército e da Aeronáutica, nos crimes da mesma natureza, conexos com aqueles (competência privativa do Senado Federal);[223]

c) processar os ministros do Supremo Tribunal Federal, os membros do Conselho Nacional de Justiça e do Conselho Nacional do Ministério Público, o procurador-geral da República e o advogado-geral da União nos crimes de responsabilidade (competência privativa do Senado Federal);[224]

d) contas dos administradores e demais responsáveis por dinheiros, bens e valores públicos da administração direta e indireta, incluídas as fundações e sociedades instituídas e mantidas pelo poder público federal, e as contas daqueles que derem causa a perda, extravio ou outra irregularidade de que resulte prejuízo ao erário (competência do Tribunal de Contas da União).[225]

---

[221] MAXIMILIANO, Carlos. **Hermenêutica e Aplicação do Direito**. 10. ed., Rio de Janeiro: Forense, 1988, p. 128.

[222] BRASIL. **Constituição da República Federativa do Brasil** (Versão Bolso). Organização dos textos e índice por J. U. JACOBY FERNANDES. 2. ed. Belo Horizonte: Fórum, 2019. Art. 49, inc. IX.

[223] *Ibidem*, art. 52, inc. I. [Redação dada pela Emenda Constitucional nº 23, de 1999]

[224] *Ibidem*, art. 52, inc. II. [Redação dada pela Emenda Constitucional nº 23, de 1999]

[225] BRASIL. **Constituição da República Federativa do Brasil** (Versão Bolso). Organização dos textos e índice por J. U. JACOBY FERNANDES. 2. ed. Belo Horizonte: Fórum, 2019. Art. 71, inc. II.

Alguns desses casos estão também elencados entre os de competência de órgão do Poder Judiciário? A resposta é negativa, tão só pelo simples fato de que, expressamente, o legislador constituinte deslocou essa competência para órgão específico, sempre fundado em relevantes razões jurídicas, morais e lógicas, como será demonstrado.

O desempenho dessas funções não representa também o poder de *dizer* o direito? Não é então uma espécie de jurisdição que os especialistas em direito processual judiciário ignoram? A inevitável resposta afirmativa impõe-se às duas questões.

Que se ouça a autorizada voz do Ministro Eduardo Ribeiro de Oliveira: "Como ressalvamos, a própria Constituição exclui do reexame judiciário certas questões em que pode haver lesão de direito individual". Após referir-se ao processo de *impeachment* do presidente e vice-presidente da República, assere: "As decisões proferidas pelo Senado e Câmara, em tais casos, não são passíveis de revisão pelo Poder Judiciário, pois se trata do exercício de função jurisdicional".[226]

Examinando dispositivo análogo ao atual, e reconhecendo a função jurisdicional dos Tribunais de Contas, o eminente Ministro Victor Nunes Leal assinala que a disposição constitucional de que "a lei não poderá excluir da apreciação judicial do Poder Judiciário qualquer lesão de direito individual" não é obstáculo a este entendimento, porque, no caso, a redução de competência do judiciário resulta da Constituição, e não da lei.[227]

Em recente estudo, Raimundo de Menezes Vieira assinala que, remetendo-se à exceção ao monopólio jurisdicional do Poder Judiciário,

> a segunda hipótese se refere às decisões dos Tribunais de Contas de que resulte imputação de débito ou multa, em razão do julgamento da regularidade das contas dos administradores e demais responsáveis por bens e valores ou aplicação de bens ou fundos públicos (imputação de débito).[228]

2.8 Teoria da separação das funções do Estado

Indispensável expender algumas considerações sobre o tema da epígrafe, para melhor compreensão das conclusões que serão adotadas.

O debate tem prosperado, notadamente, porque os estudiosos costumam analisar a questão apenas pela perspectiva do Direito Constitucional ou do Direito Administrativo, faltando à reflexão uma visão abrangente e mais atualizada da restrita tripartição das funções do Estado.

---

[226] OLIVEIRA, Eduardo Ribeiro de. O conceito de jurisdição. **Revista Brasileira de Direito Processual**. Uberaba: Vitória, n. 59, p. 61, ago/set. 1986.

[227] LEAL, Victor Nunes. **Problemas de Direito Público e outros problemas**. Rio de Janeiro: Forense, 1960, p. 231.

[228] VIEIRA, Raimundo de Menezes. O Tribunal de Contas: o valor de suas decisões. **Revista de Informação Legislativa**, Brasília, ano 27, n. 106, p.103-108, abr./jun. 1990.

Na antiguidade, Aristóteles e Cícero preconizaram que, na organização do Estado, deveriam existir três organismos desempenhando as funções de elaborar as leis, aplicá-las e de administrar a Justiça. Declinavam as inconveniências da acumulação de tais funções em um só órgão.

A mesma ideia foi consagrada na teoria da separação dos poderes de Montesquieu - como ficou conhecida - na obra *L'Esprit des Lois*, de 1748. Embora tratasse, de fato, da separação de funções, jamais foi adotada em seu sentido estrito.

Em verdade, essa terminologia inadequada - "poder" - ocasionou vários equívocos, obrigando até a uma transladação de sentido do termo *poder*, adotado pelos constitucionalistas, para tentar justificá-lo.[229] Foi sensível a essa questão o eminente José Afonso da Silva:

> Poder Legislativo, Poder Executivo e Poder Judiciário são expressões com *duplo* sentido. Exprimem, a um tempo, as funções legislativas, executiva e jurisdicional e indicam os respectivos órgãos, conforme descrição e discriminação estabelecidas no título da *organização dos poderes*.[230]

E arremata, logo adiante:

> Vale dizer, portanto, que o poder político, *uno*, *indivisível* e *indelegável*, se desdobra e se compõe de *várias funções*, fato que permite falar em *distinção das funções* que fundamentalmente são três: a *legislativa*, a *executiva* e a *jurisdicional*.

Impossível conter nos órgãos de cada "poder"[231], restritivamente, o desempenho das funções de igual denominação. O Poder Judiciário tem funções executivas e legislativas, embora em grau menor de significância; de igual modo, ocorre com os outros poderes.

---

[229] Vitor Rolf Laubé esclarece, com iniludível proficiência, que necessário é ter presente que o "poder" é uno: impossível é a sua repartição. O "poder" é imanente ao Estado, é um seu atributo decorrente de sua soberania, o que torna inviável, o que impede a sua cisão. Na realidade, o que se verifica é a repartição das funções do Estado. De conseguinte, quando se estiver a fazer referência a um dos poderes constituídos - legislativo, executivo ou judiciário - pretende-se, sim, aludir a um dos órgãos a que o constituinte atribuiu parcela específica do plexo de funções inerentes ao Estado (legislação, administração e jurisdição). LAUBÉ, Vitor Rolf. Considerações acerca da conformação constitucional do Tribunal de Contas. **Revista de Informação Legislativa.** Brasília, ano 29, nº 113, p. 308, jan./mar. 1992.

[230] SILVA, José Afonso da. **Curso de Direito Constitucional Positivo.** São Paulo: Malheiros, 9. ed., 2ª tir., 1993, p. 97 e 99, com os mesmos grifos transcritos.

[231] A expressão *poder* foi intencionalmente destacada no parágrafo anterior porque, como lembrou muito bem o mestre administrativista Hely Lopes Meirelles, Mostesquieu nunca afirmou que existiria uma divisão de poderes dentro da estrutura do Estado, mas sim uma mera distribuição entre os diversos órgãos incumbidos de realizar, cada qual, uma das funções do ente maior. Assim, cada uma destas funções corresponderia, grosso modo, a uma determinada faceta do poder estatal, que é único. COSTA JÚNIOR, Eduardo Carone. As funções jurisdicional e opinativa do Tribunal - Distinção e relevância para a compreensão da natureza jurídica do parecer prévio sobre as contas anuais dos prefeitos. **Revista do Tribunal de Contas de Minas Gerais**, Belo Horizonte, v. 39, n. 2, abr./jun. 2001, p. 55.

Muito aguçada foi a observação de Francisco Campos, no sentido de que "a distribuição de funções entre os poderes não obedece a uma lei natural e eterna. É operação que obedece a influências de ordem contingente e histórica"[232].

Também Pontes de Miranda lecionou que "uma coisa é a distinção das funções do Estado em legislativa, executiva e judiciária e outra a separação absoluta dos poderes segundo tal critério distintivo"[233].

Tobias Barreto, em célebre comentário, criticando o exagero decorrente da camisa de força da "tripartição dos poderes", declarou:

> Nossa Lei fundamental pagou o seu tributo ao antigo vezo das tricotomias [...] Vem de longe, de muito longe, o gosto das tricotomias ou divisões tripartitas [*sic*] em matéria científica, principalmente jurídica. Com relação ao direito, sobretudo, parece que a musa da verdade não pode ditar os seus oráculos senão em cima da trípode. Dir-se-ia que o que não se divide em três não é compreensível.[234]

Somando suas críticas ao misoneísmo tripartite, já sustentava Artur Orlando:

> Há funções que não são legislativas, administrativas ou judiciárias, e nem por isso deixam de ser funções políticas garantidas pela Constituição. A divisão tripartida da soberania nacional, ainda repetida de Constituição em Constituição, sem que os constitucionalistas tenham percebido que novos órgãos surgiram, em desempenho de novas funções.[235]

Celso Antônio Bandeira de Mello, em conferência no 15º Congresso dos Tribunais de Contas do Brasil, captando essa perspectiva, registrou:

> Passa-se que o poder, hoje, já não é mais contido eficientemente através desses mecanismos - referia-se aos meios de defesa do cidadão frente ao Estado, com os mecanismos judiciais convencionais - Daí a necessidade de conceber-se um poder controlador. Toda fórmula, dantes existente, revelava-se, quiçá, perfeitamente apta a atender suas finalidades num Estado muito distante do Estado atual.[236]

Mesmo no exterior, vem crescendo vozes que não mais identificam a teoria da tripartição das funções da forma rígida. La Grasserie,[237] referindo-se à fórmula de Montesquieu, considera-a desatualizada e incompleta, terminando por sustentar que há outras funções, de primeira ordem, no mecanismo do Estado, que merecem ser separadas.

---

[232] CAMPOS, Francisco. **Direito Constitucional.** Rio de Janeiro: Forense, 1942, p. 346.

[233] PONTES DE MIRANDA, Francisco Cavalcanti. **Os fundamentos atuais do Direito Constitucional.** Rio de Janeiro: Technicas, 1932, p. 319.

[234] BARRETO, Tobias. **Estudos de Direito.** Aracajú: Governo do Estado de Sergipe, 1978, p. 74.

[235] ORLANDO, Artur, *apud* VALLADÃO, Alfredo. **O Ministério Público, quarto poder do Estado e outros estudos jurídicos.** Rio de Janeiro: Freitas Bastos, 1973, p. 29-30.

[236] BANDEIRA DE MELLO, Celso Antônio. Função controladora do Tribunal de Contas. **Congresso dos Tribunais de Contas do Brasil.** 15 set. de 1989. São Paulo. Não publicado.

[237] GRASSERIE, Raoul de La. **Les principes sociologiques du droit public.** Paris: V. Giard & E. Briere, 1911, p. 66.

Sem alarde e revelando ser inevitável o desajustamento dos fatos ao aprisionamento imposto pela estaticidade da teoria tripartida das funções do Estado, o constituinte brasileiro tem evoluído, tal como ocorre em outros países.

No sistema jurídico pátrio, é correto afirmar que *a separação das funções legislativa, administrativa e judiciária, não é absoluta*, nem é restrita aos órgãos do respectivo poder.

Alguns exemplos, colhidos ao correr da pena, demonstrarão o tratamento constitucional[238] corroborante do exposto:

I - Poder Executivo

a) exerce funções legislativas quando:

a.1) tem a iniciativa de leis - art. 84, III,
a.2) edita medidas provisórias, com força de lei - art. 84, XXVI,
a.3) sanciona, promulga e veta leis - art. 84, IV.

b) exerce função judicial quando comuta penas e concede indulto - art. 84, XII.

II. Poder Legislativo

a) exerce função judicial quando o Senado Federal processa e julga:

a.1) o Presidente e o Vice-Presidente da República, nos crimes de responsabilidade, e os Ministros de Estado [...] nos crimes da mesma natureza, conexos com aqueles – art. 52, inc. I,
a.2) os Ministros do Supremo Tribunal Federal, os membros do Conselho Nacional de Justiça e do Conselho Nacional do Ministério Público, o Procurador-Geral da República e o Advogado-Geral da União nos crimes de responsabilidade – art. 52, inc. II.

b) exerce função judicial quando o Congresso Nacional julga anualmente as contas prestadas pelo Presidente da República – art. 49, inc. IX;

c) exerce funções administrativas (executivas), quando a Câmara dos Deputados ou o Senado Federal, dispondo sobre organização, criação, transformação ou extinção dos cargos, empregos e funções de seus serviços – art. 51, inc. IV, e 52, XIII.

III - Poder Judiciário

a) exerce competência administrativa (executiva) quando:

a.1) organiza suas secretarias – art. 96, inc. I, b,
a.2) provê os cargos de juiz de carreira – art. 96, inc. I, c,

---

238 BRASIL. **Constituição da República Federativa do Brasil** (Versão Bolso). Organização dos textos e índice por J. U. JACOBY FERNANDES. 2. ed. Belo Horizonte: Fórum, 2019.

a.3) provê os cargos necessários à administração da Justiça - art. 96, inc. I, e

a.4) concede licenças, férias e outros afastamentos aos membros do tribunal e aos juízes e servidores que lhes forem imediatamente vinculados - art. 96, inc. I, f;

b) exerce função legislativa quando:

b.1) tem a iniciativa de leis - art. 96, inc. II,

b.2) declara a constitucionalidade ou inconstitucionalidade de leis - art. 97, 102, inc. I, a,

b.3) impõe a sentença normativa em dissídio coletivo - art. 114, § 2º.

É inegável que há primazia no desempenho das funções que identificam a nominação do "poder", mas, como demonstrado, não há exclusividade ou monopólio das funções.

Em plena consonância com o exposto, com sua habitual clareza, sentencia o eminente Wilson de Souza Campos Batalha:

> a) não é decisiva, nem fundamentalmente nítida a distinção orgânica das funções do Estado, uma vez que a legislação, a administração e a jurisdição não constituem apanágio exclusivo, respectivamente, do Poder Legislativo, do Poder Executivo e do Poder judiciário.
>
> [...]
>
> c) a distinção entre as funções do Estado e os Poderes do Estado não corresponde a uma necessidade apriorística, mas a meras contingências históricas e políticas.[239]

Esse fato é demonstrado pelo desenvolvimento experimentado na ordem constitucional, notadamente em relação às funções dos poderes.[240]

Também sobre o Ministério Público, expenderam considerações acerca do exercício da função, Marques de Oliveira:

> Quanto ao Ministério Público, a idéia de considerá-lo um Quarto Poder como conseqüência do reconhecimento de ser ele um instituto *sui generis*, não é nova. Diga-se o mesmo, quanto aos Tribunais de Contas. Vamos citar apenas dois nomes, que bastam por si. Um deles, propondo seja o Tribunal de Contas quarto Poder, e outro, o Ministério Público. [*sic*][241]

---

[239] BATALHA, Wilson de Souza Campos. **Tratado do Direito Judiciário do Trabalho**. São Paulo: LTr, 1985, 2ª ed. rev. e atual., p. 26.

[240] Consultar, sobre a atual posição da teoria da separação de poderes, o crítico e abalizado estudo de: ROSA, Antonio José M. Feu. Os Três Poderes Atuais. **Consulex - Doutrinas, pareceres e pontos de vista**. Brasília, p. 644, jan./dez. 1995.

[241] OLIVEIRA, Marques. **A força do Direito e os limites da lei**. Belém: CEJUP, 1987, p. 216-217.

Assim é que Iberê Gilson fala do Tribunal de Contas:

> Vencida a timidez inicial da abordagem do assunto por sua magnitude e pelo tradicionalismo arraigado que o consagrava, impedindo qualquer manifestação contrária, - o Dr. Emílio Fernandes Camus, Presidente do Tribunal de Contas de Cuba, inspirado no Conselho de Fiscalização da velha, filosófica e culta China do Dr. Sun Yat-Sem, proclama: "tanta importância têm estes Organismos de Controle, que é possível sustentar a tese de que constituem um verdadeiro poder, ao lado dos demais poderes clássicos do Estado. Se em outras épocas foi necessário manter a separação dos três poderes do Estado, não há inconveniente em reconhecer agora, devido às realidades que se contemplam, a existência de outros poderes constitucionais que exercem a soberania do Estado na esfera das finanças públicas com a mesma independência que os outros. Em uma palavra, que o poder fiscalizador desses órgãos está claramente justificado, fazendo uma análise das funções que se lhes atribuem na Constituição, sobretudo se se consideram dentro do âmbito econômico-financeiro, o que os distingue dos demais poderes do Estado, ou seja, do Poder Executivo, do Poder Legislativo e do Poder Judiciário.

E conclui:

> Pelo que temos visto até aqui, só podemos concordar com o Ministro Iberê Gilson, apenas achamos que somente o Tribunal de Contas não é suficiente para compor um Quarto Poder. Porém, o Tribunal de Contas mais o Ministério Público, já começam a configurar o Poder Moderador que visualizamos.[242]

A teoria da separação das funções do Estado continua a ter sua utilidade, não mais como dogma absoluto, mas como limitação a cada um dos poderes ao arcabouço constitucional.

Assim é que "não cabe ao Poder Judiciário, que não tem função legislativa, aumentar vencimentos de servidores públicos sob fundamento de isonomia".[243] Ou como destaca Sebastião Baptista Afonso:

> Mesmo na vigência do sistema de jurisdição única, são insusceptíveis de apreciação judicial os atos de natureza predominantemente política, discricionária ou de economia interna do Parlamento, ou até mesmo do Poder Executivo, salvo quanto à regularidade do seu procedimento que a tanto submetem-se, sempre quando no curso do seu desenvolvimento se alegue

---

[242] OLIVEIRA, Marques. **A força do Direito e os limites da lei.** Belém: CEJUP, 1987, p. 218.

[243] BRASIL. Supremo Tribunal Federal. **Súmula nº 339.** Não cabe ao Poder Judiciário, que não tem função legislativa, aumentar vencimentos de servidores públicos sob fundamento de isonomia. Disponível em: http://www.stf.jus.br Acesso em: 5 maio 2014.

> violação ou ameaça a direito das partes envolvidas (conforme. Acórdãos STF MS 20.941 e 21.263, in DJ de 31.8.92 e 31.4.92; e nos MS 20.247, 20.464 e 21.374, in RTJ 102/34, 112/98 e 144/488, etc.).[244]

Em síntese lapidar, Fritz Fleiner assinala que as vias judiciárias não esgotam toda a função jurisdicional do Estado.[245]

Não só não esgotam como pode ocorrer que, sobre os atos administrativos do Judiciário, se faça também necessário o controle financeiro, contábil e patrimonial. De certo modo, Flávio Regis de Moura e Castro, Conselheiro do TCE/MG e pesquisador, tangenciou a questão ao contextualizar Aristóteles. Eis o excerto:

> A independência dos Tribunais de Contas é tão importante que, não é de hoje, vem sendo defendida. Aristóteles, em A Política, 300 anos antes de Cristo, com sabedoria, já afirmava: "Mas como certas magistraturas, para não dizer todas, têm o manejo dos dinheiros públicos, é forçoso que haja uma outra autoridade para receber e verificar as contas sem que ela própria seja encarregada de qualquer outro mister." Logo a efetividade do controle externo dos gastos públicos é uma preocupação que vem desde a Grécia antiga, onde a história registrou a existência de um Tribunal composto por dez oficiais a quem os arcontes, embaixadores e outros servidores prestavam contas.[246]

2.9 Posição institucional e natureza das funções dos Tribunais de Contas

A posição institucional dos Tribunais de Contas e de órgãos equivalentes não se mostra uniforme no mundo contemporâneo.

As estruturas estatais, associando-as ou não a poder, podem ser sintetizadas no alentado estudo sobre as Entidades de Fiscalização Superior (EFS), apresentado por Renato Jorge Brown Ribeiro.[247]

---

[244] a) AFFONSO, Sebastião Baptista. Os Tribunais de Contas no contexto do Poder Judiciário. **Congresso dos Tribunais de Contas do Brasil.** 1997, Rio de Janeiro. Anais: Rio de Janeiro: Coordenadoria Setorial de Gráfica e Reprografia dos Tribunais de Contas do Estado do Rio de Janeiro, 1997, v. 1, p. 269.

b) Por esse motivo, não conta com o aplauso do autor a ativismo judicial. Se os resultados da atuação judicial não tem eficácia muito mais se deve à má gestão de prazos processuais e à má gestão dos procedimentos. O Judiciário cobra da Administração e de todos os gestores, inclusive dos advogados, o cumprimento dos prazos definidos em lei. Quando se trata de cumprir seus próprios prazos, quando uma sentença vai além do pedido das partes, é *extra petita*; lugar de políticos para resolverem problemas da Administração Pública é no Executivo. Cada poder deve ater-se à função constitucional que lhe é reservada e cumprir bem.

[245] Apud MARANHÃO, Jarbas. Tribunal de Contas e Poder Judiciário. **Revista de Informação Legislativa.** Brasília, a. 27, n. 107, p. 164, jul./set. 1990.

[246] MOURA E CASTRO, Flávio Régis Xavier de. O novo Tribunal de Contas: visão sistêmica das leis orgânicas dos Tribunais de Contas dos Estados e Municípios do Brasil. **Revista do Tribunal de Contas do Estado de Minas Gerais,** ano 1, n. 10, Belo Horizonte, p. 127-166, 1983.

[247] RIBEIRO, Renato Jorge Brown. **Controle externo da Administração Pública Federal no Brasil:** O Tribunal de Contas da União - uma análise jurídico-administrativa. Rio de Janeiro: América Jurídica, 2002, p.17.

TABELA 1
Vinculação das EFS aos Poderes

TIPOS	PODER	PAÍSES
Tribunais de Contas	Legislativo	Holanda, Mônaco, Luxemburgo, Itália, Espanha, França, Alemanha, Bélgica, Turquia, Coreia, Malásia, Japão, Moçambique, Zaire, Tunísia, Tanzânia, Senegal, Guiné Bissau, Mauritânia, Marrocos, Ilhas Maurício, Líbia, Gana, Gâmbia, Gabão, Argélia, Benin, Angola, Cabo Verde, São Tomé e Príncipe, Uruguai, Brasil.
	Judiciário	Grécia e Portugal
Controladorias	Legislativo	EUA, Canadá, México, Equador, Venezuela, Argentina, Costa Rica, Honduras, Nicarágua, Zâmbia, África do Sul, Israel, Índia, Paquistão, Inglaterra, Noruega, Dinamarca, Irlanda, Suíça, Islândia, Hungria, Austrália, Nova Zelândia.
	Executivo	Namíbia, Jordânia, Paraguai, Bolívia, Antilhas Holandesas, Cuba, Finlândia, Suécia.
	Independentes (desvinculadas dos Poderes)	Guatemala, Panamá, Porto Rico, República Dominicana, El Salvador, Suriname, Peru, Colômbia, Chile.

Em Portugal, especificamente, a Constituição de 1976, que instituiu o Estado Democrático após a revolução de 25 de abril de 1974, definiu inequivocamente a natureza do Tribunal de Contas como um tribunal financeiro integrado no aparelho judiciário, a par de todos os outros tribunais, dotando-o assim, ao menos no plano dos princípios, das características de real independência e de superioridade das suas decisões relativamente às da Administração, quando se trata de aplicação do direito, que são requisitos do estatuto de qualquer Tribunal.[248]

No Brasil, estudos superficiais classificam os tribunais de contas como meros apêndices auxiliares do Poder Legislativo. Desconhecendo a estrutura técnica dessas Cortes, sua autonomia administrativa e financeira, alguns autores as concebem, erroneamente, como um órgão de assessoramento. Diante desse absurdo descompasso entre a imaginada pequenez das funções e a dimensão da estrutura, o passo seguinte seria sustentar que se trata de órgãos concebidos apenas para acomodar apaniguados.

Dentro dessa concepção, difícil seria sustentar conclusão diferente.

Aliás, o prosseguimento desse raciocínio leva à estarrecedora conclusão de que dezenas de países também possuem um órgão semelhante e, por consequência,

[248] TRIBUNAL DE CONTAS. História do Tribunal de Contas. **Um Tribunal de Contas democrático**. Disponível em: http://www.tcontas.pt. Acesso em: 05 maio 2014.

também teriam a mesma finalidade: "acomodar os amigos do poder".[249] Mais ainda, que essas estruturas *encasteladas* são dotadas de extraordinária arbitrariedade, pois têm fiscalizado o Poder Legislativo e, em alguns casos, até condenado atos praticados. O passo seguinte seria, ineludivelmente, declarar que o Congresso brasileiro manteve uma extraordinária secular intenção de contrariar o interesse público e, daí, o lance seguinte seria, por certo, extirpar também o Poder Legislativo do nosso sistema, por ter criado e mantido um tribunal como esse, entre outros motivos. Adenauer advertia, bem a propósito: "Deus estabeleceu limites definidos para a sabedoria do homem, porém não para a sua estupidez". O esforço da ação dessas Cortes e do seu corpo técnico, altamente qualificado, é publicamente demonstrado nos diários oficiais onde são veiculados os seus julgamentos.

O maior ônus que recai sobre os que se dedicam a essa função consiste no fato de que a defesa do erário e dos interesses difusos da coletividade não é personalizada, enquanto o inconformismo dos que foram alcançados pela sua ação, sim.

Não é, contudo, fato novo. Lembra o eminente Ministro Ivan Luz que o clássico processualista Barbalho, há mais de um século, comentava as competências dos Tribunais de Contas:

> Mas a função, de si mesma austera, corretória e meticulosa, do Tribunal de Contas é de natureza a gerar contra ele malquerenças, antipatias e desforços. O parlamento imperial nunca quis que existisse esse fiscal esmerilhador indiscreto, incompatível com as facilidades dos ministros e exigências dos deputados. E na República algum presidente poderia acaso contrariar-se com esse obstáculo a suas facilidades no modo de empregar os dinheiros públicos; isto traria sério perigo à instituição.[250]

Em sentido oposto, todavia, nascia uma forte convicção, no seio das instituições nacionais quanto à necessidade de um tribunal que se responsabilizasse pelo detalhamento do quadro de despesas e receitas da nação. Tal é o magistério de Pimenta Bueno em sua obra *Direito público brasileiro*, citado por Jarbas Maranhão:

> É de suma necessidade a criação de um Tribunal de Contas, devidamente organizado, que examine e compare a fidelidade das despesas com os créditos votados, as receitas com as leis de imposto, que perscrute e siga pelo testemunho de documentos autênticos, em todos os seus movimentos, a aplicação e emprego dos valores do Estado e que, enfim, possa assegurar a realidade e legalidade das contas. Sem esse poderoso auxiliar, nada conseguirão as Câmaras.[251]

---

[249] Não deixe de ler o trabalho premiado pelo Tribunal de Cuentas de España e pela Sociedad Estatal Quinto Centenário, demonstrando o exame comparado das entidades de fiscalização superior nos países da América, Portugal e Espanha, do estudioso: ARAÚJO, Marcos Valério. **Como controlar o Estado:** reflexões e propostas sobre o controle externo nas Américas, Portugal e Espanha. Brasília: UNITEC, 1992.

[250] LUZ, Ivan. Competência do Tribunal de Contas da União. **Revista do Tribunal de Contas da União**, Brasília, nº 28, jun. 1983, p. 7.

[251] MARANHÃO, Jarbas. A Constituição de 1988 e o Tribunal de Contas: seus primórdios, normas e atribuições. **Revista de Informação Legislativa**. Brasília, ano 30, n. 119, p. 257, jul/set 1993.

Aliás, o mesmo Jarbas Maranhão alerta, em seguida, para lúcido comentário de João Barbalho, descortinando a Constituição de 1891 e ressaltando para o Tribunal de Contas a função tutelar das finanças do Estado:

> Aconselha-o bem entendida previsão de abusos, dado o conhecido pendor que têm os governos para se alargar nas despesas. Exige-se a autonomia da instituição criada contra essa tendência fatal ao contribuinte e ruinosa das finanças do Estado.

Ainda que admissível a discussão sobre os limites da revisibilidade das decisões das Cortes de Contas, não é possível sustentar que exerçam meras funções de *staff* do Poder Legislativo.[252]

Significado bastante diverso é reiteradamente consagrado pelas Constituições brasileiras: o controle externo da Administração Pública é função afeta ao Poder Legislativo, que a exerce com o auxílio do Tribunal de Contas. Auxilia exercendo uma função, não assessorando, nem se submetendo a qualquer dos poderes.

Castro Nunes, citado por Jarbas Maranhão, asseverava que o Tribunal de Contas "é um instituto *sui generis*, posto de permeio entre os Poderes políticos da nação, o Legislativo e o Executivo, sem sujeição, porém, a qualquer deles"[253].

Pontes de Miranda, mantendo a coerência da doutrina que sufragava, situava o TCU no arcabouço constitucional, referindo-se à Constituição de 1934, nos seguintes termos: "era órgão do Poder Judiciário, *sui generis*; órgão, também, *sui generis*, do Poder Legislativo. Criação posterior à teoria da separação dos poderes e fruto da prática, dessoava das linhas rígidas da tripartição"[254].

Rui Barbosa também se manifesta no mesmo sentido: "Tribunal é, mas Tribunal *sui generis*"[255]. E explica: "corpo de magistratura intermediária à administração e à legislatura, que colocado em posição autônoma com atribuições de revisão e julgamento, cercado de garantias contra quaisquer ameaças, exerce funções vitais no organismo constitucional"[256].

---

[252] Há centenas de acórdãos julgando contas do Poder Judiciário e do Poder Legislativo, inclusive casos em que o último pediu auditoria e acabou tendo atos julgados irregulares.

[253] MARANHÃO. Jarbas. Heraclio Salles e o Tribunal de Contas. **Revista de Informação Legislativa**. Brasília, ano 38, n. 149, p. 57, jan./mar. 2001.

[254] *Ibidem*.

[255] Vitor Rolf Laubé comenta a conclusão do ilustre tratadista: "Se o Tribunal de Contas não é um 'poder', nem tampouco integra nenhum dos três poderes constituídos, razão assiste a RUI BARBOSA, que, ao instituí-lo, proclamava-o *sui generis*. Deveras, peculiar é o posicionamento desse órgão controlador". LAUBÉ, Vitor Rolf. Considerações acerca da conformação constitucional do Tribunal de Contas. **Revista de Informação Legislativa**. Brasília, ano 29, nº 113, p. 322, jan./mar. 1992.

[256] BARBOSA, Rui. **Comentários à Constituição Federal Brasileira (1891)**. São Paulo: Saraiva, ano 1934, v. 6, p. 451.

Em preliminar, afastando controvérsias, Themístocles Brandão Cavalcanti sentencia: "a sua posição na estrutura constitucional" – referindo-se ao Tribunal de Contas – "caracteriza-se pela sua independência em relação aos outros poderes"[257].

Com sua notável e costumeira precisão, o Ministro Ivan Luz traduziu o exame do tema no seguinte excerto:

> Suas funções" - referia-se ao Tribunal de Contas da União - são *próprias*, atribuídas pela Constituição. Equivocam-se os que as dizem delegadas pelo Congresso Nacional. Não é ele "órgão auxiliar" do Poder Legislativo. Não integra a estrutura daquele Poder, impressão que a alguns deu a redação descuidada do art. 1º do Decreto-lei nº 199, de 1.967, sua Lei Orgânica, lei e descuido que não poderiam excluir da posição que historicamente ocupa na organização constitucional dos Poderes. - referia-se a então vigente Lei Orgânica - Sem ser um deles está *entre eles*, como o quis Rui, a nenhum submisso.
>
> É órgão que, na forma do Parágrafo 1º do art. 70 da Lei Maior,[258] auxilia o Congresso Nacional a exercer o Controle Externo, a seu cargo; é órgão autônomo que auxilia, sem ser "*órgão auxiliar*", expressão que induz a uma inexistente subordinação hierárquica "*a latere*" do Congresso, inteiramente desavinda com as altas funções de julgar as contas dos Poderes da União dentre elas, obviamente, as do próprio Congresso.
>
> Instituto de tal significação, contemplado na partilha constitucional do Poder, não ficaria, mesmo, como pressentiu o constituinte de 1891, vulnerável às modificações facilitadas pela criação meramente ordinária. Como corolário, este sim, lógico-jurídico, não tem o Congresso, em legislatura ordinária, poder para limitar-lhe a competência, constitucionalmente determinada, pois se a tivesse inútil teria sido constitucionalizá-lo. De limitação em limitação poderia findar por manietá-lo, liquidando, de golpe em golpe, com o Tribunal e, ao mesmo tempo, com o princípio da supremacia da Constituição, sub-reptícia e irregularmente emendada a cada golpe.[259]

Em expressivo exame da natureza do Tribunal de Contas, obtempera Odete Medauar que:

> a Constituição Federal, em artigo algum utiliza a expressão 'órgão auxiliar'; dispõe que o Controle Externo do Congresso Nacional será exercido com o *auxílio do Tribunal de Contas*; a sua função, portanto, é de exercer o controle financeiro e orçamentário da

[257] CAVALCANTI, Themístocles Brandão. **Curso de Direito Administrativo.** 10. ed. São Paulo: Freitas Bastos, 1936, p. 15.
[258] Refere-se à Constituição anterior.
[259] LUZ, Ivan. Competência do Tribunal de Contas da União. **Revista do Tribunal de Contas da União**, Brasília, DF, n. 28, p. 15, jun. 1983.

> Administração em auxílio ao poder responsável, em última instância, por essa fiscalização.

E arremata:

> Se a função é de atuar em auxílio ao legislativo, sua natureza, em razão das próprias normas da Constituição é a de órgão independente, desvinculado da estrutura de qualquer dos três poderes. A nosso ver, por conseguinte, o Tribunal de Contas configura *instituição estatal independente*.[260]

O Tribunal de Contas exerce a função de controle dos três poderes, incluído aí o Poder Legislativo.[261] Abrevia as discussões a sintética apreciação do eminente Bandeira de Mello:

> como o Texto Maior desdenhou designá-lo Poder, é inútil ou improfícuo perguntarmo-nos se seria ou não um Poder. Basta-nos uma conclusão ao meu ver irrefutável: o Tribunal de Contas, em nosso sistema, é um conjunto orgânico perfeitamente autônomo.[262]

A posição do moderno constitucionalista em nada destoa daquela perfilada, com mestria, por Pontes de Miranda, quando tentou verificar a hipótese de enquadrá-lo, pela natureza das funções, em um dos poderes da República.[263]

Além do atributo da autonomia, acentuou, em memorável acórdão, o Ministro José Arnaldo da Fonseca:

> Os Tribunais de Contas, na qualidade de órgãos autônomos, não vinculados a qualquer um dos Poderes, detêm autonomias administrativa e financeira, razão pela qual não assiste qualquer direito, muito menos líquido e certo, de seus servidores se beneficiarem da legislação que institui o Plano de Cargos e Carreira dos Grupos Operacionais - Atividade de Nível Superior e Atividade de Apoio Administrativo e Operacional da Administração Direta e das Autarquias - Lei nº 12.386/94.[264]

---

[260] MEDAUAR, Odete. **Controle da Administração Pública.** São Paulo: RT, 1993. p. 140.

[261] Exemplo significativo dessa amplitude, e com excelentes resultados para a sociedade, foi a auditoria levada a efeito sobre licitações e contratos no âmbito do Poder Executivo: BRASIL. Tribunal de Contas da União. Solicitação de Auditoria nos Poderes Judiciário e Legislativo. Processo TC nº 001.092/95-2. Decisão nº 284/1995 - Plenário. Relator: Ministro Iram Saraiva. Brasília, 21 de junho de 1995. **Diário Oficial [da] República Federativa do Brasil**, Brasília, DF, 10 jul. 1995. Seção 1, p. 10.177.

[262] BANDEIRA DE MELLO, Celso Antônio. Funções do Tribunal de Contas. **Revista de Direito Público**, São Paulo, ano XVII, p. 136-137, out./dez. 1984.

[263] PONTES DE MIRANDA, Francisco Cavalcanti. **Comentários à Constituição de 1967**. 2. ed. Rio de Janeiro: Forense, 1974, p. 20. À época, por força do Decreto nº 392, de 8 de outubro de 1896, art. 2º, o Tribunal de Contas deveria funcionar como "Tribunal de Justiça, com jurisdição contenciosa e graciosa", fato que aumentou a confusão sobre o seu lugar no arcabouço jurídico institucional. BRASIL. Decreto nº 392, de 8 de outubro de 1896. Reorganiza o Tribunal de Contas. **Coleção das Leis da República dos Estados Unidos do Brazil de 1896.** Partes 1 e 2. Rio de Janeiro: Imprensa Nacional, 1898, p. 16.

[264] BRASIL. Superior Tribunal de Justiça. ROMS nº 12.580. Relator: Ministro José Arnaldo da Fonseca. Brasília, 15 de fevereiro de 2001. **Diário da Justiça [da] República Federativa do Brasil**, Brasília, DF, 2 abr. 2001. Seção 1, p. 313.

A função que exerce é, como ensina o Ministro Ivan Luz, de "jurisdição fiscal e judicante, por soberana decisão constitucional". Embora ainda se discuta sobre a natureza das funções, sem dúvida é essa a síntese que mais se adequa ao Direito Constitucional Positivo. É a função de fiscalização, exercida com esteio na legalidade dos atos e com capacidade de julgar definitivamente questões no âmbito de sua competência privativa. Após apreciar os atos com base na lei, essa especialíssima Corte ainda o submete a um exame de economicidade e legitimidade.

Por esse motivo, embora discreto na sua atuação, tantas vezes se aproxima mais da Justiça almejada pelo povo na aplicação dos recursos públicos, muito se afina com os princípios da ética no bom emprego dos impostos.[265]

Providencial em tal sentido o comentário do Professor Carlos Roberto Siqueira Castro:

> Se é certo, por exemplo, que o critério da economicidade não pode ser levado ao extremo de gerar empeço à boa execução dos programas político-administrativos de um Governo democraticamente eleito, como, também, não pode ensejar a substituição de políticas públicas formuladas pelos mandatários do povo, ou por agentes que sejam por aqueles comissionados, pelas opiniões de mérito político que possam ser esposadas pelos membros de uma Corte de Contas, não é menos certo, mercê do princípio da razoabilidade e da moralidade que devem informar a globalidade das ações de Governo, que o Tribunal de Contas pode e deve impedir, pelos meios e modos constitucionalmente ofertados ao seu alcance, toda e qualquer ilegalidade ou irregularidade na gestão da receita e da despesa pública. Inclui-se, a meu sentir, nessa atividade de controle, com esteio nos postulados da razoabilidade e da moralidade administrativa, a censura do Alto Colégio de Controle Externo aos dispêndios notoriamente supérfluos e às obras públicas suntuosas, que agridem a consciência coletiva do nosso grande povo neste País vitimado por inaceitáveis desigualdades sociais e regionais.[266]

As discussões sobre o tema, embora ainda acaloradas, permitem concluir, na autorizada voz de Marques de Oliveira, que:

> O Ministério Público enferma do mesmo mal dos Tribunais de Contas: não está à vontade em nenhum dos três atuais poderes, tanto assim que, de vez em quando, muda de lugar. Há mesmo,

[265] Entre os exemplos da grandeza de seus julgamentos, podemos citar a determinação para que as taxas de inscrição em concurso público sejam fixadas de modo a cobrir as despesas com sua realização, inibindo assim o desejo dos que procuravam fazer da expectativa alheia da conquista de um emprego, fonte de receita, ou pior: fazer dos valores das taxas de inscrição uma forma de seleção elitista: BRASIL. Tribunal de Contas da União. Solicitação. Processo TC nº 012.919/94-2. Decisão nº 143/1996 - Plenário. Relator: Ministro Adhemar Paladini Ghisi. Brasília, 27 de março de 1996. **Diário Oficial [da] República Federativa do Brasil**, Brasília, DF, 15 abr. 1996. Seção 1, p. 6.303.

[266] CASTRO, Carlos Roberto Siqueira. A atuação do Tribunal de Contas em face da separação de poderes do Estado. **Revista do Tribunal de Contas do Estado do Rio de Janeiro**, Rio de Janeiro, ano 18, n. 38, p. 51, out/dez 1997.

neste ano da graça de 1979, algumas pessoas que voltam a falar em sua localização de novo no Poder Judiciário.[267]

Sua odisseia constitucional pode ser assim mostrada, juntamente com a dos Tribunais de Contas:

TRIBUNAL DE CONTAS - TC E MINISTÉRIO PÚBLICO - MP NAS DIVERSAS CONSTITUIÇÕES	
Constituição 1824	Não há menção ao Ministério Público e ao Tribunal de Contas
1891	MP no PODER JUDICIÁRIO (art. 58, § 2º) TC nas Disposições Gerais, art. 89
1934	MP e TC, como órgãos de Cooperação nas atividades governamentais, (art. 95 a 98)
1937	MP e TC no PODER JUDICIÁRIO (art. 99 a 114)
1946	MP no PODER JUDICIÁRIO (arts. 125 a 128) TC no PODER LEGISLATIVO (arts.76 e 77)
1967	MP no PODER JUDICIÁRIO (arts. 137 a 139) TC no PODER LEGISLATIVO (arts. 71 a 73)
1969	MP no PODER EXECUTIVO (arts. 94 a 96) TC no PODER LEGISLATIVO (arts. 70 a 72)
1988	capítulo IV, título IV - Da Organização dos Poderes MP no PODER JUDICIÁRIO e no TC TC - Poder Legislativo

A Constituição Federal de 1988 resolveu definitivamente a localização do MP, colocando-o em capítulo específico - Capítulo IV, Título IV, *Da Organização dos Poderes*, precedido por aqueles referentes aos poderes legislativo, executivo e judiciário. Numa prospecção de técnica legislativa, esse capítulo deveria ser denominado de "outras das funções essenciais à Democracia", incluindo-se os Tribunais de Contas.

---

[267] Da mesma forma que o Prof. Anhaia Mello, no "Congresso dos Tribunais de Contas", em Fortaleza, em 1965, propôs a criação de uma "Justiça de Contas" (e [...] como atividade especializada do Poder Judiciário!), sugestão repetida no seu discurso de posse na Presidência do Tribunal de Contas do Estado de São Paulo em 07 nov. 1977. Essa ideia é também apoiada por Diogo de Figueiredo Moreira Neto em **Contencioso administrativo**, Forense, 1977, *apud* ARANTES, Júlio Geraldo de Andrade. Justiça administrativa e os Tribunais de Contas. **Revista do Tribunal de Contas do Estado de São Paulo - Jurisprudência e Instruções**, São Paulo, n. 42, sem. 2., p. 61-72, 1977.

Serviria para justificar essa arquitetura constitucional do Tribunal de Contas, a lição do eminente jurista Célio Borja, ministro aposentado do Supremo Tribunal Federal, quando, a propósito de outra assertiva, delineia alguns fundamentos:

> A constitucionalização dos Tribunais de Contas decorre da submissão da atividade financeira do Estado ao princípio da legalidade. Mas se o Estado, indo além, faz-se também democrático, o controle da receita e da despesa pública pela representação do povo é de rigor. Explico-me: dos três atributos do regime democrático, um concerne diretamente à atividade exercida pelos Tribunais de Contas. Com efeito, ao lado do consentimento dos governantes exigido para a legitimação do poder político e da oponibilidade dos direitos individuais às pretensões dos governantes, a democracia também reclama que todos os atos do Estado tenham destinação pública. A prestação de contas da Administração é tão fundamental na organização do Estado de Direito - temos, aqui no Brasil, um Estado também Federativo - que é um dos princípios sensíveis cuja violação provoca a intervenção federal nos Estados. Por essa razão, a atividade financeira sujeita-se a um controle próprio e específico, cujo órgão é o Parlamento.[268]

Decorre da posição institucional do Tribunal de Contas e do dever de zelar pela sua missão constitucional que mesmo tendo interesse em colaborar com os demais poderes não está sujeito a requisições de auditoria do Poder Judiciário ou do Ministério Público.[269]

2.10 Exercício da função jurisdicional pelos Tribunais de Contas do Brasil

É consabido que para o exercício de qualquer função, exige-se a definição por lei anterior e a determinação de seus limites.

Nesse ponto, mostra-se incompreensível o nó górdio que se pretende atribuir à questão, dividindo de um lado os que defendem o exercício da função jurisdicional pelos Tribunais de Contas e, de outro, em pleno antagonismo, os que simplesmente a inadmitem.

No atual modelo constitucional positivo, ficou indelevelmente definido o exercício da função jurisdicional pelos Tribunais de Contas. Efetivamente, nos estatutos políticos anteriores, era atribuída competência para julgar em mais de uma matéria, ensejando complexidade lógica para a definição do que não seria decidido com força de coisa julgada.

---

[268] BORJA, Célio. Competência constitucional dos Tribunais de Contas. **Revista do Tribunal de Contas do Estado do Rio de Janeiro**, ano 19, n. 40, p. 27, abr/jun 1998.

[269] Nesse sentido: BRASIL.Tribunal de Contas da União. Solicitação. Processo TC nº 008.821/1997-6. Acórdão nº 1.294/2003 - Plenário. Relator: Ministro Marcos Vinícios Vilaça. Brasília, 3 de setembro de 2003. **Diário Oficial da União [da] República Federativa do Brasil**, Brasília, DF, 15 set. 2003.

Quem mais bem explicitou essa perspectiva foi o Doutor Frederico Pardini, expondo nos seguintes termos:

> A Constituição define com precisão o espaço físico onde legitimamente será exercida a jurisdição do TCU:
>
> 'Art. 73. O Tribunal de Contas da União [...] tem sede no Distrito Federal, [...] e jurisdição em todo o território nacional...'
>
> Certamente será interessante efetuar uma rápida comparação com outro dispositivo equivalente:
>
> 'Art. 92. [...]
>
> Parágrafo único. O Supremo Tribunal Federal e os Tribunais Superiores têm sede na Capital Federal e jurisdição em todo o território nacional.'
>
> Absolutamente coincidentes, os dispositivos relativos à jurisdição a ser exercida pelos Tribunais de Contas, de um lado, e pelo Supremo Tribunal Federal e pelos Tribunais Superiores, do outro.

Acrescenta:

> É claro que o conteúdo da jurisdição dos Tribunais do Poder Judiciário difere do conteúdo da jurisdição do Tribunal de Contas da União. O conteúdo da jurisdição do Tribunal de Contas, exercida com exclusividade, examina a legalidade, legitimidade e economicidade expressas pelos elementos e valores contidos na prestação ou na tomada de contas públicas; enquanto a jurisdição dos órgãos judicantes do Poder Judiciário, exercida, também, com exclusividade, examina a legalidade e, de certa forma, a moralidade relativas ao comportamento, direito e deveres das duas partes que compõe a relação processual.[270]

Está, portanto, na própria Constituição Federal a expressa definição da jurisdição dos Tribunais de Contas.

Nesse quadro, é impossível sustentar que o constituinte agiu displicentemente por ignorância ou descuido. Ao contrário, conhecendo a riqueza do vocabulário, utilizou-o com perfeição, ora restringindo, ora elastecendo a função. Nota-se, no elenco de competência, o rigor científico na terminologia empregada, acentuando a diferenciação, inclusive da finalidade de cada mister cometido. Para algumas tarefas empregou-se o termo *apreciar*, em outras, *fiscalizar*, em outras, *realizar inspeção e auditoria* e apenas em um caso, *julgar*.

Daí porque a única lição de hermenêutica a ser considerada no caso é sintetizada nos seguintes termos:

> o juiz atribui aos vocábulos o sentido resultante da linguagem vulgar; porque se presume haver o legislador, ou escritor, usado

[270] PARDINI, Frederico. **Tribunais de Contas:** órgão de destaque constitucional. 1997. Tese (Doutorado em Direito Público) - Faculdade de Direito da Universidade Federal de Minas Gerais, Belo Horizonte.

> expressões comuns; porém, quando são empregados termos jurídicos, deve crer-se ter havido preferência pela linguagem técnica.

Essa lição de Carlos Maximiliano é complementada nos seguintes termos:

> Enfim, todas as ciências, e entre elas o Direito, têm a sua linguagem própria, a sua tecnologia [...] No Direito Público usam mais dos vocábulos no sentido técnico; no Direito Privado, na acepção vulgar.[271]

Posição inovadora sustentou Adailton Feitosa Filho, Auditor do TCE/PE, por entender que:

> em suma, o Poder Judiciário não se sobrepõe ao Tribunal de Contas, nas matérias inerentes à sua razão de ser, tampouco as funções jurisdicionais de tão relevante órgão de Controle Externo se confundem com às do Judiciário. Ao contrário, complementam-se, convivendo harmonicamente dentro do nosso sistema jurídico-constitucional.[272]

Por esses motivos, a análise das competências deve levar em conta o sentido técnico e próprio de cada um dos vocábulos utilizados. Corolário dessa premissa, o Tribunal de Contas, como regra, não tem competência para dizer o direito no caso concreto, de modo definitivo, com força de coisa julgada; por exceção detém essa competência, na forma do art. 71, inc. II, da Constituição Federal.

Como foi assinalado, porém, há uma restrita parcela de sua competência – tratada no inciso II do art. 71 da Constituição – que constitui matéria de apreciação e julgamento privativo.

Tem o seguinte teor o dispositivo precitado:

> Art. 71. O Controle Externo, a cargo do Congresso Nacional, será exercido com o auxílio do Tribunal de Contas da União, ao qual compete:
>
> [...]
>
> II - julgar as Contas dos administradores e demais responsáveis por dinheiros, bens e valores públicos da administração direta e indireta, incluídas as fundações e sociedades instituídas e mantidas pelo Poder Público federal, e as contas daqueles que derem causa a perda, extravio ou outra irregularidade de que resulte prejuízo ao erário;[273]

Em síntese, o Ministro Luciano Brandão assere que:

> A prerrogativa de *julgamento de contas* está, pois, claramente definida no inciso II do art. 71. Deve prestá-las quem quer que "utilize, arrecade, guarde, gerencie ou administre dinheiros, bens e valores

[271] MAXIMILIANO, Carlos. **Hermenêutica e Aplicação do Direito.** Rio de Janeiro: Forense, 10. ed., 1988, p. 109.

[272] FEITOSA FILHO, Adailton. **Revista do Tribunal de Contas de Pernambuco**, Recife, n. 10, p. 84, jan./dez. 1990.

[273] BRASIL. **Constituição da República Federativa do Brasil** (Versão Bolso). Organização dos textos e índice por J. U. JACOBY FERNANDES. 2. ed. Belo Horizonte: Fórum, 2019.

> públicos", conforme preceitua o Parágrafo único do art. 70. [...] O Tribunal é, órgão público de controle externo, investido de poder jurisdicional, próprio e privativo, em todo o território nacional, sobre matérias do seu rol de atribuições, detidamente explicitadas.[274]

Entre os vários célebres autores que cuidaram do tema, em sua clássica obra, *O Controle dos Atos Administrativos pelo Poder Judiciário*, o saudoso Ministro Seabra Fagundes, examinando a questão à luz da Constituição de 1946, sentenciou:

> Duas exceções restritas admite a Constituição ao monopólio do Poder Judiciário, no que concerne à matéria contenciosa administrativa. A primeira [...] A segunda se refere ao julgamento da regularidade das contas dos administradores e demais responsáveis pela guarda ou aplicação de bens ou fundos públicos atribuído ao Tribunal de Contas.[275]

Ensina Roberto Rosas:

> Historicamente, para o Tribunal de Contas adotou-se o sistema italiano de fiscalização da execução orçamentária, porque o Regulamento nº 1.166, de 17-11-1892 exigia o exame prévio e o veto absoluto, inclusive concedendo "jurisdição" para julgar as contas dos responsáveis por dinheiros e valores públicos. No entanto, a Lei nº 392, de 8 de outubro de 1896 adotou o sistema belga para a execução orçamentária, mantida a "jurisdição" supracitada. Mas a Constituição de 1946 acabou sintetizando um sistema eclético, reunindo o exame prévio, exame posterior, veto absoluto com registro sob reserva, tudo evidenciando a atribuição ao Tribunal, na "jurisdição" e "julgamento", inclusive a feição de Tribunal de Justiça, competente para proferir decisão com força de sentença judicial (Lei nº 830). O projeto constitucional de 1946 no substitutivo do Deputado Souza Costa competia "privativamente" ao Tribunal de Contas o julgamento das contas dos responsáveis [...] A Constituição brasileira de 1967, *nemine discrepante*, conferiu ao Tribunal de Contas função jurisdicional, desde a fixação de sua jurisdição em todo o território nacional, ao julgamento das contas dos administradores e demais responsáveis por bens e valores públicos (art. 71, § 1º); o julgamento da regularidade das contas dos administradores (art. 71, § 4º); a ilegalidade de qualquer despesa (art. 73, § 5º); a ilegalidade das concessões iniciais de aposentadoria, reformas e pensões (art. 73, § 8º). A Constituição de 1969 adotou a mesma orientação (art. 70).[276]

---

[274] SOUZA, Luciano Brandão Alves de. A Constituição de 1988 e o Tribunal de Contas da União. **Revista de Informação Legislativa**. Brasília, ano 26, n. 102, p. 176, abr./jun. 1989.

[275] FAGUNDES, Seabra. **O Controle dos Atos Administrativos**. 4. ed. Rio de Janeiro: Forense, 1967, p. 139.

[276] ROSAS, Roberto. Aspectos jurisdicionais na competência do Tribunal de Contas. **Revista do Tribunal de Contas do Distrito Federal**, Brasília, n. 1, p. 106-107, 1975.

Defende o constitucionalista Pinto Ferreira que, mesmo no regime da Constituição de 1891, o Tribunal de Contas podia atuar legitimamente como órgão judicante.

Lembra que a regulamentação de 1896 e a Lei Orçamentária de 1918 outorgaram competência ao órgão para funcionar como "tribunal de justiça para o fim de julgar as contas dos responsáveis, estabelecendo a situação jurídica entre os mesmos e a Fazenda Pública".[277] Referindo-se à função judicante, fixada fora do âmbito do Poder Judiciário, Pontes de Miranda asseriu que:

> o texto de 1934 conferiu, assim, a mais a atribuição de "julgar as contas dos responsáveis por dinheiros ou bens públicos"; portanto, alcances e culpa dos depositários de dinheiros ou bens públicos, em toda a sua extensão. O acréscimo, em vez de o tornar órgão cooperador do Poder Executivo, acentuou o elemento judiciário que já ele tinha, inclusive pelo modo de composição e garantias dos seus membros.[278]

Essa função jurisdicional, para alguns, não acarretaria a coisa julgada, ou seja, talvez por desapego ao exato significado do termo já pretenderam considerar esse *julgar* como uma ideia de julgamento provisório *sit et* quando todos se conformarem e não recorrerem ao Poder Judiciário.[279]

Como foi demonstrado, a definitividade ou inalterabilidade da decisão é decorrência lógica, jurídica e inafastável da jurisdição. Se determinado órgão decide sobre questão jurídica que lhe foi submetida, mas essa decisão não merece o respeito dos outros órgãos e agentes, não há que se falar em jurisdição. Se não transita em julgado, não produz coisa julgada, não é jurisdição e, tecnicamente, não pode ser considerado um julgamento.

No presente caso, o que é olvidado, com frequência, é que a competência textualmente definida como *julgamento* foi cometida a órgão estatal constitucionalmente, para o qual o constituinte expressamente utilizou as expressões *jurisdição*,[280] *julgar*[281] e *judicatura*.[282]

---

[277] MARANHÃO, Jarbas: Tribunal de Contas e Poder Judiciário. **Revista de Informação Legislativa**, Brasília, ano 27, n. 107, p. 161, jul./set. 1990.

[278] PONTES DE MIRANDA, Francisco Cavalcanti. **Comentários ao Código de Processo Civil**. 5. ed. Rio de Janeiro: Forense, 1995, p. 18.

[279] Nesse sentido, q. cfr. estudo realizado por MEIRELLES, Hely Lopes. A Administração Pública e seus controles. **Revista de Direito Administrativo**, Rio de Janeiro, nº 114, p. 23, 1973. A par do seu extraordinário e profundo trabalho no campo do direito administrativo, no estudo da coisa julgada, o saudoso jurista apresenta uma dicotomia tão rígida quanto distante da realidade. Assim, foi-lhe indispensável criar a expressão *jurisdição judicial*, para externar quando a jurisdição é jurisdição e quando o termo julgamento não quer se referir, no seu conteúdo, à jurisdição. Q. cfr. ainda: MEIRELLES, Hely Lopes. **Direito Administrativo Brasileiro**. 18. ed. São Paulo: Malheiros, 1993, p. 582.

[280] BRASIL. **Constituição da República Federativa do Brasil** (Versão Bolso). Organização dos textos e índice por J. U. JACOBY FERNANDES. 2. ed. Belo Horizonte: Fórum, 2019. Art. 73.

[281] *Ibidem*, art. 71, II.

[282] *Ibidem*, art. 73, § 4º.

O eminente Promotor Rogério Roberto Gonçalves de Abreu faz com propriedade a distinção, quando assere, referindo-se ao inc. II do art. 71 da Constituição Federal:

> neste caso, não estamos perquirindo elementos de ordem política, mas de ordem exclusivamente técnica, torna-se o Tribunal de Contas o órgão constitucionalmente competente, agora nos termos do artigo 71, II, da Constituição Federal, para *julgar* tais contas prestadas e, constatando *tecnicamente* a ocorrência de prejuízo ao erário, assume o TC a função de responsabilizá-los pela devida recomposição do patrimônio público lesado pelo ato administrativo praticado.

Para concluir:

> Diante das considerações acima formuladas, e considerando-se que o *controle judicial dos atos administrativos* se limita à apreciação da *legalidade e formalidade*, não sendo permitido ao Poder Judiciário, no exercício de tal controle, adentrar no mérito do ato para pesquisar-lhe a chamada *justiça da decisão*, fácil vizualizar-se estarem completamente excluídas, por absoluta incompetência constitucional do poder judicante (consagrando-se a competência constitucional dos Tribunais de Contas), quaisquer ataques ao mérito do julgamento realizado pelo Tribunal de Contas, ou seja, ao *mérito do ato administrativo decisório*.[283]

Pela imutabilidade das decisões, pronunciou-se também o Conselheiro do Tribunal de Contas do Estado de São Paulo, José Luiz de Anhaia Mello, aduzindo que:

> de nada adianta um corpo de auditores a fazer exames de contabilidade, a acompanhar a execução orçamentária, a visar balanços e balancetes, se esses procedimentos meramente instrutivos e interlocutórios não ensejarem por parte do Tribunal uma decisão definitiva e operante.[284]

Em precioso artigo, José Jappur, amparado em Castro Nunes, assere que:

> a jurisdição de contas é o juízo constitucional de contas. A função é privativa do Tribunal instituído pela Constituição para julgar das contas dos responsáveis por dinheiros ou bens públicos. O judiciário não tem função no exame de tais contas, não tem autoridade para rever, para apurar o alcance dos responsáveis, para os liberar. Essa função é própria e privativa do Tribunal de Contas.[285]

---

283 ABREU, Rogério Roberto Gonçalves de. Limites ao controle judicial dos atos dos Tribunais de Contas. **Revista L&C**, Brasília, n. 66, ano VI, p. 14-17, dez/2003.

284 GUALAZZI, Eduardo Lobo Botelho. **Regime jurídico dos Tribunais de Contas**. São Paulo: RT, 1992, p. 203.

285 JAPPUR, José. Jurisdição do Tribunal de Contas. **Revista do Tribunal de Contas do Estado do Rio de Janeiro**, Rio de Janeiro, n. 3.

Assinala José Matos de Vasconcelos:

> Parta de onde partir o insulto à ordem jurídica e aí está o Poder Judiciário para reparar a lesão sofrida pelo titular do direito, o que não exclui a competência [do Tribunal de Contas] *ratione materiae* para decidir assunto de sua exclusiva competência. A controvérsia cessou desde 1934. Não há palavras ociosas na Constituição.[286]

Pontes de Miranda esclarece que:

> desde 1934, o Tribunal *é corpo de julgamento*, embora, quanto aos crimes, continue a não ter jurisdição; mas julga contas, que é da máxima importância. Desde 1934, a função de julgar as contas está claríssima, no texto constitucional. Não havemos de interpretar que o Tribunal de Contas julgue e outro juiz as rejulgue depois. Tratar-se-ia de absurdo *bis in idem*. Ou o tribunal julga ou não julga [...]. Tal jurisdição exclui a intromissão de qualquer juiz na situação em que se acham, *ex hypothesi*, os responsáveis para com a Fazenda Pública.
>
> Não pode, assim, o legislador ordinário negar o valor de sentença às decisões dos Tribunais de Contas, em relação aos responsáveis por dinheiros públicos.
>
> A separação entre o julgamento das contas e o julgamento dos crimes é de ordem constitucional. À Lei Ordinária não é dado permitir aos juízes comuns julgar as contas, nem ao Tribunal de Contas julgar os crimes [...]. A prisão pelo Tribunal de Contas é em virtude do julgamento das contas, com caráter disciplinar, preventivo, ou simplesmente, de salvaguarda do interesse da Fazenda; não é em virtude de sentença criminal. A sentença criminal só é proferida pelo juiz comum, ressalvada a competência da Justiça Militar. [...]
>
> As questões decididas pelos Tribunais de Contas, no julgamento das contas dos responsáveis pelos dinheiros públicos, não são simples *questões prévias*; são *questões prejudiciais*, constituem o *prius* lógico jurídico de um crime ou, pelo menos, de circunstância material desse.[287]

Seabra Fagundes em outra oportunidade enfrentou a questão, indo além dos argumentos estritamente jurídicos. Desse momento, colhe-se a seguinte passagem, com os negritos do próprio original:

> O teor jurisdicional das decisões, nesses casos, se depreende da **própria** substância delas; não do emprego da palavra **julgamento** pelos textos do direito positivo. Resulta do **sentido definitivo** da manifestação da Corte, pois se a regularidade das contas pudesse

286 VASCONCELOS, José Matos, *apud* MARANHÃO, Jarbas. Tribunal de Contas e Poder Judiciário. **Revista de Informação Legislativa.** Brasília, ano 27, n. 107, p. 162, jul./set. 1990.

287 PONTES DE MIRANDA, Francisco Cavalcanti, *apud* MARANHÃO, Jarbas. Tribunal de Contas e Poder Judiciário. **Revista de Informação Legislativa.** Brasília, ano 27, n. 107, p. 163, jul./set. 1990.

> dar lugar a nova apreciação (pelo Poder Judiciário), o seu pronunciamento seria mero e inútil formalismo, restando inexplicável a mobilização, para fazê-lo, de um órgão altamente qualificado pelos requisitos de investidura e garantias dos seus membros (Emenda nº 1, art. 72, § 3º). Sob este aspecto restrito (o criminal fica ao exame do Poder Judiciário), as **Cortes de Contas decidem conclusivamente. Cabe aqui a observação de Pontes de Miranda a propósito do texto constitucional de 1.946** (e a que se reporta comentando a Emenda nº 1, de 1.969), de não haver como 'interpretar que o Tribunal de Contas **julgue** (as contas) e outro juiz as **rejulgue** depois', por quanto nessa duplicidade ter-se-ia 'absurdo ***bis in idem***' ('Comentários à Constituição de 1.946', 1ª edição, vol. II, pág. 95; "Comentários à Constituição de 1.967, com a Emenda nº 1, de 1.969", 2ª edição, tomo III, pág. 251).

E, com a mesma certeza e lucidez, conclui:

> Ao Poder Judiciário não compete rever as manifestações das Cortes de Contas, nesse particular, senão acolhê-las como elemento válido, já assente, para favorecer ou comprometer aquele que vá, ou seja (*sic*) chamado a juízo, em torno de dinheiros ou valores públicos em geral, confiados à sua gestão ou guarda.[288]

Em minucioso e atual estudo, conclui Eduardo Carone:

> Quando se tratar de competência dos Tribunais de Contas ditadas pelo art. 71, II, da Constituição da República, ou seja, de sua função jurisdicional, o Poder Judiciário não poderá rever suas decisões quanto ao mérito. A revisibilidade judicial das decisões dos Tribunais de Contas somente se dará quando estiverem elas contaminadas pelo abuso de poder, em qualquer de suas espécies, excesso de poder ou manifesta ilegalidade. A decisão do Tribunal de Contas, portanto, somente deixará de prevalecer quando o procedimento violar a inafastável garantia do devido processo legal ou a decisão contiver manifesta ilegalidade.[289]

Não é apenas parte da doutrina que reconhece a função jurisdicional, mas parcela mais dedicada ao estudo do tema. Jarbas Maranhão refere-se ao julgamento de contas como desempenho de atividade judicante pelo órgão.[290]

Em excelente artigo publicado na *Revista do Tribunal de Contas do Rio de Janeiro*,[291] o Conselheiro Aécio Mennuci registra que é na apreciação das contas anuais dos

---

[288] FAGUNDES, Seabra. Os Tribunais de Contas na estrutura constitucional brasileira. **Revista do Tribunal de Contas da União**, Brasília, v. 10, n. 20, p. 82, dez. 1979.

[289] COSTA JÚNIOR, Eduardo Carone. As funções jurisdicional e opinativa do Tribunal: distinção e relevância para a compreensão da natureza jurídica do parecer prévio sobre as contas anuais dos prefeitos. **Revista do Tribunal de Contas de Minas Gerais**, Belo Horizonte, v. 39, n. 2, p. 110, abr./jun. 2001.

[290] MARANHÃO, Jarbas. Origem, importância e competência do Tribunal de Contas. **Finanças e Orçamento**, p. 7, set. 1982.

[291] MENNUCI, Aécio. Das funções jurisdicionais dos Tribunais de Contas. **Revista do Tribunal de Contas do Rio de Janeiro**, p. 37, nov. 1982.

órgãos – excetuam-se apenas aquelas prestadas pelo chefe do Poder Executivo – que as Cortes de Contas brasileiras exercem a "real função jurisdicional".

Também o Supremo Tribunal Federal tem admitido, reiteradamente, essa tese, ressalvados apenas os casos em que os Tribunais de Contas não têm garantido a ampla defesa, viciando o julgamento, como se verá no capítulo 4.

Em sentido contraditório à jurisprudência firmada, o Ministro Evandro Lins e Silva, em comentários à Constituição de 1946, nega competência jurisdicional ao Tribunal de Contas, advertindo que "repugna ao sistema constitucional vigente admitir o pretendido caráter jurisdicional dos atos do Egrégio Tribunal de Contas da União, impositivo de tais punições"[292].

Notável, nesse sentido, é o escólio magistral do Ministro Néri da Silveira, com seguinte teor:

> Embora a entidade seja de direito privado sujeita-se à fiscalização do Estado, pois recebe recursos de origem estatal, e seus dirigentes hão de prestar contas dos valores recebidos; quem gere dinheiro público ou administra bens ou interesses da comunidade deve prestar contas ao órgão competente para a fiscalização. Hipótese de competência do Tribunal de Contas da União para **julgar** a matéria em causa, a teor do art. 71, inc. II, da Constituição, havendo apuração dos fatos em procedimentos de fiscalização, assegurada ao impetrante ampla defesa. [...] Não cabe rediscutir fatos e provas em mandado de segurança.[293]

Mesmo evitando o uso da expressa jurisdição, é secular a lição no sentido de buscar resguardar a decisão das Cortes de Contas:

> Ao apurar o alcance dos responsáveis pelos dinheiros públicos, o Tribunal de Contas pratica ato insubstituível de revisão na via judicial a não ser quanto ao seu aspecto formal ou tisna de ilegalidade manifesta.[294]

Em vários estados brasileiros as decisões ecoam a jurisprudência da excelsa Corte:

> Ação declaratória de nulidade dos efeitos de acórdão do Tribunal de Contas - extinção do processo sem julgamento do mérito. Irresignação - análise questão meritória impossibilidade - desprovimento.
>
> As decisões dos Tribunais de Contas só poderão ser impugnadas

[292] BRASIL. Supremo Tribunal Federal. MS nº 16.255/DF - Pleno. Relator: Ministro Evandro Lins e Silva. **Revista Trimestral de Jurisprudência**, ano 38, p. 245.

[293] BRASIL. Supremo Tribunal Federal. Administrativo. MS nº 21.644-1. Relator: Ministro Néri da Silveira. Brasília, 10 de setembro de 1993. **Diário da Justiça [da] República Federativa do Brasil**, Brasília, DF, 8 nov. 1993. Seção 1, p. 6.303- 6.305. Grifos não constam do original.

[294] BRASIL. Supremo Tribunal Federal. MS Acórdão nº 7.280, Relator: Desembargador convocado Alvimar D'Avila. **Revista Supremo Tribunal Federal**, n. 30, p. 395.

> judicialmente quando despontar manifesta ilegalidade ou irregularidade formal grave no procedimento administrativo que resultou na formação do título, não podendo o Poder Judiciário se adentrar na questão meritória, inteligência do art. 71, § 3º, da CF.[295]

No mesmo sentido, a lição do Ministro Néri da Silveira: "não se pode pretender que o Poder Judiciário exerça a competência atribuída pela Constituição à Corte de Contas"[296].

Mais recentemente, a Ministra Ellen Gracie, valorizando a instituição, sem utilizar a expressão jurisdição, assinalou que:

> O Tribunal de Contas [...] tem competência para fiscalizar procedimentos de licitação, determinar suspensão cautelar (artigos 4º e 113, §§ 1º e 2º, da Lei nº 8.666/93), examinar editais de licitação publicados [...], possui legitimidade para a expedição de medidas cautelares para prevenir lesão ao erário e garantir a efetividade de suas decisões.[297]

O ministro Jorge Scartezzini, em acórdão, registrou que:

> ao Tribunal de Contas [...] compete fiscalizar a regularidade dos atos de gestão administrativa, inclusive os da própria Procuradoria [...], sendo suas decisões de cumprimento obrigatório e sua competência constitucional privativa para o julgamento de sua legalidade e registro [...].[298]

O modelo brasileiro é único no mundo e talvez o mais avançado. Foi haurido da ideia de contencioso administrativo, da peculiar jurisdição, da preservação do mérito no julgamento técnico. Por fim, para assegurar a plenitude da jurisdição, os Tribunais de Contas do Brasil passaram a contar com um Ministério Público especializado nos complexos temas das contas públicas. Assim, o Brasil, além de vincular o Tribunal de Contas ao Legislativo, garantindo constitucionalmente a exceção ao monopólio da jurisdição pelo poder Judiciário, em relação à estrita matéria de contas, ainda dotou a instituição de Ministério Público especial, que atua como fiscal da lei e pode ter iniciativa para ações de controle, no âmbito das funções do Tribunal.

---

[295] PARAÍBA. Tribunal de Justiça da Paraíba. Apelação Cível nº 99.005452-6. Relator: Desembargador Antônio de Pádua Lima Montenegro. **Boletim Informativo [do] Ministério Público junto ao Tribunal de Contas do Estado da Paraíba,** João Pessoa, ano 4, n. 18, maio 2000.

[296] BRASIL. Supremo Tribunal Federal. MS nº 22.828/PR – Pleno. Relator: Ministro Néri da Silveira. **Diário da Justiça [da] República Federativa do Brasil**, Brasília, DF, 14 jun. 2002, p. 239.

[297] BRASIL. Supremo Tribunal Federal. MS nº 24.510-7/DF. Relatora: Ministra Ellen Gracie. **Diário da Justiça [da] República Federativa do Brasil**, Brasília, DF, 19 nov. 2003.

[298] BRASIL. Superior Tribunal de Justiça. RMS nº 12.483/DF – 5. Turma. Relator: Ministro Jorge Scartezzini. **Diário da Justiça [da] República Federativa do Brasil**, Brasília, DF, 19 out. 2001, p. 221.

2.11 Exercício da função jurisdicional pelos Tribunais de Contas no direito comparado

"Hoje não mais se concebe a existência de um jurisconsulto, merecedor desse título, se adstrito ao estudo das leis do seu país."[299] Ciente dessa advertência, impõe-se verificar se o exercício da função de julgar, com a conotação de dizer definitivamente o direito, é uma exclusividade do Direito pátrio.

Em aprofundado estudo, Marcos Valério de Araújo relata que as EFS[300] da Argentina, Brasil, Chile, Costa Rica, Colômbia, El Salvador, Equador, Guatemala, Honduras, México, Antilhas Holandesas, Nicarágua, Panamá, Peru, Portugal, República Dominicana, Uruguai e Venezuela "participam do julgamento ou julgam as contas de administradores públicos"[301]. Assevera ainda, quanto à possibilidade de revisão das decisões dos Tribunais de Contas, que, pelo papel coativo que desempenham, é comum o interesse de recorrer.

Aproveitando-se da pesquisa empreendida por aquele especialista, pode-se formular o seguinte esquema, em relação às EFS citadas:

a) são definitivas as decisões dos Tribunais de Contas do Chile, Costa Rica, Honduras, Porto Rico, Portugal e Uruguai;

b) cabe recurso à Justiça ordinária nas decisões da EFS da Argentina (após o pagamento do débito);
c) cabe recurso à Corte Suprema de Justiça na Espanha, Panamá, Peru e Venezuela.

Apresentando relevante estudo comparativo, Renato Jorge Brown Ribeiro,[302] profundo pesquisador, sintetiza as relações com o tema no seguinte quadro:

[299] MAXIMILIANO, Carlos. **Hermenêutica e Aplicação do Direito**. Rio de Janeiro: Forense, 10. ed., 1988, p. 131.
[300] Entidades de fiscalização superior, nome genérico para as instituições do tipo Tribunal de Contas.
[301] ARAÚJO, Marcos Valério. **Como controlar o Estado**: reflexões e propostas sobre o controle externo nas Américas, Portugal e Espanha. Brasília: UNITEC, 1992, p. 26.
[302] RIBEIRO, Renato Jorge Brown. **Controle externo da Administração Pública federal no Brasil**: O Tribunal de Contas da União - uma análise jurídico-administrativa. Rio de Janeiro: América Jurídica, 2002, p. 18 e 19.

TABELA 2

Características de Fiscalização das EFS

Países	Decisão Colegial ou Monocrática	Poderes Jurisdicionais	Fiscalização *a Priori*	Fiscalização *a Posteriori*	Fiscalização Administrativa Indireta	Legalidade*	Boa Gestão*
Alemanha	Colegial	Sim	Não	Sim	Sim	Sim	Sim
Áustria	Colegial	Sim	Não	Sim	Sim	Sim	Sim
Bélgica	Colegial	Sim	Sim	Sim	Não	Sim	Não
Brasil	Colegial	Sim	Sim	Sim	Não	Sim	Não
Cabo Verde	Colegial	Sim	Sim	Sim	Sim	Sim	Sim
Canadá	Singular	Não	Não	Sim	Sim	Sim	Sim
Comunidade Europeia	Colegial	Não	Não	Sim	Sim	Sim	Sim
Dinamarca	Singular	Não	Não	Sim	Sim	Sim	Sim
Espanha	Colegial	Sim	Não	Sim	Sim	Sim	Sim
EUA	Singular	Não	Não	Sim	Sim	Sim	Sim
Finlândia	Colegial	Não	Não	Sim	Sim	Sim	Sim
França	Colegial	Sim	Não	Sim	Sim	Sim	Sim
Grécia	Colegial	Sim	Sim	Sim	Não	Sim	Não
Irlanda	Singular	Não	Não	Sim	Sim	Sim	Sim
Israel	Singular	Não	Não	Sim	Sim	Sim	Sim
Itália	Colegial	Sim	Sim	Sim	Alguns	Sim	Sim
Japão	Colegial	Não	Não	Sim	Sim	Sim	Sim
Luxemburgo	Colegial	Sim	Sim	Sim	Não	Sim	Não
Países Baixos	Colegial	Sim	Não	Sim	Sim	Sim	Sim
Portugal	Colegial	Sim	Sim	Sim	Sim	Sim	Sim
Reino Unido	Colegial	Não	Não	Sim	Sim	Sim	Sim
Suíça	Singular	Não	Não	Sim	Sim	Sim	Sim
Cuba	Singular	Não	Não	Sim	Sim	Sim	Sim

* O conceito e formas de controle do que vem a ser boa gestão diferem de país para país, bem como ênfase e métodos de controle da legalidade.

No Direito Administrativo brasileiro, costuma-se apontar três paradigmas de Tribunais de Contas: o francês, o italiano e o belga. Parece ainda conveniente que seja estudado o modelo português de Tribunais de Contas, o que será feito a seguir.

2.11.1 Corte de Contas francesa

Para compreender o modelo francês, é preciso contextualizar sua jurisdição ao longo da história, ainda que em singelas linhas.

O berço de Montesquieu, muito cioso da teoria da tripartição das funções do Estado, apresentava, antes da Revolução Francesa, um judiciário merecedor da crítica e da desconfiança do povo, pois se havia firmado como resistente às mudanças e ao poder real.

Desse modo, para dirimir litígios entre a Administração Pública e os particulares, foi criado o contencioso administrativo, separando a jurisdição administrativa da comum, instituindo o singular sistema da dualidade de jurisdição.

Aos juízes foi proibido, "sob pena de prevaricação, perturbar de qualquer modo as operações dos corpos administrativos" e "citar diante de si os administradores por motivo das funções que estes exercem"[303].

O Tribunal de Contas da França foi criado por lei de 16 de setembro de 1807 com o nome de *Cour des Comptes*.

Eduardo Lobo Gualazzi, referindo-se ao Tribunal de Contas francês, averba que:

> a Corte de Contas (*Cour des Comptes*) permanece, nos dias atuais, como a principal jurisdição administrativa especializada de França. As decisões finais da Corte de Contas são passíveis de revisão pelo Conselho de Estado, assim como o são as decisões dos Tribunais Administrativos de França, primeira instância do contencioso administrativo.[304]

Ao explicar que a Corte de Contas francesa abrange sete câmaras, esclarece que as mesmas constituem os órgãos deliberativos e jurisdicionais da Corte.

Logo, no âmbito do sistema dual de jurisdição desse país, inequivocamente a Corte de Contas tem função jurisdicional, com o exato sentido do termo: tem poder de dizer o direito.

Esclarece Themístocles Brandão Cavalcanti que o julgamento das contas se faz em termos da regularidade objetiva e que, no exercício da função jurisdicional, isto é, julgando, exercem a ação indireta sobre os contadores e guardas de dinheiros públicos, declarando o alcance do responsável que deve ser executado pelo Ministro das Finanças francês.[305]

O tipo francês caracteriza-se pela fiscalização *a posteriori*, após a realização da despesa.[306]

---

303 CRETELLA Jr., José. **Tratado de Direito Administrativo**. Rio de Janeiro: Forense, 1969, v. 6, p. 69-71. Transcrição parcial do art. 13 da Lei 16-24 de agosto de 1790, cujo teor foi reiterado pela Lei de frutidor do ano III.

304 GUALAZZI, Eduardo Lobo Botelho. **Regime Jurídico dos Tribunais de Contas**. São Paulo: RT, 1992, p. 59.

305 CAVALCANTI, Themístocles Brandão. **Curso de Direito Administrativo**. 10. ed. São Paulo: Freitas Bastos, 1936, p. 16.

306 MEDAUAR, Odete. Controle da Administração Pública pelo Tribunal de Contas. **Revista de Informação Legislativa**, Brasília, ano 27, n. 108, out/dez. 1990, p. 103.

2.11.2 Corte de Contas italiana

Também a Corte Italiana de Contas, como a francesa, é uma das mais antigas, tendo sido instituída por lei de 14 de agosto de 1862. Como a brasileira, tem estatura constitucional e jurisdição expressa nas matérias de contabilidade pública e nas outras especificadas pelas leis.[307] Percebe-se que o teor da jurisdição foi limitado a uma determinada matéria, a exemplo do que fez a Constituição Federal do Brasil, nos art. 71, inc. II, e 73.

Destaca Lívio Mário Fornazieri que:

> Para cumprir estas funções, foi estabelecido como uma 'magistratura' de acordo com a Lei de Camillo Benso, o primeiro-ministro da época, que asseverava: 'existe uma necessidade absoluta em concentrar a auditoria prévia e a posterior nas mãos de magistrados inamovíveis'.[308]

Explica ainda que:

> As funções jurisdicionais do TC Italiano são:
>
> a) julgamento de responsabilidade, relacionado à responsabilização de seus servidores por danos econômicos causados ao Estado ou outros órgãos públicos;
>
> b) julgamento das contas, relacionado à gestão do dinheiro e do patrimônio público;
>
> c) julgamento de pensões concedidas, podendo ser de pessoal civil, militar ou àquelas referentes à guerra.
>
> A opção de conferir ao Tribunal de Contas Italiano as funções de auditoria e jurisdicional é muito importante, porque traz em seu bojo a grande vantagem de facilitar a troca de dados e informações de maneira a se atingir os objetivos que a Lei atribui a ambas.
>
> Ao completar a verificação dos resultados das ações dos administradores públicos, o magistrado responsável pela auditoria informa ao Ministério Público sobre os atos e ações que causaram danos à administração pública.
>
> Além disso, o Ministério Público informa aos juízes responsáveis pela auditoria a respeito de quaisquer atos suspeitos ou ações prejudiciais, as quais não puderam ser claramente identificadas com base na documentação juntada durante a investigação.
>
> Desta maneira, os juízes podem planejar como conduzir a auditoria de maneira a suprir a instrução processual adequadamente. Assim sendo, está em vigor um sistema de colaboração interligada: a jurisdição estimula a auditoria e a auditoria estimula a jurisdição.[309]

---

[307] ITÁLIA. **Costituzione della repubblica e regolamento della camera con indice analitico (1947)**. Roma: Camera dei Deputati, 1971, art. 103, § 2º.

[308] FORNAZIERI, Lívio Mário. Tribunal de Contas da Itália. **Revista do Tribunal de Contas do Município de São Paulo**, p. 3.

[309] FORNAZIERI, Lívio Mário. Tribunal de Contas da Itália. **Revista do Tribunal de Contas do Município de São Paulo**, p. 3.

No modelo italiano, o veto prévio acarreta impedimento, absoluto ou relativo, à despesa, no sentido de proibir ou suspender, respectivamente, o ato submetido ao controle (veto absoluto e veto limitado).[310]

Nada obstante a clareza do texto, com fundamento no art. III da Constituição da República Italiana, o qual admite o recurso de cassação contra decisão da Corte de Contas, Eduardo Lobo Gualazzi sustenta, em determinada passagem, que a referida Corte "não exerce jurisdição, em sentido estrito, não é poder jurisdicional, não é Poder Judiciário".[311]

Nas páginas seguintes, porém, o ilustrado administrativista, em contradição ao seu próprio texto, afirma que:

> ainda em consonância com a extensão da jurisdição contábil, a Corte Constitucional da Itália deliberou que [...] é necessário sempre reafirmar-se a jurisdição da própria Corte de Contas e negar a do juiz ordinário, no tocante as controvérsias em matéria de contabilidade pública (cf. decisão da Corte Constitucional da Itália, de 4 de julho de 1974, n. 205, in Foro Administrativo, 1974, 1/3-225).[312]

Também acrescenta:

> Pode-se afirmar, portanto, com certeza, que a Corte de Contas da Itália, embora órgão coadjuvante do Parlamento, exerce parcela do funcional do poder jurisdicional do Estado italiano, é fração da justiça administrativa italiana, parcela do Poder Judiciário administrativo da Itália, observada a concepção de dualidade jurisdicional, que caracteriza virtualmente todos os Estados europeus. A função jurisdicional da Corte de Contas da Itália não esgota, obviamente, toda a gama de funções de tal Corte; porém, ao exercer função jurisdicional, em matérias delimitadas, a Corte de Contas da Itália exerce jurisdição em sentido próprio e típico, *strictu sensu*, em matérias sobre que o Poder Judiciário comum (civil e penal) da Itália não pode exercer jurisdição.[313]

Odete Medauar e Alessi também sustentam a existência de função jurisdicional na Itália, exercida pelo Tribunal de Contas em caráter especial:

> Além do controle sucessivo geral, a Corte de Contas exerce controle sucessivo especial sobre atos dos agentes contábeis. Nessa função a Corte de Contas tem natureza jurisdicional, sendo

[310] MEDAUDAR, Odete. Controle da Administração Pública pelo Tribunal de Contas. **Revista de Informação Legislativa**, Brasília, ano 27, n. 108, out./dez. 1990, p. 103.

[311] Mais adiante, o mesmo autor assinala: "Importantes, numerosas e complexas são as funções de controle da Corte e mais circunscritas, embora ampliadas com o passar do tempo, aquelas jurisdicionais". GUALAZZI, Eduardo Lobo Botelho. **Regime jurídico dos Tribunais de Contas.** São Paulo: RT, 1992, p. 89.

[312] GUALAZZI, Eduardo Lobo Botelho, *apud* CAVALCANTI, Themístocles Brandão. **Curso de Direito Administrativo.** 10. ed. São Paulo: Freitas Bastos, 1936, p. 102-103.

[313] *Ibidem*, p. 121.

> estudada pela doutrina como jurisdição administrativa especial. De acordo com Alessi, nessa matéria a jurisdição da Corte de Contas é exclusiva, plena e inquisitória ("sindicatória"); exclusiva, no sentido de que lhe cabe apreciar todas as questões nas matérias de sua competência, o que exclui desse âmbito qualquer outra autoridade jurisdicional, de modo particular à autoridade judiciária ordinária e o Conselho de Estado; por orientação jurisprudencial conhecem, além das questões principais expressamente atribuídas todas as questões prejudiciais ou incidentais; é plena porque nas matérias de sua competência conhece questões de direito e de fato e porque pode pronunciar decisões declaratórias, constitutivas e de condenação; é inquisitória ("sindicatória") porque não se vincula a decisões administrativas, nem a argumentos invocados pelas partes.[314]

Embora o Brasil não adote o sistema da dualidade de jurisdição, também não consagra, como visto,[315] a rigidez do sistema único ou do monopólio da função jurisdicional do Poder Judiciário, aproximando-se muito do modelo italiano.

2.11.3 Corte de Contas belga

A Corte de Contas belga tem sua instituição consagrada em nível constitucional desde 7 de fevereiro de 1883. Sua estrutura aproxima-se muito do modelo italiano, no que tange à jurisdição, possuindo atividades administrativas e jurisdicionais, revisíveis apenas diante da Corte de Cassação e somente em casos extremos. A diferença existente entre essas duas Cortes está no *modus operandi* do exercício do controle, predominando o exame prévio na forma *de visto* sobre todas as despesas.

O chamado *visa prévio* não é proibitivo desde 1846, uma vez que, por lei específica, foi admitido ao Conselho de Ministros reapreciar os fundamentos da recusa. Se aceita a despesa, o Tribunal de Contas registra o ato sob reserva.[316]

2.11.4 Tribunal de Contas português

Modelo que merece especial atenção é o Tribunal de Contas de Portugal, que foi definido pela Constituição de 1976 como um tribunal financeiro integrado no aparelho do judiciário, ao lado dos outros tribunais superiores. Esse modelo dotou o Tribunal de Contas de real independência e de superioridade em suas decisões, relativamente às da administração, quando se trata de aplicação do direito.[317]

---

[314] MEDAUAR, Odete. Controle da Administração Pública pelo Tribunal de Contas. **Revista de Informação Legislativa**, Brasília, ano 27, n. 108, out./dez. 1990, p. 106.

[315] Consultar, neste capítulo, o título 2.7 Exercício da função jurisdicional fora do Poder Judiciário.

[316] CAVALCANTI, Themístocles Brandão. **Curso de Direito Administrativo**. 10. ed. São Paulo: Freitas Bastos, 1936, p. 16.

[317] Importante fonte de consulta: **I Encontro dos Tribunais de Contas dos países de Língua Portuguesa**. Lisboa: Tribunais de Contas de Portugal, 1995.

Das decisões do Tribunal de Contas de Portugal cabe recurso apenas para o Tribunal Constitucional, instância máxima da Justiça portuguesa, encarregado do controle constitucional. Desse modo, não há dúvidas de que em Portugal, mais do que em outros países, o Tribunal de Contas tem jurisdição.[318]

O princípio da independência dos juízes determina não apenas inamovibilidade, mas, igualmente, liberdade perante quaisquer ordens e instruções das demais autoridades e, bem assim, a definição de um regime adequado de designação, com garantias de isenção e imparcialidade que evitem o preenchimento do quadro da magistratura desse tribunal, tal como dos restantes, de acordo com os interesses do governo ou da administração.[319]

2.12 Eficácia de coisa julgada nas decisões dos Tribunais de Contas

Expendidas essas considerações, é o momento de verificar se as decisões dos Tribunais de Contas podem ter eficácia de coisa julgada, justificando a extinção do processo judicial.

Obviamente, como foi amplamente demonstrado, não estando o Tribunal de Contas elencado na Constituição Federal entre os órgãos do Poder Judiciário, não é possível pretender revestir todas as suas decisões dos atributos próprios àqueles.

Nessa altura do presente estudo, é possível indicar que o Tribunal de Contas, a exemplo dos órgãos do Poder Judiciário, produz decisões de natureza jurisdicional e meramente administrativa.

Com notável clareza, chamou a atenção para esse fato, em relevante escólio, o Ministro Athos Gusmão Carneiro, acentuando que os Tribunais de Contas têm atribuições de natureza administrativa. Entretanto, quando "julga" as contas "dos administradores e demais responsáveis por bens e valores públicos, tal julgamento impõe-se ao Poder Judiciário, no que concerne ao aspecto contábil, sobre a regularidade da própria conta".[320]

E acrescenta: "Da mesma forma, tal julgado impõe-se na ação de ressarcimento promovida contra o responsável pelo alcance".

Na mesma linha de pensamento, conforme já afirmado, pronunciou-se o Ministro Victor Nunes Leal, em inolvidável síntese: "A disposição constitucional de que *a lei não poderá excluir da apreciação do Poder Judiciário qualquer lesão de direito individual* não é obstáculo a este entendimento," – de que a competência das Cortes de Contas torna prejudicial e definitivo o pronunciamento sobre o fato material – "porque, no caso, a redução de competência do Judiciário resulta da Constituição, e não da lei"[321].

---

[318] PORTUGAL. **Lei nº 28, de 15 de novembro de 1982.** Organização, funcionamento e processo do Tribunal Constitucional. Diário da República, Lisboa, 15 nov. 1982, I Série, n. 264, p. 3807-3821, art. 70. Disponível em: http://www.tribunalconstitucional.pt. Acesso em: 06 maio 2014.

[319] PORTUGAL. Tribunal de Contas. Apresentação Institucional. **O Tribunal de Contas na actualidade.** Item 1. Quadro jurídico geral. Disponível em: http://www.tcontas.pt. Acesso em: 06 maio. 2014.

[320] CARNEIRO, Athos Gusmão. **Jurisdição e competência.** São Paulo: Saraiva, 1989, p. 14.

[321] LEAL, Victor Nunes. **Problemas de Direito Público e outros problemas.** Rio de Janeiro: Forense, 1960, p. 231.

O exame feito pelos Tribunais de Contas representa uma poderosa e ampla ação de controle sobre os atos da administração, que já estão jungidos ao controle interno da própria administração. Permitir uma ampla revisibilidade pelo Poder Judiciário, no mínimo, concederia, em termos lógicos, um espaço tão intenso ao controle judicial que inviabilizaria a própria ação administrativa.

Das funções jurisdicionais dos Tribunais de Contas, tratou o eminente Roberto Rosas:

> No S.T.F. asseverou o Ministro Rafael de Barros Monteiro que as decisões do Tribunal de Contas não podem ser revistas pelo Poder Judiciário, a não ser quanto ao seu aspecto formal, palavras corroboradas na mesma assentada pelo Min. Djaci Falcão, considerando essas decisões com força preclusiva (R.E. 55.821 - R.T.J. 43/151). Ainda quando o ato administrativo seja praticado pelo Tribunal de Justiça não ficará imune à apreciação do Tribunal de Contas com competência para isso (R.E. 47.390 - R.T.J. 32/115), bem como com o exercício de auditoria financeira e orçamentária sobre as contas dos Três Poderes, inclusive Legislativo (art. 70, § 3º - Const.) assim interpretado pelo S.T.F. na Representação 764 do Espírito Santo (R.T.J. 50/245).
>
> Em outro julgado do Pretório Excelso (MS nº 16.255, R.T.J. 38/245) o relator Ministro Lins, ainda que restringindo o âmbito da função jurisdicional do Tribunal de Contas, não negou sua competência constitucional, afirmando que "tudo quanto ultrapassa este limitado objeto de exame da regularidade intrínseca das contas prestadas pelos responsáveis, refoge à competência jurisdicional restrita, e inampliável por lei, do Tribunal de Contas. Só o que toca a este exame, já para liberar o responsável, já para declará-lo em alcance, constitui decisão jurisdicional definitiva, a cavaleiro de qualquer revisão judicial" afirmou o iminente magistrado. No mesmo passo acentuaram os Ministros Aliomar Baleeiro e Carlos Medeiros Silva em aresto da Corte Suprema (MS nº 15.831, R.T.J. 37/462).[322]

O Supremo Tribunal Federal já se pronunciou com respeito à natureza quase jurisdicional[323] dos Tribunais de Contas, inclusive sobre a impossibilidade do Judiciário anular decisões em processos de contas, salvo se não for observado o princípio do devido processo legal.[324]

---

[322] ROSAS, Roberto. Aspectos jurisdicionais na competência do Tribunal de Contas. **Revista do Tribunal de Contas do Distrito Federal**, Brasília, n. 1, 1975, p. 109.

[323] BRASIL. Supremo Tribunal Federal. MS nº 23550-1/DF. Tribunal Pleno. Relator: Ministro Marco Aurélio. Brasília, 4 de abril de 2001. **Diário da Justiça [da] República Federativa do Brasil**, 31 out. 2001, p. 00006.

[324] BRASIL. Supremo Tribunal Federal. REsp nº 55.821/PR - 1. Turma. Relator: Ministro Victor Nunes. Brasília, 18 de setembro de 1967. **Diário da Justiça [da] República Federativa do Brasil**, 24 nov. 1967, p. 03.949; MS nº 7.280 - Pleno. Relator: Ministro Henrique D'Avila. Brasília, 20 de junho de 1960. **Diário da Justiça [da] República Federativa do Brasil**, 17 set. 1962, p. 460.

Um detido exame das poucas decisões judiciais[325] que não prestigiaram a definitividade das decisões das Cortes de Contas revela que, lamentavelmente, incorreram em alguns dos seguintes equívocos:

a) desconheceram o funcionamento dos Tribunais de Contas e confundiram-no com mera auditoria;

b) não tiveram ciência da amplitude concedida à ampla defesa nessas Cortes e, portanto, buscaram impedir sua efetividade em face da alegação de cerceamento à defesa e ao contraditório;

c) gravíssimas deficiências na defesa das decisões dos Tribunais de Contas, normalmente atribuídas aos órgãos que têm por dever representar a própria Administração e também sujeitos à jurisdição desses tribunais;

d) preconceito atribuível a uma deformada imagem dessas Cortes, decorrentes de acontecimentos episódicos.

Todas as manifestações das Cortes de Contas têm valor e força coercitiva, como já referido, mas apenas a inscrita no inc. II do art. 71 da Constituição Federal - "julgar as contas dos [...]" - corresponde a um *julgamento*, merecendo, de todos os órgãos, o respeito, sendo, em tudo e por tudo, exatamente igual à manifestação do Poder Judiciário.

O termo *contas*, que sucede a *julgar*, abrange as contas anuais dos órgãos da Administração Pública, como também as chamadas contas especiais, que são instauradas na forma da lei.

Tratam-se as últimas de processos altamente técnicos, atinentes a aplicação de recursos ou a danos causados ao erário em decorrência de omissão no dever de prestar contas ou de ato lesivo ilegal, ilegítimo ou antieconômico.[326]

As deliberações adotadas nesses processos poderão resultar em acórdão condenatório que, pela Constituição Federal - art. 71, § 3º -, terá, expressa e literalmente, eficácia de título executivo.

Nesses acórdãos, são declarados o responsável e o valor do alcance, além de outras informações necessárias e suficientes para o início do processo executivo judicial, vez que o Tribunal de Contas não tem competência para promover a execução forçada,[327] necessitando recorrer ao Poder Judiciário para efetivá-la.

---

[325] Nesse restrito elenco: PARANÁ. Tribunal de Justiça. Administrativo. Processo 0055963-7. Relator: Pacheco Rocha. Curitiba, 27 de maio de 1997. **Informativo Semanal Consulex**, nº 47/1997 - Jurisprudência. Brasília, n. 80.655. Sob o argumento menor de que a Constituição dispõe que a lei não pode excluir da apreciação judicial lesão ou ameaça a direito, argumento gravemente equivocado, como visto neste capítulo no título 0. da coisa julgada administrativa.

[326] Consultar a propósito, contendo o estudo do processo e do procedimento nos Tribunais de Contas e na Administração Pública, a obra: JACOBY FERNANDES, Jorge Ulisses. **Tomada de Contas Especial:** processo e procedimento na Administração Pública e nos tribunais de contas. 5. ed. rev., atual. e amp. Belo Horizonte: Fórum, 2012, p. 28.

[327] Por exceção, admite-se a determinação para desconto em folha de vencimentos/salários, se servidor.

Há, no mundo do Direito, uma mágica harmonia, só perceptível por aqueles que se dispõem a um trabalho construtivo, fundado em honesta reflexão e humildade. Nesse sentido, é fácil perceber por que só os acórdãos condenatórios têm eficácia de título executivo: por que não têm a mesma força os processos de inspeção, a apreciação da legalidade das aposentadorias, as reformas e pensões, as auditorias? Por que só no julgamento das contas é que se concebe a força de título executivo?

A resposta pode ser encontrada, com facilidade, nos seguintes pontos:

a) os outros processos constituem matérias estritas de controle, e os de contas abrangem aspectos nitidamente jurisdicionais, porque envolvem direito, economia, contabilidade e/ou administração;
b) os processos envolvendo "contas" são desenvolvidos à luz do princípio do contraditório e da ampla defesa;
c) a exemplo dos processos judiciais, há citação formal do agente, audiência, prazo para defesa, inclusive o instituto da revelia, julgamento e recursos junto aos Tribunais de Contas, sem a exigência de recolhimento de depósitos e com efeito suspensivo e devolutivo;
d) os processos de contas têm a intervenção obrigatória, sob pena de nulidade *absoluta*, do Ministério Público especial que atua junto aos Tribunais de Contas;[328]
e) todos os processos de contas têm sua gênese precisamente delineada na lei. Só nascem quando ocorre um dos motivos determinantes, *v.g.*, advento de omissão na prestação de contas, ou ainda ato ilegal, ilegítimo ou antieconômico que cause dano ao erário.

Por isso, unicamente os processos de contas podem ser *julgados*, podem ensejar a constituição de *título executivo*[329] e podem ter como efeito a produção de *coisa julgada*.[330]

Nesse sentido, revelando a força das decisões dos Tribunais de Contas, esta elucidativa decisão:

---

[328] JACOBY FERNANDES, Jorge Ulisses. **Tomada de Contas Especial**: processo e procedimento na Administração Pública e nos tribunais de contas. 5. ed. rev., atual. e amp. Belo Horizonte: Fórum, 2012, p. 372 e 373. Nesse sentido: BRASIL. Tribunal de Contas da União. Processo TC nº 002.686/2009-0. Acórdão nº 829/2009 - Plenário. Relator: Ministro Raimundo Carreiro. Brasília, 29 de abril de 2009. Disponível em: http://www.tcu.gov.br. Acesso em: 07 maio 2014.

[329] BRASIL. **Constituição da República Federativa do Brasil** (Versão Bolso). Organização dos textos e índice por J. U. JACOBY FERNANDES. 2. ed. Belo Horizonte: Fórum, 2019. Art. 71, § 3º.

[330] Por vezes, felizmente raríssimas ocasiões, alguns acórdãos condenatórios do Tribunal de Contas são desconstituídos por magistrados de 1ª instância, desconhecedores da função jurisdicional dos Tribunais de Contas, fato comumente agravado pela absoluta ineficiência dos órgãos jurídicos encarregados de executar o acórdão. Desse modo acabam por adentrar, inclusive, no mérito das contas – nesse sentido: DISTRITO FEDERAL. Tribunal de Justiça do Distrito Federal e Territórios. APC nº 1286884. Acórdão nº 66.723. Relator: Desembargador Pingret de Carvalho. Brasília, 20 de setembro de 1993. **Diário da Justiça [da] República Federativa do Brasil**, Brasília, DF, 27 out. 1993. Seção 2, p. 45.559. Na hipótese de existência de solidariedade passiva de obrigação, o credor tem direito a exigir e receber de um ou alguns dos devedores, parcial ou totalmente, a dívida comum.

> Processual e Administrativo. Resolução do Tribunal de Contas do Município. Imputação de débito por pagamento indevido.
>
> - Não há como reconhecer a ilegitimidade de resolução do Tribunal de Contas para imputação de débito por pagamento realizado a maior pelo Presidente da Câmara de Vereadores aos seus pares, sem prévio exame da resolução, sobre a qual se fundaram os atos praticados pelo recorrente, bem como sua legitimidade e adequação dos fatos ao seu conteúdo.
>
> - O Poder Judiciário não detém competência para rever as decisões dos Tribunais de Contas dos Municípios, no que diz respeito ao exame de contas, não competindo a esta Corte analisar a motivação da imputação do débito.
>
> - Recurso improvido.[331]

Sobre o tema, destaca Márcio Bessa:

> Por fim, vale destacar que a decisão do Superior Tribunal de Justiça, ora trazida, não é isolada, tendo o Supremo Tribunal Federal emitido pelo menos três pronunciamentos no mesmo sentido (Mandado de Segurança nº 6960, julgado em 31/07/59, Rel. Min. Ribeiro da Costa; Mandado de Segurança nº 7280, julgado em 20/06/60, Rel. Min. Henrique D'Ávila; e Recurso Extraordinário nº 55.821, julgado em 18/09/67, Rel. Min. Victor Nunes). O próprio STJ já havia firmado o entendimento por meio dos Ministros Humberto Gomes de Barros (Recurso Especial nº 8970/SP, DJU de 09/03/97) e Milton Luiz Pereira (Recurso Ordinário em Mandado de Segurança nº 628/RS, DJU de 10/10/93). Também o Tribunal de Justiça do Estado do Ceará, Mandado de Segurança nº 1998.00800-0, relator Des. Haroldo Rodrigues, para quem 'não pode o Poder Judiciário, sob pena de ofender o princípio constitucional da separação de poderes, rever o mérito das decisões dos Tribunais de Contas, que integram poder diverso'.[332]

2.13 Defesa da jurisdição do Tribunal de Contas

Argumentam alguns poucos doutrinadores - cujas considerações merecerão análise mais adiante - que, embora as decisões dos Tribunais de Contas não produzam coisa julgada, devem ser consideradas prejudiciais de mérito quando submetidas ao exame do Judiciário.[333]

Admitindo a possibilidade de arguição dessas proposições, por amor ao debate, mostra-se indispensável analisar algumas das hipóteses mais corriqueiras, e qual o

---

[331] BRASIL. Superior Tribunal de Justiça. ROMS nº 12.487/GO - 1. Turma. Relator: Ministro Francisco Falcão. **Diário de Justiça [da] República Federativa do Brasil**, Brasília, DF, 1º out. 2001.

[332] BESSA, Márcio. Jurisprudência Comentada. **Revista do Tribunal de Contas dos Municípios do Estado do Ceará.**

[333] Entre eles: CRETELLA Júnior, José. Natureza das decisões dos Tribunais de Contas. **Revista de Direito Administrativo**, n. 166, out./dez. 1996, p. 10.

procedimento adequado a ser observado nos processos judiciais, em que estão subjacentes o mérito do julgamento dos Tribunais de Contas.[334]

2.13.1 O autor de uma ação busca inibir os efeitos de processo em tramitação no Tribunal de Contas, ainda não julgado definitivamente

Nessa hipótese, o procedimento mais adequado para resguardo da competência do Tribunal é:

a) em petição, demonstrar em juízo a especial competência do Tribunal de Contas;
b) ingressar em juízo com o procedimento judicial denominado suspensão de segurança.

Importante lembrar que não cabe mandado de segurança quando há possibilidade de recurso com efeito suspensivo.[335]

Depois de longo debate sobre a possibilidade de os Tribunais de Contas ingressarem em juízo com mandado de segurança, firmou-se sólida jurisprudência no sentido do seu cabimento, assim como o uso da suspensão de segurança, também ajuizável pelos Tribunais de Contas, com a finalidade de preservar sua própria competência.[336] Para tanto, é importante:

a) requerer a suspensão do processo, com fulcro no art. 313, inc. V, alínea "a", do Código de Processo Civil;[337]

---

[334] É indispensável que os membros dos Tribunais de Contas busquem dar efetividade às suas decisões, fazendo-as resistir ao crivo do Poder Judiciário. A missão dessas Cortes vai além dos muros fronteiriços e os processos judiciais mal defendidos acabam por tornar-se ponto angular da impunidade dos que se locupletam a custa do erário e desacreditam a ação do controle externo. Importante instrumento dessa ação é a colaboração institucional entre os Tribunais de Contas e o Ministério Público que junto a si atuam, porque esse último pode constituir-se em adequado orientador das procuradorias e defensorias na defesa processo-judicial.

[335] Art. 5°, I, da Lei n° 12.016/2009 estabelece que não se dará mandado de segurança quando "de ato do qual caiba recurso administrativo com efeito suspensivo, independentemente de caução". Disponível em: https://www.planalto.gov.br/ccivil_03/_ato2007-2010/2009/lei/l12016.htm.

[336] Consultar o Capítulo V, que trata da estrutura e composição dos Tribunais de Contas, o subtítulo 5.5 Da representação judicial do Tribunal de Contas, bem como excerto do voto do Ministro Celso de Mello: "[...] Não obstante a literalidade das normas inscritas no art. 4° da Lei 4.348/1964 e no art. 25 da Lei n° 8.038/1990 - que se referem, unicamente, às pessoas jurídicas de direito público e ao Chefe do Ministério Público –, entendo que órgãos não-personificados, como os Tribunais de Contas, dispõem de legitimidade para pleitear a suspensão de segurança, desde que o façam, como no caso, com o objetivo de preservar as suas prerrogativas institucionais". BRASIL. Supremo Tribunal Federal. Administrativo. Suspensão de Segurança n° 1.308-9. Relator: Ministro Celso de Mello. Brasília, 9 de outubro de 1998. **Diário da Justiça [da] República Federativa do Brasil**, Brasília, DF, 19 out. 1998. Seção 1, p. 26-27. No mesmo sentido: LEAL, Victor Nunes. **Problemas de Direito Público e outros problemas.** Rio de Janeiro: Forense, 1960, p. 424-439; BRASIL. Superior Tribunal de Justiça. Recurso Extraordinário - RE n°74.836. Relator: Ministro Aliomar Baleeiro. Brasília, 7 de junho de 1973. **Diário da Justiça [da] República Federativa do Brasil**, Brasília, DF, 19 nov. 1973. Seção 1, p. 8.719.

[337] BRASIL. Lei n° 13.105, de 16 de março de 2015. Código de Processo Civil. Brasília, DF: Presidência da República, [2025]. Disponível em: https://www.planalto.gov.br/ccivil_03/_ato2015-2018/2015/lei/l13105.htm. "Art. 313. Suspende-se o processo: [...] V - quando a sentença de mérito: a) depender do julgamento de outra causa ou da declaração da existência ou de inexistência da relação jurídica, que constitua o objeto principal de outro processo pendente".

b) observar o item seguinte, sobre as manifestas ilegalidades que podem ensejar a revisão judicial.

2.13.2 O servidor busca desconstituir judicialmente a decisão do Tribunal de Contas

É a hipótese que ocorre com mais frequência, sem dúvida.

A demanda poderá ter êxito se estiver configurada a violação:

a) do devido processo legal;

b) do contraditório;

c) da ampla defesa;

d) da competência do Tribunal de Contas para julgamento;

e) ou qualquer grave e manifesta irregularidade.

Caso o autor pretenda discutir o mérito da questão, deverá ser alegada a existência de coisa julgada e devidamente fundamentada a posição da especial competência do Tribunal de Contas, pois não se pode olvidar que, em virtude da pouca doutrina sobre o assunto, muitas vezes nas instâncias inferiores ocorrem manifestos erros de julgamento.

Importa notar que se a ação escolhida for o mandado de segurança o processo não deve ter seguimento se pretender, direta ou indiretamente, discutir o mérito, porque essa via processual não admite a produção de prova em juízo. O direito tem que ser líquido e certo. A jurisprudência do processo civil é remansosa nesse sentido.[338]

No mesmo sentido, destacou, com propriedade, Sebastião Baptista Affonso, apoiando-se na palavra autorizada do Ministro Antônio Villas Boas:

> os julgados do Tribunal de Contas, no uso da atribuição conferida pelo art. 77 da Constituição, só poderão ser cassados por mandado de segurança quando resultarem ilegalidade manifesta ou abuso de poder.[339]

---

[338] BRASIL. Supremo Tribunal Federal. MS nº5.490. Relator: Ministro Antonio Villas Boas. Distrito Federal, 20 de agosto de 1958. **Diário da Justiça [da] República Federativa do Brasil**,Brasília, DF, 25 set. 1958. Seção 1, p. 68; BRASIL. Supremo Tribunal Federal. MS nº21.644-1/DF. Relator: Ministro Néri da Silveira. Brasília, 10 de setembro de 1993. **Diário da Justiça [da] República Federativa do Brasil**, Brasília, DF, 8 nov. 1996. Seção 1, p. 6.303-6.305.

[339] BRASIL. Supremo Tribunal Federal. MS nº 5.490. Relator: Ministro Antonio Villas Boas. Brasília, 20 de agosto de 1958. **Diário da Justiça [da] República Federativa do Brasil**, Brasília, DF, 25 set. 1958. Seção 1, p. 68. Embora o acórdão refira-se à Constituição de 1946, dirige-se a dispositivo com redação idêntica à do 71, II, da Constituição Federal de 1988; AFFONSO, Sebastião Baptista. Os Tribunais de Contas no contexto do Poder Judiciário. **Congresso dos Tribunais de Contas do Brasil**. 15. edição, 1997, Rio de Janeiro. Anais: Rio de Janeiro. Coordenadoria Setorial de Gráfica e Reprografia dos Tribunais de Contas do Estado do Rio de Janeiro, 1997, v. 1, p. 258-273.

2.13.3 Oposição à execução de título executivo do Tribunal de Contas

Por expressa disposição legal, a parte demandada deve garantir o juízo para opor-se à execução.[340] No processo, essa exigência não pode ser olvidada, ressalvado o disposto no art. 914 do atual Código de Processo Civil (CPC)[341].

No antigo CPC, deveria ser adotado o procedimento da *exceção*, que corria em apenso aos autos principais,[342] para arguir a existência de coisa julgada, visando prevalecer a eficácia do julgamento do Tribunal de Contas, requerendo-se a extinção do processo sem julgamento do mérito, na forma do art. 267, inc. V, daquele CPC.

Efetivamente, por expressa disposição de lei, "nenhum juiz poderá decidir novamente as questões já decididas, relativamente à mesma lide"[343].

Os efeitos de ignorar uma decisão julgada são lembrados por Carvalho Mendonça: a sentença dada contra outra sentença, não decorrente de recurso regular, sempre foi, *ipso jure*, nula.[344]

Segundo Pereira e Sousa, em sua clássica obra *Primeiras Linhas sobre o Processo Civil*, a exceção é a alegação articulada do réu que exclui a intenção do autor, podendo ser peremptória, anômala, prejudicial e dilatória.

Entre as peremptórias, está a coisa julgada.[345]

Atualmente, o tema está regulado de forma diversa e o novo CPC estabelece que a coisa julgada, como matéria de defesa, dentre outras, devem ser alegadas como preliminar na contestação, na forma do art. 337[346]. O art. 351, por sua vez, prevê que havendo questões prejudiciais, antes de decidir o mérito, o juiz ouvirá o autor, permitindo-lhe a produção de provas, mesmo que não sejam o objeto principal da ação.

---

[340] BRASIL. Lei nº 6.830, de 22 de setembro de 1980. Dispõe sobre a cobrança da Dívida Ativa da Fazenda Pública e dá outras providências. **Diário Oficial da União [da] República Federativa do Brasil**, Brasília, DF, 24 set. 1980

[341] "Art. 914. O executado, independentemente de penhora, depósito ou caução, poderá se opor à execução por meio de embargos." BRASIL. Lei nº 13.105, de 16 de março de 2015. **Código de Processo Civil**. Brasília, DF: Presidência da República, [2025]. Disponível em: https://www.planalto.gov.br/ccivil_03/_ato2015-2018/2015/lei/l13105.htm

[342] BRASIL. Lei nº 5.869, de 11 de janeiro de 1973. Institui o Código de Processo Civil. **Diário Oficial da União [da] República Federativa do Brasil**, Brasília, DF, 17 jan. 1973. Art. 299.

[343] BRASIL. Lei nº 13.105, de 16 de março de 2015. Código de Processo Civil. Brasília, DF: Presidência da República, [2025]. Disponível em: https://www.planalto.gov.br/ccivil_03/_ato2015-2018/2015/lei/l13105.htm, art. 505.

[344] MENDONÇA, Manoel Ignácio Carvalho de. **Da Ação Rescisória das Sentenças e Julgados**. Rio de Janeiro: F. Alves, 1916, p. 14. Lembrando as Ordenações, liv. 3º, Tít. 75; Lei de 3 de novembro de 1768.

[345] PEREIRA E SOUSA, Joaquim José Caetano *apud* BATALHA, Wilson de Souza Campos. **Tratado do Direito Judiciário do Trabalho**. 2. ed. rev. e atual. São Paulo: LTr, 1985, p. 465.

[346] BRASIL. Lei nº 13.105, de 16 de março de 2015. Código de Processo Civil. Brasília, DF: Presidência da República, [2025]. Disponível em: https://www.planalto.gov.br/ccivil_03/_ato2015-2018/2015/lei/l13105.htm.

2.13.4 Execução de título executivo e os embargos infringentes na execução

Pontes de Miranda, numa das mais profundas lições, examinou a hipótese do Tribunal de Contas vir a julgar alguém em débito e o juízo da execução receber embargos infringentes ao julgado, tendo recomendado que:

> desde que a execução caiba ao juiz comum, não pode esse conhecer de qualquer *infringência* ou de qualquer *modificação* no julgado do Tribunal de Contas. Lei que o permita é inconstitucional.

Esclarecia:

> Tal jurisdição - referindo-se a dos Tribunais de Contas - exclui a intromissão de qualquer juiz, razão pela qual seria a própria Corte de Contas que julgaria os embargos infringentes.[347]

Questões dessa natureza, quando submetidas à apreciação do Poder Judiciário, têm encontrado eventual divergência, notadamente nas instâncias menores, onde é mais sentida a ausência de aprofundamento no Direito Administrativo e Constitucional.

Felizmente, nas instâncias superiores, a posição mais ortodoxa prevalece com firmeza e constância ao longo da história.

A seguinte e breve coleção de julgados do Poder Judiciário é elucidativa:

a) quando o Tribunal de Contas julga em débito as contas, está diante do que pode ser traduzido como simples falta de recursos numa conta. É um dos casos em que esse Tribunal julga, na mais estrita acepção do termo.

> Ementa. Ao apurar o alcance dos responsáveis pelos dinheiros públicos, o Tribunal de Contas pratica ato insusceptível de revisão na via judicial a não ser quanto ao seu aspecto formal ou tisna de ilegalidade manifesta. Mandado de Segurança não conhecido.[348]

b) a exemplo do que ocorre em relação aos órgãos do Poder Judiciário, o Supremo Tribunal Federal também admite o uso do mandado de segurança, em restritíssimas hipóteses.

> Ementa. Mandado de Segurança denegado. Os julgamentos de Tribunal de Contas, no uso da atribuição conferida pelo art. 77 da Constituição só poderão ser cassados por mandado de segurança quando resultem de ilegalidade manifesta ou abuso de poder.[349]

---

[347] PONTES DE MIRANDA, Francisco Cavalcanti. **Os fundamentos atuais do Direito Constitucional**. Rio de Janeiro: Technicas, 1932, p. 24-25.

[348] BRASIL. Supremo Tribunal Federal. MS nº 7.280. Relator: Ministro Henrique D'Avilla. Brasília, 20 de junho de 1960. **Revista Trimestral de Jurisprudência**, São Paulo, v. 14-01, p. 96. No mesmo sentido: RE nº 55.821/PR - 1. Turma. Relator: Ministro Victor Nunes. Brasília, 18 de setembro de 1967. **Revista Trimestral de Jurisprudência**, São Paulo, v. 43-01, p. 151.

[349] BRASIL. Supremo Tribunal Federal. Mandado de Segurança nº 5.490-MS. Relator: Ministro Antonio Villas Boas. Brasília, 20 de agosto de 1958. **Diário da Justiça [da] República Federativa do Brasil**, Poder Judiciário, Brasília, DF, 25 set. 1958. Seção 1, p. 68.

c) o Pretório Excelso, como o TCU, tem entendimento firmado quanto ao fato de que a competência para julgar pode abranger particulares, desde que tenham recebido recursos públicos. Nesse caso, como ocorre no julgamento dos agentes públicos, por dever constitucional, deverá ser garantida – e sempre é – a ampla defesa e o contraditório.

> Ementa. Mandado de Segurança Tribunal de Contas da União.
>
> Prestação de contas referente à aplicação de valores recebidos de entidades da administração indireta, destinados a Programa Assistencial de Servidores de Ministério, em período em que o impetrante era Presidente da Associação dos Servidores do Ministério.
>
> O dever de prestar contas, no caso, não é da entidade, mas da pessoa física responsável por bens e valores públicos, seja ele agente público ou não.
>
> Embora a entidade seja de direito privado, sujeita-se à fiscalização do Estado, pois recebe recursos de origem estatal, e seus dirigentes hão de prestar contas dos valores recebidos; quem gere dinheiro público ou administra bens ou interesses da comunidade deve contas ao órgão competente para a fiscalização.
>
> Hipótese de competência do Tribunal de Contas da União para julgar a matéria em causa a teor do art. 71, II, da Constituição, havendo apuração dos fatos em procedimentos de fiscalização, assegurada ao impetrante ampla defesa.
>
> Regimento Interno do Tribunal de Contas da União, arts. 9º, §§ 1º e 8º, 119 e 121. Pauta Especial de julgamento publicada com inclusão do processo em referência.
>
> Não cabe rediscutir fatos e provas, em Mandado de Segurança.
>
> Mandado de Segurança indeferido.[350]

d) em plena consonância com as lições do Ministro Ivan Luz, transcritas anteriormente, a jurisprudência do Supremo Tribunal Federal cristalizou-se no sentido de que o Poder Legislativo não pode reduzir a competência para julgamento dos Tribunais de Contas, nem mesmo avocar para si essa competência (fato que seria possível se o Tribunal de Contas fosse mero auxiliar, hierarquicamente subalterno).

> 1. Ementa. Ação direta de inconstitucionalidade. Tribunal de Contas do Estado. Competências. Assembléia [*sic*] Legislativa. Artigos 71, I, II; 73, "*caput*", 96, 49, IX, e 75 da Constituição Federal.
> 2. Ação direta de inconstitucionalidade dos incisos III e IV do art. 33 e das expressões "e pelo Presidente da Assembleia Legislativa" constantes do inciso I do Parágrafo único do artigo 49 da Constituição do Estado de Roraima, todos

---

[350] BRASIL. Supremo Tribunal Federal. MS nº 21.644/DF - Pleno. Relator: Ministro Néri da Silveira. Brasília, 4 de novembro de 1993. **Diário da Justiça [da] República Federativa do Brasil**, Brasília, DF, 8 nov. 1996, p. 43.204.

na redação dada pela Emenda Constitucional n. 2, de 10.06.1994. E também: das expressões "do Poder Legislativo" contidas no artigo 1., "*caput*"; da alínea "a" do artigo 1.; e do artigo 38, "*caput*" quanto as expressões "e entidades constantes da alínea "a", inciso II, do artigo 1. desta Lei" (todos de Lei Complementar n. 6, de 24.06.1994, do mesmo Estado).

3. As normas e expressões impugnadas atribuíram a Assembleia Legislativa do Estado de Roraima competências que a Constituição conferiu, no plano federal, ao Tribunal de Contas da União e, no plano estadual, ao Tribunal de Contas da unidade da Federação, entre elas as de julgar as contas do Tribunal de Contas, do Tribunal de Justiça, do Ministério Público, e do Poder Legislativo do Estado.
4. Plausibilidade jurídica da ação ("*fumus boni juris*"), face da alegada violação do disposto nos artigos 71, I, II, 73, "*caput*", 96, 49, IX, todos combinados com o artigo 75, da Constituição Federal.
5. Caracterizado, também, o risco da demora, processo e julgamento da ação, com probabilidade de grave dano a Administração Pública do Estado, diante do conflito potencial entre suas instituições.
6. Deferimento da medida cautelar, para suspensão da eficácia de tais normas e expressões, até o julgamento final da ação.
7. Precedente: A.D.I n. 849/MT.[351]

e) confirmando que produzem coisa julgada, há, entre outras, a decisão do Superior Tribunal de Justiça - STJ no processo MC nº 455/PR - 6ª Turma, da lavra do Ministro Adhemar Maciel, publicada no Diário da Justiça de 24 de abril de 1996.

2.14 Posições divergentes

O Direito tem na dialética, já foi dito, seu ponto angular, razão pela qual não estaria completa a síntese do tema se não fossem examinadas as teses divergentes daquelas consagradas pelos doutrinadores clássicos e da uniforme jurisprudência dos tribunais superiores.

Em breves linhas, sintetizam-se as outras opiniões:

---

[351] BRASIL. Supremo Tribunal Federal. Ação Direta de Inconstitucionalidade nº 1.140-RR. Relator: Ministro Sydney Sanches. Brasília, 19 de dezembro de 1994. **Diário da Justiça [da] República Federativa do Brasil**, Brasília, DF, 20 out. 1995. Seção 1, p. 35.255. No mesmo sentido: BRASIL. Supremo Tribunal Federal. Ação Direta de Inconstitucionalidade nº 1.770-1-RR. Relator: Ministro Ilmar Galvão. Brasília, 14 de maio de 1998. **Diário da Justiça [da] República Federativa do Brasil**, Brasília, DF, 22 maio 1998. Seção 1, p. 2.

2.14.1 O julgamento das contas, pelos Tribunais de Contas, tem natureza de laudo pericial

A tese é tão singela quanto fraca.

A manifestação do perito é opinativa e pode ser desconsiderada pelo Judiciário, enquanto a decisão das Cortes de Contas, em matéria de contas, é constitucionalmente denominada de julgamento. É uniforme a jurisprudência sobre ser matéria reservada, o que constitui uma verdadeira limitação, nas palavras de Themístocles Brandão Cavalcanti, ao controle judicial.[352] O julgamento de contas, como salientou o eminente Ministro Adhemar Maciel, é prejudicial de mérito, o que impede que seja revisto ou desacolhido pelo judiciário.

2.14.2 O julgamento do Tribunal de Contas é restrito à existência material do alcance e pode o Judiciário absolver o responsável, mas não pode negar a existência material de conta irregular

Essa tese, de que o Tribunal de Contas julga contas e não pessoas, merece exame porque veio a subscrevê-la o festejado Castro Nunes[353] e, recentemente, parece ter sido sufragada pelo Supremo Tribunal Federal, nas razões[354] de julgamento do RE nº 636.899, *leading case* do Tema de repercussão geral nº 899.

Alguns aspectos não podem, porém, ser olvidados:

a) os estudos promovidos datam de 1943 e não passaram pela atualização das Constituições seguintes e nos excertos de outros doutrinadores, bem como não foram adaptados com os detalhes indispensáveis que adviriam a uma exegese decorrente da literalidade da norma sobre a qual recaiu o esforço de hermenêutica. São válidos os ensinamentos dos clássicos, se os escólios produzidos forem considerados à luz das circunstâncias das normas examinadas;

b) o outro argumento, na atualidade, em face ao aprimoramento das leis orgânicas das Cortes de Contas e seus complementares regimentos internos, não resiste a um exame mais profundo. O Tribunal de Contas estabelece, sim, a responsabilidade do agente pelo alcance, quando julga contas, porque é tarefa indissociável, tendo em vista que a competência constitucionalmente outorgada se refere a julgar as contas dos administradores e demais responsáveis;

---

[352] CAVALCANTI, Themístocles Brandão. O Tribunal de Contas órgão constitucional, funções próprias e delegadas. **Revista de Direito Administrativo**, Rio de Janeiro, n. 109, p. 1-10, jul./set. 1972.

[353] NUNES, Castro. **Teoria e prática do Poder Judiciário.** Rio de Janeiro: Forense, 1943, p. 23 e 28.

[354] Tese fixada: "É prescritível a pretensão de ressarcimento ao erário fundada em decisão de Tribunal de Contas". BRASIL. Supremo Tribunal Federal. Recurso Extraordinário nº 636.886/AL - Plenário. Relator: Min. Alexandre de Moraes. Brasília, 20 abr. 2020. Publicação em 24 jun. 2020. Disponível em: https://redir.stf.jus.br/paginadorpub/paginador.jsp?docTP=TP&docID=753077365.

c) é impossível declarar alcance, no plano da validade jurídica, se não for garantido o princípio do contraditório e da ampla defesa, pois os recursos faltantes podem ter sido regularmente aplicados e provados por um documento que não estava na prestação de contas. Pode, inclusive, existir motivo de força maior suficiente para justificar o desfalque. É por isso que, antes de julgar as contas, esses tribunais sempre dão direito de defesa, sob pena de nulidade do acórdão;[355]

d) é da tradição dos Tribunais de Contas, inclusive no Brasil, a possibilidade, até, de ordenar a prisão dos responsáveis com alcance julgado em sentença definitiva do tribunal; possibilidade que só se conforma com a lógica elementar se a jurisdição e os julgamentos se fizerem sobre pessoas;[356]

e) nenhum tribunal ou juiz julga pessoas, mas condutas ou comportamentos humanos. Julgar pessoas, na sua integridade, é competência privativa de Deus.

Castro Nunes, conquanto tenha sido um dos maiores estudiosos da ação dos Tribunais de Contas, apresenta, na extensão da sua manifestação, pelo menos duas inconsistências:

a) a primeira, quando admite a possibilidade do Judiciário absolver o responsável alcançado, "contanto que não reveja o julgado das contas", e, ao mesmo tempo, admite que o Tribunal de Contas pode liberar os responsáveis em alcance.[357] Ora, mesmo desprezando o fato, já demonstrado, de que não se pode julgar contas sem definir e citar o responsável, parece ilógico que se dê a uma instituição o poder de liberar sem o correspondente poder de não liberar, complemento indissociável;

b) a segunda, é que existe independência das esferas judicial, penal, civil e jurisdicional de contas, e isso é amplamente aceito. O jurista, porém, confunde a absolvição do crime com a absolvição no julgamento da irregularidade das contas. Um agente pode ser condenado em contas irregulares, mas o crime de peculato não ficar caracterizado pela ausência dos elementos do tipo, como o dolo, por exemplo.

Como observado, mais recentemente essa tese foi revisitada, robustecendo sua argumentação. Numa síntese, cujo teor merece reprodução *ipsis literis*, asseriu Athos Gusmão Carneiro, um dos mais cultos entre os ministros do Superior Tribunal de Justiça:

> As atribuições do Tribunal de Contas são de natureza administrativa. Entretanto, quando 'julga' as contas 'dos administradores

[355] Sobre as excludentes de responsabilidade e meios de defesa (omissão sem culpa,) q. cfr. JACOBY FERNANDES, Jorge Ulisses. **Tomada de Contas Especial:** processo e procedimento na Administração Pública e nos tribunais de contas. 5. ed. rev., atual. e amp. Belo Horizonte: Fórum, 2012.

[356] BRASIL. Decreto nº 392, de 8 de outubro de 1896. Reorganiza o Tribunal de Contas. **Coleção das Leis da República dos Estados Unidos do Brazil de 1896. Partes 1 e 2.** Rio de Janeiro: Imprensa Nacional, 1898. Art. 3º, nº 3. Nota: Essa competência não mais prevalece na atualidade.

[357] NUNES, Castro. **Teoria e prática do Poder Judiciário.** Rio de Janeiro: Forense, 1943, p. 30 e ss.

> e demais responsáveis por bens e valores públicos', tal julgamento impõe-se ao Poder Judiciário no que concerne ao aspecto contábil, sobre a regularidade da própria conta; o julgado do Tribunal de Contas constitui prejudicial no juízo penal, como apuração da qual o juiz não pode se afastar, de elemento de fato necessário à tipicidade do crime (José Cretella Junior, Tribunais de Contas, Dicionário, cit. Seabra Fagundes, O controle, cit. n. 62). Da mesma forma, tal julgado impõe-se na ação de ressarcimento promovida contra o responsável pelo alcance.[358]

Em relação à Tomada de Contas Especial, porém, a decisão da esfera penal só tem repercussão na esfera administrativa quando aquela se manifesta pela inexistência material do fato ou pela negativa da autoria.[359]

Confirmando o exposto, deliberou o Superior Tribunal de Justiça:

> 1. Conforme entendimento há muito firmado nesta Corte Superior, o fato de o Tribunal de Contas eventualmente aprovar as contas a ele submetidas, não obsta, em princípio, diante da alegada independência entre as instâncias administrativa e penal, a persecução criminal promovida pelo Ministério Público, bem como a correspondente responsabilização dos agentes envolvidos em delitos de malversação de dinheiros públicos. Precedentes do STJ. 2. Todavia, no caso em exame, quando da aprovação das contas da gestão do Prefeito Municipal pelo TCE/RS, houve específica análise da operação de compra de combustíveis, que constitui o núcleo da acusação, com decisão, ao final, favorável ao paciente, afastando eventual irregularidade. 3. Conforme a decisão emitida pela Corte de Contas Estadual, não há o que censurar na compra dos combustíveis, quando há um único posto de abastecimento na cidade; não poderia a Administração concordar que os veículos do Município se deslocassem a longas distâncias para efetuar o abastecimento, com visíveis prejuízos ao Erário.[360]

Como se nota, permanecem sólidos os argumentos contrários à tese de Castro Nunes.

Ainda assim, pairam em escólio ao entendimento do autor analisado as precitadas razões de decidir do *leading case* do Tema 899, para as quais uma das premissas é que os tribunais de contas não julgam pessoas, realizando tão-somente o exame técnico das contas, conforme se observa do excerto da ementa:

---

[358] CARNEIRO, Athos Gusmão. **Jurisdição e competência.** São Paulo: Saraiva, 1989, p. 14.

[359] Nesse sentido: Tribunal de Contas da União. Tomada de Contas Especial. Processo TC nº 004.014/2002-0. Acórdão nº 378/2004 - 2ª Câmara. Relator: Ministro Licoln Magalhães da Rocha, Brasília, 18 de março de 2004. **Diário Oficial da União [da] República Federativa do Brasil,** Brasília, 29 mar. 2004.

[360] BRASIL. Superior Tribunal de Justiça. Habeas Corpus nº 88.370/RS – 5. Turma. Relator: Ministro Napoleão Nunes Maia Filho. Brasília, 7 de outubro de 2008. **Diário da Justiça Eletrônico,** Brasília, DF, 28 out. 2008.

> A excepcionalidade reconhecida pela maioria do SUPREMO TRIBUNAL FEDERAL no TEMA 897, portanto, não se encontra presente no caso em análise, uma vez que, no processo de tomada de contas, o TCU não julga pessoas, não perquirindo a existência de dolo decorrente de ato de improbidade administrativa, mas, especificamente, realiza o julgamento técnico das contas à partir da reunião dos elementos do objeto da fiscalização e apurada a ocorrência de irregularidade de que resulte dano ao erário, proferindo o acórdao em que se imputa o débito ao responsável, para fins de se obter o respectivo ressarcimento. Ainda que franqueada a oportunidade de manifestação da outra parte, trata-se de atividade eminentemente administrativa, sem as garantias do devido processo legal[361].

Leitura atenta revela que o relator do acórdão afasta a possibilidade de o Tribunal de Contas decidir sobre a improbidade da conduta. É nesse âmbito que situa a oração "*o TCU não julga pessoas*". Note o complemento da oração: "*não perquirindo a existência de dolo decorrente de ato de improbidade administrativa, mas, especificamente, realiza o julgamento técnico das contas à partir da reunião dos elementos objeto da fiscalização e apurada a ocorrência de irregularidade de que resulte dano ao erário, proferindo o acórdão em que se imputa o débito ao responsável, para fins de se obter o respectivo ressarcimento*". Tanto aprecia a conduta e o elemento dolo que o Tribunal de Contas imputa o débito.

Interessante a observar é o prestígio crescente da instituição do Tribunal de Contas. Na redação original da lei de improbidade lhe foi facultado o direito de acompanhar as ações de improbidade, sendo a comunhão ao Tribunal de Contas obrigatória[362].

No aperfeiçoamento da Lei de Improbidade, o tribunal de contas chegou a ser definido como órgão que fixa o valor do dano.[363]

---

[361] Tese fixada: "É prescritível a pretensão de ressarcimento ao erário fundada em decisão de Tribunal de Contas". BRASIL. Supremo Tribunal Federal. Recurso Extraordinário nº 636.886/AL - Plenário. Relator: Min. Alexandre de Moraes. Brasília, DF, 20 abr. 2020. Disponível em: https://redir.stf.jus.br/paginadorpub/paginador.jsp?docTP=TP&docID=753077365.

[362] BRASIL. Lei nº 8.429, de 2 de junho de 1992. Dispõe sobre as sanções aplicáveis em virtude da prática de atos de improbidade administrativa, de que trata o § 4º do art. 37 da Constituição Federal; e dá outras providências. [Ementa com redação dada pela Lei nº 14.230, de 2021]. Disponível em: https://www.planalto.gov.br/ccivil_03/leis/l8429.htm. O dispositivo foi mantido na lei e tem o seguinte texto: "Art. 15. A comissão processante dará conhecimento ao Ministério Público e ao Tribunal ou Conselho de Contas da existência de procedimento administrativo para apurar a prática de ato de improbidade. Parágrafo único. O Ministério Público ou Tribunal ou Conselho de Contas poderá, a requerimento, designar representante para acompanhar o procedimento administrativo."

[363] Idem. Art. 17-B. O Ministério Público poderá, conforme as circunstâncias do caso concreto, celebrar acordo de não persecução civil, desde que dele advenham, ao menos, os seguintes resultados: [...] § 3º Para fins de apuração do valor do dano a ser ressarcido, deverá ser realizada a oitiva do Tribunal de Contas competente, que se manifestará, com indicação dos parâmetros utilizados, no prazo de 90 (noventa) dias. [Incluído pela Lei nº 14.230, de 2021] (Vide ADI 7236)

Nos últimos dias de 2022, entretanto, o Supremo Tribunal Federal, por meio de decisão monocrática do Ministro Alexandre de Moraes, nos autos da ADI nº 7.236, proposta pela Associação Nacional dos Membros do Ministério Público - CONAMP, deferiu cautelar suspendendo a eficácia, de diversas disposições inseridas pela Lei nº 14.230/2021, dentre elas, o § 3º do 17-B.[364]

2.14.3 As decisões dos Tribunais de Contas podem ser classificadas como "coisa julgada administrativa"

A tese, defendida pelo estudioso Eduardo Lobo Botelho Gualazzi[365], incorre na generalização - aplicar-se-ia a todas as decisões? - e desconsidera a diversa natureza jurídica existente entre *apreciar*, *fiscalizar* e *julgar*, palavras utilizadas pelo constituinte para definir as competências dessas Cortes. Não se justificaria utilizar termos diferentes se pretendesse dizer a mesma coisa.

Entretanto, recentemente, no bojo das razões de julgamento do MS nº 35.410/2021, o Plenário do Supremo Tribunal Federal[366] pareceu alinhar-se ao posicionamento aqui refugado, quando o Relator, Ministro Alexandre de Moraes, teceu considerações sobre a impossibilidade de usurpação de função jurisdicional por órgão administrativo, sem ressalvas ao art. 71, inc. II, da Constituição Federal, muito embora também tenha relevado que o Tribunal de Contas da União não exerce atividade meramente administrativa, mas julgamento de contas de várias autoridades e colaboradores do Poder Público, externando, assim, uma atividade "quase-jurisdicional".

2.14.4 As decisões dos Tribunais de Contas não constituem expressões da jurisdição porque não são executáveis pelas próprias Cortes

Essa tese também não pode prosperar. Na prática, raramente um tribunal é o executor direto de sua própria decisão, pois os processos são executados pelo primeiro grau de jurisdição. Aliás, muitas vezes nem é essa mesma Justiça que concretiza coercitivamente o *decisium*, bastando lembrar a questão da homologação da sentença estrangeira.

---

[364]BRASIL. ADI 7.246. Relator: Ministro Alexandre de Morais. Brasília, DF, 27 de dezembro de 2022. Disponível em: https://portal.stf.jus.br/processos/downloadPeca.asp?id=15355453796&ext=.pdf.

[365] GUALAZZI, Eduardo Lobo Botelho. **Regime jurídico dos Tribunais de Contas**. São Paulo: RT, 1992, p. 199-205.

[366] "[...] é inconcebível a hipótese de o Tribunal de Contas da União, órgão administrativo sem qualquer função jurisdicional, exercer controle de constitucionalidade nos julgamentos de seus procedimentos, sob o pretenso argumento de que lhe seja permitido em virtude de sua competência constitucional para zelar, em auxílio ao Congresso Nacional, pelo controle externo da Administração Pública". BRASIL. Supremo Tribunal Federal. **Mandado de Segurança nº 35.410/DF**. Plenário. Relator: Ministro Alexandre de Moraes. Brasília, DF, 12 abr. 2021. DJe: 23 abr. 2021.

2.14.5 A jurisdição especial dos Tribunais de Contas e a defesa de uma função autônoma de controle

A tese de uma jurisdição especial tem ganhado força com o advento da Lei de Introdução do Direito Brasileiro – LINDB, que traz a função do controle apartada da função administrativa e judicial, sendo necessário trazer maiores explanações.

Ana Luiza Jacoby Fernandes, uma das autoras desta obra[367], teve oportunidade de defender em trabalho específico, o ideal de uma jurisdição própria ou com vistas a facilitar sua distinção das tradicionais funções administrativas e jurisdicionais, uma função autônoma de controle, motivo pelo qual abordaremos aqui essa proposta.

A concepção de que o Tribunal de Contas é um órgão constitucional autônomo e desafia a noção da tripartição de poderes é o entendimento mais aceito na doutrina e jurisprudência[368]. Na forma da Constituição, o Tribunal de Contas exerce a função de controle dos três poderes, incluindo aí o Legislativo[369].

Nesta linha, portanto, por meio de interpretação sistemática do texto constitucional, reconhece aos Tribunais de Contas os exercícios de duas das funções estatais: a administrativa para competências dos incisos I, III IV, V, VI, VII, VIII, IX, X e XI do artigo 71; e a jurisdicional para a do inciso II, conjugado com o VIII, do artigo 71.

O Ministro Ayres Britto[370] entende que, com efeito, embora o Tribunal de Contas exerça atipicamente atribuições administrativas, como todos os demais órgãos de poder, sua função constitucional é de controle, marcado por características próprias, vale dizer: é órgão constitucional autônomo[371], independente dos demais órgãos do Poder.

Perceba, contudo, que os autores que pugnam por uma função jurisdicional entendem que se trata de uma função jurisdicional com peculiaridades, própria ou de um "colorido" jurisdicional ou ainda uma jurisdição especial, motivo pelo qual detém conceito de jurisdição especial e um rito processual próprio.

---

[367] JACOBY FERNANDES, Ana Luiza. Tribunal de Contas da União e a Nova Lei de Licitações e Contrato. Uma nova proposta de controle em matéria de licitações e contratações públicas. Belo Horizonte: Fórum, 2024.

[368] Nesse sentido já decidiu o Supremo Tribunal Federal: "O Tribunal não é preposto do Legislativo. A função, que exerce, recebe-a diretamente da Constituição, que lhe define as atribuições" (STF - Pleno - j. 29.6.84, in RDA158/196).

[369] Conforme nos ensina Carlos Roberto Siqueira Castro. In: CASTRO, Carlos Roberto Siqueira. A atuação do Tribunal de Contas em face da separação de Poderes do Estado. **Revista de Direito Constitucional e Internacional**. a. 8, n. 31, p. 57-73, abr./jun. 2000.

[370] BRITTO, Carlos Ayres. O regime constitucional dos Tribunais de Contas. In: FÓRUM BRASILEIRO DE CONTROLE DA ADMINISTRAÇÃO PÚBLICA, 9., 22-23 ago. 2013, Rio de Janeiro.

[371] Aliás, o IBGE assim classifica o Tribunal de Contas: natureza jurídica 116-3 Órgão Público Autônomo Federal. Disponível em: http://www.ibge.gov.br/concla/naturezajuridica/ descricao2003.php?id=15. Acesso em 9 de setembro de 2021.

O Ministro Carlos Ayres Britto tem entendimento similar de que o processo de controle externo não equivale a um processo administrativo e tampouco se trata de processo judicial:

> Esse o pano de fundo para uma proposição complementar: a proposição de que os processos instaurados pelos Tribunais de Contas têm sua própria ontologia. São processos de contas, e não processos parlamentares, nem judiciais, nem administrativos. Que não sejam processos parlamentares nem judiciais, já ficou anotado e até justificado (relembrando, apenas, que os Parlamentos decidem por critério de oportunidade e conveniência). Que também não sejam processos administrativos, basta evidenciar que as Instituições de Contas não julgam da própria atividade externa *corporis* (quem assim procede são os órgãos administrativos), mas da atividade de outros órgãos, outros agentes públicos, outras pessoas, enfim. Sua atuação é conseqüência [*sic*] de uma precedente atuação (a administrativa), e não um proceder originário. E seu operar institucional não é propriamente um tirar competências da lei para agir, mas ver se quem tirou competências da lei para agir estava autorizado a fazê-lo e em que medida[372].

Compreendida como jurisdição especial, ou uma função híbrida ou ainda uma função quase jurisdicional, resta claro que as competências do TCU, outorgadas pela Constituição, o diferenciam de qualquer outro órgão ou poder. É por isso que uma função autônoma pode ser relevante.

Perceba que, de certa maneira, essa posição parece conjugar as demais. Ao passo que se trata de uma jurisdição que não é comum, mas possui traços e características especiais e uma função administrativa atípica com traços visíveis de jurisdição, pugnar por uma função híbrida com traços de administrativa e de jurisdicional, mas que não se confunde com nenhuma das duas, parece ser, atualmente, na visão de Ana Luiza, o que melhor se coaduna com as funções desempenhadas pelo TCU.

Essa concepção de uma função própria mostra-se coerente com o que Alfredo Rocco[373] compreende sobre a autonomia de um ramo. O referido autor propõe três critérios para que a autonomia de um ramo seja alcançada, quais sejam: 1) a existência de um campo temático específico[374], 2) a elaboração de teorias próprias[375] e 3) uma metodologia específica[375].

---

[372] BRITTO, Carlos Ayres. *Op. Cit.*

[373] ROCCO, Alfredo. ***Corso di Diritto Commerciale.*** *Parte Generale.* Padova: La Litotipo – Editrice Universitaria, 1921, p. 76. A proposição de Rocco é largamente difundida entre os diversos autores de Direito.

[374] O campo temático específico é evidente pela simples leitura do art. 71 da Constituição Federal.

[375] A singularidade das teorias utilizadas no âmbito do TCU decorre precisamente pelo campo temático específico, como órgão fiscalizador de recursos públicos.

[376] Possui metodologia própria na medida em que pode atuar *ex officio*, há ausência de litígio entre as partes e inversão do ônus da prova, estes temas serão detalhados no Capítulo 4.

Além disso, para que haja a autonomia dogmática, é necessário que possua certos princípios e métodos que lhe são próprios, diferentes dos que são exclusivos de outros ramos do direito. No âmbito da autonomia estrutural, deve possuir institutos jurídicos específicos, próprios, diferentes dos existentes nos demais ramos do direito.

Nesse diapasão, no intuito de buscar uma definição clara sobre a função de controle exercida pelo TCU, autores como Ismar Viana[377] defendem a necessidade de uma norma própria para a regulação dos processos de controle externo. Na mesma esteira, Alexandre Manir Figueiredo Sarquis e Renata Constante Cestari[378] entendem que os processos de controle externo dos Tribunais de Contas seriam uma espécie peculiar de processo, vez que "na ciência jurídica, quando se fala do gênero processo e suas espécies, vem à mente o processo judicial, o legislativo e o administrativo. Entretanto, uma quarta espécie há de ser considerada – o processo de contas".

É que, pela complexidade e especificidade das competências desempenhadas, surgem questionamentos sobre direitos e garantias concedidos aos que se submetem ao controle externo. Além disso, as normas que o regem são escassas e a construção de seu ordenamento advém da aplicação subsidiária de outras normas que ora se aplicam, ora não se aplicam. Defender a função autônoma é contribuir para clarificar o ordenamento jurídico aplicável, bem como a previsibilidade da condução dos processos conduzidos pelo órgão e o respeito aos direitos e garantias, tema que abordaremos a seguir.

2.15 Dos recursos judiciais

Para a adoção das providências necessárias ao resguardo dos interesses do erário ou da exata definição da situação do responsável, admite-se, a juízo do Tribunal de Contas, o desarquivamento de processo de tomada ou prestação de contas, ante a superveniência de novos documentos ou informações que justifiquem o reexame, *ex officio* ou a requerimento do responsável do órgão a que pertence, ou do Ministério Público, da decisão anterior do Tribunal.

Nos termos da conclusão do item precedente, há possibilidade do patrulhamento das fronteiras da legalidade do ato de julgamento dos Tribunais de Contas pelo Poder Judiciário.

Essa expressão deve ser atribuída ao escólio de José Cretella Jr. que, numa didática e feliz lição, destaca:

> Bastante nítido é o âmbito em que se movimenta o Poder Judiciário quando chamado para examinar o ato administrativo.

[377] VIANA, Ismar. **Fundamentos do processo de controle externo.** Rio de Janeiro: Lumen Juris, 2019, p. 102.

[378] SARQUIS, Alexandre Manir Figueiredo; CESTARI, Renata Constante. Direito processual de contas: manual de boas práticas processuais de contas. **Revista do Tribunal de Contas do Município do Rio de Janeiro,** Rio de Janeiro, v. 55, p. 44-49, ago. 2013. Disponível em: <http://www.tcm.rj.gov.br/ Noticias/10777/Revista_TCMRJ_55.pdf>. Acesso em: 05 abr. 2021.

> Neste particular, cumpre tão somente o patrulhamento da legalidade ou legitimidade do ato. Contrariou texto expresso de lei? Foi editado o ato, desatendendo-se a algum dos requisitos exigidos em sua estrutura ou arquitetônica? Encerra algum vício que o desnature, tornando-o suscetível de nulidade ou anulabilidade? Contrariou direito líquido e certo do cidadão?[379]

O juízo de valor sobre a conduta do agente da administração quando submetido a julgamento nas Cortes de Contas é privativo destas por força constitucional e não pode decorrer daí, como não decorre de nenhum julgamento, ofensa a direito, desde que exercido esse poder com base em lei.

Sob outro ângulo, a decisão dos Tribunais de Contas é imprescindível à ação do Judiciário, quando liquida o valor do alcance, por exemplo. Nesse sentido, em excelso acórdão, da lavra do Ministro Sebastião Alves dos Reis, o antigo Tribunal Federal de Recursos deixou assentado que:

> Cuidando-se de cobrança executiva a título de alcance, embora dispensada a inscrição, a liquidação da conta se processará perante o órgão competente, vale dizer, no caso de crédito da União, mediante julgamento do Tribunal de Contas, e, no caso de crédito do extinto IAPM, de acordo com a legislação pertinente, pelo Conselho Administrativo próprio (Decreto nº. 24.077, de 03.04.34, art. 9º, letra I, e Conselho Fiscal junto ao INPS, art. 17 do Decreto-lei 72/66).

Esse processo de liquidação é precisamente a Tomada de Contas Especial. Cabe obtemperar que se, no desenvolvimento desse processo, for violada uma lei – seja a Lei Orgânica do Tribunal, seja outra norma aplicável ao caso, por força de remissão ou pela natureza do negócio –, nascerá para o envolvido o direito subjetivo da tutela judicial, retornando os autos à apreciação judicial. Daí, a capital importância de desenvolver a Tomada de Contas Especial segundo as normas estabelecidas em lei.

Também no aperfeiçoamento da lei de improbidade administrativa, o Tribunal de Contas tem participação privilegiada para definir o valor do dano. Note que para "fins de apuração do valor do dano a ser ressarcido, deverá ser realizada a oitiva do Tribunal de Contas competente, que se manifestará, com indicação dos parâmetros utilizados, no prazo de 90 (noventa) dias.[380] Todavia, o dispositivo foi suspenso por decisão monocrática do Ministro Alexandre de Moraes, conforme visto no subitem 2.14.2.

---

[379] CRETELLA Jr., José. **Dos atos administrativos especiais**. Rio de Janeiro: Forense, 1995, p. 448.

[380] BRASIL. Lei nº 8.429, de 2 de junho de 1992, com redação dada pela Lei nº 14.230, de 2021. Art. 17-B. O Ministério Público poderá, conforme as circunstâncias do caso concreto, celebrar acordo de não persecução civil, desde que dele advenham, ao menos, os seguintes resultados: [...] § 3º Para fins de apuração do valor do dano a ser ressarcido, deverá ser realizada a oitiva do Tribunal de Contas competente, que se manifestará, com indicação dos parâmetros utilizados, no prazo de 90 (noventa) dias. BRASIL. ADI 7.246. Relator: Ministro Alexandre de Morais. Brasília, DF, 27 de dezembro de 2022. Disponível em: https://portal.stf.jus.br/processos/ downloadPeca.asp?id= 15355453796 &ext=.pdf.

Diretamente relacionado ao exposto, sustenta Manoel Gonçalves Ferreira Filho que a importância prática do art. 5, inciso XXXV, da Constituição Federal[381]:

> está em vedar sejam determinadas matérias, a qualquer pretexto, sonegadas aos tribunais, o que ensejaria o arbítrio. Proíbe, pois, que certas decisões do executivo, que devem estar jungidas à lei, escapem ao império desta, eventualmente, sem a possibilidade de reparação.[382]

As decisões dos Tribunais de Contas também "devem estar jungidas à lei" e a verificação desse fato pode ser provocada pelo interessado através de ação própria junto ao Poder Judiciário. Não seriam, portanto, "recursos judiciais" das decisões dos Tribunais de Contas, mas ações que buscariam uma tutela específica, sendo aquela expressão admitida somente porque consagrada na linguagem coloquial.

As ações judiciais poderão acarretar nulidade da decisão do Tribunal de Contas, desconstituindo os efeitos ou a alteração, afetando o mérito, colocando-se em plena desarmonia ou conflito com a decisão administrativa.

Entre as principais ações que podem alcançar a desconstituição ou alteração da decisão das Cortes de Contas estão as seguintes:

2.15.1 Mandado de segurança

O mandado de segurança está previsto na Constituição Federal[383] e visa proteger "direito líquido e certo, não amparado por *habeas corpus* ou *habeas data*, quando o responsável pela ilegalidade ou abuso de poder for autoridade pública ou agente de pessoa jurídica no exercício de atribuições do Poder Público".

Se a autoridade contra quem se dirige o mandado for o Tribunal de Contas da União, a competência para processar e julgar é originária do Supremo Tribunal Federal[384] e, se for tribunal ou conselho estadual ou municipal, a competência é definida na Constituição do Estado e na lei de organização judiciária estadual, normalmente atribuída ao pleno do respectivo Tribunal de Justiça, ou ao denominado "órgão especial".

---

[381] BRASIL. Constituição da República Federativa do Brasil. Organização dos textos e índice por J. U. JACOBY FERNANDES. 2. ed. Belo Horizonte: Fórum, 2019. "Art. 5º, inc XXXV: A lei não excluirá da apreciação do Poder Judiciário lesão ou ameaça a direito."

[382] FERREIRA Filho, Manoel Gonçalves. **Comentários à Constituição Brasileira de 1988**. 2. ed. atual. e rev. São Paulo: Saraiva, 1992, 1. v., p. 55.

[383] BRASIL. **Constituição da República Federativa do Brasil** (Versão Bolso). Organização dos textos e índice por J. U. JACOBY FERNANDES. 2. ed. Belo Horizonte: Fórum, 2019. Art. 5º, inc. LXIX.

[384] a) *Ibidem*. Art. 102, I, d. Dispõe nesse sentido o Supremo Tribunal Federal, na **Súmula nº 248**: É competente, originariamente, o Supremo Tribunal Federal, para mandado de segurança contra ato do Tribunal de Contas da União. Brasília, 16 de setembro de 1963. Disponível em: http://www.stf.gov.br. Acesso em: 07 maio 2014.

b) "O Supremo Tribunal Federal é competente para julgar mandado de segurança contra ato do Presidente do Tribunal de Contas da União. Artigo 102, inciso I, alínea "d" da Constituição Federal. Reclamação procedente". BRASIL. Supremo Tribunal Federal. Reclamação nº 1.644-7/AL. Relatora: Ministra Ellen Gracie. Brasília, 17 de junho de 2002. **Diário da Justiça [da] República Federativa do Brasil**, Brasília, DF, 2 ago. 2002.

Determinada Universidade, que não teve suas contas aprovadas pelo TCU, ingressou com ação cautelar inominada perante o Superior Tribunal de Justiça pretendendo obter, em sede liminar, a manutenção de pagamento considerado irregular por aquela Corte. A decisão, de autoria do eminente Ministro Adhemar Maciel, indeferiu a cautelar, sustentando a decisão, entre outros, no seguinte fundamento:

> A presente cautelar não merece prosperar.
>
> Em primeiro lugar, destaco que falece competência ao STJ para processar e julgar a presente cautelar, já que a esta Corte não competirá processar e julgar, originariamente, a ação principal (ação de nulidade de ato administrativo - fl. 05). Explico-me:
>
> O *caput* do art. 800 do CPC estabelece que 'as medidas cautelares serão requeridas ao Juiz da causa; e, quando preparatórias, ao Juiz competente para conhecer da ação principal'.
>
> A ação principal a ser proposta (ação de nulidade de ato administrativo - fl. 05) não está no rol das ações de competência originária do STJ (art. 105, I da CF / 88). Então, e tendo em vista que a competência da Corte está taxativamente apontada na Constituição, a presente ação cautelar não merece prosseguir perante o STJ.[385]

Entre as várias ações possíveis, o mandado de segurança tem sido mais utilizado por ser remédio processual com preferência de tramitação.

Há uma particularidade, nem sempre observada: dispõe o art. 5º, I, da Lei nº 12.016/2009 que não se dará mandado de segurança quando "de ato do qual caiba recurso administrativo com efeito suspensivo, independentemente de caução"[386].

Poderia a parte, em face à literalidade do texto, ingressar em juízo contra decisão em sede de Tomada de Contas Especial, sem exaurir a via administrativa, isto é, sem utilizar os recursos junto ao próprio Tribunal de Contas? A literalidade da lei tem sido observada pelos órgãos do Poder Judiciário?

Ada Pellegrini Grinover ensina que:

> a jurisprudência pátria oscilou, durante algum tempo, entre a teoria da inexercitabilidade do remédio, quando não esgotada a esfera recursal administrativa e a repulsa à exaustão dos recursos, de qualquer espécie que fossem. Prevaleceu, porém, ao menos no Supremo Tribunal Federal, a orientação que vislumbra, como condição de procedibilidade do mandado de segurança, sua exeqüibilidade.[387]

---

385 BRASIL. Superior Tribunal de Justiça. Administrativo. Processo nº MC 455/PR. Relator: Ministro Adhemar Maciel - Sexta Turma. Brasília, 12 de abril de 1996. **Diário da Justiça [da] República Federativa do Brasil**, Brasília, DF, 24 abr. 1996.

386 BRASIL. Lei nº 12.016, de 7 de agosto de 2009. Disciplina o mandado de segurança individual e coletivo e dá outras providências. Disponível em: https://www.planalto.gov.br/ccivil_03/_ato2007-2010/2009/lei/l12016.htm.

387 GRINOVER, Ada Pellegrini. **As garantias constitucionais do direito de ação.** São Paulo: Bushatsky, 1973, p. 165.

Também se vem entendendo que o mandado de segurança é o instrumento adequado para discutir a prescrição do direito de anular ato ordenado pelo tribunal de contas. A propósito, o Supremo Tribunal Federal considerou, em sede de liminar, como um dos fundamentos para anular decisão do Tribunal de Contas da União a aplicação dos prazos da Lei nº 9.784/1999.[388]

Posteriormente, divergindo do entendimento anterior, também em sede de liminar, decidiu:

> Constitucional. Administrativo. Pensão. T.C.U.: Julgamento da legalidade: Contraditório. Pensão: Dependência econômica. I. - O Tribunal de Contas, no julgamento da legalidade de concessão de aposentadoria ou pensão, exercita o controle externo que lhe atribui a Constituição Federal, art. 71, III, no qual não está jungido a um processo contraditório ou contestatório. Precedentes do STF. II. - Inaplicabilidade, no caso, da decadência do art. 54 da Lei 9.784/99.[389]

Tendo em consideração essa mesma referência doutrinária e com notável visão didática, a Professora Odete Medauar obtempera que:

> cabendo recurso administrativo, com suspensão dos efeitos do ato e sem exigência de caução, poderá o interessado optar pelo uso da via administrativa, na tentativa de obter o reconhecimento de seu direito. Utilizando a via administrativa, o ato potencialmente lesivo de direitos não produzirá efeitos, portanto não lesará direitos. Nesse caso, descabe a impetração simultânea de mandado de segurança, pois falta o **interesse de agir**, configurado na lesão de direito.[390]

E arremata:

> nada impede, no entanto, que o interessado utilize, de imediato, a via jurisdicional, mesmo havendo possibilidade de recurso administrativo com efeito suspensivo, sem caução. Nesse sentido pronunciaram-se Hely Lopes Meirelles e Eurico de Andrade Azevedo.

Se a lei não pode afastar da apreciação judicial lesão ou ameaça a direito, a mesma segurança não pode ser declarada em relação à necessidade de exaurimento da via recursal, quando possível, o ingresso do recurso com efeito suspensivo. Aliás, a *contrarius sensu*, isto é, se admissível fosse concessão de mandado de segurança contra ato de que coubesse recurso, haveria verdadeiro tumulto processual, inclusive no âmbito do próprio Poder Judiciário.

---

[388] BRASIL. Supremo Tribunal Federal. Mandado de Segurança nº 23.550/DF. Relator: Ministro Marco Aurélio. Brasília 4 de abril de 2001. **Diário da Justiça [da] República Federativa do Brasil,** Brasília, DF, 31 out. 2001, p. 6.

[389] BRASIL. Supremo Tribunal Federal. Mandado de Segurança nº 24.859/DF. Relator: Ministro Carlos Veloso. **Diário da Justiça [da] República Federativa do Brasil,** Brasília, DF, 27 ago. 2004.

[390] MEDAUAR, Odete. **Controle da Administração Pública.** São Paulo: RT, 1993, p. 169. Grifo nosso.

Registra a jurisprudência, a propósito, elucidativos acórdãos:

> Processo Civil. Falta de postulação administrativa. Interesse de agir. Inexistência. Carência da ação reconhecida.
>
> 1. Se o réu compareceu aos autos para esclarecer que a pretensão deduzida na peça vestibular poderia ter sido examinada e deferida administrativamente, inexiste interesse de agir pela ausência de pretensão resistida.
>
> 2. Carência de ação reconhecida.
>
> 3. Apelação provida.
>
> 4. Sentença reformada.[391]
>
> Segundo a jurisprudência do Superior Tribunal de Justiça, é admissível a ação da segurança contra ato judicial, todavia, com a finalidade de atribuir efeito suspensivo a recurso que não o tem, quando este foi interposto e admitido, eis que o "*mandamus*" no caso, tem natureza acautelatória e visa alcançar a eficácia obstativa da execução (do julgado), evitando a manifesta irreparabilidade do dano (STJ, RT 690/158). Constitui excrescência processual convolar o mandado de segurança em recurso de que não se utilizou o impetrante e com prazo privilegiado de cento e vinte (120) dias. É defeso, pois, à parte, interpor o recurso adequado contra o ato judicial e, simultaneamente, atacá-lo, de forma direta, pela via do "*mandamus*", postulando sua nulidade, beneficiando-se com dois recursos com o mesmo objetivo (o agravo e a segurança). Recurso ordinário de que se não conhece.[392]

À luz do exposto, é possível que uma ação de mandado de segurança seja ou não extinta sem julgamento de mérito por falta de pressuposto processual, se ainda houver recurso administrativo junto ao próprio Tribunal de Contas.

No mérito, em mandado de segurança, a parte poderá demonstrar que:

a) a Corte é incompetente para o julgamento daquele ato;

b) não está sujeita a esse procedimento;

c) não foram garantidos na Corte a ampla defesa e o contraditório;

d) o julgamento não foi realizado com observância das normas regimentais da própria Corte, como *quorum* para a sessão ou a presença do Ministério Público especial;

e) o julgamento (ou a respectiva pauta) não foi público ou não foi publicado;

---

[391] BRASIL. Superior Tribunal de Justiça. Processual Civil. Apelação Cível nº 92.01.29039-0/MG. Relator: Ministro Barros Monteiro, Brasília, 17 de maio de 1994. **Diário da Justiça [da] República Federativa do Brasil**, Brasília, DF, 27 jun. 1994. Seção 1, p. 34.278.

[392] BRASIL. Superior Tribunal de Justiça. Processual Civil. RMS nº 2.609-7/RJ. Relator: Ministro Demócrito Reinaldo. Brasília, 22 de novembro de 1995. **Diário da Justiça [da] República Federativa do Brasil**, Brasília, DF, 18 dez. 1995. Seção 1, p. 44.492.

f) o título executivo, decorrente da Tomada de Contas Especial, apresenta erro essencial, entre outros motivos.

Registra a jurisprudência do Supremo Tribunal Federal relevante caso em que a parte ingressou visando a desconstituição de decisão do TCU, sob a alegação de cerceamento de defesa. O mandado de segurança foi indeferido:

> assegurado além da apresentação de defesa escrita, o direito de vista do processo, nos termos do RI/TCU e Súmulas nº. TCU/52 e 98, não se demonstra contrariado o § 1º do art. 153 da Constituição Federal, nem cerceado o direito de defesa, pois facultado ao impetrante exercitá-lo.[393]

Essa decisão assume importância na medida em que reconhece que o direito de defesa no processo administrativo realiza-se de acordo com o disposto nas respectivas leis especiais.[394]

Cabe ainda destacar que o Supremo Tribunal Federal firmou entendimento pelo não cabimento dessa ação para assegurar efeito suspensivo ao recurso de revisão.[395]

Quando a decisão do tribunal de contas é dirigida à autoridade pública e um terceiro atingido pela decisão impetrar mandado de segurança, a referida corte pode ou não ser considerada autoridade coatora. Explica-se: o entendimento jurisprudencial diverge nesse ponto, havendo decisões que entendem que a autoridade administrativa que dá cumprimento à ordem de tribunal não pode possuir legitimidade passiva para ação, tendo em vista que se subordina à ordem do tribunal; diversamente, há os que entendem que a autoridade coatora é a que dá cumprimento à decisão do tribunal de contas, pois essa poderia não só recorrer à própria corte como ao Judiciário, se entendesse que havia ilegalidade. Desse modo, assumindo a condição de dar cumprimento à decisão da corte, tornar-se-ia autoridade legitimada passiva para a ação de mandado de segurança.[396]

2.15.2 Outras ações

Além do mandado de segurança, que tem contra seu uso o prazo decadencial de 120 dias a contar do conhecimento da lesão, contra as decisões dos tribunais de contas em Tomada de Contas Especial – como por exemplo, a ação ordinária declaratória e

---

[393] BRASIL. Supremo Tribunal Federal. Constitucional. MS nº 020.456/84-PE. Relator: Ministro Rafael Mayer. Brasília, 5 de abril de 1984. **Revista Trimestral de Jurisprudência**, Brasília, DF, v. 111, p. 574.

[394] Consultar no Capítulo III, que trata da Competência dos Tribunais de Contas, o subtítulo 3.2.1.8.9 Revisão judicial das decisões.

[395] Consultar, no Capítulo III, o subtítulo 3.2.4.2.10.3 Do recurso de revisão; no mesmo sentido: BRASIL. Supremo Tribunal Federal. MS nº 22.371/PR. Relator: Ministro Moreira Alves. **Diário da Justiça [da] República Federativa do Brasil**, Brasília, DF, 7 mar. 1997, Ata n. 5/1997, p. 05.403.

[396] a) DISTRITO FEDERAL. Tribunal de Justiça do Distrito Federal e Territórios. MS nº 20040020056283. Acórdão nº 219113. **Diário da Justiça [da] República Federativa do Brasil**, Brasília, DF, 5 jul. 2005. Seção 3, p. 30.

b) Destaca-se, igualmente, julgado do STF que denomina autoridade coatora, para efeitos de mandado de segurança, como a pessoa que ordena a prática do ato, e não o subordinado que, em obediência, se limita a executar-lhe a ordem: BRASIL. Supremo Tribunal Federal. Mandado de Segurança nº 24927/RO. Pleno. Relator: Ministro Cezar Peluso. Brasília, 28 de setembro de 2005. **Diário da Justiça [da] República Federativa do Brasil**, Brasília, DF, 25 ago. 2006.

a constitutiva e, na fase de execução do acórdão condenatório, que tem eficácia de título executivo – cabem ações de defesa da propriedade e da posse, como os embargos de terceiro, entre outras.

Em processo que estava sendo apreciado no TCU, ao ser notificado para recolhimento do débito, determinado prefeito comunicou que havia ingressado na Justiça Federal de 1ª instância com ação declaratória de nulidade do acórdão condenatório do Tribunal e, por isso, solicitava a suspensão da cobrança do recolhimento de multa imposta. A Corte, tendo em conta a premissa da independência das esferas administrativa e judicial, negou provimento ao pleito, determinando prazo improrrogável para pagamento.[397]

É importante assinalar que os Tribunais de Contas não podem figurar no polo passivo da relação processual judiciária, devendo sempre ser citada a pessoa jurídica de direito público que integram.

Chamado a manifestar-se sobre o assunto, o Superior Tribunal de Justiça reafirmou o fato, na autorizada palavra do eminente Ministro Adhemar Maciel:

> O Tribunal de Contas da União não é parte legitima para figurar no pólo passivo da ação cautelar por não ter capacidade de ser parte. Realmente, o TCU, 'instituído constitucionalmente como órgão auxiliar do Poder Legislativo (art. 71)' (MEIRELES, Hely Lopes. Direito administrativo brasileiro. 18. ed. Malheiros Editores Ltda., 1993. p. 656), não tem capacidade de ser parte, pois não tem personalidade jurídica, bem como não está no rol dos entes despersonalizados que podem litigar em juízo (art. 12 do CPC c/c o art. 14 do CC).[398]

O tema *execução das decisões dos Tribunais de Contas* será tratado em subtítulo específico em virtude da relevância que assume no Capítulo III.

2.16 Processo eletrônico e transformação digital nos Tribunais de Contas

Exercendo sua discricionariedade e objetivando a facilitação do acesso dos jurisdicionados e do público em geral aos serviços prestados, muitos Tribunais de Contas do Brasil vêm criando sistemas de processos eletrônicos, sendo um dos pioneiros o TCU.

Tais sistemas têm como finalidade uma tramitação mais célere, prática, econômica, eficiente e transparente, além do aperfeiçoamento da gestão de documentos e a segurança e integridade dos documentos armazenados nos sistemas dos tribunais.

---

[397] BRASIL. Tribunal de Contas da União. Tomada de Contas Especial. Processo TC nº 649.010/1992-2. Acórdão nº 6/1996 - 1ª Câmara. Relator: Ministro Humberto Guimarães Souto. Brasília, 23 de janeiro de 1996. **Diário Oficial da União [da] República Federativa do Brasil**, Brasília, DF, 6 fev. 1996. Seção 1, p. 1.922.

[398] Já foi assentado que é incorreto referir-se ao Tribunal de Contas como órgão auxiliar do Poder Legislativo; o controle externo da administração é feito pelo Poder Legislativo com o auxílio do Tribunal de Contas, mas essa redação constitucional não o transforma em órgão auxiliar, pois, se assim o fosse, não poderia fiscalizar o precitado poder.

A criação dessa espécie de sistema serve como solução para a quantidade excessiva de papéis que ficava armazenada nas Cortes de Contas, os processos que por vezes ficavam incompletos, a dificuldade de manuseio dos autos e também para a possibilidade de extravio de documentos.

Ao instituir esse sistema, o TCU, que embora esteja localizado em Brasília abrange toda a Federação, possibilitou aos advogados e jurisdicionados de qualquer região do país o acesso aos processos e seu tramitar, de onde estiverem, sem a necessidade de deslocamento para as dependências do referido Tribunal.

A Corte Federal de Contas regulamentou o funcionamento do sistema de processo eletrônico por meio de Resolução – TCU nº 233, de 04 de agosto de 2010, além de realizar alterações em seu Regimento Interno de forma a recepcionar os advogados e jurisdicionados, regulamentar a concessão de vista de processos e a produção, prática, armazenamento, transmissão e assinatura de atos, termos, documentos, comunicações e deliberações por meio eletrônico.

Mais recentemente, o TCU por meio da Resolução TCU 360/2023 passou a regular as comunicações processuais de Acórdãos por meio de sistemas digitais permitindo consulta facilitada. A partir de agosto de 2025, no entanto, passa a utilizar seu Diário Eletrônico como canal oficial para notificações processuais dirigidas a advogados privados constituídos, inicialmente limitado à comunicação de acórdãos.

A iniciativa representa um avanço importante na modernização da gestão processual do TCU, alinhando-se às melhores práticas de governança digital. Além de aumentar a eficiência e reduzir o trabalho administrativo, a adoção do Diário Eletrônico reforça a transparência e a segurança jurídica ao estabelecer um marco temporal claro para a ciência das notificações.

Seguindo esse exemplo, outros Tribunais de Contas também instituíram sistemas próprios, regulamentados por resoluções ou instruções normativas em conformidade com a Lei de Acesso à Informação[399] – Lei nº 12.527/2011 – e também com a Lei nº 11.419/2006, que dispõe sobre a informatização do processo judicial.

Recomenda-se, portanto, aos demais Tribunais de Contas, que formatem seus sistemas de processo eletrônico nos moldes do órgão federal de controle, de forma a que se tenha uniformidade e sistemas mais equivalentes e acessíveis a todos os jurisdicionados, promovendo assim a redução de custos financeiros, operacionais e ambientais associados à impressão de documentos, a deslocamentos e à otimização dos processos de trabalho.

---

[399] Consulte, a propósito, Acórdão 506/2025 – Plenário em que o TCU recomendou que a Controladoria-Geral da União (CGU) elabore diretrizes para equilibrar transparência e proteção de dados, além de orientações claras sobre remoção de informações públicas. Disponível em: https://pesquisa.apps.tcu.gov.br/redireciona/acordao-completo/ACORDAO-COMPLETO-2677095.

No que concerne ao sistema de acompanhamento de processos, o Tribunal de Contas da União possui um sistema eficiente e adequado à prestação dos serviços designados e à satisfação das necessidades da população.

Quanto ao sistema de controle de contas por meio eletrônico, entretanto, o Tribunal de Contas do Estado do Mato do Grosso detém o mais elogiado e com maior qualidade e eficiência quanto à concretização dos objetivos de sua criação. O referido TCE possuiu um Projeto de Modernização Institucional – Autos Digitais – do Programa de Desenvolvimento Institucional Integrado e foi o primeiro órgão fora do Poder Judiciário a ser autorizado a utilizar o Sistema de Malote Digital, implantado por meio da Resolução Normativa nº 16/2012.

A partir do ano de 2020, frente à pandemia de Covid-19, vários Tribunais de Contas regulamentaram ou deram maior visibilidade, dentro de seus portais de Internet, aos sistemas de Protocolo Virtual e Vista Virtual, a fim de facilitar e agilizar o acesso de advogados, partes e cidadãos a diversas demandas processuais.

Cumpre acrescentar que os documentos produzidos em sistemas internos de processos eletrônicos possuem certificação e presumem-se verdadeiros em relação aos signatários, ao teor do artigo 219 do novo Código Civil.

A instituição de sistemas de processos eletrônicos em tribunais amolda-se à disposição do art. 188, *caput*, do Código de Processo Civil, que preconiza que os atos e termos processuais não dependem de forma determinada, senão quando expressamente exigida pela lei, reputando-se válidos os que atingirem sua finalidade essencial, ainda que de outro modo praticados. O novo Código de Processo Civil trouxe sessão específica – arts. 193 a 199 - tratando da prática eletrônica de atos processuais. No art. 193 estabelece a possibilidade de serem total ou parcialmente produzidos, comunicados, armazenados e validados por meio eletrônico, na forma de lei específica.

Utilizando a informática como instrumento facilitador e visando maior praticidade, as tecnologias e os serviços prestados de forma eletrônica pelos tribunais não se restringem somente ao acompanhamento de processos, mas abrangem sistemas automatizados; fiscalização remota; portais de transparência; sistemas de controle de contas *online* e de malote eletrônico; *softwares* aptos à análise e identificação de grande volume de informações, padrões e possíveis irregularidades orçamentárias; tecnologias voltadas à segurança de dados; unidades de inteligência e malha eletrônica a partir do cruzamento de dados de outros órgãos (a exemplo da nota fiscal eletrônica a que tem acesso o TCE/MG[400]); plataformas e unidades dedicadas à inteligência artificial

---

[400] Por meio de seu Centro de Integração da Fiscalização e de Gestão de Informações Estratégicas – Suricato, que tem acesso às notas fiscais eletrônicas em razão de acordo de cooperação com a Receita Estadual, conseguindo gerar relatórios sempre que feita uma compra acima do padrão normal de um grupo de cidades, ou acima de determinada tabela oficial. A unidade, com *status* de Diretoria, também tem acordo de cooperação com o Ministério de Trabalho e Emprego para acesso à RAIS; com a Polícia Civil para os dados do Detran; com a Junta Comercial do Estado; e com os sistemas coorporativos do Estado de Minas Gerais.

integrada à rotina de trabalho, já implantadas, por exemplo, em 2023, no TCU[401] e TCE/SP[402], e, em 2024, no TCE/RO[403], TCE/BA[404] e TCE/GO[405].

A propósito, desde o ano de 2013 está estampada em diretriz da Rede Nacional de Informações Estratégicas para o Controle Externo – Infocontas, o dever de criação de unidades de inteligência em todos os tribunais de contas, conforme Acordo de Cooperação Técnica firmado entre a Associação dos Membros dos Tribunais de Contas do Brasil (ATRICON), Instituto Rui Barbosa (IRB) e as cortes de contas brasileiras.

Mais recentemente, em 2022, cinco entidades representativas dos tribunais de contas, dentre elas o IRB e a ATRICON, divulgaram recomendação a todos os Tribunais de Contas, para que considerem a edição de atos normativos internos de adesão aos princípios e às diretrizes da Lei Federal 14.129/2021 – a intitulada Lei do Governo Digital.

Para além da implantação interna das novas tecnologias, o pronunciamento exorta os tribunais de contas a assumirem o papel de apoiar seus jurisdicionados na adoção de estratégias voltadas à transformação digital, o que coaduna com a atribuição constitucionalmente atribuída às cortes de zelar pela boa governança pública.

Certamente que a inserção dos tribunais de contas nos novos parâmetros de inovação, de desenvolvimento tecnológico e de aplicação de inteligência de dados oferece vantagens quanto ao cumprimento dos imperativos de eficiência e eficácia na atividade-fim de controle externo, alavancando a tempestividade na identificação de possíveis irregularidades e oportunizando, inclusive, a consecução de um proveitoso controle preventivo; facilitando e acelerando a pesquisa, a análise de documentos e o planejamento das ações; dentre vários outros benefícios.

2.17 Das funções não jurisdicionais dos Tribunais de Contas

Nem todas as funções que os Tribunais de Contas exercem podem ser classificadas como de jurisdição. Sem dúvidas, têm também função técnica de assessoramento, de mera fiscalização, de registro.[406]

No elenco de competências, o rigor científico da terminologia empregada acentua a diferenciação, inclusive na finalidade de cada mister realizado. Para algumas

[401] Núcleo de Inteligência Artificial, que tem como atribuição principal atual continuar o desenvolvimento do ChatTCU, assistente virtual integrado a sistemas do tribunal, e que apoia tarefas complexas sob controle dos servidores, como análise de documentos, pesquisa jurídica, tradução e consultas administrativas.

[402] Assistente Natural com Inteligência Artificial (ANIA), baseada na mesma tecnologia do ChatGPT, tendo como objetivo a simplificação e aceleração da análise de documentos em formato PDF, por meio de perguntas em linguagem natural e de uma interface em língua nacional, fornecendo resumos e estruturação do documento em tópicos, e com capacidade de aprendizado contínuo a partir das interações.

[403] ContAI, ferramenta voltada a maior eficiência e precisão nas tarefas, automação de processos, acesso rápido a informações relevantes e capacidade de aprendizado contínuo a partir das interações.

[404] Intitulada de *Barbosa*, plataforma apta ao processamento e análise de documentos e do oferecimento de respostas precisas e seguras a pesquisas em contextos específicos, seja sobre a legislação, a jurisprudência, entre outros.

[405] Inteligência Artificial do Estado de Goiás (IAGO), ecossistema de IA integrado às rotinas de trabalho da instituição.

[406] O tema será desdobrado no capítulo seguinte, quando será estudada cada uma das competências constitucionais.

tarefas, empregou-se o termo *apreciar*, em outras *fiscalizar*, em outras *realizar inspeção e auditoria* e, em apenas um caso, *julgar*.

Sob a égide da Constituição de 1967, os Tribunais de Contas não só julgavam as contas, como também a legalidade das aposentadorias. Com a emenda nº 1 de 1969, a expressão *julgar* ficou restrita aos casos de contas. Muitos viram, a partir do atual elenco de competências da Constituição de 1988, uma reduzida competência para julgamento, um enfraquecimento das Cortes de Contas. Preferimos, porém, sustentar que o constituinte atingiu notável ponto de equilíbrio, haurido na experiência histórica brasileira.[407]

É forçoso reconhecer, portanto, que, no atual modelo, a competência para apreciar os demais atos da Administração Pública não pode prevalecer para além da esfera administrativa. Ainda que tenha força cogente, pela possibilidade de imposição de multa, ainda que seja possível determinar o afastamento do cargo da autoridade que está gerando lesão ao erário e sustar o ato, as pessoas atingidas podem recorrer ao Poder Judiciário, revendo a deliberação das Cortes de Contas ou os seus efeitos.

Os magistrados ficam aqui livres para examinar a questão à luz do ordenamento jurídico - embora o exame da legalidade também tenha sido efetivado no Tribunal de Contas - porque não se inserem na competência jurisdicional.

Também faz distinção entre as funções de fiscalização e as jurisdicionais Carlos S. de Barros Jr.[408]

Mesmo em Portugal, onde o tribunal integra o Poder Judiciário, é feita a distinção: "A separação entre a função jurisdicional e a função de controlo financeiro, com o consequente ajustamento ao nível da organização e da estrutura do Tribunal de Contas".[409]

2.18 Jurisdição além das nossas fronteiras: a INTOSAI e a P 50

No plano internacional, há consenso no sentido de que as entidades dedicadas à fiscalização das contas públicas (Entidades Fiscalizadoras Superiores - EFS, ou *Superior Audit Institution* – *SAI*), podem adotar três modelos institucionais: o modelo de auditorias colegiadas (*audit board*), o modelo das auditorias gerais ou controladorias (de *Westminster*) e, finalmente, o modelo jurisdicional (napoleônico).

---

[407] É importante notar lastimável equívoco em que têm incorrido doutrinadores pátrios ao fazer referência, no trato da coisa julgada administrativa e competência dos Tribunais de Contas a juristas alienígenas. Sem descartar a importância do direito comparado, seria de todo conveniente, antes de adotar as lições, ainda que de modo breve, examinar o modelo constitucional em vigor na pátria dos juristas estrangeiros. Em estudo que procedemos, sem maior preocupação com o rigor da pesquisa, verificamos que a terminologia empregada na definição de competências das Cortes de Contas, nos países em que os doutrinadores não reconhecem a função judicante, corresponde aos termos inspecionar, decidir, determinar, auditar, examinar, recomendar. Daí a cautela na importação de algumas doutrinas.

[408] BARROS JÚNIOR, Carlos S. **Compêndio de Direito Administrativo**, v. II, 1969, p. 150.

[409] PORTUGAL. Tribunal de Contas De Portugal. Apresentação Institucional. **O Tribunal de Contas na actualidade.** 1. Quadro jurídico geral. Disponível em: http://www.tcontas.pt. Acesso em: 07 maio 2014.

Nota-se, então, que nem todas as entidades dedicadas à fiscalização das contas públicas exercem a função de *julgar* contas; vale dizer, em certos países, a unidade encarregada do exercício de auditar o setor público não foi instituída na forma de um tribunal, composto por autoridades com mandato próprio de magistrado frente a tais recursos e aos ordenadores de despesas, gestores e demais pessoas que empregam o dinheiro público, seus jurisdicionados.

Nesses países em que a EFS não é jurisdicional, ela tem mandato legal para auditar as contas públicas, com suficiente independência e discricionariedade para o exercício de seu múnus, ao cabo do qual submete o resultado de seus trabalhos a outro órgão, o Parlamento, dependendo da confirmação e atuação deste para que seus achados produzam resultados.

Já em países com influência jurídica predominantemente romanista, as instituições superiores de controle são constituídas sob a forma de "tribunal", gozando de independência e autonomia em relação aos demais poderes, ainda que se encontre no âmbito de um deles, a exemplo do caso brasileiro.

Como um tribunal, decidem colegiadamente, garantem vitaliciedade a seus membros julgadores e atuam sob a forma judicial ou quase-judicial, o que implica na responsabilização de jurisdicionados, aplicação de sanções e condenação a ressarcimentos. Malgrado, podem não ter jurisdição sobre todos os agente públicos, como ocorre, também, nas cortes de contas brasileiras, que têm competência para a apreciação das contas dos chefes dos poderes executivos federal e estadual, mas não para o julgamento delas, o qual fica a cargo dos representantes do Poder Legislativo.

Certamente que o formato jurisdicional de controle externo oferece maior independência aos membros e servidores da EFS, bem como mais autonomia na organização de seus serviços, conquanto demande obediência a garantias e ritos processuais de superior formalidade, com submissão ao *due process of law*, eis que a atividade funcional precípua tem natureza de ato judicial ou quase-judicial.

Por ocasião de seu XXIII Congresso Internacional das Entidades Fiscalizadoras Superiores, promovido em 2019, a *International Organization of Supreme Audit Institutions – INTOSAI*, organização não-governamental de *status* consultivo diante do Conselho Econômico e Social da ONU - ECOSOC, aprovou o pronunciamento INTOSAI P 50, que se debruça sobre os princípios das atividades jurisdicionais das Entidades de Fiscalização Superior, traçando preceitos mínimos a serem adotados pelas SAIs com atribuição judicante.

Cuida-se de documento estratégico, que, embora não tenha caráter cogente, oferece parâmetros internacionalmente aceitos e respaldo institucional frente a eventuais questionamentos no tocante às atividades jurisdicionais atribuídas às EFS detentoras desse encargo.

Sobre a Estrutura dos Pronunciamentos Profissionais da INTOSAI (*INTOSAI Framework of Professional Pronouncements – IFPP*), calha esclarecer que estão divididos em três grupos: o dos pré-requisitos institucionais para a constituição das EFS (INTOSAI-P); o dos princípios e requisitos aplicáveis às atividades de controle (ISSAI); e o das orientações aplicáveis às atividades de controle (GUID).

Para que a EFS possa ser considerada dentro do padrão de rigor metodológico internacionalmente exigido, as normas INTOSAI-P e as ISSAI são tidas como de caráter mandatório, enquanto as GUIDs são de aplicação opcional. O grupo das INTOSAI-P é subdividido em dois subgrupos, o de normas fundadoras (*INTOSAI Founding Principles*, que abrangem as INTOSAI-P 1 a P 9) e o de normas basilares (*INTOSAI Core Principles*: P 10 em diante), correspondendo a P 50 a este último.

Assim, consoante a INTOSAI, são doze os princípios da função jurisdicional, os quais devem ser observados à luz da estrutura normativa nacional de cada uma das EFS constituídas sob a forma de tribunais de contas[410]:

1. A lei deve definir o regime de responsabilidade e de sanções aplicáveis às pessoas responsáveis perante o Tribunal de Contas.

2. Os membros do Tribunal de Contas, envolvidos nas atividades jurisdicionais, devem possuir prerrogativas legalmente definidas, que garantam explicitamente a sua independência em relação às autoridades públicas.

3. O Tribunal de Contas deve ter prerrogativas que garantam seu acesso à informação.

4. Um fato irregular pode ser processado ou sancionado somente até a expiração de um prazo razoável a partir do momento em que foi cometido ou descoberto.

5. Qualquer julgamento do Tribunal de Contas deve ser aberto a objeções e reconsideração e estar sujeito a revisão ou anulação em conformidade com a legislação nacional.

6. O Tribunal de Contas deve garantir que as pessoas responsáveis perante ele sejam submetidas a um julgamento justo, garantido por procedimentos legais.

7. A imparcialidade do processo de julgamento deve ser garantida por regulamentos que regem as atividades jurisdicionais dos Tribunais de Contas e os procedimentos consequentes.

---

[410] Aqui utilizamos a tradução e convergência ao marco normativo nacional operadas pelo Instituto Rui Barbosa (IRB) com as Normas Brasileiras de Auditoria do Setor Público (NBASP), que buscam alinhar os trabalhos de fiscalização dos tribunais de contas brasileiros ao padrão metodológico internacionalmente aceito da mencionada Estrutura de Pronunciamentos Profissionais da Organização Internacional de Entidades Fiscalizadoras Superiores (IFPP, na sigla em inglês).

8. O Tribunal de Contas deve garantir que o exercício das atividades jurisdicionais leve a um julgamento cuja decisão seja notificada e implementada. A sanção da responsabilidade pessoal da parte deve ser efetiva.

9. Uma pessoa não pode ser condenada pela mesma irregularidade a várias sanções da mesma natureza impostas pelo Tribunal de Contas.

10. O Tribunal de Contas deve garantir a qualidade dos procedimentos jurisdicionais por meio de um controle de qualidade eficiente e sistemático.

11. O Tribunal de Contas deve concluir o procedimento jurisdicional dentro de um prazo razoável.

12. O Tribunal de Contas deve garantir que suas decisões sejam públicas, respeitando o sigilo e as restrições vinculadas à confidencialidade que são legalmente obrigatórios, bem como a proteção de dados pessoais.

Com efeito, pela missão de ir além da habitual fiscalização financeira, operacional ou de conformidade operada pelas EFS sem competências decisórias, inconteste a necessidade de acatamento a padrões mais rígidos, tendentes ao resguardo à esfera pessoal do jurisdicionado, fortemente atingível pela responsabilização advinda de um julgamento cuja idoneidade é também dependente do respeito a tais preceitos.

Recentemente, o Presidente do Tribunal de Contas da União (TCU) foi autorizado, por meio da Lei nº 14.804 de 10 de janeiro de 2024, a atuar como membro do Conselho de Auditores da Organização das Nações Unidas (ONU) durante o mandato para o qual o Brasil foi eleito pela Assembleia Geral da ONU[411].

2.19 Princípios da jurisdição aplicáveis aos Tribunais de Contas no Brasil

Os princípios pertinentes à jurisdição serão estudados em dois grupos.

O primeiro, neste capítulo, cuida dos que dizem respeito diretamente à aplicação dos processos desenvolvidos nos Tribunais de Contas, açambarcando todas as atividades, mas sempre analisados no enfoque da jurisdição.

O segundo, também concernente à jurisdição, foi desenvolvido no Capítulo IV, que trata da defesa perante os Tribunais de Contas.

Tanto os membros das Cortes, quanto servidores e membros do Ministério Público, devem conhecer ambos os conjuntos de princípios, mas os que são chamados a se defender perante os Tribunais de Contas necessitam ter domínio apenas do segundo grupo. A divisão foi elaborada, portanto, apenas por critérios didáticos.

---

[411] BRASIL. Lei nº 14.804 de 10 de janeiro de 2024. Dispõe sobre a atuação do Tribunal de Contas da União (TCU) como membro do Conselho de Auditores da Organização das Nações Unidas (ONU). Disponível em: https://www.in.gov.br/en/web/dou/-/lei-n-14.804-de-10-de-janeiro-de-2024-537004638.

2.19.1 Princípio da motivação

Correspondendo a jurisdição a um poder, é natural que traga imanente em sua concepção, num Estado Democrático de Direito, freios à sua expressão; essa é, pois, a ideia que se consubstancia com o princípio da motivação: limite à ação do poder arbitrário.

Lúcia Valle Figueiredo, citando Bentham, ensina: *good decisions are such decisions for which good reasons can be given.*[412]

A Constituição Federal consagra o princípio da motivação das decisões judiciais e administrativas dos tribunais.[413] Embora a Carta Política não remeta expressamente ao cumprimento desse princípio, as decisões do Tribunal de Contas[414] o vem considerando de forma inequívoca, tanto que as próprias normas que estabelecem o procedimento interno já obrigam a motivação.

O dever de motivar as decisões passou a constituir garantia dos jurisdicionados em relação ao processo. Também esse princípio se aplica aos processos que não envolvem função jurisdicional.

Em função do volume de serviço que afeta as Cortes de Contas, parece correto que a fundamentação seja exigível apenas nos casos em que o ato apreciado não guarda conformidade com a lei. Estariam, pois, dispensadas de motivação as decisões que sejam pela legalidade, como as que apreciam atos administrativos, pois nesse caso a motivação já consta da decisão da Administração. Confirmar a legalidade ou a regularidade, dispensa motivação. Contudo, se a defesa opõe argumentos, quem decide deve cumprir e considerar cada argumento e motivar porque acolhe ou não acolhe como fundamento do processo decisório.

Ademais, pode a decisão reportar-se à fundamentação de outra peça processual, como a informação da Inspetoria, da Secretaria de Controle Externo, do parecer do Ministério Público, desde que indicada a logicidade do pensamento do julgador na subsunção do fato concreto à norma. Nesse caso, os embargantes têm direito de ir além do voto, para indicar com precisão o motivo do erro da motivação da Inspetoria, da Secretaria de Controle Externo, do parecer do Ministério Público.

Esse dever abrange não só as decisões proferidas na atividade fim dos Tribunais de Contas, como também nas administrativas.

No caso específico de decisões e acórdãos em que o relator do processo fica vencido, deve ser designado para redigir o voto vencedor, segundo ortodoxas normas processuais, aquele que primeiro votou no sentido vencedor.

---

[412] Em vernáculo: "boas decisões são aquelas para as quais boas razões podem ser dadas" [tradução livre]. FIGUEIREDO, Lúcia Valle: **Curso de Direito Administrativo**. 2. ed. São Paulo: Malheiros, 1995, p. 47.

[413] BRASIL. **Constituição da República Federativa do Brasil** (Versão Bolso). Organização dos textos e índice por J. U. JACOBY FERNANDES. 2. ed. Belo Horizonte: Fórum, 2019. Art. 93, inc. X.

[414] O art. 73 autoriza o Tribunal de Contas da União a exercer as competências reservadas ao Poder Judiciário no art. 96, sendo que o princípio da motivação está no art. 93, inc. X.

A Lei nº 13.655/2018 tornou o princípio da motivação ainda mais evidente para todos aqueles que atuam com os processos administrativos, quando preceituou:

> Art. 20. Nas esferas administrativa, controladora e judicial, não se decidirá com base em valores jurídicos abstratos sem que sejam consideradas as consequências práticas da decisão.
>
> Parágrafo único. A motivação demonstrará a necessidade e a adequação da medida imposta ou da invalidação de ato, contrato, ajuste, processo ou norma administrativa, inclusive em face das possíveis alternativas.[415]

Coube ao Decreto nº 9.830/2019, ao regulamentar os trechos incluídos na Lei de Introdução às Normas do Direito Brasileiro – LINDB em razão da aprovação da Lei nº 13.655/2018, estabelecer quais requisitos devem ser observados na motivação das decisões. O Decreto instituiu importante regra acerca das motivações baseadas em valores jurídicos abstratos. O texto dispõe:

> Art. 3º A decisão que se basear exclusivamente em valores jurídicos abstratos observará o disposto no art. 2º e as consequências práticas da decisão.
>
> § 1º Para fins do disposto neste Decreto, consideram-se valores jurídicos abstratos aqueles previstos em normas jurídicas com alto grau de indeterminação e abstração.
>
> § 2º Na indicação das consequências práticas da decisão, o decisor apresentará apenas aquelas consequências práticas que, no exercício diligente de sua atuação, consiga vislumbrar diante dos fatos e fundamentos de mérito e jurídicos.[416]

Por ser dotada de natural subjetividade na interpretação, as decisões baseadas em valores jurídicos abstratos exigem balizas para que o intérprete possa atuar para a busca pela melhor solução para o caso. O decreto, nesse sentido, destaca que a motivação dos atos demonstrará a necessidade e a adequação da medida imposta, "inclusive consideradas as possíveis alternativas e observados os critérios de adequação, proporcionalidade e de razoabilidade".

Decisão sem fundamentação é, pois, nula de pleno direito, seja proferida em função jurisdicional ou não.

2.19.2 Princípio da lealdade processual

Esse princípio da jurisdição também é aplicável aos processos submetidos aos Tribunais de Contas quando em função jurisdicional.

Depois de longo esforço desenvolvido pelos filósofos com a finalidade de dar contornos de ciência ao Direito, separando-o da moral, o princípio em tela reaproxima-o desta, em especial da ética, exigindo que os envolvidos no processo

---

[415] BRASIL. Lei nº 13.655, de 16 de março de 2015. Código de Processo Civil. Disponível em: http://www.planalto.gov.br/ccivil_03/_ato2015-2018/2015/lei/l13105.htm. Acesso em: 12 jun. 2019.

[416] BRASIL. Decreto nº 9.830, de 10 de junho de 2019. Disponível em: https://www.planalto.gov.br/ccivil_03/_ato2019-2022/2019/decreto/d9830.htm.

submetam-se ao dever de probidade. Tal conduta é impositiva, não apenas para os envolvidos em prestação e tomada de contas, como para os acusados e envolvidos em geral.[417]

Comumente invocado como dever das partes, o princípio da lealdade processual não está adstrito à conduta processual dos jurisdicionados. Ao contrário, devem acatá-lo os membros do plenário, os servidores analistas e auxiliares, ao atuarem ou não no processo.[418]

Na maioria dos processos submetidos aos Tribunais de Contas, em função jurisdicional e não jurisdicional, os envolvidos são servidores públicos, o que redobra a extensão de tal dever. De fato, normatizada ou não, há obrigação para os servidores e agentes públicos de lealdade às instituições, ao interesse público e ao erário. Logo, a participação em processo não pode jamais ser entendida como reação contra determinado agente, mas uma concorrência de interesses em apurar a verdade em prol do interesse público. Se, no processo comum, há benevolentes para com o "direito" de não dizer a verdade, na jurisdição de contas é dever expor precisamente os fatos, conforme a verdade.

Por esse motivo é que um prefeito, respondendo processo no Tribunal de Contas sobre omissão no dever de prestar contas, pode ser processado por improbidade ou por crime de responsabilidade se, no curso da defesa, utilizar-se de meios inidôneos, como falsidade ideológica. Do mesmo modo, pode e deve o Tribunal, encontrando demonstrativos contábeis nitidamente "maquiados", comunicar o fato ao respectivo conselho de classe e ao Ministério Público comum.

Aqui, é importante notar que, havendo indícios de falta ética de agente público no desempenho de profissão regulamentada, deve a Corte de Contas levar o fato ao respectivo Conselho de Classe - CREA, CRC, OAB, CRA, etc. - para fins de apuração e responsabilização.

Caracterizados, no caso, indícios de crime capitulado na legislação penal, pode e deve a Corte comunicar o fato ao Ministério Público para fins de apuração, restringindo sua atuação às medidas tendentes à recomposição do erário[419] e ao afastamento do agente delinquente do serviço público.[420]

---

[417] BRASIL. Lei nº 13.105, de 16 de março de 2015. Código de Processo Civil. Brasília, DF: Presidência da República, [2025]. Disponível em: https://www.planalto.gov.br/ccivil_03/_ato2015-2018/2015/lei/l13105.htm. Alguns artigos tutelam esse princípio: 77, 78, 80, 81, 93, 143, 145, 155, 158, 164, 233, 246, § 1º-C, 334, § 8º, 774, entre outros. Vários tribunais de contas já incluem esse dever nas normas processuais, copiando alguns desses artigos.

[418] Não atuar nos casos de suspeição e impedimento, previstos nos casos dos art. 144 e 145 do Código de Processo Civil, neste caso traduz regra deontológica aplicável aos processos dos Tribunais de Contas e, por isso mesmo, transcrita na maioria dos regimentos internos e leis orgânicas.

[419] Entre os vários meios de que dispõe o Tribunal de Contas, um deles é o arresto de bens, previsto nas respectivas leis orgânicas. No caso do TCU, dispõe o art. 61: "O Tribunal poderá, por intermédio do Ministério Público, solicitar à Advocacia-Geral da União ou, conforme o caso, aos dirigentes das entidades que lhe sejam jurisdicionadas, as medidas necessárias ao arresto dos bens dos responsáveis julgados em débito, devendo ser ouvido quanto à liberação dos bens arrestados e sua restituição".

[420] BRASIL. **Regimento Interno e Lei Orgânica do Tribunal de Contas da União.** Organização dos textos e índice por J. U. JACOBY FERNANDES. Belo Horizonte: Fórum, 2014. Lei nº 8.443/1992: "Art. 60. Sem prejuízo das

Em importante processo que auxiliou a firmar jurisprudência, o Ministro aposentado Carlos Átila, do Tribunal de Contas da União, diante das evidências de irregularidade e de indícios veementes de falta, também ética, decidiu determinar ao órgão a instauração de processo administrativo disciplinar, bem como comunicar o fato à Ordem dos Advogados do Brasil. Contudo, não determinou a instauração de Tomada de Contas Especial.[421]

Em outra oportunidade, envolvendo também profissionais do Direito, ocorreu pitoresco episódio: determinado órgão da estrutura administrativa do Distrito Federal, diante de reclamação trabalhista de servidores de seu quadro de pessoal, que pleiteavam vantagens decorrentes de determinado plano econômico, sistematicamente obtinham êxito, provando a transação da vantagem em acordo coletivo. Certa feita, porém, os procuradores do órgão ingressaram em juízo, pleiteando, na condição de empregados, a mesma vantagem que sistematicamente, na qualidade de patronos do órgão, alegavam ser improcedente. Embora a notificação tenha chegado em tempo hábil no órgão, ocorreu a revelia. Além de propor multa aos servidores, cuja negligência foi apurada, houve a comunicação ao Ministério Público comum da existência de indícios de crime - condescendência criminosa, prevaricação, extravio de documento oficial, falsidade ideológica. À época, na qualidade de representante do Ministério Público junto ao Tribunal de Contas do Distrito Federal, pugnei pela comunicação do fato à OAB, a fim de que avaliasse a conduta ética dos advogados do órgão, conciliando o legítimo direito de pleitear em juízo com a negligência de servidores subordinados aos que ensejaram a revelia. Tal proposição foi acolhida pelo Plenário do Tribunal.[422]

---

sanções previstas na Seção anterior e das penalidades administrativas, aplicáveis pelas autoridades competentes, por irregularidades constatadas pelo Tribunal de Contas da União, sempre que este, por maioria absoluta de seus membros, considerar grave a infração cometida, o responsável ficará inabilitado, por um período que variará de cinco a oito anos, para o exercício de cargo em comissão ou função de confiança no âmbito da Administração Pública."

421 a) O TCU recomendou processo disciplinar e comunicação à OAB, mas não Tomada de Contas Especial - BRASIL. Tribunal de Contas da União. Representação. Processo TC nº 003.899/1997-7. Decisão nº 90/1998 - Plenário. Relator: Ministro Carlos Átila Álvares da Silva. Brasília, 11 de março de 1998. **Diário Oficial da União [da] República Federativa do Brasil**, Brasília, DF, 24 mar. 1998. Seção 1, p. 48.

b) A OAB/DF, por meio da Comissão de Prerrogativas, acolheu parecer com a seguinte ementa: "Inviolabilidade do advogado público (art. 133 da Constituição da República) em face do Controle Externo exercido pelos Tribunais de Contas. Sentido e alcance do princípio constitucional que estabelece ser o advogado inviolável por seus atos e manifestações no exercício da profissão, nos limites da Lei. Aplicabilidade do princípio da inviolabilidade ao advogado público. Impossibilidade de os Tribunais de Contas exercerem controle sobre atos e manifestações de advogados públicos no exercício regular da profissão. 1. A inviolabilidade do advogado, assegurada constitucionalmente, embora não absoluta, é ampla, abrangendo a imunidade judiciária, o sigilo profissional e a independência profissional, sendo aplicável também ao advogado público. Não pode o advogado ser responsabilizado por seus atos e manifestações no exercício regular da profissão, sob pena de restar comprometida a sua inviolabilidade constitucional. 2. O advogado público responde disciplinar, administrativa, civil e criminalmente pelos erros que cometer no exercício da profissão, apenas nos casos de dolo ou culpa grave. Inexiste a hipótese de responsabilidade objetiva do advogado. 3. Os Tribunais de Contas, contudo, não têm competência constitucional ou legal para punir advogados públicos em razão de atos e manifestações praticados no exercício regular da profissão. Somente o Poder Judiciário, no âmbito civil ou criminal, e a OAB ou a Administração Pública a que pertençam, no âmbito disciplinar ou administrativo, podem responsabilizá-los". A jurisprudência dos Tribunais de Contas, contudo, adota entendimento diverso, como visto.

422 DISTRITO FEDERAL. Tribunal de Contas do Distrito Federal. Tomada de Contas Especial. Processo nº

Quando no desenvolvimento das funções institucionais de Ministério Público junto ao TCDF, houve, porém, situação em que propusemos a citação de profissional de contabilidade, subscritor de parecer previsto em lei,[423] solidariamente com os dirigentes do órgão. Na hipótese, a manifestação do inspetor no sentido de que somente com os elementos constantes dos autos, sem conhecer em detalhe os trabalhos executados pela empresa de auditoria - planejamento de auditoria, papéis de trabalho, entre outros - não havia condições para, nesse particular, adotar as providências sugeridas de comunicar os fatos ao Conselho Regional de Contabilidade, sensibilizou o Ministério Público e o eminente relator, Conselheiro-Substituto José Roberto de Paiva Martins. Optou-se, assim, por uma postura de cautela com relação à ética profissional.[424]

Em outro memorável caso, o TCDF oficializou denúncia contra determinado contador de uma empresa de auditoria junto ao Conselho Regional de Contabilidade do Distrito Federal, tendo em vista seu parecer favorável ao ajuste da conta Terrenos a Comercializar, prática conflitante com as normas contábeis. Entendeu a Corte que o contabilista não pode induzir seu cliente, quando da prestação de assessoria técnica, à prática de atos contrários aos princípios de contabilidade de aceitação geral e às disposições expressas em lei, de acordo com o estipulado no art. 3º, XIII, do Código de Ética do Contabilista, aprovado pela Resolução CFC nº 803/1996, de 20 de novembro de 1996.[425]

Por esse motivo, o eminente Conselheiro Ronaldo Costa Couto propôs ao Plenário que representasse ao Conselho Regional de Contabilidade do Distrito Federal contra o contador envolvido na prática do ato por chancelar parecer favorável ao ajuste das contas Terrenos a Comercializar, Prestamistas CP/LP e Resultado de Exercícios Futuros, desrespeitando a Norma Brasileira de Contabilidade - NBCT 2.2 - Da Documentação Contábil e o Princípio da Competência, aprovado pela Resolução do CFC nº 750/1993.[426]

Desse modo, manteve-se a competência da entidade de classe para a apuração da infração ética, citando-se os dirigentes envolvidos que, no caso, também dispunham da formação profissional pertinente.

1.285/1989. Parecer/MP/TCDF nº 0040.191. Relator: Conselheiro-Substituto Osvaldo Rodrigues. Brasília, 16 de abril de 1991. Disponível em: **http://www.tc.df.gov.br**. Acesso em: 07 maio 2014.

[423] Entendeu o analista do TCDF que as demonstrações contábeis "[...] não estão vinculadas a suportes suficientemente confiáveis que atestem a representatividade da real situação econômico-financeira da Companhia, contrariando fundamentalmente o art. 176 da Lei nº 6.404/76".

[424] DISTRITO FEDERAL. Tribunal de Contas do Distrito Federal. Prestação de Contas. Processo nº 2853/1997. Decisão nº 3.791/1999. Parecer/MP/TCDF nº 3.0237/1999. Relator: Conselheiro-Substituto José Roberto de Paiva Martins. Brasília, 23 de junho de 1999. **Diário Oficial do Distrito Federal**, Brasília, DF, 2 jul. 1999, p. 35-47. Apensos: TC-093.000.418/1997 (com 3 anexos); TC-3742/1996 (com 3 anexos); TC-509/1997 (com 4 anexos); TC-510/1997 (com 5 anexos); TC-790/1997 (com 4 anexos).

[425] Dispõe a referida norma, *in verbis*: "Art. 3º No desempenho de suas funções, é vedado ao contabilista [...] XIII - aconselhar o cliente ou o empregador contra disposições expressas em lei ou contra os Princípios Fundamentais e as Normas Brasileiras de Contabilidade editadas pelo Conselho Federal de Contabilidade;"

[426] DISTRITO FEDERAL. Tribunal de Contas do Distrito Federal. Representação nº 7595-8. Processo nº 3.560.195. Decisão nº 6.477.100. Parecer/MPI TCDF nº 332/1998. Relator: Cons. Ronaldo Costa Couto. Brasília, 22 de agosto de 2000. **Diário Oficial da União [da] República Federativa do Brasil**, Brasília, DF, 31 ago. 2000, p. 11-16.

Com essa praxe, evitam-se conflitos de atribuições entre as entidades de classe de profissões regulamentadas e os Tribunais de Contas, agindo cada qual no âmbito das respectivas atribuições.

2.19.3 Princípio do livre convencimento do julgador

Uma das mais importantes características da função jurisdicional - dizer o direito aplicável diante de fatos concretos - consiste exatamente na possibilidade de livre convencimento do julgador. Não tem este o dever singelo de subsunções lógicas.

Ao contrário, para que se possa dizer que houve um julgamento, há necessidade de que os fatos sejam apreciados por um agente, analisados segundo regras do direito previamente definidas. O princípio do livre convencimento nada tem a ver com arbitrariedade. No caso, *livre convencimento* opõe-se ao sistema das ordálias, ao método do direito canônico antigo, que atribuía a cada meio de prova um sistema de pontos ao qual ficava rigidamente preso o julgador. O resultado do processo se resumia a obter provas e contar os valores.[427]

A jurisdição evoluiu para permitir, no âmbito autorizado pela lei, que, na apreciação das provas, tivesse o juiz liberdade de alcançar a verdade, segundo provas apresentadas num sistema que distribui e impõe às partes o ônus da prova.

Quando se trata da jurisdição do controle, julgamento em matéria de contas, também vigora o princípio do livre convencimento do julgador. Aqui, porém, com muito maior elastério, porque acolhe a melhor parte da doutrina processual judiciária e do Direito Administrativo.

No caso, o livre convencimento sobre as provas visará a verdade material, substancial, em oposição à verdade formal que vigora no processo civil ordinário.

Cabe lembrar, inclusive, que os ministros e conselheiros dos Tribunais de Contas não estão adstritos ao julgamento segundo os parâmetros da legalidade, devendo ainda aferir os atos segundo a legitimidade e a economicidade. Por esse motivo, o julgamento das contas é importante instrumento na concretização do princípio da eficiência.

Como o princípio do livre convencimento do julgador deve se fazer nos limites da fronteira da legalidade, coordenando-se com o princípio do *due process of law*,[428] firma-se a garantia contra a parcialidade e a arbitrariedade.

Nesse sentido é que se compreende a lapidar síntese de Liebman: a livre apreciação da prova não significa que o juiz possa formar seu convencimento de

---

[427] "O objetivo de tal sistema era reduzir as funções do juiz às de mero contador de provas". R. W. Millar *apud* BATALHA, Wilson de Souza Campos. **Tratado do Direito Judiciário do Trabalho**. 2. ed. rev. e atual. São Paulo: LTr, 1985, p. 529.

[428] Em vernáculo: "devido processo legal" [tradução livre].

maneira subjetivamente arbitrária; a liberdade autorizada é para uso racional da lógica e do bom senso, guiados e dirigidos pela experiência de vida.[429]

Como esse princípio deve ser coordenado com o da motivação, segue-se que o julgador, conselheiro ou ministro, não pode servir-se de fatos que conheça como pessoa privada, mas apenas dos fatos cuja prova esteja, ainda que de forma indiciária, constando do processo. Assim, embora se reconheça que é lícito servir-se da experiência, esta só interfere na apreciação da prova que existe no processo.

Há, nesse ponto, estreito caminho entre conhecer os fatos e conhecer os envolvidos de modo profundo antes do início do processo, o que levaria ao comprometimento da imparcialidade e obrigaria o julgador a afastar-se do processo por suspeição ou impedimento.[430]

Se o julgador tem conhecimento de fatos decisivos para julgar regular ou irregular uma conta, ou possui, como pessoa, meio de prova em seu poder, suficiente para influir decisivamente no mérito,[431] deverá declarar-se impedido, ficando livre para atuar a favor do interesse público, até mesmo, desde que não remunerado, orientando o citado ou o órgão apurador do próprio tribunal, em peça dirigida à Corte, como qualquer cidadão. O que não se admite é que permaneça deliberando com base em fatos que conheça em razão de anterior exercício de cargo na administração jurisdicionada ou como pessoa privada. Mais lamentável ainda é desconsiderar a prova dos autos e julgar apenas com base na presunção do conhecimento do caráter das pessoas envolvidas em absoluto arbítrio e desprezo aos mais comezinhos princípios do Estado Democrático de Direito, em atitude criminosa.

2.19.3.1 Indeferimento de provas

Correlato ao princípio do livre convencimento, está o direito da Corte de indeferir pedido de produção de provas. O indeferimento é possível quando:

a) o meio for considerado **inadequado** à prova do fato pretendido. Tal ocorre, por exemplo, quando o ordenador de despesa quer provar por testemunha o saque de dinheiro ou movimentação de recursos públicos em conta corrente bancária;

b) o Tribunal já tiver meios de decidir a regularidade em favor do defendente, hipótese em que a prova é **desnecessária**;

---

[429] A formulação de uma teoria sobre jurisdição de contas deve aproveitar, com restrições, a construção do direito judiciário, mas não pode ignorar lições como esta do doutrinador italiano. LIEBMAN, Enrico Túlio. **Manuale di Diritto Processuale Civile**. 2. ed. Itali: Milano, 1957, II, p. 83.

[430] Na ausência de normas específicas sobre apreciação das provas, no âmbito dos Tribunais de Contas, parece útil o recurso da analogia com o Código de Processo Civil, cujo art. 375 dispõe: "O juiz aplicará as regras de experiência comum subministradas pela observação do que ordinariamente acontece e, ainda, as regras da experiência técnica, ressalvado, quanto a estas, o exame pericial". BRASIL. Lei nº 13.105, de 16 de março de 2015. Código de Processo Civil. Brasília, DF: Presidência da República, [2025]. Disponível em: https://www.planalto.gov.br/ccivil_03/_ato2015-2018/2015/lei/l13105.htm.

[431] Fato de ocorrência não rara, verificado quando um conselheiro de tribunal de contas, antes Secretário de Fazenda, foi nomeado para o cargo.

c) o objeto da prova dirigir-se a fato **irrelevante** ou **impertinente** ao processo.

Comum, aliás, o servidor acusado de negligência na guarda de bem pretender produzir prova de sua honorabilidade, numa errada concepção do termo *negligência*.

Para o adequado resguardo da ordem jurídica, e considerando que o indeferimento de prova pode acarretar a nulidade do julgamento por cerceamento à defesa, é imperioso que o relator do processo, diante do pedido de produção de determinada prova, antes de indeferi-la, questione o requerente: qual o objeto de sua prova? Verificada inadequabilidade, desnecessidade, impertinência ou irrelevância deve, em despacho fundamentado, indeferir o pleito. A cautela e a experiência impõem tal procedimento porque, embora se reconheçam limites rigorosos à revisibilidade judicial das decisões dos Tribunais de Contas pelo Poder Judiciário, quando houver grave infração aos princípios do devido processo legal ou da jurisdição isenta, o julgamento poderá ser anulado.[432]

É adequado que, ao estudar o princípio do livre convencimento, sejam, de forma sistemática, estudados os meios de prova admitidos pelos Tribunais de Contas no julgamento de contas.

2.19.3.2 Noções sobre provas

De todos os procedimentos que se desenvolvem em um julgamento perante o Tribunal de Contas, em especial nos processos de Tomada de Contas Especial, a parte referente à prova e à garantia da ampla defesa constituem os pilares de sustentação da regularidade da mesma. Sem a solidez desses, o processo não tem sustentação.

Carnelutti afirmava que a ordem jurídica solucionaria conflitos de interesses com normas gerais, impondo aos respectivos titulares determinada conduta. Assim, para demonstrar a conformidade desta com a norma, exigir-se-ia a constituição da prova.[433]

Provar um fato consiste em demonstrar, evidenciar a sua existência. A prova, consoante o magistério do didático processualista Moacyr Amaral Santos,[434] tem um objeto, um destinatário e uma finalidade. Essa trilogia imanente deve constituir um guia seguro e permanente preocupação dos que estão incumbidos de cumprir o ônus da prova.

---

[432] a) BRASIL. Supremo Tribunal Federal. RE nº 55.821/PR. Relator: Ministro Victor Nunes. Brasília, 18 de setembro de 1967. **Diário da Justiça [da] República Federativa do Brasil**, Brasília, DF, 24 nov. 1967. Seção 1, p. 03.949. Excerto da ementa: "[...] Tribunal de Contas. Julgamento das contas de responsáveis por haveres públicos. Competência exclusiva, salvo nulidade por irregularidade formal grave (MS 6.960, 1959), ou manifesta legalidade (MS 7.280, 1960). [...]". No mesmo sentido: BRASIL. Supremo Tribunal Federal. Civil. MS nº 21.644-1. Relator: Ministro Néri da Silveira. Brasília, 10 de setembro de 1993. **Diário da Justiça [da] República Federativa do Brasil**, Brasília, DF, 8 nov. 1996. Seção 1, p. 6.303- 6.305

b) Consultar, neste capítulo, o subtítulo 2.19.3.2.2.3, que trata de noções sobre o objeto da prova e dispensa do ônus.

[433] CARNELUTTI, Francesco. **La prueba civil**. 2. ed. Buenos Aires: Depalma, 1982, p. 4 [tradução livre].

[434] SANTOS, Moacyr Amaral. **Primeiras linhas de Direito Processual Civil**. 13. ed. São Paulo: Saraiva, 1993, 3. v., p. 327.

Seguindo o caminho delineado acima, pode-se afirmar que:

a) o objeto da prova são os fatos do processo diretamente vinculados aos motivos determinantes da instauração. Se, *v.g.*, a TCE foi iniciada para apurar a realização de despesa ilegal, o objeto da prova será:

a.1) provar que houve uma despesa,

a.2) provar que esta se efetivou sem amparo na lei,

a.3) provar a inocorrência de excludentes de responsabilidade.

b) a finalidade da prova é formar a convicção em relação à existência dos fatos. Como regra, a finalidade é sempre coincidente em todos os casos;

c) se o processo é "julgado" pelo Tribunal de Contas e, a partir desse momento constitui prejudicial de mérito, para o processo judicial, o destinatário da prova, no caso, em regra, será o Tribunal de Contas.

2.19.3.2.1 Do ônus da prova em geral

Sob a denominação de ônus da prova, ou *onus probandi*, entende-se o dever de evidenciar a verdade de um fato.

A doutrina do direito processual judiciário, há séculos, vem aperfeiçoando o sistema processual, precisamente a partir da evolução das teorias sobre ônus da prova. Podem aqui ser úteis essas lições:

a) o direito romano estabelecia várias referências sucessivas para definir a questão, caso não fosse atendido o ônus da prova. Merece registro, na busca dessa base científica, a lição atribuída a Aulus Gellius: "se as provas não convencem, deve-se decidir o feito a favor do litigante mais probo; se ambos tiverem igual reputação, deve-se decidir a favor do réu";

b) vulgarizaram-se parêmias, baseadas em teorias atualmente superadas, que propunham soluções para as hipóteses em que os fatos não eram provados: *In dubio pro reo*, [...] *pro misero*. Estas não mais são acolhidas na boa técnica processual, servindo apenas como referência histórica;

c) provindo também do direito romano, a máxima *onus probandi incumbit ei qui agit*, significando que o dever de provar os fatos incumbe a quem os alega.

A densidade jurídica desse conteúdo genérico responde, com extraordinária simplicidade, clareza e solidez a inúmeras questões de alta indagação filosófica, admitindo a exceção apenas nos estritos termos legais. Assim, ocorre exceção no direito processual do trabalho, que transferiu o ônus da prova de vários fatos para o empregador, não só para a proteção do obreiro, hipossuficiente, mas ainda pelo motivo de que, no mundo dos fatos, quem detém o registro é a empresa. De igual modo, o Código de Defesa do Consumidor, em que há nítida transferência para o comerciante da prova de fatos, justificado, no Direito, pela necessidade de equilibrar a força jurídica com o poder econômico. Na ordem processual, comum a vários ramos do Direito, está a inversão do ônus da prova no caso de revelia, também denominada de *ficta confessio*.

2.19.3.2.2 Do ônus da prova nos Tribunais de Contas

Aperfeiçoando a regra latina, amparados na teoria de Chiovenda, os processualistas mais modernos assentaram a posição que foi acolhida pelo Código de Processo Civil pátrio. Esta, a propósito, por ser compatível com a natureza dos processos desenvolvidos no âmbito dos Tribunais de Contas, pode ser aplicada subsidiariamente.[435] Assim, o ônus da prova incumbe:[436]

a) ao autor, quanto ao fato constitutivo do seu direito;

b) ao réu, quanto à existência de fato impeditivo, modificativo ou extintivo do direito do autor.

Considera-se constitutivo o fato que dá vida a uma vontade concreta da lei ou à expectativa de um bem por parte de alguém, como, por exemplo, no Direito Civil, um contrato de compra e venda.

O fato impeditivo, a seu turno, ocorre quando falta uma das circunstâncias que devem ocorrer para que o fato constitutivo produza seus efeitos, como ocorreria se o precitado contrato tivesse sido firmado com agente incapaz.

Considera-se fato extintivo do direito do autor aquele que, reconhecendo a existência de um fato constitutivo, opõe circunstância que altera profundamente os efeitos, como seria o caso do perecimento do objeto, coisa certa, sem culpa do devedor, fazendo perecer a obrigação, segundo a regra do art. 234 do Código Civil[437].

Nesse momento, vem à balha a questão de saber se o Tribunal de Contas tem a obrigação de provar, se está sujeito ao ônus da prova. A questão constitui ponto angular da ação de controle, pois, se está sujeito ao dever de provar, não poderá, em tese, ter o direito de julgar, posto que se inserem em órbitas distintas os deveres de quem acusa e os daqueles que devem ter isenção para julgar. De forma tópica, cabe destacar:

a) o ônus da prova em relação à boa e regular aplicação de recursos públicos incumbe a quem os recebe, posto que é inerente à função de administrar coisa alheia o dever de prestar contas;[438]

---

[435] BRASIL. Tribunal de Contas da União. Súmula nº 103. Na falta de normas legais regimentais específicas, aplicam-se, analógica e subsidiariamente, no que couber, a juízo do Tribunal de Contas da União, as disposições do Código de Processo Civil; Súmula nº 145. O Tribunal de Contas da União pode alterar as suas deliberações (Regimento Interno, art. 42, itens IV e V), para lhes corrigir, de ofício ou a requerimento da parte, da repartição interessada ou do representante do Ministério Público, inexatidões materiais ou erros de cálculo, na forma do art. 463, inc. I, do Código de Processo Civil, ouvida previamente, nos dois primeiros casos, a Procuradoria junto ao Colegiado. Boletim TCU Especial, Brasília, ano XL, n. 6, 4 dez. 2007. Disponíveis em: **http://www.tcu.gov.br**. Acesso em: 8 maio 2014. Obs.: a referência ao Regimento Interno está relacionada ao texto da Resolução Administrativa nº 15/1993, revogada pela Resolução nº 155/2002, que posteriormente foi alterada pela Resolução nº 246/2011.

[436] BRASIL. Lei nº 13.105, de 16 de março de 2015. Código de Processo Civil. Brasília, DF: Presidência da República, [2025]. Disponível em: https://www.planalto.gov.br/ccivil_03/_ato2015-2018/2015/lei/l13105.htm. Art. 373.

[437] BRASIL. **Lei nº 10.406, de 10 de janeiro de 2002**. Código Civil. Brasília, DF: Presidência da República, [2025]. Disponível em: https://www.planalto.gov.br/ccivil_03/LEIS/2002/L10406.htm#decadencia.

[438] Nesse sentido: BRASIL. Tribunal de Contas da União. Tomada de Contas Especial. Processo TC nº 474.010/1993-7. Acórdão nº 11/1997 - Plenário. Relator: Ministro Iram Saraiva. Brasília, 5 de fevereiro de 1997.

b) a regra geral, mesmo com o advento da Lei nº 9.784, de 29 de janeiro de 1999, permanece inalterada: em caso de contas, a prova da correta aplicação é do recebedor do recurso, harmonizando-se o preceito com a regra do art. 36 desta Lei;

c) é comum, nos Tribunais de Contas, destacarem pontos para defesa, considerando já suficientemente provado determinado indício de irregularidade. Quando o fazem, visam sobretudo aclarar pontos para a defesa neles se concentrar, dada a complexidade da temática que é intrínseca ao tema contas;

d) os denominados "achados em auditoria" constituem fatos que merecem ser esclarecidos, não possuindo natureza de libelo acusatório;

e) um ponto basilar da jurisdição do controle é o princípio do impulso oficial, segundo o qual cabe ao julgador determinar a apuração dos fatos e movimentar o processo na busca da verdade;

f) na execução judicial de decisão condenatória dos Tribunais de Contas, seus agentes, se regularmente notificados, comparecem em juízo na condição de peritos do juiz e não como auxiliares da acusação, posto que continuam preservando a imparcialidade que fez a Corte firmar o direito e o débito pertinentes à conta julgada.

Mesmo considerando que a terminologia autor/réu é inadequada aos processos da jurisdição dos Tribunais de Contas, a lição pode ser aproveitada. Para tanto, seria de todo oportuno separar o julgamento das contas anuais das respectivas contas especiais, vez que têm distintas causas e procedimentos, embora o resultado do julgamento seja potencialmente idêntico.

O ideal é que o tribunal, durante o exercício financeiro, verificando danos, atos ilegais, ilegítimos ou antieconômicos, ordene instauração de Tomada de Contas Especial, reunindo-a ao julgamento das contas anuais.

Diário Oficial [da] República Federativa do Brasil, Brasília, DF, 25 fev. 1997. Seção 1, p. 3.449; Prestação de Contas. Processo TC nº 549.037/1991-8. Acórdão nº 200/1993 - 2ª Câmara. Relator: Ministro Olavo Drummond. Brasília, 16 de setembro de 1993. **Diário Oficial [da] República Federativa do Brasil**, Brasília, DF, 29 set. 1993. Seção 1, p. 14.581; Denúncia. Processo TC nº 000.353/1991-4. Acórdão nº 545/1992 - Plenário. Relator: Ministro Paulo Affonso Martins de Oliveira. Brasília, 18 de novembro de 1992. **Diário Oficial da União [da] República Federativa do Brasil**, Brasília, DF, 3 dez. 1992. Seção 1, p. 16.679. Cabe notar que, no âmbito do TCU, em determinado processo, um agente solicitou expressamente que a Corte diligenciasse junto aos outros órgãos a fim de recolher provas. Na oportunidade, firmou o entendimento de que não cabe ao TCU laborar na produção de provas em favor das partes, competindo, sim, o ônus da prova ao gestor dos recursos públicos, na forma do Decreto-Lei nº 200/1967, em seu art. 93 - Tomada de Contas Especial. Processo TC nº 549.008/1991-8. Acórdão nº 155/1998 - Plenário. Relator: Ministro Adhemar Paladini Ghisi. Brasília, 21 de outubro de 1998. **Diário Oficial [da] República Federativa do Brasil**, Brasília, DF, 6 nov. 1998, p. 27-28.

2.19.3.2.2.1 Do ônus da prova na Tomada de Contas Especial

Expendidas essas breves considerações, antes de adentrarmos à seara do ônus da prova, caberia lembrar que a Tomada de Contas Especial,[439] na fase interna, não tem autor ou réu, sendo uma atividade investigatória conduzida pela própria administração onde ocorreu o dano ou a omissão no dever de prestar contas, desenvolvida em busca da verdade real. Nesse diapasão, as teorias delineadas oferecem suporte estável para firmar o seguinte entendimento:

a) no processo de Tomada de Contas Especial, o ônus é da Administração, tendo em conta o brocardo latino, consagrado pela processualística moderna, de que o ônus da prova incumbe a quem alega. Caberia à administração provar o repasse de recursos, a carga patrimonial, as cláusulas do contrato, por exemplo;

b) provando a Administração um fato constitutivo, poderá, na fase externa da TCE, aquele a quem é imputada a sua prática opor fatos impeditivos, modificativos ou extintivos de direito, relacionados com o fato constitutivo. Provará o citado a regular aplicação dos recursos ou a regular guarda do bem, conforme o caso;[440]

c) inexistindo autor e réu na fase interna da TCE, e mesmo cabendo à administração o ônus da prova de fatos constitutivos, não se exime esta de colaborar com os envolvidos na comprovação dos fatos modificativos, impeditivos ou extintivos, em face do princípio da verdade real que predomina no processo administrativo, em toda a sua extensão, assim como estes têm o dever de concorrer para a comprovação do fato constitutivo. Aliás, como na maioria esmagadora dos casos são servidores públicos, há norma expressa instituindo os seguintes deveres: "representar contra ilegalidade, omissão ou abuso de poder", "levar as irregularidades de que tiver ciência em razão do cargo ao conhecimento da autoridade superior ou, quando houver suspeita de envolvimento desta, ao conhecimento de outra autoridade competente para apuração" e "ser leal às instituições a que servir"[441].

2.19.3.2.2.2 Ônus da prova na tomada ou prestação de contas anual

Já no caso das contas anuais, seja tomada ou prestação de contas, o ônus da prova distribui-se do seguinte modo:

---

[439] Sobre Tomada de Contas Especial, e sua diferença de contas anuais, consultar o subtítulo 3.2.1.18 Contas especiais.

[440] O defendente pediu inspeção do TCU para verificar obras que realizou com recursos federais de termo de cooperação. O TCU negou sob o argumento de que cabe ao responsável o ônus da prova, conforme o art. 93, do Decreto-Lei nº 200, de 25 de fevereiro de 1967.

[441] No caso dos servidores públicos federais: BRASIL. Lei nº 8.112, de 11 de dezembro de 1990. Dispõe sobre o regime jurídico dos servidores públicos civis da União, das autarquias e das fundações públicas federais. **Diário Oficial [da] República Federativa do Brasil**, Brasília, DF, 12 dez. 1990, republicada em 18 mar. 1998. Art. 116, II, XII, e VI. Com redação dada pela Lei nº 12.527/2011.

a) envolvendo entidades mantidas à conta do tesouro:

a.1) à Administração Pública do órgão que transfere recursos cabe a prova do repasse e do recebimento,

a.2) à administração da entidade que recebe os recursos, o ônus da regular manutenção e aplicação.

b) envolvendo entidade mantida com recursos próprios:

b.1) à administração da entidade, cabe a prova da regularidade na arrecadação dos recursos, bem como da manutenção e aplicação.

c) envolvendo entidades que recebam recursos e obtenham recursos próprios, a combinação das duas hipóteses anteriores para cada tipo de receita.

Nas contas anuais, os demonstrativos contábeis, que no passado eram a essência da gestão, assumem agora a condição de elemento relevante num amplo conjunto de informações, recebendo criteriosa análise crítica tanto do controle interno, como dos Tribunais de Contas.

Desse modo, além da cabal prova de aplicação regular das receitas ingressadas na entidade, ainda deverá haver comprovação da gestão orçamentária (aplicação de cada recurso de acordo com a dotação prevista), financeira (segundo os ditames das normas de arrecadação, guarda e aplicação dos recursos públicos) e patrimonial (pertinente à aquisição, manutenção, e alienação de bens móveis e imóveis). Assim, o julgamento das contas anuais não mais se adstringe à honestidade da guarda e aplicação de dinheiros públicos, mas implica avaliar a eficiência da gestão, tornando cada vez mais impermeável ao controle judicial o julgamento dos Tribunais de Contas, porque mais inerente ao mérito.[442]

Logo, em havendo qualquer indício de irregularidade, deverá a Corte determinar notificação da autoridade jurisdicionada, com vistas a que apresente a prova da regularidade das contas, delineando com clareza o âmbito da controvérsia. A notificação para apresentar prova de regularidade das contas, feita genericamente, constitui cerceamento do direito de defesa e autoriza o envolvido a requerer clareza e objetividade na notificação ou citação e, em preliminar, a reabertura do prazo de defesa.

2.19.3.2.2.3 Noções sobre o objeto da prova e dispensa do ônus

Constitui objeto da prova a demonstração dos fatos do processo diretamente vinculados aos motivos determinantes da instauração da Tomada de Contas Especial ou à boa e regular aplicação de recursos no exercício financeiro, no caso de contas anuais. Em outras palavras, o objeto da prova é o que se tem que provar.

---

[442] Consultar sobre parecer do controle interno, no Capítulo I, o subtítulo 1.7.2.3.2 Funções constitucionais.

Duas parêmias latinas servem ao estudo do objeto da prova: a primeira indica que o julgador deve decidir com base nas provas constantes dos autos, ou *secundum probata iudex iudicare debet*; a segunda exige que a prova, para ter valor, conste dos autos, pois o que não está nos autos, não está no mundo jurídico, ou *quod non est in actis, non est in mundo*.

Todas as alegações que fundamentam a formação da convicção devem estar demonstradas e comprovadas nos autos do processo.

Em contraposição à assertiva precedente, a tradicional doutrina processual, encampada pelo direito positivo pátrio, estabelece a possibilidade de dispensar a prova dos fatos:

a) notórios;

b) admitidos no processo como incontroversos;

c) afirmados por uma parte e confessados pela parte contrária;

d) em cujo favor milita presunção legal de existência ou de veracidade.[443]

Sendo, então, o objeto da prova um dos fatos enquadrados acima, estaria a comissão administrativa de Tomada de Contas Especial (ou a autoridade em julgamento) dispensada do ônus da prova?

São hipóteses mais comuns em processo de Tomada de Contas Especial, mas que merecem exame. No caso, a resposta deve ser sopesada diante das circunstâncias, evidenciando a necessidade de exame cauteloso na adaptação dessa regra da processualística judiciária.

2.19.3.2.2.3.1 Fatos notórios

Pode-se conceituar como fato notório aquele que se admite, pela sua mais ampla publicidade e evidência, no consenso unânime de uma coletividade como ocorrido. Em plena conformidade com o exposto, pronuncia-se Gusmão, citado por Wilson de Souza Campos Batalha, para quem:

> o que é necessário é que se tenha sempre presente ao espírito o exato conceito de notoriedade, a qual consiste em ser a verdade da existência ou inexistência do fato tão pública e tão geralmente conhecida que a ninguém seja possível, senão por teimosia ou por capricho, negá-la ou pô-la em dúvida. Exigir a prova de um fato revestido de tal publicidade é o supra-sumo [sic] da extravagância, ou zombar do senso humano.[444]

---

[443] BRASIL. Lei nº 13.105, de 16 de março de 2015. Código de Processo Civil. Brasília, DF: Presidência da República, [2025]. Disponível em: https://www.planalto.gov.br/ccivil_03/_ato2015-2018/2015/lei/l13105.htm. Art. 374.

[444] BATALHA, Wilson de Souza Campos. **Tratado do Direito Judiciário do Trabalho**. 2. ed. rev. e atual. São Paulo: LTr, 1985, p. 498.

João Monteiro, um dos mais tradicionais processualistas pátrios, circundando Moscardo, distinguia os fatos notórios em *notorium facti permanentis* e *notorium facti transeuntis*, para, em seguida, sustentar que só independem de prova os primeiros.[445]

A doutrina não é uniforme em relação ao assunto, bastando lembrar que existem os que se posicionam pela necessidade de prova de todos os fatos alegados no processo, salvo os afirmados por uma parte e aceitos ou não contestados pela outra. Seria, para essa corrente de pensamento, a aceitação ou não contestação do verdadeiro motivo que dispensaria a prova dos fatos notórios, pois, do contrário, transformar-se-ia o julgador em testemunha dos fatos, na medida em que acolhe um fato contestado por uma parte sob o argumento de que é notório.[446]

A lei processual pátria, acolhendo tendência predominante do direito comparado, firmou-se na linha da dispensa da prova do fato notório, mesmo que contestado por uma parte.

Em escólio ao art. 374, I, do Código de Processo Civil, que no particular regula o tema, Moacyr Amaral Santos propõe os seguintes caracteres para se ter como notório um fato, os quais, pela singular clareza, devem ser considerados:

a) "a notoriedade é um conceito eminentemente relativo. Pode um fato ser conhecido de toda a humanidade ou só em determinada coletividade;"
b) "para que um fato seja notório não é preciso que, efetivamente, seja ele conhecido, bastando que o possa ser por meio da ciência pública ou comum. O Juiz pode ignorar a época em que se faz a colheita de café, no Estado de São Paulo, mas nem por isso essa época deixa de ser notória, bastando-lhe, para conhecê-la, consultar qualquer calendário especializado ou qualquer agricultor ou comerciante de café";
c) "não é necessário, para um fato ser considerado notório, que ele tenha tido relação direta com os componentes de cada esfera social", citando como exemplo a data da independência do Brasil e o fato de que Santos é uma cidade paulista portuária.[447]

O critério proposto é útil ao julgamento de contas, mas deve ser aceito com reservas e nas devidas proporções porque:

a) a aplicação subsidiária do Código de Processo Civil, firmada pela jurisprudência do TCU e não infirmada pelo Poder Judiciário na revisão de tais atos administrativos, não decorre de expressa determinação legal;

---

[445] MONTEIRO, João Pereira. **Teoria do Processo Civil e Comercial**. Atualização de J. M. Carvalho Santos. Rio de Janeiro: Borsói, 1912, 1 v., Parágrafo 136.

[446] Soares Faria e Aulus Gellius, Noctes Atticae, liv. XIV, cap. 2, *apud* BATALHA, Wilson de Souza Campos. **Tratado do Direito Judiciário do Trabalho**. São Paulo: LTr, 1985, 2. ed. rev. e atual., p. 490 e 499.

[447] SANTOS, Moacyr Amaral. **Primeiras linhas de Direito Processual Civil**. 13. ed. São Paulo: Saraiva, 1993, 3. v., p. 338.

b) a dispensa de prova de fato notório é uma exceção à regra geral do ônus *probandi* e, como tal, sujeita-se ao princípio geral de hermenêutica, segundo o qual as normas que abrem exceção têm interpretação restritiva; divide-se a doutrina entre obrigatoriedade ou não da prova (mesmo dos fatos notórios). Assim, sempre que possível, deve-se conduzir a pessoa sobre quem recai a carga negativa relacionada ao fato notório a admiti-lo de forma expressa no processo;[448]

c) os fatos administrativos que assumem relevância num processo podem não ser facilmente comprováveis perante o Poder Judiciário, na hipótese em que as contas, por exemplo, venham a lhe ser submetidas para exame, nas restritas hipóteses em que isso é permitido. São os casos de uma greve de ônibus ou de uma enchente, os quais, embora assumam notoriedade em face da frequência com que ocorrem, necessitam de pelo menos um registro documentado nos autos. Assim, por exemplo, se um servidor alega que o automóvel público foi danificado em tumulto de grevistas, o fato deve ser corroborado fazendo-se juntar recortes de jornais e outros periódicos que tenham noticiado o fato direto - a depredação do veículo oficial - ou as circunstâncias - o tumulto da greve em que há referências superficiais a atos de depredação de patrimônio. Com essa providência não se perdem os registros dos fatos, auxiliando a convicção no momento do julgamento.

2.19.3.2.2.3.2 Fatos afirmados por uma parte e confessados pela outra

O processo, como ato jurídico, deve pautar-se pela racionalidade, razão pela qual se dispensa a prova dos fatos que, alegados por uma parte, são confessados ou não contraditados pela outra.

Logo, deve ficar assentado que não se esgota o depoimento com a confissão, fazendo-se necessário demonstrar sua coerência com o conjunto de provas.

Essa epígrafe diverge dos chamados fatos incontroversos, porque na confissão há uma manifestação de vontade confirmando as declarações em sentido oposto ao interesse, enquanto o fato incontroverso é diferente, como será visto adiante.

Quando a Administração afirma um fato e o envolvido confirma a sua ocorrência, dispensa-se a prova deste.

2.19.3.2.2.3.3 Fatos incontroversos

Preceitua o Código de Processo Civil,[449] em norma que pode ser amplamente recebida pelo processo de contas, que dispensam prova os fatos admitidos no processo como incontroversos.

---

[448] Adota-se a expressão "carga negativa" da prova numa equivalência à força probante que resulta contra alguém.

[449] BRASIL. Lei nº 13.105, de 16 de março de 2015. Código de Processo Civil. Brasília, DF: Presidência da República, [2025]. Disponível em: https://www.planalto.gov.br/ccivil_03/_ato2015-2018/2015/lei/l13105.htm. Art. 374, inc. III.

O fato incontroverso assume diferente acepção daquela resultante de seu uso coloquial. Efetivamente, numa acepção técnica, todas as alegações não contestadas[450] passam a ser incontroversas no processo, enquanto os dicionários proclamam que incontroverso é o fato "incontestável, irrefragável, certíssimo, inconcusso [...]".[451] Acolhendo-se o sentido de "fato incontroverso" como explicitado em sua primeira acepção, revela-se a grande importância do princípio da eventualidade, que será visto no Capítulo IV.

Todos os fatos não contestados dispensam prova, simplesmente porque são admitidos como incontroversos no processo.

2.19.3.2.2.3.4 Fato em cujo favor milita presunção legal de existência ou de veracidade

A presunção legal significa que, dado um determinado fato, a lei impõe, de forma definitiva, a consequência relativa à ocorrência de outro, presumindo, com força de lei, a sua existência, independentemente de o episódio ter ocorrido ou não.

Ugo Rocco, um dos baluartes do Direito Processual contemporâneo, ensina que a presunção pode ser concebida como indução de existência de um fato ignorado a partir de um fato conhecido, impondo a lei o raciocínio da consequência daquele.[452]

Registra a doutrina tradicional[453] que as presunções se dividem em:

a) presunções *juris et de jure*: também cognominadas de legais absolutas, que não admitem prova contrária;
b) presunções *juris tantum*: presunções legais condicionais, admitidas pelo direito até a prova em contrário feita pelo interessado;
c) presunções *hominis vel judicis*: que são as presunções comuns, retiradas da experiência do que ordinariamente acontece, não sendo vinculadas pela lei.

O exame preliminar que se impõe diz respeito à possibilidade ou não da aplicação de presunções ao processo administrativo, em que prevalece o princípio da verdade material ou real.

A resposta é afirmativa a essa questão porque mesmo a legislação pertinente à matéria administrativa pode impor essa consequência; entretanto, deve ter interpretação também restritiva, pois só podem ser admitidas com força para dispensar a prova de um fato quando fundadas em lei, na forma da alínea "a" precedente.

Outro ponto merece ser lembrado, quando se faz referência à presunção: não é essa meio de prova, mas de desenvolvimento de um raciocínio, recomendando cautela

---

450 Consultar, no Capítulo IV, o subtítulo 4.1.6 Princípio da eventualidade.

451 FERREIRA, Aurélio Buarque de Holanda. **Novo dicionário da Língua Portuguesa.** 2. ed. Rio de Janeiro: Nova Fronteira, p. 933.

452 ROCCO, Ugo. **Trattato di Diritto Processuale Civile.** Torino: Torinese, 1957, v. 1, I, p. 461.

453 BATALHA, Wilson de Souza Campos. **Tratado do Direito Judiciário do Trabalho.** São Paulo: LTr, 1985, 2. ed. rev. e atual.

a sua utilização. Não é incorreto, contudo, que se utilize de presunção na fundamentação das conclusões quando amparadas em lógica oriunda da experiência comum de vida. Para exemplificar, podemos citar que, em determinado processo administrativo disciplinar, recorremos à presunção na parte final da fundamentação:

> Considerando ser a "servidora a única no ambiente de trabalho que tinha experiência anterior com o uso de produtos químicos; a beneficiária direta da falsificação de um documento; falsificação essa que só poderia ter sido realizada, conforme laudo de fls. [...], por alguém que detivesse o conhecimento de química", era razoável presumir que "tendo a servidora se utilizado de um documento falso e cujo teor verdadeiro era do seu conhecimento", foi a mesma "responsável direta ou indireta pela falsificação e a responsável direta pelo uso do documento falso".

Muitas vezes, uma série de fatos em coordenação lógica levam, inexoravelmente, a determinada conclusão, e a comissão de TCE ou o julgador no Tribunal de Contas acabam por ver o processo anulado pela Justiça. Quando isso ocorre, temos notado, além da deficiência da redação na exposição de ideias, a ausência de indicação dos fatos, ainda que de menor relevância, mas que contribuem para firmar uma presunção *hominis vel judicis*.

Assente-se, porém, que, no processo administrativo, ressalvadas as presunções autorizadas por lei, descabem, por completo, as demais como meio de prova. Servem e são válidas num maior contexto como desenvolvimento de raciocínio lógico, na medida em que se harmonizam com o conjunto probante e, mesmo assim, adotadas com a máxima cautela.

Entre as presunções legais está a confissão ficta, decorrente da revelia do acusado, que constitui fato importante e frequente, justificando seu exame em separado adiante.

Outra importante presunção legal é o pedido de parcelamento do débito, o que implica confissão da dívida, fato confirmado nas leis orgânicas e nos regimentos dos Tribunais de Contas.

2.19.3.2.2.3.5 Fatos que devem ser provados (objeto da prova)

O objeto da prova deve consistir em demonstrar a verdade dos fatos que atendam aos seguintes requisitos:

a) pertinência ao processo – ainda que se considere elementar – somente os fatos que tenham pertinência com o processo é que devem ser provados. Não raro, às vezes, motivada pelo espírito apuratório, uma comissão administrativa ou órgão de inspeção do tribunal perde-se num torvelinho em que a falta de objetividade compromete, irremediavelmente, a credibilidade do trabalho. Tem de ser provado o fato que motivou a instauração da comissão – a causa do dano ou da omissão no dever de prestar contas – e outros, desde que absolutamente pertinentes. Se, no curso das investigações, a comissão se deparar com outras irregularidades que motivem a instauração de processo administrativo, sugere-se que a autoridade instauradora seja comunicada da existência dos indícios das novas irregularidades e orientada a adotar uma das seguintes alternativas:

a.1) se o fato motivar a instauração de outro processo, estando o primeiro na fase inicial, que seja alterado o objeto da apuração para ampliá-lo,

a.2) se o princípio da economia processual não justificar a alteração do objeto, iniciar-se-á nova comissão de TCE,

a.3) em caso de falta que justifique a instauração de processo administrativo disciplinar ou sindicância, pode a comissão sugerir o sobrestamento, ou não, dos trabalhos à autoridade instauradora.

b) controvertidos no processo – registrou-se, em linhas atrás, o entendimento de que dispensam prova os fatos afirmados por uma parte e confessados por outra, bem como os admitidos no processo como incontroversos. Há exceções a esses postulados, mesmo na esfera administrativa, como quando é exigido que a prova de um fato se revista de forma especial, tal como ocorre com o direito de propriedade de bem imóvel ou extrato de conciliação bancária. Exceções dessa natureza, em que a forma é essencial à validade e eficácia da prova, apenas confirmam a regra de que os fatos a serem provados são os que se mostram dentro do processo, pertinentes ao objeto e controvertidos;

c) relevância – muitas vezes, perde-se tempo na tentativa de elucidar aspectos pertinentes ao processo, controvertidos, mas absolutamente irrelevantes à finalidade das apurações; outras vezes, descobrindo-se a verdade dos fatos, é que se verifica a insignificância destes em relação ao objeto principal. Como regra, deve se questionar quais implicações terá a comprovação do fato no resultado final do processo, contrastando a relevância deste na consecução do objetivo dos trabalhos. Antigo provérbio latino proclamava: *frusta probatur quod probantum non relevant.*

A prova, no que concerne aos procedimentos próprios dos Tribunais de Contas, revela conotação de teor muito mais técnico do que se constata nos foros judiciais. É que a natureza das funções do controle, construída sobre bases técnico-científicas, de valorização da atividade administrativa, exige a necessidade de adentrar frequentes considerações de fundo extrajurídico. A avaliação da qualidade de uma obra, sob a ótica da engenharia civil, a consciência de um balanço ou um inventário, sob as amarras da contabilidade, ou a validade de uma ação governamental, sob o prisma quase científico da sociologia, impõem considerações para as quais o judiciário em geral se considera incompetente, ou se recusa a adentrar. Obtém-se, nesse compasso, sob as asas da ciência, maior exatidão no exame da prova, geralmente documental, pelo colegiado de contas, em função da qualidade de seu corpo técnico.

Em tal sentido é o trabalho de Antonio Fonseca, de profundidade ímpar e do qual se extrai o seguinte trecho:

> O uso de estatística tem contribuído para o discurso racional envolvendo assuntos de interesse público. Esse uso tem sido feito por economistas, cientistas sociais, geneticistas, epidemiologistas, engenheiros, físicos, biólogos e outros profissionais, atuando como testemunhas ou técnicos dentro das respectivas especialidades. Os juízes nem sempre têm disposição e habilidade para apreciar números. Isso pode ser uma deficiência dos cursos jurídicos que ainda não descobriram os números como instrumentos de argumentação jurídica. Daí, muita estatística pode atrapalhar o tratamento da prova. Com a devida assistência, os tribunais administrativos e judiciais são capazes de avaliar bem a prova estatística. Mas a falta de assistência adequada pode fazer que bons modelos estatísticos sejam sumariamente rejeitados, ou deficientes modelos sejam acolhidos sem a devida crítica. A reflexão a seguir tenta ressaltar as virtudes e vicissitudes de algumas técnicas estatísticas, capazes de impressionar e atribuir crédito a pressupostos jurídicos nem sempre adequadamente avaliados.
>
> A prova científica caracteriza-se pela busca do conhecimento ou verdades gerais, mediante a descoberta ou revelação das leis fundamentais da natureza e do modo como elas operam e interrelacionam-se. Isso cria uma atitude que coloca um grupo de profissionais, tais como técnicos, advogados, membros do Ministério Público e juízes em contato com o mundo físico e seus fenômenos, gerando observações imparciais e experimentações sistemáticas. Guardadas as devidas precauções, isso é perfeitamente adequado à exigência de motivação das decisões, desde que sejam criados modelos de análises com a formulação adequada de hipóteses. No processo administrativo antitruste, o resultado de uma prática ou conduta é particularmente criminosa, independentemente da sua valoração, subjetiva, sendo a prova técnica, neste setor da Administração Pública, de extrema necessidade.
>
> O tratamento científico da prova não garante necessariamente a solução ótima de um problema jurídico, mas pelo menos permite manejá-lo de forma racional, mediante o emprego de diversas técnicas envolvendo amostragem, combinação ou comparação, descrição, contagem ou computação, probabilidade, inferências e regressão. Como se disse, o instrumental estatístico ou matemático pode contribuir para o processo de investigação e convencimento, mas pode também ser usado inescrupulosamente para obscurecer ou reduzir o impacto de evidências ou fatos determinantes. Daí é preciso que todo modelo seja submetido a uma avaliação crítica,

em que, por exemplo, permita-se testar uma dada hipótese contra uma outra alternativa, estabelecendo-se, ao final, a hipótese nula ou falsa.[454]

2.19.3.3 Dos meios de prova

Meios de prova são os recursos utilizados pelas comissões, órgão apurador ou sujeito a julgamento, para transferir à autoridade julgadora a certeza e a convicção que fundamentaram a sua conclusão sobre a verdade dos fatos.

Carnelutti, um dos mestres processualistas modernos, discorrendo sobre os meios de prova, parte da distinção entre prova direta e indireta para averbar que a primeira coloca o julgador em contato direto com o fato que gera o direito pretendido, enquanto a segunda faz com que a percepção do fato ocorra por processo intermediário.[455]

O Código de Processo Civil, em norma recepcionável no caso, retratando sólida doutrina, estabelece que todos os meios legais, bem como os moralmente legítimos, ainda que não especificados, são hábeis para provar a verdade dos fatos,[456] deixando abertas as sendas para a evolução tecnológica e para a criatividade humana.

Mesmo a Administração, que se rege estritamente pelo princípio da legalidade na investigação e prova dos fatos, não prescinde de norma autorizadora para validar determinado tipo de prova. Todos os meios que não estiverem vedados pelo direito ou pela moral podem ser usados para firmar a convicção do magistrado.

Nesse ponto, revela-se que a Administração tem sido bastante tímida na produção da prova, deixando de estreitar relação com outros órgãos que poderiam fornecer peritos e especialistas para robustecê-la ou defini-la.

Recentemente, um tribunal necessitava fazer uma perícia num equipamento de radiologia, mas deixava transcorrer o tempo, aguardando um processo de licitação para selecionar um profissional para esse mister. Por nossa sugestão, decidiram contactar uma faculdade que prontamente forneceu, a título de colaboração, sem ônus, dois profissionais habilitados para a função. Esse gesto teve como amparo simples pedido formulado por um ofício emitido pelo presidente do tribunal ao reitor, entregue em contato pessoal.

Vem a propósito registrar que os servidores que compõem a comissão de TCE e os integrantes do tribunal de contas devem se sentir permanentemente motivados para buscar a verdade, utilizando-se de todos os meios em direito admitidos, trazendo para os autos a documentação das convicções que firmaram em visitas realizadas e em

---

[454] FONSECA, Antônio. Papel dos tribunais administrativos e sistema judicial. **Revista de Informação Legislativa**. Brasília, ano 35, n. 137, p. 222-223, jan./mar. 1998.

[455] CARNELUTTI, Francesco. **La prueba civil**. 2. ed. Buenos Aires: Depalma, 1982, p. 67 [tradução livre].

[456] BRASIL. Lei nº 13.105, de 16 de março de 2015. Código de Processo Civil. Brasília, DF: Presidência da República, [2025]. Disponível em: https://www.planalto.gov.br/ccivil_03/_ato2015-2018/2015/lei/l13105.htm. Art. 464 e art. 369.

depoimentos prestados, servindo-se, sempre que necessário, do conhecimento de especialistas das diversas áreas do conhecimento humano.

Se o meio de prova não estiver expressamente previsto no direito, basta que seja moralmente admitido.[457]

No caso das comissões de Tomada de Contas Especial, embora inexista norma expressa, deve ser esta integrada por servidores do órgão e, se possível, estáveis, em analogia com o que dispõe o art. 149 da Lei nº 8.112/1990.[458]

2.19.3.3.1 Do depoimento pessoal

Entre os meios de prova, o primeiro a ser citado pelo Código de Processo Civil é o depoimento pessoal, não só porque corresponde à ordem lógica da sequência do processo judicial, como também pelo seu valor probante.

Como regra, não se utiliza esse meio de prova em processo de julgamento de contas anuais, no qual prevalece a prova documental, mas o é, intensamente, em processos de Tomada de Contas Especial, em que prevalece a apuração de fatos ou causa da omissão no dever de prestar contas. Contudo, não se pode afastar a possibilidade de emprego do depoimento pessoal. No direito comparado, há registro de procedimento de julgamento de contas, em que o tribunal informa as irregularidades encontradas e marca audiência para o agente em julgamento trazer os seus elementos de convicção, podendo inclusive, se no caso couber, servir-se de especialista ou autoridade subalterna para elucidar a aplicação de recursos públicos.[459]

Ordinariamente, estuda-se o depoimento pessoal junto à prova testemunhal. Distingue- se, contudo, o primeiro da segunda pelo fato de que aquele é restrito à parte, enquanto nesta qualquer pessoa, exceto a parte, pode testemunhar. Aquele tem por objetivo obter a confissão da parte e esclarecer fatos nessa ordem de importância; no testemunho, não há a pretensão da confissão.

A terminologia abraçada pelo Direito Processual Civil tem sido transplantada para o processo administrativo, com todos os consectários. Impõe-se uma reflexão sobre esse fato, pois, na medida em que a doutrina[460] firma-se, reconhecendo ser o

---

[457] BRASIL. Lei nº 13.105, de 16 de março de 2015. Código de Processo Civil. Brasília, DF: Presidência da República, [2025]. Disponível em: https://www.planalto.gov.br/ccivil_03/_ato2015-2018/2015/lei/l13105.htm. "Art. 369. As partes têm o direito de empregar todos os meios legais, bem como os moralmente legítimos, ainda que não especificados neste Código, para provar a verdade dos fatos em que se funda o pedido ou a defesa e influir eficazmente na convicção do juiz.".

[458] BRASIL. Lei nº 8.112, de 11 de dezembro de 1990. Dispõe sobre o regime jurídico dos servidores públicos civis da União, das autarquias e das fundações públicas federais. **Diário Oficial [da] República Federativa do Brasil**, Brasília, DF, 12 dez. 1990, republicada em 18 mar. 1998.

[459] Esse procedimento é aplicado pela Corte de Contas da Itália no julgamento de litígios. Interessante notar que se o agente for omisso na apresentação das contas, a Corte pode ordenar a compilação às expensas do mesmo. Transplantar essa ideia para o Brasil reduziria muito as tomadas de contas especial por omissão no dever de prestar contas, criando fonte de renda própria para os Tribunais de Contas, que poderiam aplicá-la no treinamento de ordenadores de despesas de convênios, por exemplo.

[460] Consultar: PONTES DE MIRANDA, Francisco Cavalcanti. **Comentários ao Código de Processo Civil**. 5. ed.

depoimento pessoal instituto exclusivamente vinculado à parte do processo, acolhendo-o com essa nomenclatura, reconhece-se, implicitamente, a existência de partes antagônicas e a necessidade de terceiro e equidistante julgador, com as consequências acadêmico-filosóficas expendidas anteriormente.

Ocorre que a legislação pátria, mesmo a insculpida no Código de Processo Civil, utiliza o termo "depor" também para a prova testemunhal, demonstrando a possibilidade de uso sinonímico das expressões e deitando por terra a distinção que a doutrina insiste, acertadamente, em manter. Como toda ciência, deveriam os legisladores e exegetas usar os termos com significado próprio para que a comunicação fosse efetiva.

Há espaço para depoimento e interrogatório no curso das investigações da Tomada de Contas Especial, realizadas pela Administração Pública, na fase interna. Desse modo, não é meio de prova que integra o elenco das habitualmente ocorrentes nos Tribunais de Contas, fugindo ao escopo do presente trabalho. Por esse motivo, cabe remeter o leitor à obra especializada.[461] De *lege ferenda*, nada impede que venha a ser previsto para os Tribunais de Contas, valorizando o princípio judicial do imediatismo do julgador.

2.19.3.3.2 Da prova documental

Sem dúvida, é a mais importante das provas na jurisdição de contas, porque um dos princípios fundamentais da realização da despesa pública é a documentação do ato.[462]

Mesmo fora da área do controle, na processualística judicial, a prova documental comumente tem preponderância sobre a testemunhal, conforme antiga parêmia latina: *scripta, sicut monumenta, manent; verba, sicut ventus, volant.*[463]

Algumas regras consagradas na processualística judiciária servem plenamente ao caso, merecendo destaque as seguintes:

Rio de Janeiro: Forense, 1995, 1 t., p. 392; SANTOS, Moacyr Amaral. **Primeiras linhas de Direito Processual Civil**. São Paulo: Saraiva, 13. ed., 1993, 3 v., p. 451; MARQUES, Frederico. **Manual de Direito Processual Civil**, 1976, v. 2, 18. parte, p. 73.

[461] JACOBY FERNANDES, Jorge Ulisses. **Tomada de Contas Especial**: processo e procedimento na Administração Pública e nos tribunais de contas. 5. ed. rev., atual. e amp. Belo Horizonte: Fórum, 2012. Nesta obra aborda-se sobre interrogatório os seguintes tópicos: da capacidade para depor; da participação do advogado; do não-comparecimento para depor; da recusa em depor; do uso de evasivas na resposta e outros comportamentos; da confissão; da divisibilidade ou indivisibilidade da confissão; dos efeitos da confissão e da retratação; da confissão ficta; da prova testemunhal; da obrigação de declarar a verdade; da acareação.

[462] BRASIL. **Decreto-Lei nº 200, de 25 de fevereiro de 1967.** Dispõe sôbre a organização da Administração Federal, estabelece diretrizes para a Reforma Administrativa e dá outras providências. Disponível em: **https://www.planalto.gov.br/ccivil_03/decreto-lei/del0200.htm.** "Art. 77. Todo ato de gestão financeira deve ser realizado por força do documento que comprove a operação e registrado na contabilidade, mediante classificação em conta em conta adequada." Complementa a referida norma o § 5º art. 78: "Os documentos relativos à escrituração dos atos da receita e despesas ficarão arquivados no órgão de contabilidade analítica e à disposição das autoridades responsáveis pelo acompanhamento administrativo e fiscalização financeira e, bem assim, dos agentes incumbidos do Controle Externo, de competência do Tribunal de Contas."

[463] "Escritos permancem como os monumentos, palavras voam como o vento". [tradução livre].

a) o documento não faz prova a favor de quem o fez, pois, em princípio, não pode a parte constituir prova em seu próprio benefício;

b) o servidor, ou terceiro envolvido, responsável pelo dano, é obrigado a exibir o documento, sob pena de ser considerado provado o fato referente ao documento cuja exibição se pretendia;

c) os documentos devem ser juntados ao original ou apresentar forma própria de comprovação de autenticação: fotos com os respectivos negativos; fotocópia autenticada ou exibida com o original; telegrama, radiograma e outros instrumentos de transmissão devem ter original assinado na estação expedidora;[464]

d) os traslados, as certidões e as cópias em papel ou em filme de documentos microfilmados, para produzir efeitos legais, em juízo ou fora dele, deverão estar autenticados pela autoridade competente, detentora do filme original.[465]

As demais regras constantes do Código de Processo Civil parecem igualmente aplicáveis ao processo de julgamento de contas.

2.19.3.3.2.1 Da arguição de falsidade

Poderá ocorrer, tanto na fase interna da Tomada de Contas Especial, como na tramitação desta no Tribunal de Contas, ou ainda no julgamento de contas anuais, que alguém faça juntar aos autos documento cuja autenticidade mais tarde venha a ser contestada ou, ao contrário, haja fundada dúvida sobre autenticidade de documento já anteriormente anexado.

No processo judiciário, a arguição de falsidade, normalmente, é uma ação incidente, motivo pelo qual se processa em autos apartados e resulta em uma sentença de mérito declaratória de falsidade ou autenticidade do documento. Numa das características desse processo está o fato de que a parte deve arguir a falsidade no prazo de dez dias, contados da ciência da juntada do documento ao processo, em qualquer grau de jurisdição.

Nos processos que correm nos Tribunais de Contas, não há necessidade de constituição de autos apartados, podendo ser o fato apurado no mesmo processo. Também não há prazo para arguição pelo interessado como regra. Sem dúvida, porém, infringe o princípio da lealdade processual a pessoa que, tendo ciência da falsidade de documento em que se fundamenta ponto capital do julgamento, deixa de arguir o fato na primeira oportunidade.

---

[464] BRASIL. Lei nº 13.105, de 16 de março de 2015. Código de Processo Civil. Brasília, DF: Presidência da República, [2025]. Disponível em: https://www.planalto.gov.br/ccivil_03/_ato2015-2018/2015/lei/l13105.htm. Art. 413.

[465] Em se tratando de documento privado, a autenticação deverá ser feita por cartório, devidamente registrado para esse fim, no Ministério da Justiça. BRASIL. Decreto nº 1.799, de 30 de janeiro de 1996. Regulamenta a Lei nº 5.433, de 8 de maio de 1968, que regula a microfilmagem de documentos oficiais e dá outras providências. Disponível em: https://www.planalto.gov.br/ccivil_03/decreto/antigos/d1799.htm.

Importa lembrar que não é suficiente que o interessado alegue a falsidade, devendo declinar, desde logo, os meios pelos quais pretenda provar suas alegações.[466] Entretanto, se não o fizer, o Tribunal de Contas deverá notificá-lo para informar o motivo pelo qual entende ser falso o documento e os meios para prová-lo, lembrando, porém, que a Administração Pública tem o direito de, quando houver fundadas suspeitas da veracidade das alegações, não promover a notificação e, desde logo, agir visando comprovação de autenticidade.

É importante que:

a) não fique nos autos, sem qualquer esclarecimento, a manifestação de que determinado documento é falso;
b) o Tribunal não acolha requerimentos meramente protelatórios, nem deixe de se manifestar sobre o assunto, porque a arguição desconsiderada imotivadamente pode ensejar anulação do processo por cerceamento de defesa;
c) pode ser recusada a arguição de plano, quando o documento não for relevante para determinar o fato, o valor ou a autoria e não constituir atenuante ou agravante da conduta do agente;
d) mesmo após a remessa dos autos ao Tribunal de Contas, para obstar a citação ou o desenvolvimento do processo com fundamento em documento falso, pode a parte interessada arguir a falsidade, desde que amparada em fato novo, superveniente à sua manifestação, sob pena de ser considerado precluso o direito.

2.19.3.3.2.2 Do dever de exibir documentos

O Código de Processo Civil estabelece uma sistemática bastante simples para resolver o impasse no caso de recusa em exibir documento ou coisa: se está de posse da parte adversa, considera provado o fato que com a exibição se pretendia; se de posse de terceiro, a recusa pode ser havida por ilegítima, hipótese em que o juiz ordenará a apreensão.[467]

No processo administrativo, em geral, a solução preconizada pelo Código não pode ser de todo implementada, vez que a autoridade administrativa não detém o poder de coerção sobre terceiros para determinar a exibição.

Com relação aos processos desenvolvidos perante os Tribunais de Contas, podem ser sintetizados os seguintes comandos:

---

[466] BRASIL. Lei nº 13.105, de 16 de março de 2015. Código de Processo Civil. Brasília, DF: Presidência da República, [2025]. Disponível em: https://www.planalto.gov.br/ccivil_03/_ato2015-2018/2015/lei/l13105.htm. Art. 431.

[467] É uma síntese do que dispõem os arts. 400 a 403 do CPC: BRASIL. Lei nº 13.105, de 16 de março de 2015. Código de Processo Civil. Brasília, DF: Presidência da República, [2025]. Disponível em: https://www.planalto.gov.br/ccivil_03/_ato2015-2018/2015/lei/l13105.htm.

a) é dever de todo órgão público, jurisdicionado ao Tribunal de Contas, apresentar, no prazo por ele estabelecido, os documentos;[468]

b) em homenagem ao princípio da continuidade administrativa e para evitar transtornos maiores ao controlado, admite-se a entrega de cópia, salvo expressa determinação em sentido contrário do Tribunal de Contas;

c) é direito e, também, dever do jurisdicionado exigir a identificação funcional dos agentes do controle, quando a entrega for pessoal;

d) os documentos protegidos por sigilo fiscal ou bancário também devem ser entregues, adotadas as cautelas para a transferência do sigilo, mediante identificação nominal e funcional do receptor e meio adequado de transporte. O tema, contudo, apresenta expressiva divergência de entendimento;[469]

2.19.3.3.2.3 Dos documentos protegidos por sigilo bancário (Lei Complementar nº 105/2001)

Em mais de uma oportunidade, houve polêmica sobre a Administração estar ou não sujeita ao dever de exibir documento que revele, direta ou indiretamente, movimentações bancárias, em face do que dispõe os arts. 1º, 3º, 4º, 6º e 10 da Lei Complementar nº 105, de 10 de janeiro de 2001.[470]

No caso de Tomada de Contas Especial, a comissão apuradora, na fase interna, conduz um procedimento administrativo e, em princípio, não pode sobrepor suas atividades à vedação do dispositivo precitado, que restringe o acesso a informações ao Poder Judiciário, ao Legislativo e às Comissões Parlamentares de Inquérito.[471]

---

[468] a) Nesse sentido dispõem expressamente as respectivas leis orgânicas dos Tribunais de Contas.

b) No TCU: BRASIL. **Regimento Interno e Lei Orgânica do Tribunal de Contas da União**. Organização dos textos e índice por J. U. JACOBY FERNANDES. Belo Horizonte: Fórum, 2014 - Lei nº 8.443/1992. "Art. 42. Nenhum processo, documento ou informação poderá ser sonegado ao Tribunal em suas inspeções ou auditorias, sob qualquer pretexto. § 1º No caso de sonegação, o Tribunal assinará prazo para apresentação dos documentos, informações e esclarecimentos julgados necessários, comunicando o fato ao Ministro de Estado supervisor da área ou à autoridade de nível hierárquico equivalente, para as medidas cabíveis. § 2º Vencido o prazo e não cumprida a exigência, o Tribunal aplicará as sanções previstas no inciso IV do art. 58 desta Lei."

[469] a) BRASIL. Supremo Tribunal Federal. MS nº 26.468-3/DF. Relator: Ministro Gilmar Mendes. **Diário da Justiça [da] República Federativa do Brasil**, Brasília, DF, 11 out. 2007, p. 63; MS nº 25668-MC. Relator: Ministro Celso de Mello. **Diário da Justiça [da] República Federativa do Brasil**, Brasília, DF, 24 nov. 2005.

b) Consultar no Capítulo III, que trata da Competência dos Tribunais de Contas, o subtítulo 3.2.1.34, no qual é detalhada a questão do sigilo fiscal e bancário.

[470] a) Consulte a propósito, as **ADI's** nº 2.390, 2.386, 2.397 e 2859, julgadas conjuntamente pelo STF. Disponível em: https://portal.stf.jus.br/processos/detalhe.asp?incidente=2106858.

b) O tema será detalhado no Capítulo III, subtítulo 3.2.1.34.2 Sigilo bancário.

[471] Sigilo Fiscal - Quebra. O sigilo fiscal, que protege os cidadãos do próprio interesse estatal, embora não seja absoluto, não deve ser quebrado, apenas porque se mostra o meio mais fácil de obter informações que, possivelmente, irão beneficiar o credor, ainda que este seja o órgão previdenciário. Tal recurso deve ser utilizado quando inexistem, comprovadamente, bens aptos para a satisfação do crédito ou mesmo quando o executado se encontrar com paradeiro ignorado. BRASIL. Tribunal Regional do Trabalho (3. Região). AP nº 6.471/2001. Relator: Desembargador Heriberto de Castro. **Diário da Justiça de Minas Gerais**, 16 fev. 2002, p. 4.

A propósito, cabe registrar que alguns tipos de processo disciplinar podem, sim, ensejar a verificação de depósitos em conta de cheques ou valores. Referimo-nos aos especialíssimos inquéritos que são promovidos por estatais bancárias, como o Banco do Brasil ou a Caixa Econômica Federal. No curso de uma investigação, podem tais instituições verificar a movimentação bancária de seus servidores, porque é o único meio de verificar a regularidade das transações ocorridas, bem como em que contas foram depositados cheques emitidos por aqueles.

Somente o desconhecimento das operações bancárias é que iria permitir confundir verificação de depósitos com quebra de sigilo bancário. Explicando melhor: considere que um servidor "A", da Caixa Econômica Federal, retira da conta de um cliente determinada importância e deposita em sua conta, e depois transfere o valor para seu cônjuge. É lícito, mesmo em sede administrativa, sem a participação de órgão judiciário, a auditoria da Caixa juntar comprovante de retirada e depósito das três contas e inclusive extrato integral de movimentação bancária do seu servidor. Com referência às contas do cliente e do cônjuge do servidor, no exemplo, a movimentação bancária deverá ser velada, aparecendo apenas o depósito do cheque, objeto da investigação e o saque. Admitir-se o sigilo bancário em favor de servidor de banco é o mesmo que impedir um comerciante de fazer a verificação de seu próprio almoxarifado, pois a movimentação bancária é instrumento de trabalho.

"Velar", nos demonstrativos, as movimentações impertinentes ao objeto da investigação é o modo de alcançar a harmonia entre as normas legais.

O requisito de fundo é a fiscalização da Administração Pública, na sua mais lata acepção, como ocorre com a TCE, não parecendo razoável a quebra do sigilo bancário para a apuração de infrações administrativas em geral, ou em processo administrativo ordinário, conforme já decidiu o Tribunal Regional Federal da 1ª Região.[472]

Posição diferente, porém, cabe aos órgãos de inspeção e auditoria do próprio Tribunal de Contas, o qual não pode efetivar o controle da Administração Pública se ficar restrito por essa norma.[473] Aliás, o constituinte de 1988, destacando a posição institucional das Cortes de Contas, firmou-se no sentido de franquear plenamente informações tidas e mantidas pelos órgãos integrantes da Administração Pública, não restringindo o alcance dos normativos. Caso seus profissionais de inspeção venham a violar o dever de zelar pelo sigilo, responderão funcional e criminalmente pelo fato.[474]

---

[472] BRASIL. Tribunal Regional Federal (3. Região). Apelação em Mandado de Segurança nº 94.01.21390-9-RO. Relator: Juiz Olindo Menezes. São Paulo, 27 de maio de 1996. **Diário da Justiça [da] República Federativa do Brasil**, 28 jun1996. Seção 2, p. 44.667.

[473] Nesse sentido: DISTRITO FEDERAL. Tribunal de Justiça do Distrito Federal e Territórios. Agravo Regimental em MS nº 2002.00.2.005310-6. Relator: Desembargador Hermenegildo Gonçalves. **Diário da Justiça [da] República Federativa do Brasil**, Brasília, DF, 10 set. 2002.

[474] a) A propósito de sigilo bancário, consultar o Capítulo III, que trata da Competência dos Tribunais de Contas, especialmente o subtítulo 3.2.1.34.2.

b) na decisão conjunta das ADI' **ADI's** nº 2.390, 2.386, 2.397 e 2859, em 24 de fevereiro de 2016, o STF usa o termo transferência de dados sigilosos: "[...] 4. Os artigos 5º e 6º da Lei Complementar nº 105/2001 e seus decretos

O Tribunal de Contas da União decidiu que, quando há dano ao erário sem a participação de servidores do banco, não há necessidade de instauração de Tomada de Contas Especial.[475]

Contas bancárias de recebimento de recursos públicos e a chamada "conta movimento" não se adequam às considerações expendidas. São necessariamente públicas. Nessa seara, o Tribunal de Contas é absolutamente livre para fiscalizar, embora diga respeito aos bancos. Os órgãos de tesouraria e da fazenda devem, é óbvio, fornecer senhas de consulta a essas contas.

2.19.3.3.2.4 Dos documentos protegidos por sigilo fiscal

Igualmente tortuosa foi a questão do sigilo imposto aos dados fiscais em relação às informações protegidas por sigilo obtidas pela administração tributária, e a sobreposição dessa barreira ao interesse público e à previsão constitucional relativa ao dever de prestação de contas e ao controle externo.

A Constituição Federal dá guarida à controvérsia, já que tratou sobre o sigilo de dados, mas não especificamente sobre o sigilo fiscal (ou bancário) em seu texto, o que deu margem a interpretações conflitantes[476].

O Código Tributário Nacional, por seu turno, no artigo 198, incorporado pela Lei Complementar nº 104, de 10 de janeiro de 2001, traz que o sigilo fiscal está delimitado pela vedação à divulgação de informação obtida em razão do ofício, por parte da Fazenda Pública ou de seus servidores, sobre a situação econômica ou financeira do sujeito passivo ou de terceiros e sobre a natureza e o estado de seus negócios ou atividades.

Interessa notar, contudo, que o § 1º do dispositivo excetua da obrigatoriedade do sigilo, além dos casos previstos no art. 199, a "requisição de autoridade judiciária no interesse da justiça" e as "solicitações de autoridade administrativa no interesse da Administração Pública, desde que seja comprovada a instauração regular de processo administrativo, no órgão ou na entidade respectiva, com o objetivo de investigar o sujeito passivo a que se refere a informação, por prática de infração administrativa"[477].

---

regulamentares (Decretos nº 3.724, de 10 de janeiro de 2001, e nº 4.489, de 28 de novembro de 2009) consagram, de modo expresso, a permanência do sigilo das informações bancárias obtidas com espeque em seus comandos, não havendo neles autorização para a exposição ou circulação daqueles dados. Trata-se de uma transferência de dados sigilosos de um determinado portador, que tem o dever de sigilo, para outro, que mantém a obrigação de sigilo, permanecendo resguardadas a intimidade e a vida privada do correntista, exatamente como determina o art. 145, § 1º, da Constituição Federal". Disponível em: https://portal.stf.jus.br/processos/downloadPeca.asp?id=310576360&ext =.pdf.

[475] BRASIL. Tribunal de Contas da União. Processo TC nº 600.066/1996-7. Decisão nº 859/1999 - Plenário. Relator: Ministro Adhemar Ghisi. Brasília, 24 de novembro de 1999. **Diário Oficial [da] República Federativa do Brasil**, Brasília, DF, 13 dez. 1999.

[476] BRASIL. Tribunal de Contas da União. Processo TC nº 025.686/2006-7. Acórdão nº 1835/2007 - Plenário. Relator: Ministro Marcos Vinicios Vilaça. Em sentido oposto: BRASIL. Supremo Tribunal Federal. MC em MS nº 27.091-8/DF. Relator: Min. Gilmar Mendes, data da sessão: 05.09.2007, ata: 37/2007.

[477] BRASIL. **Lei nº 5.172, de 25 de outubro de 1966.** [Código Tributário Nacional]. Brasília, DF: Planalto. Disponível em: https://www.planalto.gov.br/ccivil_03/leis/l5172compilado.htm.

Ainda, de acordo com o § 2º, o intercâmbio de informação sigilosa, no âmbito da Administração Pública, será realizado mediante processo regularmente instaurado, e a entrega será feita pessoalmente à autoridade solicitante, mediante recibo, que formalize a transferência e assegure a preservação do sigilo. A formalidade do recibo deve ser compreendida em termos, agora no mundo digital e da internet.

Em 2016, ao julgar conjuntamente as ADI's 2390, 2386, 2397 e 2859, o STF concluiu que "o art. 1º da Lei Complementar 104/2001, no ponto em que insere o § 1º, inciso II, e o § 2º ao art. 198 do CTN, não determina quebra de sigilo, mas transferência de informações sigilosas no âmbito da Administração Pública"[478].

Uma vez que as atividades dos tribunais de contas são materializadas por meio de processo regular tendente a apurar possíveis irregularidades administrativas, abre-se a possiblidade de requerimento, por parte da autoridade relatora do processo de contas e sem prévia autorização judicial, para que o Fisco proceda à transferência de informações abrigadas por sigilo fiscal, desde que observados os demais requisitos do § 2º.

Ressalte-se que, de acordo com a literalidade do dispositivo, não se trata de quebra do sigilo fiscal ou da divulgação destes para o público e, sim, do intercâmbio de informações sigilosas do contribuinte, pessoa física ou jurídica, entre órgãos administrativos e no âmbito de processo previamente instaurado, sendo que a obrigatoriedade de resguardo permanece, devendo os autos correrem em caráter sigiloso.

Atualmente, a jurisprudência do STF evoluiu para permitir o compartilhamento de dados fiscais sigilosos entre a administração tributária e os tribunais de contas, em interpretação que relativiza o sigilo de informações e a preservação da intimidade quando se está diante do interesse da sociedade de conhecer o destino dos recursos públicos[479] e o adequado exercício do múnus constitucional do controle externo, situação na qual impera o dever de transparência imposto aos administradores públicos.

Nesse passo, em 2020, transigiu o governo federal, após muito se digladiar com o Tribunal de Contas da União a fim de não lhe transferir dados fiscais protegidos

---

[478] BRASIL. STF. **ADI's** nº 2.390, 2.386, 2.397 e 2859. Disponível em: https://portal.stf.jus.br/processos/downloadPeca.asp?id=310576360&ext=.pdf.

[479] a) BRASIL. Supremo Tribunal Federal. MS nº 33.340/DF - Primeira Turma. Relator: Ministro Luiz Fux, j. em: 26.05.2015. DJe de 3/8/15; BRASIL, Supremo Tribunal Federal. ARE nº 1331423/RS. Relator: Min. Alexandre de Moraes, j. em: 01.07.2021. DJe de 06.07.2021.

b) Anteriormente, o Governo Federal havia editado o Decreto nº 10.046, de 9 de outubro de 2019, dispondo sobre a governança no compartilhamento de dados no âmbito da administração pública federal e instituiu o Cadastro Base do Cidadão e o Comitê Central de Governança de Dados. Disponível em: https://www.planalto.gov.br/ccivil_03/_ Ato2019-2022/2019/Decreto/D10046.htm. O Decreto foi objeto da ADI nº 6649 por parte da CFOAB, tendo o STF declarado a inconstitucionalidade do art. 22, que trata da composição do Comitê. Após a decisão em set./2022, o decreto foi alterado para atender ao STF, também acrescentando nova seção sobre a responsabilidade dos estado e dos agentes envolvidos.

por sigilo, com a publicação de decreto[480] regulamentador do acesso da Controladoria-Geral da União e do TCU a dados de órgãos do Ministério da Economia, inclusive da Receita Federal, albergados por sigilo fiscal.

Adequando-se ao posicionamento governamental, a portaria RFB nº 4, de 22 de janeiro de 2021[481] assentou que o intercâmbio das informações sigilosas deve ser permitido, verificada a clara definição do objetivo e do escopo da auditoria, devendo os dados solicitados guardarem com estes vinculação. Estabelece ainda que os dados só poderão ser compartilhados mediante declaração indicativa dos auditores autorizados a utilizá-los, os quais assinarão termo de confidencialidade e assumirão as mesmas responsabilidades legais a que um auditor da Receita Federal está obrigado.

Em 2024, houve mais um avanço no compartilhamento dos dados, quando por força da Lei Complementar nº 208, de 2 de julho de 2024, foram acrescentados mais dois parágrafos ao art. 198. De acordo com o § 4º, o Código Tributário Nacional garante, agora, à administração tributária o poder de requisitar informações cadastrais e patrimoniais de sujeito passivo de crédito tributário a órgãos ou entidades, públicos ou privados. O art. 197 já garantia à autoridade administrativa o direito de intimar, por escrito, e requisitar informações. Agora, de acordo com § 5º, independente de requisição, todos os órgãos e as entidades da administração pública direta e indireta de qualquer dos Poderes devem colaborar, visando ao compartilhamento de bases de dados de natureza cadastral e patrimonial de seus administrados e supervisionados"[482].

2.19.3.3.2.5 Dos documentos dos comerciantes

O revogado Código Comercial Brasileiro, promulgado em 25 de junho de 1850, estabelecia:

> Art. 17. Nenhuma autoridade, juízo ou tribunal, debaixo de pretexto algum, por mais especioso que seja, pode praticar ou ordenar alguma diligência para examinar se o comerciante arruma ou não devidamente seus livros de escrituração mercantil, ou neles tem cometido algum vício.[483]

---

[480] BRASIL. Decreto nº 10.209, de 22 de janeiro de 2020. Dispõe sobre a requisição de informações e documentos e sobre o compartilhamento de informações protegidas pelo sigilo fiscal. Disponível em: https://www.planalto.gov.br/ccivil_03/_ato2019-2022/2020/decreto/d10209.htm.

[481] BRASIL. Receita Federal do Brasil. Portaria RFB nº 4, de 22 de janeiro de 2021. Dispõe sobre o Protocolo de Auditabilidade da Administração Tributária e Aduaneira, utilizado inclusive para viabilizar o compartilhamento de dados e informações protegidos pelo sigilo fiscal. **Diário Oficial da União**, Brasília, DF, 28 jan. 2021. Atentar para a redação dada pela Portaria RFB nº 385, de 11 de dezembro de 2023.

[482] BRASIL. **Lei nº 5.172, de 25 de outubro de 1966.** [Código Tributário Nacional]. Brasília, DF: Planalto. Disponível em: https://www.planalto.gov.br/ccivil_03/leis/l5172compilado.htm.

[483] BRASIL. **Lei nº 556, de 25 de junho de 1850.** Código Comercial. Artigo revogado pelo Decreto-lei nº 385, de 22 de abril de 1938. Disponível em: https://www.planalto.gov.br/ccivil_03/leis/lim/lim556.htm.

Com redação atualizada, o teor foi repetido no art. 1.190 do atual Código Civil[484], com a ressalva de determinação judicial[485] e mediante exigência de autoridades fazendárias, no exercício da fiscalização do pagamento de impostos, conforme prescreve o art. 1.193. Esse dispositivo, em relação às sociedades anônimas, foi alterado pela Lei nº 6.404, de 15 de dezembro de 1976[486] e pelas leis tributárias em geral. Ao contrário do que sustentam outros, vislumbramos sua eficácia restrita, inclusive oponível à Administração Pública em processo administrativo não tributário.

Por essa razão, como ocorre com qualquer documento particular, a Administração não tem poder coercitivo para determinar a exibição de livros comerciais, salvo:

a) se pertencente ou depositado em órgão integrante da Administração Pública, porque constitucionalmente sujeito a seu controle;
b) se tiver recebido recursos públicos sujeitos a prestação de contas;
c) diante de disposição expressa em lei.

2.19.3.3.3 Da prova pericial

Como foi visto anteriormente, o Poder Judiciário, na melhor jurisprudência, deixou assentado que o julgamento das contas constitui prejudicial de mérito, inibindo, portanto, o reexame judicial da decisão consagrada pelas cortes de contas.

O meio de prova em destaque interessa ao presente estudo tanto pelo fato de que a manifestação do Tribunal de Contas pode ser acolhida perante a Justiça como laudo pericial, diante de determinada demanda, como podem os tribunais de contas requisitarem perícias para elucidar fatos, notadamente em processos de Tomada de Contas Especial.

No conhecimento técnico que o processo de contas fornece ao juiz reside o fato de ter-se erigido esse tipo de processo com suficiente valor probante frente ao Poder Judiciário.

Por isso, a prova pericial, no processo, deve ser solidamente constituída, com a observância do máximo rigor técnico e com demonstração do acatamento das normas que regulam a atividade especializada.

Tem sido lamentavelmente comum, entre outras falhas que elidem a força probante das decisões de processos de contas, que:

---

[484] BRASIL. **Lei 10.406 de 10 de janeiro de 2002**. Código Civil. Disponível em: https://www.planalto.gov.br/ccivil_03/LEIS/2002/L10406compilada.htm. Art. 1.190. Ressalvados os casos previstos em lei, nenhuma autoridade, juiz ou tribunal, sob qualquer pretexto, poderá fazer ou ordenar diligência para verificar se o empresário ou a sociedade empresária observam, ou não, em seus livros e fichas, as formalidades prescritas em lei.

[485] Idem. "Art. 1.191. O juiz só poderá autorizar a exibição integral dos livros e papéis de escrituração quando necessária para resolver questões relativas a sucessão, comunhão ou sociedade, administração ou gestão à conta de outrem, ou em caso de falência".

[486] BRASIL. Lei nº 6.404, de 15 de dezembro de 1976. Dispõe sobre as sociedades por ações. Disponível em: https://www.planalto.gov.br/ccivil_03/leis/l6404consol.htm

a) conclusões de prejuízos causados ao erário não apresentem, com clareza, o montante do dano;
b) falta de bens em almoxarifados seja quantificada sem a realização de um levantamento periódico;
c) acusações de superfaturamento de preços não indiquem o valor razoável de mercado frente ao preço de aquisição;
d) valores pagos a maior em folha de pagamento não sejam discriminados mês a mês.

Algumas noções assentadas há tempos pelas normas processuais são indispensáveis à constituição da prova pericial porque os magistrados balizar-se-ão na apreciação dos fatos.

As perícias dividem-se em exames, vistorias e avaliações. Exames são realizados sobre contas, instrumentos ou pessoas; vistorias são as inspeções oculares realizadas sobre coisas móveis e imóveis; avaliações são as fixações de preços, qualidade e quantidade de coisas, serviços ou fatos ocorridos. O novo Código de Processo Civil também admite a produção de prova simplificada, quando o ponto controvertido for de menor complexidade. Neste caso, o especialista será apenas ouvido pela autoridade julgadora[487].

A perícia exige um profissional com conhecimento técnico especializado, detentor de qualificação que, à vista de determinada ciência ou técnica, reduza ao extremo a interferência subjetiva na conclusão sobre determinado fato.

Em mais de uma oportunidade, verificamos que o perito, com habilitação profissional, emite juízo de valor sem observância do rigor técnico, fazendo com que as conclusões assumam a condição de mera opinião. Esse comportamento deve ser evitado com a participação ativa dos agentes de controle no acompanhamento das perícias eventualmente requeridas, observando-se as seguintes regras:

a) a perícia, em qualquer de suas três modalidades, deve ser deferida quando tiver por objetivo a prova de fato pertinente e relevante, que demande para seu esclarecimento conhecimento técnico especializado;[488]
b) a atividade do perito pode constituir o elenco de profissões regulamentadas, hipótese em que a manifestação, para ter validade, deve observar a legislação pertinente;
c) a perícia deve, sempre que possível, ser realizada por profissional detentor de habilitação legal, tratando-se de profissão regulamentada em lei, integrante

---

[487] BRASIL. Lei nº 13.105, de 16 de março de 2015. Código de Processo Civil. Brasília, DF: Presidência da República, [2025]. Disponível em: https://www.planalto.gov.br/ccivil_03/_ato2015-2018/2015/lei/l13105.htm. Art. 464, §§ 2º e 3º.

[488] BRASIL. Lei nº 13.105, de 16 de março de 2015. Código de Processo Civil. Brasília, DF: Presidência da República, [2025]. Disponível em: https://www.planalto.gov.br/ccivil_03/_ato2015-2018/2015/lei/l13105.htm. Art. 464.

dos quadros da própria Administração, do órgão que está conduzindo a TCE ou de outro;

d) a responsabilidade pela seleção e indicação do profissional compete à própria administração jurisdicionada ou ao agente envolvido;

e) quando a Administração não tiver em seus quadros o profissional, nem for possível obter os serviços a título de colaboração, poderá contratá-lo com dispensa ou inexigibilidade de licitação,[489] ou mediante concurso, modalidade de licitação próprias para essa seleção;[490]

f) se a responsabilidade pelo dano causado ao erário já tiver sido firmada nesse momento, pode o agente interessado utilizar-se da prerrogativa que é adotada pelo Código de Processo Civil de indicar um profissional para acompanhar a realização da perícia, denominado de "assistente do perito";

g) a Administração não fica vinculada à conclusão do perito e pode, fundamentadamente, promover nova perícia;[491]

h) ao indicar o perito, deve a comissão de Tomada de Contas Especial ou o Tribunal de Contas indicar com clareza e objetividade os quesitos, isto é, a relação dos fatos que pretende ver esclarecidos;

i) a comissão (ou o Tribunal de Contas) deve requerer, para evitar a emissão de laudo opinativo, sem valor científico, a formalização de um laudo com indicação dos profissionais envolvidos, metodologia de trabalho, meios de investigação, equipamentos utilizados, legislação aplicável, tempo despendido e conclusões rigorosamente fundamentadas;

j) o perito pode recusar-se a cumprir o encargo por motivo legítimo, como tal entendido o que o prudente arbítrio da comissão acolher, podendo ser recusado por suspeição e impedimento.[492]

Vários órgãos e conselhos profissionais têm prestado relevante colaboração na esfera do controle ao realizarem perícias sem ônus, tendo, em contrapartida apenas o reconhecimento e agradecimento, às vezes veiculados pela imprensa. Nesse sentido, apresentamos dois casos: um, ocorrido no Tribunal de Contas da União[493], em que aquela Corte requereu ao Conselho Regional de Engenharia e Arquitetura do Rio de Janeiro - CREA/RJ uma assessoria técnica para "avaliar o valor das obras pagas, porém não realizadas, com vistas a quantificar o débito a ser imputado aos responsáveis pelo recebimento das mencionadas obras", numa TCE que envolvia a Prefeitura Municipal

---

[489] BRASIL. Lei nº 14.133 de 01 de abril de 2021. **Lei de Licitações e Contratos Administrativos**. Organização dos textos e índice por Ana Luiza e J. U. Jacoby Fernandes. 1. ed. . Belo Horizonte: Fórum, 2021. Art. 74 e 75.

[490] *Ibidem*, arts. 6º, inc. XVIII, b; art. 28, inc. III , art. 30.

[491] BRASIL. Lei nº 13.105, de 16 de março de 2015. Código de Processo Civil. Brasília, DF: Presidência da República, [2025]. Disponível em: https://www.planalto.gov.br/ccivil_03/_ato2015-2018/2015/lei/l13105.htm. Arts. 479 e 480.

[492] *Ibidem*, art. 467.

[493] BRASIL. Tribunal de Contas da União. Levantamento de Auditoria. Processo TC nº 575.477/1994-6. Acórdão nº 25/1996 - Plenário. Relator: Ministro Fernando Gonçalves. Brasília, 6 de março de 1996. **Diário Oficial [da] República Federativa do Brasil**, Brasília, DF, 18 mar. 1996. Seção 1, p. 4.551.

de Bom Jardim/RJ; outro caso, referente à denúncia por nós formulada, quando do desempenho das funções institucionais do Ministério Público junto ao Tribunal de Contas do DF, envolvendo a discussão sobre a possibilidade ou não de uma empresa utilizar-se de cilindros para armazenamento de gás de outra empresa, oportunidade em que, recorrendo ao CREA/DF, na pessoa da Dra. Águeda Lúcia Avelar Pires, Superintendente do Conselho Federal de Engenharia e Agronomia - CONFEA, obtivemos a definição técnica do assunto, com formalização de laudo pela Dra. Emyr Ferreira Mendes, Engenheira de Segurança do Trabalho, esclarecendo definitivamente relevante questão que tramitava na Corte.

Note-se que, quando o exame tiver por objetivo a verificação de contas *strictu sensu*, a participação do órgão de auditoria ou contabilidade é imprescindível no fechamento de balancetes e outros demonstrativos contábeis; quando o exame referir-se a contas em geral, é necessária a habilitação pertinente ao ramo do conhecimento invocado. Assim, por exemplo, se o dano causado ao erário decorre da alienação de imóvel por valor inferior ao devido, a avaliação deverá ser firmada por engenheiro, que é quem detém competência legal para essa atribuição.[494]

2.19.3.3.4 Das diligências

Quando o processo de Tomada de Contas Especial atinge a fase externa, ou em se tratando de contas anuais, o Tribunal de Contas poderá promover a realização de diligências, determinar o sobrestamento para elucidar aspectos controvertidos ou inspeções para apurar regularidade de fatos constantes do mesmo ou de outro processo.[495]

Na fase interna da TCE, a comissão pode, a qualquer tempo, realizar diligências e inspeções com o objetivo de esclarecer ponto controvertido dos autos ou questões levantadas pela defesa ou testemunha.

No desenvolvimento dessa atividade, a comissão pode ter a necessidade de reportar-se a outra unidade da administração para promover levantamento de dados, vistoriar bens e equipamentos.

2.19.3.3.5 Das gravações

Esse meio de prova também não é convencional em processo de contas, ficando seu uso restrito, em caráter episódico, à fase interna da Tomada de Contas Especial.

---

[494] BRASIL. Lei nº 5.194, de 24 de dezembro de 1966. Regula o exercício das profissões de Engenheiro, Arquiteto e Engenheiro-Agrônomo, e dá outras providências. Disponível em: https://www.planalto.gov.br/ccivil_03/leis/L5194. htm. Art. 72.

[495] a) No âmbito do TCU, consulte a Instrução Normativa-TCU 98, de 27 de novembro de 2024, Disponível em: https://btcu.apps.tcu.gov.br/api/obterDocumentoPdf/77305384. Art. 22, § 9º

b) Em 2017, o TCU noticiou que 50% dos processos do tribunal eram tomadas de contas especiais e, 35% dos processos lá autuados, eram objeto de diligência. Esse foi um dos motivos que levou o TCU a criar um sistema informatizado para autuação e processamento de tomada de contas especial, o e-TCE e adotar outras medidas.

O Código de Processo Civil avançou bastante no que diz respeito às gravações, admitindo, por exemplo, que a audiência seja integralmente gravada, em imagem e áudio, até mesmo pelas partes, independentemente de autorização, inclusive os depoimentos[496]. Também admite que imagem ou sons gravados em arquivos eletrônicos sejam objeto de ata notarial.[497]

A gravação, como meio de prova, deve ser lícita, ou seja, guardar conformidade com a lei, pois a norma de caráter geral do Código de Processo Civil permite a adoção de outras não reguladas expressamente.[498]

É necessário breve parêntese sobre a interceptação de comunicação sem conhecimento de algum dos agentes envolvidos, que, a propósito, foi regulada pela Lei Federal nº 9.296/1996,[499] permitindo-a apenas para investigação criminal e instrução processual penal.

Em face do advento desse diploma legal, a interceptação de comunicação em sistemas de telefonia, informática e telemática só pode ser feita com expressa autorização judicial e quando se destinar à constituição de prova em processo criminal.[500]

Cabe questionar: a gravação, em geral, é meio de prova "moralmente legítimo"?

A resposta é afirmativa nas seguintes hipóteses:

a) quando as pessoas que participam de uma conversa têm ciência da gravação;

Sugere-se, para evitar controvérsias, que a ciência da gravação do diálogo seja feita com o aparelho gravador em funcionamento, de tal sorte que fique registrado, na fita audiofônica, ou dispositivos afins, o conhecimento dos fatos pelos envolvidos;

b) quando um ou alguns dos envolvidos têm ciência e utilizam a gravação como meio de prova para defesa de fato irregular imputado injustamente pelos demais participantes do diálogo.

---

[496] BRASIL. Lei nº 13.105, de 16 de março de 2015. Código de Processo Civil. Brasília, DF: Presidência da República, [2025]. Disponível em: https://www.planalto.gov.br/ccivil_03/_ato2015-2018/2015/lei/l13105.htm. Art. 367, §§ 5º e 6º; art. 460.

[497] Idem. Art. 384, parágrafo único.

[498] a) BRASIL. **Constituição da República Federativa do Brasil** (Versão Bolso). Organização dos textos e índice por J. U. JACOBY FERNANDES. 2. ed. Belo Horizonte: Fórum, 2019. "Art. 5º Todos são iguais perante a lei, sem distinção de qualquer natureza, garantindo-se aos brasileiros e aos estrangeiros residentes no País a inviolabilidade do direito à vida, à liberdade, à igualdade, à segurança e à propriedade, nos termos seguintes: [...] LVI - são inadmissíveis, no processo, as provas obtidas por meios ilícitos".

b) BRASIL. Lei nº 13.105, de 16 de março de 2015. Código de Processo Civil. Brasília, DF: Presidência da República, [2025]. Disponível em: https://www.planalto.gov.br/ccivil_03/_ato2015-2018/2015/lei/l13105.htm. "Art. 369. As partes têm o direito de empregar todos os meios legais, bem como os moralmente legítimos, ainda que não especificados neste Código, para provar a verdade dos fatos em que se funda o pedido ou a defesa e influir eficazmente na convicção do juiz.".

[499] BRASIL. Lei nº 9.296, de 24 de julho de 1996. Regulamenta o inciso XII, parte final, do art. 5º da Constituição Federal. Disponível em: **https://www.planalto.gov.br/ccivil_03/leis/l9296.htm**.

[500] BRASIL. Lei nº 9.296, de 24 de julho de 1996. Regulamenta o inciso XII, parte final, do art. 5º da Constituição Federal. **Diário Oficial [da] República Federativa do Brasil**, Brasília, DF, 25 jul. 1996. Seção 1, p. 13.757. Art. 10.

Assim, se determinada pessoa informa que sustentará uma acusação falsa só deixando de fazê-lo se a parte adotar determinada conduta contrária à lei e, diante da recusa da mesma em se submeter ao constrangimento, promove a acusação caluniosa, é justo e moralmente legítimo que a parte se utilize da gravação para demonstrar a falsidade da acusação e sua inocência, mas não para sustentar uma acusação própria. Exemplificando: "A" pede a "B" que lhe entregue uma peça em estoque num almoxarifado, sob pena de acusá-lo, até anonimamente, na imprensa e na Administração, de corrupto. "B", agente não corrupto, recusa-se a entregar a peça. "A" promove a denúncia no jornal local. Pode, nesse caso, "B", se tiver uma fita gravada com o primeiro diálogo, usá-la em sua defesa, mas jamais poderá dela se servir para sustentar uma acusação contra "A". Eis o fundo moral: para defesa, mesmo sem o conhecimento da outra parte, é possível o uso da gravação em áudio, ou mesmo em vídeo, sem o consentimento.

A resposta é negativa quando feita sem autorização/ciência dos envolvidos na gravação, ressalvada a hipótese anterior, "quando demonstrada a integridade da gravação". Essa hipótese foi positivada no Direito brasileiro em 2019[501].

2.19.3.3.6 Das provas ilícitas

Os meios de prova estão previstos em lei, sendo alguns referidos expressamente e outros delineados genericamente no art. 369 do Código de Processo Civil.

Entre os meios de prova citados na lei processual civil, admitidos no processo administrativo, destacam-se:[502]

a) documentos em geral (art. 405):

   a.1) documentos eletrônicos (art. 439 e ss)

   a.2) reproduções mecânicas, como a fotografia, cinematografia e a fonografia (art. 422),

   a.3) telegrama, radiograma ou qualquer outro meio de transmissão (art. 413),

   a.4) notas lançadas ao pé, no verso ou à margem de documentos (art. 416),

   a.5) registros domésticos (art. 415),

   a.6) livros empresariais (art. 417),

   a.7) cartas (art. 415).

---

[501]Art. 8-A inserido na Lei nº 9.296/1996, por força da Lei nº 13.964, de 24 de dezembro de 2019, que aperfeiçoa a legislação penal e processual penal. Disponível em: https://www.planalto.gov.br/ccivil_03/_ato2019-2022/2019/lei/l13964.htm.

[502] Os artigos citados são do Código de Processo Civil e são seguidos, em vários casos, de outros que os complementam no conteúdo. BRASIL. Lei nº 13.105, de 16 de março de 2015. Código de Processo Civil. Brasília, DF: Presidência da República, [2025]. Disponível em: https://www.planalto.gov.br/ccivil_03/_ato2015-2018/2015/lei/l13105.htm.

b) a confissão (art. 389);

c) o depoimento pessoal (art. 385 e ss);

d) as testemunhas (art. 442 e ss);

e) a perícia (art. 464 e ss);

f) a inspeção judicial (art. 481 e ss);

g) a interceptação telefônica para instrução em inquérito policial ou processo criminal, quando autorizada pelo juiz, nos termos da Lei Federal nº 9.296/1996, referida no subitem anterior, com suas atualizações.

Os demais meios de prova não referidos expressamente serão lícitos se moralmente legítimos. Transferindo o requisito de aceitação para a esfera da moral, deixou a norma ao prudente arbítrio do julgador avaliar as circunstâncias reveladas no caso concreto.

A prova ilícita nulifica o processo, ensejando a repetição da fase processual probatória.

2.19.3.3.7 Das provas emprestadas

Entre os meios de prova moralmente legítimos, destaca o festejado processualista Moacyr Amaral Santos as chamadas provas emprestadas, como tais entendidas aquelas que "são transportadas de outros processos, a prova datiloscópica, a ficha antropométrica".[503]

O tema apresenta fundamental relevância, vez que, com bastante frequência, são transportadas peças do processo de sindicância, ou do processo administrativo disciplinar ou do relatório de uma inspeção para o processo de contas, especial ou anual. Também é comum que uma prova obtida em processo de contas seja utilizada em processo judicial.[504]

É válido, sem dúvida, carrear aos autos prova obtida em outro processo.[505]

Entretanto, considerando-se que a ausência da garantia da ampla defesa e do contraditório é o principal motivo para determinar a anulação dos processos, sustentamos a necessidade de se permitir ao envolvido, logo após a transferência de provas, o direito de contraditá-las. Nesse sentido:

> [...] o entendimento predominante sobre o tema, tanto da doutrina quanto da jurisprudência, é o de que a prova emprestada será lícita, sempre que, em relação à prova emprestada, forem observados os princípios constitucionais do contraditório e da ampla defesa;

---

[503] SANTOS, Moacyr Amaral. **Primeiras linhas de Direito Processual Civil.** 13. ed. São Paulo: Saraiva, 1993, 3 v., p. 332.

[504] BRASIL. Superior Tribunal Militar. Penal. Apelação. Acórdão nº 0.472.428. Relator: Ministro Paulo César Cataldo. Brasília, 11 de maio de 1995. **Diário da Justiça [da] República Federativa do Brasil**, Brasília, DF, 16 jun. 1995, p. 1.695.

[505] Nesse sentido: BRASIL. Superior Tribunal de Justiça. MS nº 10.292/DF. Relator: Ministro Paulo Gallotti. **Diário da Justiça [da] República Federativa do Brasil**, Brasília, DF, 11 out. 2007, p. 288.

> Dessa forma, que é imperioso que o responsável seja especificamente inquirido acerca do teor das provas coletadas em outro processo para que a prova emprestada seja considerada lícita e, assim, juridicamente suficiente para fundamentar a apenação do responsável [...].[506]

Por vezes, de forma não intencional, cinge-se a transferência dos elementos de convicção de outros autos, deixando de trazer elementos que favoreceriam determinado agente. Em outras, a cópia integral do processo não faz referência ao fato de que tramita processo revisional, o que só vem ao conhecimento da autoridade durante ou após o julgamento.

Indispensável, portanto, que seja garantido o acatamento do princípio constitucional do contraditório.[507]

2.19.3.3.8 Da ata notarial como meio de prova

A ata notarial é instrumento público, lavrado por um tabelião de notas ou seu escrevente autorizado, cuja finalidade é constatar e atestar, com fé pública, a realidade de um fato jurídico, por meio da apresentação de fatos ou da verificação *in loco*.

Conquanto fosse um meio de prova admitido pelo ordenamento jurídico anteriormente ao advento do novo Código de Processo Civil, foi com a sua vigência que o instituto da ata notarial ganhou regulamentação expressa[508], trazendo-lhe proeminência compatível à robustez da prova produzida por seu intermédio, eis que emanada de fonte imparcial e dotada do atributo da presunção de veracidade, ainda que admita prova em contrário.

Porquanto seja produzida, via de regra, unilateralmente, desacompanhada da observância dos princípios do contraditório, da ampla defesa e da isonomia, não tem a ata notarial força probante absoluta, o que deixa aberta a possibilidade de que, no âmbito judicial ou extrajudicial, não lhe seja atribuído o valor desejado, uma vez que a fé pública recai sobre o fato e não sobre a representação jurídica deste, já que não lhe é atribuído juízo de valor pelo notário. Ainda assim, o emprego desse instrumento impõe à parte adversa o ônus de produzir prova em sentido contrário.

O uso da ata notarial nos domínios administrativos tem aplicação bastante disseminada, inclusive em processos de tomada de contas especial, nos quais o documento poderia atestar, por exemplo, a fase e o estado em que se encontra uma

---

[506] Nesse sentido: BRASIL. Tribunal de Contas da União. Processo TC nº 020.681/2004-1. Acórdão nº 6321/2012 – 2ª Câmara. **Diário Oficial da União [da] República Federativa do Brasil**, Brasília, DF, 3 set. 2012. Seção 1, p. 217.

[507] BRASIL. **Constituição da República Federativa do Brasil** (Versão Bolso). Organização dos textos e índice por J. U. JACOBY FERNANDES. 2. ed. Belo Horizonte: Fórum, 2019. Art. 5º, LV.

[508] BRASIL. Lei nº 13.105, de 16 de março de 2015. **Código de Processo Civil**. Brasília, DF: Presidência da República, [2025]. Disponível em: https://www.planalto.gov.br/ccivil_03/_ato2015-2018/2015/lei/l13105.htm. Art. 384. A existência e o modo de existir de algum fato podem ser atestados ou documentados, a requerimento do interessado, mediante ata lavrada por tabelião. Parágrafo único. Dados representados por imagem ou som gravados em arquivos eletrônicos poderão constar da ata notarial.

obra pública; o estado de conservação de bens; a execução física de projetos financiados com recursos públicos, mediante instrumentos de transferência voluntária de recursos, como convênios e acordos de cooperação; dentre outros usos.

Oportuno lembrar a autorização conferida pela Lei nº 9.784, de 29 de janeiro de 1999, quando preconiza plena liberdade de produção de provas, as quais somente poderão ser recusadas mediante decisão fundamentada, se forem ilícitas, impertinentes, desnecessárias ou protelatórias. Ademais, o TCU, em sua súmula de nº 103[509], sedimenta a aplicação analógica e subsidiária das disposições do Código de Processo Civil, no que forem pertinentes, na falta de normas legais regimentais específicas.

Cumpre notar que a pré-produção probatória mediante ata notarial tem o condão de tornar eventual processo futuro mais célere, além de apresentar competitividade em relação aos custos das fiscalizações *in loco* efetuadas pelos órgãos concedentes ou por órgãos de controle, mormente quando se cuida do repasse de recursos federais mediante convênio, termos de parceria, contratos de repasse e termos de fomento. Tais instrumentos, destinando-se a entidades públicas e privadas por todo o Brasil, demandam, para sua adequada fiscalização pela CGU e TCU, sucessivos deslocamentos e diárias, de maneira tempestiva e continuada.

Mais racional seria o préstimo das serventias extrajudiciais espraiadas por todo o país, ficando os custos adstritos aos emolumentos da ata notarial, diretamente proporcionais aos valores dos projetos declarados nos convênios, enquanto que os custos das auditorias efetuadas pela Administração Pública são de caráter mais fixo e desconexos com o valor do objeto fiscalizado. Assim, como já anotou o advogado e servidor do TCU Wilson Issamu Yamada, em interessante artigo[510] sobre o tema, quanto menor o valor dos projetos pactuados, mais acentuada se torna a vantagem econômica da ata notarial, o que oportuniza a concentração dos recursos humanos e financeiros dos órgãos de controle em projetos de valor expressivo, sem prejuízos a uma adequada verificação física também oriunda de mandatário público.

2.20 Conclusões

Eis a condensação das mais relevantes premissas que podem ser firmadas à luz das considerações expendidas:

a) o tema em tela já mereceu estudos que necessitam ser atualizados, face à Constituição Federal e o novo Código de Processo Civil;

b) subjacente ao tema, a questão da própria eficácia do controle externo;

---

[509] BRASIL. Tribunal de Contas da União. Súmula nº 103. *Na falta de normas legais regimentais específicas, aplicam-se, analógica e subsidiariamente, no que couber, a juízo do Tribunal de Contas da União, as disposições do Código de Processo Civil.* Plenário, 25 nov. 1976.

[510] YAMADA, Wilson Issamu. Ata notarial como Prova da Execução Física de Projetos Sociais e Culturais financiados com Recursos Públicos. **Revista do Tribunal de Contas da União**. Brasília, ano 49, n. 140, p. 60-71, set./dez. 2017.

c) a jurisdição, conforme assentada doutrina do direito judiciário, só se efetiva se a decisão transitar em julgado - produzir coisa julgada -, pois não se pode aplicar o direito enquanto instável ou executar a decisão enquanto mutável;

d) opera-se a coisa julgada formal quando a sentença transita em julgado; diz-se coisa julgada material a relação jurídica decidida pela sentença ou acórdão;

e) esses institutos - jurisdição, coisa julgada e processo -, embora melhor versados pelo Direito Processual, não são exclusivos do direito judiciário;

f) é amplamente admitida a expressão "coisa julgada administrativa". O seu conteúdo, para muitos autores, corresponderia à "decisão administrativa" que não mais pudesse ser modificada "na esfera administrativa";

g) o conteúdo exposto no item precedente só deve ser utilizado quando se tratar de atos de jurisdição administrativa; os demais atos não produzem coisa julgada administrativa, mas ficam sujeitos à preclusão;

h) os atos administrativos, em geral, não podem ser amplamente revistos pelo Poder Judiciário; as questões estritamente pertinentes ao binômio conveniência-oportunidade e ao mérito fogem ao exame judicial. O fundamento dessa lição consagrada pela doutrina, de forma uníssona, reside no respeito à competência e à harmonia do direito que impede o juiz de substituir o administrador;

i) o art. 5º, inc. XXXV, da Constituição Federal, veda à lei excluir da apreciação judicial lesão ou ameaça a direito, mas não restringe a possibilidade de exclusão pela própria Constituição;

j) à conhecida teoria da separação de poderes corresponde à distribuição das funções do Estado, o que não autoriza a concluir que estas são exercidas com exclusividade ou monopólio; os órgãos identificam-se apenas pela predominância das funções que exercem;

k) o Tribunal de Contas, instituição criada após o advento dessa teoria, situa-se de permeio entre os poderes, fiscalizando-os. Constitui organismo autônomo não sujeito a hierarquia, decorrendo daí que a natureza de algumas de suas funções não pode enquadrar-se, à força, no âmbito da ortodoxa tripartição. Pela Constituição, fiscaliza, aprecia e julga, possuindo competência privativa;

l) o exercício da função de julgar não é restrito ao Poder Judiciário. Os Tribunais de Contas possuem a competência constitucional de julgar contas dos administradores e demais responsáveis por dinheiros, bens e valores públicos. Os termos julgamento, jurisdição e judicatura, utilizados na Constituição Brasileira em relação aos Tribunais de Contas, não podem ter outro significado que não corresponda ao exercício da jurisdição, o qual só é efetivo se produzir coisa julgada;

m) a melhor doutrina e jurisprudência dos tribunais superiores admite pacificamente que as decisões dos Tribunais de Contas, quando adotadas em decorrência da matéria que o constituinte estabeleceu na competência de julgar, não podem ser revistas quanto ao mérito;

n) também por força da Constituição, os Tribunais de Contas têm jurisdição, conforme simples leitura comparativa entre o art. 73, *caput*, em confronto com o parágrafo único do art. 92, ambos da Constituição Federal;

o) as decisões adotadas no julgamento das contas dos administradores e demais responsáveis têm eficácia de título executivo, também por expressa disposição constitucional, corroborando a força judicante das decisões adotadas nessa matéria;

p) os processos constituídos que visem afrontar decisões dos Tribunais de Contas, em matéria de sua competência privativa de julgar, devem ser objeto de respostas processuais adequadas, onde, mediante exceção, buscar-se-á a extinção do processo sem julgamento de mérito.

Para além das nossas fronteiras, a jurisdição dos Tribunais de Contas vem se revelando como uma extensão de um sistema democrático, que valoriza a especialização da proteção do erário e da eficácia das políticas públicas[511].

---

[511] Consulte, nesse sentido: a) Acórdão nº 595/2025 - TCU – Plenário, em que o TCU audita efetividade do Programa Pro-infância e faz recomendações ao MEC. Disponível em: https://pesquisa.in.gov.br/imprensa/jsp/visualiza/index.jsp?data=27/03/2025&jornal=515&pagina=113&totalArquivos=128. b) Acórdão nº 743/2025. TCU cobra fortalecimento dos controles internos do FNDE para garantir rastreabilidade e integridade no uso dos recursos da merenda escolar. Disponível em: https://pesquisa.apps.tcu.gov.br/redireciona/acordao-completo/ACORDAO-COMPLETO-2605072.

CAPÍTULO III

COMPETÊNCIA DOS TRIBUNAIS DE CONTAS

Neste capítulo serão estudadas as competências atribuídas aos Tribunais de Contas. Para sistematizar o estudo e enquadrá-lo no escopo científico, adota-se a seguinte estruturação:

a) inicia-se com breve revisão da terminologia e da classificação da competência, seguindo-se as linhas mais ortodoxas do direito processual judiciário, exatamente para minimizar as resistências dos que não vislumbram jurisdição e competência como termos associáveis às atividades dos Tribunais de Contas;
b) demonstra-se, de modo bastante singelo, como foi distribuída a competência dos Tribunais de Contas no Brasil. De passagem, faz-se referência à competência das Cortes de Contas de outros países;
c) examina-se, em seguida, cada uma das competências atribuídas ao Tribunal de Contas da União pela Constituição Federal, segundo critério classificatório normalmente aceito. No âmbito dessa classificação, para facilitar a consulta, preferiu-se a ordenação pelo critério **alfabético** do verbete predominante. Assim, na competência em razão da matéria, inicia-se pelo tema "ações judiciais", seguindo-se "acordo coletivo de trabalho", "admissões", "aposentadoria" etc. Aqui, a jurisprudência do STF, que enfrentou temas pertinentes à competência dos Tribunais de Contas, será bastante significativa, especialmente os acórdãos mais clássicos. Para tornar a leitura mais útil, pretende-se examinar em contraponto as competências dos Tribunais de Contas dos estados e dos municípios;
d) no final, serão abordados temas novos para o controle: modificações da competência e possível conflito entre os Tribunais de Contas e entre estes e órgãos do Poder Judiciário.

3.1 Competência e atribuições

Os compêndios clássicos do Direito definem competência após jurisdição. Anotam, assim, que se a jurisdição é o poder de um órgão estatal de dizer o direito com caráter definitivo, a competência é a divisão da jurisdição pelos diversos órgãos do aparelho do Estado. Não seria de fato possível, a um só órgão, exercer, completamente, todas as demandas pela jurisdição, seja em razão do volume, da complexidade da matéria versada, da extensão territorial ou da natureza das partes envolvidas.

Desse modo, uma vez firmado que compete a um órgão brasileiro dizer o direito, o passo seguinte é definir a qual, dentre todos os órgãos, caberá apreciar a questão controvertida. Assim como a jurisdição, a competência é definida pela lei. Cabe ao ordenamento jurídico estabelecer exatamente qual deles é competente para julgar.

Como competência também é um dos termos que a ciência processual judiciária pretendeu definir como monopólio seu, encontram-se as seguintes conceituações:

a) para João Monteiro, competência é a ordem da distribuição do poder jurisdicional pelas autoridades judiciárias;

b) Pedro Nunes atribui também o sentido judiciário, ao assinalar que competência é a medida da jurisdição, ou o poder conferido ao juiz ou tribunal, para conhecer e julgar certo feito submetido a sua deliberação, dentro de determinada circunscrição judiciária. Contudo, lembra, preambularmente, que o termo tem outro sentido: poder, capacidade ou aptidão legal que tem a pessoa, em razão de sua função, ou cargo público, de praticar os atos inerentes a este ou àquela, e resolver qualquer assunto.[512] A Constituição Federal do Brasil empregou os termos competência e atribuições com diversas acepções. Em determinadas passagens, porém, seguindo linha ortodoxa, distinguiu-os, parecendo reservar ao segundo o exercício da atividade administrativa e, ao primeiro, o limite da jurisdição:

> Art. 93 Lei Complementar, de iniciativa do Supremo Tribunal Federal, disporá sobre o Estatuto da Magistratura, observados os seguintes princípios:
>
> [...]
>
> XI - nos tribunais com número superior a vinte e cinco julgadores, poderá ser constituído órgão especial, com o mínimo de onze e o máximo de vinte e cinco membros, para o exercício das atribuições administrativas e jurisdicionais da competência do tribunal pleno, provendo-se metade das vagas por antigüidade [*sic*] e a outra metade por eleição pelo tribunal pleno;
>
> [...]
>
> Art. 105. Compete ao Superior Tribunal de Justiça
>
> I - processar e julgar originariamente:
>
> [...]
>
> d) os conflitos de competência entre quaisquer tribunais, ressalvado o disposto no art. 102, I, "o", bem como entre tribunal e juízes a ele não vinculados e entre juízes vinculados a tribunais diversos;
>
> [...]
>
> g) os conflitos de atribuições entre autoridades administrativas e judiciárias da União, ou entre autoridades judiciárias de um Estado e administrativas de outro ou do Distrito Federal, ou entre as deste e da União.[513]

---

[512] NUNES, Pedro. **Dicionário de Tecnologia Jurídica.** 13. ed. Rio de Janeiro: Renovar, 1999, p. 253.

[513] BRASIL. **Constituição da República Federativa do Brasil** (Versão Bolso). Organização dos textos e índice por J. U. JACOBY FERNANDES. 2. ed. Belo Horizonte: Fórum, 2019.

Os Tribunais de Contas tanto têm competência como limite da jurisdição, quanto atribuições ou competências de cunho meramente administrativo, equivalendo, neste caso, à ação de controle sem qualquer definitividade em seus julgamentos.

Verifica-se, em estudo sistemático das constituições brasileiras, que o legislador constituinte teve o cuidado de distinguir, com precisão, os termos quando tratou da competência de órgãos e agentes.

Em especial, cabe registrar o zelo no uso das expressões *julgar*, *apreciar*, *analisar* e *verificar* no que se refere aos Tribunais de Contas. O rol de atribuições, expressamente denominadas pelo constituinte de competências, inclui esses precisos verbos, indicativos de ações distintas, com consequências diversas. Apenas quando emprega o termo julgar é que o constituinte estaria se referindo ao limite da jurisdição, para excluir a competência de qualquer outro órgão do Poder Judiciário; nos demais casos, a competência diz respeito à possibilidade de ser apreciada determinada questão e definido, no âmbito administrativo, qual é o direito aplicável.

Demonstrando intimidade com o tema, o Ministro Sepúlveda Pertence anota:

> A jurisprudência do STF acolheu a nítida diferença que a jurisprudência dos Tribunais de Contas estabelece entre a competência de apreciação do artigo 71, I, das contas do Presidente da República e a competência de que falava a Constituição passada, de julgamento das contas de todos os demais responsáveis por dinheiros, bens e valores da Administração direta e indireta. Claramente se estabeleceu, em conseqüência [*sic*], algo que me parece de grande relevo na caracterização do próprio perfil constitucional do Tribunal de Contas porque, diferentemente do que ocorre com as contas gerais da Presidência da República ou do Governo do Estado, as contas da Assembléia Legislativa e as contas do Poder Judiciário, assim como as do Ministério Público, são sujeitas a julgamento, vale dizer, a decisão definitiva do Tribunal de Contas.[514]

Na dicção do texto constitucional, o art. 71 expressamente apresenta o elenco das competências.

A propósito da repetição das competências do art. 71 nas leis que regem os Tribunais de Contas do Brasil, nas demais esferas de governo, ensina Flávio Régis de Moura e Castro:

> Essas competências institucionais não podem ser desprezadas por nenhum órgão de controle externo, dado que materializam o princípio fundamental da prestação de contas.
> Forçoso é concluir que as atribuições institucionais constam em todas as leis orgânicas das Cortes de Contas brasileiras já que representam as vigas mestras da fiscalização da Administração Pública[515]

[514] PERTENCE, Sepúlveda. Os Tribunais de Contas no Supremo Tribunal Federal: crônicas de jurisprudência. **Revista do Tribunal de Contas do Estado do Rio de Janeiro**. Rio de Janeiro, ano 19, n. 41, p. 41, jul./set. 1998.
[515] MOURA E CASTRO, Flávio Régis Xavier de. O novo Tribunal de Contas: visão sistêmica das leis orgânicas dos

Algumas leis e até constituições estaduais vem procurando elastecer as competências dos tribunais de contas ou reduzi-las[516]. Nesse caso, a decisão sobre o assunto tem sido do Poder Judiciário, o qual tem mantido a simetria do modelo com o paradigma federal.[517]

Para simplificar este raciocínio, as mudanças de competências devem ser iniciadas pelas alterações na Lei Orgânica do TCU e guardada a compatibilidade com as previstas na Constituição Federal.

3.2 Classificação da competência

Há inúmeras possibilidades de classificar a competência para fins didáticos. Como por lei, no caso do antigo Código de Processo Civil,[518] adotou-se determinada classificação da competência como limite da jurisdição, parece possível, também nesse estudo, considerá-la apenas para sistematizar o estudo em relação aos Tribunais de Contas.

Assim, será estudada a competência dos Tribunais de Contas sob os seguintes critérios:

a) em razão da matéria;
b) em razão do valor;
c) funcional;
d) territorial.

Importa repetir: não se trata aqui de competência processual como limite da jurisdição, mas de sistematização do estudo das atribuições, expressamente denominadas pelo constituinte de competências, que, pela ausência de critério administrativo, procura seguir os mesmos critérios da ciência processual judiciária. Os Tribunais de Contas só exercem jurisdição quando julgam, hipótese que somente ocorre no Brasil em matéria de contas.

3.2.1 Competência em razão da matéria

A partir da definição das competências pela Constituição Federal, serão abordados os principais assuntos desenvolvidos no âmbito dos Tribunais de Contas.

Tribunais de Contas dos Estados e Municípios do Brasil. In: **Revista do Tribunal de Contas do Estado de Minas Gerais**. Belo Horizonte, ano 1, n. 10, p. 140, 1983.

516 O STF já decidiu que: a) "é inconstitucional norma de Constituição Estadual que amplia as competências de Assembleia Legislativa para julgamento de contas de gestores públicos, sem observar a simetria com a Constituição Federal, por violação aos artigos 71, II, e 75 da CF/1988". ADI nº 6.981. Disponível em: https://www.in.gov.br/web/dou/-/decisoes-463745050; b) "[...] 2. Inconstitucionalidade de norma de Constituição estadual que atribui a Assembleia Legislativa competência privativa para julgar as contas do Poder Legislativo daquele Estado Membro." Disponível em: https://portal.stf.jus.br/processos/detalhe.asp?incidente=6243788.

517 BRASIL. Supremo Tribunal Federal. Ação Direta de Inconstitucionalidade nº 523/PR - Pleno. Relator: Ministro Eros Grau. Brasília, 3 de abril de 2008. **Diário da Justiça [da] República Federativa do Brasil**, Brasília, DF, 17 out. 2008.

518 "No dizer de José Frederico Marques, em seu Manual de Direito Processual Civil, teria o legislador sistematizado com acerto e rigor científico as normas sobre competência". SANTOS, Moacyr Amaral. **Primeiras linhas de Direito Processual Civil**. 18. ed. atual. São Paulo: Saraiva, 1995, 1 v., p. 197.

Para facilitar a consulta, as matérias serão apresentadas em ordem alfabética, considerando o principal verbete do tema.

3.2.1.1 Ações judiciais

Tanto na União como nos estados e no Distrito Federal não há integração no desempenho da função de controle em relação às ações judiciais, ensejando uma atuação fragmentada, com desperdício de tempo, esforço e principalmente recursos. O resultado dessa ação não sistematizada é verdadeiramente desalentador.

O Poder Judiciário, no seu papel de dirimir controvérsias na aplicação do Direito, quando julga a Administração Pública, tem o dever de assimilar peculiaridades, para que possa efetivamente exercer o seu papel de controlador, o que só pode ser feito se também encarregar-se de acionar os outros meios de controle, visando coibir a prática de condutas irregulares.[519]

Já a Administração Pública, em juízo, deveria ter redobrado o dever ético da lealdade processual e, no caso de sucumbência, dar seguimento ao dever de zelo pelo patrimônio público, instaurando, quando couber, a competente ação regressiva.

Outro aspecto, que parece pertinente ao tema em foco, é a distinção feita no Brasil, a partir das lições de Celso Antônio Bandeira de Mello,[520] entre o interesse público primário e o interesse público secundário. A Administração Pública atua visando ao interesse público secundário, quando busca interesse da Administração como sujeito de direitos. Não pode, porém, agir como qualquer sujeito de direitos, pois deve existir absoluta pertinência com o interesse público primário. Corresponde esse interesse público primário, também chamado de interesse público da coletividade, ao dever/poder de agir em nome do interesse público.

O grau de harmonia do interesse público secundário com o interesse público primário é que vai revelar a legitimidade interna do ato administrativo decorrente. Exemplificando: se a Administração Pública usa de artifícios para não pagar dívidas reconhecidas pelo Poder Judiciário em fase de precatório, poderá estar alcançando o objetivo de ter recursos para outras atividades, mas estará onerando, ainda mais, a sociedade com os acréscimos da dívida, sem contar o desrespeito ao Poder Judiciário e aos princípios da legalidade, da lealdade processual e da moralidade.

Na atualidade, parece possível acionar a autoridade que, adotando conduta dessa natureza, afronta o Direito. Efetivamente, enquanto no passado buscava-se tão somente tutelar a integridade do patrimônio público, inibindo lesões como peculato,

---

[519] Há várias normas processuais estabelecendo esse dever, que poderiam ser utilizadas em favor do interesse público, quando o magistrado ou membro do Ministério Público tivesse conhecimento de irregularidade. Nesse sentido, o Código de Processo Penal: "Art. 40. Quando, em autos ou papéis de que conhecerem, os juízes ou tribunais verificarem a existência de crime de ação pública, remeterão ao Ministério Público as cópias e os documentos necessários ao oferecimento da denúncia". BRASIL. Decreto-lei nº 3.689, de 3 de outubro de 1941. Institui o Código de Processo Penal. Brasília: Planalto [2025]. Disponível em: https://www.planalto.gov.br/ccivil_03/decreto-lei/del3689.htm.

[520] BANDEIRA DE MELLO, Celso Antônio. **Curso de Direito Administrativo.** 4. ed. São Paulo: Malheiros, 1993, p. 22.

mais modernamente, objetiva-se a proteção da boa e regular aplicação de recursos públicos, sob os aspectos de economicidade e eficiência.

Muito se tem debatido sobre quem detém o direito de dispor do interesse público e dos bens e direitos que integram o patrimônio público. Não parece haver unanimidade a respeito.[521] Em princípio, só os legítimos representantes, instalados no parlamento, podem estabelecer e dispor sobre esse tema, respeitada a vontade maior do povo, consagrada na Constituição Federal.[522]

Vislumbrada nessa perspectiva, a tarefa de administrar é gerência limitada pelos contornos da lei, seja na Administração Pública direta ou indireta. Não é de hoje que o regramento legal se coloca no ápice da atividade administrativa.[523]

Esse princípio tem relevante significado e deve ser orientador tanto da atividade do administrador público quanto dos seus procuradores e operadores do direito.

Diversas condutas observadas em processos judiciais revelam negligência no desempenho da função e nítida falta de espírito público.[524]

3.2.1.1.1 A administração na condição de ré

Quando a Administração assume o polo passivo da relação jurídico-processual, como ré ou é demandada em juízo, significa que foi responsável - no juízo preliminar do autor da ação - por lesão ou ameaça de lesão a direito.

A primeira questão a ser enfrentada é a seguinte: há possibilidade de a Administração ser agressora a direito do cidadão ou de entidade?

Toda ação administrativa é concretizada por intermédio dos agentes públicos. É consabido que ao agente público só é lícito agir de acordo com a legalidade, sendo razoável inferir que, praticando ato fora da esfera da legalidade, ilícito, portanto, poderia a Administração Pública simplesmente ignorar a ação, deixando de reconhecer seus efeitos no âmbito do Direito. Assim, a Administração não responderia pelo ato se o agente que o praticou, exorbitando sua competência, agiu como particular. Se isso ocorresse, porém, seria instalado o caos administrativo porque, no

---

[521] Para Diógenes Gasparini seria o Estado: GASPARINI, Diógenes. **Direito Administrativo**. 4. ed. rev. e amp. São Paulo: Saraiva, 1995, p. 235.

[522] Consulte adiante os subtítulos 3.2.1.4 e 3.2.1.5, onde são abordados os temas acordo extra-judicial e judicial, respectivamente.

[523] "*Maius imperio est, submittere legibus principatum*", ou, em vernáculo, "É tarefa maior do império submeter o príncipe às leis" [tradução livre].

[524] "[...] Discute-se nos autos pagamentos efetuados mediante decisão judicial, não ressarcidos após decisão de mérito desfavorável. Não entendo que essa hipótese esteja contemplada entre aquelas enumeradas pelo art. 8º acima mencionado. Não se trata de ato ilegal, ilegítimo ou antieconômico praticado por esses servidores. Os pagamentos foram todos regulares, uma vez amparados por decisão judicial. Trata-se, portanto, de contenda judicial havida entre "empregado" e "empregador", a qual deve ser resolvida no âmbito interno ou via judicial. Não há como este Tribunal instaurar e cobrar valores decorrentes de decisões judiciais não cumpridas, por falta de amparo legal (não se encontra entre as competências cometidas legalmente ao Tribunal de Contas da União) [...]". BRASIL. Tribunal de Contas da União. Processo TC nº 020.394/2003-5. Acórdão nº 393/2004 - Plenário. Relator: Ministro Ubiratan Aguiar. Brasília, 7 de abril de 2004. **Diário Oficial da União [da] República Federativa do Brasil**, Brasília, 20 abr. 2004, p. 337.

amplo espectro de interpretações cabíveis num dado ordenamento jurídico, poderia o cidadão negar eficácia às determinações decorrentes de funções administrativas. É, portanto, para preservar o *imperium* de sua atividade que o Direito Administrativo desenvolveu o instituto da responsabilidade civil do Estado ou da Administração Pública.

3.2.1.1.2 Da responsabilidade civil da administração

O agente público, causando lesão à esfera de direitos do cidadão ou de outra pessoa jurídica, no desempenho da função pública ou mesmo a pretexto de exercê-la, faz exsurgir, *ipso facto*, o dever do Estado de ressarcir o dano. Na atualidade, tal dever abrange o que os ingleses denominam *damage to person, actual damage, pecuniary damage e pain and suffering damage.*[525]

A responsabilidade civil do Estado[526] é fruto de longo e amadurecido desenvolvimento do Direito que, partindo da separação dos poderes – e, em consequência, dos cofres do Rei e do Estado – e da desmitificação da autoridade divina do governante,[527] alcançou seu estágio atual que, com pequenas diferenças entre os países, obriga a Administração Pública à reparação civil quando seus agentes causarem danos a terceiros. A linha evolutiva, por certo, ainda não encontrou seu paradeiro, apresentando aspectos tormentosos, não uniformizados pela jurisprudência das Cortes judiciárias, os quais fogem à intenção do presente trabalho.

A doutrina tradicional classifica a responsabilidade extracontratual da Administração em duas vertentes. A primeira, "responsabilidade com culpa", subdivide-se em *subjetiva*, quando é exigida a comprovação da culpa do agente para imposição do dever de indenizar à Administração Pública, e em *com culpa do serviço*, quando é exigida a demonstração da falta objetiva de serviço exigível para que se imponha aquele mesmo dever. A segunda, "responsabilidade sem culpa", também se divide em duas teorias: a *objetiva*, que exige do lesado a demonstração do dano e que este tenha sido causado por agente público, não sendo admissível, para erigir o dever de indenizar, questionamentos acerca da culpa do agente; e a *teoria do risco integral*, quando basta a comprovação do dano e o envolvimento de agentes públicos, mesmo que a culpa seja da vítima.

Particularmente no Brasil, a partir de 1988, com a promulgação da Constituição Federal, rompendo com a tradição das constituições anteriores, passou-se a adotar os dois últimos tipos de responsabilidade.

Como regra, vigora a responsabilidade objetiva da Administração Pública e, como exceção, a do risco integral.

---

[525] Correspondendo, com pequenas adaptações, respectivamente, aos nossos conhecidos danos à pessoa, danos emergentes, danos materiais, danos morais.

[526] Também denominada de extracontratual.

[527] Lapidarmente definida pela máxima atribuída ao reinado do Rei Charles I da Inglaterra, "*The king cannot do wrong*", em vernáculo, "o rei não pode errar" [tradução livre].

A regra constitucional ficou assentada no art. 37, § 6º, com a seguinte dicção:

> Art. 37. A Administração Pública direta e indireta de qualquer dos Poderes da União, dos Estados, do Distrito Federal e dos Municípios obedecerá aos princípios da legalidade, impessoalidade, moralidade, publicidade, eficiência e também, ao seguinte:
> [...]
> § 6º. As pessoas jurídicas de direito público e as de direito privado prestadoras de serviços públicos responderão pelos danos que seus agentes, nessa qualidade, causarem a terceiros, assegurado o direito de regresso contra o responsável nos casos de dolo ou culpa.[528]

A exceção - definindo a responsabilidade pelo risco integral, independente de culpa do agente e da vítima - foi estabelecida no art. 21, inc. XXIII, alínea "d", da Constituição Federal:

> Art. 21. Compete à União:
> [...]
> XXIII - explorar os serviços e instalações nucleares de qualquer natureza e exercer o monopólio estatal sobre a pesquisa, a lavra, o enriquecimento e reprocessamento, a industrialização e o comércio de minérios nucleares e seus derivados, atendidos os seguintes princípios e condições:
> [...]
> d) a responsabilidade civil por danos nucleares independe da existência de culpa;[529]

O desenvolvimento da cidadania, em suas mais variadas expressões de participação e responsabilidade, vem ensejando a difusão e aplicação de conhecimentos e, por corolário, fazendo crescer o número de demandas contra a Administração Pública, visando obter a reparação de danos. O quadro tímido, mas promissor, aponta no sentido do desenvolvimento do tema. De acordo com estudo promovido no âmbito do Distrito Federal - unidade federativa privilegiada em relação ao nível de escolaridade e renda, quando comparado ao Brasil -, o progresso nessas demandas deveria refletir-se da seguinte forma:

a) num primeiro momento, no acréscimo do número de ações dessa natureza;

b) num segundo, no incremento da ação do controle, visando inibir/reduzir a prática de atos que possam ensejar a realização desse tipo de despesa;

c) num terceiro, na implementação do comando final do § 6º do art. 37 da Constituição Federal, para que o ônus da responsabilidade civil do Estado viesse a ser suportado diretamente pelo agente causador, se incorrente em culpa ou dolo.

Em relação à responsabilidade por dano decorrente de acidente nuclear, conquanto o país já tenha vivenciado experiência de acidente radioativo, em episódio

---

[528] BRASIL. **Constituição da República Federativa do Brasil** (Versão Bolso). Organização dos textos e índice por J. U. JACOBY FERNANDES. 2. ed. Belo Horizonte: Fórum, 2019.
[529] *Ibidem*.

ocorrido em Goiânia, conhecido pelo envolvimento do componente Césio-137, foge ao escopo deste trabalho o aprofundamento nesse tipo de responsabilidade.

3.2.1.1.3 Controle sobre a atividade jurídica

A Constituição Federal de 1988 inaugurou o dever de organização sistêmica da ação do controle, dividindo-o em dois: controle interno e externo, indicando os postulados para a integração.

Deixando o administrador de buscar a reparação da lesão e, conforme o caso, a recomposição do patrimônio público, deverão os órgãos de controle acompanhar o fato e indicar à autoridade competente as medidas necessárias para a preservação do interesse público.

O controle interno, vivenciando a intimidade estrutural da organização, pode promover acompanhamento muito mais eficaz; o controle externo, pela estrutura independente, possui mais poder constritivo para efetivar recomendações de acatamento compulsório.

Existe instrumental adequado para que os operadores do direito e do controle imponham amplo e eficaz sistema de acompanhamento.

No âmbito do instrumental referido, cabe destacar o instituto da Tomada de Contas Especial, previsto expressamente em lei.[530]

Essa definição legal de um procedimento próprio, quando promulgada pela lei, imediatamente passou a constituir uma garantia para todos os agentes jurisdicionados ao Tribunal de Contas da União. Se as leis orgânicas dos Tribunais de Contas erigirem norma semelhante, a exemplo do que faz o TCDF, além de vários outros, ficarão adstritos a promover o processo de TCE como instrumento adequado para apurar irregularidade que cause dano ao erário. A lei erige, assim, uma garantia legal de procedimento, que passa, *ipso facto*, a instrumentalizar a garantia do devido processo legal.

Sobretudo, porém, é um processo que não se limita às estreitas e frias fronteiras da legalidade. Consagra, em toda sua extensão, uma possibilidade de apreciação jurídica dos fatos, permitindo que sejam sopesados pelo órgão de controle todos os fatores que incidiram sobre o agente no momento em que buscava a realização do interesse público, tantas vezes premido pelas constrangedores carências de recursos humanos e materiais. É, portanto, um processo que almeja justiça, indicado para substituir com eficácia a ação regressiva.

---

[530] BRASIL. **Regimento Interno e Lei Orgânica do Tribunal de Contas da União.** Organização dos textos e índice por J. U. JACOBY FERNANDES. Belo Horizonte: Fórum, 2014. Lei nº 8.443/1992: "Art. 8º. Diante da omissão no dever de prestar contas, da não-comprovação da aplicação dos recursos [...], da ocorrência de desfalque ou desvio de dinheiros, bens ou valores públicos, ou, ainda, da prática de qualquer ato ilegal, ilegítimo ou antieconômico de que resulte dano ao Erário [...] deve ser instaurada Tomada de Contas Especial". Assim, o legislador definiu o processo devido para apuração da irregularidade.

3.2.1.1.4 Controle pelo órgão representante

Inexiste uma base de dados estruturada, como também uma ação sistematizada de controle sobre a atuação dos órgãos que representam a Administração Pública em juízo.

Na história do Distrito Federal, por exemplo, há registro de casos comunicados por integrantes do Poder Judiciário que, tendo de decidir uma questão em desfavor da Administração Pública, externaram sua profunda indignação com relação à má qualidade do trabalho desenvolvido pelo procurador do interesse público. Felizmente são casos que se devem presumir raros.[531]

O fato é que, em termos de Brasil, com exceção de uma única representação por nós formulada no desempenho da função de Ministério Público junto ao Tribunal de Contas do Distrito Federal, não há, inexplicavelmente, qualquer notícia de tentativa de controle externo sobre a qualidade do trabalho apresentado pelos órgãos de representação judicial da Administração Pública.

Além dessa iniciativa, no desempenho daquelas funções, e, contando com entusiásticas adesões de alguns magistrados, oficiamos aos juízes das varas de Fazenda Pública do Distrito Federal para que informassem os casos em que houve revelia do órgão público do Distrito Federal ou perda de prazo.

Cabe, a propósito, destacar que a Advocacia-Geral da União, em escólio sistematicamente acolhido pelo Tribunal de Contas da União, tem recomendado que os órgãos jurídicos ingressem com todos os meios de defesa, em todas as instâncias, visando inibir medidas coercitivas de execução de sentença antes do trânsito em julgado.[532]

3.2.1.1.5 Ineficácia do controle social

Se a prática vem revelando que o controle social, considerado por muitos como o único verdadeiramente eficaz, só atua quando o nível de desenvolvimento social e intelectual de uma nação é suficiente, no que tange ao tema em foco, a tendência é sua absoluta ineficácia.

Excluídos o Ministério Público comum e o magistrado, que integram a relação processual no desempenho de suas funções, conquanto o processo judicial seja público, na prática, só se inteiram do objeto da lide os envolvidos. Assim, o descontrole que afeta o interesse público normalmente resulta em proveito do oponente no processo, motivo por que dificilmente atuará em favor da Fazenda Pública.

---

[531] Na esfera federal, o TCU aplicou multa ao advogado que ingressou com contestação em tribunal errado: BRASIL. Tribunal de Contas da União. Embargos de Declaração. Processo TC nº 275.580/1996-2. Decisão nº 221/2000 – 1ª Câmara. Relator: Auditor José Antonio B. de Macedo. Brasília, 1º de agosto de 2000. **Diário Oficial da União [da] República Federativa do Brasil**, Brasília, DF, 10 ago. 2000. Seção 1, p. 95.

[532] BRASIL. Tribunal de Contas da União. Tomada de Contas Especial. Processo TC nº 022.319/1992-1. Acórdão nº 412/2002 - Plenário. Relator: Ministro Augusto Sherman Cavalcanti. Brasília, 13 de novembro de 2002. **Diário Oficial da União [da] República Federativa do Brasil**, Brasília, DF, 26 nov. 2002. Orientação da Advocacia-Geral da União - AGU em parecer publicado no DOU em 26 de fevereiro de 1993 e referido nesse processo.

3.2.1.1.6 A participação do Magistrado e do Ministério Público

Por outro lado, magistrados e membros do Ministério Público, embora tenham presente a sua participação no processo decisório da solução da lide, normalmente não se consideram partícipes da ação do controle da Administração Pública e dos recursos públicos. Assim, na defesa dos cidadãos, por vezes olvidam a desproporção de uma liquidação de cálculo ou da ação de um perito que, normalmente, arbitra a condenação em valores absurdos; por vezes, aceitam a condenação que leva à "falência virtual" de uma empresa pública, simplesmente porque tem a garanti-la o erário. É óbvio que a tarefa do magistrado e do Ministério Público não pode implicar a miopia que desconsidera a repercussão social da decisão judicial: se um juiz deve decidir a lide nos limites em que foi proposta, não é um autômato cuja tarefa é a subsunção de proposições lógicas; é parte da decisão, inclusive dessas teratológicas que a imprensa noticia.

Os tempos mudaram e o sofisma do *Estado sempre solvente* chegou ao fim. A Administração Pública não deve ter privilégios processuais, mas também não pode ser a vítima permanente dos autores de ações que fazem do processo uma loteria, ambicionando indenizações que, ao invés de remediar o dano, geram fortunas à custa do contribuinte.

A dispersão de esforços revela-se absolutamente contra o contribuinte e contra o próprio direito, pois oportuniza, em processo judicial, uma forma de dilapidação do patrimônio público, com a gravíssima consequência de vir *travestida* em coisa julgada. Urge, portanto, uma mudança de postura em favor do direito não do contribuinte, mas da sociedade. Ninguém pode se servir do processo para fins desonestos; se o direito for devido e houver responsabilidade de agentes públicos, o processo não deve apenas satisfazer o direito do lesado, mas servir de instrumento para ação do controle, de tal modo que os responsáveis pelas mazelas sejam alcançados e arquem com o prejuízo a que deram causa. O contribuinte não merece pagar a remuneração de servidores públicos incompetentes, relapsos, desonestos e muito menos merece arcar com os prejuízos a que esses deram causa.

Assim como a norma impõe o dever de comunicar a existência de crime, quando houver indícios em processos de que tiverem conhecimento, os Magistrados e os membros do Ministério Público comum podem comunicar ao Tribunal de Contas as irregularidades praticadas em detrimentos da boa e regular aplicação de recursos públicos.

3.2.1.1.7 Ação regressiva

Certamente o país teria uma grande evolução se esse instituto fosse aplicado em todos os casos de conduta dolosa de agente público.

De fato, a premissa fundamental é que a realização da despesa pública, tanto quanto os demais atos administrativos, deve conformar-se aos limites da legalidade. Para a Administração Direta deve ser acrescida, ainda, da rigorosa observância da definição dos elementos de despesa constantes da Lei Orçamentária.

Toda despesa pública deve, como todo ato administrativo, visar a um interesse público. Quando a despesa é realizada em face de uma pretensão resistida da própria Administração, ordenada em juízo, ou quando é feita em decorrência de um acordo extrajudicial, deve-se investigar o fato gerador e sua conformidade com a lei.

Exemplificando:

a) se a Administração Pública é condenada a pagar indenização por erro médico ou por acidente de veículo, é porque, na esfera judicial, foi reconhecido que o ato ou fato administrativo estava em desconformidade com a ordem jurídica. Logo, deverá ser apurada a responsabilidade disciplinar e civil do agente público;

b) se a Administração Pública é condenada a pagar vencimentos que foram subtraídos por um plano econômico, o qual, afetando o direito adquirido, inibiu a atualização monetária, é imperioso destacar que, no caso, mesmo baseado em lei, o ato foi considerado contrário ao direito; todavia não caberá ação regressiva contra o servidor. A uma, porque não houve desembolso, mas retenção; a duas, em relação ao valor da despesa, acrescido pelo tardio pagamento, o agente não pode ser responsabilizado, porque fundada em lei sua conduta, ainda que de constitucionalidade duvidosa;

c) se a Administração Pública é condenada a pagar danos emergentes e lucros cessantes por ter realizado obra inibindo tráfego de pedestres em frente a um estabelecimento comercial, por ser, em princípio, lícito o ato, não caberá ação regressiva.

Se restringido esse conceito à Administração Direta, no caso específico, encontraremos mais intensa a presença do próprio Estado e, em tese, uniformidade de entendimento do seu corpo de representantes judiciais - os procuradores -, na medida em que estariam integrando a mesma unidade jurídica. Ampliando-o, para abranger os entes da Administração Indireta, as perspectivas se inverteriam: maior semelhança com ação privada e uma variedade de entendimentos do corpo jurídico.

No desempenho das funções de Ministério Público junto ao Tribunal de Contas do Distrito Federal pugnamos pela instauração de Tomada de Contas Especial e o ingresso de ação regressiva, visando apurar a responsabilidade de servidores que causaram a morte de menor de idade, eletrocutado em virtude de contato com rede energizada à altura do solo, sem qualquer proteção. A família do menor obteve em juízo o dever do Estado de reparar o dano moral e material experimentado, faltando, porém, apurar-se a responsabilidade subjetiva, fato possível tanto em Tomada de Contas Especial como em ação regressiva.[533]

3.2.1.2 Acordo coletivo de trabalho

No âmbito da competência dos Tribunais de Contas está o exame da legalidade das despesas[534] e pode este encontrar-se amparado em norma de acordo coletivo do trabalho ou dissídio coletivo.

A jurisprudência do Tribunal de Contas da União aponta vários casos, examinados por aquela Corte, em que a transação feita em acordo coletivo de trabalho não guardou conformidade com as normas vigentes que regiam o tema. Para avaliar a validade da transação coletiva frente à norma, importa lembrar que mesmo a Justiça comum e a especializada trabalhista não inibem seu mister de exercer a jurisdição no caso concreto, quando a norma de fundo, em que se baseiam as partes, é de origem extraestatal, decorrente de negociação coletiva laboral. Ora, se assim é no Judiciário, como avaliar a legalidade da despesa, no âmbito dos Tribunais de Contas, sem buscar a conformidade do contrato coletivo frente ao ordenamento jurídico? Aqui, convém lembrar que os pactuantes da negociação - empregados e empregadores - normalmente ambos os beneficiários do acordo, e ambos onerando terceiros, no caso os contribuintes, não têm interesse em denunciar o pacto. Por esse motivo, com muito mais razão, a ação dos Tribunais de Contas, que normalmente independe de provocação, é a única possibilidade de manter a integridade do ordenamento jurídico e da legalidade estrita da despesa.

O próprio Poder Judiciário tem colocado a negociação coletiva no âmbito da avaliação frente ao ordenamento jurídico. De fato, pode o acordo ou dissídio ofender a lei, o direito e onerar o erário, já que as partes pactuantes – empregador e empregado – oneram terceiro: contribuinte. A jurisprudência e a doutrina sobre a matéria firmaram-se quanto à nulidade:

> [...] de pleno direito de disposições de Convenção ou Acordo que, direta ou indiretamente, contrarie proibição ou norma disciplinada da política econômico-financeira do Governo ou concernente à política salarial vigente, não produzindo quaisquer efeitos perante autoridades e repartições públicas, inclusive para fins de revisão de preços e tarifas de

[533] DISTRITO FEDERAL. Tribunal de Contas do Distrito Federal. Representação. Processo nº 6.884/1993. Decisão nº 8.531/1998. Parecer MPjTCDF nº 3.0768/1998- Procurador Jorge Ulisses Jacoby Fernandes. Relator: Conselheiro Ronaldo Costa Couto, Brasília, 27 de outubro de 1998. **Diário Oficial do Distrito Federal**, Brasília, DF, 13 nov. 1998, p. 11-17. Parecer do MP não publicado; Representação. Decisão nº 9.822/1999. Relatora: . Brasília, 25 de novembro de 1999: "[...] O Tribunal, de acordo com o voto da Relatora, decidiu I) recomendar aos Chefes dos Poderes Executivo e Legislativo adoção de medidas tendentes à regulamentação da interposição de ação regressiva no âmbito do Distrito Federal, a exemplo da Lei Federal nº 4.619, de 28.04.65; II) determinar às Inspetorias de Controle Externo que incluam nos roteiros de auditorias a verificação concernente à proposição de ação regressiva, nos termos do referido voto, III) autorizar o arquivamento dos autos [...]". **Diário da Câmara Legislativa**, Brasília, DF, 30 dez. 1999, p. 1-2.

[534] BRASIL. **Constituição da República Federativa do Brasil** (Versão Bolso). Organização dos textos e índice por J. U. JACOBY FERNANDES. 2. ed. Belo Horizonte: Fórum, 2019. Art. 71, II e VIII.

mercadorias e serviços [...]. (Art. 623, CLT, 1997, Editora LTr, São Paulo, 22ª edição).[535]

É oportuna a seguinte jurisprudência:

1. [...] Trabalhista, Plano Cruzado. Alegação de ofensa ao art. 5º, inc. XXXVI, da CF/88. Demasiado extremismo afirma-se a existência de ofensa ao ato jurídico perfeito, ao direito adquirido e a coisa julgada - que a lei não pode modificar - em face de a decisão recorrida ter adequado os reajustes salariais da categoria, emergentes de dissídio coletivo, ao plano de estabilização da economia, instituidor do novo padrão monetário dos cruzados. Jurisprudência do STF que se firmou no sentido de que as normas que alteram o padrão monetário e estabelecem critérios para conversão de valores em face dessa alteração se aplicam de imediato, não se lhes aplicando as limitações do ato jurídico perfeito e do direito adquirido. Agravo regimental improvido.[536]

2. [...] Reajuste salarial, Lei oito mil oitocentos e oitenta, de vinte e sete de maio de noventa e quatro.

A diretriz de reajuste salarial pela inflação passada sofreu profunda modificação a partir da edição das medidas provisórias que instituíram o programa de estabilização econômica, mantendo o conceito de medida, com base nos salários percebidos nos meses de novembro de mil novecentos e noventa e três a fevereiro de mil novecentos e noventa e quatro, e abrindo a perspectiva de recompor eventuais perdas no mês da primeira data-base de cada categoria, após primeiro de julho de noventa e quatro, inclusive, apuradas pelo cálculo de valores hipotéticos dos salários em cruzeiros reais nos meses de março, abril, maio e junho, decorrentes da aplicação dos reajustes e antecipações previstas na lei oito mil e setecentos de noventa e três, em comparação com aquela média. Após a vigência dessa lei, restou pouco espaço para a incidência da competência normativa da justiça do trabalho, que só deve incidir no vazio legal ou quando se trate de norma de conteúdo mínimo. Na espécie, o legislador traçou uma disciplina para a política nacional de salários, restringindo-se o reajuste à recomposição na data-base da categoria pelos critérios eleitos na referida lei [...]

[...] cláusulas não concedidas: correção salarial e linearidade; perdas salariais; produtividade; perda da massa salarial; extensão das cláusulas relativas a salários; [...]

3. [...] As empresas públicas e as sociedades de economia estão expressamente excluídas da exigência prevista no inciso dois do artigo cento e sessenta e nove da Constituição Federal. De outro lado, o artigo cento e setenta e três, Parágrafo primeiro, da mesma Constituição lhes dá o '*status*' de empresa privada, sujeita ao respectivo regime jurídico. Aplicavam-se-lhes, em conseqüência [*sic*], as leis relativas à política

[535] Excertos da Informação nº 347-397, §§ 18 ao 29, fls. 281 a 284, subscrita pelo Analista Fernando B. Meneguin, Divisão de Acompanhamento da 3ª ICE, do Tribunal de Contas do Distrito Federal.

[536] BRASIL. Supremo Tribunal Federal. RE nº 114.982/RS - 1. Turma. Relator: Ministro Moreira Alves. Brasília, 30 de outubro de 1990. **Diário da Justiça [da] República Federativa do Brasil**, Brasília, DF, 1 mar. 1991, p. 01.808, Ement. v. 01609-01, p. 00150.

> econômica editadas, visando a estabilização, como a lei oito mil oitocentos e oitenta, de noventa e quatro. Provimento - cláusula: dissídio coletivo - garantia de salários e consectários. Negado provimento - cláusula: reajustamento salarial.[537]

Desse modo, quando o Tribunal de Contas analisa a legalidade da execução da despesa, sendo esta fundada em acordo coletivo de trabalho, nada mais evidente do que o dever de confrontar se a norma - *in casu*, acordo ou dissídio - guarda conformidade com as leis de hierarquia superior. Havendo conflito, a despesa é ilegal e deve ser ordenada a reposição do erário.

Quando, porém, a cláusula ilegal não gerou enriquecimento ilícito direto, mas traduziu vantagem indireta, permitindo, por exemplo, o ressarcimento parcelado do adiantamento de férias, em *n* vezes, sem a incidência de correção monetária ou juros, o Tribunal de Contas da União tem preferido determinar a exclusão da cláusula para o futuro, preservando desse modo os efeitos do ato já constituído.[538]

Importante ação preventiva verificou-se no Tribunal de Contas do Distrito Federal em que, no aprofundamento das investigações, visando definir responsabilidade pela extrapolação de poder de dirigentes de uma estatal ao assinarem acordo coletivo relativo a anos pretéritos, a inspetoria do Tribunal houve por bem, em vista de iminente assinatura de novo acordo coletivo, examinar a pauta de reivindicações. Atuando em conjunto com os fatos, em notável exemplo de fiscalização concomitante, deliberou o Tribunal que o órgão jurisdicionado, à vista da situação financeira da entidade, não incluísse no acordo "cláusulas que concedam benefícios e/ou vantagens ilegais e/ou antieconômicas". Na mesma oportunidade, foi alertado que os responsáveis ficariam sujeitos às penas previstas em lei, pelo desacato à determinação do Tribunal de Contas.[539]

3.2.1.3 Acordo de leniência

O Acordo de leniência está previsto no capítulo V da Lei de Improbidade Administrativa.[540] Pode ser celebrado entre a Autoridade máxima de cada órgão ou

---

[537] Recorrente: Cia. das Docas do Rio Grande do Norte - CODERN - Administração do Porto de Recife. Recorridos: Sindicatos dos Trabalhadores nos Serviços Portuários do Estado de Pernambuco e outros. Recurso Ordinário em dissídio coletivo. In BRASIL. Tribunal Superior do Trabalho. Dissídio Coletivo nº 0.131.024. Acórdão nº 0001181. Relator: Ministro Idalécio Gomes Neto. Brasília, 30 de setembro de 1994. **Diário da Justiça [da] República Federativa do Brasil**, Brasília, DF, 11 nov. 1994. Seção 1, p.1.041.

[538] Cláusula dessa natureza, na esfera federal, contrariava expressamente o art. 6º, inc. IV, do Decreto-Lei nº 2.355/1987, embora, à luz do princípio da legalidade, fosse desnecessária a vedação, bastando norma não autorizando. Entre outros precedentes do Tribunal de Contas da União nesse sentido destaca-se: Relatório de Auditoria Operacional. Processo TC nº 200.496/1991-3. Decisão nº 505/1992 - Plenário. Relator: Ministro Marcos Vinícios Vilaça. Brasília, 21 de outubro de 1992. **Diário Oficial da União [da] República Federativa do Brasil**, Brasília, DF, 4 nov. 1992. Seção I, p. 15.443, alterada pelas Decisões nºs 493/1993 - Plenário e 529/1996 - Plenário.

[539] DISTRITO FEDERAL. Tribunal de Contas do Distrito Federal. Solicitação. Processo nº 1.203/1997. Decisão nº 8192/1198. Parecer MPjTCDF nº 3.527/98 - Procurador Jorge Ulisses Jacoby Fernandes. Relatora: . Brasília, 15 de outubro de 1998. **Diário Oficial do Distrito Federal**, Brasília, DF, 26 out. 1998, p. 8. Parecer do MP não publicado.

[540] BRASIL. Lei nº 12.846, de 1º de agosto de 2013. Dispõe sobre a responsabilização administrativa e civil de pessoas jurídicas pela prática de atos contra a administração pública, nacional ou estrangeira, e dá outras providências.

entidade pública com pessoa jurídica que tenha praticado atos contra a Administração pública nacional ou estrangeira e que colabore, efetivamente, com as investigações e o processo administrativo, para identificação, se for o caso, dos demais envolvidos na infração e a rápida obtenção de informações e documentos que comprovem o ilícito sob apuração.

Durante um curto período de tempo, entre dezembro de 2015 e maio de 2016, por força de Medida Provisória (MP)[541], as atuais disposições dos art. 16 e 17 da Lei de Improbidade que tratam do tema, vigoraram com mais requisitos. Com o encerramento da vigência da MP, a redação voltou ao teor original.

Dentre as alterações estava a inclusão do § 14 ao art. 16, que exigia que após a assinatura, o acordo de leniência fosse encaminhado ao Tribunal de Contas, que poderia instaurar procedimento administrativo contra a pessoa jurídica celebrante, para apurar prejuízo ao erário, quando entendesse que o valor constante do acordo não fosse suficiente para reparação integral do dano causado ao erário.

Muitas discussões ocorreram entre os órgãos envolvidos na celebração de acordos de leniência e operadores do Direito e pouco mais de um ano após a entrada em vigor da Lei de Improbidade, o TCU aprovou a Instrução Normativa TCU n° 74, de 11 de fevereiro de 2015, dispondo sobre a fiscalização quanto à organização do processo de celebração de acordo de leniência pela Administração pública federal[542]. Poucos anos depois, a referida IN foi revogada por outra que a substituiu[543], até ser revogada, expressamente, pela Instrução Normativa TCU n° 94 de 21 de fevereiro de 2024[544].

Na mesma data, o TCU aprovou a Instrução Normativa n° 95, de 21 de fevereiro de 2024[545], disciplinando sua atuação nos termos do Acordo de Cooperação Técnica (ACT) celebrado, em 6 de agosto de 2020, com a Controladoria-Geral da União (CGU), a Advocacia-Geral da União (AGU) e o Ministério da Justiça e Segurança Pública (MJSP), sob a coordenação do Presidente do Supremo Tribunal Federal. O objetivo do ACT era definir diretrizes e ações em matéria de combate à corrupção, especialmente em relação aos Acordos de Leniência de que trata a Lei n° 12.846, de 1° de agosto de 2013 (Lei Anticorrupção).

Brasília: Planalto [2025]. Disponível em: https://www.planalto.gov.br/ccivil_03/_ato2011-2014/2013/lei/l12846.htm.

[541] BRASIL. Medida Provisória no 703, de 18 de dezembro de 2015. Altera a Lei n° 12.846, de 1° de agosto de 2013, para dispor sobre acordos de leniência. Disponível em: https://www.planalto.gov.br/ccivil_03/_Ato2015-2018/2015/Mpv/mpv703.htm#art1.

[542] BRASIL. Tribunal de Contas da União. Instrução Normativa n° 74, de 11 de fevereiro de 2015. Disponível em: https://pesquisa.apps.tcu.gov.br/redireciona/norma/NORMA-20208.

[543] BRASIL. Tribunal de Contas da União. Instrução Normativa n° 83, de 12 de dezembro de 2018. Disponível em: https://pesquisa.apps.tcu.gov.br/redireciona/norma/NORMA-21429.

[544] BRASIL. Tribunal de Contas da União. Instrução Normativa n° 94, de 21 de fevereiro de 2024. Disponível em: https://pesquisa.apps.tcu.gov.br/redireciona/norma/NORMA-26123.

[545] BRASIL. Tribunal de Contas da União. Instrução Normativa - TCU n° 95, de 21 de fevereiro de 2024. Disponível em: https://btcu.apps.tcu.gov.br/api/obterDocumentoPdf/75452615.

A nova IN utiliza por fundamento, essencialmente, os princípios específicos que constam do ACT firmado em 2020. Tem 32 artigos, divididos em três títulos: no Título I trata das disposições gerais; no título II trata dos procedimentos de recebimento e envio de informações na fase de negociação do acordo e no título III, das disposições finais e transitórias. O Título II está dividido em sete capítulos, sendo que seis deles tratam das ações operacionais:

I. da primeira ação operacional - recebimento e envio de informações;
II. da segunda ação operacional - fase de conclusão da negociação e assinatura do acordo;
III. da terceira ação operacional - limites à utilização de informações previamente à assinatura do acordo;
IV. da quarta ação operacional - alavancagem de ações de controle em relação a terceiros;
V. da quinta ação operacional - responsabilização de terceiros após a celebração do acordo de leniência;
VI. da sexta ação operacional - mecanismos de compensação de valores para evitar *bis in idem.*

Embora o Capítulo VII não faça referência a ação operacional, trata da apuração de fatos que importem descumprimento do acordo mecanismos de compensação de valores para evitar *bis in idem.*

Como se vê, diferentemente do que ocorria com a IN nº 83/2018, que recebeu várias críticas, os temas, foram bastante desenvolvidos, na norma em vigor, definindo-se, com maior precisão, conceitos, responsabilidade dos agentes envolvidos e maior clareza para os procedimentos que devem ser seguidos. A iniciativa merece aplauso, especialmente por trazer mais segurança jurídica à seara do controle externo.

Importante lembrar que o tema acordo de leniência afeta outras normas do TCU, como a Resolução nº 259 de 7 de maio de 2014[546], que já regulava os procedimentos para constituição, organização e tramitação de processos e documentos relativos à área de controle externo

Em 2021, por meio da Resolução 326[547], o TCU alterou várias normas para regular o acesso a processos sigilosos específicos, incluindo a Resolução nº 259/2014, que recebeu novos dispositivos sobre o tratamento sigiloso a ser dado à documentação e às informações relativas aos processos de celebração de acordos de leniência pela Administração Pública Federal.

---

546 BRASIL. Tribunal de Contas da União. Resolução nº 259 de 7 de maio de 2014. Disponível em: https://pesquisa.apps.tcu.gov.br/redireciona/norma/NORMA-21650.

547 BRASIL. Tribunal de Contas da União. Resolução nº 326 de 10 de março de 2021. Disponível em: https://pesquisa.apps.tcu.gov.br/redireciona/norma/NORMA-21456.

Interessante caso foi julgado pelo TCU em 2022, com pedido do Tribunal de Contas ao Supremo Tribunal Federal no sentido de reconsiderar decisão, permitindo o compartilhamento de todas as provas e declarações fornecidos "sem que esta Corte de Contas necessite aderir ao aludido acordo [...], comprometendo-se o TCU a utilizar as provas e declarações do aludido agente exclusivamente em relação a terceiros" [548].

Em 2024, por meio da Resolução nº 366, de 21 de fevereiro de 2024[549], o TCU alterou novamente dispositivos da Resolução nº 259/2014, como resultado do trabalho do grupo instituído em 2021, com o objetivo de propor regulamentação dos procedimentos de recebimento de informações compartilhadas pela CGU e AGU.

3.2.1.4 Acordo extrajudicial

Questão tormentosa diz respeito à possibilidade de a Administração Pública, por acordo extrajudicial, pagar indenização por dano causado a particular, como forma de prevenir demanda judicial. A literatura sobre o tema não é muito vasta, dificultando a ação do controle sobre tais atos, e envolve uma ampla temática:

a) é ético exigir-se a interposição de recursos protelatórios, quando remansosa jurisprudência é contrária ao interesse da Administração na lide?
b) fere a autonomia funcional do procurador do órgão a deliberação superior que transige em demanda?
c) o que é êxito duvidoso?
d) em que medida aproveita o interesse público um acordo?
e) até que fase processual é lícito transigir?
f) antes do ingresso em juízo, pode a Administração reconhecer sua culpa e proceder à composição com particular?

É admissível a resposta afirmativa em restritas hipóteses. Como regra, é possível firmar a validade de acordo para evitar a demanda judicial quando:

a) vier fundamentada em parecer jurídico;

Inexiste norma expressa nesse sentido, mas é decorrência natural que um tema especializado, envolvendo recursos públicos, exija a opinião expressa de profissionais

---

[548] BRASIL. Tribunal de Contas da União. Acórdão nº 1724/2022 - TCU - Plenário. Disponível em: https://pesquisa.in.gov.br/imprensa/jsp/visualiza/index.jsp?data=08/08/2022&jornal=515&pagina=123&totalArquivos=137.

[549] a) BRASIL. Tribunal de Contas da União. Resolução - TCU Nº 366 de 21 de fevereiro de 2024. Disponível em: https://pesquisa.apps.tcu.gov.br/redireciona/norma/NORMA-26124.

b) os Ministros do Tribunal de Contas da União determinaram a adoção das providências relacionadas a um acordo de leniência, em que a Controladoria-Geral da União solicitou o encaminhamento de informações acerca da existência de processos em trâmite na Corte de Contas cujos objetos guardem relação com as empresas colaboradoras. O acórdão é uma demonstração clara da aplicação da Resolução 366/2024, na prática. Consulte o Acórdão nº 685/2025 - TCU – Plenário. Disponível em: https://pesquisa.in.gov.br/imprensa/jsp/visualiza/index.jsp?data=10/04/2025&jornal =515 &pagina=110&totalArquivos=135

com a habilitação legal necessária para emitir parecer jurídico. A não-realização do acordo implicará demanda judicial, ensejando necessariamente a oitiva de profissionais habilitados.

b) a conclusão do parecer indicar, fundamentadamente, a impossibilidade de êxito ou possibilidade muito remota;

Ao contrário do que leigos sustentam, a técnica processual e a aplicação concreta do Direito pela Justiça realizam-se segundo as regras da lógica e da hermenêutica, sendo possível inferir o êxito provável de uma demanda ou não.

Em regra, os processos discutem questões jurídicas ou prova de fatos. Sobre aquelas é temerário, porém, transigir, quando a questão versa sobre teses inovadoras, sem precedentes jurisprudenciais. Assim, para fazer acordo em questão que envolva meramente direito, é recomendável a prévia existência de firme e remansosa jurisprudência contrária ao interesse da Administração, ou que o Supremo Tribunal Federal – a mais alta Corte de Justiça – tenha se pronunciado conclusiva e inequivocamente sobre a questão.

Envolvendo apenas questões de fato, é admissível o acordo, quando as provas, sejam testemunhais ou periciais, responsabilizarem integral e exclusivamente a Administração. Os casos de culpa concorrente devem ser afastados dos acordos, visto que, como regra, envolvem questões muito controvertidas, para cujo êxito da ação concorre em grande parte a argúcia do causídico.

c) no processo em que se realiza o acordo deve ser quantificada para a Administração a vantagem decorrente;

É dispensável que o particular tenha ciência do que a Administração espera "lucrar" com o acordo. Aliás, é até recomendável, no mais das vezes, que de fato a vantagem pretendida seja ignorada pelo particular.

Para a esfera do controle, no entanto, esse dado é extremamente relevante.[550]

d) for ouvida a área de controle interno a respeito;

Como os órgãos de controle interno devem emprestar apoio aos de controle externo e seguem, como regra, os mesmos postulados, a manifestação prévia é importante para delimitar as questões controvertidas e direcionar a ação posterior.

e) forem adotadas as cautelas pertinentes aos negócios jurídicos, como avaliação da documentação oferecida, capacidade das partes e regularidade

---

[550] O TCU, analisando acordo extrajudicial que garantiu a empresa receber do antigo DNER o valor de R$ 2.295.000,00, quando a sentença condenatória de 1º grau determinou o valor de R$ 24.893,22, que não poderia ser majorado em grau de recurso, conforme Enunciado nº 45 do STJ, condenou solidariamente os procuradores, o Diretor-Geral e a empresa favorecida à restituição da diferença de R$ 2.270.106,48, posto que a transação superior a R$ 50.000,00 deveria ter sido homologada judicialmente, nos termos da Lei nº 9.469/1997, art. 1º; conclui, também, inexistir boa-fé dos envolvidos e fundamentação, fática ou de direito, no parecer jurídico que amparou a transação: BRASIL. Tribunal de Contas da União. Processo TC nº 020.173/2003-4. Acórdão nº 696/2004 - Plenário. Relator: Ministro Walton Alencar Rodrigues. **Diário Oficial da União [da] República Federativa do Brasil**, Brasília, DF, 18 jun. 2004, p. 85-94.

da assistência de advogado e autorização legislativa, quando for o caso, além do atendimento às normas, como despesas de escritura, pagamento de impostos etc.;

f) for analisada a possibilidade de ser intentada ação regressiva contra o servidor responsável pelo dano imputado à Administração. Nesse caso, deve ele participar do acordo e, no mesmo instrumento, assumir a responsabilidade que lhe couber.

No desempenho das funções institucionais do Ministério Público junto ao TCDF, pugnamos pela regularidade das contas em que ocorrera acordo administrativo, apesar de não haver nos autos três orçamentos do valor do dano causado a automóvel particular por trator, porque os indícios apontavam, no caso concreto, para a real extensão do débito, promovendo-se recomendação para o futuro.[551]

Feitas essas considerações, é preciso finalmente ressaltar que a imposição legal a ser seguida pela Administração, de recorrer até a última instância, em defesa do erário, não tem aplicação absoluta, podendo muitas vezes ser dispensada, se de acordo com os requisitos impostos pela legislação competente. O zelo na defesa do interesse público não decorre do excesso de recursos. Ao contrário, muitas vezes o valor do bom gestor estará em firmar acordo ainda mais vantajoso.

No âmbito federal, o tema encontrou melhores contornos, quando o TCU, respondendo consulta, estabeleceu diretivas para acordos que visem indenizar particulares. Ficou assentado desde então que:

> [...] a indenização a terceiros, pela Administração Pública, de danos causados por agentes públicos nessa condição pode se dar:
> 8.1.1. judicialmente, em cumprimento de sentença transitada em julgado;
> 8.1.2. administrativamente, por meio de processo administrativo devidamente constituído para apuração dos fatos, identificação dos responsáveis e quantificação dos danos efetivamente comprovados, desde que haja dotação orçamentária apropriada, respeitados os princípios orçamentários constitucionais e as regras e limites da legislação específica, em especial aqueles inseridos na Lei do Orçamento Anual;
> 8.2. informar, ainda, à autoridade consulente, que deve a Administração, em ambas as hipóteses acima citadas, buscar a reparação do valor indenizatório pago mediante regresso contra o agente responsável nos casos de dolo ou culpa, apurados por intermédio de sindicância ou processo administrativo.[552]

---

[551] DISTRITO FEDERAL. Tribunal de Contas do Distrito Federal. Tomada de Contas Especial. Região Administrativa do Cruzeiro. Processo nº 4.663/1996. Decisão nº 7403/1998. Parecer do MP/TCDF nº 3.0344/1997. Relator: Conselheiro Maurílio Silva. Brasília, 20 de maio de 1997. **Diário Oficial do Distrito Federal**, Brasília, DF, 26 maio 1997, p. 3.783- 3.789. Parecer do MP não publicado.

[552] BRASIL. Tribunal de Contas da União. Consulta. Processo TC nº 007.425/2000-3. Decisão nº 13/2001 - Plenário. Relator: Ministro Guilherme Palmeira. Brasília, 24 de janeiro de 2001. **Diário Oficial da União [da] República Federativa do Brasil**, Brasília, DF, 2 fev. 2001.

Avançando ainda mais no tema e baseando-se na Lei nº 13.140, de 26 de junho de 2015, que dispõe sobre a mediação entre particulares como meio de solução de controvérsias e sobre a autocomposição de conflitos no âmbito da Administração Pública[553] e outras normas, o TCU aprovou a Instrução Normativa - TCU nº 91, de 22 de dezembro de 2022, que instituiu, em seu âmbito, procedimentos de solução consensual de controvérsias relevantes e prevenção de conflitos afetos a órgãos e entidades da Administração Pública Federal[554].

3.2.1.5 Acordo judicial

Em tese, existe a possibilidade de um acordo judicial ser muito vantajoso para a Administração Pública e, feito em bases honestas, representar efetivo ganho econômico. Haveria, então, a possibilidade de firmá-lo em juízo?

Sobre o aspecto jurídico, à primeira vista, entende-se que, estando a Administração jungida ao princípio da legalidade, só poderia efetivar a transação diante de norma expressa autorizadora.

O acordo judicial que envolve entidade da Administração Direta ainda poderia ter a agravante de obviar a execução forçada do crédito, privilegiando um credor. Por via oblíqua, violaria o art. 100 da Constituição Federal, que determina a execução por precatório.

O princípio da isonomia deve, pois, prevalecer sobre o princípio da economicidade; se a vantagem for de tal ordem que justifique sua condição de extraordinária, o Poder Legislativo é que deverá manifestar-se, autorizando a firmação do acordo. Essa é, pois, a regra geral aplicável aos três poderes das três esferas de governo.

Embora seja essa a melhor diretiva, em estritas hipóteses, o Supremo Tribunal Federal admitiu a validade de acordo judicial sem prévia autorização legislativa.

Lição relevante lega a Ministra Ellen Gracie:

> Em regra, os bens e o interesse público são indisponíveis, porque pertencem à coletividade. É por isso, o Administrador, mero gestor de coisa pública, não tendo disponibilidade sobre os interesses confiados à sua guarda e realização. Todavia, há casos em que o princípio da indisponibilidade do interesse público deve ser atenuado, mormente quando se tem em vista que a solução adotada pela Administração é a que melhor atenderá à ultimação deste interesse.
> Neste sentido, esta Corte, ao julgar o Agravo de Instrumento nº 52.181, Rel. Min. Bilac Pinto, RTJ 68/382, considerou plenamente válida a possibilidade de transação, ao concluir pela legalidade do Juízo Arbitral, inclusive nas causas contra a Fazenda. Por outro lado, o acórdão recorrido, para concluir pela validade da transação firmada entre a

---

[553] Referida lei altera a Lei nº 9.469, de 10 de julho de 1997, e o Decreto nº 70.235, de 6 de março de 1972; e revoga o § 2º do art. 6º da Lei nº 9.469, de 10 de julho de 1997.

[554] Consulte a versão atualizada da Instrução Normativa TCU nº 91/2022. Disponível em: https://pesquisa.apps.tcu.gov.br/redireciona/norma/NORMA-21784.

> Municipalidade e as recorridas, considerou que, no caso, o acordo serviu a uma mais rápida e efetiva consecução do interesse público, não havendo, assim, que se falar em ofensa ao art. 37 da Constituição Federal.[555]

A União Federal resolveu a questão ao estabelecer parâmetros objetivos para a transação judicial, utilizando com parcimônia os princípios da economicidade e da delegação de competência.[556]

Estabeleceu pioneiramente que o Advogado-geral da União e os dirigentes máximos das autarquias, das fundações e das empresas públicas federais poderão:

a) nas causas de valor até R$ 50.000,00 autorizar a realização de acordos ou transações em *juízo* para terminar o litígio; e

b) para a cobrança de créditos, atualizados, de valor igual ou inferior a R$ 1.000,00 (mil reais), autorizar a não propositura de ações e a não interposição de recursos, assim como requerimento de extinção das ações em curso ou de desistência dos respectivos recursos judiciais.

De igual modo, permitiu também que acima desses valores – sem definir limite máximo – fosse feito acordo ou transação desde que, sob pena de nulidade, houvesse prévia e expressa autorização:

a) do ministro de Estado ou do titular da Secretaria da Presidência da República – de acordo com a competência e o assunto –, no caso da União;

b) nas autarquias, fundações ou empresas públicas, da respectiva autoridade máxima.

Como as sociedades de economia mista são formadas por capital não integralmente pertencente à União, a norma nada dispôs a respeito da transação ou acordo nessa espécie de entidades. Para decidir sobre esse tema, o agente que representa o poder público depende de autorização legal e os demais acionistas de manifestação expressa na assembleia geral.

Tanto a firme possibilidade de sucumbência, quanto a vantagem do acordo devem ficar demonstradas no processo, aspecto esse de natureza técnica, a ser analisado pelos órgãos envolvidos. Quando versar sobre reparação de danos, o valor deve ficar comprovado pelos meios regulares em direito admitidos.

---

[555] BRASIL. Supremo Tribunal Federal. RE nº 253.885/MG- 1. Turma. Relatora: Ministra Ellen Gracie. Brasília, 4 de junho de 2002. **Diário da Justiça [da] República Federativa do Brasil**, Brasília, DF, 21 jun. 2002, p. 118, Ement. v. 02074-04, p. 00796.

[556] Nesse sentido: BRASIL. Lei nº 9.469, de 10 de julho de 1997. Regulamenta o disposto no inciso VI do art. 4º da Lei Complementar nº 73, de 10 de fevereiro de 1993; dispõe sobre a intervenção da União nas causas em que figurarem, como autores ou réus, entes da administração indireta; regula os pagamentos devidos pela Fazenda Pública em virtude de sentença judiciária; revoga a Lei nº 8.197, de 27 de junho de 1991, e a Lei nº 9.081, de 19 de julho de 1995, e dá outras providências. **Diário Oficial [da] República Federativa do Brasil**, Poder Executivo, Brasília DF, 11 jul. 1997. Seção 1, p. 14.704; Procuradoria-Geral Federal. Portaria nº 915, de 16 de setembro de 2009. **Diário Oficial [da] República Federativa do Brasil**, Brasília, DF, 17 set. 2009. Seção 1, p. 4.

Sobre o tema, é importante consultar a possibilidade de mediação e arbitragem. O tema teve evolução para admitir inclusive no curso de processo judicial conforme a Lei nº 13.140, de 26 de junho de 2015. Referida norma dispõe sobre a mediação entre particulares como meio de solução de controvérsias e sobre a autocomposição de conflitos no âmbito da Administração Pública.[557]

3.2.1.6 Admissão de pessoal

Num exame criterioso da Constituição Federal brasileira, verifica-se que compete aos Tribunais de Contas o exame da legalidade e o registro das admissões.

Sobre o assunto, o Ministro Luciano Brandão observou o registro das admissões *a qualquer título*. Não é demais lembrar que, atualmente, são mais de 11 milhões e meio de funcionários e servidores públicos,[558] os quais constituirão o cadastro básico a ser implantado no TCU. Cobra relevo a inserção de itens redutores de gastos e a obrigatoriedade de concurso público para ingresso tanto no setor estatal direto quanto no indireto.

Ademais, é importante notar que os atos de admissão de pessoal, após a promulgada Constituição, estão intrinsecamente ligados aos que preceituam o seu art. 169 e o art. 38 do Ato das Disposições Transitórias. Esses dispositivos impõem severas restrições e intransponíveis limites à execução de dispêndios dessa natureza, alcançando não só a União, mas também os estados, o Distrito Federal e os municípios.[559]

O exame, no caso, restringe-se à conformação com a lei, que deve ser entendida como ordenamento jurídico. Sem dúvida, no desempenho dessa competência, inovadoramente definida pela Constituição Federal de 1988, os Tribunais de Contas deram ao país uma das mais importantes demonstrações de equilíbrio e serenidade na aplicação do direito. Isso porque se inaugurou uma ampliação do dever de admitir mediante concurso público, inclusive para os entes da Administração Indireta, questão que se tomou controvertida nos albores da nova era constitucional.

No desempenho da função institucional de Procurador-Geral do Ministério Público junto ao Tribunal de Contas do Distrito Federal, o presente autor dirigiu-se ao Procurador do Ministério Público do Trabalho para que, no cumprimento do dever institucional, buscasse, com firme propósito, efetivar a regra do concurso público como garantia constitucional e corolário do princípio da impessoalidade na atuação da Administração Pública à vista de contratações irregulares de pessoal.

---

[557] Referida lei altera a Lei nº 9.469, de 10 de julho de 1997 e o Decreto nº 70.235, de 6 de março de 1972; e revoga o § 2º do art. 6º da Lei nº 9.469, de 10 de julho de 1997.

[558] a) Estimativa aferida no ano de 2009 pelo Instituto de Pesquisa Econômica Aplicada – IPEA. Disponível em: <http://www.ipea.gov.br>.

b) Em 2024, segundo noticiou a Folha de São Paulo, esse número chegou a 12,65 milhões.

[559] SOUZA, Luciano Brandão Alves de. A Constituição de 1988 e o Tribunal de Contas da União. **Revista de Informação Legislativa.** Brasília, ano 26, n. 102, p. 177-178, abr/jun. 1989.

Naquela oportunidade, ressaltamos a importância do exercício da missão institucional do Ministério Público, que em última instância defende a sociedade do protecionismo e do apadrinhamento de poucos, geralmente feito em detrimento da capacitação de quadros qualitativos.

Na maioria das vezes, a norma é incompreendida, mormente pelas pessoas que são atingidas pelas providências impositivas indispensáveis à restauração da legalidade. Todavia, no desempenho das funções de Ministério Público junto ao Tribunal de Contas, desde o alvorecer da Constituição-cidadã, os membros do *parquet* não poupam esforços para fazer vergar os dirigentes dos órgãos aos princípios consagrados na Constituição Federal, como deve ocorrer num país que adota o Estado Democrático de Direito.

3.2.1.6.1 Da competência dos Tribunais de Contas

O manifesto propósito do constituinte em ampliar o espectro de competência do controle externo fez insculpir o exame da legalidade dos atos de admissão de pessoal para fins de registro.[560]

Nesse particular, porque não precedido da locução "julgar" - ao contrário do que ocorre com as contas dos administradores e demais responsáveis por bens, dinheiros e valores públicos –, é imperioso reconhecer que a competência não se apresenta de forma exclusiva, o que faria emergir a incidência do princípio da ampla revisibilidade dos atos administrativos pelo Poder Judiciário.

O tema, contudo, não é pacífico, pois se a Constituição determinou que o exame da legalidade dos atos de admissão fosse feito pelos Tribunais de Contas, a ação do Poder Judiciário pode ser entendida, com boa vontade, como concorrente, e não mais exclusiva. A contrário *sensu*, não teria o Estatuto Político Fundamental imposto o exame da legalidade, admitindo reexame em ações individuais e no bojo de ações destinadas à tutela de interesses difusos e coletivos, na medida em que a correta aplicação da lei constitui direito público subjetivo.[561]

3.2.1.6.2 Decisões dos Tribunais de Contas sobre início de aplicação do concurso

O Tribunal de Contas da União firmou o entendimento de que a Administração Pública - direta, indireta e fundacional da União - somente poderia prover os cargos e empregos efetivos após a realização do concurso público.

---

[560] BRASIL. **Constituição da República Federativa do Brasil** (Versão Bolso). Organização dos textos e índice por J. U. JACOBY FERNANDES. 2. ed. Belo Horizonte: Fórum, 2019. Art. 71, inc. III.

[561] BRASIL. Conselho Federal de Engenharia e Agronomia. Resolução nº 430, de 13 de agosto de 1999. Disponível em: <**http://www.confea.org.br**>. Acesso em: 30 maio 2014. "Art. 4º Os CREAs investigarão toda denúncia acerca da ocupação ilegal de cargo e função, mesmo que não fundamentada, [...] e tomarão as seguintes providências: [...] IV - denunciar ao Tribunal de Contas competente a ocupação ilegal de cargo ou função, com a conseqüente irregularidade dos gastos financeiros".

Essa exegese foi consagrada a partir de 16 de maio de 1990,[562] tolerando-se as admissões efetivadas até essa data.

De igual modo procedeu o Tribunal de Contas do Distrito Federal, apenas diferenciando-se do paradigma federal pela uniformização do entendimento a partir de 31 de novembro de 1992.[563]

A extensão do comando constitucional, que obriga a realização do concurso público, ainda gera polêmica. Exemplo disso é a questão das entidades de classe, conselhos profissionais. Nesse ponto, o Tribunal de Contas da União tem se mantido inflexível[564] sobre a necessidade do procedimento impessoal de admissão, independentemente do regime de pessoal. A Súmula nº 277/2012 assim dispõe:

> Por força do inciso II do art. 37 da Constituição Federal, a admissão de pessoal nos conselhos de fiscalização profissional, desde a publicação no Diário de Justiça de 18/5/2001 do acórdão proferido pelo STF no mandado de segurança 21.797-9, deve ser precedida de concurso público, ainda que realizado de forma simplificada, desde que haja observância dos princípios constitucionais pertinentes.[565]

A súmula é herança de diversas decisões. No ano de 2009, por exemplo, o TCU determinou a rescisão de contratos de trabalho firmados sem prévio concurso, antes de 10.05.2001, data de publicação do julgamento do Mandado de Segurança nº 21.797-9 pelo Supremo Tribunal Federal que pacificou o entendimento.[566]

Essa passagem, colhida de memorável voto do eminente Ministro Benjamin Zymler, muito bem elucida a questão:

> A jurisprudência desta Casa é pacífica quanto ao fato de que aos conselhos de fiscalização das profissões liberais se aplica o art. 37, II, da Constituição Federal, sendo, por via de conseqüência [*sic*], exigível o concurso público para a contratação de pessoal no âmbito daqueles conselhos.
>
> O que se encontra *sub judice*, ao menos no STF, não é a aplicação aos conselhos de fiscalização das profissões liberais dos preceitos constitucionais referentes à admissão de pessoal, mas sim sua sujeição aos ditames da Lei nº 8.112/90. A isso, acrescenta-se o fato de que,

---

562 BRASIL. Tribunal de Contas da União. Pedido de Reexame. Processo TC nº 017.062/1993-4. Decisão nº 172/1996 – 2ª Câmara. Relator: Ministro Adhemar Paladini Ghisi. Brasília, 20 de maio de 1990. **Diário Oficial da União [da] República Federativa do Brasil**, Brasília, DF, 2 jul. 1990. Seção 1, p. 12.115.

563 DISTRITO FEDERAL. Tribunal de Contas do Distrito Federal. Ofício/GP nº 013/1992. Disponível em: <**http://www.tc.df.gov.br**>. Acesso em: 25 nov. 2000.

564 São no mesmo sentido: BRASIL. Tribunal de Contas da União. Decisão nº 133/2000 - Plenário; Acórdão nº 213/1999 - Plenário; Acórdão nº 212/1998 – 2ª Câmara; Acórdão nº 179/2000 - Plenário; Acórdão nº 209/1998 - 2ª Câmara; Decisão nº 123/1999 - 2ª Câmara; Decisão nº 364/1998 - Plenário; Acórdão nº 181/1998 - Plenário; Acórdão nº 424/1998 - 2ª Câmara; Decisão nº 69/1999 - Plenário; Decisão nº 31/2001 - Plenário e Decisão nº 920/2001 - Plenário. Disponíveis em: <**http://www.tcu.gov.br**>. Acesso em: 30 maio nov. 2014.

565 BRASIL. Tribunal de Contas da União. Súmula nº 277. Ata nº 20/2012. Boletim nº 21/2012. Disponível em: https://pesquisa.apps.tcu.gov.br/redireciona/sumula/SUMULA-EJURIS-19566.

566 BRASIL. Tribunal de Contas da União. Processo TC nº 011.775/2006-7. Acórdão nº 624/2009 - Plenário. Relator: Ministro Auditor Marcos Bemquerer Costa. Brasília, 28 de março de 2009. **Diário Oficial da União [da] República Federativa do Brasil**, Brasília, DF, 3 abr. 2009.

> estando determinada matéria sob apreciação do Poder Judiciário, não fica obstado seu julgamento em instância administrativa, razão pela qual, em tese, poderia o TCU exigir não apenas a observância do art. 37, II, da Constituição da República, quanto às futuras contratações de pessoal, como também a regularização da situação dos que foram contratados, sem concurso público, posteriormente à vigência da Carta Magna.[567]

3.2.1.6.3 Da fundamentação das decisões

Isoladas essas exegeses sob a restrita legalidade, carecem de lógica jurídica.

Não podem os Tribunais de Contas pretenderem a suspensão da aplicação de norma constitucional de eficácia plena a uma determinada data a partir da qual uniformizaram o seu entendimento. Seria o mesmo que reconhecer a existência de força vinculante acima da Constituição Federal, fato somente admissível na ordem jurídica como medida de exceção em períodos revolucionários e absolutamente incompatível com o Estado Democrático de Direito.

Mesmo os membros desta instituição, porém, curvam-se a reconhecer nas exegeses consagradas uma fundamentação jurídica de vigor inafastável, talvez até mais consistente do que aquela estreita.

O excelso Carlos Maximiliano, sensível ao antagonismo que a aplicação da norma pode ensejar entre o comando e a realidade, afirmou, amparado em Salomon, que:

> a norma jurídica não é um conjunto de preceitos rijos, cadavéricos, e criados pela vontade humana; é uma força viva, operante, suscetível de desenvolvimento; mas o progresso e a adaptação à realidade efetuam-se de acordo, aproximado, ou pelo menos aparente, com o texto; não em contraste com este.[568]

Após décadas da promulgação da Constituição, é hoje evidente o alcance da norma impositiva do concurso público para todas as esferas de governo e para todas as entidades da Administração Pública. Soa até absurdo, na atualidade, aceitar a existência de tese diversa. Mas houve, e teve a patrociná-la expressivos juristas, cada qual com sua linha de argumentação, ora afastando as empresas públicas, ora reconhecendo carreira para as quais o concurso público seria incompatível ou insustentável.

Num retrospecto histórico, indissociável à compreensão do desenvolvimento do tema, não se pode olvidar a situação do administrador público, sobretudo das estatais. Se por um lado o meio jurídico discutia o alcance da norma, por outro lado é forçoso reconhecer que a Constituição, nesse particular, não deu prazo para a Administração

---

[567] BRASIL. Tribunal de Contas da União. Relatório de Auditoria. Processo TC nº 625.561/1996-1. Decisão nº 119/1998 - 2ª Câmara. Relator: Ministro-Substituto Benjamim Zymler. Brasília, 21 de maio de 1998. **Diário Oficial [da] República Federativa do Brasil**, Brasília, DF, 1º jun. 1998, p. 27.

[568] MAXIMILIANO, Carlos. **Hermenêutica e Aplicação do Direito**. 10. ed. Rio de Janeiro: Forense, 1988, p. 80.

Pública se adaptar a esse cânon: simplesmente, a partir de 5 de outubro de 1988, todos os cargos e empregos públicos deveriam ser providos por concurso público. Acatar a fórmula na sua extensão subjugaria outras normas de proteção da sociedade, como o princípio da continuidade do serviço público.

Inegável, assim, o valor prático da discussão estabelecida, cujo desenvolvimento, como salientou o festejado mestre da hermenêutica, realizou-se no curso de não contrastar com a norma positiva. Antes e sempre, em círculos de aproximação elíptica para consagrar a sua eficácia, com toda a amplitude que hoje se reconhece.

As decisões das Cortes de Contas, antes de serem vislumbradas como uma acomodação da norma aos fatos, inserem-se num contexto vanguardista do controle da Administração Pública.

Efetivamente, o tema era tão controvertido no mundo das interpretações que mesmo o Supremo Tribunal Federal somente se manifestou, em caráter definitivo, após o julgamento da ADI nº 231-7- RJ,[569] quando por maioria, sublinhe-se "por maioria", pacificou o entendimento de que a norma do art. 37, inc. II, é compatível e harmoniza-se com a do art. 173, § 1º, da Constituição.

Ainda hoje, o alcance do art. 37, inc. II, ocupa a inteligência dos juristas e mostra-se controvertido em relação ao seu alcance, porque a norma fundamental não definiu as relações em desenvolvimento no momento de sua promulgação.

Daí o fundamental valor da exegese firmada pelos Tribunais de Contas, incumbidos constitucionalmente do exame da legalidade das admissões, ao definir a obrigatoriedade do concurso para todos os cargos e empregos – ressalvados os de livre nomeação e exoneração da Administração direta, indireta e fundacional – mesmo para as empresas públicas e sociedades de economia mista que explorem atividade econômica. O TCU antecipou-se ao Supremo Tribunal Federal de forma corajosa, firme e coerente, valendo lembrar que a sua interpretação teve ressonância junto ao Excelso Pretório, dada a especialização constitucional das competências.

No amplo espectro de sua análise, que não se circunscreve à legalidade, deitou por terra, definitivamente, os argumentos dos que tentavam demonstrar a impossibilidade fática da exploração da atividade econômica com a rigidez e inflexibilidade do concurso público. E só o Tribunal de Contas poderia enfrentar esse argumento, porque sua ação não se adstringe à legalidade, mas à análise da economicidade, eficácia e eficiência dos atos da Administração Pública, apanhando a dinâmica da ação administrativa num dos mais poderosos instrumentos de controle já desenvolvidos, que é a auditoria operacional, exsurgindo daí a legitimidade dos seus pronunciamentos e o prestígio de que desfrutam suas decisões. Por isso, quando o

---

569 BRASIL. Supremo Tribunal Federal. Administrativo. Ação Direta de Inconstitucionalidade nº 231-7/RJ. Relator: Ministro Moreira Alves. Brasília, 5 de agosto de 1992. **Diário da Justiça [da] República Federativa do Brasil**, Brasília, DF, 13 nov. 1992. Seção 1, p. 4.930.

TCU sustentou que mesmo os que exploram atividade econômica deveriam assujeitar-se à regra do concurso, sua manifestação teve ampla ressonância no meio jurídico.

Como enfatizado, o entendimento teve um matiz de coragem, porque, à época, os órgãos que deveriam estar desenvolvendo ações paralelas com o mesmo escopo estavam silentes. Mesmo nesse contexto, o tema foi enfrentado, impostas multas aos recalcitrantes, promovidas inspeções e levantamento de dados consistentes.

3.2.1.6.4 Dos precedentes judiciais sobre a data da exigibilidade do concurso

É importante notar que a ordem constitucional pretérita não agasalhou admissões sem concurso para a administração direta e, no entanto, pululam exemplos dessa natureza.

Basta lembrar que o Ministério Público junto ao Tribunal de Contas do Distrito Federal foi um dos primeiros *parquets* do país a dar fiel cumprimento à lei, sendo seus membros, há mais de trinta e cinco anos, admitidos, exclusivamente, após concurso público de provas e títulos, fato que, lamentavelmente, não encontra paradigma nacional.

Essa analogia reforça a tradição do Direito, no sentido de impor indelével, firme e pacificamente a força imanente das normas judiciais, ajustando sua eficácia com adequada parcimônia entre a imediaticidade e a garantia de estabilidade das relações jurídicas.

Recordo aqui o parecer aprovado pela Consultoria Geral da Presidência da República, cujo caráter orientador é inegável, sustentando que:

> a exigência de concurso público, prevista no art. 37, inciso II, da Constituição, não obsta a que o já concursado ou estável, em virtude de habilitação seletiva interna, ascenda a outro cargo ou emprego superior ao seu.[570]

Aliás, chegou o precitado órgão a emitir parecer com força normativa, aprovado pelo Presidente da República, excluindo da regra do artigo referido as empresas públicas e sociedades de economia mista que explorem atividade econômica.[571]

Há decisões judiciais admitindo a validade de situações constituídas após 5 de outubro de 1988, em relação ao concurso interno. Nesse contexto, poder-se-ia exigir, à época, outra conduta do administrador público.

A admissão de pessoal na administração direta, indireta e fundacional, de acordo com jurisprudência pacificada pelo Supremo Tribunal Federal, deve ser

---

[570] BRASIL. Consultoria Geral da Presidência da República. Parecer nº SR-89. **Diário Oficial [da] República Federativa do Brasil**, Poder Executivo, Brasília, DF, 12 maio 1989. Seção 1, p. 7.332.

[571] BRASIL. Consultoria Geral da Presidência da República. Parecer nº FC-2/1989. **Diário Oficial da União [da] República Federativa do Brasil**, Poder Executivo, Brasília, DF, 3 nov. 1989. Seção 1, p. 1.

precedida de concurso público. Entre os vários acórdãos, o que parece ferir todos os pontos controvertidos têm a seguinte ementa:

> Cargos e empregos públicos. Administração Pública direta, indireta e fundacional. Concurso Público.
> A acessibilidade aos cargos públicos a todos os brasileiros, nos termos da lei e mediante concurso público, é princípio constitucional explícito desde 1934, art. 168.
> Embora cronicamente sofismado, mercê de expedientes destinados a iludir a regra, não só foi reafirmado pela Constituição, como ampliado, para alcançar os empregos públicos, art. 37, I e II.
> Pela vigente ordem constitucional, em regra, o acesso aos empregos públicos opera-se mediante concurso público, que pode não ser de igual conteúdo, mas há de ser público.
> As autarquias, empresas públicas e sociedades de economia mista estão sujeitas à regra, que envolve a administração direta, indireta e fundacional, de qualquer dos poderes da União, dos Estados, do Distrito Federal e dos Municípios.
> Sociedade de economia mista destinadas a explorar atividade econômica está igualmente sujeita a esse princípio, que não colide com o expresso no art. 173, § 1º.
> Exceções ao princípio, se existem, estão na própria Constituição.[572]

No mesmo sentido cabe transcrever a seguinte ementa:

> I. - A Constituição de 1988 instituiu o concurso público como forma de acesso aos cargos públicos. CF, art. 37, II. Pedido de desconstituição de ato administrativo que deferiu, mediante concurso interno, a progressão de servidores públicos. Acontece que, à época dos fatos - 1987 a 1992 - , o entendimento a respeito do tema não era pacífico, certo que, apenas em 17.02.1993, é que o Supremo Tribunal Federal suspendeu, com efeito *ex nunc*, a eficácia do art. 8º, III; art. 10, Parágrafo único; art. 13, § 4º; art. 17 e art. 33, IV, da Lei 8.112, de 1990, dispositivos esses que foram declarados inconstitucionais em 27.8.1998: ADI 837/DF, Relator o Ministro Moreira Alves, "DJ" de 25.6.1999. II. - Os princípios da boa-fé e da segurança jurídica autorizam a adoção do efeito *ex nunc* para a decisão que decreta a inconstitucionalidade. Ademais, os prejuízos que adviriam para a Administração seriam maiores que eventuais vantagens do desfazimento dos atos administrativos.[573]

Essa exegese do art. 37, inc. II, foi, em nível federal, pioneiramente sustentada pelo TCU, mesmo antes do julgamento do STF, quando pretendiam alguns ver o tema como controvertido para adiar a eficácia desse dispositivo.

---

[572] BRASIL. Supremo Tribunal Federal. MS nº 21.322-1/DF - Pleno. Relator: Ministro Paulo Brossard. Brasília, 3 de dezembro de 1992. Diário da Justiça [da] República Federativa do Brasil, Poder Judiciário, Brasília, DF, 23 abr. 1993. Seção 1, p. 6.921, Ementa v. 01700-04, p. 00.593. **Revista Trimestral de Jurisprudência**, v. 00146-01, p. 00.139.

[573] BRASIL. Supremo Tribunal Federal. RE nº 442.683-8/RS - 2ª Turma. Relator: Ministro Carlos Velloso. **Diário da Justiça [da] República Federativa do Brasil**, Brasília, DF, 24 mar. 2006.

Em 2022, ao fixar a tese do tema 1157 de repercussão geral[574], mais uma vez o Supremo Tribunal Federal prestigiou o princípio da exigibilidade do concurso público, reafirmando a necessária distinção entre o instituto da efetividade, estampado no artigo 37, II, da Constituição Federal, e o instituto da estabilidade excepcional do artigo 19 do ADCT, disparidade esta já reconhecida pela Suprema Corte desde o julgamento da, ADI 3609[575].

Assim, de forma unânime, decidiu o STF que os servidores admitidos sem concurso público antes da promulgação da Constituição da República de 1988 não podem ser reenquadrados em novo plano de cargos, carreiras e remuneração, ainda que tenham sido beneficiados pela estabilidade do artigo 19 do ADCT, uma vez que esta regra transitória não prevê o direito à efetividade, garantia imanente apenas aos servidores admitidos mediante aprovação em concurso público, deixando assente que as situações flagrantemente inconstitucionais não podem ser consolidadas pelo decurso do tempo.

3.2.1.6.5 Da desnecessidade de instauração de TCE

Ocorre que, até meados de 1995, o TCU vinha determinando a instauração de Tomada de Contas Especial, por entender que a despesa com o pagamento dos salários era ilegal, ordenando a quantificação do dano pelas autoridades responsáveis.

De modo diverso, vínhamos sustentando, no âmbito do TCDF, que se o servidor fosse admitido irregularmente, o ato seria nulo de pleno direito[576] e a autoridade responsável pela contratação deveria ser punida com aplicação de multa. Descaberia a restituição da despesa ilegal, se tivesse havido efetiva prestação do serviço e, por não configurar dano, já que o erário teve proveito do esforço laboral, também não deveria haver a instauração de TCE.

A jurisprudência do TCU firmou-se, por maioria de votos, pela necessidade de instaurar a TCE. Para adequada compreensão do assunto, é indispensável transcrever os seguintes trechos das manifestações que fundamentaram a decisão nº 420/1995 - TCU - Plenário.

Do voto do revisor, Ministro Adhemar Paladini Ghisi, extraem-se as seguintes passagens elucidativas:

---

[574] Tese fixada: "*É vedado o reenquadramento, em novo Plano de Cargos, Carreiras e Remuneração, de servidor admitido sem concurso público antes da promulgação da Constituição Federal de 1988, mesmo que beneficiado pela estabilidade excepcional do artigo 19 do ADCT, haja vista que esta regra transitória não prevê o direito à efetividade, nos termos do artigo 37, II, da Constituição Federal e decisão proferida na ADI 3609 (Rel. Min. DIAS TOFFOLI, Tribunal Pleno, DJe. 30/10/2014)*" (BRASIL. Supremo Tribunal Federal. **Agravo em Recurso Extraordinário nº 1306505/AC**. Plenário. Relator: Ministro Alexandre de Moraes. Julgado em: 25 mar. 2022. DJE de 04 abr. 2022. Disponível em: <portal.stf.jus.br>. Acesso em: 08 out. 2024).

[575] BRASIL. Supremo Tribunal Federal. **Ação Direta de Inconstitucionalidade nº 3609/AC**. Plenário. Relator: Ministro Dias Toffoli. Julgado em: 5 fev. 2014. DJE de 30 out. 2014. Disponível em: <portal.stf.jus.br>. Acesso em: 08 out. 2024.

[576] BRASIL. **Constituição da República Federativa do Brasil** (Versão Bolso). Organização dos textos e índice por J. U. JACOBY FERNANDES. 2. ed. Belo Horizonte: Fórum, 2019. Conforme expressamente dispõe o art. 37, § 2º.

> 9. Entretanto, a instauração de Tomada de Contas Especial com vistas ao ressarcimento do débito conforme previsto no artigo 189 (renumerado), § 3º do Regimento Interno, e proposto, no item 8.2 da decisão em questão, não atende ao mandamento constitucional do art. 37, § 2º, *in fine*, visto que determina instauração de TCE, para apurar responsabilidades e quantificar o prejuízo causado ao erário pelos serviços que recebeu e, complementando o raciocínio anterior, ressarcimento das importâncias recebidas, da mesma forma não se pode fazê-lo em relação ao administrador responsável pela admissão inconstitucional, vez que este não se beneficiou do trabalho prestado, nem dos valores recebidos pelo empregado. Ainda, porém, que houvesse prejuízo a ser reparado, a Tomada de Contas Especial e, por conseqüência [*sic*], o ressarcimento, cumpria apenas esta função: reparação financeira. Não alcançaria o objeto constitucional de punição do responsável. Há que se destacar, ademais, não se configurar, no caso sob exame, nenhuma das circunstâncias arroladas no art. 8º da Lei nº 8.443/92, que ensejariam a instauração de Tomada de Contas Especial, quais sejam: omissão no dever de prestar contas; não comprovação da aplicação dos recursos repassados pela União; ocorrência de desfalque, desvio de dinheiros, bens ou valores públicos, ou ainda da prática de qualquer ato ilegal, ilegítimo ou antieconômico de que resulte dano ao erário. Verificamos, portanto, que, em não havendo débito, a providência proposta citado § 3º do art. 37 da Constituição Federal, que é o de punir a autoridade responsável, na forma da lei.
> 17. Antes de encerrar, gostaria de enfatizar que não sou contrário à instauração de Tomada de Contas Especial nas admissões em que se vislumbrem indícios de dano ou prejuízo ao erário. Apenas entendo que o § 2º do art. 189 do Regimento Interno, como regra geral, já contempla tais situações, tornando despiciendo exigir-se a instauração da respectiva Tomada de Contas Especial em todos os casos de admissão sem prévio concurso público, mesmo nos casos em que não haja sinais de dano ou prejuízo a ser apurado. Julgo mais adequado que o Tribunal caracterize o ato administrativo praticado em desacordo ao mandamento constitucional, expresso em seu art. 37, II, como grave infração à norma legal e aplique aos responsáveis a sanção prevista no inciso II, do art. 58 da Lei nº 8.443/92 [...].[577]

Na manifestação de desempate, o Ministro Homero Santos deixou assentado:

> De acordo com o supracitado dispositivo do Regimento Interno, as deliberações nesses feitos dão-se mediante decisão, sendo indevida, portanto, nos processos específicos de apreciação de atos sujeitos a registro pelo Tribunal, a adoção de procedimento (audiência ou citação) tendentes à penalização do responsável, a qual só seria possível por meio de Acórdão e em processos de outra natureza como: contas, auditorias e denúncias.

---

[577] BRASIL. Tribunal de Contas da União. Admissão de Pessoal. Processo TC nº 013.433/1994-6. Decisão nº 420/1995 - Plenário. Relator: Ministro Paulo Affonso Martins de Oliveira. Brasília, 23 de agosto de 1995. **Diário Oficial da União [da] República Federativa do Brasil**, Brasília, DF, 14 set. 1995, p. 14.240.

> Outrossim, segundo o disposto no artigo 8º da Lei nº 8.443/92, o instrumento de que dispõe o Tribunal para apurar a prática de qualquer ato ilegal de que resulte dano ao erário é a Tomada de Contas Especial, cuja instauração permite aferir o tipo de punição que deve ser aplicada ao Responsável, consideradas as circunstâncias específicas de cada situação.
> Dessa forma, enquanto não houver alteração regimental, a solução preconizada pelo Ministro revisor não deve prevalecer, restando a esta Corte a possibilidade de alterar os referidos dispositivos, nos termos do art. 257 do Regimento Interno, caso assim entenda o e. Plenário.[578]

Como resultado do julgamento, foi mantida a jurisprudência, pela necessidade de instauração de TCE para apurar a responsabilidade e quantificar o dano.

No entanto, a Corte evoluiu seu entendimento em consonância com o que o autor do presente trabalho vinha sustentando. Mais recentemente o Tribunal tem determinado a apuração e adoção das medidas necessárias para a correção.[579]

Especificamente sobre progressão e ascensão funcional, que são formas de provimento derivadas de cargo sem concurso público, a Corte posicionou-se de modo diferente, mesmo havendo despesa com o pagamento de salário a maior durante o lapso de tempo em que foi praticada a irregularidade, até o momento em que o TCU determinou a anulação. Em magistral voto, o eminente Ministro Humberto Souto inaugurou a jurisprudência no sentido de admitir a dispensa de instauração de TCE, tendo em linha de consideração o fato de que houve contraprestação do trabalho no período.

3.2.1.6.6 Registro de admissões

Ainda é importante esclarecer que o constituinte obriga o exame da legalidade para fins de registro. Esse procedimento reforça a ideia de que, após 1988, as admissões no serviço público passaram a ser atos complexos, precisando, para sua validade, do exame e confirmação pelos Tribunais de Contas.

Determina a Constituição Brasileira que não sejam registrados os casos de admissão para cargos de provimento em comissão.

Outrora, pretenderam afastar do controle externo a prerrogativa de examinar a legalidade das admissões nesses casos, tendo o Tribunal de Contas da União firmado o entendimento de que a Constituição excluiu apenas o registro dos cargos de livre provimento, dada a precariedade das nomeações e, por certo, o volume decorrente.

> Embargos Declaratórios contra Decisão nº 178/92. TRT. Cargo em Comissão. Nomeação de cônjuges ou parentes. Alegação de que a Res.

---

[578] No início da citação a referência é aos arts. 188 e 189 do Regimento Interno do TCU vigente à época do fechamento da presente.

[579] Nesse sentido, determinou a rescisão dos contratos de trabalho sem devolução de valores, reconhecendo que houve atividade laboral: BRASIL. Tribunal de Contas da União. Processo TC nº 011.775/2006-7. Acórdão nº 624/2009 – Plenário. Relator: Ministro Auditor Marcos Bemquerer Costa. Brasília, 28 de março de 2009. **Diário Oficial da União [da] República Federativa do Brasil.** Brasília, DF, 3 abr. 2009.

> Adm. do TRT 18ª região, questionando a constitucionalidade do art. 18 da Lei 7873/89, não foi apreciada pelo TCU. Refoge à competência do TCU o exame da matéria. Conhecimento. Não provimento.[580]

Sobre os registros das admissões de servidores por contrato temporário, parece que, pelos mesmos motivos, deveriam ser genericamente apreciadas pelo Tribunal, mas sem registro dos atos, dada a precariedade da ocupação.[581]

Em relação ao desvio de função, a jurisprudência mais atual vem se firmando no sentido de considerar possível o pagamento do salário durante o tempo do desvio de função e irregular o enquadramento, determinando ao servidor o retorno ao cargo de origem.

3.2.1.6.7 Dos procedimentos de controle

É comum que as Cortes de Contas exijam a remessa de editais e da relação de admitidos nos órgãos jurisdicionados para fins de exame.

Mantendo a linha de coerência que guia o presente trabalho, não parece ser correto esse procedimento; primeiro, porque a elaboração de listagens toma tempo daqueles que se dedicam à realização das atividades essenciais dos órgãos jurisdicionados; segundo, porque a elaboração de material específico para o controle afeta a confiabilidade; terceiro, porque, na verdade, nada controla.

Há formas de verificação mais recomendáveis, de acordo com o desenvolvimento tecnológico em que se encontre cada tribunal: primeiro, obter cópia do edital a partir da publicação noticiada na imprensa oficial. Daí em diante, acompanhar na conclusão de cada etapa a conformidade com o direito. Segundo, acompanhar, em tempo real, *on line*, o ingresso de pessoal nos sistemas de folha de pagamento ou de recursos e, a partir daí, formar autos para verificação *in loco*.

3.2.1.6.8 Dos exames de editais

Tanto os editais de concurso como os de licitação podem ser examinados pelos Tribunais de Contas previamente à realização do certame, durante a seleção, ou até após.

Podem os Tribunais de Contas examinar os editais e ainda ordenar os acertamentos necessários à efetivação do princípio da legalidade.[582]

---

[580] BRASIL. Tribunal de Contas da União. Embargos Declaratórios. Processo TC nº 325.177/91-0. Decisão nº 275/1992 - Plenário. Relator: Ministro-Substituto Bento José Bugarin. Brasília, 27 de maio de 1992. **Diário Oficial [da] República Federativa do Brasil**. Brasília, DF, 9 jun. 1992, p. 7.284. No mesmo sentido: Processo TC nº 012.247/1995-5. Acórdão nº 33/2004 - Plenário. Relator: Auditor Marcos Bemquerer Costa. Brasília, 28 de janeiro de 2004. **Diário Oficial da União [da] República Federativa do Brasil**, Brasília, DF, 6 fev. 2004, p. 77-79.

[581] Em sentido contrário, entendendo que as admissões temporárias devem ser registradas: DISTRITO FEDERAL. Tribunal de Contas do Distrito Federal. Admissão de Pessoal. Processo nº 5255/1997. Decisão Ordinária nº 3.447/2000. Relator: Conselheiro José Eduardo Barbosa. Brasília, 23 de maio de 2000. **Diário Oficial do Distrito Federal**, Brasília, DF, 2 jun. 2000, p. 26-45.

[582] Admitindo o exame dos editais de licitação: BRASIL. Supremo Tribunal Federal. Suspensão de Segurança nº

Em várias unidades da Federação, tem-se desenvolvido a salutar prática de remeter o edital do concurso para exame prévio dos Tribunais de Contas. Com esse procedimento, obviam-se os transtornos de anulação do concurso e inicia-se o controle concomitante. Como o edital traduz ato da Administração Pública, o seu exame prévio só pode representar aspectos positivos, quando controlado e controlador estão verdadeiramente imbuídos do espírito público. O procedimento é regular, se for permitido pelo Tribunal de Contas, mas sem caráter compulsório.

Esse detalhe é importante e foi destacado na edição anterior do presente trabalho: sem caráter compulsório. Infelizmente, várias unidades da federação inseriram nas leis dos tribunais de contas, ou esses baixaram normas infralegais, tornando compulsória a remessa. Em absoluta coerência com a compreensão exposta nas edições anteriores deste trabalho, o STF decidiu pela inconstitucionalidade da exigência de remessa de todos os editais. A legislação permite aos tribunais exigirem a remessa de edital específico, mas não legitima a pretensão de controle prévio. Nesse sentido, colaciona-se importante julgado proveniente do Pretório Excelso:

> Considerou incabível, tanto do ponto de vista lógico quanto do ponto de vista formal, que os Poderes Executivo e Judiciário, em cada processo de licitação, sejam obrigados a encaminhar, previamente, ao Tribunal de Contas estadual os editais de licitação, bem como ficar aguardando a aprovação, ou não, da legalidade do certame.[583]

Em diversas oportunidades, o TCU tem avaliado editais, mediante representação de licitantes. Em alguns casos, determinado a suspensão e outros, quando a administração já o fez, dado ciência para que sejam adotadas medidas internas com vistas à prevenção de outras ocorrências semelhantes e feito recomendações.[584]

3.2.1.6.9 Das taxas de inscrição e direitos dos candidatos

Verifica-se que, no cotidiano dos Tribunais de Contas, os aspectos pertinentes à taxa de inscrição e direitos dos candidatos ainda não encontraram todo o amplo espectro de força que essas Cortes podem traduzir em prol da sociedade. As decisões, na maior parte dos tribunais, são tímidas e por vezes manietadas por magistrados de estreita visão.

1308-9. Relator: Ministro Celso de Mello. Brasília, 09 de outubro de 1998. **Diário da Justiça [da] República Federativa do Brasil**, Brasília, DF, 19 out. 1998. Seção 1, p. 26-27. Em sentido contrário existem acórdãos isolados: DISTRITO FEDERAL. Tribunal de Justiça do Distrito Federal e Territórios. Mandado de Segurança nº 3.714/94. Relator: Desembargador A. Rosa de Farias. Brasília, 22 de novembro de 1994. **Diário da Justiça [da] República Federativa do Brasil**, Brasília, DF, 10 maio 1995. Seção 3, p. 5965.

[583] BRASIL. Supremo Tribunal Federal. RE nº 547063/RJ. Relator: Ministro Menezes Direito. **Diário da Justiça [da] República Federativa do Brasil**, Brasília, DF, 7 out. 2008.

[584] BRASIL. Tribunal de Contas da União. Acesse a íntegra do Acórdão nº 284/2025 - TCU – Plenário. Disponível em: https://pesquisa.apps.tcu.gov.br/redireciona/acordao-completo/ACORDAO-COMPLETO-2695262 e Acórdão nº 292/2025 – TCU. Disponível em: https://pesquisa.apps.tcu.gov.br/redireciona/acordao-completo/ACORDAO-COMPLETO-2698679.

Durante décadas, desenvolveu-se sólida doutrina, sustentando, de um lado, o poder de império e exercício da gestão discricionária da Administração Pública e, de outro, a míngua dos direitos públicos subjetivos do cidadão.

É próprio dos regimes democráticos uma nova perspectiva da visão de Estado, sociedade e cidadania, visando à harmonização e equilíbrio das relações, em que ambos os polos devem ter compromissos com o interesse público.

A Constituição Federal de 1988, erigindo os princípios vetoriais da Administração Pública, definiu, no que se refere ao ingresso no serviço público, o princípio da ampla acessibilidade aos cargos, empregos e funções públicas.[585]

Esse princípio, na prática, vem sendo frustrado por editais que estabelecem restrições não-essenciais ao desenvolvimento das atribuições a serem desempenhadas e, outras vezes, apenas úteis aos interesses secundários da Administração, como, por exemplo, arrecadação de valores.

Permitiu-se, no passado, com base em lei, que os agentes públicos fizessem do poder aquisitivo dos candidatos barreiras quase intransponíveis para o acesso a cargos, empregos e funções.[586]

Embora a legislação tivesse à época definido os percentuais permitidos à definição das taxas de inscrição, competiu ao Tribunal de Contas da União, pelo seu valoroso corpo técnico, estabelecer que a taxa de inscrição em concurso deve ser fixada de modo a apenas cobrir os custos do certame.[587]

A decisão não alcançou a ressonância que era de se esperar, e continuaram essas taxas sendo fixadas em valores muito próximos aos limites estabelecidos em lei.

Vale ressaltar que o valor limite, definido por via oblíqua, constitui-se em restrição à competição, em nada justificável e verdadeiramente ilegítimo. A seleção, além dos fatores pessoais dos candidatos, exige uma concorrência entre estes: a disponibilidade de cifras dessa ordem inibe o exercício do direito de disputar uma vaga.

---

[585] BRASIL. **Constituição da República Federativa do Brasil** (Versão Bolso). Organização dos textos e índice por J. U. JACOBY FERNANDES. 2. ed. Belo Horizonte: Fórum, 2019. Art. 37, I.

[586] Na esfera federal, o Decreto nº 86.364/1981, norma alterada pelo Decreto nº 88.376/1983, revogada pelo Decreto nº 4.175, de 25 de março de 2002, que por sua vez foi revogado pelo Decreto nº 6.944/2009, permitia a cobrança do valor da taxa de inscrição correspondente a 2,5% (dois e meio pontos percentuais) da remuneração fixada para a referência inicial do cargo ou emprego. No Distrito Federal, esse limite chegou a ser de 10% (dez pontos percentuais), tendo sido alterado posteriormente pelo Decreto nº 16.254, de 29 de dezembro de 1994, que disciplina os concursos na Administração Pública do Distrito Federal e prevê a cobrança de taxa de inscrição correspondente a 2,5% do valor da remuneração do cargo objeto do certame, podendo, à vista da especificidade do concurso, ser elevado até o percentual de 5%. O decreto, ao definir os limites concernentes à taxa de inscrição, firmou, em um primeiro momento, a regra genérica: a taxa de inscrição corresponderá a 2,5% da remuneração do cargo. Estabeleceu, em seguida, a exceção: pode chegar, à vista da especificidade do concurso, a 5%. A exceção, como regra comum de hermenêutica, deveria ser considerada restritivamente.

[587] BRASIL. Tribunal de Contas da União. Solicitação. Processo TC nº 012.919/1994-2. Decisão nº 143/1996 - Plenário. Relator: Ministro Adhemar Paladini Guisi. Brasília, 27 de março de 1997. **Diário Oficial [da] República Federativa do Brasil**, Brasília, DF 15 abr. 1996, p. 6283.

A Lei nº 9.527, de 10 de dezembro de 1997, resultado da conversão da Medida Provisória nº 1.573, estabeleceu exatamente a mesma determinação que o TCU já definira: o valor da taxa deve ser apenas o suficiente para cobrir os custos do concurso. Mais recentemente, o Governo federal criou o Concurso Público Nacional Unificado, instituiu seus órgãos de governança e admitiu a adesão de órgãos, entidades da administração pública federal direta, autárquica e fundacional[588]. São passos tímidos, mas firmes em direção ao interesse público.

Infelizmente, será dificultoso para o cidadão coibir a fixação das taxas elevadas, porque oneroso o questionamento junto ao Poder Judiciário. Existe, porém, a possibilidade de arguição perante os Tribunais de Contas quando da publicação dos editais, cobrando dessas instituições o exame dos fatos e circunstâncias que levam à definição dos valores. É que, por dever constitucional, compete a essas Cortes apreciarem não só a legalidade, mas também a legitimidade e economicidade dos atos da Administração Pública.

O recolhimento das taxas de concurso é um desses atos sujeitos à fiscalização do Tribunal de Contas da União, que já definiu, de acordo com a Súmula nº 214, que o mesmo deve ser feito à conta do Tesouro Nacional.

No âmbito do DF, o Decreto nº 16.254/1994 direcionou[589] o pagamento da taxa ao BRB, mostrando-se lacunoso quanto ao seu destino. A taxa, portanto um tributo, integra os haveres do Estado e deverá, nessa medida, situar-se no lugar-comum a todos os recursos públicos: o Tesouro do Distrito Federal.

É preciso, pois, que os administradores tenham bom senso e espírito público na elaboração dos editais. É necessário buscar o melhor candidato, com atenção às garantias fundamentais conferidas pelo Estatuto Maior, evitando selecioná-lo pelo fator econômico com a imposição de altas taxas ou de custos excessivos. O respeito aos seus direitos é imperativo da boa administração, de um Estado Democrático de Direito que busca o bem comum.

Outro aspecto relevante, apesar de óbvio, é que o pagamento da taxa de inscrição é receita vinculada. Desse modo, se o concurso não se realiza, ou se realizado vem a ser anulado, devem as taxas ser devolvidas.

Como dito, mesmo que óbvio, foi necessário ao presente autor representar, na condição de Procurador do Ministério Público junto ao Tribunal de Contas do Distrito Federal, para que esta Corte, apreciando o caso, constituísse o primeiro precedente do Brasil.[590]

---

[588] BRASIL. Decreto nº 11.722, de 28 de setembro de 2023. Disponível em: https://www.planalto.gov.br/ccivil_03/_ato2023-2026/2023/decreto/d11722.htm.

[589] Revogado pelo DISTRITO FEDERAL. **Decreto nº 21.688. de 7 de novembro de 2000**. Dispõe sobre concurso público na Administração Pública do Distrito Federal e dá outras providências. Disponível em: https://www.sinj.df.gov.br/sinj/Norma/39128/exec_dec_24688_2000.html#capVIII_art60.

[590] DISTRITO FEDERAL. Tribunal de Contas do Distrito Federal. Representação. Processo nº 2689/2000. Decisão 5.703/2001. Interessado: Procurador-Geral MPjTCDF Jorge Ulisses Jacoby Fernandes. Relator: Conselheiro José Milton Ferreira. Brasília, 4 de setembro de 2001. **Diário Oficial do Distrito Federal**, Brasília, DF, 14 set. 2001, p. 14 [republicado em 17 set. 2001].

3.2.1.6.10 Direito de ser nomeado

Outro tema relevante, que tem sido alvo de calorosas discussões, é o direito de ser nomeado. Durante muito tempo, em nosso país, a doutrina e a jurisprudência firmaram o entendimento de que a aprovação em concurso público gerava *mera expectativa de direito* à nomeação. Somente quando violada a ordem de classificação o candidato poderia ter direito perante o Judiciário.

Levado ao extremo, esse entendimento permitiu a ocorrência de situações esdrúxulas, como a de candidatos que, após intensa dedicação, obtinham a aprovação dentro do número das vagas oferecidas e amargavam o dissabor de ver expirar o prazo de validade de um concurso sem nomeação.

Impunha o interesse público a efetivação de medidas coercitivas desse poder discricionário verdadeiramente absurdo. O momento é chegado.

Após o julgamento do RE nº 192568-0-PI, pelo Supremo Tribunal Federal é possível reconhecer o dever da Administração Pública de nomear os candidatos aprovados para as vagas disponíveis ou oferecidas no edital.

O voto lúcido do Ministro-Relator Marco Aurélio, acompanhado dos Ministros Maurício Corrêa e Francisco Rezek, teve a ementa redigida nos seguintes termos:

> Concurso público - edital. Parâmetros - observação. As cláusulas constantes do edital de concurso obrigam Candidatos e Administração Pública. Na feliz dicção de Hely Lopes Meirelles, o edital é lei interna da Concorrência.
>
> Concurso público - vagas - nomeação. O princípio da razoabilidade é conducente a presumir-se, como objeto do concurso, o preenchimento das vagas existentes. Exsurge configurador de desvio de poder, ato da Administração Pública que implique nomeação parcial de candidatos, indeferimento da prorrogação do prazo do concurso sem justificativa socialmente aceitável e publicação de novo edital com idêntica finalidade. "... como inc. IV (art. 37 da Constituição Federal) tem o objetivo manifesto de resguardar precedências na seqüência dos concursos, segue-se que a Administração não poderá, sem burlar o dispositivo e sem incorrer em desvio de poder, deixar escoar deliberadamente o período de validade do período de concurso anterior para nomear os aprovados em certame subseqüente. Fora isto possível e o inciso IV, tornar-se-ia letra morta, constituindo-se na mais rúptil das garantias (MELLO, Celso Antônio Bandeira, Regime Constitucional dos servidores da Administração Direta e Indireta. 2. ed. São Paulo: RT, 1991, p. 74) [*sic*].[591]

[591] BRASIL. Supremo Tribunal Federal. Constitucional. RE nº 192568-Q/PI - 2ª Turma. Relator: Ministro Marco Aurélio. Brasília, 23 de abril de 1996. **Diário da Justiça [da] República Federativa do Brasil**, Brasília, DF, 13 set. 1996. Seção 1, p. 33241, Ement. v. 01841-04, p. 00662.

Na mesma linha de entendimento tem se pronunciado o Superior Tribunal de Justiça em outros casos, parecendo firme a iniciativa de tutelar o direito dos candidatos aprovados.

Se a Administração oferece no edital determinado número de vagas, é evidente que os candidatos aprovados no limite têm efetivamente direito à nomeação. Se, contudo, não foi fixado o número de vagas cuja ocupação se pretende - o que em princípio não nos parece correto -, é razoável presumir-se que o concurso se destina às vagas existentes e as que vierem a ocorrer no período de validade do concurso.

A não nomeação, nessas condições, viola direito líquido e certo do cidadão-candidato, passível de ser contrastado não só perante o Judiciário, mas também junto aos Tribunais de Contas.

Cabe ainda considerar que as convocações - e não as nomeações - deverão ser feitas dentro do prazo de validade do concurso público. O art. 37, III, da Constituição Federal limita a validade do concurso a dois anos, prorrogável por igual período. Realizada a convocação dentro desse prazo, a concretização dos atos administrativos necessários, entre eles a nomeação e posse, poderá ocorrer em momento posterior.

Se o prazo de validade é de até dois anos, o da convocação não poderá ser menor. Perseguindo esta linha de raciocínio, a Administração poderá convocar candidatos dez dias antes do fim do prazo, precisamente porque este não se esgotou. E está certa em agir dessa forma, se a convocação estiver arrimada em conveniência e oportunidade para a Administração.

Só que o prazo faltante para encerrar a validade do concurso pode mostrar-se insuficiente para a promoção dos atos necessários à admissão, sujeita às prorrogações legais, prazos para publicação, recursos legais e outros obstáculos legais. Com esse quadro, parece natural que os atos complementares possam ser feitos após vencido o prazo. Trata-se de dar efetividade ao preceito limitante, dentro de princípios comezinhos de razoabilidade.

A própria Constituição Federal parece dar vazão a esse entendimento, pois o art. 37, IV, estabelece que, no prazo de validade, o candidato aprovado será convocado com prioridade sobre novos concursados. O termo utilizado é convocação, e não admissão, o que permite uma argumentação absurda: se o candidato é convocado um dia antes do vencimento do prazo, terá prioridade sobre novos concursados e, ao mesmo tempo, não poderá assumir o cargo, pela impossibilidade prática de realizar os atos preparatórios no prazo faltante.

Por outro lado, o inciso II do mesmo artigo trata da investidura (que se materializa com a posse), sem referência a prazo.

A combinação dos incisos II, III e IV do art. 37 da Constituição Federal parece melhor situar a questão. O inciso II refere-se à investidura mediante prévio concurso, sem aludir a prazo; o inciso IV diz que a convocação poderá se dar no prazo estipulado no inciso III, mas não exige expressamente que todos os atos admissionais ocorram no prazo.

Parece não ser outra a conclusão: a convocação é consequência prática do concurso, e esgota a incidência deste, vale dizer, o concurso serve para que a Administração Pública tenha candidatos hábeis a serem convocados. Após a convocação, os atos administrativos posteriores deixam de ter relação direta com o certame, passando a integrar a atividade da Administração. Em outras palavras, a influência do concurso se encerra com a convocação; a posse e nomeação não são etapas de concurso e não sofrem, pois, objeção de prazo.

Pronunciou-se a respeito o STF, mediante julgamento do RE nº 192.568-0, do qual se extrai lapidar síntese do voto do Ministro Marco Aurélio:

> A interpretação de dispositivo legal ou constitucional há de fazer-se de modo sistemático e teleológico, métodos aos quais não se sobrepõe o alusivo à interpretação verbal. Se a Carta assegura, no prazo de validade do concurso, a convocação de candidatos nele aprovados com prioridade sobre novos concursados, ou seja, candidatos aprovados em concurso posterior, é de concluir-se que a inércia, intencional, ou não, da Administração Pública, deixando de preencher cargos existentes, leva à convicção sobre a titularidade do direito subjetivo de ser nomeado. No campo da atuação administrativa, não se pode admitir atos que consubstanciem tergiversação, verdadeiro drible a normas imperativas como são as constantes da Carta de 1998.[592]

Do trecho reproduzido, vislumbra-se que a inércia da Administração pode levar à lesão de direito subjetivo do candidato, representado no art. 37, IV, da Constituição Federal. Ou seja, há a vaga, há a necessidade da Administração, há o interesse do candidato, mas não há a nomeação. Se a convocação ocorre no prazo de validade, materializa-se com maior força este direito subjetivo; a Administração não mais poderá negar-lhe a assunção do cargo, independentemente de os atos complementares terem se dado após o escoamento do prazo. É uma decorrência lógica da interpretação levada a efeito pela Excelsa Corte.

Posteriormente a essa decisão, o STF entendeu, por maioria, em uma de suas turmas, que a norma da Constituição do Rio de Janeiro que obrigava a nomear todos os aprovados, no número de vagas oferecidas durante o prazo de validade do concurso, não guardava conformidade com a Constituição Federal.

Na edição anterior desta obra, encerrou-se o item com a esperança de que o STF evoluísse seu entendimento.[593] De fato a questão veio a se pacificar da seguinte forma:

> Ementa: [...] Dentro do prazo de validade do concurso, a Administração poderá escolher o momento no qual se realizará a nomeação, mas não poderá dispor sobre a própria nomeação, a qual, de acordo com o edital, passa a constituir um direito do concursando

[592] BRASIL. Recurso Extraordinário nº 192.568-0/PI, Segunda Turma. Diário da Justiça de 13 de setembro de 1996.

[593] BRASIL. Supremo Tribunal Federal. Embargos Declaratórios no Recurso em Mandado de Segurança nº 23255/DF – 2. Turma. Relator: Ministro Maurício Corrêa. Brasília, 28 de setembro de 1999. **Diário da Justiça [da] República Federativa do Brasil**, Brasília, DF, 29 out. 1999.

> aprovado e, dessa forma, um dever imposto ao poder público. Uma vez publicado o edital do concurso com número específico de vagas, o ato da Administração que declara os candidatos aprovados no certame cria um dever de nomeação para a própria Administração e, portanto, um direito à nomeação titularizado pelo candidato aprovado dentro desse número de vagas.[594]

Nada obstante entendimentos diversos, é importante notar que apenas a convocação do candidato deverá ser feita no prazo de validade, e, atendido este requisito, os atos ditos complementares poderão ocorrer após a fluência deste.

3.2.1.6.11 Acumulação de proventos e vencimentos

Cuidado redobrado deve ser tomado quando o concursado é convocado para tomar posse no cargo público. Sendo já possuidor de outro cargo, poderá estar incorrendo na proibição da acumulação de cargos ou percepção simultânea de proventos e vencimentos, salvo se os cargos forem acumuláveis na atividade.

Tal questão encontra-se presentemente superada, conquanto a Emenda Constitucional nº 20, de 15 de dezembro de 1998, estabeleceu nova redação ao § 10 do art. 37 da Constituição Federal nos seguintes termos:

> É vedada a percepção simultânea de proventos de aposentadoria decorrentes do art. 40 ou dos arts. 42 e 142 com a remuneração de cargo, emprego ou função pública, ressalvados os cargos acumuláveis na forma desta Constituição, os cargos eletivos e os cargos em comissão declarados em lei de livre nomeação e exoneração.

A referida emenda, no entanto, ressalvou ainda as situações consolidadas, como se lê de seu art. 11:

> A vedação prevista no art. 37, § 10, da Constituição Federal, não se aplica aos membros de poder e aos inativos, servidores e militares, que, até a publicação desta Emenda, tenham ingressado novamente no serviço público por concurso público de provas ou de provas e títulos, e pelas demais formas previstas na Constituição Federal, sendo-lhes proibida a percepção de mais de uma aposentadoria pelo regime de previdência a que se refere o art. 40 da Constituição Federal, aplicando-se-lhes, em qualquer hipótese, o limite de que se trata o § 11, deste mesmo artigo.[595]

---

[594] BRASIL. Supremo Tribunal Federal. RE nº 598099/MS - Pleno. Relator: Ministro Gilmar Mendes. Brasília, 10 de agosto de 2011. **Diário da Justiça [da] República Federativa do Brasil**, Brasília, DF, 3 out. 2011.

[595] BRASIL. Emenda Constitucional nº 20, de 15 de dezembro de 1998. Modifica o sistema de previdência social, estabelece normas de transição e dá outras providências. Disponível em: https://www.planalto.gov.br/ccivil_03/Constituicao/Emendas/Emc/emc20.htm#art1.

Desse modo, mostra-se conveniente que os tribunais desde já estabeleçam a intangibilidade da vedação constitucional. Dever-se-ia determinar, ainda, que, nos editais de concursos vindouros, conste a exigência de declaração expressa dos candidatos de que não recebem proventos ou vencimentos de cargo ou emprego público, na forma do preceito constitucional. Deverá a declaração prever, expressamente, que a sua falsidade sujeitará o candidato às sanções civis, administrativas e penais cabíveis, nos termos da lei.

Sobre a alegação de boa-fé, consulte o subitem 4.5.3.9, no capítulo IV.

3.2.1.6.12 Testes psicotécnicos

Muitos concursos públicos têm exigido que o candidato se submeta a testes psicotécnicos como forma de avaliação. Entretanto, muitos desses testes, de avaliação subjetiva, têm alijado do concurso bons candidatos, sem nenhuma justificativa plausível para a inabilitação.

O teste psicotécnico deve arrimar-se em critérios objetivos que permitam ao candidato, de um lado, conhecer as razões de sua inabilitação, e, de outro, exercer o seu constitucional direito de defesa, com todos os recursos a ele inerentes.

Nessa linha de entendimento, pronunciou-se o Ministro Francisco Rezek:

> Concurso público. Polícia Federal. Exame psicotécnico. Entrevista carente de rigor científico. Eliminação de candidato, afinal desautorizada pelo judiciário, por ilegalidade, em mandado de segurança. Quando a lei do Congresso prevê a realização de exame psicotécnico para ingresso em carreira do serviço público, não pode a administração travestir o significado crucial das palavras, qualificando como exame a entrevista em clausura, de cujos parâmetros técnicos não se tenha notícia. Não é exame, nem pode integrá-lo, uma aferição carente de qualquer rigor científico, onde a possibilidade teórica do arbítrio, do capricho e do preconceito não conheça limites.[596]

No mesmo julgado, consta do voto do relator o seguinte trecho, bastante elucidativo:

> É certo que a psicologia vive ainda hoje um estágio primitivo, em grande parte experimental, de sua evolução como ciência. Tanto não significa que no seu domínio não se conheçam, e não se pratiquem, de longa data, em nações de vanguarda, diversos métodos de avaliação da habilidade profissional dos candidatos ao serviço público. Essas práticas merecem o nome de exames na medida em que assentam sobre pesquisas de valor reconhecido, qual sucede no âmbito da medicina geral.

---

[596] BRASIL. Supremo Tribunal Federal. Recurso Extraordinário nº 112676/MG. Relator: Ministro Francisco Rezek. Disponível em: <**http://www.stf.jus.br**>. Acesso em: 30 maio 2014.

A questão cinge-se às seguintes premissas, necessárias ao estabelecimento de uma gestão transparente e organizada na Administração Pública:

a) que sejam estabelecidos critérios objetivos prévios para a realização dos testes, vale dizer, de conteúdo científico;

b) que do resultado do exame tenha o candidato amplo conhecimento;

c) que lhe seja dada oportunidade para contestar tanto os critérios como o resultado em si, por intermédio de recurso administrativo, do qual também deverá ter ciência, o que possibilitaria o conhecimento dos motivos de sua eventual rejeição.

O atendimento a essas premissas deveria constar expressamente dos editais de concurso.

3.2.1.6.13 Ônus dos exames pré-admissionais

Como se não bastassem os altos custos das taxas de inscrição, em geral, muitos órgãos da Administração Pública têm cominado aos candidatos, também, o custo dos exames pré-admissionais quando este deveria ser do órgão contratante.

Esses exames, em princípio, visam assegurar o interesse da Administração e, em um maior espectro, o interesse público, evitando o bloqueio de uma vaga no serviço público por candidato que não poderá exercê-lo a contento. É a prevalência do interesse público sobre o estritamente privado.

Se é interesse da Administração, dela deverá ser o respectivo ônus. Por outro lado, lembrando o princípio da legalidade, o particular não pode ser forçado a arcar com o custo dos exames sem lei formal que o obrigue. Embora possa o candidato se valer da rede pública de saúde, pode ocorrer que, por deficiência do sistema, perca o prazo para a investidura no cargo.

Justamente por não haver legislação a respeito, é conveniente que as Cortes assentem o entendimento no sentido de que o custo dos exames pré-admissionais deverá ser de responsabilidade do órgão a que interessa o concurso público.

3.2.1.6.14 Exame laboratorial - anti-HIV

Dentre os exames pré-admissionais exigidos, um em especial tem causado certo desconforto aos órgãos da Administração, assim como à comunidade, de forma geral: o exame anti-HIV.

A particular preocupação, que também afeta aos órgãos de controle, diz respeito à possibilidade de que o portador da síndrome ingresse no serviço público e, imediatamente, em decorrência de sua moléstia, requeira aposentadoria com proventos integrais.

Teríamos, mais uma vez, que suscitar o interesse público como prevalente em relação ao interesse do particular. Ainda que se possa fazer alguma incursão quanto ao princípio da moralidade, mais adequado seria uma providência prévia, evitando-se o prejuízo à sociedade.

Em parecer, a unidade técnica do Tribunal de Contas do Distrito Federal, asseriu: "[...] O Estado tem-se preocupado com as pessoas portadoras de HIV e, por isso, tem realizado ações no sentido de amenizar o estigma que essas pessoas levam consigo".

É preciso considerar, no entanto, que a sociedade tem interesses mais abrangentes do que o estritamente particular. A questão social relativa aos portadores de AIDS não é mais importante que a de outros extratos da sociedade. O fato é que o candidato a uma vaga no serviço público deve possuir boa saúde[597] para o exercício do cargo ou, de outro modo, poderíamos ter o caso de um candidato portador do vírus que assuma o cargo público, entre de licença médica, não trabalhe um único dia e tenha o direito assegurado a uma aposentadoria com proventos integrais, bem como pensão vitalícia ao cônjuge e dependentes. Uma relação custo/benefício extremamente penosa para o organismo social.

3.2.1.6.15 Vagas reservadas a deficientes físicos

A legislação federal prevê a reserva de vagas para os portadores de deficiência física[598], podendo o percentual variar de tempos em tempos, ou em razão das atividades do cargo, admitir ou vedar determinação deficiência. Algumas dificuldades têm surgido ao estabelecer-se esse limite, pois a participação do candidato no certame não pode impedir a realização plena de todas as atividades do cargo. Assim, haverá cargos para os quais não se poderá fazer a reserva de vagas, como ocorre naqueles em que a aptidão física deve, inclusive, ser superior à maioria das pessoas, como ocorre com o bombeiro militar. Não é razoável pretender que um agente com restrições seja admitido para permanecer restrito a algumas atividades do cargo. Contudo, é possível haver a participação de deficientes físicos na mesma organização quando houver readaptação de militar acometido de moléstia ou acidente de trabalho que limite as funções, ou até mesmo para atividades superiores às de início de carreira.

Sobre a questão de arredondamento do número de vagas, o TJDF deliberou:

> 1 – Não é possível a aplicação analógica, no âmbito do Distrito Federal, do Decreto nº. 3.298/99, que prevê, na esfera federal, que, caso a aplicação do percentual de reserva de vagas para deficientes resulte em número fracionado, este deverá ser elevado até o primeiro

[597] Nesse sentido, o STF manteve, em sede de Recurso Extraordinário, a decisão que determinava "[...] que se abstenha [...] de impor, nos procedimentos de ingresso nas carreiras militares, no âmbito do Comando Militar do Exército, as exigências e restrições que impeçam a matrícula de candidato portador assintomático do vírus HIV e que prevejam como causa de incapacidade as doenças infecciosas incuráveis, as reações sorológicas positivas para sífilis e AIDS e, ainda, que o candidato possua menos de 20 (vinte) dentes naturais" ARE 1387784 / DF - Distrito Federal. Disponível em: https://jurisprudencia.stf.jus.br/pages/search/despacho1322226/false.

[598] Art. 5º, § 2º. BRASIL. Lei nº 8.112, de 11 de dezembro de 1990. Dispõe sobre o regime jurídico dos servidores públicos civis da União, das autarquias e das fundações públicas federais. Disponível em: https://www.planalto.gov.br/ccivil_03/leis/l8112cons.htm.

> número inteiro subseqüente [*sic*], isso porque a legislação local não é omissa, prevendo, efetivamente, através da Lei Distrital nº 160/91, a reserva de 20% das vagas para os portadores de deficiência, na forma do art. 37, VIII, da Constituição Federal. 2 - A previsão de arredondamento, na forma disposta pelo Decreto nº. 3.298/99, fere o princípio da igualdade, insculpido no *caput* do art. 5º da Constituição Federal, que implicitamente veda a edição de atos normativos com previsão de tratamento abusivo entre pessoas que se encontrem na mesma situação jurídica. 3 - Para que as diferenciações normativas sejam constitucionalmente aceitas, deve existir razoabilidade entre os meios empregados e a finalidade perseguida, de acordo com as demais garantias protegidas. 4 - Denegada a segurança.[599]

3.2.1.7 Anistia

No âmbito do Tribunal de Contas do Distrito Federal, houve intenso debate acerca da possibilidade de o Tribunal de Contas examinar os atos de anistia - praticados em acatamento ao art. 8º do Ato das Disposições Transitórias Constitucionais da Constituição Federal –, dado o caráter político e, de certo modo, segundo alguns sustentavam, discricionário.

Dois fortes argumentos pesavam a favor da possibilidade de efetivar o controle. O primeiro deles é de que a anistia implicava o retorno do servidor à atividade, em razão da expressão *admissão a qualquer título*, estabelecida no art. 71, inc. III, da Constituição Federal e transcrita com igual teor na Lei Orgânica do Distrito Federal; o segundo, é que o ato implicava realização de despesa, sendo que a legalidade consistia em verificar se foram atendidos os requisitos previstos na respectiva lei de anistia.

Alguns casos chegaram a ser examinados quando o Ministério Público que atua junto à Corte obteve indícios de irregularidade.[600]

O Tribunal de Contas da União tem tido o mesmo entendimento, considerando ilegal a admissão decorrente de anistia quando esta não se fez em conformidade com as normas legais.

Lamentavelmente, porém, o tema anistia prestou-se a inúmeras irregularidades. Primeiro, pela recalcitrância na sua concessão; depois, pela parcial reparação do dano e, por fim, pelo abuso da extensão.

Houve inúmeros casos de benefícios e reintegração concedidos que superaram a materialidade da lesão. Se não bastassem os desacertos, fulminando atos jurídicos

---

[599] DISTRITO FEDERAL. Tribunal de Justiça do Distrito Federal e Territórios. Processo MSG 2003002006507-7 - Conselho Especial. Relator: Desembargador Vasquez Cruxên. Brasília, 10 de maio de 2005. **Diário da Justiça [da] República Federativa do Brasil**, Brasília, DF, 14 jul. 2005, p. 43-45.

[600] DISTRITO FEDERAL. Tribunal de Contas do Distrito Federal. Denúncia. Processo nº 3982/1995. Decisão nº 1487/1998. Relator: Conselheiro José Milton Ferreira. Brasília, 19 de março de 1998. **Diário Oficial do Distrito Federal**, Brasília, DF, 1º abr. 1998, p. 12-16.

consolidados, norma federal impôs a revisão de atos de anistia[601] após doze anos da consagração do direito pela Constituição Federal.

O Tribunal de Contas da União tem entendido, segurando-se a literalidade da norma, que as anistias não acolhidas pela comissão revisora decorrente dessa norma são ilegais, mas tem admitido a subsistência dos efeitos à luz da súmula nº 106 de sua jurisprudência.[602]

3.2.1.8 Aposentadoria

Uma das competências que mais consome tempo nas atribuições dos Tribunais de Contas é a apreciação da legalidade das aposentadorias.

É, no entanto, uma competência limitada porque não abrange as aposentadorias da iniciativa privada; restringe-se à concedida aos servidores estatutários e pagas à conta do tesouro. Estão excluídas as aposentadorias dos servidores celetistas, que são pagas pela previdência social geral, completadas ou não por fundos de pensão.

Em razão do grande volume de atos de inativação e a fim de conferir mais celeridade à entrada de dados nos processos de aposentadoria (e também de pensão e de admissão, em alguns casos), vários tribunais de contas têm implantado sistemas de automação processual integrados[603]para, de forma eletrônica e estruturada, receberem documentos e informações.

Além disso, no que se refere à análise dos atos de pessoal, alguns tribunais desenvolveram robôs[604] aptos à detecção de irregularidades e ao diligenciamento, permitindo ainda mais agilidade e menor risco de divergências, bem como redução do custo fiscalizatório, oportunizando a realocação de servidores, antes envolvidos nessas tarefas, em atividades que efetivamente exigem a análise humana, mais sofisticada e qualificada. Importante ressaltar que não se trata aqui de excluir a figura do auditor e, sim, de, fazendo uso das inovações disponíveis, valorizá-lo, valendo-se de seu trabalho após a fase de análise inicial e diligências, quando constatada persistência na irregularidade.

3.2.1.8.1 Considerações sobre a previdência geral

Sob esse último aspecto, de *lege ferenda*, o assunto merece outras considerações. É que, no Brasil, a previdência social é estatal, gerida sob a forma de autarquia, e, embora tenha como fonte de recursos primários a contribuição de empregadores e

[601] BRASIL. Decreto nº 3.363, de 11 de fevereiro de 2000. Cria Comissão Interministerial para o reexame dos processos de anistia de que trata a Lei nº 8.878, de 11 de maio de 1994, e dá outras providências. **Diário Oficial [da] República Federativa do Brasil**, Brasília, DF, 14 fev. 2000.

[602] BRASIL. Tribunal de Contas da União. Processo TC nº 008.489/1995-5. Acórdão nº 1281/2004 - 2ª Câmara. Relator: Ministro Adylson Motta. **Diário Oficial da União [da] República Federativa do Brasil**, Brasília, DF, 21 jul. 2004.

[603] Sistema Integrado de Atos de Pessoal – SIAP.

[604] À guisa de exemplo, ADA - Analisadora e Diligenciadora Automática é utilizada nas análises dos Requerimentos de Análise Técnica (RATs) de aposentadorias e pensões, no Tribunal de Contas do Estado do Paraná.

empregados, exerce ainda parcela da seguridade que tem recursos e funções típicas de governo.

É pacífico, nos órgãos de controle, o entendimento que os Tribunais de Contas podem fiscalizar as autarquias com funções de previdência e de seguridade. Em relação aos fundos de pensão, também não há dúvidas de que a despesa dos órgãos públicos a eles destinada deve e pode ser fiscalizada.[605]

A previdência social no Brasil, como dito, fora do alcance dos Tribunais de Contas em relação a pagamento de benefícios e pensões, situa-se mal no contexto mundial.

Em 2014, o custo era um dos mais altos do mundo e os benefícios e pagamentos estavam distantes da efetivação da justiça social. A tabela a seguir é ilustrativa:[606]

TABELA 3 – CUSTOS DA PREVIDÊNCIA

Países/Previdência (%)	Empregado	Empregador	Total
BRASIL	11,0	20,0	31,0
ÍNDIA	12,0	17,6	29,6
ESPANHA	4,7	23,6	28,3
ARGENTINA	11,0	16,0	27,0
REINO UNIDO	11,0	12,8	23,8
ALEMANHA	9,95	9,95	19,9
ESLOVÁQUIA	4,0	14,0	18,0
FRANÇA	6,65	9,9	16,55
ESTADOS UNIDOS	6,2	6,2	12,4
CANADÁ	4,95	4,95	9,9
VENEZUELA	1,93	4,93	6,75

Pesquisa recente[607] avaliou os sistemas públicos e os planos de previdência privada de 48 países. O Brasil ficou na 33ª posição do *ranking*, ficando em 39º lugar no que diz respeito à integridade e na 44ª posição quanto à sustentabilidade do sistema.

Por esses motivos, caberia repensar o modelo constitucional que impõe a não fiscalização dos pagamentos pelos Tribunais de Contas. É fato que o Tribunal de Contas da União já fiscaliza a arrecadação, auditando o sistema em termos operacionais[608]; é fato

---

605 BRASIL. **Constituição da República Federativa do Brasil** (Versão Bolso). Organização dos textos e índice por J. U. JACOBY FERNANDES. 2. ed. Belo Horizonte: Fórum, 2019. Conf. limite do art. 202, § 2º, com a redação dada pela Emenda Constitucional nº 20/1998.

606 Fundação Getúlio Vargas. Reforma Tributária Viável: Simplicidade, Transparência e Eficiência. **Coleção: Tributação & Desenvolvimento**. Disponível em: http://www.sindifisconacional.org.br>. Acesso em: 11 nov. 2014.

607 Pesquisa realizada pela Consultoria Mercer, em parceria com a CFA *Institute*, Disponível em: https://www.infomoney.com.br/minhas-financas/ranking-revela-melhor-pais-do-mundo-para-se-aposentar-brasil-fica-perto-da-lanterna/

608 Em 2022, o TCU fixou prazo para que o Instituto Nacional do Seguro Social e a Secretaria de Previdência do Ministério do Trabalho e Previdência apresentassem plano de ação com o objetivo de reduzir o estoque de cerca de 745 mil requerimentos de compensação previdenciária e fez várias recomendações. BRASIL.Tribunal de Contas da União. Acórdão nº 1248/2022 - TCU - Plenário. Disponível em: https://pesquisa.in.gov.br/imprensa/jsp/visualiza/index.jsp?data=13/06/2022&jornal=515&pagina=139&totalArquivos=157.

que fiscaliza a gestão administrativa; é fato que, por ser autarquia, a previdência exerce função da União. De *lege ferenda*, a proposta de açambarcar essa nobre competência, colocando a ação do controle externo em prol da sociedade.

3.2.1.8.2 Economicidade na apreciação

Como dito no início, a apreciação dos atos consome muito tempo do Tribunal de Contas, muita censura tem merecido a competência para examinar a legalidade dos atos de inativação - abrangendo as reformas -, podendo ser destacada a conhecida observação do Ministro Victor do Amaral Freire, para quem

> a fiscalização dos atos de inatividade ou deles decorrentes pela forma constitucional em vigor, se revela totalmente inconveniente e desaconselhável, porque importa desviar a atividade prioritária do Tribunal, que deve se preocupar com a movimentação de valores financeiros de alto nível, por parte dos administradores, para dar atenção a uma fiscalização de recursos de pequeno porte, de custo operacional elevado, que absorve tempo exagerado para exercê-la.[609]

Ademais, sustentam os críticos que o valor proporcional dos recursos consumidos com a aposentadoria não é expressivo - do orçamento da União, inferior a 5% - e que o número de erros verificados, em regra inferior a 1%, não autoriza o gasto de tempo e de pessoal pelos Tribunais de Contas.

Tais críticas esquecem que se justifica essa competência porque, embora cada ato tenha pouca expressão no conjunto das finanças, o longo período em que se protrai o pagamento - durante várias décadas - acaba por tornar relevante a despesa. Ademais, a experiência tem revelado que não há área mais suscetível de interpretação *generosa*, em favor do servidor e contra o contribuinte, do que essa.

Cabe ainda acrescer que a relação custo/benefício, como princípio do controle, realiza-se no procedimento e não na regra de competência. Desse modo, é aprimorando o procedimento, e não excluindo a competência, que se pode otimizar a ação do controle.

3.2.1.8.3 Natureza jurídica de apreciação da legalidade

A Constituição Federal, de longa data, estabelece essa competência, cuja natureza vem sendo alterada, ora utilizando-se o verbo *julgar*, ora *apreciar*. Na redação atual do elenco de competências do Tribunal de Contas da União, o termo utilizado é "apreciar a legalidade", o que afasta, de todo, qualquer possibilidade de inserir-se tal mister entre as funções jurisdicionais.

---

609 FREIRE, Victor do Amaral *apud* MEDAUAR. Odete. Controle da Administração Pública pelo Tribunal de Contas. **Revista de Informação Legislativa**. Brasília, ano 27, n. 108, out./dez. 1990, p. 120.

É típica função administrativa, de controle, exercida sobre cada ato, ou em apreciação conjunta de atos, segundo a estrutura de procedimentos definida normativamente em cada Corte.

Na Itália, o Tribunal de Contas exerce jurisdição sobre alguns aspectos da aposentadoria dos funcionários públicos: recusa da Administração em conceder aposentadoria e proventos inferiores aos que o funcionário tenha direito; julga ainda recursos interpostos pelo procurador-geral, quando este considera lesivo ao erário ato relativo à aposentadoria de agente público.

Por uma tradição histórica, no Brasil, as aposentadorias dos servidores públicos são pagas pelo tesouro, enquanto as do setor privado iniciaram-se sendo pagas por instituições igualmente privadas, afastando-se, desse modo, do controle pelo Tribunal de Contas. Mais tarde, com a unificação do sistema de previdência, permaneceu a ausência de controle sobre aposentadorias e pensões pagas pela previdência social urbana e rural, ficando apenas sob controle dos Tribunais de Contas as que são pagas à conta do tesouro.

Nos casos anteriores à atual Constituição Federal, em que a pensão por morte era paga parte pela Previdência Social urbana e parte pela conta do Tesouro, competia aos Tribunais de Contas o exame apenas dessa última parte.

O Supremo Tribunal Federal tem reiteradamente assentado, referindo-se às aposentadorias às expensas do Tesouro, que "a aposentadoria é ato administrativo sujeito ao controle dos Tribunais de Contas, que detêm competência constitucional para examinar a legalidade do ato e recusar o registro quando lhe faltar base legal".[610]

Estreitando a relação entre controle interno e controle externo, vêm os Tribunais de Contas estabelecendo a prévia obrigatoriedade do exame do ato pelo Controle Interno, inclusive sujeitando-o à prévia aprovação,[611] posição essa que parece correta.

3.2.1.8.4 Limites da competência

Muito se tem debatido acerca da existência de limites à competência dos Tribunais de Contas em relação aos atos de aposentadoria.

A Constituição Federal define:

a) o Tribunal de Contas aprecia a legalidade do ato de aposentadoria;

b) a apreciação visa ordenar o registro do ato;

---

[610] BRASIL. Supremo Tribunal Federal. Recurso Extraordinário nº 216.215-9. Relator: Ministro Ilmar Galvão. Brasília, 09 de dezembro de 1997. **Diário da Justiça [da] República Federativa do Brasil.** Brasília, DF, 13 mar. 1998. Seção 1, p. 20.

[611] BRASIL. Tribunal de Contas da União. Instrução Normativa nº 78, de 21 de março de 2018. Dispõe sobre envio, o processamento e a tramitação e acesso a informações alusivas a atos de admissão de pessoal e de concessão de aposentadoria, reforma e pensão, para fins de registro, no âmbito do Tribunal de Contas da União, nos termos do art. 71, inc. III da Constituição Federal. Disponível em: https://pesquisa.apps.tcu.gov.br/redireciona/norma/NORMA-21264.

c) o registro do ato de aposentadoria torna definitiva a aposentadoria, nos termos da lei.

Encontrando, na apreciação do ato, ilegalidade, qual é o limite da competência do Tribunal de Contas? Pode cancelar o pagamento da aposentadoria, editar novo ato, rever o ato anterior? Nenhuma dessas possibilidades assiste ao Tribunal de Contas, posto que, como órgão de controle, está sujeito ao princípio da segregação das funções e dos limites definidos na lei para o exercício da competência.

Sob o primeiro aspecto, um órgão de controle limita-se a *controlar*, não podendo realizar atos de execução, cabendo, sim, ordenar a recomposição da ordem jurídica lesada, por intermédio da própria autoridade que praticou o ato. Desse modo, a competência se exerce *sobre a autoridade pública* e não sobre o beneficiário do ato.

O Supremo Tribunal Federal, dimensionando os limites da competência do controle externo, deixou assentado:

> Não se pode perder de vista que uma coisa é o controle jurisdicional do ato concessivo de aposentadoria pela autoridade administrativa e outra, completamente diversa, a apreciação do Tribunal de Contas da União, para fins de registro, da legalidade do ato concessivo de aposentadoria. Os órgãos jurisdicionais em geral podem compelir, em sede de mandado de segurança, as autoridades administrativas a expedir ou modificar os atos concessivos de aposentadoria, mas só o Supremo Tribunal Federal pode determinar ao TCU que proceda ao registro que por este tenha sido recusado.[612]

Como visto,[613] a autoridade que recebe a informação do Tribunal de Contas de que o ato não guarda conformidade com a lei, bem como a recomendação das medidas necessárias tendentes à legalidade, poderá:

a) acolher a recomendação, dando-lhe efetivo cumprimento;
b) discordar do entendimento do Tribunal de Contas e recorrer perante a própria Corte, tendo igual direito o próprio aposentado, no prazo legal;[614]
c) permanecendo a divergência, pode a autoridade resignar-se, dando cumprimento, ou opor-se à decisão, submetendo o assunto à apreciação do Poder Judiciário, que em processos de aposentadoria pode rever a decisão.[615]

---

[612] BRASIL. Supremo Tribunal Federal. MS nº 22.009/MG - Pleno. Relator: Ministro Néri da Silveira. **Diário da Justiça [da] República Federativa do Brasil**, Brasília, DF, 14 set. 2001, p. 50. No mesmo sentido: Conflito de Jurisdição nº 6.975/DF. Relator: Ministro Néri da Silveira. **Diário da Justiça [da] República Federativa do Brasil**, Brasília, DF, 23 abr. 1993; MS nº 23.665/DF. Relator: Ministro Maurício Corrêa. **Diário da Justiça [da] República Federativa do Brasil**, Brasília, DF, 20 set. 2002.

[613] Consultar, adiante, o subtítulo 3.2.1.8.9, que trata da revisão judicial das decisões sobre a autoridade coatora em mandado de segurança que verse sobre cumprimento de ordem do Tribunal de Contas.

[614] BRASIL. Tribunal de Contas da União. Processo TC nº 013.273/2009-9. Acórdão nº 3542/2011 - 1ª Câmara. Relação nº 16/2011 - 1ª Câmara. Relator: Ministro Valmir Campelo. Brasília, 7 de junho de 2011. Disponível em: **<http://www.tcu.gov.br>**. Acesso em: 02 jun. 2014.

[615] Nesse sentido: BRASIL. Tribunal Regional Federal - 5. Região. Processo AC 2008.84.01000991-8 -2ª Turma.

Sob o segundo aspecto – limites da competência –, é preciso reconhecer que ao Tribunal de Contas compete apreciar a legalidade, não praticar o ato, mudá-lo ou suprimi-lo. Obviamente, havendo ilegalidade no ato de aposentadoria, numa interpretação sistemática das competências definidas na Constituição Federal, tem-se o seguinte delineamento esquemático-lógico:

a) apreciar a legalidade para fins de registro do ato de aposentadoria;[616]

b) assinar prazo para que o órgão, ou entidade, adote as providências necessárias ao exato cumprimento da lei, se verificada ilegalidade;[617]

c) sustar, se não atendida, a execução do ato impugnado - no caso, a despesa ilegal -, comunicando a decisão ao Poder Legislativo.[618]

Tendo em conta essa perspectiva é que se verificam tecnicamente incorretas, por falta de amparo legal, decisões adotadas em processos de aposentadoria que determinam:

3.2.1.8.4.1 Registro em moldes diferentes do que foi concedido

Motivados, às vezes, a imprimir celeridade aos processos, alguns Tribunais de Contas, ao vislumbrar ilegalidade no ato ou nos elementos formadores dos processos de aposentadoria, confiando no acolhimento das determinações do órgão de origem, registram o ato de modo diverso do que foi praticado, ordenando a correção posterior.

Não é preciso muito esforço de reflexão para perceber que tal sistemática fere o princípio do devido processo legal, pois: obvia a interposição *in tempore oportuno* dos recursos adequados; suprime a competência para *assinar prazo*; deixa a critério do órgão de origem eventual descumprimento da decisão, pois pretendendo descumprir a recomendação do Tribunal de Contas, bastará omitir-se.

Nesse sentido, já firmou entendimento o Supremo Tribunal Federal: essa competência limita-se à legalidade ou não da concessão, "não podendo o Tribunal de Contas determinar seu registro em termos diversos dos em que foi requerida e deferida, o que implicaria aposentadoria compulsória fora dos casos em que a lei o permite".[619]

Relator: Desembargador Federal Francisco Barros Dias. Diário da Justiça Eletrônico TRF5 [da] República Federativa do Brasil, Recife, PE, 9 jun. 2011, p. 415. Disponível em: <**http://www.trf5.gov.br**>. Acesso em: 15 maio 2013.

[616] BRASIL. **Constituição da República Federativa do Brasil** (Versão Bolso). Organização dos textos e índice por J. U. JACOBY FERNANDES. 2. ed. Belo Horizonte: Fórum, 2019. Art. 71, inc. III.

[617] *Ibidem*, art. 71, inc. IX.

[618] *Ibidem*, art. 71, inc. X.

[619] BRASIL. Supremo Tribunal Federal. Administrativo. MS nº 20038/DF - Pleno. Relator: Ministro Moreira Alves. Brasília, 22 de setembro de 1979. Diário da Justiça [da] República Federativa do Brasil, Brasília, DF, 1º nov. 1979. Seção 1, p. 11232. **Revista Trimestral de Jurisprudência**, v. 00080-02, p. 00394. No mesmo sentido: MS nº 20615/RJ - Pleno. Relator: Ministro Aldir Passarinho. Brasília, 16 de agosto de 1989. Diário da Justiça [da] República Federativa do Brasil, Brasília, DF, 20 set. 1991. Seção 1, p. 12884, Ement. v. 01634-01, p. 00014. **Revista Trimestral de Jurisprudência**, v. 00137-01, p. 00154; MS nº 20691/DF - Pleno. Relator: Ministro Moreira Alves Brasília, 14 de outubro de 1987. Diário da Justiça [da] República Federativa do Brasil, Brasília, DF, 18 dez. 1987. Seção 1, p. 29137. Ement. v. 01487-02, p. 00358. **Revista Trimestral de Jurisprudência**, v. 00125-02, p. 00515.

A nova Instrução Normativa do TCU sobre o tema, estabelece no art. 19, prazo de 15 dias para que o órgão ou entidade de origem faça cessar as irregularidades apontadas, comunicando o tribunal, sob pena de solidariedade na obrigação de ressarcimento e sanções. Também estabelece prazo de 30 dias para o dever de informar, no sistema e-Pessoal, o cancelamento da concessão ou, quando for possível sanear as irregularidades identificadas e submeter ao TCU novo ato em substituição àquele considerado ilegal[620].

3.2.1.8.4.2 Diligência adiando o exame da legalidade

Os atos normativos devem prever os elementos necessários e suficientes para o exame da legalidade. Sempre podem as Cortes ordenar as diligências necessárias para o esclarecimento de pontos controvertidos ou omissos no processo. Nessa hipótese, fundado em secular princípio de que ao julgador compete a condução do processo, podem os Tribunais de Contas determinar, por meio do relator, ou na forma estabelecida nos regimentos das inspetorias ou secretarias, o saneamento dos autos.

Na verdade, converte-se o julgamento em diligência, assinando-se prazo para que os fatos venham aos autos devidamente comprovados. Sabe-se que esse procedimento é uma construção jurisprudencial, haurida em grandes lições de bom senso - princípio da razoabilidade -, embora não decorra de expressa literalidade da norma. Isso, porque, pela literalidade, a competência limita-se a apreciar e definir se é legal ou ilegal. Desse modo, diante de qualquer recalcitrância ou omissão da autoridade que responde pela prática do ato, é dever do Tribunal deliberar, porque cumprindo o seu dever.

A insistência em novas diligências acaba por diminuir a efetividade da competência da Corte. Por isso, o recomendável é que, tentada uma diligência saneadora, seja a aposentadoria julgada ilegal, recusando-se o registro da despesa porque não comprovados fatos geradores do direito, ou pela instrução irregular dos autos. No mesmo ato deve ser assinado prazo para que a autoridade destinatária providencie as medidas necessárias ao exato cumprimento da lei.[621]

No momento da quinta edição deste livro, teve sua relevância ampliada o alerta em relação ao resguardo da efetividade da atuação quanto ao julgamento da legalidade de aposentadorias, reformas e pensões, pelo risco de, em se havendo passado mais de cinco anos da data da atuação do processo, incidirem os tribunais de contas em prescrição, caso em que deverão proceder tão-somente ao registro tácito desses atos,

---

[620] BRASIL. Tribunal de Contas da União. Instrução Normativa nº 78, de 21 de março de 2018. Dispõe sobre envio, o processamento e a tramitação e acesso a informações alusivas a atos de admissão de pessoal e de concessão de aposentadoria, reforma e pensão, para fins de registro, no âmbito do Tribunal de Contas da União, nos termos do art. 71, inc. III da Constituição Federal. Disponível em: https://pesquisa.apps.tcu.gov.br/redireciona/norma/NORMA-21264.

[621] BRASIL. Tribunal de Contas da União. Processo TC nº 025.071/2008-8. Acórdão nº 5494/2008 - 2ª Câmara. Relator: Ministro Ubiratan Aguiar. Brasília, 3 de dezembro de 2008. **Diário da Justiça [da] República Federativa do Brasil**, Brasília, DF, 8 dez. 2008. Seção 1.

conforme tese[622] fixada pelo STF no tema de repercussão geral n° 445, não sem deixar de ventilar os princípios constitucionais da segurança jurídica e da confiança legítima.

Interessante fato chegou ao STF para julgamento: determinado tribunal de contas negou, a um tabelião, registro de vantagem ordenada pelo Poder Judiciário. À época, o interessado impetrou mandado de segurança contra a ordem do tribunal, em desconformidade com o entendimento administrativo do Judiciário. A ementa esclarece a controvérsia:

> Ao reconhecer a serventuário de cartório aposentado antes do advento da Constituição Federal e sob a égide de lei vigente, a percepção do adicional por assiduidade previsto em relação aos servidores da administração, ante a alegação de que a Carta Magna os equiparou para todos os efeitos, o acórdão violou o que assentado pelo Supremo Tribunal Federal, no sentido de que não cabe ao Poder Judiciário, que não tem função legislativa, aumentar vencimentos de servidores públicos sob fundamento em isonomia (Súmula 339).
>
> A aposentadoria é ato administrativo sujeito ao controle do Tribunal de Contas, que detém competência constitucional para examinar a legalidade do ato e recusa e registro quando lhe faltar base legal.[623]

Esse tímido entendimento, pela regularidade da conversão do processo em diligência, não conta com o aplauso unânime do Supremo Tribunal Federal. De fato, em determinada ocasião, o Ministro Moreira Alves deixou assentado que:

> [...] conversão de julgamento em diligência, por ser ato para melhor instrução do processo, e, portanto, do interesse exclusivo do Tribunal, não dá margem a recurso, ao contrário do que sucede com a decisão final, mesmo no âmbito da jurisdição administrativa do Tribunal de Contas. Fica, pois, a pessoa interessada sem a possibilidade de recorrer por meio do pedido de reexame que é o recurso administrativo cabível contra as decisões denegatórias de registro, e recurso com efeito suspensivo.[624] E, com isso, se sobrecarrega o Poder Judiciário, uma vez que ao interessado só resta socorrer-se dele, para que não se alterem provisoriamente - e assim mesmo se lhe for concedida liminar - os termos da concessão e sua aposentadoria.[625]

---

[622] Tema de repercussão geral nº 445. Tese: Em atenção aos princípios da segurança jurídica e da confiança legítima, os Tribunais de Contas estão sujeitos ao prazo de 5 anos para o julgamento da legalidade do ato de concessão inicial de aposentadoria, reforma ou pensão, a contar da chegada do processo à respectiva Corte de Contas. BRASIL. Supremo Tribunal Federal. Recurso Especial nº 636553/RS. Relator: Ministro Gilmar Mendes. Julgado em: 19 fev. 2020. DJe nº 50, de 06 mar. 2020). Disponível em: < https://portal.stf.jus.br/processos/detalhe.asp?incidente=4043019>. Acesso em: 28 fev. 2024.

[623] BRASIL. Superior Tribunal de Justiça. RE nº 197227-1/ES – 1. Turma. Relator: Ministro Ilmar Galvão. Brasília, 22 de outrubro de 1996. **Diário da Justiça [da] República Federativa do Brasil**, Brasília, DF, 7 fev. 1997. Seção 1, p. 1361.

[624] BRASIL. **Regimento Interno e Lei Orgânica do Tribunal de Contas da União.** Organização dos textos e índice por J. U. JACOBY FERNANDES. Belo Horizonte: Fórum, 2014. Lei nº 8.443/1992. Art. 48.

[625] BRASIL. Supremo Tribunal Federal. Administrativo. MS nº 21466-0/DF - Pleno. Relator: Ministro Celso de

A tese hoje vencedora no STF é pela admissibilidade da competência implícita de "recomendar ao órgão ou entidade competente que adote as medidas necessárias ao exato cumprimento da lei, evitando, desse modo, a medida radical da recusa de registro".[626]

3.2.1.8.4.2.1 Sobre a recusa em acatar a suspensão dos pagamentos

Como se percebe, a autoridade pode recorrer ao próprio Tribunal de Contas e ao Poder Judiciário. Não pode, porém, desacatar determinação da Corte de Contas que considera a execução do ato ilegal, notadamente nessa situação em que a Constituição estabelece que, ao Tribunal de Contas, cabe o exame da legalidade.

Por vezes a autoridade que recebe a informação não conhece os poderes constitucionais dos tribunais de contas; em outros casos, o corporativismo ou interesses menores podem levar a autoridade a ser informada de que não precisa cumprir a ordem de suspensão de pagamentos ou de parte dos pagamentos. Em matéria de ato de aposentadoria, pensão e reforma, a competência do tribunal não é repartida com qualquer poder, como ocorre, diferentemente no caso de contratos, em que se exige a participação do Poder Legislativo quando há recalcitrância.

A continuidade da execução de despesa considerada ilegal pode ensejar:

a) crime de desobediência;

b) crime de responsabilidade, quando envolvida a autoridade de chefe de poder;

c) ação de improbidade administrativa;[627]

d) ação popular;

e) representação ao Conselho Nacional de Justiça quando praticada pelo Poder Judiciário;[628] representação ao Conselho Nacional do Ministério Público quando praticada pelo Ministério Público.

Mello. Brasília, 19 de maio de 1993. **Diário da Justiça [da] República Federativa do Brasil,** Brasília, DF, 6 maio 1994. Seção 1, p. 10486. Ementa. v. 01743-02, p. 00295. Excerto transcrito do voto de vista do Ministro Moreira Alves, p. 325 do processo.

[626] *Ibidem.*

[627] Sobre a ação de improbidade administrativa, consulte a Reclamação 2.138 do Supremo Tribunal Federal, que firmou entendimento acerca da discussão sobre essa ação e crime de responsabilidade. Nessa reclamação, a Corte entendeu que os agentes políticos, por serem regidos por normas especiais de responsabilidade, não respondem por improbidade administrativa com base na Lei nº 8.429/1992, mas apenas por crime de responsabilidade na forma do art. 102, I, c, da Constituição Federal. Contudo, esse entendimento não teve força vinculante, encontrando-se decisões ainda divergentes, como por exemplo: BRASIL. Tribunal Regional Federal - 1. Região. AP nº 200237000067044/MA. Relator: Juiz Federal Convocado Ricardo Felipe Rodrigues Macieira. Brasília, 16 de março de 2009. **Boletim de Jurisprudência TRF-1**, n. 64.

[628] Esse foi o entendimento do Ministério Público junto ao TCE/AM, de modo uniforme, adotado pelos Procuradores Evelyn Freire de Carvalho L. Pareja, Evanildo Santana Bragança, Ademir Carvalho Pinheiro, Fernanda Catanhede V. Mendonça, Érico Xavier Desterro e Silva e Roberto C. Krichanã da Silva, constante de parecer enviado gentilmente ao autor.

3.2.1.8.4.3 Recusa em acatar ordem de glosa de parcela

Episódio relevante à compreensão pode ser referido e ocorreu no Estado do Amazonas, onde o Tribunal de Contas recusou o registro de aposentadorias de servidores do Poder Judiciário, diante da ilegalidade da concessão de parcela. O Tribunal, após comunicação do fato, recusou-se a dar cumprimento à determinação da glosa da despesa. Este caso não tem previsão na regra especificamente definida pelo Constituinte para o desacato a ordem de suspensão de contrato. O Tribunal tem competência plena sobre despesas decorrentes de atos administrativos, não só aposentadoria, pensão e reforma, mas atos que decorram despesa pública em geral; esse poder existe não só sobre o Poder Executivo, mas sobre os ordenadores de despesas dos demais poderes, Judiciário e Legislativo, bem como Ministério Público. Somente em caso de contratos é que se divide o controle com a participação do Legislativo, diante da resistência ao cumprimento da ordem.[629]

3.2.1.8.5 Aposentadoria com proventos a maior

Consabido que o Tribunal de Contas não pode ordenar alteração no título de proventos, qual deve ser, então, a decisão, no caso de o servidor atender aos requisitos para a aposentadoria, mas receber parcela de proventos indevidamente?[630]

Sobre o assunto muito foi debatido, havendo votos no sentido de que, existindo parcela ilegal, a aposentadoria é ilegal. Outros consideram que o ato é legal, mas a despesa decorrente da parcela indevida é ilegal.

Há consequências diversas, conforme o entendimento adotado:

a) no primeiro caso, toda a despesa decorrente da aposentadoria apreciada é ilegal, e deverá o órgão de origem cessar o pagamento, procedendo-se com urgência à expedição do ato corrigido e retorno do pagamento; essa exegese tem a seu favor o fato de que a aposentadoria envolve um conjunto de atos - o de aposentadoria propriamente dito e o que estabelece os proventos, o que atesta o tempo de contribuição ou de serviço, conforme o caso -, todos apreciados conjuntamente;

---

[629] Esse foi o entendimento do Ministério Público junto ao TCE/AM, de modo uniforme, pelos Procuradores Evelyn Freire de Carvalho L. Pareja, Evanildo Santana Bragança, Ademir Carvalho Pinheiro, Fernanda Catanhede V. Mendonça, Érico Xavier Desterro e Silva e Roberto C. Krichanã da Silva constante de parecer enviado gentilmente ao autor.

[630] O exame que o Tribunal de Contas da União realiza sobre as aposentadorias não se limita à verificação dos requisitos básicos para a concessão do benefício, como o implemento do tempo de serviço, por exemplo, mas abrange, também, a verificação da regularidade das parcelas componentes dos proventos deferidos ao aposentado. Não deve, em nenhuma hipótese, consoante entendimento deste autor, ser considerado legal e ainda registrado ato que contenha parcela dos proventos calculada em desconformidade com a lei. Os proventos, da forma em que concedidos, não podem continuar a serem pagos e o novo ato deve ser prontamente editado, para que o servidor possa usufruir do direito à inatividade, nos limites definidos pela legislação. Cfr.: BRASIL. Tribunal de Contas da União. Processo TC nº 002.249/1995-2. Decisão nº 375/2001 - 1ª Câmara. Relator: Ministro Walton Alencar Rodrigues. Brasília, 30 de outubro de 2001. **Diário Oficial da União [da] República Federativa do Brasil**, Brasília, DF, 09 nov. 2001.

b) no segundo caso, a Administração Pública pode rever o ato de aposentadoria, se nele houver referência ao fundamento legal da parcela impugnada, mantendo-se o pagamento dos proventos, com exceção apenas da parcela tida por ilegal. Além disso, é sem dúvida a alternativa menos traumática à ordem jurídica e ao beneficiário. Tem contra si, contudo, a possibilidade de ser arguido na Justiça que o procedimento equivale a "registro em forma diversa do que foi praticado o ato" - posição que o Supremo Tribunal Federal tem reiteradamente considerado ilegal.[631] Obviamente essa possibilidade só poderá ser concretizada pelos que pouco conhecem do funcionamento do Tribunal de Contas e poderá ensejar que essa se utilize da prerrogativa da primeira alternativa, em desfavor daquele que postula em juízo.

Na esfera federal, o tema foi pacificado com a edição de norma própria que consagra a segunda interpretação,[632] muito bem sintetizada nas palavras do Ministro, Benjamin Zymler:

> [...] na metodologia anterior ao normativo citado, seria o caso de julgar a concessão em exame ilegal, sendo lhe indevida apenas uma parcela dos proventos. O novo modo de proceder instituído pela IN/TCU nº 16/97 permite-nos segregar diferentes fundamentos fazendo assim com que somente venha a ser considerado ilegal a concessão de aposentadoria quando o interessado não tiver direito de ser inativado.[633]

Que se registre o seguinte: ainda subsistem e são conhecidas divergências a respeito em outros Tribunais de Contas. Parece oportuno lembrar que, em manifestação precedente à Súmula nº 06 do STF, afirmou o Ministro Nelson Hungria que julgar a legalidade não é apenas apreciar a regularidade formal do ato

---

[631] BRASIL. Supremo Tribunal Federal. Competência. MS nº 20615/RJ - Pleno. Relator: Ministro Aldir Passarinho. Diário da Justiça [da] República Federativa do Brasil. Brasília, DF, 20 set. 1991. Seção 1, p. 12884, **Revista Trimestral de Jurisprudência**, v. 00137-01, p. 00154; MS nº 20038/DF - Pleno. Relator: Ministro Moreira Alves. Brasília, 22 de setembro de 1979. Diário da Justiça [da] República Federativa do Brasil, Brasília, DF, 1º nov. 1976. Seção 1, p. 11232. **Revista Trimestral de Jurisprudência**, v. 00080-02, p. 00394.; MS nº 20691/DF - Pleno. Relator: Ministro Moreira Alves. Brasília, 14 de outubro de 1987. Diário da Justiça [da] República Federativa do Brasil, Brasília, DF, 18 dez. 1987. Seção 1, p. 29137. **Revista Trimestral de Jurisprudência**, v. 00125-02, p. 00515.

[632] No desempenho das funções de Ministério Público, o autor do presente trabalho pugnou pela adoção da primeira alternativa, ou seja, que o Tribunal de Contas considerasse ilegal o ato, informando o fato gerador da ilegalidade, e fixasse prazo para a correção. Corrigido o ato, em conformidade com o deliberado, fosse apreciado e ordenado o registro; não corrigido, ordenasse cessação do pagamento e a instauração de Tomada de Contas Especial, com vistas a apurar a responsabilidade e quantificar o dano. Obs.: a citada Instrução Normativa nº 16, de 06 de outubro de 1997, foi revogada pela Instrução Normativa nº 44, de 02 de outubro de 2002, que, por sua vez, foi revogada pela Instrução Normativa nº 55, de 24 de outubro de 2007.

[633] BRASIL. Tribunal de Contas da União. Aposentadoria. Processo TC nº 005.630/1996-7. Decisão nº 297/1998 - 2ª Câmara. Relator: Ministro Bento Bugarim. Brasília, 12 de novembro de 1998. **Diário Oficial [da] República Federativa do Brasil**, Brasília, DF, 24 nov. 1998. Seção 1, p. 94. O voto do qual foi extraído o excerto não foi conhecido por motivos diferentes daquele que justificou a citação.

administrativo: é julgar de todas as condições intrínsecas e extrínsecas da sua legalidade.[634]

3.2.1.8.6 Restituição de vencimento e proventos

O TCU possuía duas súmulas na jurisprudência definindo parâmetros para o processo deliberativo:

> **Súmula 106**
> O julgamento, pela ilegalidade, das concessões de reforma, aposentadoria e pensão, não implica por si só a obrigatoriedade da reposição das importâncias já recebidas de boa-fé, até a data do conhecimento da decisão pelo órgão competente.[635]
>
> **Súmula 235**
> Os servidores ativos e inativos, e os pensionistas, estão obrigados, por força de lei, a restituir ao Erário, em valores atualizados, as importâncias que lhes forem pagas indevidamente, mesmo que reconhecida a boa-fé, ressalvados apenas os casos previstos na Súmula nº 106 da Jurisprudência deste Tribunal.[636]

Esse aparente conflito entre os textos sumulados foi harmonizado com a sutil distinção estabelecida entre erro do procedimento e errônea interpretação da lei.[637] No primeiro caso, considera-se erro da Administração como tal considerado o procedimento operacional que, diante de texto inequívoco, apresenta equívoco na interpretação do fato gerador do direito. Nesses casos, aplicar-se-ia a revogada súmula 235.

Pode ocorrer, no entanto, que o pagamento a mais decorra de "errônea interpretação da lei", resultado de processo hermenêutico que, mais tarde, após razoável decurso de tempo, venha a ser alterado pela mesma instância administrativa ou judicial, ou simplesmente não acolhido, como ocorre com o pagamento indevido do abono pecuniário, férias, diária por período superior ao afastamento, ou confirmado pelas instâncias superiores ou externas de controle. A essas hipóteses, nas edições anteriores foi esclarecido que dever-se-ia aplicar a Súmula nº 136.[638]

---

[634] Citação referida, em outro contexto, no artigo: ROCHA, Lincoln Magalhães da. O Tribunal de Contas em Juízo. In: **Seminário de Controle Externo e Interno da FEFTCB**, 2 ed. Porto Velho, jul. 1998.

[635] BRASIL. Tribunal de Contas da União. Súmula nº 106. Boletim TCU Especial, Brasília, ano XL, n. 6, 4 dez. 2007. Disponível em: **<http://www.tcu.gov.br>**. Acesso em: 02 jun. 2014.

[636] BRASIL. Tribunal de Contas da União. Súmula nº 235. Boletim TCU Especial, Brasília, ano XL, n. 6, 4 dez. 2007. Disponível em: **<http://www.tcu.gov.br>**. Acesso em: 02 jun. 2014.

[637] Nesse sentido: BRASIL. Tribunal de Contas da União. Aposentadoria. Processo TC nº 450.450/1991-0. Decisão nº 390/2001 - Plenário. Relator: José Antonio B. de Macedo. **Diário Oficial [da] República Federativa do Brasil**, Brasília, DF, 12 jul. 2001; Parecer AGU/MF-05/98. Processo TC nº 625.815/1991-2. Acórdão 1108/2004 - Plenário. **Diário Oficial da União [da] República Federativa do Brasil**, Brasília, DF, 20 ago. 2004.

[638] Nesse sentido: BRASIL. Tribunal de Contas da União. Decisão nº 129/1998, Ata nº 17/1998; Decisão nº 21/2000, Ata nº 05/2000; Decisão nº 310/2000, Ata nº 52/2000; Decisão nº 396/2000, Ata nº 40/2000.

Posteriormente à segunda edição desta obra, o Tribunal de Contas da União, de forma mais clara, decidiu por editar nova súmula, com o seguinte teor:

> É dispensada a reposição de importâncias indevidamente percebidas, de boa-fé, por servidores ativos e inativos, e pensionistas, em virtude de erro escusável de interpretação de lei por parte do órgão/entidade, ou por parte de autoridade legalmente investida em função de orientação e supervisão, à vista da presunção de legalidade do ato administrativo e do caráter alimentar das parcelas salariais.[639]

Sobre a possibilidade de ordenar a devolução de valores de parcela de pensão, consulte, neste capítulo, o subitem 3.2.1.28.2 Devolução de parcela.

3.2.1.8.7 Aposentadoria com proventos a menor

Também pode ocorrer que o inativo esteja recebendo parcela em valor inferior ao previsto em lei ou, simplesmente, não esteja recebendo parcela que lhe seria devida. Frente ao ordenamento jurídico brasileiro, porém, as consequências são diferentes. Nesse ponto, é conveniente lembrar que tanto a situação do subitem anterior está na competência do Tribunal de Contas, como esta. Só que, ao contrário do caso anterior, a competência para o retorno à legalidade ficou mitigada no amplo espectro de competências.[640]

Essa redução da eficácia deve-se a dois aspectos:

a) a competência prevista na Constituição Federal permite sustar o ato, é, pois, uma competência negativa, sempre visando aos fatos que, de ordinário, causam lesão aos cofres públicos, não à esfera individual dos sujeitos;
b) se fosse admissível recomendar a correção do ato, este deixaria de ser controlado pelo Tribunal de Contas, que, de uma hora para outra, converter-se-ia em ordenador de despesas.[641]

A impossibilidade, porém, de se corrigir o ato - que por ordenar despesa em desconformidade com a ordem jurídica também é ilegal - não pode ser a melhor solução, e o ordenamento jurídico não pode levar a um ilogismo. Por outro lado, se a despesa decorrente do ato é legal, o complemento exigível nas circunstâncias - e faltante - também seria legal.

---

[639] a) BRASIL. Tribunal de Contas da União. Súmula nº 249. Boletim TCU Especial, Brasília, ano XL, n. 6, 4 dez. 2007. Disponível em: <**http://www.tcu.gov.br**>. Acesso em: 02 jun. 2014.

b) O Tribunal de Contas da União tem reiteradamente considerado ilegais a concessão de aposentadoria de servidor da Fundação Instituto Brasileiro de Geografia e Estatística e ordenado, excepcionalmente, o registro do correspondente ato, sem prejuízo de dispensar o ressarcimento das quantias indevidamente recebidas de boa-fé pelo interessado, consoante o disposto no Enunciado 106 da Súmula da Jurisprudência do TCU e da nova Resolução/TCU 353/2023, Acórdão nº 794/2025 - TCU - 2ª Câmara. Disponível em: https://pesquisa.apps.tcu.gov.br/redireciona/ acordao-completo/ACORDAO-COMPLETO-2693968.

[640] Ver, neste capítulo, o subitem 0., que trata da execução da despesa.

[641] Nesse sentido: DISTRITO FEDERAL. Tribunal de Contas do Distrito Federal. Aposentadoria. Processo nº 2840/1996. Decisão nº 6326/1998. Parecer MPjTCDF nº 3.791/1998. Relator: Conselheiro Maurílio Silva. Brasília, 20 de agosto de 1998. **Diário Oficial do Distrito Federal**, Brasília, DF, 27 ago. 1998, p. 7-14.

A saída que se harmoniza com o direito e resolve todas essas questões, lembrando aqui antigo brocardo latino segundo o qual *quieta non movere*,[642] é a seguinte:

a) o Tribunal consigna no processo, no voto do relator ou no parecer do Ministério Público, o que é devido ou que há indícios de que seja devido valor superior ao que vem sendo pago;
b) ordena o registro do ato na forma como se encontra;
c) o Tribunal delibera que o Ministério Público, ou este, *sponte sua*,[643] como fiscal da lei, providencie a remessa de cópia do voto ou parecer, para que o interessado formule requerimento ao órgão de origem, visando resguardar seus direitos, o que também pode se realizar mediante iniciativa própria.

3.2.1.8.8 Casos especiais de aposentadoria

Cabe expender breves considerações sobre situações muito peculiares em relação à competência do Tribunal de Contas para o exame de aposentadoria, conforme segue.

3.2.1.8.8.1 Justificação judicial

Alguns trabalhadores têm recorrido à justificação judicial como meio de prova de tempo de serviço.

O tema comporta certa relevância, na medida em que, em alguns processos, o lapso tem sido computado para todos os fins, noutros, só para aposentadoria e, por fim, em outros, desconsiderados.[644]

A justificação estava disciplinada entre os procedimentos cautelares específicos, regulados pelo Código de Processo Civil de 1973 e foi mantida no novo Código de Processo Civil[645]. O procedimento quase não sofreu alterações desde o Código de 1939, exceto quanto à classificação, que neste era mais adequada. De fato, o Código de Processo Civil anterior dedicava um livro (V) exclusivamente aos processos acessórios e em título próprio (VIII) regulava o tema.

---

642 Em vernáculo: "não se perturbam os pontos já pacificados" [tradução livre].

643 Em vernáculo: "por sua própria iniciativa" [tradução livre].

644 Aposentadoria-professor. Pretensão do interessado computar tempo decorrente da apreciação tardia da aposentadoria: "[...] não é computável, para efeito de aposentadoria no cargo de professor, o tempo de serviço estranho ao magistério [...]". [Súmula nº 74/TCU]. Nesse sentido: BRASIL. Tribunal de Contas da União. Processo TC nº 015.497/1994-1. Decisão nº 25/1997 - 2ª Câmara. Relator: Ministro Bento José Bugarin. Brasília, 27 de fevereiro de 1997. **Diário Oficial [da] República Federativa do Brasil**, Brasília, DF, 11 mar. 1997. Seção 1, p. 4814; Decisão nº 278/1997. Processo nº 525.438/1991-2 - 2ª Câmara. Relator: Ministro Bento José Bugarin. Brasília, 17 de outubro de 1997. **Diário Oficial [da] República Federativa do Brasil**, Brasília, DF, 4 nov. 1997. Seção 1, p. 25037.

645 Art. 300, § 2º. BRASIL. Lei nº 13.105, de 16 de março de 2015. Código de Processo Civil. Brasília, DF: Presidência da República, [2025]. Disponível em: https://www.planalto.gov.br/ccivil_03/_ato2015-2018/2015/lei/l13105.htm. Art. 865.

Se considerarmos que, por definição legal, o processo cautelar tem duas características elementares, *periculum in mora* e *fumus boni juris*, concluiremos que a inclusão da justificação enquanto processo cautelar ou de urgência é indevida.

Mais corretamente seria considerar tratar-se de procedimento com caráter autônomo, que apresenta singularidades, pois não admite defesa ou recursos[646] e veda ao magistrado pronunciar-se sobre o mérito, limitando sua atuação aos aspectos formais do processo.[647]

O objetivo da justificação seria constituir simples documento, assegurar a prova ou concorrer para sua formação, como subministra Pontes de Miranda.[648]

O juízo do mérito fica reservado para o futuro processo regular. Nele, a parte faz juntar os autos da justificação, e o juiz da causa apreciará livremente a prova, ponderando os indícios de verossimilhança e a fé que merecem os depoimentos, em face do conjunto de elementos probantes agora produzidos.

Assim, naturalmente, a prova obtida mediante justificação judicial submete-se ao crivo da valoração em processo posterior.

Quando se destina a provar, porém, o tempo de serviço prestado, ou de contribuição,[649] a lei exigiu a concorrência de outros requisitos.

O Regulamento dos Benefícios da Previdência Social estabelecia peremptoriamente: "A comprovação do tempo de serviço realizada mediante justificação judicial só produz efeito perante a previdência social quando baseada em razoável indício de prova material".[650] Em seguida, coibia a prova exclusivamente testemunhal.[651] O atual regulamento manteve a mesma linha de procedimento[652], até a revogação do art. 62. [...] § 5º em 2020[653] e a admissão da justificação administrativa.

---

[646] BRASIL. Lei nº 13.105, de 16 de março de 2015. Código de Processo Civil. Brasília, DF: Presidência da República, [2025]. Disponível em: https://www.planalto.gov.br/ccivil_03/_ato2015-2018/2015/lei/l13105.htm. Art. 865.

[647] *Ibidem*, art. 866, parágrafo único.

[648] PONTES DE MIRANDA, Francisco Cavalcanti. **Comentários ao Código de Processo Civil.** Rio de Janeiro: Forense, 1976, 12. t., p. 293.

[649] BRASIL. **Constituição da República Federativa do Brasil** (1988). Brasília: Planalto [2025]. Disponível em: https://www.planalto.gov.br/ccivil_03/constituicao/constituicao.htm

[650] BRASIL. Decreto nº 83.080, de 24 de janeiro de 1979. Aprova o Regulamento dos Benefícios da Previdência Social. **Lex-Coletânea de legislação-edição federal.** São Paulo, v. 43, 1979, p. 60, art. 57, § 5º.

[651] *Ibidem*, art. 57, § 6º.

[652] BRASIL. Decreto nº 3.048, de 6 de maio de 1999. Aprova o Regulamento da Previdência Social, e dá outras providências. Disponível em: https://www.planalto.gov.br/ccivil_03/decreto/D3048.htm. Acesso em: 02 jun. 2014. "Art. 62. [...] § 5º A comprovação realizada mediante justificação administrativa ou judicial só produz efeito perante a previdência social quando baseada em início de prova material".

[653] Art. 19-B, "§ 3º Caso os documentos apresentados não sejam suficientes para a comprovação de atividade, vínculo ou remunerações, estes poderão ser corroborados por pesquisa, na forma prevista no § 5º, ou justificação administrativa, conforme o caso." Incluído pelo Decreto nº 10.410, de 30 de junho de 2020. Altera o Regulamento da Previdência Social, aprovado pelo Decreto no 3.048, de 6 de maio de 1999. Disponível em: https://www.planalto.gov.br/ccivil_03/_Ato2019-2022/2020/Decreto/D10410.htm#art1.

A jurisprudência do antigo Tribunal Federal de Recursos sistematicamente declarou a ineficácia da justificação judicial como meio de prova quando se constitui apenas a partir de testemunhas.[654]

O colendo Tribunal de Contas da União preferiu, entretanto, adotar outro critério para delineamento de sua jurisprudência, permitindo que, em caráter excepcionalíssimo, a justificação judicial se amparasse apenas em prova testemunhal.

Assim, enunciou a Súmula nº 107 de sua jurisprudência:

> Admite-se a justificação judicial, como prova do tempo de serviço, tão somente em caráter subsidiário ou complementar a começo razoável de prova por escrito e desde que evidenciada a impossibilidade de obtenção de certidão expedida pelos órgãos próprios, à vista dos assentamentos individuais do servidor e da respectiva ficha financeira.

Já houve pretensão a obrigar o Tribunal de Contas a reconhecer efeitos a justificação judicial. O Supremo Tribunal Federal decidiu melhor esclarecendo a questão:

> A justificação judicial não é meio idôneo para, em mandado de segurança, servir de base exclusiva para o reconhecimento da liquidez e certeza do direito. Questão de valorização de prova, e não de simples reexame da conclusão resultante da interpretação dos elementos probatórios. Contrariedade ao disposto no par. 21 do art. 153 da Emenda Constitucional n. 1. Recurso extraordinário conhecido e provido.[655]

É de se reconhecer o valor relevante da jurisprudência como instrumento de uniformização das decisões. Inegável, ainda, a vantagem fixada pelo verbete em relação aos rígidos parâmetros referidos no Regulamento dos Benefícios da Previdência Social.

O fato mais importante, porém, é que a justificação judicial normalmente é submetida às Cortes de Contas como elemento de prova junto às inativações dos servidores.

Com relação a esses processos, os Tribunais de Contas têm o dever constitucional de apreciar a legalidade e, se for o caso, ordenar o registro. Como o tempo de serviço nas aposentadorias voluntárias é um dos requisitos a ser apreciado, a justificação judicial submeter-se-á, integralmente, ao juízo de mérito do Tribunal.

Para poder alcançar o mérito será necessário avaliar os depoimentos das testemunhas, ou como prefere Neves e Castro, pesar declarações e não contá-las. A

---

654 Dentre outros: BRASIL. Tribunal Federal de Recursos. 1ª Região. Processual Civil. Apelação Cível nº 96.943 (061634224). Relator: Juiz Assis Toledo. Brasília, 12 de maio de 1987. **Diário da Justiça [da] República Federativa do Brasil**, Brasília, DF, 11 jun. 1987. Seção 3, p. 11740.

655 BRASIL. Supremo Tribunal Federal. RE nº 84080/SP - 2ª Turma. Relator: Ministro Moreira Alves. Brasília, 6 de abril de 1976. **Diário da Justiça [da] República Federativa do Brasil**, Brasília, DF, 16 ago. 1976.

dificuldade será, porém, bem maior do que aquela vivenciada pelo juiz do processo comum, em que se respeita o princípio da imediatidade.

Distante das partes e tendo como meio apenas registro frio dos depoimentos, normalmente respondendo perguntas pouco circunstanciadas sobre fatos ocorridos há décadas, por meio de alheias informações (*ex aditu alineo*) - a missão de "julgar" é tormentosa.

Mas, o ordenamento jurídico não só autoriza a livre formação do juízo de mérito, como assinala com profunda sabedoria que, "na falta de normas jurídicas particulares, o juiz aplicará as regras de experiência técnica, ressalvado quanto a esta o exame pericial".[656]

Sintetizando as considerações expendidas, tem-se que:

a) a justificação judicial é procedimento que se destina à coleta de provas com as formalidades processuais comuns;
b) a sentença que extingue o processo é terminativa;
c) a avaliação do mérito fica reservada para o futuro processo em que a justificação vier a ser oferecida;[657]
d) quando os Tribunais de Contas julgam as aposentadorias voluntárias, podem apreciar livremente as provas oferecidas por meio de justificações;
e) o enunciado nº 107 da súmula de jurisprudência do TCU e as disposições do CPC/2015 constituem guia seguro à avaliação do mérito da prova oferecida.

Ao ensejo registra-se que existe normatização própria, no âmbito da previdência, sobre justificação administrativa.[658]

3.2.1.8.8.2 Serventuários de cartório

O Supremo Tribunal Federal tem entendimento no sentido de que se o serventuário aposentar-se à conta do tesouro, a competência para apreciar a legalidade da aposentadoria é do Tribunal de Contas.[659]

---

[656] BRASIL. Lei nº 13.105, de 16 de março de 2015. Código de Processo Civil. Brasília, DF: Presidência da República, [2025]. Disponível em: https://www.planalto.gov.br/ccivil_03/_ato2015-2018/2015/lei/l13105.htm. Art. 335.

[657] Em sentido contrário, entendendo que enquanto não desautorizada a justificação judicial, pelos meios processuais próprios e em sede judiciária, seu resultado produz os efeitos a que se destina: BRASIL. Supremo Tribunal Federal. Administrativo. MS nº 20.038/DF. Relator: Ministro Moreira Alves. Brasília, 22 de setembro de 1979. **Diário da Justiça [da] República Federativa do Brasil**, Brasília, DF, 1º nov. 1976. Seção 1, p. 9442.

[658] BRASIL. Ministério da Previdência Social. Instrução Normativa INSS/PRES nº 45, de 6 de agosto de 2010. Dispõe sobre a administração de informações dos segurados, o reconhecimento, a manutenção e a revisão de direitos dos beneficiários da Previdência Social e disciplina o processo administrativo previdenciário no âmbito do Instituto Nacional do Seguro Social - INSS. **Diário Oficial da União [da] República Federativa do Brasil**, Brasília, DF, 11 ago. 2010.

[659] BRASIL. Supremo Tribunal Federal. Aposentadoria. RE nº 216.215-9/ES. Relator: Ministro Ilmar Galvão. Brasília, 09 de dezembro de 1997. **Diário da Justiça [da] República Federativa do Brasil**, Brasília, DF, 13 mar. 1998. Seção 1, p. 20. Ementa: "Serventuário de Cartório. Aposentadoria. Revisão para incluir o pagamento de adicional

A jurisprudência daquela Corte, no entanto, vem se firmando no sentido de "os notários e os registradores, ainda que considerados servidores públicos em sentido amplo, não são, por exercerem suas atividades em caráter privado por delegação do Poder Público, titulares de cargos efetivos".[660]

3.2.1.8.8.3 Efeitos do julgamento pela inconstitucionalidade de proventos

O controle da constitucionalidade das leis pode se dar de forma abstrata ou concreta: estendendo seus efeitos *erga omnes* e fazendo cessar a eficácia da lei, no primeiro caso; ou restringindo os efeitos da inconstitucionalidade ao caso concreto submetido ao juiz, no segundo caso.

Se o Poder Judiciário, no caso concreto, considerou inconstitucional uma lei, que atribui direito ou vantagem, compete apenas à Corte verificar o exato cumprimento da decisão.[661] Porém, se a manifestação foi, em tese, abstratamente em sede de ação direta de inconstitucionalidade, segue-se que o seu efeito é *ex tunc*, significando que retroage à origem da lei como se ela nunca tivesse existido.[662]

O que ocorre com as aposentadorias já julgadas pelo Tribunal de Contas?

Aqui, é importante considerar que, embora se reconheçam os efeitos *ex tunc* da decisão em ADI, exercendo essa função, o Supremo Tribunal Federal atua como legislador negativo, preservando, conforme o caso, em especialíssimas condições, os efeitos residuais já operados.

Desse modo, os casos já julgados não necessitam, impositivamente, ser revistos, mas os que ainda pendem de julgamento, visando assegurar direito ou vantagem, devem acatar o entendimento firmado pelo Poder Judiciário, em decisão definitiva sobre a constitucionalidade. Esse entendimento parte sempre do pressuposto de que

---

por assiduidade com base em equiparação com os servidores públicos. Ato Administrativo sujeito ao controle do Tribunal de Contas. Ao reconhecer a serventuário de cartório, aposentado antes do advento da Constituição Federal e sob a égide de lei vigente, a percepção do adicional por assiduidade previsto em relação aos servidores da administração, ante a alegação de que a Carta Magna os equiparou para todos os efeitos, o acórdão violou o que assentado pelo Supremo Tribunal Federal, no sentido de que não cabe ao Poder Judiciário, que não tem função legislativa, aumentar vencimentos de servidores públicos sob fundamento em isonomia (Súmula 339). A aposentadoria é ato administrativo sujeito ao controle do Tribunal de Contas, que detém competência constitucional para examinar a legalidade do ato e recusar o registro quando lhe faltar base legal. Recurso extraordinário conhecido e provido. [...]".

[660] BRASIL. Supremo Tribunal Federal. Ação Direta de Inconstitucionalidade nº 2891/RJ. Relator: Ministro Sepúlveda Pertence. Brasília, 04 de junho de 2003. **Diário da Justiça [da] República Federativa do Brasil**, Brasília, DF, 27 jun. 2003. No mesmo sentido: Ação Direta de Inconstitucionalidade nº 2602/MG. Relator: Ministro Joaquim Barbosa. Brasília, 3 de abril de 2003. **Diário da Justiça [da] República Federativa do Brasil**, Brasília, DF, 6 jun. 2003, Ata nº 17.

[661] Consultar neste capítulo, o subtítulo 3.2.1.8.12.1, que trata da interpretação de julgados e de jurisprudência, sobre a exclusão de vantagens salariais em decorrência de planos econômicos, na hipótese da decisão judicial se revelar contra o Direito.

[662] BRASIL. Supremo Tribunal Federal. Embargos de Declaração em Recurso Extraordinário nº 168554/RJ - 2. Turma. Relator: Ministro Marco Aurélio. Brasília, 8 de setembro de 1994. **Diário da Justiça [da] República Federativa do Brasil**, Brasília, DF, 09 jun. 1995. Seção 1, p. 17260;Ação Direta de Inconstitucionalidade nº 1434/SP. Relator: Ministro Celso de Mello. Brasília, 8 de setembro de 1994. **Diário da Justiça [da] República Federativa do Brasil**, Brasília, DF, 22 nov. 1996. Seção 1, p. 45684.

a norma não é de flagrante inconstitucionalidade, pois, do contrário, ter-se-ia o locupletamento ilícito, patrocinado pela irresponsabilidade do Poder Legislativo.

Assim, se razoável a dúvida acerca da constitucionalidade, pode-se exonerar da devolução ao erário, em se tratando de vantagens já percebidas pelos beneficiários, arcando toda a sociedade com a despesa ilegal.[663]

Há registro de vários casos em que os Tribunais de Contas, em homenagem à estabilidade das relações jurídicas, aceitaram os atos praticados até a data da publicação da ADI, independentemente do julgamento pelo Tribunal de Contas ainda não ter ocorrido.[664]

Com relação à ação declaratória de constitucionalidade,[665] tendo efeito vinculante para o Poder Judiciário e Poder Executivo, parece impossível acolher os atos praticados e ainda não julgados como válidos, se o resultado da ADC for negativo. Em sendo positivo, isto é, declarando o Poder Judiciário, em sede abstrata, que a norma é constitucional, cessa qualquer competência do Tribunal de Contas visando ao confronto da norma com a Constituição Federal.

3.2.1.8.8.4 Servidor sem vínculo efetivo

É possível designar, para provimento de cargos em comissão, se as leis autorizarem, pessoa sem cargo com vínculo efetivo na Administração Pública. Ao completarem o tempo de serviço necessário à aposentadoria ou na intercorrência de invalidez ou morte, como regra, os benefícios previdenciários correrão à conta da entidade que recolheu as respectivas contribuições.

Na tradição legislativa brasileira, as contribuições e benefícios dos servidores sem vínculo constituem relação com a previdência social geral e não à conta do tesouro. Portanto, aposentadoria e pensão, não sendo da conta do erário, dispensam exame e registro dos Tribunais de Contas.[666]

---

[663] Nesse sentido: BRASIL. Supremo Tribunal Federal. RE nº 122202 - 2. Turma. Relator: Ministro Francisco Resek. **Diário da Justiça [da] República Federativa do Brasil**, Brasília, DF, 8 abr. 1994. Seção 1, p. 7243.

[664] BRASIL. Tribunal de Contas da União. Pedido de reexame de aposentadoria. Processo TC nº 023.596/1994-5. Decisão nº 271/1998 - 2ª Câmara. Relator: Ministro Lincoln Magalhães da Rocha. Brasília, 5 de novembro de 1998. **Diário Oficial [da] República Federativa do Brasil**, Brasília, DF, 18 nov. 1998. Seção 1, p. 60-62.

[665] BRASIL. **Constituição da República Federativa do Brasil** (Versão Bolso). Organização dos textos e índice por J. U. JACOBY FERNANDES. 2. ed. Belo Horizonte: Fórum, 2019. Emenda Constitucional nº 03 de 17 de março de 1993. Dá nova redação a dispositivos da Constituição Federal, alterando e inserindo parágrafos, e dá outras providências.

[666] Houve período de controvérsia sobre o assunto após a aprovação, na esfera federal, do Regime Jurídico Único (Lei nº 8112/1990) prevalecendo o entendimento acima. Em caráter normativo, o TCU respondeu a consulta nos seguintes termos: "[...] 8. Decisão: o Tribunal Pleno, diante das razões postas pelo Relator, decide: 8.1 anular as Decisões plenárias 733/94 e 748/98, cujas disposições já não poderão ser, em nenhum caso, aplicadas; 8.2 conhecer da Consulta, para responder ao consulente que não se admite, em nenhum caso, a concessão de aposentadoria estatutária a servidor, ocupante de cargo em comissão, sem vínculo efetivo com a Administração Pública; 8.3 dar ciência ao Consulente desta Decisão, enviando-lhe cópia do Relatório e Voto que a fundamentam; e 8.4 arquivar os presentes autos [...]". BRASIL. Tribunal de Contas da União. Consulta. Processo TC nº 009.285/2000-0. Decisão nº 595/2001 - Plenário. Relator: Ministro Walton Alencar Rodrigues. Brasília, 22 de agosto de 2001. **Diário Oficial [da] República Federativa do Brasil**, Brasília, DF, 11 set. 2001.

No Brasil, após a Constituição Federal de 1998, o tema passou a admitir controvérsias,[667] havendo decisões admitindo a regularidade.[668]

Na esfera federal, legislação específica regulou o direito à inativação do servidor, sem fazer distinção sobre a natureza da ocupação do cargo, se efetiva ou precária, isto é, de confiança,[669] sendo posteriormente alterada[670] para definir que os ocupantes de cargo em comissão, sem vínculo efetivo com a Administração Pública Federal, vinculam-se obrigatoriamente ao Regime Geral da Previdência Social.

Situação relevante ocorreu no Município de São Paulo, em que lei local tentou inovar o tema, admitindo a aposentadoria desde que tivesse o interessado pelo menos quinze anos de tempo de serviço público. O órgão técnico do Tribunal de Contas do Município sustentou que:

> [...] o direito à contagem recíproca e à aposentação, após cumprido o tempo, é derivado constitucional. Não pode sofrer restrição por determinação de Lei Municipal. Titular de cargo em comissão não deixa de ser servidor, e o interessado, no caso dos autos, preencheu os requisitos da aposentadoria. O que a Lei Municipal pode prever, é sobre o valor dos proventos e não sobre o direito em si.

Esse entendimento foi confirmado pelo Tribunal de Justiça do Estado.[671] Na mesma decisão, foi discutida a regra de transição entre a aposentadoria pelo regime estatutário para a da previdência geral, admitindo-se a aposentadoria à conta do tesouro até determinada data.

---

[667] a) DISTRITO FEDERAL. Tribunal de Contas. Processo nº 3.008/1997. Relator: Conselheiro Paulo Tadeu Vale da Silva. Disponível em: **<http://www.tc.df.gov.br>**. Acesso em: 02 jun. 2014. O TCDF julgou legal a aposentadoria de servidor ocupante de cargo em comissão com a Administração;

b) BRASIL. Superior Tribunal de Justiça. Recurso em Mandado de Segurança nº 11.722-DF. 6ª Turma. Relator: Ministro Hamilton Carvalhido. Disponível em: **<http://www.stj.jus.br>**. Acesso em: 02 jun. 2014. Decisão que admitiu a aposentadoria compulsória a servidor sem vínculo empregatício, ocupante de cargo em comissão.

[668] O TCU chegou a firmar entendimento de que apenas os que tivessem, à época, preenchido todos os requisitos para a aposentadoria, no período compreendido entre a entrada em vigor da Lei nº 8.112/1990 e o advento da Lei nº 8.647/1993, teriam direito à aposentadoria estatutária no cargo em comissão, nos termos definidos pela Decisão nº 733/1994 do Plenário. Posteriormente, o Tribunal Pleno, diante das razões expostas pelo Relator, decidiu: "[...] anular as Decisões Plenárias 733/94 e 748/98, cujas disposições já não poderão ser, em nenhum caso, aplicadas; - conhecer da consulta, para responder ao consulente que não se admite, em nenhum caso, a concessão de aposentadoria estatutária a servidor ocupante de cargo em comissão, sem vínculo efetivo com a Administração Pública. [...]". BRASIL. Tribunal de Contas da União. Processo TC nº 009.285/2000-0. Decisão nº 595/2001 - Plenário. Relator: Ministro Walton Alencar Rodrigues. Brasília, DF, 22 de agosto de 2001. **Diário Oficial [da] República Federativa do Brasil**, Brasília, DF, 11 set. 2001. Seção 1, p. 113-115.

[669] BRASIL. Lei nº 8.112, de 11 de dezembro de 1990. Dispõe sobre o regime jurídico dos servidores públicos civis da União, das autarquias e das fundações públicas federais. Disponível em: https://www.planalto.gov.br/ccivil_03/LEIS/L8112cons.htm. Art. 183.

[670] BRASIL. Lei nº 8.647, de 13 de abril de 1993. Dispõe sobre a vinculação do servidor público civil, ocupante de cargo em comissão sem vínculo efetivo com a Administração Pública Federal, ao Regime Geral de Previdência Social e dá outras providências. Disponível em: https://www.planalto.gov.br/ccivil_03/leis/L8647.htm.

[671] SÃO PAULO. Tribunal de Justiça do Estado de São Paulo. Mandado de Segurança nº 64.684.0/1998. Relator: Luís de Macedo.

Muito recentemente, pacificando o tema, o Supremo Tribunal Federal decidiu, em sede de repercussão geral[672], que somente os servidores públicos civis detentores de cargo efetivo vinculam-se ao regime próprio de previdência social, com exclusão, inclusive, dos servidores estáveis nos termos do art. 19 do ADCT (estabilidade excepcional), bem como dos demais servidores admitidos sem concurso público, ressalvando-se apenas os já aposentados ou em gozo de pensão, e aqueles que já cumpriram os requisitos para tanto até a data da publicação da ata do referido julgamento. Releve-se que, desde 2023, o STF já vinha assim decidindo de forma unânime, tendo ordenado, no julgamento da ADPF nº 573, a exclusão do RPPS de todos os servidores públicos do Estado do Piauí contratados sem concurso público, incluindo os excepcionalmente estáveis[673].

3.2.1.8.9 Revisão judicial das decisões

É comum recorrerem ao Poder Judiciário os aposentados para manter vantagem que o Tribunal de Contas tenha considerado indevida.

O controle sobre aposentadoria se faz posteriormente à prática do ato, razão por que os pleitos de concessão de vantagem são apreciados pela Administração Pública, que concede e pratica o ato a ser apreciado pelo Tribunal de Contas ou não e, neste caso, responde diretamente perante o Poder Judiciário pelo ato.

A hipótese perquirida é aquela em que a Administração Pública concede determinada vantagem e o Tribunal de Contas vem a considerá-la indevida, muitas vezes até longo tempo após a inativação. Nessa situação, por haver recurso próprio perante o Tribunal de Contas, deveria o interessado ser considerado carecedor de ação no Poder Judiciário.[674] Não é, contudo, o que ocorre.

A exegese hoje predominante nos tribunais apresenta e harmoniza a aparente incompatibilidade do inciso I do artigo 5º da Lei nº 12.016/2009 com o artigo 5º, inciso XXXV, da Constituição da República, considerando que há desnecessidade do

---

672 "Tema 1254: Somente os servidores públicos civis detentores de cargo efetivo (art. 40, CF, na redação dada pela EC 20/98) são vinculados ao regime próprio de previdência social, a excluir os estáveis nos termos do art. 19 do ADCT e os demais servidores admitidos sem concurso público, ressalvadas as aposentadorias e pensões já concedidas ou com requisitos já satisfeitos até a data da publicação da ata de julgamento destes embargos declaratórios".BRASIL. Supremo Tribunal Federal. **Recurso Extraordinário nº 1426306/TO**. Plenário. Relator: Ministro Roberto Barroso. Julgado em: 10 jun. 2024. Disponível em: https://portal.stf.jus.br/processos/detalhe.asp?incidente=6591113.

673 BRASIL. Supremo Tribunal Federal. **Arguição de Preceito Fundamental nº 573/PI**. Plenário. Relator: Ministro Roberto Barroso. Julgado em: 09 mar. 2023. Disponível em: https://jurisprudencia.stf.jus.br/pages/search/sjur475779/false.

674 Essa exegese encontra abrigo na Lei nº 1.533, de 31 de dezembro de 1951, cujo art. 5º estabelece: "Não se dará mandado de segurança quando se tratar: I - de ato de que caiba recurso administrativo com efeito suspensivo, independente de caução". É bem de ver que a interpretação dada pelo Judiciário firmou-se no sentido da desnecessidade de exaurimento da via administrativa para ingressar com MS, tornando letra morta esse dispositivo e auxiliando a abarrotar o Judiciário. Aliás, a rigor, até o cabimento do MS deveria ser rejeitado porque é de se questionar: há *fumus boni juris* quando o tema foi criteriosamente analisado no Tribunal de Contas por especialistas no assunto, para um juiz de direito que não é especialista no tema? Consultar: BRASIL. Supremo Tribunal Federal. Civil. Mandado de Segurança nº 21644-1/DF. Relator: Ministro Néri da Silveira. Brasília, 10 de setembro de 1993. **Diário da Justiça [da] República Federativa do Brasil**, Brasília, DF, 08 nov. 1996. Seção 1, p. 43204. Ementa. v. 01849, p. 00157.

exaurimento da via administrativa, em atenção à garantia constitucional da inafastabilidade da jurisdição. Ao mesmo passo, não é admissível a impetração simultânea do mandado de segurança e de recurso administrativo dotado de efeito suspensivo. Explica-se, nas palavras de Hely Lopes Meirelles:

> Quando a lei veda se impetre mandado de segurança contra 'ato contra o qual caiba recurso administrativo com efeito suspensivo, independentemente de caução' (art. 5º, I), não está obrigando o particular a exaurir a via administrativa para, após, utilizar-se da via judiciária. Está, apenas, condicionando a impetração à operatividade ou exequibilidade do ato a ser impugnado perante o Judiciário. Se o recurso suspensivo for utilizado, ter-se-á que aguardar seu julgamento, para atacar-se o ato final; se transcorre o prazo para o recurso, ou se a parte renuncia à sua interposição, o ato se torna operante e exequível pela Administração, ensejando desde logo a impetração.

O que não se admite é a concomitância do recurso administrativo (com efeito suspensivo) como o mandado de segurança, porque, se os efeitos do ato já estão sobrestados pelo recurso hierárquico, nenhuma lesão produzirá enquanto não se tornar exequível e operante. Só então poderá o prejudicado pedir o amparo judicial contra a lesão ou a ameaça a seu direito. O que se exige sempre – em qualquer caso – é a exequibilidade e operatividade do ato a ser atacado pela segurança: a exequibilidade surge no momento em que cessam as oportunidades para os recursos suspensivos; a operatividade começa no momento em que o ato pode ser executado pela Administração ou pelo seu beneficiário (grifos nossos).[675]Na maioria dos casos, mesmo sem conhecimento profundo da complexa legislação que rege o pagamento de vencimentos e proventos, o Poder Judiciário dá provimento ao mandado de segurança, ordenando a manutenção dos pagamentos cuja sustação foi determinada pelo Tribunal de Contas.

3.2.1.8.9.1 Mandado de segurança – aposentadoria – autoridade coatora

Questão relevante ocorre, provocando dúvidas nos advogados e no Poder Judiciário, acerca de quem deveria ser considerada autoridade coatora para fins de mandado de segurança: a que acata a determinação do Tribunal de Contas e reduz o pagamento ou o próprio Tribunal de Contas?[676]

---

[675] MEIRELLES, Hely Lopes de. **Mandado de segurança, ação popular, ação civil pública, mandado de injunção e habeas data.** 26 ed. São Paulo: Malheiros, 2003, p. 42- 43.

[676] O aspecto é extremamente relevante porque é firme a jurisprudência do Supremo Tribunal Federal no sentido de não admitir que o tribunal corrija a inicial quanto à correta indicação da autoridade coatora. Nesse sentido: Mandado de Segurança nº 22982-1. Relator: Ministro Nelson Jobim. Brasília, 13 de novembro de 1987. **Diário da Justiça [da] República Federativa do Brasil**, Brasília, DF, 24 mar. 1999. Seção 1, p. 21; Recurso em Mandado de Segurança nº 21362/DF – 1ª Turma. Relator: Ministro Celso de Mello. Brasília, 14 de abril de 1992. **Diário da Justiça [da] República Federativa do Brasil**, Brasília, DF, 26 jun. 1992. Seção 1, p. 10104. Ementa. v. 01667-01, p. 00114. **Revista Trimestral de Jurisprudência**, v. 00141-02, p. 00478; Questão de ordem no Mandado de Segurança nº 21382-QO/DF - Pleno. Relator: Ministro Carlos Velloso. Brasília, 04 de fevereiro de 1993. **Diário da Justiça [da]**

A nova lei do mandado de segurança, Lei nº 12.016 de 7 de agosto de 2009, corrigindo o silêncio do diploma revogado, tentou apaziguar a questão definindo autoridade coatora como aquela que praticou o ato impugnado ou da qual emanou a ordem para a sua prática, evidenciando que o mero executor do ato não pode ser assim considerado.

Logo, é seguro aferir que, em se tratando de mandado de segurança, autoridade coatora é aquela que, de acordo com a teoria da asserção (*in statu assertionis*)[677], ordena a prática do ato, e não o subordinado que se limita ao cumprimento de determinação de caráter impositivo e vinculante a toda a Administração, tal qual é o acórdão dos tribunais de contas que nega registro ao ato de aposentadoria, por força de atribuição constitucional (art. 71, III, CF)[678].

Com efeito, a autoridade administrativa só poderá juridicamente deixar de cumprir a determinação se ela mesma recorrer ao Tribunal de Contas e, após, ao Poder Judiciário, sustentando a legalidade do ato. Caso simplesmente não dê cumprimento à ordem de reduzir despesa, passará a ser solidariamente responsável pelo indébito. Portanto, a autoridade coatora é o Tribunal de Contas e não a autoridade administrativa que dá cumprimento à ordem daquele[679]. Outro argumento reside na hipótese de que, se a autoridade administrativa tiver interesse na manutenção do ato, em postura colidente com o controle, a não assunção do posto de autoridade coatora pelo Tribunal de Contas desequilibraria a relação processual, enfraquecendo a tese da legalidade da redução dos proventos.

Por outro lado, dessume-se importante a individualização, no âmbito da esfera administrativa, do ato que se pretende impugnar via *writ*, a fim de se identificar com exatidão quem deve figurar como autoridade coatora. Se verificado que a alegada supressão remuneratória não decorreu de ato concreto e individualizado praticado

---

República Federativa do Brasil, Brasília, DF, 03 jun. 1994. Seção 1, p. 13853. Ementa. v. 01747, p. 00150; Mandado de Segurança nº 21425-2/DF - Pleno. Relator: Ministro Néri da Silveira. Brasília, 04 de fevereiro de 1993. **Diário da Justiça [da] República Federativa do Brasil**, Brasília, DF, 26 nov. 1993. Seção 1, p. 25532. Ementa. v. 01727-02, p. 00239; Mandado de Segurança nº 21813/RJ. Relator: Ministro Sydney Sanches. Brasília, 05 de agosto de 1994. **Diário da Justiça [da] República Federativa do Brasil**, Brasília, DF, 09 set. 1994. Seção 1, p. 23441 Ementa. v. 01757-02, p. 00266.

677 À luz das afirmações do demandante, na petição inicial.

678 BRASIL. Supremo Tribunal Federal. Mandado de Segurança nº 24.927. Plenário. Relator: Ministro Cézar Peluso. DJE de 25.08.2006. Disponível em: https://jurisprudencia.stf.jus.br/pages/search/sjur92642/false..

679 Nesse sentido: BRASIL. Supremo Tribunal Federal. Administrativo. Mandado de Segurança. MS nº 22982-1. Relator: Ministro Nelson Jobim. Brasília, em 13 de novembro de 1987. Diário da Justiça [da] República Federativa do Brasil, Brasília, DF, 24 mar. 1999, p. 21. Em outro importante acórdão, o Ministro Ilmar Galvão declarou a decadência do direito de impetrar o mandado de segurança, contando o prazo a partir da data em que foi publicada a decisão do TCU. Nesse ponto, o relator ressalvou a possibilidade de dúvida se o TCU teria ou não legitimidade passiva: Mandado de Segurança nº 22417-7/DF. Relator: Ministro Ilmar Galvão. Brasília, 15 de dezembro de 1995, Diário da Justiça [da] República Federativa do Brasil, Brasília, DF, 01 fev. 1996. Seção 1, p. 282. Categórico, porém, foi o Ministro Maurício Corrêa: "O Tribunal de Contas da União é parte legítima para figurar no pólo passivo do mandado de segurança, quando sua decisão está revestida de caráter impositivo", conf.: Mandado de Segurança nº 21548/DF. Relator: Ministro Maurício Corrêa - Tribunal Pleno. Brasília, 04 de fevereiro de 1999. Diário da Justiça [da] República Federativa do Brasil, Brasília, DF, 25 jun. 1999, p. 00005. Ement. v. 01956-01, p. 00206. Informativo do Supremo Tribunal Federal, Brasília, DF, 30 jun. 1999, p. 3.

pelo Tribunal de Contas, considera-se ausente sua legitimidade para figurar no polo passivodo mandado de segurança[680].

3.2.1.8.9.2 Ampla defesa e contraditório – mandado de segurança

Na década de 1990, um tema passou a frequentar o Judiciário brasileiro discutindo a obrigatoriedade ou não do Tribunal de Contas conceder a ampla defesa e o contraditório. O tema é complexo, pois, ao se admitir que o Tribunal de Contas é que deve garantir a ampla defesa, o gestor não participará da defesa do próprio ato e o tribunal poderá expedir decisão ordenando a realização da despesa.

Assim, durante muito tempo vigorou o entendimento de que ao recusar o registro e ordenar a suspensão da realização da despesa, o tribunal implicitamente estaria determinando ao gestor que, ao dar cumprimento à decisão, garantisse ao aposentado ou pensionista a possibilidade de defesa do ato inquinado.

O Supremo Tribunal Federal deliberou acolhendo diferentes e contraditórias interpretações.[681]

Após reiterados debates, a matéria mereceu a edição da Súmula Vinculante nº 3 do Supremo Tribunal Federal, que tem o seguinte teor:

> Nos processos perante o Tribunal de Contas da União asseguram-se o contraditório e a ampla defesa quando da decisão puder resultar anulação ou revogação de ato administrativo que beneficie o interessado, excetuada a apreciação da legalidade do ato de concessão inicial de aposentadoria, reforma e pensão.[682]

Portanto, para o registro inicial ou recusa do registro, não se impôs a exigência da participação do interessado; para a revisão do ato registrado, sim, se faz indispensável a citação.

Certamente o tema ainda evoluirá para garantir a aplicação do princípio da ampla defesa desde o início, ou seja, exame do ato para fins de registro, com uma modelagem que permita a interação do gestor público. A modernização do sistema de processo eletrônico certamente se coloca na perspectiva dessa evolução.

Note-se que, a partir do julgamento dos mandados de segurança de nº 25.116 e 25.403, o Supremo Tribunal Federal, em homenagem aos princípios da boa-fé e da segurança jurídica, mitigou o entendimento esposado pela Súmula Vinculante nº 3, apenas para o fim de assegurar o contraditório e a ampla defesa quando ultrapassados mais de cinco anos entre a chegada do processo no TCU e a decisão do Tribunal de Contas[683].

---

[680] BRASIL. Supremo Tribunal Federal. Mandado de Segurança nº 31.987 AgR, Primeira Turma. Relatora: Ministra Rosa Weber. DJE de 17.09.2014. Disponível em: https://jurisprudencia.stf.jus.br/pages/search/sjur276829/false. Acesso em: 17 out. 2024.

[681] BRASIL. Supremo Tribunal Federal. Mandado de Segurança nº 24927. Relator: Ministro Cezar Peluso. Disponível em: **<http://www.stf.jus.br>**. Acesso em: 02 jun. 2014.

[682] BRASIL. Supremo Tribunal Federal. Súmula vinculante nº 03. Disponível em: https://jurisprudencia.stf.jus.br/pages/search/seq-sumula739/false.

[683] BRASIL. Supremo Tribunal Federal. Mandados de Segurança nº 25.116/DF e nº 25.403/DF. Plenário. Relator:

Houve, no entanto, superação desse entendimento, em virtude da tese fixada pela Suprema Corte no Tema 445 de repercussão geral[684], de cujo teor se extrai que, com supedâneo nos princípios da segurança jurídica e da confiança legítima, os Tribunais de Contas estão sujeitos ao prazo de cinco anos para o julgamento da legalidade do ato de concessão inicial de aposentadoria, reforma ou pensão, a contar da data da autuação do processo, interregno após o qual, incidindo em prescrição, deverão proceder apenas ao registro tácito desses atos, ao qual é oponível a revisão de ofício, caso se constate irregularidade na inativação.

3.2.1.8.10 Revisão da aposentadoria registrada – limite à autotutela

Os Tribunais de Contas, ao apreciarem a legalidade do ato de aposentadoria, pensão ou reforma, encontrando-o em conformidade com a lei, procedem ao registro do ato. Desse registro, decorre a definitividade do ato.[685]

Dispõe a Súmula nº 6 do Supremo Tribunal Federal:

> [...] a revogação ou anulação, pelo Poder Executivo, de aposentadoria, ou qualquer outro ato aprovado pelo Tribunal de Contas, não produz efeitos antes de aprovada por aquele tribunal, ressalvada a competência revisora do Judiciário.[686]

Em escólio ao precitado enunciado, Roberto Rosas esclarece:

> No RMS nº 8.657, julgado em 6.9.1961, o Relator, Ministro Victor Nunes, em erudita exposição, demonstrou, apoiado em Seabra Fagundes, que a aprovação do ato converte-o em procedimento da autoridade que o outorga. Sendo o ato, em tal caso, do Tribunal de Contas, e não mais da autoridade administrativa, a competência para torná-lo sem efeito se desloca desta para aquele. Por isso, nessa hipótese, não pode ter qualquer efeito executório, nem mesmo condicionalmente, o ato anulatório emanado da autoridade administrativa, o qual representa apenas a primeira etapa do processo de anulação. Acrescentou ainda o eminente magistrado que não se nega, com isso, que a administração possa, por motivo de legalidade, anular os próprios atos. O que ela não pode é anular os atos do Tribunal de Contas.[687]

Ministro Ayres Britto. Julgado em: 08 set. 2010. DJE:10 fev. 2011. Disponível em: **<http://www.stf.jus.br>**. Acesso em: 17 out. 2024.

[684] Sobre o Tema 445 e a revisão de ofício, veja mais no subitem 3.2.1.8.4.2 e 3.2.1.8.11. BRASIL. Supremo Tribunal Federal. RE nº 636.553/RS. Plenário. Relator: Ministro Gilmar Mendes. Julgado em: 19 fev. 2020, DJE: 26 mai. 2020. Disponível em: **<http://www.stf.jus.br>**. Acesso em: 17 out. 2024.

[685] Nesse sentido, a Lei nº 8.059, de 4 de julho de 1990, que dispõe sobre a pensão especial devida aos ex-combatentes da Segunda Guerra Mundial e a seus dependentes, art. 13, § 1º - o pagamento da pensão especial será efetuado em caráter definitivo, após o registro pelo Tribunal de Contas da União. **Lex-Coletânea de legislação: edição federal e marginália**, São Paulo, jul./set. 1990, p. 830.

[686] Grifos não constam do original.

[687] ROSAS, Roberto. **Direito sumular:** Comentários às súmulas do STF e do STJ. São Paulo: Malheiros, 7. ed. 1995, p. 20–21.

Desse modo, verificando ilegalidade no ato já praticado, a Administração Pública tem o poder-dever de anulá-lo, mas se, a esse tempo, o mesmo já tiver sido registrado, a competência subsiste, carecendo para a produção de efeitos do exame e respectiva anulação do registro pelo Tribunal de Contas.[688]

Assim acorda o STJ, no brilhante voto do Ministro Gilson Dipp:

> A aposentadoria é ato complexo. Só se aperfeiçoa com a homologação do Tribunal de Contas. Em sendo assim, a Administração pode rever os proventos do servidor, desde que os novos cálculos sejam novamente submetidos ao órgão fiscalizador, nos exatos termos da Súmula 6 do Pretório Excelso: "A revogação ou anulação, pelo Poder Executivo, de aposentadoria, ou qualquer outro ato aprovado pelo Tribunal de Contas, não produz efeitos antes de aprovada por aquele Tribunal, ressalvada a competência revisora do Judiciário". II - Na hipótese dos autos, a Administração Pública deixou de submeter a revisão dos proventos ao Tribunal de Contas, razão pela qual a eficácia do ato revisional fica condicionada à aprovação daquele Órgão.[689]

O Supremo Tribunal Federal também já decidiu que, após a edição do ato de aposentadoria, enquanto este aguarda exame pelos Tribunais de Contas, não pode ser anulado pela autoridade de origem que o praticou, com efeitos imediatos da cessação do pagamento.[690]

---

[688] No âmbito do Tribunal de Contas do Distrito Federal ocorreu fato que teve singular tramitação, mas encontrou adequada solução em voto conduzido pelo eminente Conselheiro José Milton Ferreira: "[...] a Administração Pública, recebendo comunicação do INSS de que determinada servidora tinha se utilizado de certidão falsa decidiu, sem proceder à anulação do ato, comunicar o fato ao TCDF, que deliberou por anular o seu próprio ato que julgou legal a aposentadoria [...]". DISTRITO FEDERAL. Tribunal de Contas. Aposentadoria. Processo nº 2240/1993 (anexo nº 1336/1993). Decisão nº 3008/1997. Relator: Conselheiro José Milton Ferreira. Brasília, 15 de maio de 1997. **Diário Oficial do Distrito Federal**, Brasília, DF, 23 maio 1997, p. 3747-3751. A Súmula nº 199 do Tribunal de Contas da União, porém, parece trilhar o entendimento no sentido de que é o ato que não pode ser modificado e não o pagamento: "Salvo por sua determinação, não podem ser cancelados pela autoridade administrativa concedente, os atos, originários ou de alterações, relativos a aposentadoria, reformas e pensões, já registrados pelo Tribunais de Contas, ao apreciar-lhes a legalidade, no uso da sua competência constitucional." Nesse sentido, ainda, o Tribunal de Contas da União determinou o restabelecimento de pensão que foi cancelada após o registro. Em recurso, o TCU manteve decisão no sentido de determinar ao Ministério do Exército que adotasse providência no sentido de restabelecer o pagamento da pensão especial, já considerada legal e registrada, com efeitos retroativos à suspensão. Precedentes da Súmula nº 199 do TCU, que veda cancelamento de ato registrado: BRASIL. Tribunal de Contas da União. Denúncia. Processo nº 575.067/1995-0. Decisão nº 236/1995 - Plenário. Relator: Ministro Iram Saraiva. Brasília, 31 de maio de 1995. **Diário Oficial [da] República Federativa do Brasil**, Brasília, DF, 13 jun. 1995. Seção 1, p. 8577.

[689] BRASIL. Superior Tribunal de Justiça. Recurso Ordinário em Mandado de Segurança nº 6777/PI. Processo nº 1996/0012519-8. Decisão de 11 set. 2001. RSTJ v. 00152. p. 00527. Brasília, DF, **Diário da Justiça [da] República Federativa do Brasil**, 15 out. 2001. p. 00270.

[690] BRASIL. Supremo Tribunal Federal. Recurso Extraordinário nº 68000/PR.Relator: Ministro Amaral Santos - Primeira Turma. Brasília, 10 de agosto de 1971. **Diário da Justiça [da] República Federativa do Brasil**. Poder Judiciário, Brasília, DF, 22 out. 1971. Seção 1, p. 213. Ementa. v. 00852. **Revista Trimestral de Jurisprudência**, v. 00059, p. 00213. "Não pode o Governador anular a aposentadoria, na dependência do seu registro, porque, aberta a jurisdição do Tribunal de Contas, por força da própria Constituição, cumpre aguardar o pronunciamento desse Órgão. Recurso Extraordinário não conhecido".

Claro que, por estar envolvendo a realização de despesa pública contínua, devem os autos ter tramitação urgente e prioritária.

3.2.1.8.11 Revisão de ofício pelo Tribunal de Contas

Diferentemente do tópico antecedente, pode ocorrer que o próprio Tribunal de Contas verifique, após o julgamento, ilegalidade no ato anterior.

O Tribunal de Contas poderá rever esse julgamento. Até quando, porém? Três argumentos justificam a ampla possibilidade de revisão:

a) os atos de aposentadoria têm efeitos que se protraem no tempo - pagamento dos proventos -, sendo um dever rever os efeitos, até por princípio assegurado na Constituição Federal, nos termos da lei.[691] Esse aspecto atribui ao ato de aposentadoria certa instabilidade, diferente do que ocorre com o exercício da função jurisdicional, em que o Tribunal de Contas julga. Nessa hipótese, embora se reconheça a estabilidade e definitividade do ato, após o registro, não há coisa julgada, nem mesmo administrativa;

b) os princípios da autotutela administrativa, consagrados pelo Supremo Tribunal Federal,[692] são razoavelmente flexíveis, permitindo à Administração Pública rever o ato quando houver ilegalidade, sem rigorosa e expressa restrição temporal. Apenas a jurisprudência, amparada em superiores princípios da segurança jurídica e na boa-fé de terceiros, tem homenageado a restrição parcial da revisão a qualquer tempo;[693]

c) na hipótese de ser constatada ilegalidade, que tenha ensejado pagamento a maior para o inativo ou seus pensionistas, em detrimento do erário, com mais razão justifica-se a revisão do julgado, porque a relação entre a Administração Pública e o beneficiário da ilegalidade é direta, não havendo terceiros de boa-fé que, atingidos pelo ato, pudessem reclamar a necessidade de firmar-se a segurança das relações jurídicas.

Há sobre o tema, no sentido aqui exposto, sólida jurisprudência.[694]

---

[691] BRASIL. **Constituição da República Federativa do Brasil** (Versão Bolso). Organização dos textos e índice por J. U. JACOBY FERNANDES. 2. ed. Belo Horizonte: Fórum, 2019. Art. 40, § 8º, com a redação dada pela Emenda Constitucional nº 41, de 19 de dezembro de 2003. Modifica os arts. 37, 40, 42, 48, 96, 149 e 201 da Constituição Federal, revoga o inciso IX do § 3 do art. 142 da Constituição Federal e dispositivos da Emenda Constitucional nº 20, de 15 de dezembro de 1998, e dá outras providências. **Diário Oficial [da] República Federativa do Brasil**, Brasília, DF, 31 dez. 2003.

[692] BRASIL. Supremo Tribunal Federal. Súmula nº 473. Decisão em 03 out. 1969. **Diário da Justiça [da] República Federativa do Brasil**, Brasília, DF, 10 dez. 1969, p. 05929.

[693] BRASIL. Lei nº 9.784, de 29 de janeiro de 1999. Regula o processo administrativo no âmbito da Administração Pública Federal. **Diário Oficial [da] República Federativa do Brasil**, Brasília, DF, 1º fev. 1999. No art. 54, porém, parece definir limite à revisibilidade em cinco anos.

[694] DISTRITO FEDERAL. Tribunal de Contas do Distrito Federal. Pensão. Processo nº 0012/93 (B). Decisão nº 8304/98. Parecer/MP nº 3.107/98. Relator: Conselheiro Jorge Caetano. Brasília, 20 de outubro de 1998. **Diário Oficial do Distrito Federal**, Brasília, DF, 06 nov. 1998, p. 7.

Bem de ver que o Tribunal de Contas não pode alterar unilateralmente o ato praticado pela Administração Pública:[695] há que se limitar a rever seu próprio julgamento anterior e, a partir disso, ordenar ao jurisdicionado que reveja também o ato de aposentadoria praticado. Havendo indícios de que o próprio beneficiário induziu à ilegalidade - servidor utiliza-se de certidão de tempo de serviço ou de contribuição falsa, *v.g.* -, impõe-se a recomendação das medidas administrativas e penais correspondentes, visando apurar o fato e a autoria, bem como impor as sanções, que podem até chegar à cassação da aposentadoria.

Atente-se que os tribunais de contas também podem proceder à revisão de ofício em caso de registro tácito de aposentadoria, reforma ou pensão, em virtude de prescrição, com fulcro no já mencionado tema de repercussão geral n° 445, do STF[696], combinado com o art. 54 da Lei nº 9.784/1999. Nessa hipótese, abra-se a possibilidade da revisão de ofício nos termos dos regimentos internos das cortes, desde que se observe irregularidades no ato da inativação.[697]

3.2.1.8.12 Exclusão de parcela e coisa julgada

Casos há em que o Tribunal de Contas, no legítimo exercício de sua competência de apreciar a legalidade dos atos de aposentadoria, encontra o pagamento de vantagem, às vezes já protegido com o manto da coisa julgada, numa errada interpretação feita pela Administração Pública da decisão judicial.

Outras vezes, há efetivamente erro na própria decisão judicial. Dadas as diferentes repercussões dessas hipóteses, impõe-se que sejam expendidas algumas considerações a respeito.

3.2.1.8.12.1 Interpretação de julgados e de jurisprudência

Muitas vezes o exame de um processo de aposentadoria ou pensão tem parcela obtida em juízo, com trânsito em julgado, contrariando entendimento firmado, posteriormente, pelo próprio Judiciário em outras ações. O fato chegou inclusive a merecer a edição de súmulas para aplicar uma uniformização de entendimentos.

Nas próximas linhas deste subtítulo, apresenta-se um histórico para compreensão, embora, na atualidade, o fato seja de rara ocorrência.

Na década de 90, no desempenho das funções de Ministério Público junto ao Tribunal de Contas do Distrito Federal, representamos à Corte com vistas à cessação de tais pagamentos. A representação tinha a seguinte fundamentação: buscar

---

[695] Consultar neste capítulo, o subtítulo 3.2.1.8.4 Limites da competência.

[696] Tema de repercussão geral nº 445. Tese: Em atenção aos princípios da segurança jurídica e da confiança legítima, os Tribunais de Contas estão sujeitos ao prazo de 5 anos para o julgamento da legalidade do ato de concessão inicial de aposentadoria, reforma ou pensão, a contar da chegada do processo à respectiva Corte de Contas.BRASIL. Supremo Tribunal Federal. Recurso Especial nº 636553/RS. Relator: Ministro Gilmar Mendes. Julgado em: 19 fev. 2020. DJe nº 50, de 06 mar. 2020. Disponível em: https://portal.stf.jus.br/processos/detalhe.asp?incidente=4043019. Acesso em: 28 fev. 2024.

[697] A exemplo: BRASIL. Tribunal de Contas da União. Pensão Militar. Processo nº 013.339/2020-6. Acórdão nº 122/2021. Plenário. Relator: Ministro Walton Alencar Rodrigues. Sessão de: 27 jan. 2021.

uniformizar, no âmbito da Corte e, se possível, na esfera jurisdicionada, razoável interpretação do tema. A ampla discussão sobre a competência e os limites do exercício desta ensejaram vigorosos debates.

A esse tempo, sustentamos que a pouca consistência jurídica verificada no planejamento econômico e o fato de a palavra final sobre a matéria constitucional caber, dentro da boa técnica processual, em última instância, ao Supremo Tribunal Federal, em recursos extraordinários, demandando longa maturação de desenvolvimento de teses, ensejou a proliferação de sentenças e acórdãos não uniformes.

Por outro lado, a tentativa processual de uniformidade delineada no plano geral, por meio de recursos, ainda não foi obtida e nem será a curto prazo, porque as demandas ficam sujeitas a inúmeros fatores, como a necessidade de prequestionamento desde o primeiro grau, que exigem dos patronos das partes em juízo um domínio da complexa ciência processual, além da variação dos intervalos de tempo com que os órgãos do Poder Judiciário julgam a demanda.

Assim, e com frequência, ocorre que servidores, trabalhando no mesmo local, estejam recebendo remunerações diferentes. Por outro lado, até nos temas que chegam ao STF, há diversidade de situações, algumas já consolidadas pelo manto da coisa julgada, porque o recurso foi intempestivo.

O mesmo se pode afirmar nos casos em que o STF vem admitindo a interposição de ação rescisória - instrumento jurídico-processual destinado a desconstituir a coisa julgada -, pois que essa ainda demanda maior acuidade técnica.

A proliferação de tais decisões jurídicas, tanto em quantidade como em diversidade de comando, acabou por deformar profundamente o aspecto vital da política de recursos humanos, com alicerce constitucional, comumente traduzido pelo princípio da isonomia.

Esgotado o esforço processual e atingida a fixação da vontade do Poder Judiciário, segue-se o cumprimento da sentença ou decisão.

Nova gama de divergências aqui surge, pois a sentença cria norma jurídica com eficácia restrita às partes e ao objeto do pedido. Como norma revelada em palavras – e, como tal, sendo um mau veículo do pensamento – fica sujeita à interpretação.

Aqui há gravíssima dicotomia administrativa que irá ampliar a divergência: o intérprete da decisão é um agente administrativo, normalmente sem domínio da hermenêutica e da própria ciência jurídica.

Decisões judiciais, por exemplo, que mandaram incorporar a URP de fevereiro e que deveriam ter tido eficácia – segundo hoje se reconhece – só até a próxima data-base, continuam sendo pagas, porque a sentença omitiu o termo final. Nem o órgão pagador na rotina burocrática, nem o órgão jurídico para o qual a decisão já havia sido cumprida, revisaram o tema.

No âmbito do Distrito Federal, o Poder Legislativo pretendeu inovar o tema, mantendo os efeitos, por lei, das decisões judiciais, ou seja, determinando que continuassem sendo pagas as vantagens quando o Tribunal de Contas (ou outro órgão) determinou a suspensão.

Tais diplomas - cita-se, por exemplo, a Lei nº 1.867/1998 - nasceram eivados de inconstitucionalidade.

São inconstitucionais porque:

a) violam o princípio da isonomia, mandando pagar a quem o Poder Judiciário não ordenou;
b) violam as regras de fixação da remuneração e da realização de despesas pública, prevista no art. 169 da Constituição;
c) outras vezes, violam as regras de competência da iniciativa.

O Tribunal de Contas da União, paradigma federal das instituições de controle externo, vem dedicando ao tema peculiar atenção e, como regra, determinando à autoridade administrativa que suspenda o pagamento dessas parcelas.

Vislumbra na decisão o interesse em uniformizar a aplicação do entendimento consagrado pelas Cortes superiores do Poder Judiciário, entre as quais:

Súmula nº 322 do Tribunal Superior do Trabalho

> Os reajustes salariais decorrentes dos chamados gatilhos e URPs, previstos legalmente como antecipação, são devidos tão somente até a data-base de cada categoria.

Súmula nº 315 do Tribunal Superior do Trabalho

> IPC de março/90. Lei nº 8030/90 (Plano Collor).
> Inexistência de direito adquirido. A partir da vigência da Medida Provisória nº 154/90, convertida na Lei nº 8.030/90, não se aplica o IPC de março de 1990, de 84,32%, para a correção dos salários, porque o direito ainda não se havia incorporado ao patrimônio jurídico dos trabalhadores, inexistindo ofensa ao inc. XXXVI do art. 5º da Constituição da República (Res. 7/1993 - DJ 22/09/1993).

Decisões do STF sobre o Plano Collor, do DOU de 4 de dezembro de 1998

> Com respeito à incorporação do acréscimo de 84,32%, correspondente ao IPC de fevereiro e março de 1990, impõe-se observar, entretanto, que este Tribunal tem reiterado seu entendimento (Decisão nº 239/96 de 16/10/1996 - 1ª Câmara, Decisão nº 618/98 de 16/09/1998 - Plenário, Decisão nº 291/98 de 29/09/1998 - 1ª Câmara, dentre outras), corroborando pela Jurisprudência do Superior Tribunal do Trabalho (Súmula nº 315) e do Supremo Tribunal Federal (MS nº 21.216/DF, dentre outras), no sentido de que os reajustes salariais a título de "URPs" e "Plano Collor", nos termos das Leis que os regem, consistiram em simples antecipação do reajuste, não sendo lícita sua incorporação à

> remuneração de servidores. Mas tem dispensado, nos termos da Súmula nº 106 de sua jurisprudência, o ressarcimento dos valores recebidos presumivelmente de boa-fé. Assinalou também que a coisa julgada, fazendo lei entre as partes, há que ser cumprida em seus exatos termos; se não pode o intérprete modificá-la para restringir-lhe os limites, tampouco pode elastecer-lhe o alcance, mormente para onerar os cofres públicos. A sentença só pode ser aplicada com razoabilidade nos termos da lei que a fundamenta.

Reconhecendo a sua peculiar competência de controle na execução da despesa pública, o TCU vem assumindo o ônus da uniformização do entendimento e impondo às autoridades administrativas o dever do cumprimento da deliberação.

Nessa época, o Ministro Benjamim Zymler expendeu valiosa contribuição ao desenvolvimento do tema, refletindo sobre a juridicidade da ordem do Tribunal de Contas, quando o administrador tem diante de si inequívoca sentença, mandando incorporar aos proventos a parcela decorrente do plano econômico. Juntando decisão de 1º grau da Justiça do Trabalho da 10ª Região, no Processo 91.752-8, que considerou grave desrespeito à ordem judicial da *res judicata* (RT 546/29 - precedente apontado pelo magistrado), observou que ordem nesse sentido, excluindo parcela de remuneração incorporada, pode, a exemplo do que ocorreu, ser considerada atentado à dignidade da Justiça.

Cabe asserir que, nada obstante essa aguda reflexão do Ministro, a tentativa de reverter o entendimento não prosperou. Ao contrário, foi reafirmada nos votos dos Ministros Carlos Átila (Processo nº TC-275.024/93-0, D.O.U. de 04/12/98) e Valmir Campelo (Processo nº TC-0005.553/95-4, D.O.U. de 12/11/92).

Tecnicamente, *atentado* não é, pois inexistiu alteração dos fatos no curso do processo (art. 879 do CPC); desacato à *res judicata* também não é, pois houve alteração dos fatos após o julgamento.

Importante deixar assentado que o Tribunal de Contas tem legitimidade para ordenar a suspensão da despesa, quanto a autoridade administrativa tem o dever de cumprir, sob as penas da lei, o que foi deliberado. É óbvio, contudo, que, entendendo ilegal a determinação, a autoridade administrativa pode recorrer, no próprio Tribunal de Contas, ou ao Poder Judiciário. Acatando a determinação responderá pela prática de ato, como desacatando responderá pela omissão.

Assentado que o Tribunal pode determinar a suspensão, deve a Corte, como parece ser de hábito, ter o descortino superior para avaliar as repercussões da decisão.

A questão da preservação da coisa julgada há que ser avaliada segundo o próprio Poder Judiciário, no âmbito da visão consagrada pelo próprio Tribunal Superior do Trabalho em sua jurisprudência sumulada.

De igual modo, a sistemática posição do Supremo Tribunal Federal, no que diz respeito à impossibilidade jurídica de subsistir cumulativamente vantagens do regime contratual com o estatutário, fato relevante à demanda, vez que grande maioria das ações foram intentadas por celetistas e hoje continuam sendo executadas na folha de salários do regime estatutário.

Por outro lado, deve o Tribunal buscar coordenar sua ação com os órgãos do Poder Judiciário, a fim de minorar os ônus decorrentes do acatamento pelas autoridades da determinação de suspensão dos pagamentos em tela.

Cabe lembrar que o TCU, em vários casos, mandou que se procedesse à imediata sustação do pagamento das parcelas pagas a título de planos econômicos (URP e Plano Collor) a todos os servidores ativos, inativos e pensionistas.[698] Nos casos em que a ordem determinando a incorporação *perpétua* da vantagem for inequívoca e houver transitado em julgado, o Supremo Tribunal Federal vem concedendo liminar restrita aos impetrantes para fazer cessar a determinação do Tribunal de Contas da União que suspendeu o pagamento.[699] Porém, sobre este assunto, não se colhe entendimento uniforme no STF.[700]

Essa decisão, embora como dito, restrita aos impetrantes, ensejou a revisão da orientação do Tribunal de Contas da União, no sentido de que fosse examinado caso a caso se as parcelas ainda continuavam ao abrigo da coisa julgada.[701]

---

[698] No caso do escritório de representação do Ministério da Saúde no Acre, a deliberação foi adotada nos autos do seguinte Processo: BRASIL. Tribunal de Contas da União. Auditoria. Processo nº TC-800.100/97-2. Decisão nº 86/1999 - Plenário. Relator: Ministro Humberto Guimarães Souto. Brasília, 17 de março de 1999. **Diário Oficial [da] República Federativa do Brasil**, Brasília, DF, 26 mar. 1999. Seção 1, p.73-77.

[699] BRASIL. Supremo Tribunal Federal. Mandado de Segurança nº 23758/RJ. Relator: Ministro Moreira Alves. Brasília, 27 de março de 2003. **Diário da Justiça [da] República Federativa do Brasil**, Brasília, DF, 13 jun. 2003, ata nº 18; Mandado de Segurança nº 23.665/DF. Relator: Ministro Maurício Corrêa. Brasília, 05 de junho de 2002. **Diário da Justiça [da] República Federativa do Brasil**, Brasília, DF, 20 set. 2002, Ata nº 29.

[700] Em outros casos, o STF tem negado liminar contra decisão do Tribunal de Contas que determinou exclusão de parcela concedida judicialmente relativa a plano econômico: BRASIL. Supremo Tribunal Federal. MS nº 24.903-0/DF. Relator: Ministro Carlos Velloso, Brasília, 09 de junho de 2004. **Diário da Justiça [da] República Federativa do Brasil**, Brasília, 16 jun. 2004. No mesmo sentido, o magistral escólio da Ministra Ellen Grace: "1. Cuida-se de mandado de segurança ajuizado contra ato do Presidente da Primeira Câmara do Tribunal de Contas da União que determinou a notificação do impetrante acerca do resultado do julgamento do processo de Tomada de Contas Especial, de que resultou a condenação ao recolhimento de multa fixada em R$ 5.000,00. 2. Sustenta o impetrante a inobservância dos postulados constitucionais do contraditório e da ampla defesa, causa de nulidade do procedimento que impôs a punição. Aduz, ainda, a incorreção da condução adotada pela Corte de Contas, que se revela injusta e descabida. 3. Nas informações prestadas, a autoridade indicada como coatora assevera a inequívoca ciência do impetrante acerca do desenvolvimento do processo de Tomada de Contas perante o TCU, bem assim a legalidade e correção do resultado do julgamento que se alicerçara em ampla prova documental constante daqueles autos. 4. Verifico que as informações logram rechaçar firmemente a alegada ofensa ao contraditório e ampla defesa, mediante a juntada, aos presentes autos, de documento comprobatório da cientificação do impetrante, no que diz respeito à pretensão de revisão da decisão assentada pela Corte de Contas, concluo que o direito invocado pelo impetrante não resulta de fato incontroverso e passível de comprovação de plano. 5. Como, por inúmeras vezes, decidiu esta Corte, o mandado de segurança não é instrumento adequado para o exame de fatos e provas devendo o impetrante, para tanto, recorrer às vias ordinárias. Indefiro a liminar [...]". MS nº 24.906-4/DF. Relatora: Ministra Ellen Gracie. Brasília, 11 de junho de 2004. **Diário da Justiça [da] República Federativa do Brasil**, Brasília, DF, 17 jun. 2004.

[701] BRASIL. Tribunal de Contas da União. Relatório de Auditoria. Processo TC nº 018.400/2002-9. Acórdão nº 1913/2003 - Plenário. Relator: Humberto Guimarães Souto. Brasília, 10 de dezembro de 2003. **Diário Oficial da União[da] República Federativa do Brasil**, Brasília, DF, 23 dez. 2003; Aposentadoria. Processo TC nº 027.560/1991-0. Acórdão nº 1857/2003 - Plenário. Relator: Adylson Motta. Brasília, DF, 03 de dezembro de 2003. **Diário Oficial da União [da] República Federativa do Brasil**, Brasília, DF, 24 dez. 2003.

Mais recentemente, o TCU aprovou o anteprojeto de inclusão de súmula aprovado pela Comissão de Jurisprudência do TCU, sobre perdas remuneratórias, no seguinte sentido:

> As vantagens remuneratórias concedidas por decisão judicial com trânsito em julgado referentes a pagamentos decorrentes de planos econômicos ou congêneres devem ser pagas em valores nominais e absorvidas por reajustes ou reestruturações de carreira supervenientes, tendo em vista o princípio constitucional da reserva legal estrita para a fixação da remuneração dos servidores públicos.[702]

3.2.1.8.12.2 Limite de remuneração e coisa julgada

A Constituição Federal de 1988, ciosa da necessidade de impor moralizadores limites aos excessos de remuneração, estabeleceu o dever de ajustar as remunerações às novas normas que fixou.

Como regra, não há limites jurídicos, nem é possível alegar direito adquirido contra a Constituição.[703] O Tribunal de Contas da União desenvolveu notável esforço no sentido de adequar à Constituição a deformadíssima estrutura remuneratória que diariamente se estampa em muitos processos, em prejuízo da grande massa de remunerados à conta do erário. Vários acórdãos revelam tal pretensão, que muitas vezes envolvia contrariar coisa julgada há muitos anos.[704]

---

[702] BRASIL. Tribunal de Conas da União. Acórdão 122/2025 – Plenário. Disponível em: https://pesquisa.apps.tcu.gov.br/redireciona/acordao-completo/ACORDAO-COMPLETO-2687305.

[703] Não há direito adquirido contra o disposto na Constituição Federal: BRASIL. Supremo Tribunal Federal. Administrativo. Recurso Extraordinário nº 168.079. Relator: Ministro Celso de Mello. Brasília, 27 de agosto de 1993. Disponível em: **<http://www.stf.gov.br>.** Acesso em: 02 jun. 2014; MAXIMILIANO, Carlos. **Direito Intertemporal**, p. 325, subtítulo 280; PONTES DE MIRANDA, Francisco Cavalcanti. **Comentários à Constituição de 1967, com a Emenda nº 1 de 1969.** São Paulo: RT, 2. ed., 1972, 6. t., p. 385-392; BASTOS, Celso. **Comentários à Constituição do Brasil. Promulgada em 5 de outubro de 1988.** São Paulo: Saraiva, 1988, 1. v., p. 148-149. Supremo Tribunal Federal. Recurso Extraordinário nº 14360. Relator: Ministro Edgar Costa. Brasília, 10 de maio de 1949. **Revista de Direito Administrativo**, Rio de Janeiro: Renovar, n. 24, abr./jun. 1951, p. 57-60; Recurso Extraordinário nº 23100/DF. Relator: Barros Barreto - Primeira Turma. Brasília, 13 de agosto de 1953. **Revista de Direito Administrativo.** Rio de Janeiro: Renovar, nº 34, out./dez. 1953, p. 205-207; Recurso Extraordinário nº 35491/SP. Relator: Ministro Luís Gallotti. Brasília, 30 de outubro de 1958. **Revista de Direito Administrativo**, Rio de Janeiro: Renovar nº 54, out./dez. 1958, p. 215-28; Mandado de Segurança nº 1663/DF. Relator: Ministro Abner Vasconcelos. Brasília, 11 de junho de 1952. **Revista de Direito Administrativo**, Rio de Janeiro: Renovar n. 38, out./dez. 1954, p. 2259-261; Recurso Extraordinário nº 67623/DF. Relator: Djaci Falcão. Brasília, 09 de dezembro de 1970. **Revista de Direito Administrativo**, Rio de Janeiro: Renovar n. 108, abr./jun. 1972, p. 65-75; Representação nº 875-GB. Relator: Djaci Falcão. Brasília, 25 de outubro de 1973. **Revista Trimestral de Jurisprudência**, Brasília, nº 68, abr. 1974, p. 9-15.

[704] a) BRASIL. Tribunal de Contas da União. Administrativo. Processo TC nº 013.565/93-1. Decisão nº 39/1995 - 1ª Câmara. Relator: Ministro Carlos Átila Álvares da Silva. Brasília, 07 de março de 1995. **Diário Oficial [da] República Federativa do Brasil**, Brasília, DF, 20 mar. 1995. Seção 1, p. 3742, do qual se colhe o seguinte excerto: "[...] Naquela assentada - do julgamento do processo TC nº 275.001/91-1 - após exaustiva discussão, diante das razões expostas pelo Revisor, Ministro Lincoln Magalhães da Rocha, na linha do entendimento do Ministério Público, decidiu este Tribunal considerar ilegal a concessão e recusar o registro do correspondente ato (Decisão nº 625/94 - TCU - Plenário, Ata nº 47/94, Diário Oficial de 24.10.94), por entender, em suma, que: '- o advento de uma nova Constituição representa o fim da ordem jurídica preexistente, a qual é afastada para dar lugar à ordem a ser implantada com a nova Carta. Deste modo, somente permanecem, da antiga estrutura, as partes que não colidirem com a que veio substitui-la; - a vantagem assegurada apenas por norma inferior, como é a sentença, não pode sobreviver à

Entendeu, porém, o Supremo Tribunal Federal que, quando a Constituição determina que não se pode invocar direito adquirido, tal expressão deve ser interpretada literalmente, excluindo casos em que o ato originário está protegido por coisa julgada.[705] Por esse motivo, o entendimento firmado pelo Tribunal de Contas da União, ainda que guiado por nobres e moralizadores princípios, não prevaleceu.

Por fim, o Tribunal de Contas da União, por meio de súmula, determinou que as vantagens da estrutura remuneratória anterior não se incorporam à atual, exceto quando expressamente consignadas em lei superveniente.[706]

Não é facultado desconstituir sentenças judiciais, mesmo as que entenda contrárias à Constituição ou à jurisprudência do Supremo Tribunal Federal, sob pena de afronta ao princípio do devido processo legal, mas é perfeitamente legítimo ao Tribunal de Contas da União negar registro a ato praticado com base em decisão judicial, não podendo, porém, determinar a suspensão dos pagamentos.[707]

3.2.1.8.12.3 Outros aspectos dos proventos

De forma sintética, podem ser observados vários outros casos em que a própria remuneração, ou parcelas desta, é criada com vícios de inconstitucionalidade ou grave ilegalidade. Tanto podem os Tribunais de Contas sustar, nesses casos, o pagamento,[708] quanto, apreciando a constitucionalidade de lei,[709] negar validade aos pagamentos decorrentes.[710]

---

nova Constituição, eis que direitos e garantias não subsistem quando incompatíveis com a nova lei Maior, ainda que conferidas pela Constituição anterior. Não há sequer como invocar a proteção à coisa julgada conferida pelo artigo 5º, inciso XXXVI da Constituição de 1988, norma geral que é afastada pela norma específica do artigo 17 do ADCT/88. Dado que persiste no cálculo da pensão a Gratificação Adicional por Tempo de Serviço em percentual diverso daqueles previstos na legislação pertinente, apesar da diligência determinada", decidiu a Câmara considerar ilegal a pensão. b) Essa exegese foi reforçada no julgamento do seguinte processo: Pensão Civil. Processo TC nº 017.244/94-3. Decisão nº 242/1995 - Primeira Câmara. Relator: Ministro Humberto Souto. Brasília, 03 de outubro de 1995. **Diário Oficial [da] República Federativa do Brasil**, Brasília, DF, 17 out. 1995. Seção 1, p. 16363.

[705] Acolheu tese de que o art. 17 do Ato das Disposições Transitórias Constitucionais da Constituição Federal de 1988 não protege apenas o direito adquirido, ou seja, deu provimento a mandado de segurança impetrado contra decisão o Tribunal de Contas da União que mandou excluir vantagem percebida muito além do teto estabelecido pela Constituição Federal sob o argumento de que o referido preceito constitucional - posto atingido o direito adquirido - não alcança a vantagem coberta por coisa julgada: BRASIL. Supremo Tribunal Federal. Administrativo. Mandado de Segurança nº 21.621-2. Relator: Ministro Marco Aurélio. Brasília, DF, em 27 de novembro de 1992. Disponível em: <http://www.stf.jus.br>. Acesso em: 03 jun. 2014; Administrativo. Mandado de Segurança - MS nº 22.423-1-RS. Relator: Ministro Sepúlveda Pertence, Brasília, 28 de dezembro de 1995. **Diário da Justiça [da] República Federativa do Brasil**, Brasília, DF, 1º fev. 1996. Seção 1, p. 283.

[706] BRASIL. Tribunal de Contas da União. Súmula nº 276. Ata nº 20/2012. Boletim nº 21/2012. **Diário Oficial da União [da] República Federativa do Brasil**, Brasília, DF, 6 jun. 2012. Seção 1, p. 204.

[707] a) BRASIL. Supremo Tribunal Federal. Mandado de Segurança nº 23.665/DF - Pleno. Relator: Ministro Maurício Corrêa. Brasília, 05 de junho de 2002. **Diário da Justiça [da] República Federativa do Brasil**, Brasília, DF, 20 set. 2002, p. 00089. No mesmo sentido Acórdão nº 794/2025 - TCU - 2ª Câmara.

b) A Resolução TCU nº 206 de 24/10/2007 já dispunha nesse sentido. Com sua revogação, por força da Resolução/TCU 353/2023 o tema, tratado no art. 7º, ficou ainda mais claro.

[708] Nos termos da competência assegurada pelo art. 71, inciso X, da Constituição Federal.

[709] BRASIL. Supremo Tribunal Federal. Súmula 347. O Tribunal de Contas, no exercício de suas atribuições, pode apreciar a constitucionalidade das leis e dos atos do poder público. Disponível em: **<http://www.stf.jus.br>**. Acesso em: 03 jun. 2014.

[710] Alguns casos de remuneração foram apreciados pelo STF, cabendo destacar: Ação Direta de Inconstitucionalidade

3.2.1.9 *Atestados e certidões*

É consabido que os Tribunais de Contas encaminham à Justiça Eleitoral a relação dos agentes que tiveram suas contas julgadas irregulares para fins de inabilitação em processo de registro de candidaturas. A questão que se vem apresentando em alguns Tribunais de Contas é o interesse de obter atestados e certidões, declarando que não há processo em curso contra determinada pessoa, ou que esta não foi condenada, ou que teve a aposentadoria registrada ou a pensão negada.

Por força de mandamento constitucional,[711] o pleito deve ser atendido,[712] havendo sólida jurisprudência nesse sentido.[713]

Na esfera federal, o tema foi regulado no RI/TCU.[714]

Quanto ao pedido da certidão ou atestado, é inequívoco que descabe qualquer cobrança.[715] Em relação às cópias, em princípio, também parece que não poderiam ser

---

nº 1070-1. Relator: Ministro Sepúlveda Pertence - Plenário. Brasília, 29 de março de 2001. **Diário da Justiça [da] República Federativa do Brasil**, Brasília, DF, 25 maio 2001. Informativo STF nº 222, de 4 abr. 2001: - Vinculações proibidas - Defensor público - piso remuneratório não inferior a sete (7) vezes o menor vencimento da tabela do Poder Executivo;Ação Direta de Inconstitucionalidade nº 1585-1. Relator: Ministro Sepúlveda Pertence - Plenário. Brasília, 19 de dezembro de 1997. **Diário da Justiça** de 3 abr. 1998. Informativo STF nº 222: - O STF tem entendimento que não cabe Ação Direta de Inconstitucionalidade por ofensa ao art. 169 da CF ("A despesa com pessoal ativo e inativo da União, dos Estados, do Distrito Federal e dos Municípios não poderá exceder os limites estabelecidos em Lei Complementar") porque depende do confronto da lei impugnada com a LDO; Ação Direta de Inconstitucionalidade nº 2343-8/SC. Relator: Ministro Nelson Jobim - Plenário. Brasília, 28 de março de 2001.

711 BRASIL. **Constituição da República Federativa do Brasil** (Versão Bolso). Organização dos textos e índice por J. U. JACOBY FERNANDES. 2. ed. Belo Horizonte: Fórum, 2019. "Art. 5º. [...] XXXIII - todos têm direito a receber dos órgãos públicos informações de seu interesse particular, ou de interesse coletivo ou geral, que serão prestadas no prazo da lei, sob pena de responsabilidade, ressalvadas aquelas cujo sigilo seja imprescindível à segurança da sociedade e do Estado; XXXIV - são a todos assegurados, independentemente do pagamento de taxas: a) o direito de petição aos poderes públicos em defesa de direitos ou contra ilegalidade ou abuso de poder; b) a obtenção de certidões em repartições públicas, para defesa de direitos e esclarecimento de situações de interesse pessoal".

712 No Tribunal de Contas do Distrito Federal houve indeferimento de pleito, pelo Plenário, em razão da "forma e alcance pretendidos", expedida, porém, certidão de quitação em relação a determinados processos. Pretendiam os requerentes certidão geral de "não haver qualquer pendência ou procedimento envolvendo os seus nomes", pleito que se conforma com o mandamento constitucional. Na mesma oportunidade, porém, a relatora acrescentou as propostas do Ministério Público e da instrução, visando operacionalizar e normalizar o tema, no âmbito da Corte. Cf.: Contrato. Processo nº 3330/88 (A). Decisão nº 3667/97. Relatora: Brasília, 10 de junho de 1997. **Diário Oficial [do] Distrito Federal**, Brasília, DF, 19 jun. 1997, p. 4405-4411.

713 BRASIL. Supremo Tribunal Federal. Civil. Recurso Extraordinário nº 221590-5/RJ – 1ª Turma. Relator: Ministro Sepúlveda Pertence. Brasília, 17 de fevereiro de 1998. **Diário da Justiça [da] República Federativa do Brasil**, Brasília, DF, 13 mar. 1998. Seção 1, p. 28. Ement. v. 01902-10, p. 02256. Certidão: independe da inteligência e da extensão emprestadas ao art. 5º, inc. XXXIV, da Constituição Federal, o direito incontestável de quem presta declarações em procedimento judicial ou administrativo a obter certidão do teor delas.

714 BRASIL. **Regimento Interno e Lei Orgânica do Tribunal de Contas da União.** Organização dos textos e índice por J.U. JACOBY FERNANDES. Belo Horizonte: Fórum, 2014. Resolução TCU nº 246/2011, art. 180 e ss.

715 No âmbito da Justiça Federal de primeiro e segundo graus, por unanimidade, o STF julgou parcialmente procedente o pedido formulado na ADI, conferindo interpretação conforme à Constituição à Tabela IV da Lei nº 9.289, de 4 de julho de 1996, que dispõe sobre as custas devidas à União, afastando "sua incidência quando as certidões forem voltadas para a defesa de direitos ou o esclarecimento de situação de interesse pessoal, consoante a garantia de gratuidade contida no art. 5º, XXXIV, b, da Carta Magna, finalidades essas que se fazem presumidas quando a certidão pleiteada for concernente ao próprio requerente, sendo desnecessária, nessa hipótese, expressa e fundamentada demonstração dos fins e das razões do pedido". BRASIL. Supremo Tribunal Federal. ADI nº 2.259. Relator: Ministro Dias Toffoli, 7 e 13 de fevereiro de 2020. Disponível em: http://portal.stf.jus.br/processos/detalhe.asp?incidente=1835253. Acesso em: 28 fev. 2020.

cobradas em face da Lei nº 9.265, de 12 de fevereiro de 1996,[716] que regulamenta o inc. LXXVII do art. 50 da Constituição Federal, dispondo sobre a gratuidade dos atos necessários ao exercício da cidadania. No inc. III do art. 10, estão abrangidos pela gratuidade "os pedidos de informações ao poder público, em todos os seus âmbitos, objetivando a instrução de defesa ou a denúncia de irregularidades administrativas na órbita pública". Ressalvem-se apenas os casos de abuso de direito pelo requerente - número de cópia -, processo impertinente à sua órbita de ação.

Entre as várias inovações trazidas pela Lei de Responsabilidade Fiscal, cabe destacar a que se refere à necessidade da entidade de satisfazer uma série de condições, com vistas a obter o refinanciamento da dívida, seja mediante empréstimo interno ou externo, transferências voluntárias, ou realizar operações de crédito por antecipação de receita.

O conjunto de limites a satisfazer e a forma de apresentar os dados, passou, inegavelmente, a constituir um pesado fardo burocrático para os dirigentes públicos. Mesmo reconhecendo-se a imperiosa necessidade de estancar o crescimento da dívida, é um fato que não pode deixar de merecer críticas.

Tome-se, por exemplo, a necessidade de um município realizar uma operação de crédito, matéria regulada em Resolução do Senado.[717] Será necessário um *iter* penoso e burocrático.

Seguindo linha já assentada em resoluções anteriores, o Senado Federal vem exigindo uma "certidão expedida pelo Tribunal de Contas competente", atestando:

> Art. 21. Os Estados, o Distrito Federal, os Municípios encaminharão ao Ministério da Fazenda os pedidos de verificação de limites e condições para a realização das operações de crédito de que trata esta Resolução, com a proposta de financiamento ou empréstimo e instruídos com:
> [...]
> IV - certidão expedida pelo Tribunal de Contas competente atestando:
> a) em relação às contas do último exercício analisado, o cumprimento do disposto no § 2º do art. 12; no art. 23; no art. 33; no art. 37; no art. 52; no § 2º do art. 55; e no art. 70, todos da Lei Complementar nº 101, de 2000;
> b) em relação às contas dos exercícios ainda não analisados, e, quando pertinente, do exercício em curso, o cumprimento das exigências estabelecidas no § 2º do art. 12; no art. 23; no art. 52; no § 2º do art. 55; e no art. 70, todos da Lei Complementar nº 101, de

[716] BRASIL. Lei nº 9.265, de 12 de fevereiro de 1996. Regulamenta o inciso LXXVII do art. 5º da Constituição, dispondo sobre a gratuidade dos atos necessários ao exercício da cidadania. **Diário Oficial [da] República Federativa do Brasil**, Brasília, DF, 13 fev. 1996. Seção 1, p. 2405.

[717] BRASIL. Senado Federal. Resolução nº 43, de 2001. Dispõe sobre as operações de crédito interno e externo dos Estados, do Distrito Federal e dos Municípios, inclusive concessão de garantias, seus limites e condições de autorização, e dá outras providências. **Diário Oficial da União [da] República Federativa do Brasil**, Brasília, DF, 26 dez. 2001, republicado em 10 abr. 2002.

> 2000, de acordo com as informações constantes nos relatórios resumidos da execução orçamentária e nos de gestão fiscal;
> c) a certidão deverá ser acompanhada de declaração do chefe do Poder Executivo de que as contas ainda não analisadas estão em conformidade com o disposto na alínea a;
> [...][718]

Ao fazer essa exigência, à toda evidência pretendeu o Senado Federal uma análise prévia, por um órgão inequivocamente dotado de estrutura[719] técnica para a natureza da questão. Nenhum órgão está tecnicamente tão bem definido para esse mister quanto os Tribunais de Contas.

Poder-se-ia argumentar que o Senado Federal não poderia ampliar a competência definida no arcabouço constitucional, obrigando o Tribunal de Contas a expedir certidão. A essa precipitada exegese, contudo, deve ser lembrado que o direito de obter certidão é uma garantia de estatura constitucional.[720] Embora inserida entre os direitos fundamentais, dirigida ao cidadão e a qualquer pessoa, consoante jurisprudência que vem se firmando, deve-se entender que essa garantia não pode ser subtraída das pessoas jurídicas de direito público, como as que no caso em questão se colocam na condição de requerente.

Desse modo, quando a Resolução exige, sob pena de indeferimento liminar do pedido, a apresentação de certidão está na verdade obrigando ao pretendente que, exercendo o seu direito, requeira ao Tribunal de Contas. Aos Tribunais de Contas cabe emitir um juízo de valor sobre o cumprimento ou não das disposições da Lei Complementar nº 101, de 4 de maio de 2000, na forma disciplinada. A recusa só é cabível diante da omissão das informações pela própria pessoa jurídica requerente.

Em tese, parece admissível que o Poder Judiciário determine a expedição de certidão, pois a omissão abre espaço ao uso do mandado de segurança. Não é possível, porém, que o próprio Poder Judiciário, diante da omissão, preste informações expedindo juízo de mérito sobre o cumprimento da Lei de Responsabilidade Fiscal. Essa impossibilidade decorre, em primeiro plano, da própria falta de estrutura da Justiça, por mais qualificados que venham a ser os peritos eventualmente encarregados do exame. Contudo, ainda no plano teórico, parece possível que o Poder Judiciário, no âmbito do poder geral de cautela, determine a tramitação do processo sem a certidão, pois não é concebível que sendo omisso e recalcitrante um Tribunal de Contas, fique o requerente prejudicado em seu direito.

Cabe, ainda, registrar que essa certidão deve ser expedida por autoridade competente, na forma disciplinada no regimento interno. Aconselhável que, na

---

[718]SENADO FEDERAL. Resolução nº 43, de 2001. Dispõe sobre as operações de crédito interno e externo dos Estados, do Distrito Federal e dos Municípios, inclusive concessão de garantias, seus limites e condições de autorização, e dá outras providências. [Atualizada]. Disponível em: https://legis.senado.leg.br/norma/582604/publicacao/16433616.

[719] E, se não tiver, deverá obter nos termos já referidos.

[720] BRASIL. **Constituição da República Federativa do Brasil** (Versão Bolso). Organização dos textos e índice por J. U. JACOBY FERNANDES. 2. ed. Belo Horizonte: Fórum, 2019. Art. 5º, incs. XXXIII e XXXIV.

regulamentação do tema, os Tribunais de Contas constituam processo específico, deliberando o Plenário a respeito. Oportuno, ainda, que seja disciplinada a situação em que o requerimento se dê no curso de férias coletivas ou durante o recesso.

Cabe registrar, ao ensejo, que

> a competência do Tribunal de Contas da União, no tocante às operações de crédito externo celebradas por pessoas jurídicas de direito público interno, com garantia da União, limita-se à fiscalização e controle das garantias prestadas pela última, sem interferência direta nas aplicações dos recursos pelo ente federado contratante, em homenagem ao Princípio Federalista e, por conseqüência [*sic*], à autonomia dos entes federados, insculpida no art. 18, *caput*, da Constituição Federal;[721]

3.2.1.10 Auditoria contábil, financeira e orçamentária

O controle por auditoria alcançou patamar constitucional em 1967 e constitui possibilidade de verificação *in loco* da escrituração contábil, inclusive sob enfoque analítico.

Como os gestores têm o dever de apresentar as informações anualmente, e sendo esses elementos insuficientes para assegurar a confiabilidade do sistema, tornou-se necessário estabelecer competência própria para que os Tribunais de Contas pudessem aferir a regularidade dos procedimentos a cargo do órgão responsável por bens, dinheiros e valores públicos.

No trabalho de auditoria, deve-se verificar a aderência do órgão a normas pertinentes à contabilidade, ao direito financeiro, ao planejamento e à execução do orçamento[722]. É um instrumento de controle de menor alcance crítico reflexivo, porque a ação fiscalizadora está rigidamente parametrizada pelas normas.

O notável estudioso José Luiz de Anhaia Mello esclareceu que essa auditoria consiste no

> Exame da escrituração contábil e da documentação correspondente, acompanhamento das fases de execução da despesa, inclusive a verificação da regularidade do empenho, das licitações e contratos, acompanhamentos da arrecadação da receita, bem como as operações de crédito, emissão de títulos e verificação de depósitos de cauções e fianças, verificação da regularidade da execução da

---

[721] BRASIL. Tribunal de Contas da União. Processo TC nº 023.988/2008-5. Acórdão nº 2396/2008 – Plenário. Relator: Auditor Augusto Sherman Cavalcanti. Brasília, 29 de outubro de 2008. **Diário Oficial da União [da] República Federativa do Brasil**, Brasília, DF, 31 out. 2008.

[722] O TCU, em sede de prestação de contas ordinária, determinou à EMBRATUR que analisasse, "de forma pormenorizada, anteriormente à prorrogação da vigência dos correspondentes contratos, os custos e os orçamentos respectivos de forma a confirmar se a sua manutenção continua vantajosa para a administração pública, nos termos do art. 7º, § 2º, II, da Lei nº 8.666, de 1993, e em vista dos princípios constitucionais da economicidade e da eficiência administrativa". Acórdão nº 428/2022 - TCU - 2ª Câmara. Disponível em: https://pesquisa.in.gov.br/imprensa/jsp/visualiza/index.jsp?data=29/12/2022&jornal=515&pagina=1069&totalArquivos=1082.

> programação financeira de desembolso e exame dos créditos adicionais, bem como da conta de 'restos a pagar' e as despesas de exercícios encerrados.[723]

Nessa área, os Tribunais de Contas e órgãos de controle vêm disponibilizando manuais pela *internet*, abrindo-se largo espaço para a unificação de procedimento. Por outro lado, é também um instrumento de trabalho para os gestores públicos em geral, porque indicam os pontos de verificação posterior, permitindo a prévia correção das irregularidades pelas próprias autoridades[724].

3.2.1.11 Auditoria operacional e inspeção

A distinção entre essas expressões tanto é de abrangência, quanto de objetivos.

Destaca o eminente Ministro Luciano Brandão que:

> A inclusão, pela primeira vez, do controle operacional - medida altamente louvável - permitirá a avaliação do desempenho da gestão pública, não somente da legalidade, legitimidade e probidade de seus atos, como também da economicidade dos valores aplicados, comparando dispêndios efetivados e resultados colhidos.[725]

A auditoria operacional[726] tem por objetivo o levantamento das atividades de operação de um órgão ou entidade, considerados na sua inteireza, abrangendo o exame econômico-financeiro num sentido analítico, ao passo que as inspeções se dirigem à verificação de fatos ou conjunto de fatos determinados.

A auditoria operacional visa a avaliar o conjunto de operações e indicar os procedimentos que devem ser revistos, objetivando o aperfeiçoamento das atividades para a consecução da missão institucional, servindo muito mais à Administração que pretenda uma radiografia da sua *performance*; a inspeção volta-se para a verificação de

---

[723] a) MELLO, José Luiz Anhaia. Tribunal de Contas do Estado de São Paulo - Pesquisa e Atuação, 1984, p. 74-75. Apud MEDAUAR, Odete. Controle da Administração Pública pelo Tribunal de Contas. **Revista de Informação Legislativa**, Brasília, a. 27, n. 108, out./dez. 1990, p. 118.

b) Importante ficar atento às exceções para restos a pagar, como aquelas decorrentes da Lei complementar nº 215, de 21 de março de 2025, que autorizou que os restos a pagar não processados inscritos nos exercícios financeiros de 2019 a 2022, de que trata o art. 172 da Lei nº 14.791, de 29 de dezembro de 2023 (Lei de Diretrizes Orçamentárias de 2024), vigentes em dezembro de 2024 e cancelados fossem revalidados, podendo ser liquidados até o final do exercício de 2026. Disponível em: https://www.planalto.gov.br/ccivil_03/leis/lcp/Lcp215.htm.

[724]Ao apreciar uma representação, o TCU recomendou a uma entidade que avaliasse a conveniência e oportunidade de inserir no seu Regulamento de Licitações e Contratos (RLC) regra de sanções administrativas visando vedar e punir atos ilícitos praticados por licitantes no curso dos certames licitatórios. BRASIL. Tribunal de Contas da União. Acórdão nº 18/2022 - TCU – 1ª câmara DOU. Disponível em: https://pesquisa.in.gov.br/imprensa/jsp/visualiza/index.jsp?data=01/02/2022&jornal=515&pagina=86&totalArquivos=191.

[725] SOUZA, Luciano Brandão Alves de. A Constituição de 1988 e o Tribunal de Contas da União. **Revista de Informação Legislativa.** Brasília, a. 26, n. 102, abr./jun. 1989, p. 175-176.

[726] a) O termo "Auditoria Operacional" originou-se no VII Congresso Internacional de Entidades Fiscalizadoras Superiores (INTOSAI), realizado em 1971 e, desde então, diversos países, como Canadá, Estados Unidos, Inglaterra, Austrália, Suécia, entre outros, adotam-no como instrumento de controle. Na América Latina, foi introduzido pela Organização Latino-Americana e do Caribe das Instituições Superiores de Auditoria (OLACEFS).

b) TCU. Portaria TCU nº 144/2000. Aprova o Manual de Auditoria de Natureza Operacional do Tribunal de Contas da União. Disponível em: https://pesquisa.apps.tcu.gov.br/redireciona/norma/NORMA-20941.

informações necessárias à regularidade dos juízos firmados em sede de controle, equivalendo muitas vezes às diligências.[727]

A inspeção, por sua vez, é o procedimento de fiscalização para suprir omissões e lacunas de informações, esclarecer dúvidas ou apurar denúncias quanto à legalidade e à legitimidade de fatos da Administração e de atos administrativos praticados por qualquer responsável sujeito à jurisdição do Tribunal de Contas.

Ao lado da "auditoria", a inspeção constitui-se em instrumento de verificação pelos órgãos de controle e foi prevista entre as competências descritas na Constituição Federal.[728]

Ao estabelecer a competência do Tribunal de Contas da União para efetivar o controle mediante auditoria operacional, o constituinte resguardou com esse poderoso instrumento, de forma inédita na vida jurídica nacional, a possibilidade de concretização dos princípios da eficiência e da eficácia. Racionalização e qualidade devem ser, pois, palavras de ordem contra o controle burocrático e a mera regularidade da escrituração contábil; a essência sobre a forma. O exame da relação do custo e a verificação de benefícios, numa concepção ética e axiológica de função pública.

A expressão numérica dos valores envolvidos nos órgãos de arrecadação e as sistemáticas notícias de omissão e corrupção, por si só, justificariam que o Tribunal de Contas da União cumprisse com o seu dever constitucional de promover uma auditoria operacional nesses órgãos.

Outros fatos, porém, reforçaram a necessidade de tal providência. Durante os trabalhos rotineiros de auditoria, passaram a ser verificados indícios de comprovantes de pagamentos em poder de contribuintes, quitações dadas pela rede bancária, mas sem o correspondente ingresso de recursos no Tesouro Nacional. Fatos dessa ordem de gravidade recomendaram, uma vez mais, a necessidade de auditoria.[729]

A auditoria operacional, prevista expressamente na Constituição Federal, pode ser realizada por iniciativa do próprio Tribunal de Contas da União ou por iniciativa da Câmara dos Deputados, do Senado Federal, de comissão técnica ou de inquérito.[730]

---

[727] a) Definições semelhantes são apresentadas pelo então Secretário-Geral de Controle Externo do TCU. NAGEL, José. Normas gerais sobre fiscalização e julgamento a cargo do TCU. **Revista do Tribunal de Contas da União**, n. 74, p. 12-13.

b) O TCU, em um caso de superfaturamento, já autorizou a Seinfra Operações a promover, no âmbito de outra ação de controle prevista no empreendimento, a realização de diligência à Receita Federal para buscar obter cópias de notas fiscais ou de outros documentos relativos à aquisição de determinado adquirido pela empresa. Acórdão nº 154/2023 - TCU – Plenário. Disponível em: https://pesquisa.in.gov.br/imprensa/jsp/visualiza/index.jsp?data=17/02/2023&jornal=515&pagina=288& totalArquivos=302.

[728] BRASIL. **Constituição da República Federativa do Brasil** (Versão Bolso). Organização dos textos e índice por J. U. JACOBY FERNANDES. 2. ed. Belo Horizonte: Fórum, 2019. Art. 71.

[729] Por exemplo: BRASIL. Tribunal de Contas da União. Representação. Processo TC nº 275.023/1995-8. Decisão nº 189/1998 – 2ª Câmara. Relator: Ministro Adhemar Paladini Ghisi. Brasília, 11 de agosto de 1998. **Diário Oficial [da] República Federativa do Brasil**, Brasília, DF, 24 ago. 1998. Seção 1, p. 12848-128449.

[730] BRASIL. **Constituição da República Federativa do Brasil** (Versão Bolso). Organização dos textos e índice por J. U. JACOBY FERNANDES. 2. ed. Belo Horizonte: Fórum, 2019. Art. 71, inc. III.

Tal atribuição, na Lei Orgânica do Tribunal de Contas da União foi, numa sistematização mais técnica, desdobrada em:

> Art. 1º [...]
> II - proceder, por iniciativa própria ou por solicitação do Congresso Nacional, de suas Casas ou das respectivas Comissões, à fiscalização contábil, financeira, orçamentária, operacional e patrimonial das unidades dos poderes da União e das demais entidades referidas no inciso anterior;
> [...]
> IV - acompanhar a arrecadação da receita a cargo da União e das entidades referidas no inciso I[731] deste artigo, mediante inspeções e auditorias, ou por meio de demonstrativos próprios, na forma estabelecida no Regime Interno.
> Art. 38 [...]
> I - realizar por iniciativa da Câmara dos Deputados, do Senado Federal, de comissão técnica ou de inquérito, inspeções e auditorias de natureza contábil, financeira, orçamentária, operacional e patrimonial nas unidades administrativas dos Poderes Legislativo, Executivo e Judiciário e nas entidades da administração indireta, incluídas as fundações e sociedades instituídas e mantidas pelo poder público federal;[732]

Esse alerta é importante porque, certa vez, um jurista de expressão, procedendo a perfunctório exame, por urgência imposta pelo tempo ou mesmo eventual desatenção, sustentou que, na Lei Orgânica do Tribunal de Contas da União, não havia competência para realizar auditoria operacional por iniciativa própria, vez que o art. 38 foi omisso a respeito.[733]

Como visto, o Tribunal de Contas da União não só pode realizar auditoria operacional por sua própria iniciativa, por força da Constituição Federal, como pela sua própria lei orgânica. Aliás, para controle da arrecadação, foi inserida norma própria, definindo essa competência, e a forma de operacionalizá-la foi transferida para o regimento interno.[734]

A auditoria tem avançado em termos de enfoque, profundidade e qualidade.[735]

---

[731] "I - julgar as contas dos administradores e demais responsáveis por dinheiros, bens e valores públicos das unidades dos poderes da União e das entidades da administração indireta, incluídas as fundações e sociedades instituídas e mantidas pelo poder público federal, e as contas daqueles que derem causa a perda, extravio ou outra irregularidade de que resulte dano ao Erário;"

[732] BRASIL. **Regimento Interno e Lei Orgânica do Tribunal de Contas da União.** Organização dos textos e índice por J. U. JACOBY FERNANDES. Belo Horizonte: Fórum, 2014. [Resolução nº 155/2002 e Lei nº 8.443/1992].

[733] Escritório J. Saulo Ramos, em parecer emitido a pedido do Secretário da Receita Federal, em 25 de abril de 1996, juntado ao autos: BRASIL. Supremo Tribunal Federal. Mandado de Segurança nº 22617-0-DF. Relator: Ministro Nelson Jobim. Brasília, 02 de outubro de 1996. p. 43-63. Parecer não publicado.

[734] BRASIL. **Regimento Interno e Lei Orgânica do Tribunal de Contas da União.** Organização dos textos e índice por J. U. JACOBY FERNANDES. Belo Horizonte: Fórum, 2014. Resolução TCU nº 246/2011.

[735] O TCU determinou, nos termos do art. 244, § 2º, de seu Regimento Interno, a realização de inspeção no Banco

O eminente Ministro Marcos Villaça destaca o seguinte:

> A atuação dos Tribunais de Contas extrapola a verificação da legalidade da gestão governamental. Haverão de cuidar também do controle operacional dos atos administrativos. Não bastam contabilidade pública correta e ausência de delitos.
> Cada vez mais, os critérios tradicionais - e algo envelhecidos - das auditorias se substituem por aqueles cujas vertentes se aproximam da Teoria dos Resultados, pois o que mais importa é, sem dúvida, avaliar os resultados obtidos pela gestão governamental.[736]

A competência para requerer inspeção ou auditoria é restrita ao elenco definido na própria Constituição,[737] sendo descabida e abusiva a pretensão de outros órgãos, inclusive do Judiciário e do Ministério Público, de ordenar verificação dessa natureza.

Além de extrapolar a competência constitucional, as requisições de inspeção afetam profundamente o desenvolvimento das atividades programadas. Os órgãos do Poder Executivo, Poder Judiciário e Ministério Público devem se aparelhar para seus misteres, não podendo pretender que as Cortes de Contas se transformem em uma equipe de peritos à disposição. A relação entre órgãos constitucionais deve se fazer por liames de cooperação e, nesse sentido, porém, é possível elastecer o âmbito da verificação para colaborar com outra autoridade, desde que não traga prejuízo ao roteiro de inspeções programadas. Nesse prisma, tem se posicionado o TCU.[738]

Também em Portugal, a auditoria passou a ser um instrumento de relevante atuação, a partir da Lei nº 98 de 27 de agosto de1997, considerado "método privilegiado de *controlo* financeiro".

3.2.1.11.1 Auditoria ambiental

A auditoria ambiental é outro aspecto merecedor de atenção e constitui uma nova fronteira para a ação do controle. Mediante a celebração de convênios com universidades e órgãos de fiscalização ambiental, diversas ações têm sido implementadas no sentido da capacitação de servidores e no estabelecimento de uma estratégia específica de atuação dos Tribunais de Contas nesta área.[739]

Central do Brasil com o objetivo de examinar a atuação da entidade no cumprimento de sua missão institucional, relativamente à averiguação da regularidade dos atos praticados na operação de aquisição do Banco Schahin pelo Banco BMG, mediante a utilização de recursos do Fundo Garantidor de Crédito, bem assim quanto à consequente aprovação da referida operação por aquela autarquia – BRASIL. Tribunal de Contas da União. Processo TC nº 019.169/2012-4. Acórdão nº 2218/2012 – Plenário. Brasília, 22 de agosto de 2012. **Diário Oficial da União [da] República Federativa do Brasil**, Brasília, DF, 29 de agosto de 2012. Seção 1, p. 111.

[736] VILAÇA, Marcos Vinícios. Os Tribunais de Contas na melhoria da Administração Pública. **Revista do Tribunal de Contas da União**, v. 28, n. 74, out/dez 1997, p. 62.

[737] BRASIL. **Constituição da República Federativa do Brasil** (Versão Bolso). Organização dos textos e índice por J. U. JACOBY FERNANDES. 2. ed. Belo Horizonte: Fórum, 2019. Art. 71, inciso IV.

[738] BRASIL. Tribunal de Contas da União. Representação. Processo TC nº 013.104/1997-7 [sigiloso]. Decisão nº 828/1998 - Plenário. Relator: Iram Saraiva. Brasília, 25 de novembro de 1998. **Diário Oficial [da] República Federativa do Brasil**, Brasília, DF, 4 dez. 1998. Seção 1, p. 59-60.

[739] ARAÚJO, Marcos Valério de. **Auditoria Ambiental – Emergente Forma de Controle do Patrimônio Público.** 1º Lugar - Prêmio Serzedello Corrêa 1996 - Monografias Vencedoras.

O TCU há muito avaliava o consumo de água, energia e papel no exercício de suas competências. O resultado de suas análises motivou a alteração do art. 3º da Lei nº 8.666/1993, para incluir a sustentabilidade, como princípio das contratações públicas na promoção do desenvolvimento nacional e sua regulamentação[740]. A partir daí o Tribunal de Contas da União passou a dedicar maior esforço na implementação das ações de sustentabilidade não somente em seu âmbito, mas de toda a Administração pública federal. Para otimizar esse tipo de acompanhamento, propôs a criação do Índice de Acompanhamento da Sustentabilidade da Administração (IASA)[741].

3.2.1.12 Auxílio ao Poder Legislativo

É consabido que o controle externo a cargo do Congresso Nacional se faz com o auxílio do Tribunal de Contas da União.[742]

Não se entenda, no que tange ao verbete auxílio, que a tarefa do Tribunal de Contas tenha caracteres de singela submissão, como alerta Jarbas Maranhão:

> Observe-se, aqui, que a palavra "auxílio" deve ser entendida como colaboração funcional e não subordinação hierárquica ou administrativa. Colaboração funcional que o Tribunal de Contas presta, na verdade, aos três Poderes, entre os quais se encontra situado, impondo-se, todavia, que mantenha independência como órgão e função. O contrário seria negar sua natureza e destino de instituição autônoma. Sem essa independência, que é de sua própria substância, ele não poderia atingir suas finalidades.[743]

Podem os membros do Poder Legislativo, conscientes desse dever de controle - infelizmente, poucos -, buscar o auxílio técnico e isento do Tribunal de Contas. As principais formas de auxílio serão vistas a partir do subitem seguinte. Cabe adiantar que:

---

[740] Regulamentado pelo BRASIL. Decreto 7.746, de 5 de junho de 2012. Regulamenta o art. 3º da Lei nº 8.666, de 21 de junho de 1993, para estabelecer critérios e práticas para a promoção do desenvolvimento nacional sustentável nas contratações realizadas pela administração pública federal direta, autárquica e fundacional e pelas empresas estatais dependentes, e institui a Comissão Interministerial de Sustentabilidade na Administração Pública - CISAP. [Redação dada pelo Decreto nº 9.178, de 2017]. Disponível em: https://www.planalto.gov.br/ccivil_03/_ato2011-2014/2012/decreto/d7746.htm.

[741] a) consulte o sumário executivo publicado pelo TCU: Sustentabilidade na Administração Pública Federal. Brasília: 2017. Disponível em: https://portal.tcu.gov.br/data/files/C1/30/A5/92/299057100EE63057E18818A8/Sustentabilidade_administracao_publica_federal_portugues.pdf;
b) TCU. Portaria nº 202, de 13 de dezembro de 2023. Aprova a 5ª Edição do Manual de Licitações & Contratos: Orientações e Jurisprudência do TCU. Disponível em: https://btcu.apps.tcu.gov.br/api/obterDocumentoPdf/75119406#page=3.

[742] Sobre a autonomia dos Tribunais de Contas frente ao Poder Legislativo, já se tratou no Capítulo II, concernente à jurisdição destes tribunais, no título 2.9 Posição institucional e natureza das funções dos Tribunais de Contas e, também, no Capítulo I, a respeito da função do controle e, ainda, item 3.2.1.16.3 Contas anuais dos três poderes.

[743] MARANHÃO, Jarbas. A Constituição de 1988 e o Tribunal de Contas: seus primórdios, normas e atribuições. **Revista de Informação Legislativa**. Brasília, ano 30, n. 119, jul./set. 1993, p. 260.

Em Portugal, essa competência de auxílio do tribunal aos demais órgãos e destes para com o tribunal se traduz nos seguintes princípios da Corte:

a) o princípio da independência e da exclusiva sujeição à lei;
b) o direito à coadjuvação das outras entidades;
c) os princípios da fundamentação, da obrigatoriedade e da prevalência das decisões;
d) o princípio da publicidade.[744]

Aliás, mesmo integrando o Poder Judiciário, em Portugal, nos termos da Constituição e da lei, o parlamento constitui o destinatário privilegiado da atividade do Tribunal de Contas.

Essa realidade surge, desde logo, evidenciada no fato de, nos termos da Constituição da República, o parlamento só poder tomar a Conta Geral do Estado mediante parecer do Tribunal de Contas.[745]

3.2.1.12.1 Exame de normas em matéria de contas

Sabe-se que a técnica e o emprego de jargão tanto podem dificultar a compreensão, como podem facilitar. Em matéria de contas públicas, por vezes, são aprovadas normas com tal rigor que disfarçam a verdadeira pretensão ou consequências diretas e indiretas de sua ação. Sem nenhuma técnica legislativa e com evidente intuito de subtrair-se ao controle social, multiplicam-se as referências a revogações e derrogações, uma profusão de números de leis, decretos, portarias e instruções normativas ou circulares.[746]

Desse modo, cabe ao parlamentar, à vista de dúvidas na constitucionalidade ou legalidade de uma norma ou do alcance e repercussão nas finanças públicas, solicitar

---

[744] TRIBUNAL DE CONTAS. Apresentação Institucional. O Tribunal de Contas na actualidade. 1. Quadro jurídico geral. Disponível em: **<http://www.tcontas.pt>**. Acesso em: 03 jun. 2014.

[745] *Ibidem.*

[746] a) Em boa hora, a Lei Complementar nº 95/1998 organizou o processo legislativo, racionalizando-o: BRASIL. Lei Complementar nº 95, de 26 de fevereiro de 1998. Dispõe sobre a elaboração, a redação, a alteração e a consolidação das leis, de acordo com o parágrafo único do art. 59 da Constituição Federal, e estabelece normas para a consolidação de atos normativos que menciona. **Diário Oficial [da] República Federativa do Brasil**, Brasília, DF, 27 fev. 1998. Seção 1, p. 1.

b) com a edição do Decreto nº 10.139 de 28 de novembro de 2019, que dispunha sobre a revisão e a consolidação dos atos normativos inferiores a decreto, acompanhamos pela leitura do DOU, quase que diariamente, os órgãos da Administração federal editarem novas normas. Umas revisando e atualizando regulamentos e outras revogando listas de normas. Foi uma das mais importantes diretrizes do Governo, para melhorar o ambiente de negócio do País. As diretrizes da Lei Complementar nº 95, de 26 de fevereiro de 1998, foram reforçadas e colocadas em prática. Muito do que estava esquecido em gavetas e arquivos foi movimentado, atualizado, revogado, abrindo espaço para o novo. O TCU acompanhou a relevante iniciativa e fez recomendações para movimentar a máquina pública e colocar ordem na casa, fazendo cumprir o princípio da eficiência e transparência. BRASIL. Tribunal de Contas da União. Acórdão nº 836/2022 - TCU – Plenário. Disponível em: https://pesquisa.in.gov.br/imprensa/jsp/visualiza/index.jsp?data=26/04/2022&jornal=515&pagina=95&totalArquivos=110.

a colaboração dos Tribunais de Contas. Poderá fazê-lo por meio de consulta,[747] ou de denúncia, ou ainda de requerimento.[748]

3.2.1.12.2 Apoio à comissão parlamentar de inquérito

A comissão parlamentar de inquérito (CPI) é um dos instrumentos de controle político do Poder Legislativo sobre atos e fatos da Administração Pública.[749]

Exemplos da história recente do Brasil têm revelado que o êxito das comissões parlamentares de inquérito, muitas vezes, depende de conhecimento técnico tão elevado para revelar fatos com tanta habilidade mascarados, que o auxílio de profissionais especializados torna-se ponto angular dos trabalhos. Assim, ocorreu a CPI destinada a apurar os fatos contidos nas denúncias do Sr. José Carlos Alves dos Santos, referente às atividades de parlamentares, membros do governo e representantes de empresas envolvidas na destinação de recursos do orçamento da União, e várias outras se sucederam.[750]

Nada obstante o Tribunal de Contas ter a função de auxiliar, em razão das competências próprias que exerce e da autonomia funcional de que dispõe, é fundamental que esse auxílio se faça mediante entendimento prévio. Ademais, com acerto, algumas Cortes, como o Tribunal de Contas da União, vedam a cessão e requisição de seus servidores para outros órgãos.

3.2.1.12.3 Operações de crédito e rolagem de dívida

Os dados deste subtítulo não foram atualizados nesta edição, mas a necessidade de controle do endividamento público continua sendo necessária.

Compete ao Senado Federal dispor sobre as operações de crédito interno e externo dos estados, do Distrito Federal, dos municípios e de suas respectivas autarquias e fundações, inclusive concessão de garantias, seus limites e condições de autorização, e dar outras providências.

Normalmente, entre os documentos está a manifestação do Tribunal de Contas acerca do cumprimento de certas metas ou normas, como, por exemplo, fazia a

---

[747] As leis orgânicas costumam restringir as consultas às mesas diretoras do Poder Legislativo. É imprescindível, nesse caso, consulta às leis orgânicas e regimentos internos das Cortes de Contas.

[748] Exemplo dessa atuação foi o requerimento do Deputado Paulo Bernardo, feito por intermédio do presidente da Comissão de Fiscalização Financeira e Controle da Câmara dos Deputados, por ocasião da expedição do Decreto nº 1.358, que limitou a inscrição dos restos a pagar e determinou o cancelamento de empenhos não liquidados, autorizando o reempenho em 1995 dos empenhos cancelados em 1994. O Tribunal de Contas da União examinou a constitucionalidade, legalidade e ainda a eficiência e a economicidade da norma: BRASIL. Tribunal de Contas da União. Solicitação. Processo TC nº 010.410/1995-3. Decisão nº 640/1995 - Plenário. Relator: Ministro Adhemar Paladini Ghisi. Brasília, 5 de dezembro de 1995. **Diário Oficial [da] República Federativa do Brasil**, Brasília, DF, 22 dez. 1995. Seção 1, p. 21903.

[749] Consultar mais detalhes no Capítulo I, a respeito da função do controle, subtítulo 1.7.3.3.2 Comissão Parlamentar de Inquérito.

[750] Consultar, a propósito, o relatório final da comissão parlamentar de inquérito, criada pelo Requerimento nº 151/1993 do Congresso Nacional [documento não publicado].

Resolução nº 78, de 1998[751], que exigia o pronunciamento sobre a observância pelo ente da federação dos limites de despesa de pessoal.

A competência do Senado Federal foi valorizada pela Lei de Responsabilidade Fiscal, que tornou mais técnico o procedimento de avaliação da possibilidade de endividamento[752]. No mundo globalizado, o capital especulativo e os empréstimos com juros elevados têm imposto enormes sacrifícios aos povos, notadamente, em fase de desenvolvimento, retirando a possibilidade de serem realizados os serviços públicos essenciais e os investimentos na área social.

Segundo dados oficiais, o número de funcionários foi reduzido de 1.216.058, em 1994, para 886.818, em 1998.[753] Em contrapartida, o gasto público - incluindo o federal, estadual e municipal - cresceu de 27,24% do PIB, em 1994, para 35% do PIB em 1998. Não houve, porém, contrapartida social, porque o investimento público também caiu de 14%, em 1994, para 9,36%, em 1998. No que diz respeito a obras, de 3,31% para 1,94%, em 1998, em máquinas e equipamento.

A propósito da contenção de gastos públicos, é conveniente fazer um paralelo entre a previsão oficial de gastos do governo para 1999 e o gasto com o "Plano Marshall".[754] Para o ano de 1999, foi previsto que a rolagem da dívida custaria aos cofres públicos 340 bilhões de reais (rolagem da dívida pública = 248,2 bilhões + encargos financeiros da União = 91,9 bilhões). O Plano Marshall, num prazo de quatro anos, custou o equivalente a pouco mais de 100 bilhões de dólares.[755]

A despesa com pessoal da União é de 52 bilhões por ano, sendo que com funcionários ativos do executivo a cifra alcança apenas 12 bilhões.[756] Para privatizar as empresas federais e estaduais, a participação estatal foi de 13,285 bilhões! A rolagem da dívida do Estado de São Paulo - a maior rolagem de dívida do mundo - 56,5 bilhões

---

751 Republicada no Diário Oficial de 11 de agosto de1999. Revogada pela **Resolução do Senado Federal nº 43 de 21 de dezembro de 2001**. Dispõe sobre as operações de crédito interno e externo dos estados, do distrito federal e dos municípios, inclusive concessão de garantias, seus limites e condições de autorização, e dá outras providencias. Disponível em: https://legis.senado.leg.br/norma/582604.

752 O Tribunal de Contas da União (TCU) realizou um acompanhamento detalhado sobre os critérios adotados pela Secretaria do Tesouro Nacional (STN) nos leilões primários de títulos públicos. A auditoria analisou a conformidade das regras aplicadas, a disponibilidade de dados para controle social e a aderência do arcabouço normativo brasileiro às melhores práticas internacionais. A principal inovação foi a implementação de ferramentas avançadas de inteligência artificial para monitoramento preditivo, permitindo a identificação rápida de distorções. O estudo apontou fragilidades na rastreabilidade de dados no Sistema Especial de Liquidação e de Custódia (Selic) e na transparência das informações públicas, recomendando ajustes para ampliar a fiscalização e mitigar riscos na gestão da dívida pública. Acórdão nº 424/2025 – Plenário. Disponível em: https://pesquisa.apps.tcu.gov.br/redireciona/acordao-completo/ACORDAO-COMPLETO-2649573.

753 1.216.058 em 1994; 1.140.711 em 1995; 1.058.983 em 1996; 994.805 em 1997; 886.818 em 1998: Gasto do Estado cresce apesar da privatização. **Folha de São Paulo**, São Paulo, 28 dez. 1998, p. 1.

754 Plano Marshall: programa de ajuda econômica à Europa, lançado por iniciativa do General George Catlett Marshall e adotado por lei de abril de 1948. Visava a reconstrução da Europa devastada pela II Grande Guerra, prevendo a recuperação e independência econômica e financeira em quatro anos (de 01.04.1948 a 30.06.1952) e beneficiando 17 países.

755 Valores atualizados por MAYA, Jaime de Mariz. **Economia internacional e comércio exterior**, São Paulo: Atlas, 4. ed., 1998, p. 112.

756 **Correio Braziliense**, Brasília, DF, p. 12, 1º jun. 1999.

- foi uma das causadoras, segundo relatório oficial,[757] do expressivo incremento da dívida pública mobiliária federal interna (que, em 1994, era de 59,3 bilhões e, em 1997, já estava em 226 bilhões).

Nesse ponto, somadas todas as competências dos Tribunais de Contas e todos os recursos controlados, sequer se aproximam em valores dos gastos com a rolagem de dívida pública. Logo, até por uma questão de racionalização de serviços, impõe-se a necessidade de avaliar e reavaliar os contratos de financiamento, de operações de crédito, exatamente sob os aspectos de legitimidade e economicidade. Não podem os Tribunais de Contas fechar os olhos a essa competência, passando ao largo dessa relevante missão.

Para efetivar tal providência, auditorias periódicas na dívida são fundamentais, como é o exame prévio à obtenção de novos empréstimos e rolagem de dívida.[758]

3.2.1.13 Bens públicos

O controle sobre os bens públicos foi enfatizado, no Brasil, pelo constituinte, nos seguintes pontos:

a) fica sujeito ao dever de prestar contas quem utilize, arrecade, guarde, gerencie ou administre bens públicos;[759]

b) as contas desses responsáveis são julgadas pelo Tribunal de Contas;[760]

c) para inspeção e auditoria patrimonial foi instrumentalizada a ação e definido o seu limite.[761]

---

757 a) BRASIL. Tribunal de Contas da União. Relatório e parecer prévio sobre as contas do governo da República, exercício de 1997. Relator: Ministro Humberto Guimarães Souto, Brasília, 16 de junho de 1998. Disponível em: <**http://www.tcu.gov.br**>. Acesso em: 2 jan. 2012.

b) para consultar dados atualizados, consulte https://www.tesourotransparente.gov.br/.

758 No Estado da Bahia, a Constituição estadual dispôs que ao TCE/BA competia "[...] emitir parecer, para apreciação da Assembléia Legislativa ou Câmara Municipal, sobre empréstimos ou operações de crédito a serem realizados pelo Estado ou Município, fiscalizando sua aplicação". (art. 91, X). O Governador arguiu que essa competência não estava prevista na Constituição Federal e o STF concedeu a liminar: BRASIL. Supremo Tribunal Federal. Ação Direta de Inconstitucionalidade nº 461-1. Relator: Ministro Carlos Velloso. Brasília, 8 de agosto de 2002. **Diário da Justiça [da] República Federativa do Brasil**, Brasília, DF, 6 set. 2002.

759 BRASIL. **Constituição da República Federativa do Brasil.** Organização dos textos e índice por J. U. JACOBY FERNANDES. 2. ed. Belo Horizonte: Fórum, 2019. "Art. 70. A fiscalização contábil, financeira, orçamentária, operacional e patrimonial da União e das entidades da administração direta e indireta, quanto à legalidade, legitimidade, economicidade, aplicação das subvenções e renúncia de receitas, será exercida pelo Congresso Nacional, mediante controle externo, e pelo sistema de controle interno de cada poder".

760 *Ibidem*. "Art. 71. [...] Inciso II - julgar as contas dos administradores e demais responsáveis por dinheiros, bens e valores públicos da administração direta e indireta, incluídas as fundações e sociedades instituídas e mantidas pelo poder público federal, e as contas daqueles que derem causa a perda, extravio ou outra irregularidade de que resulte prejuízo ao erário público".

761 *Ibidem*. "Art. 71. [...] Inciso IV - realizar, por iniciativa própria, da Câmara dos Deputados, do Senado Federal, de comissão técnica ou de inquérito, inspeções e auditorias de natureza contábil, financeira, orçamentária, operacional e patrimonial, nas unidades administrativas dos poderes legislativo, executivo e judiciário, e demais entidades referidas no inciso II".

O controle dos bens públicos permanentes se faz por meio da carga patrimonial, que associa o bem devidamente identificado e registrado na contabilidade.[762]

A carga patrimonial implica e nomina o dever de zelo com o bem público. Mais do que isso: obriga o detentor da carga a proceder verificações periódicas do bem e requerer as providências necessárias à sua conservação.[763] A conferência, no momento da assinatura, é providência indispensável.

A responsabilidade definida na carga patrimonial é de simples custódia e conservação. Não pode erigir-se em responsabilidade integral sobre o bem, como desavisadamente quiseram alhures. Para condenar um detentor de carga, não basta a formalização da mesma, mas é necessário que os autos indiquem dolo ou culpa. Cabe ao servidor, porém, o ônus de demonstrar que agiu com zelo na guarda.

3.2.1.14 Constitucionalidade de lei

No âmbito do estudo das competências, cabe trazer à discussão o poder dos Tribunais de Contas de examinar a constitucionalidade das leis e normas, promulgadas no âmbito da respectiva jurisdição.

Essa possibilidade permite a implementação de nova filosofia de ação preventiva na proteção do patrimônio público, colocando-se em linha com outras medidas, já adotadas, para que o Tribunal de Contas deixe "de fazer necrópsia para passar a fazer biópsia",[764] trabalhando, portanto, com o corpo vivo, atuando no contexto administrativo presente, antecipando-se ao fato administrativo para controlar, de forma concomitante, a ocorrência do fato jurídico viciado pela ilicitude de norma inconstitucional.

Os fatores puramente políticos, as razões econômico-financeiras ou de outra índole, em muitos casos, têm prevalecido no processo legislativo em detrimento do necessário rigor dos limites normativos, reclamando, também desses tribunais, severas precauções frente à imperícia, à imprevidência, ou à manipulação, que podem causar irreparáveis danos a direitos coletivos e ao patrimônio público.

Deixar de examinar oportunamente a constitucionalidade de determinada norma pode ocasionar efeitos extremamente danosos ao erário e ao interesse público.[765] Ampla jurisprudência ampara, no mesmo sentido, a atuação do Tribunal a

---

[762] No caso da União, por exemplo, consultar: BRASIL. Decreto nº 99.872, de 23 de dezembro de 1986. Dispõe sobre a unificação dos recursos de caixa do Tesouro Nacional, atualiza e consolida a legislação pertinente e dá outras providências. Disponível em: https://www.planalto.gov.br/ccivil_03/decreto/d93872.htm. Art. 130.

[763] BRASIL. **Lei de Responsabilidade Fiscal.** Lei Complementar nº 101, de 4 de maio de 2000. Organização dos textos e índice por J. U. JACOBY FERNANDES. 6. ed. atual. e ampl. Belo Horizonte: Fórum, 2014. Art. 45.

[764] Expressão cunhada pelo eminente Ministro Carlos Átila, que ilustrou o Tribunal de Contas da União.

[765] Pode-se destacar, no âmbito do Distrito Federal, a sábia decisão do Processo nº 2442/1997 (B), com o bem assentado voto do eminente Conselheiro José Milton Ferreira, em que ficou induvidosamente firmada a posição da Corte de Contas Distrital sobre o seu poder de apreciação da constitucionalidade de lei, antecipando o entendimento à Administração para prevenir a prática de atos irregulares: DISTRITO FEDERAL. Tribunal de Contas do Distrito Federal. Representação. Ministério Público junto ao Tribunal de Contas do Distrito Federal. Processo nº 2442/1997

respeito da matéria, não se afigurando razoável deixar a Corte de se pronunciar a respeito de possível inconstitucionalidade de textos legais editados, ficando no aguardo da execução da norma para, só então, atacar os atos praticados.[766]

A preocupação com esse tipo de controle é encontrada no direito comparado, cabendo destacar que, na Itália, submetem-se ao controle prévio, realizado pelo Tribunal de Contas, os decretos do Chefe de Estado, tanto sob o aspecto da legalidade quanto sob o aspecto financeiro e, ainda, os decretos ministeriais que envolvam recursos públicos.

O fundamento dessa competência no Brasil, está na Súmula nº 347 do Supremo Tribunal Federal, que, em tese, segue em vigor. Em tese porque mais recentemente tem tido sua vigência posta em dúvida, inclusive no próprio Pretório Excelso.[767]

Mesmo assim, decidiu-se manter os subitens a seguir, detalhando o tema e atualizando-o. Isso porque mesmo sem a validade dessa súmula, a competência continua existindo. Advirta-se, porém, que a competência continua existindo se for exercida com certa prudência. Não se poderá e nunca se pode punir um agente que cumpre uma lei inconstitucional ou uma norma ilegal. Se tal competência coubesse ao Tribunal, ter-se-ia profunda inversão da presunção de legitimidade e todo o direito positivo ruiria pelo simples fato de existir um órgão com poderes acima da lei e da Constituição.

O que se admite e parece sustentar-se em lógica inafastável é que o tribunal, ao aferir qualquer ato, verifique a conformidade com a hierarquia vertical das leis. Entendendo haver contraposição da regra de hierarquia inferior com a regra da

---

(B). Decisão nº 1688/1998. Relator: Conselheiro José Milton Ferreira. Brasília, 24 de março de 1998. **Diário Oficial do Distrito Federal**, Brasília, DF, 7 abr. 1998, p. 15-21; De igual modo, é dever ressaltar a providência liminar na decisão adotada no processo nº 3652/1998 (D), registrando-se a votação unânime em ambos os casos: Representação. Ministério Público junto ao Tribunal de Contas do Distrito Federal. Processo nº 3652/1998 (D). Decisão nº 5501/2000. Relatora: . Brasília, 20 de julho de 2000. **Diário Oficial do Distrito Federal**, Brasília, DF, 31 jul. 2000, p. 23-35.

[766] O Tribunal de Contas do Estado do Rio de Janeiro, por ocasião da privatização do BANERJ, considerou inconstitucional, dois dias após a promulgação, o Decreto nº 21.993/1996, que feria o art. 77 da Constituição do Estado do Rio de Janeiro, e ilegal, porque feria a Lei nº 8.666/1993. O assunto tornou-se bastante polêmico à época. SANTOS, Francisco. TCE bloqueia privatização do Banerj. **Folha de São Paulo**, São Paulo, 26 jan. 1996. Caderno Brasil, p 1-8.

[767] a) BRASIL. Supremo Tribunal Federal. MS nº 25888 MC/DF. Relator: Ministro Gilmar Mendes. Brasília, 22 de março de 2006. **Diário da Justiça [da] República Federativa do Brasil**, Brasília, DF, 29 mar. 2006, p. 11.

b) Em acórdão da lavra do Ministro Alexandre de Morais, o STF decidiu que "1. O Tribunal de Contas é órgão técnico de fiscalização contábil, financeira e orçamentária. Tem funções administrativas. Faz parte do Poder Legislativo e, dessa forma, não pode declarar a inconstitucionalidade de uma lei posto que tal função é de exclusiva competência do Poder Judiciário". A partir da publicação deste acórdão, a Prof. Patrícia Verônica Souza sustenta que a Súmula Vinculante 347 do STF continua em vigor, mas sofreu redução: "O Tribunal de Contas não pode declarar a inconstitucionalidade de uma lei. Apenas afasta a sua aplicação no caso concreto. E se o quiser, deverá representar junto ao órgão competente para que, no Judiciário, se obtenha a declaração da inconstitucionalidade daquele texto legal, ou parte dele". Informativo Jacoby do dia 4.11.2022. Disponível nem: https://jacoby.pro.br/i/Fórum-jacoby_04.01.22.pdf.pdf.

hierarquia superior, recomende aos órgãos competentes para provocar a retirada da norma desconforme que o façam.[768]

O exame das normas e de sua conformidade, em tese, também pode ser feito pelo tribunal por provocação do Ministério Público que junto a si atua, como de autoridades competentes para formular consultas.

3.2.1.14.1 Da apreciação de norma em tese

Dispõe a Súmula nº 347 do Supremo Tribunal Federal, firmando tese irrecusável, que aos Tribunais de Contas, no exercício das suas funções de controle, cabe "apreciar a constitucionalidade das leis e dos atos do poder público".

Há os que entendem, todavia, que essa competência há de ser exercida, incidentalmente, pelos Tribunais de Contas, na apreciação de caso concreto no qual se verifique a eventual aplicação de lei ou ato tido por inconstitucional.[769] Ainda nessa hipótese, não se deveria olvidar o disposto no art. 97 da Constituição, qual seja de *quorum* qualificado. De qualquer modo, faltaria aos Tribunais de Contas competência para o controle abstrato de qualquer preceito normativo.

Em resposta a essa linha de argumentação, em primeiro lugar, é preciso dizer que o art. 97 da Constituição Federal não alude a *quorum*, mas exige que a constitucionalidade seja declarada pela maioria absoluta de seus membros. O *quorum* de julgamento é estabelecido em nível de legislação infraconstitucional, constando em geral dos regimentos internos dos colegiados julgadores, podendo ser definido como o número mínimo de membros do colegiado para a abertura da sessão de julgamento. A maioria absoluta é para a votação requerida para a declaração de inconstitucionalidade, o que subentende a sessão já instalada.

Sobre a não competência para o controle abstrato *de qualquer preceito normativo*, é importante observar o que dispõe a Lei Orgânica do Tribunal de Contas da União:

> Art. 1º Ao Tribunal de Contas da União, órgão de Controle Externo, compete, nos termos da Constituição Federal e na forma estabelecida nesta Lei:
>
> [...[
>
> XVII - decidir sobre consulta que lhe seja formulada por autoridade competente, a respeito de dúvida suscitada na aplicação de

---

768 Importante registrar o seguinte excerto da manifestação do eminente Procurador do Ministério Público junto ao TCU, Sérgio Caribé: "[...] É sabido que esta Corte de Contas realiza a espécie difusa de controle de constitucionalidade quando, para decidir, sobre o caso concreto, vê-se o Tribunal compelido a analisar a conformidade entre a norma e a Constituição Federal. Ocorre que nesta oportunidade não se está diante de uma questão constitucional prejudicial, cuja solução seja necessária para decidir a questão principal atinente a caso concreto, constituindo este aspecto pressuposto à apreciação de constitucionalidade pelos tribunais de contas. [...]". BRASIL. Tribunal de Contas da União. Processo TC nº 008.840/2007-3. Parecer MPjTCU. Procurador: Sérgio Ricardo C. Caribé, fl.43.

769 Nesse sentido, embora também exista registro de decisões divergentes: DISTRITO FEDERAL. Tribunal de Contas. Representação. Auditor Osvaldo Rodrigues. Processo nº 1365/1993 (A). Decisão nº 2093/1996. Relator: Conselheiro Jorge Caetano. Brasília, 09 de abril de 1996. **Diário Oficial [do] Distrito Federal**, Brasília, DF, 17 abr. 1996, p. 3069-3076.

> dispositivos legais e regulamentares concernentes a matéria de sua competência, na forma estabelecida no Regimento Interno.
> § 2º A resposta à consulta a que se refere o inciso XVII deste artigo tem caráter normativo e constitui prejulgamento da tese, mas não do fato ou caso concreto. [770]

Fica, assim, evidenciada a competência do Tribunal para o exame de preceito normativo, inclusive em tese, como é o exemplo da consulta.

Em consequência, como forma de sistematizar esse controle, dada a sua feição dinâmica, é o Ministério Público, por intermédio do Procurador-Geral, competente para arguir perante o Plenário contra todo ato que tenha causado ofensa ao interesse da proteção e defesa do patrimônio público, devendo a Corte assim deliberar, em conformidade com as normas processuais, toda vez que se lhe oferecer arguição sobre inconstitucionalidade de lei, em matéria de sua competência, conforme dispõe o próprio Regimento Interno do Tribunal de Contas.

> Art. 118. Compete ao Procurador-Geral e, por delegação prevista no art. 82 da Lei nº 8.443, de 1992, aos Subprocuradores-Gerais e Procuradores:
> I - promover a defesa da ordem jurídica, requerendo, perante o Tribunal, as medidas de interesse da Justiça, da Administração e do Erário;
> [...][771]

Por outro lado, a Súmula nº 347 do Supremo Tribunal Federal, exprime o poder constitucionalmente assegurado ao Tribunal de Contas para dizer da constitucionalidade das leis: "O Tribunal de Contas, no exercício de suas atribuições, pode *apreciar* a constitucionalidade das leis e dos atos do Poder Público"[772].

A doutrina se exprimia, conforme segue:

> [...] Em face desses preceitos basilares, cabe à Corte de Contas o exame das exigências legais nos casos enunciados e em geral a ela submetidos, colocando o seu exame em confronto com a Constituição, não procedendo o argumento da privatividade da interpretação das leis pelo Poder Judiciário. Se os atos submetidos ao Tribunal de Contas não estão conforme a Constituição logo são atos contra a lei, portanto inconstitucionais. Lúcio Bitencourt não foge deste ponto quando afirma caber a todos os tribunais ordinários ou especiais, apesar de pertencer a última palavra ao STF

---

[770] BRASIL. **Regimento Interno e Lei Orgânica do Tribunal de Contas da União.** Organização dos textos e índice por J. U. JACOBY FERNANDES. Belo Horizonte: Fórum, 2014. Lei nº 8.443/1992.

[771] BRASIL. **Regimento Interno e Lei Orgânica do Tribunal de Contas da União.** Organização dos textos e índice por J. U. JACOBY FERNANDES. Belo Horizonte: Fórum, 2014. Lei nº 8.443/1992.

[772] BRASIL. Supremo Tribunal Federal. Súmula nº 347. Disponível em: **<http://www.stf.jus.br>**. Acesso em: 03 jun. 2014. Grifo não consta do original.

(O Controle... pág. 34), encontrando a adesão de Carlos Maximiliano (Comentários à Constituição, vol. III, 263).[773]

O tema, contudo, como dito anteriormente, passou a ser novamente controvertido, havendo pretensões de invalidar o entendimento que consta da súmula sob o argumento de que teria sido editada em 1963, na vigência da Constituição Federal de 1946, tendo como base o art. 77.[774]

A título de reforço às considerações expendidas, cabe asserir que a Constituição Federal confere ao Tribunal de Contas competência para:

I - *julgar as contas dos administradores e demais... (art. 71, II)* - julgar, como a própria natureza do verbo faz entender, pressupõe uma ação positiva do Tribunal. Julgar, na acepção comum, é sempre um ato de comparação que, no caso específico, coteja as contas sujeitas à sua competência com as leis e regulamentos vigentes para estabelecer de sua legalidade ou de sua constitucionalidade. Desse modo, se as contas não atendem à lei ou à Constituição Federal, não serão regulares;

II - *apreciar, para fins de registro, a legalidade dos atos... (art. 71, III)* - também aqui há um ato comparativo entre os atos e a lei (como também a Lei Maior). Se não atendem à disciplina da lei ou da Constituição, são ilegais.

Nesse passo, se o Tribunal julga determinado ato, frente a determinada lei e, atuando em maior amplitude, verifica que esta lei encontra-se em atrito com aquela de maior hierarquia - Constituição Federal - e partindo do pressuposto lógico de que não pode eximir-se do julgamento, deverá dizer do conflito de normas e de suas consequências sobre o caso concreto, tratando-se tal dicção de um juízo de constitucionalidade.

---

773 ROSAS, Roberto. **Direito sumular:** Comentários às súmulas do STF e do STJ. São Paulo: Malheiros, 7. ed. 1995, p. 146.

774 BRASIL. Supremo Tribunal Federal. Mandado de Segurança nº 25888/DF. Relator: Ministro Gilmar Mendes. Brasília, 22 de março de 2006. Disponível em: **<http://www.stf.jus.br>**. Acesso em: 03 jun. 2014. Excerto: "[...] Não me impressiona o teor da Súmula nº 347 desta Corte, segundo o qual o Tribunal de Contas, o exercício de suas atribuições, pode apreciar a constitucionalidade das leis e dos atos do Poder Público". A referida regra sumular foi aprovada na Sessão Plenária de 13 de dezembro de 1963, num contexto constitucional totalmente diferente do atual. Até o advento da Emenda Constitucional nº 16, de 1965, que introduziu em nosso sistema o controle abstrato de normas, admitia-se como legítima a recusa, por parte de órgãos não jurisdicionais, à aplicação da lei considerada inconstitucional. No entanto, é preciso levar em conta que o texto constitucional de 1988 introduziu uma mudança radical no nosso sistema de controle de constitucionalidade. Em escritos doutrinários, tenho enfatizado que a ampla legitimação conferida ao controle abstrato, com a inevitável possibilidade de se submeter qualquer questão constitucional ao Supremo Tribunal Federal, operou uma mudança substancial no modelo de controle de constitucionalidade até então vigente no Brasil. Parece quase intuitivo que, ao ampliar, de forma significativa, o círculo de entes e órgãos legitimados a provocar o Supremo Tribunal Federal, no processo de controle abstrato de normas, acabou o constituinte por restringir, de maneira radical, a amplitude do controle difuso de constitucionalidade. A amplitude do direito de propositura faz com que até mesmo pleitos tipicamente individuais sejam submetidos ao Supremo Tribunal Federal mediante ação direta de inconstitucionalidade. Assim, o processo de controle abstrato de normas cumpre entre nós uma dupla função: atua tanto como instrumento de defesa da ordem objetiva, quanto como instrumento de defesa de posições subjetivas. Assim, a própria evolução do sistema de controle de constitucionalidade no Brasil, verificada desde então, está a demonstrar a necessidade de se reavaliar a subsistência da Súmula 347 em face da ordem constitucional instaurada com a Constituição de 1988. [...]".

O poder de apreciar leis e atos do poder público decorre, portanto, da própria Constituição Federal.

Esclarece Roberto Rosas:

> Caso o ato esteja fundado em lei divergente da Constituição, o Tribunal de Contas pode negar a aplicação, porque "há que distinguir entre declaração de inconstitucionalidade e não aplicação de leis inconstitucionais, pois esta é obrigação de qualquer tribunal ou órgão de qualquer dos poderes do Estado" (.[775]

É importante esclarecer que, ao arguir o Ministério Público a inconstitucionalidade da norma, não pretende, e nem pode pretender, ver *definitivamente* declarada a sua inconstitucionalidade. Pode, sim, apreciar a inconstitucionalidade (art. 97 da CF), no que se tem um juízo preliminar, *alterável apenas mediante posicionamento contrário em definitivo do Supremo Tribunal Federal.*

Não é certamente o que se denomina controle abstrato definitivo das normas, que no plano da legislação federal e estadual, adstringe-se à competência do Supremo Tribunal Federal. Admite a doutrina reserva de competência suficiente aos tribunais de justiça dos Estados, do Distrito Federal e dos Territórios para efetiva defesa das Constituições locais.

A Procuradoria-Geral do Distrito Federal - PGDF - foi chamada a responder consulta de um administrador do Distrito Federal, que recebeu decisão do TCDF, informando que, após criterioso estudo, entendeu que as Leis-DF nºs 901/95 e 1828/98, por não guardarem conformidade com a Constituição, implicariam ter julgados irregulares, nos processos futuros, os atos praticados com base nessas normas. Perceba-se que se tratava de salutar caráter orientador. A Procuradora Deirdre de Aquino Neiva da PGDF adotou posição parcimoniosa: após esclarecer seu entendimento de que, como regra, o exame de constitucionalidade cabe ao Judiciário, asseriu:

> A assertiva, no entanto, admite exceções. Tal ocorre nos casos de flagrante e evidente inconstitucionalidade das leis ou contradição entre norma distrital em face de Lei Federal. Nesses casos, deve o administrador, *ex officio*, afastar a aplicação das leis flagrantemente inconstitucionais e que afrontem lei hierarquicamente superior, a fim de manter o Estado de Direito.
>
> Tal é o preciso caso das Leis Distritais nºs 901/95 e 1.828/98. Saliente-se que esta Casa vêm-se manifestando, inclusive, no sentido de afastar a aplicação de tais textos normativos, porque violam a Constituição e a Lei nº 8.666/93. [...] Com efeito, o contrário causaria incômodos e inseguranças jurídicas e afronta ao Estado de Direito.[776]

---

[775] R.M.S. nº 8.372, Rel. Min. Pedro Chaves, Julg. 11.12.61 *in* ROSAS, Roberto. Aspectos jurisdicionais na competência do Tribunal de Contas. **Revista do Tribunal de Contas do Distrito Federal**, Brasília, n. 1, p. 112, 1975.

[776] DISTRITO FEDERAL. Procuradoria-Geral do Distrito Federal. Centro de Contratos, Convênios e Licitações -

No tocante à incidentalidade para o controle em concreto dos casos previstos no art. 71 da Constituição Federal, pode-se verificar que eles, obviamente, estão referidos à manifesta instrução de processos de julgamento de contas, que se incluem nos atos e contratos do universo da execução dos fatos administrativos, objeto, portanto, da ação corretiva do controle externo *a posteriori*. Em vários casos, na apreciação da norma no caso concreto, o Tribunal de Contas da União já exerceu essa competência,[777] cabendo destacar o seguinte excerto:

> Em face desses preceitos basilares, cabe à Corte de Contas o exame do atendimento aos ditames legais, nos casos a ela submetidos, em confronto com a Constituição. Se os atos submetidos ao Tribunal de Contas não estão conforme à Constituição, logo, são atos contrários à lei e, portanto, inconstitucionais.
>
> [...]
>
> Assim, não padece de dúvidas a competência deste Tribunal para apreciar a constitucionalidade de leis e atos normativos do poder público, poder esse reconhecido pela Corte Suprema ao criar o enunciado sumular nº 347 e ao decidir, em oportunidades posteriores, acerca do tema versado. Não poderá, destarte, haver melhor chancela do que a do Pretório Excelso sobre a competência das Cortes de Contas para esse especialíssimo controle de constitucionalidade. Tal atribuição é corolário e conseqüência [*sic*] lógica da função específica que detém a Corte de Contas, conferida pelo legislador constituinte originário, de aplicar a lei a tudo o que respeite à receita e à despesa. Portanto, este Tribunal, em virtude e por força das próprias atribuições constitucionais que lhe cabem, pode e deve apreciar em seus julgamentos o aspecto constitucional das questões sobre as quais se deva pronunciar, negando, se for o caso, a aplicação de lei ou ato normativo inconstitucional.[778]

Como se vê, são diferentes momentos e dimensões distintas da ação do Controle Externo, que a sabedoria do enunciado da Súmula nº 347 do excelso Tribunal bem soube alcançar, sob pena de quedar-se disposição inócua.

CCCL/PRG. Processo nº 020.000.055/2001. Interessado: Sar/DF. Parecer nº 027/2001. Procuradora: Deirdre de Aquino Neiva. **Diário Oficial do Distrito Federal**, Brasília, DF, 31 jan. 2001, p. 3.

777 Por exemplo: BRASIL. Tribunal de Contas da União. Consulta. Processo TC nº 650.120/1994-9. Decisão nº 632/1994 - Plenário. Relator: Ministro Paulo Affonso Martins de Oliveira. Brasília, 11 de outubro de 1994. **Diário Oficial [da] República Federativa do Brasil**, Brasília, DF, 7 nov. 1994. Seção 1, p. 16699; Levantamento de Auditoria. Processo TC nº 600.086/1993-3. Decisão nº 716/1996 - Plenário. Relator: Ministro Iram Saraiva. Brasília, 6 de novembro de 1996. **Diário Oficial [da] República Federativa do Brasil**, Brasília, DF, 20 nov. 1996. Seção 1, p. 24378.

778 BRASIL. Tribunal de Contas da União. Levantamento de Auditoria. Ministério Público junto ao Tribunal de Contas da União. Processo TC nº 600.086/1993-3. Decisão nº 716/1996 - Plenário. Relator: Ministro Iram Saraiva. Brasília, 6 de novembro de 1996. **Diário Oficial [da] República Federativa do Brasil**, Brasília, DF, 20 nov. 1996. Seção 1, p. 24401-8.

3.2.1.14.2 Dos efeitos da apreciação

Não pretende o Tribunal de Contas julgar a constitucionalidade[779] de lei com o mesmo objetivo do Excelso Supremo Tribunal Federal. O Supremo julga leis, dizendo de seu valor objetivo em nosso ordenamento jurídico. Vale dizer, a competência do Supremo Tribunal Federal abrange a própria lei, emprestando-lhe validade, ou suprimindo a sua existência no campo da realidade jurídica. O Tribunal de Contas, por outro lado, aprecia a constitucionalidade. Não é o fato de ser incidental, ou não, que retira a faculdade de julgamento, o que importa é que o efeito decorrente deste, diversamente do que o Supremo Tribunal impõe, é tão-somente o de conduzir a interpretação de lei a parâmetros centrados na Constituição Federal, sem, de fato, implicar efeito objetivo sobre a norma.

Aos Tribunais de Contas não compete a declaração de inconstitucionalidade de lei, competência essa restrita aos órgãos do Poder Judiciário.[780] O que lhes assegura a ordem jurídica, na efetivação do primado da Constituição Federal no controle das contas públicas, é a inaplicabilidade da lei que afronta a Magna Carta, pois "há que se distinguir entre declaração de inconstitucionalidade e não aplicação de leis inconstitucionais, pois esta é obrigação de qualquer tribunal ou órgão de qualquer dos poderes do Estado".[781]

Themístocles Brandão Cavalcanti, em preciosas páginas, proclama:

> Exerce o Tribunal de Contas o controle de constitucionalidade usando apenas da técnica da interpretação que conduz à valorização da Lei Maior. Neste ponto tem aplicado o princípio da supremacia da Constituição. Não pode, entretanto, anular o ato, nem anular a lei, mas apenas deixar de aplicá-la por inconstitucional.[782]

Esclarece ainda o mesmo autor:

> Não deve haver conflito entre a Constituição e as leis ordinárias, e quando ele se apresente manifesto, evidente, prevalece sempre a norma constitucional.[783]

---

[779] É assinalável, ainda, que os Tribunais de Contas, na aferição do embasamento legal dos atos de gestão financeira e patrimonial dos entes estatais, o que constitui preliminar insuperável para a verificação da legalidade dos procedimentos resultantes em despesa pública, podem apreciar a constitucionalidade das leis e dos atos do poder público, a teor do enunciado da Súmula 347 do Supremo Tribunal Federal. Fazem-no, contudo, sem caráter de conclusividade e sob a eventual censura do Poder Judiciário no âmbito do controle judicial difuso da constitucionalidade das normas jurídicas.

[780] No mesmo sentido: MOREIRA, Vivaldi. Competência dos Tribunais de Contas. **Revista de Direito Administrativo.** Rio de Janeiro, n. 84, Renovar, p. 430, abr./jun. 1996.

[781] Excerto: BRASIL. Supremo Tribunal Federal. Constitucional. Recurso em Mandado de Segurança nº 8372. Relator: Ministro Pedro Chaves. Brasília, 11 de dezembro de 1961. Disponível em: **<http://www.stf.gov.br>**. Acesso em: 20 dez 2000.

[782] CAVALCANTI, Themístocles Brandão. O Tribunal de Contas - Órgão Constitucional - Funções Próprias e Funções Delegadas. In: **Revista de Direito Administrativo**, Rio de Janeiro, 109:1-10, p. 8, jul./set. 1972.

[783] CAVALCANTI, Themístocles. O Tribunal de Contas e sua competência constitucional. In: **Revista de Direito Administrativo**, n. 3, p. 21.

Se o Tribunal aprecia a lei no seu nascedouro, mediante procedimento específico, e estabelece o juízo negativo de constitucionalidade, deverá dar ao *decisum* o caráter informativo e orientador aos jurisdicionados, com o objetivo, afeto às suas atribuições, de proteger a *res publicae*.

Em memorável voto, no âmbito do Tribunal de Contas do Distrito Federal, o Conselheiro Ronaldo Costa Couto, firmando entendimento, averbou:

> [...] II - sempre que, no exercício de suas atribuições, considerar lei ou ato normativo distrital incompatível com a Constituição Federal ou com a Lei Orgânica do Distrito Federal, esta Corte comunicará o fato às autoridades competentes, solicitando providências para que não lhes dê aplicação, sob pena de serem julgados irregulares os atos praticados ao seu abrigo. [...][784]

Se o administrador, ciente do entendimento assentado pela Corte, insistir em dar valia à norma, poderá vir a ter consequências dos seus atos, que, a depender do tipo de procedimento, se incidental ou não, haverão de ser diferentes.

Se a inconstitucionalidade é apreciada incidentalmente (art. 97 da Constituição Federal), então não poderá o agente eximir-se de culpa por seus atos, porque terá agido em desobediência à decisão do Tribunal, no exercício do seu poder de dizer da constitucionalidade, enfocando-se aqui a Súmula nº 347/STF.

Por outro lado, se tal entendimento é manifestado em procedimento próprio de exame de constitucionalidade, não se lhe poderá aplicar sanção, conquanto o administrador estará premido entre a decisão do Tribunal de Contas e a necessidade de atender a lei promulgada, vigente e isenta de preceito suspensivo liminar, em ADI, ou congênere, situação em que poderia incorrer em crime de responsabilidade.[785]

Mesmo assim, os efeitos são sumamente importantes, porque os eventuais interessados na execução da lei não poderão apoiar-se no desconhecimento do conteúdo inconstitucional da lei para isentar-se de recompor ao erário valores eventualmente percebidos de acordo com a norma viciada.

O pragmatismo do procedimento a ser adotado pelo Tribunal quanto à constitucionalidade de lei poderá dar o tom a uma nova postura: atenciosa para com

---

784 DISTRITO FEDERAL. Tribunal de Contas do Distrito Federal. Representação. Processo nº 2670/1998 (D). Decisão nº 603/2000. Relator: Conselheiro Ronaldo Costa Couto. Brasília, 17 de fevereiro de 2000. Disponível em: **<http://www.tc.df.gov.br>**. Acesso em: 03 jun. 2014.

785 Se o administrador entender também que a lei é inconstitucional poderá deixar de aplicá-la, inclusive independentemente do exposto, isto é, da apreciação de constitucionalidade pelos Tribunais de Contas. Nesse sentido, firmou-se a jurisprudência do STF: BRASIL. Supremo Tribunal Federal. RMS nº 13950. Relator: Ministro Amaral Santos. Brasília, 10 de outubro de 1968; RMS nº 9743/SC. Relator: Ministro Ari Franco Tribunal Pleno. Brasília, 22 de maio de 1963; MS nº 127601/SP. Relator: Ministro Evaristo dos Santos. Brasília, 07 de novembro de 1963; RMS nº 4211/PB. Relator: Ministro Cândido Motta. Brasília, 30 de abril de 1957. Disponíveis em: <http://www.stf.jus.br>. Acesso em: 22 dez. 2009. Ao recusar o cumprimento de lei inconstitucional, deve o gestor argumentar o fato e, imediatamente, provocar o integrante da estrutura administrativa - com competência, legitimada constitucionalmente - para seguir com a ação de inconstitucionalidade no sistema concentrado. Resolve-se, assim, com equilíbrio adequado e atendendo ao primado da legalidade. Se à ninguém é permitido decumprir a lei, igualmente à ninguém é dado descumprir a Constituição sob o manto de estar cumprindo lei insconsticional.

os desígnios constitucionais, tão amplamente invocados, e para com os anseios de evolução do controle da despesa pública. Pode-se mesmo cogitar do elastecimento dos efeitos adstritos exclusivamente ao processo, para alcançar um efeito de tese orientadora e vinculante dos atos e fatos de sua jurisdição, baseado na verdade de que a proposição da Súmula nº 347/STF só se justifica por sua utilidade, ou por alguma espécie de êxito ou satisfação, o que, na presente realidade, pressupõe a ação de controle oportuna, ou seja, atuante sobre o mesmo fato jurídico gerador, viciado de inconstitucionalidade.

Pretende-se, assim, antecipar a firmação de juízo objetivo, ao instituir precedente para o próprio tribunal, que servirá de balizamento seguro e definitivo para a Administração Pública, à maneira do que já consagra o instituto da consulta, hipótese em que, por força de lei, o Tribunal de Contas prejulga a tese.

Nesse contexto, a antecipação da ocorrência do fato, fundado em norma viciada, constitui o alavancamento do moderno sistema de controle social do Estado, da mais alta relevância para o interesse público, pois que traduz esforços para obviar a realização de despesas ilegais, expressão esta que açambarcaria a inconstitucionalidade.

Há, nas normas em vigor, nítido propósito coincidente com o exposto:

> Art. 15. Compete privativamente ao Plenário, dirigido pelo Presidente do Tribunal.
> I - deliberar originariamente sobre:
> [...]
> e) conflito de lei ou de ato normativo do poder público com a Constituição Federal, em matéria de competência do Tribunal;
> [...]
> Art. 28. Compete ao Presidente:
> [...]
> X - votar quando se apreciar inconstitucionalidade de lei ou de ato do poder público;[786]

Insta registrar que também as medidas provisórias ficam sujeitas a este contraste com a Constituição Federal pelo Tribunal de Contas na apreciação *in concreto*.[787]

Há que se observar ainda que não é raro que o Poder Legislativo usurpe a competência constitucional do Poder Executivo, legislando em matéria de competência exclusiva, fato que também pode ser examinado pelas Cortes de Contas.

---

[786] BRASIL. **Regimento Interno e Lei Orgânica do Tribunal de Contas da União.** Organização dos textos e índice por J. U. JACOBY FERNANDES. Belo Horizonte: Fórum, 2014. Lei nº 8.443/1992. [Resolução TCU nº 246/2011]. No mesmo sentido: DISTRITO FEDERAL. Lei Complementar nº 01, de 9 de maio de 1994. Dispõe sobre a Lei Orgânica do Tribunal de Contas do Distrito Federal e dá outras providências. **Diário Oficial [do] Distrito Federal**, Brasília, DF, 10 maio 1994, republicada em 03 jun. 1994, p. 1.

[787] O Tribunal de Contas da União examinou a constitucionalidade de medida provisória que tratava da exclusão de parcela denominada Gratificação de Representação da Remuneração dos Procuradores Autárquicos e Assistentes Jurídicos: BRASIL. Tribunal de Contas da União. Levantamento de Auditoria. Processo TC 600.086/1993-3. Decisão nº 716/1996 - Plenário. Relator: Ministro Iram Saraiva. Brasília, 6 de novembro de 1996. **Diário Oficial [da] República Federativa do Brasil**, Brasília, DF, 20 nov. 1996. Seção 1, p. 24378.

A respeito da manifesta inconstitucionalidade desses casos tem se pronunciado o STF, conforme este lapidar acórdão:

> I. Processo legislativo da União: observância compulsória pelos Estados de seus princípios básicos, por sua implicação com o princípio fundamental da separação e independência dos Poderes: jurisprudência do Supremo Tribunal. II. Processo legislativo: emenda de origem parlamentar a projeto de iniciativa reservada a outro Poder: inconstitucionalidade, quando da alteração resulte aumento da despesa conseqüente [*sic*] ao projeto inicial: precedentes...[788]

Nem mesmo quando o Poder Executivo sanciona lei que foi aprovada pelo legislativo, em matéria de iniciativa privativa, o ato pode convalidar a irregularidade, convindo trazer a lume trecho do voto do Ministro Celso de Mello na ADI 776-1 RS:

> Nesse contexto - que faz ressaltar a imperatividade da vontade subordinante do poder constituinte -, nem mesmo a aquiescência do Chefe do Executivo, mediante sanção do projeto de lei, quando dele é a prerrogativa usurpada, tem o condão de sanar esse defeito jurídico radical.
> Por isso mesmo, a tese da convalidação das leis resultantes do procedimento inconstitucional da usurpação - ainda que admitida por esta Corte sob a égide da Constituição de 1946 (Súmula nº 5) - não mais prevalece, repudiada que foi, quer pelo magistério da doutrina (Manoel Gonçalves Ferreira Filho, 'Comentários à Constituição Brasileira', vol. 3/262-263, 1992, Saraiva; Francisco Campos, Parecer, in RDA 73/380; Caio Tácito, Parecer, in RDA 68/341), quer pela jurisprudência dos Tribunais, inclusive desta Corte (RTJ 69/625 - RTJ 103/36 - RDA 72/226).[789]

3.2.1.14.3 Procedimentalização da apreciação

No desenvolvimento da função institucional de Procurador-Geral do Ministério Público junto ao Tribunal de Contas do Distrito Federal, o presente autor teve a oportunidade de propor emenda regulamentando o rito decisório para desempenho dessa competência.

Alguns ordenamentos jurídicos externos vêm, no entanto, adotando enfoque mais pragmático e inovador, conforme ensina Gilmar Ferreira Mendes, Doutor em Direito pela Universidade de Münster, na República Federal da Alemanha, ao mencionar que os ministérios federais daquele país utilizam sistema de prova de

---

788 BRASIL. Supremo Tribunal Federal. Ação Direta e Inconstitucionalidade nº 774-2/RS - Plenário. Relator: Ministro Sepúlveda Pertence. Brasília, 10 de dezembro de 1998. **Diário da Justiça [da] República Federativa do Brasil**, Brasília, DF, 26 fev. 1999, Ata nº 4. No mesmo sentido: ADIs 822-6/RS, 766-1/RS, 546-4/RS, 152-3/MG e 645-2/DF.

789 BRASIL. Supremo Tribunal Federal. Ação Direta de Inconstitucionalidade nº 776-1/RS - Plenário. Relator: Ministro Sepúlveda Pertence. Brasília, 11 de novembro de 1998. **Diário da Justiça [da] República Federativa do Brasil**, Brasília, DF, 11 dez. 1998.

constitucionalidade das leis com o objetivo de permitir um exame criterioso das questões mais comuns em sede de controle de constitucionalidade e com base num elenco de questões fundamentais, que devem ser analisadas no exame da proposta legislativa. Assim, o eminente magistrado, consciente da existência desse novo contexto político-normativo, propugna pela introdução de instrumentos similares na forma de lista de verificações, inspirada no dito sistema de prova alemão, com o objetivo de exercitar controle cada vez mais rigoroso sobre a constitucionalidade dos projetos de lei e de atos normativos do âmbito da própria Administração.

O Ministério Público junto ao Tribunal de Contas do Distrito Federal, em julho de 1997 iniciou ações integradas no mesmo sentido junto à Procuradoria-Geral do Distrito Federal, à Consultoria Jurídica do Governo do Distrito Federal e ao Ministério Público do Distrito Federal e Territórios, buscando a harmonização metodológica e a uniformidade do entendimento dos termos das leis com aparente vício de inconstitucionalidade, para a tempestiva e efetiva defesa da ordem jurídica, disso tudo dando ciência ao Plenário. Posteriormente esse esforço de integração teve solução de continuidade, lamentavelmente.

3.2.1.14.4 Leis e retroatividade da despesa

Há um tipo particular de inconstitucionalidade que merece mais detido exame: consiste na promulgação de lei destinada a convalidar a realização de despesa já realizada, sem o atendimento dos requisitos normativos gerais e particulares.

A lei pode, em alguns casos, retroagir. No caso das finanças públicas, porém, a regra é que a lei, que previamente autorize a prática do ato, seja, pois, também, prévia à realização da despesa, sob pena de nulificar o orçamento e violar a vontade do povo na eleição das prioridades definidas em matéria de despesa pública.[790]

Em hipóteses extraordinárias é que se admite o reconhecimento de dívida, em homenagem à boa fé, princípio da continuidade do serviço público e do princípio que veda, também para a Administração Pública, o enriquecimento sem causa. São hipóteses tão particulares que, como regra, obrigam a apuração de responsabilidade daquele que deu ensejo à prática de ato que, em momento posterior, obrigou o pagamento retroativo. Mantém-se, porém, o primado do orçamento, ou seja: o reconhecimento de dívida, mesmo nesse caso, exigirá que para o pagamento exista dotação orçamentária necessária e suficiente para suportar a despesa a ser enquadrada.[791]

---

[790] BRASIL. **Constituição da República Federativa do Brasil** (Versão Bolso). Organização dos textos e índice por J. U. JACOBY FERNANDES. 2. ed. Belo Horizonte: Fórum, 2019. Art. 5º, inc. XXXV.

[791] a) O Tribunal de Contas da União, respondendo consulta - portanto a resposta tem caráter normativo, na forma do art. 2º da Lei Orgânica do Tribunal de Contas da União - acerca de contrato nulo, decidiu que, havendo efeitos de proveito para a público, deverá ocorrer pagamento, inclusive pretérito, apurando-se a responsabilidade de quem deu causa à nulidade: BRASIL. Tribunal de Contas da União. Consulta. Processo TC nº 325.129/1995-9. Decisão nº 321/1995 - Plenário. Relator: Ministro Carlos Átila Álvares da Silva. Brasília, 12 de julho de 1995. **Diário Oficial [da] República Federativa do Brasil**, Brasília, DF, 1º ago. 1995. Seção 1, p. 11513.

b) O TCDF, diante de renovação do contrato com efeito retroativo, decidiu aplicar multa aos responsáveis: DISTRITO FEDERAL. Tribunal de Contas do Distrito Federal. Processo nº 0427/1991 (A). Decisão nº 6956/1997.

Essa regra, prevista na Constituição Federal[792] e reforçada em vários diplomas legais,[793] por vezes, sofre afronta nas chamadas normas convalidadoras.

Mesmo advindo de lei a tentativa de correção, em se tratando de finanças públicas, não poderá haver convalidação de despesa efetivada ou gratificação paga, sem prévia dotação orçamentária e autorização na lei de diretrizes orçamentárias. Trata-se de limite intransponível, óbice insuperável na esfera de competência das finanças públicas.

É possível, porém, vislumbrar a possibilidade de lei posterior reduzir os impactos da regularização de uma situação. Tal ocorreria, por exemplo, se uma determinada categoria recebesse durante um ano o pagamento de uma gratificação não autorizada previamente na lei de diretrizes orçamentárias. Ao verificar o erro, a Administração Pública determinaria a devolução e, por nova lei, desta feita previamente autorizada na lei de diretrizes orçamentárias,[794] e observando os limites insertos na Lei de Responsabilidade Fiscal, determinaria o pagamento de vantagem equivalente a que está sendo devolvida. Desse modo, o novo pagamento efetuado, se acatando às demais regras de execução da despesa, poderia ensejar relação de débito/crédito de conteúdo equivalente. Trata-se de expediente engenhoso e lícito se for capaz de superar algumas restrições que se impõem ao novo pagamento, como previsão na LDO e LRF.

3.2.1.14.5 Colaboração no controle de projetos de lei

Questão ainda pertinente ao tópico assentado é se podem os Tribunais de Contas exercer o controle de constitucionalidade sobre projetos de lei.

Muitas vezes, a expectativa da ação tardia de controle sobre a despesa e a grave lesão que poderá advir do projeto de lei inconstitucional podem levar ao interesse de pretender sustar a tramitação de projeto de lei.

Relatora: . Brasília, 14 de outubro de 1997. **Diário Oficial [do] Distrito Federal**, Brasília, DF, 21 out. 1997, p. 8562-8568. Há, porém, hipótese de relevação da falha em caráter excepcional, sem a aplicação de multa: Idem. Processo nº 3177/1995 (C). Decisão nº 3622/1998. Relator: Conselheiro Ronaldo Costa Couto. Brasília, 16 de junho de 1998. **Diário Oficial [do] Distrito Federal**, Brasília, DF, 26 jun. 1998, p. 8-17.

[792] BRASIL. **Constituição da República Federativa do Brasil** (Versão Bolso). Organização dos textos e índice por J. U. JACOBY FERNANDES. 2. ed. Belo Horizonte: Fórum, 2019. Conforme art. 167, inc. II, V, VI, VIII e 169, § 1º, inc. I.

[793] BRASIL. Lei nº 4.320, de 17 de março de 1964. Estatui Normas Gerais de Direito Financeiro para elaboração e controle dos orçamentos e balanços da União, dos Estados, dos Municípios e do Distrito Federal. **Diário Oficial [da] República Federativa do Brasil**, Brasília, DF, 3 jun. 1964. Seção 1, p. 4715 - art. 62; Decreto-Lei nº 200, de 25 de fevereiro de 1967. Dispõe sôbre a organização da Administração Federal, estabelece diretrizes para a Reforma Administrativa e dá outras providências. **Diário Oficial [da] República Federativa do Brasil**, Brasília, DF, 27 mar. 1967 - Suplemento, retificado em 8 mar. 1967 e 30 mar. 1967 - art. 73; Lei nº 8.429, de 2 de junho de 1992. Dispõe sobre as sanções aplicáveis aos agentes públicos nos casos de enriquecimento ilícito no exercício de mandato, cargo, emprego ou função na Administração Pública direta, indireta ou fundacional e dá outras providências. **Diário Oficial [da] República Federativa do Brasil**, Brasília, DF, 3 jun. 1992. Seção 1, p. 6993 - art. 10, inc. IX e X, entre outras.

[794] BRASIL. **Constituição da República Federativa do Brasil** (Versão Bolso). Organização dos textos e índice por J. U. JACOBY FERNANDES. 2. ed. Belo Horizonte: Fórum, 2019. Art. 169; BRASIL. **Lei de Responsabilidade Fiscal.** Lei Complementar nº 101, de 4 de maio de 2000. Organização dos textos e índice por J. U. JACOBY FERNANDES. 6. ed. atual. e ampl. Belo Horizonte: Fórum, 2014. Arts. 19 e 20.

Nem ao Poder Judiciário, porém, é permitida essa intervenção, tendo o Supremo Tribunal Federal, apreciando pleito que visava obstruir a tramitação de proposta de emenda à Constituição Federal, se manifestado nos seguintes termos:

> impedir que o Congresso Nacional pratique ato de ofício, que lhe é privativo, vale dizer, discuta, aprove ou não, e promulgue emenda constitucional, exorbita do controle que a Constituição Federal atribui ao Poder Judiciário.[795]

É possível, contudo, que os Tribunais de Contas adotem um sistema de colaboração, examinando projetos de lei que considere nocivos às finanças públicas e à ordem jurídica, desde que envolvam recursos públicos, comunicando aos poderes constituídos o seu entendimento sobre a questão.[796] Dessa forma, interfere licitamente no controle da constitucionalidade, reforça os vínculos de colaboração e efetiva um controle prévio; verdadeiramente contribui para a eficácia do controle. Quando integramos o Tribunal de Contas desenvolvemos trabalho colaborativo com a Comissão de Constituição e Justiça da Câmara Legislativa, em relação a leis que tratavam de bens e despesa pública.

Se os demais órgãos receberão bem ou não essa atividade? Isso dependerá, sobretudo, do grau de conscientização política de seus integrantes e da visão de interesse público que possuam.

3.2.1.15 Consulta

Uma das mais importantes funções do Tribunal de Contas é a de responder consulta.

Como regra, as máximas autoridades dispõem de órgão de consultoria jurídica[797] e de controle interno que podem prestar o serviço especializado nessas áreas. Ocorre que, dada a especificidade da ação do controle externo e a complexidade da matéria, por vezes, a prévia interpretação da norma ou da tese, torna-se extremamente recomendável.

Em termos de eficiência da Administração Pública, nada melhor para aqueles que lidam com finanças públicas do que ter previamente a interpretação do órgão de

---

[795] BRASIL. Supremo Tribunal Federal. Mandado de Segurança nº 20.257-DF. Pleno. Relator: Ministro Moreira Alves. Disponível em: https://jurisprudencia.stf.jus.br/pages/search/sjur96877/false.

[796] a) Nesse sentido, deliberou o TCDF: DISTRITO FEDERAL. Tribunal de Contas do Distrito Federal. Processo nº 7568/1996 (A). Decisão nº 973/1997. Relator: Conselheiro-Substituto Osvaldo Rodrigues. Brasília, 4 de março de 1997. **Diário Oficial do Distrito Federal**, Brasília, DF, 12 mar. 1997, p. 1696-1702. b) além dos projetos de lei orçamentária, comumente analisados pelo TCU, a Corte tem analisado outros projetos, como o acompanhamento sobre a implementação da Estratégia Brasileira de Inteligência Artificial (Ebia), focando na identificação e análise de possíveis riscos associados às propostas de regulação em discussão no Congresso Nacional. Acórdão nº 616/2024. Disponível em: https://www.in.gov.br/en/web/dou/-/ata-n-12-de-3-de-abril-de-2024-553568858.

[797] BRASIL. **Constituição da República Federativa do Brasil (Versão Bolso).** Organização dos textos e índice por J. U. JACOBY FERNANDES. 2. ed. Belo Horizonte: Fórum, 2019. Art. 131. A Advocacia-Geral da União é a instituição que, diretamente ou através de órgão vinculado, representa a União, judicial e extrajudicialmente, cabendo-lhe, nos termos da Lei Complementar que dispuser sobre sua organização e funcionamento, as atividades de consultoria e assessoramento jurídico do Poder Executivo.

controle externo. Para esses, a ação preventiva resultante tem mais largo alcance, porque o controle orientador é muito mais eficiente do que o repressivo.

O Poder Legislativo, ao elaborar a lei orgânica que vai reger um Tribunal de Contas, dispensa, porém, a esse tema menor importância, transferindo para o poder regulamentar do regimento interno do Tribunal de Contas o disciplinamento dos requisitos. Muitas vezes, são tantos e de tal ordem, que inviabilizam o conhecimento da consulta; noutras os próprios Tribunais de Contas acabam por relevar o cumprimento dos requisitos, dada a importância da questão subjacente envolvida e, finalmente, em outras, acabam por adotar engenhosa solução no sentido de, não podendo superar os requisitos formais, remeter o estudo elaborado sobre o mérito da questão, embora formalmente não a conheçam.

3.2.1.15.1 Requisitos da consulta

Analisando algumas leis orgânicas e regimentos internos das Cortes de Contas encontram-se, no geral, os seguintes requisitos.[798]

3.2.1.15.1.1 Ser formulada por autoridade competente

Para evitar que as Cortes se transformem em assessorias de níveis subalternos da Administração Pública, reduzindo não só a sua importância, mas ainda sobrecarregando os serviços, desvirtuando-as de suas finalidades mais nobres e relevantes, costumam os Tribunais de Contas restringir[799] o elenco de autoridades competentes para formular consultas.[800]

Nesse ponto, inequívoco o acerto e suas posições.[801]

Não se pode olvidar, porém, que o órgão de controle interno tem constitucionalmente o dever de apoiar o controle externo no exercício de sua missão

---

[798] O exame dos requisitos se inicia com os previstos na Lei nº 8.443/1992, que é a Lei Orgânica do Tribunal de Contas da União, por ser esse o paradigma nacional dos Tribunais de Contas e do controle externo.

[799] Já decidiu o TCU: a consulta formulada pelo Presidente do Conselho Regional de Contabilidade, por não estar essa autoridade relacionada entre as competentes para formular consulta, não deve ser conhecida. BRASIL. Tribunal de Contas da União. Consulta. Processo TC nº 012.930/1995-4. Decisão nº 444/1996 - Plenário. Relator: Ministro Lincoln Magalhães da Rocha. Brasília, 24 de julho de 1996. **Diário Oficial [da] República Federativa do Brasil**, Brasília, DF, 13 ago. 1996. Seção 1, p. 15304. Anteriormente, porém, admitia a consulta de Conselho Regional de entidade de classe. Nesse sentido: Consulta. Processo TC nº 006.481/1992-2. Decisão nº 489/1992 - Plenário. Relator: Ministro Affonso Martins de Oliveira. Brasília, 14 de outubro de 1992. **Diário Oficial [da] República Federativa do Brasil**, Brasília, DF, 27 out. 1992. Seção 1, p. 15066.

[800] O MP/TCDF, por intermédio da Procuradora Cláudia Fernanda de Oliveira Pereira, admitiu a possibilidade de sindicato formular consulta, em caráter excepcional, tendo por fundamento o direito de representação, inclusive em questões administrativas, estatuído no art. 8º, inc. III, da Constituição Federal. Parecer nº 1182. O Plenário do TCDF, contudo, considerando que igual consulta fora formulada pelo Secretário de Educação, preferiu conhecer desta e não conhecer da que foi formulada pelo sindicato, prevalecendo desse modo a ordem regimental: DISTRITO FEDERAL. Tribunal de Contas. Consulta. Processo nº 7696/1996 (apenso o de nº 6070/1996). Decisão nº 2050/1997. Relator: Auditor Osvaldo Rodrigues. Brasília, 10 de abril de 1997. **Diário Oficial do Distrito Federal**. Brasília, DF, 23 abr. 1997, pp. 2873-2879.

[801] No Tribunal de Contas da União, o tema está regulado no art. 264 do RI/TCU: BRASIL. Tribunal de Contas da União. BRASIL. **Regimento Interno e Lei Orgânica doTribunal de Contas da União (Versão Bolso).** Organização dos textos e índice por J. U. JACOBY FERNANDES. 1. ed. Belo Horizonte: Fórum, 2014. Resolução - TCU nº 246/2011.

institucional,[802] motivo pelo qual, em reciprocidade e em benefício da eficácia desse apoio, o elenco de autoridade do controle interno com competência de formular consultas deveria ser o mais amplo possível.[803]

3.2.1.15.1.2 Versar sobre matéria de competência do Tribunal de Contas

É de fundamental importância que a matéria versada esteja inserida no amplo espectro de competências dos Tribunais de Contas, sob pena de desvirtuar o instituto da consulta. Reconheça-se, como dito, que o elenco é bastante extenso.

Por vezes, os órgãos consulentes confundem-se, formulando questões pertinentes ao exercício do poder discricionário, requerendo do Tribunal de Contas entender entre várias possíveis exegeses a que considera melhor, afrontando o princípio da segregação das funções.[804]

Há, nesse ponto, estreito limite entre a ação do gestor que incorretamente pretende dividir o ônus de administrar e o que legitimamente pretende aferir a aplicação da norma com o princípio da economicidade. Só diante da consulta é que se pode verificar qual dessas atitudes ocorre.

3.2.1.15.1.3 Dúvida na aplicação de normas

Exatamente para evitar o possível desvirtuamento da consulta é que é preciso efetivar os princípios da segregação das funções entre controle e administração, e do devido processo legal. A consulta deve versar sobre dúvida na aplicação de normas e não no caso concreto.

Afasta-se, com isso, o interesse de solucionar dúvidas sobre processos decisórios e sobre fatos. Preserva-se, desse modo, a relevância do controle.

Como será visto a seguir no subtítulo 3.2.1.15.2.2 Prejulgamento da tese, a dúvida é sobre a aplicação da norma e não sobre esta para um caso específico.[805] A jurisprudência[806] revela que a consulta ainda pode ser justificável como instrumento uniformizador da jurisprudência.

---

[802] BRASIL. **Constituição da República Federativa do Brasil (Versão Bolso)**. Organização dos textos e índice por J. U. JACOBY FERNANDES. 2. ed. Belo Horizonte: Fórum, 2019. Art. 74, inc. IV.

[803] Em sentido contrário, posicionou-se o Tribunal de Contas da União, ao editar norma suprimindo os incisos V e VI do art. 216 do antigo RI/TCU, que autorizavam formular consulta o dirigente do órgão central de Controle Interno do Poder Executivo e os dirigentes de órgão de Controle Interno nos Poderes Legislativo e Judiciário: BRASIL. Tribunal de Contas da União. Resolução nº 79, de 26 de fevereiro de 1997. Suprime os incisos V e VI do art. 216 do Regimento Interno do Tribunal de Contas da União. **Diário Oficial [da] República Federativa do Brasil**, Brasília, DF, 04 mar. 1997. Seção 1, p. 4074.

[804] Sobre esse princípio, consultar no Capítulo I, que trata da função do controle, o subtítulo 1.5.1 Princípio da segregação das funções.

[805] Essa é a regra, mas o TCU já admitiu consulta considerando que "[...] não versa apenas sobre caso concreto [...]". BRASIL. Tribunal de Contas da União. Processo TC nº 010.901/2010-8. Acórdão nº 1.111/2010 - Plenário. Relator: Ministro José Jorge. Brasília, 19 de maio de 2010. **Diário Oficial da União [da] República Federativa do Brasil**, Brasília, DF, 1º jun. 2010. Seção 1.

[806] Idem. Exemplo nesse sentido é o relatório que conduziu o acórdão.

3.2.1.15.1.4 Clareza na formulação da consulta

A consulta deve versar sobre dúvida da autoridade, não ser duvidosa em relação ao seu objeto. Parece óbvio, mas muitas vezes a consulta é formulada de modo não claro, não decorrendo de forma lógica em relação aos *considerandos* articulados ou sobre o que efetivamente quer saber a autoridade consulente.[807]

3.2.1.15.1.5 Parecer técnico ou jurídico

Exatamente para evitar que o Tribunal de Contas se transforme em órgão consultivo, ou que seja criado um conflito de atribuições com outros órgãos de consultoria, as normas regimentais dos Tribunais de Contas, em geral, exigem que a consulta formulada se faça acompanhar de parecer da unidade jurídica ou técnica a que está afeta a estrutura do órgão consulente.

Essa exigência pode ser abandonada pelos Tribunais de Contas, até porque as normas costumam colocá-la como "sempre que possível".

Em particular, em relação aos órgãos do Poder Judiciário, esse requisito não prevalece, por dois motivos: primeiro, porque normalmente, embora tenham órgãos de assessoramento interno, por normas externas, costumam-se encarregar da advocacia consultiva - estruturas integradas no Poder Executivo; segundo, por presunção de que seus membros conheçam o direito.

Há registro também da dispensa dessa exigência quando há relevância e urgência na questão de fundo envolvida na consulta.

O parecer pode não ser conclusivo e apenas indicar a dúvida existente, mas também não pode ser desmotivado, seja técnico ou jurídico. Nesse ponto, vale repetir o que foi, alhures, lembrado: o parecer técnico não pode ser contrariado por leigos ou mesmo por superior hierárquico. "Nessa modalidade de parecer ou julgamento não prevalece a hierarquia administrativa, pois não há subordinação no campo da técnica (STF: RDA 80/136)".[808]

É possível, porém, que o parecer seja conclusivo e, mesmo assim, a autoridade superior tenha fundadas dúvidas, não sobre o teor do parecer - porque estas devem ser solucionadas *interna corporis* -, mas sobre a matéria de fundo debatida. Portanto, satisfeita a exigência de parecer no acompanhamento da consulta, deve esta ser conhecida, desde que fundamentado o parecer, independentemente de ser conclusivo ou não.

3.2.1.15.2 Efeitos da consulta

São os seguintes, os principais efeitos da consulta:

---

[807] Este requisito é exigido, na esfera federal, pelo art. 264 do RI/TCU – cfr: BRASIL. Tribunal de Contas da União. BRASIL. **Regimento Interno e Lei Orgânica do Tribunal de Contas da União.** Organização dos textos e índice por J. U. JACOBY FERNANDES. Belo Horizonte: Fórum, 2014.

[808] MEIRELLES, Hely Lopes. **Direito Administrativo Brasileiro.** 12. ed. São Paulo: RT, 1986, p. 153.

3.2.1.15.2.1 Orientação

O efeito que se espera de uma consulta, ao ser respondida, é que solucione a dúvida ocorrente e sirva de orientação para o consulente e para todos aqueles que enfrentem caso similar.

3.2.1.15.2.2 Prejulgamento da tese

Outro efeito importante da resposta da consulta é o prejulgamento da tese, mas não do fato ou do caso concreto.

Tal efeito tem duas consequências. A primeira é o respeito ao princípio do *due process of law* - devido processo legal - que impede a firmação de juízo antes da ocorrência dos fatos. Por esse motivo é que a dúvida deve retratar normas e não fatos, pois, do contrário, estaria a Corte julgando sem observar o rito processual adequado, a contextualização completa e a produção de provas em favor ou prejuízo do próprio consulente. A segunda é que pode o consulente, fato não raro, *interpretando* a resposta da consulta, atribuir-lhe elastério ou concepção diversa da que seria normalmente considerada. Daí a cautela jurídica que resguarda o instituto da consulta.

Nesse sentido, o Tribunal de Contas da União entendeu que a resposta a consulta obriga não só o consulente, mas todos os que se submetem à sua jurisdição, tal como ocorre com a decisão do STF em processo de ação direta de inconstitucionalidade.[809]

3.2.1.15.2.3 Recurso contra consulta

Como o exame na consulta se faz no plano da tese, não cabe recurso da decisão,[810] não tendo aceito o Tribunal de Contas da União a intervenção de terceiros no processo de consulta, mesmo aqueles que seriam afetados pela resposta.[811]

Esse entendimento merece, contudo, melhor reflexão.

Os possíveis atingidos pela resposta poderiam ingressar nos autos para debater a tese envolvida no Supremo Tribunal Federal pelo manejo de Ação Direta de

[809] No mesmo sentido: BRASIL. Tribunal de Contas da União. Recursos de Reconsideração. Processo TC nº 010.211/2000-9. Acórdão nº 250/2004 - Plenário. Relator: Ministro Benjamim Zymler. Brasília, 17 de março de 2004. **Diário Oficial da União [da] República Federativa do Brasil**, Brasília, DF, 29 mar. 2004. Seção 1, p. 89.

[810] Nesse sentido: BRASIL. Tribunal de Contas da União. Embargos de declaração em consulta. Processo TC nº 005.425/2000-4. Acórdão nº 988/2003 - Plenário. Relator: Ministro Augusto Sherman Cavalcanti. Brasília, 30 de julho de 2003. **Diário Oficial da União [da] República Federativa do Brasil**, Brasília, DF, 8 ago. 2003. Seção 1; Recurso de Reconsideração. Processo TC nº 010.211/2000-9. Acórdão nº 250/2004 - Plenário. Relator: Ministro Benjamim Zymler. Brasília, 17 de março de 2004. **Diário Oficial da União [da] República Federativa do Brasil**, Brasília, DF, 29 mar. 2004. Seção 1, p. 89; Recurso (processo de consulta). Processo nº 013.192/1995-7. Decisão nº 104/2001 - Plenário. Relator: Ministro Walton Alencar. Brasília, 14 de março de 2001. **Diário Oficial [da] República Federativa do Brasil**, Brasília, DF, 26 mar. 2001.

[811] Nesse sentido: BRASIL. Tribunal de Contas da União. Agravo. Processo TC nº 003.925/2002-9. Decisão nº 1635/2002 - Plenário. Relator: Ministro Adylson Motta. Brasília, 04 de dezembro de 2002. **Diário Oficial da União [da] República Federativa do Brasil**, Brasília, DF, 8 jan. 2003.

Inconstitucionalidade.[812] Tal figura de intervenção corresponderia à admissão de *amicus curiae*.[813]

3.2.1.16 Contas anuais do Presidente da República - Julgamento

É da competência exclusiva do Congresso Nacional julgar anualmente as contas prestadas pelo presidente da República.[814]

Autores de nomeada criticam sistematicamente a nomenclatura adotada pela Constituição em relação a essa competência e o fato de ser da competência privativa do Poder Legislativo.[815]

Nesse momento, será enfrentada a primeira crítica; a segunda, justificando o julgamento pelo legislativo, ficará para o tópico seguinte.

Justifica-se a nomenclatura e o sujeito sobre o qual recai o dever:

a) compete ao presidente da República representar o país e, perante o povo, prestar contas. Na condição de representante do país e nos regimes democráticos, também do povo, consolida as contas gerais;
b) é o Poder Executivo responsável pela quase integral arrecadação dos recursos e mais de 90% (noventa por cento), da execução da despesa;
c) é o responsável pela distribuição dos recursos financeiros previstos no orçamento;
d) a consequência da omissão na prestação de contas com irregularidade, no caso de contas anuais da entidade federada, é a sanção política do *impeachment*;
e) os titulares dos demais poderes estão sujeitos a julgamento direto nos Tribunais de Contas, mas podem, por delegação, transferir competências alusivas a contas.

Desse modo, as contas são julgadas em conjunto e, se rejeitadas pelo Poder Legislativo, poderão implicar abertura do processo de responsabilidade, no processo de *impeachment* ou, ainda, em se tratando dos demais poderes, no registro para aprofundamento pelo Tribunal de Contas quando proceder ao julgamento de sua competência.

---

[812] BRASIL. Supremo Tribunal Federal. Ação Direta de Inconstitucionalidade nº 1.691-1/DF. Relator: Ministro Moreira Alves. Brasília, 4 de abril de 2003. **Diário da Justiça [da] República Federativa do Brasil**, Brasília, DF, 30 abr. 2003.

[813] Sobre *amicus curiae*: "[...] No estatuto que rege o sistema de controle normativo abstrato de constitucionalidade, o ordenamento positivo brasileiro processualizou, na regra inscrita no art. 7º, § 2º, da Lei nº 9.868/1999, a figura do *"amicus curiae"*, permitindo, em conseqüência, que terceiros, desde que investidos de representatividade adequada, sejam admitidos na relação processual, para efeito de manifestação sobre a questão de direito subjacente à própria controvérsia constitucional [...]". BRASIL. Supremo Tribunal Federal. Ação Direta de Inconstitucionalidade nº 2777-8/SP. Relator: Ministro Cezar Peluso. **Diário da Justiça [da] República Federativa do Brasil**, Brasília, DF, 15 dez. 2003.

[814] BRASIL. **Constituição da República Federativa do Brasil** (Versão Bolso). Organização dos textos e índice por J. U. JACOBY FERNANDES. 2. ed. Belo Horizonte: Fórum, 2019. Art. 49, inc. IX.

[815] Foram apresentadas várias propostas de emenda à Constituição, visando alterar a nomenclatura para "contas da União".

Importa obtemperar que a competência incide apenas sobre as contas do Presidente e, portanto, sujeitas ao veredito de "aprovação" ou "rejeição". Os consectários deste último veredito constituem, quando ficarem caracterizados indícios, em pressuposto de novo processo, seja cível, criminal ou administrativo.

Descabe, portanto, extrapolar o limite da competência para julgamento e, no ato do veredito das contas anuais, além da motivação deste, impor sanção.

Tal competência, contudo, não se faz sem um prévio exame por órgão técnico-político do Congresso Nacional, que para isso deve instituir uma comissão mista[816] de deputados e senadores[817], à qual incumbirá emitir parecer, tendo por base o *parecer prévio*, elaborado pelo Tribunal de Contas da União.

Para melhor conhecer as contas anuais e efetivar a harmonização das matérias técnicas envolvidas, bem como consolidar o auxílio do Tribunal de Contas, o Congresso Nacional definiu que a comissão realizará uma audiência pública com o ministro-relator do *parecer prévio* no Tribunal de Contas da União, que fará uma exposição do documento produzido.[818]

A propósito da participação no caso, esta se dá sob a forma de convite, ato de colaboração, pois já decidiu o Supremo Tribunal Federal que o Poder Legislativo não tem competência para convocar membro do Tribunal de Contas.

O prazo para o presidente da República prestar contas ao Congresso Nacional, anualmente, é de sessenta dias após a abertura da sessão legislativa.[819] Trata-se de competência privativa do presidente da República,[820] cuja omissão acarreta crime de responsabilidade e a obrigação da Câmara dos Deputados[821] instaurar a tomada de contas.

O procedimento, ortodoxamente denominado "contas anuais", mereceu ser esclarecido pelo Conselheiro Aécio Mennuci, para quem este se resume:

---

[816] BRASIL. Congresso Nacional. Resolução nº 01, de 2006-CN. Dispõe sobre a Comissão Mista Permanente a que se refere o § 1º do art. 166 da Constituição, bem como a tramitação das matérias a que se refere o mesmo artigo. Disponível em: https://www2.camara.leg.br/legin/fed/rescon/2006/resolucao-1-22-dezembro-2006-548706-norma-pl.html.

[817] a) Estabelece nesse sentido o art. 166, §1º, da Constituição Federal.

b) Cabe obtemperar, pela análise do artigo, grande preocupação com o orçamento, Plano Plurianual e Lei de Diretrizes Orçamentárias, mas pouca preocupação com o que era efetivamente executado e está revelado nas contas anuais, como se o interesse político se exaurisse na apresentação de emendas ao orçamento. Após decisão na Arguição de Descumprimento de Preceito Fundamental - ADPF nº 854, os órgãos de Governo começaram a se organizar para uma prestação de contas mais transparente. Disponível em: https://portal.stf.jus.br/processos/detalhe.asp?incidente=6199750.

[818] BRASIL. Congresso Nacional. Resolução nº 01, de 2006-CN. Dispõe sobre a Comissão Mista Permanente a que se refere o § 1º do art. 166 da Constituição, bem como a tramitação das matérias a que se refere o mesmo artigo. Disponível em: https://www2.camara.leg.br/legin/fed/rescon/2006/resolucao-1-22-dezembro-2006-548706-norma-pl.html. Art. 29.

[819] BRASIL. **Constituição da República Federativa do Brasil** (Versão Bolso). Organização dos textos e índice por J. U. JACOBY FERNANDES. 2. ed. Belo Horizonte: Fórum, 2019. Art. 84, inc. XXIV.

[820] *Ibidem*, art. 84, *caput*.

[821] *Ibidem*, art. 51, inc. II.

> Num extenso relatório, que é acompanhado do Balanço Geral e demais demonstrações financeiras correlatas e pelos quais se procura demonstrar o que foi gasto (despesa) e o que foi arrecadado (receita) no exercício encerrado, dando-se ênfase especial ao desempenho orçamentário do estado e às realizações do governo dentro do mesmo período.[822]

Anualmente, por volta do mês de novembro, a Secretaria Federal de Controle Interno, órgão da Controladoria Geral da União, "estabelece o conteúdo, o prazo, a forma de apresentação e os órgãos e entidades da administração pública federal responsáveis pelo encaminhamento dos relatórios e demonstrativos que compõem a Prestação de Contas do Presidente da República"[823.] O faz, com base nas diretrizes para elaboração do relatório sobre as contas e das ações de controle aprovadas anteriormente pelo Tribunal de Contas da União, que sorteia, com bastante antecedência, o relator para a análise das contas[824.]

3.2.1.16.1 Parecer prévio – natureza jurídica

Interessa agora verificar a competência para emitir o parecer prévio sobre as contas, matéria técnica e de competência privativa dos Tribunais de Contas.

No Brasil, na Itália, na Inglaterra, na Bélgica, em Portugal e em praticamente todos os tribunais de contas essa competência está presente, mesmo quando não se encontram organicamente vinculados ao Poder Legislativo, variando a titulação do instrumento: contas anuais, conta geral do Estado, prestação de contas geral etc. Também o parecer prévio possui outras denominações, como o vetusto "caderno de observações" da Bélgica, ou o "juízo técnico de conformidade ou não conformidade", ou, ainda, mais modernamente, o simples *relatório* ou *informe*.

Ao contrário do que alhures eventualmente preconizam, o parecer prévio sobre as contas é indispensável, sendo nulo o julgamento diretamente pelo Poder Legislativo sem a prévia e formal manifestação do Tribunal de Contas.[825] Mesmo que vencido o prazo para emissão do parecer prévio, não pode o parlamento julgar diretamente[826], já decidiu o Supremo Tribunal Federal.

---

[822] MENNUCI, Aécio. O Tribunal de Contas e sua jurisdição. **Revista do Tribunal de Contas do Rio de Janeiro**, p. 45-47, jun. 1982, *apud* MEDAUAR, Odete. Controle da Administração Pública pelo Tribunal de Contas. **Revista de Informação Legislativa**, Brasília, ano 27, n. 108, p. 116, out./dez. 1990.

[823] CGU. SFCI. Instrução Normativa no 42, de 18 de novembro de 2024. Disponível emhttps://pesquisa.in.gov.br/imprensa/jsp/visualiza/index.jsp?data=21/11/2024&jornal=515&pagina=131&totalArquivos=158.

[824] BRASIL. Tribunal de Contas da União. Acórdão 441/2025 – Plenário. Disponível em: https://pesquisa.apps.tcu.gov.br/redireciona/acordao-completo/ACORDAO-COMPLETO-2690865

[825] Nesse sentido, o TCE/MG sumulou: "É ineficaz e de nenhuma validade a resolução da Câmara Municipal que aprova ou rejeita as contas do Prefeito antes da emissão do parecer prévio do Tribunal de Contas". MINAS GERAIS. Tribunal de Contas. Súmula nº 31. Comissão de Súmula Biênio 2001/2002. Publicada no **"MG"** de 10/12/87 - pág. 36, ratificada no **"MG"** de 20 de agosto de 1997. p. 35.

[826] Nesse sentido: BRASIL. Supremo Tribunal Federal. Ação Direta de Inconstitucionalidade nº 261-9/SC. Relator: Ministro Gilmar Mendes - Plenário. Brasília, 14 de novembro de 2002. **Diário Oficial da União [da] República Federativa do Brasil**, Brasília, DF, 21 mar. 2003. Seção 1, p. 2.

Recentemente, o STF decidiu ADPF em que a ATRICON insurgiu-se contra decretos legislativos da Assembleia de Alagoas que aprovara as contas anuais do Governador do Estado, sem considerar o parecer prévio do Tribunal de Contas que se omitira em expedi-los. Nas razões de decidir, o Ministro Gilmar Mendes obtemperou que:

> [...] A competência do Tribunal de Contas para emissão do parecer prévio a que se refere o art. 71, I, da Constituição Federal, quando extrapolado, em muito, o prazo constitucionalmente imposto, não tem o condão de obstruir a competência do Poder Legislativo estadual para julgar as contas anuais do Chefe do Poder Executivo estadual.
>
> [...] Admitir que o Tribunal de Contas do Estado, após superado, de forma irrazoável, o prazo mencionado, pode impedir o exercício de atribuição própria do Poder Legislativo estadual significa - além de menosprezar esse Poder, diminuindo, de forma inconstitucional, seu âmbito de atuação e de afetar sua própria dignidade enquanto elemento fundamental da ordem constitucional - submetê-lo ao órgão (Tribunal de Contas) que, nessa específica matéria - julgamento das contas anuais do Chefe do Poder Executivo -, tem função meramente auxiliar ao próprio Poder Legislativo.[827]

Como colocado por Vinícius de Sousa Nascimento, a nova decisão do STF reforça a autonomia do Poder Legislativo estadual no controle das contas do Executivo e estabelece um limite para a atuação dos tribunais de contas, evitando que a inércia desses órgãos comprometa o exercício da fiscalização parlamentar.

3.2.1.16.1 Parecer e o devido processo legal

Um dos pontos relevantes da revisibilidade judicial das decisões do Tribunal de Contas, em geral, é a inobservância do princípio do *due process of law*.

O acatamento do princípio da ampla defesa e do contraditório tem aplicação restrita em relação ao *parecer*, posto que, como regra, deste ato não decorrem efeitos jurídicos. Quem deve garantir a ampla defesa e o contraditório é, pois, quem tem o dever de julgar.

Ocorre que o parecer do Tribunal de Contas sobre as contas anuais tem, na sua natureza, conteúdo altamente técnico e, por vezes, vinculativo para o julgamento, como ocorre em relação às contas municipais.[828]

Muitos Tribunais de Contas desenvolviam essa atividade em articulação permanente com o chefe do Poder Executivo, proporcionando-lhe, *in tempore oportuno*,

---

[827] BRASIL. Supremo Tribunal Federal. ADPF nº 366/AL. Disponível em: https://portal.stf.jus.br/processos/downloadPeca.asp?id=15374450570&ext=.pdf.

[828] BRASIL. **Constituição da República Federativa do Brasil (Versão Bolso).** Organização dos textos e índice por J. U. JACOBY FERNANDES. 2. ed. Belo Horizonte: Fórum, 2019. Art. 31, § 2º.

prestar os esclarecimentos; outros expressamente garantiam sua oitiva, sobre as irregularidades verificadas, antes de ser emitido o respectivo parecer prévio. Coube ao Supremo Tribunal Federal firmar o entendimento de que os Tribunais de Contas devem garantir a ampla defesa, antes de emitirem o parecer conclusivo, pacificando assim a jurisprudência sobre o tema.

Em sede de ação direta de inconstitucionalidade, envolvendo parecer sobre contas municipais, posicionou-se o Ministro Ilmar Galvão, no sentido de que "o parecer opinativo do Tribunal de Contas haverá de ser precedido, necessariamente, de interpelação do Prefeito".[829] No mesmo sentido, em relação ao dever de os Tribunais de Contas garantirem a prévia oitiva do Governador, no julgamento das contas deste, manifestou-se o Ministro Celso de Mello.[830]

Independentemente do dever do tribunal de contas de assegurar o contraditório na fase de elaboração do relatório, posteriormente, o Poder Legislativo deve garantir a ampla defesa na fase do julgamento, conforme vem reiteradamente decidindo o Supremo Tribunal Federal.[831]

A relevância do parecer prévio e sua indispensabilidade à efetivação do devido processo legal foi reafirmada pelo Supremo Tribunal Federal quando considerou inconstitucional norma da Constituição do Estado de Santa Catarina. Estabelecia esta Constituição que o Poder Legislativo poderia julgar as contas diretamente se o Tribunal de Contas não emitisse o parecer prévio.[832]

É necessário esclarecer, contudo, que as contas do Chefe do Poder Executivo não são julgadas pelos tribunais de contas; estes emitem parecer prévio, técnico, com fundamento na legalidade, legitimidade, economicidade e eficiência, mas conservando a natureza de parecer e não de decisão. Por esse motivo, a atuação do Ministério Público – que normalmente se faz emitindo parecer nos processos – neste caso, não é cabida, pois se constituiria em parecer sobre o parecer do Tribunal, o que se revela de todo inadequado. A sua função é verificar se o Tribunal garantiu à autoridade a ampla defesa e o contraditório, sem imiscuir-se no mérito. Esse é o entendimento que o autor do presente trabalho defendeu no desempenho da função de Procurador-Geral do Ministério Público junto ao TCDF.

---

[829] a) BRASIL. Supremo Tribunal Federal. ADI nº 1.000. Relator: Ministro Moreira Alves. Brasília, 10 de fevereiro de 1994. **Diário da Justiça [da] República Federativa do Brasil**, Brasília, DF, 22 maio 1994. Seção 1, p. 8942.

b) na ADI nº 5530, o STF decidiu que são inconstitucionais normas que atribuem a emissão de pareceres opinativos aos auditores de Tribunal de Contas estadual, por incompatibilidade com a função de judicatura de contas estabelecida pelos arts. 73, § 4º, e 75, caput, da Constituição". Disponível em: https://www.in.gov.br/web/dou/-/decisoes-490091524.

[830] Em liminar, o STF determinou ao TCE/PE permitir o exercício do direito de defesa: BRASIL. Supremo Tribunal Federal. Suspensão de Segurança nº 1.197-9. Relator: Ministro Celso de Mello. Brasília, 15 de setembro de 1997. **Diário da Justiça [da] República Federativa do Brasil**, Brasília, DF, 22 set. 1997. Seção 1, p. 46243- 46245.

[831] BRASIL. Supremo Tribunal Federal. RE nº 261.885-SP. Relator: Ministro Ilmar Galvão. Brasília, 5 de dezembro de 2000. **Informativo STF**, Brasília, nº 213, p. 1, dez. 2000.

[832] BRASIL. Supremo Tribunal Federal. ação Direta de Inconstitucionalidade nº 261-9/SC. Relator: Ministro Neri da Silveira. Brasília, 14 de novembro de 2002. **Diário da Justiça [da] República Federativa do Brasil**, Brasília, DF, 28 fev. 2003.

O Ministro Marco Aurélio elucida o tema na ementa:

> REJEIÇÃO DE CONTAS - COMPETÊNCIA. Ao Poder Legislativo compete o julgamento das contas do Chefe do Executivo, considerados os três níveis - federal, estadual e municipal. O Tribunal de Contas exsurge como simples órgão auxiliar, atuando na esfera opinativa - inteligência dos artigos 11 do Ato das Disposições Constitucionais Transitórias, 25, 31, 49, inciso IX, 71 e 75, todos do corpo permanente da Carta de 1988. [...].[833]

Na mesma linha de entendimento votou o eminente Ministro Octavio Gallotti:

> Os Tribunais de Contas, recordei eu, a par de suas atividades de auxiliar do Legislativo, têm, também, uma jurisdição própria e privativa. Mas o art. 71, inciso I, da Constituição Federal, tal como o § 2.º do art. 31, que é aplicável às Prefeituras, ambos versam aquela outra competência, tipicamente auxiliar, porque nenhuma competência é de natureza mais auxiliar do que a de dar parecer. A uma decisão que se traduz em parecer sobre contas, jamais se poderia atribuir um caráter jurisdicional.

Se o Chefe do Poder Executivo não pratica ato de ordenador de despesas, não estará sujeito a julgamento pelo Tribunal de Contas; contudo, se o fizer, será julgado como qualquer ordenador de despesas, na forma da competência definida no art. 71, inc. II, da Constituição Federal. Desse modo, não pode o Chefe de Poder ser chamado a responder por ato de subalterno se não exerceu a função de ordenador de despesas, limitando-se à chefia política.

O ministro Ilmar Galvão esclarece a questão:

> Além dessa função, de natureza técnico-opinativa, não há dúvida de que exercem os Tribunais de Contas Estaduais funções de natureza jurisdicional, por simetria do que está disposto no art. 71, II, da CF/88. Compete-lhe, pois, por igual, 'julgar as contas dos administradores e demais responsáveis por dinheiros, bens e valores públicos da administração direta e indireta [...] e as daqueles que derem causa a perda, extravio ou outra irregularidade de que resulte prejuízo ao erário público.'
>
> Não se trata, aí, todavia, do agente político que exerce a Chefia do Poder Executivo, mas dos demais agentes, responsáveis pelas unidades administrativas que compõem a unidade política a que se refere.
>
> Em relação a esses agentes é que compete ao Colegiado aplicar as sanções previstas em lei, como multas ou outras cominações,

[833] BRASIL. Supremo Tribunal Federal. RE nº 132.747/DF - Pleno. Relator: Ministro Marco Aurélio. Brasília, 17 de junho de 1992. **Diário da Justiça [da] República Federativa do Brasil**, Brasília, DF, 7 dez. 1995.

> assinar prazo para regularização de contratos, providenciar no sentido da execução de seus efeitos etc., como disposto nos incs. VIII, IX e X do art. 71 d CF/88.
>
> Em nenhum passo, a Constituição investiu os Tribunais de Contas do poder de, apreciando contratos celebrados pela Administração, aplicar sanções ao Chefe do Poder Executivo, como aconteceu relativamente ao Recorrente. A medida do absurdo poderia ser mais facilmente percebida, se se estivesse diante de decisão análoga do Tribunal de Contas da União, por meio da qual a Corte houvesse aplicada multa pecuniária ao Presidente da República, ou condenado o Chefe do Poder Executivo a restituir valores tidos como indevidamente pagos pela Administração a terceiros.
>
> Não há, nem poderia haver, no sistema orgânico do Estado brasileiro qualquer espaço para iniciativa dessa ordem, não somente em relação ao Chefe do Poder Executivo Federal, mas também do Estadual e Municipal. Estar-se-ia diante de intolerável quebra dos princípios da igualdade e independência dos poderes.
>
> A observância de uma simetria no trato entre os três mencionados agentes políticos do Estado somente não seria de ordem imperativa se a própria Constituição Federal houvesse estabelecido diverso em relação aos dois últimos, o que, como se viu, não ocorreu, havendo, ao revés, no art. 31, Parágrafo 1.º, conferido o controle externo das contas dos Prefeitos à Câmara Municipal, caracterizado como de auxílio ao Poder Legislativo o papel a ser desempenhado pelos Tribunais de Contas dos Estados, a esse respeito.

3.2.1.16.2 Omissão na remessa das contas anuais

Como regra, todos os dirigentes de unidades da federação cumprem os prazos definidos para remessa das contas anuais aos Tribunais de Contas, sendo também comum pedidos de prorrogação que podem ser deferidos, dentro de limites razoáveis, quando sólida justificativa acompanhar o pleito.

Isso porque as normas em vigor consideram crime de responsabilidade deixar de prestar contas[834]. A mesma omissão pode ser causa de intervenção na unidade federada.[835]

---

[834] BRASIL. Decreto Lei nº 201, de 27 de fevereiro de 1967. Dispõe sobre a responsabilidade dos Prefeitos e Vereadores, e dá outras providências. Disponível em: https://www.planalto.gov.br/ccivil_03/decreto-lei/del0201.htm. "Art. 1º São crimes de responsabilidade dos Prefeitos Municipal, sujeitos ao julgamento do Poder Judiciário, independentemente do pronunciamento da Câmara dos Vereadores: [...] VI - deixar de prestar contas anuais da administração financeira do Município a Câmara de Vereadores, ou ao órgão que a Constituição do Estado indicar, nos prazos e condições estabelecidos;"

[835] RIO GRANDE DO NORTE. Tribunal de Contas. Súmula nº 14/1999. A apresentação da prestação de contas, mesmo que a destempo, no curso de procedimento visando a Intervenção do Estado no Município, prejudica a sua

Além dessas consequências, outras podem decorrer, segundo regulamentação legal.[836]

Para comprovar a irregularidade, basta que qualquer interessado requeira no Tribunal de Contas certidão, informando a ausência de remessa no prazo legal.

3.2.1.16.2.1 Protocolização de contas pelo omisso

O Supremo Tribunal Federal teve a oportunidade de apreciar pedido de retorno ao cargo de prefeito de Município que, tendo sofrido a intervenção, protocolizou as contas no Tribunal de Contas do Estado. Entendeu o excelso pretório que a simples protocolização das contas não é motivo suficiente para cessar a intervenção e autorizar o retorno do prefeito ao cargo. No caso concreto, acresceu ainda que o resultado da inspeção feita pelo Tribunal de Contas apontava outras irregularidades, justificando a manutenção da intervenção.[837]

3.2.1.16.3 Contas anuais dos três poderes

A Constituição Federal e, em simetria, as constituições estaduais e leis orgânicas de municípios, referem-se às contas do presidente da República, do governador e do prefeito, respectivamente.

Abre-se, então, amplo debate sobre o conteúdo da norma e sobre o julgamento das contas dos demais poderes e órgãos autônomos.

Para compreender por que a norma se refere à pessoa do chefe do Poder Executivo, é importante considerar o seguinte:

1º) o julgamento das contas pelo Poder Legislativo encerra, na verdade, a última fase do ciclo orçamentário:

a) a primeira consiste na elaboração da proposta orçamentária pelo Poder Executivo;

---

efetivação, ficando ressalvada a competência do Tribunal para infligir multa cumulativa ao responsável, por cada mês de atraso. Fundamento Legal: Constituição Federal, art. 35, *caput*; Constituição Estadual, art. 25, *caput*; - Lei Complementar nº 121/1994, art. 58, *caput*. Disponivel em: <**http://www.tce.rn.gov.br**>. Acesso em: 06 jun. 2014.

[836] a) "O processo de prestação de contas anual dos municípios deverá ser apresentado ao Tribunal de Contas, pelo Chefe do Poder Executivo, no prazo legal e na forma da Instrução específica, sob pena de aplicação de multa ao gestor, bloqueio das transferências de fundos federais e comunicação à Câmara Municipal para que proceda à tomada de contas e ao Governador do Estado para fins de intervenção". MINAS GERAIS. Tribunal de Contas de Minas Gerais. Súmula nº 37. Comissão de Súmula Biênio 2001/2002. Revisada no **"MG"** de 23 abr. de 2002, p. 30.

b) "Concluído o processo de julgamento das contas anuais prestadas pelo Chefe do Poder Executivo Municipal, se apontadas irregularidades por este Tribunal, os autos serão encaminhados ao Ministério Público". MINAS GERAIS. Tribunal de Contas. Súmula nº 57. Comissão de Súmula Biênio 2001/2002. Revisada no **"MG"** de 19 de dez. de 2002. p. 40.

[837] BRASIL. Supremo Tribunal Federal. Suspensão de Segurança nº 840-5 (AgRg). Relator: Ministro Sepúlveda Pertence. Brasília, 14 de setembro de 1995. **Diário da Justiça [da] República Federativa do Brasil**. Brasília, DF, 22 mar. 1996. Seção 1, p. 8209: "Intervenção estadual em município por falta de prestação de contas pelo prefeito: liminar a este deferida em mandado de segurança para assegurar-lhe o retorno ao exercício do mandato, porque, já efetivada a intervenção, protocolou no Tribunal de Contas o que seriam as contas não prestadas no tempo devido: suspensão de liminar confirmada".

b) a segunda, na discussão e aprovação dessa proposta pelo Poder Legislativo;

c) a terceira corresponde à execução do orçamento;

d) a quarta refere-se ao controle da execução do orçamento e parecer final, prévio ao julgamento sobre as contas, pelo Tribunal de Contas;

e) a quinta, encerrando o ciclo, julgamento das contas pelo Poder Legislativo. Como todo ato de julgar, o STF entende que a rejeição ou a aprovação de contas deve ser motivada.[838]

2º) na lição de Teixeira Machado e Costa Reis, "o executivo é que tem a responsabilidade pela elaboração e encaminhamento da prestação de contas geral do exercício ao Legislativo".[839] Essa prestação envolve todos os poderes, porque o orçamento é uno e as contas refletem a atuação dos três poderes de forma integrada, por meio do titular que representa a pessoa jurídica.[840]

Ocorrendo irregularidade, pode o Tribunal de Contas, no *parecer prévio*, destacá-la para exame em separado[841], de forma a preservar a competência do julgamento da conta do ordenador da despesa, mas, em momento algum, pode subtrair o julgamento das contas gerais da unidade federada do Poder Legislativo, nem este pode querer separar os poderes para pretender julgar as contas em separado de cada um deles, porque aí estaria subtraindo a competência reservada ao Tribunal de Contas. Por outro lado, este último não julga as contas dos poderes, mas tão somente a atuação dos administradores públicos, com relevo para o ordenador de despesas de cada órgão autônomo ou relativamente autônomo.

Desse modo, é incorreto referir-se ao julgamento de contas do Poder Executivo, do Poder Legislativo ou do Poder Judiciário, seja quando se refere a julgamento pelo Poder Legislativo, seja quando se refere a julgamento pelo Tribunal de Contas. Poder não tem contas julgadas por ninguém.

Quando o Poder Judiciário, por exemplo, remete as suas contas para o Poder Executivo consolidar e apresentar, em nome do chefe deste, ao Tribunal de Contas, onde receberá parecer prévio, não há liame de submissão. O mesmo, guardadas as devidas proporções, ocorre com o Poder Legislativo.

Se as contas forem rejeitadas, não há consequência direta, nem sanção direta, porque o julgamento pelo Poder Legislativo é ato político, ainda que tenha subjacente parecer técnico. O que poderá ocorrer, e ocorre eventualmente, é que as contas sejam rejeitadas e, a partir daí, pelos fatos nelas contidos, se imputáveis ao chefe do Poder

---

[838] BRASIL. Supremo Tribunal Federal. RE nº 235593/MG. Relator: Ministro Celso de Mello. **Informativo STF nº 342**. Brasília, 29 de março a 9 de abril de 2004.

[839] MACHADO JÚNIOR, José Teixeira; REIS, Heraldo da Costa. **A Lei 4.320 comentada**. 7. ed. São Paulo: IBAM, 1976.

[840] Em razão da responsabilidade conferida ao Poder Executivo, a Secretaria do Tesouro Nacional editou a Portaria nº 86, de 17 de fevereiro de 2014, que estabelece regras para o recebimento dos dados contábeis e fiscais dos entes da Federação no exercício de 2014 e dá outras providências.

[841] Inclusive determinando a instauração de Tomada de Contas Especial.

Executivo, seja iniciado processo de *impeachment*. Já com relação aos indícios de irregularidade na execução da atividade financeira pelos demais poderes, em relevância econômica muito menos expressiva e, por isso mesmo, de menor repercussão junto à sociedade, serão destacados para, no momento correto, serem objeto de Tomada de Contas Especial, ou simplesmente de Tomada de Contas, no desempenho da função de julgamento a ser realizado diretamente pelo Tribunal de Contas.

Por esse motivo, em duas oportunidades o Supremo Tribunal Federal considerou inconstitucional que o Poder Legislativo pretendesse separar suas contas da prestação de contas anual e julgá-las por si próprio. As contas, referentes à atividade financeira desse poder, são efetivamente julgadas pelo Tribunal de Contas. Mais uma vez, verifica-se que este órgão não é auxiliar do Poder Legislativo, mas auxilia-o no desempenho da função, preservando sua autonomia a ponto de julgar as contas das mesas da Assembleia Legislativa e da Câmara de Vereadores.[842]

Na lição legada em um dos mais importantes acórdãos, que firmou a jurisprudência do Supremo Tribunal Federal, hoje pacífica em relação a essa questão, o Ministro Celso de Mello averbou:

> A norma constitucional estadual que dispensa às contas anuais prestadas pela Mesa da Assembleia Legislativa o mesmo regime jurídico peculiar às contas do Chefe do Poder Executivo, também atribuindo ao pronunciamento do Tribunal de Contas, no que concerne ao órgão parlamentar, função meramente opinativa, parece infringir a regra de competência inscrita no art. 71, II, da Carta Política, que investe essa Corte no poder de julgar as contas, mesmo quando apresentadas pelo próprio Poder Legislativo.[843]

No voto condutor dessa mesma ADI, colhe-se a seguinte lapidar oração:

> As contas da Mesa da Assembleia Legislativa estão sujeitas a julgamento do Tribunal de Contas do Estado, por força do disposto no inc. II do art. 71, combinado com o art. 75 da Constituição Federal, e não simplesmente a parecer prévio de Corte de Contas, como previsto no inciso I do mesmo artigo, dispositivo este aplicável apenas às contas prestadas anualmente pelo presidente da República.[844]

No Tribunal de Contas do Estado do Acre surgiu relevante questão por que as contas eram apresentadas em separado, por poder. Desse modo, as contas do Tribunal

---

[842] Ou, no caso do Distrito Federal, Câmara Legislativa, designação específica do Poder Legislativo local.

[843] BRASIL. Supremo Tribunal Federal. Ação Direta de Inconstitucionalidade nº 849-8/MT. Relator: Ministro Sepúlveda Pertence. Brasília, 11 de fevereiro de 1999. **Diário da Justiça [da] República Federativa do Brasil**, Brasília, DF, 23 abr. 1999. Seção 1, p. 3.

[844] No mesmo sentido, a Súmula 99 do TCE/MG: "As contas anuais dos responsáveis pela gestão financeira, orçamentária e patrimonial das Câmaras Municipais serão julgadas pelo Tribunal de Contas". MINAS GERAIS. Tribunal de Contas do Estado de Minas Gerais. Súmula nº 99. Comissão de Súmula Biênio 2001/02. **Diário Oficial do Estado de Minas Gerais**, Belo Horizonte, MG, 13 dez. 2000, p. 33.

de Justiça, cujo julgamento é, inequivocamente, da competência dos Tribunais de Contas, eram apresentadas como do *Poder Judiciário*. Diante de tal quadro, obtemperou o eminente Procurador-Geral do Ministério Público junto ao Tribunal de Contas do Acre, Fernando de Oliveira Conde, que:

> nos termos da legislação Acreana, quando o Governador do Estado, o presidente do Tribunal de Justiça ou o Presidente da Assembleia Legislativa apresentam suas contas, o fazem em nome dos Poderes Executivo, Judiciário e Legislativo, respectivamente. Nas do Executivo, é também de ressaltar, vão expressos, apenas, os repasses positivados aos dois outros Poderes, repasses que são tidos como aplicados e ficando as diferenças na dependência de esclarecimentos contábeis e documentos desses dois outros poderes.

Diante de tal quadro, concluiu:

> [...] igualar Poder Judiciário a Autarquias, Empresas Públicas e Sociedades de Economia Mista, Administradores e demais responsáveis por dinheiros, bens e valores públicos é atentar, violentamente, contra o princípio da isonomia.[845]

Nada obstante essa argumentação, o Tribunal de Contas repeliu as razões e, no voto do Conselheiro José Eugênio de Leão Braga, afastando as normas locais, preferiu acolher a simetria com o modelo federal, em homenagem à jurisprudência do Supremo Tribunal Federal, nos termos aqui apresentados.

3.2.1.16.3.1 Omissão e contas irregulares

Perante a ordem jurídica, equivale à omissão completa a apresentação de contas fora dos parâmetros legais e as prestações que revelam graves máculas, sejam de ordem contábil ou jurídica.

O Poder Judiciário brasileiro acolhe essa linha de entendimento, que vem sendo defendida pelos Tribunais de Contas.[846]

No ordenamento jurídico constitucional, se as contas do presidente da República não forem enviadas no prazo legal, o fato será comunicado ao Congresso para que a Câmara dos Deputados efetue a tomada de contas daquela entidade.[847]

---

[845] ACRE. Tribunal de Contas do Acre. Prestação de contas. Processo TC nº 3.422/1996. **Acórdão nº 1.812**. Relator: Conselheiro José Eugênio de Leão Braga. Rio Branco, 31 de outubro de 1996. Maioria. Vencido o Conselheiro Hélio Saraiva de Freitas, que votou pela emissão de parecer prévio. Material gentilmente cedido ao autor pelo Procurador Fernando de Oliveira Conde.

[846] BRASIL. Superior Tribunal de Justiça. Constitucional. ROMS nº 119-PB. Relator: Ministro Armando Rolemberg. Brasília, 29 de agosto de 1990. **Diário da Justiça [da] República Federativa do Brasil**, Brasília, DF, 22 ago. 1990. Seção 1, p. 11650.

[847] BRASIL. **Constituição da República Federativa do Brasil** (Versão Bolso). Organização dos textos e índice por J. U. JACOBY FERNANDES. 2. ed. Belo Horizonte: Fórum, 2019. Art. 75.

O modelo é obrigatoriamente estendido aos estados e municípios nesse particular,[848] autorizando-se o respectivo Poder Legislativo, com o auxílio do Tribunal de Contas, a tomar as contas.

Evidentemente, embora se trate de competência privativa da Câmara, esta não tem e não deve ter estrutura apta ao desempenho da competência excepcionalíssima, podendo e devendo contar com o auxílio do Tribunal de Contas da União.

3.2.1.16.4 Contas anuais do governador e do prefeito - Julgamento

Como foi apontado nas edições anteriores desta obra, a participação do Tribunal de Contas no julgamento de contas do chefe do Poder Executivo encontra-se numa zona cinzenta entre a função de fiscalização e julgamento de contas, dada a competência constitucional de apreciação definitiva das contas anuais pelo Poder Legislativo.

Trata-se de matéria que tem suscitado divergências, tanto na doutrina como na jurisprudência pátria, tendo sido profundamente enfrentada pelo Supremo Tribunal Federal em dois temas de Repercussão Geral mais recentes. Tendo em voga a repercussão política do julgamento das contas dos chefes de Poder Executivo, para os fins da LC nº 64/1990, o Supremo Tribunal Federal, em sede de Repercussão Geral, analisou o tema sob dois temas distintos.

No RE nº 729.744, foram examinados os efeitos da omissão do Poder Legislativo na apreciação do parecer prévio dos Tribunais de Contas, quando do julgamento de contas anuais dos chefes do Poder Executivo (Tema 157).

No RE nº 848.826, foi examinada a competência para julgamento dos chefes do Poder Executivo quando se tratarem de contas de gestão, ou seja, na forma do art. 72, inc. II, da Constituição Federal de 1988 (Tema 835). Sobre o tema há que se considerar ainda a ADPF nº 982.

Em subtítulos específicos, apreciam-se os dois temas.

3.2.1.16.4.1 Contas do Prefeito e a omissão no julgamento pelo poder Legislativo

O primeiro Recurso Extraordinário que ensejou o tema 157, teve a seguinte decisão:

> O parecer técnico elaborado pelo Tribunal de Contas tem natureza meramente opinativa, competindo, exclusivamente, à Câmara de Vereadores o julgamento das contas anuais do Chefe do Poder Executivo local, sendo incabível o julgamento ficto das contas por decurso de prazo. Vencidos Roberto Barroso, Edson Fachin, Rosa Weber e Luiz Fux.

[848] *Ibidem*, arts. 51, inc. II e 84, inc. XXIV.

Para compreender melhor, destacam-se os dois entendimentos divergentes. A primeira foi suscitada pelo Ministro Luís Roberto Barroso, no que diz respeito à possível demora no julgamento pelo Poder Legislativo, o que poderia beneficiar agentes políticos indevidamente, permitindo sua participação no certame eleitoral.

Propôs o eminente ministro que Supremo Tribunal Federal assentasse, desde já, a inconstitucionalidade da omissão do Poder Legislativo, quando superado prazo razoável para o julgamento das contas. Veja-se os termos da manifestação proferida em plenário:

> Eu gostaria - e se ficar vencido deixo apenas consignado -, eu estou de acordo que não se dê ao parecer que não foi objeto de deliberação a consequência de significar rejeição. Mas eu considero que a não deliberação em prazo razoável é uma prática inconstitucional. Portanto, eu gostaria de declarar isso. Se a maioria concordar, bem; se a maioria não concordar, eu farei constar do meu voto. Eu considero que, se o parecer foi rejeitado, quem tiver eventual maioria, ainda que simples, na Câmara Municipal, pode simplesmente impedir a deliberação do parecer. Eu considero que esta omissão na deliberação é inconstitucional. Portanto, eu diria que estou de acordo com a tese, mas considero a não deliberação pela Casa Legislativa, depois de proferido o parecer, uma prática inconstitucional.

O problema da tese proposta é que a declaração de inconstitucionalidade não oferece nenhuma consequência prática em caso de omissão do Poder Legislativo. Ainda seria necessário que as instituições de controle competentes buscassem a apuração dos fatos e a devida responsabilização.

Tal entendimento não prevaleceu no colegiado. Decidiu-se, por ocasião do julgamento, que a questão da inconstitucionalidade da omissão era matéria estranha ao julgamento, devendo se incumbir as autoridades de controle, a exemplo do Ministério Público, da fiscalização a respeito da omissão ou não do Poder Legislativo, para além de um prazo razoável.

O entendimento firmado é bem traduzido por manifestação do Ministro Ricardo Lewandowski:

> Eu queria dizer que me sentiria muito mais confortável com a tese do Ministro Barroso e daqueles que o seguiram, até porque eu tenho votado assim, pelo menos, desde o TSE e aqui, também, quando há algum reflexo, alguns recursos que provêm daquela Corte. Eu não iria tão longe como o Ministro Barroso para dizer que o silêncio da Câmara seria inconstitucional. Eu, se me fosse dado redigir essa tese, depois da expressão do Ministro Gilmar Mendes, colocaria: "vedado, incabível o julgamento ficto, desde que realizado em prazo razoável". Mas eu não imputaria à Câmara, ao silêncio da Câmara, essa pecha, desde logo, de inconstitucional. Mas, agora, sensibilizado pelos argumentos do Decano, que

> demonstrou, a meu ver, superiormente, *data venia* dos demais argumentos, que nós estamos circunscritos a uma determinada temática, então, eu vou acompanhar a tese do Ministro Relator Gilmar Mendes, porque é disso que se tratou no recurso extraordinário. E diria mais, se Vossa Excelência me permite, eu penso que essa redação proposta por Vossa Excelência, no sentido de dizer que "é incabido o julgamento ficto", não impede que algum julgador, no futuro, diga que houve uma omissão dolosa, um retardamento, enfim, indevido por parte da Câmara ou mesmo uma prevaricação. (grifou-se)

Assim, tem-se que o parecer do Tribunal de Contas, em relação às contas anuais, não produz qualquer efeito jurídico, ainda que haja omissão grave do Poder Legislativo.

3.2.1.16.4.2 Contas do Prefeito - competência exclusiva do Poder Legislativo para julgamento[849]

O outro balizamento teve origem no Recurso Extraordinário RE nº 848.826, que ensejou o Tema 835 e, posteriormente foi decidido ou esclarecido também no julgamento da ADPF nº 982.

A origem da decisão versou sobre a necessária distinção conceitual entre as contas anuais, prestadas exclusivamente pelo chefe do Poder Executivo, e as contas ordinárias, prestadas ao Tribunal de Contas em relação ao ato de ordenação de despesas.

O caso julgado pelo Supremo Tribunal Federal recaiu sobre acórdão do Tribunal Superior Eleitoral que manteve a decisão das instâncias ordinárias, de indeferir registro à candidatura de ex-Prefeito que teve as contas de gestão rejeitadas pelo respectivo Tribunal de Contas, sem apreciação pelo Poder Legislativo.

A tese fixada pelo Supremo Tribunal Federal, no caso, foi sobre se, em se tratando de contas ordinárias, o julgamento do chefe do Poder Executivo competiria ao Tribunal de Contas ou ao Poder Legislativo, como ocorre no julgamento das contas anuais, por força do art. 71, inc. I.

O entendimento firmado foi aquele em que já se acenava na edição anterior. Para os fins de elegibilidade, em se tratando dos chefes do Poder Executivo, a competência para o julgamento das contas não seria uma questão de ordem material, mas subjetiva, **afastando-se a jurisdição dos Tribunais de Contas, ainda que se tratem de contas de gestão,** em que o mandatário atua como ordenador de despesas.

---

[849] Na decisão da ADPF nº 982 que enfrenta o tema, o STF fixou a tese de que os Tribunais de Contas exercem competência técnica no julgamento das contas de gestão, preservando à Câmara apenas a competência eleitoral prevista na LC 64/1990. Declarou, assim, válidas as decisões dos Tribunais de Contas que imputam débitos e aplicam sanções a prefeitos na condição de ordenadores de despesa, mesmo sem ratificação das Câmaras Municipais, desde que fora da esfera eleitoral. Também invalidou decisões judiciais contrárias ainda não transitadas em julgado. Disponível em: https://www.in.gov.br/en/web/dou/-/decisoes-620170598.

Em outras palavras, a tese fixada no Tema 853 outorgou prerrogativa de foro aos chefes do Poder Executivo, independente da natureza das contas a serem prestadas, se anuais ou se de gestão, para os fins do art. 1º, inc. I, alínea "g", da Lei Complementar nº 64/1990.

Nada obstante, novamente por maioria, a Suprema Corte manteve o entendimento fixado anteriormente com a seguinte tese:

> Para os fins do art. 1º, inciso I, alínea "g", da Lei Complementar 64, de 18 de maio de 1990, alterado pela Lei Complementar 135, de 4 de junho de 2010, a apreciação das contas de prefeitos, tanto as de governo quanto as de gestão, será exercida pelas Câmaras Municipais, com o auxílio dos Tribunais de Contas competentes, cujo parecer prévio somente deixará de prevalecer por decisão de 2/3 dos vereadores.

Importante destacar, contudo, que o RE nº 848.826 **não refuta eficácia ao julgamento proferido pelo Tribunal de Contas, em sede de contas ordinárias.** O entendimento firmado é que, para fins de inelegibilidade, a decisão do Tribunal de Contas deve ser ratificada em julgamento pelo Poder Legislativo.

No julgamento da ADPF 982, o tema foi melhor esclarecido.

Ocorre que muitos prefeitos, além de serem gestores políticos, passaram a praticar atos típicos de ORDENADORES DE DESPESA, assinando convênios, abrindo conta em banco, sacando dinheiro, autorizando folha de pagamento, homologando licitação e assinando contratos.

Quando flagrados em irregularidades, consideravam que não poderiam ser julgados pelos tribunais de contas, vez que pela Constituição Federal da República do Brasil é a Câmara municipal que julga as contas do prefeito, seguindo o parecer do tribunal de contas ou, por votos de 2/3, rejeitando o parecer.

Algumas decisões do Supremo Tribunal Federal, inclusive chegaram a declarar que os tribunais de contas não poderiam julgar prefeitos, pois a regra seria o julgamento pelo Legislativo.

Iniciava-se assim a confusão entre as duas competências definidas na Constituição Federal: a primeira, (art. 71, inc. I, da CFRB) se refere ao julgamento das contas anuais do chefe do poder executivo, em que o tribunal de contas atua emitindo parecer prévio, técnico e com garantida ampla defesa e contraditório, que vai orientar o julgamento político pelo legislativo. A segunda se refere ao julgamento do ordenador de despesas e, nesse caso, o julgamento é feito pelo próprio tribunal de contas (art. 71, inc. II, da CFRB). O judiciário só atua em casos de ilegalidade, como, por exemplo, fiscalizando se os princípios da ampla defesa, do contraditório e principalmente do devido processo legal foram observados.

Na doutrina italiana, de Ferrara ensina que a autoridade não pode descer do seu pedestal e praticar atos comuns. Se o fizer, será julgada como os comuns. De fato, está correto, pois se for permitido ao prefeito, isentar-se do julgamento do tribunal de contas quando atua como ordenador de despesas, poderia "blindar" toda a sua equipe avocando para si a prática de todos os atos de ordenador de despesas do município.

O STF acolhendo a representação que ensejou a ADPF, decidiu que os prefeitos que atuarem como ordenadores de despesas serão julgados pelos tribunais de contas, como ocorre com qualquer ordenador:

> DECISÃO. O Tribunal, por unanimidade, julgou procedente o pedido da Arguição de Descumprimento de Preceito Fundamental para invalidar as decisões judiciais ainda não transitadas em julgado que anulem atos decisórios de Tribunais de Contas que, em julgamentos de contas de gestão de Prefeitos, imputem débito ou apliquem sanções fora da esfera eleitoral, preservada a competência exclusiva das Câmaras Municipais para os fins do art. 1º, inciso I, g, da Lei Complementar nº 64/1990, conforme decisões anteriores do STF.[850]

Necessário pontuar que, atento à competência relativa à matéria eleitoral, o STF decidiu que nesse caso apenas pode o tribunal de contas aplicar multa e imputar o débito decorrente do dano verificado. Afastou, portanto, eventual inelegibilidade decorrente desta condenação.

Especificamente cria uma nova interpretação, que altera os fundamentos de muitas decisões. Explicamos: todos os que são julgados pelo artigo 71, inc. II, da CFRB, **poderão integrar a relação dos que têm contas irregulares**. Caberá ao Ministério Público, de posse dessa relação, impugnar todas as candidaturas dos que tiverem contas irregulares, tendo em vista que o art. 1º, inciso I, g, da Lei Complementar nº 64/1990.

Isso porque essa norma determina que são inelegíveis, para qualquer cargo, os que tiverem suas contas rejeitadas, desde que essa rejeição seja:

a) por irregularidade insanável;

b) que configure ato doloso de improbidade administrativa;

c) por decisão irrecorrível do órgão competente;

d) salvo se esta houver sido suspensa ou anulada pelo Poder Judiciário.

Nesse sentido, a lei expressamente dispõe que aplica-se o disposto no inciso II do art. 71 da Constituição Federal, a **todos os ordenadores de despesa, sem exclusão de mandatários** que houverem agido nessa condição.

---

850 BRASIL. Supremo Tribunal Federal. Arguição de Descumprimento de Preceito Fundamental no 982. Relator: Ministro Flávio Dino. Disponível em: https://portal.stf.jus.br/processos/downloadPeca.asp?id=15374778658&ext=.pdf.

Posteriormente, a Lei complementar nº 184/2021 estabeleceu que a inelegibilidade prevista na alínea "g", referida "não se aplica aos responsáveis que tenham tido suas contas **julgadas irregulares sem imputação de débito** e tiverem sido apenas multados".

O novo julgamento firma entendimento de que os Prefeitos que ordenam despesas "têm o dever de prestar contas, seja por atuarem como responsáveis por dinheiros, bens e valores públicos da administração, seja na eventualidade de darem causa a perda, extravio ou outra irregularidade que resulte em prejuízo ao erário" [851]. Enfatiza que compete aos Tribunais de Contas, nos termos do art. 71, II, da Constituição Federal de 1988, o julgamento das contas de Prefeitos que atuem na qualidade de ordenadores de despesas. Esclarece que a competência dos Tribunais de Contas, quando atestada a irregularidade de contas de gestão prestadas por Prefeitos ordenadores de despesa, se restringe:

a) à imputação de débito; e

b) à aplicação de sanções fora da esfera eleitoral, independentemente de ratificação pelas Câmaras Municipais.

Contudo, especificamente para os que exercendo o cargo de prefeito passarem a integrar a lista das contas irregulares, não terá efeitos eleitorais, pois deve ser "preservada a competência exclusiva destas para os fins do art. 1º, inciso I, alínea g, da Lei Complementar nº 64/1990", nos termos do voto do Relator, Ministro Flávio Dino:

(i) em se tratando de contas de gestão, caso o mandatário exerça a função de ordenador de despesas, quais os limites aplicáveis à jurisdição dos Tribunais de Contas?

(ii) se não houver apreciação das decisões dos Tribunais de Contas pela respectiva Casa Legislativa, dentro de um prazo razoável, quais os resultados possíveis para uma rejeição das contas pelos Tribunais de Contas?

3.2.1.17 Contas anuais das demais autoridades

Diferentemente do que ocorre em relação às *contas anuais do presidente da República*, o Tribunal de Contas tem competência, também privativa, para *julgar as contas* dos demais administradores e gestores em geral.[852]

---

[851] BRASIL. Supremo Tribunal Federal. Arguição de Descumprimento de Preceito Fundamental no 982. Relator: Ministro Flávio Dino. Disponível em: https://portal.stf.jus.br/processos/downloadPeca.asp?id=15374778658&ext=.pdf.

[852] Impende, aliás, apontar o lúcido comentário de Themístocles Brandão Cavalcanti no sentido de que "na observação de todos que cuidaram do assunto, como Pontes de Miranda, Castro Nunes, Seabra Fagundes, é a regularidade das contas que o tribunal julga e não aquele que as presta". CAVALCANTI , Themístocles Brandão. O Tribunal de Contas - Órgão constitucional - Funções próprias e funções delegadas, **Revista de Direito Administrativo**, v. 109, p. 9, jul./set. 1972.

Aqui, a única exclusão feita refere-se às contas da unidade federada ou da União como um todo, representada pelo chefe do Poder Executivo. Mas, se este praticar atos de ordenador de despesa, descendo do seu pedestal para assumir a condição de simples gestor, passará a responder como tal, ficando sujeito ao julgamento nas mesmas condições do agente cuja função avocou. Do mesmo modo, são ordinariamente julgadas as contas do Tribunal de Justiça, da Assembleia Legislativa e da Câmara Municipal. Foi firmado, no Supremo Tribunal Federal, o entendimento pela inconstitucionalidade de norma que pretenda subtrair do Tribunal de Contas a competência do julgamento das contas da Mesa da Assembleia Legislativa para submetê-las ao regime do art. 71, c/c art. 49, IX, da Constituição Federal, que é exclusivo da prestação de contas do chefe do Poder Executivo.[853]

A apreciação dos atos da Administração Pública, desenvolvida pelos Tribunais de Contas, resulta num ato jurídico equivalente a uma sentença, na medida em que declara a regularidade ou irregularidade da conduta de um agente, na guarda e/ou na aplicação dos recursos públicos[854]. A natureza jurídica do julgamento e a complexidade das matérias envolvidas, que não se restringem à aplicação do direito, exigem dos ministros e conselheiros uma apreciação extremamente abrangente da realidade e da norma.

Como juiz, o julgador do Tribunal de Contas não é mero aplicador de silogismos jurídicos, mas deve almejar a Justiça; como especialista em finanças e controle, não pode limitar-se ao exame formal dos atos, mas deve avaliar a eficiência e a eficácia; como cidadão/contribuinte, não se contenta em vislumbrar a boa ou má-fé na aplicação dos recursos, mas a adequada prestação do serviço e a satisfação dos maiores interesses da coletividade.

3.2.1.17.1 Histórico sobre a competência de julgar

A Constituição da República dos Estados Unidos do Brasil de 1934 introduziu significativas mudanças na estrutura do Estado. Ao lado do Poder Executivo, Poder Legislativo e Poder Judiciário, inseriu dois capítulos novos: o da coordenação dos poderes e o dos órgãos de cooperação nas atividades governamentais, nos quais posicionou o Ministério Público, o Tribunal de Contas e os conselhos técnicos. Pela primeira vez, ganhou estatura constitucional o termo *julgar*, nível em que até hoje, acertadamente, permanece.

---

[853] Para mais detalhes, consultar no Capítulo I, que trata da função do controle, o subtítulo 1.7.3.3 Controle jurisdicional e, também: BRASIL. Supremo Tribunal Federal. Competência constitucional. Ação Direta de Inconstitucionalidade nº 849-8/MT. Relator: Ministro Sepúlveda Pertence. Brasília, 11 de fevereiro de 1999. **Diário da Justiça [da] República Federativa do Brasil**. Poder Judiciário, Brasília, DF, 23 abr. 1999. Seção 1, p.1.

[854] Por meio da Resolução nº 6, de 14 de abril de 2022, o Comitê Interministerial de Governança estabeleceu o fluxo, os prazos e as obrigações relacionados ao monitoramento das recomendações e dos alertas exarados pelo Tribunal de Contas da União no âmbito do Processo de Prestação de Contas do Presidente da República, revogando outras resoluções. BRASIL. Comitê Interministerial de Governança. Resolução no 6 de 14 de abril de 2022. Disponível em: https://www.gov.br/casacivil/pt-br/assuntos/governanca/comite-interministerial-de-governanca/arquivos/resolucao_n__6__de_14_de_abril_de_2022___cig___pcpr-1.pdf.

A expressão *julgar*, contudo, parece ter-se originado do Código de Contabilidade Pública de 1922,[855] cujo art. 91 expressamente, e diferentemente dos artigos antecedentes, usa a locução "julgadas definitivamente pelo Tribunal de Contas". Daí que o Decreto nº 15.783, de 8 de novembro de 1922, no art. 894, a repete, como em outras legislações.[856]

Nesses dois decretos, foi definido o instituto da prestação de contas de forma sistematizada, estipulando-se prazo, forma e órgão tomador das contas do gestor omisso. Apesar do avanço, não se conseguiu, então, definir terminologia adequada do sujeito passivo das contas e jurisdicionado ao Tribunal de Contas.

Desse modo, o primeiro decreto aludiu à condição genérica, *in verbis*:

> [...] todos os responsáveis, de direito ou de facto, por dinheiros, valores e outros bens da União, ou pelos quais deva esta responder, ainda mesmo que residam fora do país, ficam sujeitos à jurisdicção do Tribunal de Contas, que, de acordo com a lei, fixará a situação dos responsáveis para com a Fazenda Nacional, exceptuados os ministros de Estado. [*sic*][857]

O art. 880 do segundo decreto, para maior clareza, tentou arrolar o amplo elenco de quais seriam os cargos a que corresponderiam esses responsáveis.[858]

A Constituição de 1937 reafirmou a competência para julgar as contas dos responsáveis por dinheiros ou bens públicos, mantendo-se, desse modo, o mesmo quadro com sutis modificações.

---

[855] BRASIL. Decreto nº 4.536, de 28 de janeiro de 1922. Organiza o Código de Contabilidade da União. **Coleção das Leis da República dos Estados Unidos do Brasil de 1922** - actos do Poder Legislativo. Rio de Janeiro: Imprensa Nacional, 1923, v. 1, p. 62; BIOLCHINI, Alberto. **Codificação da Contabilidade Pública Brasileira.** Rio de Janeiro: Imprensa Nacional, 1930, 1. v. histórico e documentação, p. 842-863. O Código foi revogado pelo Decreto-Lei nº 2.312, de 23 de dezembro de 1986. Revoga disposições sobre as atividades de programação e administração financeira da União, e dá outras providências. **Diário Oficial [da] República Federativa do Brasil.** Poder Executivo, Brasília, DF, 24 dez. 1986. Seção 1, p. 19730.

[856] A pesquisa que empreendemos foi realizada a partir das próprias normas.

[857] BRASIL. Decreto nº 4.536/1922. Código de Contabilidade Pública, art. 87. Preservada a redação da época, para maior fidedignidade; BIOLCHINI, Alberto. **Codificação da Contabilidade Pública Brasileira.** Rio de Janeiro: Imprensa Nacional, 1930, 1. v. histórico e documentação, p. 860.

[858] Citam-se expressamente: tesoureiros pagadores, fiéis de armazéns, administradores de mesas de rendas, de postos ficais de trapiches e capatazias, de próprios e fazendas da União, os almoxarifes, os claviculários, os coletores, os comissários, cirurgiões e farmacêuticos da Armada, os agentes-compradores, os diretores de arsenais e hospitais, os mestres e contramestres das oficinas dos estabelecimentos industriais civis e militares, os capitães dos portos, os encarregados dos faróis, os tesoureiros das caixas econômicas e montes de socorro, os engenheiros dos distritos telegráficos, os administradores e agentes de correios, estações telegráficas e de estradas de ferro custeadas pela União, os cobradores, os encarregados dos consulados. Elenco extraído do voto condutor do seguinte processo: DISTRITO FEDERAL. Tribunal de Contas. Tomada de Contas Especial. Processo nº 2.412/1988. Decisão nº 9.322/1998. Relatora: . Brasília, 24 de novembro de 1998. **Diário Oficial do Distrito Federal**, Brasília, DF, 3 dez. 1998, p. 12-22.

A seu turno, a Constituição de 1946 manteve a mesma redação da Constituição de 1937, acrescendo, porém: "e dos administradores das entidades autárquicas",[859] expressão esta que passou a ser excluída a partir da Constituição de 1967.

Como se observa, vários diplomas legais e, também, a Constituição Federal de 1988, mantiveram a redação ortodoxa do Código de Contabilidade Pública, em parte. Isso, talvez, porque não existisse outro modo de definir a abrangência dos sujeitos ao dever de prestar contas. Vez por outra, em homenagem à clareza, tantas vezes surrupiada do bom senso, tem o legislador de, expressamente, inserir novas figuras jurídicas, como autarquias, depois empresas públicas, sociedades de economia mista... A cada nova categoria criada, repete-se o esforço motivado por interesses escusos de fugir ao dever de prestar contas de recursos públicos, repelido pelos políticos conscientes de que não é possível a qualquer pessoa ter direito de gerir patrimônio alheio sem o dever de prestar contas. Às vezes, porém, a manifestação dessa elite ocorre tardiamente. Sintetizou esse pendular movimento Lincoln Pinto da Luz:

> [...] a fixação do momento de equilíbrio entre essas forças antagônicas é tarefa delicada e cheia de sutileza, em tal medida que é por certo impossível determinar um ponto qualquer em que se satisfaçam, a geral contento, os dois desideratos. Haverá sempre quem entenda que é falho o controle ou que lhe falta liberdade de gestão, consoante o ponto de observação em que se coloque.

Mais adiante, arremata: "É preciso, destarte, pôr paradeiro a esse incessante e ilógico conflito ideal de administração livre e produtiva com o ideal de controle".[860]

A Constituição de 1988, cognominada de Constituição-cidadã, valorizou o dever de prestar contas e de julgá-las, tratando do tema em dois dispositivos:

> Art. 70. A fiscalização contábil, financeira, orçamentária, operacional e patrimonial da União e das entidades da administração direta e indireta, quanto à legalidade, legitimidade, economicidade, aplicação das subvenções e renúncia de receitas, será exercida pelo Congresso Nacional, mediante Controle Externo, e pelo sistema de Controle Interno de cada Poder.
>
> Parágrafo único. Prestará contas qualquer pessoa física ou jurídica, pública ou privada, que utilize, arrecade, guarde, gerencie ou administre dinheiros, bens e valores públicos ou pelos quais a União responda, ou que, em nome desta, assuma obrigações de natureza pecuniária.
>
> Art. 71. O Controle Externo, a cargo do Congresso Nacional, será exercido com o auxílio do Tribunal de Contas da União, ao qual compete:

---

859 BRASIL. **Constituição da República Federativa do Brasil** (Versão Bolso). Organização dos textos e índice por J. U. JACOBY FERNANDES. 2. ed. Belo Horizonte: Fórum, 2019. Art. 77, inc. II. Conf.: PONTES DE MIRANDA, Francisco. **Comentários à Constituição Federal de 10 de novembro de 1937**. Rio de Janeiro: Pongetti, 1938.

860 ZAIDMAN, Luiz; LUZ, Lincoln Teixeira Mendes Pinto da. **Estudos para uma Lei Orgânica da Administração Federal**. Brasília: IPEA, 1978, p. 75 e 80.

> [...]
>
> II - julgar as contas dos administradores e demais responsáveis por dinheiros, bens e valores públicos da administração direta e indireta, incluídas as fundações e sociedades instituídas e mantidas pelo poder público federal, e as contas daqueles que derem causa a perda, extravio ou outra irregularidade de que resulte prejuízo ao erário público;[861]

3.2.1.17.2 Nível de julgamento

Como visto anteriormente, o Tribunal de Contas não julga as contas do chefe do Poder Executivo, nas quais engloba-se a prestação de contas da respectiva unidade/esfera de governo.[862]

A questão que merece ser suscitada é, então, a seguinte: quais os níveis de autoridades sujeitas ao julgamento pelo Tribunal de Contas?

A primeira resposta pode ser dada em consonância com os precitados dispositivos da Constituição Federal.[863] Ter-se-ia então o seguinte quadro:

a) qualquer pessoa física; e

b) qualquer pessoa jurídica, pública ou privada:

b.1) que utilize, ou

b.2) que arrecade, ou

b.3) que guarde, ou

b.4) que gerencie, ou

b.5) que administre *dinheiros, bens e valores públicos ou pelos quais a União responda ou assuma obrigações de natureza pecuniária em nome da União.*

Nesses três níveis - pessoa, ação e objeto - é que se firma o dever de prestar contas, o qual tem no outro polo da relação o correspondente direito de cobrar as contas e de julgá-las, na forma do art. 71, inc. II.

A única exceção que se abre a esse amplo rol de pessoas que terão suas contas julgadas diz respeito à gestão geral de contas da esfera/unidade federal, cujo julgamento continua com o Poder Legislativo.

---

861 BRASIL. **Constituição da República Federativa do Brasil** (Versão Bolso). Organização dos textos e índice por J. U. JACOBY FERNANDES. 2. ed. Belo Horizonte: Fórum, 2019. Grifo não cosnta do original.

862 a) O STF julgou prejudicado o Recurso Extraordinário que questionava competência dos TCs para julgar as contas dos prefeitos quando se encontrassem na condição de ordenadores de despesa. Considerado de repercussão geral, qualquer decisão de mérito poderia condicionar a apreciação de processos futuros com teor semelhante. No entendimento das cortes de contas, o risco de enfraquecimento do sistema de controle externo é real. BRASIL. Supremo Tribunal Federal. RE nº 597.362/BA. Relator: Ministro Eros Grau. Disponível em: **<http://www.stf.jus.br>**. Acesso em: 06 jun. 2014. b) Vide, no mesmo sentido, outras decisões do STF tratadas no item 3.2.1.16.4. Contas anuais do governador e do prefeito – Julgamento.

863 BRASIL. **Constituição da República Federativa do Brasil** (Versão Bolso). Organização dos textos e índice por J. U. JACOBY FERNANDES. 2. ed. Belo Horizonte: Fórum, 2019. Art. 70, parágrafo único.

Numa estrutura organizacional, porém, há diversos níveis de gestão - gerência e administração -, uso, arrecadação, guarda de bens, dinheiros e valores públicos.

Desse modo, se só os dirigentes máximos do órgão estão submetidos ao dever de prestar contas, de acordo com as normas que operacionalizam esse comando no nível das leis orgânicas de Tribunais de Contas, como se efetiva a competência de julgamento quando a ocorrência de irregularidade se dá em níveis hierarquicamente inferiores? Imaginando a situação de um agente de administração que está gerindo uma secretaria de um Município, com um fiscal de arrecadação desonesto, ou um diretor de uma empresa pública, com um chefe de almoxarifado que desvia bens: em qual nível o Tribunal de Contas julgará, posto que, em tese, todos estão sujeitos ao dever de prestar contas?

A questão tem implicações práticas de larguíssimo alcance. Se a mácula da má gestão afeta o dirigente máximo, único que efetivamente presta contas, segundo generalizada visão decorrente das normas dos Tribunais de Contas, as contas desta autoridade é que serão julgadas irregulares. Contudo, se a autoridade não responde por esta irregularidade, a porta ao conluio estará aberta, eximindo-se sistematicamente esse nível de autoridades.

A reforma administrativa de 1967 ofereceu passo à frente nesse entendimento, quando averbou que, salvo conivência, o ordenador de despesas não é responsável por prejuízos causados à Fazenda, decorrentes de atos praticados por agente subordinado que exorbitar das ordens recebidas.[864]

A resposta não pode merecer uma visão alternativa/excludente por uma ou outra linha. É, porém, de fácil equacionamento, se considerada uma interpretação sistemática das normas em vigor e da sólida e melhor jurisprudência brasileira.[865]

Quando está envolvida a prestação de contas anual ou ordinária, o julgamento tem dois objetivos básicos:

I. *aferir as despesas diretamente geridas, ordenadas pelo responsável, pela entidade, ou órgão autônomo;*

II. *aferir a capacidade da boa e regular gestão de recursos públicos.*

Simples: apenas esses dois vetores comandam a ação do julgamento das contas anuais, sejam prestações de contas, sejam tomadas de contas anuais.

Nas questões ventiladas, a aplicação dos vetores resultaria no seguinte:

---

[864] BRASIL. Decreto-Lei nº 200, de 25 de fevereiro de 1967. Dispõe sobre a organização da Administração Federal, estabelece diretrizes para a Reforma Administrativa e dá outras providências. **Diário Oficial [da] República Federativa do Brasil**, Brasília, DF, 27 mar. 1967 (suplemento), retificado em 08 mar. 1967 e 30 mar. 1967. Art. 80, § 2º.

[865] Sobre o tema, consultar: PINHEIRO, Ewald Sizenando. **O Controle Financeiro pelo Tribunal de Contas. Ensaios de Administração.** Rio de Janeiro: DASP, n. 18, 1958 e, ainda: DISTRITO FEDERAL. Tribunal de Contas. Prestação de Contas Anual. Processo nº 2.412/1998. Decisão nº 9322198. Relatora: . Brasília, 24 de novembro de 1998. **Diário Oficial do Distrito Federal**, Brasília, DF, 3 dez. 1998, p. 12-22.

a) o secretário de administração responde pelos atos e despesas que, direta e pessoalmente, ordena, como por exemplo, a concessão de aumento a servidores sem autorização na lei de diretrizes orçamentárias, ou dada sem lei, por mero decreto; não responde pelo ato do fiscal desonesto, se não ficar caracterizada sua omissão no controle e se do fato não tinha conhecimento direto ou presumível. É que, como dirigente no Município, incumbe-lhe, ordinariamente, adotar providências, visando evitar atos desonestos de seus servidores ou prepostos. A omissão, como se sabe, é fato gerador de obrigações, inclusive da de ressarcir os danos. Embora em tese seja sempre possível atribuir fatos a uma corrente de elos de omissão, o certo é avaliar a omissão à luz do "tipo médio", que, na antiguidade, os romanos denominavam de *bonus pater familias*.[866] Se, nesse contexto, verificar-se que o secretário de administração não concorreu com a omissão, dever-se-á avaliar se dela teve conhecimento. A partir do momento em que é possível inferir o presumível conhecimento, seja por redução de arrecadação, seja por denúncia, ou por avaliação de produtividade, só haverá isenção de responsabilidade se ficar demonstrado que, quando tomou conhecimento do fato, adotou as providências necessárias e suficientes para coibir a irregularidade e recompor o erário lesado, ou instaurou Tomada de Contas Especial, promovendo o processo administrativo disciplinar, ou denunciou o caso ao Ministério Público ou à polícia, fazendo referência do ocorrido no relatório das contas anuais;

b) o diretor da empresa pública, no exemplo, tem o dever de controle sobre seus subordinados. Desse modo, deverá mandar ou ordenar que se promovam vistorias, inspeções e auditorias em bens e valores públicos. Sendo omisso nesse dever, ou tendo ciência dos fatos sem adotar as providências cabíveis, poderá ter maculada suas contas anuais com o julgamento pela irregularidade da gestão. Não sendo omisso, considerado o *bonus pater familias*, fica com o ônus de demonstrar que adotou as providências cabíveis, que podem ser as mesmas do exemplo anterior, delas fazendo referência no relatório das contas anuais.

Por esse motivo é que as contas anuais refletem a gestão da entidade ou órgão autônomo. Mas as pessoas que causam dano ao erário, ou que, na condição de particular, gerenciam recursos públicos, como no caso de convênio, por exemplo, também têm o dever de prestar contas, mas não com periodicidade anual, nascendo aí as chamadas contas especiais. Também são julgadas pelo Tribunal de Contas, em rito processual próprio e compatível com os princípios definidores da boa administração.

Nessa hipótese, será preciso que fique caracterizada pelo menos uma das seguintes ocorrências: omissão no dever de prestar contas ou dano ao erário,

---

866 Em vernáculo: "bom pai de família" [tradução livre], parâmetro para avaliação da culpa abstrata e da responsabilidade, usado pelos romanos na antiguidade.

decorrente de ato ilegal, ilegítimo ou antieconômico. Se, por exemplo, o gestor firma convênio, e o convenente presta conta e realiza o objeto, não se forma a *vis attractiva*[867] da competência do Tribunal de Contas. Nessa hipótese, as contas prestadas ao gestor ficam no órgão de origem, delas fazendo registro genérico o ordenador de despesa nas suas contas anuais.

3.2.1.17.3 Julgamento de contas e do responsável

Por vezes, surge a seguinte dúvida: o Tribunal de Contas seria competente para julgar contas ou o responsável pelas contas?

Em constituições e legislações infraconstitucionais anteriores foi empregada a expressão *julgar das contas*, sempre, porém, sem impedir a determinação do responsável no caso de irregularidade.

Como foi visto no breve histórico, desde o Código de Contabilidade Pública as normas referem-se à definição dos responsáveis, no caso de contas irregulares.

Magistral escólio sobre o tema, colhe-se do seguinte excerto:

> [...] da leitura de todos os dispositivos, constitucionais, legais e regulamentares acerca da competência, de que a este venerando Órgão incumbe o Controle Externo das contas da Administração Pública, a par da fiscalização das pessoas sujeitas à sua jurisdição.
>
> Não vemos, data máxima vênia, como é possível abdicar de um desses poderes [...].[868]

Por outro lado, não há como dizer que uma conta é irregular sem identificar a causa da irregularidade e o agente responsável[869]. Sem esses elementos, não há como garantir a ampla defesa e o contraditório.

Seguindo o entendimento, colhe-se trecho de decisão do TCU:

> De outro lado, há que se ter em mente, segundo já decidido em outros casos apreciados por este Tribunal, que o exame de contas anuais de responsável deve ter por foco toda a gestão, e não apenas um ou outro ato isolado. Assim, é preciso sopesar a irregularidade de um ato no conjunto da gestão, entendida como uma série de atos necessários à funcionalidade de um órgão e verificada dentro de padrões aceitáveis de legalidade, legitimidade e economicidade.[870]

---

[867] Em vernáculo: "força atrativa" [tradução livre].

[868] BRASIL. Ministério Público junto ao Tribunal de Contas da União. Parecer. Processo nº 396.478/1973. Relator: Ministro Wilson de Souza Aguiar. Brasília, 08 de agosto de 1974. **Revista do Tribunal de Contas da União**, Brasília, DF, ano 5, n. 9, p. 177, dez. 1974.

[869] No que concerne ao julgamento das contas, para o ano de 2024, o TCU editou a Portaria nº 52, de 27 de março de 2024 que atualizou e divulgou relação das Unidades Prestadoras de Contas (UPC) do exercício de 2024, as quais deveriam apresentar e divulgar a prestação de contas na internet, bem como das UPC que, além da referida divulgação na internet, também teriam processo formalizado para julgamento das contas dos responsáveis, conforme § 1º do art. 9º e inciso I do art. 2º da Instrução Normativa-TCU nº 84, de 22 de abril de 2020..

[870] BRASIL. Tribunal de Contas da União. Administrativo. Prestação de Contas. Processo TC nº 650.158/1995-4. Acórdão nº 276/2002 - Plenário. Relator: Ministro Marcos Vinícios Vilaça. Brasília, 31 de julho de 2002. **Diário Oficial da União [da] República Federativa do Brasil**, Brasília, DF, 13 ago. 2002. Seção 1, p. 140.

3.2.1.17.4 Julgamento em conjunto ou separado

As contas anuais dos órgãos autônomos e entidades são feitas a partir da tomada de contas ou prestação de contas - conjunto de demonstrativos contábeis e gerenciais elaborado pelo órgão de contabilidade com a participação do controle interno e do gestor ou gestores.

O Tribunal de Contas da União e o Tribunal de Contas do Distrito Federal tiveram a oportunidade de verificar se, nesse conjunto de atos contábeis e de gestão, seria possível separar as contas de determinados agentes ou dirigentes para firmar, ou infirmar, a responsabilidade. Assim, por exemplo, quando uma autarquia presta contas, poderia ser julgada irregular a conta do diretor de recursos humanos e regular a dos demais diretores, ou não.

Ambas as Cortes cristalizaram sua jurisprudência no sentido de admitir o julgamento individualizado das contas e decisões diferentes, segundo a participação de cada agente público na composição final da gestão.

Mostra-se indispensável que:

a) tenham os dirigentes sido citados, validamente, com especificação individualizada das condutas para que seja oportunizada a eficácia da ampla defesa e do contraditório. Embora óbvio, há registro de julgamento pela irregularidade, feito a partir das declarações de um defendente que imputou ao ex-diretor a culpa dos fatos tidos por irregulares. Se necessário, como nesse exemplo, renova-se a citação, indicando os fatos supervenientes - oriundos da defesa do colega -, para fins de imputação de responsabilidade, ou de abertura de prazo para contrarrazões de recurso;

b) sejam todos tratados e considerados sob aspecto processual de forma isonômica, com prazos e oportunidades idênticos; sejam também do mesmo modo responsabilizados. Assim, não pode ser afastada a responsabilidade se determinada decisão foi adotada por unanimidade, em que todos tiverem idêntica participação; pode, porém, ser imputada irregularidade para uns e regularidade para outros, se a decisão não foi unânime, se houve ressalva em voto, se um omitiu dado relevante, ou incluiu dado incorreto durante a discussão do processo decisório.

A possibilidade de destaque existe, mesmo em relação a quem não é dirigente, pois em processo de contas anuais devem ser relacionadas as tomadas de contas especiais instauradas no exercício, ou mantidas sobrestadas ou em apuração no ano. Significa dizer que as condutas individualizadas podem ser objeto de apurações, em separado, em processo de Tomada de Contas Especial, independentemente das contas anuais.

3.2.1.18 Contas especiais

A par das contas anuais, que são prestadas por todos os órgãos da Administração Pública, ordinariamente, existe um tipo diferenciado de contas, denominado *contas especiais*.[871]

Tomada de Contas Especial - TCE é processo administrativo devidamente formalizado, com rito próprio, para apurar a responsabilidade por ocorrência de dano à administração pública federal, com apuração dos fatos, quantificação do dano, identificação dos responsáveis, e obter o respectivo ressarcimento[872].

A excepcionalidade do procedimento decorre do fato de que o Tribunal de Contas, na

> [...] condição de instância superior para julgamento das contas dos administradores públicos e demais responsáveis que, de alguma forma, tragam dano ao Erário, somente deve ser acionado após esgotadas as providências cabíveis no âmbito administrativo com vista à recomposição dos valores.[873]

É um procedimento que se desenvolve em duas fases: na primeira, o órgão da Administração Pública, onde ocorreu o fato - omissão, irregularidade ou dano -, instaura uma comissão com poderes investigatórios, visando quantificar o dano,[874] levantando os indícios de autoria, ou, em se tratando de omissão ou irregularidade, tomando as contas e verificando indícios de reprovabilidade da conduta do agente.[875]

Na fase interna, deve a autoridade:

a) diante de dano causado ao erário, decorrente de ato ilegal, ilegítimo ou antieconômico, buscar o ressarcimento por atos próprios;[876]

---

[871] Aqui são apresentadas, em breves linhas, noções de Tomada de Contas Especial. Para mais detalhes, consultar: JACOBY FERNANDES, Jorge Ulisses. **Tomada de Contas Especial:** processo e procedimento nos Tribunais de Contas e na Administração Pública. 5. ed., rev., atual e ampl. Belo Horizonte: Fórum, 2012.

[872] BRASIL. Tribunal de Contas da União. Instrução Normativa nº 98, de 27 de novembro de 2024. Dispõe sobre a instauração, a organização e o encaminhamento ao Tribunal de Contas da União dos processos de tomada de contas especial. Disponível em: https://btcu.apps.tcu.gov.br/api/obterDocumentoPdf/77305384.

[873] BRASIL. Tribunal de Contas da União. Instrução Normativa nº 13, de 04 de dezembro de 1996. Dispõe sobre a instauração e organização de processos de Tomada de Contas Especial e dá outras providências. Signatário: Presidente Ministro Vinícios Vilaça. **Diário Oficial [da] República Federativa do Brasil**, Brasília, DF, 11 dez. 1996. p. 26778.

[874] A quantificação do dano, ao contrário do que por vezes sustentam, não é imprescindível à instauração da Tomada de Contas Especial; ao contrário, pode, e na maioria das vezes é, atribuição da comissão quantificar o dano. Nesse sentido: BRASIL. Tribunal de Contas da União. Tomada de Contas Especial. Denúncia. Processo nº 013.126/1992-0 (sigiloso). Decisão nº 132/1995 - Plenário. Relator: Ministro Fernando Gonçalves. Brasília, 22 de março de 1995. **Diário Oficial [da] República Federativa do Brasil**, Brasília, DF, 10 abr. 1995. Seção 1, p. 5040.

[875] Nesse sentido: BRASIL. Tribunal de Contas da União. Processo TC nº 025.494/2009-2. Acórdão nº 6853/2009 1ª Câmara. Relator: Ministro José Múcio Monteiro. Disponível em: **<http://www.tcu.gov.br>**. Acesso em: 06 jun. 2014.

[876] Na esfera federal: BRASIL. **Regimento Interno e Lei Orgânica do Tribunal de Contas da União**. Organização dos textos e índice por J. U. JACOBY FERNANDES. Belo Horizonte: Fórum, 2014. Lei nº 8.443/1992, art. 8º. Consultar, igualmente, as leis orgânicas dos respectivos Tribunais de Contas.

b) esgotadas as possibilidades de recomposição do dano ou o prazo definido nas normas dos Tribunais de Contas, deverá instaurar comissão para proceder à Tomada de Contas Especial;[877]

c) igual procedimento cabe à autoridade repassadora de recursos diante da omissão no dever de prestar contas;

Na fase externa, após o encerramento das apurações pela comissão de Tomada de Contas Especial, os autos são remetidos[878] ao Tribunal de Contas, onde se desenvolve o contraditório e a ampla defesa. Em seguida, o Tribunal de Contas, no exercício de sua jurisdição, julga.

Por esse motivo é que o comando constitucional se refere a "julgar as contas dos administradores e demais responsáveis" e "daqueles" que derem causa à perda, extravio ou outra irregularidade de que resulte prejuízo ao erário. No primeiro caso, refere-se a Constituição Federal às contas ordinárias; no segundo, às contas especiais. No primeiro caso, há gestão, no segundo, apenas a causa do *dano, perda, extravio* ou *outra irregularidade*.

O resultado do julgamento das contas especiais, como nas contas anuais, será:

a) regulares, quando não houver prejuízo;

b) regulares com ressalva, quando, não havendo prejuízo, ficar evidenciada outra irregularidade;

c) irregulares, quando houver dano, desdobrando-se em:

c.1) irregulares com imputação de débito, quando ficar comprovado o dano e a reprovabilidade da conduta do agente;

c.2) irregulares sem imputação de débito, quando ficar caracterizado dano, mas não a culpa do agente.

No caso "b" e "c.1", poderá ser adicionalmente imputada multa e no caso "c.2", condenação ao ressarcimento do erário sem prejuízo da multa. Em todos esses casos, haverá acórdão condenatório com eficácia de título executivo.[879]

---

[877] Na esfera federal, o prazo é de 180 dias, conforme a Instrução Normativa/TCU nº 13, de 4 de dezembro de 1996. Dispõe sobre a instauração e organização de processos de Tomada de Contas Especial e dá outras providências. Signatário: Presidente Ministro Vinícios Vilaça. **Diário Oficial [da] República Federativa do Brasil**, Brasília, DF, 11 dez. 1996, p. 026778. No Distrito Federal, a autoridade tem prazo de 90 dias e com procedimento de comunicações próprios com prazo de 2 dias, por meio de sucessivos escalões hierárquicos. Se o Tribunal de Contas verifica que a autoridade praticou ato irregular, ou o mesmo está ocorrendo na sua esfera de competência, determina a audiência prévia. Nesse caso, não elidido o fundamento da impugnação e quantificado o dano, será também determinada a instauração de Tomada de Contas Especial, nos termos da Emenda Regimental nº 4, de 9 de dezembro de 1999. Em cada esfera da federação é indispensável consultar os regimentos internos e as leis orgânicas dos respectivos Tribunais de Contas.

[878] A remessa, hoje, é feita via Sistema e-tce, que permite o registro de tomadas de contas especiais e encaminhamento para o órgão de controle interno, órgão supervisor e TCU, para autuação. Disponível em: https://portal.tcu.gov.br/carta-de-servicos/servicos-processuais/tomada-de-contas-especiais-e-tce.

[879] BRASIL. **Constituição da República Federativa do Brasil** (Versão Bolso). Organização dos textos e índice por J. U. JACOBY FERNANDES. 2. ed. Belo Horizonte: Fórum, 2019. Art. 71, § 3º.

Por esse motivo, não pode haver Tomada de Contas Especial julgada irregular apenas por omissão no dever de prestar contas, sendo indispensável o dano. Logo, se o agente é omisso na prestação de contas, na TCE poderá ocorrer de não ser comprovada a regularidade da parcela ou total da despesa ou guarda de bens. A completa omissão na comprovação da aplicação dos recursos, apurada na TCE, implica a irregularidade. Se o agente é omisso na prestação de contas, mas logo que instaurada a TCE apresentá-las e provar a regular aplicação dos recursos, as contas são julgadas regulares com ressalvas.[880] Na TCE instaurada em consequência da omissão no dever de prestar contas, podem ocorrer duas e situações alternativas:

I. *a comissão de Tomada de Contas Especial comprova a boa e regular aplicação dos recursos, evidenciando a ausência de dano, permanecendo apenas a irregularidade da omissão, o que enseja o julgamento pela regularidade com ressalvas, e, conforme o caso, multa; ou*

II. *não consegue provas da boa e regular aplicação dos recursos e fica caracterizado o dano: logo, contas irregulares com imputação de débito, no caso de culpa, ou sem a imputação, no caso de ausência de culpa.*

A simples omissão não acarreta, *ipso facto*, o julgamento pela irregularidade, porque esta diz respeito à contabilidade.

Também a hipótese de contas especiais é da competência exclusiva dos Tribunais de Contas, conforme já foi visto anteriormente,[881] cabendo, excepcionalmente, repetir a lição do Supremo Tribunal Federal:

> Embora a entidade seja de direito privado sujeita-se à fiscalização do Estado, pois recebe recursos de origem estatal, e seus dirigentes hão de prestar contas dos valores recebidos; quem gere dinheiro público ou administra bens ou interesses da comunidade deve prestar contas ao órgão competente para a fiscalização. Hipótese da competência do Tribunal de Contas da União para julgar a matéria em causa, a teor do art. 71, inc. II, da Constituição,

---

[880] a) O Plenário do TCU, **discutindo jurisprudência conflitante**, acolheu voto do Relator no sentido de que, no julgamento de tomada de contas especial instaurada em virtude da omissão no dever de prestar contas de recursos repassados por convênios, a apresentação da prestação de contas que atenda a todas as exigências regulamentares, ainda que intempestiva, afasta o vício da omissão, resultando em regularidade das contas. Implicitamente, negou aplicação da literalidade do inc. I do art. 209 do Regimento Interno do TCU, que considera a omissão no dever de prestar contas ocorrência idônea a ensejar a irregularidade das contas, pois o vocábulo "irregularidade" do dispositivo é utilizado em sentido genérico, sem juízo apriorístico quanto à gravidade intrínseca da irregularidade: BRASIL. Tribunal de Contas da União. Processo TC nº 007.900/2003-6. Acórdão nº 711/2004 – Plenário. Relator: Ministro Benjamin Zymler. **Diário Oficial da União [da] República Federativa do Brasil**, Brasília, DF, 18 jun. 2004, p. 129-132.

b) O Plenário reafirmou o entendimento, mediante voto de minerva do presidente em exercício, ministro Valmir Campelo, agora no Acórdão nº 927/2004 - Plenário, sob o argumento do ministro Benjamin Zymler de que não há como equiparar o efeito da intempestividade ao da omissão, agregando o presidente que não há previsão legal para sanção decorrente de prestação de contas a destempo: BRASIL. Tribunal de Contas da União. Tomada de Contas Especial. Processo TC nº 013.666/2003-7. Acórdão nº 927/2004 – Plenário. Voto de Desempate do Ministro Presidente, Valmir Campelo. **Diário Oficial da União [da] República Federativa do Brasil**, Brasília, DF, 23 jul. 2004. Seção 1, p. 55-59.

[881] Consultar no Capítulo II, que trata da jurisdição dos Tribunais de Contas, o título 2.10 Exercício da função jurisdicional pelos Tribunais de Contas do Brasil.

havendo apuração dos fatos em procedimentos de fiscalização, assegurada ao impetrante ampla defesa.

E, ainda na ementa, concluiu: "Não cabe rediscutir fatos e provas, em mandado de segurança".[882]

As normas dos Tribunais de Contas têm evoluído para enfatizar o caráter excepcional desse instrumento de controle.

Para viabilizar a correta aplicação da Tomada de Contas Especial, devem as normas conceder prazo para que o gestor público, cientificado da irregularidade, sane a lesão com o uso de outros instrumentos, como sindicância, investigação policial e ação de reparação de danos. Se a reparação do dano ou repetição do indébito não forem tentadas ou por outros motivos frustrarem a pretensão, caberá Tomada de Contas Especial.[883]

O Presidente do Tribunal de Contas da União informou denegação do pedido de liminar no Mandado de Segurança nº 24.782-7 - STF contra Acórdão do Tribunal de Contas da União que converteu em Tomada de Contas Especial processo de representação acerca de irregularidades em operações creditícias entre o Banco do Brasil S/A e a Encol, contrariamente a inúmeros precedentes, não permitindo Tomada de Contas Especial em sociedade de economia mista.[884]

Ao ensejo, uma palavra sobre a possibilidade de o Tribunal de Contas instaurar Tomada de Contas Especial no âmbito de entidades da administração indireta, sociedade de economia mista, bancária.

O tema passou a ensejar controvérsia no Supremo Tribunal Federal em face da liminar deferida em favor do Banco do Brasil contra decisão do TCU.[885] Conhecidos os fundamentos da decisão, preferiu o Tribunal de Contas da União manter o procedimento como norma - ou seja, a determinação para instaurar Tomada de Contas Especial -, não alterando seu entendimento e a jurisprudência vigente, ressalvados, é óbvio, os casos concretos atingidos pelas liminares daqueles mandados de segurança.[886]

---

[882] BRASIL. Supremo Tribunal Federal. Competência. Mandado de Segurança nº 21.644-1. Relator: Ministro Néri da Silveira. Brasília, 10 de setembro de 1993. **Diário da Justiça [da] República Federativa do Brasil**, Brasília, DF, 08 nov. 1993. Seção 1, p. 6303-6305.

[883] Nesse sentido, a lição do Ministro Benjamim Zymler, na Decisão nº 521/2002 - Plenário, da qual transcreveu-se o seguinte trecho no julgado: "[...] não há sentido em se instaurar uma Tomada de Contas Especial quando, por meio de providências administrativas outras, é possível sanear as irregularidades que nela seriam apuradas [...]". BRASIL. Tribunal de Contas da União. Tomada de Contas. Processo TC nº 005.541/2001-1. Acórdão nº 256/2004 - Plenário. Relator: Ministro Adylson Motta. Brasília, 17 de março de 2004. **Diário Oficial da União [da] República Federativa do Brasil**, Brasília, DF, 29 mar. 2004.

[884] BRASIL. Tribunal de Contas da União. Ata nº 07/2004 – Plenário. Disponível em: <http://www.tcu.gov.br>. Acesso em: 24 mar. 2012; Supremo Tribunal Federal. MS nº 24.782. **Diário Oficial da União [da] República Federativa do Brasil**, Brasília, DF, 22 mar. 2004, p. 74.

[885] Consultar o teor do Mandado de Segurança nº 23.875, contra a Decisão TCU nº 69/1997 – Plenário, e do MS nº 23.627, impetrado contra a Decisão TCU nº 854/1997 – Plenário.

[886] "[...] 133. Veja-se que a posição do Tribunal de Contas da União é clara: quando, numa operação de crédito qualquer, o agente público - na expressão compreendidos os empregados das estatais - atua de acordo com as normas

Considerando que a TCE é um procedimento pouco regulado no âmbito da Lei, recomenda-se a edição de normas em cada organização sobre o assunto.[887]

3.2.1.18.1 Fundo partidário

Para assegurar o exercício da democracia e tentar reduzir a influência do poder econômico, a legislação eleitoral brasileira estabelece o fundo partidário, que transfere aos partidos políticos recursos públicos para as despesas com as eleições, nos termos da lei, impondo, dada a origem dos recursos, a inafastável prestação de contas. A Constituição Federal garante aos partidos políticos direito a estes recursos, na forma da lei.[888]

Sendo federais os recursos do fundo, competiria a um órgão federal - e, por força da Constituição Federal, ao Tribunal de Contas da União -, o julgamento dessas contas. Porém, seguindo um critério de racionalização de esforços, a competência permaneceu na Justiça Eleitoral, responsável pela distribuição proporcional entre os partidos, pelo repasse dos recursos, pelo recebimento das prestações de contas, exame, fiscalização da aplicação daqueles e apuração das denúncias sobre o seu uso irregular, podendo determinar, entre outras providências, suspensão do recebimento das quotas do fundo, e suspensão da participação no próprio fundo, sem prejuízo de outras penalidades previstas em lei.

A competência do Tribunal de Contas da União é exercida sobre a própria gestão do fundo, isto é, sobre a regularidade dos atos dos Tribunais Regionais Eleitorais e do Tribunal Superior Eleitoral, ou, no caso de irregularidade por estes constatadas, sobre a Tomada de Contas Especial, cuja instauração determinarem ou realizarem, nos termos da lei.[889]

---

do Banco, eventual prejuízo decorre do risco próprio do negócio e não se cogita de Tomada de Contas Especial: a reparação do prejuízo deverá ser buscada no âmbito do Poder Judiciário. Em caso diverso, quando o agente público atua com dolo ou culpa - aí incluído o caso de descumprimento das normas da instituição financeira -, deverá ser responsabilizado mediante procedimento administrativo próprio, que se denomina Tomada de Contas Especial [...]". BRASIL. Tribunal de Contas da União. Ata nº 7/2003 – Plenário. Anexo I. Parecer/Conjur/TCU nº 081/2003. **Diário Oficial da União da União [da] República Federativa do Brasil**, Brasília, DF, 21 mar. 2003. Seção 1, p. 81.

[887] BRASIL. Presidência da República. Controladoria Geral da União. Portaria nº 958, de 17 de maio de 2010. **Diário Oficial da União [da] República Federativa do Brasil**, Brasília, DF, 25 maio 2010. Seção 1, p. 8.

[888] BRASIL. **Constituição da República Federativa do Brasil** (Versão Bolso). Organização dos textos e índice por J. U. JACOBY FERNANDES. 2. ed. Belo Horizonte: Fórum, 2019. Art. 17, § 3º.

[889] a) BRASIL. **Regimento Interno e Lei Orgânica do Tribunal de Contas da União.** Organização dos textos e índice por J. U. JACOBY FERNANDES. Belo Horizonte: Fórum, 2014.

b) Lei nº 8.443/1992. Art. 8º, § 2º e normas baixadas pelo TSE. Consultar também: Lei nº 9.096, de 19 de setembro de 1995. Dispõe sobre partidos políticos, regulamenta os arts. 17 e 14, § 3º, inciso V, da Constituição Federal. Disponível em: https://www.planalto.gov.br/ccivil_03/leis/l9096.htm. Art. 38 e segs.;

c) TRIBUNAL SUPERIOR ELEITORAL. Processo Administrativo nº 16.443. Classe 19ª. Distrito Federal (Brasília). **Diário da Justiça [da] República Federativa do Brasil**, Brasília, DF, 11 ago. 2004. Seção 1, p. 1 e TRIBUNAL SUPERIOR ELEITORAL. Resolução nº 23.604, de 17 de dezembro de 2019. Regulamenta o disposto no Título III - Das Finanças e Contabilidade dos Partidos - da Lei nº 9.096, de 19 de setembro de 1995. Disponível em: https://www.tse.jus.br/legislacao/compilada/res/2019/resolucao-no-23-604-de-17-de-dezembro-de-2019.

3.2.1.18.2 Incentivo à cultura

O Tribunal de Contas da União firmou entendimento de que o ônus de prestar contas dos recursos captados com base na Lei de incentivo à cultura, Lei Rouanet,[890] é do captador e não da empresa incentivadora.[891]

No que diz respeito à Lei Aldir Blanc, que socorreu o setor cultural durante a pandemia do Covid-19, em resposta à consulta, o TCU respondeu que não lhe compete avaliar a legalidade de eventual retenção na fonte de impostos por ocasião da transferência de recursos fundamentada nos incisos II e III do art. 2° da Lei nº 14.017/2020, considerando que a questão é de exclusiva competência da Secretaria Especial da Receita Federal. Na oportunidade esclareceu alguns pontos e chamou os entes nacionais à responsabilidade no que diz respeito à publicação de editais[892].

A omissão no dever de prestar contas pode ensejar Tomada de Contas Especial.

3.2.1.18.3 Valor de alçada em Tomada de Contas Especial

Consultar no Capítulo III, sobre o valor de alçada no processo de Tomada de Contas Especial (TCE), o subtítulo 3.2.2 Competência em razão do valor.

3.2.1.18.4 Medidas judiciais

O tema referente à ordem de instauração de Tomada de Contas Especial, por vezes, vai à apreciação do Poder Judiciário.

Em síntese pode-se sustentar que:

a) a jurisprudência pertinente a processo administrativo disciplinar, adotada por analogia, tem entendido que o constrangimento não deve impedir a instauração de processo de apuração. Contudo, é necessário pelo menos razoabilidade na motivação e consistência dos indícios;
b) o Judiciário pode impedir a instauração de TCE quando a ordem se faz sem atentar para a obediência dos requisitos legais, como ocorreria se um tribunal ordenasse a instauração para apurar conduta de particular não sujeito ao dever de prestação de contas;

---

[890] BRASIL. Lei nº 8.313, de 23 de dezembro de 1991. Restabelece princípios da Lei nº 7.505, de 2 de julho de 1986, institui o Programa Nacional de Apoio à Cultura (Pronac) e dá outras providências. **Diário Oficial [da] República Federativa do Brasil**, Brasília, DF, 24 dez. 1991. Consulte, a propósito, a Instrução Normativa MINC nº 23, de 25 de fevereiro de 2025, que estabelece procedimentos relativos à apresentação, à recepção, à seleção, à análise, à aprovação, ao acompanhamento, ao monitoramento, à prestação de contas e à avaliação de resultados dos programas, dos projetos e das ações culturais do mecanismo Incentivo a Projetos Culturais do Programa Nacional de Apoio à Cultura (Pronac). Disponível em: https://pesquisa.in.gov.br/imprensa/jsp/visualiza/index.jsp?data =06/02/2025&jornal =515&pagina=7&totalArquivos=120

[891] BRASIL. Tribunal de Contas da União. Tomada de Contas Especial. Processo nº 018.389/2002-0. Acórdão nº 874/2004 - Plenário. Relator: Ministro Augusto Sherman Cavalcanti. Brasília, 7 de julho de 2004. **Diário Oficial da União [da] República Federativa do Brasil**, Brasília, DF, 16 jul. 2004. Seção 1, p. 206-208.

[892] BRASIL. Tribunal de Contas da União. Acórdão nº 252/2022 - TCU – Plenário. Disponível em: https://pesquisa.in.gov.br/imprensa/jsp/visualiza/index.jsp?data=23/02/2022&jornal=515&pagina=309&totalA rquivos=378.

c) é possível, por via judicial, ordenar à autoridade que instaure a TCE. Por vezes há interesse na instauração, pois essa é uma das causas de suspender a inadimplência de entidade que não prestou contas de recursos recebidos ou teve a prestação de contas rejeitadas.[893]

Sobre essa última hipótese, esclarece o STF:

> a aparente demora na instauração de Tomada de Contas Especial, atribuída ao Convenente responsável pela apuração de eventuais irregularidades praticadas por ex-gestores de convênios, não deve inviabilizar a celebração de novos ajustes.[894]

A Advocacia-Geral da União decidiu uniformizar o entendimento sobre a matéria com a Súmula nº 46, determinando liberação de restrições decorrentes de inscrição do município perante o SIAFI ou CADIN de prefeituras administradas por prefeitos que sucederam administradores faltosos, desde que tomadas providências visando ressarcir o erário.[895]

3.2.1.19 Demissão de empregados

Em relação a esse tema, de particular interesse do Tribunal de Contas, compreende-se que o Estado-empregador, ao descer de sua posição de regulador solitário da relação institucional com os servidores públicos - os que são regidos por normas estatutárias -, ombreando-se com os empregadores privados, de modo algum, pode deixar de observar, na gestão de sua força laborativa, o extenso conjunto de direitos e deveres inerentes a essa particular relação jurídica. Serve-se, no exercício da autoridade, de poderes potestativos próprios da órbita privada. Discute-se, entre esses poderes, se subsiste a faculdade de demitir imotivadamente seus empregados, com o singelo pagamento das parcelas rescisórias devidas.[896]

Não é difícil encontrar quem defenda, com base em tal análise, a incompetência do órgão controlador para exame desses atos.

Esse argumento, sem dúvida, nasce de uma apreciação apressada e superficial do texto constitucional. A admissão de pessoal, decerto, integra escopo próprio da atividade fiscalizadora do Tribunal. Parece-nos que a Constituição Federal explicitou especificamente essa atribuição para certificar, entre outras, a aplicação de seu art. 37, II, que veda a assunção de cargo ou emprego público sem concurso.

---

893 Para mais detalhes, consulte o art. 5º da Instrução Normativa nº 01 de 1997 da Secretaria do Tesouro Nacional - STN, que até a edição deste trabalho continuava em vigor, mesmo após o advento da Portaria Interministerial MP/MF/MCT nº 127/2008, conforme entendimento do TCU [Processo TC nº 018.499/2008-0. Acórdão nº 1.937/2008 - Plenário.]

894 BRASIL. Supremo Tribunal Federal. Ação Cautelar nº 1896-0 MC/SE. 1. Turma. Relatora: Ministra Cármen Lúcia. Brasília, 29 de abril de 2008. Disponível em: **<http://www.stf.jus.br>**. Acesso em: 06 jun. 2014.

895 BRASIL. Advocacia-Geral da União. Súmula nº 46, de 23 de setembro de 2009.. Disponível em: https://legis.agu.gov.br/intralegis/Atos/TextoAto/349268.

896 DISTRITO FEDERAL. Tribunal de Contas do Distrito Federal. Processo nº 2986/1999 (sigiloso). Relator: Conselheiro Jorge Ulisses Jacoby Fernandes.

E, nesse ponto, disciplinou que o julgamento pelo Tribunal visa ao registro, pelo qual a Corte põe formalmente o seu endosso à admissão, certifica a sua validade e consolida a relação funcional do servidor com o Estado.

Com referência à demissão de servidores, o enfoque a ser dado, em sua base jurídica, é outro, a ser cotejado com a competência genérica do órgão de controle externo.

Em linha de princípio, considera-se que a rescisão contratual do empregado público, regido pela Consolidação das Leis do Trabalho, com o pagamento de verbas rescisórias, é um ato de despesa, sujeito, a par da apreciação da legalidade, também ao cotejo entre os princípios da economicidade e legitimidade.

Tal apreciação, sem dúvida, está contida na previsão dos artigos 70, *caput*, e 71, II, da Constituição Federal, que impõem ao Tribunal de Contas a fiscalização dos gestores da *res publicae* em suas diversas facetas: contábil, financeira, orçamentária, operacional e patrimonial, em relação às quais a demissão de servidores exerce séria influência.

Resta, no particular, verificar se a Corte, ao apreciar atos de demissão, está limitada aos seus aspectos formais ou, diversamente, poderá mergulhar em sua essência e negar-lhes validade em seu arcabouço substancial.

O aperfeiçoamento teórico do tema deve partir da avaliação da natureza jurídica do ato potestativo de demissão, que envolve também a vontade simples do administrador para a consecução do interesse público na prática de tais atos, distinguindo-o do empregador privado, do qual se exige justificação do ato. Abrange, assim, a validação da motivação interior do gestor para a realização de atos administrativos, ainda que se trate de motivação não exteriorizada.

Nesse passo, surge a necessidade de se identificar se tais atos podem ser classificados como meramente discricionários, ou sofrem limitações de ordem normativa. Se a discricionariedade for a regra pertinente ao caso, então o tribunal encontrar-se-á limitado à aferição da forma do ato e outros limites impostos pela lei. Se outra for a constatação, então a competência para a apreciação estará configurada em sua plenitude.

Para tanto, é preciso avançar com alguma profundidade sobre o conceito de discricionariedade administrativa, inclusive no que se refere à sua consolidação histórica nos últimos duzentos anos.

De fato, a noção de poder discricionário como inerente à política de gestão estatal surgiu nos idos da Revolução Francesa de 1789, simultaneamente ao nascimento da noção moderna de Estado de Direito. Juridicamente, houve a transição do Estado monarquista e centralizador – *L'État c'est moi*[897] – para o Estado de Direito.

---

[897] "O Estado sou eu", frase atribuída a Luís XV, monarca que governou a França de 1643 a 1715.

O Estado descentralizado ou Estado-Gestor que, hodiernamente, posiciona-se como um termômetro e, ao mesmo tempo, como válvula da atividade social, não poderia ser privado de um quociente mínimo de autonomia da vontade, vale dizer, de escolha entre caminhos alternativos que levem à satisfação do interesse público.

Sem o poder discricionário não existiriam as políticas de administração e gestão pública, mas apenas um Estado meramente executor da ordem normativa, um mecanismo fixo de engrenagens imutáveis.

Dir-se-á que o poder discricionário está limitado à lei. Tal afirmação é incompleta e poderia ser melhor explicitada da seguinte forma: o poder discricionário está adstrito à lei, mas o administrador é obrigado a eleger entre várias alternativas aquela que tenha melhor fundamento no interesse maior da sociedade.

O interesse público, portanto, funciona como redutor do nível de liberdade discricionária do gestor público.

Seria sobremaneira incoerente imaginar a administração submetida aos princípios da moralidade e eficiência, sem o correspondente controle de sua validade, que pode ser feito tanto pelo Judiciário como pelo Tribunal de Contas. Este último com capital importância, por razões várias: pode agir de ofício, no exercício da atividade fiscalizadora; tem competência para apreciar a legitimidade e economicidade dos atos administrativos, o que implica a apreciação do mérito do ato, e pode responsabilizar os dirigentes pela má gestão da coisa pública.

Como decorrência de toda a exposição, fácil concluir que a discricionariedade relativa a atos de demissão de servidores públicos, ainda que sob a tutela das normas consolidadas, é mínima. A motivação, como requisito insuperável, deverá estar explicitada de forma bastante convincente. Não poderia ser de outra maneira. Se admitíssemos argumentos de pouca relevância para justificar atos de tão severa repercussão social, estaríamos a desintegrar o princípio da proporcionalidade, princípio este de estatura constitucional.

Nesse sentido, é preciso negar a possibilidade de o dirigente de empresa pública, cujos servidores estão sujeitos ao regime da Consolidação das Leis do Trabalho, demitir imotivadamente servidores constantes de seu quadro de pessoal.

No mesmo compasso, vem à colação antigo entendimento do DASP, contido no Parecer nº 739/1980, que, em síntese, proclama que a dispensa de servidor regido pela CLT deverá ter como substrato motivação de interesse público.

> Sem prejuízo da subjetividade do que se inscreve na área do chamado princípio da discricionariedade existente no Direito Administrativo, o agente público, na condição de representante do Estado, como administrador da coisa pública, só pode fazer aquilo que estiver autorizado por lei a praticar, entendendo-se aqui a palavra lei em seu sentido mais amplo. A Consolidação das Leis do Trabalho é uma imposição de origem estatal; foi decretada com a finalidade de impor a vontade do Estado, circunstância que,

> conseqüentemente [*sic*], por ser imposta, substitui a vontade e os critérios individuais do representante do Estado, que fica obrigado a dar fiel e cabal cumprimento aos mandamentos instituídos na lei; por conseguinte, não tem o mesmo autoridade para se impor de forma diferente do ordenamento jurídico instituído pelo Estado.
>
> Assim, ainda que possa parecer 'seja lícito, ao empregador, dispensar o empregado desde que observe as disposições contidas na Consolidação das Leis do Trabalho', fazemos notar que a força que autoriza um ato dessa natureza é a que dimana da lei, que, por delinear seus elementos essenciais e condicionar seu próprio conteúdo como ato do Estado, não se sujeita aos critérios individuais da vontade ou capricho de seus representantes.

Por outro lado, o excelso Supremo Tribunal Federal, ao julgar o MS nº 21.845/DF, decidiu que o ato de dispensa, praticado por autoridade pública, está também sujeito ao requisito da motivação, como se vê no seguinte excerto, extraído do voto do Ministro Néri da Silveira:

> A dispensa do servidor público, regido pela CLT, não se pode dar da mesma forma que a dispensa do empregado privado. É que os atos da Administração Pública hão de ser sempre motivados, não podem ser sem causa. Pelo princípio da legalidade que preside à atividade da Administração Pública a esta não cabe praticar atos, ainda que no exercício de poder discricionário que impliquem expressões de arbítrio na sua atividade.[898]

Assim, pronunciou-se a Advocacia-Geral da União:

> Servidor celetista admitido por concurso. Dispensa imotivada. Ilegalidade da Portaria nº 306, de 30.09.80. Servidor admitido por concurso, conquanto regido pela Consolidação das Leis do Trabalho, não pode ser dispensado discricionariamente, sem motivação. Ato nulo, a configurar abuso de poder. Reintegração do interessado no emprego.

Seguia a mesma linha o antigo Tribunal Federal de Recursos, acrescentando que a demissão só é admissível se fundada em interesse público.

Não estamos certamente suscitando a estabilidade para servidores celetistas optantes pelo sistema do FGTS. Ao contrário, deve-se reconhecer a inexistência de estabilidade ou direito a emprego.

O que existe e deve ser proclamada, independentemente de governos ou períodos, e ainda que com efeitos *ex nunc*, é a restrição ao poder discricionário, que onera o contribuinte com substancial acréscimo na multa do FGTS, entre outros consectários da demissão imotivada.

---

[898] BRASIL. Supremo Tribunal Federal. Mandado de Segurança nº 21.845/DF. Relator: Ministro Moreira Alves. Disponível em: <**http://www.stf.jus.br**>. Acesso em: 06 jun. 2014.

É, desse modo, legítima a demissão por fechamento de empresa ou estabelecimento, como no caso da SAB, Sociedade de Abastecimento de Brasília, um supermercado estatal. É ilegítima a demissão quando, por exemplo, sucedida de outra admissão para o mesmo cargo.

Com base nas exposições realizadas, podem-se afirmar agora as seguintes assertivas:

I. *o ato de dispensa do servidor público regido pela Consolidação das Leis do Trabalho é ato administrativo, não meramente discricionário, necessariamente motivado, sujeito aos princípios basilares da Administração Pública: legalidade, impessoalidade, moralidade, publicidade e eficiência;*

II. *a referida dispensa é também um ato de gestão, sujeito à avaliação sob o prisma da legalidade, da legitimidade e da economicidade;*

III. *também se configura em ato de despesa, vez que implica o pagamento de verbas rescisórias.*

Constituídas tais premissas, é possível reafirmar, com redobrado vigor, a competência do Tribunal de Contas para apreciar os atos dessa natureza.

A apreciação dos critérios de demissão, portanto, integra a competência constitucional das Cortes de Contas, por implicar despesa no pagamento de verbas resilíveis, sujeita-se ao crivo do controle externo sob os prismas da legalidade, da economicidade e da legitimidade, bem como deve atender ao indispensável requisito da motivação, fundada em interesse público relevante.

3.2.1.20 Denúncia

O instrumento da denúncia constitui um dos mais importantes conectores entre a ação dos Tribunais de Contas e a sociedade, posto que permite a qualquer dos seus membros iniciar a "prestação de serviço" de verificação.[899] Operacionaliza o § 2° do art. 74 da Constituição Federal ao estabelecer que "Qualquer cidadão, partido político, associação ou sindicato é parte legítima para, na forma da lei, denunciar irregularidades ou ilegalidades perante o Tribunal de Contas da União[900].

A denúncia formulada à Administração, quando identificada a autoria e apontados os indícios do fato, deve merecer apuração, pois a sociedade e os órgãos

---

[899] Por fim, vale destacar que o novo diploma supralegal, além de haver transformado o princípio da moralidade administrativa num epicentro axiológico dentre os valores que informam a Administração Pública, deixou a Corte de Contas permanentemente aberta e solícita aos questionamentos provindos da sociedade civil, em especial às denúncias populares de irregularidades ou ilegalidades que sejam manifestadas por qualquer cidadão, partido político, associação ou sindicato, conforme o disposto nos arts. 37 e 73, § 2°, da Constituição Federal.

[900] Jacoby Fernandes leciona que essa inovação da Constituição de 1988, além de haver transformado o princípio da moralidade administrativa num epicentro axiológico dentre os valores que informam a Administração Pública, deixou a Corte de Contas permanentemente aberta e solícita aos questionamentos provindos da sociedade civil, em especial às denúncias populares de irregularidades ou ilegalidades que sejam manifestadas por qualquer cidadão, partido político, associação ou sindicato, conforme o disposto nos arts. 37 e 73, §2°, da Constituição Federal.

públicos devem ter interesse em preservar a legalidade da conduta dos agentes públicos, demonstrando a verdade dos fatos.

Por isso, em sede de processo administrativo, jungido ao princípio da legalidade objetiva, está assentado que a instauração pode decorrer de mais de uma denúncia, oriunda da mesma fonte, mesmo que denúncias anteriores tenham sido devidamente apuradas e por fim julgadas improcedentes. O fato, nesse caso, autoriza a promoção da competente ação criminal, visando à responsabilização do autor. Não poderá, contudo, ser negada a apuração das novas denúncias, o que pode constituir prejulgamento do caso e cerceamento do direito de representação.

O abuso do direito de denunciar tanto se caracteriza pela reiteração de denúncias sem fundamento, quando o autor não sabe se esta procede ou não, quanto pela denunciação caluniosa de um só ato, sabendo o agente da inocência. Ambos devem ser coibidos pelos julgadores. Na atualidade, existem pessoas que buscam a promoção junto à mídia e à imprensa oficiosa, agindo de forma leviana no manuseio do importante instrumento da denúncia. Para tais casos, a atual legislação permite a apuração de responsabilidade.[901]

Como regra, os processos desenvolvidos nos Tribunais de Contas são espécies do gênero processo administrativo e, do mesmo modo, adotam esse princípio, servindo-se do parâmetro consignado acima.

Embora a lei possibilite o oferecimento de denúncia[902], é importante notar que o denunciante não é parte no processo. Uma vez oferecida, seguem os autos o princípio do impulso oficial, não cabendo ao denunciante nem mesmo o direito de recorrer. Se, por um lado, facilita-se o oferecimento de denúncia, por outro, fica claro que ninguém pode ser dono de um processo de fiscalização.

Com sabedoria, equacionando a pretensão de um denunciante de recorrer da deliberação adotada em processo instaurado por sua iniciativa, o Tribunal de Contas da União rejeitou o recurso, mas acolheu os novos elementos probantes juntados.[903]

---

[901] Consultar art. 1º da Lei nº 10.028, de 19 de outubro de 2000, que altera o Decreto-Lei nº 2.848, de 7 de dezembro de 1940 - Código Penal, a Lei nº 1.079, de 10 de abril de 1950, e o Decreto-Lei nº 201, de 27 de fevereiro de 1967, e, ainda, interessante artigo: CUNHA, Rosanne Gay. **Do abuso do direito de demandar**. In: Consulex, v. 16, nº 19, 22 de julho de 2002, p. 13-16.

[902] Nesse sentido, dispõe o art. 53 e seguintes da Lei Orgânica do TCU. Também outras inúmeras normas vêm dispondo sobre denúncias aos órgãos de controle e, especificamente, ao TCU. No mesmo diapasão, a Resolução nº 45, do Programa ProJovem Campo – Ministério da Educação, que trata sobre a aplicação de recursos do programa. Disponível em: http://portal.mec.gov.br/dmdocuments/projovem_campo.pdf.

[903] BRASIL. Tribunal de Contas da União. Denúncia. Processo TC nº 575.257/1993-8. Acórdão nº 35/1996 - Plenário. Relator: Ministro Adhemar Paladini Ghisi. Brasília, 27 de março de 1996. **Diário Oficial [da] República Federativa do Brasil**, Brasília, DF, 15 abr. 1996. Seção 1, p. 6285-6286. Importante registrar o seguinte excerto do voto do eminente Ministro-Relator: "[...] A jurisprudência desta Corte é pacífica ao afirmar que o denunciante não é parte no processo. Ao revés, ocupa posição secundária nos autos, uma vez que, preenchidos os requisitos de admissibilidade, aqueles passam a ser impulsionados pelo próprio Tribunal". Nesse sentido, foram as Decisões Plenárias nºs 114/1993, 232/1994, 146/1995, 152/1995 e 593/1995.

3.2.1.20.1 Denúncia anônima

Em virtude do princípio constitucional que veda o anonimato,[904] a instauração de processo administrativo, fundado em denúncia anônima, constitui ato ilegal, que o direito não abriga nem pode tolerar, ensejando nulidade de causa para instaurar o processo e gerando constrangimento ao seu desenvolvimento.

Se a Administração vislumbrar razoável possibilidade da existência dos fatos denunciados anonimamente, deverá promover diligências e, a partir dos indícios coligidos nesse trabalho, instaurar o processo, desvinculando-o totalmente da informação anônima.[905] O material físico da denúncia pode ser colocado na contracapa do processo, sem autuação, e sobre ele não se podem fundamentar elementos de acusação ou defesa.

A jurisprudência do Supremo Tribunal Federal admite aos Tribunais de Contas investigar denúncia anônima, merecendo registro o magistral escólio do Ministro Celso de Mello, sintetizado na seguinte ementa:

> Delação anônima. Comunicação de fatos graves que teriam sido praticados no âmbito da administração pública. Situações que se revestem, em tese, de ilicitude (procedimentos licitatórios supostamente direcionados e alegado pagamento de diárias exorbitantes). A questão da vedação constitucional do anonimato (CF, art. 5º, IV, *in fine*), em face da necessidade ético-jurídica de investigação de condutas funcionais desviantes. Obrigação estatal, que, imposta pelo dever de observância dos postulados da legalidade, da impessoalidade e da moralidade administrativa (cf. art. 37, *caput*), torna inderrogável o encargo de apurar comportamentos eventualmente lesivos ao interesse público. Razões de interesse social em possível conflito com a exigência de proteção à incolumidade moral das pessoas (CF, art. 5º, X). O direito público subjetivo do cidadão ao fiel desempenho, pelos agentes estatais, do dever de probidade constituiria uma limitação externa aos direitos da personalidade? Liberdades em antagonismo. Situação de tensão dialética entre princípios estruturantes da ordem constitucional. Colisão de direitos que se resolve, em cada caso ocorrente, mediante ponderação dos valores e interesses em conflito. Considerações doutrinárias. Liminar indeferida.[906]

---

[904] BRASIL. **Constituição da República Federativa do Brasil (Versão Bolso).** Organização dos textos e índice por J. U. JACOBY FERNANDES. 2. ed. Belo Horizonte: Fórum, 2019. Art. 5º, inc. IV.

[905] BRASIL. Tribunal de Contas da União. Processo TC nº 200.142/1996-8. Decisão nº 106/1997 – Plenário. Relator: Ministro Carlos Átila Álvares da Silva. Brasília, 19 de março de 1997. **Diário Oficial [da] República Federativa do Brasil,** Brasília, DF, 08 abr. 1997. Seção 1, p. 6859-6861.

[906] BRASIL. Supremo Tribunal Federal. MS nº 24.369/DF. Relator: Ministro Celso de Mello. Brasília, 10 de outubro de 2002. **Diário da Justiça [da] República Federativa do Brasil,** Brasília, DF, 16 out. 2002.

A Lei Orgânica do Tribunal de Contas da União, em dispositivo repetido nas leis dos outros Tribunais de Contas, estabelecia que, no resguardo dos direitos e garantias individuais, deveria ser dado tratamento sigiloso às denúncias até a decisão definitiva. Também seria lícito ao Tribunal ao decidir o processo manter ou não o sigilo.[907]

O Supremo Tribunal Federal, em decisão inédita sobre o tema, considerou *incidentes tantum* inconstitucional a possibilidade do Tribunal de Contas da União, ao decidir sobre a denúncia, manter a chancela de sigilo.[908]

Após a decisão do STF, o TCU passou deliberar sem a chancela do sigilo. Todavia, regulamentou que, nos casos em que o denunciante sofrer sanções e, administrativamente, não conseguir reverter a pena, cabe-lhe buscar a defesa de seus direitos junto ao Poder Judiciário.[909]

3.2.1.20.2 Denúncia pela imprensa

Muitas vezes, a imprensa oficiosa realiza importante papel de esclarecimento da sociedade, inclusive veiculando casos de malversação de recursos públicos e de danos ao erário, decorrentes de ato ilegal, ilegítimo ou antieconômico.

Sendo a imprensa uma importante formadora de opinião, devem os Tribunais de Contas dispensar às denúncias veiculadas uma atenção especial, respondendo com a realização de inspeções, auditorias e outros meios de verificação.

Inserem-se essas ações no amplo dever das Cortes de Contas de resgatarem uma dívida que possuem para com a sociedade e, porque não dizer, com a sua própria finalidade de controlar a boa e regular aplicação de recursos públicos.

É fundamental, porém, observar que, se é dever apurar uma irregularidade, não é mesmo verdade que a Corte não possa julgar com base na opinião de jornalistas e, muito menos, se intimidar com os vereditos desse setor especialmente se forem completamente antagônicos aos fatos apurados.

Do mesmo modo que não pode faltar coragem ao magistrado, os membros dos Tribunais de Contas não podem sentir-se constrangidos em proclamar a regularidade ou irregularidade de uma conta.

---

[907] BRASIL. **Regimento Interno e Lei Orgânica do Tribunal de Contas da União.** Organização dos textos e índice por J. U. JACOBY FERNANDES. Belo Horizonte: Fórum, 2014. Lei nº 8.443/1992, art 55, parágrafo único.

[908] "[...] Considerou-se, na espécie, que, o sigilo por parte do Poder Público impediria o denunciado de adotar as providências asseguradas pela Constituição na defesa de sua imagem, inclusive a de buscar a tutela judicial, salientando-se, ainda, o fato de que apenas em hipóteses excepcionais é vedado o direito das pessoas ao recebimento de informações perante os órgãos públicos [...]". BRASIL. Supremo Tribunal Federal. Mandado de Segurança nº 24.405/DF. Relator: Ministro Carlos Velloso. **Diário Oficial da União [da] República Federativa do Brasil**, Brasília, DF, 3 dez. 2003.

[909] BRASIL. Tribunal de Contas da União. Processo TC nº 015.842/2010-0. Acórdão nº 1096/2011 – Plenário. Relator: Ministro José Múcio Monteiro. Brasília, 27 de abril de 2011. **Diário Oficial da União [da] República Federativa do Brasil**, Brasília, DF, 05 maio 2011.

Em boa hora, o Tribunal de Contas da União sistematizou os procedimentos para exame de denúncias veiculadas pela imprensa.[910]

No âmbito do TCDF, a regra geral é que essas denúncias sejam apuradas, por provocação das inspetorias, do respectivo Ministério Público que junto atua, de conselheiros ou auditores.

A denúncia pela imprensa também pode ser de autoria não revelada. Para essa particular hipótese, a Lei de Imprensa estabeleceu quem deverá ser demandado em juízo e responder pela matéria.

Recentemente, o STF, em sede de embargos de declaração reformou a decisão no Recurso Extraordinário nº 1075412, para fixar a seguinte tese, que envolve o tema:

> 1. Na hipótese de publicação de entrevista, por quaisquer meios, em que o entrevistado imputa falsamente prática de crime a terceiro, a empresa jornalística somente poderá ser responsabilizada civilmente se comprovada sua má-fé caracterizada: (i) pelo dolo demonstrado em razão do conhecimento prévio da falsidade da declaração, ou (ii) culpa grave decorrente da evidente negligência na apuração da veracidade do fato e na sua divulgação ao público sem resposta do terceiro ofendido ou, ao menos, de busca do contraditório pelo veículo;
> 2. Na hipótese de entrevistas realizadas e transmitidas ao vivo, fica excluída a responsabilidade do veículo por ato exclusivamente de terceiro quando este falsamente imputa a outrem a prática de um crime, devendo ser assegurado pelo veículo o exercício do direito de resposta em iguais condições, espaço e destaque, sob pena de responsabilidade nos termos dos incisos V e X do artigo 5º da Constituição Federal;
> 3. Constatada a falsidade referida nos itens acima, deve haver remoção, de ofício ou por notificação da vítima, quando a imputação permanecer disponível em plataformas digitais, sob pena de responsabilidade.[911]

3.2.1.21 Divulgação de informações

É consabida a eficácia do controle social em relação aos demais sistemas, conquanto seu maior obstáculo dependa exatamente da evolução da própria sociedade e dos conceitos de *contribuinte* e *cidadania*.

Várias normas vêm sendo aprimoradas, homenageando a ação dos Tribunais de Contas na divulgação de informações pertinentes às contas públicas e à regularidade na aplicação dos recursos.

Compreende-se que essa competência esteja sendo firmada e desenvolvida, porque os dados muitas vezes apresentados pelos interessados não se qualificam pela

[910] BRASIL. Tribunal de Contas da União. Portaria nº 231, de 31 de outubro de 2002. Regulamenta procedimentos referentes ao exame de denúncias veiculadas pela imprensa. Disponível em: https://pesquisa.apps.tcu.gov.br/redireciona/ norma/NORMA-21090.

[911] BRASIL. Supremo Tribunal Federal. Recurso Extraordinário nº 1075412. Disponível em: https://portal.stf.jus.br/processos/detalhe.asp?incidente=5263701.

confiabilidade. Exemplo típico são os relatórios de auditoria,[912] que, muitas vezes firmados por empresas renomadas, acabam por auxiliar o esforço contábil de mascarar a real situação de uma instituição, como ocorreu nos famosos escândalos do Banco Nacional, no Brasil, e do Enron e *World Company*, nos Estados Unidos da América do Norte.

Um dos mais expressivos avanços nesse sentido foi a criação da *homepage* "Contas Públicas", cujo conteúdo se alinha com a necessidade de transparência da responsabilidade fiscal, exigida como paradigma da probidade e da eficácia administrativa.[913]

3.2.1.22 Execução da despesa

O controle da execução da despesa constitui, na verdade, um dos principais pontos da competência dos Tribunais de Contas.

No exercício dessa atividade, devem ser enfocados não só o aspecto da legalidade, sem dúvida o mais importante, mas também o da economicidade e o da legitimidade.

Na medida em que o controle da regularidade, na execução da despesa, é vislumbrado sob esses fatores, pode ocorrer que a ação do controle coincida com o interesse de um outro particular. Não é necessário maior esforço intelectual para compreender que o respeito a todos os direitos individuais e a obrigação do cumprimento de todos os deveres dos membros da sociedade individualmente considerados e do próprio Estado é também interesse público.

Desse modo insere-se sim, na competência do controle, verificar se a ordem de pagamento dos precatórios está sendo realizada segundo a rigorosa cronologia de registro dos precatórios;[914] se os contratos estão sendo pagos no prazo e de acordo com a ordem de exigibilidade do crédito;[915] se os proventos estão sendo pagos no valor correto, isto é, nem mais nem menos do que o devido.

---

[912] Referidos no art. 26, da Lei nº 6.385, de 7 de dezembro de 1976, que dispõe sobre o mercado de valores mobiliários e cria a Comissão de Valores Mobiliários. **Diário Oficial [da] República Federativa do Brasil**, Brasília, DF, 9 dez. 1976. Seção 1, p. 16037.

[913] Consultar: BRASIL. Tribunal de Contas da União. Lei nº 9.755, de 16 de dezembro de 1998. Dispõe sobre a criação de *home page* na internet, pelo Tribunal de Contas da União, para divulgação dos dados e informações que especifica, e dá outras providências. Disponível em: https://www.planalto.gov.br/ccivil_03/leis/l9755.htm; Lei Complementar nº 101, de 4 de maio de 2000, que estabelece normas de finanças públicas voltadas para a responsabilidade na gestão fiscal e dá outras providências. Disponível em: https://www.planalto.gov.br/ccivil_03/LEIS/LCP/Lcp101.htm; Tribunal de Contas da União. Instrução Normativa nº 28, de 5 de maio de 1999. Estabelece regras para a implementação da *home page Contas Públicas*, de que trata a Lei nº 9.755/98. **Diário Oficial [da] República Federativa do Brasil**, Brasília, DF, 19 maio 1999. Seção 1, p. 4950. Ver no Capítulo V, que trata da estrutura e composição dos Tribunais de Contas, o subtítulo 5.6.2.2.2.4 À divulgação de informações.

[914] BRASIL. **Constituição da República Federativa do Brasil** (Versão Bolso). Organização dos textos e índice por J. U. JACOBY FERNANDES. 2. ed. Belo Horizonte: Fórum, 2019. Art. 100.

[915] BRASIL. **Lei de Licitações e Contratos Administrativos e outras normas pertinentes.** Organização dos textos e índice por J. U. JACOBY FERNANDES. 15. ed., rev. e atual. Belo Horizonte: Fórum, 2014. Ver arts. 5º e 40, inc. XIV, alínea "a".

Controlar a despesa, contudo, não permite ao Tribunal de Contas determinar o pagamento do valor de um montante ou a certo destinatário, pois, em tal *hipótese*, assumiria a condição de *ordenador de despesa.*

Ora se o controlador passa a ordenar a despesa, quem exercerá a função de controlador? Por esse motivo, pode o Tribunal de Contas considerar que houve violação à ordem de pagamento de precatório ou contrato, que o pagamento foi em valor incorreto, seja para mais ou para menos, e determinar que o jurisdicionado adote as providências necessárias ao exato cumprimento da lei.

Em termos de lógica, ficará implícito, na determinação, eventual tutela de direito privado, quando coincide com o interesse público que, por exemplo, os pagamentos sejam feitos sem ofensa ao princípio da impessoalidade, seguindo-se ordem de cronologia determinada. Do mesmo modo, ficará também implícita a tutela de determinado direito individual de um aposentado que está recebendo proventos aquém do devido, quando o Tribunal recomenda a regularização do pagamento que não estava de acordo com o princípio da legalidade.[916]

Nessa dimensão do controle, compreende-se a visão de futuro verbalizada pelo Ministro Carlos Velloso, do Supremo Tribunal Federal: "os Tribunais de Contas são casas de esperança"[917].

Alguns exemplos podem melhor ilustrar essas perspectivas.

3.2.1.22.1 Ordem de pagamento

A Lei nº 8.666/1993, resolvendo antigo problema de pagamento de faturas, decidiu que este deve ser realizado segundo a ordem de exigibilidade de crédito, definindo como crime o pagamento fora dessa rigorosa ordem.[918] A Lei nº 14.133, de 1º de abril de 2021, manteve essa determinação e impôs nomeadamente ao Tribunal de Contas o dever de fiscalizar se os pagamentos de despesas contratuais estão ocorrendo em conformidade com a ordem cronológica do atesto das faturas.[919] No momento em que foi definido critério acerca do pagamento, passou também a caber aos Tribunais de Contas a avaliação do cumprimento desse aspecto da legalidade, que, aliás, no particular, também assegura a isonomia e legitimidade.[920] Aliás, tanto a Lei nº

---

[916] Em sentido contrário, entendendo que apurar ausência de pagamento de precatório implicaria tutelar direito privado: BRASIL. Tribunal de Contas da União. Representação. Processo TC nº 001.996/2003-0. Acórdão nº 1426/2003 - Plenário. Relator: Ministro Guilherme Palmeira. Brasília, 24 de setembro de 2003. **Diário Oficial da União [da] República Federativa do Brasil**, Brasília, DF, 03 out. 2003.

[917] Ver, neste capítulo, o subtítulo 0. - aposentadoria com proventos a menor.

[918] BRASIL. **Lei de Licitações e Contratos Administrativos e outras normas pertinentes.** Organização dos textos e índice por J. U. JACOBY FERNANDES. 15. ed., rev. e atual. Belo Horizonte: Fórum, 2014. Arts. 5º e 92.

[919] BRASIL. **Lei nº 14.133/2021. Lei de Licitações e Contratos Administrativos.** Organização e indexação por Ana Luiza Jacoby Fernandes e Jorge Ulisses Jacoby Fernandes. 2ª edição atualizada até 31 de março de 2023. Belo Horizonte: Fórum, 2024. Arts. 141 e § 2º.

[920] O TCDF entendeu que o pagamento de faturas fora do prazo previsto no processo licitatório é matéria fora da sua competência: DISTRITO FEDERAL. Tribunal de Contas do Distrito Federal. Processo nº 6.418/1994. Decisão nº 7.344/1994. Relator: Conselheiro Frederico Augusto Bastos. Brasília, 6 de dezembro de 1994. **Diário Oficial do**

8.666/1993 como a lei que a sucedeu criminaliza pagar com preterição da ordem cronológica, regra que agora está inserida no Código Penal.[921]

O TCU já decidiu, inúmeras vezes, que não é competente para tutelar interesses estritamente privados, como a solução de controvérsias instaladas no âmbito da execução de contratos firmados entre seus jurisdicionados e terceiros, que não impliquem, ainda que reflexamente, prejuízo ao Erário. Considerou, ainda, que a única exceção a essa regra "após o advento da nova Lei de Licitações, corresponde à inobservância imotivada da ordem cronológica de pagamentos [...]"[922].

3.2.1.22.2 Classificação correta da despesa

Outro aspecto relevante concerne à classificação da despesa: tanto pode revelar simples erro, quanto dolo no descumprimento da regra orçamentária, pois, lançando os valores em elemento diverso, poderá estar subjacente o interesse em descumprir as próprias regras do orçamento, efetivando despesa não autorizada.[923]

O ordenador de despesa deve pautar seus atos tendo em conta três preceitos fundamentais do controle da despesa pública: legalidade, fidelidade funcional e cumprimento do programa de trabalho. Sob essa tríplice percepção, devem ser analisadas as despesas.[924]

A fidelidade funcional é sintetizada por Afonso Gomes Aguiar como o dever daquele que arrecada ou utiliza dinheiro público, ou que tem sob sua guarda e responsabilidade valores ou bens públicos, no sentido de submeter os atos de gestão financeira e patrimonial e o zelo e a conservação dos bens públicos, confiados à sua guarda e responsabilidade, à verificação da probidade pública. Entende esse autor que desse preceito se originou o princípio da exação.

Quanto ao cumprimento do programa de trabalho, é precisamente no momento em que autoriza a despesa que o ordenador dá efetividade a esse preceito. Desse modo,

---

Distrito Federal, Brasília, DF, 14 dez. 1994, p. 59-83. Em sentido contrário: *Idem*. Representação. 1º Inspetoria de Controle Externo/TCDF. Processo nº 2001/1995. Decisão nº 1207/2000. Relator: Conselheiro José Eduardo Barbosa. Brasília, 2 de março de 2000. **Diário Oficial do Distrito Federal**, Brasília, DF, 17 mar. 2000, p. 13-25.

[921] Código Penal Brasileiro. Art. 337-H. Admitir, possibilitar ou dar causa a qualquer modificação ou vantagem, inclusive prorrogação contratual, em favor do contratado, durante a execução dos contratos celebrados com a Administração Pública, sem autorização em lei, no edital da licitação ou nos respectivos instrumentos contratuais, ou, ainda, pagar fatura com preterição da ordem cronológica de sua exigibilidade: Pena - reclusão, de 4 (quatro) anos a 8 (oito) anos, e multa.

[922] BRASIL. Tribunal de Contas da União. Acórdão nº 3402/2024 - TCU - 1ª Câmara. Disponível em: https://pesquisa.in.gov.br/imprensa/jsp/visualiza/index.jsp?data=09/05/2024&jornal=515&pagina=238&totalArquivos=259.

[923] A falha referente à classificação da despesa é de natureza formal, passível de ser relevada pela Corte, até porque não caracteriza desvio de finalidade, uma vez que tal procedimento é realizado em nível de elemento de despesa enquanto o erro cometido se deu em termos de subelemento. DISTRITO FEDERAL. Tribunal de Contas. Relatório Anual. Serviço de Limpeza Urbana do Distrito Federal. Processo nº 2.887/1997. Decisão nº 9091/1998. Relatora: . Brasília, 12 de novembro de 1998. **Diário Oficial do Distrito Federal**, Brasília, DF, 23 nov. 1998, p. 13-18.

[924] BRASIL. Lei nº 4.320, de 17 de março de 1964. Estatui Normas Gerais de Direito Financeiro para elaboração e controle dos orçamentos e balanços da União, dos Estados, dos Municípios e do Distrito Federal. Disponível em: https://www.planalto.gov.br/ccivil_03/Leis/L4320.htm. Art. 75.

todas as obrigações ficam documentadas[925] e quantificadas monetariamente por meio de uma operação que se denomina empenho. Nos termos da lei,[926] o "empenho de despesa é o ato emanado de autoridade competente, que cria para o Estado obrigação de pagamento pendente de implemento de condição".

Para assegurar a harmonia entre o orçamento e as regras jurídicas que criam a obrigação, foi vedada a realização de despesas sem prévio empenho.[927] Mais do que isso, cada empenho deve corresponder exatamente ao valor a ser pago.

3.2.1.22.3 Multas contra a Administração Pública

Do mesmo modo, em relação a multas contra a Administração Pública: o pagamento destas por órgão público[928] torna subjacente, em princípio, ato ilegal, pois é dever dos servidores pagarem pontualmente e cumprir obrigações contratuais.

Para melhor compreensão das conclusões que serão adotadas, impõe-se estabelecer a posição contratual da Administração.

Quando o ajuste envolve um particular e um órgão ou entidade vinculada à Administração Pública, a questão não permite dúvidas: o particular é o *contratado* e a Administração, o *contratante*. Quando, porém, em um polo da relação contratual está, por exemplo, o Tribunal de Contas da União e, do outro, a Empresa Brasileira de Correios e Telégrafos, a situação merece mais detido exame.

A precisa lição advém do fato de que a antiga Lei de Licitações e Contratos estabelecia que o contratante poderá servir-se das cláusulas exorbitantes para melhor resguardar o interesse público[929]. Cláusulas exorbitantes são as inexistentes no direito privado e que permitem ao poder público alterar as condições de execução do contrato, independentemente da anuência do contratado, para melhor resguardar o

[925] BRASIL. Lei nº 4.320, de 17 de março de 1964. Estatui Normas Gerais de Direito Financeiro para elaboração e controle dos orçamentos e balanços da União, dos Estados, dos Municípios e do Distrito Federal. Disponível em: https://www.planalto.gov.br/ccivil_03/Leis/L4320.htm. Art. 63, que dispõe sobre documentação para a liquidação da despesa. Expressamente, trata a respeito o Decreto-lei nº 200, de 25 de fevereiro de 1967, que dispõe sobre a organização da Administração Federal, estabelece diretrizes para a Reforma Administrativa e dá outras providências. Disponível em: https://www.planalto.gov.br/ccivil_03/decreto-lei/del0200.htm. No art. 77 estabelece que "Todo ato de gestão financeira deve ser realizado por força do documento que comprove a operação e registrado na contabilidade, mediante classificação em conta adequada". Acrescenta o § 5º do art. 78: "Os documentos relativos à escrituração dos atos da receita e despesa ficarão arquivados no órgão de contabilidade analítica e à disposição das autoridades responsáveis pelo acompanhamento administrativo e fiscalização financeira e, bem assim, dos agentes incumbidos do Controle Externo, de competência do Tribunal de Contas".

[926] BRASIL. Lei nº 4.320, de 17 de março de 1964. Estatui Normas Gerais de Direito Financeiro para elaboração e controle dos orçamentos e balanços da União, dos Estados, dos Municípios e do Distrito Federal. Disponível em: https://www.planalto.gov.br/ccivil_03/Leis/L4320.htm. Art. 58.

[927] *Ibidem*, art. 60.

[928] INSS cobrou multa da Administração. TCDF entendeu indevida e recomendou à Administração buscar a devolução: DISTRITO FEDERAL. Tribunal de Contas. Tomada de Contas Especial. Processo nº 5542/1993. Decisão nº 8306/1998. Relator: Conselheiro Jorge Caetano. Brasília, 20 de outubro de 1998. **Diário Oficial do Distrito Federal**, Brasília, DF, 06 nov. 1998, p. 7-14.

[929] Na nova Lei - BRASIL. Lei de Licitações e Contratos Administrativos. Disponível em: https://www.planalto.gov.br/ccivil_03/_Ato2019-2022/2021/Lei/L14133.htm, o tema está regulado no Capítulo IV, que trata das prerrogativas da Administração, art. 104.

interesse público, podendo, inclusive, suspender sua execução. Constitui uma viga mestra do direito administrativo contratual, que só é compreensível, na sua inteireza, quando se considera a outra viga mestra: a garantia do equilíbrio econômico-financeiro, assegurada ao contratado. No contrato administrativo, o particular obriga-se a aceitar a alteração do objeto, ou até a sua supressão sumária por parte da Administração, possibilidade inexistente no direito comum. Por outro lado, encontra-se no poder público uma garantia que não se vislumbra no direito privado: o instrumento não sofrerá ruína em decorrência do poder de império da Administração.

E assim é, porque o executor do serviço público, no desempenho de sua função, está realizando uma atividade de interesse público predominante. Exemplificando: se o TCU contrata a ECT para prestar serviços de transporte e distribuição de correspondência, deverá aquele sujeitar-se às condições do serviço estabelecidas pela ECT, que é a titular do serviço público, no caso. O poder de império do Estado estará ao lado da ECT, que poderá, utilizando-se das cláusulas exorbitantes, alterar horário e dias de recolhimento dos malotes, data de vencimento da fatura etc. O contrato padrão, ao qual se sujeitará o TCU, poderá prever multas moratórias, porque não é justo, por exemplo, que toda a coletividade seja prejudicada na prestação dos serviços dos Correios porque os órgãos públicos são inadimplentes contumazes. Quando a Administração é usuária de serviço, quem se submete é o *contratado* - não detém poder de império - e quem continua dispondo das prerrogativas de Estado é o *contratante*.

A Administração poderá estar comprando, vendendo, prestando ou tomando serviços: pouco importa. Se o órgão, ou entidade, está integrado à Administração Pública, será denominado *contratante*; se ambas as partes estão integradas, será aquele que possui o poder de império, ou não está na condição de mero usuário do serviço.

Esses conceitos renovam-se, aqui, para estabelecer a noção básica elementar de que as entidades da Administração podem ocupar qualquer dos polos da relação contratual, mas apenas uma parte é, no estrito âmbito da legalidade, a *contratante*, e a outra a *contratada*, sendo que, à primeira, cabe a utilização de cláusulas exorbitantes como regra.

Corolário das considerações expendidas na alínea anterior é que a Administração Pública, quando ocupa a condição de contratante, e o particular, a condição de contratado, poderá impor multas contratuais moratórias e compensatórias. Nessas circunstâncias, mesmo sendo o contrato redigido pela Administração não pode esta furtar-se do dever de prever penalizações por atraso de pagamento.[930]

[930] BRASIL. Tribunal de Contas da União. Decisão nº 1334/2002 - Plenário, que admite juros de mora; Decisões nºs 737/2000, 930 e 978/2001, todas do Plenário, admitindo, além dos juros de mora, a atualização monetária. No mesmo sentido: BRASIL. Superior Tribunal de Justiça. Processo REsp nº 329976 – 1. Turma. Relator: Ministro Garcia Vieira. Brasília, 20 de setembro de 2001. **Diário da Justiça [da] República Federativa do Brasil**, Brasília, DF, 29 out. 2001; Processo REsp nº 230226 – 2. Turma. Relator: Ministro Francisco Peçanha Martins. Brasília, 21 de fevereiro de 2002. **Diário da Justiça [da] República Federativa do Brasil**, Brasília, DF, 20 maio 2002, p.119.

Contudo, quando a Administração Pública for usuária do serviço público, deve sujeitar-se às regras uniformes da prestação de serviço, inclusive no que tange a multas. Única e exclusivamente, não se submete a cláusulas que impliquem a possibilidade de interrupção do serviço, porque ambos os polos da relação contratual estão submetidos ao princípio da continuidade do serviço público.[931]

Por isso, carecem de amparo jurídico as ameaças, *v.g.*, de empresas de transporte coletivo ou do departamento de imprensa, de suspensão do serviço por falta de pagamento. Farão jus às multas, não havendo possibilidade de suspensão, dada a natureza jurídica peculiar do contratado.

Essa condição peculiar da Administração Pública, como tomadora do serviço público, foi expressamente prevista pelo legislador - art. 62, § 3º, inc. II, da Lei nº 8.666/1993 - que lhe retirou o poder de império.[932]

As considerações expedidas autorizam a concluir:

I. *nos contratos administrativos típicos, a Administração Pública pode servir-se, nos termos da lei, do poder de império para melhor defesa do interesse público. Nesses, é inaplicável multa contra a Administração;*

II. *a Administração Pública pode integrar até os dois polos da relação contratual;*

III. *nos contratos firmados pela Administração Pública, típicos do direito privado, v.g., financiamento, seguro, locação, aplicam-se as regras daquele ramo do direito naquilo em que não forem incompatíveis com os princípios constitucionais;*

IV. *nos contratos firmados pela Administração Pública, na qualidade de usuária de serviço público, aplicam-se as cláusulas uniformes que regem a prestação de serviço, entre elas as cláusulas impositivas de multa. Inaplicável a penalidade de suspensão da prestação de serviço;*

V. *o pagamento realizado fora do prazo, quando o órgão possuía condições de fazê-lo na época própria, constitui ato de negligência causador de dano e deve ensejar apuração de responsabilidade, visando ao ressarcimento do erário pelo agente responsável.*

3.2.1.22.4 Execução de contratos

No curso da execução dos contratos, podem ocorrer graves e danosas distorções. Também aqui firma-se a competência dos Tribunais de Contas para, na prática, coibir e responsabilizar os executores ou gestores de contratos.

---

931 BRASIL. Tribunal de Contas da União. Relatório de levantamento de auditoria. Processo TC nº 018.212/95-6. Decisão nº 197/1997 - Plenário. Relator: Adhemar Paladini Ghisi. Brasília, 23 de abr. 1997. **Diário Oficial [da] República Federativa do Brasil**, Brasília, DF, 07 maio 1997. Seção 1, p. 9163.

932 Esse entendimento já foi consagrado em histórico parecer, da lavra do Dr. José Calansans Júnior, na qualidade de Consultor Jurídico do Ministério das Minas e Energia: **Diário Oficial [da] República Federativa do Brasil**, Brasília, DF, 2 nov. 1996, p. 25009–25011 [especificamente em relação aos serviços de energia].

A jurisprudência é firme a respeito, havendo inúmeros casos de responsabilização, pela negligência, e aplicação de multa.[933]

Com a entrada em vigor da nova Lei de Licitações e Contratos e a regulamentação do § 3º do art. 8º, as regras relativas à atuação dos gestores de contratos têm ficado cada vez mais claras.[934]

3.2.1.22.5 Pagamento antecipado

A praxe do pagamento antecipado não é admitida no Direito financeiro. Aliás, constitui grave infração às normas legais disponibilizar recursos públicos para particular sem a certeza do prévio cumprimento da obrigação.

Há, contudo, decisões do Tribunal de Contas da União[935] admitindo, restritivamente, a regularidade do pagamento antecipado:

a) quando a forma de contratação do objeto, praticada pela iniciativa privada (assinatura de jornais, seguro, inscrições em curso etc.), de modo quase uniforme, implicar pagamento antecipado. Nesse caso, tem-se por fundamento jurídico a regra construída por via da interpretação ampliativa do art. 15, inc. III, da Lei nº 8.666/1993, dispositivo que atualmente corresponde ao art. 40, inc. I, da Lei nº 14.133/2021;

b) com extrema cautela, nos casos assinalados no art. 38 do Decreto nº 93.872, de 23 de dezembro de 1986, que dispõe sobre a unificação dos recursos de caixa do Tesouro Nacional.[936] Embora essa norma seja de âmbito federal e mais voltada para a Administração direta, tem-se admitido o seu emprego por analogia, como forma de integrar a lacuna quando as normas da entidade não preveem a possibilidade de pagamento antecipado;

---

[933] BRASIL. Tribunal de Contas da União. Denúncia. Processo TC nº 003.813/2000-6. Acórdão nº 32/2001 - Plenário. Relator: Ministro Guilherme Palmeira. Brasília, 7 de março de 2001. **Diário Oficial [da] República Federativa do Brasil**, Brasília, DF, 20 mar. 2001.

[934] BRASIL. Lei nº 14.133, de 1º de abril de 2021. Lei de Licitações e Contratos Administrativos. Disponível em: https://www.planalto.gov.br/ccivil_03/_Ato2019-2022/2021/Lei/L14133.htm. BRASIL. Decreto nº 11.246, de 27 de outubro de 2022. Regulamenta o disposto no § 3º do art. 8º da Lei nº 14.133, de 1º de abril de 2021, para dispor sobre as regras para a atuação do agente de contratação e da equipe de apoio, o funcionamento da comissão de contratação e a atuação dos gestores e fiscais de contratos, no âmbito da administração pública federal direta, autárquica e fundacional. Disponível em: https://www.planalto.gov.br/ccivil_03/_Ato2019-2022/2022/Decreto/D11246.htm.

[935] Extensíveis a estados, Distrito Federal e municípios por força da Súmula nº 222 do Tribunal de Contas da União: "As Decisões do Tribunal de Contas da União, relativas à aplicação de normas gerais de licitação, sobre as quais cabe privativamente à União legislar, devem ser acatadas pelos administradores dos Poderes da União, dos Estados, do Distrito Federal e dos Municípios". **Boletim TCU Especial**, Brasília, ano XL, n. 6, 4 dez. 2007. Disponível em: <http://www.tcu.gov.br>. Acesso em: 09 jun. 2014.

[936] Tem a seguinte redação a norma em comento: "Art. 38. Não será permitido o pagamento antecipado de fornecimento de materiais, execução de obra, ou prestação de serviço, inclusive de utilidade pública, admitindo-se, todavia, mediante as indispensáveis cautelas ou garantias, o pagamento de parcela contratual na vigência do respectivo contrato, convênio, acordo ou ajuste, segundo a forma de pagamento nele estabelecida, prevista no edital de licitação ou nos instrumentos formais de adjudicação direta". BRASIL. Decreto nº 93.872, de 23 de dezembro de 1986. Dispõe sobre a unificação dos recursos de caixa do Tesouro Nacional, atualiza e consolida a legislação pertinente e dá outras providências. **Diário Oficial [da] República Federativa do Brasil**, Brasília, DF, 24 dez. 1986.

c) em relação a treinamentos, a jurisprudência admite o pagamento antecipado, porque no momento da realização, o particular, na maioria das vezes, realizou investimentos prévios; no caso de matrículas em evento, o pagamento antecipado é inevitável.

Por outro lado, casos existem em que o objeto do contrato exige o pagamento antecipado ou um investimento inicial do contratado. A Lei de Licitações, atenta à possibilidade, permitiu o pagamento antecipado nos casos em que isso venha a propiciar sensível economia de recursos ou se representar condição indispensável para a obtenção do bem ou para a prestação do serviço, hipótese que deverá ser previamente justificada no processo licitatório e expressamente prevista no edital de licitação ou instrumento formal de contratação direta[937]

Além disso, no caso de necessidade de investimento inicial obrigou a Administração a pagar, em separado, o custo da mobilização e desmobilização.[938] Desse modo, se o pagamento corresponde à mobilização não há "antecipação de pagamento", mas apenas parcela de um cronograma físico-financeiro executado.

Cabe destacar jurisprudência sobre o tema:

a) o pagamento deve estar associado à realização física da obra. Dissociá-lo pode implicar o pagamento antecipado;[939]

b) deve ser observado fielmente o preceito do art. 38 do Decreto nº 93.872/1986, no que se refere a pagamento antecipado de parcela contratual de obras, só o fazendo mediante previsão no edital e indispensáveis cautelas ou garantias contratuais;[940]

c) constitui falha formal quando não há dolo ou má-fé, nem prejuízo aos cofres da entidade. O TCU ressalva que o pagamento antecipado de parcela contratual é admitido, em caráter excepcional e na vigência do respectivo contrato, mediante as indispensáveis cautelas ou garantias, na forma do art. 38 do Decreto nº 93.872/1986;[941]

d) é válido pagar antecipadamente seguro-saúde;[942]

---

[937] Art. 145 da BRASIL. Lei nº 14.133, de 1º de abril de 2021. Lei de Licitações e Contratos Administrativos. Disponível em: https://www.planalto.gov.br/ccivil_03/_Ato2019-2022/2021/Lei/L14133.htm.

[938] *Ibidem*, art. 138, § 2º, inc. III.

[939] BRASIL. Tribunal de Contas da União. Relatório de Auditoria. Processo TC nº 001.025/1998-8. Acórdão nº 45/1999 - Plenário. Ministro Relator: Adhemar Paladini Ghisi. Brasília, 05 de maio de 1999. **Diário Oficial [da] República Federativa do Brasil**, Brasília, DF, 27 maio 1999 (tabela). Seção 1, p. 23.

[940] BRASIL. Tribunal de Contas da União. Processo TC nº 775.050/96-2. Acórdão nº 239/1997 - Plenário. Relator: Ministro José Antônio Barreto de Macedo. Brasília, 22 de outubro de 1997. **Diário Oficial [da] República Federativa do Brasil**, Brasília, DF, 3 nov. 1997. Seção 1 p. 24855.

[941] BRASIL. Tribunal de Contas da União. Recurso de Revisão. Processo TC nº 524.036/1988-8, apensos: TC nº 500.128/86-3 e TC nº 500.388/86-5. Acórdão nº 60/1999 - Plenário. Relator: Ministro Adhemar Paladini Guisi. Brasília, 26 de maio de 1999. **Diário Oficial [da] República Federativa do Brasil**, Brasília, DF, 14 jun. 1999.

[942] BRASIL. Tribunal de Contas da União. Relatório de Auditoria. Processo TC nº 625.375/1995-5. Decisão nº 112/1996 - Plenário. Relator: Ministro Humberto Guimarães Souto. Brasília, 13 de março de 1996. **Diário Oficial [da] República Federativa do Brasil**, Brasília, DF, 26 mar. 1996. Seção 1, p. 5005.

e) no setor público, somente poderá ser admitido o pagamento em casos muito restritos, como: passagem, excesso de bagagem ou carga, aquisição de livros, assinaturas de jornais etc. Nesses casos, o pagamento será admitido mediante a apresentação de documento hábil, comprobatório do compromisso assumido;[943]

f) no caso particular de cursos, é sempre admitido o pagamento de matrícula, que juridicamente não é pagamento antecipado, mas pagamento condicionado ao ingresso no curso[944]. Em alguns casos, também se admite o pagamento integral antecipado; e

g) consulta do Ministério da Justiça para compra de veículos com características especiais para a polícia federal, para transporte de preso, patrulhamento e efetivação de barreiras, mediante pagamento antecipado. Neste caso, o TCU permitiu;[945]

h) a jurisprudência admitiu, em alguns casos, para a compra de elevadores, compra de escada rolante e objetos sob encomenda. Essa admissão correu do próprio mercado de produção desses objetos e impõe o pagamento antecipado. E, no comércio, a praxe, é fonte do Direito;

i) na construção civil, editais do Tribunal de Contas da União, sem qualquer restrição na jurisprudência, admitiram ressarcimento imediato do empreiteiro no caso da compra de equipamentos importados, fabricados sob encomenda, como *chiller* e *fancoil* de ar-condicionado de grande porte. Evitou-se, assim, que o empreiteiro seja obrigado a "financiar" a Administração Pública.

j) em caso isolado, o TCU admitiu a regularidade de pagamento antecipado de obras com vista a sua conclusão. A antecipação deveu-se à ordem para comprar material e acelerar o ritmo de execução.[946] Caso isolado, que não deve ser paradigma decisório, está registrado nos anais do TCU, em sentido diametralmente oposto.[947]

3.2.1.23 Execução das decisões

A decisão do Tribunal de Contas pode revestir-se sob a forma de acórdão.[948]

---

[943] BRASIL. Inspetorias-Gerais de Finanças. Resolução nº 29, de 28 de abril de 1977. **Legislação e Normas Financeiras - MEC-IGF. Seção 7**, fls. 43-44.

[944] BRASIL. TCU. Processo nº TC-275.407/1997-7. Decisão nº 664/1999. Relator: Valmir Campelo, Brasília, DF, 29 set. 1999. Diário Oficial [da] República Federativa do Brasil, Brasília, DF, 13 out. 1999.

[945] BRASIL. Tribunal de Contas da União. Consulta. Processo TC nº 013.814/1993-1. Decisão nº 444/1993 - Plenário. Relator: Ministra Élvia Lordelo Castello Branco. Brasília, 6 de outubro de 1993. **Diário Oficial [da] República Federativa do Brasil**, Brasília, DF, 26 out. 1993. Seção 1. p. 16025.

[946] BRASIL. Tribunal de Contas da União. Representação. Processo TC nº 200.185/1997-7. Decisão nº 110/1998 - Plenário. Relator: Ministro Iram Saraiva. Brasília, 14 de abril de 1998. **Diário Oficial [da] República Federativa do Brasil**, Brasília, DF, 5 maio 1998. Seção 1. p. 106.

[947] BRASIL. Tribunal de Contas da União. Denúncia. Processo TC nº 007.596/1997-0. Decisão nº 182/1998 - Plenário. Relator: Ministro Iram Saraiva. Brasília, 15 de abril de 1998. **Diário Oficial [da] República Federativa do Brasil**, Brasília, DF, 28 abr. 1998. Seção 1. p. 88.

[948] BRASIL. **Regimento Interno e Lei Orgânica do Tribunal de Contas da União.** Organização dos textos e índice por J. U. JACOBY FERNANDES. Belo Horizonte: Fórum, 2014. Lei nº 8.443/1992. Art. 23.

O acórdão do Tribunal de Contas é condenatório quando:

II. *obriga o responsável a reparar o dano, a que deu causa; e/ou*

III. *impõe o pagamento de multa pelo ato irregular praticado.*

O processo, quando do julgamento, é conduzido pelo relator com um voto que, externando a manifestação de vontade, deverá conter relatório ou histórico dos fatos; motivação ou fundamentação da decisão e proposta de decisão e acórdão, que será votado pela câmara respectiva ou pelo plenário.

O relatório, como averba Pontes de Miranda, "é a exposição que o juiz faz de todos os fatos e razões de direito que as partes alegaram, e da história relevante do processo".[949]

Na motivação, o julgador trata de considerar as questões apresentadas para fundamentar a sua convicção em face dos elementos existentes no processo. Aprecia as exceções peremptórias e dilatórias, acolhendo-as ou rejeitando-as e enfrenta as exceções substanciais.

É de suma relevância essa parte do voto, porque se trata, antes de tudo, de um ato de democracia esse dever de fundamentar as decisões. Justamente aqui, materializa-se o direito do interessado de ver os seus argumentos considerados.

Moacyr Amaral Santos oferece lapidar síntese:

> A sentença é ato de vontade, mas não ato de imposição de vontade autoritária, pois se assenta num juízo lógico. Traduz-se a sentença num ato de justiça, da qual devem ser convencidas não somente as partes como também a opinião pública. Portanto aquelas e esta precisam conhecer dos motivos da decisão, sem os quais não terão elementos para se convencerem do seu acerto. Nesse sentido diz-se que a motivação da sentença redunda de exigência de ordem pública.[950]

Na parte dispositiva, na qual o relator propõe a decisão e, se for o caso, o acórdão, há uma proposta para a Corte deliberar sobre as contas e a conduta dos agentes envolvidos.

Do resultado do julgamento será o responsável notificado. A notificação visa dar ao interessado ciência da rejeição das alegações de defesa e do prazo que a Corte concede para o recolhimento do débito ou da multa. Por esse motivo, o acórdão condenatório pode ser lavrado desde logo ou após o decurso do prazo para satisfação voluntária do débito. Por uma questão prática, parece recomendável que junto com a rejeição da defesa, ainda que passível de recurso, desde logo seja lavrado o acórdão

---

[949] PONTES DE MIRANDA. Francisco Cavalcanti. **Comentários ao Código de Processo Civil.** Rio de Janeiro: Forense, v. 5, 1974, p. 76.

[950] SANTOS, Moacyr Amaral. **Primeiras linhas de Direito Processual Civil.** São Paulo: Saraiva, 18. ed. atual., 1995, v. 1, p. 19.

condenatório, porque este tem a vantagem de tornar líquida a dívida, facilitando as operações tendentes à execução voluntária do débito.[951]

Em estudo realizado em vários Tribunais de Contas, verificou-se que a praxe tem consagrado a forma de um título executivo, certas vezes, com a estética de acórdão e, outras vezes, com a estética de registro de dados do devedor e da dívida.

Em primeiro plano, a Constituição refere-se à possibilidade de a decisão do tribunal ter eficácia de título executivo, se resultasse em imputação de débito.

Assim, ao contrário do que pode parecer aos que não militam em foro, quanto menos se discorre sobre os motivos que ensejaram a condenação em débito, melhor será, pois se delimita a matéria a ser discutida em sede judicial executiva.

Com base nessas noções colhidas, como dito, de experiência prática no convívio com a execução das decisões das Cortes de Contas, recomenda-se que o título contenha:

a) com exatidão, o valor do dano ou da multa;
b) a data a partir da qual corre a atualização;
c) a data a partir da qual correm os juros de mora;
d) a identificação do responsável, com indicação do nome completo, estado civil, profissão, nacionalidade, CPF, endereço;
e) número do processo, da decisão e a data;
f) beneficiário do título (Fazenda Pública da União, do Distrito Federal, do Estado, Município ou da pessoa jurídica de direito público ou privado lesada).

Como dito, é dispensável, e até inconveniente, fazer alusão à causa no título condenatório para evitar que a natureza executiva seja desnaturada.

Desse modo, o órgão encarregado da execução terá em mãos o título condenatório, com informações sintéticas. Caso o executado pretenda discutir o mérito da condenação, o esforço deverá voltar-se no sentido de demonstrar, em juízo, a impossibilidade da revisão judicial do mérito das contas julgadas.[952] Decidindo o judiciário, em nosso entendimento incorretamente, adentrar no mérito da

[951] Nesse sentido, o TCU determinou: "[...] 9.3. rejeitar as justificativas apresentadas por Edimar Luiz da Silva, CPF nº 128.495.371-87, e aplicar-lhe a multa a que se refere o art. 58, inciso III, da Lei nº 8.443/92, no valor de R$ 5.000,00 (cinco mil reais), fixando-lhe o prazo de 15 (quinze) dias, a contar da notificação, para que comprove, perante o Tribunal (art. 214, III, alínea "a" do Regimento Interno/TCU), o recolhimento da dívida ao Tesouro Nacional, atualizada monetariamente desde a data do presente acórdão até a do efetivo recolhimento, se for paga após o vencimento, na forma da legislação em vigor [...]." BRASIL. Tribunal de Contas da União. Processo TC nº 008.725/2011-0. Acórdão nº 735/2013 - Plenário. Relator: Ministro Valmir Campelo. Brasília, 03 de abril de 2013. **Diário da Justiça [da] República Federativa do Brasil**, Brasília, DF, 10 abr. 2013, p. 108.

[952] Consultar, no Capítulo II, que trata da jurisdição dos Tribunais de Contas, o subtítulo 2.12 Eficácia de coisa julgada nas decisões dos Tribunais de Contas, e o artigo, do autor do presente trabalho: Limites à revisibilidade judicial das decisões dos Tribunais de Contas. **Revista do Tribunal de Contas do Estado de Minas Gerais**, ano 10, n. 2, p. 69-98, 1998.

condenação e discutir os seus fundamentos, o órgão exequente lançará mão do acórdão, do voto e do parecer do Ministério Público, que, por certo, servirão de lastro necessário e suficiente para demonstrar a correção da condenação.

Sobre o valor a ser inserido no título condenatório, cabe lembrar que a Súmula nº 128 do TCU estabelece: "mesmo na hipótese de já se ter verificado recolhimento parcial, o Acórdão de condenação expressará o total da dívida, abatendo-se, na execução, o valor já satisfeito, sem a incidência da correção monetária e dos juros de mora sobre a quantia já ressarcida e a partir da data de cada pagamento". A jurisprudência refletida por essa súmula desde o advento da Constituição Federal de 1988 deve ser vista com reservas.

Efetivamente, após atribuir a eficácia de título executivo às decisões, fazer incluir nelas o valor inicial da dívida, desconsiderando os valores pagos, é um procedimento que enfraquece a força executiva da decisão, revela antieconomicidade da ação e exige do devedor pleitear a redução da dívida.

Não há nenhuma conveniência de lavrar decisão expressando valor diverso do que deve ser cobrado, transferindo-se para outra fase a liquidação do valor do débito.

Com fundamento nos estudos de Chiovenda e Micheli, é possível asserir que o acórdão condenatório afirma a vontade concreta da lei aplicada ao caso concreto e declara a existência de uma obrigação. Resulta daí sua natureza jurídica declaratória e constitutiva. Também é possível considerá-lo como um silogismo em que a premissa maior constitui a norma jurídica que o julgador deduz para o caso concreto, por sucessivas inferências axiológicas, resultando na criação de uma norma particular aplicável ao caso concreto.

É também uma manifestação de vontade do Estado, posto que exarada de um órgão integrante, *lato sensu*, do aparelho estatal, com fundamento jurídico de controle, na medida em que contrasta a ação concreta administrativa com o comando legal, definindo a certeza de uma obrigação.

Com meridiana clareza, estabelece a Lei Orgânica do TCU que "a decisão do tribunal, de que resulte imputação de débito ou cominação de multa, torna a dívida líquida e certa e tem eficácia de título executivo".[953]

Por expressa determinação constitucional, a natureza do acórdão condenatório das Cortes de Contas que imputasse débito passou a ter eficácia equivalente, em todos os seus efeitos, ao título executivo.

---

[953] BRASIL. **Regimento Interno e Lei Orgânica do Tribunal de Contas da União.** Organização dos textos e índice por J. U. JACOBY FERNANDES. Belo Horizonte: Fórum, 2014. Lei nº 8.443/1992. Art. 24.

3.2.1.23.1 Da eficácia de título executivo

Título executivo é o documento que autoriza a execução forçada, pelo Estado, por meio de órgão próprio, da dívida que nele contém, qualificando as pessoas do credor e do devedor.

A qualificação de título executivo depende do direito positivo de cada país; depende da lei.

Como regra, o título executivo origina-se de uma sentença judicial, oriunda de um processo ordinário de conhecimento ou da declaração de vontade do devedor que a lei, por expressa disposição, classifica como título executivo.

Ensina Alcides Mendonça Lima que, "por exceção, porém, a lei pode conceder a certas situações, não materializadas em documento subscrito pelo devedor, eficácia executiva, permitindo que a obrigação seja exigida por via de processo executivo".

Amparados nos ensinamentos desse jurista, e ainda de Couture e Chiovenda, é possível dividir os títulos executivos em três categorias:

a) judiciais, dos quais a sentença é a representante nata;
b) extrajudiciais ou contratuais, em que há manifestação de vontade; e
c) administrativos, oriundos de atos do poder público, unilateralmente, sem qualquer concurso expresso do devedor, mas apenas presumindo-se que a obrigação foi assumida pelo cidadão.

A legislação do processo judiciário ateve-se à dicotomia dos títulos, figurando apenas a primeira e a segunda classificações, ficando enquadrados como extrajudiciais os títulos administrativos em geral.[954]

Entre os títulos executivos, os judiciais provêm do Poder Judiciário, e os extrajudiciais são oriundos de ato de manifestação de vontade do devedor ou de ato da Administração, a que a lei reconheça esse título.

Sobre o assunto, cabe destacar, ainda, o seguinte excerto do Código de Processo Civil:

> Art. 784. São títulos executivos extrajudiciais:
>
> [...]
>
> IV - o instrumento de transação referendado pelo Ministério Público, pela Defensoria Pública, pela Advocacia Pública, pelos advogados dos transatores ou por conciliador ou mediador credenciado por tribunal;
>
> [...]
>
> IX - a certidão de dívida ativa da Fazenda Pública da União, dos

---

[954] Consultar: BRASIL. Lei nº 13.105, de 16 de março de 2015. Código de Processo Civil. Brasília, DF: Presidência da República, [2025]. Disponível em: https://www.planalto.gov.br/ccivil_03/_ato2015-2018/2015/lei/l13105.htm. Art. 515.

> Estados, do Distrito Federal e dos Municípios, correspondente aos créditos inscritos na forma da lei; [...]
>
> XII - todos os demais títulos aos quais, por disposição expressa, a lei atribuir força executiva.[955]

Algumas noções sobre título executivo extrajudicial precisam ser lembradas:

a) tanto o título judicial como o extrajudicial têm igual força para iniciar diretamente o processo executivo;

b) os meios de defesa são mais restritos para o título judicial;

c) como registra Liebman, "ante o título extrajudicial, a defesa é contra o próprio título, por via de embargos, e não contra a execução em si mesma";

d) a execução fundada em título extrajudicial refere-se, exclusivamente, ao cumprimento da obrigação pecuniária e de entrega de coisa fungível, excluída a entrega de coisa infungível, e a de prestação de fazer e de não fazer.[956]

O dispositivo busca, na execução voluntária pelo devedor, a reposição do bem, conteúdo da obrigação, mas se depender de execução forçada, via título executivo, não há como estabelecer, nesse instrumento, a obrigação de fazer ou de dar, razão pela qual a obrigação resolver-se-á na condenação pelo correspondente valor em pecúnia.

Observado esse singular aspecto, merece detido exame a questão do enquadramento processual do acórdão condenatório das Cortes de Contas, num dos incisos do art. 784, transcrito.

O Poder Judiciário no Brasil tem confirmado esse entendimento cabendo destacar o ensinamento da Ministra Eliana Calmon, em decisão unânime, na qual foi relatora: "Pedir que as decisões do Tribunal de Contas sofram novo exame, na esfera administrativa, é pedir nada, porquanto o Tribunal de Contas só decide à vista de um processo administrativo".[957] Reconheceu-se, no caso, a eficácia executiva da decisão.

3.2.1.23.2 Título executivo extrajudicial autônomo

A Constituição Federal, no art. 71, § 3º dispõe que "as decisões do Tribunal de que resulte imputação de débito ou multa terão eficácia de título executivo"[958].

Em relação ao TCU, não pode existir qualquer dúvida sobre a força executiva de suas decisões. Entretanto, como o preceito refere-se ao Tribunal de Contas da União e as disposições da Constituição aplicam-se, no que couber, às outras Cortes de

---

[955] BRASIL. Lei nº 13.105, de 16 de março de 2015. Código de Processo Civil. Brasília, DF: Presidência da República, [2025]. Disponível em: https://www.planalto.gov.br/ccivil_03/_ato2015-2018/2015/lei/l13105.htm.

[956] Nesse sentido, a lição de LIMA, Alcides Mendonça. **Comentários ao Código de Processo Civil**. Rio Janeiro: Forense, p. 329.

[957] BRASIL. Superior Tribunal de Justiça. Mandado de Segurança nº 10.043/RJ. Relatora: Ministra Eliana Calmon. **Diário da Justiça [da] República Federativa do Brasil**, Brasília, DF, 20 mar. 2000, p. 59.

[958] BRASIL. **Constituição da República Federativa do Brasil** (1988). Brasília: Planalto [2025]. Disponível em: https://www.planalto.gov.br/ccivil_03/constituicao/constituicao.htm.

Contas, é inafastável questionar: as decisões das demais Cortes podem ter a qualificação de título executivo?

Deve-se assentar que a competência para legislar sobre Direito Processual - no qual se insere a possibilidade de a Justiça promover a execução forçada de um título - é privativa da União, nos termos do art. 22, inc. I, da Constituição Federal.

A interpretação sistemática do direito leva à inarredável conclusão de que:

I. *o valor da eficácia das decisões dessas Cortes é indispensável para garantir a sua efetiva ação, motivo pelo qual se insere necessariamente na expressão "no que couber", referida no art. 75, constituindo-se em instrumento essencial da ação do controle;*

II. *a natureza de título executivo, portanto, não provém apenas da lei, mas é o único que deita raízes no próprio Estatuto Político Fundamental;*

III. *a competência para legislar sobre Direito Processual, ao contrário do que parece pela leitura do art. 22, I, da Constituição Federal, que se refere à competência privativa da União, não constitui monopólio, porque, logo a seguir, o art. 24, XI, do mesmo diploma, coloca no plano da competência concorrente a possibilidade das demais esferas de governo959 regulamentarem o procedimento em matéria processual, no qual se insere a definição de um título executivo.*

Indispensável, porém, é a Lei Estadual - para o Tribunal de Contas do Estado ou dos Municípios -, ou a Lei Municipal - para o Tribunal de Contas Municipal ou Conselho de Contas Municipal -, qualificar como título executivo a decisão dessas Cortes. Sem essa providência, a decisão não se enquadrará diretamente no inc. IX e XII do art. 784 do Código de Processo Civil.

Nada obstante, será possível obviar o processo de conhecimento, passando diretamente para o processo executivo se a decisão for inscrita em dívida ativa.[960]

3.2.1.23.3 Da inscrição em dívida ativa

A jurisprudência do STJ, Corte responsável pela uniformização de interpretação das leis no judiciário brasileiro, assentou que:

> Nos termos do artigo 23, III, 'b' da Lei nº 8.443/92, o acórdão do Tribunal de Contas da União constitui título executivo bastante para cobrança judicial da dívida decorrente do débito ou da multa, se não recolhida no prazo pelo responsável. Desse modo, não há necessidade de inscrição por Termo de Dívida Ativa para obter-se a respectiva Certidão prevista na Lei de Execução Fiscal, ensejando ação de cobrança por quantia certa.[961]

---

[959] "O Município prejudicado é o legitimado para a execução de crédito decorrente de multa aplicada por Tribunal de Contas estadual a agente público municipal, em razão de danos causados ao erário municipal" **RE 1.003.433**, rel. min. Marco Aurélio, red. do ac. min. Alexandre de Moraes. Brasília, DF, 15 de setembro de 2021. Disponível em: https://portal.stf.jus.br/constituicao-supremo/artigo.asp?abrirBase=CF&abrirArtigo=71.

[960] O STF, em decisão isolada, entendeu que os títulos dos Tribunais de Contas precisam ser inscritos na dívida ativa. BRASIL. Supremo Tribunal Federal. Recurso Extraordinário nº 223037-1/SE. Relator: Ministro Maurício Correa. **Diário da Justiça [da] República Federativa do Brasil**, Brasília, DF, 29 nov. 2002. Ata nº 39/2002.

[961] BRASIL. Superior Tribunal de Justiça. REsp nº 1.059.393/RN – 2. Turma. Relator: Ministro Castro Meira.

Convergentes os entendimentos, percebe-se facilmente a linha de coerência do STJ a qual tem por fundamento prestigiar o esforço do Tribunal de Contas e o procedimento legal que desenvolve. A síntese é: não há nulidade se o título for incluído em dívida ativa, quando a lei da respectiva unidade federada ordenar, como ocorre na União, a respectiva inscrição em dívida ativa de natureza não-fiscal; também não há nulidade se o título constitucional decorrente de imputação de débito ou multa pelo Tribunal de Contas não for previamente incluído em dívida ativa.

Compreendido como a jurisprudência tem interpretado, o tema até hoje necessita de esclarecimentos, pois esse entendimento não está conforme a lei e a desatenção tem consequências graves às finanças públicas.

Quando o TCU imputa débito a alguém cria o direito à cobrança para o cofre lesado. Sob o aspecto do direito financeiro, créditos recebíveis têm valor e devem ser devidamente escriturados. A inscrição em dívida ativa, portanto, não é ato de preferência do ordenador de despesas, mas dever cuja inobservância implica irregularidade com comprometimento de responsabilidade fiscal.

É consabido que a defesa da ordem jurídica compete ao Ministério Público e é seu dever, atuando de forma integrada - Ministério Público junto ao TCU e procuradorias dos demais Ministérios Públicos ou procuradorias dos entes federados -zelar pela devida inscrição em dívida ativa. Ademais, a simples inscrição implica restrições a direitos que conduzem e induzem ao pagamento pelos devedores. É evidente, como reconhece o STJ, que a ausência de inscrição não pode ser motivo para nulidade processual em benefício do devedor.

A unidade técnica do TCU esclarece que:

> Nesse sentido, correto o entendimento do titular da referida unidade no sentido de que as multas e débitos imputados por esta Corte de Contas também devem ser objeto de inscrição na Dívida Ativa, procedimento regular em atenção ao disposto no § 1º do art. 39 da Lei nº 4.320/64.[962]

O TCU já decidiu pela necessidade de inscrição em dívida ativa.[963] Contudo, posteriormente alterou o entendimento para considerar que não há lei ordenando a inscrição. Como será visto, essa exegese merece evolução.

Brasília, DF, 23 de setembro de 2008. Diário da Justiça Eletrônico [do] Superior Tribunal de Justiça, 23 out. 2008. Disponível em: <**http://www.stj.jus.br**>. Acesso em: 09 jun. 2014. Recurso especial não provido. No mesmo sentido: *Idem*. REsp nº 1.112.617/PB - 1. Turma. Relator: Ministro Teori Albino Zavascki. Brasília, 26 de maio de 2009. Diário da Justiça Eletrônico [do] Superior Tribunal de Justiça, 03 jun. 2009. Disponível em: <**http://www.stj.jus.br**>. Acesso em: 09 jun. 2014.

962 BRASIL. Tribunal de Contas da União. Processo TC nº 015.999/2010-6. Acórdão nº 1247/2012 - Plenário. Relator: Ministra Ana Arraes. Brasília, 23 de maio de 2012. **Diário Oficial da União [da] República Federativa do Brasil**, Brasília, DF, 30 maio. 2012.

963 BRASIL. Tribunal de Contas da União. Processo TC nº 929.972/1998-8. Acórdão nº 472/2002 - Plenário. Relator: Ministro Lincoln Magalhães da Rocha. Brasília, 12 de dezembro 2002. **Diário Oficial da União [da] República Federativa do Brasil**, Brasília, DF, 07 de janeiro. 2003.

3.2.1.23.4 Liquidação do acórdão

O acórdão indica o valor da dívida e a data da ocorrência do dano, permitindo, pela sua natureza, a liquidação.

Liquidar um acórdão é tornar certo o valor da obrigação. Por isso, em períodos de inflação, devem estar contidos no ato condenatório os elementos necessários e suficientes para permitir o pagamento pelo interessado, mediante mero cálculo aritmético.

Constitui dever da comissão de TCE a especificação do valor do dano - elemento essencial que deve instruir o processo antes do seu ingresso no Tribunal de Contas.

Por esse motivo, é indesculpável que o possível responsável compareça à administração ou ao tribunal, pretendendo pagar o valor do dano, e tenha que enfrentar qualquer tipo de atitude que o leve a postergar essa intenção. É direito do responsável efetuar o recolhimento a qualquer tempo, antes e depois da condenação, e dever do poder público ministrar todos os meios para facilitar esse encargo.

Como é direito do responsável efetuar o recolhimento, inclusive contestar o valor apresentado, a decisão que não especificar o valor do dano ou o *quantum debeatur* só poderá ser nula por falta de elemento essencial. Aliás, até para citação, o valor deve ser líquido e facilmente encontrável no processo de Tomada de Contas Especial, mesmo que, excepcionalmente, não conste do instrumento citatório.

As Cortes de Contas devem, pois, estar aparelhadas para liquidar o valor da condenação a qualquer tempo e, se possível, envidar esforços para efetuar o recolhimento durante o horário de expediente, mesmo que fora do horário bancário convencional.

3.2.1.23.4.1 Quem deve ser inscrito como devedor

A regra é que seja inscrito como devedor no acórdão condenatório - título executivo - o agente que foi:

a) considerado como responsável pelo dano;

b) omisso no dever de prestar contas; ou

c) sofreu aplicação de multa.

Algumas regras são de fundamental importância na inscrição do devedor e podem ser sintetizadas em alguns pontos fundamentais:

3.2.1.23.4.1.1 Pessoa física ou jurídica

Ordinariamente, são inscritos como devedores as pessoas físicas responsáveis pelas condutas danosas ao erário. Não pode, porém, ser descartada a possibilidade de ser inscrita, isolada ou solidariamente, a pessoa jurídica que recebeu os recursos.

A possibilidade de inscrever como devedor a pessoa jurídica é admitida em se tratando de irregularidade de contas, quando há ingresso no caixa da pessoa jurídica.

Em princípio, inadmite-se a responsabilização pela recomposição por dano praticado ou pela aplicação de multa.

A teoria geral das obrigações admite até a imposição de responsabilidade às pessoas jurídicas e é pacífico, também, que essas devem responder pelas obrigações contratuais.[964]

3.2.1.23.4.1.2 Desconsideração da pessoa jurídica

Em especiais situações, o direito pode superar os limites estabelecidos que impedem a responsabilização das pessoas físicas integrantes da pessoa jurídica para imputar a essas a responsabilidade civil.

Na legislação brasileira, visando proteger o hipossuficiente, o Direito do Trabalho e o Direito do Consumidor[965] permitem, nas palavras de Guilherme Fernandes, referindo José Eduardo Sabo Paes, que

> se levante a capa protetora da associação, de sociedade civil ou comercial e se atinja diretamente o patrimônio dos sócios ou dirigentes responsáveis pela pessoa jurídica. Essa é a principal consequência do abuso do direito perpetrado por meio da pessoa jurídica. Não importa se o sócio é minoritário ou se não está na administração da sociedade: ele será afetado pelos atos lesivos praticados e responsabilizado pelo ressarcimento.[966]

Na busca da verdade material, podem as Cortes de Contas acolher a tese bastante prestigiada pelo Poder Judiciário, denominada desconsideração da pessoa jurídica - *disregard doctrine*[967] -, e imputar o débito diretamente aos responsáveis pelo locupletamento ilícito.[968]

Tal procedimento mostra-se correto quando a pessoa jurídica recebe recursos, mediante contrato ou convênio, para realizar determinado objeto, servindo-se dos sócios para obter a liberação dos recursos, falsificar documentos, fazer declaração falsa.

---

964 BRASIL. Lei nº 10.406, de 10 de janeiro de 2002. Institui o Código Civil. **Diário Oficial [da] República Federativa do Brasil**, Brasília, DF, 11 jan. 2002. Art. 933.

965 BRASIL. Lei nº 8.078, de 11 de setembro de 1990. Dispõe sobre a proteção do consumidor e dá outras providências. **Diário Oficial [da] República Federativa do Brasil**, Brasília, DF, 12 set. 1990. Art. 28.

966 **Revista da Fundação Escola Superior do Ministério Público do Distrito Federal e Territórios**. Brasília: FESMPDFT, ano I, n. 1, p. 97, jul./set. 1993.

967 "[...] É a desconsideração da pessoa jurídica para evitar que ela seja usada de modo abusivo, imputando-se aos dirigentes da pessoa jurídica a responsabilidade pelos atos abusivos e, conseqüentemente, submetendo seus bens à execução [...]". SILVA, De Plácido e. **Vocabulário jurídico**. Rio de Janeiro: Forense, 16. ed., 1999, p. 281.

968 a) A teoria da desconsideração da pessoa jurídica - *disregard doctrine* - fica positivada no novo Código Civil - Lei nº 10.406/2002 - mantidos os parâmetros existentes nos microssistemas legais e na construção jurídica sobre o tema. Só se aplica a desconsideração da personalidade jurídica quando houver a prática de ato irregular, e limitadamente, aos administradores ou sócios que nela hajam incorrido.

b) BRASIL. Lei nº 10.406, de 10 de janeiro de 2002. Institui o Código Civil. **Diário Oficial [da] República Federativa do Brasil**, Brasília, DF, 11 jan. 2002. "Art. 50. No caso de abuso da personalidade jurídica, caracterizado pelo desvio de finalidade ou pela confusão patrimonial, pode o juiz, a requerimento da parte, ou do Ministério Público quando lhe couber intervir no processo, desconsiderá-la para que os efeitos de certas e determinadas relações de obrigações sejam estendidos aos bens particulares de administradores ou de sócios da pessoa jurídica beneficiados direta ou indiretamente pelo abuso."

Enfim, ao invés de agirem os sócios como integrantes da pessoa jurídica, demonstram a formação de quadrilha, na qual a entidade é apenas mais um astucioso expediente para a prática de ilegalidades. Há, na jurisprudência do Tribunal de Contas da União, memorável caso em que o Procurador-Geral do Ministério Público, Walton Alencar Rodrigues, atendendo apelo do então Ministro-Auditor Benjamim Zymler, enfatizou essa possibilidade da imputação do débito diretamente aos sócios.[969]

Na mesma linha, o TCU entendeu como correto que a Administração, ao verificar que pessoa jurídica apresenta-se à licitação com objetivo de fraudar a lei ou cometer abuso de direito, promova a desconsideração da pessoa jurídica para lhe estender a sanção aplicada[970]:

> Não raro, integrantes de comissões de licitação verificam que sociedades empresárias afastadas das licitações públicas, em razão de suspensão do direito de licitar e de declaração de inidoneidade, retornam aos certames promovidos pela Administração valendo-se de sociedade empresária distinta, mas constituída com os mesmos sócios e com objeto social similar. Por força dos princípios da moralidade pública, prevenção, precaução e indisponibilidade do interesse público, o administrador público está obrigado a impedir a contratação dessas entidades, sob pena de se tornarem inócuas as sanções aplicadas pela Administração[971].

Seguindo este entendimento, a Lei nº 14.133/2021 passou a prever em seu art. 160 a possibilidade de desconsiderar a personalidade jurídica, permitindo estender os efeitos da sanção aos administradores e sócios, sempre que utilizada com abuso de direito. Destaca-se que nesta hipótese também deve ser observado o contraditório, a ampla defesa e a obrigatoriedade de análise jurídica prévia[972].

3.2.1.23.4.1.3 Solidariedade entre devedores

As normas dos Tribunais de Contas preveem a solidariedade como sanção pela omissão no dever de instaurar o processo de Tomada de Contas Especial, reforçando-se o dever de não ser omisso. Também é possível imputação de débito, solidariamente,

---

[969] BRASIL. Tribunal de Contas da União. Administrativo. Processo TC nº 349.013/1995-0. Acórdão nº 425/1998 - 2ª Câmara. Relator: Ministro Benjamin Zymler. Brasília, 26 de outubro de 1998. **Diário Oficial [da] República Federativa do Brasil**, Brasília, DF, 9 nov. 1998. Seção 1, p. 65-66. Ressaltou naquela oportunidade o então Procurador-Geral Walton Alencar Rodrigues que "[...] a teoria da desconsideração da pessoa jurídica vem sendo acatada tanto pela doutrina quanto pela jurisprudência pátria e estrangeira, conforme: RT nº 528/25-13, RT nº 410/12, RT nº 599/133, RT nº 621/127, REsp nº 3047-ES, REsp nº 71328-SP [...]". No mesmo sentido: Acórdão nº 189/2001 - Plenário; Acórdão nº 83/2000 - Plenário; Acórdão nº 29/2001 - Plenário e Acórdão nº 85/2001 - Plenário.

[970] BRASIL. Tribunal de Contas da União. Acórdão nº 2.218/2011- 1ª Câmara.

[971] Excerto do Voto do Ministro Revisor Walton Alencar.

[972] BRASIL. Lei nº 14.133/2021: "Art. 160. A personalidade jurídica poderá ser desconsiderada sempre que utilizada com abuso do direito para facilitar, encobrir ou dissimular a prática dos atos ilícitos previstos nesta Lei ou para provocar confusão patrimonial, e, nesse caso, todos os efeitos das sanções aplicadas à pessoa jurídica serão estendidos aos seus administradores e sócios com poderes de administração, a pessoa jurídica sucessora ou a empresa do mesmo ramo com relação de coligação ou controle, de fato ou de direito, com o sancionado, observados, em todos os casos, o contraditório, a ampla defesa e a obrigatoriedade de análise jurídica prévia."

entre os diversos responsáveis pelo fato julgado no Tribunal de Contas. Admite-se que, tendo sido o dano causado por mais de um agente, seja definida a responsabilidade solidária.

3.2.1.23.4.1.4 Solidariedade afastada por acordo entre as partes

É regra do direito que a solidariedade não se presume: decorre da lei ou da vontade das partes.[973]

Na esfera civil, pode um devedor exonerar-se da obrigação solidária, pagando a integralidade do débito, mas não há norma dispondo sobre o tema em matéria de contas.

A questão não é tão simples quanto parece. Impõe-se questionar se é possível a um dos agentes responsabilizados pelo Tribunal de Contas, em pleito formulado diretamente à Corte, pretender assumir sozinho a responsabilidade.

Sob o aspecto patrimonial, inexiste dúvida. Pagando um deles o débito ou a multa, todos têm direito à quitação.

Sob o aspecto da regularidade da conta e de seus consectários, como, por exemplo, a inelegibilidade, a declaração de inidoneidade não parece, em princípio, possível que a convenção entre as partes possa superar a lei. Se tal ocorresse, aberta estaria a porta à fraude, ensejando a simples transferência de culpa por contrato *inter partes*. Por outro lado, pode efetivamente ocorrer que um dos agentes envolvidos na defesa confesse ou assuma inteiramente a responsabilidade que, na citação, foi apontada de forma solidária, amparado em questões de elevada moral, senso de justiça e consciência.

Desse modo, sintetizando o exposto, admite-se a extinção da solidariedade pelo pagamento, gerando direito à quitação para todos os envolvidos. Quanto à irregularidade das contas, somente diante do caso concreto é possível a avaliação justa.[974]

3.2.1.23.4.1.5 A divisão do débito

Por vezes, observa-se o interesse em repartir o valor do débito entre vários devedores, especialmente quando não for possível identificar o causador direto do dano. Frequente a hipótese de desaparecimento de bem, em que o valor é dividido entre todos os que trabalham no setor. Nada, aliás, mais injusto e ilegal, porque é

---

[973] BRASIL. Lei nº 10.406, de 10 de janeiro de 2002. Institui o Código Civil. **Diário Oficial da União [da] República Federativa do Brasil**, Brasília, DF, 11 jan. 2002. Art. 265.

[974] No TCDF registrou-se caso em que o servidor, citado solidariamente com outros colegas, assumiu integralmente a culpa, tese acolhida pela Corte diante das circunstâncias do caso concreto: DISTRITO FEDERAL. Tribunal de Contas. Tomada de Contas Especial. Processo nº 2260/1994 - Apenso: 054.000.490/1994. Informação 96/1998. Decisão nº 5251/1998. Relator: Auditor José Roberto de Paiva Martins. Brasília, 23 de julho de 1998. **Diário Oficial do Distrito Federal**, Brasília, DF, 30 jul. 1998. p. 19-24.

indispensável a concorrência direta ou indireta, omissiva ou comissiva, para que seja estabelecida a responsabilidade de todos.

Em casos tais, não tendo a comissão de tomada de contas provado a participação nos termos assinalados, tem-se recomendado o retorno dos autos à origem, para prosseguimento das apurações, visando ao adequado cumprimento do ônus da prova.

Se for demonstrado que todos efetivamente são responsáveis, o que ordinariamente inocorre, serão então solidariamente condenados a repor o valor do dano, figurado expressamente no título executivo.

3.2.1.23.4.1.6 A solidariedade na condenação e inscrição

Melhor resguarda o erário a condenação solidária quando atendidos os pressupostos legais de sua constituição. Nos termos do art. 265 do Código Civil brasileiro: "a solidariedade não se presume; resulta da lei ou da vontade das partes".

A lei deu tratamento diferenciado às obrigações decorrentes de atos ilícitos, na forma do parágrafo único e *caput* do art. 942 do mesmo diploma, definindo que havendo mais de um autor à ofensa, todos responderão solidariamente pela reparação e que "são solidariamente responsáveis com os autores os coautores e as pessoas designadas no art. 932".

Quando vislumbrada a questão da solidariedade, frente aos termos do Código Civil e das leis orgânicas dos Tribunais de Contas, tem-se o seguinte:

I. *podem os Tribunais de Contas condenar a autoridade administrativa, tão-somente pela omissão no dever de buscar a recomposição do erário, como, por exemplo, não ter instaurado a Tomada de Contas Especial;*

II. *podem os Tribunais de Contas condenar solidariamente quando o ato tenha sido praticado por mais de um autor, na forma do art. 942, caput, in fine.*

III. *de igual modo ocorrerá quando houver coautores, na forma do parágrafo único do art. 942.*[975]

---

[975] Em princípio, inaplicável o art. 942 do Código Civil Brasileiro à Tomada de Contas Especial. Alguns tribunais têm preferido inscrever o acórdão condenatório em dívida ativa e promover o processo de execução da certidão da dívida ativa correspondente. Há amparo jurídico para essa posição, tendo em vista que:

a) a lei estabelece que os créditos da Fazenda Pública, de natureza tributária ou não, serão escriturados como receita e, se exigíveis pelo transcurso do prazo para pagamento, serão inscritos como Dívida Ativa;

b) considera-se como Dívida Ativa não tributária os demais créditos da Fazenda Pública, tais como multas de qualquer origem ou natureza e as indenizações, reposições, restituições, alcances dos responsáveis definitivamente julgados;

c) o art. 71, II, da Constituição Federal estabelece a competência do Tribunal de Contas da União, como paradigma para Estados, Distrito Federal e Municípios, a teor do art. 75 do mesmo diploma, para "[...] julgar as contas dos administradores e demais responsáveis por dinheiros, bens e valores públicos da administração direta e indireta, incluídas as fundações e sociedades instituídas e mantidas pelo Poder Público federal, e as contas daqueles que derem causa a perda, extravio ou outra irregularidade de que resulte prejuízo ao erário público [...]". É, portanto, de meridiana clareza que os acórdãos condenatórios das Cortes de Contas possam ser inscritos na Dívida Ativa, sendo que na esfera federal a apuração e a inscrição competem à Procuradoria da Fazenda Nacional. Há nítidas

A jurisprudência dos Tribunais de Contas é firme no sentido do exposto.[976]

3.2.1.23.4.2 Economicidade na execução

Antes de ser dedicada atenção às formas de execução das decisões dos Tribunais de Contas, cumpre registrar tema tormentoso, pertinente à avaliação da economicidade das medidas tendentes à recomposição do erário ou efetivação das penalidades.

No âmbito do Poder Judiciário, antiga lição de Cândido Dinamarco[977] vem sendo prestigiada até no âmbito do Supremo Tribunal Federal,[978] no sentido de que

> [...] a relação custo/benefício é de tal forma desproporcional, na cobrança de valores ínfimos, que não traduz a utilidade exigida como parte do binômio formado pelo interesse de agir na exata medida em que deixa de trazer à exeqüente [*sic*] o proveito econômico visado pela cobrança do crédito.

Se para os órgãos do Poder Judiciário essa lição prevalece, com muito mais vigor deve permear as ações dos Tribunais de Contas, vez que, por força da Constituição Federal, têm o dever de zelar pela eficácia e economicidade da Administração Pública.

---

vantagens em adotar essa alternativa para a constituição do título executivo, entre as quais (i) maior celeridade na execução, tendo em vista que há lei específica regulando o seu processamento, (ii) aproveitamento do corpo jurídico encarregado da execução da dívida tributária, cuja formação é enfatizar a defesa do erário/Fazenda Pública e (iii) evitar discussões de setores recalcitrantes sobre a validade do título executivo decorrente da decisão do Tribunal de Contas. A propósito, na lei do regime jurídico único dos servidores públicos civis da União, há dispositivo que permite a inscrição em dívida ativa para indenizações ao erário, motivo pelo qual se deve sempre consultar também as normas que regem o funcionalismo local. Segundo doutrina dominante, essa inscrição pode ser feita independentemente de julgamento, seja pelo Poder Judiciário ou pelo Tribunal de Contas. A legitimação para propor execução fiscal, segundo o Prof. Humberto Theodoro Júnior, exclui as empresas públicas e as sociedades de economia mista, cujo regime jurídico é o de direito comum. Além destas, ressalva, outrossim, que as autarquias que exploram atividades econômicas (como a bancária, por exemplo) tampouco gozam do privilégio de utilizar-se da execução fiscal para cobrar seus créditos. Por outro lado, dívidas contraídas junto às Fundações Públicas, as quais, por natureza não exploram atividades econômicas, devem ser cobradas com base na Lei de Execuções Fiscais (LEF), que, ao incluir no seu rol de legitima dos ativos as autarquias, implicitamente quis estender seus termos às fundações, uma vez que estas nada mais são senão espécies daquelas.

[976] DISTRITO FEDERAL. Tribunal de Contas. Tomada de Contas Especial. Processo nº 7336/1993. Decisão nº 6613/1996. Relator: Auditor José Roberto de Paiva Martins. Brasília, 1º de agosto de 1996. **Diário Oficial do Distrito Federal**, Brasília, DF, 8 ago. 1996, p. 6501-6506. Recurso (não publicado) apresentado à Decisão pela Procuradora/MP Márcia Farias, citando, como precedentes do TCU sobre a mesma questão, os seguintes processos: BRASIL. Tribunal de Contas da União. Tomada de Contas Especial. Processo TC nº 475.214/1993-5. Acórdão nº 28/1996 - Plenário. Relator: Ministro Fernando Gonçalves. Brasília, 13 de março de 1996. **Diário Oficial [da] República Federativa do Brasil**, Brasília, DF, 26 mar. 1996. Seção 1, p. 5015-5018; Tomada de Contas Especial. Processo TC nº 016.945/1993-0. Acórdão nº 16/1996. Relator: Ministro Paulo Affonso Martins de Oliveira. Brasília, 22 de fevereiro de 1996. **Diário Oficial [da] República Federativa do Brasil**, Brasília, DF, 5 mar. 1996. Seção 1, p. 3686; Tomada de Contas Especial. Processo TC nº 005.852/1990-0. Acórdão nº 102/1996 - 2ª Câmara. Relator: Ministro José Antonio Barreto de Macedo. Brasília, 14 de março de 1996. **Diário Oficial [da] República Federativa do Brasil**, Brasília, DF, 11 mar. 1996. Seção 1, p. 4041-4042; Tomada de Contas Especial. Acórdão nº 102/1996. Processo TC nº 574.064/1993-1. Relator: Ministro Fernando Gonçalves. Brasília, 7 março de 1996. **Diário Oficial [da] República Federativa do Brasil**, Brasília, DF, 26 mar. 1996. Seção 1, p. 5071-5072.

[977] DINAMARCO, Cândido. **Execução Civil**. 4. ed. rev., atual. e ampl. São Paulo: RT, 1994, v. 2, p. 229.

[978] BRASIL. Supremo Tribunal Federal. Administrativo. Recurso Extraordinário nº 241637-7. Relator: Ministro Sepúlveda Pertence. Brasília, 13 de dezembro de 1998. **Diário da Justiça [da] República Federativa do Brasil**. Poder Judiciário, Brasília, DF, 24 fev. 1999. Seção 1, p. 81.

Além do valor de alçada,[979] que limita o exame dos processos no âmbito dessas Cortes a valores que tenham alguma expressão econômica, em termos de contas públicas também deve ser considerado que, mesmo após a condenação, pode não ser viável dar início às medidas coercitivas judiciais, visando à satisfação do crédito imputado ao agente.

Essa equação de economicidade não tem necessariamente que guardar relação de igualdade com o valor definido para alçada,[980] pois que os custos são diferentes, no âmbito judiciário e no Tribunal de Contas.

O fato de o aspecto econômico não justificar a execução, não impede que sejam disponibilizados em banco de dados os nomes dos devedores ou punidos, nem que certidões negativas sejam exigidas por lei para a prática de determinados atos, visando constranger ao pagamento do débito.

3.2.1.23.5 Execução voluntária

Após a condenação, segue-se a execução do acórdão, o cumprimento do que foi deliberado.

Tradicionalmente, divide-se a execução em:

a) voluntária, quando o próprio agente ou alguém em seu nome satisfaz espontaneamente a obrigação decorrente;

b) forçada, quando o agente, por força de decisão judicial, tem bens e direitos no valor correspondente à condenação, retirados do seu patrimônio para satisfazer a obrigação estabelecida no acórdão.

A execução voluntária do acórdão, que é um direito do agente, obriga as Cortes de Contas a declararem a quitação, não ensejando, necessariamente, a regularidade das contas.

Como o julgamento das contas tem por fundamento o princípio da proteção ao erário, não pode ser recusado o pagamento feito por terceiros em nome do devedor, seja na hipótese de indenização, seja em caso de multa. Em ambas as hipóteses, contudo, a Corte deverá declarar a quitação em nome do próprio responsável.

Alguns casos, que ocorrem comumente, merecem exame mais detalhado, conforme será visto a seguir.

3.2.1.23.5.1 Pelo devedor

O devedor é citado para se defender ou pagar o valor do débito, podendo o adotar uma das três atitudes:

---

[979] Consultar, neste capítulo, o subtítulo 3.2.2 Competência em razão do valor.

[980] *Idem.*

a) deixar o processo correr à revelia;[981]
b) comparecer aos autos e oferecer defesa;[982]
c) efetuar o recolhimento.

Na segunda hipótese, sendo julgada improcedente a defesa oferecida, será aquele cientificado da decisão, abrindo-se novo e improrrogável prazo para que o este efetue o recolhimento.[983]

O recolhimento tempestivo do débito pode trazer uma importante consequência: se o Tribunal reconhecer a boa-fé do agente, o simples recolhimento "sanará o processo, se não houver sido observada outra irregularidade nas contas".[984]

A Lei Orgânica do TCU prevê a possibilidade de recurso para demonstrar a boa-fé, desde que feito o recolhimento tempestivo do débito:

> Art. 12. Verificada a irregularidade nas contas, o Relator ou o Tribunal:
>
> [...]
>
> § 2º Reconhecida pelo Tribunal a boa-fé, a liquidação tempestiva do débito atualizado monetariamente sanará o processo, se não houver sido observada outra irregularidade nas contas.[985]

A expressão "sanará o processo" traduz a possibilidade das contas que foram julgadas irregulares serem revistas, uma vez efetuado o recolhimento do débito, mediante o recurso de reconsideração ou embargos de declaração.

Esse procedimento é uma peculiaridade do processo de contas e não poderá ser aplicado, como referido, se houver outra irregularidade além do dano decorrente de ato praticado com boa-fé. Assim, se o tribunal aplica, desde logo, multa por ato ilegítimo, afastada ficará a possibilidade de saneamento dos autos.[986]

Efeito interessante da execução voluntária é que, mesmo instaurada a TCE, cessará sua continuidade:

> [...] uma vez recolhido, no âmbito administrativo, o débito devidamente apurado e imputado, ainda que já esteja autuado o respectivo processo de Tomada de Contas Especial, fica dispensado o encaminhamento dos autos ao Tribunal de Contas da União, nos termos do inciso I, § 1º, do art. 5º, da IN/TCU nº 56/2007;[987]

---

981 Consultar no Capítulo II, que trata da jurisdição dos Tribunais de Contas, o subtítulo 2.19.3.2.2 Do ônus da prova nos Tribunais de Contas.

982 Consultar o Capítulo V Defesa nos Tribunais de Contas.

983 BRASIL. **Regimento Interno e Lei Orgânica do Tribunal de Contas da União.** Organização dos textos e índice por J. U. JACOBY FERNANDES. Belo Horizonte: Fórum, 2014. Lei nº 8.443/1992, art. 12, § 1º.

984 *Ibidem*, cf. art. 12, § 2º.

985 *Ibidem*. Consulte o art. 202, §§ 2º, 3º e § 4º, do RITCU - Resolução TCU nº 246/2011 e neste capítulo, o subtítulo 0. - sobre os efeitos do recolhimento de multa.

986 BRASIL. Tribunal de Contas da União. Embargos de Declaração. Acórdão nº 155/1995 - Plenário. Processo TC nº 010.600/1987-6 (apenso ao 008.791/1988-0). Relator: Ministro Adhemar Paladini Ghisi. Brasília, 22 de novembro de 1995. **Diário Oficial [da] República Federativa do Brasil**, Brasília, DF, 13 dez. 1995. Seção 1.

987 BRASIL. Tribunal de Contas da União. Processo TC nº 002.199/2011-4. Acórdão nº 2546/2011 - 1ª Câmara.

Como a norma legal dispõe apenas sobre o recolhimento, quando este é efetivado por terceiro, o interessado poderá recorrer, após o pagamento, apenas para demonstrar a boa-fé. A peculiaridade se justifica à vista do princípio da proteção do erário que fundamenta o processo de contas.[988]

Merece ser lembrada, ainda, a hipótese de pagamento do valor da condenação pelo devedor solidário, que tecnicamente não pode ser considerado terceiro em relação ao débito.

Efetivamente, se o Tribunal de Contas imputa o débito solidariamente, no acórdão condenatório são todos inscritos, ficando, assim, obrigados pelo total da dívida.

Se um dos agentes condenados solidariamente pagar a dívida total, todos terão direito à quitação.

3.2.1.23.5.2 Por terceiros

Pode qualquer pessoa pagar a dívida de outra, nos termos da legislação civil brasileira, que prevê a sub-rogação legal e convencional. Se o terceiro tem interesse jurídico no pagamento, isto é, poderia ser obrigado a pagar, ficará sub-rogado nos direitos do credor; caso contrário, não haverá sub-rogação, salvo acordo entre as partes.

A quitação será declarada pela Corte em relação ao responsável pelo débito, pouco importando quem efetivou o pagamento. Contudo, esse terceiro tem direito a obter documento demonstrativo da autoria do ato de pagamento, o que normalmente é feito pelo próprio sistema de recolhimento de dívidas da Fazenda Pública, havendo, nos formulários, campo próprio para identificação do pagador. Com base nessa declaração, pode tentar a sub-rogação.

3.2.1.23.5.3 Pelos sucessores

Os sucessores têm sempre o direito de efetuar o pagamento, para obter a quitação.

Duas situações podem ocorrer:

a) em se tratando de débito, a reparação do dano é buscada junto aos sucessores até o limite das forças da herança;[989]

Relação nº 11/2011 – 1ª Câmara. Relator: Ministro-substituto Weder de Oliveira. Brasília, 26 de abril de 2011. **Diário Oficial da União [da] República Federativa do Brasil**, Brasília, DF, 02 maio 2011.

988 Pode ser citado o seguinte precedente do TCU, verdadeiramente representativo da jurisprudência uniforme, em que o prefeito de determinado Município efetuou o recolhimento tempestivamente e ofereceu recurso de reconsideração para demonstrar boa-fé; obtendo a alteração do julgado: foi tornado insubsistente o acórdão condenatório, e as contas julgadas regulares com ressalvas, obtendo inclusive a exclusão do rol dos inelegíveis: Tomada de Contas Especial. Processo TC nº 224.021/91-5. Acórdão nº 384/1995 - 2ª Câmara. Relator: Ministro Iram Saraiva. Brasília, 30 de novembro de 1995. **Diário Oficial [da] República Federativa do Brasil**, Brasília, DF, 13 dez. 1995. Seção 1, p. 20842.

989 No julgamento do processo a seguir ficou assentado que a verificação dos limites da "força da herança" são aferidos

b) no caso de multa, o falecimento do responsável extingue qualquer possibilidade de cobrança, dado o seu caráter personalíssimo.[990]

Por estarem os sucessores obrigados ao pagamento dos valores no primeiro caso, também são legitimados para a execução voluntária.

3.2.1.23.6 Consignação em pagamento

Em cursos ministrados, foi levantada a hipótese de o interessado, discordando do valor imputado pelo Tribunal de Contas, ingressar com ação de consignação em pagamento.

Consignação em pagamento poderia ser conceituada como a ação intentada pelo devedor de uma obrigação contra o credor, tendo como pressuposto o depósito judicial da coisa ou valor devido, objetivando a liberação do compromisso.

Sobre o assunto, ainda na vigência do Código de Processo Civil de 1939, a Lei Federal nº 8.951, de 13 de dezembro de 1994, alterou profundamente o procedimento da consignação, permitindo que se iniciasse mediante depósito do valor em estabelecimento bancário oficial, onde houver, em conta com "correção monetária", da qual será cientificado o credor, para que manifestasse a recusa nos termos da lei, sob a consequência jurídica de reputar-se o devedor liberado da obrigação. O procedimento foi mantido no atual Código de Processo Civil[991].

Caberia esse procedimento no curso de um processo de contas? Poderia o agente responsável, antes da condenação pelo Tribunal de Contas, promover a consignação em pagamento do valor diferente do apontado? E, após, seria lícito promover a consignação em valor diferente daquele decidido pela Corte? A resposta é negativa às três questões formuladas.

Para melhor compreensão, devem ser examinadas as questões em ordem inversa daquela em que foram formuladas.

Após a condenação pelo Tribunal de Contas, não pode haver consignação em pagamento porque:

---

no momento da execução judicial do acórdão: BRASIL. Tribunal de Contas da União. Tomada de Contas Especial. Processo TC nº 374.004/1991-9. Acórdão nº 51/1996 - 2ª Câmara. Relator: Ministro Adhemar Ghisi. Brasília, 15 de fevereiro de 1996. **Diário Oficial [da] República Federativa do Brasil**, Brasília, 28 fev. 1996. Seção 1, p. 3283-301.

[990] Contrariando o exposto, há um acórdão isolado do TCU, que decidiu: "[...] uma vez proferido julgamento válido que aplica multa a pessoa viva, o posterior falecimento só gera efeitos na fase de execução, estranha a competência do TCU, pois afeita à Advocacia-Geral da União junto ao Poder Judiciário [...]". BRASIL. Tribunal de Contas da União. Processo TC nº 700.287/1996-5. Acórdão nº 1966/2008 - 2ª Câmara. Relação nº 137/2008 - 2ª Câmara. Relator: Auditor Augusto Sherman Cavalcanti. **Diário Oficial da União [da] República Federativa do Brasil**, Brasília, DF, 10 jul. 2008. A melhor interpretação, em homenagem ao princípio da economicidade processual, deveria consagrar que qualquer multa deve extinguir-se com o óbito, independentemente de onde se encontre o processo.

[991] BRASIL. Lei nº 13.105, de 16 de março de 2015. **Código de Processo Civil**. Brasília, DF: Presidência da República, [2025]. Disponível em: https://www.planalto.gov.br/ccivil_03/_ato2015-2018/2015/lei/l13105.htm. Art. 539.

a) se for no valor devido, não pode a Corte recusar-se a receber. Não havendo recusa, descabe tecnicamente o procedimento da consignação. É corolário do princípio da legalidade que os agentes públicos, entre os quais se encontram os servidores e membros dos Tribunais de Contas, não podem afastar-se do império da lei. A recusa injustificada em receber o valor poderá ensejar processo criminal;[992]

b) se for em valor diferente do definido pelo Tribunal de Contas, também não poderá o interessado promover a consignação, porque a liquidação dos débitos é competência desse tribunal especializado e sua decisão constitui prejudicial de mérito para o julgamento judicial, conforme se esclareceu;

c) nas demais hipóteses, como nas duas anteriores, descabe a consignação por falta de amparo legal. Nesse sentido, a uniforme doutrina pátria estabelece que a consignação é um "pagamento compulsório, só excepcionalmente admitido".[993]

Se a Corte receber notificação de depósito bancário para consignação em pagamento, deverá oficiar diretamente o banco no prazo de dez dias, declarando que não aceita o valor depositado pelas razões expostas no parágrafo anterior. A propósito, afigura-se dispensável que a resposta seja subscrita por representante judicial, parecendo mais adequado permitir-se à Corte de Contas responder diretamente ao banco depositário.

Em face da alteração das disposições processuais, a resposta à consignação bancária, conquanto possa ter a natureza contestatória, não autoriza a aplicação do prazo privilegiado para a Fazenda Pública, estabelecido pelo art. 188 do mesmo diploma.[994]

Ao ensejo, é importante notar que o TCU admitiu a hipótese de dação em pagamento, na execução voluntária, devendo a decisão ser da competência exclusiva da autoridade administrativa da entidade lesada.[995]

No âmbito dos recursos, o STF não considerou suprida a ausência do contraditório pelo comparecimento espontâneo do interessado aos autos.[996]

---

[992] BRASIL. Lei nº 8.429, de 2 de junho de 1992. Dispõe sobre as sanções aplicáveis aos agentes públicos nos casos de enriquecimento ilícito no exercício de mandato, cargo, emprego ou função na Administração Pública direta, indireta ou fundacional e dá outras providências. **Diário Oficial [da] República Federativa do Brasil**, Poder Executivo, Rio de Janeiro, RJ, 03 jun. 1992. Seção 1, p. 6993. Art. 11.

[993] MONTEIRO, Washington de Barros. **Curso de Direito Civil**. São Paulo: Saraiva, 1980-1,4. v. p. 273.

[994] BRASIL. Lei nº 13.105, de 16 de março de 2015. Código de Processo Civil. Brasília, DF: Presidência da República, [2025]. Disponível em: https://www.planalto.gov.br/ccivil_03/_ato2015-2018/2015/lei/l13105.htm. "Art. 183. A União, os Estados, o Distrito Federal, os Municípios e suas respectivas autarquias e fundações de direito público gozarão de prazo em dobro para todas as suas manifestações processuais, cuja contagem terá início a partir da intimação pessoal.

[995] BRASIL. Tribunal de Contas da União. Embargos de Declaração. Processo TC nº 019.745/1995-8. Acórdão nº 2/2001. Relator: Ministro José Antonio B. de Macedo. Brasília, 23 de janeiro de 2001. **Diário Oficial [da] República Federativa do Brasil**, Brasília, DF, 1 fev. 2001. Seção 1. p. 92.

[996] Nesse sentido: BRASIL. Tribunal de Contas da União. Processo TC nº 013.273/2009-9. Acórdão nº 3543/2011 – 1ª Câmara. Relação nº 16/2011 – 1ª Câmara. Relator: Ministro Valmir Campelo. Brasília, 7 de junho de 2011. **Diário Oficial da União [da] República Federativa do Brasil**, Brasília, DF, 14 jun. 2011.

3.2.1.23.7 Pagamento com recursos do erário

Deve-se considerar presente a hipótese em que determinado gestor, condenado ao pagamento de indenização, utiliza-se de verbas do próprio erário para pagar o valor da condenação. Essa possibilidade, que à primeira vista lembra a lógica kafkiana, pode ter subjacente mais de uma hipótese, como segue:

a) na primeira, haveria até certo grau de razoabilidade jurídica e tem ocorrido, com alguma frequência, na hipótese em que uma prefeitura recebe recursos de outra unidade para serem utilizados em finalidade específica para execução de um convênio. A administração utiliza o recurso em finalidade diversa da inicialmente ajustada. Se o recurso foi efetivamente utilizado em proveito da comunidade, parece até razoável que ocorra no âmbito local a compensação da dívida[997] e que a Fazenda Municipal arque com o pagamento da condenação pessoal do chefe do executivo. Assim, nesse caso, o prefeito tem que recompor o erário federal, mas como utilizou os recursos em proveito da municipalidade pode pretender ser ressarcido por esta, cabendo ao legislativo local definir, na lei orçamentária e na atividade de controle externo da Administração Pública, a viabilidade desse procedimento simplificado. Salutar a iniciativa que o TCU vem desenvolvendo no sentido de comunicar o respectivo Tribunal de Contas, ao qual estiver jurisdicionada a autoridade, para avaliar a regularidade do pagamento pelo erário de dívida a que a autoridade estava pessoalmente obrigada;

b) na segunda, a autoridade utiliza irregularmente os recursos, isto é, não os aplica na finalidade prevista, nem há prova de que os tenha destinado ao proveito da comunidade, ou simplesmente não dispõe de provas da aplicação ou foi omisso na prestação de contas. Em consequência, o Tribunal de Contas determina a devolução dos valores recebidos - o TCU, v.g., condena o prefeito a devolver ao erário federal os valores de um convênio - e o responsável promove o pagamento com o dinheiro da Fazenda Municipal.

---

[997] a) Nos termos dos arts. 1.009 e ss. do Código Civil (BRASIL. Lei nº 10.406 de 10 de janeiro de 2002. Institui o Código Civil. **Diário Oficial da União [da] República Federativa do Brasil**, Brasília, DF, 11 jan. 2002) e 170 e ss. do CTN [BRASIL. **Código Tributário Nacional**. Org. Juarez de Oliveira. 16. ed. São Paulo: Saraiva, 1987]. Há vários requisitos legais para operar-se a compensação de dívidas, especialmente em relação às que envolvem a Fazenda Pública.

b) Sobre compensação, consultar: BRASIL. Advocacia-Geral da União. Parecer CQ-72. Processo nº 02001.003637191-10. Presidência da República. Parecerista: Alfredo Ruy Barbosa. Brasília, 8 jun. 1995. **Diário Oficial [da] República Federativa do Brasil**, Brasília, DF, 13 jun. 1995. Seção 1, p. 8.540 e ss.

3.2.1.23.8 Parcelamento

O devedor pode requerer o pagamento parcelado do débito,[998] conforme facultam, normalmente, as leis orgânicas das Cortes de Contas.[999]

Questão relevante a discutir é se há número mínimo ou máximo de quotas em que o débito possa ser dividido, tendo em vista que algumas normas limitam o valor do desconto nos vencimentos dos servidores.

A matéria é de natureza administrativa e pode ser regulada tanto nas normas que regem os agentes públicos, quanto nas leis orgânicas das Cortes de Contas. Na esfera federal, a lei deixou ao Regimento Interno (RI) do Tribunal de Contas da União indicar o número de parcelas.[1000]

O atual RI/TCU[1001] definiu o número máximo de trinta e seis parcelas e estabeleceu a necessidade de, no curso do pagamento, atualizar os valores.

Esse número de parcelas consagra uma regra que já permitiu exceção, acolhendo o pagamento em oitenta e quatro prestações, hipótese já autorizada pelo órgão jurisdicionado.[1002]

Admitindo, porém, o pagamento parcelado do débito, o atraso no recolhimento de qualquer das parcelas importará no vencimento antecipado do saldo devedor.[1003]

Nesse sentido, a Súmula nº 192, do Tribunal de Contas da União, que também esclareceu a oportunidade do pedido de parcelamento e a possibilidade de ser deferido a quem não tem vínculo com a Administração Pública, *in verbis*:

---

[998] BRASIL. Lei nº 8.112, de 11 de dezembro de 1990. Dispõe sobre o regime jurídico dos servidores públicos civis da União, das autarquias e das fundações públicas federais. Disponível em: https://www.planalto.gov.br/ccivil_03/LEIS/ L8112cons.htm.. O art. 46 autoriza, inclusive, o desconto em parcelas mensais não excedentes à décima parte da remuneração ou provento, em valores atualizados. Sem prejuízo do comentário que se faz a seguir sobre esse artigo, parece possível que o servidor requeira o parcelamento, previsto nesse artigo, com a vantagem de poder usufruir do limite mensal de desconto.

[999] O TCU entendeu que o pedido de parcelamento não pode ser pleiteado por terceiro que não foi parte do processo. No caso, o atual prefeito de uma cidade mineira pretendia pagar parceladamente o débito a que havia sido condenado o prefeito anterior, cf.: BRASIL. Tribunal de Contas da União. Tomada de Contas Especial. Processo TC nº 399.099/1992-1. Decisão nº 76/1995 - 2ª Câmara. Relator: Ministro Adhemar Paladini Ghisi. Brasília, 30 de março de 1995. **Diário Oficial [da] República Federativa do Brasil**, Brasília, DF, 11 abr. 1995. Seção 1 p. 516.

[1000] BRASIL. **Regimento Interno e Lei Orgânica do Tribunal de Contas da União.** Organização dos textos e índice por J. U. JACOBY FERNANDES. Belo Horizonte: Fórum, 2014. Lei nº 8.443/1992. Art. 26.

[1001] *Ibidem*. Resolução TCU nº 246/2011, art. 217, §§ 1º e 2º. Disponível em: https://portal.tcu.gov.br/data/files/5A/ 54/AE/28/EE157810ED256058E18818A8/RITCU.pdf.

[1002] BRASIL. Tribunal de Contas da União. Tomada de Contas Especial. Processo TC nº 012.485/1993-4. Decisão nº 333/1995 – 2ª Câmara. Relator: Ministro Paulo Affonso Martins de Oliveira. Brasília, 30 de novembro de 1995. **Diário Oficial [da] República Federativa do Brasil**, Brasília, DF, 13 dez. 1995. Seção 1, p. 20842. O TCDF, em caso concreto, chegou a admitir o parcelamento do débito em 100 vezes, pleiteado por servidor: DISTRITO FEDERAL. Tribunal de Contas do Distrito Federal. Tomada de Contas Especial. Processo nº 2260/1994 (Apenso 054.000.490/1994). Informação 96/1998. Decisão nº 5251/1998. Relator: Auditor José Roberto de Paiva Martins. Brasília, 23 de julho de 1998. **Diário Oficial [do] Distrito Federal**, Brasília, DF, 30 jul. 1998, p. 19-24.

[1003] Quase todos os Tribunais preveem essa norma, que no RI/TCU é o § 2º do art. 217. O TCU, quando concede o parcelamento, lembra ao beneficiário essa regra, cf.: BRASIL. Tribunal de Contas da União. Tomada de Contas Especial. Processo TC nº 224.038/1992-3. Acórdão nº 15/1996 – 1ª Câmara. Relator: Ministro Humberto Guimarães Souto. Brasília, 6 de fevereiro de 1996. **Diário Oficial [da] República Federativa do Brasil**, Brasília, DF, 16 fev. 1996. Seção 1, p. 2744.

> Quer na fase de instrução, quer na de execução de Acórdão de condenação, admite-se, também, quando houver requerimento do interessado, o parcelamento, ao juízo do Tribunal de Contas, de débito imputado a pessoa sem vínculo empregatício com o serviço, importando o inadimplemento de qualquer das contas no vencimento automático e na cobrança executiva do saldo devedor, acrescido dos juros e da correção monetária.[1004]

Entre os fatores que devem ser considerados na decisão que permite o parcelamento estão (i) capacidade de pagamento do agente penalizado, (ii) princípio da economicidade no controle dos pagamentos e (iii) eficácia do caráter punitivo.[1005]

Ao pretender o parcelamento, deve o agente trazer elementos que demonstrem a incapacidade de arcar com o ônus integral do valor ou parcelas maiores, como ocorre, por exemplo, o fato de ter pensão alimentícia consignada.

Por outro lado, o montante da parcela não pode resultar em valor tão ínfimo em que o custo do controle seja maior do que o efeito da arrecadação, ou ainda, torne o fardo do pagamento tão leve que subtraia o caráter punitivo pretendido.

3.2.1.23.9 Execução e compensação de créditos

É possível ao órgão que promove a execução ou ao próprio devedor requerer a compensação do débito com o crédito originário de precatório?

Mesmo para o direito público, vale a regra do Código Civil brasileiro: para a compensação de créditos, as dívidas devem ser líquidas, vencidas e de coisas fungíveis.[1006]

No particular, mesmo tendo em vista algumas restrições da Lei Civil,[1007] parece que a Administração Pública pode transigir, fazer acordo, visando à satisfação de título executivo oriundo de acórdão condenatório. Esta pode ocorrer, antes da condenação, pela satisfação voluntária do débito pelo devedor. Em ambas as hipóteses, deve a Corte ouvir o representante judicial ou o titular da unidade administrativa para a qual será recolhido o crédito oriundo da imputação de débito ou multa. Tal cautela justifica-se diante do fato de que o Tribunal de Contas não é titular do crédito, cuja compensação se pretende.

1004 BRASIL. Tribunal de Contas da União. Boletim TCU Especial, Brasília, ano XL, n. 6, 4 dez. 2007. Disponível em: <http://www.tcu.gov.br>. Acesso em: 09 jun. 2014.

1005 Nesse sentido, voto do eminente Ministro Ubiratan Aguiar nos autos: BRASIL. Tribunal de Contas da União. Processo TC nº 009.811/1993-1. Acórdão nº 908/2003 - 2ª Câmara. Brasília, 5 de junho de 2003. **Diário Oficial da União [da] República Federativa do Brasil**, Brasília, DF, 13 jun. 2003.

1006 BRASIL. Lei nº 10.406, de 10 de janeiro de 2002. Institui o Código Civil. **Diário Oficial da União [da] República Federativa do Brasil**, Brasília, DF, 11 jan. 2002. Art. 369.

1007 Idem. Art. 373. A diferença de causa nas dívidas não impede a compensação, exceto: I - se provier de esbulho, furto ou roubo; II - se uma se originar de comodato, depósito ou alimentos; III - se uma for de coisa não suscetível de penhora.

No âmbito do Tribunal de Contas do Distrito Federal,[1008] na execução judicial de título executivo condenatório, em processo em que não foram localizados bens do devedor, por acordo, decidiram descontar débito em precatório devido em virtude de reclamação trabalhista.[1009]

3.2.1.23.10 Da execução forçada

É consabida a síntese de Oscar Wilde, para quem "só há uma coisa pior que a injustiça, é a justiça sem a espada na mão. Sem força, o direito age a favor do mal".

Não satisfeita espontaneamente pelo interessado ou por alguém em seu nome, a decisão condenatória do Tribunal de Contas, caberá a execução forçada do título executivo, que poderá ocorrer:

I. *mediante desconto nos vencimentos, salários e proventos do responsável; ou*

II. *por meio de decisão judicial, mediante a instauração de ação própria, pelos legitimados processualmente para essa atribuição.*

O princípio da autoexecutoriedade do ato administrativo é conceituado por Hely Lopes Meirelles como a "possibilidade que certos atos administrativos ensejam de imediata e direta execução pela própria administração, independentemente de ordem judicial".[1010]

Cretella Jr., com sua habitual perspicácia, vislumbra a possibilidade de aplicação do princípio, independentemente da existência de título executivo, quando assere que a administração "assume posição de privilégio perante a administração, executando os próprios atos, coativamente, sem apoio em título prévio, expedido pelo Judiciário". E acresce: "o fundamento da executoriedade é múltiplo, decorrendo não só da presunção de legitimidade, que, aliás, matiza os demais atos administrativos, como também da índole pública da potestade administrativa [...]".[1011]

A legislação pátria trata de modo diferente a possibilidade de indenização e aplicação de multa, segundo o regime jurídico a que está submetido o agente público, fato que impõe a divisão do assunto.

3.2.1.23.10.1 Desconto em salários

Os Tribunais de Contas, ao lavrarem o acórdão condenatório, com força constitucional de título executivo, podem executar, na esfera administrativa, de forma coercitiva, o comando nele contido, determinando o desconto na folha de remuneração do agente.

[1008] DISTRITO FEDERAL. Tribunal de Contas. Cobrança Executiva. Processo nº 2096/1991 (Processo judicial nº 15097/1991 – 28ª Vara de Fazenda Pública do Tribunal de Justiça do Distrito Federal e Territórios). Disponível em: <http://www.tc.df.gov.br>. Acesso em: 09 jun. 2014.

[1009] BRASIL. Tribunal Regional do Trabalho – 10. Região. Reclamação Trabalhista nº 779/1989. Origem: 3ª JCJ de Brasília. Relator: Desembargador Oswaldo Neme. Brasília, 21 de novembro de 1991. Disponível em: <http://www.trt10.jus.br>. Acesso em: 20 dez 2000.

[1010] MEIRELLES, Hely Lopes. **Direito Administrativo Brasileiro**. 12. ed. São Paulo: RT, 1986, p. 120.

[1011] CRETELLA Jr., José. **Curso de Direito Administrativo**. 12. ed. Rio de Janeiro: Forense, p. 210.

Dois princípios jurídicos devem estar coordenados: o princípio da irredutibilidade dos salários[1012] e o princípio da autoexecutoriedade do ato administrativo.

A irredutibilidade do salário - melhor conhecida como intangibilidade - não é um princípio absoluto, pois permitido o afastamento de sua incidência seja mediante convenção ou acordo coletivo, seja quando estendida aos servidores públicos pela lei, como estabelecia a Constituição Federal antes da reforma administrativa, na Emenda Constitucional nº 19.[1013]

Salário é a expressão típica, utilizada para identificar a remuneração - a contraprestação pecuniária pelo trabalho - dos agentes públicos, regidos pela Consolidação das Leis do Trabalho - CLT. Esse diploma legal autoriza o desconto, pelo empregador, dos danos causados pelo empregado em duas restritas hipóteses:[1014]

a) no caso de dolo do empregado; e

b) nos casos de culpa, desde que esta possibilidade tenha sido acordada, isto é, ajustada previamente no contrato de trabalho.

Como na esfera administrativa a forma escrita é a regra, significa ser indispensável que o ajuste tenha se revestido dessa forma.

Inexiste no âmbito da CLT, em face da omissão legislativa, qualquer possibilidade de aplicação de multa ao empregado, ou seja, qualquer desconto nos salários com a natureza de penalidade.

Ocorre que a CLT, como assinala a melhor doutrina, pode ser complementada por normas de direito público indispensáveis à regência daqueles que participam da concretização do interesse público, objetivo inerente a toda atuação administrativa, materializada na administração direta, indireta ou fundacional.

Para integrar esse normativo, pode-se considerar o alcance do que dispõe, na esfera federal, o art. 28 da Lei Orgânica do Tribunal de Contas da União:

> Art. 28. Expirado o prazo a que se refere o *caput* do art. 25 desta Lei, sem manifestação do responsável, o Tribunal poderá:
>
> I - determinar o desconto integral ou parcelado da dívida nos vencimentos, salários ou proventos do responsável, observados os limites previstos na legislação pertinente; [...]

[1012] BRASIL. **Constituição da República Federativa do Brasil** (Versão Bolso). Organização dos textos e índice por J. U. JACOBY FERNANDES. 2. ed. Belo Horizonte: Fórum, 2019. Art. 7º, VI.

[1013] A EC nº 19/1998 alterou a redação do art. 39 e excluiu do art. 39, § 3º, o subtítulo VI do art. 7º, sobre a irredutibilidade de salário: "[...] § 3º Aplica-se aos servidores ocupantes de cargo público o disposto no art. 7º, IV, VII, VIII, IX, XII, XIII, XV, XVI, XVII, XVIII, XIX, XX e XXX, podendo a lei estabelecer requisitos diferenciados de admissão quando a natureza do cargo o exigir [...]". BRASIL. **Constituição da República Federativa do Brasil** (Versão Bolso). Organização dos textos e índice por J. U. JACOBY FERNANDES. 2. ed. Belo Horizonte: Fórum, 2019.

[1014] BRASIL. Decreto-Lei nº 5.452, de 1º de maio de 1943. Aprova a Consolidação das Leis do Trabalho. Disponível em: https://www.planalto.gov.br/ccivil_03/decreto-lei/del5452.htm. Art. 462.

Como a CLT condicionou a possibilidade de desconto por dano causado ao empregador ao acordo entre as partes, e como a lei de ordem pública tem o condão de afastar as normas meramente dispositivas, inarredável é que os descontos nos salários dos empregados públicos podem ser determinados, pelo TCU, para recomposição do erário nos casos de dolo ou culpa.

Já com referência à possibilidade da aplicação de multa, considerando que se trata de omissão legislativa, a norma inscrita na Lei Orgânica do TCU tem natureza regulamentadora das relações dos agentes públicos e complementar à CLT, tendo força jurídica suficiente para enfrentar os princípios consagrados para proteção do obreiro, porque esses devem subsumir- se aos interesses coletivos.

A melhor exegese é essa, porque coordena e harmoniza o ordenamento jurídico: quando o legislador pátrio, tendo a possibilidade de definir o assunto, estabeleceu que o acórdão condenatório do TCU pode ordenar a recomposição do erário e aplicar multa e, na sequência da normatização, previu a possibilidade de impor compulsoriamente o desconto nos salários, se pretendesse excluir do alcance a questão das multas, tê-lo-ia feito expressamente.[1015]

Ademais, é inafastável que a lei orgânica possui caráter de norma especial frente à CLT. Ensina o mestre pátrio da hermenêutica que: "se existe antinomia entre a regra geral e a peculiar, específica, esta, no caso particular, tem a supremacia. Preferem-se as disposições que se relacionam mais direta e especialmente com o assunto de que trata: *in toto jure generi per speciem derogatur, et illud pottissimum habetur quod speciem directum est.*"[1016]

Há um outro fundamento jurídico que aproveita aos demais tribunais e conselhos de contas: as normas que dispõem sobre a possibilidade de desconto na remuneração dos agentes públicos pelos danos que causarem ao erário têm natureza integrativa do regime jurídico, portanto, inseridas na competência de cada esfera de governo para legislar sobre essa matéria, nos termos da Constituição Federal em vigor. Corolário dessa premissa é a possibilidade de estender o mesmo entendimento sobre a possibilidade jurídica do desconto nos salários. Assim, a norma do tribunal que determina o desconto nos vencimentos é constitucional, porque regula as relações dos servidores com a Administração Pública e pode tanto ser estadual como municipal.[1017]

[1015] Nas edições anteriores, esse período era seguido deste outro: "[...] Ademais, não se pode olvidar que a sociedade brasileira caminha a passos largos para a concretização dos ideais de probidade administrativa, a ponto de declarar imprescritíveis as ações de ressarcimento ao erário decorrentes de atos ilícitos, e a possibilidade de os sucessores dos responsáveis pela reparação de danos serem alcançados por imposição constitucional". A partir da 2ª edição, em vista da evolução do tema pela Excelsa Corte, a imprescritibilidade alcançou os contornos referidos no subitem **Erro! F onte de referência não encontrada.. - Erro! Fonte de referência não encontrada.**; quanto ao segundo, a aplicação dos princípios limites constitucionais fez limitar a possibilidade aos casos em que evidente a apropriação indébita pelos sucessores.

[1016] Em vernáculo: "em toda disposição de Direito, o gênero é derrogado pela espécie e considera-se de importância preponderante o que respeita diretamente à espécie", *in* MAXIMILIANO, Carlos. **Hermenêutica e Aplicação do Direito**, 10. ed. Rio de Janeiro: Forense, p. 135.

[1017] Cf.: BRASIL. Lei nº 8.112, de 11 de dezembro de 1990. Dispõe sobre o regime jurídico dos servidores públicos civis da União, das autarquias e das fundações públicas federais. Disponível em: https://www.planalto.gov.br/

Sobre a questão referente a desconto de parcela de salários recebida de boa-fé, em razão de errônea interpretação de lei, consulte a Súmula nº 249 do TCU e os comentários, no capítulo I, ao princípio da aderência a diretrizes e normas.

3.2.1.23.10.2 Desconto nos vencimentos e proventos

São úteis a este item as considerações expendidas no item anterior sobre descontos nos salários.

Em razão de definição legal, entende-se por vencimentos a soma do vencimento básico às vantagens permanentes relativas ao cargo, emprego, posto ou graduação.[1018] Já os proventos correspondem ao percebido pelo servidor inativo.

3.2.1.23.10.2.1 Regra geral - esfera federal

Em relação aos descontos em vencimentos e proventos, as conclusões são as seguintes:[1019]

I. *se o tribunal imputa débito a um servidor público, como regra, está subjacente um dano causado, ensejando a figura da indenização;*

II. *quando houver a retirada de bens ou valores da organização, aplicar-se-á a norma pertinente à reposição;*

III. *a multa aplicada pelo Tribunal de Contas pode ser descontada dos vencimentos, por força do art. 28 da Lei Orgânica do TCU, simetricamente prevista em leis de vários outros Tribunais de Contas;*

IV. *esses descontos podem ser impostos, independentemente da anuência do servidor;*[1020]

---

ccivil_03/leis/l8112cons.htm., "Art. 130. [...] § 2º Quando houver conveniência para o serviço, a penalidade de suspensão poderá ser convertida em multa, na base de 50% (cinqüenta por cento) por dia de vencimento ou remuneração, ficando o servidor obrigado a permanecer em serviço". A aplicação de multa aos servidores públicos civis não constitui novidade, existindo, com valia jurídica e legal, pelo menos desde 1952 e agora repetida no art. 130, § 2º, da lei 8.112/1990, por motivos disciplinares.

[1018] BRASIL. Lei nº 8.852, de 04 de fevereiro de 1994. Dispõe sobre a aplicação dos arts. 37, incisos XI e XII, e 39, § 1º, da Constituição Federal, e dá outras providências. Disponível em: https://www.planalto.gov.br/ccivil_03/Leis/L8852.htm.

[1019] Cabe observar que, na esfera federal, a questão teve substancial alteração com o advento da Medida Provisória nº 2.225-45, de 4 de setembro de 2001, que modificou a redação do art. 46 da Lei nº 8.112/1990, definindo a seguinte redação: "Art. 46. As reposições e indenizações ao erário, atualizadas até 30 de junho de 1994, serão previamente comunicadas ao servidor ativo, aposentado ou ao pensionista, para pagamento, no prazo máximo de trinta dias, podendo ser parceladas, a pedido do interessado. §1º O valor de cada parcela não poderá ser inferior ao correspondente a dez por cento da remuneração, provento ou pensão. §2º Quando o pagamento indevido houver ocorrido no mês anterior ao do processamento da folha, a reposição será feita imediatamente, em uma única parcela. §3º Na hipótese de valores recebidos em decorrência de cumprimento a decisão liminar, a tutela antecipada ou a sentença que venha a ser revogada ou rescindida, serão eles atualizados até a data da reposição.".

[1020] a) entendimento consagrado pelo TCU, em composição plenária, a partir do julgamento do seguinte processo: BRASIL. Tribunal de Contas da União. Tomada de Contas Especial. Processo TC nº 624.028/1994-1. Decisão nº 464/1996 - Plenário. Relator: Ministro Adhemar Paladini Ghisi. Brasília, DF, 31 de julho de 1996. **Diário Oficial [da] República Federativa do Brasil**, Brasília, DF, 19 ago. 1996. Seção 1, p. 15831- 5832.

b) a determinação de desconto de dívida na remuneração de servidor ativo, inativo ou de pensionista feita pelo

V. pode haver desconto na remuneração ou provento. O caput do art. 46 refere-se genericamente à necessidade de comunicação ao servidor, mas no caso de desconto no provento - que é o nome jurídico do valor recebido na aposentadoria - a comunicação se faz ao ex-servidor.[1021]

3.2.1.23.10.2.2 Ato doloso - esfera federal

Discutia-se, no passado, na esfera federal, o alcance do art. 122 da Lei nº 8.112/1990, o qual estabelece:

> Art. 122. A responsabilidade civil decorre de ato omissivo ou comissivo, doloso ou culposo, que resulte em prejuízo ao erário ou a terceiros.
>
> § 1º A indenização de prejuízo dolosamente causado ao erário somente será liquidada na forma prevista no art. 46, na falta de outros bens que assegurem a execução do débito pela via judicial.

Embora já externado entendimento diferente, evoluiu-se, a partir da magistral síntese do mestre Ivan Barbosa Rigolin:

> O § 1º do art. 122 cuida de tema diverso, em parte, e por isso somente agora se o comenta. A indenização, a ser paga à Administração por servidor que dolosamente a prejudicou, será executada judicialmente de modo integral. Apenas será o pagamento, na forma do art. 46, efetuando em parcelas, descontadas do vencimento ou do provento, se o servidor executado demonstrar que não possui outros bens que assegurem a execução. Justifica-se o rigor da lei, quando se sabe que o prejuízo causado foi doloso, ou seja intencional, ou inteiramente assumido pelo servidor. Um prejuízo causado dolosamente nunca pode ensejar como atenuante a boa-fé, daí o duro tratamento dispensado pela lei, inteiramente justo para a hipótese.[1022]

Em termos práticos, a execução judicial poderá demandar mais tempo do que o desconto parcelado. Tal aspecto, porém, pode ser contornado: possuindo o servidor

---

Tribunal de Contas da União com fundamento no art. 28, inciso I, da Lei nº 8.443/1992 independe da anuência do servidor ou pensionista e não infringe os termos dos arts. 45 e 46 da Lei nº 8.112/1990: BRASIL. Supremo Tribunal Federal. MS nº 24.544/DF - Plenário. Relator: Ministro Marco Aurélio. Brasília, 4 de agosto de 2004. **Diário da Justiça [da] República Federativa do Brasil**, Brasília, DF, 18 ago. 2004, Ata nº 20.

c) sobre desconto em folha, consultar também: BRASIL. Decreto nº 3.297, de 17 de dezembro de 1999. Regulamenta o art. 45 da Lei nº 8.112, de 11 de dezembro de 1990, que dispõe as consignações em folha de pagamento dos servidores públicos civis, dos aposentados e dos pensionistas da Administração direta, autárquica e fundacional do Poder Executivo da União, e dá outras providências. Disponível em: https://www.planalto.gov.br/ccivil_03/ decreto/D3297.htm. .

[1021] O STF decidiu, porém, que a Administração Pública - portanto, omissa a decisão se indispensável a participação do Tribunal de Contas - não pode ordenar o desconto nos vencimentos sem a anuência do servidor: BRASIL. Supremo Tribunal Federal. MS nº 24182-DF. Relator: Ministro Maurício Corrêa. Brasília, 12 de fevereiro de 2004. **Diário da Justiça [da] República Federativa do Brasil**, Brasília, DF, 27 fev. 2004, Ata nº 2.

[1022] RIGOLIN, Ivan Barbosa. **Comentários ao Regime Jurídico Único dos Servidores Públicos Civis**, 4. ed. rev. atual. e aum. São Paulo: Saraiva, 1995, p. 220.

bens, a Administração Pública irá requerer o arresto, como medida inicial facultada, em geral, pelas leis orgânicas dos Tribunais de Contas.

Portanto, a sistemática de desconto em folha pode ser feita sem anuência do servidor, tanto pela administração, para fins de reposição e de indenização, por força de expressa disposição de lei do regime jurídico, quanto pelo Tribunal de Contas, também por expressa disposição da lei orgânica desta Corte.

3.2.1.23.10.2.3 Dispensa de reposição - esfera federal

É dispensada a reposição quando o agente recebeu valores de boa-fé, decorrente de errônea interpretação de lei.

Em resposta a consulta, e, portanto, em caráter normativo, o Tribunal de Contas da União firmou entendimento:

> 9.1. a reposição ao erário somente pode ser dispensada quando verificadas cumulativamente as seguintes condições:
>
> 9.1.1 presença de boa-fé do servidor;
>
> 9.1.2 ausência, por parte do servidor, de influência ou interferência para a concessão da vantagem impugnada;
>
> 9.1.3 existência de dúvida plausível sobre a interpretação, validade ou incidência da norma infringida, no momento da edição do ato que autorizou o pagamento da vantagem impugnada; e
>
> 9.1.4 interpretação razoável, embora errônea, da lei pela Administração;
>
> 9.2. a reposição ao erário é obrigatória, nos termos preconizados no Enunciado 235 da Súmula deste Tribunal e na forma dos arts. 46 e 47 da Lei nº 8.112/90, quando não estiverem atendidas todas as condições estipuladas no subitem 9.1 ou, ainda, quando os pagamentos forem decorrentes de erro operacional da Administração;[1023]

A matéria foi sumulada, após a segunda edição desta obra, definindo a questão referente a desconto de parcela de salários recebida de boa-fé, em razão de errônea interpretação de lei, nos termos da Súmula nº 249 do TCU que tem o seguinte teor:

> É dispensada a reposição de importâncias indevidamente percebidas, de boa-fé, por servidores ativos e inativos, e pensionistas, em virtude de erro escusável de interpretação de lei por parte do órgão/entidade, ou por parte de autoridade legalmente investida em função de orientação e supervisão, à vista da presunção de legalidade do ato administrativo e do caráter alimentar das parcelas salariais.[1024]

[1023] BRASIL. Tribunal de Contas da União. Consulta. Processo TC nº 002.176/2000-3. Acórdão nº 1909/2003 - Plenário. Relator: Min. Walton Alencar Rodrigues. Brasília, 10 de dezembro de 2003. **Diário Oficial da União [da] República Federativa do Brasil**, Brasília, DF, 23 dez. 2003. No mesmo sentido: Processo TC nº 018.128/2002-3. Acórdão nº 2026/2005 - Plenário. Relator: Valmir Campelo. Brasília, 23 de novembro de 2005. **Diário Oficial da União [da] República Federativa do Brasil**, Brasília, DF, 1 dez. 2005.

[1024] BRASIL. Tribunal de Contas da União. **Súmula nº 249**. Boletim TCU Especial, Brasília, ano XL, n. 6, 4 dez. 2007. Disponível em: https://pesquisa.apps.tcu.gov.br/resultado/sumula/*249/%2520/sinonimos%253Dfalse.

Para aprofundamento no tema, recomenda-se a leitura, no capítulo I, dos comentários ao princípio da aderência a diretrizes e normas.

3.2.1.23.10.2.4 Estados, Municípios e Distrito Federal

Nas demais esferas de governo, é imperioso que seja estabelecida a previsão de desconto em folha nas leis orgânicas dos Tribunais de Contas.[1025] É importante que a regulamentação se faça observando o paradigma federal, com vistas a aproveitar melhor a jurisprudência, buscando sempre fortalecer os órgãos de controle.

3.2.1.23.10.3 Desconto em valores de pensão

Há duas possibilidades de abordagem do tema descontos em pensão para reposição ou indenização: decorrente de débito do servidor falecido ou do próprio beneficiário.

3.2.1.23.10.3.1 Decorrente de débito do servidor falecido

Dúvidas têm ocorrido quanto à possibilidade ou não da Administração, diretamente ou por determinação do Tribunal de Contas, promover o desconto, para fins de pagamento de indenização ou reposição, em pensões civis e militares.

A lei é omissa sobre a questão, cabendo utilizar o mesmo fundamento que guia o direito para instituir o dever. As regras pertinentes à pensão costumam estabelecer que, por morte do servidor, os dependentes fazem *jus* a uma pensão mensal de *valor correspondente ao da respectiva remuneração ou provento*, a partir da data do óbito, respeitado o teto constitucional e os limites estabelecidos pela Reforma Previdenciária.[1026] Devendo o servidor indenização ou reposição ao erário, decorre correspondente dever aos sucessores civis, que arcarão com o ônus. Aliás, não seria possível que o óbito do servidor representasse para os sucessores um incremento remuneratório, pela impossibilidade de descontar valores que seriam devidos ao erário.

[1025] O caso particular do Distrito Federal, que, por força de lei local - Lei Distrital nº 197/1991 -, decidiu adotar o regime jurídico único federal a partir de 1º de janeiro de 1992, continua vigorando a redação original da Lei nº 8.112, de 11 de dezembro de 1990, que dispõe sobre o regime jurídico dos servidores públicos civis da União, das autarquias e das fundações públicas federais, porque o Supremo Tribunal Federal, no julgamento da Ação Direta de Inconstitucionalidade nº 1.261-4 decidiu serem inaplicáveis as alterações posteriores sem expressa previsão do legislativo local. Nessa esfera de governo, também é permitido o desconto nos salários por ato da própria administração, em decorrência de ato culposo ou doloso, independentemente de anuência do servidor. Lei nº 197 de 03 de julho de 1991. Dispõe sobre antecipação a ser compensada quando da revisão geral de remuneração dos servidores públicos, altera vencimentos básicos das carreiras que menciona e dá outras providências. Descontos em folha de pagamento. **Legislação do Distrito Federal. 1991 a 1993**. V. XLVI. Brasília, 1993, p. 65; e: BRASIL. Supremo Tribunal Federal. Constitucional. Ação Direta de Inconstitucionalidade nº 1.261-4. Relator: Ministro Ilmar Galvão. Brasília, DF, 18 de maio de 1995. **Diário da Justiça [da] República Federativa do Brasil**, Brasília, DF, 09 jun. 1995. Seção 1, p. 17228.

[1026] Nesse sentido: BRASIL. Lei nº 8.112, de 11 de dezembro de 1990. Dispõe sobre o regime jurídico dos servidores públicos civis da União, das autarquias e das fundações públicas federais. Brasília: Planalto [2025]. Disponível em: https://www.planalto.gov.br/ccivil_03/leis/l8112cons.htm. Art. 215

Não há outra ilação possível quando se tem em conta regra assentada em várias legislações: a obrigação de reparar o dano estende-se aos sucessores e contra eles será executada, até o limite do valor da herança recebida.[1027]

Se o desconto nos vencimentos é um serviço que a lei estabelece em favor do servidor, que culposamente causa dano ao erário, nada mais justo que os beneficiários da pensão possam usufruir do mesmo privilégio.

Por esses motivos, pode a administração impor o desconto independentemente de anuência dos beneficiários de pensões, cabendo igual prerrogativa aos Tribunais de Contas.

3.2.1.23.10.3.2 Decorrente de débito do beneficiário

O beneficiário de pensão, como qualquer particular sem vínculo com a administração, pode causar dano ao erário, estando sujeito a indenizar ou repor bens e valores.

Nessa condição, o beneficiário da pensão, para os Tribunais de Contas, não está sujeito a sua jurisdição, não podendo ser-lhe imputado débito.

A Administração também não pode promover descontos, porque a relação que entretém com o beneficiário não é funcional.

Desse modo, o dever de ressarcir o erário desenvolve-se para o beneficiário como para qualquer particular sem vínculo funcional com a Administração: os descontos poderão ser ordenados pelo Poder Judiciário, em decorrência de ação de reparação de danos, de natureza cível, ou como pena acessória em processo criminal.

3.2.1.23.10.4 Desconto de valores na demissão

É comum que, na rescisão, o servidor receba quantia superior à mensal, sendo possível que, mesmo nas verbas indenizatórias pagas pela Administração Pública, se faça o desconto das verbas indenizatórias a que faz *jus*. Mesmo no regime da Consolidação das Leis do Trabalho, nitidamente mais protecionista, não é raro o acerto de contas com desconto integral do débito. Com muito mais razão, deve a Administração Pública proceder em caso de rescisão, porque, desse ato em diante, ressalvado o acordo extrajudicial, toda demanda implicará recurso ao Poder Judiciário, com muito maior ônus à sociedade.[1028]

[1027] Na esfera federal, dispõe, nesse sentido, o art. 122, § 3º, da Lei nº 8.112/1990, *ibidem*.

[1028] Prevê o atual regime jurídico federal - Lei nº 8.112/1990, que dispõe sobre o regime jurídico dos servidores públicos civis da União, das autarquias e das fundações públicas federais, com a alteração da MP nº 1964-31/2000 - a hipótese do desligamento do servidor em termos diversos do preconizado aqui, dispondo: "Art. 47. O servidor em débito com o erário, que for demitido, exonerado ou que tiver sua aposentadoria ou disponibilidade cassada, terá o prazo de sessenta dias para quitar o débito. Parágrafo único. A não quitação do débito no prazo previsto implicará sua inscrição em dívida ativa. [...]".

Tais matérias podem ser reguladas em nível estadual, distrital e municipal, segundo as conveniências locais, notadamente pela lei orgânica dos Tribunais de Contas.

3.2.1.23.10.5 Da execução judicial do acórdão

Se aquele a quem foi imputada a responsabilidade pelo Tribunal de Contas não pagar o valor voluntariamente e se não for possível determinar o desconto nos vencimentos, salários ou proventos do responsável, seguir-se-á necessária execução judicial do acórdão, pois tal espécie de Corte não dispõe de poder para fazer a execução forçada de suas deliberações. A competência dos Tribunais de Contas limita-se ao julgamento da regularidade ou da irregularidade e à constituição unilateral, pelo título executivo, de uma obrigação para o agente responsável. Não detêm, assim, legitimidade para postular em juízo a execução.[1029]

As decisões das Cortes de Contas também podem ser objeto de execução forçada, entendida como tal a retirada coercitiva, por ordem judicial, de bens ou valores do devedor em quantidade bastante para satisfazer o valor correspondente à condenação.[1030]

Desde o advento do Código de Processo Civil de 1973, inexistem dúvidas quanto à autonomia do processo executório judicial, como tal entendida a "realização de medidas práticas e coativas necessárias à efetivação da regra sancionadora" constante do título executivo, aproveitando o conceito de Liebman.

O pressuposto material da execução forçada é a exequibilidade da pretensão, ou seja, a existência de uma causa legal - título executivo - que a condicione.[1031] A seu turno, constitui requisito inafastável para o início do processo judicial de execução a definitividade da decisão. Como tal, entende-se a necessidade de esgotamento dos recursos ou a preclusão da possibilidade de impetração ou, então, que o mesmo esteja pendente de recursos sem efeito suspensivo.

No processo de TCE, é possível a interposição do recurso de revisão, o qual tem o prazo, para seu exercício, de 5 (cinco) anos, mas, como este não possui efeito suspensivo do julgado, segue-se a possibilidade de iniciar o processo de execução, uma vez expirado o prazo processual para o ingresso dos demais recursos ou para o julgamento destes.

No regime do Código de Processo Civil de 1939, a execução de título extrajudicial era promovida pela ação executiva, que, uma vez contestada, convertia-se numa autêntica ação de conhecimento, com possibilidade de ampla discussão sobre

---

[1029] O tema não é pacífico. No regime da Constituição de 1967, o eminente Roberto Rosas assinalou: "Considerando o Tribunal de Contas como tribunal judiciário, não se fixou a competência para a execução de suas sentenças. Parece mais consentâneo atribuir ao próprio Tribunal de Contas a execução de suas decisões, naquilo que couber, como bem expressa o art. 48 do Decreto-Lei nº 199".

[1030] Consultar, neste capítulo, o subtítulo 3.2.1.23.10 Da execução forçada.

[1031] Cf. WACH. Adolf. **Manual de Derecho Procesal Civil.** Traducción del aleman por Tomas A. Banzhat. Buenos Aires: Jurídicas Europa-América, 1977, v. 1.

os motivos que geraram o título executivo. Na atualidade, com a unificação dos processos para execução de título executivo judicial e extrajudicial, o debate no processo restringe-se ao título na sua gênese formal e material mais restrita[1032].

Após o prazo para recurso ou o julgamento deste, cabe à Corte remeter o processo ao órgão que promove a execução do julgado. Essa remessa é promovida por intermédio do Ministério Público especial, que atua junto aos Tribunais de Contas, dada a correlação da atividade jurídica,[1033] mas o assunto não é uniforme, havendo tribunais que promovem a remessa diretamente.

3.2.1.23.10.5.1 Competência para execução

A regra geral do processo judiciário aponta no sentido de que é competente, para executar a decisão, o juiz competente para o conhecimento originário da causa. Para ilustrar essa regra, basta lembrar que a maioria das decisões do Supremo Tribunal Federal são executadas por outros órgãos do Judiciário, porque ele atua em grande número de causas como órgão revisor/recursal. Quando decide definitivamente um recurso, o STF remete o processo para o juízo que tem competência para conhecimento originário da causa, onde será executada.

Nesses casos, após a remessa da documentação ao órgão responsável pelo ajuizamento das ações de execução, as cortes de contas não interferem nas providências a cargo desses órgãos, inclusive no que diz respeito à declaração de quitação.[1034]

Como visto, porém, as Cortes de Contas não detêm competência para executar suas decisões, limitando-se a constituir um título executivo, fato que enseja a necessidade de iniciar o processo de execução perante o Poder Judiciário, ressalvada a hipótese de desconto na remuneração do servidor público.[1035]

A competência para processar e julgar os títulos executivos oriundos dos Tribunais de Contas é estabelecida na Lei de Organização Judiciária Federal, ou local, segundo a esfera de competência da respectiva Corte. Explica-se tal posição, porque o beneficiário desse título é a pessoa jurídica em favor da qual agiu o controle externo.

[1032] O mesmo pode-se dizer do atual diploma. BRASIL. Lei nº 13.105, de 16 de março de 2015. Código de Processo Civil. Brasília, DF: Presidência da República, [2025]. Disponível em: https://www.planalto.gov.br/ccivil_03/_ato2015-2018/2015/lei/l13105.htm, art. 771 e seguintes.

[1033] Nesse sentido, estabelece a Lei nº 8.443, de 16 de julho de 1992 (Lei Orgânica do Tribunal de Contas da União), no art. 28: "[...] Expirado o prazo a que se refere o *caput* do art. 25 desta lei, sem manifestação do responsável, o Tribunal poderá: [...] II - autorizar a cobrança judicial da dívida por intermédio do Ministério Público junto ao Tribunal, na forma prevista no inciso III do art. 81 desta lei. [...]".

[1034] BRASIL. Tribunal de Contas da União. Processo TC nº 044.504/2012-8. Acórdão nº 9264/2012 - 2ª Camara. Relator: Ministro Augusto Nardes. Brasília, 10 de dezembro de 2012. **Diário Oficial [da] República Federativa do Brasil**, Brasília, DF, 13 dez. 2012.

[1035] Pontes de Miranda obtempera que o juiz comum não pode modificar o julgado do Tribunal de Contas e que a lei ordinária pode determinar ao Tribunal de Contas a execução de suas próprias decisões, acrescentado que, embora não resulte do texto constitucional caber-lhe necessariamente a execução das próprias sentenças, esta norma não seria mais que conformar-se com o princípio geral, raras vezes derrogado, de que ao juiz sentenciante cabe executar. *Apud* MARANHÃO, Jarbas. Tribunal de Contas e Poder Judiciário. **Revista de Informação Legislativa**, Brasília, ano 27, n. 107, p. 162, jul./set. 1990.

A exemplificação ilustrará melhor o fato:

I. *na esfera de competência do TCU, toda ação de controle volta-se para a proteção mediata ou imediata dos recursos da União; de forma imediata, se forem lesadas as finanças ou o patrimônio da administração direta; de forma mediata, se envolvidos órgãos da administração indireta. Quando o TCU delibera pela condenação, constitui título executivo em favor dos cofres lesados, no caso da administração direta da União, em favor da Fazenda Pública Federal - como nesse caso o interesse da União estará envolvido, a competência desloca-se para a Justiça Federal-; nos demais casos em que os cofres lesados forem de entidades com personalidade jurídica própria, a execução do julgado far-se-á na vara que for competente para a execução das dívidas em seu favor;*

II. *na esfera de competência dos Tribunais de Contas do Distrito Federal e dos Estados, em favor imediato ou mediato do Distrito*

Coincidente com o exposto, destacamos excerto de entendimento do eminente Maurício Corrêa, em artigo publicado à época em que ocupava a presidência do Supremo Tribunal Federal:

> É certo que, na forma combinada dos incisos II e VIII do artigo 71 da Constituição Federal, cabe à Corte de Contas aplicar aos responsáveis por irregularidades nas contas ou ilegalidades de despesas as sanções previstas em lei, entre elas, o ressarcimento do prejuízo causado ao erário e multa proporcional ao dano sofrido pela Fazenda Pública. E como já citado, as condenações patrimoniais têm eficácia de título executivo (*eadem*, artigo 71, § 3º)
>
> É indiscutível, portanto, que o verdadeiro credor dos valores de tais imputações é o próprio ente público prejudicado, quer da Administração direta, quer da indireta, mantido pelo Poder Público.
>
> Tendo em vista que os titulares do crédito constituído a partir da decisão do Tribunal de Contas são as pessoas jurídicas referidas, somente a elas é reservada a iniciativa da execução. Por outro lado, segundo definição constitucional e legal, os entes públicos têm seus representantes judiciais expressamente determinados, e apenas eles serão legitimados a propor a ação de execução respectiva.
>
> Em outras palavras, o Tribunal de Contas é o prolator da decisão, com a eficácia constitucional que lhe é reconhecida, mas não o titular do crédito que reconheceu, sendo incogitável possa pretender executar judicialmente crédito de outrem em nome próprio. Falta-lhe legitimidade e interesse imediato e concreto.[1036]

Diferentemente, porém, do que até aqui foi visto, em se tratando de multa, a esta não deve reverter para a pessoa jurídica de cujas contas se cuida. Nesse caso, deve

---

[1036] CORRÊA, Maurício. Tribunais de Contas e a legitimidade para promover a execução de suas decisões. **Revista do TCU**, Brasília, ano 34, n. 98, p. 7, out./dez. 2003.

reverter em favor da entidade que mantém o Tribunal de Contas. Algumas Cortes têm instituído um fundo que promove a qualificação de ordenadores de despesas, fato que merece encômios.

Questão peculiar é a situação dos Tribunais de Contas que têm competência restrita ao exame de contas municipais. Em alguns Estados, o exame das contas de todos os municípios é feito com o auxílio de um único órgão: tribunal ou conselho de contas dos municípios, constituindo-se em um órgão mantido pelo estado; em outros estados foi, constituído tribunal ou conselho de contas do município, que auxilia no julgamento de contas de um único município: são órgãos que se agregam à estrutura municipal.

Em ambos os casos, a competência é definida na lei de organização judiciária estadual, que indicará a qual órgão judiciário caberá executar decisões em favor da Fazenda de cada Município. Se for justificável pelo volume de execuções, pode ser, inclusive, criada vara de execuções da Fazenda Municipal; caso contrário, a competência é, normalmente, atribuída ao juiz de direito da vara cível, ou apenas ao juiz de direito que tiver jurisdição geral local. A exemplo do que ocorre com o Tribunal de Contas da União, do Distrito Federal e dos estados, se a TCE envolver dano causado à administração indireta do município, competente será o mesmo juízo em que são processadas as ações dos créditos dessas entidades ordinariamente.

I. da legitimidade ativa processual

A questão da legitimidade ativa e passiva para ingressar ou responder a uma ação é definida pela lei processual judiciária.[1037]

A legitimidade para a execução do título lavrado pelo Tribunal de Contas, materialmente formalizado em acórdão, não está expressamente consignada, ao contrário do que ocorre com os títulos da dívida ativa.

Formalmente, o próprio ato condenatório deveria expressar, *v.g.*, "que condena determinado e individualizado agente a recompor o erário, ou pagar à Fazenda Pública da União, a título de indenização ou multa, a quantia correspondente a [...]". A ausência dessa expressa legitimação não pode obviar a execução, até porque a esta é corolário lógico e inarredável da função das Cortes de Contas: a tutela do erário e do interesse público subjetivo da sua regular aplicação.

O legitimado ativo para pleitear a execução é, portanto, o patrimônio lesado, como referido no subitem anterior: se órgão integrante da administração direta, a respectiva Fazenda Pública, à qual se vincularem as atribuições da Corte e não a esfera de competência do agente responsável. Tratando-se, por exemplo, de julgamento de prestação de contas de determinado município, em virtude da aplicação de recursos

---

[1037] Nesse sentido, prescreve genericamente: BRASIL. Lei nº 13.105, de 16 de março de 2015. Código de Processo Civil. Brasília, DF: Presidência da República, [2025]. Disponível em: https://www.planalto.gov.br/ccivil_03/_ato2015-2018/2015/lei/l13105.htm. "Art. 17. Para postular em juízo é necessário ter interesse e legitimidade".

federais repassados mediante convênio, a competência é do TCU, a legitimação ativa é da União[1038] e passiva do agente responsável, no caso, pessoalmente, o prefeito.[1039]

Nos estados, no Distrito Federal e nos municípios, quando a condenação pelos Tribunais de Contas for em favor das respectivas administrações diretas, a respectiva procuradoria deverá ser encarregada da execução forçada da deliberação.

Com referência à administração indireta, caberá ao órgão, que representa judicialmente os interesses da respectiva pessoa jurídica, intentar o processo de execução.

Por óbvio, a partir da fixação desse aspecto é que se torna compreensível porque muitas deliberações das Cortes de Contas não chegam a ser efetivadas. É consabido que, de uma forma geral, esses órgãos de representação judicial são precariamente estruturados, com carências acentuadas de recursos humanos e materiais, conservando ainda em várias unidades da federação como titular agente de confiança do chefe do Poder Executivo, muitas vezes, coincidentemente, o inscrito como responsável no título executivo lavrado pelo Tribunal de Contas.

Duas situações especiais devem ser consideradas, pois recorrentes na prática dos Tribunais:

a) execução pelas procuradorias de fazenda - podem as procuradorias da fazenda serem legitimadas à execução, a partir da inscrição em dívida ativa, mesmo não sendo o título de natureza fiscal. Mesmo não decorrendo de cobrança de tributo, genericamente considerado, se pode legitimar a titularidade da ação de cobrança;

b) procuradorias dos próprios Tribunais - em princípio, embora não seja pacífico, os Tribunais podem constituir procuradorias próprias para executar os débitos e repassá-los aos cofres das entidades lesadas.[1040]

Desde a Constituição Federal de 1988, o Ministério Público deixou de acumular a função de defesa da fazenda pública[1041].

[1038] Nesses termos, e atendendo ao que dispõe a Lei Complementar nº 73/1993, é a instituição que representa a União judicial e extrajudicialmente. A Advocacia-Geral da União compreende, ainda, a Procuradoria-Geral da União e da Fazenda Nacional, cf.: BRASIL. Lei Complementar nº 73, de 10 de fevereiro de 1993. Institui a Lei Orgânica da Advocacia-Geral da União e dá outras providências. **Diário Oficial [da] República Federativa do Brasil**, Brasília, DF, 11 fev. 1993. Seção 1, p. 1797.

[1039] O TCU já firmou entendimento de que, no caso de recursos dos *Royalties* do petróleo, a competência para executar a condenação é da Prefeitura, conforme se extrai do julgamento do processo a seguir: BRASIL. Tribunal de Contas da União. Processo TC nº 350.134/1993-6. Decisão nº 500/1996 - Plenário. Relator: Ministro Adhemar Paladini Ghisi. Brasília, 4 de agosto de 1996. **Diário Oficial [da] República Federativa do Brasil**, Brasília, DF, 04 set. 1996. Seção 1.

Na esfera federal, a PGU editou portaria: BRASIL. Procuradoria-Geral da União. Portaria nº 14, de 12 de janeiro de 2010. **Diário Oficial da União [da] República Federativa do Brasil**, Brasília, DF, 14 jan. 2010. Seção 1, p. 12.

[1040] Em favor: PONTES DE MIRANDA, Francisco Cavalcanti; MARANHÃO, Jarbas. Tribunal de Contas e Poder Judiciário. In: **Revista de Informação Legislativa**, Brasília, ano 27, n. 107, jul./set. 1990.

[1041] Como esclarecido no Manual do Ordenador de Despesas, 2. ed., 2021, de nossa autoria, essa cobrança não se

Não se pode descurar a situação presente em alguns estados, nos quais a inércia das procuradorias estaduais motivou a execução das deliberações dos Tribunais de Contas pelo próprio Ministério Público. Nesse sentido, cabe observar o seguinte precedente do STJ:

> 1. O Ministério Público possui legitimidade para a propositura de ação de execução de título extrajudicial oriundo de Tribunal de Contas Estadual. REsp 996031/MG, PRIMEIRA TURMA, DJ de 28/04/2008 e REsp 678969/PB, PRIMEIRA TURMA, DJ 13/02/2006.
>
> 2. É que a decisão de Tribunal de Contas Estadual, que, impõe débito ou multa, possui eficácia de título executivo, a teor do que dispõe o art. 71, § 3º, da Constituição Federal de 1988.
>
> 3. *In casu*, o Tribunal de Contas do Estado de Minas Gerais, em sede de Processo Administrativo nº 18.654, constatando irregularidades na remuneração dos agentes públicos do Município de Contagem, durante os exercícios de 1993; 1994 e 1995 (meses de janeiro a novembro), determinou a restituição dos mencionados valores à municipalidade *in foco*.
>
> 4. A Constituição Federal de 1988 conferiu ao Ministério Público o *status* de instituição permanente, essencial à função jurisdicional do Estado, incumbindo-lhe a defesa da ordem jurídica, do regime democrático e dos interesses sociais e individuais indisponíveis (artigo 129, *caput*).
>
> 5. Destarte, a Lei 8.429/92 estabelece as sanções aplicáveis aos agentes públicos que pratiquem atos de improbidade administrativa, prevendo que a Fazenda Pública, quando for o caso, promoverá as ações necessárias à complementação do ressarcimento do patrimônio público (artigo 17, § 4º), permitindo ao Ministério Público ingressar em juízo, de ofício, para responsabilizar os gestores do dinheiro público condenados por tribunais e conselhos de contas (artigo 25, VIII, da Lei 8.625/93).
>
> 6. Os arts. 129, III, da Constituição Federal de 1988, 6º, VII, 'b', da LC 75/93, e 25, IV, 'a' e 'b', da Lei 8.625/93, admitem a defesa do patrimônio público pelo Ministério Público, em ação civil pública.

---

insere no monopólio de competência da consultoria consultiva e contenciosa, que a Constituição Federal reserva, nos termos do art. 133, à Procuradoria dos Estados e da AGU. Diferentemente, a Procuradoria do Município não foi inserida neste dispositivo e, portanto, a atividade consultiva e contenciosa do Município fica a cargo de cada uma das 5570 unidade federadas. No caso da União, a representação para execução da dívida ativa de natureza tributária, cabe à Procuradoria-Geral da Fazenda Nacional, na forma do art. 131, § 3º da Constituição Federal. A propósito, o STF já decidiu que alteração na forma de cobrança da Dívida Ativa tributária e não tributária demanda tratamento estritamente legal. BRASIL. Supremo Tribunal Federal. ADI nos 3.786 e 3.845. Relator: Ministro Alexandre Moraes. Brasília, 03 de outubro de 2019.. Disponível em: http://legis.senado.leg.br/norma/575030. Acesso em: 19 fev. 2020.

> 7. Recurso Especial provido para reconhecer a legitimidade do Ministério Público do Estado de Minas Gerais, para a propositura de execução de título originário de Tribunal de Contas Estadual, restando prejudicado o exame das demais questões veiculadas no recurso sub examine.[1042]

Caso o Tribunal de Contas constitua o título executivo no curso da ação civil pública, somente por decisão judicial, incidental ou não, o fato será esclarecido, ou seja, terá continuidade a ação civil pública na parte da pretensão de recomposição do erário, passando o título executivo a operar a certeza e a liquidez da dívida, ou deverá ser iniciado novo processo de execução. Sem dúvida, em homenagem à celeridade processual a primeira é mais indicada. Garantida a ampla defesa e o contraditório pelos Tribunais de Contas, com fiel acatamento ao devido processo legal, não há porque desperdiçar esforços ignorando o valioso trabalho desses Tribunais. Se, porém, esses postulados básicos tiverem sido violados a matéria comporta rediscussão, além dos embargos à execução.

II. da legitimidade passiva processual

A legitimidade passiva processual das deliberações das Cortes de Contas é tema que não oferece maiores dificuldades: em princípio, é do agente cujo nome consta do acórdão condenatório.

Se mais de um agente participou, poderá a Corte, previamente, imputar a responsabilidade, dividindo o valor do débito no próprio título executivo, transmudando a obrigação de solidária para divisível, exegese que não conta com o nosso aplauso, na medida em que reduz as possibilidades de recomposição integral do dano e não se harmoniza com o que preceitua o art. 942 do Código Civil Brasileiro[1043].

Em princípio, respondem pela execução apenas os agentes cujos nomes foram inscritos no título executivo, mas a própria legislação em vigor prevê que o alcance seja elastecido para abranger outras pessoas.[1044]

A título ilustrativo, cabe examinar alguns dispositivos do Código de Processo Civil, aplicáveis ao julgamento de contas:

a) destaca-se, em preliminar, o art. 789, que estabelece que “o devedor responde, para o cumprimento de suas obrigações, com todos os seus bens presentes e futuros, salvo as restrições estabelecidas em lei”;

[1042] BRASIL. Superior Tribunal de Justiça. REsp nº 922.702/MG. Primeira Turma. Relator: Ministro Luiz Fux, Brasília, DF, 28 de abril de 2009. **Diário da Justiça Eletrônico**, 27 maio 2009. Disponível em: www.stj.jus.br Acesso em: 01 jul. 2014.

[1043] BRASIL. Lei nº 10.406, de 10 de janeiro de 2002. Institui o Código Civil. Disponível em: https://www.planalto.gov.br/ccivil_03/LEIS/2002/L10406compilada.htm.

[1044] Nesse sentido: BRASIL. Tribunal de Contas da União. Processo TC nº 005.362/2010-5. Acórdão nº 3664/2013 – 2ª Câmara. Relator: Mininstro Aroldo Cedraz. Brasília, 27 de junho de 2013. **Diário Oficial [da] República Federativa do Brasil**, Brasília, DF, 02 jul. 2013, p. 93.

b) no art. 779, inc. II, do Código de Processo Civil, foi estabelecido que, entre outros, são sujeitos passivos na execução o devedor, reconhecido como tal no título executivo, e o espólio, os herdeiros ou os sucessores do devedor;

c) o art. 796 do Código de Processo Civil dispõe que o "espólio[1045] responde pelas dívidas do falecido; mas, feita a partilha, cada herdeiro responde por elas na proporção da parte que na herança lhe coube". Isso significa que os herdeiros só respondem até o limite do que herdam, não podendo a execução recair sobre o patrimônio que o herdeiro construiu com suas forças, mas tão-somente até o valor do que recebeu de herança.[1046]

Além dessas normas, outras, de natureza processual, devem ser destacadas:

a) entre as principais leis que restringem a possibilidade sobre execução dos bens está a Lei Federal nº 8.009, de 29 de março de 1990;[1047] e

b) sobre os sucessores, estabelece o art. 5º, XLV, da Constituição Federal, que "nenhuma pena passará da pessoa do condenado, podendo a obrigação de reparar o dano e a decretação do perdimento de bens ser, nos termos da lei, estendidas aos sucessores e contra eles executadas, até o limite do valor do patrimônio transferido".

III. embargos do devedor

Os títulos executivos extrajudiciais são passíveis de embargos tanto nas hipóteses do art. 917 do Código de Processo Civil quanto nos restritos meios de defesa referentes ao processo de conhecimento.

[1045] Em caso concreto, o Tribunal de Contas da União julgou irregulares as contas dos responsáveis, condenando o espólio do prefeito e a empresa em débito solidário e aplicando multa à empresa. Como a empresa já estava baixada no Cadastro Nacional de Pessoa Jurídica em data anterior ao trânsito em julgado do acórdão, considerando que a sanção de multa é de natureza personalíssima, o TCU revisou, de ofício, o acórdão condenatório e tornou sem efeito a penalidade aplicada, com a devida comunicação processual aos ex-sócios da pessoa jurídica. Disponível em: https://pesquisa.in.gov.br/imprensa/jsp/visualiza/index.jsp?data=09/04/2025&jornal=515&pagina=139&totalArquivos=146.

[1046] Nesse sentido: BRASIL. Tribunal de Contas da União. Processo TC nº 010.824/1999-5. Acórdão nº 3765/2011 - 1ª Câmara. Relator: Mininstro-substituto Marcos Bemquerer Costa. Brasília, 7 de junho de 2011. **Diário Oficial [da] República Federativa do Brasil**, Brasília, DF, 14 jun. 2011; Acórdão nº 10943/2011 - 2ª Câmara. Brasília, 14 de novembro de 2011. **Diário Oficial [da] República Federativa do Brasil**, Brasília, DF, 14 nov. 2011. Seção 1, p. 130.

[1047] BRASIL. Lei nº 8.009, de 29 de março de 1990. Dispõe sobre a impenhorabilidade do bem de família. Disponível emhttps://www.planalto.gov.br/ccivil_03/leis/l8009.htm. Estabelece essa lei, entre outros, os seguintes preceitos: "Art. 1º O imóvel residencial próprio do casal, ou da entidade familiar, é impenhorável e não responderá por qualquer tipo de dívida civil, fiscal, previdenciária ou de outra natureza, contraída pelos cônjuges ou pelos pais ou filhos que sejam seus proprietários e nele residam, salvo nas hipóteses previstas em Lei. Parágrafo único. A impenhorabilidade compreende o imóvel sobre o qual se assentam a construção, as plantações, as benfeitorias de qualquer natureza e todos os equipamentos, inclusive os de uso profissional, ou móveis que guarnecem a casa, desde que quitados. Art. 2º Excluem-se da impenhorabilidade os veículos de transporte, obras de arte e adornos suntuosos. [...]".

Questão relevante é saber se o título executivo decorrente da decisão do Tribunal de Contas que imputa débito ou multa, pode ser objeto de embargos e, caso afirmativo, em que hipóteses.

A doutrina ainda é escassa sobre o tema, mas a questão foi muito bem equacionada por Eduardo Carone Costa Júnior e Flávio Regis de Moura Castro, com as seguintes lições:

> O julgamento das contas proferido pelo órgão de controle externo é precedido do contraditório e da ampla defesa, em respeito ao disposto no art. 5º, LV, da Constituição, bem como é solucionado por meio de um ato típico de jurisdição. Assim, não pode ser o seu mérito rediscutido no âmbito do Poder Judiciário a menos que haja uma manifesta ilegalidade, isto é, vício de forma.[1048]
>
> Se o Poder Judiciário não pode, no bojo de um processo de conhecimento, adentrar o mérito da decisão proferida pela Corte de Contas, não há razão para que pudesse fazê-lo quando do exame dos embargos do devedor, mesmo porque, conforme foi mencionado anteriormente, o processo de embargos, embora incidente à execução, possui natureza cognitiva.[1049]

É importante lembrar que esse título executivo é o único que provém da Constituição e, portanto, o único órgão competente para alterar sua dimensão e valor é o próprio Tribunal de Contas, a quem o constituinte reservou a competência para lavrá-lo.

3.2.1.23.10.5.2 Das medidas cautelares

A atual Lei Orgânica do TCU atribuiu legitimidade ativa para essa Corte pleitear medidas cautelares, visando assegurar a eficácia da sua decisão, adotando o seguinte dispositivo:

> Art. 61. O Tribunal poderá, por intermédio do Ministério Público, solicitar à Advocacia-Geral da União ou, conforme o caso, aos dirigentes das entidades que lhe sejam jurisdicionadas, as medidas necessárias ao arresto dos bens dos responsáveis julgados em débito, devendo ser ouvido quanto à liberação dos bens arrestados e sua restituição.[1050]

A iniciativa é tímida, mas não deixa de ter seu valor. Poderia o Tribunal requerer o arresto dos bens, desde que adequadamente fundamentado, como medida cautelar, independentemente de medida legislativa. Avanço seria instituir a possibilidade de

---

[1048] MOURA E CASTRO, Flávio Régis Xavier de. O novo Tribunal de Contas: visão sistêmica das leis orgânicas dos Tribunais de Contas dos Estados e Municípios do Brasil. **Revista do Tribunal de Contas do Estado de Minas Gerais**. Belo Horizonte, v. 46, n. 1, p. 149, jan./mar. 2003.

[1049] Eduardo Carone, referido por MOURA E CASTRO, Flávio Régis Xavier de. O novo Tribunal de Contas: visão sistêmica das leis orgânicas dos Tribunais de Contas dos Estados e Municípios do Brasil. **Revista do Tribunal de Contas do Estado de Minas Gerais**. Belo Horizonte, v. 46, n. 1, p. 150, jan./mar. 2003.

[1050] BRASIL. **Regimento Interno e Lei Orgânica do Tribunal de Contas da União**. Organização dos textos e índice por J. U. JACOBY FERNANDES. Belo Horizonte: Fórum, 2014. Lei nº 8.443/1992.

requerer o arresto, diretamente ao Poder Judiciário ou por intermédio do Ministério Público junto ao tribunal, antes do julgamento, desde que presente a liquidez do débito, e que houvesse justo receio de que o julgamento fosse ineficaz pelo decurso do tempo.

Aliás, o processo de florescimento dos direitos individuais não pode olvidar a relevância da proteção do erário, precisamente na atualidade, em que os recursos do governo não pertencem mais ao Rei, mas a toda coletividade. Injustificável que se dispense menor proteção do que outrora.

A título ilustrativo, é importante lembrar que os antigos servidores públicos, responsáveis pela coleta, guarda ou emprego de recursos do erário, apresentavam fiança, no ato da posse, como garantia de fidelidade e zelo para com o erário. A esse tempo, já permitia a legislação o arresto de bens ou a prisão, não só do agente público como dos respectivos fiadores.[1051]

Para efetivar o comando, nos termos em que foi consagrado pelo legislador, impõe-se:

I. *a necessidade do julgamento em débito, embora dispensável a definitividade da decisão, podendo ser requerido o arresto mesmo que pendente a decisão de recurso;*[1052]

II. *a solicitação do Tribunal de Contas, por meio de decisão comunicada pelo seu presidente. Parecendo dispensável a deliberação do plenário a respeito, é possível que aquele diretamente requeira a medida, notadamente quando urgente;*

III. *no caso do TCU, a solicitação deve ser dirigida à AGU, ou, dependendo da entidade que tiver sido lesada, aos dirigentes da entidade. A redação foi pouco feliz, porque não distingue a hipótese, não rara, em que o dirigente da entidade está direta ou indiretamente envolvido;*

IV. *que, se a ação principal for julgada procedente, o arresto será convertido em penhora. Explicando: como o arresto é conceituado como um procedimento cautelar judicial, que tem cabimento quando o devedor sem domicílio tenta ausentar-se ou alienar os bens que possui, ou deixa de pagar a obrigação no prazo estabelecido, ou nos demais casos previstos em lei, o juiz pode decretar a inalienabilidade dos bens necessários à satisfação do débito, que serão exigíveis numa ação principal. Logo, quando o Tribunal de Contas requer o arresto, deverá ser iniciada uma ação ordinária para execução do título.*[1053]

[1051] Consultar, a propósito, Lei Federal de 22 de dezembro de 1761 e o Decreto nº 657, de 5 de dezembro de 1849, cujo art. 7º prescrevia: "[...] No caso em que os tesoureiros, recebedores, coletores, almoxarifes, contratadores ou rendeiros remissos ou omissos não possam ser presos, por se haverem ausentado ou escondido, isso não obstante, se promoverão, contra ele e seus fiadores, os seqüestros e mais processos civis competentes para segurança e embolso da Fazenda Nacional [...]". Obtempera Pontes de Miranda, em escólio ao dispositivo em tela, que se trata de arresto e não sequestro, havendo manifesto equívoco do Legislador, fato não raro à época: PONTES DE MIRANDA, Francisco Cavalcanti. **Comentários ao Código de Processo Civil**. Rio de Janeiro: Forense, 1974, 5. v.

[1052] "[...] Sobre ser certa e líquida a dívida tem, normalmente, de ser exigível (Manuel Álvares Pêgas, *Resoluciones Forenses*, II, 1072, 1073), porém, não em absoluto: por isso, se a termo, ou sob condição, o arresto é permitido se o motivo alegado antecipa o vencimento, ou se, não concedido, ficaria sem proteção a pretensão (Manuel Gonçalves da Silva, *Comentaria*, I, 243) [...]". *Apud* PONTES DE MIRANDA, Francisco Cavalcanti, *Ibidem citatum supra*.

[1053] O TCU, nos autos deste processo, preferiu seguir a linha mais ortodoxa e deixou de determinar o arresto por

Conquanto o arresto tenha força coativa sobre o devedor, as Cortes de Contas evitam utilizar-se da prerrogativa, provavelmente porque o tema ainda não encontrou sedimentação doutrinária específica em sede de contas.

No arresto determinado pelo Tribunal de Contas, ao contrário do que ocorre nas hipóteses estritas do Código de Processo Civil, não é indispensável a prova de fato obstativo à futura eficácia da decisão, pois esse requisito não foi estabelecido na lei orgânica.

Com o provável intuito de buscar a imediata ação do devedor, o legislador apontou a possibilidade de o Tribunal de Contas requerer o arresto, sem qualquer fato ou circunstância atribuível ao devedor ou ao seu patrimônio, mas tão somente à existência de título executivo, mesmo que não definitivo.

Essa peculiaridade, contudo, exige ser destacada na petição inicial do arresto, porque não guarda simetria com os demais procedimentos judiciais, podendo ser inobservada pelos magistrados, porque incomum.

3.2.1.23.10.5.3 Inscrição no CADIN

Com relação à inscrição dos devedores no CADIN - cadastro informativo de créditos não quitados de órgãos e entidades federais, decidiu o TCU, acolhendo brilhante iniciativa do Procurador Lucas Rocha Furtado, que esta seria feita por intermédio da AGU. Vejamos transcrição da decisão:

> 8.1. conhecer da representação de que trata este processo.
>
> 8.2. considerar que, aos débitos e multas em favor da União e aos débitos em favor das entidades da Administração indireta, originários de deliberação do Tribunal, se aplicam às disposições da norma legal (atualmente a Medida Provisória nº 1.542-28, de 30/10/1997), que dispõe sobre o Cadastro Informativo dos créditos não quitados de órgãos e entidades federais - CADIN;
>
> 8.3. autorizar a Presidência do Tribunal a adotar as providências necessárias com vistas a aditar o Protocolo de Cooperação Técnica celebrado, em 26/10/1996, entre o TCU e AGU, de forma a explicitar, no referido termo, que são obrigações da AGU:
>
> 8.3.1. providenciar o registro, notificação e exclusão no Cadastro Informativo dos créditos não quitados do setor público federal - CADIN, na forma da legislação pertinente, de nomes de responsáveis inadimplentes quanto aos débitos e multas imputados por acórdão do TCU, em favor da União; e
>
> 8.3.2. atuar junto à Procuradoria-Geral da Fazenda Nacional com vistas à inscrição dos débitos vencidos e não pagos decorrentes de

---

entender que o pedido deve "[...] lastrear-se em sólidos argumentos comprobatórios de que o devedor intenta a prática de nova fraude, tendente a torná-lo insolvente [...]". BRASIL. Tribunal de Contas da União. Tomada de Contas Especial. Processo TC nº 574.048/1994-4. Decisão nº 231/1996 - 1ª Câmara. Relator: Ministro Bento José Bugarin. Brasília, 2 de julho de 1996. **Diário Oficial [da] República Federativa do Brasil**, Brasília, DF, 12 jul. 1996. Seção 1, p. 12962-12963.

> acórdãos do TCU como dívida ativa da Fazenda Pública; e
>
> 8.4. determinar às Unidades Técnicas da Secretaria do Tribunal que alertem as Procuradorias das entidades de suas clientelas, quanto à responsabilidade dessas entidades pela inclusão no CADIN, na forma da legislação em vigor, dos responsáveis por débitos em favor da respectiva entidade decorrentes de deliberações desta Corte de Contas e que se encontrem vencidos e não pagos.[1054]

Posteriormente à 3ª edição desta obra a AGU editou Portaria dispondo a respeito da competência da Procuradoria-Geral da União para a inscrição no CADIN, dos responsáveis inadimplentes em relação às multas administrativas aplicadas pelo TCU.

Quanto à Procuradoria-Geral da União, a referida Portaria estabelece como competência a promoção da "inclusão, suspensão, exclusão ou alteração de registro no CADIN dos respectivos devedores inadimplentes em relação às multas administrativas aplicadas pelo Tribunal de Contas da União - TCU."

Ao Procurador-Geral da União, o art. 2º, assenta como incumbência:

> I - designar o órgão de execução responsável pela inclusão, suspensão, exclusão ou alteração de registro no Cadin;
>
> II - editar atos para disciplinar as tarefas administrativas pertinentes à inclusão, suspensão, exclusão ou alteração de registro no Cadin.[1055]

Três meses após a edição da referida norma, a Procuradoria-Geral da União editou Portaria[1056] tratando a respeito da competência que lhe foi atribuída pela AGU, estabelecendo limites, procedimentos, mecanismos e rotinas a serem observados pelos seus agentes no seu exercício. A quitação do débito é condição para retirada do registro no CADIN, mas não para a exclusão do nome do responsável por irregularidade de cadastros, tais como o Cadastro de Responsáveis com Contas Julgadas Irregulares – CADIRREG.[1057]

[1054] BRASIL. Tribunal de Contas da União. Representação. Processo TC nº 016.915/1996-8. Decisão nº 764/1997 - Plenário. Relator: Ministro Carlos Átila Álvares da Silva. Brasília, 5 de novembro de 1997. **Diário Oficial [da] República Federativa do Brasil**, Brasília, DF, 24 nov. 1997. Seção 1, p. 27462.

[1055] BRASIL. Advocacia-Geral da União. Portaria nº 348, de 16 de setembro de 2013. Dispõe sobre a competência da Procuradoria-Geral da União para a inscrição, no Cadastro Informativo de créditos não quitados do setor público federal - Cadin, dos responsáveis/devedores inadimplentes em relação às multas administrativas aplicadas pelo TCU. **Diário Oficial [da] República Federativa do Brasil**, Brasília, DF, 18 set. 2013. Seção 1, p. 8.

[1056] BRASIL. Procuradoria-Geral da União. Portaria nº 3, de 16 de dezembro de 2013. Dispõe sobre o lançamento de registros de inclusões, exclusões, suspensões, reativações ou alterações no Cadastro Informativo dos créditos não quitados de órgãos e entidades federais – Cadin, referentes aos devedores ou responsáveis por créditos da União decorrentes de multas administrativas aplicadas pelo Tribunal de Contas da União – TCU. **Diário Oficial [da] República Federativa do Brasil**, Brasília, DF, 31 dez. 2013. Seção 1, p. 2. Revogada pela Portaria PGU de 4 de dezembro de 2014. Disponível em: https://diariofiscal.com.br/ZpNbw3dk20XgIKXVGacL5NS8haIoH5PqbJKZaawfaDwCm/legislacaofederal/portaria/2014/pgu4.htm.

[1057] Nesse sentido: BRASIL. Tribunal de Contas da União. Processo TC nº 044.504/2012-8. Acórdão nº 9264/2012

3.2.1.23.10.5.4 Panorâmica sobre a eficácia

O presente estudo não estaria completo se não registrasse um panorama sobre a eficácia das decisões dos Tribunais de Contas nesse restrito âmbito de atuação.

Entre 2020 e 2024, do total de condenações em débito e multa, o TCU imputou os seguintes montantes:

Tabela 4 - Valor das condenações (em R$)

Ano	Débito	Multa	Total
2020	5.213.374.197,68	3.436.023.387,39	8.649.397.584,67
2021	8.004.428.923,47	1.126.395.836,84	9.130.824.760,31
2022	5.420.015.137,86	579.198.525,51	5.999.213.663,37
2023	1.669.241.446,76	204.742.025,49	1.873.983.472,25
2024	6.950.388.358,83	1.111.940.484,74	8.062.328.843,57

Fonte: Dados internos do TCU[1058].

Ocorre que desses valores imputados, parcela pouco expressiva é paga de forma espontânea, sendo que foram autuados 3.080 processos de cobrança executiva.

Conforme se verifica no relatório de gestão do Tribunal[1059], os valores das condenações, pagos de forma espontânea pelos responsáveis, após notificação pelo Tribunal, totalizaram R$ 22 milhões em 2018, o que corresponde a menos de 1% do valor encaminhado para execução judicial. Os 99% foram encaminhados aos órgãos executores, constituindo 3.265 títulos executivos, o que implicará em 3.265 novas ações judiciais ou acordos para pagamento.

Ciente da baixa efetividade do pagamento, desde 2020[1060], a AGU passou a disponibilizar uma plataforma para receber propostas de quitação de dívidas com a União, que são administradas pela Procuradoria-Geral da União (PGU). A PGU é responsável pela cobrança de créditos não tributários, como os ressarcimentos ao Tesouro Nacional e multas fixados em acórdãos do Tribunal de Contas da União (TCU.

A plataforma foi desenhada para atender fielmente aos requisitos da regulamentação da Lei nº 13.988/2020, que permite uma série de benefícios para quitação de dívidas consideradas irrecuperáveis ou de difícil recuperação.

No caso de empresas (pessoas jurídicas), o saldo devedor pode ser parcelado em até 84 vezes, com descontos que podem chegar a 50% sobre juros, multas e encargos.

– 2ª Camara. Relator: Ministro Augusto Nardes. Brasília, 10 de dezembro de 2012. **Diário Oficial [da] República Federativa do Brasil**, Brasília, DF, 13 dez. 2012. Seção 1.

[1058] BRASIL. Tribunal de Contas da União. Relatório de Gestão. 2024. Brasília: TCU, Secretaria-Geral da Presidência, Secretaria-Geral de Controle Externo, Secretaria-Geral de Administração, 2025.

[1059] BRASIL. Tribunal de Contas de União. Relatório de Gestão. 2018. Brasília: TCU, Secretária-geral de Administração, 2019.

[1060] ADVOCACIA-GERAL DA UNIÃO. AGU disponibiliza plataforma para receber propostas de acordo para pagamentos de dívidas com a União. AGU Comunicação, 2 dez. 2020. Disponível em: gov.br/agu/pt-br/comunicacao/noticias/agu-disponibiliza-plataforma-para-receber-propostas-de-acordo-para-pagamentos-de-dividas-com-a-uniao. Acesso em: 6 jul. 2025.

Já para pessoas físicas, microempresas, empresas de pequeno porte, instituições de ensino, santas casas de misericórdia, sociedades cooperativas e demais organizações da sociedade civil, o parcelamento pode chegar a 145 vezes, com descontos de até 70% sobre juros, multas e encargos.

Nesse panorama, em que pese o relevante papel do TCU no ressarcimento ao erário, mostra-se altamente recomendável a adoção de medidas consensuais como forma de buscar meios mais efetivos para zelar pelo interesse público e assegurar o exercício da função controladora.

3.2.1.23.10.5.5 Da exceção de pré-executividade

É possível ao devedor do título executivo lavrado pelo Tribunal de Contas opor exceção de pré-executividade. Trata-se de remédio tendente a demonstrar a nulidade da execução, dispensando a apresentação de embargos do devedor.[1061]

A jurisprudência admite essa possibilidade em restritas hipóteses. Nesse sentido, tem-se:

> PROCESSUAL CIVIL. TRIBUTÁRIO. EXECUÇÃO FISCAL. (LEI Nº 6.830/80. ART. 16, § 3º). EXCEÇÃO DE PRÉ- EXECUTIVIDADE. ARGÜIÇÃO DE PRESCRIÇÃO. REDIRECIONAMENTO. POSSIBILIDADE.
> 1. A exceção de pré-executividade é servil à suscitação de questões que devam ser conhecidas de ofício pelo juiz, como as atinentes à liquidez do título executivo, os pressupostos processuais e as condições da ação executiva. 2. O espectro das matérias suscitáveis através da exceção tem sido ampliado por força da exegese jurisprudencial mais recente, admitindo-se a argüição [*sic*] de prescrição e de ilegitimidade passiva do executado, desde que não demande dilação probatória (exceção *secundum eventus probationis*) 3. A questão da ilegitimidade passiva, condição da ação, ostenta a natureza de questão de ordem pública, conducente, quando acolhida, à extinção terminativa do processo. 4. Consectariamente, sua veiculação em exceção de pré-executividade é admissível. Precedentes (RESP 388000 / RS; DJ DATA:18/03/2002; Relator Min. JOSÉ DELGADO; RESP 537617PR; DJ DATA: 08/03/2004; Relator Min. TEORI ALBINO ZAVASCKI). 5. Recurso Especial provido.[1062]
> PROCESSO CIVIL. EXCEÇÃO DE PRÉ-EXECUTIVIDADE. Se o *thema decidendum* diz respeito à ilegitimidade passiva de um dos executados, (que se inclui entre as condições da ação), e pode ser decidido à vista do título, a exceção de pré-executividade deve ser processada. Recurso especial conhecido e provido.[1063]

[1061] Expressões utilizadas por Ávila de Bessa Advocacia S/C, em petição aos autos do Processo nº 2002.34.00.016926-3, do Tribunal Regional Federal da 1ª Região.

[1062] BRASIL. Superior Tribunal de Justiça. REsp nº 577613 [2003/0131942-6] – 1. Turma. Relator: Ministro Luiz Fux. Brasília, 7 de outubro de 2010. **Diário da Justiça [da] República Federativa do Brasil**, Brasília, DF, 8 nov. 2004, p. 171.

[1063] Idem. REsp nº 254315/RJ [2000/0032918-5] – 3. Turma. Relator: Ministro Ari Pargendler. Brasília, 8 de abril de 2002. **Diário da Justiça [da] República Federativa do Brasil**, Brasília, DF, 27 maio 2002.

3.2.1.23.10.5.6 Rito processual: executivo fiscal ou execução por quantia certa do CPC

Questão que apresenta certa divergência é o rito de execução que deve ser seguido para a execução forçada do título lavrado pelo Tribunal de Contas.

No Brasil não temos Código de Direito Administrativo e, por esse motivo, há uma tendência de ignorar todas as peculiaridades do direito público no momento da execução da dívida e seguir o rito do direito privado, infelizmente.

Compreende-se, portanto, que sem conhecer as particularidades do Direito Público, e em especial do Direito Financeiro, o entendimento do Superior Tribunal de Justiça é pela aplicação do rito do CPC.[1064] Se os operadores do Direito Processual equipararem o título executivo do Tribunal a qualquer título executivo, sem considerar a natureza única de ser constitucional exatamente porque se pretendia diferenciar a recomposição austera do erário, em homenagem aos cidadãos republicanos que formam a riqueza do país, a tese da equiparação é, como dito, compreensível.

Conforme demonstrado, embora sob a regência das regras do processo judiciário esteja coerente a aplicação do rito do CPC, à luz do direito financeiro não está! É necessária, para conhecimento e contabilização das receitas, a inscrição em dívida ativa, visto que tal necessidade é reconhecida por lei,[1065] e se os débitos inscritos em dívida ativa devem seguir o rito da execução fiscal também por força de lei[1066] o entendimento que deve prevalecer é outro: a execução dos débitos e multas imputados pelos Tribunais de Contas deve ser feita pelo rito da execução fiscal, e não pelo CPC. Qualquer outra intepretação se faz sem arrimo em lei e, portanto, é sujeita ao juízo de evolução dos respectivos intérpretes.[1067] Somente por lei específica se pode definir de modo diferente.

[1064] Idem. REsp nº 1.059.393/RN - 2. Turma. Relator: Ministro Castro Meira. Brasília, DF, 23 de setembro de 2008. Diário da Justiça Eletrônico [do] Superior Tribunal de Justiça, 23 out. 2008. Disponível em **<http://www.stj.jus.br>**. Acesso em: 03 jul. 2014. Recurso especial não provido. No mesmo sentido: Idem. REsp nº 1.112.617/PB - 1. Turma. Relator: Ministro Teori Albino Zavascki. Brasília, 26 de maio de 2009. Diário da Justiça Eletrônico [do] Superior Tribunal de Justiça, 03 jun. 2009. Disponível em **<http://www.stj.jus.br>**. Acesso em: 03 jul. 2014.

[1065] BRASIL. Lei nº 4.320, de 17 de março de 1964. Estatui Normas Gerais de Direito Financeiro para elaboração e contrôle dos orçamentos e balanços da União, dos Estados, dos Municípios e do Distrito Federal. **Diário Oficial da União [da] República Federativa do Brasil**, Brasília, DF, 23 mar. 1964. Art. 39, § 1º- "Os créditos de que trata este artigo, exigíveis pelo transcurso do prazo para pagamento, serão inscritos, na forma da legislação própria, como Dívida Ativa, em registro próprio, após apurada a sua liquidez e certeza, e a respectiva receita será escriturada a esse título."

[1066] BRASIL. Lei nº 6.830, de 22 de setembro de 1980. Dispõe sobre a cobrança judicial da Dívida Ativa da Fazenda Pública, e dá outras providências. **Diário Oficial da União [da] República Federativa do Brasil**, Brasília, DF, 24 set. 1980. Art. 1º - "A execução judicial para cobrança da Dívida Ativa da União, dos Estados, do Distrito Federal, dos Municípios e respectivas autarquias será regida por esta Lei e, subsidiariamente, pelo Código de Processo Civil."

[1067] Nota-se, portanto, grave equívoco nesse entendimento do TCU, embora considere-se que se tenha arrimado em interpretação de julgado do STJ: "não há como superar a ausência de norma legal que não deixe dúvidas sobre qual o rito a ser observado quando da execução de acórdão do TCU, bem como regulamente a sistemática relativa à inscrição em Dívida Ativa não Tributária." BRASIL. Tribunal de Contas da União. Processo TC nº 015.999/2010-6. Acórdão nº 1247/2012 - Plenário.. Relator: ministra Ana Arraes. Brasília, 23 de maio de 2012. **Diário Oficial da União [da] República Federativa do Brasil**, Brasília, DF, 30 maio. 2012.

3.2.1.23.10.5.7 Rito de execução processual nas unidades federadas

Dúvidas têm sido suscitadas sobre se as unidades federadas podem editar regra própria sobre o tema: a resposta é não, categoricamente.

A competência para legislar sobre processo é privativa da União. Não podem as unidades federadas dispor que esses débitos e multas, oriundos de condenações dos Tribunais de Contas, não integram a dívida ativa. Primeiro, porque estados, Distrito Federal e municípios submetem-se à Lei nº 4.320/1964, conforme disposição expressa do art. 1º desse normativo, e a competência para edição de normas gerais de direito financeiro é limitada à União Federal.[1068] Segundo porque, pelo mesmo fundamento constitucional a Lei nº 4.320/1964 é aplicável a esses entes, em especial o § 1º do art. 39, já referido.

Felizmente o STJ não tem considerado o rito como garantia constitucional, vez que os princípios do direito judiciário são garantidos em ambas as possibilidades de execução.

3.2.1.23.10.5.8 Dos argumentos do entendimento diverso

Em apreciação plenária no TCU sustentou-se que, pelo disposto no art. 1º da Lei nº 6.822/1980, o rito para a execução dos débitos e multas decorrentes de decisões condenatórias proferidas pelo Tribunal de Contas da União é o da execução dos títulos executivos extrajudiciais, previsto no Código de Processo Civil.

Trazendo à luz os dispositivos que estão referidos como fundamentos tem-se que:

> Art. 1º As decisões do Tribunal de Contas da União condenatórias de responsáveis em débito para com a Fazenda Pública tornam a dívida líquida e certa e têm força executiva, cumprindo ao Ministério Público Federal, ou, nos Estados e Municípios, a quem dele as vezes fizer, ou aos procuradores das entidades da administração indireta, promover a sua cobrança executiva, independentemente de quaisquer outras formalidades, na forma do disposto na alínea c do artigo 50 do Decreto-lei nº 199, de 25 de fevereiro de 1967.[1069]

A norma referida na parte final do artigo, ponto angular à compreensão, dispõe que:

> Art. 50. O Tribunal, nos casos de não atendimento da notificação, poderá tomar as seguintes providências:

[1068] BRASIL. Constituição (1988). Constituição da República Federativa do Brasil. **Diário Oficial [da] República Federativa do Brasil**, Brasília, DF, 05 out. 1988. Art. 24, § 1º - "No âmbito da legislação concorrente, a competência da União limitar-se-á a estabelecer normas gerais."

[1069] BRASIL. Lei nº 6.822, de 22 de setembro de 1980. Dispõe sobre a cobrança executiva dos débitos fixados em acórdãos do Tribunal de Contas da União, e dá outras providências. **Diário Oficial [da] República Federativa do Brasil**, Brasília, DF, 23 set. 1980.

> [...]
>
> c) determinar a cobrança judicial, pela via executiva, nas Varas da Fazenda Federal, através dos Procuradores da República, que receberão a documentação e as instruções necessárias por intermédio do Ministério Público junto ao Tribunal de Contas.[1070]

A interpretação dada e referida no preâmbulo deste subtítulo, contudo, enredou uma redação que se mostra confusa pelo texto do voto. Anteriormente e com muito mais clareza, provocado pelo Ministério Público que atua junto ao TCU, o Tribunal de Contas deliberou:

> 2. No mérito, entendo-a procedente haja vista que as multas e débitos imputados por este Tribunal incluem-se na categoria de dívidas para com a Fazenda Nacional, classificadas, dessa forma, como Dívida Ativa Não Tributária, na forma do art. 39, § 2º, da Lei nº 4.320/64, cabendo àqueles interessados em contratar com a administração pública demonstrar sua situação de regularidade, sob todos os aspectos.
>
> 3. Nesse sentido, importa salientar que a questão central objeto desta Representação - necessidade de ser incluída a demonstração da não-existência de débitos e multas imputados pelo Tribunal entre as exigências para comprovação de regularidade fiscal para com a Fazenda Nacional nos procedimentos licitatórios da Administração Pública - é o foco tanto da manifestação do Procurador-Geral, quanto do Secretário Adjunto de Contas. A divergência de entendimento apontada pelo Secretário da ADCON não interfere no objetivo que se busca alcançar, qual seja fazer com que aqueles interessados em contratar com a Administração Pública demonstrem estar quite com a Fazenda Pública.
>
> 4. Na verdade, os débitos e multas imputados pelo Tribunal não necessitam inscrição prévia na Dívida Ativa para serem executados, como salientado pelo Procurador-Geral, em razão de dispositivo constitucional e legal. Por outro lado, tendo-se em vista as outras finalidades da inscrição dos diversos débitos para com a Fazenda Nacional, conforme apontado pelo Secretário da ADCON, há que se proceder à inscrição de todo e qualquer débito da natureza, tributário ou não tributário. Nesse sentido, correto o entendimento do titular da referida unidade no sentido de que as multas e débitos imputados por esta Corte de Contas também devem ser objeto de inscrição na Dívida Ativa, procedimento regular em atenção ao disposto no § 1º do art. 39 da Lei nº 4.320/64.[1071]

[1070] BRASIL. Decreto-Lei nº 199, de 25 de fevereiro de 1967. Dispõe sobre a Lei Orgânica do Tribunal de Contas da União e dá outras providências. **Diário Oficial [da] República Federativa do Brasil**, Brasília, DF, 27 fev. 1967. Nota: na atualidade, a norma que dispõe sobre a Lei Orgânica do TCU é a Lei Federal nº 8.443, de 16 de julho de 1992.

[1071] BRASIL. Tribunal de Contas da União. Processo TC nº 003.872/2001-5. Acórdão nº 472/2002 – Plenário. Relator: Ministro Ubiratan Aguiar. **Diário Oficial [da] República Federativa do Brasil**, Brasília, DF, 20 maio 2002.

A nova ordem constitucional, estabelecida em 1988, definiu que os procuradores da República não mais exerceriam a função processual em defesa da fazenda pública. Ressalvado esse aspecto e as situações especiais quanto à legitimidade ativa processual,[1072] verifica-se que não há nenhum dispositivo que imponha a execução pelo rito do CPC. Não havia e não há. Seguindo uma interpretação literal jamais se poderia sustentar esse entendimento.

Outro argumento informa ser incabível a inscrição em dívida ativa dos acórdãos do TCU, porque essas deliberações impositivas de débito e multa já são títulos executivos. Assim,

> admitir a necessidade de inscrição em dívida ativa dos acórdãos do TCU significaria verdadeira *capitis diminutio* da egrégia Corte de Contas, equiparando-a a um órgão administrativo que imputa multa a um particular, no exercício de polícia administrativa.[1073]

Este argumento, sem amparo em lei, não seduz. Não se pretende anular processos porque se deixou de inscrever em dívida ativa, mas reconhecer que em homenagem à responsabilidade fiscal e ao dever de subjugar-se à lei, a dívida que o Tribunal imputa é dívida ativa não-fiscal. Não há como afastar o império do art. 39, § 1º, da Lei nº 4.320/1964. Ao contrário, assemelhar-se a pretensão republicana de reconstituir o erário lesado a um título de direito privado, executado nas mesmas condições, é igualar o credor-cidadão pagador de impostos a um contratante qualquer.

3.2.1.24 Inelegibilidade e contas públicas

Esta competência do Tribunal de Contas teve profunda alteração com o advento da Lei Complementar nº 184, de 29 de setembro de 2021.

É necessário, porém, compreender o desenvolvimento histórico dessa competência.

Uma das tarefas mais importantes para o aperfeiçoamento do regime democrático é aquela definida na legislação eleitoral: elaboração da lista dos agentes que tiveram suas contas rejeitadas em processo de restrição das inscrições para cargo eletivo.

A mais relevante das consequências do acórdão condenatório, decorrente do julgamento pela irregularidade das contas, é servir de base para a declaração da inelegibilidade.[1074]

[1072] Consultar no Capítulo III, que trata da competência dos Tribunais de Contas, o subtítulo 3.2.1.23.10.5.1 Competência para execução, item I - da legitimidade ativa processual.

[1073] BRASIL. Superior Tribunal de justiça. REsp 1.112.617/PB – 1. Turma Relator: Ministro Teori Albino Zavascki. Brasília, 26 de maio de 2009. Diário da Justiça Eletrônico [do] Superior Tribunal de Justiça, 03 jun. 2009. Disponível em: <http://www.stj.jus.br>. Acesso em: 03 jul. 2014.

[1074] BRASIL. Lei Complementar nº 64, de 18 de maio de 1990. Estabelece, de acordo com o art. 14, § 9º, da Constituição Federal, casos de inelegibilidade, prazos de cessação, e determina outras providências. **Diário Oficial [da] República Federativa do Brasil**, Brasília, DF, 21 maio 1990. Seção 1, p. 9591. "Art. 1º São inelegíveis: I - para

Deve ser fixado, em primeiro plano, que a inelegibilidade não constitui uma segunda penalidade em relação ao dever de recompor o erário ou à pena de multa, conforme já decidiu o Poder Judiciário, no acórdão da lavra do eminente Ministro Carlos Velloso, cuja ementa foi a seguinte:

> Constitucional. Eleitoral. Inelegibilidade. Contas do Administrador-Público: Rejeição. Lei Complementar nº 64, de 1990, art. 1º, I, g.
>
> I - Inclusão em lista para remessa ao órgão da Justiça Eleitoral do nome do administrador público que teve suas contas rejeitadas pelo TCU, além de lhe ser aplicada a pena de multa. Inocorrência de dupla punição, dado que a inclusão do nome do administrador público na lista não configura punição.
>
> II - Inelegibilidade não constitui pena. Possibilidade, portanto, de aplicação da lei de inelegibilidade, Lei Complementar nº 64/90, a fatos ocorridos anteriormente a sua vigência.
>
> III - À Justiça Eleitoral compete formular juízo de valor a respeito das irregularidades apontadas pelo Tribunal de Contas, vale dizer, se as irregularidades configuram ou não inelegibilidade.
>
> IV - Mandado de Segurança indeferido.[1075]

Feita essa observação, impõe-se o exame minucioso dos pressupostos estabelecidos na lei para a declaração de inelegibilidade.

3.2.1.24.1 Requisitos para que a rejeição das contas acarrete a inelegibilidade

A inelegibilidade decorre, em relação às contas, de que:

a) o agente tenha o dever de prestar contas relativas ao exercício de cargos ou funções públicas;

b) as contas tenham sido rejeitadas;

c) a rejeição tenha sido por irregularidade insanável;

d) a irregularidade configure também ato doloso de improbidade;

e) a decisão, no âmbito do Tribunal de Contas, seja irrecorrível;

f) a decisão não tenha sido suspensa ou anulada pelo Poder Judiciário; e

g) não tenha decorrido mais de oito anos da decisão definitiva.[1076]

---

qualquer cargo: [...] g) os que tiverem suas contas relativas ao exercício de cargos ou funções públicas rejeitadas por irregularidade insanável que configure ato doloso de improbidade administrativa, e por decisão irrecorrível do órgão competente, salvo se esta houver sido suspensa ou anulada pelo Poder Judiciário, para as eleições que se realizarem nos 8 (oito) anos seguintes, contados a partir da data da decisão [...]. (Redação dada pela LC nº 135, de 2010)".

[1075] BRASIL. Supremo Tribunal Federal. Constitucional. Mandado de Segurança nº 22.087-2. Relator: Ministro Carlos Velloso. Brasília, 28 de março de 1993. **Diário da Justiça [da] República Federativa do Brasil**, Brasília, DF, 10 maio 1995. Seção 1, p. 15132.

[1076] Textualmente é essa a redação vigente ao tempo desta edição da Lei Complementar nº 64, de 18 de maio de

Ocorre que a Lei Complementar nº 184, de 29 de setembro de 2021 acrescentou o § 4º-A, no art. 1º na Lei Complementar nº 64, de 18 de maio de 1990 dispondo: "A inelegibilidade prevista na alínea "g" do inciso I do caput deste artigo não se aplica aos responsáveis que tenham tido suas contas julgadas irregulares sem imputação de débito e sancionados exclusivamente com o pagamento de multa.

Quando examinadas as hipóteses de deliberação pelo Tribunal de Contas, verifica-se que podem ser regulares, regulares com ressalvas ou irregulares, não havendo o qualificativo de ser sanável ou não. Segundo a Justiça Eleitoral, esse requisito é fundamental:

> Recurso Especial. Registro de candidato. Inelegibilidade. Rejeição de contas.
>
> Rejeitadas as contas por irregularidades sanáveis, não há que se falar de inelegibilidade nos termos do art. 1º, inciso I, alínea g da LC 64/90.[1077]

Do próprio Tribunal de Contas da União, em voto revisor exarado pelo Ministro Ubiratan Aguiar, colhe-se o seguinte excerto:

> 9. Mediante consulta ao sítio do Tribunal Superior Eleitoral na Internet (www.tse.gov.br), pode-se verificar que o julgamento das contas pela irregularidade, por parte dos Tribunais de Contas, não significa que, inexoravelmente, os responsáveis estejam impedidos de registrar suas candidaturas. Em diversos casos, aquele Tribunal analisou as razões que levaram ao julgamento pela irregularidade, concluindo que os fatos não constituíam irregularidades insanáveis, tendo-se permitido o registro das candidaturas. Citem-se os seguintes exemplos:
>
> REsp 12.837-CE
>
> Ementa: Registro de candidato - Contas consideradas irregulares pelo TCU - Improbidade administrativa não caracterizada - Confirmação da elegibilidade do candidato - Não conhecimento do recurso.
>
> Trecho do voto do Ministro-Relator: Assim como o ilustre relator do arresto atacado, não verifiquei a existência de intenção dolosa no desvio de finalidade na aplicação dos recursos, ainda mais porque é inconteste o fato de que os recursos foram aplicados em obras no município, não tendo ocorrido apropriação de qualquer valor por parte do recorrido.

1990: Art. 1º São inelegíveis: I - para qualquer cargo: [...] g) os que tiverem suas contas relativas ao exercício de cargos ou funções públicas rejeitadas por irregularidade insanável que configure ato doloso de improbidade administrativa, e por decisão irrecorrível do órgão competente, salvo se esta houver sido suspensa ou anulada pelo Poder Judiciário, para as eleições que se realizarem nos 8 (oito) anos seguintes, contados a partir da data da decisão, aplicando-se o disposto no inciso II do art. 71 da Constituição Federal, a todos os ordenadores de despesa, sem exclusão de mandatários que houverem agido nessa condição; Disponível em: https://www.planalto.gov.br/ccivil_03/leis/lcp/lcp64.htm.

[1077] BRASIL. Tribunal Superior Eleitoral. Recurso Especial Eleitoral nº 13.250-MG. Acórdão nº 13.250. Relator: Ministro Ilmar Galvão. Brasília, 23 de setembro de 1996. Publicado em sessão.

> Não me parece, portanto, que esteja caracterizada improbidade administrativa.[1078]

Logo, a decisão pela irregularidade é apenas um dos pressupostos da inelegibilidade,[1079] sendo indispensável que:

I. ou o Tribunal de Contas delibere que a irregularidade é insanável;

II. ou, no momento da impugnação da candidatura, a Justiça Eleitoral, tendo em conta o relatório e o voto acolhido pelo Tribunal de Contas, decida se a irregularidade é insanável ou não.

No atual sistema jurídico, a opção mais comum tem sido a segunda. Explica-se esse entendimento pelo fato de que os Tribunais de Contas não adaptaram suas decisões para declarar se as contas decorrem de irregularidade insanável ou não. O legislador apenas apontou os casos em que é possível o saneamento, mas, se estas foram sanadas ou não, é uma característica que não consta da relação enviada ao Ministério Público Eleitoral.

Há, porém, espaço na jurisprudência para que os Tribunais de Contas passem a deliberar sobre a sanabilidade ou insanabilidade das contas, conforme seguinte excerto de acórdão:

> Na prestação de contas, ao Tribunal compete julgá-las ou ao emitir o parecer prévio dirá das irregularidades sanáveis, quando mandará supri-las, e das insanáveis, quando determinar as providências cabíveis.[1080]

A Justiça Eleitoral, quando a impugnação versar sobre contas irregulares insanáveis, deverá examinar o processo julgado pelo Tribunal de Contas.

Em notável artigo publicado pela Editora NDJ, o Dr. Edílio Ferreira salienta que:

> [...] para o TSE, somente gera inelegibilidade do candidato a rejeição de suas contas, por vícios insanáveis com caráter de improbidade administrativa. Inexistindo irregularidades insanáveis, com nota de improbidade administrativa, é de ser afastada a hipótese de inelegibilidade prevista na LC nº 64/90 (Acórdão nº 12.014 - TSE).[1081]

[1078] BRASIL. Tribunal de Contas da União. Tomada de Contas Especial. Processo TC nº 007.900/2003-6. Acórdão nº 711/2004 - Plenário. Relator: Ministro Benjamim Zymler. Brasília, 9 de junho de 2004. **Diário Oficial da União [da] República Federativa do Brasil**, Brasília, DF, 18 jun. 2004.

[1079] Nesse sentido: BRASIL. Tribunal Superior Eleitoral. Resolução nº 23.262, de 25 de maio de 2010. Ementa: Consulta. Desaprovação de contas de campanha depois da eleição. Efeitos na diplomação e no exercício do mandato eletivo. "1. A desaprovação das contas do candidato não acarreta, por si só, impedimento para sua dipiomação" (AEERMS nº 405/PA, Rei. Min. Humberto Gomes de Barros, DJ de 26.5.2006). 2. "Este Tribunal Superior já assentou que não se deve conhecer de consulta quando a formulação admitir ressalvas e interpretações casuísticas, o que inviabiliza o enfrentamento da questão trazida pelo consulente". (Cta n° 1.605, Rei. Mm. Caputo Bastos, DJ de 4.7.2008). 3. Consulta respondida positivamente na parte referente aos efeitos da desaprovação das contas na diplomação e não conhecida no que se refere aos efeitos no exercício do mandato."

[1080] BRASIL. Tribunal Superior Eleitoral. Constitucional. Recurso nº 8.936/RJ. Acórdão nº 11.371. Relator: Ministro Pedro Acioli. Brasília, 31 de agosto de 1990. Publicado em sessão.

[1081] FERREIRA, Edílio. **Caderno de Direito Eleitoral.** São Paulo, n. 85, ed. esp., p. 13, ago. 1992.

No mesmo trabalho, destaca aquele jurista, a propósito de a quem compete o julgamento, que conforme assentou o Supremo Tribunal Federal:

> [...] só com relação às contas dos Chefes do Executivo é que o pronunciamento do Tribunal de Contas constitui mero parecer prévio, sujeito à apreciação final da Câmara Municipal, antes do qual não há inelegibilidade (STF, RE nº 132.747).

3.2.1.24.2 Contas rejeitadas por decisão irrecorrível

O tema é mais complexo do que parece, em face do aparente conflito entre normas diversas.

A Lei Orgânica do TCU, repetida por vários tribunais, prevê, no art. 32, os seguintes recursos: reconsideração, embargos de declaração, revisão.

O aparente conflito adviria do fato de que o art. 1º, inc. I, alínea g, da Lei Complementar nº 64/1990 estabelece que a inelegibilidade é "para as eleições que se realizarem nos 5 (cinco) anos seguintes, contados a partir da decisão" e de que o recurso de revisão pode ser intentado contra a decisão definitiva no prazo de 5 (cinco) anos, conforme art. 35 da Lei Orgânica do TCU.

Contrastados os dispositivos em sua estrita literalidade, conduziriam à inelegibilidade do 6º ao 10º ano após a decisão da Corte, pois somente a partir do 6º ano a decisão seria irrecorrível pela preclusão da possibilidade de ingresso do recurso de revisão.

Essa exegese, se acolhida, conduziria ao absurdo de o candidato, que tem suas contas julgadas irregulares, poder continuar concorrendo às eleições durante cinco anos e, só depois desse período, ser considerado inelegível. Mais grave ainda é que, por expressa disposição de lei, esse recurso só pode ser impetrado uma vez, fato que agravaria o absurdo, na medida em que o agente que logo recorre faz operar a preclusão da instância recursal e desde então é inelegível, enquanto o omisso em recorrer usufruirá durante os cinco primeiros anos, após o julgamento das contas pela irregularidade, da sua própria elegibilidade. Injustificável, portanto, a procrastinação dos efeitos da aplicação da penalidade.

Parece melhor, numa visão sistemática, considerar que:

I. *o recurso de revisão, que guarda semelhança de gênese com a ação rescisória, não possui efeito suspensivo, mantendo a decisão final toda a efetividade da decisão recorrida;*

II. *o cabimento desse recurso só é admissível contra decisão definitiva, como tal entendendo-se aquela que pode assumir sua operosidade no mundo jurídico;*

III. *um dos atributos da decisão irrecorrível é a sua efetividade (possibilidade de operar efeitos concretos no mundo jurídico);*

IV. *o longo prazo definido pela lei para o ingresso do recurso e sua gênese permitem concluir que sua natureza não é recursal em sentido estrito, mas uma ação desconstitutiva, e, portanto, a decisão é irrecorrível após o decurso de prazo para embargos de declaração e recurso de reconsideração.*

3.2.1.24.3 Contas de quem não é agente público

Será visto no item 3.2.3.8 que o particular, sem vínculo com a Administração Pública, como regra, não está sujeito à jurisdição dos Tribunais de Contas. Uma das exceções consiste, precipuamente, na hipótese de ter gerido recursos públicos, recebidos mediante convênio, auxílio ou subvenção.

Em relação a esses há uma particularidade, anotada pelo eminente Dr. Ubaldo Alves Caldas, Procurador do Ministério Público junto ao TCU: "no caso *sub examine*, a exemplo do precedente invocado no Despacho do Diretor da 2ª Divisão Técnica da SECEX/CE, a possibilidade de revisão do Acórdão, ora atacado decorre do fato de o responsável não ser ocupante de função pública quando da gestão inquinada".[1082] Assim, não são alcançados pela inelegibilidade os particulares que geriram recursos públicos de forma irregular e tiveram suas contas rejeitadas.

Para evitar a "continuidade delitiva", quando houver indícios de locupletamento ou apropriação indébita, o melhor procedimento é o Ministério Público que atua junto ao Tribunal de Contas, desde logo, encaminhar cópia dos autos ao Ministério Público ordinário, visando instauração do competente processo criminal, este sim suficiente para afastar das urnas, em caso de condenação, o mau gestor da coisa pública.

Em relação à inelegibilidade, um dos pressupostos é que as contas tenham sido prestadas em razão de cargo ou função pública.[1083] Assim, embora o particular esteja sujeito a prestar contas,[1084] e possam essas ser rejeitadas pelos Tribunais de Contas, não parece a rejeição, ainda que por irregularidade insanável, implicar inelegibilidade. Aos Tribunais de Contas compete remeter a relação dos que tiveram suas contas rejeitadas e, à Justiça Eleitoral, avaliar se exercentes de cargo ou função pública, hipótese que pode adotar o mesmo elastério que as leis penais quando conceituam funcionário público.[1085] Desse modo, o único meio eficaz de as Cortes de Contas tornarem

---

[1082] BRASIL. Tribunal de Contas da União. Tomada de Contas Especial. Processo TC nº 299.004/1992-9. Acórdão nº 5/1997 - Plenário. Relator: Ministro Adhemar Paladini Ghisi. Brasília, 29 de janeiro de 1997. **Diário Oficial [da] República Federativa do Brasil**, Brasília, DF, 12 fev. 1997. Seção 1, p. 2546. No mesmo sentido: Processo TC nº 624.002/1993-4. Acórdão 68/1997 - Plenário. Relator: Ministro Iram Saraiva. Brasília, 16 de abril de 1997. **Diário Oficial [da] República Federativa do Brasil**, Brasília, DF, 28 abr. 1997. Seção 1, p. 8356-8357.

[1083] BRASIL. Lei Complementar nº 64, de 18 de maio de 1990. Estabelece, de acordo com o art. 14, § 9º da Constituição Federal, casos de inelegibilidade, prazos de cessação, e determina outras providências. **Diário Oficial [da] República Federativa do Brasil**, Brasília DF, 21 maio 1990. Seção 1, p. 9591. Art. 1º, inc. I, alínea "g".

[1084] BRASIL. **Constituição da República Federativa do Brasil** (Versão Bolso). Organização dos textos e índice por J. U. JACOBY FERNANDES. 2. ed. Belo Horizonte: Fórum, 2019. Parágrafo único do art. 70, com a redação dada pela Emenda Constitucional nº 19, de 5 de junho de 1998.

[1085] BRASIL. Decreto-lei nº 2.848, de 07 de dezembro de 1940. **Código Penal Brasileiro**. Disponível em: https://www.planalto.gov.br/ccivil_03/decreto-lei/del2848compilado.htm. "Art. 327. Considera-se funcionário público, para os efeitos penais, quem, embora transitoriamente ou *sem* remuneração, **exerce** cargo, emprego ou função pública. § 1º. Equipara-se a funcionário público quem exerce cargo, emprego ou função em entidade paraestatal [...]". Grifo não consta do original.

inelegível o particular sujeito ao dever de prestar contas é, por intermédio do Ministério Público que atua junto ao Tribunal, providenciar o início da competente ação de improbidade quando a irregularidade for insanável.[1086]

3.2.1.24.4 Compulsoriedade da comunicação

O dever dos Tribunais de Contas de comunicarem à Justiça Eleitoral a lista supracitada é inarredável, compulsório, decorrente de lei, como visto.

Essa comunicação é de natureza declaratória, sem valoração de juízo. O amplo espectro de competência no julgamento, no momento da comunicação, fica limitado. Nesse sentido, sentenciou o Ministro Bento José Bugarin:

> [...] a inclusão de nomes de responsáveis em listas a serem enviadas ao Ministério Público Eleitoral é ato meramente declaratório deste Tribunal, cabendo à Justiça Eleitoral a competência exclusiva de declarar a inelegibilidade, nos moldes da mencionada Lei Complementar. Assim, uma vez enviada a citada lista, apenas no caso de reforma do julgamento de contas anteriormente julgadas irregulares, poderia a Corte cientificar aquela Procuradoria, objetivando a exclusão do nome do respectivo responsável.[1087]

A elaboração dessa lista constitui uma competência definida em lei, compatível com o ordenamento jurídico, exclusiva dos Tribunais de Contas.

O interessado dispõe de meios próprios perante o Tribunal de Contas para defender-se e depois recorrer do julgamento, como visto. Também dispõe de meios próprios para conseguir a elegibilidade perante a Justiça Eleitoral.

3.2.1.25 Medidas cautelares de controle

Para garantir a eficácia da atuação do Tribunal de Contas, o constituinte e o legislador infraconstitucional definiram a competência para estabelecer medidas cautelares específicas de controle.

Importante mencionar que as medidas aqui dispostas foram objeto de análise de constitucionalidade pelo STF, que entendeu pela sua constitucionalidade com base no "poder geral de cautela" reconhecido ao TCU como decorrência de suas atribuições constitucionais[1088].

[1086] Sobre a ação de improbidade administrativa, consulte a Reclamação nº 2.138, que firmou o entendimento do Supremo Tribunal Federal acerca da discussão sobre essa ação e crime de responsabilidade. Nesse processo, entendeu a Corte que os agentes políticos, por serem regidos por normas especiais de responsabilidade, não respondem por improbidade administrativa com base na Lei nº 8.429, de 1992, mas, apenas, por crime de responsabilidade, na forma do art. 102, I, C, da Constituição Federal. Esse entendimento, contudo, não teve força vinculante, encontrando-se decisões ainda divergentes: BRASIL. Tribunal Regional Federal - 1. Região. Processo AP nº 200237000067044/MA. Relator: Juiz Federal Ricardo Felipe Rodrigues Macieira [convocado]. Brasília, 16 de março de 2009. **Boletim de Jurisprudência TRF-1**, n. 64.

[1087] BRASIL. Tribunal de Contas da União. Prestação de Contas. Processo TC nº 299.035/1990-5. Acórdão nº 9/1997 - Plenário. Relator: Ministro Bento José Bugarin. Brasília, 29 de janeiro de 1997. **Diário Oficial [da] República Federativa do Brasil,** Brasília, DF, 12 fev. 1997. Seção 1, p. 2550.

[1088] BRASIL. Supremo Tribunal Federal. MS 33092, Relator(a): Min. Gilmar Mendes, Segunda Turma. Brasília, 24 de março de 2015. Processo Eletrônico. **DJe**-160, 14 de agosto de 2015.

Como será visto, não se tem utilizado com frequência a maior perda dessas medidas, mas nada impede a sua aplicação mesmo *inaudita altera parte*, ou seja, sem ouvir os agentes sujeitos à jurisdição do Tribunal.

3.2.1.25.1 Afastamento temporário de dirigentes

A maioria das leis orgânicas dos Tribunais de Contas, calcadas na do Tribunal de Contas da União, têm previsto a possibilidade de determinar, cautelarmente, o afastamento temporário do responsável, se existirem indícios suficientes de que, prosseguindo no exercício de suas funções, possa retardar ou dificultar a realização de auditoria ou inspeção, causar novos danos ao erário ou inviabilizar o seu ressarcimento.

Essa medida, segundo previsão legal, pode ser adotada pelo Tribunal, de ofício ou a requerimento do Ministério Público, no início ou no curso de qualquer apuração.[1089] No passado, era permitido também aos Tribunais de Contas ordenar a prisão dos responsáveis, condenados em "alcance", julgados em sentença definitiva do Tribunal, assim como dos intimados, para dizer sobre o "alcance", que não comparecessem.[1090]

Quando a norma estabelece que é de ofício, poderá o afastamento ser requerido ou sugerido pelo analista que procede à inspeção ou por seus superiores hierárquicos, deliberando a Corte a respeito.

O ato de afastamento temporário de autoridade tem sido usado com muita cautela pelas Cortes de Contas,[1091] não porque inocorrentes os motivos determinantes, mas porque são raros os casos de continuidade delitiva após a inspeção ou no curso desta.

A determinação do afastamento pressupõe:

a) observância do princípio da continuidade do serviço público quando se tratar de órgão que exerça atividade dessa natureza. Tal garantia em favor da sociedade pode ser perfeitamente atendida com assunção da atividade pelo substituto - vice, sub, adjunto, ou, inexistindo cargo específico, outro que deva assumir por disposição normativa, ainda que *interna corporis* -, pois os motivos

---

[1089] BRASIL. **Regimento Interno e Lei Orgânica do Tribunal de Contas da União.** Organização dos textos e índice por J. U. JACOBY FERNANDES. Belo Horizonte: Fórum, 2014. Lei nº 8.443/1992, art. 44.

[1090] BRASIL. Decreto nº 392, de 8 de outubro de 1896. Reorganiza o Tribunal de Contas. **Coleção das Leis da República dos Estados Unidos do Brazil de 1896.** Partes 1 e 2. Rio de Janeiro: Imprensa Nacional, 1898, p. 16, art. 3º, n. 3. O autor usou a expressão "alcance", entre aspas, pasra maior clareza e uma forma de demonstrar que é expressão técnica. É recorrente a falta de conhecimento técnico dessa expressão.

[1091] Há registro de dois episódios em que a matéria foi debatida no âmbito do TCU: BRASIL. Tribunal de Contas da União. Processo TC nº 016.894/1992-8. Decisão nº 203/1992 - Plenário. Relator: Ministro Fernando Gonçalves. Brasília, 30 de setembro de 1992. **Diário Oficial [da] República Federativa do Brasil**, Brasília, DF, 5 out. 1992. Seção 1, p. 14509; Processo TC nº 650.044/1996-7. Acórdão nº 179/1996 – Plenário. Relator: Ministro Lincoln Magalhães da Rocha. Brasília, 16 de outubro de 1996. **Diário Oficial [da] República Federativa do Brasil**, Brasília, DF, 4 nov. 1996. Seção 1, p. 22721-22725.

que levam ao afastamento são suficientemente graves para justificar a medida cautelar;

b) a existência de autoridade superior, que será cientificada pelo Tribunal de Contas da decisão do afastamento, pois não é medida judicial, mas administrativa, razão pela qual se pressupõe uma relação de níveis, diretos ou indiretos que possam dar cumprimento. Como nível direto deve ser entendida a vinculação hierárquica; indireto, a existência de autoridade nomeante, isto é que nomeou o agente;

c) indícios suficientes de que, se a autoridade prosseguir no exercício de suas funções, ocorrerá uma das seguintes situações:

c.1) poderá retardar ou dificultar a realização de auditoria ou inspeção,

Nessa hipótese, o Tribunal de Contas estará viabilizando o exercício de sua competência, definida pela Constituição Federal. Pode ocorrer que a resistência não seja direta, mas fiquem nítidos os indícios de que o agente visa destruir provas, eliminar indícios, constranger outros agentes, ou, por qualquer meio, dificultar o controle.

c.2) causará novos danos ao erário; ou

c.3) inviabilizará o seu ressarcimento.

Nas hipóteses c.2 e c.3, a medida cautelar deve ser motivada com o *periculum in mora*, isto é, justo receio de que, ao tempo do julgamento ou da execução do julgamento, a ação do controle resulte inócua.

d) o ato de afastamento deve indicar prazo, termo ou condição, dado que, como medida cautelar, deve assumir caráter temporário;

e) embora a norma não exija, há conveniência de que a medida somente seja adotada diante de prévio aviso, sempre que, no prudente juízo dos Tribunais de Contas, for recomendável. Bem de ver, contudo, que a inexistência de prévia comunicação não inibe o uso da medida, que, por isso mesmo, tem natureza de cautelar.[1092]

Também é importante lembrar que, se a autoridade superior a quem é dirigida a comunicação de afastamento não lhe der cumprimento, passará, desde a comunicação, a ser solidariamente responsável pelos atos praticados,[1093] podendo responder por improbidade.

[1092] Sobre a natureza cautelar dessa medida dispõe o art. 18 da seguinte resolução: BRASIL. Tribunal de Contas da União. Resolução nº 36 de 30 de agosto de 1995. Estabelece procedimentos sobre o exercício da ampla defesa no âmbito do Tribunal de Contas da União. Disponível em: https://pesquisa.apps.tcu.gov.br/redireciona/norma/NORMA-20072.

[1093] BRASIL. **Regimento Interno e Lei Orgânica do Tribunal de Contas da União.** Organização dos textos e índice por J. U. JACOBY FERNANDES. Belo Horizonte: Fórum, 2014. Lei nº 8.443/1992: "Art. 44. [...] § 1º. A solidariedade é juridicamente correta, porque decorrente de lei".

Independentemente da conduta da autoridade superior, permanecendo o agente no exercício do cargo, passa a responder criminalmente pelo ato de desobediência e por exercício ilegal de função pública, além da ação de improbidade.[1094]

Cabe ainda observar, em acatamento à lição do eminente Ministro-Auditor Lincoln Magalhães da Rocha, que a medida pode ser aplicada, mesmo quando já impetrada ação judicial, dado o princípio da separação e independência das instâncias administrativas.[1095]

3.2.1.25.2 Indisponibilidade de bens

Entre as medidas cautelares voltadas para a satisfação do débito, está a possibilidade de determinar, por prazo não superior a um ano, a indisponibilidade de bens do responsável, em número suficiente para garantir o ressarcimento dos danos em apuração.[1096]

Essa indisponibilidade pode ser ordenada diretamente aos cartórios, ao DETRAN e a outros órgãos de registros públicos, com cópia para os envolvidos.

Na jurisprudência, colhem-se precedentes de arresto e indisponibilidade de bens. O primeiro tema foi tratado em item precedente específico, nesta obra.

A primeira medida - arresto - é cautelar de natureza judicial requerida pelo Tribunal de Contas, na maioria das vezes por intermédio do Ministério Público que atua junto ao Tribunal, ao órgão que promove a representação judicial da instituição.

O arresto é ordenado pela autoridade judiciária e indica a apreensão judicial de bens em quantidade necessária à satisfação de crédito a ser objeto de execução futura. No âmbito do Tribunal de Contas, é necessária a certeza da dívida, o que provém do acórdão que imputa multa ou débito.[1097]

A indisponibilidade dos bens, diversamente, não requer ordem judicial. Pode ser ordenada diretamente pelo Tribunal de Contas sobre bens determinados,

---

[1094] Sobre a ação de improbidade administrativa, consulte a Reclamação nº 2.138, que firmou entendimento do Supremo Tribunal Federal acerca da discussão sobre essa ação e crime de responsabilidade. Nessa reclamação, entendeu a Corte que os agentes políticos, por serem regidos por normas especiais de responsabilidade, não respondem por improbidade administrativa com base na Lei nº 8.429/1992, mas, apenas, por crime de responsabilidade, na forma do art. 102, I, c, da Constituição Federal. Esse entendimento, contudo, não teve força vinculante, encontrando-se decisões ainda divergentes: BRASIL. Tribunal Regional Federal - 1. Região. Processo AP nº 20023700006704-4/MA. Relator: Juiz Federal Ricardo Felipe Rodrigues Macieira [convocado]. Brasília, 16 de março de 2009. **Boletim de Jurisprudência TRF-1**, n. 64.

[1095] BRASIL. Tribunal de Contas da União. Representação. Processo TC nº 650.044/1996-7. Acórdão nº 179/1996. Relator: Auditor Lincoln Magalhães da Rocha. Brasília, 16 de outubro de 1996. **Diário Oficial [da] República Federativa do Brasil**, Brasília, DF, 4 nov. 1996. Seção 1, p. 22721-25.

[1096] A indisponibilidade de bens também pode ser requerida pela autoridade administrativa ao Ministério Público como medida cautelar, quando promove inquérito por improbidade: BRASIL. Lei nº 8.429, de 2 de junho de 1992. Dispõe sobre as sanções aplicáveis aos agentes públicos nos casos de enriquecimento ilícito no exercício de mandato, cargo, emprego ou função na administração pública direta, indireta ou fundacional e dá outras providências. Disponível em: **<http://www.planalto.gov.br>**. Acesso em: 03 jul. 2014. Art. 7º.

[1097] BRASIL. Tribunal de Contas da União. Embargos de Declaração. Processo nº 001.025/1998-8. Acórdão nº 158/2002 - Plenário. Relator: Ministro Valmir Campelo. Brasília, 08 de maio de 2002. **Diário Oficial da União [da] República Federativa do Brasil**, Brasília, DF, 20 maio 2002.

onerando-lhes com a qualidade de inalienabilidade.[1098] Interessante, a propósito, a lição do Ministro Marcos Bemquerer Costa:

> No que diz respeito à decretação de indisponibilidade dos bens dos responsáveis, importa ressaltar que a medida em comento visa à garantia do ressarcimento do dano, não sendo necessária, para a sua adoção, a comprovação da má-fé dos responsáveis, muito embora a constatação inequívoca da má-fé possa fornecer ao julgador elementos de convicção para a tomada de decisão.[1099]

Pode o interessado apresentar contragarantias e levantar a indisponibilidade dos bens.

Nota-se da leitura do dispositivo inserido na Lei Orgânica do TCU[1100] que sua aplicação parece condicionar a imposição desta medida à necessidade de indícios de que o agente possa "causar novos danos ao Erário ou inviabilizar o seu ressarcimento".

Ocorre que, como já teve oportunidade de defender uma das autoras em obra específica[1101], parece claro que, em reforço aos pressupostos de qualquer medida cautelar (*periculum in mora e fumus boms iuris*), é necessário que haja indícios de dilapidação do patrimônio por parte dos responsáveis ou de qualquer outra ação tendente a inviabilizar o ressarcimento ao erário.

Observe que no caso desta medida, o dispositivo limitou o prazo a um ano. Nesta senda, entendemos que a possibilidade de decretar esta medida específica *inauldita altera parte* demonstra-se adequada para evitar o risco de sua ineficácia.

O TCU, no entanto, entende que a decretação de indisponibilidade de bens, não necessita ser precedida de indícios, embora deva ser verificada a presença de conduta reprovável que represente riscos significativos de desfazimento de bens que

---

[1098] DISTRITO FEDERAL. Tribunal de Contas. Processo nº 773/2002 (apenso Processo GDF nº 1.000.753/2001). Decisão nº 4059/2003. Relator: Conselheiro Jorge Ulisses Jacoby Fernandes. Brasília, 12 de agosto de 2003. Disponível em: **<http://www.tc.df.gov.br>**. Acesso em: 03 jul. 2014.

[1099] a) BRASIL. Tribunal de Contas da União. Processo TC nº 425.022/1996-0. Acórdão nº 780/2004 - Plenário. Relator: Ministro Marcos Bemquerer Costa. **Diário Oficial da União [da] República Federativa do Brasil**, Brasília, DF, 2 jul. 2004.

b) Numa outra oportunidade, o TCU concluiu ser possível a decretação cautelar da indisponibilidade de bens dos envolvidos, concedendo prazo de 15 dias, sem efeito suspensivo, para que os responsáveis se manifestem sobre a adoção da medida. BRASIL. Tribunal de Contas da União. Acórdão nº 1.548/2023 - Plenário. Disponível em: https://www.in.gov.br/web/dou/-/ata-n-30-de-26-de-julho-de-2023-500875885.

[1100] BRASIL. **Regimento Interno e Lei Orgânica do Tribunal de Contas da União.** Organização dos textos e índice por J. U. JACOBY FERNANDES. Belo Horizonte: Fórum, 2014. Lei nº 8.443/1992: "Art. 44. No início ou no curso de qualquer apuração, o Tribunal, de ofício ou a requerimento do Ministério Público, determinará, cautelarmente, o afastamento temporário do responsável, se existirem indícios suficientes de que, prosseguindo no exercício de suas funções, possa retardar ou dificultar a realização de auditoria ou inspeção, causar novos danos ao Erário ou inviabilizar o seu ressarcimento. § 1° Estará solidariamente responsável a autoridade superior competente que, no prazo determinado pelo Tribunal, deixar de atender à determinação prevista no caput deste artigo. § 2° Nas mesmas circunstâncias do caput deste artigo e do parágrafo anterior, poderá o Tribunal, sem prejuízo das medidas previstas nos arts. 60 e 61 desta Lei, decretar, por prazo não superior a um ano, a indisponibilidade de bens do responsável, tantos quantos considerados bastantes para garantir o ressarcimento dos danos em apuração."

[1101] JACOBY FERNANDES, Ana Luiza. Tribunal de Contas da União e a Nova Lei de Licitações e Contrato. Uma nova proposta de controle em matéria de licitações e contratações públicas. Belo Horizonte: Fórum, 2024.

possa prejudicar o ressarcimento ao erário[1102]. Entende ainda, que a tipificação como conduta reprovável não exige análise da intenção do agente, isto é, dispensa-se a comprovação da má-fé dos responsáveis[1103].

Por este entendimento, portanto, a verificação de um possível dano é elemento suficiente para decretar a indisponibilidade de bens do agente público, pouco importando se houve alguma conduta intencional que contribuiu para tal ou alguma tentativa de dilapidação do patrimônio ou qualquer outra ação tendente a inviabilizar o ressarcimento ao erário.

Essa interpretação decorre da compreensão do TCU[1104] de que a medida de indisponibilidade de bens pode ser adotada em circunstâncias diferentes da cautelar de afastamento do responsável, não sendo necessários indícios de ocorrência de alguma das três circunstâncias, expressamente previstas, no caput do citado artigo: possibilidade de retardar ou dificultar a realização de auditoria ou inspeção; causar novos danos ao Erário; ou inviabilizar o ressarcimento dos danos. Para o Tribunal o *periculum in mora* é presumido.

Outro ponto relevante do uso desta medida é que o TCU entende não ser necessário realizar a individualização da conduta e do débito atribuível a cada responsável, pois a "medida cautelar tem caráter precário, sendo adotada a partir de cognição sumária"[1105]. Não seria possível, nesta etapa processual, realizar a individualização de condutas, de maneira que de cada responsável fosse retido apenas o valor suficiente para o ressarcimento da parcela do débito que lhe seria atribuível.

O que chama a atenção, neste modo de proceder é, como aponta o próprio Ministro do TCU, Walton Alencar[1106], esse posicionamento que leva à medida de indisponibilidade de bens, a possibilidade de "ser adotada, de forma indiscriminada, em todas as tomadas de contas especiais" vez que, toda TCE é instaurada quando presentes indícios de dano ao erário. Nesta senda, o referido Ministro propõe, como forma de tentar limitar o uso da medida, que somente deve ocorrer:

> [...] dado o seu caráter de excepcionalidade e a complexidade dos procedimentos a serem observados, nos casos em que existam evidentes riscos de que o ressarcimento ao erário se tornará inviável, seja pela suspeita de possíveis ações dos responsáveis com esse intuito, seja pelo elevado montante dos débitos apurados.

O que soa problemático nesta solução é presumir o perigo da demora pelo "elevado montante dos débitos apurados" que leva à conclusão de que, em toda TCE instaurada com elevado montante de débitos, isto é, na grande maioria das

---

1102 BRASIL. Tribunal de Contas da União. Acórdão nº 3057/2016-Plenário. Relator: Ministro Benjamin Zymler.

1103 BRASIL. Tribunal de Contas da União. Processo TC nº 425.022/1996-0. Acórdão nº 780/2004 - Plenário. Relator: Ministro Marcos Bemquerer Costa. **Diário Oficial da União [da] República Federativa do Brasil**, Brasília, DF, 2 jul. 2004.

1104 Cita-se a exemplos: Acórdãos nºs 1.601/2017, 2.428/2016 e 224/2015, todos do Plenário.

1105 BRASIL. Tribunal de Contas da União. Acórdão nº 2734/2018-Plenário Relator Vital do Rêgo.

1106 BRASIL. Tribunal de Contas da União. Acórdão nº 2742/2018 - Plenário; Acórdão 2316/2021- Plenário Relator Bruno Dantas.

contratações públicas federais, seria possível decretar a indisponibilidade de bens. Este também foi o entendimento do STF no MS nº 33.092/DF de relatoria do Ministro Gilmar Mendes.

Filiar-se a este entendimento, ao nosso ver, é uma afronta a própria natureza da medida cautelar e conduz ao cenário já apontado da insegurança e do que tem se denominado de "apagão das canetas", o medo dos gestores públicos em tomar decisões. Que agente público gostaria de ser incumbido de contratações de "elevado montante" sabendo que pode ter a indisponibilidade de seus bens pelo simples fato de, *a priori*, haver indícios de dano ao erário[1107]?

Fortalece nossa linha de argumentação, o fato de que o TCU, nos termos dos arts. 4° e 5°, da Lei n° 8.730/1993, dispõe de livre acesso aos dados das declarações de bens e rendas de todos os que exercem mandatos eletivos e cargos, empregos ou funções de confiança, na administração direta, indireta e fundacional, de qualquer dos Poderes da União, o que torna muito mais fácil verificar se existem indícios de locupletamento.

Entendemos que esse entendimento jurisprudencial necessita ser reavaliado, especialmente, com o advento das recentes alterações advindas da Lei nº 14.230/2021, na Lei de Improbidade Administrativa, isto porque, em que pese não serem aplicadas diretamente ao tema objeto deste estudo, improbidades administrativas são ilegalidades qualificadas, isto é, ainda mais graves.

Nesta senda, as alterações na referida norma, dentre outras inovações, especialmente no tocante à indisponibilidade de bens, foram no sentido de retirar a presunção do *periculum in mora*, e tornar necessária a "demonstração no caso concreto de perigo de dano irreparável ou de risco ao resultado útil do processo"[1108], dispondo, inclusive, sobre a prévia oitiva do réu. E o novo texto legal foi restritivo e categórico ao afirmar que apenas nestas condições a liminar de indisponibilidade deverá ser deferida.

Já quanto a individualização da conduta para efeitos da indisponibilidade de bens, se antes vigia o mesmo posicionamento do TCU no sentido da responsabilidade solidária, agora a previsão do art. 17, § 6º, inciso I da Lei nº 14.230/2021, determina que a individualização da conduta dos réus deve ser realizada já na petição inicial. Portanto, para fins da cautelar de indisponibilidade de bens, a petição inicial deve, obrigatoriamente, estabelecer e indicar o percentual de participação de cada réu no dano, sob pena de indeferimento do pedido.

Exatamente pela dimensão e relevância desses instrumentos é que devem constituir medidas excepcionais, apenas utilizadas quando iminente o risco, quando não atendidas suas deliberações e sempre pautada pela análise das consequências do

---

[1107] Para se ter uma ideia da dimensão deste posicionamento, a média de processos de TCE analisados por ano em âmbito federal pelo TCU é de 1.524 – com dados levantados entre 2002-2020, obtidos de levantamento da CGU in https://www.gov.br/cgu/pt-br/assuntos/auditoria-e-fiscalizacao/tomadas-de-contas-especiais. Acesso em: 30 out. 2021.

[1108] BRASIL. Lei nº 8.429, de 2 de junho de 1992. Art. 16, § 3º.

exercício do controle à luz do interesse público. Felizmente, parece que o Tribunal caminha neste sentido, pois de acordo com levantamento feito pelo próprio órgão[1109], entre os anos de 2020 e 2024 apenas doze indisponibilidades de bens foram decretadas, ao passo que em 2017 foram 117.

3.2.1.25.3 Sustação de atos

A perspectiva dessa forma de proceder, de controlar, é consentânea com as competências constitucionais dos Tribunais de Contas e com a tradição histórica do direito brasileiro, como se depreende da seguinte passagem de Pontes de Miranda, colhida em escólio à Carta de 1967, mas ainda atual:

> Se o Tribunal de Contas encontra ilegalidade em algum ato de que resulte despesa, ato negocial ou não negocial, inclusive contrato (negócio jurídico bilateral, em que estão incluídos os tratados) e, *a fortiori*, negócios jurídicos plurilaterais, tem o Tribunal de Contas o dever de assinar prazo razoável para que o órgão da administração corrija o que praticou ou está praticando. Se o órgão da administração desatende, cabe ao Tribunal de Contas sustar a execução ou a continuação da execução do ato. Mas, se em causa está contrato, ou negócio jurídico plurilateral, em que seja figurante a União, em vez de poder sustar, ele tem apenas a legitimidade a pedir ao Congresso Nacional que suste o adimplemento da dívida oriunda do contrato.[1110]

O Supremo Tribunal Federal também, em sede de caso concreto, entendeu legítimo até o exame de edital pelos Tribunais de Contas, em plena efetividade da competência constitucionalmente assegurada aos Tribunais de Contas.[1111] O que não se admite é que o Tribunal pretenda que o exame seja condição prévia à publicação ou à licitação. Não pode o controle subjugar a atividade administrativa ao controle prévio.

Também admite aquela Corte a suspensão cautelar de licitação, *inaudita altera parte*.[1112] A Lei nº 14.133/2021[1113] inovou ao colocar prazo de 25 dias (com possível

---

[1109] BRASIL. Tribunal de Contas da União Relatório de gestão: 2024. Brasília: TCU, Secretaria-Geral da Presidência, Secretaria-Geral de Controle Externo, Secretaria-Geral de Administração, 2025, p. 23.

[1110] PONTES DE MIRANDA, Francisco Cavalcanti. **Comentários à Constituição de 1967**. 2. ed. Rio de Janeiro: Forense, 1974, t. 6, p. 259.

[1111] BRASIL. Supremo Tribunal Federal. Administrativo. Suspensão de Segurança nº 1.308-9. Relator: Ministro Celso de Mello. Brasília, 09 de outubro de 1998. **Diário da Justiça [da] República Federativa do Brasil,** Brasília, DF, 19 out. 1998. Seção 1, p. 26-27.

[1112] a) BRASIL. Supremo Tribunal Federal. MS nº 24510/DF. Relatora: Ministra Ellen Gracie. Brasília, 19 de novembro de 2003. **Diário da Justiça [da] República Federativa do Brasil**, Brasília, DF, 19 mar. 2004, Ata nº 7.

b) tem sido comum nos acórdãos do TCU o indeferimento de medida cautelar para suspender procedimento licitatório e a ciência para que o órgão tome medidas para prevenir ocorrências semelhantes, como no caso de exgiência de máxima classificação de produto de acordo com a ABNT. BRASIL. Tribunal de Contas da União. Acórdão nº 17/2022 - TCU - Plenário. Disponível em: https://pesquisa.in.gov.br/imprensa/jsp/visualiza/index.jsp?data= 31/01/2022&jornal=515&pagina=291&totalArquivos=406.

[1113] BRASIL. Lei nº 14.133/2021. "Art. 171. Na fiscalização de controle será observado o seguinte: [...] § 1º Ao suspender cautelarmente o processo licitatório, o tribunal de contas deverá pronunciar-se definitivamente sobre o

prorrogação) para que o TCU se pronuncie, definitivamente, sobre o mérito da irregularidade que tenha dado causa à suspensão. Dispôs, ainda, sobre duas obrigações[1114] para que o Tribunal de Contas suspenda cautelarmente o procedimento licitatório: definir objetivamente as causas da ordem da suspensão e assegurar o modo como será garantido o atendimento do interesse público obstado pela suspensão da licitação, no caso de objetos essenciais ou de contratação por emergência.

3.2.1.25.4 Ato administrativo de alerta

O conjunto de normas relativas à gestão fiscal, instituído no Brasil a partir da Lei Complementar nº 101, de 4 de maio de 2000, acarreta uma mudança no processo de controle com a criação de um novo instrumento: o ato administrativo de alerta.[1115]

Se de um lado a Lei de Responsabilidade Fiscal definiu a responsabilidade dos gestores, demonstrando quando e como os agentes políticos e os servidores respondem por seus atos, de outro imputou ao controle o relevante papel de verificação e orientação, sem inibir a expressão dos demais poderes sancionadores.

Os órgãos de controle, em geral, ganharam, com a Lei de Responsabilidade Fiscal, novos e eficazes instrumentos de controle sobre as finanças públicas, inclusive com inserção de mecanismo de alerta previsto no art. 59, § 1º.

A adequação e a sujeição a esses novos mecanismos, estabelecidos com critérios técnicos, devem se fazer com parcimônia, sendo possível a dilação dos prazos, como preconiza a própria lei, para determinadas unidades, presumivelmente de menor capacidade administrativa.[1116]

Também sob esse aspecto, os Tribunais de Contas desempenham papel fundamental, impondo a aplicação progressiva da norma, considerando, sobretudo, a estrutura organizacional sobre a qual incide e colocando em relevo a nobreza da função didático-pedagógica, antes orientadora que punitiva.

Entre os novos instrumentos de controle está a proibição de consignar dotação para investimento superior a um exercício financeiro que não esteja previsto no plano plurianual. Ao lado dessa vedação, estabeleceu a Lei de Responsabilidade Fiscal que somente poderão ser incluídos novos projetos, na Lei Orçamentária e nas de créditos adicionais, após adequadamente atendidos os em andamento e contempladas as despesas de conservação do patrimônio público, nos termos em que dispuser a lei de diretrizes orçamentárias. Como instrumento de transparência para o cumprimento dessa norma, estabeleceu-se que o Poder Executivo, de cada esfera de governo, deverá

---

mérito da irregularidade que tenha dado causa à suspensão no prazo de 25 (vinte e cinco) dias úteis, contado da data do recebimento das informações a que se refere o § 2º deste artigo, prorrogável por igual período uma única vez, e definirá objetivamente: I - as causas da ordem de suspensão; II - o modo como será garantido o atendimento do interesse público obstado pela suspensão da licitação, no caso de objetos essenciais ou de contratação por emergência."

[1114] *Idem*. Art. 171, inc. II, §1º.

[1115] JACOBY FERNANDES, Jorge Ulisses. **Responsabilidade Fiscal:** na função do ordenador de despesas, na terceirização de mão-de-obra, na função do controle – questões práticas. 2. ed. Brasília: Brasília Jurídica, 2002.

[1116] BRASIL. **Lei de Responsabilidade Fiscal.** Lei Complementar nº 101, de 4 de maio de 2000. Organização dos textos e índice por J. U. JACOBY FERNANDES. 6. ed. atual. e ampl. Belo Horizonte: Fórum, 2014. Art. 63.

encaminhar ao legislativo, até a data do envio do projeto de lei de diretrizes orçamentárias, relatório com as informações necessárias ao cumprimento do disposto. Além da remessa, a norma exige ampla divulgação desse relatório, que deverá ser rigorosamente aferido pelos órgãos de controle, em especial pelos Tribunais de Contas, que já deram, em passado recente, importante contribuição para o assunto.

Desfazer a cultura de que o Estado, para induzir o crescimento econômico e social, deve operar com déficit orçamentário é missão permanente do órgão controlador. É inegável, nesse passo, que a coordenação entre os objetivos de ação governamental e o suporte econômico-financeiro que lhe dará exequibilidade implica uma típica tarefa de controle. Sob essa estrita ótica, ganha particular importância a atuação do controle interno, porque a ação fiscal responsável granjeará importantes adendos se presente uma certa simultaneidade entre o ato que ensejará a despesa e o pertinente início da atividade de fiscalização.

Se apurada a ocorrência de qualquer dos fatos elencados de forma objetiva no § 1º, do art. 59, da LRF, deve o respectivo Tribunal de Contas alertar os poderes ou os órgãos referidos no art. 20 da mesma norma.

O alerta, consagrado na norma,[1117] tem, sob aspecto formal, natureza jurídica de ato administrativo. Desse modo, mesmo reconhecendo aspectos judicialiformes na ação dos Tribunais de Contas e limites da revisibilidade judicial a determinadas decisões, é inequívoco que o dever de alertar se materializa num ato administrativo típico de verificação.

Adentrando no mérito do ato de alerta, devem ser destacadas suas principais características.

3.2.1.25.4.1 Ato de alerta - natureza cautelar

Tanto para o Tribunal de Contas, quanto para o destinatário do alerta tem este natureza cautelar. Na medida em que verifica a ocorrência de irregularidade ainda não consumada, como atingir determinado limite de despesa de pessoal ou de dívida, o tribunal não apenas informa (pois, em tese, o fato já é do conhecimento de quem está sendo informado), mas registra, expressamente, o dever da autoridade administrativa ou política de acautelar-se.

Não haveria outra razão de ser para a determinação legal de alertar se não fosse também para acautelar e resguardar a boa-fé dos envolvidos.

Deve ser essa a principal função do controle: alertar para a possível ocorrência de irregularidade, orientar, corrigir, impor a correção das ações programadas. Ineficazes esses atos, por ação intencional do agente, devem sobrevir fortes reprimendas por meio de sanção, cuja eficácia não pode e não deve limitar-se à declaração. É preciso constranger, impor o ônus da multa, inibir a candidatura eleitoral, vedar a ocupação de cargo público e até isolar o agente (reclusão). Enfim, fazer prevalecer o temor.

[1117] *Ibidem*, art. 59, § 1º.

A norma do § 1º do art. 59, a par de destacar a nobreza da função orientadora do controle, tem ainda a feliz iniciativa de encontrar equilíbrio entre o controle prévio e o posterior.

Tanto na Constituição Federal, quanto nas leis orgânicas dos Tribunais de Contas, vislumbram-se atos de natureza cautelar e de orientação[1118].

Que se tome, por exemplo, o seguinte dever/direito: "assinar prazo para que o órgão ou entidade adote as providências necessárias ao exato cumprimento da lei, se verificada ilegalidade", ou sustar o ato se não atendida a recomendação.[1119]

3.2.1.25.4.2 Ato de alerta e a definição de responsabilidade

Ao expedir o ato administrativo de alerta, o Tribunal de Contas firma a responsabilidade da autoridade que é comunicada.

Nesse passo, é preciso distinguir responsabilidade dos agentes públicos em geral e dos agentes políticos.

Os agentes políticos,[1120] espécie de agentes públicos, têm atuação diferenciada e só respondem por dolo (má-fé) normalmente apurado nos chamados crimes de responsabilidade e em ações peculiares, como de improbidade e civil pública.[1121]

Assim é porque os agentes políticos não têm sua atuação integralmente regulada pela lei, sendo competentes em maior elastério da discricionariedade. Definem rumos dos órgãos, das pessoas jurídicas, fazem leis, dão solução para a lide.

Com a instituição do instrumento de alerta, serão direta e pessoalmente notificados da ocorrência ou iminência de ato irregular nos órgãos em que, eventualmente, estejam investidos, cumulativamente, de funções administrativas.

Essa característica de firmar a responsabilidade se desenvolve pelo ato de alerta, mesmo para autoridades que não sejam ordenadores de despesa. Ciente da prática de ato irregular do subalterno e, permanecendo omisso, passará a responder solidariamente com esse.

[1118] O TCU, a partir de consulta ao Comprasnet, acompanhou o uso integrado de informações na gestão de políticas públicas (Dia D) e alertou diversos órgãos federais, estaduais e municipais. Posteriormente reformou o acórdão, para restringir o alerta aos órgãos federais, para que encaminhassem ao TCU as providências adotadas em relação aos alertas enviados via plataforma digital para comunicação de riscos. Embora tenha excluído os citados órgãos estaduais e municipais da aplicação do referido acórdão, o TCU encaminhou os resultados dos alertas detectados aos Tribunais de Contas dos Estados e dos Municípios, para que adotem as providências que entenderem necessárias. Acórdão nº 1177/2023 - TCU – Plenário. Disponível em: https://pesquisa.in.gov.br/imprensa/jsp/visualiza/index.jsp?data=22/06/2023&jornal=515&pagina=330&totalArquivos=346.

[1119] BRASIL. **Constituição da República Federativa do Brasil** (Versão Bolso). Organização dos textos e índice por J. U. JACOBY FERNANDES. 2. ed. Belo Horizonte: Fórum, 2019. Art. 71, inc. IX e X.

[1120] Pessoas titulares de cargos e que estão ligadas diretamente à estrutura do poder do Estado são, em regra, os detentores de mandatos eletivos: presidente da República, governadores, prefeitos e seus vices, além de senadores, vereadores e deputados federais e estaduais. Incluem-se neste rol os auxiliares diretos dos chefes do Poder Executivo, nas três esferas, tais como: ministros, secretários de Estado e secretários municipais – cf.: MOTTA, Carlos Pinto Coelho (Coord). **Curso Prático de Direito Administrativo.** Belo Horizonte: Del Rey, 1999, p. 200.

[1121] BRASIL. **Constituição da República Federativa do Brasil** (Versão Bolso). Organização dos textos e índice por J. U. JACOBY FERNANDES. 2. ed. Belo Horizonte: Fórum, 2019. Art. 129, inc. III.

Nesse sentido, o ato de alerta passará a funcionar como definidor da responsabilidade e da conivência. Até para a autoridade não ordenadora de despesa, no passado, a ordem jurídica dispunha de modo diverso. Lembre-se, a propósito, o teor do art. 80 do Decreto-Lei nº 200, de 25 de fevereiro de 1967:

> Art. 80 - Os órgãos de contabilidade inscreverão como responsável todo o ordenador de despesa, o qual só poderá ser exonerado de sua responsabilidade após julgadas regulares suas contas pelo Tribunal de Contas.
>
> § 1º [...]
>
> § 2º - O ordenador de despesas, salvo conivência, não é responsável por prejuízos causados à Fazenda Nacional decorrentes de atos praticados por agente subordinado que exorbitar das ordens recebidas.

Antes da sistemática do alerta, a responsabilidade era mitigada nos escalões superiores, porque entendia-se inexigível o conhecimento de atos praticados nos demais níveis hierárquicos.

Nesse sentido, o Tribunal de Contas da União, em sábia jurisprudência, havia firmado entendimento de que falhas de natureza operacional não podem ser atribuídas à esfera de competência do governador, como erros em licitação. O mesmo raciocínio podia ser estendido ao Presidente da República e aos Prefeitos Municipais.[1122] Com a criação do instrumento de alerta, este posicionamento deverá mudar radicalmente. No âmbito do processo civil, há um instituto que guarda semelhança com o alerta e ainda se insere entre os de natureza cautelar: é a notificação prevista no art. 726 e 727 do Código de Processo Civil;[1123] também com a finalidade de prevenir responsabilidade.

3.2.1.25.4.2.1 Ausência do ato de alerta - atenuante da responsabilidade

Com a missão de alertar e orientar, sem prejuízo dos poderes de aplicar as sanções próprias e de comunicar ao Ministério Público a ocorrência dos fatos tipificados na legislação pertinente, os Tribunais de Contas passaram a ser verdadeiros guardiões da Responsabilidade Fiscal.

O alerta coloca-se como antecedente lógico e necessário para a firmação de responsabilidade no âmbito das condutas definidas na Lei Complementar nº 101, de 4 de maio de 2000. No mínimo, uma vez definido o dever de alertar pela lei, parece lógico que o agente deva ser responsabilizado pelo desacato à norma quando alertado.

[1122] BRASIL. Tribunal de Contas da União. Auditoria. Processo TC nº 775.049/1996-4. Acórdão nº 177/1998 - Plenário. Relator: Ministro Marcos Vinícios Vilaça. Brasília, 25 de novembro de 1998. **Diário Oficial [da] República Federativa do Brasil**. Brasília, DF, 04 dez. 1998. Seção 1, p. 37-38.

[1123] BRASIL. Lei nº 13.105, de 16 de março de 2015. Código de Processo Civil. Brasília, DF: Presidência da República, [2025]. Disponível em: https://www.planalto.gov.br/ccivil_03/_ato2015-2018/2015/lei/l13105.htm. "Art. 726. Quem tiver interesse em manifestar formalmente sua vontade a outrem sobre assunto juridicamente relevante poderá notificar pessoas participantes da mesma relação jurídica para dar-lhes ciência de seu propósito.[...]"

Desse modo, a ausência do alerta funcionaria, então, como uma primeira atenuante da responsabilidade a ser aferida diante de cada caso concreto.

De fato, se a jurisprudência do TCU anterior à LRF, como visto, permitia aos agentes políticos isentarem-se de responsabilidade por atos operacionais, não há razão para, diante da ausência do alerta, presumir-se que conhecem detalhes técnicos complexos, vez que a relação que entretêm com o Estado não é de natureza profissional.

Nesse ponto, será preciso aplicar modernos princípios administrativos como os da razoabilidade e da proporcionalidade para definir responsabilidade. Tome-se, por exemplo, o limite com despesa de pessoal: não é apenas de 50 ou 60% da receita; tal limite se calcula sobre a receita líquida conceituada no art. 2º, inc. IV, mas com exclusão das parcelas referidas no art. 14 e observado o conceito do art. 18 da LRF[1124]. Como se percebe, não se trata de um cálculo aritmético passível de ser efetivado por qualquer gestor; ao contrário, há predominância de conhecimento técnico.

Por esse motivo, o ato de alerta obriga a uma mudança de postura dos Tribunais de Contas, que não devem limitar-se à requisição de informações, tantas vezes passíveis de deformações. É preciso buscá-las nos registros públicos instrumentalizados pela LRF.

Nesse contexto é que a ausência de alerta poderá funcionar como atenuante para o gestor ou agente político, sem olvidar o dever que possui de qualificar a equipe de técnicos que assessoram a gestão.

A Lei de Responsabilidade Fiscal, no art. 64, estabeleceu o dever da União de apoiar a implantação do novo paradigma de gestão nos municípios. Enquanto não efetivado esse comando, dever-se-á reconhecer uma atenuante em favor do gestor.

Há ainda outra atenuante, a chamada falha estrutural, caracterizada pela existência de circunstâncias fáticas impeditivas do cumprimento da norma, superiores à vontade do agente, para as quais não concorreu, se demonstrado que envidou esforços para neutralizá-las ou para minorar suas consequências.[1125]

Atentando-se para esse aspecto é que se tem por urgente a necessidade de ampla revisão da ação do controle que, por intermédio do alerta, pode revelar-se em novo paradigma do processo decisório.

Por óbvio que, se por um lado, a omissão do alerta é atenuante da responsabilidade para a autoridade, sua característica agravará a responsabilidade dos Tribunais de Contas. O fato de constituir-se em órgão colegiado e autônomo não impede que sejam seus membros responsabilizados pela omissão.

[1124] O Supremo Tribunal Federal, por unanimidade, converteu o julgamento da cautelar em deliberação de mérito, conheceu da ação declaratória e julgou procedente o pedido formulado para declarar a constitucionalidade do art. 18, caput, e do art. 19, caput e §§ 1º e 2º, ambos da Lei Complementar 101/2000. BRASIL. Supremo Tribunal Federal. ADC nº 69. Disponível em: https://pesquisa.in.gov.br/imprensa/jsp/visualiza/index.jsp?jornal=515&pagina= 1&data=14/08/2023&totalArquivos=140.

[1125] Para mais detalhes, consultar: JACOBY FERNANDES, Jorge Ulisses. **Tomada de Contas Especial**: processo e procedimento nos Tribunais de Contas e na Administração Pública. 5 ed. rev., atual. e amp. Belo Horizonte: Fórum, 2012, p. 160 e 392.

Desse modo, a ausência do alerta funciona, no processo submetido ao Tribunal de Contas ou ao Poder Judiciário em que a autoridade é demandada, seja ela ordenadora de despesa ou não, como atenuante.

Por outro lado, a autoridade que está sendo julgada, ou que tenha sido, poderá representar ao Ministério Público contra a omissão do Tribunal de Contas no dever de alertá-lo tempestivamente dos fatos elencados no § 1º do art. 59, com fundamento na Lei de Improbidade.[1126]

3.2.1.25.4.2.2 Morfologia do ato de alerta

O ato de alerta deve revestir-se, para sua validade, de requisitos mínimos.

A forma só pode ser escrita, devendo estar acompanhada da respectiva motivação, em submissão às regras dos atos administrativos. Indispensável a publicação na imprensa oficial como condição de eficácia e ciência da autoridade.[1127]

Ainda em relação à forma, mostra-se recomendável que, a exemplo dos acórdãos condenatórios, sejam os atos administrativos de alerta expedidos, numerados em ordem sequencial, e que se registre, quando for o caso, tratar-se de reiteração de anterior.

Aqui, então, será caracterizado o ponto angular do exercício do contraditório: quando houver erros em demonstrativos contábeis ou em informações apuradas a partir de meio eletrônico, por exemplo.

3.2.1.26 Penalidades aplicáveis

Aos Tribunais de Contas, no desempenho de suas funções, é conferida a possibilidade de aplicação das seguintes penalidades.

3.2.1.26.1. Inabilitação para cargo em comissão

Guardando simetria com a possibilidade de afastar do processo eleitoral o agente que teve rejeitadas suas contas por irregularidade insanável com nota de improbidade, os Tribunais de Contas têm competência para inabilitar, pelo prazo de até cinco anos, para o exercício de cargo em comissão ou de função de confiança no âmbito da Administração Pública, também aquele que tenha praticado irregularidade.[1128]

[1126] BRASIL. Lei nº 8.429, de 2 de junho de 1992. Dispõe sobre as sanções aplicáveis aos agentes públicos nos casos de enriquecimento ilícito no exercício de mandato, cargo, emprego ou função na Administração Pública direta, indireta ou fundacional e dá outras providências. **Diário Oficial [da] República Federativa do Brasil**, Rio de Janeiro, RJ, 3 jun. 1992. Seção 1, p. 6993. Art. 11, inc. II.

[1127] a) Na ausência de normas específicas dos Tribunais de Contas, segue-se a regra geral de processo civil, cf.: BRASIL. Lei nº 13.105, de 16 de março de 2015. Código de Processo Civil. Brasília, DF: Presidência da República, [2025]. Disponível em: https://www.planalto.gov.br/ccivil_03/_ato2015-2018/2015/lei/l13105.htm. Art. 236 e ss.

b) BRASIL. **Regimento Interno e Lei Orgânica do Tribunal de Contas da União.** Organização dos textos e índice por J. U. JACOBY FERNANDES. Belo Horizonte: Fórum, 2014. Lei nº 8.443/1992: "Art. 60. Sem prejuízo das sanções previstas na Seção anterior e das penalidades administrativas, aplicáveis pelas autoridades competentes, por irregularidades constatadas pelo Tribunal de Contas da União, sempre que este, por maioria absoluta de seus membros, considerar grave a infração cometida, o responsável ficará inabilitado, por um período que variará de cinco a oito anos, para o exercício de cargo em comissão ou função de confiança no âmbito da Administração Pública [...]".

Diferentemente do que ocorre com a inelegibilidade, aqui não se exige a irregularidade da conta, nem a existência de nota de improbidade. É suficiente comportamento grave e danoso ao erário. Pode o agente, se ocupante de cargo efetivo, continuar vinculado à Administração Pública, agora sem exercer cargo em comissão ou função de confiança.

Se, contudo, o agente não é ocupante de cargo efetivo, a aplicação dessa penalidade implicará exoneração.

Observa Flávio Régis de Moura e Castro que:

> As Cortes de Contas dos Estados da Bahia, Ceará, Maranhão, Mato Grosso e Pará, além de inabilitarem o responsável pela infração, sendo ele servidor, propõem, ainda, a aplicação da pena de demissão. Expressivo número de Tribunais pode, também, solicitar a promoção do arresto dos bens dos responsáveis julgados em débito.[1129]

Dúvidas podem ser suscitadas acerca da abrangência dessa penalidade: assim, alguém punido na esfera federal pode desempenhar cargo em comissão em outra esfera de governo, no Distrito Federal, por exemplo? Há duas e alternativas possibilidades de interpretação. Pela primeira, a penalidade só se estende até o limite da jurisdição do respectivo tribunal. No caso, se aplicada pelo TCU, apenas na esfera federal. Pela segunda, embora poucos diplomas legais tenham definido Administração Pública, considerando que a causa da aplicação da penalidade diz respeito aos recursos públicos ou interesse público - legalidade, legitimidade e economicidade -, deve ser entendida a abrangência do mesmo modo que o faz a Lei de Licitações.[1130] Parece preferível a segunda exegese, porque penalidade similar prevista no Código Penal também abrange todas as esferas de governo. Mesma causa, mesmo efeito. É forçoso antever, contudo, que deverá prevalecer a primeira, dada a competência do aplicador e sua esfera de jurisdição.

3.2.1.26.2 Declaração de inidoneidade de empresa

Em face da gravidade do ato praticado ou da omissão, pode o Tribunal de Contas aplicar punições ao agente ou, excepcionalmente, às pessoas jurídicas, independentemente do dever de reparar o dano.[1131]

[1129] MOURA E CASTRO, Flávio Régis Xavier de. O novo Tribunal de Contas: visão sistêmica das leis orgânicas dos Tribunais de Contas dos Estados e Municípios do Brasil. **Revista do Tribunal de Contas do Estado de Minas Gerais**, Belo Horizonte, v. 46, n. 1, p. 157, jan./mar. 2003.

[1130] BRASIL. **Lei nº 14.133, de 1º de abril de 2021**. Lei de Licitações e Contratos Administrativos. Disponível em: https://www.planalto.gov.br/ccivil_03/_Ato2019-2022/2021/Lei/L14133.htm. "Art. 6º. [...] III - Administração Pública - a administração direta e indireta da União, dos Estados, do Distrito Federal e dos Municípios, inclusive as entidades com personalidade jurídica de direito privado sob controle do poder público e as fundações por ele instituídas ou mantidas [...]".

[1131] Plenário do TCU, analisando aquisição de gêneros alimentícios de empresas inexistentes, cujos endereços fornecidos eram residenciais; e, ainda, que havia empresa recém fundada, indicando que fora aberta apenas para fornecer à Prefeitura, declarou inidôneas para contratar com a Administração Pública Federal por três anos as empresas vencedoras, cujo administrador é o mesmo das empresas fantasmas, aplicou multa individual ao prefeito e a todos os membros da CPL, além de determinar que a declaração de inidoneidade constasse no portal de compras

Essa possibilidade está definida no art. 46 da Lei Orgânica do Tribunal de Contas da União.[1132]

Ocorre que também a Lei de Licitações previa essa penalidade com o mesmo título,[1133] fato que poderia ensejar discussões. Na verdade, são penalidades distintas[1134].

A Administração Pública pode aplicar a penalidade por irregularidades decorrentes de licitações ou contratos, mas também pode omitir-se ou deixar de reconhecer a ilegalidade, por conivência ou conluio com servidores públicos.[1135]

Para a primeira hipótese, pode e deve o Tribunal, inicialmente, envidar esforços no sentido de provocar a Administração para que cumpra com o dever de apurar e punir. Nesse caso, havendo omissão no acatamento de recomendação do Tribunal, caracteriza-se a segunda hipótese: conivência ou conluio.

Nessas duas hipóteses, garantida a ampla defesa e o contraditório, pode o Tribunal aplicar diretamente à empresa, pelo prazo de até cinco anos, a penalidade de declaração de inidoneidade.

As condições ensejadoras da aplicação da penalidade não estão restritas às licitações reguladas pela Lei Geral de Licitações e Contratos. Podem justificar a penalização, outras relações como permissões e concessões, desde que precedidas de licitação.

A inidoneidade partirá da declaração sobre a reputação de empresa, rompendo, desde logo, todas as relações jurídicas que esta entretém com a Administração Pública e impedindo, pelo prazo de até cinco anos, a constituição de novas relações. Posteriormente à 2ª edição desta obra, os órgãos do Poder Judiciário firmaram

---

COMPRASNET. BRASIL. Tribunal de Contas da União. Processo TC nº 010.277/2003-5. Acórdão nº 730/2004 - Plenário. Relator: Ministro Walton Alencar. **Diário Oficial da União [da] República Federativa do Brasil**, Brasília, DF, 18 jun. 2004. Seção 1, p. 157-159.

[1132] BRASIL. **Regimento Interno e Lei Orgânica do Tribunal de Contas da União.** Organização dos textos e índice por J. U. JACOBY FERNANDES. Belo Horizonte: Fórum, 2014. Lei nº 8.443/1992.

[1133] a) BRASIL. **Lei de Licitações e Contratos Administrativos e outras normas pertinentes.** Organização dos textos e índice por J. U. JACOBY FERNANDES. 15. ed., rev. e atual. Belo Horizonte: Fórum, 2014. Art. 87, inc. IV.

b) com a entrada em vigor da nova Lei de Licitações e Contratos, os crimes em licitações e contratos administrativos foram remetidos ao Código Penal, Capítulo II-B. Disponível em: https://www.planalto.gov.br/ccivil_03/decreto-lei/del2848compilado.htm.

[1134] Nesse sentido já decidiu o Plenário do STF no MS nº 30.788 e no Pet 3.606 AgR/DF. Diário de Justiça da União, 27 out. 2006.

[1135] Nesse sentido: "[...] 1. A atuação do Tribunal de Contas da União no exercício da fiscalização contábil, financeira, orçamentária, operacional e patrimonial das entidades administrativas não se confunde com aquela atividade fiscalizatória realizada pelo próprio órgão administrativo, uma vez que esta atribuição decorre da de controle interno ínsito a cada Poder e aquela, do controle externo a cargo do Congresso Nacional (CF, art. 70). 2. O poder outorgado pelo legislador ao TCU, de declarar, verificada a ocorrência de fraude comprovada à licitação, a inidoneidade do licitante fraudador para participar, por até cinco anos, de licitação na Administração Pública Federal (art. 46 da L. 8.443/92), não se confunde com o dispositivo da Lei das Licitações (art. 87), que - dirigido apenas aos altos cargos do Poder Executivo dos entes federativos (§ 3º) - é restrito ao controle interno da Administração Pública e de aplicação mais abrangente. [...]". BRASIL. Supremo Tribunal Federal. Pet nº 3606 AgR/DF - Pleno. Relator: Ministro Sepúlveda Pertence. Brasília, 21 de setembro de 2006. **Diário da Justiça [da] República Federativa do Brasil**, Brasília, DF, 27 out. 2006, p. 31.

entendimento[1136] no sentido de que a declaração de inidoneidade aplicada com base na antiga Lei de Licitações impedia a participação em licitação futura e não rompia os contratos em andamento.

O entendimento permanece na Lei nº 14.133/2021, tendo sido objeto de atualização de orientação normativa pela AGU[1137].

Para cada contrato há de ser analisado, caso a caso, se a causa da declaração de inidoneidade repercute ou não no contrato. Isso porque haverá contratos em que a rescisão pode representar maior prejuízo ao erário e ao interesse público[1138].

Também aqui os efeitos da penalidade limitam-se à esfera da jurisdição do Tribunal de Contas aplicador, embora fosse conveniente, de *lege ferenda*, estendê-los a todas as esferas. O TCU tem entendimento firmado no sentido de que, quando a penalidade for por ele aplicada, a empresa sofrerá restrição em relação a todos os órgãos federais e, ainda, em todas as licitações que envolvam recursos da Administração Pública Federal, mesmo descentralizados mediante convênios, acordos, ajustes ou outros instrumentos congêneres federais.[1139]

Não é imprescindível à aplicação da penalidade o dano, sendo suficiente grave fraude.

Sem prejuízo da competência própria de aplicar a sanção, o Tribunal, como dito, pode determinar que o jurisdicionado o faça, mas neste caso somente com a competência definida na Lei de Licitações e observadas as normas pertinentes.[1140]

Há entendimento firmado no âmbito do TCU no sentido de que, sendo a empresa sociedade empresária, a prática de algum crime por um dos sócios não contamina a pessoa jurídica. O seguinte excerto é elucidativo:

[1136] Neste sentido: BRASIL. Superior Tribunal de Justiça. Mandado de Segurança nº 13.101/DF. Min. Eliana Calmon. DJe, 09 dez. 2008. BRASIL. Supremo Tribunal Federal. Mandado de Segurança nº 14.002/DF. Rel. Min. Teori Albino Zavascki, DJe, 6 nov. 2009. Mandado de Segurança nº 13.101/DF, Rel. Min. José Delgado. Rel. p/ Acórdão Min. Eliana Calmon, DJe 9 dez. 2008.

[1137] ON n.º 49: "A aplicação das sanções previstas no artigo 87, incisos III e IV, da Lei n.º 8.666/1993, no artigo 7º da Lei n.º 10.520/2002, e no artigo 156, incisos III e IV, da Lei n.º 14.133/2021, possuem efeito *ex nunc*, não afetando por si só os contratos em andamento, competindo à Administração avaliar a possibilidade de sua extinção unilateral caso exista justificativa.

[1138] "[...] 3. A rescisão imediata de todos os contratos firmados entre a embargada e a Administração Pública, em razão de declaração de inidoneidade, pode representar prejuízo maior ao erário e ao interesse público, já que se abrirá o risco de incidir sobre contrato que esteja sendo devidamente cumprido, contrariando, assim, o princípio da proporcionalidade, da eficiência e obrigando gasto de verba pública com realização de novo procedimento licitatório. Interpretação sistemática dos arts. 55, XIII e 78, I, da Lei 8.666/1993." BRASIL. Superior Tribunal de Justiça. EDcl no MS 13.101/DF, rei. Min. Eliana Calmon, j. em 13.05.2009, DJe de 25.05.2009.

[1139] BRASIL. Tribunal de Contas da União. Processo TC nº 016.556/2005-5. Acórdão nº 1262/2009 - Plenário. Relator: Ministro Walton Alencar Rodrigues. Disponível em: **<http://www.tcu.gov.br>**. Acesso em: 04 jul. 2014.

[1140] Nesse sentido: DISTRITO FEDERAL. Tribunal de Contas. Processo nº 938/2000. Decisão Extraordinária Reservada nº 112/2003. Relator: Conselheiro Jorge Ulisses Jacoby Fernandes. Disponível em: <http://www.tc.df.gov.br>. Acesso em: 04 jul. 2014. "[...] IV - diante das evidências de conluio entre os licitantes, determinar à Secretaria de Educação que inicie, nos termos da Lei nº 8.666/93, processo visando à manifestação das empresas [...], a fim de aplicar a penalidade de declaração de inidoneidade, que as impediria de participar de licitações no âmbito da Administração Pública; [...]".

> Houve, sim, infração penal praticada pessoalmente pelo Sr. [...], sem conhecimento dos demais sócios da empresa.
>
> Assim, verifico que não é plausível pugnar pela responsabilização administrativo-penal da pessoa jurídica de direito privado, sancionando-a com declaração de inidoneidade para licitar com a administração federal, já que, *in casu*, o ato irregular fora praticado pessoalmente por um dos gerentes da empresa - com evidente abuso de poder. Eis que aplicar a penalidade administrativa, nessas circunstâncias, importaria ofender o princípio da pessoalidade da pena (CF/88, Art. 5º, XLV: 'Nenhuma pena passará da pessoa do condenado, ...') e negar aplicação analógica - *in bonam partem* - à regra geral penal contida no art. 30 do CPB ('Não se comunicam as circunstâncias e as condições de caráter pessoal, salvo quando elementares do crime.').
>
> 8. De mais a mais, constato que o fato não se subsome ao art. 46 da Lei nº 8.443/1992, que prescreve a declaração de inidoneidade do licitante fraudador. Ora, no presente caso, não houve fraude praticada pelo licitante. Houve, sim, crime de falsidade praticado pessoalmente pelo Sr. [...], um dos dirigentes da empresa.
>
> 9. Há precedente no TCU que ratifica esse entendimento, porquanto indica a necessidade de participação ou de conivência dos demais sócios na prática da fraude. É o caso, por exemplo, do TC 012.959/2000-0 que cuidou de representação em razão de a empresa vencedora do certame ter apresentado atestados de capacidade técnica falsificados. No aresto, a empresa foi apenada com declaração de inidoneidade, após ter ficado comprovada a participação, direta ou indireta, dos demais sócios na falsificação. No caso, foram apresentadas certidões falsas em diversos certames, gerando a presunção de conivência dos demais sócios. Ou seja, ficou provado que a fraude teria sido praticada pela empresa, com anuência do quadro social, e não por apenas um dos sócios da empresa, agindo com abuso de poder, como se observa no caso vertente.[1141]

3.2.1.26.3 Multa

Multa, no sentido originário do latim, corresponde à pena pecuniária. É considerada, em sentido amplo, como a sanção imposta à pessoa, por infringência à regra ou ao princípio de lei ou ao contrato, em virtude do que fica na *obrigação de pagar certa importância em dinheiro.*[1142]

Tradicionalmente, as leis orgânicas dos Tribunais de Contas preveem a aplicação de multa. Houve certa confusão por ocasião do advento da Constituição

---

[1141] BRASIL. Tribunal de Contas da União. Processo TC nº 006.176/1997-6. Acórdão nº 800/2004 - Plenário. Relator: Auditor Augusto Sherman Cavalcanti. Brasília, 23 de junho de 2004. **Diário Oficial da União [da] República Federativa do Brasil**, Brasília, DF, 2 jul. 2004. Seção 1, p. 191.

[1142] SILVA, De Plácido e. **Vocabulário jurídico**. Rio de Janeiro: Forense, 16. ed., 1999, p. 544.

Federal: teria esta limitado a aplicação de multa aos casos de ilegalidade com dano ao erário?

Por esse motivo, merecem ser expendidas algumas considerações sobre as principais características da competência para aplicar multa.

3.2.1.26.3.1 Classificação

Luciano Ferraz destaca que se deve distinguir a multa - coerção, da multa - sanção. Ensina que as primeiras são aplicadas no intuito de forçar o cumprimento do ordenado, aproximando-se, na essência, das infrações impostas de Poder Público pelo descumprimento das medidas de polícia administrativa, enquanto as segundas possuem nítido caráter reparador de dano.

Após essa precisa distinção, esclarece:

> Contudo, pode-se estabelecer, no que tange à garantia do contraditório, distinção entre multas-coerção e multas-sanção. As primeiras, por tutelarem o cumprimento de obrigações públicas, assemelhando-se às medidas de polícia, permitem o diferimento do contraditório, vale dizer, autorizam a sua instalação depois de consumada a coação. Já as segundas reclamam prévio contraditório para que a sanção a ser imposta seja legítima.[1143]

A primeira "tenciona obrigar os sujeitos, administradores de recursos públicos, ao cumprimento de obrigações públicas impostas por lei". E, prossegue: "Há multas

---

[1143] a) FERRAz, Luciano. Poder de coerção e poder de sanção dos Tribunais de Contas - competência normativa e devido processo legal. **Revista Diálogo Jurídico**, n. 13, abr./mai., 2002, Salvador, BA.

b) Confirmando esse entendimento, tem-se a Súmula nº 19 - TCE/RN, com o seguinte teor: "[...] A entrega do balancete mensal, o cumprimento de diligência ou requisição de processo de forma extemporânea sujeita o responsável a aplicação de multa, independentemente da instauração do contraditório, ante sua caracterização de forma objetiva e concreta [...]".

c) Também o Regimento Interno do TCU adere a essa distinção quando estabelece: "Art. 268. O Tribunal poderá aplicar multa, [...] IV - descumprimento, no prazo fixado, sem causa justificada, à diligência determinada pelo relator, no valor compreendido entre cinco e cinqüenta por cento do montante a que se refere o *caput*; V - obstrução ao livre exercício das auditorias e inspeções determinadas, no valor compreendido entre cinco e oitenta por cento do montante a que se refere o *caput*; VI - sonegação de processo, documento ou informação, em auditoria ou inspeção, no valor compreendido entre cinco e oitenta por cento do montante a que se refere o *caput*; VII - descumprimento de decisão do Tribunal, salvo motivo justificado, no valor compreendido entre cinco e cinqüenta por cento do montante a que se refere o *caput*; VIII - reincidência no descumprimento de decisão do Tribunal, no valor compreendido entre cinqüenta e cem por cento do montante a que se refere o *caput*. [...] § 3º A multa aplicada com fundamento nos incisos IV, V, VI, VII ou VIII prescinde de prévia audiência dos responsáveis, desde que a possibilidade de sua aplicação conste da comunicação do despacho ou da decisão descumprida ou do ofício de apresentação da equipe de fiscalização [...]". BRASIL. **Regimento Interno e Lei Orgânica do Tribunal de Contas da União.** Organização dos textos e índice por J. U. JACOBY FERNANDES. Belo Horizonte: Fórum, 2014. Resolução TCU nº 246/2011.

d) Em notável aplicação prática desse dispositivo, o Ministro Benjamim Zymler apresenta o seguinte escólio: "[...] Destaco que é desnecessária a realização de audiência prévia do Sr. [...], pois está-se a tratar de aplicação de multa processual. Assim, o exercício da ampla defesa pode ocorrer em etapa posterior à aplicação da multa tal qual ocorre com a aplicação das multas previstas nos arts. 30, 35, 538 e 601 do CPC. Essa regra foi explicitada no § 3º do art. 268 do Regimento Interno do TCU [...]". BRASIL. Tribunal de Contas da União. Processo TC nº 929.504/1998-4. Acórdão nº 81/2003 - 2ª Câmara. Relator: Ministro Benjamin Zymler. Brasília, 6 de fevereiro de 2003. **Diário Oficial da União [da] República Federativa do Brasil**, Brasília, DF, 17 fev. 2003. [O Ministro fazia referência ao CPC anterior]

previstas nas Leis Orgânicas e nos regimentos internos destes órgãos que se dirigem mesmo à punição dos infratores (multa-sanção)".[1144]

No primeiro caso, devem as leis prever multa diária para forçar o cumprimento imediato quando se tratar de obrigação de fazer.

3.2.1.26.3.2 Dos requisitos para aplicação da multa

Tendo em conta as normas constitucionais pertinentes, pode-se destacar os seguintes requisitos para a aplicação de multa pelos Tribunais de Contas.

3.2.1.26.3.2.1 Ilegalidade de ato

Mesmo tendo o Tribunal de Contas competência para controlar a legalidade, legitimidade e economicidade dos atos, por expressa disposição constitucional, só cabe aplicação de multa, a partir da Constituição Federal de 1988, por violação da ordem legal, expressão esta que abrange inclusive o descumprimento de determinação do próprio Tribunal.[1145]

3.2.1.26.3.2.2 Despesa ou irregularidade de contas

Não são puníveis por multa as matérias tradicionais, controladas de forma mediata pelos Tribunais de Contas, como ocorre, por exemplo, numa condescendência da autoridade em punir disciplinarmente um servidor. Nessa hipótese, descabe multa. O fato gerador deve estar ligado a despesa ou contas. O Tribunal pode recomendar a apuração, mas não pode imiscuir-se na dosimetria da pena ou sobrevalorização dos fatos favoráveis no ato de julgamento.

3.2.1.26.3.2.3 Previsão em lei

Aqui é importante lembrar que se trata de multa administrativa, regulada pelos princípios do Direito Administrativo. Uma das características desse ramo do Direito é que não se exige a correlação direta entre a infração e a punição, ao contrário do que ocorre com o Direito Penal, em que a vinculação é direta, precisa e detalhada circunstancialmente. Assim, indispensável a previsão em lei para aplicação de multa,

---

[1144] FERRAZ, Luciano. Poder de coerção e poder de sanção dos Tribunais de Contas - competência normativa e devido processo legal. **Revista do Tribunal de Contas do Estado de Minas Gerais**, Belo Horizonte, v. 43, n. 2, abr./jun., 2002, p.129.

[1145] a) Obtempera o eminente Ministro Walton Alencar: "[...] Com efeito, somente em caso de descumprimento de determinação pode o Tribunal aplicar multa ao responsável, nos termos previstos no § 1º do art. 58, da Lei 8.443/92 [...]". BRASIL. Tribunal de Contas da União. Processo TC nº 022.905/1994-4. Decisão nº 163/2002 - 1ª Câmara. Relator: Ministro Walton Alencar Rodrigues. Brasília, 30 de abril de 2002. **Diário Oficial da União [da] República Federativa do Brasil**, Brasília, DF, 9 maio 2002. Seção 1, p. 89.

b) No Acórdão nº 692/2025 – Plenário, o TCU reiterou determinações anteriores ao Dnocs e à Codevasf para avaliar a gestão de segurança das barragens de usos múltiplos (Codevasf) e recomendou medidas coordenadas pela Casa Civil, alertando para possíveis sanções, caso persistam descumprimentos injustificados. Também reforçou a necessidade de inclusão de rubricas específicas na LOA para garantir recursos voltados exclusivamente à segurança dessas infraestruturas. Disponível em: https://pesquisa.in.gov.br/imprensa/jsp/visualiza/index.jsp?data= 10/04/ 2025&jornal=515&pagina=111&totalArquivos=135.

sem necessidade, contudo, de fixação dos limites máximos e mínimos para sua validade, pois o aplicador desta é a Administração Pública.

Outro ponto importante a ser tratado diz respeito à ingerência parlamentar no que diz respeito às multas aplicadas pelos tribunais de Contas. Recentemente, o Supremo Tribunal Federal, por unanimidade, julgou procedente o pedido formulado em ADI, para declarar a inconstitucionalidade da Lei nº 7.398/2020, do Estado do Piauí. Na decisão, o tribunal fixou a seguinte tese de julgamento:

> É inconstitucional lei estadual de iniciativa parlamentar que, ao conceder descontos vultosos em multas aplicadas por tribunal de contas, interfere no poder sancionador inerente ao controle externo da Administração Pública, com prejuízo aos princípios da moralidade administrativa, da eficiência e da probidade.[1146]

O STF declara, assim, a inconstitucionalidade da interferência do Poder legislativo estadual no poder sancionador do Controle. Embora seja consabido que o controle externo a cargo do Congresso Nacional se faz com o auxílio do Tribunal de Contas da União e essa regra aplique-se por simetria aos demais tribunais de contas do país, cabem às Cortes de Contas, em todos os níveis da federação, encontrar os parâmetros para bem dosar a pena de multa e fazer justiça para coibir novos atos que atentem contra o erário público, reafirmando os princípios da Administração Pública.

3.2.1.26.3.2.4 Limite máximo

A Constituição Federal, porém, fixou critério e limite máximo para a aplicação de multa em caso de dano: há que ser proporcional à extensão do dano causado ao erário. Logo, não pode ultrapassar a 100% do valor do dano.

O valor da multa aplicada pode ser alterado em recursos de embargos.[1147]

3.2.1.26.3.2.5 Ampla defesa e contraditório

Para assegurar a observância do devido processo legal, da ampla defesa e do contraditório, a aplicação de multa deve ser precedida de audiência do responsável.

3.2.1.26.3.2.6 Multa e prescrição

Como não poderia deixar de ser, em se tratando de matéria punitiva, as penalidades estão sempre sujeitas à prescrição, não configurando a multa exceção a tal regra, mesmo com o seu caráter estritamente pecuniário.

A partir do pronunciamento do Supremo Tribunal Federal no Tema 899, sob o cutelo da repercussão geral[1148], e em que pese referido julgado tenha versado apenas

---

[1146] BRASIL. Supremo Tribunal Federal. ADI nº 6.846. Disponível em: https://portal.stf.jus.br/processos/detalhe.asp?incidente=6172980.

[1147] Nesse sentido: BRASIL. Tribunal de Contas da União. Acórdãos nºs 247/2002 e 312/2002 - Plenário e 425/2002 e 451/2002 - 2ª Câmara. Disponíveis em: <http://www.tcu.gov.br>. Acesso em: 04 jul. 2014.

[1148] Tese fixada: "*É prescritível a pretensão de ressarcimento ao erário fundada em decisão de Tribunal de Contas*". BRASIL. Supremo Tribunal Federal. Recurso Extraordinário nº 636.886/AL - Plenário. Relator: Min. Alexandre de Moraes. Julgamento em 20 abr. 2020. Publicação em 24 jun. 2020.

sobre a prescrição do ressarcimento do dano ao erário, a questão da prescrição das penalidades também reemergiu, passando os tribunais de contas a reconsiderar a sistemática temporal de seus processos de controle no que se refere à imposição de penalidades.

Nesta trajetória, o tema foi regulado pela Resolução n° 344/2022 do Tribunal de Contas da União[1149], que estabeleceu o prazo quinquenal para o exercício das pretensões punitiva e de ressarcimento, contado a partir do vencimento do termo para a apresentação da prestação de contas ou, não havendo o dever de prestar contas, a partir do conhecimento do fato pelo TCU. Seguidamente, diversos outros tribunais de contas estaduais editaram regulação interna análoga. [1150]

De tal forma, uma vez prolatada a Resolução n° 344/2022-TCU, no caso específico de multa, pacificou-se entre o STF e os diversos tribunais de contas, inclusive o Tribunal de Contas da União, não mais vigorando no âmbito deste o prazo prescricional decenal ou vintenário aplicados em tempos pretéritos em acórdãos que reiteradamente sofriam o afastamento da sanção imposta, em sede de mandados de segurança impetrados perante a Suprema Corte.

Quanto aos demais dispositivos da referida Resolução, ao tempo desta edição a norma ainda não guardava conformidade com o direito processual, pois definia uma série de atos de âmbito interno, como causa de suspensão da prescrição. Atos internos aos quais as partes não têm acesso e conhecimento não são válidos para suspender a prescrição. Ademais, é elementar que o tema se insere na reserva legal estrita e não pode ser objeto de mera resolução.

3.2.1.26.3.3 Multa e desvio de finalidade

A expressão *desvio de finalidade* consiste, no âmbito de contas, em dar destino diferente daquele previsto em lei. É, portanto, ato ilegal e, como tal, passível de multa.

A propósito, em relação ao desvio de finalidade, o Tribunal de Contas da União tem firmado entendimento de que, ficando comprovada a aplicação dos recursos desviados em proveito da comunidade, as contas serão julgadas irregulares, com aplicação de multa; caso fique comprovado o desvio, mas não o proveito da comunidade, além de multa será obrigado à devolução dos recursos e comunicação ao Ministério Público para que apure a existência de crime.[1151]

[1149] BRASIL. Tribunal de Contas da União. Resolução nº 344/2022. Regulamenta, no âmbito do Tribunal de Contas da União, a prescrição para o exercício das pretensões punitiva e de ressarcimento. Disponível em: https://pesquisa.apps.tcu.gov.br/redireciona/norma/NORMA-21624. [Atualizada pela Decisão TCU n° 367/2024].

[1150] o valor de alçada para o julgamento das contas quando ocorreu prescrição, segundo o parágrafo único do art. 12 da Resolução nº 344, é hoje o de 12 milhões, ou seja, cem vezes o valor de alçada habitual para a TCE, que hoje é de 120 mil reais, segundo a IN 98/2024 TCU, art. 6º, inc. I. Veja o seguinte acórdão (ainda referente ao valor de alçada anterior à IN 98/24, que era de 100 mil reais): Acórdão 1021/2023-TCU-Plenário:

[1151] ROCHA, Lincoln Magalhães. Caráter técnico-político das decisões dos Tribunais de Contas. **Congresso da Federação Nacional dos Servidores dos Tribunais de Contas** - FENASTC, 7. Florianópolis, out., 1998. Texto da palestra gentilmente cedido pelo conferencista.

3.2.1.26.3.4 Multa - fato gerador sub judice

Pode o Tribunal de Contas aplicar multa quando o fato gerador está *sub judice*? Ou ainda: pode a parte, após a aplicação da multa, levar o assunto ao exame do Poder Judiciário, requerendo ao Tribunal de Contas que suspenda aplicação de multa até a solução da lide?

As duas respostas são afirmativas.

Na primeira situação, duas hipóteses podem ocorrer: ou se está diante de um caso em que o Tribunal de Contas detém jurisdição ou não. Em se tratando, por exemplo, de matéria de contas - hipótese de jurisdição - o fato gerador pode ser apenas contas, situação em que o Poder Judiciário não poderia intervir, não havendo por isso motivo para deixar de aplicar a multa, ou, ainda, referir-se a contas e outra matéria, como por exemplo, uma licitação. Nesse caso, como naquele em que o Tribunal de Contas não exerce jurisdição, pode esta Corte manter a decisão de aplicar multa em razão do princípio da separação das instâncias administrativa e judicial.

É evidente que, em razão da amplitude do direito de petição, sempre pode a parte formular pedido de sobrestamento do processo perante o Tribunal de Contas, mas, como regra, não deve ser acolhido. É lícito ao juiz, em matéria em que o Tribunal de Contas não exerce jurisdição, determinar o sobrestamento do processo, em face de pedido incidente ou da inicial. Em sendo, porém, matéria de contas, imiscuindo-se o magistrado no julgamento do Tribunal de Contas, cabe a este a defesa de sua competência, via mandado de segurança, ou suspensão de segurança, ou ainda, medida correcional.[1152]

Em memorável acórdão, o Tribunal de Contas da União apreciou pedido formulado por um Prefeito que, diante de irregularidade em processo de Tomada de Contas Especial por aplicação de recursos de convênio, ingressou com processo judicial, visando declarar a nulidade da decisão daquele tribunal, requerendo ao próprio Tribunal que desse efeito suspensivo ao seu acórdão. Amparado em judicioso pronunciamento da SECEX/RS, entendeu o Ministro-Relator, Humberto Souto, que as "decisões, quanto ao mérito, proferidas pelo Tribunal de Contas nos processos de sua competência específica, fazem coisa julgada material, o que torna impossível a revisão das mesmas por outra instância".[1153]

[1152] Consultar no Capítulo II, que trata da jurisdição dos Tribunais de Contas, o título 2.13 Defesa da jurisdição do Tribunal de Contas; e no Capítulo V, que trata da estrutura e composição dos Tribunais de Contas, o título 5.5 Da representação judicial do Tribunal de Contas.

[1153] BRASIL. Tribunal de Contas da União. Tomada de Contas Especial. Processo TC nº 649.010/1992-2. Acórdão 6/1996 - 1ª Câmara. Relator: Ministro Humberto Guimarães Souto. Brasília, 23 de janeiro de 1996. **Diário Oficial [da] República Federativa do Brasil**, Brasília, DF, 6 fev. 1996. Seção 1, p. 1922.

3.2.1.26.3.5 Multa e dano sem locupletamento

Por vezes, ocorre que o dano causado ao erário, embora seja de valor elevado, não evidencia dolo, mas negligência reprovável, especialmente para aqueles que lidam com bens e valores públicos.

Imputar ao agente o dever de ressarcir o dano levará à insolvência, ou ao desconto perpétuo na remuneração, fatos absolutamente inconvenientes ao interesse público.

Por outro lado, deixar de impor alguma sanção significa uma relevação tão nociva ao interesse público quanto à hipótese do parágrafo anterior.

Nesse contexto, a multa revela o seu forte caráter pedagógico e efetiva uma justiça razoável em termos de contas públicas. Por esse motivo, no desempenho das funções de Ministério Público junto ao Tribunal de Contas do Distrito Federal, propugnamos ao plenário que passasse a adotar esse procedimento como praxe, no contexto exposto.[1154]

No âmbito desse mesmo Tribunal, o Conselheiro-Substituto Paiva Martins optou por imputar multa proporcional à extensão do dano em caso de comprovada negligência. No caso, a conduta culposa do servidor havia ensejado a aplicação de multa, por parte da Delegacia Regional do Trabalho, à estatal. Desse modo, a multa ao órgão foi suportada pelos cofres da entidade e o valor proporcional a essa foi imputado ao servidor como meio para inibir a repetição de falha.[1155]

Com o advento da LINDB, torna-se necessário verificar se a conduta foi praticada com dolo ou erro grosseiro. A Lei nº 13.655/2018, limitou a responsabilização e aboliu a conduta culposa de forma ampla.

Implica em um ônus de fundamentação para o órgão controlador, que deve demonstrar, por intermédio de provas concretas, que o ato praticado pelo agente público restou maculado pela intenção de malferir a probidade administrativa[1156] ou que não agiu com a prudência necessária ao cargo que ocupa.

O dolo, de modo geral, parece guardar uniformidade de entendimento quanto ao seu conceito na medida em que há muito tempo é tipificado como a vontade livre e consciente de praticar a conduta criminosa. A questão que gera divergência é o conceito de erro grosseiro e como o TCU pauta sua análise sob as circunstâncias fáticas que caracterizam como tal. Outra questão que faz com que o "erro grosseiro" tenha

---

[1154] DISTRITO FEDERAL. Tribunal de Contas. Tomada de Contas Especial. Processo nº 4.056/1996. Decisão nº 2729197. Relator: Conselheiro José Milton Ferreira. Brasília, 6 de maio de 1997. **Diário Oficial do Distrito Federal**, Brasília, DF, 14 mai. 1997, p. 3479-3483. Parecer MP nº 3P.0044/2000 [não publicado].

[1155] DISTRITO FEDERAL. Tribunal de Contas. Tomada de Contas Especial. Processo nº 1.164/1999. Relator: Auditor José Roberto de Paiva Martins. Brasília, 8 de novembro de 2001. Disponível em: **<http://www.tc.df.gov.br>**. Acesso em: 04 jul. 2014.

[1156] MARQUES NETO; Floriano de Azevedo. FREITAS, Rafael Véras de. **Comentários à Lei nº 13.655/2018 (Lei de Segurança para a Inovação Pública)**. Belo Horizonte: Fórum, 2019. p. 137.

maior destaque é que tem sido mais utilizado pelo Tribunal como fundamentação para o exercício de seu poder sancionador do que o dolo[1157], uma vez que sua definição é mais subjetiva.

O art. 12, §1º do Decreto nº 9.830/2019, que regulamenta a LINDB, conceituou como erro grosseiro o "erro manifesto, evidente e inescusável praticado com culpa grave, caracterizado por ação ou omissão com elevado grau de negligência, imprudência ou imperícia". Observe que por essa conceituação, fica evidente que para sua tipificação é necessário analisar a conduta do agente no contexto fático, elemento subjetivo, portanto.

Ocorre que, o relatório elaborado pelo denominado "Observatório TCU"[1158], ao analisar como o Tribunal vem aplicando o erro grosseiro em suas decisões, verificou que este nem sempre avalia os elementos subjetivos do agente público para decidir se o erro cometido é escusável ou não.

Pelo contrário, a pesquisa concluiu que grande parte das decisões em que o Tribunal imputa aos gestores a prática de "erro grosseiro" ocorre de maneira abstrata, sem uma análise minuciosa de suas condutas individuais e respectivas culpas[1159]. Na verdade, o que o TCU tem feito é determinar que algumas condutas, obviamente ilícitas, serão presumidas como erro grosseiro em vez de se concentrar na verificação dos fatores subjetivos que tornariam essa violação aceitável ou não[1160].

3.2.1.26.3.6 Omissão no dever de prestar contas

O Direito não pode responsabilizar quem nada fez. É preciso que uma norma exija determinada conduta do agente, e este, violando expressamente a disposição normativa, deixe de atuar como determinado. Essa é a omissão juridicamente relevante.

A omissão há que ser entendida como uma conduta negativa, relevante e contrária ao Direito, atribuível ao agente responsável pela administração dos recursos públicos.

[1157] Conforme consta do Relatório de Pesquisa 2021: Aplicação dos Novos Dispositivos da Lei de Introdução às Normas do Direito Brasileiro (LINDB) pelo Tribunal de Contas da União elaborado pelo Observatório TCU, dos 91 acórdãos analisados acerca de imputação de sanção, apenas cinco fundamentaram a condenação na existência de dolo. Em todos os demais casos, o TCU apontou para a existência de erro grosseiro ou culpa. Disponível em: https://sbdp.org.br/wp/wp-content/uploads/2021/09/Relatorio-LINDB-pelo-TCU.pdf. Acesso em: 05 nov. 2021.

[1158] RELATÓRIO DE PESQUISA 2021. Aplicação dos Novos Dispositivos da Lei de Introdução às Normas do Direito Brasileiro (LINDB) pelo Tribunal de Contas da União. Disponível em: https://sbdp.org.br/wp/wp-content/uploads/2021/09/Relatorio-LINDB-pelo-TCU.pdf. Acesso em: 05 nov. 2021.

[1159] O estudo apontou 18 enunciados do TCU neste sentido. Ibidem. p. 23.

[1160] Para fins de responsabilização perante o TCU, pode ser tipificada como erro grosseiro (art. 28 do Decreto-lei 4.657/1942 – Lei de Introdução às Normas do Direito Brasileiro) a realização de pagamento antecipado sem justificativa do interesse público na sua adoção e sem as devidas garantias que assegurem o pleno cumprimento do objeto pactuado. (Acórdão 185/2019 – Plenário, Boletim de Jurisprudência n. 252/2019.

Por esse motivo, todos os tribunais pesquisados não aplicam diretamente a multa pela omissão, conquanto, nos estritos termos legais, fosse possível tal providência.[1161]

Com adequado senso jurídico, como praxe, as Cortes de Contas impõem a citação da autoridade com o objetivo de avaliar a ocorrência dos outros elementos da omissão. É a efetivação do princípio insculpido no art. 5º, LV, da Constituição Federal, do contraditório e da ampla defesa, em processos administrativos e judiciais.

Releva notar que a omissão, como fato que é, não pode ser afastada com meras alegações genéricas. É indispensável a comprovação de fato relevante, impeditivo da vontade do agente de prestar contas.

3.2.1.26.3.7 Falecimento do responsável

Tendo a multa natureza jurídica de penalidade, constitui-se em obrigação personalíssima. Com a morte do responsável, extingue-se o processo, independentemente da fase em que se encontrar.

No Brasil, a Constituição é categórica ao definir que "nenhuma pena passará da pessoa do condenado". Podem ocorrer, contudo, distintas situações, segundo a época do óbito:

a) antes da audiência;
b) após a notificação da audiência, mas antes do término do prazo para resposta;
c) após a resposta;
d) após o decurso do prazo para a resposta, caracterizando à revelia;
e) após a condenação, mas antes do início da execução judicial;
f) após o pagamento da multa; e
g) após o arresto de bens.

Comprovando o óbito mediante juntada aos autos da respectiva certidão,[1162] o tribunal deverá:

a) declarar extinta a pretensão punitiva nas hipóteses I a V;[1163]
b) manter a condenação, mas declarar a quitação, na hipótese VI;

[1161] BRASIL. **Regimento Interno e Lei Orgânica do Tribunal de Contas da União.** Organização dos textos e índice por J. U. JACOBY FERNANDES. Belo Horizonte: Fórum, 2014. Cf. Lei nº 8.443/1992, art. 58, II.

[1162] Em princípio, pode o Ministério Público junto ao Tribunal de Contas oficiar aos cartórios para obter prova do óbito.

[1163] BRASIL. Tribunal de Contas da União. Recurso de Reconsideração. Processo TC nº 250.169/1993-2. Acórdão nº 656/2001 - 1ª Câmara. Relator: Ministro Iram Saraiva. Brasília, 30 de outubro de 2001. **Diário Oficial da União [da] República Federativa do Brasil,** Brasília, DF, 09 nov. 2001. No mesmo sentido: DISTRITO FEDERAL. Tribunal de Contas. Processos nºs 1878/1990 e 704/1993. Disponíveis em: **<http://www.tc.df.gov.br>.** Acesso em: 04 jul. 2014.

c) determinar a liberação dos bens na hipótese VII, se o arresto objetivar apenas o pagamento de multa;

Dois pontos relevantes devem ser ainda notados:

I. a família, os herdeiros e os sucessores têm legítimo direito moral para exigir o prosseguimento do feito em qualquer hipótese;

II. o falecimento não alcança a obrigação de reparar o dano que pode ser estendida aos sucessores e contra eles executada até o limite da força da herança.[1164]

3.2.1.26.3.8 Efeitos do pagamento da multa

O pagamento de multa imputada pelo Tribunal de Contas tem como principais efeitos a quitação do débito e a baixa da responsabilidade. Dependendo do Tribunal de Contas, é empregada uma terminologia mais ortodoxa: *provisão de quitação.*

No âmbito do Tribunal de Contas do Distrito Federal,[1165] diferentemente do entendimento firmado na esfera federal, o pagamento da multa implica revisão do julgamento, transferindo a decisão de irregular para regular, com ressalvas. Para os que consagram tal exegese, a motivação para o recolhimento da multa é grande, porque a mudança do julgado implicará, *ipso facto*, a exclusão do nome da relação que é encaminhada ao Ministério Público Eleitoral, para fins de declaração de inelegibilidade, ressalvada apenas a comprovada má-fé. Essa generosa interpretação do Tribunal de Contas distrital se faz por analogia ao comando da respectiva lei orgânica,[1166] dispondo que a liquidação tempestiva do débito, quando reconhecida a boa-fé, sanará o processo. Tal posição merece maior reflexão, pois:

a) o emprego da analogia deve ser feito com reservas, porque haverá situações em que as causas definidas na norma para a imputação de multa são diferentes;

b) no caso, a norma exige o reconhecimento da boa-fé, diferentemente do que ocorre com outras regras do controle, para as quais é suficiente a ausência de má-fé.[1167] Considerando o milenar brocardo jurídico de que a lei não contém palavras inúteis, há que se atribuir efeitos diferentes às expressões reconhecida *a boa-fé*. A primeira exigiria um raciocínio adicional ao juízo axiológico do julgador, enquanto a segunda pode ser presumida na conduta

---

[1164] BRASIL. **Constituição da República Federativa do Brasil** (Versão Bolso). Organização dos textos e índice por J. U. JACOBY FERNANDES. 2. ed. Belo Horizonte: Fórum, 2019. "Art. 5º. [...] Inciso XLV - nenhuma pena passará da pessoa do condenado, podendo a obrigação de reparar o dano e a decretação do perdimento de bens ser, nos termos da lei, estendidas aos sucessores e contra eles executadas, até o limite do valor do patrimônio transferido".

[1165] DISTRITO FEDERAL. Tribunal de Contas do Distrito Federal. Prestação de Contas Anual. Processo nº 2412/1988. Decisão nº 9322/1988. Relatora: . Brasília, 24 de novembro de 1988, **Diário Oficial [do] Distrito Federal**, 03 dez. 1998, p. 12-22.

[1166] BRASIL. Lei Complementar nº 01, de 9 de maio de 1994. Dispõe sobre a Lei Orgânica do Tribunal de Contas do Distrito Federal e dá outras providências. **Diário Oficial do Distrito Federal**, Brasília, DF, 10 maio 1994, republicada em 3 jun. 1994, p. 1. Art. 13, § 2º.

[1167] BRASIL. **Regimento Interno e Lei Orgânica do Tribunal de Contas da União.** Organização dos textos e índice por J. U. JACOBY FERNANDES. Belo Horizonte: Fórum, 2014. Resolução TCU nº 246/2011, art. 197, § 3º.

ordinária das pessoas, somente sendo afastada por prova em sentido contrário.

Na esfera do Tribunal de Contas da União, o entendimento foi pacificado após ampla discussão, ensejando até a mudança de normas, para definir que o pagamento da multa implicaria apenas em quitação, mantendo-se a decisão quanto à irregularidade ou regularidade, com ressalvas firmadas no julgamento anterior.[1168]

3.2.1.26.3.9 Pagamento com recursos públicos

O pagamento de multa com recursos do erário não pode encontrar justificativa razoável. A multa tem caráter pessoal e não pode a coletividade ser onerada com esse encargo: é justa, e o responsável deve arcar pessoalmente com o seu pagamento ou não, e o interessado deve percorrer as vias recursais para insurgir-se contra a condenação. Ficará caracterizado, se ocorrer esse pagamento, autêntico crime de peculato,[1169] devendo ser apurados os indícios pelo Tribunal de Contas, com a indispensável participação do Ministério Público especial que junto dele atua para, se for o caso, ensejar a ação criminal cabível.

3.2.1.26.3.10 Multa e cumulação de penas

A multa, pena pecuniária, pode ser licitamente cumulada com as outras duas penalidades de que dispõem os Tribunais de Contas para coibir e corrigir a prática de atos irregulares.

É possível, assim, imputar a responsabilidade solidária, na obrigação de ressarcir o erário, a um agente que foi omisso, por exemplo, no cumprimento do dever de instaurar Tomada de Contas Especial e, ainda, aplicar-lhe multa no processo de julgamento das contas anuais. Nesse caso, a imputação de responsabilidade ocorrerá em processos distintos – responsabilidade solidária nas contas especiais e multa nas contas anuais – ou no mesmo processo de contas anuais, se neste for apontada a omissão de instaurar a TCE.

[1168] A Resolução TCU nº 11/1994, que alterou a redação do parágrafo único do art. 163 do Regimento Interno, passando a dispor que o recolhimento integral do débito ou de multa não importa em modificação do julgamento pela irregularidade das contas, ressalvados os casos previstos nos 4º e 5º do art. 147 deste Regimento. Nesse sentido: BRASIL. Tribunal de Contas da União. Acórdão nº 155/1995. Processo TC nº 010.600/1987-6. Relator: Ministro Adhemar Paladini Ghisi. Brasília, 22 de novembro de 1995. **Diário Oficial [da] República Federativa do Brasil**, Brasília, DF, 13 dez. 1995. Seção 1, p. 20805; Processo TC nº 005.403/1986-3. Acórdão nº 44/1995 - Plenário. Relator: Ministro Homero Santos. Brasília, 26 de abril de 1995. **Diário Oficial [da] República Federativa do Brasil**, Brasília, DF, 9 maio 1995. Seção 1, p. 6569. Atualmente, a norma em vigência que regulamenta o RI/TCU é a Resolução nº 246/2011. Disponível em: https://portal.tcu.gov.br/data/files/5A/54/AE/28/EE157810ED25605 8E18818A8/RITCU.pdf.

[1169] BRASIL. Decreto-lei nº 2.848, de 7 de dezembro de 1940. Institui o Código Penal Brasileiro. Disponível em: **<http://www.planalto.gov.br>**. Acesso em: 04 jul. 2014. Art. 312; Lei nº 8.429, de 2 de junho de 1992. Dispõe sobre as sanções aplicáveis aos agentes públicos nos casos de enriquecimento ilícito no exercício de mandato, cargo, emprego ou função na Administração Pública direta, indireta ou fundacional e dá outras providências. Disponível em: https://www.planalto.gov.br/ccivil_03/leis/l8429.htm. Art. 9º [Redação atualizada pela Lei Lei nº 14.230/2021]

Também é possível, num mesmo processo de contas especiais ou anuais, inabilitar o agente para ocupar cargo ou função de confiança e ainda puni-lo com multa.

De igual modo, é permitida a inabilitação e a responsabilidade solidária tanto em processo de contas anuais, quanto especiais.

3.2.1.26.3.11 Recolhimento prévio ao recurso

Questão que vem sendo muito debatida na esfera do Direito Administrativo é a exigência do pagamento de multa como condição para ingresso do recurso.

Como regra, as legislações que regem a ação do controle externo não exigem que o sujeito multado recolha previamente o valor da multa como condição para recorrer.

Inegavelmente, se exigido o prévio recolhimento, a ação do controle seria mais efetiva.

O Supremo Tribunal Federal firmou entendimento dirimindo a questão, no sentido de que a exigência não ofende o princípio da ampla defesa:

> Recurso extraordinário nº 210246. "Não ofende a garantia constitucional da ampla defesa a exigência do depósito do valor da multa, como condição de admissibilidade do recurso na esfera administrativa".[1170]

No mesmo sentido:

> Recurso extraordinário 344046-2. O Tribunal Regional Federal da 3ª Região, ao apreciar o recurso de apelação, assentou que a exigência de prévio recolhimento de multa para recebimento de recurso administrativo traduz ofensa aos princípios da inafastabilidade da jurisdição e da ampla defesa, previstos nos incisos XXXV e LV do artigo 5º da Constituição Federal.
>
> Esta Corte firmou exegese, segundo a qual a instrução do recurso administrativo com a prova do depósito prévio da multa não constitui violação ao disposto no art. 5º, LV, por se tratar de pressuposto de admissibilidade e garantia recursal.[1171]

Sendo procedente o recurso, a multa será devolvida ao recorrente, com o valor atualizado.

3.2.1.26.3.12 Cessação do ato irregular

Ocorre com alguma frequência, que mesmo depois de praticados atos irregulares em um procedimento, por ação do controle interno ou do controle externo, o procedimento não se conclua.

[1170] BRASIL. Supremo Tribunal Federal. RE nº 210246. Relator: Ministro Nelson Jobim. **Revista Trimestral de Jurisprudência**, v. 172, tomo 003, p. 982.

[1171] BRASIL. Supremo Tribunal Federal. RE nº 344.046-2. Relator: Ministro Maurício Corrêa. Brasília, 11 de junho de 2002. **Diário da Justiça [da] República Federativa do Brasil,** Brasília, DF, 9 ago. 2002.

A revogação pela autoridade competente ou a correção do ato pode levar ao encerramento do processo e à extinção da penalidade. Para que isso ocorra é suficiente que a autoridade demonstre a boa-fé.[1172]

3.2.1.26.4 Responsabilidade solidária

A responsabilidade solidária pode ser imputada ao agente que, tendo conhecimento de irregularidade ou dano causado ao erário, omite-se na adoção de providências para o resguardo do interesse público.[1173] Muito mais que um empregado comum, devem os agentes públicos devotar lealdade à instituição a que servem e evitar os comportamentos que impliquem em condescendência para com os que não zelam pelo erário.

Nesse sentido, há normas que autorizam os Tribunais de Contas, diante do caso concreto, a considerar responsáveis pelo débito todos os agentes que pela omissão impediram a adoção das providências necessárias e suficientes ao resguardo do erário e do interesse público.[1174]

A outra possibilidade de imputação de solidariedade nasce na própria Constituição Federal e visa aos agentes do controle interno.[1175]

3.2.1.27 Parecer prévio

A apreciação das contas anuais implica o julgamento, que poderá ser da competência privativa do Tribunal de Contas ou do Poder Legislativo.

Na segunda hipótese, o Tribunal emite "parecer prévio" e, na primeira, exerce na plenitude o poder de julgar.

Por uma questão didática, desenvolveram-se os temas conexos a essas competências no título contas anuais para o qual deve o leitor ser remetido.

[1172] BRASIL. Tribunal de Contas da União. Processo TC nº 007.137-2006-7. Acórdão nº 589/2008 - Plenário. Relator: Ministro Benjamin Zymler. Brasília, 9 de abril de 2008. **Diário Oficial da União [da] República Federativa do Brasil**, Brasília, DF, 14 abr. 2008.

[1173] BRASIL. Tribunal de Contas da União. Processo TC nº 006.310/2006-0. Acórdão nº 2763/2011 - Plenário. **Diário Oficial da União [da] República Federativa do Brasil**, Brasília, DF, 4 nov. 2011. Seção 1, p. 96.

[1174] Estabelece a Lei nº 8.443/1992 - Lei Orgânica do Tribunal de Contas da União -, em dispositivo repetido em várias leis orgânicas: "[...] Art. 8º Diante da omissão no dever de prestar contas, da não comprovação da aplicação dos recursos repassados pela União, na forma prevista no inciso VII do art. 5º desta lei, da ocorrência de desfalque ou desvio de dinheiros, bens ou valores públicos, ou, ainda, da prática de qualquer ato ilegal, ilegítimo ou antieconômico de que resulte dano ao Erário, a autoridade administrativa competente, sob pena de responsabilidade solidária, deverá imediatamente adotar providências com vistas à instauração da Tomada de Contas Especial para apuração dos fatos, identificação dos responsáveis e quantificação do dano. [...] Art. 51. Os responsáveis pelo Controle Interno, ao tomarem conhecimento de qualquer irregularidade ou ilegalidade, dela darão ciência de imediato ao Tribunal de Contas da União, sob pena de responsabilidade solidária. (...) § 2º Verificada em inspeção ou auditoria, ou no julgamento de contas, irregularidade ou ilegalidade que não tenha sido comunicada tempestivamente ao Tribunal, e provada a omissão, o dirigente do órgão de Controle Interno, na qualidade de responsável solidário, ficará sujeito às sanções previstas para a espécie nesta lei [...]".

[1175] A propósito, consultar o Capítulo I, que trata da função do controle, o subtítulo 1.7.2 Controle interno.

3.2.1.28 Pensão

Aqui também, o Tribunal de Contas tem competência para apreciar a legalidade, mas o Poder Judiciário pode rever a decisão; o ato só é definitivo após a apreciação da Corte; também é necessário verificar a competência para a prática do ato e as parcelas que compõem os proventos, entre outros aspectos vistos.

É importante notar que o cancelamento do benefício, ao ser determinado ao órgão concedente, só pode ser efetivado após este assegurar ao interessado a ampla defesa e o contraditório, em face do princípio constitucional.[1176]

Praticamente serve, aos estudos sobre competência do Tribunal de Contas acerca das pensões, o que foi assinalado em relação à aposentadoria.[1177]

Há, porém, peculiaridades, pois os beneficiários dos proventos não são aqueles que estiveram vinculados ao serviço público e que são, como regra, denominados *instituidores*, admitindo-se por trasladação de sentido a expressão *legatários* da pensão.

3.2.1.28.1 Beneficiário

Como regra, o instituidor da pensão é o servidor falecido, e os beneficiários, seus herdeiros e sucessores.

A legislação militar admite, em restritas hipóteses, a pensão de militar em vida, por motivos pertinentes à indignidade para a carreira militar, quando o praça ou oficial for estável.

Os beneficiários são classificados em três classes, sendo que a existência de dependentes em uma delas exclui do direito os dependentes das classes seguintes. Inserem-se na primeira classe o cônjuge, a companheira, o companheiro e o filho não emancipado, de qualquer condição, menor de 21 (vinte e um) anos ou inválido, ou que tenha deficiência intelectual ou mental ou deficiência grave; na segunda classe, os genitores; e na terceira classe, o irmão não emancipado, de qualquer condição, menor de 21 (vinte e um) anos ou inválido ou que tenha deficiência intelectual ou mental ou deficiência grave.

Há aqueles que, uma vez comprovada a relação com o instituidor, poderão perceber o benefício enquanto viverem, caso implementados certas condições[1178] de idade, número de contribuições e duração da união, como o cônjuge; e há aqueles cujo pagamento do benefício cessará com o implemento de termo ou condição como, por exemplo, completar a maioridade.

A condição de beneficiário e a precedência de um sobre os outros é definida em lei específica, não cabendo à legislação civil, porque se trata de parcela remuneratória, regulada inteiramente por norma específica que prevalece sobre a geral.

[1178] BRASIL. Ministério de Estado da Economia. Portaria ME nº 424, de 29 de dezembro de 2020. Fixa as novas idades de que tratam a alínea "b" do inciso VII do art. 222 da Lei nº 8.112, de 11 de dezembro de 1990, e a alínea "c" do inciso V do § 2º do art. 77 da Lei nº 8.213, de 24 de julho de 1991. Disponível em: https://legis.sigepe.gov.br/legis/detalhar/23078.

Uma vez apreciada a pensão pelo Tribunal de Contas, os beneficiários perceberão a pensão enquanto viverem, no caso do vitalício, ou até o implemento do termo ou condição, independentemente de nova apreciação pela Corte. O processo somente retorna ao Tribunal se for necessário incluir novo beneficiário, mas não em razão de exclusões, independentemente da quantidade e até a cessação do pagamento. Tais condições - vida de beneficiário vitalício, implemento de idade - são consideradas como determinantes à cessação, sendo definidas no ato de registro.

Quando concorrem os beneficiários vitalícios com temporários, percebe cada grupo 50% (cinquenta por cento) do montante devido. Quando há nova repartição, as partes vão sendo redistribuídas dentre cada grupo. Pode, no entanto, um grupo de beneficiários, em geral o vitalício, passar a perceber a totalidade da pensão. Tal ocorre, por exemplo, quando a viúva recebe metade e os filhos a metade, até que os últimos atinjam a maioridade. Nessas hipóteses, os autos não retornam ao Tribunal, porque foi considerada regular a despesa e o pagamento até o implemento das condições que implicam a cessação.

3.2.1.28.2 Devolução de parcela

No ato de início do pagamento de pensão, ou em qualquer hipótese que indique revisão de proventos, é comum verificar-se que foi paga parcela a maior ao servidor em vida ou aos beneficiários.

Podem os tribunais de contas, ou a própria Administração Pública, determinar a devolução do pagamento - repetição do indébito - por terceiro beneficiário que não recebeu parcela indevida?

Sem dúvida, a resposta é afirmativa. Quem não tem que suportar o ônus do pagamento indevido é o cidadão-contribuinte, que não concorreu para o débito nem dele se beneficiou. Por uma questão de equidade, porém, a devolução costuma ser descontada no valor da pensão, de tal modo que o beneficiário receba quantia menor, mas sem desembolsar recursos.[1179] Constituindo título executivo com o valor do débito, pode o Tribunal de Contas obrigar o desconto em folha, independentemente da anuência do servidor ou pensionista.[1180]

A jurisprudência vem evoluindo a respeito nesse tormentoso tema, com edições de sucessivas súmulas. A mais recente, a Súmula nº 249 do TCU, foi mais clara e equânime, admitindo a não-reposição em virtude de erro escusável de interpretação de lei por parte da Administração, e da boa-fé do recebedor.[1181]

[1179] No âmbito do TCDF, a jurisprudência foi firmada a partir do julgamento do seguinte processo: DISTRITO FEDERAL. Tribunal de Contas. Processo nº3623/1998. Decisão nº 906/2000. Relator: Conselheiro Ronaldo Costa Couto. Brasília, 24 de fevereiro de 2000. **Diário Oficial do Distrito Federal**, Brasília, DF, 08 mar. 2000, p. 15-25.

[1180] Nesse sentido: BRASIL. Supremo Tribunal Federal. MS nº 24544/DF - Plenário. Relator: Ministro Marco Aurélio. **Diário da Justiça [da] República Federativa do Brasil** nº 159, Brasília, DF, 18 ago. 2004, Ata nº 20.

[1181] BRASIL. Tribunal de Contas da União. Súmula nº 249. É dispensada a reposição de importâncias indevidamente percebidas, de boa-fé, por servidores ativos e inativos, e pensionistas, em virtude de erro escusável de interpretação

3.1.29 Publicidade e propaganda

A Constituição Federal veda a utilização de nomes, símbolos ou imagens que caracterizem promoção pessoal de autoridades ou servidores públicos,[1182] recomendando que a publicidade dos atos, programas, obras, serviços e campanhas dos órgãos públicos tenham caráter educativo, informativo ou de orientação social.

O exame do cumprimento dessa norma vai além da estrita legalidade da despesa, tangenciando a legitimidade. É pelo exame da finalidade que se pode aferir a regularidade do ato.

A Justiça Eleitoral, por ocasiões de sufrágio, vem examinando, caso a caso, questões dessa natureza, sem prejuízo do exame que os Tribunais de Contas fazem, ou devem fazer, sistematicamente, na esfera administrativa.

No âmbito do TCDF, decidiu-se por recomendar:

> [...] que a elaboração das peças publicitárias pertinentes ao cumprimento dos programas e metas de Governo evite elementos de caráter pessoal, tais como fotografias, símbolos, entrevistas de administradores ou servidores públicos, alusões a autoridades e partidos etc., sob pena de serem as respectivas despesas consideradas ilegais, nos termos do art. 22, inciso V, da Lei Orgânica do Distrito Federal e do art. 37, § 1º, da Constituição Federal.[1183]

Nos autos, ficou evidenciada a ausência do *animus* da promoção pessoal e foi reafirmada, mais uma vez, a competência da Corte na matéria.

Interessante notar que às vezes os órgãos de controle pretendem impor o controle sobre o "patrocinado" como se este fosse um órgão público. Quem recebe verbas de patrocínio fica sujeito exclusivamente às regras impostas por quem concede os recursos, sendo necessário, muitas vezes, compreender o patrocinado como integrante da iniciativa privada, sujeito a menos burocracia e formalismo. Não pode o controlador, a pretexto de exercer controle, impor regras que não constavam do ato concedente de recursos.[1184] Seria possível argumentar que poderia, no entanto,

---

de lei por parte do órgão/entidade, ou por parte de autoridade legalmente investida em função de orientação e supervisão, à vista da presunção de legalidade do ato administrativo e do caráter alimentar das parcelas salariais. Boletim TCU Especial, Brasília, ano XL, n. 6, 4 dez. 2007. Disponível em: <**http://www.tcu.gov.br**>. Acesso em: 04 jul. 2014. Para mais detalhes, consulte, neste mesmo capítulo, no subitem aposentadoria, o subtítulo 3.2.1.8.6, referente à restituição de vencimento e proventos.

[1182] BRASIL. **Constituição da República Federativa do Brasil** (Versão Bolso). Organização dos textos e índice por J. U. JACOBY FERNANDES. 2. ed. Belo Horizonte: Fórum, 2019. Art. 37, § 1º.

[1183] DISTRITO FEDERAL. Tribunal de Contas do Distrito Federal. Denúncia. Processo nº 2301/1999. Relator: Conselheiro José Milton Ferreira. Brasília, 4 de setembro de 2001. Disponível em: <**http://www.tc.df.gov.br**>. Acesso em: 04 jul. 2014.

[1184] Em sentido oposto ao argumento, encontra-se o Acordão nº 2366/2008 do Plenário do TCU, em que a Corte determinou a remessa, por ocasião do enrramento do projeto, de "[...] todos os comprovantes de receitas e despesas correspondentes, além dos processos de pesquisas de preços e de outros procedimentos licitatórios [...]". BRASIL. Tribunal de Contas da União. Processo TC nº 010.844/2008-8. Acórdão nº 2366/2008 - Plenário. Relator: Ministro Augusto Nardes. **Diário Oficial da União [da] República Federativa do Brasil**, Brasília, DF, 31 out. 2008.

determinar ao patrocinador impor regras para a prestação de contas, mas aí se firmaria uma relação promíscua, sem base em lei. Note que ao controlador não é permitido imiscuir-se na atividade de administrar, nem mesmo legislar, face aos princípios da segregação das funções e da aderência a diretrizes e normas.[1185]

Em 2022, momento em que o País passava por delicado momento de sua história, o TCU chegou a orientar o Ministério das Comunicações a se submeter ao "Painel de Checagem de Fake News" organizado pelo Conselho Nacional de Justiça (CNJ). No processo, que noticiava diversos indícios de irregularidades na veiculação de campanhas publicitárias do Governo Federal, em especial aquelas relacionadas à divulgação da PEC da Reforma da Previdência, fixou prazo para que o Ministério da Comunicações também definisse "diretrizes/e ou instrumento normativo com orientações e definições de responsabilidades no acompanhamento dos contratos firmados com agências de publicidade, em especial quanto à aderência dos sites que veiculam anúncios de campanhas aos critérios definidos pela administração"[1186].

3.1.30 Recursos parafiscais - controle

O controle dos recursos parafiscais, assim entendidos aqueles que não tenham natureza tributária estrita, está sob a competência do Tribunal de Contas, apresentando algumas peculiaridades, conforme segue.

3.2.1.30.1 Contribuições das entidades de classe

As entidades de classe[1187] recolhem contribuições de seus associados. Quando se tratam, porém, de entidades voltadas para a fiscalização de profissões liberais regulamentadas, não há dúvida de que a manutenção destas provém, substancialmente, das contribuições compulsoriamente arrecadadas, por força de lei. Constitui condição para o exercício da profissão o pagamento das contribuições e a própria filiação. Esse caráter compulsório foi destacado pelo Ministro Ivan Luz,[1188] ao

---

[1185] Consulte, a propósito, no capítulo I, os subtítulos 1.5.1 Princípio da segregação das funções e 1.5.5 Princípio da aderência a diretrizes e normas.

[1186] a) BRASIL. Tribunal de Contas da União. Acórdão nº 2553/2022 - TCU - Plenário. Disponível em: https://pesquisa.in.gov.br/imprensa/jsp/visualiza/index.jsp?data=06/12/2022&jornal=515&pagina=183&totalArquivos=209.

b) Em outro acórdao, deu ciência à Secretaria de Comunicação Social do Ministério das Comunicações, de que: [...] a divulgação de peças publicitárias, ainda que em redes ou mídias sociais e digitais, não vinculadas aos fins educativo, informativo ou de orientação social, que enalteçam nominalmente o Presidente da República, seus Ministros de Estado ou qualquer outro detentor de cargo político ou técnico da União ou de qualquer outro ente federado, caracteriza promoção pessoal da autoridade ou do servidor público, contrariando o disposto no artigo 37, § 1º, da Constituição Federal; e mais, que a violação de tais preceitos poderá ensejar a aplicação da multa prevista no inciso II do art. 58 da Lei 8.443/1992, conforme expressamente previsto no § 1º do art. 45 da citada lei. Acórdão nº 1687/2023 - TCU - Plenário 1.Disponível em: https://pesquisa.in.gov.br/imprensa/jsp/visualiza/index.jsp?data=14/09/2023&jornal=515&pagina=229&totalArquivos=252 .

[1187] Consultar neste capítulo, o subtítulo 3.2.3.2 Entidades de classe.

[1188] BRASIL. Tribunal de Contas da União. Consulta. Processo TC nº 006.481/1992-2. Decisão nº 489/1992 - Plenário. Relator: Ministro Paulo Affonso Martins de Oliveira. Brasília, 14 de outubro de 1992. **Diário Oficial [da] República Federativa do Brasil**, Brasília, DF, 27 out. 1992. Seção 1, p. 15066.

citar precedente do Supremo Tribunal Federal, em brilhante voto do Ministro Soares Muñoz:

> [...] tal cobrança em forma de anualidades recebidas dos profissionais inscritos nos diversos conselhos, pode ser feita diretamente pelo Estado, ou como de hábito se faz, por delegação às autarquias constituídas para o fim de fiscalização da atividade profissional respectiva. [...] por conseguinte, as anualidades representam uma contribuição parafiscal, espécie do gênero tributo com a finalidade de manter serviços públicos delegados às denominadas autarquias corporativas.[1189]

Uma das importantes consequências desse entendimento é que as contribuições ficam atreladas ao princípio da legalidade e as isenções só podem ser feitas nos termos da lei.[1190]

Em se tratando de autarquias de âmbito federal, inclusive os conselhos regionais, os recursos eram considerados *parafiscais federais* e sujeitos à fiscalização do TCU.

O Supremo Tribunal Federal teve oportunidade de enfrentar lide em que conselhos tentavam subtrair-se à jurisdição do Tribunal de Contas da União, tendo firmado seu entendimento num dos mais brilhantes votos, conduzido pelo Ministro Carlos Mário Velloso, no sentido da submissão. Merece ser transcrito o seguinte excerto:

> Parece-me incontroverso, ademais, que o Conselho está sujeito à fiscalização do Tribunal de Contas da União. A uma, tendo em vista sua natureza autárquica. [...] A duas porque o patrimônio das autarquias é bem público e as contribuições que recebem têm, hoje, caráter tributário, conforme foi dito.[1191]

Em setembro de 1998, a questão da submissão desses entes ao controle do Tribunal de Contas da União voltou ao debate por lhes ter sido outorgada personalidade jurídica de direito privado, estabelecendo inclusive que a fiscalização ocorreria exclusivamente pelos conselhos fiscais.[1192] O Tribunal de Contas da União

---

[1189] BRASIL. Supremo Tribunal Federal. Constitucional. Representação nº 1.169/DF. Relator: Ministro Soares Muñoz. Brasília, 8 de ago. de 1984. **Diário da Justiça [da] República Federativa do Brasil**, Brasília, DF, 6 set. 1984. Seção 1, p. 14330.

[1190] Nesse sentido: BRASIL. Tribunal de Contas da União. Consulta. Processo TC nº 006.481/1992-2. Decisão nº 489/1992 - Plenário. Relator: Ministro Paulo Affonso Martins de Oliveira. Brasília, 14 de outubro de 1992. **Diário Oficial [da] República Federativa do Brasil**, Brasília, DF, 27 out. 1992. Seção 1, p. 15069-15070.

[1191] BRASIL. Supremo Tribunal Federal. Administrativo. Mandado de Segurança nº 21797-9. Relator: Ministro Carlos Velloso. Brasília, 17 de maio de 1998. **Diário da Justiça [da] República Federativa Brasil**,Brasília, DF, 18 maio 2001.

[1192] Inicialmente, por força do art. 58 da Medida Provisória nº 1.549-35 que posteriormente teve sua redação alterada pela Medida Provisória nº 1.642-41, de 13 de março de 1998: "[...] Art. 58. Os serviços de fiscalização de profissões regulamentadas serão exercidos em caráter privado, por delegação do poder público, mediante autorização legislativa. § 1º A organização, a estrutura e o funcionamento dos conselhos de fiscalização de profissões regulamentadas serão disciplinados mediante decisão do plenário do conselho federal da respectiva profissão [...]". Lei nº 9.649, de 27 de maio de 1998: "[...] Art. 58. Os serviços de fiscalização de profissões regulamentadas serão exercidos em caráter privado, por delegação do poder público, mediante autorização legislativa [...] § 5º o controle das atividades

manteve, corretamente, seu entendimento, no sentido de que, por gerirem recursos de natureza pública, estariam inequivocamente submetidos ao controle externo daquela Corte.[1193]

3.2.1.30.2 Royalties de petróleo

A Constituição Federal assegura, nos termos da lei, aos estados, ao Distrito Federal e aos municípios, bem como para órgãos da administração direta da União, participação no resultado da exploração de petróleo ou gás natural, de recursos hídricos para fins de geração de energia elétrica, de outros recursos minerais no respectivo território, plataforma continental, mar territorial ou zona econômica exclusiva, ou compensação financeira por essa exploração.[1194]

Com relação ao petróleo, essa participação convencionou-se denominar de *royalties* do petróleo, sendo objeto de várias e sucessivas regulamentações legais que procuram definir a destinação da aplicação de tais recursos.[1195]

---

financeiras e administrativas dos conselhos de fiscalização de profissões regulamentadas será realizado pelos seus órgãos internos, devendo os conselhos regionais prestar contas, anualmente, ao conselho federal da respectiva profissão, e estes aos conselhos regionais [...]" cf.: BRASIL. Medida Provisória nº 1.549 - 35, de 9 de outubro de 1997. Dispõe sobre a organização da Presidência da República e dos Ministérios, e dá outras providências. **Diário Oficial [da] República Federativa do Brasil**, Brasília, DF, 10 out. 1997. Seção 1, p. 22822; Medida Provisória nº 1.642-41, 13 de março de 1998, que dispõe sobre a organização da presidência da República e dos Ministérios, e dá outras providências. **Diário Oficial [da] República Federativa do Brasil**, Brasília, DF, 14 mar. de 1998. Seção 02, p. 28; Lei nº 9.649, de 27 de maio de 1998, que dispõe sobre a organização da Presidência da República e dos Ministérios, e dá outras providências. **Diário Oficial [da] República Federativa do Brasil**, Brasília, DF, 28 de maio 1998. Seção 1, p. 5; Tribunal de Contas da União. Denúncia. Processo TC nº 012.877/1997-2. Decisão nº 594/1998 - Plenário. Relator: Ministro-Auditor Benjamin Zymler. **Diário Oficial [da] República Federativa do Brasil**, Brasília, DF, 15 set. 1998. Seção 1, p. 24-6.

[1193] Consultar, neste capítulo, o subitem 3.2.3.2 e seguintes, para uma leitura aprofundada do tema entidades de classe.

[1194] BRASIL. **Constituição da República Federativa do Brasil** (Versão Bolso). Organização dos textos e índice por J. U. JACOBY FERNANDES. 2. ed. Belo Horizonte: Fórum, 2019. Art. 20, § 1º.

[1195] Dentre outras: BRASIL. Lei nº 2.004, de 3 de outubro de 1953. Dispõe sobre a Política Nacional do Petróleo e define as atribuições do Conselho Nacional do Petróleo, institui a sociedade por ações Petróleo Brasileiro Sociedade Anônima e dá outras providências. **Diário Oficial [da] República Federativa do Brasil**, Rio de Janeiro, RJ, 3 out. 1953, Seção 3, p. 16705; Lei nº 7.525, de 22 de julho 1986. Estabelece normas complementares para a execução do disposto no art. 27 da Lei nº 2.004, de 3 de outubro de 1953, com a redação da Lei nº 7.453, de 27 de dezembro de 1985, e dá outras providências. **Diário Oficial [da] República Federativa do Brasil**, Brasília, DF, 23 jul. 1986. Seção 1, p. 10881; Lei nº 7.990, de 28 de dezembro de 1989. Institui, para os Estados, Distrito Federal e Municípios, compensação financeira pelo resultado da exploração de petróleo ou gás natural, de recursos hídricos para fins de geração de energia elétrica, de recursos minerais em seus respectivos territórios, plataformas continental, mar territorial ou zona econômica exclusiva, e dá outras providências. **Diário Oficial [da] República Federativa do Brasil**, Brasília, DF, 29 dez. 1989. Seção 1, p. 24782; Lei nº 8.001, de 13 de março de 1990. Define os percentuais da distribuição da compensação financeira de que trata a Lei nº 7.990, de 28 de dezembro de 1989, e dá outras providências. **Diário Oficial [da] República Federativa do Brasil**, Brasília, DF, 14 mar. 1990. Seção 1, p. 5166; Decreto nº 1, de 11 de janeiro de 1991. Regulamenta o pagamento da compensação financeira instituída pela lei nº 7.990, de 28 de dezembro de 1989, e dá outras providências. **Diário Oficial [da] República Federativa do Brasil**, Brasília, DF, 14 jan. 1991. Seção 1, p. 837; BRASIL. Lei nº 9.478, de 6 de agosto de 1997. Dispõe sobre a política energética nacional, as atividades relativas ao monopólio do petróleo, institui o Conselho Nacional de Política Energética e a Agência Nacional do Petróleo e dá outras providências. Disponível em: https://www.planalto.gov.br/ccivil_03/ LEIS/L9478.htm. . BRASIL. Lei nº 12.351, de 22 de dezembro de 2010. Dispõe sobre a exploração e a produção de petróleo, de gás natural e de outros hidrocarbonetos fluidos, sob o regime de partilha de produção, em

O Tribunal de Contas da União tem prestado relevante auxílio nesse tema, definindo e normatizando, seja expedindo resoluções, seja interpretando a legislação em caráter normativo, quando responde a consultas.[1196]

No âmbito daquela Corte, o tema foi regulamentado por várias resoluções[1197] que estabeleceram diferentes entendimentos, seguindo de perto as mudanças legislativas, e que acabaram por definir que a fiscalização atinente à aplicação das indenizações pagas será exercida mediante a realização de inspeções e auditorias, dispensada a remessa de contas e dos respectivos comprovantes à Corte Federal de Contas a partir da sua vigência. Aos recursos recebidos antes dessa instrução era obrigatória a remessa ao TCU de prestação de contas e, verificada sua omissão, inafastável o dever de instaurar a TCE.

A finalidade desses recursos, ressalvados os destinados ao Ministério da Marinha, era prevista em lei para energia, pavimentação de rodovias, abastecimento e tratamento de água, irrigação, proteção do meio ambiente e saneamento básico.[1198]

Respondendo a consulta, o TCU já havia decidido que a compra de paralelepípedos para o calçamento de vias públicas e de materiais e serviços destinados à expansão e melhoria da rede de iluminação pública estão implicitamente vinculados às finalidades definidas em lei.[1199]

Em seguimento, o Tribunal de Contas da União, interpretando a legislação em vigor, orientou os municípios, no sentido de que os recursos públicos recebidos a título de *royalties* possam ser utilizados na realização de quaisquer despesas, inclusive

---

áreas do pré-sal e em áreas estratégicas; cria o Fundo Social - FS e dispõe sobre sua estrutura e fontes de recursos; altera dispositivos da Lei no 9.478, de 6 de agosto de 1997; e dá outras providências. Disponível em: https://www.planalto.gov.br/ ccivil_03/_Ato2007-2010/2010/Lei/L12351.htm. BRASIL. Lei nº 12.734, de 30 de novembro de 2012. Disponível em: https://www.planalto.gov.br/ccivil_03/_ato2011-2014/2012/lei/l12734.htm.

[1196] BRASIL. Tribunal de Contas da União. Consulta. Processo TC nº 575.028/1994-7. Decisão nº 334/1998 - Plenário. Relator: Ministro Marcos Vinícios Vilaça. Brasília, 3 de junho de 1998. **Diário Oficial [da] República Federativa do Brasil**, Brasília, DF, 16 jun. 1998. Seção 01, p. 05; Processo TC nº 012.231/1997. Decisão nº 121/1998 - Plenário. Relator: Ministro Carlos Átila Álvares da Silva. Brasília, 25 de março de 1998. **Diário Oficial [da] República Federativa do Brasilda União**, Brasília, DF, 07 abr. 1998. Seção 1, p.77, entre outros.

[1197] BRASIL. Tribunal de Contas da União. Resolução nº 229, de 27 de outubro de 1987. Dispõe sobre a aplicação, fiscalização e comprovação das Indenizações (*royalties*) pagas pela Petrobrás aos Estados, Territórios e Municípios, resultantes da extração de petróleo, xisto betuminoso e gás natural da bacia sedimentar terrestre e da plataforma continental, e dá outras providências. Disponível em: https://pesquisa.apps.tcu.gov.br/redireciona/norma/ NORMA-20002. Tribunal de Contas da União. Resolução nº 247 de 20 de novembro de 1990. Acrescenta a alínea "c" ao artigo 2º da Resolução nº 229, de 27 de outubro de 1987. Disponível em: **<http://www.tcu.gov.br>**. Acesso em: 7 jul. 2014. Tribunal de Contas da União. Resolução nº 252 de 13 de março de 1991. Altera a redação da alínea "c" do artigo 2º da Resolução nº 229, de 27 de outubro de 1987, acrescida pela Resolução nº 247, de 20 de novembro de 1990. Disponível em: **<http://<http://www.tcu.gov.br>**. Acesso em: 7 jul. 2014.

[1198] Consultar: BRASIL. Lei nº 2.004, de 03 de outubro de 1953. Dispõe sobre a Política Nacional do Petróleo e define as atribuições do Conselho Nacional do Petróleo, institui a sociedade por ações Petróleo Brasileiro Sociedade Anônima e dá outras providências. Revogada pela BRASIL. Lei nº 9.478, de 6 de agosto de 1997. Dispõe sobre a política energética nacional, as atividades relativas ao monopólio do petróleo, institui o Conselho Nacional de Política Energética e a Agência Nacional do Petróleo e dá outras providências. Disponível em: https://www.planalto.gov.br/ccivil_03/LEIS/L9478.htm.

[1199] BRASIL. Tribunal de Conta da União. Consulta. Processo TC nº 009.482/1994-6. Decisão nº 479/1996 - Plenário. Relator: Ministro Fernando Gonçalves. Brasília, 7 de agosto de 1996. **Diário Oficial [da] República Federativa do Brasil**, Brasília, DF, 26 ago. 1996. Seção 1, p. 16402-3.

na construção de escolas, creches, postos de saúde e ensaibramento de ruas, exceto as que envolvam pagamento de dívida ou que se refiram ao quadro permanente de pessoal.

O Tribunal de Contas do Estado do Rio de Janeiro impetrou mandado de segurança contra decisão[1200] do Tribunal de Contas da União em relação à aplicação dos *royalties* do petróleo naquele Estado. O Supremo Tribunal Federal concedeu a segurança pleiteada ao acolher a argumentação sustentada pelo referido Tribunal de Contas Estadual, no sentido de que a Constituição Federal, no § 1º de seu artigo 20, modificou a matéria referente a *royalties* decorrentes da extração do petróleo, do xisto betuminoso e do gás natural, dando a esses recursos a característica de **receita própria dos estados e dos municípios**, originada da compensação financeira a esses entes devida pela União, em razão da exploração econômica dos recursos naturais existentes nos seus respectivos territórios.[1201]

Dessa forma, a competência para a fiscalização desses recursos deixou de caber ao Tribunal de Contas da União, passando aos Tribunais de Contas Estaduais ou Municipais, conforme o caso.[1202]

Recente discussão, em sede da ADI 4846, entretanto, chamou a atenção para uma imprecisão técnica naquela decisão do MS nº 24312, no que diz respeito à classificação da receita como originária e própria, o que afetaria a questão do federalismo fiscal.[1203]

Na atualidade a matéria está assentada no sentido de que os *recursos repassados a título de participação ou compensação na exploração mineral constituem receita originária da União, e não mais própria da unidade federada* – estado, Distrito Federal ou município:

[1200] BRASIL. Tribunal de Contas da União. Representação. Processo TC nº 014.542/2000-0. Decisão nº 101/2002 - Plenário. Relator: Ministro Guilherme Palmeira. Brasília, 20 de fevereiro de 2002. **Diário Oficial da União [da] República Federativa do Brasil**, Brasília, DF, 19 mar. 2002.

[1201] BRASIL. Supremo Tribunal Federal. Mandado de Segurança nº 24312/DF. Relatora: Ministra Ellen Gracie. Brasília, 19 de fevereiro de 2003. **Diário da Justiça [da] República Federativa do Brasil**, nº 246, Brasília, DF, 19 dez. 2003. Ata nº 41.

[1202] Entendeu, ainda, o Supremo Tribunal Federal, que a Constituição Federal de 1988 não recepcionou os dispositivos legais que atribuíam competência ao Tribunal de Contas da União para fiscalizar a aplicação dos recursos provenientes de *royalties* pela exploração do petróleo, xisto betuminoso e gás natural. O Supremo Tribunal Federal, ainda, declarou inconstitucionais os artigos 1º, inciso XI, e 198, inciso III, ambos do Regimento Interno do Tribunal de Contas da União então vigente, bem como o artigo 25, parte final, do Decreto nº 01/1991. BRASIL. STF. no MS 24.312-1/DF. Rel.: Min; Ellen Gracie, 19 de fev. 2003.

[1203] Antes dessa decisão e da EC nº 102/2019, o STF decidira em fevereiro do mesmo ano: "Segundo jurisprudência assentada nesta CORTE, as rendas obtidas nos termos do art. 20, § 1º, da CF **constituem receita patrimonial originária**, cuja titularidade – que não se confunde com a dos recursos naturais objetos de exploração – **pertence a cada um dos entes federados afetados pela atividade econômica**. 2. Embora sejam receitas originárias de Estados e Municípios, as suas condições de recolhimento e repartição são definidas por regramento da União, que tem dupla autoridade normativa na matéria, já que cabe a ela definir as condições (legislativas) gerais de exploração de potenciais de recursos hídricos e minerais (art. 22, IV e XII, da CF), bem como as condições (contratuais) específicas da outorga dessa atividade a particulares (art. 176, parágrafo único, da CF). Atualmente, a legislação de regência determina seja o pagamento "efetuado, mensalmente, diretamente aos Estados, ao Distrito Federal, aos Municípios e aos órgãos da Administração Direta da União" (art. 8º da Lei 7.990/1989). BRASIL. Supremo Tribunal Federal. ADI 4606 Rel.: Min. Alexandre de Moraes, 28 fev. 2019.

> [...] 1. Os *royalties* possuem natureza jurídica de receita transferida não tributária de cunho originário emanada da exploração econômica do patrimônio público, afastada sua caracterização seja como tributo, seja como indenização. Precedente: RE 228.800, de relatoria do Ministro Sepúlveda Pertence, Primeira Turma, DJ 16.11.2011.
>
> 2. *Os royalties são receitas originárias da União, tendo em vista a propriedade federal dos recursos minerais,* e obrigatoriamente transferidas aos Estados e Municípios.
>
> 3. A legislação prevista no parágrafo único do art. 20 da Constituição da República possui natureza ordinária e federal. Precedente: ADI 4.606, de relatoria do Ministro Alexandre de Moraes, Tribunal Pleno, j. 28.02.2019.
>
> 4. É constitucional a imposição legal de repasse de parcela das receitas transferidas aos Estados para os municípios integrantes da territorialidade do ente maior.
>
> 5. Ação direta de inconstitucionalidade conhecida a que se nega procedência.[1204]

Com essa mudança, abre-se espaço novamente para se questionar a competência do Tribunal de Contas da União, para fiscalizar o uso dos *royalties*. Ademais, a Emenda Constitucional nº 103 alterou o § 1º do art. 20 da Constituição Federal, para incluir nele a União e excluir os órgãos da Administração direta da União:

> Art. 20. [...]
>
> § 1º É assegurada, nos termos da lei, à União, aos Estados, ao Distrito Federal e aos Municípios a participação no resultado da exploração de petróleo ou gás natural, de recursos hídricos para fins de geração de energia elétrica e de outros recursos minerais no respectivo território, plataforma continental, mar territorial ou zona econômica exclusiva, ou compensação financeira por essa exploração.[1205]

Essa Emenda passou a produzir efeitos a partir de 2020.

Aqui é importante analisar se a distribuição da receita é definida com sujeição a prestação de contas ou se a repartição dos valores se faz de modo preciso na legislação originária. Se a distribuição não envolve ato de vontade dos entes federativos, não há prestação de contas, mas simples repartição de receitas. Compete a cada Tribunal de Contas, no âmbito da sua competência federativa avaliar se a aplicação da receita está ou não conforme as diretrizes definidas em lei. Assim, inclusive, tem sido com a transferência dos recursos da saúde e da educação que se fazem fundo a fundo. O fato de a receita ser originária da União deve considerar se a repartição pode ser alterada

---

1204 BRASIL. Supremo Tribunal Federal. ADI 4846. Rel.: Min. Edson Fachin, 9 out. 2019.

1205 BRASIL. [Constituição Federal (1988) atualizada pela EC nº 102, de 26 de setembro de 2019]. **Constituição da República Federativa do Brasil de 1988.** Brasília, DF: Presidência da República, [2019]. Disponível em: http://www.planalto. gov.br/ccivil_03/constituicao/constituicao.htm.:

por sua vontade; se negativa a possibilidade, a prestação de contas não é para a União. Cada ente fiscaliza a aplicação da parcela que lhe cabe.

3.2.1.31 Receita

Destaca o eminente Ministro Luciano Brandão que há, além das competências acrescidas pela Constituição de 1988, "outros [...] incentivos fiscais". Acresce ainda que o "aprimoramento dos mecanismos destinados a propiciar uma melhor e mais abalizada avaliação dos sistemas de incentivos fiscais [...] constituíram verdadeiro diagnóstico. Revelaram distorções, abusos e irregularidades resultantes, em boa parte, da precariedade e morosidade dos instrumentos de ação fiscal".[1206] É nesse sentido que a ação do controle pode redirecionar o processo decisório.

O controle sobre as receitas e renúncias de receitas é tão ou mais importante que o controle sobre a despesa. Aliás, inconcebível sequer imaginar um órgão de controle sem poder para fiscalizar a receita.

Lamentavelmente, contudo, no Brasil o TCU foi impedido de realizar auditoria na receita. À época, nos expressamos do seguinte modo:

São bastante conhecidas a ineficiência e a injustiça do atual sistema tributário brasileiro, sem dúvida um dos mais ditatoriais do mundo.[1207]

Ineficiente porque permite um extraordinário índice de sonegação. Injusto porque cobra bem apenas de quem ganha pouco e é assalariado, permitindo extraordinária margem de sonegação dos que detêm o poder econômico. Detalhe é que ficam junto com os primeiros significativa parcela do empresariado nacional, hoje forçados a ter um sócio no capital, apelidado leão.

Um recente episódio demonstrará o quanto o silêncio dos bons pode ser nefasto.[1208]

O Tribunal de Contas da União, dando mais um significativo passo para cumprir o amplo espectro de sua competência constitucional, procedeu a uma tentativa de auditoria operacional na Secretaria da Receita Federal, com o objetivo de conhecer "o processo administrativo de determinação e exigência dos créditos tributários da União, seus procedimentos de cobrança e parcelamento, bem como a

---

[1206] a) Com a edição da Lei de Responsabilidade Fiscal, foi instituído o anexo de metas fiscais que conterá o demonstrativo de renúncia de receitas. BRASIL. Lei Complementar nº 101, de 4 de maio de 2000. Estabelece normas de finanças públicas voltadas para a responsabilidade na gestão fiscal e dá outras providências. **Diário Oficial [da] República Federativa do Brasil**, Brasília, DF, 5 maio 2000, art. 4º, § 2º, inc. V.

b) Consulte, a propósito da renúncia de receita no orçamento de 2023, a decisão do Tribunal de Contas da União. Disponível em: https://pesquisa.apps.tcu.gov.br/redireciona/acordao-completo/ACORDAO-COMPLETO-2701124.

[1207] Basta lembrar que nem mesmo durante o regime revolucionário de 1964 foi permitido ao Estado imputar a cobrança de imposto antes de ocorrido o fato gerador, mas a Emenda Constitucional "democrática" nº 3, que alterou (ou deformou?) a Constituição-cidadã atualmente em vigência o permitiu; cf. nova redação que atribui ao parágrafo 7º, do art. 150 da Constituição Federal de 1988.

[1208] "Não é somente o barulho dos maus que tanto perturba a humanidade, mas, sim, e principalmente, o silêncio dos bons". **Cartilha rotária.** José Silvano Portes, 5. ed., p. 151.

estrutura funcional-administrativa vinculada e o nível de informatização e dados estatísticos inerentes ao processo".

Seria um importante passo, talvez até bem atrasado, mas que permitiria avaliar em profundidade receitas e despesas e colocá-las definitivamente sob o controle externo.[1209] Afinal, todo mundo sabe que a contabilidade exige o conhecimento das receitas e despesas, no que se convencionou chamar de método das partidas dobradas.

Para tanto, requereu à autoridade sob inspeção 4 (quatro) processos aguardando ciência do lançamento; 4 (quatro), aguardando pagamento/impugnação; 4 (quatro), aguardando recurso voluntário; 10 (dez), com crédito tributário superior a um milhão de UFIRs etc. Nenhum, porém, requisitado pelo nome ou CPF do contribuinte. O objetivo era fazer uma auditoria para avaliar o sistema.

Houve recusa. O TCU insistiu na determinação, mas surgiu vergonhoso mandado de segurança impetrado perante o STF contra o Tribunal de Contas.

Sob o argumento de que o Código Tributário Nacional protege o sigilo fiscal, erigiu-se um sofisma digno de integrar "Macunaíma":

a) o art. 198 do CTN prevê o sigilo fiscal como forma de preservar a individualidade e intimidade do contribuinte; não para afastar a ação do controle externo. Aliás, é consabido que os servidores dos Tribunais de Contas estão também jungidos ao sigilo profissional;

b) a ação do TCU visava avaliar a ação da SRF e não violar sigilo fiscal e, portanto, no estrito âmbito de sua competência constitucional; não há nenhum dispositivo constitucional que assegure expressamente o sigilo bancário ou fiscal. Ambos decorrem de norma legal inferior, coordenada com os princípios constitucionais de proteção à vida privada e da inviolabilidade da comunicação. Todos os princípios devem ser coordenados, pois "não se encontra princípio isolado em ciência alguma;"[1210]

c) o art. 199 do mesmo código permite, entre as fazendas, o intercâmbio de informações. Logo, a SRF pode prestar informações à fazenda de uma prefeitura qualquer, mas não pode prestar ao TCU! A cooperação no caso é apenas entre os que podem agir contra o cidadão e não a favor dele, pelo que se pretende...

d) há norma expressa, específica e posterior ao CTN, que impede a alegação de sigilo para o Tribunal de Contas da União, sob qualquer pretexto.[1211]

[1209] A edição de 6 de setembro de 1995 da revista Veja destacou que a Receita Federal, encarregada de fiscalizar o contribuinte, está contaminada pela corrupção.

[1210] MAXIMILIANO, Carlos. **Hermenêutica e Aplicação do Direito**. 10. ed. Rio de Janeiro: Forense, 1988. p. 128.

[1211] BRASIL. **Regimento Interno e Lei Orgânica do Tribunal de Contas da União.** Organização dos textos e índice por J. U. JACOBY FERNANDES. Belo Horizonte: Fórum, 2014. Lei nº 8.443/1992, art. 42. Lembrando que a tradicional regra de hermenêutica assegura que a norma geral, no caso CTN, não prevalece sobre a norma específica posterior, LOTCU, que regula a fiscalização exercida por este órgão.

À evidência dessas argumentações, poderia ser contraposta a razoabilidade de uma divergência que sustentasse em sentido contrário, pois o Direito, como a mais democrática das ciências, permite e vive da argumentação, da reflexão e de salutar espírito crítico.

A argumentação deduzida em juízo, para sustentar *fumus boni juris*, foi a seguinte: "somente a comissão parlamentar tem permissão legal para requisitar informações tuteladas pelo sigilo bancário e fiscal".

Segundo o autor dessa "brilhante tese", o fato decorreria de que a possibilidade de realizar auditoria por iniciativa própria pelo TCU, prevista expressamente no art. 71, inc. IV, da Constituição, não foi reproduzida no art. 38, inc. I, da Lei nº 8.443/1992.[1212]

Esse argumento, se encontrasse um juiz de primeiro grau sério, mereceria a condenação por litigância de má-fé. O TCU tem, sim, competência para fazer auditoria por iniciativa própria e por solicitação de órgãos do Poder Legislativo. Para fins didáticos essa competência, prevista expressamente na lei, foi desmembrada em dois artigos: 38, I, e 41, II, da lei orgânica daquela Corte.

Está expressamente prevista na Constituição Federal a auditoria contábil, que abrange receitas e despesas, e, também, expressamente, renúncia de receitas.[1213] Seria absurdo que o constituinte tivesse estabelecido uma competência e, no plano infraconstitucional, impossibilitasse a concretização da mesma. "Ora, quem quer os fins não pode negar os necessários meios".[1214]

"O TCU não está incluído entre as pessoas ou instituições a quem as informações sigilosas podem ser prestadas".

Há uma diferença substancial nesse ponto. Não podem os Tribunais de Contas buscar informações sigilosas para se tornar um instrumento de perseguição: os auditores dos Tribunais de Contas não poderão divulgar esses dados à coletividade.

Além desses aspectos, não poderia a legislação tributária, que cuida das relações entre o contribuinte e o fisco, estender-se a questões específicas. Coube à lei orgânica de cada Tribunal de Contas estabelecer os instrumentos de sua ação, entre os quais a impossibilidade de negar, mesmo sob o argumento do sigilo legal, qualquer documento.

[1212] *Ibidem*. Lei nº 8.443/1992.

[1213] a) BRASIL. **Constituição da República Federativa do Brasil** (Versão Bolso). Organização dos textos e índice por J. U. JACOBY FERNANDES. 2. ed. Belo Horizonte: Fórum, 2019. Art. 70, *caput*, e art. 71, inc. IV.

b) Vide, a propósito, o Acórdão nº 440/2024 - TCU - Plenário, em que o TCU deu ciência às Presidências da Câmara dos Deputados e do Senado Federal, sobre a necessidade de observância do previsto nos arts. 113 do Ato das Disposições Constitucionais Transitórias (ADCT), 14 da Lei de Responsabilidade Fiscal (LRF) e nos dispositivos pertinentes da Lei de Diretrizes Orçamentárias em vigor, no âmbito das proposições legislativas, assim como na análise de medidas provisórias, que prevejam a criação, ampliação ou prorrogação de renúncias de receitas tributárias. Disponível em: https://pesquisa.in.gov.br/imprensa/jsp/visualiza/index.jsp?data=21/03/2024&jornal=515&pagina=137&totalArquivos=149.

[1214] BANDEIRA DE MELLO, Celso Antônio. **Curso de Direito Administrativo**. 4. ed. São Paulo: Malheiros, 1993, p. 449.

O fato é que houve uma decisão, em caráter liminar, inibindo o prosseguimento da auditoria iniciada na Secretaria da Receita Federal[1215]. O lamentável é que a demora do julgamento incentivou outros órgãos da fazenda a obstruírem a ação do controle externo.

O vergonhoso é que o sigilo foi invocado para inibir a ação moralizadora do TCU, que iniciava de forma, ainda tímida, mais uma etapa do resgate da dívida para com a sociedade, tentando auditar o órgão para aprimorar a eficácia, a eficiência e o acatamento dos princípios constitucionais da legalidade, da moralidade e da isonomia.

Nos autos, em favor do TCU, já existe uma brilhante e judiciosa prestação de informações da autoridade coatora em sede de mandado de segurança e isso justifica o otimismo, da sociedade, na solução da lide. Os que se dedicam à atuação do controle estão conscientes de que o equívoco cometido na concessão da liminar e os funestos efeitos provocados serão em breve corrigidos com a decisão definitiva do Supremo Tribunal Federal.

Os magistrados, como, em geral, os juristas probos, têm compromisso com a sociedade. "O jurista" - como há mais de cinquenta anos ensinava Carlos Maximiliano, "como todo cultor de ciência relacionada com a vida do homem em comunidade, não poderá fechar os olhos à realidade; acima das frases, dos conceitos, impõem-se, incoercíveis, as necessidades dia a dia renovadas pela coexistência humana, proteiforme, complexa".[1216]

Afinal, ninguém quer um "leão" fora de controle.

Decorrida uma década da concessão da liminar referida, o Tribunal de Contas da União realizou auditoria na Secretaria da Receita Federal.[1217] Encontrou graves inconsistências de sistemas de arrecadação que chegaram a atingir a impressionante cifra de dezena de milhões de reais, e impôs várias determinações para a correção dos fatos.

Uma auditoria programada que pode ser referência nessa área foi desenvolvida pelo Tribunal de Contas do Estado do Tocantins, na gestão do Presidente Conselheiro Severiano José Costandrade de Aguiar. A conclusão dos trabalhos resultou na conversão do processo de auditoria em TCE, evidenciando como dano:

> Da análise do Relatório de Auditoria, verifica-se a ocorrência de dano ao erário no valor de R$ 14.861.217,02 (quatorze milhões

---

[1215] a) Consulte no site do STF os Mandados de Segurança nºs 22801, 22617, 26895, 23956, 27091, 25361, 24750, 24750 e 25298, 28219.

b) consulte, também, o Decreto nº 10.209, de 22 de janeiro de 2020. Dispõe sobre a requisição de informações e documentos e sobre o compartilhamento de informações protegidas pelo sigilo fiscal. Disponível em: https://www.planalto.gov.br/ccivil_03/_ato2019-2022/2020/decreto/D10209.htm. "Art. 9º Observado o disposto no art. 42 da Lei nº 8.443, de 16 de julho de 1992, aplica-se, no que couber, o disposto neste Decreto às requisições e às solicitações de dados e de informações feitas pelo Tribunal de Contas da União."

[1216] MAXIMILIANO, Carlos. **Hermenêutica e Aplicação do Direito.** 10. ed. Rio de Janeiro: Forense, 1988, p. 126.

[1217] BRASIL. Tribunal de Contas da União. Auditoria. Processo TC nº 011.650/2000-3. Acórdão nº 751/2004 - Plenário. Relator: Ministro Benjamim Zymler. Brasília, 16 de junho de 2004. **Diário Oficial da União [da] República Federativa do Brasil,**. Brasília, DF, 25 de jun. 2004.

> oitocentos e sessenta e um mil duzentos e dezessete reais e dois centavos), conforme abaixo transcrito:
>
> **São itens correspondentes a dano ao erário** que exigem a devolução das receitas aos cofres públicos: 3.3, 3.4 e 3.5.
>
> a) 3º achado – (A existência de obrigações tributárias que decaíram por inércia do gestor soma um dano total de R$ 360.807,18 (trezentos e sessenta mil, oitocentos e sete reais e dezoito centavos).
>
> b) 4º achado (A existência de obrigações tributárias que prescreveram por inércia do gestor soma um dano total de R$ 9.494.402,36 (nove milhões, quatrocentos e nove mil, quatrocentos e dois reais e trinta e seis centavos).
>
> c) 5º achado (Renúncia ilegal de receitas tributárias soma um dano total de R$ 5.006.007,48 (cinco milhões, seis mil, sete reais e quarenta e oito centavos). [*sic*].[1218]

Nessa linha, mais recentemente, o TCU identificou falhas significativas na prestação de contas das empresas beneficiadas pelos incentivos fiscais da Lei do Bem (Lei 11.196/2005), que prevê tais benefícios para empresas estabelecidas no país que invistam em inovação tecnológica. A auditoria revelou atrasos no MCTI na análise de 7.227 pareceres, riscos de uso indevido dos benefícios e discrepâncias entre os valores informados à Receita Federal e ao MCTI. Além disso, constatou-se a ausência de um sistema eficaz de monitoramento da política. A Corte de Contas, assim, determinou e fixou prazos entre 180 e 480 dias para que o MICT tome diversas providências. Dentre elas, que o MCTI e a Receita Federal sistematizem o intercâmbio de informações e estabeleçam um plano de monitoramento com indicadores e metas claras[1219].

Sem dúvida, um dos acórdãos em que o Tribunal de Contas da União exerceu seu imprescindível papel de promover a boa governança pública, nas palavras do Conselheiro Edilson Silva.

3.2.1.32 Representação por irregularidade ou abuso

Outra relevante competência, constitucionalmente consagrada, é o dever de representar ao poder competente sobre irregularidades ou abusos praticados.

O amplo espectro da competência restaria vazio se não pudessem os Tribunais de Contas buscar em outras esferas de competência a restauração da regularidade, a correção de rumos, a efetiva ação redirecionadora.

Os Tribunais de Contas têm se utilizado, com maior ênfase na esfera federal, mas de forma ainda tímida em algumas unidades da federação, desse amplo poder, que revela a força motriz da orientação sobre o caráter punitivo. A eficácia da comunicação depende, sobretudo, da perspectiva de um controle prévio ou concomitante.

[1218] TOCANTINS. Tribunal de Contas do Estado do Tocantins. **Resolução nº 1062/2011** – Pleno. Processo nº 5247/2011. Relatora: Conselheira Leide Maria Dias Mota Amaral. Voto.

[1219] BRASIL. Tribunal de Contas da União. Acórdão 447/2025 – Plenário. Disponível em: https://pesquisa.apps.tcu.gov.br/redireciona/acordao-completo/ACORDAO-COMPLETO-2698142.

Um dos efeitos concretos do exercício dessa competência de representação está no pedido de intervenção federal ou estadual, nos termos previstos na Constituição Federal.

Nesse caso, é importante verificar a quem compete o direito de julgar as contas, pois a intervenção decorre desse poder. Assim, mesmo que a omissão, ou apresentação das contas sem observância da legislação em vigor, possa sempre ser comprovada pelo Tribunal de Contas, o pedido de intervenção no dever de prestar contas deverá ser feito pelo respectivo órgão do Poder Legislativo encarregado de julgá-las, conforme entendimento que vem vigorando no Supremo Tribunal Federal, em voto de maioria.[1220]

A Excelsa Corte vem se preocupando, sobretudo, com o atendimento do princípio do devido processo legal. Desse modo, em relação aos municípios, por exemplo, para a observância do *due process of law*, cumpre que o parecer técnico-opinativo do Tribunal de Contas seja precedido de interpelação do prefeito, e submetido à apreciação da câmara de vereadores, que poderá rejeitá-lo pelo voto de 2/3 de seus membros. Caso não receba as contas no prazo legal, cumpre ao Poder Legislativo verificar junto ao respectivo Tribunal de Contas se foram encaminhadas: sendo negativa a resposta, poderá seguir-se o pedido de intervenção ao Governador.

3.2.1.33 Responsabilidade fiscal

Sobre este assunto, a ação dos Tribunais de Contas nos termos da Lei de Responsabilidade Fiscal consulte obras específicas deste autor.[1221]

3.2.1.34 Sigilo fiscal e bancário

Tema de especial interesse é a possibilidade de negar-se acesso a informações protegidas pelo sigilo fiscal e bancário, com amparo no direito à privacidade. O tema foi tratado, em parte, no item 3.2.1.31 Receita, precedente. Neste ponto, aprofundaremos o assunto.

A questão do sigilo imposto aos dados fiscais deve considerar, inclusive às informações protegidas por sigilo obtidas pela administração tributária e quando o interesse público deve afastar o sigilo.

[1220] Nesse sentido: BRASIL. Supremo Tribunal Federal. Ação Direta de Inconstitucionalidade nº 614-2. Relator: Ministro Ilmar Galvão. Brasília, 14 de outubro de 1992. **Diário da Justiça [da] República Federativa do Brasil**, Brasília, DF, 18 maio 2001.

[1221] JACOBY FERNANDES, Jorge Ulisses. **Responsabilidade Fiscal:** na função do ordenador de despesas, na terceirização de mão-de-obra, na função do controle – questões práticas. 3. ed. Brasília: Brasília Jurídica, 2009; JACOBY FERNANDES, Jorge Ulisses. 10 anos de Lei de Responsabilidade Fiscal: a interpretação dos tribunais. In: CASTRO, Rodrigo Pironti Aguirre de (Coord.). **Lei de Responsabilidade Fiscal**: ensaios em comemoração aos 10 anos da Lei Complementar nº101/00. Belo Horizonte: Fórum, 2010; MOTTA, Carlos Pinto Coelho; JACOBY FERNANDES, Jorge Ulisses *et al.* **Responsabilidade Fiscal:** Lei Complementar 101 de 04/05/2000. Belo Horizonte: Del Rey, 2001 e JACOBY FERNANDES, Jorge Ulisses. **Manual do Ordenador de Despeas.** Belo Horizonte: Fórum.

A Constituição Federal dá guarida à controvérsia, já que tratou sobre o sigilo de dados, mas não especificamente sobre o sigilo fiscal (ou bancário) em seu texto, o que deu margem a interpretações conflitantes[1222].

O Código Tributário Nacional, por seu turno, no artigo 198, incorporado pela Lei Complementar nº 104, de 10 de janeiro de 2001, traz que o sigilo fiscal está delimitado pela vedação à divulgação de informação obtida em razão do ofício, por parte da Fazenda Pública ou de seus servidores, sobre a situação econômica ou financeira do sujeito passivo ou de terceiros e sobre a natureza e o estado de seus negócios ou atividades[1223].

Interessa notar, contudo, que o § 1º do dispositivo excetua da obrigatoriedade do sigilo, além dos casos previstos no art. 199, a requisição de autoridade judiciária no interesse da justiça e as solicitações de autoridade administrativa no interesse da Administração Pública, desde que seja comprovada a instauração regular de processo administrativo, no órgão ou na entidade respectiva, com o objetivo de investigar o sujeito passivo a que se refere a informação, por prática de infração administrativa.

Ainda, de acordo com o § 2º, o intercâmbio de informação sigilosa, no âmbito da Administração Pública, será realizado mediante processo regularmente instaurado, e a entrega será feita pessoalmente à autoridade solicitante, mediante recibo, que formalize a transferência e assegure a preservação do sigilo.

Uma vez que as atividades dos Tribunais de Contas são materializadas por meio de processo regular tendente a apurar possíveis irregularidades administrativas, abre-se a possiblidade de requerimento, por parte da autoridade relatora do processo de contas e sem prévia autorização judicial, para que o Fisco proceda à transferência de informações abrigadas por sigilo fiscal, desde que observados os demais requisitos do § 2º.

Ressalte-se que, de acordo com a literalidade do dispositivo, não se trata de quebra do sigilo fiscal ou da divulgação destes para o público e, sim, do intercâmbio de informações sigilosas do contribuinte, pessoa física ou jurídica, entre órgãos administrativos e no âmbito de processo previamente instaurado, sendo que a obrigatoriedade de resguardo permanece, devendo os autos correrem em caráter sigiloso.

Atualmente, a jurisprudência do STF evoluiu para permitir o compartilhamento de dados fiscais sigilosos entre a administração tributária e os tribunais de contas, em interpretação que relativiza o sigilo de informações e a preservação da intimidade quando se está diante do interesse da sociedade de conhecer o destino dos recursos

---

[1222] BRASIL. Tribunal de Contas da União. Processo TC nº 025.686/2006-7. Acórdão nº 1835/2007 - Plenário. Relator: Ministro Marcos Vinicios Vilaça. Em sentido oposto: BRASIL. Supremo Tribunal Federal. MC em MS nº 27.091-8/DF. Relator: Min. Gilmar Mendes, data da sessão: 05.09.2007, ata: 37/2007.

[1223] BRASIL. Lei nº 5.172, de 25 de outubro de 1966. [Código Tributário Nacional]. Dispõe sobre o Sistema Tributário Nacional e institui normas gerais de direito tributário aplicáveis à União, Estados e Municípios. Disponível em: https://www.planalto.gov.br/ccivil_03/LEIS/L5172Compilado.htm.

públicos[1224] e o adequado exercício do múnus constitucional do controle externo, situação na qual impera o dever de transparência imposto aos administradores públicos.

Nesse passo, em 2020, transigiu o governo federal, após muito se digladiar com o Tribunal de Contas da União a fim de não lhe transferir dados fiscais protegidos por sigilo, com a publicação de decreto[1225] regulamentador do acesso da Controladoria-Geral da União e do TCU a dados de órgãos do Ministério da Economia, inclusive da Receita Federal, albergados por sigilo fiscal.

Adequando-se ao posicionamento governamental, a Portaria RFB nº 4, de 22 de janeiro de 2021[1226] assentou que o intercâmbio das informações sigilosas deve ser permitido, verificada a clara definição do objetivo e do escopo da auditoria, devendo os dados solicitados guardarem com estes vinculação. Estabelece ainda que os dados só poderão ser compartilhados mediante declaração indicativa dos auditores autorizados a utilizá-los, os quais assinarão termo de confidencialidade e assumirão as mesmas responsabilidades legais a que um auditor da Receita Federal está obrigado.

3.2.1.33.1 Sigilo fiscal

Durante o processamento das contas públicas, mesmo à vista da indubitável ocorrência de irregularidades, os Tribunais de Contas têm tido dificuldades nas investigações, em face da bandeira do sigilo fiscal. O fato é que este não faz parte do extenso rol de direitos fundamentais trazido pela Constituição Federal de 1988 e representa, sim, uma ofensa ao interesse público, principalmente quando se trata de prejuízos ao erário, estranhamente protegidos por aqueles que defendem o sigilo, como garantia protegida pelo manto da lei.

O Código Tributário Nacional – CTN, promulgado pela Lei Ordinária nº 5.172, de 25 de outubro de 1966, no Título IV, que cuida da administração tributária, estabelece três artigos de interesse ao debate, com o seguinte teor:

> Art. 197. Mediante intimação escrita, são obrigados a prestar à autoridade administrativa todas as informações de que disponham com relação aos bens, negócios ou atividades de terceiros.
>
> I - os tabeliães, escrivães e demais serventuários;
>
> II - os bancos, casas bancárias, Caixas Econômicas e demais instituições financeiras;

[1224] BRASIL. Supremo Tribunal Federal. MS nº 33.340/DF - Primeira Turma. Relator: Ministro Luiz Fux, j. em: 26.05.2015. DJe de 3/8/15; BRASIL, Supremo Tribunal Federal. ARE nº 1331423/RS. Relator: Min. Alexandre de Moraes, j. em: 01.07.2021. DJe de 06.07.2021.

[1225] BRASIL. Presidência da República. Decreto nº 10.209, de 22 de janeiro de 2020. Dispõe sobre a requisição de informações e documentos e sobre o compartilhamento de informações protegidas pelo sigilo fiscal. **Diário Oficial da União**, Brasília, DF, 23 jan. 2020.

[1226] BRASIL. Receita Federal do Brasil. Portaria RFB nº 4, de 22 de janeiro de 2021. Dispõe sobre o Protocolo de Auditabilidade da Administração Tributária e Aduaneira, utilizado inclusive para viabilizar o compartilhamento de dados e informações protegidos pelo sigilo fiscal. Disponível em: https://normasinternet2.receita.fazenda.gov.br/#/consulta/externa/115082. [Atualizada pela Portaria RFB nº 385, de 11 de dezembro de 2023].

III - as empresas de administração de bens;

IV - os corretores, leiloeiros e despachantes oficiais;

VI - os síndicos, comissionários e liquidatários;

VII - quaisquer outras entidades ou pessoas que a lei designe, em razão de seu cargo, ofício, função, ministério, atividade ou profissão.

Parágrafo único. A obrigação prevista neste artigo não abrange a prestação de informações quanto a fatos sobre os quais os informantes estejam legalmente obrigados a observar segredo em razão de cargo, ofício, função, ministério, atividade ou profissão.

Art. 198. Sem prejuízo do disposto na legislação criminal, é vedada a divulgação por parte da Fazenda Pública ou de seus servidores, de informação obtida em razão do ofício sobre a situação econômica ou financeira dos sujeitos passivos ou de terceiros e sobre a natureza e o estado dos seus negócios ou atividades.

§ 1° Executam-se do disposto neste artigo, além dos casos previstos no art. 199, os seguintes:

requisição de autoridade judiciária no interesse da justiça;

solicitações de autoridade administrativa no interesse da Administração Pública, desde que seja comprovada a instauração regular de processo administrativo, no órgão ou na entidade representativa, com o objetivo de investigar o sujeito passivo a que se refere a informação, por prática de infração administrativa.

§ 2° O intercâmbio de informação sigilosa, no âmbito da Administração Pública, será realizado mediante processo regularmente instaurado, e a entrega será feita pessoalmente à autoridade solicitante, mediante recibo, que formalize a transferência e assegure a preservação do sigilo.

§ 3° Não é vedada a divulgação de informações relativas a:

I – representações fiscais para fins penais;

II – inscrições na Dívida Ativa da Fazenda Nacional Pública;

III – parcelamento ou moratória; e

IV – incentivo, renúncia, benefício ou imunidade de natureza tributária cujo beneficiário seja pessoa jurídica

§ 4° Sem prejuízo do disposto no art. 197, a administração tributária poderá requisitar informações cadastrais e patrimoniais de sujeito passivo de crédito tributário a órgãos ou entidades, públicos ou privados, que, inclusive por obrigação legal, operem cadastros e registros ou controlem operações de bens e direitos.

§ 5° Independentemente da requisição prevista no § 4° deste

> artigo, os órgãos e as entidades da administração pública direta e indireta de qualquer dos Poderes colaborarão com a administração tributária visando ao compartilhamento de bases de dados de natureza cadastral e patrimonial de seus administrados e supervisionados.
>
> Art. 199. A Fazenda Pública da União e as dos Estados, do Distrito Federal e dos Municípios prestar-se-ão mutuamente assistência para a fiscalização dos tributos respectivos e permuta de informações, na forma estabelecida, em caráter geral ou específico, por lei ou convênio.
>
> Parágrafo único. A fazenda Pública da União, na forma estabelecida em tratados, acordos ou convênios, poderá permutar informações com Estados estrangeiros no interesse da arrecadação e da fiscalização de tributos.[1227]

No primeiro e terceiro artigos transcritos, foi estabelecido o dever legal de colaboração com a administração fazendária, ressalvando desse dever a situação do informante que legalmente esteja obrigado a observar o segredo em razão do cargo, ofício, função, ministério, atividade ou profissão.

No segundo artigo, por sua vez, veda a divulgação por parte da fazenda de qualquer informação obtida em razão do ofício sobre a situação econômica ou financeira dos sujeitos passivos ou de terceiros e sobre a natureza e o estado dos seus negócios ou atividades, e estabelece exceções.

Essa norma tem sido destacada como ponto central da garantia do sigilo fiscal. No entanto, o cotidiano da imprensa oficiosa revela, com alguma frequência, a relação dos que pagam impostos em maior quantidade de recursos. Esse fato não estaria ferindo tal princípio?

Muito se tem debatido sobre o alcance do sigilo fiscal, associando-o com o direito à privacidade que qualquer pessoa deve ter.

Esse direito foi ainda mais arrefecido, com a entrada em vigor da Lei Complementar nº 208, de 2 de julho de 2024, que acrescentou os parágrafos 4º e 5º ao art. 198, reforçando o dever de instituições públicas e particulares colaborarem com a administração tributária.

O exame atento da norma revela que a vedação se dirige à situação econômica e financeira e sobre a natureza e o estado dos negócios e atividades do contribuinte. Um dos corolários desse preceito é a questão pertinente à ocorrência do fato gerador e atividades ilícitas.

[1227] BRASIL. Lei nº 5.172, de 25 de outubro de 1966. [Código Tributário Nacional]. Dispõe sobre o Sistema Tributário Nacional e institui normas gerais de direito tributário aplicáveis à União, Estados e Municípios. Disponível em: : https://www.planalto.gov.br/ccivil_03/LEIS/L5172Compilado.htm. [Redação atualizada até a Lei Complementar nº 208, de 2 de julho de 2024]

3.2.1.34.1 Hierarquia constitucional do CTN e o conflito com leis ordinárias

É imperioso analisar a situação do Código Tributário Nacional - CTN e a hierarquia constitucional de suas normas.

Originariamente editado como lei ordinária, por força de recepção constitucional, adquiriu nível de lei complementar. Houve aí a conjugação de duas preciosas lições de direito. A primeira, conhecida como "recepção" de normas, na feliz expressão de Hans Kelsen, estabelece que, advindo norma de hierarquia superior, as inferiores não perdem só por isso a sua validade, ao contrário, terão sua validade condicionada na medida em que tiverem sido recepcionadas pela norma superior.

Na síntese lapidar de Ives Gandra da Silva Martins:

> [...] O segundo aspecto a ser alertado no que concerne à lei complementar é o de que o CTN, apesar de ter nascido como lei ordinária, ganhou eficácia de lei complementar, após a Constituição Federal de 67 e a Emenda Constitucional nº 1/69. Pelo princípio da recepção, em direito constitucional, todo diploma legal que tenha natureza jurídica de instrumento veiculador inexistente à época de seu surgimento e que não conflite com a legislação posterior, que o introduza será recebido pelo novo ordenamento, ao mesmo nível e com a mesma conformação dos diplomas posteriores.[1228]

Após a promulgação dessa Lei, a Constituição estabeleceu que a matéria seria regulada por lei complementar até então inexistente com essa finalidade.

Leigos costumam manifestar o entendimento de que a lei complementar é hierarquicamente superior à lei ordinária: ledo engano.

O que caracteriza uma lei complementar[1229] é a rigidez imposta à sua alteração e à predefinição de temas que o legislador constituinte quis preservar de constantes mudanças, exigindo-lhe, pois, *quorum* qualificado para alteração. Não há hierarquia entre a lei complementar e a lei ordinária. Tanto pode ser inconstitucional uma lei ordinária que contrarie uma lei complementar quanto o contrário. O que definirá a compatibilidade constitucional é o campo de matérias reservadas à lei complementar e as que por exclusão competem à lei ordinária.

Pinto Ferreira assegura no mesmo sentido:

> A lei complementar se caracteriza pelo fato de só poder tratar daqueles assuntos que a Constituição especifica expressamente, estatuindo ser própria tal espécie normativa. Quando a matéria é

[1228] MARTINS, Ives Gandra da Silva. Comentários ao Código Tributário Nacional, Carlos Valder do Nascimento (org.). Introdução. In: **Revista Forense**. Rio de Janeiro. 1999, p. 56.

[1229] Observa, com muita propriedade, Victor Nunes Leal que "[...] em princípio todas as leis são complementares, porque se destinam a complementar princípio básicos enunciados na Constituição [...]". LEAL, Vitor Nunes. **Problemas de Direito Público e outros Problemas**. Brasília: Ministério da Justiça, 1997. p. 3

> objeto de lei complementar só pode ser disciplinada por este tipo de lei, razão pela qual a lei complementar não pode ser modificada pela lei ordinária.[1230]

Com mais clareza, ainda, Michel Temer:

> [...] lei ordinária, por acaso encontra seu fundamento de validade, seu engate lógico, sua razão de ser, sua fonte geradora na lei complementar? Absolutamente não!

Acrescendo:

> [...] A leitura do art. 59, III, indica que as leis ordinárias encontram seu fundamento de validade, seu ser, no próprio texto constitucional, tal qual as leis complementares que encontram seu engate lógico na Constituição. Portanto, *não há hierarquia entre a lei complementar e a lei ordinária*.[1231]

No caso de conflito entre as normas que tratam do chamado sigilo fiscal, estabelecidas no CTN e em outra legislação qual deverá preceder? Qual enfim prevalece na regulação do tema?

Como se pode facilmente verificar, o tema pertinente a sigilo não foi reservado pela Constituição Federal à lei complementar, embora não esteja incorreto que dele trate o CTN em homenagem à sistematização por interesse. Esse aspecto dificulta sobremodo o equacionamento do tema.

A resposta que define com caráter científico a questão é a que se depreende do seguinte modelo estrutural, aplicável ao caso concreto:

a) a norma complementar prevalece sobre a lei ordinária quando esteja regulando matéria que, numa interpretação restritiva, seja por definição constitucional reservada a esse tipo de norma;

b) inocorrendo a hipótese anterior, resolve-se o conflito pela especialização, pois é consabido que a norma posterior não revoga nem modifica a norma geral anterior;

c) permanecendo o conflito, resolve-se pela prevalência da interpretação que melhor resguarde o interesse público, pois tanto o Direito Tributário como o Direito Administrativo extraem suas raízes de fecundidade do Direito Público.

Quando, porém, houver colisão entre a norma que impõe o sigilo, seja fiscal ou bancário, e o interesse entre particulares, o assunto deve ficar ao prudente arbítrio do magistrado.

De outro modo, ou seja, quando entre o fisco e o particular, o assunto deve ser resolvido nos termos em que dispuser a lei, no caso o Código Tributário Nacional,

---

[1230] FERREIRA, Pinto. **Comentários à Constituição Brasileira.** São Paulo: Saraiva, 1989, p. 388.

[1231] TEMER, Michel. **Elementos de Direito Constitucional.** 14. ed. rev. e ampl. São Paulo: Malheiros, 1998, p. 147.

com as cautelas e limitações que garantam a discrição da vida privada a que tem direito o cidadão. O direito de acesso à informação, resguardada por sigilo, não pode ensejar a divulgação a terceiros estranhos ao interesse jurídico protegido que, no caso, tutela o legítimo interesse da sociedade de que todos, na forma da lei, contribuam com o ingresso de recursos para o erário.[1232]

3.2.1.34.2 Sigilo bancário

O sigilo bancário é imposto por lei[1233] e constitui viga mestra do sistema bancário nacional e internacional, embora venha no exterior sofrendo melhores temperamentos do que no Brasil.

As atividades de uma pessoa e sua repercussão financeira dizem efetivamente respeito à sua privacidade e, por extensão desta, merecem ser tratadas com alguma reserva. Num país em que há "corrupção endêmica", muito, mais muito provavelmente, a imensa maioria dos brasileiros, chamados que fossem a opinar em plebiscito, não estabelecessem o sigilo bancário como uma garantia na estatura em que pretendem alguns membros da magistratura.

Para os particulares, deve mesmo existir o direito à privacidade, admitindo-se por mais correto este termo, com acesso a contas bancárias nos exatos termos da Lei Complementar nº 105, de 10 de janeiro de 1964;[1234] nada mais, nada menos. Aos que, porém, entretêm com o poder público relação de trabalho profissional, subordinado ou subordinante, agente público de qualquer espécie, o acesso à respectiva conta bancária deveria ser muito mais flexibilizado, inclusive para qualquer órgão da própria Administração Pública encarregado de apurações de irregularidades. Deveria isso corresponder a uma extensão do *munus publicum*, ao qual, com certeza, não se oporiam os agentes públicos, se tomados sob critério exclusivamente quantitativo. Não é demais lembrar que a operação "mãos limpas" da Itália não precisou pedir à Justiça a quebra do sigilo, porque isso sempre foi permitido administrativamente.[1235]

[1232] Em linha de coerência com o exposto, fiscalizando as ações da Receita Federal e as revisões, decidiu o Tribunal determinar a transferência de sigilo de toda informação relacionada aos pedidos de revisão e opções anteriores a determinado ano: BRASIL. Tribunal de Contas da União. Processo TC nº 017.708/2007-0. Acórdão nº 846/2008 - Plenário. Relator: Ministro Raimundo Carreiro. Brasília, 13 de maio de 2008. **Diário Oficial da União [da] República Federativa do Brasil**, Brasília, DF, 14 maio 2008.

[1233] BRASIL. Lei Complementar nº 105, de 10 de janeiro de 2001. Dispõe sobre o sigilo das operações de instituições financeiras e dá outras providências. Disponível em: https://www.planalto.gov.br/ccivil_03/Leis/LCP/Lcp105.htm "Art. 1º. [...] As instituições financeiras conservarão sigilo em suas operações ativas e passivas e serviços prestados[...]".

[1234] Na literalidade da norma, os agentes fiscais tributários poderão proceder ao exame dos documentos, livros e registros de contas de depósitos quando houver processo instaurado - não definindo a lei se judicial ou administrativo - e o mesmo for considerado indispensável pela autoridade competente.

[1235] Em processo de execução, acompanhado no desempenho das funções institucionais de Procurador do Ministério Público junto ao Tribunal de Contas do Distrito Federal, encontramos um caso em que o servidor, mediante estelionato, subtraiu elevada importância dos cofres públicos e depositou em conta bancária particular. Após alguns anos de idas e vindas processuais, o Banco Central informou o número da referida conta e o valor depositado, sendo que o titular sacou o valor um dia após a informação obtida pelo exequente.

Importante notar como o termo *privacidade* ou *discrição*, ao invés de sigilo, é bem mais compatível com a moral que se pretende de uma coletividade em busca de reafirmação dos seus valores éticos. Lamentável verificar com que facilidade se erigem, em direitos fundamentais, situações das quais homens verdadeiramente de bem jamais precisariam fazer uso.

Reflexões desse jaez são feitas apenas como registro da necessidade de mudança, mesmo reconhecendo que essa pretensão fica, por vezes, distante do entendimento que vem sendo propalado como juridicamente correto. Há, porém, motivos de esperança para isso. A Lei nº 8.730, de 10 de novembro de 1993,[1236] define uma maior transparência no serviço público e obriga a apresentação sistemática de cópia da declaração de bens e rendas como requisito para o exercício de cargos, empregos e funções de confiança[1237] nos três poderes; a Lei nº 9.613, de 3 de março de 1998, dispõe sobre o crime de lavagem de dinheiro ou ocultação de bens, direitos e valores e sobre a prevenção da utilização do sistema financeiro para os ilícitos nela previstos[1238].

Outro aspecto relevante é que o Tribunal de Contas da União tem conseguido normalmente acesso a extratos bancários onde são depositados recursos públicos relativos a convênios firmados com entes federais.[1239]

São iniciativas que merecem ser saudadas com entusiasmo, especialmente porque já decorrido algum tempo sem que tenha sido conturbada a convivência ou violentados direitos. Apontam no rumo de um despertar para a preservação de uma nova ordem.[1240]

Quanto aos particulares, é admissível ou razoável a tese da privacidade com maior ênfase.

Em reforço às considerações expendidas, é preciso registrar que também o Banco Central é um órgão público e, no desempenho de suas funções constitucionais, poderá, por ação ou omissão, dar causa a dano pelo qual responda, ainda que indiretamente, o erário.

[1236] BRASIL. Lei nº 8.730, de 10 de novembro de 1993. Estabelece a obrigatoriedade da declaração de bens e rendas para o exercício de cargos, empregos e funções nos Poderes Executivo, legislativo e Judiciário, e dá outras providências. Disponível em: https://www.planalto.gov.br/ccivil_03/Leis/L8730.htm.

[1237] Nesse sentido: BRASIL. Tribunal de Contas da União. Processo TC nº 015.344/2009-1. Acórdão nº 4447/2013 - 2ª Câmara. Relator: Ministro André Carvalho. Brasília, 07 jun. 2013. **Diário Oficial da União [da] República Federativa do Brasil**, Brasília, DF, 22 jul. 2013.

[1238] BRASIL. Lei nº 9613, de 3 de março de 1998. Disponível em: https://www.planalto.gov.br/ccivil_03/Leis/L9613.htm.

[1239] Nesse sentido: BRASIL. Tribunal de Contas da União. Processo TC nº 000.146/2003-0. Acórdão nº 920/2003 - 2ª Câmara. Relator: Ministro Guilherme Palmeira. **Diário Oficial da União [da] República Federativa do Brasil**, Brasília, DF, 13 jun. 2003. Seção 1, p. 150.

[1240] Porém, a falta de clareza dos limites impostos às instituições envolvidas não atende o anseio de um trabalho satisfatório. O auditor-fiscal da Receita Federal, sr. José Carlos Guimarães, na primeira reunião da comissão sobre lavagem de dinheiro, apontou que "[...] o sigilo bancário, da forma como está regulamentado, é uma das maiores dificuldades enfrentadas na Receita. Até mesmo internamente, entre delegacias, alguns técnicos não abrem mão de certas informações, por receio de ir além do que podem, revelou [...]". Disponível em: <http://www.stj.gov.br>. **Notícias do Superior Tribunal de Justiça**, 2 out. 2002. Acesso em: 08 jul. 2014.

Exemplo desse fato, foi o processo que apurou as transações sobre as transferências conhecidas como CC5 que teriam permitido a evasão de US$ 15,5 bi país.[1241] Por outro lado, é possível realizar auditoria, mantendo a privacidade necessária do sigilo bancário.[1242]

Num país que se pretende consagrar como legítimo estado democrático de direito, o controle, a transparência, ou melhor, a visibilidade dos atos, deve ser saudada entusiasticamente pelas pessoas de bem.[1243]

3.2.1.34.2.1 Sigilo bancário e direito de defesa

Para ilustrar a necessidade do sigilo bancário sofrer adaptações, basta referir episódio ocorrido no âmbito do Tribunal de Contas do Distrito Federal.

Em determinada Tomada de Contas Especial[1244] que tramitou no TCDF, o defendente não teve direito aos documentos para elaborar sua defesa. Tratava-se, no caso, de TCE instaurada por banco estatal que temia a futura alegação de quebra de sigilo bancário. Observando nítido prejuízo à defesa, asserimos:

> A ampla defesa, em face da nobreza de seus fundamentos, alinhados: com os imperativos da justiça de sociedade, deve ser considerada na máxima amplitude possível, que permita ao

---

[1241] BRASIL. Tribunal de Contas da União. Processo TC nº 928.358/1998-4. Acórdão nº 130/2001 - Plenário. Relator: Ministro Adylson Caldas. Brasília, 30 de maio de 2001. Disponível em: **<http://www.tcu.gov.br>**. Acesso em: 08 jul. 2014.

[1242] Nesse sentido: BRASIL. Tribunal de Contas da União. Processo TC nº 002.793/2009-0. Acórdão nº 2918/2010 - Plenário. Relator: Ministro Valmir Campelo. Brasília, 3 de novembro de 2010. **Diário Oficial [da] República Federativa do Brasil**, Brasília, DF, 9 nov. 2010; Supremo Tribunal Federal. Mandado de Segurança nº 22801-6/DF. Relator: Ministro Sepúlveda Pertence. Disponível em: **<http://www.stf.jus.br>**. Acesso em: 08 jul. 2014.

[1243] A Assembleia Legislativa do Acre representou perante o TCU sobre prejuízos decorrentes da má gestão do BANACRE decorrente de omissão do BACEN. Em inspeção, o TCU não confirmou os motivos alegados, entendendo regular a situação do BACEN: BRASIL. Tribunal de Contas da União. Processo TC nº 014.735/1999-7. Acórdão nº 734/2003 - Plenário. Relator: Ministro Benjamin Zymler. Brasília, 18 de junho de 2003. **Diário Oficial [da] República Federativa do Brasil**, Brasília, DF, 30 jun. 2003. Seção 1, p. 199.

[1244] a) É comum instauração de TCE para apurar irregularidade em operações bancárias, cf.: BRASIL. Tribunal de Contas da União. Processo TC nº 012.838/1995-0. Decisão nº 32/1997 - 2ª Câmara. Relator: Ministro Adhemar Paladini Ghisi. Brasília, 6 de março de 1997. **Diário Oficial [da] República Federativa do Brasil**, Brasília, DF, 18 mar. 1997. Seção 01, p. 5151; Processo TC nº 010.597/1995-6. Acórdão nº 54/1997 - Plenário. Relator: Ministro Iram Saraiva. Brasília, 2 de abril de 1997. **Diário Oficial [da] República Federativa do Brasil**, Brasília, DF, 15 abr. 1997. Seção 01, p. 7427-29; caso em que o TCU apontou graves irregularidades na arrecadação pelo BANCESA da contribuição INSS e Imposto de Renda e fez recomendação ao Banco Central: Processo TC nº 275.023/1995-8. Decisão nº 189/1998. Relator: Ministro Adhemar Paladini Ghisi. Brasília, 11 de agosto de 1998. **Diário Oficial [da] República Federativa do Brasil**, Brasília, DF, 24 ago. 1998. Seção 1, p. 48-9.

b) É corriqueira a instauração de TCE envolvendo operações bancárias ilícitas, cf.: BRASIL. Tribunal de Contas da União. Processo TC nº 001.510/1990-8. Acórdão nº 67/1997 - 2ª Câmara. Relator: Ministro Adhemar Paladini Ghisi. Brasília, 6 de março de 1997. **Diário Oficial [da] República Federativa do Brasil**, Brasília, DF, 18 mar. 1997. Seção 01, p. 5444-45. Noutro processo, o TCU decidiu que prejuízos decorrentes de operações concedidas sem observância das normas internas da instituição não ensejam instauração de TCE: Processo TC nº 600.066/1996-7. Decisão nº 859/1999. Relator: Ministro Adhemar Paladini Ghisi. Brasília, 24 de novembro de 1999. Disponível em: **<http://www.tcu.gov.br>**. Acesso em: 08 jul. 2014. O STF entendeu que a quebra do sigilo bancário não afronta art. 5º, X e XI e que na investigação criminal o contraditório não prevalece. Por analogia, o TCU entendeu que deveria ser aplicado em processo de auditoria, cf.: Processo TC nº 029.041/1991-0. Decisão nº 727/1998 - Plenário. Relator: Ministro Iram Saraiva. Brasília, 17 de julho de 1996. **Diário Oficial [da] República Federativa do Brasil**, Brasília, DF, 6 ago. 1996. Seção 1, p. 14799.

cidadão comum, com a realização de mediano esforço, oferecer todos os fatos e argumentos capazes de, senão ilidir, ao menos mitigar o julgamento que sobre si se materializa.

Nesse caso, os esforços do ex-empregado em conseguir elementos capazes de influenciar a convicção deste Tribunal em favor de sua tese restaram obstacularizados por reiteradas recusas de diversos setores do banco, sustentadas sob evasivas até certo ponto injustificáveis. Menciona-se, a título exemplificativo, o pedido à fl. 98, solicitando a posição da agência central, mês a mês, no período de março/92 a setembro/93, nas faixas: Cheque Brasília Especial, Empréstimos da CEI e Créditos em liquidação, recusado à fl. 99, sob o inapropriado argumento de que o setor estaria impossibilitado de fornecer informações sobre contas correntes de terceiros, em decorrência das leis de sigilo bancário.

3.2.1.34.2.2 Os direitos fundamentais e o sigilo fiscal

É consabido que o termo "direitos fundamentais", embora nascido na França por volta de 1770, no ventre do movimento político que levou à Declaração dos Direitos do Homem e do Cidadão de 1789,[1245] teve seu maior esplendor na Alemanha. É que, embora os franceses tenham seduzido o mundo com a referida declaração, dando-lhe feição política, aos germânicos coube o papel histórico de cristalizar os direitos fundamentais à estatura constitucional.

Se a Constituição Estadunidense foi pródiga ao garantir as liberdades, a alemã representou a evolução do pensamento jurídico ao impor uma perspectiva humanitária. Analisando o cenário das atuais constituições da Europa, Vieira de Andrade assinala que à sólida proteção às liberdades no momento concorre uma outra, a social. A lição é atual, porque pretende subordinar os direitos fundamentais, reconhecidos no plano interno, a um conjunto mínimo de preceitos da *Declaração Universal*, assinalados em seu preâmbulo como fundamento da liberdade, da justiça e da paz no mundo.

A compreensão de direitos fundamentais pressupõe a dignidade de um ser livre e responsável. Não apenas livre, como, exageradamente, outrora idealizado, mas que assuma sua parte de responsabilidade e participe do consenso social de que nos fala Castanheira Neves.[1246]

Reconhece-se, portanto, a existência de limites a esses direitos fundamentais: não mais os conhecidos limites *imanentes* de que falava Vieira Andrade, mas determináveis diante do caso concreto, como ensina Agostinho Eiras.[1247] Por isso, é no caso concreto ou iminentemente concretizável, com preciso conjunto de circunstâncias, que se conhece a extensão de um direito fundamental.

[1245] PÉREZ Lurio, Antonio E. **Derechos humanos. Estado de derecho y constitución**. Madrid: Tecnos, 1995, p. 201.
[1246] NEVES, Castanheira. **A Revolução e o Direito**. Lisboa: Ordem dos Advogados Portugueses, 1976, p. 176.
[1247] EIRAS, Agostinho. **Segredos da Justiça e controle de dados pessoais informatizados**. Coimbra: Coimbra, 1992.

Ad argumentandum, quando houver a caracterização de um direito como fundamental, o passo seguinte será verificar a conformação de seus limites e, finalmente, sua conformação em um dado conjunto de premissas com o ordenamento jurídico.

No item anterior, demonstrou-se enfaticamente a imprecisão do termo sigilo fiscal: existe um dever para os servidores do fisco de não revelar informação sobre a situação econômica ou financeira dos sujeitos passivos ou de terceiros e sobre a natureza e o estado dos seus negócios ou atividades. Esse dever, ao contrário do que expressamente dispunha a norma anterior, revogada pelo CTN, não mais prevê o dever de guardar sigilo sobre a situação fiscal do contribuinte.

Admitindo-se, porém, por amor ao debate, que existe o dever de sigilo fiscal, com a conotação coloquial que se lhe atribui, abrangendo também a situação do contribuinte perante o fisco, a questão seria verificar este seria ou não um direito fundamental.

O exame literal dos dispositivos da Constituição Federal não prevê, em nenhum momento, de forma expressa, o direito ao sigilo, seja fiscal, seja bancário.[1248]

Mesmo a tão decantada Constituição alemã não reconhece direitos absolutos, dispondo no art. 18 sobre a perda de direitos fundamentais, inclusive do segredo, que lá é limitado ao de correspondência, das comunicações postais e telefônicas.[1249]

3.2.1.34.2.3 Sigilo como decorrência do direito à intimidade, à vida privada, à honra e à imagem das pessoas

Há quem pretenda encontrar no art. 5°, inc. X, da Constituição Federal amparo para o sigilo fiscal. Sobre essa matéria, tem se pronunciado o Supremo Tribunal Federal. O direito de insubmissão ao exame de DNA, em processo para investigação

[1248] a) O TRF da 5ª Região decidiu inexistir "[...] vício na decisão recorrida que, corretamente, entendeu que as Comissões Parlamentares de Inquérito Estaduais precisam valer-se da via jurisdicional para obtenção de informações que impliquem na quebra de sigilo bancário [...]", conferindo efeito suspensivo a agravo de instrumento. BRASIL. Tribunal Regional Federal (5. Região.) Processo AGA n° 30.177/PE – 3. Turma, Relator: Desembargador Federal Geraldo Apoliano. **Diário da Justiça [da] República Federativa do Brasil**, 30 jun. 2000.

b) Em sentido contrário, o TRF da 1ª Região seguiu essa premissa, pontificando que "[...] não é ilegal a extensão, à Comissão Parlamentar de Inquérito Estadual, da mesma autorização já concedida ao Ministério Público Federal, quando a sua pretensão vem informada pelos mesmos fatos. [...]". BRASIL. Tribunal Regional Federal (5. Região.) Processo MS n° 1998.01.00.04490-2/MT - 2. Seção. Relator: Desembargador Federal Olindo Menezes. **Diário da Justiça [da] República Federativa do Brasil**, 19 abr. 1999.

c) A jurisprudência do STF sedimentou-se admitindo a possibilidade de as CPIs federais requisitarem a quebra de sigilo bancário, conforme precedentes relatados pelo Ministro Celso de Mello: BRASIL. Supremo Tribunal Federal. MS n° 23.452/RJ – Pleno. **Diário da Justiça [da] República Federativa do Brasil**, Brasília, DF, 12 maio 2000; MS n° 2.652/DF – Pleno. **Diário da Justiça[da] República Federativa do Brasil**, Brasília, DF, 16 fev. 2001.

[1249] **Constituição do Brasil e Constituições Estrangeiras**. Ana Valderez A. N. de Alencar e Laudicene de Paula Cerqueira (orgs.). Brasília: Senado Federal, Subsecretaria de Edições Técnicas, 1987, art. 8°.

de paternidade,[1250] e até o sigilo bancário, mesmo quando requerido por autoridade da fazenda nacional,[1251] são alguns exemplos.

Em todos os casos havia pertinência com a vida e negócios privados das pessoas e existiam outros modos de solução da lide, prevalecendo a preservação da privacidade. Mesmo nessas hipóteses, porém, não há uniformidade de entendimentos, cabendo destacar as palavras do Ministro Francisco Rezek: "Tenho dificuldade extrema em construir, sobre o art. 5º, sobre o rol constitucional de direitos, a mística do sigilo bancário [...]".[1252]

3.2.1.34.2.4 Inviolabilidade das comunicações de dados e telefônicas

Pretendem, alguns, amparar o sigilo fiscal no art. 5º, inc. XII, da Constituição Federal.

Aqui, só por força extrema, distorção vernacular ou excesso de imaginação se pode conceber a atividade fiscal como *comunicação de dados* e dar amplitude de modo a entender que todos os dados devem ser invioláveis, inclusive os fiscais. Com esse elastério, haveria o colapso das comunicações e a inutilidade do armazenamento de dados públicos e privados.

3.2.1.34.2.5 Outros direitos fundamentais

A Constituição Federal elenca os direitos fundamentais no mesmo capítulo dos deveres. Embora sejam os primeiros expressivamente predominantes,[1253] não se pode olvidar que existem deveres do ser humano que se consubstanciam em direitos da sociedade. Ou não teria havido a busca do equilíbrio entre o *laisser faire, laisser passer*? O Brasil, mesmo, nunca tendo negado seu apego ao regime capitalista, assegura em sua Constituição o uso social da propriedade, a iniciativa privada, o trabalho e a solidariedade humana. Aliás, não é apanágio nacional. No berço dos direitos fundamentais, por exemplo, está registrado:

> Artigo XXIX. Todo homem tem deveres para com a comunidade, na qual é possível o livre e pleno desenvolvimento de sua personalidade. No exercício de seus direitos e liberdades, todo homem está sujeito apenas às limitações determinadas pela lei, exclusivamente com o fim de assegurar o devido reconhecimento e respeito dos direitos e liberdades de outrem e de satisfazer às justas exigências da moral, da ordem pública e do bem-estar de

---

[1250] BRASIL. Supremo Tribunal Federal. Criminal. RHC nº 71420/DF. Relator: Ministro Moreira Alves. Brasília, DF, 10 de maio de 1994. **Diário da Justiça [da] República Federativa do Brasil**, Brasília, DF, 15 maio 1998. Seção 1, p. 2658.

[1251] BRASIL. Supremo Tribunal Federal. Penal. Inquérito nº 923/DF. Relator: Ministro Moreira Alves. Brasília, 18 de abril de 2000. **Diário da Justiça [da] República Federativa do Brasil**, Brasília, DF, 03 maio 2000. Seção 1, p. 45.

[1252] BRASIL. Supremo Tribunal Federal. Civil. Mandado de Segurança nº 21.729-4/DF. Relator: Ministro Marco Aurélio. Brasília, 05 de outubro de 1995. Disponível em: **<http://www.stf.gov.br>**. Acesso em: 08 jul. 2014.

[1253] Basta verificar que ocorrem *102* vezes a palavra direito e *38* a palavra dever, sendo que na maioria das vezes esta última é empregada como dever alheio, do Estado ou seus órgãos ou da sociedade, correspondendo, por isso mesmo, também a Direitos.

> uma sociedade democrática. Esses direitos e liberdades não podem, em hipótese alguma ser exercidos contrariamente aos objetivos e princípios das Nações Unidas.[1254]

Nesse contexto não parece, por exemplo, sustentável que, havendo o dever coletivo de contribuir para ingresso de recursos a serem aplicados pelo Estado, segundo a mais legítima vontade popular, possa o cidadão pretender que seja mantido sigilo quanto ao cumprimento ou não desse dever. Não se trata de um apego a uma extremada posição socialista, mas de uma efetiva ação do parâmetro da responsabilidade, valor fundamental e pressuposto da democracia.

Não há aqui legítimo interesse para a defesa de um direito que pode se contrapor, e se contrapõe, ao interesse da sociedade na sua própria subsistência. No Supremo Tribunal Federal, encontram-se acórdãos em que foi examinada a questão do conflito entre o resguardo do sigilo e um interesse social maior, definindo-se que este prepondera sobre aquele.[1255]

Eduardo Lobo Torres, igualmente citado por Cezar Miola,[1256] assinala que:

> Também os gastos públicos são inteiramente voltados para os direitos humanos. O serviço público, financiado com o dinheiro do Estado, nele encontra o seu fundamento e a sua finalidade. As prestações positivas do Estado para a segurança dos direitos fundamentais, que compõem o *status positivus libertatis*, bem como a garantia do mínimo existencial, representadas pelas prestações no campo da educação, saúde e assistência social e até a proteção dos direitos difusos, como acontece com o meio ambiente e os bens culturais, demandam o aporte de recursos públicos substanciais. De modo que as finanças públicas, em todas as suas dimensões - tributária, patrimonial, monetária, orçamentária, promocional, etc. - encontram-se em permanente e íntimo contato com os direitos fundamentais. Cabendo ao Tribunal de Contas, de acordo com o art. 70 da Constituição Federal, a fiscalização contábil, financeira, orçamentária, operacional patrimonial da União e das entidades da administração direta e indireta, quanto à legalidade, legitimidade e economicidade, segue-se que passa ele a exercer papel de suma importância no controle das garantias normativas ou principiológicas da liberdade, ou seja, no controle da segurança dos direitos fundamentais.[1257]

[1254] **Declaração Universal dos Direitos Humanos.** Adotada e proclamada pela Resolução nº 217 (111) da Assembleia Geral das Nações Unidas, de 10 de dezembro de 1948. Tradução não-oficial do texto em língua inglesa. Cinqüenta anos: Declaração Universal dos Direitos Humanos. Ministério da Justiça. Secretaria Nacional dos Direitos Humanos, 1998.

[1255] BRASIL. Supremo Tribunal Federal. Penal. Recurso Extraordinário nº 60176IGB. Relator: Ministro Luis Gallotti. Brasília, 17 de junho de 1966. In: **Revista Trimestral de Jurisprudência**, v. 39-01, p. 03882.

[1256] MIOLA, Cezar. Tribunal de Contas: Controle para a Cidadania. In: **Revista do Tribunal de Contas do Estado do Rio Grande do Sul.** Porto Alegre, v. 14, n. 25, p. 203-227, 2. sem. 1996.

[1257] TORRES, Ricardo Lobo. A legitimidade democrática e o Tribunal de Contas. In: **Revista de Direito Administrativo**, Rio de Janeiro, Renovar, n. 194, out./dez. 1993, p. 35.

Os agentes e os procedimentos do fisco devem estar sob permanente vigilância dos agentes do controle, pois, tanto daqueles quanto destes, a forma de corrupção é a omissão. Basta o silêncio, o descaso, a negligência para que se efetive lesão substancial às finanças públicas. Enquanto se formulam leis para coibir crimes hediondos, se esquecem de que a subtração de finanças públicas pode muitas vezes equivaler a centenas de crimes usualmente classificados hediondos, porque tem por destinatário uma coletividade. O que dizer dos órgãos arrecadadores do Instituto Nacional de Previdência Social que atingiram o montante de 50 bilhões de dólares em débitos na arrecadação, por omissão ou acordos políticos, condenando a desprotegida classe dos segurados até a morte por falta de recursos?

O mais relevante, porém, é notar que o próprio secretário da Receita Federal declara que circulam no país, anualmente, 825 bilhões sem pagar imposto a partir de brechas da lei ou simplesmente pela sonegação: 50% das 530 maiores empresas (industriais ou comerciais) não pagaram, em 1998, um real sequer de imposto de renda; 42% das maiores empresas financeiras não pagaram imposto de renda! A composição atual da receita do imposto de renda é de 40% pago por pessoas jurídicas - 11,96 bilhões; e 48% pago por assalariados - 14,65 bilhões.[1258] Precisa-se de maior evidência de elisão fiscal?

São regulares as contas desses agentes? Acaso os valores devidos são mesmo esses? Procederam os dirigentes desses órgãos em consonância com os critérios previstos no § 1º do art. 1º da Lei Orgânica do Tribunal de Contas da União: legalidade, a legitimidade e a economicidade dos atos de gestão?

E nas demais unidades federadas? Como está sendo fiscalizada a arrecadação dos impostos pertinentes a cada esfera? Os procuradores da fazenda estão se mostrando eficazes?

Foi-se o tempo em que o julgamento das contas anuais limitava-se a verificar se os gastos foram apenas registrados em conformidade com as regras de escrituração contábil e de acordo com a lei orçamentária anual; tarefa mecânica sem emissão de juízo de valor substancial. No novo milênio, tal como já prevê a atual Lei Orgânica do Tribunal de Contas da União e de todas as esferas de governo, os Tribunais de Contas analisam a eficiência dos órgãos jurisdicionados[1259]. Por esse motivo, no mundo inteiro,

---

[1258] Recentemente, por meio do Acórdão nº 744/2025 – Plenário, o TCU realizou auditoria operacional para avaliar a qualidade de serviços públicos digitais federais. Na oportunidade, constatou que a ferramenta de avaliação de satisfação do Gov.br é pouco usada pelos gestores para melhoria dos serviços e que a maioria das manifestações na plataforma Fala.br não está conectada diretamente a serviços específicos. Destacou, ainda, a alta insatisfação dos usuários (56%) com as ouvidorias, a inatividade de conselhos de usuários e a baixíssima adesão ao autodiagnóstico previsto em norma específica. Rdcomendou a criaçã de Planps com etas e prazos para reverter o cenário. Disponível em: https://pesquisa.apps.tcu.gov.br/redireciona/acordao-completo/ACORDAO-COMPLETO-2690236.

[1259] A modernidade pede agilidade e eficiência nas atividades administrativas, por isso, priorizar ações que minimizam o tempo consumido desnecessariamente com serviços burocráticos e dispensáveis é cumprir o interesse público. Não há órgão ou entidade pública que não possua rotinas carregadas de procedimentos formais. Isso é, por enquanto, natural na esfera pública e até na privada. Por isso, investir na redução da burocracia no serviço público é fundamental. O esforço pela desburocratização, modernização e integração dos diversos sistemas, em que já estão

as entidades de fiscalização externa caminham por abandonar o controle contábil e buscar o controle gerencial, que não se limita a dizer se a despesa foi realizada de acordo com os critérios de validade da contabilidade, mas define a contabilidade analítica de custos e busca resultados efetivos. Ser luz para o princípio da eficiência, colaborando com o processo decisório de políticas públicas, estabelecendo *feedback* para o sistema administrativo e o redirecionamento das ações programadas: eis o papel do Tribunal de Contas[1260].

Essa ambiciosa avaliação pressupõe o conhecimento pelo controle, num hospital, por exemplo, do custo dos medicamentos e equipamentos, da equipe, da folha de pagamentos, das compras e serviços contratados, da aplicação da dotação orçamentária e, se for o caso, de geração de receita, de êxitos em tratamentos médicos. Isso é controle!

Como seria, porém, o controle dos atos de gestão do titular da fazenda pública que tem por missão arrecadar recursos? Como avaliar o cumprimento de metas, se os Tribunais de Contas ficarem limitados à aplicação de recursos de acordo com as regras do direito financeiro? Está na Constituição Federal que esse julgamento, no mínimo, deve abranger as contas daqueles que derem causa à perda que resulte em prejuízo.[1261] Acaso tem sido buscado o significado científico da expressão *contas* ou a estão confundindo com operações matemáticas do método de "partidas dobradas"?

Para atingir a grandeza dessa nova acepção de "julgar contas" a Constituição Federal instituiu um dos mais modernos métodos de aferição da eficiência, denominado "auditoria operacional", que colocou ao lado do tradicional instituto da "inspeção".

Conforme visto, o *sigilo fiscal* não tem previsão expressa na Constituição Federal. Também a lei, no caso o Código Tributário Nacional, garantiu a inviolabilidade dos negócios e das atividades do contribuinte, mas alterado em sua redação original, não mais prevê a garantia do *sigilo da situação fiscal*, expressamente. Também foi visto que não há paradigma no direito comparado de um princípio equivalente. Ao contrário, existe, desde a Declaração Universal dos Direitos do Homem, um princípio que estabelece o dever de contribuir e ser responsável para com a sociedade da qual se participa.

Na Lei Orgânica do Tribunal de Contas da União, porém, há dispositivo que assegura o direito instrumental de acesso a informações e obtenção de documentos,

---

presentes as informações, facilitará a vida do cidadão e contribuirá para a celeridade das soluções e eficientização do serviço público. Dessa forma, o trabalho do TCU - Acórdão 1.263/2019 – Plenário -, baseado nas boas práticas já registradas pelo Banco Mundial, lança luzes sobre pontos que merecem a atenção do gestor e que, cuidados com foco no futuro, garantirão avanços e qualidade dos serviços prestados. Disponível em: https://pesquisa.apps.tcu.gov.br/redireciona/ acordao-completo/ACORDAO-COMPLETO-2701924.

1260 FREITAS, Jânio de. Um país perigoso. **Folha de São Paulo**, São Paulo, 23 maio 1999, p. 5.

1261 BRASIL. **Constituição da República Federativa do Brasil** (Versão Bolso). Organização dos textos e índice por J. U. JACOBY FERNANDES. 2. ed. Belo Horizonte: Fórum, 2019. Art. 71, II.

nos seguintes termos: "Art. 42. *Nenhum* processo, documento ou informação poderá ser sonegado ao Tribunal em suas inspeções auditorias, *sob qualquer pretexto*".[1262]

Definidos estão, pois, com clareza solar, os poderes instrumentais dos Tribunais de Contas, necessários e suficientes para permitir o efetivo controle sobre as receitas públicas, inclusive tributárias.

Sem poder fiscalizar o ingresso de receitas seria nulo e absolutamente ineficaz qualquer competência sobre a despesa pública.

Os agentes de controle, internos ou externo, também estão jungidos ao dever de guardar sigilo das informações que possuem, como regra, previstos em seus próprios estatutos, a exemplo do que faz a Lei nº 8.112, de 11 de dezembro de 1990, que instituiu o regime jurídico único dos servidores públicos federais.[1263]

Assim, conquanto não se reconheça a extensão que se pretenda atribuir à expressão *sigilo fiscal*, este não subsiste para os órgãos de controle, notadamente de controle externo, por força das leis orgânicas dos Tribunais de Contas.

3.2.1.35 Solução consensual

Nas edições anteriores não tratamos deste tema cuja importância cresceu significativamente no contexto recente de evolução do Direito Público brasileiro. A promulgação da Lei nº 13.655/2018, que alterou a Lei de Introdução às Normas do Direito Brasileiro (LINDB), introduziu expressamente, em seu art. 26, a possibilidade de a Administração Pública, mediante celebração de compromisso com os interessados, eliminar irregularidade, incerteza jurídica ou situação contenciosa na aplicação do direito público[1264]:

Como se observa, o dispositivo normativo trouxe uma permissão genérica para que a Administração Pública celebre compromisso na pessoa da autoridade administrativa do órgão.

Avançando nessa perspectiva, o procedimento formal de solução consensual de controvérsias relevantes e prevenção de conflitos foi institucionalizado, no âmbito do Tribunal de Contas da União (TCU), pela Instrução Normativa-TCU nº 91/2022[1265], com vigência a partir de 2 de janeiro de 2023. O normativo tem por objetivo regular mecanismos de composição dialogada, especialmente diante de situações complexas que envolvam interpretação normativa, responsabilidade administrativa ou conflitos contratuais.

[1262] BRASIL. **Regimento Interno e Lei Orgânica do Tribunal de Contas da União.** Organização dos textos e índice por J. U. JACOBY FERNANDES. Belo Horizonte: Fórum, 2014. Lei nº 8.443/1992. Grifos não constam do original.

[1263] Brasil. **Lei nº 8.112 (1990) Regime Jurídico dos Servidores Públicos.** Organização dos textos e índices por J. U. Jacoby Fernandes. Belo Horizonte: Fórum, 2013: "[...] Art. 116. São deveres do servidor: [...] V - atender com presteza: a) ao público em geral, prestando as informações requeridas, ressalvadas as protegidas por sigilo; [...] VIII - guardar sigilo sobre assunto da repartição [...]".

[1264] BRASIL. Lei nº 13.655, de 2018. Inclui no Decreto-Lei nº 4.657, de 4 de setembro de 1942 (Lei de Introdução às Normas do Direito Brasileiro), disposições sobre segurança jurídica e eficiência na criação e na aplicação do direito público. Art. 26.

[1265] TRIBUNAL DE CONTAS DA UNIÃO. Instrução Normativa TCU no 91, de 22 de dezembro de 2022. Disponível em: https://pesquisa.apps.tcu.gov.br/redireciona/norma/NORMA-21784.

A iniciativa representa um marco importante no movimento de transformação institucional do TCU, que passa a incorporar de modo mais estruturado a lógica da governança colaborativa e da atuação resolutiva. A criação da Secretaria de Controle Externo de Solução Consensual e Prevenção de Conflitos (SecexConsenso), evidencia o caráter permanente e especializado da atuação do Tribunal nessa seara.

A novidade que alcança também os particulares tem como fundamento o papel pedagógico e orientador que a Corte desempenha na sua interlocução e na busca de soluções de interesse da administração pública.

O fundamento da política de consensualidade adotada pelo TCU repousa no reconhecimento de seu papel pedagógico, orientador e preventivo, conforme previsto no art. 13, § 1º, do Decreto nº 9.830/2019, que determina que os órgãos de controle priorizem ações de prevenção antes de instaurarem procedimentos sancionadores.

A solicitação de abertura de procedimento consensual pode ser formulada por três vias principais:

(i) pelas autoridades indicadas no art. 264 do Regimento Interno do TCU;

(ii) pelos dirigentes máximos das agências reguladoras (art. 2º da Lei nº 13.848/2019);

(iii) ou pelo relator de processo em curso no Tribunal.

O processo é formalizado como Solicitação de Solução Consensual (SSC), devendo atender aos requisitos mínimos previstos na IN nº 91/2022, tais como a demonstração da materialidade, relevância, risco jurídico, manifestação de interesse dos envolvidos e os pareceres técnico e jurídico. Após análise da admissibilidade, a matéria é submetida à Comissão de Solução Consensual (CSC), composta por representantes do TCU e dos entes envolvidos, que deverá elaborar uma proposta de solução no prazo de até 90 dias, prorrogável por mais 30.

Dentre os procedimentos de solução consensual encontram-se os de termos de ajustamento de conduta (TAC). O Tribunal de Contas da União vem apreciando, com frequência, processos de acompanhamento de atos relacionados à proposta apresentada por empresas concessionárias e agências reguladoras para celebração de TAC's.[1266]

Algumas outras Cortes de Contas[1267] já incorporaram às suas leis orgânicas a figura do Termo de Ajustamento de Conduta – TAC com contornos e especificidades fixadas nos respectivos normativos. Assemelhados aos contratos de gestão, referido instrumento consensual objetiva estabelecer metas em face da constatação de infrações para evitar que a conduta venha a se repetir, visando assegurar as finalidades dissuasivas e reparatórias.

[1266] Vide, a propósito, acórdão em que o TCU, por unanimidade, comunicou à ANTT que o Tribunal não vislumbra óbice à celebração do TAC, sem prejuízo de dar ciência das impropriedades identificadas. Acórdão nº 2.139/2022 - Plenário. Disponível em: https://www.in.gov.br/web/dou/-/ata-n-37-de-28-de-setembro-de-2022-434346558.

[1267] A exemplo dos Tribunais de Contas do Goiás, Minas Gerais, Mato Grosso, Amazonas e Rio Grande do norte.

As soluções consensuais também podem ocorrer no âmbito das tomadas de contas especiais, o que não exclui eventual apuração de responsabilidade e a necessidade de tomada de contas[1268] mas permite a construção de soluções que evitem judicializações desnecessárias e melhorem a efetividade da atuação do controle externo.

Em pouco mais de dois anos de funcionamento, a Secretaria de Controle Externo de Solução Consensual e Prevenção de Conflitos (SecexConsenso) consolidou-se como um dos mais promissores instrumentos de racionalização do controle externo e de promoção da segurança jurídica na Administração Pública Federal.

Instituída formalmente em 2023, a SecexConsenso já acumula resultados expressivos, com a homologação de 16 acordos de solução consensual, que viabilizaram a retomada de investimentos privados da ordem de centenas de bilhões de reais.

Esses acordos permitiram destravar obras e contratos públicos paralisados por impasses jurídicos. Em muitos desses casos, tratavam-se de conflitos contratuais complexos que se arrastavam há anos – por vezes mais de uma década – e que foram solucionados em poucos meses, com base em critérios de transparência, legalidade e segurança jurídica.

Os benefícios já perceptíveis dessa atuação incluem:

a) redução da litigiosidade e da sobrecarga do sistema judiciário e do próprio TCU;
b) melhoria na previsibilidade regulatória e na confiança dos investidores privados;
c) promoção da eficiência administrativa, com foco na efetividade dos resultados;
d) e fortalecimento do papel pedagógico e orientador do TCU, alinhado ao art. 13, §1º, do Decreto nº 9.830/2019, que preconiza a atuação preventiva dos órgãos de controle.

A experiência da SecexConsenso também responde de forma estratégica a um problema estrutural do Estado brasileiro: o excesso de judicialização. Apenas no ano de 2024,[1269] foram registradas mais de 39 milhões de novas ações judiciais, o que reforça a necessidade de alternativas eficazes de autocomposição, tanto no âmbito administrativo quanto no judicial.

Diante desse cenário, a SecexConsenso tem se tornado um modelo institucional observado com interesse por outros tribunais de contas, inclusive fora do Brasil. Sua atuação já despertou a atenção de cortes de contas estrangeiras e foi citada como referência durante a presidência brasileira da INTOSAI, no biênio 2022–2024,

---

[1268] Vide, a propósito o destaque do Informativo Fórum do dia 14.05.2025.

[1269] DANTAS, Bruno. A mediação no TCU: racionalização e segurança jurídica. Entrevista concedida ao jornal Estado de Minas, publicada em 1º jul. 2025. Disponível em: https://www.em.com.br/direito-e-justica-minas/entrevista/2025/07/7188088-a-mediacao-no-tcu-racionalizacao-e-seguranca-juridica.html. Acesso em: 6 jul. 2025.

quando o TCU também liderou o desenvolvimento de ferramentas inovadoras como o ClimateScanner, em cooperação com organismos internacionais como o Banco Mundial e a OCDE.

Nesse novo paradigma, o TCU deixa de ser visto apenas como um órgão de controle sancionador e passa a atuar como agente de governança pública, capaz de articular soluções sustentáveis para conflitos complexos, contribuindo para o aprimoramento da gestão pública e para o fortalecimento da democracia.

3.2.1.36 Sustação de contratos

Diversamente dos poderes que concedeu aos Tribunais de Contas, em relação a atos administrativos em geral, o constituinte, ao tratar de contratos, definiu[1270] uma sistemática que envolve estas Cortes, o Poder Legislativo e o Poder Executivo, numa efetiva aplicação da teoria de freios e contrapesos "*checks and balances*".

Sustar um contrato significa retirar-lhe a eficácia, a produção dos efeitos financeiros e executivos, como por exemplo, o pagamento e a realização do objeto, respectivamente.[1271]

O inciso X e os §§ 1° e 2° do art. 71, da Constituição Federal, ao referir-se à sustação admitiu, implicitamente, que a mesma tivesse natureza cautelar ou definitiva.

Terá natureza meramente cautelar, quando determinada no curso de um processo, visando resguardar o patrimônio público; natureza decisória definitiva quando for anunciado pelo Tribunal de Contas, com a recomendação para adotar as medidas legais, genericamente, ou implicar em providências incompatíveis com a continuidade do contrato.

Tecnicamente, nesse último caso, estará o Tribunal de Contas determinando a autoridade administrativa que rescinda ou anule o contrato. Na função de controle externo, é possível determinar à autoridade que adote as providências "visando ao exato cumprimento da Lei", expressão esta comum no âmbito das recomendações dos Tribunais de Contas.

Assim, embora tecnicamente a recomendação para sustação em caráter definitivo não seja adequada, é possível entender que a competência constitucional para sustar assuma tal conotação, hipótese em que terá por corolário lógico a anulação ou rescisão.

Ao receber a comunicação para sustar o contrato, cabe à autoridade administrativa optar pela medida que melhor se harmonize com o interesse público.

1270 No início do século, ao tempo do registro prévio, os contratos eram "julgados" pelo Tribunal de Contas da União. BRASIL. Decreto n° 2.511, de 20 de dezembro de 1911, que regula a Tomada de Contas ao governo pelo Congresso Nacional. **Coleção de Leis do Brasil 1911**, v. 001, p. 80, c. 1, art. 5°.

1271 Até a Consituição de 1946, os contratos dependiam, para sua eficácia, de assinatura, publicação e exame pelo tribunal de contas. Ao tempo do registro prévio, a eficácia ficava condicionada a ao registro da despesa. Veja o seguinte elucidativo texto de norma: "[...] Art. 1°. [...] § 5° As contas serão, antes de presentes ao Congresso para julgamento, sujeitas ao exame do Tribunal de Contas, que emittirá parecer sobre a regularidade e exactidão das mesmas, assignalando si, na execução do orçamento, agiu o Poder Executivo com inteira observância das autorizações legislativas e conforme os preceitos da contabilidade publica. [...]". BRASIL. Poder Legislativo. **Decreto n° 2.511, de 20 de dezembro de 1911**. Regula a tomada de contas ao Governo pelo Congresso Nacional. Disponível em: <http://www.senado.gov.br>. Acesso em: 20 dez. 2011.

Divergindo da decisão, poderá impetrar recurso perante o próprio Tribunal de Contas ou iniciar a ação judicial pertinente. Concordando, verificará se a sustação deverá ter natureza cautelar, corrigindo/sanando o contrato, ou definitiva, rescindindo ou anulando-o.[1272] Se a autoridade for omissa, equivale ao não atendimento da determinação, situação em que o Tribunal deverá buscar a sustação no poder Legislativo. O Tribunal de Contas não pode sustar contrato, mas lhe é implícito o poder de determinar à Administração que o faça.

O ordenamento jurídico brasileiro, formado pela Constituição e lições do Supremo Tribunal Federal, com extrema parcimônia, harmonizou o primado do respeito ao *ato jurídico perfeito* com a secular discussão acerca dos efeitos do ato ilegal, admitindo a competência do controle externo para buscar inicialmente que a própria Administração suste o contrato, observando-se, é claro, a legislação pertinente. Note-se que determinação à sustação não é rescisão, mas apenas ato cautelar impeditivo da consumação da despesa ou do fato gerador de pagamento (execução). A autoridade que recebe a comunicação é que avalia os efeitos da sustação na vida do contrato.

Essa comunicação se faz, como regra, após o atendimento do princípio do contraditório. Embora inexista dispositivo a respeito, parece ser essa a única possibilidade, porque a sustação do contrato afetará obrigações contraídas perante terceiros, muitas vezes não jurisdicionados aos Tribunais de Contas, com os inerentes consectários. Entre estes, cabe apenas lembrar que, na atualidade, a anulação do contrato e até a sua rescisão, mesmo que seja por motivo de interesse público, obrigam a Administração Pública a observar o princípio do contraditório e da ampla defesa.[1273]

Muito se tem debatido se o Tribunal de Contas deve originariamente assegurar o contraditório ao contratado, conforme o caso, ou se esse dever compete apenas ao órgão jurisdicionado que recebe a determinação para sustar, anular ou rescindir o contrato.

Após o advento da Lei nº 9.784, de 29 de janeiro de 1999, com mais ênfase parece prevalecer entendimento de que deve o próprio Tribunal assegurar a ampla defesa e o contraditório. Desse modo, se da análise do contrato, forem identificados indícios que possam levar à nulidade, deve o contratado, também, ser chamado ao processo pelo Tribunal de Contas.

Nesse sentido é o entendimento do Supremo Tribunal Federal, sintetizado na seguinte ementa:

> EMENTA: I. Tribunal de Contas: competência: contratos administrativos (CF, art. 71, IX e §§ 1º e 2º). O Tribunal de Contas da União - embora não tenha poder para anular ou sustar contratos

---

[1272] Recomendamos a leitura do artigo de autoria da Dra. Arabella M. Sampaio de Castro, que sintetiza, com muita objetividade, as divergências sobre este tema: DE CASTRO, Arabella Maria Sampaio. **O tribunal de contas e a questão da sustação dos contratos.** Informativo do Tribunal de Contas do Município de São Paulo, n. 30, fev./abr. 2006, p. 7. Disponível em: <http://www.tcm.sp.gov.br>. Acesso em: 14 dez. 2011.

[1273] Quando a nulidade é da licitação, essa induz à do contrato, e também deve ser garantido o direito de ampla defesa e do contraditório, conforme art. 49, *caput* e §§ 2º e 3º, da Lei nº 8.666/93 . Recomenda-se a consulta aos dispositivos na obra JACOBY FERNANDES, Jorge Ulisses. **Vade-mécum de Licitações e Contratos**: legislação selecionada e organizada com jurisprudência, notas e índices. 6. ed. Belo Horizonte: Fórum, 2013.

> administrativos - tem competência, conforme o art. 71, IX, para determinar à autoridade administrativa que promova a anulação do contrato e, se for o caso, da licitação de que se originou. II. Tribunal de Contas: processo de representação fundado em invalidade de contrato administrativo: incidência das garantias do devido processo legal e do contraditório e ampla defesa, que impõem assegurar aos interessados, a começar do particular contratante, a ciência de sua instauração e as intervenções cabíveis. Decisão pelo TCU de um processo de representação, do que resultou injunção à autarquia para anular licitação e o contrato já celebrado e em começo de execução com a licitante vencedora, sem que a essa sequer se desse ciência de sua instauração: nulidade. Os mais elementares corolários da garantia constitucional do contraditório e da ampla defesa são a ciência dada ao interessado da instauração do processo e a oportunidade de se manifestar e produzir ou requerer a produção de provas; de outro lado, se se impõe a garantia do devido processo legal aos procedimentos administrativos comuns, *a fortiori*, é irrecusável que a ela há de submeter-se o desempenho de todas as funções de controle do Tribunal de Contas, de colorido quase - jurisdicional. A incidência imediata das garantias constitucionais referidas dispensariam previsão legal expressa de audiência dos interessados; de qualquer modo, nada exclui os procedimentos do Tribunal de Contas da aplicação subsidiária da lei geral de processo administrativo federal (L. 9.784/99), que assegura aos administrados, entre outros, o direito a "ter ciência da tramitação dos processos administrativos em que tenha a condição de interessado, ter vista dos autos (art. 3º, II), formular alegações e apresentar documentos antes da decisão, os quais serão objeto de consideração pelo órgão competente". A oportunidade de defesa assegurada ao interessado há de ser prévia à decisão, não lhe suprindo a falta a admissibilidade de recurso, mormente quando o único admissível é o de reexame pelo mesmo plenário do TCU, de que emanou a decisão.[1274]

Não se deve olvidar que no passado havia entendimento, em linha mais ortodoxa, no sentido de que atos absolutamente nulos prescindem de ampla defesa.[1275]

O entendimento mais consentâneo com o novo ordenamento jurídico, porém, é o retratado no acórdão transcrito, fato que deve obrigar os Tribunais de Contas à revisão de alguns procedimentos. De fato, a jurisprudência referida como mais ortodoxa não analisou a competência do Tribunal de Contas, nem se contextualizou

---

[1274] BRASIL. Supremo Tribunal Federal. Mandado de Segurança nº 23550/DF. Relator: Ministro Marco Aurélio. Relator do Acórdão: Ministro Sepúlveda Pertence. Brasília, 04 de abril de 2001. **Diário da Justiça [da] República Federativa do Brasil**, 31 out. 2001, p. 6.

[1275] BRASIL. Supremo Tribunal Federal. Recurso Extraordinário nº 224283/SP. Relatora: Ministra Ellen Gracie. **Diário da Justiça [da] República Federativa do Brasil,** 11 out. 2001, nº 185, Ata nº 31; Recurso Extraordinário nº 213513. Relator: Ministro Ilmar Galvão. **Diário da Justiça [da] República Federativa do Brasil,** 24 set. 1999, n. 184, Ata nº 28.

ao tema contratos e ao advento da Lei nº 9.784/1999, como faz o processo cuja ementa de acórdão foi transcrita.

Aliás, o próprio Tribunal de Contas da União, paradigma federal do controle externo, passou a adotar o mesmo entendimento, anulando suas deliberações quando o contrato já estiver em curso e a deliberação da Corte for determinando a rescisão do contrato, sem que tenha havido prévia audiência.[1276]

Importante lembrar que o Tribunal de Contas não pode determinar a autoridade que anule o contrato, sem permitir que recorra da decisão. Se assim o fizer, estará impedindo o exame pelo Legislativo e tornará sua própria decisão irrecorrível.

Ainda é importante esclarecer que a declaração de nulidade como corolário obrigatório da violação à lei não mais existe. Especificamente em relação aos contratos regidos pela Lei nº 14.133, de 1º de abril de 2021, art. 147, que exige uma avaliação das consequências, assim como a Lei nº 13.655, de 25 de abril de 2018. Nesse sentido, temos que:

a) se a Administração Pública não atender a recomendação, o Tribunal de Contas não tem poder para sustar diretamente.

Entre a determinação do Tribunal de Contas e a promulgação do decreto legislativo que susta o contrato, está a Administração obrigada a deixar de executar ou pagar o contrato?

Certamente não, porque a decisão do Tribunal de Contas não é vinculativa neste caso. Somente o decreto legislativo é que obriga o agente público. Nessa linha de entendimento, também é o escólio de Eros Roberto Grau.[1277] Havendo indícios de sobrepreço ou superfaturamento, superior ao valor da garantia, poderá determinar a glosa parcial e temporária de valores.

O Supremo Tribunal Federal[1278] já decidiu que, em que pese o Tribunal de Contas da União não poder sustar ou anular contratos, pode determinar à autoridade administrativa que promova a anulação do contrato. Pode, ainda, determinar a

---

[1276] BRASIL. Tribunal de Contas da União. Pedidos de Reexame. Processo TC nº 011.588/1999-5. Acórdão nº 882/2003 - Plenário. Relator: Ministro Iram Saraiva. Brasília, 16 de julho de 2003. **Diário Oficial [da] República Federativa do Brasil**, Brasília, DF, 24 jul. 2003, p. 68. Nada obstante o exposto, ainda se vêm inúmeros acórdãos determinando a anulação de contrato, devolução de valores e reequilíbrio para redução de preços, ordenada unilateralmente; cita-se: BRASIL. Tribunal de Contas da União. Processo TC nº 022.745/2009-0. **Acórdão nº 1009/2011 - Plenário.** Relator: Ministro Ubiratan Aguiar. Brasília, 20 de abril de 2011. Disponível em: <http://www.tcu.gov.br>. Acesso em: 23 dez. 2011. [Código eletrônico para localização na página do TCU na Internet: AC-1009-13/11-P].

[1277] GRAU, Eros Roberto. Tribunal de Contas - Decisão - Eficácia. Parecer. **Revista de Direito Administrativo,** v. 210, out./dez. 1997, p. 351-356.

[1278] Entende o STF que: no exercício do poder geral de cautela, o Tribunal de Contas pode determinar medidas, em caráter precário, que assegurem o resultado final dos processos administrativos. Isso inclui, dadas as peculiaridades da espécie vertente, a possibilidade de sustação de alguns dos efeitos decorrentes de contratos potencialmente danosos ao interesse público e aos princípios dispostos no art. 37 da Constituição da República. Vide SS 5.182/MA, decisão monocrática, rel. Min. Cármen Lúcia, j. em 27.06.2017, DJe de 01.08.2017.

suspensão dos pagamentos à contratada – o que, na prática, enseja a própria paralisação do contrato[1279].

b) diante da recusa da Administração Pública, o Tribunal de Contas deverá comunicar a recalcitrância ao Poder Legislativo, o qual tem a prerrogativa de sustar o contrato diretamente.

Efetivamente, a competência para sustar contratos não integra o elenco daquelas definidas para o Poder Legislativo na Constituição Federal. Tem, porém, o direito-dever de exercê-la, tão somente, após a recusa do órgão que recebe a recomendação do Tribunal de Contas. Não tem, desse modo, competência originária para o exame de contratos, nem pode prescindir do prévio e formal exame técnico do Tribunal de Contas, nem a mesma subsistirá se não houver recusa. Confirma-se aí, mais uma vez, que o Tribunal de Contas não é órgão auxiliar do Poder Legislativo, mas, autônomo, na dicção do Supremo Tribunal Federal, e auxilia a função de controle do Congresso Nacional.[1280]

Ensina Carlos Ari Sundfeld, com a argumentação lógica que o destaca, que:

> [...] a fiscalização da regularidade dos contratos administrativos é tarefa do Tribunal de Contas, a quem compete - de modo exclusivo - determinar, ao órgão ou entidade, a adoção de providências para a regularização da despesa. Somente após o esgotamento da ação da Corte de Contas, com a caracterização da ilegalidade não corrigida, é que o legislativo poderá agir, sustando o contrato irregular.[1281]

Lembra, a propósito, que José Afonso da Silva obtempera ser esse controle de natureza política, mas sujeito à prévia apreciação técnico-administrativa do Tribunal de Contas.

c) o ato de sustação pelo Poder Legislativo independe de nova e prévia comunicação à Administração e ao contratado, porque essa já foi feita pelo Tribunal de Contas e não acatada pela Administração Pública.

Por esse motivo, ao solicitar a sustação ao Poder Legislativo, deve o Tribunal de Contas remeter cópia da correspondência que foi enviada à Administração Pública, recomendando a sustação do ato, posto que é um dos requisitos indispensáveis ao

---

[1279] EMENTA: I. Tribunal de Contas: competência: contratos administrativos (CF, art. 71, IX e §§ 1º e 2º). O Tribunal de Contas da União - embora não tenha poder para anular ou sustar contratos administrativos - tem competência, conforme o art. 71, IX, para determinar à autoridade administrativa que promova a anulação do contrato e, se for o caso, da licitação de que se originou.
BRASIL. Supremo Tribunal Federal. Mandado de Segurança nº 23550/DF. Relator: Ministro Marco Aurélio. Relator do Acórdão: Ministro Sepúlveda Pertence. Brasília, 04 de abril de 2001. **Diário da Justiça [da] República Federativa do Brasil**, 31 out. 2001, p. 6.

[1280] Considerando ilegal a sustação direta pelo Poder Legislativo, sem a participação do Tribunal de Contas: SÃO PAULO. Tribunal de Justiça do Estado de São Paulo. Apelação nº 008.825.5/1-SP. Relator: Desembargador Antônio Villen. São Paulo, 20 de janeiro de 1998. **Informativo de licitações e contratos**, Curitiba, PR, Zênite, n. 48, p. 166-167, fev. 1998.

[1281] SUNDFELD, Carlos Ari. Pode o Legislativo sustar contrato administrativo (CF, art. 71, §1º) sem a prévia decretação da ilegalidade pelo Tribunal de Contas? **Informativo de licitações e contratos**, n. 29, p. 488-490, jul. 1996.

exercício da competência daquele. A Administração e o contratado devem ser notificados dessa comunicação.

Quanto ao não atendimento da recomendação de sustação, poderá o fato ser provado:

i. pela manifestação escrita da autoridade requerida;

ii. pela prática de atos incompatíveis com o acatamento;

iii. por provas coligidas pela inspeção ordenada pelo Tribunal de Contas; ou

iv. pela simples afirmação do Tribunal de Contas ao Poder Legislativo.[1282]

v. simultaneamente ao ato de sustação, cabe ao Poder Legislativo "solicitar, de imediato, ao Poder Executivo as medidas cabíveis"

A Constituição Federal coloca em sequência à comunicação dirigida pelo Tribunal de Contas ao Poder Legislativo, visando sustar o contrato, a solicitação desse ao Poder Executivo para a adoção de medidas cabíveis. Que medidas serão essas? Seriam as de sustação? Óbvio que não, vez que, pelo próprio sentido lógico, descabem repeti-las.

Considerando que o Poder Legislativo e o Poder Judiciário também podem firmar contratos administrativos, como explicar que a Constituição Federal tenha se referido à solicitação de medidas cabíveis apenas ao Poder Executivo? À primeira vista, a restrição ao Poder Executivo parece indicar que o Tribunal de Contas só estaria cuidando do não atendimento da determinação pelo Poder Executivo. Ora, se pode haver recalcitrância por parte do Executivo, também poderá ocorrer por parte dos demais poderes. Ademais, a expressão *medidas cabíveis*, aqui requeridas, não se refere à sustação do contrato pelo jurisdicionado, pois a norma superou esta etapa e agora cuida do *não atendimento*.

As "medidas cabíveis", aqui referidas, e o fato de serem dirigidas apenas ao Poder Executivo, decorrem de que, embora os três poderes e os órgãos autônomos como o Ministério Público e o Tribunal de Contas possam firmar contrato, fazem-no em nome do ente da esfera de governo a que se vinculam. Assim, o Superior Tribunal de Justiça, por exemplo, o faz em nome da União, pessoa jurídica correspondente; a Assembleia Legislativa de um Estado, em nome deste; a Secretaria de Obras de uma Prefeitura, em nome do Município. Por isso, é indispensável que, por meio do órgão jurídico encarregado da representação judicial da unidade, a entidade jurídica esteja apta a adotar as medidas complementares, como a prestação de contas do contrato, as ações de indenização, o arresto de bens, a assunção da obra no estado em que se encontra. Acresce, ainda, que embora os três poderes e órgãos autônomos tenham competência para gerir recursos, as medidas cabíveis para defesa da Fazenda são titularizadas *stricto senso* no Poder Executivo.

[1282] Consultar sobre a prova de fatos negativos, no Capítulo II, que trata da jurisdição dos Tribunais de Contas, o subtítulo 2.19.3.2.2.3 Noções sobre o objeto da prova e dispensa do ônus.

d) o Poder Legislativo tem o prazo improrrogável de noventa dias para efetivar o ato de sustação e adotar as medidas cabíveis, respectivamente.

O prazo, exageradamente longo, especialmente se estiver subjacente grave lesão às finanças públicas – fato que justificaria o ato extremo da sustação –, é de 90 dias. Pretendem os membros do Poder Legislativo que os prazos sejam contados na forma do regimento interno das casas parlamentares. Contudo, não é o correto, vez que o destinatário do prazo é o Tribunal de Contas. Assim, embora aceitável em outros casos que o prazo seja contado na forma regimental, neste, especificamente, não prevalece aquela regra, contando-se o prazo dia a dia, tendo por termo inicial, *dies a quo*, a data de recebimento pelo respectivo poder. Regra processual, de origem constitucional, envolvendo direito público não pode ficar ao alcance de alterações regimentais.

e) decorrido esse prazo sem deliberação, o Tribunal de Contas decidirá a respeito.

Com esse comando, a norma restaura a competência do Tribunal de Contas, talvez muito tardiamente, numa tentativa de estabelecer um sistema de freios e contrapesos. Na era da informática, esse prazo poderia ser 10 dias úteis, ou menos.

Decidirá a respeito da sustação – que o Poder Legislativo não decidiu – e também das medidas que cabiam ao Poder Executivo adotar e não adotou.

f) é implícita a competência do Poder Legislativo examinar a impugnação.

E se o Poder Legislativo decidir que o contrato não padece dos vícios apontados pelo Tribunal de Contas? Neste caso, a competência do Tribunal de Contas para sustar não é restabelecida porque o constituinte só permitiu o retorno da competência diante da omissão, fruição *in albis* do prazo.

Como decisão, a discordância deverá estar fundamentada. Note que a prevalência da decisão do legislativo neste caso é categórica, pois a Constituição Federal, no art. 71, § 1º usa os seguintes termos: "o ato de sustação será adotado diretamente pelo Congresso Nacional". Se é um ato que tem a participação do legislativo, esse também decide. Caso fosse impossível ao legislativo discordar do Tribunal, a Constituição estabeleceria ao Tribunal o direito de ordenar ao Legislativo. A função de controle do dinheiro público é do povo, que a exerce por meio dos seus legítimos representantes integrantes do poder Legislativo. Democracia e estado democrático de direito. Não há recurso ou revisibilidade legislativa dos atos do Tribunal de Contas.

g) a sustação deve submeter-se ao princípio da legalidade.

É evidente que o exercício da competência não pode se concretizar com a ofensa às demais garantias do ordenamento jurídico. Assim, a sustação cautelar ou definitiva não pode afetar a garantia constitucional do equilíbrio econômico-financeiro que tem termo *a quo*, ou seja, inicial, à data da proposta.[1283] Tal garantia só não prospera se

---

[1283] BRASIL. **Constituição da República Federativa do Brasil (Versão Bolso).** Organização dos textos e índice por J. U. JACOBY FERNANDES. 2. ed. Belo Horizonte: Fórum, 2019. Art. 37, inc. XXI.

provado que a conduta dolosa do contratado consistiu na elevação arbitrária dos preços.[1284]

Se a sustação tiver natureza cautelar e implicar o retardamento da execução, o ato que altera o prazo deve ser justificado e publicado;[1285] se implicar em desmobilização, pagar o custo correspondente para o contratado, nos termos previstos no edital;[1286] se tiver natureza definitiva, respeitar as garantias previstas em lei.

Dada a complexidade de que se reveste a sustação de contrato e seus efeitos na órbita jurídica e econômica, o exercício dessa competência deve ser concretizado com extrema parcimônia, avaliando-se os efeitos decorrentes para o erário e a sociedade. Nesse sentido, o balizamento jurídico atual - art. 147 da Lei 14.133/2021 - permitiu a manutenção de contrato nulo a partir da verificação de onze requisitos. Com essa inovação, embora o Tribunal de Contas não possa determinar a anulação do contrato, pode informar que o entende por nulo e o controlado deverá, à luz desse dispositivo, avaliar a conveniência e a oportunidade de sua manutenção.

O fortalecimento das atividades dos Tribunais de Contas fez exsurgir a competência para sustação de contratos administrativos que deve ser exercida nos termos da Constituição Federal e das leis em vigor.

3.2.1.36.1 Peculiaridades do contrato de gestão

Pode uma entidade da Administração Pública direta ou indireta firmar um contrato de gestão, visando ampliar a sua autonomia financeira, gerencial e orçamentária.[1287]

Essa autonomia não pode, contudo, inibir a efetividade do comando do art. 70, Parágrafo único, da Constituição Federal, nem subtrair a competência do Tribunal de Contas da União de efetuar, na mais ampla extensão, o controle de tais entidades. Afinal, em nenhum momento, o controle pode ser antônimo de autonomia gerencial, se os agentes estiverem imbuídos de espírito público.

O Tribunal de Contas da União teve, porém, que expressamente declarar que a existência de contrato de gestão não implica o afastamento da jurisdição.[1288]

3.2.1.36.2 Contratos típicos de direito privado

No Brasil, até por influência de legislação, costuma-se considerar contrato administrativo aquele firmado pela Administração Pública, seguindo-se critério apenas subjetivo. Com isso, perde-se de vista a tradicional e já consagrada divisão entre contratos administrativos e contratos da administração. Nessa ortodoxa dicotomia, à

[1284] BRASIL. **Lei de Licitações e Contratos Administrativos e outras normas pertinentes.** Organização dos textos e índice por J. U. JACOBY FERNANDES. 15. ed., rev. e atual. Belo Horizonte: Fórum, 2014. Art. 96, inciso I.

[1285] *Ibidem*, art. 40, inciso X c/c art. 78, inciso XVI.

[1286] *Ibidem*, art. 8º.

[1287] BRASIL. **Constituição da República Federativa do Brasil (Versão Bolso).** Organização dos textos e índice por J. U. JACOBY FERNANDES. 2. ed. Belo Horizonte: Fórum, 2019. Art. 37, § 8º.

[1288] BRASIL. Tribunal de Contas da União. Administrativo. Processo TC nº 014.115/1990-9. Decisão nº 318/1992. Relator: Ministro Homero Santos. Brasília, 17 de junho de 1992. **Diário Oficial [da] República Federativa do Brasil**, Brasília, DF, 2 jul. 1992. Seção 1, p. 8526.

Administração Pública é lícito servir-se das denominadas *cláusulas exorbitantes* no primeiro tipo, enquanto, no segundo, fica despojada do seu poder de supremacia sobre o contratado. Nesse último tipo, a Administração Pública iguala-se ao particular, firmando os chamados contratos típicos de direito privado, como é o contrato de aluguel em que a Administração é locatária.[1289]

Mesmo havendo restrição ao uso de cláusulas exorbitantes do direito privado a esses tipos de contratos administrativos – entre as quais as que garantem o direito para a Administração Pública de alterar, rescindir ou anular unilateralmente o ajuste –, dúvidas não podem existir acerca da possibilidade de os Tribunais de Contas, no exercício da competência conjunta com o Poder Legislativo, examinarem também esses tipos de contratos e propor ao legislativo a sustação.

Basta o recurso à lógica para concluir pela possibilidade de sustar, mesmo os contratados da Administração Pública de natureza privada:

a) a Constituição Federal garante o respeito ao ato jurídico perfeito[1290] e o ajuste que ofende a legalidade não pode ser assim considerado à luz do direito;
b) a garantia do respeito ao ato jurídico perfeito tem alicerce firmado no mesmo diploma que determina o exercício do controle e a possibilidade de proposta de sustação pelo Tribunal de Contas ao Poder Legislativo.

Por vezes, costuma-se apontar decisão monocrática de presidente em exercício do Supremo Tribunal Federal, que concedeu liminar contra decisão do Tribunal de Contas da União que anulou contrato dessa natureza. No caso, embora a questão da natureza do contrato tenha sido suscitada nos autos, o fundamento da liminar foi a ofensa à coisa julgada administrativa, que impedia o Tribunal de Contas de rever ato julgado, por ele próprio, legal.[1291] Essa liminar foi cassada, por maioria, pelo Supremo Tribunal Federal, contrariando voto do ministro-relator que a concedera inicialmente.

3.2.1.36.3 Danos decorrentes de contratos

Em algumas particulares hipóteses, o Tribunal de Contas da União tem afastado sua competência para exame de danos causados à Administração Pública, em decorrência de contrato preferindo ater-se ao controle da gestão dos agentes públicos.

[1289] O Supremo Tribunal Federal, chamado a se pronunciar, também entendeu que há contratos firmados pela Administração Pública que mantêm sua natureza de direito privado: BRASIL. Supremo Tribunal Federal. Recurso Extraordinário nº 89.217/SC. Relator para acórdão: Ministro Décio Miranda. Brasília, 6 de junho de 1979. **Revista Trimestral de Jurisprudência**, Brasília, v. 91, p. 1009-1060, mar. 1980; e Mandado de Segurança nº 23.560-8. Relator p/ acórdão: Ministro Nelson Jobim. Brasília, 20 de setembro de 2000. **Diário da Justiça [da] República Federativa do Brasil**, Brasília, DF, 27 set. 2000. Seção 1, p. 84.

[1290] BRASIL. **Constituição da República Federativa do Brasil (Versão Bolso)**. Organização dos textos e índice por J. U. JACOBY FERNANDES. 2. ed. Belo Horizonte: Fórum, 2019. Art. 5º, inc. XXXVI.

[1291] BRASIL. Supremo Tribunal Federal. Administrativo. RE nº 89.217/SC. Relator para acórdão: Ministro Décio Miranda. Brasília, 06 de junho de 1979. **Revista Trimestral de Jurisprudência**, Brasília, DF, v. 91, p. 1009-1060, mar. 1980; MS nº 23.560-8. Relator: Ministro Marco Aurélio de Farias Mello. Brasília, 29 de outubro de 1999. **Diário da Justiça [da] República Federativa do Brasil**, Brasília, DF, 09 nov. 1999. Seção 1, p. 84-86 - fundamentos da medida liminar. O Mandado de Segurança foi indeferido e a liminar cassada pela decisão, por maioria, do dia 20 de setembro de 2000. **Diário da Justiça [da] República Federativa do Brasil**, Brasília, DF, 27 set. 2000. Seção 1, p. 84.

Assim, ocorreu com os contratos de depósitos mantidos entre órgãos do governo e particulares com o objetivo de armazenar mercadorias.[1292]

Diversamente entendeu, porém, em relação aos contratos da Empresa Brasileira de Correios e Telégrafos firmados com particulares, definindo o sistema de *franchising* para a operação de pontos de coleta de correspondência.[1293]

3.2.2 Competência em razão do valor

No direito judiciário, visando assegurar a racionalidade de procedimentos e efetivar o princípio da economia processual, foram estabelecidos vários procedimentos considerando o valor da causa envolvido no processo.

No âmbito dos Tribunais de Contas, porém, demorou a florescer parâmetros que zelassem pela economia processual.

Pela Constituição Federal Brasileira de 1988, um dos vetores da atuação do controle externo é a economicidade. Na medida em que os Tribunais de Contas têm por dever impor aos órgãos jurisdicionados o zelo pelo princípio, ficam moralmente vinculados a também efetivá-lo nos seus procedimentos.

Uma das formas mais inteligentes de operacionalizar o princípio é definir a competência em razão do valor para atuar no processo. Assim, o chamado valor de alçada, no processo judiciário, no âmbito das Cortes de Contas, é uma exigência inafastável.

Segundo Pereira e Souza "alçada é a quantia, além da qual não se pode julgar [...]. É a competência atribuída ao juiz, em face do valor da causa proposta, respeitada a que for cometida à jurisprudência privativa. Indica, pois, o limite da jurisdição".[1294]No âmbito do Distrito Federal, o Tribunal de Contas alertou a todos os seus jurisdicionados, no sentido de que[1295] as tomadas de contas especiais de valor inferior ao de alçada (300 UFIRs), e as que devem recair exclusivamente sobre terceiros, não vinculados à Administração Pública, passem a ser registradas em

---

[1292] O Tribunal de Contas da União decidiu arquivar Tomada de Contas Especial, instaurada pela CONAB, em razão, também, de inadimplemento de obrigações pactuadas em contrato, tendo restado assente que em tais situações, em não havendo a participação de pessoa, com vínculo com a Administração Pública, na geração do prejuízo imputado ao erário federal sem a ocorrência de ato ilícito de agente público. BRASIL. Tribunal de Contas da União. Processo TC nº 400.019/1997-3. Decisão nº 706/1998. Relator: Ministro Adhemar Paladini Ghisi. Brasília, 14 de outubro de 1998. **Diário Oficial [da] República Federativa do Brasil**, Brasília, DF, 23 out. 1998, p. 35-36.

[1293] BRASIL. Tribunal de Contas da União. Relatório de Auditoria Operacional. Processo TC nº 013.889/1994-0. Decisão nº 542/1999. Relator: Ministro Valmir Campelo. Brasília, 18 de agosto de 1999. **Diário Oficial [da] República Federativa do Brasil**, Brasília, DF, 2 set. 1999. Seção 1, p. 44-46; Processo TC nº 013.889/1994-0. Decisão nº 542/1999. Relator: Ministro Valmir Campelo. Brasília, 18 de agosto de 1999. **Diário Oficial [da] República Federativa do Brasil**, Brasília, DF, 2 set. 1999. Seção 1, p. 44-46.

[1294] SILVA, De Plácido e. **Vocabulário jurídico.** Rio de Janeiro: Forense, 16. ed., 1999, p. 127.

[1295] De acordo com a Lei Complementar nº 01/1994 (art. 9º, § 3º), a Emenda Regimental nº 01/1998 (art. 2º,§ 8º) e a Resolução nº 102/1998 (arts. 13 e 14).

demonstrativos que, por sua vez, deverão ser anexados à correspondente tomada ou prestação de contas anual, não sendo cabível, portanto, o encaminhamento dessas contas especiais em processo apartado.[1296]

O Tribunal de Contas da União, embasado no princípio da economia processual, determinou apuração de denúncia sobre gastos superiores ao montante de R$ 250.000,00 na fase interna de Tomada de Contas Especial.[1297]

No momento desta 5ª edição, no âmbito federal, o Tribunal de Contas da União estabeleceu o valor de alçada unitário de R$ 120.000,00 para a instauração de tomada de contas especial; ou de R$ 20.000,00, para fins de somatório de débitos de um mesmo responsável, consoante sua Instrução Normativa -TCU 98, de 27 de novembro de 2024.

No âmbito estadual, tome-se a exemplo o Tribunal de Contas do Estado de Santa Catarina, em que o valor de alçada para a instauração de tomada de contas especial é de R$ 92.000,00, fixado pela Decisão Normativa N. TC-17/2024; o Tribunal de Contas do Estado de Goiás, com alçada de R$ 60.000,00, definido pela Resolução Normativa nº 3/2023; e o Tribunal de Contas do Estado do Paraná, com alçada de 158 vezes o valor da UPF-PR, o que atualmente fica no montante aproximado de R$ 21.729,74,conforme Resolução nº112/2024).

3.2.3 Competência em razão da pessoa

No Brasil, a competência dos Tribunais de Contas em razão da pessoa foi definida pelo constituinte[1298] e por posterior emenda,[1299] de modo inequívoco.

O Tribunal de Contas da União tem competência sobre:

a) a União, abrangidos todos os seus órgãos não personalizados;

b) a administração direta e indireta da União;

c) a pessoa física ou jurídica:

c.1) que utilize, arrecade, gerencie ou administre:

c.1.1) dinheiros da União,

c.1.2) bens da União,

c.1.3) valores públicos da União; ou, ainda,

[1296] DISTRITO FEDERAL. Tribunal de Contas. Tomada de Contas Especial. Decisão nº 1049/97. Processo nº 5859/96. Relatora: . Brasília, 06 de março de 1997. **Diário Oficial do Distrito Federal**, 14 mar. 1997, p. 1779-1785.

[1297] BRASIL. Tribunal de Contas da União. Processo TC nº 013.046/2009-0. Acórdão nº 2746/2011 - Plenário. **Diário Oficial da União [da] República Federativa do Brasil**, Brasília, DF, 4 nov. 2011. Seção 1, p. 92.

[1298] BRASIL. **Constituição da República Federativa do Brasil** (Versão Bolso). Organização dos textos e índice por J. U. JACOBY FERNANDES. 2. ed. Belo Horizonte: Fórum, 2019. Arts. 70 e 71.

[1299] *Ibidem*. Emenda Constitucional nº 19, de 04 de junho de 1998. Modifica o regime e dispõe sobre princípios e normas da Administração Pública, servidores e agentes políticos, controle de despesas e finanças públicas e custeio de atividades a cargo do Distrito Federal, e dá outras providências.

c.2) por cujos atos a União responda, ou que em nome dessa assuma obrigação de natureza pecuniária.

Os Tribunais de Contas das unidades federadas têm poderes em simetria correspondentes.[1300]

No passado, muito se debateu sobre a extensão do controle às pessoas jurídicas de direito privado, mormente quando integralizadas por recursos de particulares.[1301]

A maior extensão da competência de fato valoriza a ação do controle externo. Impende reconhecer, neste passo, que as competências para a efetivação do controle externo atribuídas ao Tribunal de Contas foram sendo gradativamente ampliadas desde a sua pioneira previsão na Constituição Republicana de 1891. É assinalável que, em boa hora, essas atribuições restaram sobremodo dilatadas no Estatuto Supremo de 1988, se posto em cotejo com o antecedente diploma outorgado pelo regime revolucionário. Assim é que, enquanto a Carta Política, objeto da Emenda Constitucional nº 1, de 1969, limitava-se a declarar, no art. 70, a competência do Congresso Nacional para a "fiscalização financeira e orçamentária da União", a nova Constituição alude, por expresso, às entidades da administração direta e indireta, bem como à generalidade dos administradores e demais responsáveis por dinheiros, bens e valores públicos, como, ainda, às contas nacionais das empresas supranacionais de cujo capital a União participe, além da referência categórica à aplicação de quaisquer recursos repassados pela União mediante convênio, acordo, ajuste ou outros instrumentos congêneres, a Estado, ao Distrito Federal ou a Município.

Neste tópico, serão estabelecidas as principais peculiaridades que versam sobre a natureza das pessoas sujeitas à jurisdição dos Tribunais de Contas.

Na Constituição Federal definiu-se sobre quem se exerce a competência dos Tribunais de Contas:

> Art. 70. [...]
>
> Parágrafo único. Prestará contas qualquer pessoa física ou jurídica, pública ou privada, que utilize, arrecade, guarde, gerencie ou administre dinheiros, bens e valores públicos ou pelos quais a União responda, ou que, em nome desta, assuma obrigações de natureza pecuniária.

A rigor, a competência delineada não se faz em razão da própria pessoa, mas dos eventos *utilizar, arrecadar, guardar, gerenciar* ou *administrar* dinheiros, bens e valores públicos ou pelos quais a União responda ou em cujo nome se assumam obrigações de natureza pecuniária.

[1300] *Ibidem*, art. 75.

[1301] Nesse sentido, consultar: BRASIL. Lei nº 6.223, de 14 de julho de 1975. Dispõe sobre a fiscalização financeira e orçamentária da União, pelo Congresso Nacional, e dá outras providências. Disponível em: https://www.planalto.gov.br/ccivil_03/LEIS/L6223.htm.

Apesar de os eventos - matéria - se sobreporem à qualidade das pessoas responsáveis por essas ações, em várias ocasiões, ao longo de mais de um século de existência, pessoas e entes tentaram subtrair-se do controle, embora utilizassem recursos públicos.

Para fundamentar essa pretensão, tentaram criar uma injustificável antinomia entre controle e eficiência. Esse movimento pendular histórico percorreu, ao sabor até de interesses escusos, longo período até se firmar. Vez por outra, renascem essas pretensões, sempre sob o argumento da natureza jurídica da pessoa controlada.

Na atualidade, a jurisprudência está consolidada em perfeita simetria com a norma legal, tendo sido adequadamente interpretada como a efetiva ocorrência do evento. Para tanto, por vezes, o TCU abandona a ocorrência formal do evento para buscar o agente que efetiva e diretamente utiliza, arrecada, guarda, gerencia ou administra dinheiros, bens e valores públicos, mesmo que outro seja formalmente o responsável.

Nesse sentido, é o seguinte escólio ao parágrafo único do art. 70 da Constituição Federal:

> 5.9 É-nos claro, da leitura desse dispositivo, que o constituinte incumbiu a quem efetivamente administrou recursos do dever de prestar contas, e não a quem, por força de norma estatuária, coubesse fazê-lo. Assim, o fato do Estatuto da SESNI não haver sido observado, no concernente à questão em foco, consiste em questão distinta da que deva servir de fundamento ao julgamento desta Corte.[1302]

Sustenta Ivan Barbosa Rigolin que a jurisdição do Tribunal de Contas somente abrange os agentes públicos que tenham função discricionária. *In verbis*:

> Quem não pode praticar atos discricionários não pode responder pela discricionariedade alheia, ou seja, alguém somente responde pelo que decidiu fazer, mas nunca pela ordem, em tese, em princípio e em essência regular, que haja recebido, e que, como servidor hierarquicamente subordinado, tenha executado com plena adequação.

Essa proposição, se aceita, afastaria a responsabilização daqueles que participam do processo decisório, sem poder deliberativo, como por exemplo, emitindo parecer ou, após a decisão, dando efetivo cumprimento.

O entendimento predominante na jurisprudência das Cortes de Contas é, porém, diametralmente oposto ao eminente jurista: todos os elos do processo decisório têm sua responsabilidade aferida na proporção do resultado. Assim, o

---

[1302] BRASIL. Tribunal de Contas da União. Recurso de Revisão. Processo nº 575.516/1995-0. Acórdão nº 276/2001 - Plenário. Relator: Ministro Iram Saraiva. Brasília, 7 de novembro de 2001. **Diário Oficial [da] República Federativa do Brasil**, 19 nov. 2001. Seção 1, p. 111.

parecer que induz o processo decisório tem responsabilidade também apurada[1303] com a autoridade que decide se foi adotado como fundamento. Por outro lado, o servidor que recebe ordem manifestamente ilegal e dá cumprimento é igualmente chamado à responsabilidade.

Na administração da dosimetria da pena aos partícipes diretos do processo decisório e seu acatamento é que as Cortes de Contas efetivam a Justiça.

Outro e mais largo alcance dessa efetiva concretização da norma está no acolhimento da teoria da desconsideração da pessoa jurídica, vista mais adiante.

3.2.3.1 Empresas estatais

É inegável que as empresas estatais - expressão aqui utilizada para abranger as empresas públicas e as sociedades de economia mista - submetem-se ao controle dos Tribunais de Contas.

Três questões, no entanto, aguçaram o debate acerca do tema. Primeiro, a proporção de participação do capital público; o segundo, os limites desse controle; e, o terceiro, a divisão da competência. Firmou-se o entendimento por admitir que havendo capital público na totalidade ou com predomínio das ações ordinárias, a empresa estatal está sob integral controle dos Tribunais de Contas sem prejuízo dos demais sistemas de controle.[1304]

Quanto aos limites do controle, é preciso certa parcimônia para flexibilizar o controle rigoroso do aparelho estatal com vistas à prevalência do controle finalístico, visando compatibilizar com o exercício da atividade econômica eventualmente atribuído a tais entes[1305].

Acerca da divisão da competência, o Supremo Tribunal Federal entendeu que o fato de a União possuir parte de capital acionário de empresa estatal não lhe permite estender a jurisdição.[1306]

[1303] Veja no Capítulo I, que trata da função do controle, o subtítulo 1.5.5 Princípio da aderência a diretrizes e normas.

[1304] Nesse sentido: BRASIL. Lei nº 6.525, de 11 de abril de 1978. Altera a redação do artigo 7º da Lei nº 6.223, de 14 de julho de 1975, que dispõe sobre a fiscalização financeira e orçamentária da União pelo Congresso Nacional. **Diário Oficial [da] República Federativa do Brasil**, Brasília, DF, 13 abr. 1978.

[1305] a) Recentemente, o TCU orientou sobre suas competências e regras de contratação flexíveis para estatais. Acórdão nº 41/2022 - TCU - Plenário DOU de 31.01.2021. Disponível em: https://pesquisa.in.gov.br/imprensa/jsp/visualiza/index.jsp?data=31/01/2022&jornal=515&pagina=295&totalArquivos=406.

b) no mesmo sentido da flexibilidade e menor rigor na dispensa de licitação, decidiu o TCU. BRASIL. Tribunal de Contas da União. Acórdão nº 2116/2021 - TCU – Plenário. Disponível em: https://pesquisa.in.gov.br/imprensa/jsp/visualiza/index.jsp?data=17/09/2021&jornal=515&pagina=132&totalArquivos=137.

[1306] BRASIL. Supremo Tribunal Federal. MS nº 24423/DF. Relator: Ministro Gilmar Mendes. Brasília, 19 de dezembro de 2002. **Diário da Justiça [da] República Federativa do Brasil**, Brasília, DF, 3 fev. 2003, Ata nº 1.

3.2.3.2 Entidades de classe

Este é um tema frequente: qual a natureza jurídica dos conselhos de classe de profissões regulamentadas, para os quais a lei exige a filiação compulsória e o pagamento de contribuições como *conditio sine qua non* ao desempenho de profissão?

Tradicionalmente, Aliomar Baleeiro, Geraldo Ataliba, Marcello Caetano, entre outros, foram unânimes em considerá-las como autarquias,[1307] seguidas ou não de qualificativos como especial ou corporativas, mas sempre sujeitas ao dever de prestar contas ao Tribunal de Contas da União, pela natureza parafiscal dos recursos geridos e, frise-se, parafiscal federal.

Com o advento da Lei nº 9.649, de 27 de maio de 1998, reacendeu-se a polêmica, fruto de controvertido artigo que pretendia ter, nos órgãos de controle interno, a única forma de controle, embora continuassem arrecadando recursos com caráter de compulsoriedade. Mais do que isso, o objetivo expresso na norma era estabelecer que não haveria qualquer vínculo funcional ou hierárquico entre conselhos e órgãos da Administração Pública.

A controvérsia acerca da extensão da norma e de sua constitucionalidade foi enfrentada tanto pelo Tribunal de Contas da União[1308] quanto pelo STF, em sede de ação direta de inconstitucionalidade.[1309] Em síntese, manteve o primeiro o entendimento de que, nada obstante ter a lei conferido às entidades de classe personalidade jurídica de direito privado, o dever de prestar contas é inafastável, dada a natureza dos recursos arrecadados. O segundo suspendeu a eficácia, em medida cautelar, dos dispositivos que poderiam vir a dar sustentação a pretensões de não serem submetidos aos órgãos de controle. Desse modo, inequivocamente, a fiscalização dessas entidades está na competência do Tribunal de Contas da União, sem prejuízo do sistema de controle interno e do controle social.

Oportuna a transcrição do seguinte excerto de processo do TCU:

> 20. Cite-se, a corroborar, trecho de decisão do Ministro Sidney Sanches, do egrégio Supremo Tribunal Federal, ao deferir, em 1º.2.1999, medida cautelar na ADIn nº 7.717/DF, posteriormente confirmada por maioria, em sessão de 22.9.1999, nos seguintes termos:

[1307] Nesse sentido, alinham-se, dentre outros, os seguintes arestos: Decisão nº 31/2001 - Plenário; Acórdão nº 179/2000 - Plenário; Decisão nº 133/2000 - Plenário; Acórdão nº 213/1999 - Plenário; Decisão nº 123/1999 - 2ª Câmara; Decisão nº 69/1999 - Plenário; Acórdão nº 212/1998 - 2ª Câmara; Acórdão nº 209/1998 - 2ª Câmara; Decisão nº 364/1998 - Plenário; Acórdão nº 181/1998 - Plenário; Acórdão nº 424/1998 - 2ª Câmara; Acórdão nº 364/1998 - Plenário; Decisão nº 119/1998 - 2ª Câmara; Acórdão nº 329/1998 - 2ª Câmara; Acórdão nº 390/1998 - 2ª Câmara; Acórdão nº 151/1998 - 2ª Câmara; Acórdão nº 209/1998 - 2ª Câmara.

[1308] BRASIL. Tribunal de Contas da União. Pedido de Reexame. Processo TC nº 625.260/1998-8. Decisão nº 121/1999. Relator: Auditor Benjamin Zymler. Brasília, 1º de junho de 1999. **Diário Oficial [da] República Federativa do Brasil**, Brasília, DF, 14 jun. 1999. Seção 1, p. 110-113.

[1309] BRASIL. Supremo Tribunal Federal. Constitucional. Ação Direta de Inconstitucionalidade nº 1717. Relator: Ministro Sydney Sanches. Brasília, 22 de setembro de 1999. **Revista Trimestral de Jurisprudência**, n. 172, jun. 2000, p. 803-827.

'[...] Com efeito, não me parece possível, a um primeiro exame, em face do nosso ordenamento constitucional, mediante a interpretação conjugada dos artigos 5º, XIII, 22, XVI, 21, XXIV, 70, Parágrafo único, 149 e 175 da C.F., a delegação, a uma entidade privada, de atividade típica de Estado, que abrange até poder de polícia, de tributar e de punir, no que tange ao exercício de atividades profissionais.' (Diário da Justiça, Seção 1, p. 50, em 25/2/2000).

21. Aliás, pode-se considerar remansosa a jurisprudência do Supremo Tribunal Federal no sentido de que os conselhos de fiscalização profissional, inclusive a OAB, são pessoas jurídicas de direito público do gênero autarquia. Disso dá conta, ilustrativamente, liminares nas ADIns nº 641-0/DF, nº 1.707-1/MT, nº 1.717-6 e no MS nº 21.797-9.

22. Outro exemplo, no mesmo sentido e ainda no âmbito da jurisprudência do Excelso Pretório, foi o julgamento do MS nº 22.643, impetrado pelo Conselho Regional de Medicina do Estado de Santa Catarina. Na oportunidade, o Pleno daquele Tribunal, em sessão de 06.08.1998, considerou os Conselhos de Medicina como autarquias federais, sujeitas à prestação de contas a esta Corte, por força do disposto no inciso II do art. 71 da atual Constituição.

23. É elucidativo o Voto do eminente Ministro Carlos Velloso, em sessão de 11.04.1996, no Mandado de Segurança nº 21.797-9-STF, impetrado pelo Conselho Federal de Odontologia, cujo trecho inicial abaixo se transcreve:

'Como bem registra o Ministério Público Federal, é estatal a atividade de fiscalização do exercício profissional (C.F., art. 5º, XIII; art. 21, XXIV; art. 22, XVI). Daí a afirmativa, que é correta, no sentido de que as entidades fiscalizadoras do exercício profissional exercem funções tipicamente públicas e, por essa razão, regem-se pelas regras de Direito Público'.[1310]

Interessa, porém, notar que, após ampla discussão, o Tribunal de Contas da União firmou entendimento no sentido de que a Ordem dos Advogados do Brasil, respectivos Conselho Federal e Conselhos Seccionais, não estão obrigados a prestar contas.[1311]

[1310] BRASIL. Tribunal de Contas da União. Processo TC nº 021.750/1994-7. Decisão nº 920/2001 - Plenário. Relator: Ministro Iram Saraiva. Brasília, 7 de novembro de 2001. **Diário Oficial [da] República Federativa do Brasil**, Brasília, DF, 19 nov. 2001.

[1311] a) BRASIL. Tribunal de Contas da União. Representação. Processo nº 002.666/1998-7. Acórdão nº 1765/2003 - Plenário. Relator: Ministro Augusto Sherman Cavalcanti. Brasília, 19 de novembro de 2003. **Diário Oficial da União [da] República Federativa do Brasil**, Brasília, DF, 28 nov. 2003. Seção 1, p. 248-258.

b) Recentemente, no RE 1182189, o STF fixou tese de repercussão geral: "O Conselho Federal e os Conselhos

Essa é a única exceção admitida pelo Tribunal de Contas da União e teve por principal fundamento o respeito daquela Corte à *coisa julgada*, firmada por decisão do Tribunal Federal de Recursos.[1312]

3.2.3.3 Entidades de previdência privada fechada

No Brasil, por força de emenda à Constituição,[1313] passou a se desenvolver com mais intensidade o regime de previdência privada, de caráter complementar.

O tema não é novo, pois a definição dos limites da competência do Tribunal de Contas sobre essas instituições já foi submetida ao Supremo Tribunal Federal, ainda aguardando definição.[1314]

Não há dúvidas de que o Tribunal de Contas pode fiscalizar amplamente o repasse dos recursos do empregador, enquanto este for integrante da Administração Pública, seja direta, indireta ou fundacional. É, portanto, um controle que o Tribunal exerce sobre pagamentos ou repasses, como faz em relação a qualquer despesa. [1315]

A polêmica pode existir quando o Tribunal pretender fiscalizar a instituição, o seu fluxo de caixa, as contratações e concessões de benefícios. Em princípio, a competência não se coaduna com essa pretensão e deve se limitar ao controle sobre o ente público - empregador.

O controle sobre as instituições privadas de previdência existe e opera por órgãos próprios nos termos da legislação em vigor.

Ao ensejo e, diversamente do que já foi exposto, deve ser lembrado que os fundos de pensão e órgãos de previdência, quando integrantes do aparelho estatal, assumindo forma pública, fundação ou privada, estão inteiramente sujeitos ao controle do Tribunal de Contas, em face do Parágrafo único do art. 70 da Constituição Federal, com a redação dada pela Emenda Constitucional nº 19, de 04 de junho de 1998.

3.2.3.4 Entidades privadas que gerem recursos públicos

A responsabilidade de receber e gerir recursos públicos é motivo suficiente para impor o dever de prestar contas. Em se tratando de entidade tipicamente privada, instituída e mantida com recursos privados, a competência dos Tribunais de Contas

---

Seccionais da Ordem dos Advogados do Brasil não estão obrigados a prestar contas ao Tribunal de Contas da União nem a qualquer outra entidade externa." Disponível em: https://portal.stf.jus.br/processos/detalhe.asp?incidente=5608486.

1312 BRASIL. Tribunal Federal de Recursos. RMS 797.

1313 BRASIL. **Constituição da República Federativa do Brasil** (Versão Bolso). Organização dos textos e índice por J. U. JACOBY FERNANDES. 2. ed. Belo Horizonte: Fórum, 2019. Emenda Constitucional nº 20, de 15 de dezembro de 1998. Modifica o sistema de previdência social, estabelece normas de transição e dá outras providências.

1314 BRASIL. Supremo Tribunal Federal. MS nº 21307-8. Relator: Ministro Moreira Alves. Brasília, 6 de maio de 1991. **Diário da Justiça [da] República Federativa do Brasil**, Brasília, DF, 13 maio 1991.

1315 BRASIL. Tribunal de Contas da União. Processo TC nº 015.649/2011-3. Decisão nº 2154/2013 - Plenário. Relator: Raimundo Carreiro. Brasília, 14 de agosto de 2013. **Diário Oficial [da] República Federativa do Brasil**, Brasília, DF, 22 ago. 2013.

limita-se ao julgamento da prestação de contas, da parcela de recursos públicos recebidos, sem intromissão nos atos de gestão. Contudo, se a entidade não é tipicamente privada, por ter sido constituída ou mantida com recursos públicos, aqui interpretados no mais lato senso, como os chamados parafiscais, a fiscalização poderá ir além da mera prestação de contas, para fiscalizar se foram aplicados em conformidade com os princípios administrativos pertinentes, exigíveis por normas.

O Supremo Tribunal Federal já firmou seu entendimento no sentido de que:

> [...] embora a entidade seja de direito privado, sujeita-se à fiscalização do Estado, pois recebe recursos de origem estatal, e seus dirigentes prestam contas dos valores recebidos; quem gere dinheiro público ou administra bens ou interesses da comunidade deve prestar contas ao órgão competente para a fiscalização, no caso o Tribunal de Contas da União.[1316]

3.2.3.5 Entidades que gerem recursos de convênios

O poder público pode transferir recursos para entidade pública ou privada, mediante convênio, para execução de atividade de interesse público, nos termos da lei.[1317]

Além das transferências legais, as demais esferas de governo podem ser destinatárias de recursos federais por ato de vontade entre as pessoas jurídicas envolvidas, formalizados "mediante convênio, acordo, ajuste ou outros instrumentos congêneres".

O Tribunal de Contas da União firmou sua jurisprudência no sentido de que, se os recursos foram depositados na conta do Município, em razão de acordo, ajuste, convênio ou outro instrumento revelador de ato de vontade do recebedor, e não foram utilizados, nem movimentados, devem ser restituídos e atualizados monetariamente.[1318]

Esse precedente foi relevante, porque envolvia o Município de Belo Horizonte e expressiva cifra de recursos. Sustentou o Prefeito que o recolhimento de tão alta quantia penalizaria muito a população; que a União não sofreu prejuízo; que o Banco do Brasil beneficiou-se com a aplicação financeira dos recursos não movimentados;

[1316] BRASIL. Supremo Tribunal Federal. Constitucional. MS nº 21.644-1. Relator: Ministro Néri da Silveira. Brasília, 10 de setembro de 1993. **Diário da Justiça [da] República Federativa do Brasil**, Brasília, DF, 8 nov. 1996. Seção 1, p. 6303-6305.

[1317] BRASIL. Lei nº 14.133 de 1º de abril de 2021. **Lei de Licitações e Contratos Administrativos.** Organização dos textos e índice por Ana Luiza e J. U. JACOBY FERNANDES. 1 ed., r Belo Horizonte: Fórum, 2021. Art. 184; BRASIL. **Decreto nº 11.531, de 16 de maio de 2023**.Dispõe sobre convênios e contratos de repasse relativos às transferências de recursos da União, e sobre parcerias sem transferências de recursos, por meio da celebração de acordos de cooperação técnica ou de acordos de adesão. Disponível em: https://www.planalto.gov.br/ccivil_03/_ato2023-2026/2023/decreto/d11531.htm. BRASIL. Ministério da Gestão e da Inovação em Serviços Públicos; Ministério da Fazenda e Ministério da Controladoria-Geral da União. **Portaria conjunta MGI/MF/CGU nº 33, de 30 de agosto de 2023.** . Disponível em: https://www.in.gov.br/en/web/dou/-/portaria-conjunta-mgi/mf/cgu-n-33-de-30-de-agosto-de-2023-507013406.

[1318] BRASIL. Tribunal de Contas da União. Tomada de Contas Especial. Processo TC nº 399.023/1993-3. Acórdão nº 83/1997. Relator: Ministro Fernando Gonçalves. Brasília, 13 de março de 1997. **Diário Oficial [da] República Federativa do Brasil**, Brasília, DF, 26 mar. 1997. Seção 1, p. 6013-14.

que o órgão governamental deixou de fiscalizar; que as administrações anteriores não deram a aplicação devida aos recursos; que inexistem indícios de locupletamento ou má-fé. Após rebater esses argumentos, o eminente relator encerrou o seu voto pontuando que:

> [...] se o fato penaliza a comunidade, restará à Prefeitura acionar a quem de direito na via judicial cabível. Entendo, porém, que nestes autos, em que todos os fatos e alegações trazidos à colação demonstram o descaso na aplicação e comprovação de uso dos recursos conveniados, sem uma justificativa plausível, não deve o tribunal voltar atrás e dispensar o recolhimento já determinado.

O convênio apresenta pontos distintivos do contrato, os quais podem, segundo uniforme doutrina, ser sintetizados da seguinte forma:

a) o termo convênio deve ter utilização restrita aos casos em que o interesse dos signatários seja absolutamente concorrente, um objetivo comum, ao contrário do que ocorre no contrato, em que o interesse dos que o firmam é diverso e contraposto;

b) por almejarem o mesmo objetivo, os signatários não são, a rigor terminológico, partes, e não cobram taxa ou remuneração entre si;

c) no convênio, descabe a aplicação de penalidade por rescisão, bastando não haver mais interesse na sua continuação para que se promova a sua denúncia. É possível, porém, a aplicação de penalidade pela aplicação irregular de recursos;

d) com referência a uma particular hipótese em que a Administração seja usuária do serviço público, há norma expressa recomendando a utilização do contrato.[1319] Nos demais casos, os parâmetros aqui delineados indicam quando deve ser utilizado o convênio ou o contrato;

e) não há amparo jurídico para o ajuste de convênios em que a parte responsável pela execução dos serviços ou obras possa subempreitar ou subcontratar totalmente a execução do objeto, ficando com a taxa de administração, sem ônus ou responsabilidades;

f) o uso de convênio, quando cabível o contrato, não pode ser considerado mero erro de forma, uma vez que o regramento entre ambos é bastante diverso e a ação dos órgãos de controle é menos intensa no convênio. Subjacente ao interesse em não adotar o instrumento de contrato, poderá ficar caracterizada motivação de mitigar a ação do controle, podendo fazer exsurgir, para a autoridade que empregou o meio diverso para formalizar o ajuste, a responsabilização nos termos da lei de improbidade.[1320]

[1319] BRASIL. Lei n° 14.133 de 1° de abril de 2021. **Lei de Licitações e Contratos Administrativos.** Organização dos textos e índice por Ana Luiza e J. U. JACOBY FERNANDES. 1 ed., r Belo Horizonte: Fórum, 2021., art. 109.

[1320] BRASIL. Lei nº 8.429, de 2 de junho de 1992. Dispõe sobre as sanções aplicáveis aos agentes públicos nos casos

Feita essa sucinta distinção, insta obtemperar que se deve aplicar as normas pertinentes aos contratos administrativos, em geral, no que couber, aos convênios, acordos, ajustes e outros instrumentos congêneres, celebrados por órgãos e entidades da Administração.[1321]

Da regulamentação legal sobre convênios, feita no âmbito da lei de licitações e contratos, cabe observar que as parcelas do convênio deverão ficar retidas até o saneamento das impropriedades ocorrentes, quando comprovada[1322] a boa e regular aplicação da parcela anteriormente recebida.[1323] Se não tiver havido a devolução dos recursos - fato que a toda evidência só se verifica após a prestação de contas ou diante da omissão em prestá-las -, deverá a autoridade repassadora providenciar a instauração de Tomada de Contas Especial no encerramento do convênio.[1324]

Dentre os principais objetos dos convênios estão as obras públicas. O Tribunal de Contas da União – TCU possui o dever de fiscalização de obras públicas[1325], sendo essa uma de suas atribuições no controle da aplicação dos recursos do erário. Conforme destaca o próprio Tribunal de Contas, obra pública é considerada toda construção, reforma, fabricação, recuperação ou ampliação de bem público. Ela pode ser realizada de forma direta, quando a obra é feita pelo próprio órgão ou entidade da Administração, por seus próprios meios, ou de forma indireta, quando a obra é contratada com terceiros. Nesse caso, normalmente precedida por licitação.

A Corte de Contas possui um programa específico para tal atividade, em que verifica o planejamento, os projetos básicos e executivos, o procedimento de licitação, a formalização dos contratos, a regularidade das licenças ambientais, a execução dos contratos e a efetiva entrega do empreendimento. Esse plano se chama Fiscobras. Recentemente, sob a relatoria do ministro Walton Alencar Rodrigues, o Fiscobras 2019 consolidou 77 fiscalizações de empreendimentos de infraestrutura no Brasil, localizados em 17 estados e no Distrito Federal. Dessas 77 obras, 59 foram classificadas com indícios de irregularidades graves.

---

de enriquecimento ilícito no exercício de mandato, cargo, emprego ou função na Administração Pública direta, indireta ou fundacional e dá outras providências. **Diário Oficial [da] República Federativa do Brasil**, Brasília, DF, 03 jun. 1992. Seção 1, p. 6993. Arts. 10, II, ou 11, I.

[1321] BRASIL. **Lei de Licitações e Contratos Administrativos e outras normas pertinentes.** Organização dos textos e índice por J. U. JACOBY FERNANDES. 15. ed., rev. e atual. Belo Horizonte: Fórum, 2014. Nesse sentido dispõe o art. 116.

[1322] o TCU considerou descaracterizada a ocorrência de dano ao erário em tomada de contas especial: "[...] de fato, o termo de convênio não vincula o convenente a apresentar registros fotográficos ou filmagens para comprovar a realização do objeto do ajuste. A Portaria Interministerial 127/2008, o Decreto 6.170/2007 e a Instrução Normativa-STN 1/1997 tampouco possuem previsão nesse sentido. 16. Diante da ausência de previsão legal para a exigência em comento e do fato de os demais elementos contidos nos autos não indicarem ter ocorrido execução parcial do objeto do convênio [...]. BRASIL. Tribunal de Contas da União. Acórdão nº 6.712/2015 –1ª Câmara. Relator: Ministro Bruno Dantas.

[1323] *Ibidem*. Merece destaque o § 3º, inciso I, do art. 116.

[1324] *Ibidem*. Como determina o art. 116, § 6º.

[1325] Por meio da Portaria nº 762/2025, o Ministério da Defesa autorizou o TCU a realizar fiscalizações por aerolevantamento com drones, fortalecendo as ações de controle externo em obras públicas. Disponível em: https://www.gov.br/defesa/pt-br/assuntos/aerolevantamento/arquivos/2025/portaria762_ex-officcio_categoriaa_11_02_2025.pdf.

Das obras fiscalizadas, 50 tinham menos de 50% de execução física, o que evidencia a priorização do controle na fase de contratação ou na fase inicial de execução. Essa atuação preventiva permite que eventuais danos que ainda não se concretizaram possam ser mitigados pelos gestores, o que confere maior efetividade aos trabalhos realizados. A consolidação anual das auditorias é uma exigência da Lei de Diretrizes Orçamentárias – LDO, que determina que o TCU informe à Comissão Mista de Orçamento, em até 55 dias após o encaminhamento do Projeto de Lei Orçamentária, a relação atualizada das obras com indícios de irregularidades graves.[1326]

3.2.3.6 Entidades privadas do sistema "S"

As entidades privadas do chamado sistema "S", compreendendo a expressão o SENAC, o SENAI, o SENAR, o SEBRAE e os correspondentes órgãos regionais, que são dotados de autonomia administrativa de seus serviços e de gestão de seus recursos, submetem-se ao controle externo.

A doutrina nacional coloca esse tipo peculiar de pessoas jurídicas de direito privado ao lado do gênero estatal, numa classificação bastante ortodoxa de Hely Lopes Meirelles,[1327] como entidades paraestatais. Autônomas administrativa e financeiramente, têm patrimônio próprio e gerência desvinculada da entidade que as criou.

A respeito do tema, esclarece o Ministro Adhemar Paladini Ghisi que:

> [...] na verdade, o que tipifica o gênero "serviço social autônomo" é sua relativa independência, uma vez que, no entender de diversos doutrinadores, não integram a 'Administração Direta' e 'Administração Indireta', mas trabalham ao lado do Estado, e como desempenham tarefas consideradas de relevante interesse, recebem a oficialização do Poder Público, que lhes fornece autorização legal para que arrecadem, de forma compulsória, recursos de parcela da sociedade e deles se utilize para a manutenção de suas atividades: as denominadas contribuições parafiscais.[1328]

Com notável clareza, explica aquela autoridade que tais instituições devem se submeter ao controle do Tribunal de Contas da União em decorrência da gestão de recursos parafiscais:

> Tais contribuições são impostas, ou seja, não são pagas apenas por quem deseja pagá-las; não se confunde, ademais, como se fora um contrato de adesão ou um acordo entre partes. E são impostas,

---

[1326] BRASIL. Tribunal de Contas da União. Processo TC nº 029.671/2018-3. Com informações do Portal TCU.

[1327] MEIRELLES, Hely Lopes. **Direito Administrativo Brasileiro**. Atualização de Eurico Azevedo *et al.* 24. ed. São Paulo: Malheiros, 1999, p. 87, nota 51.

[1328] Excerto de palestra do Ministro Adhemar Paladini Ghisi, transcrito no voto do Ministro-Auditor Lincoln Magalhães da Rocha. BRASIL. Tribunal de Contas da União. Processo TC nº 009.468/1997-8. Decisão nº 455/1997. Relator: Ministro-Substituto Lincoln Magalhães da Rocha. Brasília, 30 de agosto de 1997. **Diário Oficial [da] República Federativa do Brasil**, Brasília, DF, 28 ago. 1997. Seção 1, p. 18845.

> referidas contribuições, justamente porque se almeja que sejam utilizadas para o cumprimento de uma finalidade específica de interesse do Estado.[1329]

Com vistas à melhor gestão dos recursos parafiscais, o TCU, em outra oportunidade, asseriu sobre a possibilidade de instituição de unidade de auditoria interna independente, a fim de auxiliar o sistema a alcançar seus objetivos.[1330]

É necessário evoluir no tema, em dois pontos específicos:

- primeiro, é que o controle interno não pode ser subjugado ao controle interno do poder Executivo, no caso a Controladoria Geral da União, pois se assim ocorresse seriam retirada todas as particularidades que fazem distinguir o sistema s da administração pública direta. Não se pode olvidar que o sistema s foi criado com a finalidade de qualificar a mão de obra técnica no momento em que o Brasil não tinha condições de fazê-lo pela administração direta. Assim num pacto que já dura mais de oito décadas, o governo e empresários decidiram criar uma instituição sui generis para a formação de mão de obra técnica que o Brasil necessitava; por esse motivo uma instituição que cuide do trabalhador, da sua qualificação profissional e inclusive do lazer deve continuar tendo sua natureza jurídica respeitada; mesmo quando o Brasil estende essa atividade aos dirigentes de pequena e microempresa continua tendo o mesmo ideário;

- segundo, é que o controle há de ser restrito aos recursos arrecadados de forma compulsória, de natureza parafiscal; estão assim fora do controle dos tribunais de contas os recursos próprios arrecadados, sem natureza compulsória. A contabilidade deve ser segregada para representar as diferenças formas de controle que incidiram em cada uma das parcelas, próprias ou de natureza para fiscal.

3.2.3.7 Desestatização ou reprivatização

A passagem do ente público para o setor privado, desestatização, ou reprivatização, como preferem os portugueses,[1331] pode implicar a exclusão do rol de sujeitos à jurisdição dos Tribunais de Contas. Tal ocorre quando o capital ou ações em poder público são integralmente transferidos à iniciativa privada.

Essa competência permanece durante o processo de desestatização.[1332] Neste ponto, vale destacar importante comentário do Ministro Bento José Bugarin, do

---

[1329] BRASIL. Tribunal de Contas da União. Representação. Processo TC nº 009.468/1997-8. Decisão nº 455/1997. Relator: Ministro-Substituto Lincoln Magalhães da Rocha. Brasília, 30 de agosto de 1997. **Diário Oficial [da] República Federativa do Brasil**, Brasília, DF, 28 ago. 1997. Seção 1, p. 18848.

[1330] BRASIL. Tribunal de Contas da União. Processo TC nº 003.655/2010-5. Acórdão nº 9182/2011 - 1ª Câmara. Brasília, 21 de outubro de 2011. **Diário Oficial da União [da] República Federativa do Brasil**, Brasília, DF, 21 out. 2011. Seção 1, p. 247.

[1331] Por via da Lei nº 14/1996, os poderes de fiscalização do Tribunal de Contas de Portugal alargaram-se à avaliação da gestão financeira e estenderam-se ao setor empresarial público, incluindo os processos de reprivatização. TRIBUNAL DE CONTAS. História do Tribunal de Contas. **Um Tribunal de Contas democrático.** Disponível em: <http://www.tcontas.pt>. Acesso em: 24 out. 2002.

[1332] BRASIL. Tribunal de Contas da União. Instrução Normativa nº 27, de 2 de dezembro de 1998. Dispõe sobre a fiscalização pelo Tribunal de Contas da União dos processos de desestatização. **Diário Oficial [da] República Federativa do Brasil**, Brasília, DF, 7 dez. 1998. Seção 1, p. 47-48.

Tribunal de Contas da União, discorrendo acerca da competência daquele colegiado para se manifestar nos processos de privatização:

> No que concerne à competência do TCU para o exame dos processos de privatização, é a própria Lei 9.491/97, que substitui a Lei 8.031/90, norma disciplinadora do Programa Nacional de Desestatização, que prevê, entre as competências do gestor do Fundo Nacional de Desestatização, no caso do Banco Nacional de Desenvolvimento Econômico e Social (BNDES), e de "preparar a documentação dos processos de desestatização, para apreciação pelo Tribunal de Contas da União".
>
> Idêntica disposição foi repetida no decreto regulamentador da citada lei federal. E não poderia ser de outra forma, porquanto a legislação ordinária recém-mencionada apenas deu cumprimento ao que já consta da Constituição Federal, na seção relativa às competências do TCU.
>
> Diz o Parágrafo único do art. 70 da Carta Magna que "prestará contas qualquer pessoa física ou entidade pública que utilize, arrecade, guarde, gerencie ou administre dinheiros, bens e valores públicos ou pelos quais a União responda, ou que, em nome desta, assuma obrigações de natureza pecuniária".
>
> Dispõe ainda o inciso II do art. 71 que compete ao Tribunal de Contas da União "julgar as contas dos administradores e demais responsáveis por dinheiros, bens e valores públicos da Administração direta e indireta, incluídas as fundações e sociedades instituídas e mantidas pelo Poder Público federal, e as contas daqueles que derem causa a perda, extravio ou outra irregularidade de que resulte prejuízo ao erário público".
>
> Cumpre ressaltar que a competência do Tribunal não se limita à verificação da legalidade dos procedimentos adotados, haja vista adentrar também na esfera da economicidade dos atos praticados, inclusive quanto ao preço mínimo de alienação e à modelagem de venda, o que encontra amparo na própria Constituição Federal, diante do princípio da economicidade, insculpido no *caput* do seu art. 70.[1333]

Em outra oportunidade, o TCU em autos de fiscalização do processo de desestatização de rodovias integradas, fez várias determinações à ANTT e Ministério da Infraestrutura, objetivando a melhoria dos processos de transferência de ativos, modelos econômico-financeiros para garantia da execução de contratos[1334] e até devolução de trechos ferroviários[1335].

[1333] BUGARIN, Bento José. O Tribunal de Contas da União na fiscalização dos processos de privatização. **Revista do Tribunal de Contas do Rio de Janeiro**, Rio de Janeiro, a. 19, n. 41, jul./set. 1998, p. 29.

[1334] BRASIL. Tribunal de Contas da União. Acórdão nº 2379/2022 - TCU - Plenário. Disponível em: https://pesquisa.in.gov.br/imprensa/jsp/visualiza/index.jsp?data=03/11/2022&jornal=515&pagina=143&totalArquivos=165.

[1335] BRASIL. Tribunal de Contas da União. Acórdão nº 1667/2022 - TCU - Plenário 1. Disponível em: https://

Já no setor elétrico, o TCU fez recomendações para que o Conselho Nacional de Política Energética (CNPE), elabore plano estruturado para modicidade tarifária do setor, contemplando, entre outros aspectos, indicadores e metas, projeções para o valor da tarifa e levantamento de fatores de risco[1336].

3.2.3.8 Particular sem vínculo com a administração

Somente os agentes sujeitos ao dever de prestar contas submetem-se à jurisdição dos Tribunais de Contas.

Na ocorrência de dano ao erário, por exemplo, se, no curso da Tomada de Contas Especial, for constatado que o causador foi exclusivamente um terceiro, sem vínculo com a Administração Pública, impõe-se o encerramento do processo. Há a emissão de um juízo de mérito, devidamente fundamentado, e o reconhecimento de que o agente responsável não está sujeito ao processo perante o Tribunal de Contas. Diferentemente, porém, se o particular, por força de instrumento contratual ou congênere, ficou obrigado ao dever de prestar contas, perante o repassador de recursos, e não o faz, a Administração Pública poderá instaurar Tomada de Contas Especial.[1337]

Nesse diapasão, os fatos registrados no processo vão constituir importante fonte de subsídio para a subsequente tentativa, a que as autoridades deverão proceder para a recomposição do erário. Do mesmo modo que é assinalado no subitem anterior, deverá a autoridade buscar a reparação do dano, pela via administrativa ou judicial, sob pena de ser responsabilizada pela omissão. Nesse caso, os processos não seguem ao Tribunal de Contas, sendo os fatos registrados nas contas anuais para julgamento e confirmação da autoria excludente de responsabilidade dos agentes da Administração Pública, seguidos do relato das providências adotadas, visando o resguardo dos recursos e bens públicos.

A partir desse breve histórico inserido nas contas anuais, o tribunal fará exame em conjunto. Assim, por exemplo, se o gestor desenvolveu com êxito medidas para resguardo do interesse público, na maioria dos casos, pode considerar regular a absorção de prejuízo nos demais casos. É facultado, ainda, ao controle ordenar a instauração ou continuação de tomada de contas especial quando entender que a conclusão adotada foi incorreta.

---

pesquisa.in.gov.br/imprensa/jsp/visualiza/index.jsp?data=01/08/2022&jornal=515&pagina=177&totalArquivos=184.

[1336] BRASIL. Tribunal de Contas da União. Acórdão nº 1376/2022 - TCU - Plenário. Disponível em: https://pesquisa.in.gov.br/imprensa/jsp/visualiza/index.jsp?jornal=515&pagina=141&data=29/06/2022&totalArquivos=156.

[1337] BRASIL. **Constituição da República Federativa do Brasil (Versão Bolso).** Organização dos textos e índice por J. U. JACOBY FERNANDES. 2. ed. Belo Horizonte: Fórum, 2019. Parágrafo único do art. 70 da Constituição Federal, com a redação dada pela Emenda Constitucional nº 19, de 5 de junho de 1998. No âmbito do TCDF, o tema ficou pacificado em relação ao alcance dessa mudança constitucional: DISTRITO FEDERAL. Tribunal de Contas. Processo TC nº 1977/1998. Decisão nº 2693/1999. Relatora: . Brasília, 11 de maio de 1999. **Diário Oficial do Distrito Federal**, Brasília, DF, 19 maio 1999, p. 12-22.

Desde a primeira edição do livro *Tomada de Contas Especial* defendemos o entendimento de que os casos de benefícios fraudulentos da Previdência Social não ensejam Tomada de Contas Especial, nem se submetem ao controle direto dos Tribunais de Contas.

O tema ensejou inúmeras controvérsias, mas acabou sedimentada a tese vencedora, coincidente com o entendimento exposto, no sentido de que o benefício fraudulento decorrente de ato ilícito praticado exclusivamente pelo particular, não agente público, está fora da jurisdição do Tribunal de Contas.[1338]

Há duas exceções a essa premissa, em que o particular sem vínculo com a administração fica sujeito à jurisdição do Tribunal de Contas:

I. *quando, em coautoria com servidor, causa lesão aos cofres públicos, ficando ambos sujeitos a julgamento pelo Tribunal de Contas, em virtude do princípio da universalidade do juízo;*[1339] *e*

II. *por expressa disposição de lei, quando está sujeito ao dever de prestar contas por haver gerido recursos públicos. Tal ocorre, por exemplo, quando são transferidos valores mediante convênio, para serem utilizados em finalidade específica e o responsável pela aplicação não presta contas ou não devolve os saldos financeiros.*[1340]

Para ilustrar, cita-se o caso de uma associação de moradores que recebeu recursos da extinta Fundação Centro Brasileiro para Infância e Adolescência, objetivando a execução de projeto profissionalizante, esportivo, cultural e alimentar, cujo presidente foi omisso no dever de prestar contas, gerando o dever de instaurar TCE.[1341]

[1338] Cabe registrar notável excerto de voto do Ministro Adhemar Paladini Ghisi "[...] 1. Não concordo, *data venia* com os pareceres pois, na minha compreensão, assiste razão ao responsável quando afirma que não está obrigado a apresentar prestação de contas ao Tribunal de Contas da União. Em verdade, a relação entre o mesmo e o INAMPS, é de simples usuário de serviço público e não de gestor de recursos públicos. 2. Ademais não está configurado a participação de agente público, condição hoje reconhecida por esta Corte para que seja instaurada TCE. Ressalto, a propósito, que esse entendimento tem se revelado amplamente majoritário no âmbito deste Tribunal. Menciono a Decisão TCU nº 31/1998 - Plenário, do qual fui Relator. [...]". BRASIL. Tribunal de Contas da União. Processo TC nº 550.315/1997-7. Ata nº 29/2000 - Plenário, Anexo I. Brasília, 28 de junho de 2000. Disponível em: **<http://www.tcu.gov.br>**. Acesso em: 02 jun. 2014.

[1339] De certo modo, coincide com o teor da Súmula 704 do Supremo Tribunal Federal: "[...] Não viola as garantias do juiz natural, da ampla defesa e do devido processo legal a atração por continência ou conexão do processo do co-réu ao foro por prerrogativa de função de um dos denunciados. [...]" Decisão de 24 de setembro de 2003. **Diário da Justiça [da] República Federativa do Brasil**, Brasília, DF, 09 out 2003, p. 6.

[1340] BRASIL. **Lei nº 14.133 de 1º de abril de 2021**. Lei de Licitações e Contratos Administrativos e outras normas pertinentes. Organização dos textos e índice por Ana Luiza e J. U. JACOBY FERNANDES. 15. ed., rev. e atual. Belo Horizonte: Fórum, 20214. Art. 184

[1341] BRASIL. Tribunal de Contas da União. Tomada de Contas Especial. Processo TC nº 299.076/1993-8. Decisão nº 062/1995. Relator: Ministro Olavo Drummond. Brasília, 28 de março de 1995. **Diário Oficial [da] República Federativa do Brasil**, Brasília, DF, 10 abr. 1995. Seção 1, p. 5066. Não deixe de consultar sobre outras excludentes de responsabilidade, o Capítulo IV, que trata da defesa nos Tribunais de Contas, título 4.5 Defesas de mérito - exceções substanciais.

3.2.3.9 Organizações sociais

Pela proposta da reforma delineada no Plano Diretor da Reforma do Aparelho do Estado, a Administração Pública foi dividida em quatro núcleos:[1342]

> - **estratégico** - ao qual compete o "exercício das funções indelegáveis do Estado, correspondente ao Poder Legislativo, ao Poder Judiciário, ao Ministério Público e, no Poder Executivo, à cúpula diretiva (Presidente da República, ministros e auxiliares diretos), responsável pelo planejamento e formulação de políticas públicas e regulações, defesa nacional, segurança pública, relações exteriores, arrecadação de impostos, administração financeira e pessoal do Estado".
>
> - **atividades exclusivas** - ao qual compete a prestação de serviços públicos típicos e indelegáveis, cobrança de impostos, fiscalização, previdência social, serviço-desemprego, polícia, serviço de trânsito, subsídios à educação básica e à saúde. "Para esse, a Reforma prevê a descentralização de atividades, por meio da criação de entidades voltadas à execução, chamadas Agências Executivas".
>
> - **serviços não exclusivos** - efetuando um papel transitivo entre o público e o privado. De fato, é crescente a absorção de atividades sociais pelas instituições privadas, baseada no estabelecimento de alianças estratégicas entre Estado e sociedade, quer para atenuar disfunções operacionais daquele, quer para maximizar os resultados da ação social geral.
>
> - **produção de bens e serviços para o mercado** - nesse núcleo, como o Estado estaria agindo "substitutivamente ao capital privado", seriam os entes privatizados.

Expendidas essas considerações, cabe centralizar agora o estudo sobre as organizações sociais.[1343]

Na lição do eminente Professor Leon Fredja Szklarowsky:[1344]

> As organizações sociais são entidades privadas - pessoas jurídicas de direito privado - sem fins lucrativos, destinadas ao exercício de atividades dirigidas ao ensino, à pesquisa científica, ao desenvolvimento tecnológico, à proteção e preservação do meio ambiente, à cultura e à saúde. Integram, segundo a doutrina, um terceiro gênero, uma novidade alvissareira, submetidas a princípios privados e publicistas, mas não fazem parte da Administração Pública indireta. Este entendimento recebeu o aval de Paulo Modesto, que propõe ser uma entidade privada prestadora de serviço privado de interesse público.

[1342] PEREIRA, Cláudia Fernanda de Oliveira. **Reforma Administrativa:** o Estado, o Serviço Público e o Servidor. Brasília: Brasília Jurídica, 1998.

[1343] No âmbito do DF: DISTRITO FEDERAL. Lei nº 2.177, de 30 de dezembro de 1998. Dispõe sobre a qualificação de entidades como organizações sociais. **Diário Oficial do Distrito Federal**, Brasília, DF, 31 dez. 1998.

[1344] Artigo publicado no caderno Direito e Justiça do **Correio Braziliense**, de 09 nov. 1998.

Como a qualificação "organização social" é atribuída pelo Estado segundo critérios por ele próprio estabelecidos, de forma objetiva, atendido estaria o princípio da impessoalidade. Subsequentemente passou a existir um novo problema, que consistia em saber qual das entidades consagradas como "organização social" seria beneficiária do aporte de recursos financeiros e humanos do Estado? Como selecionar essa organização social?

No modelo anterior, o Estado poderia firmar convênio, nos termos da Instrução Normativa/STN nº 1,[1345] entregando os subsídios. No novo modelo, em que há típico contrato, com metas definidas e quantificáveis, inclusive a possibilidade de repasse de recursos humanos vinculados juridicamente à administração, a competição era, em tese, viável, mas em termos lógicos aparentemente não, justificando-se que, na forma do art. 37, inc. XXI, da Constituição Federal, fosse permitida a contratação direta sem licitação. Por meio de lei[1346], foi autorizada a dispensa de licitação para a contratação de execução de objeto previsto no contrato de gestão.

A propósito do repasse de recursos para o setor privado, a Lei de Responsabilidade Fiscal passou a exigir prévia autorização na lei de diretrizes orçamentárias e, em vários casos, lei específica.[1347]

A competência do Tribunal de Contas sobre as organizações sociais é limitada à apreciação da prestação de contas, dever ao qual estão jungidas essas entidades, por força da Constituição,[1348] ainda que sejam inequivocamente não-estatais.

Disse "limitada" porque, ao contrário do que ocorre com os entes estatais, o tribunal não pode inspecioná-las ou auditá-las. Limita-se ao controle sobre o repassador do recurso e a obrigá-lo a tornar efetiva a ação de controle, podendo impor

---

[1345] BRASIL. Secretaria do Tesouro Nacional. Instrução Normativa nº 01, de 15 de janeiro de 1997. Disciplina a celebração de convênios de natureza financeira que tenham por objeto a execução de projetos ou realização de eventos e dá outras providências. **Diário Oficial [da] República Federativa do Brasil**. Brasília, DF, 31 jan. 1997. Seção 1, p. 1887-96.

[1346] BRASIL. Lei nº 9.637, de 15 de maio de 1998. Dispõe sobre a qualificação de entidades como organizações sociais, a criação do Programa Nacional de Publicização, a extinção dos órgãos e entidades que menciona e a absorção de suas atividades por organizações sociais, e dá outras providências. Disponível em: https://www.planalto.gov.br/ccivil_03/LEIS/L9637.htm. Art. 12, § 3º.

[1347] BRASIL. **Lei de Responsabilidade Fiscal**. Lei Complementar nº 101, de 4 de maio de 2000. Organização dos textos e índice por J. U. JACOBY FERNANDES. 6. ed. atual. e ampl. Belo Horizonte: Fórum, 2014. Arts. 26 a 28.

[1348] a) BRASIL. **Constituição da República Federativa do Brasil (Versão Bolso).** Organização dos textos e índice por J. U. JACOBY FERNANDES. 2. ed. Belo Horizonte: Fórum, 2019. Art. 70, parágrafo único.

b) Após auditoria de conformidade, o TCU fez várias recomendações a uma secretaria desaúde, como "estabeleça mecanismos de aperfeiçoamento dos procedimentos de seleção, formalização e fiscalização dos contratos de prestação de serviços médicos ao hospital [...]" BRASIL. Tribunal de Contas da União. Acórdão nº 343/2022 - TCU - Plenário. Disponível em: https://pesquisa.in.gov.br/imprensa/jsp/visualiza/index.jsp?data=25/02/2022&jornal=515&pagina=142&totalArquivos=177.

c) Após levantamento que teve por objetivo avaliar a participação das organizações sociais (OS) e entidades congêneres nos serviços assistenciais de saúde do Sistema Único de Saúde, o TCU determinouà Segecex, por meio do Acórdão nº 2468/2023 - TCU – Plenário, que incluísse no seu plano de fiscalização a realização de uma auditoria coordenada com os tribunais de contas estaduais e municipais com o objetivo de avaliar a participação das organizações sociais nos serviços de saúde locais, observando, por exemplo, os critérios para seleção dessas organizações, mecanismos adotados para o acompanhamento da execução dos contratos de gestão e comprovação das despesas realizadas, a qualidade do serviço prestado, entre outros.

ou recomendar a alteração de cláusulas no contrato de gestão que melhor resguardem o interesse público. A fiscalização sobre as contas prestadas se faz pelo repassador, agente público.

3.2.3.10 Organização da Sociedade Civil de Interesse Público - OSCIP

No item precedente foi visto como o Plano Diretor da Reforma do Aparelho do Estado delineou os núcleos da ação da Administração Pública. Uma das alianças estratégicas se consolida por meio do "termo de parceria" com a Organização da Sociedade Civil de Interesse Público - OSCIP.[1349]

A ação do Tribunal de Contas se faz sob ambas as atividades do Estado, mas do mesmo modo que ocorre com as organizações sociais não pode fiscalizar a entidade. Pode verificar a regularidade do termo de parceria, recomendar a alteração, fiscalizar **por meio de repassador de recursos** as contas prestadas.[1350] Se o repassador entendê-las regulares, ficam arquivadas no próprio órgão público; se irregulares, deve o repassador tornar efetivas as medidas para a recomposição do erário, dando ciência ao Tribunal de Contas,[1351] sob pena de responsabilidade solidária.

Se as medidas forem suficientes, exaure-se a responsabilidade do repassador; se inadequadas, intempestivas ou insuficientes, permanece a irregularidade.

3.2.3.11 Presidentes de tribunal

Os tribunais, como todos os órgãos públicos, estão sujeitos à fiscalização financeira, contábil e patrimonial dos Tribunais de Contas.

O titular do órgão, o presidente, no desempenho de suas funções, pratica atos administrativos decorrentes da expressão de sua própria vontade ou em cumprimento à vontade do órgão colegiado, plenário ou turma.

Se o ato praticado implicar despesa ilegal, estando o presidente investido em função administrativa e no desempenho dessa, submete-se, como qualquer ordenador de despesa, à jurisdição do Tribunal de Contas.

Em várias ocasiões o Tribunal de Contas da União aplicou multa individual, ou solidária com algum servidor, a presidente de tribunal.[1352]

[1349] BRASIL. Lei nº 9.790, de 23 de março de 1999. Dispõe sobre a qualificação de pessoas jurídicas de direito privado, sem fins lucrativos, como Organizações da Sociedade Civil de Interesse Público, institui e disciplina o Termo de Parceria, e dá outras providências. **Diário Oficial [da] República Federativa do Brasil**, Brasília, DF, 24 mar. 1999; BRASIL. Decreto nº 3.100, de 30 de junho de 1999. Regulamenta a Lei nº 9.790, de 23 de março de 1999, que dispõe sobre a qualificação de pessoas jurídicas de direito privado, sem fins lucrativos, como Organizações da Sociedade Civil de Interesse Público, institui e disciplina o Termo de Parceria, e dá outras providências. Disponível em: <http://www.planalto.gov.br>. Acesso em: 02 jun. 2014.

[1350] BRASIL. Decreto nº 3.100, de 30 de junho de 1999. Regulamenta a Lei nº 9.790, de 23 de março de 1999, que dispõe sobre a qualificação de pessoas jurídicas de direito privado, sem fins lucrativos, como Organizações da Sociedade Civil de Interesse Público, institui e disciplina o Termo de Parceria, e dá outras providências. Disponível em: <http://www.planalto.gov.br>. Acesso em: 02 jun. 2014. Art. 10, inc. V.

[1351] *Ibidem*, art. 12.

[1352] Nesse sentido: BRASIL. Tribunal de Contas da União. Processo TC nº 275.435/1995-4. Acórdão nº 182/1998 - Plenário. Relator: Ministro Carlos Átila. Brasília, 2 de dezembro de 1998; Acórdão nº 522/2008 - Plenário. Relator:

No âmbito dessa Corte, firmou-se o entendimento de que se o presidente estiver no cumprimento de decisão plenária, da qual participou ou não, poderá ser dispensado tratamento diferenciado.

Nesse sentido, o Tribunal de Contas da União verificou a criação/transformação de cargo no âmbito de Tribunal Regional do Trabalho efetivada por ato administrativo do Plenário. Diante desse quadro, embora possível, em tese, a busca da responsabilidade solidária dos integrantes do órgão colegiado, com mais sabedoria, a Corte vem ordenando o retorno à legalidade estrita, corrigindo-se a irregularidade.

Nas palavras do Ministro Guilherme Palmeira:

> a responsabilidade dos mencionados gestores fica atenuada se considerarmos que os atos decorreram de deliberação do Colegiado daquele Tribunal. Sendo assim, indiscutível que todos os Juízes que participaram da Sessão de 28/01/98 e votaram pelo deferimento da concessão assumissem também a condição de responsáveis pelo ato de gestão, e, em conseqüência [*sic*], fossem, da mesma forma, ouvidos em audiência.
>
> Observo, contudo, que várias são as deliberações do Tribunal que, levando em conta as circunstâncias peculiares do caso, como por exemplo o entendimento do próprio Tribunal Superior do Trabalho no sentido da regularidade de procedimentos dessa natureza (TST-RO-MA-182.193/95.0 - AC.OE-022/96), decidiram tão-somente assinar prazo ao Órgão para adoção de providências necessárias ao exato cumprimento da lei (Decisão nº 88/99 - 2ª Câmara, Ata nº 14; Decisão nº 106/97 - Plenário, Ata nº 9; Decisão nº 424/2001 - Plenário, Ata nº 28; e Decisão nº 0219/2002, Ata nº 09).
>
> Nesse sentido, entendo que mesma medida pode ser adotada nestes autos, até para manter a uniformidade das decisões desta Casa, ressaltando, ainda, que, deve ser dispensada a restituição, pelos beneficiários, das importâncias que lhes foram pagas, uma vez que houve a efetiva contraprestação dos serviços.[1353]

3.2.3.12 Intervenção de terceiros

O direito processual judiciário desenvolveu com maior riqueza o instituto da intervenção de terceiros, cujas vigas mestras podem, com cautela, ser utilizadas nos processos de controle, notadamente nos de julgamentos de contas.

Como regra, a sentença judicial faz coisa julgada apenas entre as partes do processo. Mas, pode ocorrer que um terceiro - não sendo autor nem réu - seja, por via reflexa, indiretamente alcançado e prejudicado pela decisão judicial. Desse modo, em

---

Ministro Valmir Campelo. Brasília, 2 de abril de 2008. Disponível em: <http://www.tcu.gov.br>. Acesso em: 02 jun. 2014.

[1353] BRASIL. Tribunal de Contas da União. Tomada de Contas Anual. Processo TC nº 004.369/1999-8. Acórdão nº 373/2003 - Plenário. Relator: Ministro Guilherme Palmeira. Brasília, 16 de abr. de 2003. **Diário Oficial [da] República Federativa do Brasil**, Brasília, DF, 28 abr. 2003, p. 191.

estreitas oportunidades, admite-se que o terceiro intervenha no processo judicial, seja por provocação das partes, seja voluntariamente. No primeiro caso, destacam-se os institutos da nomeação à autoria, denunciação da lide e o chamamento ao processo. No segundo, a assistência, a oposição, os embargos de terceiro e a intervenção de credores na execução.

Nos processos de contas, embora não se observe o rigor técnico dessa terminologia, vislumbram-se hipóteses de ocorrência de intervenção de terceiros. Aliás, devem as Cortes ser mais flexíveis na permissão à intervenção de terceiros nos processos em que exercem jurisdição – julgam contas –, dada a irrevisibilidade judicial das decisões.[1354]

3.2.3.12.1 Da assistência

É possível que um terceiro, jurisdicionado ou não à Corte de Contas, venha a demonstrar o interesse na relação jurídica debatida no processo. Tal se dá por exemplo, quando, no julgamento de uma conta, referente à aplicação de recursos, o Tribunal de Contas entende ter havido superfaturamento de uma obra.

Nessa hipótese, haveria Tomada de Contas Especial para quantificar o dano, obter os indícios de autoria – ou mesmo, como costumam fazer alguns tribunais, no próprio curso da auditoria ou inspeção, convertem o processo em Tomada de Contas Especial – e determinar a citação do ordenador de despesas, solidariamente com a comissão de licitação,[1355] independentemente de a rescisão contratual vir a ser determinada ou não.[1356] Nessa situação, o Tribunal de Contas poderia, uma vez comprovado o fato, imputar o débito aos citados. É possível, porém, ocorrer que a empresa contratada pretenda intervir no processo para demonstrar, por exemplo, a regularidade dos preços praticados, seja porque em caso de condenação aqueles citados terão os mesmos direitos a discutir em juízo a responsabilidade subsidiária da empresa,[1357] seja para preservar a honorabilidade do nome. É um caso que, no direito processual judiciário, se enquadraria no instituto da assistência, merecendo ser acolhido na jurisdição de contas.

No caso, a decisão do Tribunal de Contas envolverá, ainda, o ordenador de despesa e a comissão de licitação, ou algum outro integrante da Administração Pública, responsável pelo preço da contratação. A empresa teria legitimidade para

---

[1354] Consulte no Capítulo IV, que trata da defesa nos Tribunais de Contas, o subtítulo 4.1.5.3 Aplicação aos terceiros interessados.

[1355] A jurisprudência dominante no TCU é no sentido de que, em caso de superfaturamento, devem ser citados o ordenador de despesa e a CPL. Processo TC nº 275.206/1997-1. Decisão nº 287/1998. Relator: Ministro Adhemar Paladini Ghisi. Brasília, 12 de novembro de 1998. **Diário Oficial [da] República Federativa do Brasil**, Brasília, DF, 24 nov. 1998. Seção 1, p. 81-82.

[1356] BRASIL. **Constituição da República Federativa do Brasil** (Versão Bolso). Organização dos textos e índice por J. U. JACOBY FERNANDES. 2. ed. Belo Horizonte: Fórum, 2019. Art. 71, § 1º.

[1357] Lei nº 14.133, de 1º de abril de 2021. "Art. 73. Na hipótese de contratação direta indevida ocorrida com dolo, fraude ou erro grosseiro, o contratado e o agente público responsável responderão solidariamente pelo dano causado ao erário, sem prejuízo de outras sanções legais cabíveis.".

recorrer,[1358] produzir provas. Poderia até pagar o débito imputado aos servidores, mas não poderia ser condenada pelo Tribunal de Contas a devolver os recursos, porque não está sujeita a sua jurisdição. As ações, visando o ressarcimento do erário podem, contudo, ser legitimamente ordenadas pelo Tribunal de Contas ao gestor, que se servirá, sob as penas da lei, das medidas administrativas e judiciais para ressarcir o erário.

As eventuais ações dos condenados no Tribunal de Contas, perante o Poder Judiciário, buscando obrigar a empresa a ressarci-los ou pagar o débito, são, para o Tribunal de Contas, *res inter alios*, coisas entre terceiros. A empresa poderia, no entanto, ser alcançada por decisão de natureza administrativa do Tribunal de Contas, se este a julgasse inidônea, na forma geralmente autorizada pelas respectivas leis orgânicas.[1359]

3.2.3.12.2 Embargos de terceiro

Como regra, os Tribunais de Contas não executam suas próprias decisões, motivo pelo qual, também, como regra, não cabe falar em embargos de terceiro no âmbito dessas Cortes.

Como exceção, porém, as leis orgânicas têm previsto o instituto do arresto, como medida cautelar incidente, em qualquer fase do processo.[1360]

Mesmo nesse caso, a competência para o arresto seria do Poder Judiciário. Contudo, seguindo a boa técnica processual, se o Tribunal de Contas indicasse os bens que deveriam ser arrestados, entre os quais bens de terceiros, poderiam estes requerer, perante a própria Corte de Contas, mediante embargos de terceiros, a exclusão dos bens.

Recebidos e processados os embargos,[1361] retornaria o Tribunal de Contas perante a autoridade judiciária para informar a decisão. Haveria, desse modo, a amplitude da revisão dos próprios atos pela Corte, com celeridade processual.[1362]

[1358] O TCU admite o direito de empresa recorrer da decisão que determina a anulação de licitação, mesmo que esteja na condição de adjudicatária, vencedora do certame, sem contrato assinado: BRASIL. Tribunal de Contas da União. Processo TC nº 650.012/1995-0. Decisão nº 340/1995. Relator: Ministro Olavo Drummond. Brasília, 19 de julho de 1995. **Diário Oficial [da] República Federativa do Brasil**, Brasília, DF, 7 ago. 1995. Seção 1, p. 11.815.

[1359] Consultar: BRASIL. **Regimento Interno e Lei Orgânica do Tribunal de Contas da União.** Organização dos textos e índice por J. U. JACOBY FERNANDES. Belo Horizonte: Fórum, 2014. Lei nº 8.443/1992, art. 46. Igualmente,neste capítulo, o subtítulo 3.2.1.26.2 Declaração de inidoneidade de empresa.

[1360] BRASIL. **Regimento Interno e Lei Orgânica doTribunal de Contas da União.** Organização dos textos e índice por J. U. JACOBY FERNANDES. Belo Horizonte: Fórum, 2014. Lei nº 8.443/1992. Dispõe nesse sentido a lei: Art. 61. O Tribunal poderá, por intermédio do Ministério Público, solicitar à Advocacia-Geral da União ou, conforme o caso, aos dirigentes das entidades que lhe sejam jurisdicionadas, as medidas necessárias ao arresto dos bens dos responsáveis julgados em débito, devendo ser ouvido quanto à liberação dos bens arrestados e sua restituição.

[1361] As normas regimentais não preveem esse procedimento, mas a exemplo da assistência já referida neste subtítulo, item 3.2.3.12.1, poderá ser processada com aplicação subsidiária do Código de Processo Civil.

[1362] A celeridade decorre do fato de que, quando o Tribunal de Contas indica os bens, deve ser ele ouvido na liberação, vez que assume responsabilidade pelo desembaraço, de certo modo com a analogia à Súmula nº 33 do antigo Tribunal Federal de Recursos.

Os embargos de terceiro constituem um tipo de ação, cuja titularidade cabe a quem não foi parte no processo, mas é proprietário da coisa sobre a qual a execução, ou o arresto, recaia, ou ao credor com garantia real sobre a coisa. O objetivo dessa ação é assegurar a posse, turbada ou esbulhada, por ato de apreensão judicial.

3.2.3.13 Sociedade sem controle acionário do Estado

Questão ainda não bem equacionada é o dever de sociedade da qual o Estado participe, mas sem deter o controle acionário, submeter-se à jurisdição do Tribunal de Contas.

Pela Constituição brasileira, está sujeita ao dever de prestar contas a pessoa jurídica pela qual a União responde,[1363] ou que tenha sido instituída, ou seja, mantida pelo poder público.

O Tribunal de Contas da União enfrentou a questão e, em caso específico, considerou que o fato de a União indicar administradores para entidade de que não mais detinha controle acionário permitia àquela Corte fiscalizar os atos do representante da União.

Eis a síntese do argumento:

> 16. Percebe-se, de imediato, que, de acordo com a norma referenciada, a competência fiscalizatória do TCU vai além dos limites estatuídos no art. 1º da Lei nº 8.443/92. Abarca, como visto, o controle dos atos praticados pelos responsáveis sujeitos à sua jurisdição, dentre os quais os representantes da União na Assembléia-Geral e nos Conselhos das empresas estatais de cujo capital a União participe de forma minoritária.
>
> No caso presente, conforme demonstrado na instrução, tem-se que a [...] não mais se encontra sob o controle majoritário da União. Todavia, ao que parece, os administradores da empresa são indicados pelo Governo Federal. Por outro lado, não podem deixar de ser esclarecidos aspectos importantes da vida da empresa antes de qualquer pronunciamento acerca da não-apresentação de suas contas anuais ao Tribunal.[1364]

Na medida em que o Estado detenha poderes para indicar representante, mesmo não detendo controle acionário, é até possível pretender elastecer essa competência, devendo a Corte limitar-se a fiscalizar a conduta desse agente.[1365] O Poder

[1363] BRASIL. **Constituição da República Federativa do Brasil** (Versão Bolso). Organização dos textos e índice por J. U. JACOBY FERNANDES. 2. ed. Belo Horizonte: Fórum, 2019. Art. 70, parágrafo único.

[1364] BRASIL. Tribunal de Contas da União. Processo TC nº 011.702/1996-6. Acórdão nº 234/2003 - Plenário. Relator: Ministro Guilherme Palmeira. **Diário Oficial da União [da] República Federativa do Brasil**, Brasília, DF, 28 mar. 2003. Seção 1, p. 373.

[1365] Importa, ainda, obtemperar que, nessa hipótese, o controle não deve ser formal, mas finalístico, considerando inclusive a vetusta regra de caráter principiológico inserida na Lei.

Judiciário, contudo, firmou entendimento divergente, considerando que somente se o capital estiver sob controle de entidade jurisdicionada é que será permitido o controle[1366].

Para o TCU, portanto, o controle se fará de modo indireto; para o Judiciário não haverá controle do TCU; poderia haver controle se a mesma entidade estivesse sob controle acionário de outro ente da federação.

As relações comerciais, como as que se desenvolvem em uma sociedade de propósito específico, podem impedir a atuação do controle externo estatal sobre a instituição. O caso ainda se agrava nesse tipo de sociedade em que, pelo dinamismo do mercado, ora poderá estar sob controle de uma estatal pública, ora sob controle do particular. Por esse motivo, há que se desenvolver um tipo de controle sobre a entidade pública que participa da SPE e não diretamente sobre esta.

Nesse sentido, o controle de legitimidade pode ensejar, quando muito, a verificação se a participação, mesmo considerado o viés social próprio das instituições paraestatais, é vantajosa; a relação de investimento e retorno. É preciso considerar, porém, que o risco da atividade econômica é inerente à relação comercial, fato que enseja certa flexibilização quando comparada às demais atividades estatais.

3.2.4 Competência funcional

Sob esse título será estudada a competência do Tribunal de Contas em matéria recursal, posto que a organização interna, no que concerne à atuação de órgãos, câmaras e turmas, apresenta níveis peculiares a cada tipo de tribunal. Já no que se refere a recursos, existe uniformidade suficiente para o exame em conjunto, a partir do paradigma federal de controle.

Na ponderação de todos os ângulos de uma complexa temática - legalidade, legitimidade, economicidade, eficácia e eficiência - e também porque o julgamento dos Tribunais de Contas, na verdade, sobrepõe-se ao das altas autoridades administrativas, podendo reformá-lo, devem as Cortes de Contas encontrar, no próprio desenvolvimento de atividades, um modo de expurgar do julgamento o erro, criando a possibilidade de reapreciação dos fatos, apontando os desacertos da decisão.

É possível vislumbrar, na atividade dos Tribunais de Contas, os seguintes aspectos:

a) por um lado, atuam como instância revisora dos atos da administração, na medida em que, exercendo a função de controle, determinam a revisão dos atos administrativos[1367];

[1366] BRASIL. Supremo Tribunal Federal. MS nº 24423/DF - Pleno. Relator: Ministro Gilmar Mendes. Brasília, 10 de setembro de 2008. **Diário da Justiça [da] República Federativa do Brasil**, Brasília, DF, 20 fev. 2009.

[1367] No que diz respeito à aplicação de sanções, o TCU já decidiu que "não cabe ao TCU atuar como instância revisora de sanção cominada a particulares por órgão ou entidade pública federal". BRASIL. Tribunal de Contas da Uniao. Acórdão nº 14413/2021 - TCU - 2ª Câmara. Disponível em: https://pesquisa.in.gov.br/imprensa/jsp/

b) por outro, no exercício da atividade jurisdicional, julgam, sendo que nem mesmo o Poder Judiciário poderá rever o julgamento das contas, na medida em que o Supremo Tribunal Federal deixou assentado que esse exame constitui prejudicial de mérito;[1368]

c) finalmente, quando em auxílio ao Poder Legislativo, emitem parecer prévio nas contas de Governo.

Assim, tanto a complexidade das várias nuanças do julgamento quanto a natureza e efeitos relevantes que assumem, bem como a inegável falibilidade da natureza humana, demonstram a validade e a necessidade da existência de recursos das decisões adotadas pelos Tribunais de Contas. Por isso, o recurso propicia "autêntico encontro com a verdade". "Ao permitir o pedido de reforma de uma decisão, esse sistema dá seguimento ao diálogo que tem por fim último a justiça".[1369]

Firmada essa premissa, é imperioso que se tenha em linha de consideração a importância de julgamentos cada vez mais céleres e seguros, especialmente no momento em que a cidadania irrompe, cobrando operosidade de suas instituições, insufladas por uma parcela da imprensa, que, muitas vezes, pretende colocar o caráter punitivo sobre o orientador.

Sob esse ângulo, o julgamento deverá ser o mais correto possível, e os recursos, em menor número, com razoáveis prazos de interposição e menores prazos para julgamento. Há muito temos defendido que o número de ingresso de recursos diminui, sensivelmente, quando a apreciação destes se faz célere e impede o famoso efeito protelatório do julgamento definitivo, almejado por alguns litigantes de má-fé.[1370]

A matéria - recursos nos Tribunais de Contas - encontra-se bem sedimentada, em decorrência de vários fatores, como:

I. *a doutrina judiciária correspondente serviu de esteio às Cortes de Contas;*

II. *o reduzido número de recursos que ingressam nas Cortes permitiu aos seus membros se debruçarem com maior reflexão sobre o assunto;*

III. *houve sensível aperfeiçoamento no campo normativo;*

---

visualiza/index.jsp?data=23/09/2021&jornal=515&pagina=330&totalArquivos=425. A decisão do TCU está em consonância com a sua jurisprudência: "[...] a jurisprudência deste Tribunal [...] é uníssona em não conhecer de representação vinculada ao interesse exclusivamente pessoal, sob risco de se criar indevidamente uma nova instância recursal administrativa, consoante se pode verificar pelos diversos precedentes mencionados no relatório e voto condutores do Acórdão 3138/2013 - TCU - 2ª Câmara [...]." TCU. Processo TC nº 029.087/2014-7. Acórdão nº 3403/2014 – Plenário.

[1368] Consultar, no Capítulo II, que trata da jurisdição dos Tribunais de Contas, o título 2.10 Exercício da função jurisdicional pelos Tribunais de Contas do Brasil.

[1369] BRASIL. Tribunal de Contas da União. Portaria nº 486-GP, de 26 de out. de 1998. Aprova o manual de recursos do Tribunal de Contas da União. **Boletim do Tribunal de Contas da União**, Brasília, DF, 27 out. 1998, ed. especial.

[1370] VAZ. Lúcio. Decisão rápida para evitar a impunidade. **Correio Braziliense,** Brasília, p. 7, 7 abr. 2010.

IV. *os advogados e as partes, em matéria recursal, se esmeram mais na produção de suas manifestações, pondo em relevo a parte técnica das questões;*

V. *a partir de 1998, houve notável esforço e interesse do Tribunal de Contas da União em difundir sua sistemática recursal, por meio da difusão de manual de recursos, dirigido não só aos analistas, como aos que dele podem se utilizar para recorrer.*[1371]

Na atualidade, portanto, embora o tema esteja sedimentado, ainda não se mostra uniforme em relação aos diversos tribunais, ensejando a inafastável obrigação de consultar a legislação pertinente do respectivo Tribunal de Contas.

3.2.4.1 Princípios da recorribilidade

É importante fazer um breve registro sobre os princípios e pressupostos que norteiam a temática dos recursos, para, distinguindo-os dos recursos judiciais, melhor compreender o tema.

Como princípios dos recursos nos Tribunais de Contas, embora escassa a literatura especializada, parece possível vislumbrar nos acórdãos e decisões em geral, alguns que assumem relevância:

a) devido processo legal, tema já abordado precedentemente;[1372]

b) fungibilidade dos recursos, que, sem se contrapor ao princípio do devido processo legal, permite ao tribunal que, mesmo diante de um recurso nominado incorretamente, dele o conheça, dando-lhe processamento, ressalvado o caso em que ficar evidenciada a má-fé, ou o caráter meramente protelatório.[1373]

3.2.4.2 Pressupostos gerais de recorribilidade

Como pressupostos podem ser considerados:

a) recorribilidade do ato decisório;

b) tempestividade do recurso;

c) adequação do recurso; e

d) legitimidade da parte.

Quando não atendidos os pressupostos do recurso, tecnicamente, o mesmo não deve ser conhecido; quando satisfeitos, o recurso é conhecido. No mérito, se o tribunal revê sua decisão, total ou parcialmente, o recurso é provido; se o tribunal conhecendo

---

[1371] Essa louvável iniciativa foi aprovada pela Portaria/TCU nº 486-GP: BRASIL. Tribunal de Contas da União. Portaria nº 486-GP, de 26 de outubro de 1998. Aprova o manual de recursos do Tribunal de Contas da União. **Boletim do Tribunal de Contas da União**, Brasília, DF, 27 out. 1998, ed. especial.

[1372] Consultar, no Capítulo IV, que trata da defesa nos Tribunais de Contas, o subtítulo 4.1.4 Princípio do devido processo legal.

[1373] Nesse sentido: BRASIL. Tribunal de Contas da União. Processo TC nº 021.191/2009-6. Decisão 717/2013 - Plenário. Relator: Ministro José Jorge. Brasília, 3 de abril de 2013. **Diário Oficial [da] República Federativa do Brasil,** Brasília, DF, 10 abr. 2013. Seção 1, p. 103.

do recurso, no exame de mérito entender que não deve alterar a decisão anterior, o recurso é conhecido, mas no mérito, negado provimento.

No âmbito dos tribunais de contas, no Brasil, não se exige depósito prévio ou o arrolamento de bens para interposição de recurso. Vale, nesse âmbito, a preciosa lição de Marcelo Harger, lembrada pelo Ministro Joaquim Barbosa:

> A instituição de um depósito como condição de admissibilidade do recurso administrativo acaba por frustrar o objetivo do próprio processo, à medida que dificulta a análise da legalidade pela instância administrativa superior. Vale dizer, a pretexto de agilizar a cobrança de tributos (fim secundário), o legislador dificulta a análise da legalidade da conduta dos agentes públicos (fim primário), acabando por frustrar o próprio objetivo do processo administrativo.[1374]

3.2.4.2.1 Recorribilidade do ato decisório

Entre os vários postulados assentados no processo judiciário, um é de relevante interesse: somente é possível recorrer da decisão *stricto sensu* adotada pelo tribunal, isto é, do que consta da parte do acórdão ou da decisão.[1375]

As decisões dos tribunais, como as sentenças, dividem-se em relatório, fundamentação e decisão. Ainda constam dos autos o parecer do Ministério Público e a informação da instrução feita pela unidade técnica.

As considerações expendidas no voto, no parecer do Ministério Público ou nas informações dos instruidores dos autos, integrantes do corpo técnico, ainda que relevantes, não são passíveis de recurso.

Acolhe-se aqui tradicional postulado do direito judiciário, no sentido de que não fazem coisa julgada "os motivos, ainda que importantes para determinar o alcance da parte dispositiva da sentença".[1376]

Esse entendimento está em consonância com a doutrina mais acolhida e consagra a lição de Couture, segundo a qual "os fundamentos da sentença não podem ser objeto de recurso, mas unicamente a sua parte dispositiva", embora ainda campeiem divergências.[1377]

Assim, todas as transcrições do voto, ilações e fundamentações não podem ser atacadas via recurso. O interessado tem direito de conhecer a respectiva funda-

---

[1374] HARGER, Marcelo *apud* BRASIL. Supremo Tribunal Federal. **Ação Direta de Inconstitucionalidade nº 1.976/DF.** Pleno. Relator: Ministro Joaquim Barbosa. Voto. Disponível em: <http://www.stf.jus.br>. Acesso em: 14 dez. 2011.

[1375] Também não é possível recorrer das decisões interlocutórias.

[1376] Conforme dispõe o CPC: BRASIL. Lei nº 13.105, de 16 de março de 2015. Código de Processo Civil. Brasília, DF: Presidência da República, [2025]. Disponível em: https://www.planalto.gov.br/ccivil_03/_ato2015-2018/2015/lei/l13105.htm. Art. 504.

[1377] Em sentido contrário: PONTES DE MIRANDA, Francisco Cavalcanti. **Comentários ao Código de Processo Civil.** Rio de Janeiro: Forense, 1974, 5. v, p. 32.

mentação de pleitear a revisão da decisão, mas não pode pretender alterar o voto, o parecer ou a informação.

O fato é relevante, pois, embora se deva primar por um relatório isento e impessoal, muitas vezes, face à recalcitrância do dirigente do órgão em acatar uma deliberação da Corte, ou porque o órgão é useiro e vezeiro em adotar procedimentos ao arrepio da lei, ou ainda porque uma empresa costuma superfaturar preços, essas considerações acabam por constar da fundamentação da decisão, que aplica uma penalidade mais grave. O interessado, portanto, ao ver publicada essa "opinião", poderia pretender vê-la reformada.

Se considerar ofensiva à sua reputação, poderá o interessado, em ação própria, pretender a reparação judicial do ato, mas o recurso é meio juridicamente impróprio para atacar a fundamentação da decisão.

É óbvio, contudo, que, a partir do momento em que a parte se insurgir contra a decisão, terá inteira oportunidade de contrapor suas razões às consideradas para a deliberação da Corte e, se obtiver a revisão desta, implicitamente alcançará a insubsistência dos motivos que serviram de embasamento à decisão.

É entendimento na esfera federal de que não cabe recurso de denunciante, nem de consulta.[1378]

Não cabe recurso de decisão que converte o processo em Tomada de Contas Especial. Trata-se de procedimento interno, no qual não há em princípio lesão ou prejuízo direto aos interessados.[1379]

[1378] BRASIL. Tribunal de Contas da União. Portaria nº 35/2014. Aprova o manual de recursos do Tribunal de Contas da União. Boletim do Tribunal de Contas da União, Disponível em: https://pesquisa.apps.tcu.gov.br/redireciona/norma/NORMA-19155. Tópico 2.2 Contra que decisão se pode recorrer. No manual anterior - Portaria nº 486-GP, de 26 de out. de 1998.. **Boletim do Tribunal de Contas da União**, Brasília, DF, 27 out. 1998, ed. Especial, inadmitindo recurso de consulta, conforme os seguintes precedentes citados no Manual de Recursos: a) Processo TC nº 009.173/1993-5. Decisão nº 64/1996. Relator: Ministro Adhemar Paladini Ghisi. Brasília, 28 de fevereiro de 1996. **Diário Oficial [da] República Federativa do Brasil**, Brasília, DF, 18 mar. 1996. Seção 1, p. 4.523; b) Processo TC nº 009.970/1995-9. Decisão nº 245/1996. Relator: Ministro Adhemar Paladini Ghisi. Brasília, 15 de maio de 1996. **Diário Oficial [da] República Federativa do Brasil**, Brasília, DF, 04 jun. 1996. Seção 1, p. 9.860; c) Processo TC nº 009.089/1991-8. Decisão nº 362/1994. Relator: Ministro Paulo Affonso Martins de Oliveira. Brasília, 08 de junho de 1994. **Diário Oficial [da] República Federativa do Brasil**, Brasília, DF, 29 jun. 1994. Seção 1, p. 9.600; d) Processo TC nº 000.028/1995-9. Decisão nº 505/1995. Relator: Ministro Homero Santos. Brasília, 04 de outubro de 1995. **Diário Oficial [da] República Federativa do Brasil**, Brasília, DF, 23 out. 1995. Seção 1, p. 16.733; e) Processo TC nº 005.007/1995-0. Decisão nº 591/1995. Relator: Ministro Paulo Affonso Martins de Oliveira. Brasília, 22 de novembro de 1995. **Diário Oficial [da] República Federativa do Brasil**, Brasília, DF, 13 dez. 1995. Seção 1, p. 20.805; f) Processo TC nº 011.017/1994-5. Decisão nº 47/1994. Relator: Ministro Carlos Átila Álvares da Silva. Brasília, 5 de outubro de 1994. **Diário Oficial [da] República Federativa do Brasil**, Brasília, DF, 24 out. 1994. Seção 1, p. 16.042.

[1379] BRASIL. **Regimento Interno e Lei Orgânica doTribunal de Contas da União (Versão Bolso).** Organização dos textos e índice por J. U. JACOBY FERNANDES. 1. ed. Belo Horizonte: Fórum, 2014. Resolução - TCU nº 246/2011. Art. 279. No mesmo sentido: "[...] não cabe recurso de decisão que determinar a instauração de Tomada de Contas Especial [...]". Processo TC nº 011.122/2003-6. Acórdão nº 3078/2011 - 1ª Câmara. Relator: Ministro Walton Alencar Rodrigues. Brasília, 17 de maio de 2011. **Diário Oficial da União [da] República Federativa do Brasil**, Brasília, DF, 23 maio 2011. No mesmo sentido: BRASIL. Tribunal de Contas da União. Portaria nº 35/2014. Aprova o manual de recursos do Tribunal de Contas da União. Boletim do Tribunal de Contas da União, Disponível em: https://pesquisa.apps.tcu.gov.br/redireciona/norma/NORMA-19155. Tópico 2.2 Contra que decisão se pode recorrer.

Embora seja norma regimental e esteja amparada em postulado correto, parece admissível o agravo quando manifestamente ausentes os pressupostos da instauração da TCE, como ausência de dano, de ilegalidade do ato que gerou a despesa, por exemplo.

O Regimento Interno do TCU estabelece que, em tais situações, os documentos que acompanharem o recurso contra a decisão que converteu o processo em TCE serão aproveitados nos mesmos autos.[1380]

3.2.4.2.2 Da tempestividade do recurso

As leis orgânicas estabelecem um prazo para cada recurso.[1381] A inobservância do prazo implica o não conhecimento do recurso, tornando definitiva a decisão contrária ao recorrente.

Esse pressuposto merece ser suavizado, frente aos princípios do informalismo moderado e da verdade material, que devem reger a maioria dos processos administrativos, e deveriam também reger os processos nos Tribunais de Contas.[1382] Como ficou estabelecido anteriormente, esse abrandamento não justifica a inobservância geral de prazos ou autoriza o descaso e a desordem processual, mas apenas admite que, em restritíssimas hipóteses, devidamente justificadas, para fazer prevalecer a verdade material, seja moderado o rigor formal do processo.

3.2.4.2.3 Da suspensão e da interrupção dos prazos

O Código de Processo Civil tem aplicação subsidiária nos processos dos Tribunais de Contas,[1383] o que não autoriza a ilação de que as regras para contagem de prazo devam acatar fielmente todas as prescrições daquelas normas.[1384]

Ao contrário, encontrando-se o tema totalmente regulado nas normas específicas dos Tribunais de Contas, o apelo à analogia descabe, em face da ausência de lacuna.

De qualquer modo, a contagem, suspensão e interrupção de prazos é matéria específica das leis orgânicas e regimento interno, enquanto a aplicação subsidiária pode ou não ser determinada por tais normas.

[1380] BRASIL. **Regimento Interno e Lei Orgânica doTribunal de Contas da União.** Organização dos textos e índice por J. U. JACOBY FERNANDES. Belo Horizonte: Fórum, 2014. Resolução TCU nº 246/2011.

[1381] Vale, aqui, a mesma crítica que faz a doutrina em relação aos processos judiciários: ressalvados os embargos de declaração, e os recursos de revisão, deveria existir apenas um tipo de recurso e com prazo único.

[1382] Consultar, sobre prazos e revelia, o título 4.8, alínea "c", do Capítulo IV, que trata da defesa nos Tribunais de Contas.

[1383] BRASIL. Tribunal de Contas da União. Súmula nº 103. Na falta de normas legais regimentais específicas, aplicam-se, analógica e subsidiariamente, no que couber, a juízo do Tribunal de Contas da União, as disposições do Código de Processo Civil; Súmula nº 145. O Tribunal de Contas da União pode alterar as suas deliberações (Regimento Interno, art. 42, itens IV e V), para lhes corrigir, de ofício ou a requerimento da parte, da repartição interessada ou do representante do Ministério Público, inexatidões materiais ou erros de cálculo, na forma do art. 463, I, do Código de Processo Civil, ouvida previamente, nos dois primeiros casos, a Procuradoria junto ao Colegiado. Disponíveis em: <http://www.tcu.gov.br>. Acesso em: 02 jun. 2014. A redação da súmula se refere ao texto da Resolução Administrativa nº 15/1993, revogada pela Resolução nº 155/2002, que posteriormente foi alterada pela Resolução nº 246/2011.

[1384] Os Tribunais de Contas padecem, há muito, de uma lei processual única.

Nessa linha de entendimento, encontra-se, na Lei Orgânica do TCU e no respectivo Regimento Interno, o disciplinamento do assunto, admitindo-se apenas a figura da suspensão do prazo como um dos efeitos dos embargos de declaração, sem fazer alusão ao instituto da interrupção ou às demais causas que na lei processual civil autorizam a suspensão.[1385] Logo, inaproveitáveis aos processos dos Tribunais de Contas às demais causas de suspensão e interrupção previstas nas leis processuais.

3.2.4.2.4 Da adequação do recurso

Esse pressuposto diz respeito à necessidade de o interessado ingressar com o recurso certo para impugnar a decisão, pois a lei prescreve a utilidade, a finalidade e as condições para cada recurso, não podendo a parte, por ignorância ou má-fé, utilizar-se de outro tipo de recurso.[1386]

Tal ocorreria se o interessado, percebendo contradição na parte dispositiva do voto, ingressasse com o pedido de reexame, em vez do embargo de declaração.

Nos compêndios de processo civil, o pressuposto da epígrafe ocupa razoável tempo, ao contrário do que ocorre com a sistemática dos processos dos Tribunais de Contas.

Como dito, porém, em sede de contas, o pressuposto em tela tem sua força bastante diminuída, em virtude do princípio do abrandamento do rigor formal ou do informalismo moderado.

Também fundamenta essa posição de temperar o pressuposto da adequação do recurso o "princípio da fungibilidade", que se coloca em posição diametralmente oposta, recomendando que, na ausência de má-fé, seja conhecido o recurso inadequado.

O eminente Dr. Francisco de Salles Mourão Branco, que durante longo período chefiou o Ministério Público junto ao Tribunal de Contas da União, em importante parecer, teve oportunidade de firmar a extensão da aplicação do princípio da fungibilidade dos recursos, nos seguintes termos:

> Pedimos vênia para declarar que não logramos vislumbrar a oportunidade de aplicação desse princípio nos autos.
>
> De efeito, o que intenta esse princípio? Na linguagem processualista, esse princípio diz com a substitutibilidade de um recurso

---

[1385] No Código de Processo Civil de 2015 existem as seguintes causas de suspensão: a) Art. 214 - superveniência de férias/feriados; Art. 221 - obstáculo criado pela parte adversa; b) Art. 221 c/c 313, I - perda da capacidade processual da parte ou de seu representante legal ou de seu procurador; c) Art. 313, II - pela convenção das partes; d) Art. 313, III - quando for oposta exceção de incompetência do Juízo, da Câmara ou Tribunal, ou suspeição ou impedimento do Juiz. e) Art. 313, IV - admissão de incidente de resolução de demandas repetitivas. Além das seguintes causas de interrupção: a) falecimento da parte; b) falecimento do advogado/representante/procurador; c) força maior; maternidade ou paternidde de único patrono/a - todos tratados no art. 313 do mesmo Código: BRASIL. Lei nº 13.105, de 16 de março de 2015. Código de Processo Civil. Brasília, DF: Presidência da República, [2025]. Disponível em: https://www.planalto.gov.br/ccivil_03/_ato2015-2018/2015/lei/l13105.htm.

[1386] O Código de Processo Civil de 1939 era expresso ao permitir o conhecimento de um recurso por outro, salvo a hipótese de erro grosseiro ou má-fé, sistemática que não foi abraçada pelo Código de Processo Civil de 1973.

> por outro. Mas, segundo a jurisprudência consagrada nos órgãos do Poder Judiciário, para admitir-se a aplicação desse princípio, importa verificar se o erro na escolha do recurso é grosseiro ou escusável, pois somente nesta última hipótese (a de erro escusável) é que se faz aplicável tal princípio. E impende salientar que o erro em questão cinge-se à escolha do recurso, nada tendo a ver com mérito da decisão recorrida.
>
> Significativa, sob esse aspecto, é a Ementa do Agravo de Instrumento contra decisão que punha termo ao processo, em que o antigo e Egrégio TRF, em decisão de 15.08.1993, já anotava a impropriedade do recurso eleito, uma vez que ali cabia apelação e, por caracterizar-se 'troca negligente de um recurso por outro', ou seja, por configurar-se na espécie, 'erro grosseiro e indesculpável', não se admitiu a aplicação do princípio da fungibilidade recursal.
>
> Daí, também reconhecer o eminente Ministro Célio Borja, no precedente a que se refere o eminente Relator deste processo, que esse princípio 'somente poderá ser aplicado em casos de fundada dúvida.'[1387]

Nesse sentido, não é raro que a Corte acolha a manifestação sem observância do pressuposto em tela, sempre que houver fundadas dúvidas e, eventualmente, mesmo quando apenas ausente a má-fé.

Em brilhante voto do Ministro Valmir Campelo, o TCU admitiu embargos infringentes, mesmo sem previsão regimental, amparado em jurisprudência do Poder Judiciário.[1388]

3.2.4.2.5 Legitimidade da parte

Para recorrer no processo judiciário é necessário que o autor do recurso tenha interesse e seja parte legítima.[1389] Também nos processos dos Tribunais de Contas exige-se que o interessado tenha sido ou venha a ser, de algum modo, prejudicado pela deliberação da Corte[1390].

[1387] Para maiores pesquisas, consultar o Recurso Extraordinário 110.391-4, apreciado pelo Supremo Tribunal Federal e analisado pelo TCU no voto e parecer que fundamentaram a Decisão nº 402/1993: BRASIL. Tribunal de Contas da União. Processo TC nº 010.592/1989-0. Decisão nº 402/1993 - Plenário. Relator: Ministro-Substituto Lincoln Magalhães da Rocha. Brasília, 8 de setembro de 1993. **Diário Oficial [da] República Federativa do Brasil**, Brasília, DF, 20 set. 1993. Seção 1, p. 14.046-51.

[1388] O TCU admite-os sem previsão regimental "[...] Doutrina e jurisprudência têm admitido o uso de embargos declaratórios com efeito infringente, mas, apenas em caráter excepcional, quando manifesto o equívoco e não existindo outro recurso para a correção do erro cometido [...] (STJ, 3ª Turma, Resp. 3.506-RJ-Edcl, in D.J.U. de 25.02.91, p. 1.467). [...]". Tribunal de Contas da União. Processo TC nº 249.057/1993-0. Acórdão nº 177/1999 - Plenário. Relator: Ministro Valmir Campelo. Brasília, 6 de outubro de 1999. **Diário Oficial [da] República Federativa do Brasil**, Brasília, DF, 08 nov. 1999. Seção 1. p. 33.

[1389] Nesse sentido: BRASIL. Tribunal de Contas da União. Processo TC nº 021.191/2009-6. Decisão 717/2013 - Plenário. Relator: Ministro José Jorge. Brasília, 3 de abril de 2013. **Diário Oficial [da] República Federativa do Brasil,** Brasília, DF, 10 abr. 2013. Seção 1, p. 103.

[1390] Importante levar em consideração, neste caso, os recentes acréscimos da Lei 14.210 de 30 de setembro de 2022,

Nesse sentido, são partes legítimas para recorrer o interessado e o responsável.[1391] É interessado aquele que tem razão legítima para intervir no processo em virtude de possível ou concreta ocorrência de lesão a direito seu.[1392]

Já responsável é o agente, público ou privado, sujeito a jurisdição do tribunal, que:

a) utilize, arrecade, guarde, gerencie ou administre dinheiros, bens e valores públicos;
b) utilize, arrecade, guarde, gerencie ou administre dinheiros, bens e valores pelos quais responda a União ou a respectiva unidade federada da esfera de competência do Tribunal de Contas;
c) assuma compromissos em nome da União ou da respectiva unidade federada da esfera de competência do Tribunal de Contas.

Também é responsável o agente público que causar a perda, extravio ou outra irregularidade de que resulte prejuízo ao erário.

Quanto ao denunciante e ao consulente, o Tribunal de Contas da União tem entendimento firmado de que não são partes para recorrer. O tema merece maior reflexão:

a) primeiro, porque sempre poderão opor embargos de declaração, visando esclarecer dúvida, contradição ou omissão no julgado;
b) segundo, porque o recurso tem duplo fundamento filosófico, na medida em que tanto é a pretensão da parte de ver a decisão a seu favor, e aí tanto o denunciante como o consulente podem, em tese, ter sua pretensão recursal afastada, quanto representa a oportunidade de buscar a verdade, aperfeiçoar a decisão[1393] e, nesse caso, ambos - consulente e denunciante - estariam oportunizando a melhoria da decisão.

Quanto à parte – ou responsável – ter prejuízo com a deliberação, deve ser entendido o seguinte, como visto, pelo que consta da decisão estrita: não pode recorrer o agente da Administração Pública que tem as contas julgadas regulares.

---

que acrescentou à Lei nº 9.784/1999 o Capítulo XI-A Da decisão Coordenada, que na forma do art. 49-A, § 1º é a instância de natureza interinstitucional ou intersetorial que atua de forma compartilhada com a finalidade de simplificar o processo administrativo mediante participação concomitante de todas as autoridades e agentes decisórios e dos responsáveis pela instrução técnico-jurídica, observada a natureza do objeto e a compatibilidade do procedimento e de sua formalização com a legislação pertinente". Disponível em: https://www.planalto.gov.br/ccivil_03/_Ato2019-2022/2021/Lei/L14210.htm.

[1391] BRASIL. Tribunal de Contas da União. Portaria nº 486-GP, de 26 de outubro de 1998. Aprova o manual de recursos do Tribunal de Contas da União. **Boletim do Tribunal de Contas da União**, Brasília, DF, 27 out. 1998, ed. especial.

[1392] Consultar, neste capítulo, o subtítulo 3.2.3.12 Intervenção de terceiros.

[1393] BRASIL. Tribunal de Contas da União. Portaria nº 486-GP, de 26 de outubro de 1998. Aprova o manual de recursos do Tribunal de Contas da União. **Boletim do Tribunal de Contas da União**, Brasília, DF, 27 out. 1998, ed. especial.

Mesmo na hipótese de recurso adesivo,[1394] será necessário o prejuízo, para que a parte tenha interesse em recorrer.

3.2.4.2.5.1 Recurso de terceiro

Há divergência sobre a possibilidade de terceiro não agente - expressão *lato sensu* - interpor recurso da decisão das Cortes de Contas.

Essa questão é de extrema relevância.

A jurisprudência se firmou no sentido de permitir o ingresso de pessoas estranhas à jurisdição do Tribunal, que de modo algum se sujeitariam aos efeitos da relação jurídica do controle.

Embora o controle social seja decantado como uma ambição, não se permite o recurso de terceiro sem que este sofra reflexos diretos da decisão, ou seja, sem interesse jurídico. Desse modo, não se vem admitindo o ingresso de recurso em nome do município ou do prefeito sucessor contra a decisão que absolve o prefeito antecessor, por exemplo.[1395] O entendimento não parece ser a melhor interpretação: mesmo não sendo alcançado diretamente pela decisão, ambos – o município e o prefeito sucessor – têm interesse no julgamento das contas. Se houver abusos, cabe ao Tribunal decidir e, ao responsável, buscar os meios judiciais de reparação. Note que a Lei nº 10.028/2000[1396] criminalizou a conduta da denunciação caluniosa, mesmo em processo administrativo.

A jurisprudência predominante, como dito, é em outro sentido, exigindo o interesse processual, no sentido estrito, de terceiro que não foi parte da relação inicialmente decidida.

Em notável voto, o Ministro Bento Bugarin observou:[1397]

> É de se notar que também a jurisprudência consagrou o conceito de interesse em recorrer no binômio utilidade-necessidade, conforme se depreende da seguinte ementa: '... É justamente o

---

[1394] Embora as normas sejam silentes acerca do recursos adesivo, parece-nos perfeitamente cabível, porque não é recurso, mas apenas forma de procedimento de operacionalizá-lo.

[1395] a) BRASIL. Tribunal de Contas da União. Processo TC nº 013.262/2003-6. Acórdão nº 4482/2008 - 2ª Câmara. Ata nº 39/2008 - 2ª Câmara. Relator: Ministro Raimundo Carreiro. **Diário Oficial da União [da] República Federativa do Brasil**, Brasília, DF, 31 out. 2008.

b) ao apreciar o recurso de reconsideração interposto pelo prefeito sucessor, o TCU, diante da ausência de prestação de contas dos recursos de um Programa e da revelia, de ambos os dirigentes municipais, julgou irregulares as contas especiais do atual prefeito e as de seu antecessor, imputando ao sucedido débito e multa e aplicando multa ao sucedido, que foi omisso na prestação de contas, embora não tenha gerido os aludidos recursos. Acórdão nº 1/2022, 1ª Câmara. BRASIL. Tribunal de Contas da União. Disponível em: https://pesquisa.in.gov.br/imprensa/jsp/ visualiza/index.jsp?data=01/02/2022&jornal=515&pagina=80.

[1396] BRASIL. Lei nº 10.028, de 19 de outubro de 2000. Altera o Decreto-Lei nº 2.848, de 7 de dezembro de 1940 – Código Penal, a Lei nº 1.079, de 10 de abril de 1950, e o Decreto-Lei nº 201, de 27 de fevereiro de 1967. **Diário Oficial [da] República Federativa do Brasil**, Brasília, DF, 20 out. 2000.

[1397] BRASIL. Tribunal de Contas da União. Recurso de Revisão. Processo TC nº 599.007/1991-5. Acórdão nº 501/2003 - Plenário. Relator: Ministro Ubiratan Aguiar. Brasília, 14 de maio de 2003. **Diário Oficial [da] República Federativa do Brasil**, Brasília, DF, 26 mai. 2003. Seção 1, p. 173.

> prejuízo que o terceiro, estranho ao processo, venha a sofrer em decorrência da sentença que legitima sua intervenção recursal, devendo demonstrar esse interesse, que repousa sempre no binômio utilidade mais necessidade: utilidade da providência judicial pleiteada, necessidade da via que se escolhe para obter essa providência (RT 632/90)' (in: Negrão, Theotônio. Código de Processo Civil. 27. ed. São Paulo: Saraiva. 1996. p. 371).
>
> [...]
>
> Sobre o assunto, ainda: 'Ausente pressuposto recursal geral, qual seja, o interesse recursal, desponta o não-conhecimento do recurso (Ac. Unân. da 1ª Câm. do 2º TACivSP de 19.8.87, na apel. 198.670-0, rel. Juiz Franklin Neiva: JTACivSP, 108/323)' (in: Paula, Alexandre de. Código de Processo Civil Anotado. São Paulo. Editora Revista dos Tribunais. 5ª ed. 1992. Volume II, p. 1959)[1398]

É importante notar que aqui já não mais se discute o dever de prestar contas do particular sem vínculo com a Administração Pública, examinado precedentemente,[1399] mas, se um terceiro que não foi parte da relação processual administrativa ou não submetida ao Tribunal de Contas vier a ser atingido, direta ou indiretamente, poderá recorrer do processo.

Dois casos memoráveis elucidam a questão:[1400]

3.2.4.2.5.1.1 Recurso de empresa em processo de licitação

O precedente verificou-se quando o TCU examinava um procedimento licitatório já consumado no âmbito de uma estatal, em que considerava não ter ocorrido qualquer vício.[1401]

Aquela Corte determinou a suspensão liminar dos efeitos dos atos administrativos, concernentes a uma concorrência, até o pronunciamento final, tendo o licitante vencedor do certame se insurgido contra a decisão.

De um lado, sustentou a Secretaria de Controle Externo de Santa Catarina que constitui pressuposto básico para a existência de direito subjetivo da recorrente, seja à adjudicação ou à contratação, a legitimidade de todos os atos envolvidos no procedimento licitatório, pois não há que se falar em direito à contratação decorrente de ato ilegal. Por conseguinte, entendeu aquela unidade técnica que inexistia, naquele momento, qualquer direito subjetivo a ser lesado em razão do prosseguimento do feito.

1398 BRASIL. Tribunal de Contas da União. Processo TC nº 021.238/1991-0. Relator: Ministro Bento José Bugarim. Disponível em: <http://www.tcu.gov.br>. Acesso em: 02 jun. 2014.

1399 Consultar, neste capítulo, o subtítulo 3.2.3 Competência em razão da pessoa.

1400 Consultar, neste capítulo, o subtítulo 3.2.1.8.9 Revisão judicial das decisões, para conhecer possibilidade de recurso na apreciação da legalidade da aposentadoria.

1401 BRASIL. Tribunal de Contas da União. Licitação. Processo TC nº 650.012/1995-0. Decisão nº 340/1995. Relator: Ministro Olavo Drummond. Brasília, 19 de julho de 1995. **Diário Oficial [da] República Federativa do Brasil,** Brasília, DF, 7 ago. 1995. Seção 1, p. 11.815.

Diferentemente, porém, deliberou o plenário, entendendo que já havia ocorrido a adjudicação e, portanto, a recorrente seria afetada por uma decisão que viesse a considerar nulo o procedimento. Assim, como nesse caso, a Constituição Federal e a lei de licitações em vigor asseguram o direito de ampla defesa e do contraditório nos processos administrativos, e o segundo diploma, especificamente, regula esse direito nos casos de anulação e revogação[1402], se a Corte deliberasse pela anulação, de nada adiantaria a interposição do recurso perante a própria administração.

Com esses fundamentos, deliberou a Corte: "Conhecer o recurso para, dando-lhe provimento, assegurar à recorrente indicada no item 3, acima, o direito de ampla defesa requerido".

A Advocacia Geral da União sumulou o tema no mesmo sentido ao estabelecer que "a anulação, pela Administração Pública, de ato administrativo do qual já decorreram efeitos concretos deve ser precedida de regular processo administrativo"[1403].

3.2.4.2.5.1.2 Recurso após anulação de licitação

Uma das consequências do julgamento pela irregularidade de um procedimento licitatório consiste no perecimento do contrato subsequente.

O Tribunal de Contas do Estado de São Paulo decidiu não conhecer do recurso ingressado por uma empresa que havia sido contratada para realizar serviços em decorrência de uma licitação anulada. Por decisão judicial, em caráter liminar, teve que acolher recurso formulado e examiná-lo.[1404]

As considerações expendidas autorizam a concluir, com segurança, que, havendo interesse, pode a parte, ou terceiro, recorrer, e que este é avaliado pelo fato de a decisão ter-lhe sido prejudicial.[1405]

[1402] Consultar o art. 5º, LIV e LV, da Constituição Federal de 1988 e, também, o art. 137 e 160 da Lei nº 14.133/2021. Recomendamos, ainda, a consulta ao compêndio: JACOBY FERNANDES, Ana Luiza; JACOBY FERNANDES, Jorge Ulisses (Org). Lei no 14.133/2021: **Lei de Licitações e Contratos administrativos**. 2. ed. Belo Horizonte: Fórum, 2023.

[1403] BRASIL. Advocacia-Geral da União. **Súmula 84**, de 20 de janeiro de 2020. Disponível em: http://pesquisa.in.gov.br/imprensa/jsp/visualiza/index.jsp? jornal=515&pagina=1&data=27/01/2020. Acesso em: 17 mar. 2020

[1404] Juiz garante a empresa direito a recurso no TCE. **Gazeta Mercantil**, São Paulo, 27 jul. 1994, Legislação, p. 29.

[1405] Na apreciação do Processo TCDF 2.371/1990, sustentamos que o interesse em recorrer deveria ser dirigido à própria Administração, a qual, reconhecendo, num exame de mérito, a validade dos argumentos, o encaminharia à Corte de Contas, assegurando, desse modo, a legitimidade estrita do Controle Externo. Conquanto nosso entendimento tenha sido acolhido, evoluímos para considerar que, se o particular pode ser afetado pela decisão, não necessita recorrer por via oblíqua, podendo fazê-lo diretamente. Se, por um lado, perde-se a oportunidade de a Administração emitir um juízo de mérito sobre as alegações, por outro, ganha-se com a imediatidade do interessado. O TCU pacificou o entendimento com a edição do Manual de Recursos: BRASIL. Tribunal de Contas da União. Decisão nº 340/1995. Portaria nº 486-GP, de 26 de outubro de 1998. Aprova o manual de recursos do Tribunal de Contas da União. **Boletim do Tribunal de Contas da União**, Brasília, DF, 27 out. 1998, edição especial.

3.2.4.2.5.2 Recurso do Ministério Público

Como regra, o Ministério Público que atua junto ao Tribunal de Contas[1406] exerce o papel de fiscal da lei, e, portanto, tem legitimidade para recorrer das decisões, não sendo incomum que o faça nas raras hipóteses em que o plenário ou a câmara não acolha seu parecer. A propósito, as leis orgânicas das Cortes de Contas, como regra, lembram essa possibilidade.[1407]

É óbvio que, sendo constitucionalmente estabelecido que junto ao tribunal deve atuar um Ministério Público em caráter especializado, conforme já assentou o Supremo Tribunal Federal, fica excluída a possibilidade de recurso de membro do Ministério Público ordinário.

3.2.4.2.5.3 Recurso interposto por advogado

Como regra, é dispensável que o interessado seja assistido ou representado por advogado legalmente habilitado. É dispensável, mas normalmente não recomendável, pois o direito é o principal dos ângulos desse tipo de processo e as repercussões do julgamento são muito relevantes para dispensar o auxílio de profissionais especializados.

Se o interessado já está representado nos autos por advogado, dispensável é a juntada de procuração específica para fins de recurso; caso contrário, deverá fazê-lo nesse momento.

O recurso interposto por esses profissionais pode apresentar dois incidentes:

3.2.4.2.5.3.1 Ausência de procuração

De acordo com o Estatuto da Advocacia e da OAB, o advogado postula em juízo ou fora dele, fazendo prova do mandato, sendo-lhe permitido, contudo, afirmando urgência, apresentar a procuração no prazo de quinze dias.[1408]

É possível, por regimento, elastecer o prazo, mas não reduzi-lo, pois se trata de norma que cria direito subjetivo para determinada categoria profissional.

É recomendável, sempre que o recurso vier desacompanhado de procuração, que não seja processado, para fins de resguardar a Corte.[1409] Admite-se, também, que

---

[1406] Que, conforme o STF, não integra o Ministério Público comum: BRASIL. Supremo Tribunal Federal. Ação Direta de Inconstitucionalidade nº 789-1. Relator: Ministro Celso de Mello. Brasília, 26 de maio de 1994. **Diário da Justiça [da] República Federativa do Brasil**, Brasília, DF, 19 dez. 1994. Seção 1, p. 35.180.

[1407] BRASIL. Tribunal de Contas da União. Tomada de Contas Especial. Processo TC nº 375.129/1995-2 (apensos: TC nº 399.034/1991-9 e TC nº 399.048/1991-0). Acórdão nº 168/1995. Relator: Ministro Iram Saraiva. Brasília, 5 de dezembro de 1995. **Diário Oficial [da] República Federativa do Brasil**, Brasília, DF, 22 dez. 1995. Seção 1, p. 21.903.

[1408] BRASIL. Lei nº 8.906, de 4 de julho de 1994. Dispõe sobre o Estatuto da Advocacia e a Ordem dos Advogados do Brasil (OAB). **Diário Oficial [da] República Federativa do Brasil**, Brasília, DF, 5 jul. 1994. Seção 1, p. 10.093. Art. 5º, § 1º.

[1409] Nesse caso, pode-se oficiar ao recorrente para que faça juntar a procuração em determinado prazo, sob pena de o recurso não ser conhecido.

o recurso simplesmente não seja distribuído, ficando no aguardo da juntada da procuração. Como regra, porém, o advogado "não será admitido a postular em juízo sem procuração, salvo para evitar preclusão, decadência ou prescrição, ou para praticar ato considerado urgente."

Se a procuração não for juntada no prazo legal, pode a Corte simplesmente desentranhá-lo dos autos[1410] ou conceder novo prazo, podendo também oficiar à Ordem dos Advogados do Brasil para que, no exercício de sua competência, aprecie a conduta negligente de seu membro.

Os recursos que têm efeito suspensivo, ordinariamente, no prazo fixado pela lei para a juntada da procuração, permanecem com esse efeito. Não regularizada a representação no prazo legal, embora seja considerado inexistente o recurso, o efeito suspensivo desse prazo decorrido não pode ser desconsiderado, por impossibilidade lógica.

3.2.4.2.5.4 Recurso de órgãos públicos

Em relação aos advogados da União e aos procuradores dos órgãos públicos, tem sido dispensada a juntada de procuração, bastando a identificação correta, pois, de acordo com a legislação em vigor, são os representantes legais.[1411]

3.2.4.2.6 A questão do duplo grau de jurisdição

O "princípio do duplo grau de jurisdição" não vigora em termos de contas, pois, mesmo existindo tribunal e conselhos de contas municipais, estaduais e Tribunal de Contas da União, entre eles não se estabelecem graus de jurisdição, funcionando cada um como instância única e própria, com competência absolutamente definida.

Dois fatos, eventualmente apresentados por não especialistas na área, vêm pretendendo infirmar tal postulado: o primeiro, referente às matérias que são apreciadas pelos tribunais ou conselhos de contas estaduais e municipais e eventualmente remetidas ao TCU; o segundo, ao recurso das câmaras para o plenário.

Os liames de cooperação entre os Tribunais de Contas de diferentes esferas de governo vêm evoluindo[1412]. Implantada em meados de 1994, em caráter experimental,

---

[1410] O que é feito por despacho do relator: "[...] desentranhe-se, tendo em vista que, decorrido o prazo legal, o Procurador da parte não demonstrou a regularidade do mandato [...]" e, juntando-se o recurso na contracapa dos autos, com um termo: "[...] desentranhado em cumprimento ao despacho de fls. [...]", de tal modo que a peça fica no processo, mas sem integrá-lo.

[1411] Nesse sentido, pode-se destacar o processo em que foi conhecido e instruído o recurso do CNPq, sem que o seu procurador fizesse juntar o instrumento do mandato: BRASIL. Tribunal de Contas da União. Aposentadoria. Processo TC nº 007.494/1994-7. Decisão nº 334/1995. Relator: Ministro Paulo Affonso Martins de Oliveira. Brasília, 30 de novembro de 1995. **Diário Oficial [da] República Federativa do Brasil**, Brasília, DF, 13 dez. 1995, p. 20.842.

[1412] A Rede Integrar é formada pelos 33 tribunais de contas brasileiros. Fruto de acordo de cooperação técnica entre Instituto Rui Barbosa (IRB), Associação dos Membros dos Tribunais de Contas do Brasil (Atricon), TCU e tribunais de contas aderentes, apresenta como principal benefício o compartilhamento de metodologias, dados, experiências e tecnologias. Em 2025 está trabalhando com base no Plano de Trabalho Anual (PAT), que contém 45 ações em 20

têm apresentado evolução ainda tímida, mas promissora. Muitas vezes, por exemplo, um tribunal, em inspeção, verifica a irregularidade na aplicação de recursos afetos ao outro, podendo, então, coligir elementos e remetê-los, já instruídos, ao destino. De modo algum esse tipo de trabalho permitiria a ilação de que se abre a porta de recursos entre instâncias, pois inexistiria conflito de competência, continuando cada Corte absolutamente soberana para apreciar e julgar os fatos e até mesmo, *in limine*, determinar o arquivamento dos autos por não vislumbrar indícios suficientes de irregularidade.

Acerca do segundo argumento, é dever obtemperar que o plenário atua como órgão revisor de suas próprias decisões e como órgão recursal da decisão das câmaras; mas esse fato não infirma o grau de jurisdição única, pois o recurso de câmara para plenário de um mesmo tribunal não constitui novo grau.

Afasta-se, portanto, o princípio do duplo grau de jurisdição em matéria de contas.

Com frequência vem à baila objeção à efetiva jurisdição pelos Tribunais de Contas, sob o argumento de que a maioria está organizada em instância única ou dividida em câmaras e plenário, inexistindo outro órgão que permita efetivar o princípio do duplo grau de jurisdição.

O que efetivamente a Constituição Federal garante é a ampla defesa e o contraditório, com os meios e recursos inerentes. Aqui, recurso é a possibilidade de reexame[1413] como meios colocados à disposição do defendente pelo menos no nível mínimo necessário para a plena efetividade da garantia.

Segundo o Supremo Tribunal Federal não há garantia constitucional validante do duplo grau de jurisdição,[1414] fato relevante para assegurar a existência de poder jurisdicional dos Tribunais de Contas, vez que julgam em instância única grande parte dos processos. Em alguns Tribunais de Contas, organizados em câmaras, há recurso para o plenário, mas esse não é instância no sentido *stricto* do termo.

Há, porém, garantia constitucional ao direito de recorrer, não podendo a lei, ou norma regimental, inibir o conhecimento do recurso. Muitas vezes, por falta de técnica processual, os Tribunais de Contas usam a expressão *não conhecer* do recurso, para declarar não terem sido alegados fatos novos. Na verdade, conheceram do recurso, mas este foi rejeitado no mérito - ou não provido - porque não apresentados fatos novos.

áreas temáticas diferentes. Disponível em: https://portal.tcu.gov.br/imprensa/noticias/rede-integrar-aprova-plano-de-trabalho-para-2025

[1413] Consultar neste capítulo, o subtítulo 3.2.4.1 Princípios da recorribilidade.

[1414] Nesse sentido, declarando que o duplo grau de jurisdição não é uma garantia constitucional: BRASIL. Supremo Tribunal Federal. Agravo nº 248761/RJ. Relator: Ministro Ilmar Galvão. Brasília, 11 de abril de 2000. **Diário da Justiça [da] República Federativa do Brasil,** Brasília, DF, 23 jun. 2000. Seção 1, p. 10; RHC 79.785. Relator: Ministro Sepúlveda Pertence. Brasília, 15 de agosto de 2000. **Diário da Justiça [da] República Federativa do Brasil,** Brasília, DF, 30 ago. 2000. Seção 1, p. 63.

Já decidiu o Supremo Tribunal Federal, em relação a processo do Tribunal de Contas da União, que caracteriza cerceamento de defesa o não cabimento de recurso contra a decisão que rejeita as alegações de defesa, apresentadas em tomada de contas. Considerou-se que a rejeição da defesa constitui julgamento de mérito e que o recurso de reconsideração interposto, na forma prevista no art. 32 da Lei Orgânica do Tribunal de Contas da União,[1415] deve ser conhecido.[1416]

3.2.4.2.7 A questão da reformatio in pejus

Duas e antagônicas correntes firmaram-se sobre a possibilidade de o recurso poder agravar ou não a decisão recorrida, em prejuízo do recorrente:

I. *a primeira, sustentando o princípio do beneficium comune, afirma que quem apela de uma decisão parcialmente favorável corre o risco de obter, em virtude do recurso, uma sentença mais desfavorável que a primeira;*

II. *a segunda, vedando a* reformatio in pejus, *estabelece que não poderá a decisão da fase recursal agravar, de modo algum, a primeira decisão.*

Essas correntes do direito processual judiciário devem ser vislumbradas com adequada cautela no âmbito dos Tribunais de Contas, podendo-se adiantar que, em princípio, costuma-se seguir a segunda corrente, embora não haja nulidade na adoção da primeira posição.

O processo administrativo de controle situa o órgão julgador também como fiscal da administração, e, portanto, se na fase recursal tiver conhecimento de fatos que agravem a situação do recorrente, poderá, sim, determinar novas apurações e, inclusive, instaurar novo e específico processo, como uma Tomada de Contas Especial, por exemplo.

O que o direito estaria a vedar é a possibilidade de o recorrente postular a reforma de uma decisão e, sobre os mesmos fatos já apreciados, ocorrer a aplicação de penalidade mais grave. Por isso mesmo, a melhor técnica recomenda que o julgador, no exame do recurso, se atenha aos fatos articulados pelo recorrente, evitando ilações sobre outros aspectos que, embora existentes nos autos, não tenham sido considerados na primeira decisão, nem ventilados no recurso.

A descoberta de fatos novos merece formação de autos apartados, sempre que possível, ou renovação da fase instrutória com abertura de oportunidade para a defesa, pois, do contrário, estar-se-ia autorizando que o julgador considerasse fatos não apreciados no processo, mas trazidos apenas na fase recursal.[1417]

[1415] BRASIL. **Regimento Interno e Lei Orgânica doTribunal de Contas da União.** Organização dos textos e índice por J. U. JACOBY FERNANDES. Belo Horizonte: Fórum, 2014. Lei nº 8.443/1992.

[1416] Com essa decisão, o Tribunal de Contas da União entendeu ilegal o § 1º do art. 23 da Resolução/TCU nº 36/1995, que estabelecia: "[...] Não cabe recurso da decisão que rejeitar as alegações de defesa apresentadas pelo responsável [...]". BRASIL. Supremo Tribunal Federal. MS nº 22.562/DF. Relator: Ministro Marco Aurélio de Farias Mello. Brasília, 25 de setembro de 1997. **Informativo do STF**, Brasília, DF, nº 85, p. 2, out. 1997.

[1417] Ver no Capítulo IV, que trata da defesa nos Tribunais de Contas, o subtítulo 4.3.1 sobre limite da coisa julgada.

3.2.4.2.8 Da coisa julgada administrativa

Denomina-se coisa julgada administrativa a decisão da esfera administrativa de que não caiba mais recurso, numa transladação de sentido de coisa julgada judicial.

A imodificabilidade de uma decisão administrativa não é plena por dois fatores:

a) em decorrência do princípio da autotutela administrativa, consagrado na Súmula nº 473, do Supremo Tribunal Federal,[1418] a administração pode anular seus próprios atos a qualquer tempo, mesmo quando já não mais caiba recurso aos interessados, agindo de ofício. Efetivamente, a maior interessada no fiel cumprimento da legalidade e no banimento do mundo jurídico de uma decisão ilegal deve ser a administração, na medida em que se constitui em apenas executora de lei;

b) porque, como regra, em direito administrativo, adotando o Brasil o sistema judiciário ou de jurisdição única - também conhecido como sistema inglês ou de controle judicial, segundo o qual todos os litígios são resolvidos pelo Poder Judiciário - os interessados detêm, em princípio, a possibilidade de recorrer ao órgão judiciário e obter a revisão judicial de uma decisão, mesmo que revestida de coisa julgada administrativa.

Essa tradicional lição de doutrina administrativa deve ser acolhida com reservas extremas quando se trata de decisão em matéria em que o Tribunal de Contas exerce função jurisdicional, como será visto a seguir.

A decisão, sem possibilidade de reforma pela própria administração, pode ser considerada como coisa julgada administrativa, havendo, em princípio, razoável uniformidade na melhor doutrina nacional.

É nesse sentido o magistério de Diógenes Gasparini:

> Quando inexiste, no âmbito administrativo, possibilidades de reforma da decisão oferecida pela Administração Pública, está-se diante da *coisa julgada administrativa*.[1419]

A decisão do Tribunal de Contas que, pelo decurso dos prazos recursais ou pelo esgotamento dos recursos, torna-se irretratável, operando a preclusão da possibilidade de reexame na via administrativa, pode, portanto, ser considerada coisa julgada administrativa, em consonância com assentada doutrina. O erro mais comum, no entanto,

---

[1418] BRASIL. Supremo Tribunal Federal. Súmula nº 473. A administração pode anular seus próprios atos, quando eivados de vícios que os tornem ilegais, porque deles não se originam direitos; ou revogá-los, por motivo de conveniência ou oportunidade, respeitados os direitos adquiridos, e ressalvada, em todos os casos, a apreciação judicial. Brasília, 3 de outubro de 1969. **Diário da Justiça [da] República Federativa do Brasil**, Brasília, DF, 10 dez. 1969, p. 5.929.

[1419] GASPARINI, Diógenes. **Direito Administrativo**. 6. ed., rev., atual. e aument. São Paulo: Saraiva, 2001, p. 757. Grifos do original.

reside em considerar como absoluto o ensinamento raso de que todas as decisões administrativas são amplamente revisíveis pelo Poder Judiciário.

Com pontual exame, o saudoso mestre Seabra Fagundes ensina sobre o julgamento de contas feito por essas Cortes especiais, que:

> não obstante, a Constituição lhe comete o julgamento da regularidade das contas dos administradores e demais responsáveis por bens e valores públicos, o que implica investi-lo no parcial - pois que noutras matérias isso não ocorre - exercício da função judicante. Não bem pelo emprego da palavra julgamento, mas sim pelo sentido definitivo da manifestação da Corte, pois, se a regularidade das contas pudesse dar lugar a nova apreciação (pelo Poder Judiciário), o seu pronunciamento resultaria em mero formalismo, restando inexplicável a mobilização para fazê-lo, de um órgão altamente qualificado pelos requisitos de investidura e garantia de seus membros.[1420]

Em relevante escólio, o Ministro Athos Gusmão Carneiro acentua que:

> as atribuições do Tribunal de Contas são de natureza administrativa. Entretanto, quando "julga" as contas dos 'administradores e demais responsáveis por bens e valores públicos,' tal julgamento impõe-se ao Poder Judiciário no que concerne ao aspecto contábil, sobre a regularidade da própria conta; o julgado do Tribunal de Contas constitui prejudicial no juízo penal, como apuração da qual o Juiz não se pode afastar, de elemento de fato necessário à tipicidade do crime.

E acrescenta: "Da mesma forma, tal julgado impõe-se na ação de ressarcimento promovido contra o responsável pelo alcance".[1421]

O exame feito pelos Tribunais de Contas representa uma poderosa e ampla ação de controle sobre os atos da administração, que já estão jungidos ao controle interno dela própria. Permitir uma ampla revisibilidade, pelo Poder Judiciário, no mínimo constituiria, em termos lógicos, conceder um espaço tão intenso ao controle - interno, Tribunal de Contas e judiciário -, que inviabilizaria a própria ação administrativa.

Quando há revisão judicial de contas por juiz de primeiro grau, em instâncias superiores, as decisões das Cortes de Contas encontram melhor equacionamento, como por exemplo:

a) da lavra do Ministro Barros Monteiro, ao asserir, em síntese lapidar, que "as decisões do Tribunal de Contas não podem ser revistas pelo Poder Judiciário, a não ser quanto ao seu aspecto formal";[1422]

[1420] Consultar, no Capítulo II, o título 2.10 Exercício da função jurisdicional pelos Tribunais de Contas do Brasil.

[1421] CARNEIRO, Athos Gusmão. **Jurisdição e Competência.** São Paulo: Saraiva, 1989, p. 14.

[1422] BRASIL. Supremo Tribunal Federal. Administrativo. Recurso Extraordinário nº 55.821-PR. Relator: Ministro Victor Nunes Leal. Brasília, 18 de setembro de 1967. **Revista Trimestral de Jurisprudência,** nº 43, p. 157.

b) da lavra do Juiz Adhemar Maciel,[1423] que hoje ilustra o Superior Tribunal de Justiça na condição de ministro:

> A primeira observação a ser feita é quanto à decisão do TCU. Tem ou não força de *res judicata*?
>
> [...]
>
> Tenho, para mim, que é inquestionável a força do julgado do TCU. Sua natureza é de prejudicialidade.
>
> [...]
>
> Ora, como se viu do relatório, houve trânsito em julgado. Os apelantes não recorreram da decisão do TCU. Assim, não nos cabe mais discutir quanto ao acerto ou não das contas [...].

Tais considerações permitem concluir com razoável segurança que:

I. *como regra, a doutrina pátria, de maneira uníssona, admite a existência de coisa julgada administrativa, entendendo como tal a decisão de que a administração, por meio de recurso do interessado, não possa mais rever, estando preclusa a oportunidade do reexame;*

II. *face ao princípio da autotutela administrativa, a administração deve rever, de ofício, os atos eivados de ilegalidade, fato que permitiria às Cortes de Contas, em restritíssimas hipóteses, desfazer, por iniciativa própria, o manto da coisa julgada;*[1424]

III. *o princípio da unidade de jurisdição*[1425] *sofre abrandamento pela própria Constituição, que admite a competência privativa das Cortes de Contas para julgar as contas dos administradores e demais responsáveis por bens e valores públicos;*

IV. *essa competência privativa diz respeito ao mérito do julgamento, fato que deve admitir a verificação do acatamento do princípio constitucional do devido processo legal, que consiste no exame extrínseco dos atos decisórios das Cortes de Contas, como, por exemplo, da competência para julgamento, da forma definida em lei, da observância do princípio da ampla defesa e contraditório, nos termos da lei específica destas Cortes.*

3.2.4.2.9 Os efeitos do recurso

Tradicionalmente, os recursos podem ter dois efeitos:

a) efeito devolutivo - consiste no fato de que o ingresso do recurso devolve ao julgador o exame dos fatos articulados no mesmo (*tantum devolutum quantum appellatum*);

[1423] BRASIL. Tribunal Regional Federal - 1. Região. Administrativo e Processual Civil. Apelação cível nº 89.01.23993-0 - MG. Relator: Juiz Adhemar Maciel [convocado]. Recife, 1º de setembro de 1992. **Diário da Justiça [da] República Federativa do Brasil,** Brasília, DF, 14 set. 1992, p. 28.119 [excerto do voto condutor do julgamento do processo não consta da ementa publicada].

[1424] Nesse sentido: BRASIL. Tribunal de Contas da União. Súmula nº 195. Para a adoção das providências necessárias ao resguardo dos interesses do Erário ou da exata definição da situação do responsável, admite-se, a juízo do Tribunal de Contas, o desarquivamento de processo de tomada ou prestações de contas, ante a superveniência de novos documentos ou informações que justifiquem o reexame, *ex officio* ou a requerimento do responsável, do órgão a que pertence ou do Ministério Público, da decisão anterior do Tribunal. **Boletim TCU Especial**, Brasília, ano XL, n. 6, 4 dez. 2007. Disponível em: <http://www.tcu.gov.br>. Acesso em: 03 jul. 2014.

[1425] Segundo o qual nenhuma lesão ou ameaça de lesão pode ser subtraída pela lei do exame do Poder Judiciário.

b) efeito suspensivo - acarreta o sobrestamento da exequibilidade do julgado, impedindo os seus efeitos.[1426]

Em geral, as normas processuais indicam que todos os recursos têm efeito devolutivo; quanto ao efeito suspensivo, as normas indicam quais são os tipos que têm ou não tal efeito, ou simplesmente deixam ao prudente arbítrio do julgador concedê-lo, ao tomar conhecimento do recurso, à vista do caso concreto.

Uma das consequências do efeito suspensivo é que a decisão não pode ser executada, mas o Tribunal de Contas da União entende, com acerto, que o jurisdicionado também não pode inovar atos em contrariedade com a decisão do Tribunal que agravem a situação tida, em anterior decisão, como irregular. Nesse sentido, firmou-se o entendimento de que:

> O efeito suspensivo dos pedidos de reconsideração e de reexame, bem como dos embargos de declaração, impetrados contra as Decisões do Tribunal, susta provisoriamente os efeitos das mesmas (*sic*) até o julgamento do recurso, não autorizando o recorrente, antes do pronunciamento do Tribunal sobre o mérito de recurso, a praticar qualquer ato diretamente ou indiretamente contrário a qualquer item da decisão recorrida, sujeitando-se o infrator a multa.[1427]

O efeito suspensivo, decorrente da interposição de recurso, pode atingir ato ou contrato, de diversas espécies. Durante algum tempo debateu-se a incidência do efeito suspensivo, ou não, a ser considerado pela Administração. Tenha-se em mente, por exemplo, que o Tribunal de Contas, analisando uma licitação, verifica que as propostas estão sobrevalorizadas e decide sustar a prática do ato de adjudicação - art. 71, inc. X, da Constituição Federal. Pode a empresa, ingressando com recurso ao qual a lei atribui efeito suspensivo, adjudicar, homologar e contratar, causando a lesão ao erário? Certamente, não.

[1426] Acerca do assunto, por ocasião do julgamento do TC nº 006.098/1993-2: "[...] Considerar como de caráter normativo o entendimento de que o efeito suspensivo dos pedidos de reconsideração e de reexame, bem como dos embargos de declaração, impetrados contra as Decisões do Tribunal, susta provisoriamente os efeitos daquelas, até o julgamento do recurso, mas não autoriza o recorrente a, antes do pronunciamento do Tribunal sobre o mérito do recurso, praticar qualquer ato ou adotar qualquer providência que direta ou indiretamente contrarie qualquer dos itens da decisão recorrida, sujeitando-se o infrator à multa prevista no art. 58, II, da Lei nº 8.443/1992, combinado com o art. 220, II, do Regimento Interno [...]". BRASIL. Tribunal de Contas da União. Processo TC nº 006.098/1993-2. Decisão nº 188/1995 - Plenário. Ata nº 19/2004 - Plenário. Relator: Ministro Benjamim Zymler. Brasília, 9 de junho de 2004. **Diário Oficial da União [da] República Federativa do Brasil,** Brasília, DF, 18 jun. 2004. Seção 1, p. 72-75. A referência ao Regimento Interno remete ao texto da Resolução Administrativa nº 15/1993, revogada pela Resolução nº 155/2002, que, posteriormente, foi alterada pela Resolução nº 246/2011.

[1427] **Boletim do Tribunal de Contas da União**, 27 de outubro de 1998, edição especial, p. 29, que aponta os seguintes precedentes: Decisão nº 145/88. Processo TC nº 013.957/1993-7. Relator: Ministro Adhemar Paladini Ghisi. Brasília, 18 de fevereiro de 1998. **Diário Oficial [da] República Federativa do Brasil**, Brasília, DF, 10 mar. 1998. Seção 1, p. 48; Processo TC nº 006.098/1993-2. Decisão nº 188/1995. Relator: Ministro Paulo Affonso Martins de Oliveira. Brasília, 10 de maio de 1995. **Diário Oficial [da] República Federativa do Brasil,** Brasília, DF, 22 maio 1995. Seção 1, p. 7.277.

Por esse motivo, a continuidade ou agravamento de uma situação, após decisão do Tribunal, mesmo sob efeito suspensivo, pode ser penalizada.[1428]

Para deixar mais claro esses efeitos, o Tribunal de Contas da União decidiu:

> 6. considerar como de caráter normativo o entendimento de que o efeito suspensivo dos pedidos de reconsideração e de reexame, bem como dos embargos de declaração, impetrados contra as Decisões do Tribunal, susta provisoriamente os efeitos das mesmas (*sic*) até o julgamento do recurso, mas não autoriza o recorrente a, antes do pronunciamento do Tribunal sobre o mérito do recurso, praticar qualquer ato ou adotar qualquer providência que direta ou indiretamente contrarie qualquer dos itens da decisão recorrida, sujeitando-se o infrator à multa prevista no art. 58, II, da Lei 8.443/92, combinado com o art. 220, II, do Regimento Interno; [...].[1429]

Criou-se desse modo um efeito processual que não se enquadra rigorosamente nos termos processuais ortodoxos: o efeito suspensivo pela Lei não autoriza a prática de novos atos, mas admite os efeitos dos atos já praticados. O tema deve evoluir.

3.2.4.2.10 Dos recursos em espécie

Como averbado anteriormente, o disciplinamento dos recursos[1430] é matéria a ser tratada nas respectivas leis orgânicas dos Tribunais de Contas, podendo, portanto, haver na regulamentação tratamento diferenciado na lei local.

Na Lei Orgânica do TCU,[1431] o assunto é tratado no artigo 31 e, seguintes, os quais estabelecem três tipos de recursos:

a) reconsideração;

b) embargos de declaração;

c) revisão.

Mesmo não alinhado como recurso estrito, é possível vislumbrar o pedido de reexame como uma outra possibilidade de obter uma modificação de uma decisão, como será visto adiante.

[1428] Nesse sentido: BRASIL.Tribunal de Contas da União. Acórdãos nºs 1.186/2003 - 1ª Câmara e 1.167/2003 - 2ª Câmara.

[1429] BRASIL. Tribunal de Contas da União. Prestação de Contas. Processo TC nº 009.756/2002-1. Acórdão nº 1966/2004 - 1ª Câmara. Relator: Ministro Augusto Sherman Cavalcanti. Brasília, DF, 10 de agosto de 2004. **Diário Oficial da União [da] República Federativa do Brasil,** Brasília, DF, 19 ago. 2004. Seção 1, p. 154-157.

[1430] BRASIL. Tribunal de Contas da União. Portaria nº 486-GP, de 26 de outubro de 1998. Aprova o manual de recursos do Tribunal de Contas da União. **Boletim do Tribunal de Contas da União**, Brasília, DF, 27 out. 1998, edição especial.

[1431] BRASIL. **Regimento Interno e Lei Orgânica doTribunal de Contas da União.** Organização dos textos e índice por J. U. JACOBY FERNANDES. Belo Horizonte: Fórum, 2014. Lei nº 8.443/1992; Tribunal de Contas da União. Resolução nº 259, de 07 de maio de 2014. Estabelece procedimentos para constituição, organização e tramitação de processos e documentos relativos à área de controle externo.. Disponível em: https://pesquisa.apps.tcu.gov.br/redireciona/norma/NORMA-21650.

3.2.4.2.10.1 Do recurso de reconsideração

a) recorribilidade dirigida às decisões (quando cabe?):

a.1) proferidas em processos de Tomada de Contas Especial e de tomada e prestação de contas em geral, e

a.2) somente pode ser utilizado uma vez.

b) legitimidade ativa (quem pode recorrer?):

b.1) o responsável pelas contas de que se trata, como no caso de omissão no dever de prestar contas;1432

b.2) o interessado, como tal entendido aquele que é prejudicado pela decisão, agente vinculado ou não à administração,

b.3) o Ministério Público que atua junto ao tribunal.

c) prazo (até quando recorrer?): quinze dias, contados na forma do art. 30 da mesma lei;[1433]

d) forma: escrita;

e) efeitos: devolutivo e suspensivo;

f) dirigido a: quem houver proferido a decisão.[1434]

Esse recurso é amplamente conhecido no direito administrativo, onde deita raízes, e tem por objetivo evidenciar, à própria autoridade que decidiu, a oportunidade de reconsiderar sua decisão.

[1432] BRASIL. Tribunal de Contas da União. Instrução Normativa nº 84, de 22 de abril de 2020. Estabelece normas para a tomada e prestação de contas dos administradores e responsáveis da administração pública federal, para fins de julgamento pelo Tribunal de Contas da União, nos termos do art. 7º da Lei 8.443, de 1992, e revoga as Instruções Normativas TCU 63 e 72, de 1º de setembro de 2010 e de 15 de maio de 2013. respectivamente.. Disponível em: **https://pesquisa.apps.tcu.gov.br/redireciona/norma/NORMA-21437.4**. Art. 7º, onde está disciplinado o rol dos responsáveis.

[1433] BRASIL. **Regimento Interno e Lei Orgânica do Tribunal de Contas da União.** Organização dos textos e índice por J. U. JACOBY FERNANDES. Belo Horizonte: Fórum, 2014. Lei nº 8.443/1992: "Art. 30. Os prazos referidos nesta lei contam-se da data; I - do recebimento pelo responsável ou interessado: a) da citação ou da comunicação de audiência; b) da comunicação de rejeição dos fundamentos da defesa ou das razões de justificativa; c) da comunicação de diligência; d) da notificação; II - da publicação do edital no Diário Oficial da União, quando, nos casos indicados no inciso anterior, o responsável ou interessado não for localizado; III - nos demais casos, salvo disposição legal expressa em contrário, da publicação da decisão ou acórdão no Diário Oficial da União [...]".

[1434] Segundo uniforme entendimento do TCU, o recurso de reconsideração deve ser apreciado pelo mesmo colegiado que proferiu a decisão: BRASIL. Tribunal de Contas da União. Portaria nº 486-GP, de 26 de out. de 1998. Aprova o manual de recursos do Tribunal de Contas da União. **Boletim do Tribunal de Contas da União,** Brasília, DF, 27 out. 1998, ed. Especial. Precedentes: Processo TC nº 279.074/1991-3. Decisão nº 87/1993. Relator: Auditor Líncoln Magalhães da Rocha. Brasília, 24 de março de 1993. **Diário Oficial [da] República Federativa do Brasil,** Brasília, DF, 07 abr. 1993. Seção 1, p. 4538; Processo TC nº 279.074/1991-3. Decisão nº 117/1993. Relator: Ministro Paulo Affonso Martins de Oliveira. Brasília, 22 de abril de 1993. **Diário Oficial [da] República Federativa do Brasil,** Brasília, DF, 5 maio 1993. Seção 1, p. 6.047.

A rigor, se a decisão foi adotada pelo pleno ou por uma das câmaras, o recurso é dirigido ao respectivo relator do processo.[1435]

O Regimento Interno do TCU, ao regulamentar os recursos, admitiu a possibilidade de recorrer da decisão das câmaras ou do plenário quando ficasse demonstrada a existência de divergência entre a decisão recorrida e a que houver sido prolatada por um dos órgãos precedentes, em caso análogo.

Trata-se, pois, de um recurso não previsto expressamente no art. 32 da Lei Orgânica e que deve ser cognominado de recurso *stricto sensu*, possuindo nítida função de uniformização da jurisprudência.

3.2.4.2.10.2 Do recurso de embargos de declaração

a) recorribilidade dirigida às decisões (quando cabe?)

Visa corrigir obscuridade, omissão ou contradição na decisão.[1436]

a.1) obscuridade é a falta de clareza na redação do julgado, impedindo a compreensão, a verdadeira inteligência ou a exata interpretação;

a.2) omissão, que é o motivo menos frequente para ingresso de embargos de declaração nos Tribunais de Contas, consiste no fato de o acórdão ou decisão não se pronunciar sobre ponto ou questão relevante[1437] suscitada pelo interessado na defesa, como, por exemplo, a arguição de quitação do débito;[1438]

a.3) contradição é a afirmação de duas proposições inconciliáveis entre si.

O TCU também admite que, na oportunidade dos julgamentos dos embargos de declaração, o relator possa corrigir outros erros que constem do acórdão.[1439] Essa perspectiva deve merecer certa parcimônia, pois não pode o relator ir além da pretensão da reforma manifestada pelo recorrente, resultando em seu grave prejuízo.

b) legitimidade ativa (quem pode recorrer?);

[1435] BRASIL. **Regimento Interno e Lei Orgânica do Tribunal de Contas da União.** Organização dos textos e índice por J. U. JACOBY FERNANDES. Belo Horizonte: Fórum, 2014. Lei nº 8.443/1992, art. 33.

[1436] *Idem*, art. 34, *caput*.

[1437] a) Havendo omissão no acórdão, em ponto relevante, em sede de embargos é possível reduzir multa. Nesse sentido: Tribunal de Contas da União. Acórdãos nºs 247 e 312/2002 - Plenário e 425 e 451/2002 - 2ª Câmara.

b) O TCU vem negando pedido de agente multado que pretendia exonerar-se do pagamento sob alegação de ser juridicamente pobre: BRASIL. Tribunal de Contas da União. Processo TC nº 003.483/1999-1. Acórdão nº 514/2002 - 2ª Câmara. Relator: Ministro Ubiratan Aguiar. Brasília, 3 de abril de 2003. **Diário Oficial da União [da] República Federativa do Brasil,** Brasília, DF, 11 abr. 2003.

[1438] A jurisprudência não exige extensa fundamentação. Nesse sentido: BRASIL.Supremo Tribunal Federal. Agravo Regimental em Recurso Extraordinário nº 354834-DF - 2ª Turma. Relator: Ministro Carlos Velloso. Brasília, 11 de fevereiro de 2003. Diário Oficial da União [da] República Federativa do Brasil, Brasília, DF, 14 mar. 2003. Ata nº 6. **Informativo STF** nº 300, p. 3.

[1439] Nesse sentido: BRASIL. Tribunal de Contas da União. Processo TC nº 010.471/2000-8. Acórdão nº 510/2006 - Plenário. Relator: Ministro Lincoln Magalhães da Rocha. Brasília, 22 de fevereiro de 2006. **Diário Oficial da União [da] República Federativa do Brasil,** Brasília, DF, 1 mar. 2006.

Conforme o art. 34, § 1°, da Lei Orgânica do TCU:

b.1) responsável,[1440]

b.2) interessado,

b.3) Ministério Público.[1441]

c) prazo (até quando recorrer): 10 (dez) dias,[1442] conforme art. 34, § 1°, da Lei Orgânica do TCU;

d) forma: escrita, conforme o art. 34, § 1°, da Lei Orgânica do TCU;

e) efeitos: devolutivo e suspensivo, conforme o art. 34, § 2°, da Lei Orgânica do TCU;

f) dirigido a: quem houver proferido a decisão.

Durante muito tempo, divergiu a doutrina sobre o fato de os embargos de declaração serem ou não considerados recursos, vez que objetivavam o esclarecimento não atendido pela sentença, e não, propriamente, a reforma da decisão. Na atualidade, pode-se julgar vitoriosa a tese que o enquadrava como recurso, considerando que buscava a reparação de um prejuízo decorrente de sentença imperfeita, tendo a maioria expressiva dos juristas pátrios, entre os quais Frederico Marques, Seabra Fagundes e Pontes de Miranda, perfilhado esse entendimento.

Acertadamente, como o fez o Código de Processo Civil, a Lei Orgânica do TCU elencou os embargos de declaração entre os recursos.[1443]

O pressuposto específico de admissibilidade dos embargos de declaração é que exista, na decisão - em sua parte dispositiva -, obscuridade, contradição ou omissão.

Caso a eventual contradição ou obscuridade se apresente na fundamentação do voto, no parecer do Ministério Público que atua junto ao Tribunal, ou na informação do órgão instrutivo, os embargos podem não ser providos. De igual modo, a divergência entre esses três últimos documentos não justifica o recurso de embargos de declaração, porque não sintetizam a vontade *stricto sensu* da Corte.

Os embargos de declaração dirigem-se à decisão adotada pela Corte, e cabem mais de uma vez no mesmo processo. Assim, por exemplo, pode a parte entrar com embargos de declaração da decisão inicial, e depois, novamente, do recurso de reconsideração e, até mesmo, se no julgamento dos embargos continuar a haver obscuridade, renovar os embargos. É importante notar, porém, que a má-fé processual não pode ser permitida, e, percebendo-se o uso abusivo dos embargos, ou sua adoção sistemática com efeitos meramente protelatórios, podem as Cortes de Contas imputar multa.

[1440] Também os sucessores têm direito legítimo ao recurso.

[1441] Sobre recurso do Ministério Público, consultar comentários no subtítulo 3.2.4.2.5.2, neste capítulo.

[1442] Sobre tempestividade do recurso, consultar comentários no subtítulo xxx0., neste capítulo.

[1443] Em sede de TCE, é recomendável utilizar o nome completo desse recurso, porque em matéria processual existem outros - como embargos infringentes e embargos de terceiro.

Indispensável, ainda, que a recorribilidade seja apreciada em termos lógicos. Assim, é irrecorrível, por embargos de declaração, a decisão que, em grau de recurso, limita-se a declarar mantida a decisão anterior, porque impossível sustentar dúvida, contradição ou omissão em tais circunstâncias.[1444]

Há outra restrição ao uso dos embargos: não são admitidos para suscitar questões novas, anteriormente não tratadas.[1445]

Numa decisão memorável, o interessado (recorrente, embargante) ingressou com embargos de declaração, alegando omissão em ponto fundamental no julgamento do recurso de reconsideração. Tratava o caso de condenação à devolução de valores pagos por contrato de serviço advocatício. Alegava o agente que a irregularidade presente no contrato e na licitação não era culpa sua, tendo a instrução, a cargo da 8º SECEX, pronunciado os seguintes termos:

> b) não há que se falar em omissão ocorrida na citada deliberação, pois, além da questão não ter sido trazida à colocação na época oportuna, 'a responsabilidade que está em julgamento, tanto na decisão anterior (1ª Câmara, 16.03.94, Relação nº 11/94, Ata nº 07/94, fls.700v.), quanto na decisão que se pretendeu embargar (Decisão nº 166/95 - 1ª Câmara, 18.07.95, Ata nº 25/95, fls. 769), não se refere à elaboração ou à assinatura dos mencionados contratos', a ser considerada quando do exame de mérito, mas, sim, aos pagamentos indevidamente efetuados aos advogados.[1446]

Em relação aos efeitos dos embargos, há uma peculiaridade: além do prazo ficar suspenso para a execução da decisão, também deixa de fluir o prazo para a interposição dos recursos de reconsideração e de revisão, como expressamente dispõe o art. 34, § 2º, da Lei nº 8.443/1992.

Esse dispositivo, que acolhe norma sedimentada na prática processual judiciária, encontra uma lógica fundamental: como a decisão pode ser alterada por via dos embargos de declaração, porque não adquiriu a qualidade de certa, é indispensável que o prazo para o interessado recorrer só recomece a contar a partir da decisão que vier a ser adotada neste tipo de recurso.

Aliás, é mais razoável que as normas estabeleçam que se devolva o prazo inteiro, a partir do julgamento dos embargos de declaração, e não apenas o tempo faltante. O

[1444] Nesse sentido, no âmbito do TCDF, no exercício da função institucional de Ministério Público, pugnamos pela rejeição de embargos de declaração: DISTRITO FEDERAL. Tribunal de Contas do Distrito Federal. Processo nº 3.065/1997. Decisão nº 2668/1998. Relator: Conselheiro Ronaldo Costa Couto. Brasília, 5 de maio de 1998. **Diário Oficial do Distrito Federal**, Brasília, DF, 18 maio 1998, p. 12-18 [Parecer MPjTCDF nº 3.104/1998 - Procurador Jorge Ulisses Jacoby Fernandes – não publicado].

[1445] Neste sentido: TRFR 148/159, RT 592/176, RJTJESP 67/250, JTA 85/276, 91/108, 91/384, 94/275, 99/351, 100/364, Lex-JTA 72/357, 75/330. Superior Tribunal de Justiça – 4. Turma. REsp nº 1.757-SP. Relator: Ministro Sálvio de Figueiredo. Brasília, 13 de março de 1990. **Diário da Justiça [da] República Federativa do Brasil,** Brasília, DF, 9 abr. 1990, p. 2.745.

[1446] BRASIL. Tribunal de Contas da União. Tomada de Contas Especial. Processo TC nº 014.085/1993-3. Decisão nº 11/1996. Relator: Ministro Humberto Guimarães Souto. Brasília, 7 de fevereiro de 1996. **Diário Oficial [da] República Federativa do Brasil,** Brasília, DF, 04 mar. 1996. Seção 1, p. 3.542. Excerto extraído do voto condutor do Ministro Homero Santos, acolhido por unanimidade.

tema não tem uniformidade no regramento atual, fato que recomenda extrema cautela para pesquisar a lei de regência do tema.

3.2.4.2.10.3 Do recurso de revisão

a) recorribilidade dirigida às decisões definitivas (quando cabe?):

a.1) em erro de cálculo nas contas,

a.2) em falsidade ou insuficiência de documentos,

a.3) na superveniência de documentos novos com eficácia sobre a prova produzida.

Como a lei alude à decisão definitiva, deve-se entender que não cabem outros tipos de recursos ou foram esses já utilizados.

b) legitimidade ativa (quem pode recorrer?):

b.1) o responsável,

b.2) sucessores do responsável,

b.3) o Ministério Público junto ao tribunal.

A propósito, nos autos do Processo TC - 724.057/93-5, o TCU rejeitou recurso de revisão interposto por uma prefeitura, na condição de interessado, por entender que, "diferentemente do recurso de reconsideração que dá legitimidade ao responsável, ao interessado e ao Ministério Público para interpô-lo, no recurso de revisão é excluída a figura do interessado".[1447]

Há, porém, um detalhe extremamente importante e muitas vezes inobservado: é indispensável, sob pena de nulidade da decisão que admite o recurso de revisão, que a parte contra quem se pretende a rescisão seja citada para contrarrazoar. De fato, não há como o interessado ter conhecimento da impetração do recurso de revisão no caso de inexistência de notificação pessoal. Nesse ponto em particular, é necessária a citação - havendo indícios de débito - ou a notificação - quando não há indícios de débito - para que o interessado possa oferecer contrarrazões à admissibilidade. Observa-se que o interessado na oferta de contrarrazões pode ser, no caso, o Ministério Público que atua junto ao Tribunal ou o responsável pelas contas cuja revisão se pretende. A ausência de citação ou notificação é, como dito, causa de nulidade da decisão que admite o recurso de revisão.

A diferença deste recurso para os demais, nesse ponto, é que no Recurso de Revisão se está diante de uma nova relação jurídica tendente a desconstituir o

---

[1447] BRASIL. Tribunal de Contas da União. Processo TC nº 724.057/1993-5. Acórdão nº 74/1996. Relator: Ministro Adhemar Paladini Ghisi. Brasília, 5 de junho de 1996. **Diário Oficial [da] República Federativa do Brasil,** Brasília, DF, 28 jun. 1996. Seção 1, p. 11.791. Excerto do voto do Relator.

julgamento anterior. Nos demais, a parte já foi citada e está acompanhando o processo pela publicação de pauta de julgamento.[1448]

c) prazo: (até quando pode recorrer?): 5 (cinco) anos;[1449]

d) forma: escrita, conforme o art. 35 da Lei Orgânica do TCU;

e) efeitos: só devolutivo, conforme o art. 35 da Lei Orgânica do TCU;

Releva notar que o Supremo Tribunal Federal, reconhecendo no recurso de revisão a mesma natureza da ação rescisória do processo civil, firmou entendimento no sentido de que não cabe mandado de segurança para assegurar efeito suspensivo a este recurso.[1450]

f) dirigido a: quem houver proferido a decisão.

Pode-se vislumbrar nesse recurso uma similitude razoável com a ação rescisória, tanto pelo longo período estabelecido quanto pelas causas estritas estabelecidas.

Os fatos novos, que ensejam a revisão da decisão, devem ser pertinentes ao fundamento principal adotado e suficientes para provocar uma mudança do mérito da decisão, sob pena de não ser provido o recurso.

Ainda que guardem certa complexidade, é indispensável a extraordinária força probante dos fatos novos, como erro em contas – que aqui deve ter a acepção de demonstrativos contábeis – ou em documento. O fato novo não implica, necessariamente, na descoberta de um documento inexistente ao tempo do julgamento, mas, sim, a descoberta de que o existente nos autos era falso, ou na obtenção de outro que, à época, era inacessível ou desconhecido.

Embora todos os recursos possam ser impetrados pelos sucessores, nesse caso há alusão expressa, provavelmente apenas em razão da prática vivenciada e do longo decurso do tempo, ao exercício do direito de recorrer.

Efetivamente, o art. 48 da Lei nº 8.443/1992 estabelece que, "de decisão proferida em processos concernentes às matérias de que tratam as seções III e IV deste capítulo, caberá pedido de reexame, que terá efeito suspensivo", encontrando-se na seção IV a competência do TCU para fiscalizar a aplicação de quaisquer recursos repassados pela União, mediante convênio, acordo, ajuste ou outros instrumentos congêneres, a estado, Distrito Federal e a município.

Importante atentar que o provimento do pedido de revisão está condicionado à existência dos pressupostos de cabimento previstos na norma.

Ainda que o Ministério Público atue imparcialmente, não seria permitido ingressar com um recurso sem atendimento dos pressupostos, especialmente de prazos, para rever as tomadas e prestações de contas.

[1448] Nesse sentido: BRASIL. Supremo Tribunal Federal. **Mandado de Segurança nº 26732/DF**. Relatora: Ministra Cármen Lúcia. Disponível em: <http://www.stf.jus.br>. Acesso em: 14 dez. 2011.

[1449] Sobre o assunto, consultar comentários no subtítulo 3.2.4.2.2, a respeito da tempestividade do recurso.

[1450] BRASIL. Supremo Tribunal Federal. MS nº 22371/PR. Relator: Ministro Moreira Alves. Brasília, 14 de novembro de 1996. **Diário da Justiça [da] República Federativa do Brasil,** Brasília, DF, 7 mar. 1997, p. 5403.

No passado foi admitido que o Ministério Público à vista de elementos coligidos em inspeção ou auditoria, mesmo que decorrido o prazo de cinco anos, pudesse pedir a instauração de TCE, com o objetivo específico de avaliar a regularidade da prática de determinado ato.

Nesse sentido, destaca-se a importante posição do Ministério Público, na autorizada e judiciosa manifestação do Dr. Francisco de Salles Mourão Branco:

> 22. Que fique bem claro, portanto, que esta Procuradoria, em sua promoção de 10.08.1990 (cf. fl.269/271), não requereu a revisão das contas anuais da entidade. Tampouco este Tribunal determinou essa revisão na v. decisão de 27.11.1990 (cf. fl.278).
>
> 23. Nem poderia mesmo esta Procuradoria interpor, no caso concreto, esse recurso de revisão, pois, segundo a tradição das Leis Orgânicas da Egrégia Corte, tal recurso é único e irrepetível, forrado de requisitos que o tornam excepcional, de modo a cercar a decisão definitiva das garantias de uma quase 'coisa julgada', se nos é permitido a força de expressão para evidenciar a segurança que o legislador quer conferir à denominada decisão definitiva deste Tribunal (cf. DL nº 199/67, art. 46, e Lei nº 8.443/92, arts. 10, § 2º, e 35) .
>
> [...]
>
> 28. Feita esta ressalva, que temos como imprescindível para deixar bem claro o nosso pensamento respeitoso para com a irrecorribilidade da decisão definitiva após cinco anos de ser prolatada, forçoso é enfatizar que a v. decisão de fls. 278 não esbarra e nem contradiz este ponto de vista, pois que não se intenta, ali, rever as contas anuais, nem alterar a decisão nela proferida há mais de um qüinqüênio [*sic*]. O que ocorreu, naquela assentada, foi que, no exercício de uma faculdade prevista em lei - e com maior ênfase na vigência do ordenamento jurídico inaugurado com Constituição promulgada em 5.10.1988, sobreleva a competência deste Tribunal para apreciar a legalidade dos atos administrativos através de processo fiscalizatório específico, através de inspeções e auditorias (cf. CF. arts. 70 e 71, e Lei nº 8.443/92, arts. 1º, 41,42,43 e, sobretudo, 47 e seu Parágrafo único, RI, art. 191 e seus §§) -, este Tribunal converteu um processo dessa índole fiscalizatória em processo de Tomada de Contas Especial, que não visava ao reexame das contas já julgadas, mas, sim, alguns fatos irregulares que não foram objeto de consideração à época daquele julgamento, os quais somente vieram a lume graças à realização do atual procedimento fiscalizatório.
>
> 29. Em assim procedendo, a Egrégia Corte não inovou em nada, pois que este é um procedimento corriqueiro não somente na vigência das novas disposições que regem a matéria (e por nós

apontadas no item anterior), bem como já era observado sob a égide das normas que anteriormente disciplinavam o assunto.[1451]

Mais recentemente, no entanto, inovando a sua ortodoxa jurisprudência, o Tribunal de Contas da União firmou entendimento de que a decisão definitiva em processo de tomada ou prestação de contas ordinária constitui fato impeditivo da imposição de multa ou débito em outros processos nos quais constem como responsáveis os mesmos gestores.[1452] Com esse entendimento, antes de julgadas as contas anuais, pode haver pedido de revisão, observado o prazo de cinco anos, mas depois não haverá qualquer utilidade no manejo desse recurso de revisão.

Embora imprescindível o dano causado ao erário, deve ser observado que o decurso de tempo pode constituir-se em cerceamento à defesa, obviando o seu pleno exercício. A aprovação de contas não impede à apreciação de fato isolado, mas obvia a imputação de débito e multa.

Há ainda uma terceira súmula do TCU sobre o recurso de revisão e aplicação de correção monetária que, pela superveniência de legislação dispondo em sentido contrário, parece, na atualidade, inaplicável - súmula nº 129, com o seguinte teor: "Não cabe a incidência de correção monetária, quando imputado o débito a responsável, por novo acórdão, em seu grau de revisão de Decisão ou Acórdão anterior a 24 de março de 1977".[1453]

A lembrança daquela súmula é feita pela possibilidade de sua utilização como marco a ser considerado na aplicação de juros de mora, que só podem incidir a partir da decisão do recurso de revisão, quando foi nesse que se imputou o débito.

Cabe ainda lembrar que a jurisprudência do Tribunal de Contas da União se firmou no sentido de que, não é possível imputar débito ou multa ao apreciar recurso de revisão, salvo se o recorrente for o Ministério Público que funciona junto a essa Corte. Essa restrição decorre do elementar princípio que veda a *reformatio in pejus*. Porém, não obsta que sejam feitas determinações de caráter genérico aos agentes públicos, das quais pode resultar débito ao gestor que já teve suas contas julgadas.[1454]

É importante que no manejo do recurso de revisão a parte indique com clareza o atendimento dos requisitos de admissibilidade e apresente a prova dos fatos. Alegações de que se trata de injustiça, de que não possui recursos para pagar o débito,

---

[1451] BRASIL. Tribunal de Contas da União. Denúncia. Processo TC nº 010.592/1989-0. Decisão nº 402/1993. Relator: Ministro Substituto Lincoln Magalhães da Rocha. Brasília, 8 de setembro de 1993. **Diário Oficial [da] República Federativa do Brasil,** Brasília, DF, 20 set. 1993. Seção 1, p. 14.044.

[1452] BRASIL. Tribunal de Contas da União. Tomada de Contas Especial. Decisão nº 1505/2002 - Plenário. Relator: Ministro Ubiratan Aguiar. Brasília, 6 de novembro de 2002. **Diário Oficial da União [da] República Federativa do Brasil,** Brasília, DF, 19 nov. 2002.

[1453] BRASIL. Tribunal de Contas da União. **Súmula nº 129.** Boletim TCU Especial, Brasília, ano XL, n. 6, 4 dez. 2007. Disponível em: <http://www.tcu.gov.br>. Acesso em: 7 dez. 2011.

[1454] Nesse sentido: Tribunal de Contas da União. Processo TC nº 014.466/2002-2. Acórdão nº 251/2004 - Plenário. Relator: Ministro Adylson Motta. Brasília, 17 de março de 2004. **Diário Oficial da União [da] República Federativa do Brasil,** Brasília, DF, 29 mar. 2004. Seção 1, p. 94.

de que a parte não está conformada com a decisão ou, ainda, mera repetição dos argumentos e provas apresentadas anteriormente levam à sumária rejeição do recurso.[1455]

Em suas decisões mais recentes, o TCU tem sido cada vez mais claro sobre os requisitos de admissibilidade do recurso de revisão, valendo a transcrição:

> Considerando que, quanto à admissibilidade do recurso de revisão, além dos requisitos exigidos a todos os recursos, tal apelo requer o atendimento das condições específicas previstas no art. 35, incisos I, II e III, da Lei 8.443/1992, ou seja, deve ser fundado em: a) erro de cálculo; b) falsidade ou insuficiência de documentos em que se tenha fundamentado o acórdão recorrido; c) superveniência de documentos novos com eficácia sobre a prova produzida;
>
> Considerando que, segundo a jurisprudência deste Tribunal:
>
> a) o recurso de revisão constitui instância excepcional, semelhante à ação rescisória no processo civil (conforme expressamente disposto no art. 288 do Regimento Interno do TCU), destinada à correção de erro de cálculo, falsidade ou insuficiência de documentos ou análise de documentos novos, não se admitindo o mero reexame de argumentos e teses jurídicas expostas no julgamento das contas e no recurso de reconsideração (Acórdão 2.194/2020-TCU-Plenário, relator Ministro Bruno Dantas);
>
> b) entende-se como documento novo com eficácia sobre a prova produzida, para fins de admissibilidade de recurso de revisão (art. 35, inciso III, da Lei 8.443/1992), aquele ainda não examinado no processo, independente da data de sua constituição (Acórdão 2.874/2010-TCU-Plenário, relator Ministro José Mucio Monteiro);
>
> c) para que o recurso de revisão seja conhecido é necessário que os novos documentos apresentados possuam, em tese, a possibilidade de alterar o juízo a respeito dos fatos que ensejaram as condenações, concorrendo para o deslinde da questão. O exame de admissibilidade deve repelir apresentação de documento novo, como pretexto para ensejar rediscussão do mérito, com base em provas já examinadas no processo (Acórdão 1.187/2009-TCU-Plenário, relator Ministro Walton Alencar Rodrigues);[1456]

[1455] Há diversos de acórdãos nesse sentido, como, por exemplo: BRASIL. Tribunal de Contas da União. Processo TC nº 001.246/1999-2. Acórdão nº 1777/2008 - Plenário. **Diário Oficial da União [da] República Federativa do Brasil,** Brasília, DF, 29 ago. 2008. Seção 1, p. 132.

[1456] BRASIL. Tribunal de Contas da União Acórdão nº 268/2024 - TCU - Plenário. Disponível em: https://pesquisa.in.gov.br/imprensa/jsp/visualiza/index.jsp?data=07/03/2024&jornal=515&pagina=65&totalArquivos=81.

3.2.4.2.10.4 Do pedido de reexame

Conquanto as normas não elenquem o pedido de reexame como um recurso, parece que o mesmo possui tal natureza, pois pode ensejar a alteração de uma decisão, inclusive por postulação do interessado prejudicado.

a) recorribilidade dirigida às decisões referentes a (quando cabe?): atos sujeitos a registro, entre os quais os de admissão, aposentadoria, reforma e pensão, e atos e contratos sujeitos à fiscalização.[1457]

b) legitimidade ativa: (quem pode recorrer?):

b.1) o responsável;

b.2) o interessado;

b.3) o Ministério Público.[1458]

c) prazo: (até quando recorrer?): 15 dias.[1459]

d) forma: escrita.[1460]

e) efeitos: devolutivo e suspensivo.[1461]

f) dirigido: uma única vez, a quem houver proferido a decisão recorrida

A propósito especificamente deste recurso, o Supremo Tribunal Federal decidiu:

> 1. Não se faz necessária a notificação prévia e pessoal da data em que será realizada a sessão de julgamento de recurso de reconsideração pelo Tribunal de Contas da União. Ausência de ofensa aos princípios da ampla defesa e do devido processo legal quando a pauta de julgamentos é publicada no Diário Oficial da União. 2. O pedido de sustentação oral pode ser feito, conforme autoriza o art. 168 do Regimento Interno do Tribunal de Contas da União, até quatro horas antes da sessão. Para tanto, é necessário que os interessados no julgamento acompanhem o andamento do processo e as publicações feitas no Diário Oficial da União. 3. Agravo regimental ao qual se nega provimento.[1462]

[1457] a) em sede de Tomada de Contas Especial também é possível sua aplicação, se, e somente se, estiver subjacente uma das matérias versadas nas seções III e IV do Capítulo II do Título II da Lei nº 8.443/1992 - Lei Orgânica do Tribunal de Contas da União. b) como se vê logo a seguir, para corroborar essa linha de entendimento, cabe obtemperar que o art. 15, inc. II, do Regimento Interno do TCU - Resolução nº 246/2011 - trata dos recursos e do pedido de reexame no mesmo dispositivo, assegurando a competência do plenário daquela Corte para o seu julgamento.

[1458] a) sobre o assunto, consultar os comentários no subitem 3.2.4.2.5.2, concernente a recurso do Ministério Público;

b) também os sucessores têm direito legítimo ao recurso; c) conforme Regimento Interno/TCU, arts. 285 e 286.

[1459] BRASIL. **Regimento Interno e Lei Orgânica doTribunal de Contas da União.** Organização dos textos e índice por J. U. JACOBY FERNANDES. Belo Horizonte: Fórum, 2014. Lei nº 8.443/1992, art. 48, parágrafo único, c/c art. 33.

[1460] *Ibidem.*

[1461] *Ibidem*; Resolução TCU nº 246/2011, art. 285.

[1462] BRASIL. Supremo Tribunal Federal. **Mandado de Segurança nº 26732/DF.** Relatora: Ministra Cármen Lúcia. Disponível em: <http://www.stf.jus.br>. Acesso em: 14 dez. 2011.

Note que a notificação e a citação pessoal são indispensáveis para a formação da relação jurídica, mas que para o julgamento do recurso não se faz, como entendeu o STF, necessário que a parte seja notificada. Exceção existe, como foi registrado, no recurso de revisão.

3.2.4.2.10.5 Agravo

O agravo,[1463] como a maioria desses recursos no Poder Judiciário, não se encontra estabelecido em lei, mas decorre de normas regimentais que alguns Tribunais de Contas definiram.

Ainda que tenha sido criado por relevantes fundamentos, acaba por constituir-se apenas em mais um instrumento protelatório do processo.

a) recorribilidade dirigida às decisões referentes a (quando cabe?):

a.1) indeferimento liminar de alegação de defesa ou razão de justificativa adicional, pedido de habilitação de interessado em processo, ou juntada de documentos;

a.2) determinação de diligência em processo relativo a ato sujeito a registro;

a.3) determinação de medidas cautelares durante procedimento de fiscalização de atos ou contratos;

a.4) outros atos de mesma natureza que indefiram liminarmente o exercício de uma faculdade processual.

b) legitimidade ativa (quem pode recorrer?):

b.1) o responsável;

b.2) o interessado;

b.3) o Ministério Público.

c) prazo (até quando recorrer?): definido nas normas regimentais de cada tribunal.

d) forma: escrita.

e) efeitos: devolutivo e suspensivo.

f) dirigido: uma única vez, a quem houver proferido a decisão recorrida, que poderá revê-la ou encaminhá-la ao plenário.

[1463] Este subtítulo foi elaborado a partir de pesquisas na jurisprudência do Tribunal de Contas da União e do Manual de Recursos do órgão: Portaria nº 486-GP, de 26 de out. de 1998. Aprova o manual de recursos do Tribunal de Contas da União. **Boletim do Tribunal de Contas da União**, Brasília, DF, 27 out. 1998, edição especial.

3.2.5 Competência em razão do território

De acordo com a Constituição Federal, o Tribunal de Contas da União tem jurisdição em todo território nacional.[1464]

A redação desse texto está aquém do interesse do controle e permite abrir discussões acerca da competência do TCU sobre pessoas que, obtendo recursos da União, ficam encarregadas da aplicação destas fora do território nacional.

Parece inequívoco frente à Constituição Brasileira,[1465] que o TCU teria competência também nesses casos, mas a lei expressamente os não abrange.

A propósito, cabe observar que a Lei Orgânica do Tribunal de Contas de Portugal estabelece que:

> o poder de controle financeiro em toda ordem jurídica portuguesa, no âmbito territorial, abrange todo o território nacional e o estrangeiro, e, no âmbito pessoal, em geral, todas as entidades que administram dinheiros públicos (independentemente da sua natureza jurídica) e, em especial, os serviços e organismos que integram a Administração Pública - central, regional e local autárquica (artigo 1º e 17º) -, exceto as empresas públicas.[1466]

É óbvio que a ressalva final da lei lusitana, posta em destaque, não é compatível com o ordenamento jurídico brasileiro, o qual também submete as pessoas jurídicas de direito privado ao controle exterior.

A legislação de Portugal esclarece que:

> Em relação aos recursos oriundos da comunidade da União Européia [*sic*], o Tribunal de Contas de Portugal também exerce sua jurisdição em relação aos que forem aplicados em território nacional, em cooperação com os organismos de controle daquela comunidade.

Essa competência deveria ser acolhida, guardadas as devidas proporções, na aplicação de recursos captados pelo Brasil, por meio de organismos de financiamento multilaterais de que o país faça parte. Mas, não só na aplicação, como também na avaliação da regularidade das contribuições para os mesmos organismos.

3.2.5.1 A divisão de competência

Amparado em Rubens Catelli, cabe acrescentar:

> a norma dispõe sobre matéria de competência obrigatória pelos Estados-membros, não permitindo, em conseqüência [*sic*], a estes qualquer distorção na aplicação das normas que corporificam o sistema de fiscalização instituído.

[1464] BRASIL. **Constituição da República Federativa do Brasil** (Versão Bolso). Organização dos textos e índice por J. U. JACOBY FERNANDES. 2. ed. Belo Horizonte: Fórum, 2019. "Art. 73. O Tribunal de Contas da União, integrado por nove Ministros, tem sede no Distrito Federal, quadro próprio de pessoal e jurisdição em todo o território nacional, exercendo, no que couber, as atribuições previstas no art. 96 [...]".

[1465] *Ibidem*, art. 70, parágrafo único, c/c art. 71, inc. II.

[1466] **Encontro dos Tribunais de Contas dos Países de Língua Portuguesa**, 1 ed., 1995, Lisboa. Anais... Lisboa: Tribunais de Contas de Portugal, 1995, p 312-313.

Ao final, arremata que os Estados não podem desobedecer à ordenação dada ao Tribunal de Contas da União, sendo que as normas só podem ser postas de lado onde "não couber a sua aplicação".

A lógica abona a interpretação literal, na medida em que se pretende, no art.74, um sistema de controle interno, o qual certamente deve ter uma interface com o sistema de controle externo. Inexoravelmente, a estruturação sistêmica exige uma similitude orgânica. Aliás, com a singeleza e a capacidade de síntese que sempre o destacaram, pontifica Wolgran Junqueira Ferreira: "Todos os órgãos estaduais e municipais devem ter simetria com o Tribunal de Contas da União".[1467]

Poderia um Estado criar na Constituição Estadual norma conflitante com o modelo federal?

Responde, com propriedade J. Cretella Jr. que

> nenhuma Constituição de Estado-membro pode abrigar uma só regra jurídica constitucional que conflite com a correspondente regra jurídica constitucional federal. [...] A Constituição Federal é a matriz. Dá os parâmetros a serem seguidos em todo o país.[1468]

Com sabedoria e senso de justiça, pode-se equacionar a questão, com respeito ao princípio federativo, de molde a proporcionar uma convivência harmoniosa dos órgãos de controle dessas esferas de governo. É possível, porém, que, eventualmente, sejam suscitados conflitos de competência. Por esse motivo, impõe-se a análise do poder de fiscalização do TCU, como dos tribunais de contas dos estados, visando oportunizar possível exame de conflito de competência.[1469]

3.2.5.2 A descentralização do controle

No âmbito da estrutura jurídica institucional de controle, a definição da questão não está diretamente associada à singela relação órgão-repassador-fiscalizador-tomador das contas, tendo no outro polo, órgão-recebedor-fiscalizador e prestador de contas. Antes, incide sobre essa relação, para definir o terceiro e quarto elemento -poder de fiscalizar e tomar contas -, outros critérios, como por exemplo:

[1467] FERREIRA, Wolgran Junqueira. **Comentários à Constituição de 1988**. Campinas: Julex, 1989, 2. v. p. 634.

[1468] CRETELLA Jr., José. **Comentários à Constituição de 1988**. Rio de Janeiro: Forense Universitária, 1997, v. 5, p. 2.838.

[1469] Note-se que esse tema pode implicar em outras consequências no âmbito judicial. Veja a dificuldade para definir e executar a recomposição do erário nesta ementa: "[...] 1. A ação de improbidade proposta pelo município contra o seu ex-prefeito, por falta de prestação de contas do convênio firmado com órgão descentralizado da União (FNDE), embora tratando-se de verba federal, deve ser processada junto à Justiça do Estado, em face da demonstração de desinteresse da União e do FNDE na causa. 2. Nos termos do artigo 109, I da Constituição Federal, a competência cível da justiça federal dá-se em razão da pessoa e não da matéria. Portanto, para que a presente demanda fosse processada e julgada pela justiça federal, necessariamente, deveria figurar na lide como autoras, rés, assistentes ou oponentes, a União, suas entidades autárquicas ou empresas públicas federais. Não sendo essa a hipótese dos autos, embora a verba seja resultante de convênio com a União, falece competência à Justiça Federal para conhecimento e julgamento da causa. [...]". BRASIL. Tribunal Regional Federal – 1. Região. Processo AI nº 2007.01.00.016602-6 - 4. Turma. Relatora: Desembargadora Rosimayre Gonçalves de Carvalho. Brasília, 10 de setembro de 2007. **Diário da Justiça [da] República Federativa do Brasil**, Brasília, DF, 28 set. 2007, p. 47.

a) o princípio da descentralização;

b) o princípio da economicidade;

c) o princípio da eficiência;

d) o princípio federativo.

Os princípios referidos defluem da evolução histórico-jurídica, encontrando arrimo no Decreto-Lei nº 200, de 25 de fevereiro de 1967, e em outros diplomas editados na esteira da reforma administrativa.

O primeiro princípio, à luz do art. 10 daquele diploma, assentou-se em linhas diretivas, como descentralizar e distinguir os níveis de direção e execução, no âmbito federal; descentralizar da administração federal para as unidades federadas; descentralizar a competência da administração casuística – decisão de casos individuais – para os serviços de natureza local, que estão em contato com os fatos e com o público. Por fim, ressalvados apenas "os casos de manifesta impraticabilidade ou inconveniência," a execução de programas federais, de caráter nitidamente local, deverá ser delegada aos órgãos estaduais e municipais. Definiu, ainda, que os *órgãos federais responsáveis* pelos programas exercerão a fiscalização e o controle indispensável sobre a execução local.

Poderia a lei descentralizar o controle? A resposta é afirmativa e pode significar implemento de eficácia, se adotados meios de gerenciamento adequados de gestão de programas. Em plena consonância com a visão de futuro, o próprio Decreto-Lei nº 200/1967, no art. 14, ao cuidar do controle, portanto, norma específica, recomendou a incidência do princípio da economicidade, segundo expressões vernaculares correspondentes à época.

Essas linhas gerais são indicativas de que se o dever de prestar contas é indelével e inarredável, o mesmo não se pode dizer em relação ao tomador e fiscalizador das contas, que embora deva necessariamente existir, poderá ter parâmetros e forma, ou até o agente, definidos em norma infraconstitucional.

Nesse compasso, é importante assinalar que a reforma do Estado tem lançado matizes no amplo espectro de competência, rumo à racionalização do controle. Merecem ser destacados os seguintes trechos de importante manifestação do ilustre Dr. Domingos Poubel de Castro, então secretário federal de controle:

> Tudo isso posto, concluiu-se que os procedimentos em vigor, que orientam o exame e aprovação da prestação de contas de convênios de natureza financeira, firmados entre a União, Estados e Municípios e Distrito Federal, não se coadunam com o princípio da economicidade exigido nos textos constitucionais acima referidos, e, tampouco, com a celeridade desejável na prática administrativa, ensejando a revisão de tais procedimentos, para o que proponho a inclusão de um artigo na medida Provisória de nº 1626/48, que organiza e disciplina os Sistemas de Controle Interno e de Planejamento e de Orçamento do Poder Executivo [...]

> Por tudo isto, e considerando a economia, inclusive processual, preconizada pelo artigo 14 do Decreto-lei 200/67, sugiro a reorientação da matéria, salientando que a sugestão de valer-se da medida provisória nº 1626/48, para implementação da proposta, decorre da pertinência da matéria com as competências do Sistema de Controle do Poder Executivo Federal [...]
>
> Corroborando esse nosso posicionamento, o Excelentíssimo Senhor Presidente da República acabou de sancionar a Lei nº 9.604 de 05 de fevereiro de 1998,[1470] aplicável especificamente aos recursos do Fundo Nacional de Assistência Social, que determina, de modo semelhante, o encaminhamento das prestações de contas dos recursos descentralizados pelo Governo Federal para as esferas estaduais e municipais, aos órgãos de controle daquelas esferas governamentais, dispensando, distante a comprovação formal da aplicação de tais recursos ao Governo Federal, passando a exigir, tão somente, a comprovação do cumprimento do objeto que tenha motivado a transferência dos recursos.[1471]

3.2.5.2.1 Conflito entre Tribunais de Contas

Esse breve panorama da legislação e as considerações expendidas permitem a definição de dois vetores fundamentais - limitador e expansor - para a ação do controle externo exercido pelos Estados-membros.

O primeiro impõe limite ao poder de controle externo do Estado-membro frente à sociedade dos órgãos e agentes controlados, definidos pelo direito, e estabelece uma relação de cooperação com o Poder Legislativo.

O segundo vetor expande o poder de controle externo dos Estados-membros em duas grandes áreas: primeiro ao estabelecer limites aos órgãos federais em suas incursões controladoras sobre gestão de recursos administrados pelos Estados;[1472] segundo ao ampliar o modelo estrutural da ação de controle externo, permitindo o desenvolvimento de novos paradigmas de sistemas, que pela criatividade possa açambarcar, em favor do cidadão, a mais ampla expressão de uso eficaz e probo de recursos públicos.

[1470] BRASIL. Supremo Tribunal Federal. Ação Direta de Inconstitucionalidade (Med. Liminar) nº 1934-7 - Plenário. Relator: Ministro Moreira Alves. Brasília, 1 de setembro de 1999. **Diário da Justiça [da] República Federativa do Brasil,** Brasília, DF, 22 out. 1999.

[1471] BRASIL. Ministério da Fazenda. Nota técnica SFC/MF nº 02, de 9 de fevereiro de 1998.

[1472] O Tribunal de Contas da União decretou a indisponibilidade de bens dos dirigentes da TERRACAP, empresa pública sob controle acionário do Distrito Federal. Eis o teor da ementa: "[...] 1. TERRACAP. 2. Determinação de Tomada de Contas Especial pelo Tribunal de Contas da União. Suposta 'grilagem' de terras. 3. Ato de decretação da indisponibilidade dos bens de dirigentes da TERRACAP. 4. Preliminar de decadência rejeitada. 5. Incompetência do TCU para a fiscalização da TERRACAP. Sociedade de economia mista sob controle acionário de ente da federação distinto da União. 6. Ordem deferida. [...]". BRASIL. Supremo Tribunal Federal. Mandado Segurança nº 24423/DF - Pleno. Relator: Ministro Gilmar Mendes. Brasília, 10 de setembro de 2008. **Diário da Justiça [da] República Federativa do Brasil,** Brasília, DF, 20 fev. 2009.

Sobre o primeiro vetor - limitador do controle - Montesquieu ensina: "Para que não possa abusar do poder, é preciso que, pelas disposições das forças, o poder detenha o poder".

Dando azo à filosofia pátria Acrescentaríamos, com Calheiros Bonfim: "Todo o poder a salvo de controle externo tende ao abuso, ao arbítrio, ao autoritarismo. Dessa regra não se excetua o Judiciário, nem qualquer outra instituição". O renomado jurista abre exceção ao controle externo como fator limitador de poder, mas não aos órgãos de controle externo que a exemplo dos órgãos do Poder Judiciário devem ser submetidos também a um controle externo.

Por isso, os Tribunais de Contas têm o dever de prestar contas de sua gestão ao Poder Legislativo, mediante relatórios periódicos e realização de auditorias e inspeções requeridas, com acatamento da forma regimental, pelas casas parlamentares.

Já tive oportunidade de realizar estudos no direito comparado e verifiquei que a evolução da sociedade leva ao exaurimento da função legislativa e ao aprimoramento da função de controle, competindo ao Poder Legislativo estar ciente da atenção que deve dispensar à elaboração da lei orçamentária e ao julgamento das contas do chefe do Poder Executivo. Em conferência realizada em Coimbra, sob os auspícios do Centro Brasileiro de Administração e Direito - CEBRAD, destacamos esse papel, associado à ação dos Tribunais de Contas, como instrumento de combate à corrupção numa visão de futuro, a curto espaço de tempo.

Na Argentina, enfocamos a importância do papel do controle em ano eleitoral como importante instrumento de garantia à regularidade do processo democrático, impeditivo de abusos da máquina administrativa.

É nesse cenário que vislumbramos o papel do Poder Legislativo e dos órgãos de controle externo, no qual todos têm um relevante papel a desempenhar, vez que o sistema pressupõe um nível de amadurecimento da cidadania onde a expressão "recursos públicos" assume a conotação de recursos de todos e não mais de recursos de ninguém.

Ao completar esse cenário é preciso incentivar o desenvolvimento da ação fiscalizadora do cidadão, tal como pretendia o movimento iluminista quando insculpiu na Declaração dos Direitos do Homem e do Cidadão, em 1789: "A sociedade tem o direito de pedir conta a todo agente público de sua administração".

No delineamento das competências tributárias coube ao Estado Federado o imposto mais diretamente relacionado com a coletividade e a riqueza da sociedade: aquele que incide sobre a circulação de mercadorias e sobre parcelas oriundas da repartição de tributos da competência das outras esferas de governo. Por esse motivo, o controle das riquezas dos Estados-membros depende, ainda mais, do amadurecimento político de um povo e da consciência da cidadania como parcela da sociedade.

Na medida em que não se desenvolve um direito constitucional estadual, deixa a sociedade de explorar as potencialidades de organização, estruturação e definição de competências próprias e peculiares, passando a exercer o papel menor de acolher matrizes federais. Em decorrência, na esfera da fiscalização e controle – que exige maior exercício do controle dos direitos difusos – a legislação sofre duplamente: pela atrofia no exercício e pelo subjugamento limitado ao papel de copiar competências.

Há searas a explorar e aqui podem se referir, por exemplo, ao controle sobre execução dos serviços públicos, tema sobre o qual tivemos a oportunidade de oferecer projeto de lei ao Deputado Distrital Peniel Pacheco, imediatamente aprovado, sem alteração, pelo Parlamento local. Muito há ainda a ser feito, como por exemplo, para os Tribunais de Contas criarem sistema de atendimento ao público[1473], que, ainda não corrompido pelo sentimento de impunidade, busca alguém a quem possa oferecer denúncia ou fazer reclamação.

Entre a harmonização com o modelo estabelecido pela Constituição Federal e a impossibilidade de inovar ou o dever de copiar existe uma longa distância. Compete, pois, aos operadores do direito vivificar a norma, torná-la fértil, real concreta, para que a sociedade sinta a presença permanente da possibilidade de exercitar o controle, sem custos pessoais ou financeiros, sem demoras ou objeções, sem timidez ou vergonha.

Que o desenvolvimento desse rico manancial de exercício do poder constituinte decorrente e do de legislar seja efetivamente progressivo e aponte na direção de novos horizontes, na consolidação de uma sociedade mais consciente, justa e fraterna.

3.2.5.3 Recursos repassados às demais esferas de governo

O Poder Judiciário assentou entendimento de que compete à Justiça Federal processar e julgar autoridade municipal que comete crime na aplicação irregular de recursos públicos repassados pela União:

> Compete à Justiça Federal de segunda instância (Tribunais Regionais Federais) o processo e julgamento dos ilícitos praticados por prefeito em detrimentos de bens, serviços ou interesse da União, hipótese em que, segundo orientação firmada pela jurisprudência do Supremo Tribunal Federal, incide o art. 109, inciso IV, da Constituição da República. Neste caso, cuida-se de crime de malversação de verbas públicas concedidas a município pelo Fundo Nacional de Desenvolvimento da Educação (FNDE) sob condições e sujeitas à prestação de contas ao Ministério da Educação e a julgamento pelo Tribunal de Contas da União.[1474]

[1473] O Tribunal de Contas da União lançou, no dia 23/4/2025, a Plataforma do Cidadão, permite que qualquer pessoa participe ativamente da definição de prioridades na fiscalização dos recursos públicos. Disponível em: https://cidadao.tcu.gov.br/.

[1474] BRASIL. Superior Tribunal de Justiça. *Habeas Corpus* nº 68.967/PR. Relator: Ministro Ilmar Galvão. **Diário da Justiça [da] República Federativa do Brasil,** Brasília, DF, 16 abr. 1993; *Habeas Corpus* nº 69.649/DF. Relator: Ministro Carlos Mário Velloso; *Habeas Corpus* nº 74.788/MS. **Diário da Justiça [da] República Federativa do Brasil,**

Acerca do tema, coube ao Ministro Maurício Corrêa do STF, fazer a singular distinção entre os recursos sujeitos à prestação de contas e outros repasses não condicionados. Indispensável transcrever *in verbis*:

> *Habeas-corpus* - Competência - Para julgamento de prefeito municipal por crimes praticados contra a União.
>
> 1. Os Tribunais de Justiça são competentes para processar e julgar prefeitos municipais por crimes comuns (Constituição, art. 29, X), assim entendidos também aqueles relativos à malversação de verbas recebidas da União sem condição. Precedente.
>
> 2. Os Tribunais Regionais Federais são competentes para processar e julgar prefeitos municipais por infrações praticadas em detrimento de bens, serviços ou interesse da União (Constituição, art. 109, IV), assim entendidas também aquelas relativas à malversação de verbas recebidas da União sob condição e sujeitas à prestação de contas e ao controle do Tribunal de Contas da União. Precedentes.
>
> 3. Habeas-corpus conhecido e deferido para anular as decisões do Superior Tribunal de Justiça, que julgaram o Conflito de Competência e, em consequência, os atos decisórios praticados pelo Tribunal de Justiça e determina a remessa dos autos ao Tribunal Regional Federal da 4ª Região para que, fixada a sua competência, proceda como entender de direito.[1475]

A definição da condição enseja controvérsias, pois os recursos podem ser transferidos sob condições uniformes, definidas em lei para sua aplicação, como ocorre com os fundos financeiros e de investimento ou em condições discricionárias de convênios, termos de parceria com Organização de Sociedade Civil de Interesse Público - OSCIP etc.

Quanto aos últimos instrumentos para repasse de recursos federais a Estados e Municípios, tem prevalecido o entendimento definindo a competência do TCU e Justiça Federal. Com relação à descentralização de ações, o Supremo Tribunal Federal decidiu, em voto conduzido pelo Ministro Sepúlveda Pertence, que, se a ação está inserida no rol de deveres/competência da União, os crimes devem ser julgados pela Justiça Federal:

> I - Competência: Justiça Federal: desvio por Prefeito de verbas oriundas da quota federal do produto da arrecadação do salário-educação.
>
> A quota federal do produto da arrecadação do salário-educação é receita da União, destinada, embora, em parte, à assistência financeira aos sistemas locais de ensino fundamental, na razão da

---

Brasília, DF, 12 set. 1997; *Habeas Corpus* nº 78.728. Relator: Ministro Maurício Corrêa. **Diário da Justiça [da] República Federativa do Brasil,** Brasília, DF, 16 abr. 1999; **Recurso Extraordinário nº 232.093/CE**. Relator: Ministro Sepúlveda Pertence. Disponível em: <http://www.stf.jus.br>. Acesso em: 10 dez. 2009.

1475 BRASIL. Supremo Tribunal Federal. *Habeas Corpus* nº 78.728-2/RS. Relator: Min. Maurício Corrêa. Brasília, 23 de fevereiro de 1999. **Diário da Justiça [da] República Federativa do Brasil,** Brasília, DF, 16 abr. 1999.

carência de recursos próprios, do menor desenvolvimento e dos maiores déficits de escolaridade infantil (D.L. 1422/75, art. 2º, § 1º, b) não se cuida, assim, de subsídios discricionariamente concedidos pela União aos Municípios, mas de realizar a União uma função que é sua, a que o texto constitucional vigente chama "função redistributiva e supletiva" em matéria de educação, "de forma a garantir equalização de oportunidades educacionais e padrão mínimo de qualidade de ensino": no desvio de recurso dela advindos, ainda que imputável a agentes políticos ou servidores locais, o que se tem é, pelo menos, crime em detrimento de um serviço da União, a ditar a competência repressiva da Justiça Federal.

II - Conexão: concurso de crime, um deles da competência da Justiça Federal: força atrativa desta que cessa quando já existe condenação.

É firme na jurisprudência do STF que, na hipótese de concurso de infrações penais, a competência da Justiça Federal para uma delas arrasta por conexão a competência para o processo das demais (v. g. HC 68.399, Pertence, 19.2.91, RTJ, 135/672), não obstante, é de aplicar-se o princípio do art. 82, C. Pr. Quando embora o único crime da alçada federal e os diversos crimes de competência da Justiça Estadual tenham sido objeto de processo único na Justiça do Estado, neste já se tenha proferido sentença condenatória definitiva, nessa hipótese, a nulidade se restringe à persecução do crime federal, precedência (HC 57.949, 23. 8. 90, Xavier, DJ 17.10.80).[1476]

O mesmo entendimento foi consagrado no STJ, pela 3ª turma:

CONSTITUCIONAL. PENAL. *HABEAS CORPUS*, CRIME FUNCIONAL, DESVIO DE VERBAS DO FUNDEF, COMPETÊNCIA, SÚMULA Nº 208/STJ.

- A Terceira Seção do Superior Tribunal de Justiça consolidou o pensamento jurisprudencial afirmativo da tese de que "compete à Justiça Federal processar e julgar prefeito municipal por desvio de verba sujeita a prestação de contas perante o órgão federal" (Súmula nº 208).

- Compreende-se no conceito de "verba sujeita a prestação de contas perante órgão federal" as receitas do Fundo de Desenvolvimento do Ensino Fundamental e de Valorização do Magistério - FUNDEF - porque sujeitas tais verbas ao controle do Tribunal de Contas da União.

- Dentro dessa visão exegética, impõe-se o reconhecimento da competência da Justiça Federal de Segundo Grau, para processar e

[1476] BRASIL. Supremo Tribunal Federal. HC nº 74.788/MS. Relator: Ministro Sepúlveda Pertence. Brasília, 27 de junho de 1997. **Diário da Justiça [da] República Federativa do Brasil** Brasília, DF, 12 set. 1997, p. 43.714.

> julgar prefeitos e seus co-réus [*sic*] acusados de desvio de verbas do FUNDEF.
>
> - Habeas-corpus concedido.[1477]

O entendimento prevalecente, na atualidade, é o exposto. Mas, cabe questionar, com as vênias de estilo, se é o mais lógico e o mais correto. Essa é função da doutrina: trazer reflexão sobre decisões e temas que precisam evoluir.

Nos subitens a seguir será desenvolvido raciocínio, demonstrando a necessidade de maior reflexão sobre o tema, podendo-se desde logo trazer a lume o entendimento, em sentido oposto ao prevalecente na atualidade, que foi outrora consagrado no STF.

> *HABEAS CORPUS*. AÇÃO PENAL CONTRA PREFEITO MUNICIPAL, MALVERSAÇÃO DE VERBAS PÚBLICAS CONCEDIDAS AO MUNICÍPIO POR ENTIDADE FEDERAL DA JUSTIÇA COMUM.
>
> I - Alegação de competência da Justiça Federal. A verba, ainda que proveniente de entidade federal, passou ao patrimônio da municipalidade. O prejuízo resultante da sua malversação pesou sobre o Município, não sobre a União. Afasta-se a incidência do art. 109-IV da Constituição.[1478]

Se é certo que qualquer pessoa, seja física ou jurídica, que receba recursos públicos fica jungida ao dever de prestar contas; se também é correto que mesmo Estados, Municípios e Distrito Federal, quando recebem recursos federais, ficam sujeitos ao dever de prestar contas, não é necessariamente correto declarar-se, *ipso facto*, que os ordenadores de despesa dessas unidades estão submetidos ao poder fiscalizador do TCU. A definição da competência e sua exata dimensão depende das seguintes ocorrências:

I. os recursos sejam públicos federais[1479] (*lato sensu*);

[1477] BRASIL. Superior Tribunal de Justiça. ***Habeas Corpus* nº 13.533/CE**. Relator: Ministro Vicente Leal. Disponível em: <http://www.stj.jus.br>. Acesso em: 10 dez. 2009.

[1478] BRASIL. Supremo Tribunal Federal. Recurso em *Habeas Corpus* nº 71.419/MT – 2. Turma. Relator: Ministro Francisco Rezek. Brasília, 31 de abril de 1994. **Diário da Justiça [da] República Federativa do Brasil**, Brasília, DF, 16 jun. 1995, p. 10.219.

[1479] Em auditoria operacional, o Tribunal de Contas da União, que tinha por objetivo conhecer as iniciativas implementadas e em andamento, nas três esferas federativas, para a retomada e conclusão das obras públicas paralisadas custeadas com recursos federais, fez várias determinações aos órgãos federais e fixou prazos para levantamento sistematizado e elaboração de um plano central de gestão das obras paralisadas, elaboração de planos táticos e disponibilização de informações de todas as obras paralisadas custeadas com recursos federais na plataforma de obras oficial com a devida uniformização dos critérios de classificação de obras. BRASIL. Tribunal de Contas da União. Acórdão nº 2134/2023 - TCU - Plenário 1. Disponível em: https://pesquisa.in.gov.br/imprensa/jsp/visualiza/index.jsp?data=30/10/2023&jornal=515&pagina=241&totalArquivos=261. Veja também: Acórdão nº 517/2024 - TCU – Plenário. Disponível em: https://pesquisa.in.gov.br/imprensa/jsp/visualiza/index.jsp?data=15/04/2024&jornal=515&pagina=410&totalArquivos=434.

II. os órgãos repassadores sejam jurisdicionados ao TCU;

III. do instrumento ou a legislação que ensejou o repasse conste o dever de prestar contas;

IV. o direito-dever de exigir as contas seja afeto ao órgão repassador ou a outro, desde que sujeito à jurisdição do TCU;

V. o órgão tomador das contas instaure Tomada de Contas Especial - TCE[1480], por dano causado ao erário;

VI. a irregularidade seja comprovada e não elidida;

VII. a TCE seja encaminhada ao TCU.

Examinando algumas das ocorrências mais comuns, verifica-se que o poder fiscalizador não é tão externo quanto pretendem os que fazem exame perfunctório do art. 70 da Constituição Federal.

3.2.5.3.1 Convênios entre unidades federadas

Se a fiscalização dos recursos dos fundos está bem equacionada, o mesmo também se pode afirmar em relação aos convênios firmados entre a União e as demais esferas de governo.

Pano de fundo para a questão é a política tributária injusta e iníqua, que, não se sabe graças a quê, ainda não motivou uma nova "derrama" ou Inconfidência. Sustentada por esse equilíbrio instável e letárgico, perpetra constante violação aos princípios vetores da Administração Pública, em especial, ao princípio da impessoalidade.

Efetivamente, como o convênio é ato de colaboração entre as partes, deve ser reconhecida razoável ou enorme margem de discricionariedade. A imprensa, sempre vigilante, tem apontado indícios de favorecimento para Estados geridos por partidos do Governo federal, ou ainda, a maciça liberação de recursos em períodos pré-eleitorais. Por dever de Justiça e a bem da verdade, tais acusações não se referem especificamente a um ou outro governo, parecendo ser mesmo uma constante.

Qual a situação geral dos convênios? Merece o tema atenção da sociedade? Segundo estatísticas do próprio TCU, no ano de 1997 o Governo federal firmou, só com

---

[1480] a) Em auditoria operacional, que deu origem ao Acórdão nº 743/2025, o TCU cobrou fortalecimento dos controles internos do FNDE para garantir rastreabilidade e integridade no uso dos recursos da merenda escolar (PNAE). Disponível em: https://pesquisa.apps.tcu.gov.br/redireciona/acordao-completo/ACORDAO-COMPLETO-2605072.

b) em outra oportunidade, à vista da declaração do STF de inconstitucionalidade do orçamento secreto, o TCU determinou ao FNDE que suspendesse a execução dos termos de compromisso celebrados nos exercícios de 2021 e 2022, para aquisição de Solução de Robótica Educacional até que fossem ouvidos os entes federativos sobre a anulação dos termos e o tribunal se manifasse a respeito. Acórdão nº 789/2023 - TCU - Plenário. Disponível em: https://pesquisa.in.gov.br/imprensa/jsp/visualiza/index.jsp?data=04/05/2023&jornal=515&pagina=102&totalArquivos=115

os Estados, o Distrito Federal e os Municípios, 51.004 convênios, numa assombrosa média de 142 por dia! O total de recursos alcançou a cifra de 3,2 bilhões de reais![1481]

Interessante notar que se estima o consumo de 34% do tempo destinado a julgamentos da Corte Federal de Contas para o exame desses convênios[1482].

Embora mereça aplauso a iniciativa de fiscalização conjunta, mediante acordo de cooperação entre Tribunais de Contas,[1483] é preciso refletir se o exame dos ditos convênios, de fato, insere-se na competência do TCU.

O instrumento de convênio é um ato jurídico administrativo. Nele assumem as partes obrigações recíprocas, entre as quais o dever de prestar contas.[1484] Pelas normas hoje em vigor, o direito de tomar contas é do órgão repassador, normalmente o ministério, a autarquia ou a fundação a ele vinculados. Se houver omissão, deverá o órgão repassador instaurar a correspondente Tomada de Contas Especial.[1485]

Esse sistema é de fato o único que, interpretado com rigor científico, evidencia não só conformidade com os melhores postulados do direito, como implica em extraordinária racionalização administrativa. Observe-se que, havendo regular aplicação de recursos, o dever de prestar contas e o correspondente dever de tomar contas exaure-se entre os convenentes. Havendo omissão, exsurge o dever de instaurar Tomada de Contas Especial e a competência do TCU para julgá-la.

Importante evidenciar, aqui, o conteúdo do art. 71, inc. II, da Constituição Federal, *in verbis*:

> Art.71. O Controle Externo, a cargo do Congresso Nacional, será exercido com o auxílio do Tribunal de Contas da União, ao qual compete:
>
> [...]
>
> II- julgar as contas dos administradores e demais responsáveis por dinheiros, bens e valores públicos da administração direta e indireta, incluídas as fundações e sociedades instituídas e mantidas pelo poder Público Federal, e as contas daqueles que derem causa a perda, extravio ou outra irregularidade de que resulte prejuízo ao erário público.

1481 BUGARIM, Bento. Painel de Debates. **Curso de Políticas Públicas**. Brasília, 1998. Trabalho não publicado.

1482 Por meio do acórdão nº 428/2022, a 2ª Câmara do TCU determinou a uma entidade que celebrasse convênios exclusivamente nos casos em que haja interesse recíproco e mútua cooperação e não como fuga ao procedimento licitatório, contrariando o disposto no art. 2º da Lei nº 8.666, de 1993, e o art. 1º, § 1º, inciso I, do Decreto nº 6.170, de 2007. Disponível em: https://pesquisa.in.gov.br/imprensa/jsp/visualiza/index.jsp?data=31/01/2022 &jornal=515&pagina=393&totalArquivos=406.

1483 BRASIL. **Regimento Interno e Lei Orgânica doTribunal de Contas da União.** Organização dos textos e índice por J. U. JACOBY FERNANDES. Belo Horizonte: Fórum, 2014. Lei nº 8.443/1992, art. 100.

1484 BRASIL. Lei nº 14;133/2021: **Lei de Licitações e Contratos Administrativos.** Organização dos textos e índice por Ana Luiza e J. U. Jacoby Fernandes. 2 ed. rev. e atual. Belo Horizonte: Fórum, 2022, art. 184. BRASIL. Portaria Conjunta MGI/MF/CGU nº 33, de 30 de agosto de 2023. Estabelece normas complementares ao Decreto nº 11.531, de 16 de maio de 2023, que dispõe sobre convênios e contratos de repasse relativos às transferências de recursos da União.. Disponível em: https://www.gov.br/transferegov/pt-br/legislacao/portarias/portaria-conjunta-mgi-mf-cgu-no-33-de-30-de-agosto-de-2023.

1485 BRASIL. **Regimento Interno e Lei Orgânica doTribunal de Contas da União.** Organização dos textos e índice por J. U. JACOBY FERNANDES. Belo Horizonte: Fórum, 2014. Lei nº 8.443/1992.

A primeira parte do inciso, que define a competência, renova o direito de julgar contas das autoridades federais da administração direta e indireta, na mais lata acepção. Na segunda parte, e por exceção, o constituinte submeteu também à jurisdição do Tribunal de Contas da União aqueles "que derem causa a perda, extravio ou outra irregularidade de que resulte prejuízo ao erário público". Reparem a simetria existente entre essa norma e aquela insculpida no art. 8º da Lei Orgânica do Tribunal de Contas da União.[1486] O fato leva a inafastável conclusão: somente se ficar apurado em regular processo administrativo, no qual se garanta a ampla defesa e o contraditório,[1487] o prejuízo ao erário federal é que se forma o liame jurídico que atrai a competência do Tribunal de Contas da União sobre agentes federais repassadores.

Desse modo, a avaliação da gestão se faz sobre o órgão repassador, que está sujeito à peculiar jurisdição de legalidade, economicidade e eficiência do Tribunal de Contas da União. Não havendo a prestação de contas do convênio, esse órgão repassador instaura a Tomada de Contas Especial e remete ao TCU para julgamento, apontando o responsável.

Em harmonia com o exposto, entende-se a competência definida no art. 71, inc. VI, da Constituição Federal: "fiscalizar a aplicação de quaisquer recursos repassados pela União, mediante convênio, acordo, ajuste ou outros instrumentos congêneres, a Estado, ao Distrito ou a Município".

O poder de fiscalização, ora referido, se exerce com a maior amplitude, sempre, porém, sobre a autoridade repassadora e, por intermédio, desta, sobre o agente recebedor do recurso. Assim, pode e deve o Tribunal de Contas da União promover o acompanhamento sistemático dos atos praticados pela autoridade repassadora, fiscalizar o cumprimento das normas em vigor, e até promover a fiscalização *in loco*. [1488]Somente depois de decorrido o prazo para a prestação de contas, ficando caracterizado o prejuízo, poderá o TCU reportar-se aos agentes públicos não federais, para julgar-lhes as contas, em processo de TCE instaurado pelo órgão repassador. Não se mostra razoável, estando ainda por vencer este prazo, que o agente recebedor do recurso, submetido à jurisdição do tribunal, tenha sua conduta avaliada. De igual modo, também não é correto que, tendo prestado contas, consideradas corretas pelo

---

[1486] BRASIL. **Regimento Interno e Lei Orgânica doTribunal de Contas da União.** Organização dos textos e índice por J. U. JACOBY FERNANDES. Belo Horizonte: Fórum, 2014. Lei nº 8.443/1992, art. 8º.

[1487] BRASIL. **Constituição da República Federativa do Brasil** (Versão Bolso). Organização dos textos e índice por J. U. JACOBY FERNANDES. 2. ed. Belo Horizonte: Fórum, 2019. Art. 5º, inc. LV.

[1488] BRASIL. Tribunal de Contas da União. Representação. Processo TC nº 009.931/2011-8. Acórdão nº 3395/2013 - Plenário. Relator: Ministro Benjamin Zymler. Brasília, 04 de dezembro de 2013. Disponível em: <**http://www.tcu.gov.br**>. Acesso em: 24 mar. 2011. O TCU firmou entendimento no sentido de que o convênio, executado na forma de contrato, assim entendido aquele que se destina a ressarcir despesas, implica na competência limitada do TCU para verificar apenas a efetiva realização dos serviços de saúde informados e a pertinência dos valores, sem ingerência na fiscalização da administração da entidade. O Controle efetuado pela Administração Pública deve se cingir exclusivamente aos valores pagos pelos serviços de saúde efetivamente prestados. Nesse sentido: BRASIL. Tribunal de Contas da União. Representação. Processo TC nº 001.509/1997-7. Acórdão nº 0038/2005 – Plenário. Relator: Ministro Lincoln Magalhães da Rocha. Brasília, 26 de janeiro de 2005; *Idem*. Processo TC nº 021.606/2010-2. Acórdão nº 3373/2012. Relator: Ministro Augusto Nardes. Brasília, 05 de dezembro de 2012. Disponíveis em: <**http://www.tcu.gov.br**>. Acesso em: 24 mar. 2011.

órgão repassador, o Tribunal de Contas da União venha a julgar atos de gestão referentes a tais recursos.[1489]

No âmbito do Distrito Federal, registraram-se casos de realização de obras com recursos federais, obtidos mediante convênio, em que houve julgamento tanto pelo Tribunal de Contas da União, quanto pelo Tribunal de Contas do Distrito Federal.[1490] Criou-se inusitado fato, porque a obra foi realizada, em parte, com recursos federais (18%). Os atos praticados não poderiam ser julgados parcialmente. Como conceber que 18% de uma licitação foi julgada legal?

O direito agasalha em seu âmago uma extraordinária lógica e sua aplicação não pode conduzir ao absurdo. No caso citado, a competência da Corte Federal limita-se a verificar:

a) se os recursos foram repassados;

b) se houve a correspondente prestação de contas;

c) por exceção, se a obra foi realizada.[1491]

O TCU exerce tal poder de fiscalização junto ao órgão repassador, podendo obrigá-lo a proceder à fiscalização *in loco*, ou, havendo motivos suficientes e justificáveis e por critérios de economicidade, poderá realizá-la por sua própria iniciativa.

Em matéria legislativa, coube ao ilustre Dr. Domingos Poubel de Castro dar significativo passo nessa linha diretiva. É evidente que o sistema de controle interno está assoberbado de exames de convênios e que estes vêm sendo fiscalizados pelos Tribunais de Contas dos Estados. Percebe-se, por isso, que a busca da qualidade do

---

[1489] Por vezes, atos de gestão são considerados junto com atos pertinentes à prestação de contas. Nesse sentido, avaliando a ausência de licitação, a ausência de contrapartida financeira, existência de contrato sem data e pagamento antecipado, - atos de gestão - foram motivos, junto com *atraso na prestação de contas, extrato bancário juntado que não condiz com os documentos apresentados, inexistência de extrato bancário da conta-corrente, compatibilizando os documentos apresentados* (atos de prestação de contas), para julgamento irregular de contas, com imputação de multa: Tribunal de Contas da União. Processo TC nº 574.084/1993-2. Acórdão nº 386/1995. Relator: Ministro Adhemar Paladini Ghisi. Brasília, 30 de novembro de 1995. **Diário Oficial [da] República Federativa do Brasil**, Brasília, DF, 13 dez. 1995. Seção 1, p. 20.842.

[1490] Em relação a construção do Hospital Regional da Vila Paranoá: BRASIL. Tribunal de Contas da União. Decisão nº 546/1992. Processo TC nº 021.238/1991-0. Relator: Ministro Paulo Affonso Martins de Oliveira. Brasília, 18 de novembro de 1992. **Diário Oficial [da] República Federativa do Brasil**, Brasília, DF, 3 dez. 1992. Seção 1, p. 16.679; veja ainda: BRASIL. Tribunal de Contas da União. Processo TC nº 021.238/1991-0. Decisão nº 495/1997. Relator: Ministro Bento José Bugarin. Brasília, 3 de agosto de 1997. **Diário Oficial [da] República Federativa do Brasil**, Brasília, DF, 28 ago. 1997. Seção 1, p. 18.796. Na esfera distrital, consultar: DISTRITO FEDERAL. Tribunal de Contas do Distrito Federal. Processo TC nº 3.387/91. Decisão nº 7744/1998. Relatora: . Brasília, 17 de setembro de 1998. **Diário Oficial [da] República Federativa do Brasil**, Brasília, DF, 28 set. 1998, p. 25-32. Nesse caso, como em outros, verifica-se a sobreposição de ações, a dispersão de esforços, o tumulto causado aos gestores pelas decisões simultâneas e contraditórias.

[1491] Há acórdãos entendendo a competência sobre os atos de gestão, diferentemente do aqui exposto: por tratar-se de verba da esfera federal, encontrar-se-ia portanto, sob a jurisdição do Tribunal o exame de mérito de atos dos responsáveis pela aplicação de quaisquer recursos repassados pela União, mediante convênio, acordo, ajuste ou instrumentos congêneres, a Estado, ao Distrito Federal ou Município. Tribunal de Contas da União. Tomada de Contas Especial. Acórdão nº 26/1993. Processo TC nº 279.126/1991-3. Relator: Ministro Olavo Drummond. Brasília, 23 de março de 1993. **Diário Oficial [da] República Federativa do Brasil**, Brasília, DF, 7 abr. 1993. Seção 1, p. 4.538.

processo decisório de controle e o princípio da economicidade recomendavam uma mudança de postura, que agasalhasse, em nível infraconstitucional, a racionalizadora exegese em tela.

Teve aquela autoridade a feliz iniciativa de provocar a alteração da Medida Provisória nº 1.626, que disciplina e organiza os sistemas de planejamento e orçamento federal e de controle interno do Poder Executivo, desde fevereiro de 1998.[1492]

Aliás, cabe destacar o pronunciamento do Ministro Bento Bugarim, daquela Corte, acerca da natureza dos recursos repassados mediante convênio:[1493]

> 8) Natureza dos recursos repassados mediante convênio
>
> - Entendimento da Justiça Federal: Conflito de Competência: A Justiça Federal, sempre que provocada a decidir sobre questões oriundas da aplicação de recursos repassados pela União a Estados e Municípios, mediante convênio, tem suscitado conflito de competência, por entender que, com o repasse, os recursos perdem a qualidade de federais e passam a ser estaduais ou municipais, conforme o beneficiário.
>
> - Jurisprudência do STJ: O Superior Tribunal de Justiça, por sua vez, tem julgado procedente o conflito e declarado competente a Justiça Estadual, ora sob o argumento de que, tratando-se de verba transferida, perdeu a qualidade de federal, e ora sob o fundamento de que a União não manifestou interesse de ingressar nos autos.

Efetivamente, a jurisprudência antes da decisão do Ministro Maurício Corrêa, já referida e transcrita, posicionava-se, com pequenas divergências, neste sentido:

[1492] Na atualidade, a Lei nº 10.180, de 6 de fevereiro de 2001, regula o tema nos seguintes artigos: Art. 35. Os órgãos e as entidades da Administração direta e indireta da União, ao celebrarem compromissos em que haja a previsão de transferências de recursos financeiros, de seus orçamentos, para Estados, Distrito Federal e Municípios, estabelecerão nos instrumentos pactuais a obrigação dos entes recebedores de fazerem incluir tais recursos nos seus respectivos orçamentos. § 1º Ao fixarem os valores a serem transferidos, conforme o disposto neste artigo, os entes nele referidos farão análise de custos, de maneira que o montante de recursos envolvidos na operação seja compatível com o seu objeto, não permitindo a transferência de valores insuficientes para a sua conclusão, nem o excesso que permita uma execução por preços acima dos vigentes no mercado. § 2º Os órgãos e as unidades do Sistema de Controle Interno do Poder Executivo Federal zelarão pelo cumprimento do disposto neste artigo, e, nos seus trabalhos de fiscalização, verificarão se o objeto pactuado foi executado obedecendo aos respectivos projeto e plano de trabalho, conforme convencionado, e se a sua utilização obedece à destinação prevista no termo pactual. § 3º Os órgãos e as unidades do Sistema de Controle Interno do Poder Executivo Federal, ao desempenhar o seu trabalho, constatando indícios de irregularidades, comunicarão ao Ministro supervisor da unidade gestora ou entidade e aos respectivos órgãos de Controle Interno e externo dos entes recebedores para que sejam tomadas as providências de suas competências. § 4º Quando ocorrer prejuízo à União, os órgãos e as unidades do Sistema de Controle Interno do Poder Executivo Federal adotarão as providências de sua competência, previstas na legislação pertinente, com vistas ao ressarcimento ao erário. Art. 36. Os órgãos e as entidades de outras esferas de governo que receberem recursos financeiros do Governo Federal, para execução de obras, para a prestação de serviços ou a realização de quaisquer projetos, usarão dos meios adequados para informar à sociedade e aos usuários em geral a origem dos recursos utilizados.

[1493] BUGARIM, Bento. Painel de Debates. **Curso de Políticas Públicas**. Brasília, 1998. Trabalho não publicado.

Conflito. Processual Penal.[1494]

Compete à Justiça Federal julgar prefeito acusado de desvio de verbas destinadas ao Município em razão de convênio com a União (Fundo Nacional de Desenvolvimento da Educação).

Competência.[1495] Penal. Crime praticado por ex-Prefeito Municipal. Verbas conveniadas da União transferidas para o Município, incorporada.

1. Compete à Justiça comum estadual o processo e julgamento de crimes atribuídos a Prefeito Municipal, acusado de malversação de verbas oriundas da Administração Federal, por força de convênio em virtude da prevalência do interesse do Município.

2. Conflito conhecido, competência do juízo suscitado (Tribunal de Justiça do Estado do Mato Grosso do Sul).

Processual Penal.[1496] Competência. Desvio e má aplicação de verbas.

Compete à Justiça estadual processar e julgar ação proposta contra ex-Prefeito acusado de ter desviado ou aplicado indevidamente verba repassada pela União Federal ao Município, em virtude de convênio firmado perante o Fundo Nacional de Desenvolvimento de Educação.

Conflito conhecido para declarar competente o Tribunal de Justiça do Estado do Rio Grande do Sul, o suscitado.

Habeas Corpus.[1497] Ação Penal contra Prefeito Municipal. Malversação de verbas concedidas ao Município por entidades federais. Competência da Justiça Comum.

I - Alegação de competência da Justiça Federal, a verba, ainda que proveniente de entidade federal, passou ao patrimônio da municipalidade. O prejuízo resultante de sua malversação pesou sobre o município, não sobre a União. Afasta-se a incidência do artigo 109-IV da Constituição.

II - Perquirir sobre a existência de dolo ou de prejuízo pressupõe análise do acervo probatório tarefa incompatível com a destacada do writ.

III - Incompetência das câmaras criminais reunidas. Inovação do pedido: não conhecimento. Recurso ordinário não provido.

[1494] BRASIL. Superior Tribunal de Justiça. Processual Penal. Conflito de Competência nº 14358/RS. Processo nº 95/0034767-9. Relator: Ministro Felix Fischer. Brasília, 9 de abril de 1997. **Diário Oficial [da] República Federativa do Brasil**, Brasília, DF, 19 maio 1997. Seção 1, p. 20.551.

[1495] BRASIL. Superior Tribunal de Justiça. Penal. Conflito de Competência nº 17541/MS. Processo nº 96/0036000-6. Relator: Ministro Anselmo Santiago. Brasília, 22 de outubro de 1997. **Diário Oficial [da] República Federativa do Brasil**, Brasília, DF, 19 dez. 1997. Seção 1, p. 67.466.

[1496] BRASIL. Superior Tribunal de Justiça. Processual Penal. Conflito de Competência nº 12580/RS. Processo nº 95/003293-1. Relator: Ministro Anselmo Santiago. Brasília, 21 de novembro de 1995. **Diário Oficial [da] República Federativa do Brasil**, Brasília, DF, 13 maio 1996. Seção 1, p. 15.514.

[1497] BRASIL Supremo Tribunal Federal. Penal. Recurso em Habeas Corpus nº 714191/MT. Relator: Ministro Francisco Rezek. Brasília, 31 de maio de 1994. **Diário Oficial [da] República Federativa do Brasil**, Brasília, DF, 16 jun. 1995. Seção 1, p. 18.219.

> *Habeas Corpus*.[1498] Competência. É da competência da Justiça do Estado o processo e julgamento de prefeito acusado de ter-se apropriado de verba oriunda do Ministério da Educação e Cultura, destinada, em virtude de convênio, à construção de escola do Município com quatro salas de aula. Anulação de sentença condenatória, proferida por Juiz Federal, bem como de acórdão do Tribunal Federal de Recursos, que lhe deu provimento em parte. Remessa dos autos à Justiça comum. Ordem deferida.
>
> Inquérito instaurado contra Prefeito,[1499] para a apuração de desvio de recursos repassados pela União, mediante convênio, para a realização de obras municipais. Competência da Justiça do Estado.

O Ministro Luciano Brandão também parece admitir que a competência do TCU se faz sobre o órgão repassador federal, quando ensina:

> Daí, passar, recentemente, o TCU a exigir, dos agentes federais repassadores dessas verbas, atestado expresso da *boa e regular aplicação* dos recursos pactuados. E no caso de irregularidades, omissão na comprovação de contas, desvio de finalidade do ajustado, ou, ainda de persistente inadimplência ou negligência dos entes beneficiados em cumprir cláusulas essenciais conveniadas, tem o TCU decidido seja *assinado prazo* para a comprovação das contas ou a devolução dos recursos. Tem igualmente determinado a suspensão de novos convênios; e, *exauridas essas providências*, ordenado a instauração imediata de *Tomada de Contas Especial*, com a identificação de responsáveis e a quantificação de débitos.
>
> Aliás, a propósito da utilização desses vultosos recursos repassados ou negociados, sou favorável à dupla fiscalização: o controle sobre quem os repassa, conjugado ao controle sobre quem os recebe e aplica.[1500]

Ninguém pretende, em sã consciência e movido pelo interesse público, que se deixe de fiscalizar quem receba e aplique recursos federais, mas apenas que isso não possa ser feito com violação da competência dos demais Tribunais de Contas e do próprio pacto federativo.

Esse contexto e a adequada exegese das normas em questão revelam que os trabalhos das Cortes de Contas podem ser racionalizados, contribuindo ainda mais para resgatar o crédito dessas instituições, evitando a sobreposição de competências -

---

1498 BRASIL. Supremo Tribunal Federal. Processual Penal. HC nº 55074/CE. Relator: Ministro João Leitão de Abreu. Brasília, 31 de maio de 1977. **Diário Oficial [da] República Federativa do Brasil**, Brasília, DF, 9 ago. 1977. Seção 1, p. 378.

1499 BRASIL. Supremo Tribunal Federal. Processual Penal. Recurso Extraordinário nº 205773/SC. Relator: Ministro Octávio Gallotti. Brasília, 29 de abril de 1997. **Diário Oficial [da] República Federativa do Brasil**, Brasília, DF, 01 ago. 1997. Seção 1, p. 33.490.

1500 SOUZA, Luciano Brandão Alves de. A Constituição de 1988 e o Tribunal de Contas da União. **Revista de Informação Legislativa,** Brasília, a. 26, n. 102, p. 179, abr./jun. 1989.

até porque o modelo federativo e o princípio da economicidade a repugnam, além do constrangedor conflito de decisões.

Aliás, também sob o aspecto operacional, essa pretensão de elastecer a competência do TCU traz problemas. Às vezes, o gestor é cobrado primeiro pelo órgão de controle externo da unidade federada em que está inserido e, mais tarde, pelo TCU, quando já remetidos os documentos originais de prestação de contas.

O julgamento adiante transcrito demonstra que o TCU vem reiteradamente insistindo na sua ampla competência:

> 8. O ex-Prefeito assevera que não há como caracterizar o presente caso como omissão no dever de prestar contas, invocando as seguintes razões:
>
> a) Em obediência à orientação do Tribunal de Contas dos Municípios, encaminhou os originais dos comprovantes das despesas do mencionado convênio em conjunto com a sua prestação de contas àquele órgão, o qual, inclusive, recomendou à Câmara Municipal a sua aprovação, conforme consta da Resolução nº 2.395/90, anexada às fls. 35 do Vol. I.
>
> 8.1. Análise. De acordo com o Art. 2º da Lei 7.675/88, a fiscalização dos recursos federais transferidos aos Estados, Distrito Federal, Territórios e Municípios, inclusive por suas entidades da Administração Indireta e Fundações, constitui competência privativa do Tribunal de Contas da União, devendo ter sido efetivada a partir do exercício de 1986. Com o advento da Constituição Federal de 1988, promulgada em 05/10/88, tal incumbência foi prevista expressamente no art. 71, inciso VI, cabendo a esta Corte de Contas fiscalizar a aplicação de quaisquer recursos repassados pela União, mediante convênio, acordo, ajuste ou outros instrumentos congêneres, a Estado, ao Distrito Federal ou a Município. O alegado encaminhamento dos comprovantes de despesa ao Conselho de Contas dos Municípios do Estado do Pará não afasta a competência do Tribunal de Contas da União de verificar a boa e regular gestão dos recursos federais transferidos. Dessa forma, a retrocitada Resolução nº 2.395/90 não possui o condão de alterar o mérito das presentes contas, não sendo capaz de suprir a omissão do responsável, no exercício do seu dever de prestar contas.[1501]

Por outro lado, cientes dos limites do poder de fiscalização, devem as autoridades envolvidas buscar o acatamento dos princípios do juízo natural e do devido processo legal.

[1501] BRASIL. Tribunal de Contas da União. Recurso de Revisão. Processo TC nº 474.021/1992-0. Relator: Ministro Adylson Motta. Brasília, 26 de setembro de 2001. **Diário Oficial da União [da] República Federativa do Brasil**, Brasília, DF, 05 out. 2001. Seção 1, p. 120. No mesmo sentido: Processo TC nº 450.270/1995-5. Relator: Ministro Adylson Motta. Brasília, 26 de setembro de 2001. **Diário Oficial da União [da] República Federativa do Brasil**, Brasília, DF, 5 out. 2001. Seção 1, p. 121.

Ao ensejo cabe reafirmar que o tema não é pacífico e tem prevalecido tanto no STJ[1502] como no STF[1503] tese oposta à sustentada.

Um novo episódio envolvendo convênios vem sendo levado à apreciação do Poder Judiciário. Trata-se da aplicação de normas que vedam a realização de convênios entre unidades federadas e entre essas e a União, por haver restrição no cadastro federal de inadimplentes, SIAFI, CAUC e SINCONV.[1504] O Poder Judiciário vem concedendo liminares para que essas restrições não afetem a realização de convênios quando a inscrição não foi precedida da garantia da ampla defesa e do contraditório, ou quando a instauração de Tomada de Contas Especial fosse suficiente para suspender a situação de inadimplência.

Esclarece bem a questão, o seguinte excerto:

> 1. O Supremo Tribunal Federal tem reconhecido a ocorrência de conflito federativo em situações nas quais a União, valendo-se de registros de supostas inadimplências dos Estados no Sistema Integrado da Administração Financeira - Siafi e no CAUC - Cadastro Único de Exigências para Transferências Voluntárias, impossibilita sejam firmados acordos de cooperação, convênios e operações de crédito entre eles e entidades federais.
>
> 2. A aparente demora na instauração de Tomada de Contas Especial, atribuída ao Convenente responsável pela apuração de eventuais irregularidades praticadas por ex-gestores de convênios, não deve inviabilizar a celebração de novos ajustes.
>
> 3. Medida liminar referendada.[1505]

As despeito das normas em vigor na esfera federal estabelecendo que é possível suspender a vedação a repasse de recursos quando, por exemplo, o órgão ou entidade convenente ou recebedor da transferência voluntária esteja sendo dirigido por outro administrador que não seja o mesmo dirigente da época da omissão na prestação de contas ou da irregularidade, o TCU fixou que "na hipótese de o município estar sendo administrado por outro gestor, que não o faltoso, e comprovada a adoção das medidas pertinentes com vistas à apuração dos fatos, a inadimplência do ente federativo poderá ser suspensa pelo órgão repassador, a fim de que possa receber novas transferências voluntárias."[1506]

1502 BRASIL. Superior Tribunal de Justiça. ***Habeas Corpus*** **nº 13.533/CE**. Relator: Ministro Vicente Leal. Disponível em: <http://www.stj.jus.br>. Acesso em: 22 dez. 2009.

1503 BRASIL. Supremo Tribunal Federal. HC nº 74.788/MS. Relator: Ministro Sepúlveda Pertence. Brasília, 27 de junho de 1997. **Diário Oficial [da] República Federativa do Brasil** Brasília, DF, 12 set. 1997, p. 43.714. Lembrando, no parecer do Ministério Público Federal, similar ao presente caso, entendeu que a competência é da Justiça Federal.

1504 BRASIL. Tribunal de Contas da União. Processo TC nº 025.014/2009-0. Acórdão nº 10936/2011 - 2ª Câmara. **Diário Oficial [da] República Federativa do Brasil** Brasília, DF, 14 nov. 2011. Seção 1, p. 129.

1505 BRASIL. Supremo Tribunal Federal. **Ação Cautelar nº 1896-0 MC/SE.** 1. Turma. Relatora: Ministra Cármen Lúcia. Brasília, 29 de abril de 2008. Disponível em: <http://www.stf.jus.br>. Acesso em: 13 dez. 2011.

1506 BRASIL. TCU. Processo nº 025.920/2017-0. Acórdão nº 165/2019 - Primeira Câmara. Relator: ministro Bruno Dantas.

Em tal situação, até o julgamento final da TCE, a inadimplência fica suspensa, desde que apresente justificativas que demonstrem o impedimento de prestar contas e solicitação de instauração de tomada de contas especial contra o gestor antecessor. A medida, assim, garante a continuidade da prestação dos serviços, considerando que o atual gestor não deu causa à situação concreta.

3.2.5.3.2 Recursos de fundos federais

As ações da competência da União ou concorrentes podem ser sustentadas por fundos vinculados a autoridades federais.

Compete ao Tribunal de Contas da União fiscalizar o ingresso de recursos e os procedimentos da autoridade responsável por ordenar despesas. Exemplos desses fundos são os da educação, da saúde e da segurança pública.

A fiscalização dos recursos federais destinados à educação também é da competência das demais esferas de governo, após o ingresso nos respectivos cofres.

Nesse caso em particular, parece que a jurisprudência, antes do advento da Medida Provisória nº 1677-58, fazia a distinção entre recursos repassados pela União, mediante convênio,[1507] ou não.[1508] Em isolado acórdão de uma turma, admitiu o Supremo, a integral competência do TCU, quando se tratar de recursos repassados pela União por outro instrumento que não seja o convênio, isto é, quando o Estado estiver executando serviço típico da União por delegação direta desta.[1509] No caso de convênio, o STF, em composição plenária, reconheceu a competência da Justiça Estadual,[1510] mas esse entendimento foi contraditado em decisão posterior do STF.[1511] Desse modo, na atualidade, essa Corte parece inclinar-se pela competência do TCU e da justiça federal sobre as contas e crimes, respectivamente, praticados por autoridade estadual e municipal.

É nesse ponto que se faz necessária a evolução do tema. Cada autoridade tem sua própria responsabilidade. A gestão dos fundos e a repartição é da esfera federal; o

---

[1507] a) BRASIL. Supremo Tribunal Federal. Criminal. Recurso Extraordinário nº 76.789/RN. Relator: Ministro Thompson Flores. Relator para acórdão: Ministro Rodrigues Alckmin. Brasília, 3 de abril de 1974. **Diário Oficial [da] República Federativa do Brasil**, Brasília, DF, 14 de maio 1976. Seção 1, p. 3.332; b) Superior Tribunal de Justiça. Processo Civil. Conflito de Competência nº 15666/DF. Processo nº 95/0061338-7. Relator: Ministro Ari Pargendler. Brasília, 14 de fevereiro de 1996. **Diário da Justiça [da] República Federativa do Brasil**, Brasília, DF, 18 mar. 1996. Seção 1, p. 7.499; c) Supremo Tribunal Federal. Penal. HC nº 55.074/CE. Relator: Ministro Leitão de Abreu. Brasília, 31 de maio de 1977. **Diário da Justiça [da] República Federativa do Brasil**, Brasília, DF, 9 ago. 1977. Seção 1, p. 378.

[1508] BRASIL. Supremo Tribunal Federal. Penal. HC nº 74.788/MS. Relator: Ministro Sepúlveda Pertence. Brasília, 27 de junho de 1997. **Diário da Justiça [da] República Federativa do Brasil**, Brasília, DF, 12 set. 1997. Seção 1, p. 43.714.

[1509] BRASIL. Superior Tribunal de Justiça. ***Habeas Corpus* nº 13.533/CE**. Relator: Ministro Vicente Leal. Disponível em: <http://www.stf.jus.br>. Acesso em: 13 dez. 2011.

[1510] BRASIL. Supremo Tribunal Federal. Recurso em Habeas Corpus nº 71.419/MT – 2. Turma. Relator: Ministro Francisco Rezek. Brasília, 31 de abril de 1994. **Diário da Justiça [da] República Federativa do Brasil**, Brasília, DF, 16 jun. 1995, p. 10.219.

[1511] BRASIL. Supremo Tribunal Federal. HC nº 78.728-2/RS. Relator: Ministro Maurício Corrêa. Brasília, 23 de fevereiro de 1999. **Diário da Justiça [da] República Federativa do Brasil**, Brasília, DF, 16 abr. 1999.

recebimento e a aplicação das autoridades das demais esferas de governo. O repasse é vinculado, mas não é sujeito a prestação de contas para o fundo.

Quando a autoridade recebe os recursos de um fundo que deve ser incorporado ao orçamento do ente recebedor, o limite da fiscalização dos órgãos federais continua existindo em relação à entrega de recursos pelo órgão federal. Transferidos os recursos pela União, em especial dos fundos de saúde e da educação, a competência para fiscalizar esses recursos passa a ser dos estados e municípios que estão recebendo.

3.2.5.3.3 Recursos do FNAS

Para a área de Assistência Social, em 5 de fevereiro de 1998, a Lei nº 9.604 estabeleceu a sistemática referente à prestação de contas do precitado fundo, dispondo:

> Art. 1º. A prestação de contas da aplicação dos recursos financeiros oriundos do Fundo Nacional de Assistência Social, a que se refere a Lei nº 8.742, de 07 de dezembro de 1993, *será feita pelo beneficiário diretamente ao Tribunal de Contas do Estado ou do Distrito Federal, no caso destes entes federados, e a Câmara Municipal, auxiliada pelos Tribunais de Contas dos Municípios, quando o beneficiário for o município, e também ao Tribunal de Contas da União, quando por este determinado.*
>
> Parágrafo único. É assegurado ao Tribunal de Contas da União e ao Sistema de Controle Interno do Poder Executivo da União o acesso, a qualquer tempo, à documentação comprobatória da execução da despesa, aos registros dos programas e a toda documentação pertinente à assistência social custeada com recursos do Fundo Nacional de Assistência Social. [1512]

O referido dispositivo teve a eficácia suspensa por decisão do STF, prevalecendo em caráter liminar o entendimento de que a competência para fiscalizar é do TCU.[1513]

Em 2011, por força da Lei nº 12.435/2011 a tese de que a fiscalização cabe aos tribunais de contas e não ao TCU, mais uma vez foi reafirmada com a inserção do art. 30-B, na Lei 8.742/1993, que dispõe sobre a organização da Assistência Social.

> Art. 30-B. Caberá ao ente federado responsável pela utilização dos recursos do respectivo Fundo de Assistência Social o controle e o acompanhamento dos serviços, programas, projetos e benefícios, por meio dos respectivos órgãos de controle, independentemente de ações do órgão repassador dos recursos.[1514]

1512 BRASIL. Lei nº 9.604, de 5 de fevereiro de 1998. Dispõe sobre a prestação de contas de aplicação de recursos a que se refere a Lei nº 8.742, de 7 de dezembro de 1993, e dá outras providências. Disponível em: https://www.planalto.gov.br/ccivil_03/leis/l9604.htm. Grifos não constam do original.

1513 BRASIL. Supremo Tribunal Federal. Ação Direta de Inconstitucionalidade (Med. Liminar) nº 1934-7. Relator: Ministro Moreira Alves. Brasília, 1º de setembro de 1999. **Diário da Justiça [da] República Federativa do Brasil**, Brasília, DF, 22 out. 1999.

1514 BRASIL. Lei nº 8.742, de 7 de dezembro de 1993. Dispõe sobre a organização da Assistência Social e dá outras providência. Disponível em: https://www.planalto.gov.br/ccivil_03/leis/l8742.htm.

Em 2019, em decisão definitiva, o STF ratificou a competência do TCU, estabelecendo que "a previsão de repasse automático de recursos do Fundo para Estados e Municípios, ainda que desvinculado da celebração prévia de convênio, ajuste, acordo ou contrato, não afasta a competência do TCU prevista no art. 71, VI, da Carta."[1515]

3.2.5.3.4 Recursos do FNS

Já com referência ao Fundo Nacional de Saúde (FNS), por meio do Decreto nº 806, de 24 de abril de 1993, que regulamenta a Lei nº 8.080, de 19 de setembro de 1990, o Governo Federal normatizou a aplicação dos recursos do Fundo Nacional de Saúde. No art. 8º do retrocitado decreto, conferiu-se à administração de recursos do Fundo Nacional de Saúde, a uma Junta Deliberativa e Diretor-Executivo, sob a orientação e supervisão direta do Ministro de Estado da Saúde. Acresce a Lei nº 8.080/1990 que "[...] constatada a malversação, desvio ou não aplicação dos recursos, caberá ao Ministério da Saúde aplicar as medidas previstas em lei [...]"[1516].

Nesse sentido, após a transferência de recursos, a competência define-se nos seguintes termos:

I. *para o TCU, a jurisdição permanece sobre o órgão repassador, dado que o fundo é gerido pelo Ministério da Saúde;*

II. *para os Tribunais de Contas dos Estados ou Municípios da respectiva unidade que recebeu os recursos, a jurisdição se estabelece em relação aos atos de gestão dos recursos repassados.*

O tema oferece relevância, não só no âmbito das contas públicas, como também no aspecto penal e no direito cível, pois, se for entendido que os recursos da saúde continuam sendo federais, mesmo após terem ingressado no orçamento do Estado ou Distrito Federal, por exemplo, a competência para julgar contas será do TCU, com exclusão da competência concorrente, enquanto para o crime de apropriação indébita, ou de aplicação irregular de verbas públicas, será competente a justiça federal. Ao contrário, deveria ser entendido como recurso público, em conformidade com os

---

[1515] "1. É inconstitucional o art. 1º da Lei n.º 9.604/98, que fixou a competência dos Tribunais de Contas Estaduais e de Câmaras Municipais para análise da prestação de contas da aplicação de recursos financeiros oriundos do Fundo Nacional de Assistência Social, repassados aos Estados e Municípios. A competência para o controle da prestação de contas da aplicação de recursos federais é do Tribunal de Contas da União, conforme o art. 70 e incisos da Constituição. 2. O art. 2º da mesma lei, por sua vez, é compatível com a Constituição. A previsão de repasse automático de recursos do Fundo para Estados e Municípios, ainda que desvinculado da celebração prévia de convênio, ajuste, acordo ou contrato, não afasta a competência do TCU prevista no art. 71, VI, da Carta." Disponível em: https://portal.stf.jus.br/processos/downloadPeca.asp?id=15339592078&ext=.pdf.

[1516] Art. 33, § 4º da BRASIL. Lei nº 8.080, de 19 de setembro de 1990. Dispõe sobre as condições para a promoção, proteção e recuperação da saúde, a organização e o funcionamento dos serviços correspondentes e dá outras providências. Disponível em: https://www.planalto.gov.br/ccivil_03/LEIS/L8080.htm. Vide também BRASIL. Decreto nº 806, de 24 de abril de 1993. Reorganiza o Fundo Nacional de Saúde, de acordo com as diretrizes e os objetivos do Sistema Único de Saúde, de que tratam as Leis nºs 8.080, de 19 de setembro de 1990, e 8.142, de 28 de dezembro de 1990. Disponível em: https://www.planalto.gov.br/ccivil_03/decreto/antigos/D0806 impressao.htm.

clássicos postulados,[1517] no caso em exemplo. Assim, os recursos que ingressassem nos cofres do Estado ou do Distrito Federal seriam estaduais ou distritais, conforme o caso, e a competência seria do Tribunal de Contas do Estado ou do Distrito Federal e dos respectivos tribunais de justiça.

O entendimento exposto revela que não se trata, pois, de singela questão de conflito de atribuições entre Tribunais de Contas, mas de conflito de competência, de respeito ao princípio federativo. Isto sem considerar o incremento qualitativo das operações de controle.[1518]

Os recursos destinados à Saúde não ingressam na receita do Estado, do Município ou do Distrito Federal, e, sendo desviados antes da chegada aos cofres da respectiva unidade da federação, a competência é indubitavelmente da esfera federal.[1519]

Nessa linha de entendimento o Tribunal de Contas da União tem acolhido reclamação de hospitais que deixam de receber seus créditos porque o Município retém ou paga com atraso as faturas correspondentes.[1520]

Na esfera federal, escapa da competência do TCU, conforme decisão desta própria corte, a aplicação de recursos percebidos pelas unidades hospitalares pertencentes aos demais entes da federação em função de serviços de saúde ao SUS.[1521]

A fiscalização ainda gera controvérsias, no que diz respeito, exclusivamente, aos recursos designados como Fonte 600 (ou 250), repassados do Fundo Nacional de Saúde para os Fundos Estaduais de Saúde, sob a modalidade de fundo a fundo.

Contudo, a natureza dos recursos repassados pela União ao FNS tem origem Constitucional e não Convenial, conforme estabelecido pela Emenda Constitucional

---

[1517] BRASIL. Lei nº 4.320, de 17 de março de 1964. Estatui Normas Gerais de Direito Financeiro para elaboração e controle dos orçamentos e balanços da União, dos Estados, dos Municípios e do Distrito Federal. **Diário Oficial [da] República Federativa do Brasil**, Brasília, DF, 3 jun. 1964. Seção 1, p. 4.715.

[1518] Em matéria veiculada na Folha de São Paulo, Ministro do TCU pugnava por ação conjunta entre o Tribunal de Contas da União e a Polícia Federal visando coibir esquema de fraudes com dinheiro das prefeituras por meio do uso de notas-fiscais frias. Segundo a mesma matéria, mais de 525 denúncias de apropriação indébita de dinheiro público estavam sendo investigadas só no ano de 1999. Desse modo, a operação conjunta com os Tribunais de Contas das demais esferas de governo mostrar-se-ia bastante eficaz, não só pela especialização, quanto pela maior celeridade da operação. SOUTO, Humberto. **Folha de São Paulo**, São Paulo, p. 01, 29 nov. 1999.

[1519] BRASIL. Supremo Tribunal Federal. Criminal. Recurso Extraordinário nº 196982/PR. Relator: Ministro Neri da Silveira. Brasília, 20 de agosto de 1958. **Diário da Justiça [da] República Federativa do Brasil**, Brasília, DF, 27 jun. 1997. Seção 1, p. 30.247; Superior Tribunal de Justiça. Penal. Conflito de Competência nº 13325/SP. Processo nº 95/0016788-3. Relator: Ministro Cid Flaquer Scartezzini. Brasília, 13 de novembro de 1996. **Diário da Justiça [da] República Federativa do Brasil**, Brasília, DF, 03 fev. 1997. Seção 1, p. 663. Ambos julgados são anteriores à MP 1677-58.

[1520] O TCU aplicou multa de R$ 3.000,00 a prefeito que desacatou ordem da Corte de pagar fatura do SUS a hospital, cujo valor tinha sido creditado no Município. BRASIL. Tribunal de Contas da União. Processo TC nº 005.692/2001-6. Acórdão nº 320/2002 - Plenário. **Diário Oficial da União [da] República Federativa do Brasil,** Brasília, DF, 16 jul. 2004.

[1521] BRASIL. Tribunal de Contas da União. Processo TC nº 014.876/2010-8. Acórdão nº 1753/2010 – Plenário. Relator: Ministro José Jorge. Brasília, 21 de julho de 2010. **Diário Oficial da União [da] República Federativa do Brasil**, Brasília, DF, 29 jul. 2010.

nº 29/2000, visto que existe obrigatoriedade nos repasses sistemáticos e periódicos e não se faz prestação de contas desses recursos ao TCU ou outro órgão de controle.

Essas descentralizações constitucionais são obrigações da União, a partir de sua competência exclusiva da arrecadação dos tributos que compõem sua base de financiamento, sendo mecanismos indispensáveis à autonomia político-administrativa dos entes federados, dotando Estados e Municípios dos meios financeiros necessários à consecução das necessidades públicas que estão sob a sua competência constitucional.

A errônea interpretação da natureza convenial dos recursos repassados fundo a fundo, decorre de antigo precedente do TCU, materializado na Decisão nº 506/1997, que atribuiu à esfera federal a competência fiscalizatória e julgadora desses recursos;

Tal deliberação e as seguintes interpretações se deram, porém, a partir da existência de lapso regulatório existente à época, tendo em vista o veto a dispositivo da Lei Orgânica do SUS - Lei Federal nº 8.080/1990, que isentava tais repasses de assinatura de convênios.

Com o advento da LC nº 141/2012 corrigiu-se a falta, onde determinou-se que "serão transferidos diretamente aos respectivos fundos de saúde, de forma regular e automática, dispensada a celebração de convênio ou outros instrumentos jurídicos"[1522].

Para complementar o entendimento de que os recursos transferidos fundo a fundo não têm natureza convenial, a LRF definiu como transferência voluntária apenas a "entrega de recursos correntes ou de capital a outro ente da Federação, a título de cooperação, auxílio ou assistência financeira, que não decorra de determinação constitucional, legal ou os destinados ao Sistema Único de Saúde".

A Seção da LC nº 141/2012 que trata da "Fiscalização da Gestão da Saúde", os incisos IV a VI do art. 38, estabelece que a repartição das competências de acompanhamento e supervisão estará a cargo de todas as instâncias fiscalizatórias atuantes, conforme a área jurisdicional, assegurada pela titularidade dos recursos financeiros utilizados.

As transferências patrocinadas pelo FNS no escopo do rateio de recursos do Orçamento da Seguridade Social (OSS) da União vinculados à saúde constituem receita pública derivada, decorrem de imposição constitucional e legal, asseguradas de forma impositiva pelo ordenamento jurídico, sendo assim, receitas próprias, irrenunciáveis para os entes subnacionais e insuscetíveis de retenção ou subtração pela União, tal qual o Fundo de Participação dos Estados (FPE).

[1522] BRASIL. Lei Complementar nº 141, de 13 de janeiro de 2012. Regulamenta o § 3º do art. 198 da Constituição Federal para dispor sobre os valores mínimos a serem aplicados anualmente pela União, Estados, Distrito Federal e Municípios em ações e serviços públicos de saúde; estabelece os critérios de rateio dos recursos de transferências para a saúde e as normas de fiscalização, avaliação e controle das despesas com saúde nas 3 (três) esferas de governo; revoga dispositivos das Leis nos 8.080, de 19 de setembro de 1990, e 8.689, de 27 de julho de 1993; e dá outras providências. Disponível em: https://www.planalto.gov.br/ccivil_03/leis/lcp/lcp141.htm. Art. 18.

Algumas decisões do Poder Judiciário, que deliberam pela competência da Justiça Federal para julgar causas relativas a desvio de verbas públicas orginalmente repassadas pelo FNS, independentemente de se tratar de repasses fundo a fundo, jamais analisaram a natureza compulsória ou voluntária do rateio do OSS da União relacionado à assistência à saúde, sendo lastreadas por normativos infralegais.

A própria Súmula nº 208 do STJ não cabe, se utilizada para definição da competência para processamento de desvios de verbas repassadas fundo a fundo, visto que essas, como demanda o Enunciado, não estão sujeitas a prestação de contas a órgãos federais.

As poucas decisões judiciais que ainda perfilam a competência da Justiça Federal para julgamento estabelecem, contudo, a restrição de que deve ser comprovado o interesse da União para manter os processos nessa esfera, não bastando para tanto que tenha ocorrido fiscalização pelo TCU, pela CGU ou pelo Ministério da Saúde.

O afastamento do interesse da União no processamento de eventuais desvios ocorridos em recursos transferido fundo a fundo tem sido recorrentemente estabelecido pelo próprio TCU, nas deliberações que determinam a devolução dos recursos desviados para os Fundos de Saúde locais (estaduais ou municipais), visto que foram esses os lesados, não cabendo devolução ao Fundo Nacional de Saúde, tendo em vista a necessidade de os entes federados continuarem cumprindo com sua função estabelecida pelo SUS.

O próprio Ministério da Saúde, na condução dos Termos de Ajustes Sanitários - TAS, reconhece necessidade da devolução de recursos desviados para os fundos beneficiários das transferências fundo a fundo, cujos patrimônios foram afetados.

Os Tribunais de Contas dos Estados, em sua maioria, já formam jurisprudência sobre a sua necessária atuação no controle das transferências fundo a fundo para ações de saúde.

As transferências fundo a fundo (Fonte 250 e 600) são receitas derivadas, arrimadas na Constituição, somente com a consumação da distribuição a cargo do FNS, mediante transferências regulares e automáticas, exigindo incorporação dos valores ao patrimônio do município ou do estado membro sendo, neste caso, a Justiça Estadual competente para julgar eventual questão judicial, nos termos da Súmula 209 do STJ.

Para a previsão orçamentária de pagamentos de contratos na área de saúde, pode ser indicada a fonte de recursos própria (tesouro local), mesmo quando se utilizam para pagamentos das despesas os recursos oriundos de transferência federal "fundo a fundo" para o SUS, visto que essas receitas são incorporadas, para todos os efeitos ao orçamento do Ente Federativo de destinação dos recursos.

Em face de todo o exposto, as receitas fundo a fundo, não sendo de natureza convenial, visto que suas transferências são obrigatórias e constitucionais, equiparam-se, por essa natureza jurídica e pela sua finalidade, àquelas próprias dos entes federativos estaduais.

Nesse sentido, é possível assentar o entendimento de que o exaurimento das fontes de recursos estaduais, vinculadas a determinado contrato administrativo, por questões supervenientes, podem ser substituídas, de modo legal, por recursos oriundos de transferências fundo a fundo, proveniente do Sistema Único de Saúde – SUS, do bloco de manutenção das ações e serviços públicos de saúde, com destinação não vinculada, também denominada de ordinária.

3.2.5.3.5 Recursos do FNSP

A segurança pública, de acordo com o art. 144 da Constituição Federal, é, direito e responsabilidade de todos, mas principalmente, um dever do Estado. É exercida para a preservação da ordem pública e da incolumidade das pessoas e do patrimônio, por meio das polícias federal, rodoviária federal, ferroviária federal, civis, militares e corpos de bombeiros militares e, por fim, pelas polícias penais federal, estaduais e distrital. O mesmo artigo, no § 8º, dispõe que os Municípios poderão constituir guardas municipais destinadas à proteção de seus bens, serviços e instalações.

O Fundo Nacional da Segurança Pública (FNSP) foi instituído por meio da Medida Provisória no 2.045-1, de 28 de junho de 2000, no Governo Fernando Henrique Cardoso, com o objetivo de apoiar projetos de responsabilidade dos Governos dos Estados e do Distrito Federal – na área de segurança pública –, e dos Municípios - onde haja guardas municipais. Passou por várias mudanças em inúmeras Medidas Provisórias, até que ocorreu a conversão na Lei no 10.201, de 14 de fevereiro de 2001. Posteriormente continuou passando por mudanças até que foi sancionada a Lei nº 13.756, de 12 de dezembro de 2018 que, dentre outras mudanças, destinou ao FNSP produto de arrecadação de loterias. A lei foi regulamentada pelo Decreto nº 9.609, de 12 de dezembro de 2018.

Para o Ministério da Justiça e Segurança Pública, os projetos financiados pelo FNSP devem estar enquadrados nas diretrizes do plano de segurança pública do Governo Federal, como reequipamento, treinamento e qualificação das polícias civis e militares, corpos de bombeiros militares e guardas municipais; sistemas de informações, de inteligência e investigação, bem como de estatísticas policiais; estruturação e modernização da polícia técnica e científica; programas de polícia comunitária e programas de prevenção ao delito e à violência, dentre outros.

Consta do Portal Transparência que em 2024, o orçamento do FNSP foi de 2,5bi. Anualmente, o Ministério da Justiça e Segurança Pública publica portaria, fixando os percentuais de rateio e os valores de recursos estimados a serem transferidos do Fundo Nacional de Segurança Pública (FNSP) aos Fundos Estaduais e Distrital de Segurança Pública, na modalidade fundo a fundo

Como é sabido, qualquer pessoa, seja física ou jurídica, que receba recursos públicos fica jungida ao dever de prestar contas. O mesmo se aplica a Estados, Municípios e Distrito Federal, quando recebem recursos federais. Há, todavia, controvérsias, no que diz respeito à competência para exigir a prestação de contas. Não é necessariamente correto declarar-se, ipso facto, que os ordenadores de despesa dessas unidades estão submetidos ao poder fiscalizador do TCU. A definição da competência e sua exata dimensão depende das seguintes ocorrências:

I. os recursos sejam públicos federais (lato sensu);

II. os órgãos repassadores sejam jurisdicionados ao TCU;

III. do instrumento ou a legislação que ensejou o repasse conste o dever de prestar contas;

IV. o direito-dever de exigir as contas seja afeto ao órgão repassador ou a outro, desde que sujeito à jurisdição do TCU;

V. o órgão tomador das contas instaure Tomada de Contas Especial - TCE, por dano causado ao erário;

VI. a irregularidade seja comprovada e não elidida;

VII. a TCE seja encaminhada ao TCU.

No caso dos recursos do FNSP, a Lei nº 13.756/2018 determina, no art. 11, que a competência para exigir a prestação de contas é do Ministério da Segurança Pública que, como se sabe, está sujeito à jurisdição do TCU. Além da prestação de contas ao Ministério, também devem os Estados, o Distrito Federal e os Municípios dar publicidade e transparência durante o período de aplicação dos recursos.

O art. 25, por sua vez, estabelece que o TCU, "sem prejuízo da análise das contas anuais de gestores de recursos públicos, fiscalizará a aplicação dos recursos destinados ao COB, ao CPB, ao CBC, ao CBCP, à CBDE, à CBDU e à Fenaclubes".

Exceção à competência do TCU foi estabelecida pela Lei nº 14.790/2023, que incluiu novo capítulo na Lei nº 13.756/2018, tratando da exploração das loterias pelos estados e pelo Distrito Federal. No § 7º do art. 35-A, a referida lei estabelece, agora, que "os Estados e o Distrito Federal deverão prestar contas dos recursos aplicados, respectivamente, aos tribunais de contas estaduais e ao Tribunal de Contas do Distrito Federal".

3.2.5.3.6 Recursos do FGTS

Os recursos do Fundo de Garantia por Tempo de Serviço possuem natureza peculiar. Isto porque são arrecadados compulsoriamente, de todos os empregadores, com ressalvas previstas em lei, e depositados em contas vinculadas ao respectivo empregado, passando a integrar o patrimônio do trabalhador, ocasião em que deixam de ter natureza pública. Esse tem sido o entendimento jurisprudencial do Supremo Tribunal Federal[1523] e do Tribunal de Contas da União.

1523 BRASIL. Supremo Tribunal Federal. Administrativo. Recurso Extraordinário nº 100.249/SP. Relator: Ministro Néri da Silveira. Brasília, 2 de dezembro de 1987. **Diário da Justiça [da] República Federativa do Brasil**, Brasília, DF, 1º jul. 1988. Seção 1, p. 16.903.

Dirimindo definitivamente a questão, o TCU reconheceu que houve assimilação, para alguns efeitos, entre o FGTS e os tributos.[1524] Sobretudo, porém, a competência do TCU se estabelece em decorrência de figurar a Caixa Econômica Federal como agente operador dos recursos do FGTS, por cuja regular aplicação pode vir a União responder. Desse modo, nas palavras do Ministro Adhemar Paladini Ghisi, "o próprio interesse do Estado em prover o FGTS estende-lhe a condição de *res publicae* passível, desta forma, de ação fiscalizadora mais efetiva".

Mesmo que pairem dúvidas sobre os recursos estarem ou não sob a competência do Tribunal de Contas da União, inequivocamente a pessoa jurídica está sob sua jurisdição, e a União se coloca na condição de garantidor da gestão, ainda que em caráter subsidiário.[1525]

3.2.5.3.7 Recursos do FPE, FPM

Os recursos arrecadados pela União, como qualquer dinheiro, "não levam carimbo", e transferem-se segundo as regras jurídicas ordinárias da tradição. Assim, por exemplo, cita-se que a prestação de contas do Fundo de Participação dos Estados (FPE)[1526], dos Municípios (FPM), é feita perante os respectivos Tribunais de Contas dos Estados, dos Municípios, onde houver, e do Distrito Federal. Compete ao Tribunal de Contas da União a tarefa de zelar pelo efetivo repasse dos recursos.

Qual o fundamento jurídico dessa competência? É a resposta estabelecida pelo regime de caixa: quando o recurso ingressa nos cofres das demais esferas de governo, *ipso facto*, nasce a competência dos respectivos Tribunais de Contas. O modelo idealizado, com singular mestria, resolve sumariamente, com amparo na lógica e no Direito, o problema de competência. Lógico, porque define por critérios objetivos e racionais a competência de cada tribunal: o TCU fiscaliza o cumprimento do dever da União de repassar os recursos, até a entrada nos cofres do Estado; o Tribunal de Contas do Estado fiscaliza a entrada do recurso e sua utilização[1527]. Para ampliar a ação

---

[1524] BRASIL. Lei nº 8.844, de 21 de janeiro de 1994. Dispõe sobre a fiscalização, apuração e cobrança judicial as contribuições e multas devidas ao Fundo de Garantia do Tempo de Serviço (FGTS). **Diário Oficial [da] República Federativa do Brasil**, Brasília, DF, 21 jan. 1994. Seção 1, p. 1.013. Art. 2º.

[1525] BRASIL. Tribunal de Contas da União. Representação. Decisão nº 833/1997. Processo TC nº 012.964/1995-6. Relator: Ministro Bento José Bugarin. Brasília, 26 de novembro de 1997. **Diário Oficial [da] República Federativa do Brasil**, Brasília, DF, 12 dez. 1997. Seção 1, p. 29.836. No mesmo sentido: Processo TC nº 025.637/1992-4. Acórdão nº 91/1998. Relator: Ministro Valmir Campelo. Brasília, DF, 24 de junho de 1998. **Diário Oficial [da] República Federativa do Brasil**, Brasília, DF, 2 jul. 1998. Seção 1, p. 39.

[1526] Consulte, a propósito, a ADPD em que foi fixada a tese de que "É inconstitucional, por violar o art. 161, II, da Constituição Federal de 1988, norma de lei complementar que distribui os recursos do Fundo de Participação dos Estados e do Distrito Federal (FPE) entre esses entes da Federação sem a devida promoção do respectivo equilíbrio socioeconômico". Disponível em: https://pesquisa.in.gov.br/imprensa/jsp/visualiza/index.jsp?data=29/09/2023&jornal=515&pagina=2&totalArquivos=361.

[1527] Na ADI nº 7.002/PR, o STF fixou as seguintes teses de julgamento "1. É inconstitucional, por ausência de simetria com as competências do TCU e por afronta à separação de poderes, lei que condicione genericamente o repasse de recursos federais à prévia aprovação de projeto pelo Tribunal de Contas da unidade federativa destinatária das verbas. 2. É inconstitucional, por contrariedade ao art. 70 e incisos da CF/88 e por desrespeito à autonomia federativa, lei federal que atribua aos tribunais de contas estaduais competência para analisar contas relativas à aplicação de recursos federais". Disponível em: https://www.in.gov.br/web/dou/-/decisoes-480871564.

do controle e assegurar o rigoroso acompanhamento em todas as etapas, o TCU teve a feliz iniciativa de firmar acordos de cooperação com os demais Tribunais de Contas, visando o intercâmbio de informações.

Não só o TCU reconhece que a fiscalização desses recursos é do órgão de controle externo da esfera recebedora, quanto o Poder Judiciário tem igual e uniforme entendimento, como se observa deste elucidativo acórdão, da lavra do Ministro do Superior Tribunal de Justiça, Anselmo Santiago:

> Processual Penal. Competência. Crime cometido em tese por ex-prefeito. Parcelas do fundo de participação dos municípios - FPM. Decisão.[1528]
>
> 1. Não é da competência da Justiça Federal o processo e julgamento de crimes praticados na aplicação de recursos financeiros do fundo de participação dos Municípios transferidos e incorporados ao patrimônio dos Municípios.
>
> 2. Conflito conhecido, declarado competente o Tribunal de Justiça do Estado de Tocantins, o suscitado.

Para pacificar entendimentos neste ponto, com acerto, decidiu o STJ[1529] que compete à Justiça Federal processar e julgar prefeito municipal por desvio de verba sujeita a prestação de contas perante órgão federal. Lamentavelmente, porém, sem distinguir o ato de gestão do dever de prestar contas, lavrou o enunciado da Súmula nº 209, definindo que compete à Justiça Estadual processar e julgar prefeito por desvio de verba transferida e incorporada ao patrimônio municipal.[1530]

Há pontos de contato entre deixar de prestar contas de recursos federais recebidos e desvio de recursos federais, mesmo que estes já tenham sido incorporados ao orçamento da municipalidade. O que não existe é a competência da Justiça Federal e do Tribunal de Contas da União para julgar os atos de gestão de prefeito.

Assim, havendo regular prestação de contas ao órgão federal repassador de recursos, não há como a Justiça Federal, ou o TCU, discutir se tal ou qual meio de realizar a obra (por meio de licitação ou não) é regular ou irregular. Ato de gestão é julgado por quem tem jurisdição e nos limites dela. A competência dos órgãos federais limita-se a obter a prestação de contas, acompanhadas dos idôneos comprovantes de despesa.

Novamente em sufrágio desse entendimento, no ano de 2020, o TCU cancelou seus enunciados de súmulas de nº 50, 62, 63, 84, 88, 99 e 155, todos referentes ao

---

[1528] BRASIL. Superior Tribunal de Justiça. Processual Penal. Conflito de Competência nº 15.88/TO. Processo nº 95/0068699-6. Relator: Ministro Anselmo Santiago. Brasília, 8 de maio de 1996. **Diário da Justiça [da] República Federativa do Brasil**, Brasília, DF, 1 jul. 1996. Seção 1, p. 23.981.

[1529] BRASIL. Superior Tribunal de Justiça. Súmula nº 208. Compete à Justiça Federal processar e julgar prefeito municipal por desvio de verba sujeita a prestação de contas perante órgão federal. **Diário da Justiça [da] República Federativa do Brasil**, Brasília, DF, 3 jun. 1998. Seção 1, p. 68.

[1530] Nesse sentido: BRASIL. Supremo Tribunal Federal. HC nº 90174/GO. Relator originário: Min. Carlos Britto. Rel. para acórdão: Ministro Menezes Direito. Diário da Justiça [da] República Federativa do Brasil, Brasília, DF, 4 dez. 2007.

tema "Fundos de Participação", por aferir estarem superados, eis que à luz da Constituição Federal, não detém competência para fiscalizar a aplicação de recursos do FPM e do FPE.

Importante lembrar que os coeficientes do FPM - de acordo com o previsto no art. 159, inciso I, da Constituição Federal -, e da Reserva instituída pelo Decreto-Lei 1.881, de 27 de agosto de 1981 são aprovados pelo Tribunal de Contas da União. Os coeficientes variam de acordo com fatores como população e renda per capita. A metodologia empregada para o cálculo dos coeficientes do FPM levam em consideração o disposto no art. 2º da Lei Complementar nº 198/2023, em decorrência do censo demográfico[1531].

No caso em tela, o acórdão aponta que o Tribunal:

> realiza, por meio do Sistema de Acompanhamento das Transferências Constitucionais (Transcon), o acompanhamento informatizado decendial da distribuição do FPM, a fim de verificar se os repasses estão em conformidade com os coeficientes individuais fixados pela Corte e se correspondem à arrecadação do IR e do IPI no decêndio anterior.
>
> faz acompanhamentos semestrais por meio de fiscalizações, nos quais são apurados os valores distribuídos a cada beneficiário;[1532]

3.2.5.3.8 Recursos do FUNDEF/FUNDEB

Assim como os recursos do FPE e do FPM, a prestação de contas do Fundo de Manutenção e Desenvolvimento da Educação Básica e de Valorização dos Profissionais da Educação – FUNDEB (antigo FUNDEFE)[1533] é feita perante os respectivos Tribunais de Contas dos Estados, dos Municípios, onde houver, e do Distrito Federal. A composição do fundo está prevista no art. 212-A, inc. I da Constituição Federal. Compete ao Tribunal de Contas da União a tarefa de zelar pelo efetivo repasse dos recursos[1534].

[1531] Na ADPF nº 1.043, o Supremo Tribunal Federal, reconheceu a inconstitucionalidade da Decisão Normativa TCU 201/2022, que previa a atualização dos coeficientes do FPM, com base nos dados populacionais do ainda incompleto Censo Demográfico de 2022, sob a alegação de prejuízo a 702 municípios afetados pela mudança abrupta dos coeficientes proposta pelo TCU que, naquela oportunidade, havia considerado apenas estimativas da contagem populacional, conforme prévia entregue pelo IBGE. A DN, segundo o STF, violaria a Lei Complementar 165/2019, prejudicando a segurança jurídica e a continuidade de políticas públicas essenciais, como saúde e educação. Disponível em: https://www.in.gov.br/web/dou/-/decisoes-548258836.

[1532] BRASIL. Tribunal de Contas da União. Acesse a íntegra Acórdão nº 11059/2023 - TCU - 2ª Câmara. Disponível em: https://pesquisa.in.gov.br/imprensa/jsp/visualiza/index.jsp?data=21/11/2023&jornal=515&pagina=170&totalArquivos=174.

[1533] Em decisão de 2022, o STF determinou: a) os recursos destinados ao FUNDEB/FUNDEF, a título de complementação, por serem originários do Tesouro Federal, serão fiscalizados pelo Tribunal de Contas da União (TCU), devido a origem dos mesmos. b) isto sem prejuízo da ação fiscalizatória do respectivo Tribunal de Contas Estadual, Municipal (onde houver) e Distrito Federal, *ex vi* do artigo 30, inciso II, da Lei Federal 14.113/2020, atendendo-se ao princípio da origem dos demais recursos, que provêm dos entes jurídicos de direito público interno mencionados ante-riormente. BRASIL. Supremo Tribunal Federal. ADI 5.791. Disponível em: https://pesquisa.in.gov.br/imprensa/jsp/visualiza/index.jsp?jornal=515&pagina=1&data=21/09/2022&totalArquivos=195.

[1534] O Ministério Público Federal (MPF), com base em análises do sistema Sinapse e em cooperação com o TCU,

No que diz respeito à complementação de 23% (vinte e três por cento) do total de recursos do fundo, exigida da União no inc. IV do mesmo artigo, a competência para fiscalização é do Tribunal de Contas da União. Nesse sentido, o TCU, por meio do Acórdão nº 1.824/2017 já decidira por sua competência própria para fiscalizar a aplicação desses recursos complementares, "ainda que esses pagamentos decorram de sentença judicial, uma vez que são recursos de origem federal". No mesmo acórdão, o TCU, dentre outros pontos, decidiu que a destinação de valores de precatórios relacionados a verbas do Fundef/Fundeb para o pagamento de honorários advocatícios é inconstitucional e ilegal.

Em 2022, o STF julgou improcedente a ADI nº 5.791/DF[1535], confirmando que cabe à União repassar, aos Estados e ao Distrito Federal, o montante destinado a complementar o valor mínimo por aluno definido nacionalmente e a competência do TCU para fiscalizar a aplicação de verbas originárias da União por parte dos demais entes da Federação. No mesmo ano – na ADPF nº 528/DF –, reconheceu a constitucionalidade do entendimento do TCU no Acórdão nº 1.824/2017 a respeito da impossibilidade de uso desses recursos para pagamento de honorários advocatícios, admitindo, todavia, o pagamento com encargos moratórios desses recursos.[1536]

3.2.5.3.8.1 A competência fiscalizatória de recursos da educação

As atuações das esferas de Controle externo efetivadas pelo Ministério Público, bem como o andamento de processos nas respectivas esferas judiciais, conforme jurisprudência pátria, são definidas pela esfera de competência da fiscalização efetuada pelos Tribunais de Contas.

A competência para ações de ressarcimento ao erário e de improbidade administrativa, relacionadas a eventuais irregularidades na utilização ou prestação de contas de repasses de verbas federais aos demais entes federativos, já foram, exaustivamente, definidas pelo STJ, com base nas Súmulas nº 209 e nº 208.

O primeiro enunciado (Súmula 209) define que "compete à Justiça Federal processar e julgar prefeito municipal por desvio de verba sujeita à prestação de contas perante órgão federal". O segundo (Súmula 208) prevê que "compete à Justiça estadual processar e julgar prefeito por desvio de verba transferida e incorporada ao patrimônio municipal"[1537].

---

emitiu a Nota Técnica nº 02/2025 com diretrizes rigorosas para a gestão dos recursos do Fundeb por estados e municípios. O documento orienta sobre a obrigatoriedade de contas bancárias únicas e específicas vinculadas às secretarias de educação, proíbe saques em espécie, e reforça a necessidade de movimentação exclusivamente eletrônica e rastreável. Disponível em: https://www.mpf.mp.br/pgr/arquivos/2025/NT22025GTIFundeb.pdf.

[1535] BRASIL. Supremo Tribunal Federal. **Ação de Descumprimento de Preceito Fundamental nº 5791/DF.** Relator: Ministro Alexandre de Moraes. Tribunal Pleno. Julgado em: 18 mar. 2022. DJe de 22 abr. 2022. Disponível em: https://redir.stf.jus.br/paginadorpub/paginador.jsp?docTP=TP&docID=762948065.

[1536] BRASIL. Supremo Tribunal Federal. Ação de Descumprimento de Preceito Fundamental nº 5791/DF. Relator: Ministro Ricardo Lewandowski. Tribunal Pleno. Disponível em: https://portal.stf.jus.br/processos/downloadTexto.asp?id=5518864&ext=RTF.

[1537] BRASIL. Superior Tribunal de Justiça. Súmulas 208 e 209. Disponível em: https://www.stj.jus.br/docs_internet/ jurisprudencia/tematica/download/SU/Verbetes/VerbetesSTJ.pdf

Tais súmulas são jurisprudencialmente utilizadas para processamento e julgamento por outros responsáveis (além dos prefeitos), nos âmbitos municipal e estadual, pelo mau uso de verbas públicas.

A transferência de titularidade dos recursos financeiros influencia, diretamente, na atuação judicial do Ministério Público e da justiça.

Nos casos de desvios e má utilização dos recursos repassados, a titularidade destas verbas reflete na legitimidade ativa para ajuizamento das ações judiciais de ressarcimento ao erário e de improbidade administrativa.

Nesse sentido, temos vasta jurisprudência, como no Recurso em Habeas Corpus 42.595 - MT (2013/0378315-0)[1538], onde o Ministro Felix Fischer decidiu que:

> Não está a incidir, no caso, portanto, o disposto no art. 109, inciso IV, da Constituição Federal, que afirma que compete aos juízes federais processar e julgar "as infrações penais praticadas em detrimento de bens, serviços ou interesse da União ou de suas entidades autárquicas ou empresas públicas, excluídas as contravenções e ressalvada a competência da Justiça Militar e da Justiça Eleitoral". Nesse sentido é a jurisprudência dessa Corte.

A principal argumentação do *decisum*, ao citar a jurisprudência perseguida, reside no fato de que, nada obstante os recursos financeiros sejam provenientes de órgão público federal, o valor transferido nunca seria devolvido ao ente federal, no caso de irregularidades, não havendo que se falar, pois, em prejuízo para a União.

Para melhor certificação dessa posição jurisprudencial, pode-se citar o julgamento no Superior Tribunal de Justiça, onde o Ministro Mauro Campbell Marques confirmou a vasta jurisprudência, visto que não figurava em nenhum dos polos da relação processual o interesse de ente federal, tampouco houve manifestação da União no sentido de interesse no julgamento da demanda, o que afasta a competência da Justiça Federal para julgar

> Nesse sentido, o parecer do Ministério Público Federal ao afirmar que "a ação de ressarcimento de verba pública municipal proposta contra ex-prefeito na qualidade de gestor de recursos creditados ao município pela União mediante celebração do convênio firmado entre a Municipalidade e o Ministério da Educação não se mostra inserida no âmbito da competência da Justiça Federal nos termos do art. 109 da Constituição Federal sobretranscrito na ausência de interesse federal sobre o deslinde da questão.[1539]

O reflexo dessa jurisprudência é de visualização mais clara no caso das transferências especiais e constitucionais, cujos recursos mudam de titularidade a

---

[1538] Recurso em *Habeas Corpus* 42.595 - MT (2013/0378315-0) - Documento: 42997826 - Ementa, relatório e voto.

[1539] BRASIL. Superior Tribunal de Justiça. Conflito de Competência nº 111.495 - MA (2010/0064645-4)1539. Disponível em https://scon.stj.jus.br/SCON/pesquisar.jsp?livre=CONFLITO+DE+COMPETENCIA+111.495&operador=e&b=DTXT&tp=T.

partir da efetiva transferência financeira, sendo o ente beneficiário o exclusivo legitimado para ajuizamento de ação judicial de ressarcimento e de improbidade administrativa.

No caso das transferências voluntárias e aquelas com finalidade definida, a persecução do dano ao erário exige análise detalhada do acordo ou ajuste de cooperação objeto do repasse (contrapartida, obrigações, deveres, domínio dos bens e serviços etc.).

Consequentemente, o mesmo raciocínio se aplica quanto a qual esfera do Ministério Público incumbe atuar e quais órgãos da justiça terão competência para julgar feitos relacionados ao emprego desses recursos financeiros (ex.: ações de improbidade administrativa, ações civis públicas, ações populares etc.).

Esse posicionamento quanto à ação do Ministério Público ficou bem definido, por exemplo, no Processo nº 1.00701/2021-08[1540], onde o Conselho Nacional do Ministério Público, resolveu, em sede de averiguação de Conflito de Atribuições, que os recursos oriundos de transferência federal, constitucionalmente ou legalmente incorporados ao patrimônio do ente beneficiário, atraem a atribuição do Ministério Público Estadual para as investigações.

> 14. A controvérsia central à elucidação do conflito, portanto, está em verificar se os recursos que implicaram adimplemento do contrato administrativo eram federais ou não.
>
> 15. No presente caso, verifica-se que não houve repasse de verbas da União para o custeio da licitação investigada. Tal se extrai de ofício encaminhado pelo FNDE e juntado nas fls. 1101/1103, segundo o qual não existem recursos federais na operação, mas tão-somente oriundos da quota municipal1541.

É de ressaltar que permanecem inalteradas, entretanto, as competências para julgar e fiscalizar crimes comuns e de responsabilidade que envolvem agentes e autoridades federais, visto que o parâmetro não é a natureza das verbas públicas envolvidas, mas sim a natureza do crime, o lugar onde se consuma o crime, onde foi executado o último ato de execução, foro de prerrogativa de função do agente investigado.[1542].

[1540] Processo 1.00701/2021-08 – Conflito de Atribuições – Relator Conselheiro Otávio Luiz Rodrigues.

[1541] Quando não apresentada a prestação de contas dos recursos aplicados ou constatada a má aplicação dos recursos públicos transferidos, o concedente notificará o convenente e instaurará, se for o caso, a competente Tomada de Contas Especial. Ainda que se trate de irregularidades ocorridas no bojo de processos de dispensa de licitação envolvendo recursos federais, tais recursos foram repassados por órgãos federais descentralizadores a quem competem a ação fiscalizatória. BRASIL. Tribunal de Contas da União. Acórdão nº 658/2022 - TCU – Plenário. Disponível em: https://pesquisa.in.gov.br/imprensa/jsp/visualiza/index.jsp?data=08/04/2022&jornal=515&pagina=174&totalArquivos=252.

[1542]Arts. 69 a 87 do BRASIL. Decreto-lei nº 3.689, de 3 de outubro de 1941. Código de Processo Penal. Disponível em: https://www.planalto.gov.br/ccivil_03/decreto-lei/del3689.htm.

3.2.5.3.8.2 Auditorias dos tribunais de contas na educação

O TCU tem acompanhado as contratações de tecnologias da educação. Um caso especial, julgado em 2025 estava estimado em R$ 25 bilhões. A atuação do TCU ilustrou, com clareza, os avanços metodológicos do controle exercido, notadamente quando pautado por critérios de materialidade, relevância e risco. Apesar da relevante contribuição ao recomendar a exclusão dos notebooks 4G/LTE o que, conforme noticiou, gerará uma economia de R$ 81,8 milhões é preciso obtemperar a relação entre a intensidade da atuação dos Tribunais de Contas e os riscos de interferência indevida na atuação discricionária legítima da Administração.

Um dos custos mais silenciosos é o da necessidade constante de resposta aos órgãos de controle, onde, no caso, desde junho de 2024, o FNDE precisou mobilizar esforços técnicos sucessivos para justificar escolhas, revisões e metodologias, consumindo tempo e recursos institucionais que poderiam ser destinados à própria execução da política pública. Esse ônus administrativo – ainda que legítimo do ponto de vista do controle – pode comprometer a agilidade, a inovação e a autonomia do gestor público, sobretudo em ambientes complexos como os da educação e da tecnologia.

Esse caso revela com nitidez a tensão entre a efetividade do controle e a autonomia administrativa, demandando uma atuação equilibrada: que oriente sem paralisar, que corrija sem substituir o gestor, e que fiscalize com responsabilidade institucional compartilhada.

Em 2023, os tribunais de contas realizaram várias auditorias na área de Educação. No âmbito federal, atendendo à solicitação do Congresso Nacional, o TCU realizou auditoria para avaliar o planejamento da política de educação superior a distância, envolvendo o Ministério da Educação (MEC), o Instituto Nacional de Estudos e Pesquisas Educacionais Anísio Teixeira (Inep) e o Conselho Nacional de Educação. A auditoria apontou a ausência de uma política pública específica e estruturada para a educação nas modalidades presencial e à distância. Também se verificou inconsistência dos processos de regulação, supervisão e avaliação dos cursos pelo MEC, que não estava cumprindo as exigências de transparência. Fez várias determinações aos envolvidos, dentre elas fixou prazo para que o MEC apresentasse plano de ação para elaboração da política nacional de educação superior, contendo prazos, etapas, responsáveis, objetivos, ações, resultados esperados e forma de avaliação da implementação desse plano. O Ministério da Educação também deverá implementar a tramitação dos processos de supervisão no sistema e-MEC ou em sistema equivalente, tornando disponíveis as informações contidas nesses processos e nos protocolos de compromisso.

No âmbito municipal, atuaram os Tribunais de Contas, fazendo auditorias em escolas municipais dentro da Operação Educação, iniciada em 2023. De acordo com o Portal Atricon[1543], uma fiscalização ordenada, nacional e inédita, realizada por 32 tribunais de contas com a meta de verificar a infraestrutura de mil escolas estaduais e municipais no país. Os auditores avaliaram 200 itens, entre eles a situação dos refeitórios, bibliotecas, salas de aula e quadras esportivas, além de aspectos ligados à segurança, prevenção de incêndio, higiene e limpeza.

As escolas foram escolhidas a partir de indicativos de situações críticas relacionadas à infraestrutura que constam do Censo Escolar 2022, a partir do Painel da Educação e aspectos referentes à acessibilidade, estrutura e conservação, saneamento básico e energia elétrica, sistema de combate a incêndios, alimentação, esporte, recreação e espaços pedagógicos. As informações colhidas durante as visitas foram inseridas em um sistema de consolidação automática de dados, para geração de um relatório nacional e um estadual. Muitas auditorias foram concluídas apenas em 2024 e os tribunais de contas firmaram com várias escolas termos de ajustamento de gestão (TAG), para correção das irregularidades identificadas.

3.2.5.3.9 Universidades e fundações autônomas

As universidades e as chamadas fundações autônomas podem depender ou não do orçamento, mas, tendo sido constituídas com recursos públicos, ficam sujeitas ao dever de prestar contas, tanto ao controle interno, quanto ao controle externo. Não há como conceber que ao contribuinte seja imposto o dever de arcar com o ônus do patrocínio, da constituição e/ou da manutenção sem que exista também, nesse caso, o dever de prestar contas.

É possível admitir-se, porém, a redução do rigor formal de outras normas, como licitações e contratos ou critérios de gestão ampliados e flexibilizados, mas não é possível deixar de prestar contas.[1544]

3.2.5.3.10 Transferências Especiais

O Congresso Nacional criou esse tipo de transferência sem nenhuma preocupação com o sistema republicano e com seu princípio basilar: o dever de prestar contas. Coube ao TCU, por meio da Instrução Normativa - TCU nº 93, de 17 de janeiro de 2024[1545], o esforço de definir competências e prazos para todos os envolvidos. A IN dispõe sobre a fiscalização de recursos alocados aos estados, Distrito Federal e municípios por meio de transferências especiais, conforme previsto no inciso I do art. 166-A da Constituição Federal.

[1543] A Operação Educação foi organizada pela Associação dos Membros dos Tribunais de Contas do Brasil (Atricon) em parceria com o Tribunal de Contas do Estado de São Paulo, com o apoio técnico do Instituto Rui Barbosa (IRB), por meio do seu Comitê de Educação (CTE-IRB), e institucional da Associação Brasileira de Tribunais de Contas dos Municípios (Abracom) e do Conselho Nacional de Presidentes dos Tribunais de Contas (CNPTC). Disponível em: https://atricon.org.br/operacao-educacao/

[1544] Nesse sentido: BRASIL. Supremo Tribunal Federal. HC nº 90174/GO. Relator originário: Min. Carlos Britto. Rel. para acórdão: Min. Menezes Direito. **Diário da Justiça [da] República Federativa do Brasil**, Brasília, DF, 4 dez. 2007.

[1545] BRASIL. Tribunal de Contas da União. Disponível em: https://pesquisa.apps.tcu.gov.br/redireciona /norma/ NORMA-25523.

O art. 166-A foi incluído por força da Emenda Constitucional nº 105, de 2019 para autorizar a transferência de recursos federais a Estados, ao Distrito Federal e aos Municípios mediante emendas ao projeto de lei orçamentária anual. De acordo com o *caput* do dispositivo, as emendas individuais impositivas apresentadas ao projeto da LOA, podem ocorrer por meio de transferência especial ou transferência com finalidade definida.

No Portal Transparência há um quadro que sintetiza a variação, ao longo do tempo, dos tipos de transferência: Emenda Individual (RP = 6); Emenda de Bancada (RP = 7); Emenda de Comissão (RP = 8); Emenda de Relator (RP = 9).

De acordo com o § 2º do art. 166-A, da Constituição Federal, nas transferências especiais, os recursos podem ser repassados diretamente ao ente federado beneficiado, independentemente de celebração de convênio ou de instrumento congênere. Passam a pertencer-lhe no ato da efetiva transferência financeira. Esses recursos devem ser aplicados em programações finalísticas das áreas de competência do Poder Executivo do estado ou município, respeitada a aplicação mínima de 70% (setenta por cento) em despesas de capital. O § 3º do referido artigo admite, ainda, que o ente federado beneficiado firme contratos de cooperação técnica a fim de subsidiar o acompanhamento da execução orçamentária na aplicação dos recursos.

Certamente o tema se prestará a discussões frente a reserva legal para imposições de obrigações, segundo o qual somente a lei pode estabelecer deveres e direitos. Portanto, a eficácia dependerá muito do esforço de coordenação e da união dos órgãos nacionais de controle. Certamente a liderança de autoridades de prestígio nacional e o das instituições como Instituto Rui Barbosa, ATRICON, CONACI poderão contribuir para o desenvolvimento do sistema nacional de controle.

Em 2019, foi instituída a Plataforma +Brasil, ferramenta integrada e centralizada, com dados abertos, destinada à informatização e à operacionalização das transferências de recursos do Orçamento Fiscal e da Seguridade Social da União a órgão ou entidade da administração pública estadual, distrital ou municipal, direta ou indireta; consórcios públicos e entidades privadas sem fins lucrativos. Em 2022, essa plataforma foi substituída pelo Transferegov.br, sistema estruturante do Sistema de Gestão de Parcerias da União – Sigpar.[1546]

Mais um avanço no sistema de controle dos recursos públicos. Como dito em outras passagens, o controle social é o mais eficaz. Mas, só há controle social com democracia e ferramentas adequadas de acesso à informação.

3.2.5.3.11 Agências reguladoras

O Tribunal de Contas da União também exerce sua competência sobre as agências reguladoras. Embora o tema não seja pacífico, as agências reguladoras têm natureza jurídica de direito público, sendo consideradas autarquias, em regime

[1546] Decreto nº 11.271, de 5 de dezembro de 2022. Institui o Sistema de Gestão de Parcerias da União - Sigpar. Disponível em: https://www.planalto.gov.br/ccivil_03/_Ato2019-2022/2022/Decreto/D11271.htm#art22

especial. A primeira agência reguladora do Brasil foi a Agência Nacional de Telecomunicações - ANATEL, criada em 1997. De lá para cá, várias outras foram criadas, nas mais diversas áreas. Assim, existe uma grande diversidade no que diz respeito à maturidade do sistema de governança destas agências.

Eventualmente, aparece no DOU, decisões do Plenário do Tribunal de Contas da União, fazendo determinações, fixando prazos ou apenas recomendado que as agências implementem ações, em seus sistemas de informação, na gestão de contratos de concessão, definam critérios de classificação, cadastro de bens, metodologias, revisão de normativos, dentre outros que possam aperfeiçoar a regulação nos mais diversos setores.[1547]

A propósito dos limites de atuação do TCU sobre as agências reguladoras, o Ministro Zymler asseriu que:

> 26. O TCU deve atuar de forma complementar à ação das entidades reguladoras no que concerne ao acompanhamento da outorga e da execução contratual dos serviços concedidos. Afinal, o fato de o Poder Concedente deter competência originária para fiscalizar a atuação das concessionárias não impede a atuação cooperativa e suplementar do TCU, que pode, assim, fiscalizar a prestação dos serviços públicos delegados. Por outro lado, a Corte de Contas não pode substituir o órgão regulador, sob pena de atuar de forma contrária à Constituição Federal. Nesse sentido, cumpre reiterar que a fiscalização do Tribunal deve ser sempre de segunda ordem, sendo seu objeto a atuação das agências reguladoras como agentes estabilizadores e mediadores do jogo regulatório. Logo, essa fiscalização não deve versar sobre o jogo regulatório em si mesmo considerado.[1548]

Conforme mencionado no Informativo Fórum-Jacoby de 25/01/2022, por si só, o tema é complexo e fica ainda mais, quando o TCU ultrapassa suas competências e interfere na gestão das agências reguladoras, como vem fazendo há tempos e foi, inclusive, objeto de pesquisa da USP e publicação na Revista de Direito Administrativo da FGV. De acordo com o resumo da pesquisa, que analisou "o controle das Agências Reguladoras pelo Tribunal de Contas da União em uma perspectiva empírica, considerando o diálogo institucional travado entre essas instituições", foi possível concluir que: (i) as recomendações do TCU têm caráter mandatório, pois o TCU tem a expectativa de que elas sejam observadas pelas Agências; (ii) é alto o grau de deferência das Agências Reguladoras às recomendações do TCU, ressalvada a Aneel; e (iii) não raro a unidade técnica do TCU rivaliza com a unidade técnica da Agência sobre decisões relacionadas com as atividades-fim das Agências, preferindo o

---

[1547] Veja, a propósito: a) BRASIL. Tribunal de Contras da União. Acórdão nº 601/2023 - TCU - Plenário. Disponível em: https://pesquisa.in.gov.br/imprensa/jsp/visualiza/index.jsp?data=11/04/2023&jornal=515&pagina=221& total Arquivos=231; b) Acórdão nº 806/2024 - TCU - Plenário 1. Disponível em: https://pesquisa.in.gov.br/imprensa/jsp/visualiza/index.jsp?data=02/05/2024&jornal=515&pagina=171&totalArquivos=178.

[1548] BRASIL. Trivunal de Contas da União. Acórdão 1703/2004. Processo 006.931/2002-0 Disponível em: https://pesquisa.apps.tcu.gov.br/redireciona/jurisprudencia-selecionada/JURISPRUDENCIA-SELECIONADA-34188.

colegiado pela orientação da unidade técnica." A pesquisa foi realizada em três etapas: análise do "controle pelo TCU, reação da Agência e checagem desta reação pelo TCU".

Outra competência que o TCU vem exercendo diz respeito à orientação a partir da análise de editais de concessão de serviços públicos.[1549] Após analisar editas da Agência Nacional de Transportes Terrestres (ANTT), recomendou a adoção de mecanismos de proteção da modicidade tarifária no contrato, a avaliação periódica das soluções escolhidas para o serviço e, se as estratégias operacionais a serem realizadas pela concessionária seriam capazes de propiciar segurança aos usuários. Também fez recomendações ao Ministério da Infraestrutura e à ANTT para que, nos próximos processos de desestatização de rodovias federais, adote medidas com o objetivo de estimular o ambiente concorrencial. Deu, ainda, ciência à ANTT, de que a aplicação do mecanismo de arbitragem para solução de controvérsias relativas à execução de garantias contratuais ofende a jurisprudência do Tribunal de Contas.

[1549] Veja, a propósito, BRASIL. Tribunal de Contras da União. Acórdão nº 3136/2021 - TCU - Plenário. Disponível em: https://pesquisa.in.gov.br/imprensa/jsp/visualiza/index.jsp?data=20/01/2022&jornal=515&pagina=77&totalArquivos=105.

CAPÍTULO IV

DEFESA NOS TRIBUNAIS DE CONTAS

No processo submetido à jurisdição dos Tribunais de Contas, após a determinação da citação ou audiência, chega o momento da resposta do réu, gênero maior, onde se insere o exercício do direito de ampla defesa, do contraditório e da revelia.[1550]

Assim, como no processo judiciário, ao ser citado ou chamado em audiência, o agente pode assumir uma das seguintes atitudes:

a) responder à citação:

  a.1) reconhecendo a procedência do que lhe é requerido,

  a.2) apresentando defesa, que poderá ser:

    a.2.1) contra o processo, ou

    a.2.2) contra o mérito.

b) deixar o processo correr ao acaso, não respondendo à citação.

Importante esclarecer neste início que:

i - o pagamento do débito que é imputado, dá direito à *quitação* das contas. Nessa situação, na atualidade, existe dissenso doutrinário acerca do julgamento decorrente ser ou não pela regularidade das contas;

ii - o pedido de parcelamento do débito, produz o mesmo efeito que o reconhecimento do fato ou do dever de reparar o dano, mas como regra só dá direito à quitação após pago integralmente[1551]; o simples pedido de parcelamento, pode, contudo, influenciar na decisão pela regularidade.

4.1 Dos princípios da jurisdição aplicáveis

Firmado entendimento de que, por força da Constituição Federal, os Tribunais de Contas têm jurisdição, conforme exposto no capítulo I, cabe verificar quais princípios devem ser observados no julgamento de contas.

[1550] Sobre recurso: consultar no Capítulo III, que trata da competência dos tribunais de contas, o subtítulo 3.2.4 Competência funcional.

[1551] Conforme expressamente consagra o art. 217, § 2º, do RI/TCU: BRASIL. **Regimento Interno e Lei Orgânica doTribunal de Contas da União.** Organização dos textos e índice por J. U. JACOBY FERNANDES. Belo Horizonte: Fórum, 2014. Resolução TCU nº 246/2011.

Em pesquisa realizada tanto no direito pátrio como no comparado, verificou-se a ausência de doutrina sobre o tema, embora alguns julgados tenham revelado a existência desses princípios.

O tema está a exigir reflexão, notadamente, diante da extensa lacuna legislativa sobre a questão da jurisdição e das peculiaridades de que se cerca a jurisdição de controle. É consabido que, quanto maior a lacuna, maior a necessidade de se recorrer aos princípios para integração do direito.

Por outro lado, não se deve acolher os princípios gerais da jurisdição processual civil, na atualidade já muito bem sistematizados, porque muitas vezes se mostrarão inadequados à natureza da função de controle. Sendo, pois, certo que no direito judiciário as partes estão em condições de igualdade, que o ônus da prova incumbe a quem alega e que prevalecem os direitos disponíveis, forçoso reconhecer a necessidade de critérios na migração dos postulados científicos. [1552]

É importante lembrar, mais uma vez, que nem toda atuação dos Tribunais de Contas constitui ato de jurisdição. Aliás, como será visto, em item próprio, há extenso rol de competências não jurisdicionais, meramente administrativas.

Seguem adiante, os princípios que regem a jurisdição do controle.

4.1.1 Princípio da legalidade

Esse princípio, como informativo da jurisdição e do processo administrativo e judicial, que, a propósito, alguns preferem denominar de *legalidade objetiva*, significa que a jurisdição só pode ser exercida conforme expressamente prevista em lei.

A jurisdição, como poder, deve ter norma autorizando o seu exercício, assim como a competência para julgamento.

O princípio da legalidade, norma básica da Constituição Federal, atua tanto na esfera da definição da jurisdição, sobre o órgão, como sobre o processo, tanto na perspectiva formal como material.

Foi visto que a existência da jurisdição de controle decorre de expresso mandamento constitucional.[1553] Também provém do Estatuto Político fundamental o âmbito da jurisdição e sobre quem ela se exerce.[1554]

A jurisdição do Tribunal de Contas da União é exercida em todo território nacional, em relação ao julgamento das contas prestadas por qualquer pessoa física ou

---

[1552] Nas edições anteriores constava o seguinte período: "Nada mais nocivo ao interesse público do que fazer a redução axiológica do princípio da supremacia do interesse público ou do princípio da proteção do erário." Preferimos excluir o período, a partir das lições recentes dos doutrinadores pátrios que vem sustentando a modulação desses princípios. Essa modulação ou até a extinção desses princípios decorre da própria evolução do Direito Administrativo que reconhece o princípio do interesse público, mas em coordenação com outros. Isso porque a efetiva supremacia pode resultar na ofensa a direitos fundamentais do cidadão.

[1553] BRASIL. **Constituição da República Federativa do Brasil (Versão Bolso).** Organização dos textos e índice por J. U. JACOBY FERNANDES. 2. ed. Belo Horizonte: Fórum, 2019. Art. 73.

[1554] *Ibidem*, art. 70, parágrafo único, art. 71, inc. II, c/c art. 75.

jurídica, pública ou privada, que utilize, arrecade, guarde, gerencie ou administre dinheiros, bens e valores públicos ou pelos quais a União responda, ou que, em nome desta, assuma obrigações de natureza pecuniária.

O princípio da legalidade, atuando como princípio da jurisdição, delimita o poder de aplicar o direito objetivo. A repartição desse poder é a competência.

Como vetor da jurisdição tem as seguintes consequências práticas:

a) definição objetiva do órgão ou poder que a exerce;
b) definição da exclusão dos demais órgãos. Isso porque, ao contrário do que ocorre com a competência legislativa, é impossível existir jurisdição concorrente. Se um órgão *é*, outro necessariamente *não é*;
c) obrigatoriedade do exercício do poder-dever *jurisdição*. Exemplo clássico dessa última perspectiva é o instituto da reclamação, ao qual expressamente se refere a Constituição Federal quando alude ao Supremo Tribunal Federal.[1555]

Ainda que haja tal princípio como limitador do exercício da jurisdição, o Brasil tem uma cultura de excessiva judicialização de conflitos, sendo o poder público o maior litigante no serviço público brasileiro.

O Conselho Nacional de Justiça - CNJ possui painel[1556] com os maiores litigantes ativos e passivos[1557] - visando contribuir com iniciativas de composição de conflitos, de forma a reverter tal situação. Os recordistas no polo passivo, de processos em andamento, conforme o levantamento, são órgãos e bancos públicos, em especial o INSS (5,16%) e Caixa Econômica Federal (1,72%). Entre os campeões no polo ativo, condição de quem entra com o processo, estão o Ministério da Fazenda, o Distrito Federal, a Caixa, o Bradesco e o Ministério Público Federal (MPF).

Tabela 5 - Maiores Litigantes por Setor e Justiça (Polo passivo)

Nacional		Federal		Trabalho		Estadual	
SETOR PÚBLICO FEDERAL	14,78%	SETOR PÚBLICO FEDERAL	32,93%	SETOR PÚBLICO FEDERAL	10,85%	SETOR PÚBLICO ESTADUAL	10,92%
BANCOS	9,48%	BANCOS	9,47%	BANCOS	9,45%	BANCOS	10,03%

Fonte: Dados do CNJ de 31.05.2025.

[1555] *Ibidem*, art. 102, inc. I, alínea *i*.
[1556] BRASIL. Conselho Nacional de Justiça. Painel "Grandes Litigantes" - Justiça em Números. Portal Justiça em Números. Disponível em: https://justica-em-numeros.cnj.jus.br/painel-litigantes/. Acesso em: 6 jul. 2025.

É evidente que um país que ostenta na Constituição Federal o princípio da legalidade como o princípio número 1 da Administração Pública não poderia ser o maior réu do mundo em litígios judiciais.

4.1.2 Princípio da segurança jurídica

Esse é um princípio que guarda estreita relação com o princípio da legalidade e possui a importante eficácia de dar aos cidadãos a convicção de que determinadas relações ou situações jurídicas não serão modificadas por motivos circunstanciais.[1558] Discorrendo sobre o tema, o escritor e professor espanhol Antonio-Enrique Pérez Luño assim assevera:

> [...] *la* ***estabilidad*** *del Derecho es un presupuesto básico para generar un clima de confianza en su contenido. "El hombre - nos dice Helmut Coing - aspira siempre a crear situaciones e instituiciones duraderas bajo cuya protección pueda vivir; el hombre quiere sustraer su existencia a un cambio permanente, dirigirla por vías seguras y ordenadas y librarse del asalto constante de lo nuevo".*[1559]

O Direito, como ciência humana, procura estabelecer as dimensões jurídicas da segurança, na busca de satisfazer uma das necessidades básicas do ser humano. De fato, o princípio da segurança jurídica está situado entre as garantias fundamentais do estado de direito; indo mais adiante, o professor Antonio-Enrique Pérez argumenta, *in verbis*:

> *La seguridad es al cariz que la vida entera del hombre toma cuando se desenvolve em um Estado de Derecho. El alcance de la seguridad supone la realización plena de las garantías y los valores del Estado de Derecho.*

No largo arcabouço do direito positivo pátrio, encontramos respaldo na Lei nº 9.784/1999 que rege a União federal:

> Art. 2º A Administração Pública obedecerá, dentre outros, aos princípios da legalidade, finalidade, motivação, razoabilidade, proporcionalidade, moralidade, ampla defesa, contraditório, *segurança jurídica*, interesse público e eficiência.
>
> Parágrafo único. Nos processos administrativos serão observados, entre outros, os critérios de:
>
> [...]
>
> XIII. interpretação da norma administrativa da forma que melhor garanta o atendimento do fim público a que se dirige, vedada aplicação retroativa de nova interpretação.[1560]

[1558] BRASIL. Tribunal de Contas da União. Administrativo. Prestação de Contas. Processo TC nº 650.158/1995-4. Acórdão nº 276/2002 - Plenário. Relator: Ministro Marcos Vinícios Vilaça. Brasília, 31 de julho de 2002. **Diário Oficial da União [da] República Federativa do Brasil**, Brasília, DF, 13 ago. 2002. Seção 1, p. 140. Aplicação do princípio da segurança jurídica para os casos de admissão de professores estrangeiros ocorridos anteriormente ao permissivo constitucional, abonando a manutenção da situação consolidada pelo tempo.

[1559] LUÑO, Antonio-Enrique Pérez. ***La Seguridad Jurídica.*** Barcelona: Ariel, 1991, p. 25.

[1560] BRASIL. Lei nº 9.784, de 29 de janeiro de 1999. Regula o processo administrativo no âmbito da Administração Pública Federal. Disponível em: https://www.planalto.gov.br/ccivil_03/LEIS/L9784.htm. Grifos não constam do original.

A referida norma reguladora do processo administrativo, visando, em especial, à proteção dos direitos dos administrados e ao melhor cumprimento dos fins da administração, estabelece, no mencionado art. 54, que "o direito da Administração de anular os atos administrativos de que decorram efeitos favoráveis para os destinatários decai em cinco anos, contados da data em que foram praticados, salvo comprovada má-fé".

Na verdade, a lei do processo administrativo representa marco auspicioso na evolução do direito brasileiro, há muito reclamado, consequência natural da consolidação do Estado Democrático de Direito que a Constituição Federal de 1988 acabou por trazer. A partir da Carta Magna de 1988, as próprias Súmulas n°s 346[1561] e 473[1562] do STF já não podiam mais ser entendidas na sua literalidade singela. É que, desde então, restaram consagrados os princípios, inclusive para o processo administrativo, da ampla defesa, do contraditório e do devido processo legal.

Dentro dessa linha de aperfeiçoamento das instituições e de crescimento do espírito democrático, o art. 54 da Lei nº 9.784/1999 deve ser recebido com louvores, porque representa essencial garantia para os administrados, em especial contra mazelas eternas, que situam a administração em descompasso com o tempo, no que tange ao cumprimento de obrigações e na prática de atos que lhe competem.

Sobre o assunto, trazemos ainda à colação o posicionamento sustentado pelo TCU, em que fica demonstrada essa inteligência:

> Os princípios da segurança jurídica e da legalidade, ínsitos ao Estado Democrático de Direito, têm, em nosso ordenamento jurídico, **status** constitucional, não havendo que se falar em prevalência de um sobre o outro. Em verdade, esses dois princípios se complementam, de modo que não há como se conceber o da segurança jurídica dissociado do da legalidade.
>
> O princípio da legalidade, **latu senso**, repousa na subordinação de todos, cidadãos e Estado, aos comandos da Lei. Assim é que, em um Estado de Direito, a Lei é o principal instrumento de que dispõem as pessoas sujeitas ao império estatal para evitar a arbitrariedade e a injustiça.
>
> A segurança jurídica, por sua vez, pode ser entendida como a certeza de que essa mesma Lei, que deve, tanto quanto possível, ser clara e estável, será efetivamente aplicada dentro do seu limite temporal de vigência, permitindo assim aos cidadãos prever as conseqüências [*sic*] jurídicas dos atos que pretendam praticar.[1563]

1561 BRASIL. Supremo Tribunal Federal. **Súmula nº 346**. A Administração Pública pode declarar a nulidade dos seus próprios atos. Disponível em: <http://www.stf.gov.br>. Acesso em: 14 nov. 2002.

1562 BRASIL. Supremo Tribunal Federal. Súmula nº 473. A administração pode anular seus próprios atos, quando eivados de vícios que os tornam ilegais, porque deles não se originam direitos; ou revogá-los, por motivo de conveniência ou oportunidade, respeitados os direitos adquiridos, e ressalvada, em todos os casos, a apreciação judicial. **Diário da Justiça [da] República Federativa do Brasil**, Brasília, DF, 10 dez. 1969, p. 5.929.

1563 BRASIL. Tribunal de Contas da União. Administrativo. Prestação de Contas. Processo TC nº 650.158/1995-4.

Calha trazer a lume o entendimento, sobre o assunto, do renomado constitucionalista José Afonso da Silva, *in verbis*:

> A temática deste número liga-se à sucessão de leis no tempo e à necessidade de assegurar o valor da segurança jurídica, especialmente no que tange à estabilidade dos direitos subjetivos. A segurança jurídica consiste no conjunto de condições que tornam possível às pessoas o conhecimento antecipado e reflexivo das consequências de seus atos e de seus fatos à luz da liberdade reconhecida. Uma importante condição da segurança jurídica está na relativa certeza que os indivíduos têm de que as relações realizadas sob o império de uma norma devem perdurar ainda quando tal norma seja substituída.
>
> Realmente, uma lei é feita para vigorar e produzir seus efeitos para o futuro. Seu limite temporal pode ser nela mesma demarcado ou não. Seu texto, às vezes, delimita o tempo durante o qual ela regerá a situação fática prevista. Outras vezes ela é feita para regular situação transitória, decorrida a qual perde a vigência e, conseqüentemente [*sic*], a eficácia.[1564]

Relevante também é o pensamento de J. J. Gomes Canotilho, que assim se pronuncia sobre o assunto:

> O homem necessita de uma certa segurança para conduzir, planificar e conformar autônoma e responsavelmente a sua vida. Por isso, desde cedo se considerou como elementos constitutivos do Estado de Direito o princípio da segurança jurídica e o princípio da confiança do cidadão.
>
> Esses princípios apontam sobretudo para a necessidade de uma teoria da conformação material dos actos legislativos, postulando uma teoria da legislação, preocupada em racionalizar e optimizar os princípios jurídicos de legislação inerentes ao Estado de Direito.
>
> A idéia de segurança jurídica reconduz a dois princípios materiais concretizadores do princípio geral da segurança: princípio da determinabilidade de leis expresso na exigência de leis claras densas e o princípio da protecção da confiança, traduzido na existência de leis tendencialmente estáveis, ou, pelo menos, não lesivas da previsibilidade e calculabilidade dos cidadãos relativamente aos seus efeitos jurídicos.
>
> [...]
>
> Os princípios da protecção da confiança e da segurança jurídica podem formular-se assim: o cidadão deve poder confiar em que aos seus actos ou às decisões públicas incidentes sobre seus direitos, posições jurídicas e relações, praticadas e tomadas de acordo com

---

Acórdão nº 276/2002 - Plenário. Relator: Ministro Marcos Vinícios Vilaça. Brasília, 31 de julho de 2002. **Diário Oficial da União [da] República Federativa do Brasil**, Brasília, DF, 13 ago. 2002. Seção 1, p. 140.

[1564] SILVA, José Afonso da. **Curso de Direito Constitucional Positivo**. 28. ed. São Paulo: Malheiros, v. 1. 2007.

> as normas jurídicas vigentes, se ligam os efeitos jurídicos duradouros previstos ou calculados com base nessas mesmas normas. Estes princípios apontam basicamente para: (1) a proibição de leis retroactivas; (2) a inalterabilidade do caso julgado; (3) a tendencial irrevogabilidade de actos administrativos constitutivos de direitos.
>
> [...]
>
> Embora o princípio da segurança jurídica seja considerado em elemento essencial do princípio do próprio Estado de Direito, não é fácil sintetizar o seu conteúdo básico. Além das suas imbricações com o princípio da protecção da confiança, as idéias nucleares da segurança jurídica desenvolvem-se em torno de dois conceitos:
>
> (1) estabilidade ou eficácia *ex post* da segurança jurídica: uma vez adaptadas, na forma e procedimento legalmente exigidos, as decisões estaduais não devem poder ser arbitrariamente modificadas, sendo apenas razoável alteração das mesmas quando ocorram pressupostos materiais particularmente relevantes.
>
> (2) previsibilidade ou eficácia *ex ante* do princípio da segurança jurídica que, fundamentalmente, se reconduz à exigência de certeza e calculabilidade, por parte dos cidadãos, em relação aos efeitos dos actos normativos. [*sic*][1565]

Por fim, colacionamos excerto da doutrina de San Tiago Dantas (1977), citada pelo eminente Conselheiro Manoel Dantas Dias, do Tribunal de Contas de Roraima:

> Esta influência do tempo, consumido do direito pela inércia do titular, serve a uma das finalidades supremas da ordem jurídica, que é estabelecer a segurança das relações sociais. Como passou muito tempo sem modificar-se o atual estado de coisas, não é justo que se continue a expor as pessoas à insegurança que o direito de reclamar mantém sobre todos, como uma espada de Dâmocles. A prescrição assegura que, daqui em diante, o inseguro é seguro; quem podia reclamar não mais o pode. De modo que, o instituto da prescrição tem suas raízes numa das razões de ser da ordem jurídica: estabelecer a segurança nas relações sociais – fazer com que o home possa saber com o que conta e como que não conta.[1566]

Como se pode ver dos trechos acima transcritos, a segurança jurídica de uma decisão estatal está condicionada a que ela tenha sido adotada na forma e procedimento legalmente exigidos, ou seja, que tenha sido praticada ou tomada de acordo com as normas jurídicas vigentes. A segurança do cidadão repousa, pois, na certeza de que a lei vigente será aplicada. Em nenhum momento se defende que a mantença de

---

[1565] CANOTILHO, José Joaquim Gomes. **Direito Constitucional**. 6. ed. Coimbra: Livraria Almedina, 1995, p. 371-373 e 380.

[1566] DANTAS, San Tiago. Programa de Direito Civil – Parte Geral *apud* DANTAS, Manoel Dias. Tribunal de Contas do Estado de Roraima. Processo TC nº 0641/2004. RI nº 0634/2011. Contrarrazões ao Recurso Inominado. Minuta enviada gentilmente ao autor.

decisões tomadas com afronta à Lei seja um indicador de segurança jurídica. Esses dois princípios, segurança jurídica e legalidade, estão, pois, indissociavelmente ligados.

O TCU dispensou devolução de valores, face às dúvidas da legalidade e o tempo decorrido, reconhecendo a validade do princípio da segurança jurídica:

> 3.1. Quanto aos valores indevidamente percebidos pelos servidores, entendo que excepcionalmente possa ser dispensada a determinação para que os responsáveis adotem providências para que o Erário seja ressarcido privilegiando-se o princípio da segurança jurídica.[1567]

Na atualidade o tema está tratado na Lei da segurança jurídica, sem dúvida um dos maiores legados ao Direito Administrativo do Senador Antônio Anastasia: Lei nº 13.165, de 29 de setembro de 2015. Numa notável inteligência jurídica e estratégica essa norma expressamente dispôs aplicar-se as esferas administrativas, judiciais e controladoras. Criou a regra de transição para mudança de interpretação, o respeito a jurisprudência da época, o consequencialismo. Cada julgador tem agora o dever de ponderar os efeitos de sua decisão.

Opositores da evolução do Direito, precisamente os mais letárgicos na aplicação do Direito tem evitado a aplicação da nova lei, como se fosse possível conter a evolução. A velocidade e a necessidade de segurança jurídica não permitem manter-se uma situação instável a espera de decisão.

O novo Direito Administrativo que renasce com essa lei e com a alteração de outras normas - regularização fundiária urbana, direito do cidadão, proteção à probidade administrativa, nova lei de licitações encaminham o país na direção da modernidade. Criar estrutura e procedimentos, instituições fortes banindo posturas não-republicanas trata muito mais evolução do que procurar manter em tramitação processos em que não caberá um julgamento justo, oportuno e com caráter pedagógico.

4.1.3 Princípio do juiz natural

Segundo o art. 5º, inc. XXXVII, não haverá juízo ou tribunal de exceção. Para a jurisdição do *controle* significa que, verificada a ocorrência do pressuposto da jurisdição - no caso de ser o jurisdicionado pessoa física ou jurídica, pública ou privada, que utilize, arrecade, guarde, gerencie ou administre dinheiros, bens e valores públicos ou pelos quais a União responda, ou que, em nome desta, assuma obrigações de natureza pecuniária - haverá o império inafastável do julgamento das contas pelo Tribunal de Contas.

[1567] BRASIL. Tribunal de Contas da União. Prestação de Contas. Processo TC nº 004.266/1998-6. Acórdão nº 56/2002. Relator: Ministro Benjamin Zymler. Brasília, 6 de março de 2002. **Diário Oficial da União [da] República Federativa do Brasil,** Brasília, DF, 27 mar. 2002. Seção 1, p. 231-36.

O princípio do juiz natural tem corolários que garantem o Estado Democrático de Direito, como a imparcialidade do julgador, e regras previamente estabelecidas para a definição de qual será o órgão julgador.

4.1.3.1 Distribuição aleatória de processos

Nos tribunais judiciários, os processos são submetidos à distribuição aleatória, como demonstração inequívoca da atuação impessoal do controle. Diversamente, no Tribunal de Contas da União, há o sorteio anual das unidades controladas - e não dos processos aos ministros e, como os processos de Tomada de Contas Especial são incidentes de contas anuais, guardando elementos importantes para a avaliação da eficiência da administração, seguem a mesma distribuição do que lá denominam de *lista de unidades jurisdicionadas* - LUJ, correspondente precisamente ao prévio sorteio, para fins de apreciação das contas anuais.

Essa sistemática parece correta na medida em que unifica, pelo prazo de um ano, todas as avaliações de contas de uma mesma unidade administrativa. Como a distribuição anual é por sorteio aleatório, mantém-se a impessoalidade da distribuição.

4.1.3.2 Designação do relator

As partes têm direito a um julgador isento, e a melhor forma de assegurar essa isenção é a designação aleatória do relator do processo, seja como procede o TCU, que anualmente sorteia os órgãos para fins de controle e faz a designação do ministro para todo um exercício, seja pela distribuição de cada processo no momento do seu ingresso na Corte, ou, posteriormente, na distribuição prévia à sessão de julgamento.

A garantia de um juiz imparcial é indispensável à democracia, e a intensidade de uma relação com a parte ou com seus adversos pode justificar a nulidade do processo. Tanto a inimizade política, que prejudica, como as relações de parentesco, que beneficiam o julgamento das contas de determinado prefeito, podem ensejar a nulidade. No primeiro caso, o prejuízo é direto da parte, e, no segundo, de toda a sociedade.

Daí, a capital importância do ato de designação do relator ser aleatório, para evitar esse tipo de constrangimento a ele e à Corte, o que inevitavelmente acontece nos tribunais em que a distribuição não é por sorteio.

Algumas vezes, a parte deixa de arguir os motivos de nulidade no ato de designação do relator, quando toma conhecimento do fato, na expectativa de obter um julgamento isento. Processualmente incorreta a conduta, pois os motivos de nulidade devem ser arguidos no momento em que a parte ou o Ministério Público que atua junto ao tribunal toma conhecimento. Se, tendo ciência do motivo que macula a imparcialidade do julgamento, a parte deixar transcorrer a oportunidade de sua impugnação, ficará precluso o direito de fazê-lo após o julgamento. A arguição a destempo revela ato processual de manifesta deslealdade, no mínimo.

A designação do relator, para que produza efeitos jurídicos e para que faça nascer o direito de impugnação, deverá ser publicada, seja por afixação em quadro de avisos da Corte, seja por divulgação na imprensa oficial, ou mais modernamente, comunicação por meio eletrônico de comunicação a distância, *internet*. A ausência desse procedimento não gera nulidade, apenas prejudica a boa marcha processual, porque o direito de impugnação só exsurge com o conhecimento da designação, pela parte ou pelo Ministério Público, a qualquer tempo.

4.1.3.3 Impedimento e suspeição

Fácil inferir, portanto, que à luz do princípio do juiz natural, o julgamento não poderá ser feito por conselheiro ou ministro parcial, ou escolhido por critérios não aleatórios.[1568]

As leis orgânicas das Cortes de Contas, em geral, estabelecem a vedação para atuar ou intervir em processo de interesse próprio, de cônjuge ou de parente consanguíneo ou afim, na linha reta ou na colateral, até o segundo grau.[1569]

Não são apenas essas hipóteses, contudo, que devem prevalecer no julgamento. Uma interpretação sistemática do ordenamento jurídico positivo permite vislumbrar a transposição parcial de outros impedimentos do processo judiciário para o das Cortes de Contas.

Cite-se, a título ilustrativo, a situação dos ministros do TCU, que, por força do § 3º do art. 73 da Constituição Federal, estão sujeitos aos mesmos impedimentos dos ministros do Superior Tribunal de Justiça.[1570]

Como aos ministros do STJ aplicam-se os impedimentos do Código de Processo Civil e, como por determinação constitucional os ministros do TCU estão sujeitos aos mesmos impedimentos, vale, para o exame do caso, o art. 144 do Código de Processo Civil, que estabelece:

> Art. 144. Há impedimento do juiz, sendo-lhe vedado exercer suas funções no processo:
>
> I - em que interveio como mandatário da parte, oficiou como perito, funcionou como membro do Ministério Público ou prestou depoimento como testemunha;

[1568] Sobre as causas de suspeição e impedimento, consulte arts. 134 e 135 do CPC: BRASIL. Lei nº 13.105, de 16 de março de 2015. Código de Processo Civil. Brasília, DF: Presidência da República, [2025]. Disponível em: https://www.planalto.gov.br/ccivil_03/_ato2015-2018/2015/lei/l13105.htm. Nesse particular são aplicáveis subsidiariamente, em conjunto com a penalidade prevista no art. 133, inc. I, do mesmo diploma, para o caso de inobservância da regra que determina o afastamento do julgador suspeito ou impedido, inclusive o art. 11, incisos I e II, da Lei nº 8.429/1992. A distribuição por processo não aleatório constitui grave infringência ao principio do juiz natural e acarreta a nulidade do julgamento, sem prejuízo do cabimento de apuração de responsabilidade de quem promove a distribuição, dirigindo-a tendenciosamente.

[1569] Nesse sentido dispõe a LOTCU: BRASIL. Lei nº 8.443, de 16 de julho de 1992. Lei Orgânica do Tribunal de Contas da União. **Diário Oficial [da] República Federativa do Brasil**, Brasília, DF, 17 jul. 1992. Art. 94; Igualmente o faz a LOTCDF: DISTRITO FEDERAL. Lei Complementar nº 01, de 9 de maio de 1994. Dispõe sobre a Lei Orgânica do Tribunal de Contas do Distrito Federal e dá outras providências. **Diário Oficial do Distrito Federal**, Brasília, DF, 10 maio 1994, republicada em 03 jun. 1994, p. 1. Art. 86.

[1570] Nos Estados e no Distrito Federal, em perfeita simetria, o paradigma dos conselheiros, para fins de impedimento, é o desembargador, valendo as considerações aqui expendidas para o ministro.

> II - de que conheceu em outro grau de jurisdição, tendo proferido decisão;
>
> III - quando nele estiver postulando, como defensor público, advogado ou membro do Ministério Público, seu cônjuge ou companheiro, ou qualquer parente, consanguíneo ou afim, em linha reta ou colateral, até o terceiro grau, inclusive;
>
> IV - quando for parte no processo ele próprio, seu cônjuge ou companheiro, ou parente, consanguíneo ou afim, em linha reta ou colateral, até o terceiro grau, inclusive;
>
> V - quando for sócio ou membro de direção ou de administração de pessoa jurídica parte no processo;
>
> VI - quando for herdeiro presuntivo, donatário ou empregador de qualquer das partes;
>
> VII - em que figure como parte instituição de ensino com a qual tenha relação de emprego ou decorrente de contrato de prestação de serviços;
>
> VIII - em que figure como parte cliente do escritório de advocacia de seu cônjuge, companheiro ou parente, consanguíneo ou afim, em linha reta ou colateral, até o terceiro grau, inclusive, mesmo que patrocinado por advogado de outro escritório;[1571]
>
> IX - quando promover ação contra a parte ou seu advogado.
>
> § 1º Na hipótese do inciso III, o impedimento só se verifica quando o defensor público, o advogado ou o membro do Ministério Público já integrava o processo antes do início da atividade judicante do juiz.
>
> § 2º É vedada a criação de fato superveniente a fim de caracterizar impedimento do juiz.
>
> § 3º O impedimento previsto no inciso III também se verifica no caso de mandato conferido a membro de escritório de advocacia que tenha em seus quadros advogado que individualmente ostente a condição nele prevista, mesmo que não intervenha diretamente no processo.[1572]

O melhor entendimento do tema deve considerar, a partir do fato destacado pelo Ministro Ivan Luz, que o processo dos Tribunais de Contas tem natureza jurídica de controle, absolutamente diverso da ideia de contencioso.

As expressões "contencioso", "voluntário", "parte", "primeiro grau de jurisdição" não faz sentido na esfera do Tribunal de Contas. Por isso, impõe-se uma trasladação de sentido nos termos. Aliás, parece mesmo que a vedação se limita aos casos referidos nas leis orgânicas das Cortes de Contas que em geral limitam o

---

[1571] Por força da ADI 5953, sob relatoria do Ministro Gilmar Mendes, o dispositivo foi decclaro inconstitucional em 18.10.2023. Disponível em: https://portal.stf.jus.br/processos/downloadPeca.asp?id=15361985064&ext=.pdf.

[1572] BRASIL. Lei nº 13.105, de 16 de março de 2015. Código de Processo Civil. Brasília, DF: Presidência da República, [2025]. Disponível em: https://www.planalto.gov.br/ccivil_03/_ato2015-2018/2015/lei/l13105.htm.

impedimento às três hipóteses referidas: interesse próprio, de cônjuge ou de parente, dando-se evidentemente maior elastério a expressão "interesse próprio".

Na vigência do Código de Processo Civil anterior, questão vivenciada no Tribunal de Contas do Distrito Federal disse respeito à possibilidade de conselheiro oriundo de extrato do Ministério Público estar ou não impedido para atuar nos casos em que "funcionou como órgão do Ministério Público". Com a habitual acuidade e competência, o eminente Dr. Sebastião Baptista Affonso manifestou o seguinte entendimento:

> O *impedimento* do Conselheiro intervir no processo que funcionou como membro do MP, conforme previsto no art. 134/II do CPC, recepcionado pelo art. 16/VIII do RI/TCDF, só prevalece enquanto a fase da sua atuação não se exaurir, deixando de subsistir, quando nos mesmos autos, após nova manifestação desse Órgão Ministerial, estiver sob exame uma outra fase procedimental.[1573]

Argumentou ainda o nobre parecerista que:

> [...] nos Tribunais do Judiciário, diversamente do ocorrido aqui no TCDF, os processos não costumam retornar várias vezes ao Relator, por razão de terem seu julgamento convertido em diligência ou quando na pendência de cumprimento de determinações e atendimento de providências, situação esta de intervenção pretérita, quando comparadas fases distintas do processo, embora isto nem sempre seja fácil de verificar-se, a cada caso concreto.
>
> [...]
>
> Resulta dessas observações, portanto, que o impedimento do Conselheiro decorrente de aplicação do art. 134/II do CPC, para intervir num determinado processo, por ter nele funcionado como membro do MP, só prevaleceria enquanto aquela fase processual em que se deu a sua atuação não se exaurir, mas pode vir a ser ele considerado então insubsistente, no caso de já estar sob julgamento, nos próprios autos, uma nova questão temática, diversa daquela anterior superada, sobretudo quando nesse ínterim sobreviver outra manifestação daquele Órgão Ministerial, com oportunidade de rerratificar a anterior ou dela divergir, se for o caso, o que por si só, certamente, bastaria para romper o vínculo do impedimento antigo.
>
> Daí a regra posta no art. 239 transcrito, do RI/TJDF, de que *cabe ao próprio Relator*, em cada caso, declarar o seu impedimento.

O tema ainda aguarda definição na jurisprudência.[1574]

[1573] DISTRITO FEDERAL. Tribunal de Contas do Distrito Federal. Estudos Especiais. **Parecer nº 038/2002 CJP.** Processo nº 645/2002. Relator: Antônio Renato Alves Rainha. Disponível em: <http://www.tc.df.gov.br>. Acesso em: 22 dez. 2002.

[1574] Veja, a propósito do tema, interessante voto que gerou decisão no processo nº 7679/2005 do TCDF: DISTRITO

Sobre o assunto, parece aos autores que o impedimento não deveria ser tratado em razão da fase processual, mas do processo. Isso porque subjaz complexa questão pertinente à natureza jurídica da atuação do MP, ora como parte, ora como fiscal da lei. Parte, quando busca a atuação do controle, representando contra ilegalidades ou necessidade de apuração. Desse modo, embora reduzido o quadro, é preferível que seja reconhecido o impedimento. A isenção do julgamento é uma garantia fundamental.

A esse respeito, o TCU possui a Portaria nº 02, de 31 de agosto de 2020, que estabelece os critérios para atribuição de processos aos membros do MP/TCU, sendo que aquele membro que formulou a Representação não pode ser designado para emissão de parecer[1575]

O processo deve assegurar a "ausência de arbítrio ou subjetividade nas apurações fiscalizatória e respectivo julgamento, cabendo aos órgãos do Tribunal de Contas manter postura equidistante, garantindo-se ao responsável ou interessado as mesmas oportunidades processuais que tiveram aqueles que lhe imputaram irregularidades."[1576]

Assim, como forma de garantir a imparcialidade da atuação ministerial e de evitar conflitos de interesse, já entendeu o TCU[1577].

Embora não seja pacífico o assunto, parece também aplicável a "suspeição", como causa processual de vedação à participação do julgador, tendo em vista que o Código de Processo Civil é aplicável, subsidiariamente, a todos os ramos, inclusive ao administrativo, conforme Súmulas nº 103 e 145 do Tribunal de Contas da União.

Os motivos de suspeição estão elencados também no mesmo código e são os seguintes:

> Art. 145. Há suspeição do juiz:
>
> I - amigo íntimo ou inimigo de qualquer das partes ou de seus advogados;
>
> II - que receber presentes de pessoas que tiverem interesse na causa antes ou depois de iniciado o processo, que aconselhar alguma das partes acerca do objeto da causa ou que subministrar meios para atender às despesas do litígio;
>
> III - quando qualquer das partes for sua credora ou devedora, de seu cônjuge ou companheiro ou de parentes destes, em linha reta

---

FEDERAL. Tribunal de Contas do Distrito Federal. Processo nº 7679/2005. **Decisão Ordinária nº 4407/2005.** Relator: Conselheiro Paulo César de Ávila e Silva. Revisor: Conselheiro Jorge Ulisses Jacoby Fernandes. Disponível em: <http://www.tc.df.gov.br>. Acesso em: 20 dez. 2011.

[1575] Art. 4º O sorteio eletrônico de Membro para oficiar no processo é aleatório, observada a modulação de probabilidades definida no inciso I, do art. 2º desta Portaria. [...] § 2º No caso de Representação formulada por Membro, o autor da Representação deve ser excluído do sorteio.

[1576] GIAMUNDO NETO, Giuseppe. As garantias do processo no Tribunal de Contas da União: Princípios constitucionais, Código de Processo Civil/2015 e a Lei de Introdução às Normas do Direito Brasileiro: Lindb. São Paulo: Thomson Reuters, Brasil, 2019.

[1577] BRASIL. Tribunal de Contas da União. TC nº 043.228/2021-6. Peças nº 344 e 345.

> até o terceiro grau, inclusive;
>
> IV - interessado no julgamento do processo em favor de qualquer das partes.
>
> § 1º Poderá o juiz declarar-se suspeito por motivo de foro íntimo, sem necessidade de declarar suas razões.
>
> § 2º Será ilegítima a alegação de suspeição quando:
>
> I - houver sido provocada por quem a alega;
>
> II - a parte que a alega houver praticado ato que signifique manifesta aceitação do arguido.[1578]

Como a imagem de isenção do julgamento deve ser preservada em homenagem à Justiça e às próprias Cortes de Contas, é imperioso que se evite a atuação nos casos de suspeição e impedimento.

Os vínculos político-partidários e de parentesco entre o julgador ou membros do corpo técnico com a parte, em um julgamento de contas, comprometem a imagem pública da instituição, mesmo quando não afetam a isenção do julgador ou do inspetor. Por esse motivo, como é matéria muitas vezes restrita ao foro íntimo de cada pessoa, reputamos indispensáveis a serenidade e a cautela no exame do assunto e, na dúvida, que a Corte reconheça o impedimento ou a suspeição de ofício.

O procedimento para a arguição pode ser adotado por analogia com o que prescreve o Código de Processo Civil, na ausência de disciplinamento próprio nas normas dos Tribunais de Contas:

> Art. 146. No prazo de 15 (quinze) dias, a contar do conhecimento do fato, a parte alegará o impedimento ou a suspeição, em petição específica dirigida ao juiz do processo, na qual indicará o fundamento da recusa, podendo instruí-la com documentos em que se fundar a alegação e com rol de testemunhas.
>
> § 1º Se reconhecer o impedimento ou a suspeição ao receber a petição, o juiz ordenará imediatamente a remessa dos autos a seu substituto legal, caso contrário, determinará a autuação em apartado da petição e, no prazo de 15 (quinze) dias, apresentará suas razões, acompanhadas de documentos e de rol de testemunhas, se houver, ordenando a remessa do incidente ao tribunal.
>
> [...][1579]

É óbvio que, a exemplo do que ocorre eventualmente nos processos judiciários, poderá o advogado, ou a parte interessada em afastar um agente rigoroso ou zeloso com o interesse público, arguir infundadamente motivo de suspeição ou impedimento. Por essa razão, o Código de Processo Civil estabelece a possibilidade

---

1578 BRASIL. Lei nº 13.105, de 16 de março de 2015. Código de Processo Civil. Brasília, DF: Presidência da República, [2025]. Disponível em: https://www.planalto.gov.br/ccivil_03/_ato2015-2018/2015/lei/l13105.htm.

1579 BRASIL. Lei nº 13.105, de 16 de março de 2015. Código de Processo Civil. Brasília, DF: Presidência da República, [2025]. Disponível em: https://www.planalto.gov.br/ccivil_03/_ato2015-2018/2015/lei/l13105.htm.

daquele, contra quem foi arguido o motivo, apresentar suas razões, devendo a Corte proceder ao julgamento do incidente.

Quando o tribunal tem sistema de distribuição aleatória, até mesmo a designação do relator ocorre com maior transparência, permitindo menor nível de crítica externa.

Ao contrário, quando a distribuição é feita não-aleatoriamente, há maior possibilidade das partes e de terceiros virem a alegar dirigismo na designação, facilitando as arguições de impedimento e suspeição.

No Poder Judiciário, arguições dessa natureza são processadas em separado do processo principal: a parte argui a suspeição ou impedimento em petição; o relator, tendo conhecimento, manda constituir autos em separado, que ficam apensos ao principal; se reconhece o motivo, de plano manifesta sua concordância, remetendo os autos para compensar a distribuição; se não, determina à parte provar os fatos alegados e julga.

Reside nessa última expressão, um conflito ainda não bem equacionado pelas normas processuais, porque o primeiro julgador, na verdade, é aquele contra quem é dirigida a arguição de impedimento ou suspeição.

Nas Cortes de Contas, como regra, os regimentos e regulamentos são lacônicos sobre o procedimento de suspeição ou impedimento, podendo autorizar dúvidas sobre o seu cabimento. Sobre o assunto, consideramos que a arguição de impedimento e de suspeição é corolário do princípio constitucional do devido processo legal,[1580] que abrange o direito de ter juiz imparcial e isento dos interesses em litígio, razão pela qual, sem laivo de dúvida, o procedimento é aplicável aos Tribunais de Contas.

Como o processo administrativo adota o princípio do informalismo moderado, a petição não necessita ser feita em separado, admitindo-se, a arguição, como preliminar na resposta do citado ou na manifestação do Ministério Público que atua junto ao Tribunal de Contas.

Nos procedimentos dos Tribunais de Contas, não há necessidade de que o incidente seja arguido em petição separada, podendo ser alegado como exceção dilatória, conforme será visto em tópico próprio, a seguir. Também não se faz autos apartados para processar o incidente, motivo pelo qual não há suspensão de prazo processual.

A exemplo do que ocorre no processo judiciário, o relator pode, desde logo, reconhecer o fato alegado e o impedimento ou suspeição dele decorrente. Caso negue o fato ou os efeitos pretendidos, deverá determinar à parte que prove o teor de suas alegações.

A orientação mais segura para evidenciar a imparcialidade do julgamento é, contudo, - em não se tratando de arguição ardilosa, quando o fato seja improcedente

---

[1580] BRASIL. **Constituição da República Federativa do Brasil** (Versão Bolso). Organização dos textos e índice por J. U. JACOBY FERNANDES. 2. ed. Belo Horizonte: Fórum, 2019. Art. 5º, LIV.

- declinar de julgar o processo por motivo de foro íntimo.[1581] Com essa providência, estar-se-á zelando pela imagem do próprio tribunal e evitando a anulação judicial do julgamento.

4.1.3.4 Aplicação ao Ministério Público

Como referido, os tribunais de contas devem ser estruturados em simetria com o modelo federal, daí decorrendo que as diversas leis orgânicas são elaboradas seguindo o modelo da Lei Orgânica do TCU. Nesse diploma, em várias passagens foi decidido que há necessidade de manifestação compulsória do procurador do Ministério Público que, em caráter especializado, atua junto à Corte.

Importante referir que sendo definido o papel da instituição, em nível da Constituição, a ausência de atuação gera nulidade da deliberação seguinte à sua manifestação.

O TCU já decidiu, em consonância com o exposto, que há nulidade nos processos de intervenção obrigatória do Ministério Público, caso este não se tenha manifestado[1582].

É importante esclarecer que o entendimento da simetria compulsória sofre temperamentos, neste particular assunto, quando se trata de Tribunal de Contas do Município, órgão municipal de controle.[1583] Nesse caso, não há Ministério Público, simplesmente porque os municípios no Brasil não tem essa instituição e agentes estaduais não podem atuar em órgãos municipais.

No Brasil, só temos dois Tribunal de Contas como órgão municipal, por isso a terminologia Tribunal de Contas do Município. Somente os municípios do Rio de Janeiro e de São Paulo têm esse tribunal. Quando se designa Tribunal de Contas dos Municípios, trata-se de órgão estadual que zela pelas contas de todos os municípios do estado. Isso ocorre no Pará, na Bahia e em Goiás, na atualidade. Por serem estaduais, nesses órgãos atua o Ministério Público.

No fechamento desta edição, um grupo de servidores discutia com os autores a criação de Ministério Público nos dois Tribunal de Contas municipais via Proposta de Emenda Constitucional.

4.1.4 Princípio do devido processo legal

Também é princípio com fundamento constitucional. Assegura o art. 5º, LIV, a garantia de que ninguém será privado da liberdade ou de seus bens sem o devido processo legal.

[1581] A declaração de foro íntimo não deve ser justificada e inadmite prova.

[1582] JACOBY FERNANDES, Jorge Ulisses. **Tomada de Contas Especial**: jurisdição e competência. 3. ed. Belo Horizonte: Fórum, 2012, p. 372 e 373. Nesse sentido: BRASIL. Tribunal de Contas da União. Processo TC nº 002.686/2009-0. **Acórdão nº 829/2009 - Plenário.** Relator: Ministro Raimundo Carreiro. Brasília, 29 de abril de 2009. Disponível em: <http://www.tcu.gov.br>. Acesso em: 7 dez. 2011.

[1583] Atenção para o fato de que existem tribunais de contas *dos Municípios* e tribunais de contas *do Município*, sendo este último apenas órgão municipal. O primeiro é estadual. Para saber mais, consulte o subitem 5.2.1 Estruturação sistêmica, no Capítulo V.

O princípio teve origem na Inglaterra, no século XIII, no reinado de João Sem Terra, e tinha duas conotações: a primeira, garantir a aplicação das leis da terra e a segunda, o direito de defesa. Quando utilizado pelos americanos, passou a significar a garantia da justiça da própria lei e, para os italianos, que adaptaram a expressão anglo-saxônica, *due process of law*, um comprometimento da jurisdição com a Justiça.

A rigor, a expressão não tem sentido fixo, determinado, como ensina Maria Chaves de Mello,[1584] sendo oriunda de duas emendas, a de nº 5 e a 14, à Constituição americana. No sentido processual, como princípio, garante ao indivíduo um procedimento judicial justo, com direito de acesso aos mais amplos meios de defesa e liberdade.

A melhor síntese sobre o princípio é de autoria de José Celso de Mello Filho:

> A *cláusula do devido processo legal*, que é ampla, abrange, dentre outros, os seguintes direitos e princípios: **a**) direito à citação e ao conhecimento do teor da acusação; **b**) direito a um rápido e público julgamento; **c**) direito ao arrolamento de testemunhas e à notificação das mesmas para comparecimento perante os tribunais; **d**) direito ao procedimento contraditório; **e**) direito de não ser processado, julgado ou condenado por alegada infração às leis *ex post facto*; **f**) direito à plena igualdade entre acusação e defesa; **g**) direito contra medidas ilegais de busca e apreensão; **h**) direito de não ser acusado nem condenado com base em provas ilegalmente obtidas; [A ilicitude da prova obtida ou produzida representa um aspecto patológico do tema concernente às provas. A prova ilicitamente obtida sofre a repulsa do ordenamento jurídico, que a considera inadmissível, ineficaz ou inválida. Um mesmo ato não pode ser simultaneamente considerado lícito e ilícito, jurídico ou injurídico, legítimo ou ilegítimo. Daí a consequência processual de que a prova oriunda de um ato ilícito não pode ser admitida em juízo, sob pena de se outorgar eficácia jurídica a um comportamento ilegal. A conformidade ao direito se erige em premissa básica, que informa o juízo de admissibilidade de qualquer prova. A ilicitude da prova deriva: *a)* de um ato contrário ao direito e pelo qual se consegue um dado probatório (invasão domiciliar, violação do sigilo epistolar, quebra de segredo profissional, subtração de documentos, escuta clandestina, constrangimento físico ou moral na obtenção de confissões ou depoimentos testemunhais, etc.) É a ilicitude material; ou *b)* decorre da forma ilegítima pela qual ela se produz, muito embora seja lícita a sua origem. É a ilicitude formal. A ilicitude material diz respeito ao momento formativo da prova; a ilicitude formal, ao momento introdutório da mesma. Em suma, razões de legalidade e de moralidade atuam como causas restritivas da livre atividade

---

[1584] MELLO, Maria Chaves de. **Dicionário Jurídico português-inglês, inglês-português** - Law Dicitionary Portuguese-English, English-Portuguese. 7. ed. Rio de Janeiro: Elfos, 1998, p. 308-309.

probatória do Poder Público. Para FLORIAN, <<a liberdade dos meios de prova encontra um limite, quer na lei jurídica, como na lei moral e na consciência pública, em virtude do que não se podem aceitar meios de prova imorais ou violentos>>. (v. <<Prove Penall>>, vol. I/186).] i) direito à assistência judiciária, inclusive gratuita; privilégio contra a auto-incriminação. [Revestiu-se de grande importância, neste tema, a decisão proferida pela Suprema Corte norte-americana, em 1963, no caso *Gideon vs. Wainwright* (392 U. S. 335). Aquela Corte de Justiça estendeu a todos os réus, em processos criminais, o *right to counsel*, houvesse, ou não, possibilidade de imposição de pena capital. A Suprema Corte entendeu que o direito à assistência judiciária, inclusive gratuita, se inseria, concretamente, no alcance da cláusula do devido processo legal. É curioso observar que, a despeito do impacto que essa decisão causou no direito norte-americano, inovando-o e nele produzindo alterações substanciais, no Brasil, ao contrário, essa matéria jamais foi objeto de controvérsia, eis que sempre se reconheceu, ao réu, o direito público subjetivo à assistência judiciária, inclusive gratuita (v. Lei n. 1.060, de 1950 e os diversos textos constitucionais). Nenhum acusado, ainda que ausente ou foragido, será processado ou julgado sem defensor. A assistência técnica e profissional prestada por advogado, constitui inafastável injunção legal, no direito brasileiro. Na verdade, a defesa técnica é um corolário do princípio da igualdade de tratamento que deve haver entre a acusação e defesa.] j) privilégio contra a auto-incriminação [Aqui, novamente, a Suprema Corte dos EUA, em 1966, proferiu decisão que se tornou famosa pela repercussão que teve no plano da repressão penal, Miranda vs. Arizona (384 U. S. 436) constitui o *leading* case que tornou concreta e real a proteção outorgada pela 5.ª Emenda à Constituição norte-americana (privilégio contra a auto-incriminação). A decisão foi tomada por estreita margem de votos (5 x 4) e tornou-se altamente controvertida, embora respeitada e cumprida pelos órgãos da persecução penal. A decisão Miranda, em suma, estabelece: *a)* que todo suspeito de crime tem o direito de permanecer em silêncio; *b)* que deve ser advertido de que qualquer coisa que diga poderá e será usada contra ele em juízo; *c)* que o suspeito deve ser informado de que, antes do interrogatório, tem o direito de chamar um advogado de sua confiança e livre escolha; *d)* que, na eventualidade de não poder contratar um advogado, este lhe será nomeado gratuitamente, sempre antes de iniciado o interrogatório; *e)* que mesmo que tenha concordado em ser interrogado, o suspeito tenha o direito de se recusar a continuar respondendo às perguntas. Observe-se, no entanto, que decisões mais recentes da Suprema Corte Americana (Harris vs. New York, 1971, 401 U. S. 222; Michigan vs. Tucker, 1974, 417 U. S. 433; *Oregon vs. Hass*, 1975, 420 U. S. 714) atenuaram os efeitos da decisão proferida em

> Miranda vs. Arizona, admitindo, como válidas em juízo, provas fornecidas contra o acusado. O que se nota, hoje, nos Estados Unidos da América, é uma tendência manifestada pela Suprema Corte de limitar e restringir os efeitos das decisões liberais adotadas pela *Warren Court*. [*sic*][1585]

No Brasil, o sentido de princípio-garantia tem apresentado a conotação de um desenvolvimento regular e legal do processo. Assim, a parte submetida à jurisdição sabe de antemão que terá direito à defesa, ao recurso, com prazos previamente definidos. Não só acatamento à lei, como o desenvolvimento sem surpresas e atos inopinados ou arbitrários.

Por força desse princípio, o Tribunal de Contas, quando no exercício de atividade jurisdicional, deve observar o rito processual definido em lei, de tal modo que os envolvidos na relação processual saibam, previamente, qual é o ato seguinte. Não há, pois, surpresas em relação aos atos processuais, nem julgamento sem observância das garantias constitucionais.

É em função desse princípio, por exemplo, que a parte sabe que está sendo processada, quando será ouvida, quando deverá produzir provas e quais os meios de prova admitidos, quando será julgada, quando e como poderá recorrer e quando torna-se definitiva a decisão.

Corolário do princípio *due process of law* é a regularidade da publicidade e comunicação dos atos processuais[1586], direito de defesa e de recurso.

4.1.4.1 Encaminhamento de documentos

Em relação à aplicação do devido processo legal, cabe notar que as prestações de contas devem ser julgadas com fiel observância do procedimento definido nas leis e normas regimentais. Por vezes, ignorando esses aspectos, estando omisso no dever de prestar contas, ou tendo essas sido prestadas com falta de comprovantes e documentos, o interessado acaba por remeter diretamente ao Tribunal de Contas.

Para efetivar a aplicação do devido processo legal, na esfera federal, o TCU firmou o entendimento no sentido de que:

> [...] a documentação encaminhada diretamente àquela Corte, referente aos recursos recebidos por intermédio de convênio, embora constituída de elementos de uma prestação de contas, não é suficiente para ajuizamento da sua regularidade, quando não apreciada pelo ordenador de despesas e pelo órgão de Controle

---

[1585] DE MELLO FILHO, José Celso. A tutela judicial da liberdade. **Revista de Jurisprudência do Tribunal de Justiça do Estado de São Paulo**, São Paulo: Lex, set./out 1979, p. 31. Grifos constam do original.

[1586] No âmbito do Tribunal de Contas da União, a comunicação dos atos tem sido realizada por meio do Conecta-TCU, "plataforma de serviços de exposição de informações, de comunicação processual e de interação com TCU. Permite a realização e acesso a comunicações processuais, envio de documentos ao TCU, acesso a processos e informações existentes no TCU". Disponível em: https://portal.tcu.gov.br/carta-de-servicos/servicos-processuais/plataforma-de-servicos-digitais-conecta-tcu.

> Interno, por não se poder suprimir instâncias de controle, sem o prejuízo de anular-se atribuições e competências.[1587]

4.1.4.2 Relação com outros princípios

O princípio do devido processo legal, no que é pertinente à jurisdição, exige, para a validade do poder de *dizer o direito*, a garantia da plenitude de defesa.

Desse modo, o direito de defesa é corolário do princípio do *due process of law* e será objeto de estudo no subtítulo destacado a seguir.

4.1.5 Princípio do contraditório e da ampla defesa[1588]

No Brasil, a Constituição Federal de 1988 assegura aos litigantes em processo judicial ou administrativo, e aos acusados em geral, o contraditório e a ampla defesa, com os meios e recursos a eles inerentes.[1589]

Nesse subtítulo não será estudada a aplicação da garantia da ampla defesa no que se refere às contas anuais do governo pois está referida em subtítulo específico.[1590]

O princípio do contraditório, comumente resumido na antiga parêmia latina - *audiatur et altera* parte -, consiste na obrigação do juiz, em razão do seu dever de imparcialidade, de ouvir a outra parte do processo sobre as alegações deduzidas por uma parte. Também é chamado de princípio da audiência bilateral. Tal axioma dá sustentação à teoria geral do processo, e sua inobservância acarreta a nulidade do ato, ressalvadas as exceções expressamente admitidas em lei, como a medida liminar sem oitiva da parte adversa, que, por isso mesmo, constitui-se em instrumento restrito.

Desafio relevante consiste em avaliar como os direitos decorrentes desse princípio afetam os diversos tipos de processos que estão submetidos ao plexo de competências dos Tribunais de Contas.

O tema desafia a inteligência porque exige profundo conhecimento da natureza das diversas funções que essas Cortes exercem e como, quando e em favor de quem devem ser concretizados tais princípios.

[1587] Precedentes: BRASIL. Tribunal de Contas da União. Processo TC nº 549.007/1991-1. Decisão nº 14/1996 - 1ª Câmara. Relator: Ministro Bento José Bugarin. Brasília, 6 de fevereiro de 1996. **Diário Oficial [da] República Federativa do Brasil**, Brasília, DF, 16 fev. 1996. Seção 1, p. 2744; Processo TC nº 000.808/1990-3. Decisão nº 70/1992 - Plenário. Relator: Ministro Homero Santos. Brasília, 11 de março de 1992. **Diário Oficial [da] República Federativa do Brasil**, Brasília, DF, 24 mar. 1992. Seção 1, p. 3.826; Processo TC nº 524.009/1991-0. Decisão nº 278/1992. Relator: Ministro Fernando Gonçalves. Brasília, 3 de junho de 1992. **Diário Oficial [da] República Federativa do Brasil**, Brasília, DF, 16 jun. 1992. Seção 1, p. 7.611.

[1588] Consulte: JACOBY FERNANDES, J. U. Principais argumentos de defesa nos Tribunais de Contas. **Revista do Tribunal de Contas do Distrito Federal**, v. 29, p. 25-32, 2003.

[1589] BRASIL. **Constituição da República Federativa do Brasil** (Versão Bolso). Organização dos textos e índice por J. U. JACOBY FERNANDES. 2. ed. Belo Horizonte: Fórum, 2019. Art. 5º, inc. LV.

[1590] Consultar no Capítulo III, que trata da competência dos Tribunais de Contas, o subtítulo 3.2.1.16.1 Parecer e o devido processo legal.

4.1.5.1 Garantias decorrentes

Com o descortino superior que lhe é peculiar, obtempera o Dr. João Bonifácio Cabral Jr. que, no direito comparado, em especial na doutrina alemã, subjazem, aos princípios em epígrafe, três garantias, quais sejam, de informação, de manifestação e de ver suas razões consideradas.

4.1.5.1.1 Garantia de informação

Trata-se de uma garantia para que o interessado, num processo administrativo disciplinar, por exemplo, tenha acesso a todas as informações relativas ao andamento e aos atos do processo.[1591]

Corolário importante dessa garantia é o direito de vista do processo. Esse direito, do tempo dos processos apenas em meio físico – expressão que aqui se usa em oposição a processo eletrônico ou virtual[1592] –, tinha ainda outros desdobramentos como tratado nas edições anteriores desta obra:

a) direito de vista;

Interessa ainda ao debate o fato que os Tribunais de Contas do Brasil admitem o *jus postulandi* – capacidade da própria parte estar em juízo, sem a assistência de Advogado. Por isso, a importação de sistemas judiciais exige a adaptação para considerar o *jus postulandi*.[1593]

Por outro lado, os sistemas judiciais admitem, como ordena o Código de Processo Civil que o Advogado assuma a responsabilidade pela autenticidade das cópias, fato que no processo eletrônico dos Tribunais de Contas pode ou não ser estendido às partes que postulam em causa própria, conforme expressão do direito regulamentar.

b) deve ser regulamentado o direito de vista, quando se tratar de processo sigiloso, ou ser integrado com processos sujeitos a sigilo fiscal ou bancário;

4.1.5.1.2 Garantia do tempo previsto em regimento interno para sustentação oral

Cuida-se de garantia que, instilada do cânone do sistema oral clássico e amparada por quatro pilares constitucionais: o devido processo legal; a ampla defesa;

[1591] Controvérsias existem sobre a possibilidade de vistas fora da sede do Tribunal de Contas pelo interessado ou seu advogado, regularmente constituído. Em sentido afirmativo: BRASIL. Supremo Tribunal Federal. Administrativo. MS nº 22.314-6. Relator: Ministro Octávio Gallotti. Brasília, 5 de setembro de 1996. **Diário da Justiça [da] República Federativa do Brasil,** Brasília, DF, 7 fev. 1997. p. 1.340; DISTRITO FEDERAL. Tribunal de Contas do Distrito Federal. Pedido de retirada de processo de TCE. Processo nº 750/1997 (B). Relator: Conselheiro-Auditor Osvaldo Rodrigues de Souza. Brasília, 22 de abril de 1997. **Diário Oficial do Distrito Federal**, Brasília, DF, 29 mar. 1997, p. 3033-3039.

[1592] Entre 1990 e 2010, os órgãos de controle vivenciaram os desafios de transpor com segurança e sigilo os arquivos físicos para digitais.

[1593] Interessante registrar que mesmo nos casos em que os processos judiciais dispensam a presença de Advogados, como no *Habeas Corpus*, alguns "sistemas" de Tribunais não permitem a postulação sem Advogado.

o contraditório; e a indispensabilidade do Advogado, permite que os procuradores exponham seus argumentos jurídicos – e fáticos, conforme o processo e a instância – face a face com os membros julgadores dos tribunais, admitido o recurso da vídeo-conferência, nos termos do art. 937, § 4°, do Código de Processo Civil.

O *caput* do citado dispositivo preconiza que o prazo para sustentação oral será de 15 minutos, improrrogáveis. Indaga-se, entretanto, qual será a solução para a hipótese de litisconsórcio com causídicos distintos, caso em que as defesas podem ser substancialmente diversas e, não raro, conflitantes.

Diante da lacuna legislativa, os regimentos internos dos tribunais pátrios estabelecem que, na hipótese de pluralidade de litisconsortes defendidos por diferentes Advogados, deve ser aplicada a contagem do prazo em dobro, com posterior divisão do tempo resultante entre os patronos, tal qual prevê a regra contida no art. 229 do CPC. Tal divisão é feita de forma igualitária ou, caso assim prefiram os causídicos, conforme livre convenção entre eles.

O problema de gestão de processos judiciais submete os magistrados a extensas sessões, sendo compreensível o esforço para aumento de produtividade e eventualmente a supressão do direito a sustentação oral, o qual se integra ao direito de defesa.

Destaca-se, entretanto, que a observância da mencionada previsão regimental, bastante razoável e lógica em casos de apenas dois ou até três corréus, pode, na conjectura de uma maior pluralidade deles, acarretar um prazo deveras exíguo para uma defesa suficiente de cada um.

O Superior Tribunal de Justiça tem entendimento recente de que, mesmo em processo criminal, o mero fato de a defesa ter sido oportunidade em período inferior a quinze minutos não gera nulidade processual, uma vez que é necessária a demonstração efetiva de prejuízo, consoante o dogma *pas de mullité sans grief* [1594]. O

[1594] Nulidade. Prazo para sustentação oral inferior a 15 (quinze) minutos. Pluralidade de advogados defendendo diversos corréus. Divisão do tempo. Previsão regimental. Ausência de ilegalidade. 1. [...]. 2. O artigo 613, inciso III, do Código de Processo Penal prevê que nos julgamentos das apelações relativas a crimes punidos com reclusão, como é o caso dos autos, "o tempo para os debates será de 1/4 (um quarto) de hora", não havendo previsão, contudo, para a hipótese de pluralidade de réus defendidos por causídicos distintos. 3. Na ausência de norma legal sobre o assunto, os regimentos internos dos Tribunais estabeleceram a regra de se dobrar o prazo e dividi-lo entre o número de advogados, solução que compatibiliza o direito de defesa com a racionalidade dos julgamentos, evitando que nos processos com vários corréus a sessão de julgamento se alongue demasiadamente no tempo. 4. Na hipótese, conforme esclarecido pelo Tribunal de origem por ocasião do julgamento dos embargos de declaração, o tempo conferido aos causídicos para sustentar oralmente observou integralmente a previsão regimental, circunstância que afasta a mácula alegada. 5. O simples fato de ter sido concedida à defesa do acusado o período de 15 (quinze) minutos para se manifestar oralmente não é suficiente para que se reconheça a nulidade do julgamento, sendo necessário que se demonstre de que forma o estabelecimento de período inferior ao mencionado prejudicou ou dificultou a exposição oral das teses suscitadas em benefício do réu, o que não foi feito na espécie. 6. O édito condenatório, de *per si*, não é apto à demonstração do prejuízo sofrido pela parte, quando robusta a prova da condenação. BRASIL. Superior Tribunal de Justiça. AgRg no AgRg no AREsp nº 456.444/BA. Relator: Ministro Jorge Mussi. Quinta Turma. Julgado em: 3 abr. 2018. DJe de 13 abr. 2018. Disponível em: <https://scon.stj.jus.br/SCON/pesquisar.jsp>. Acesso em: 06 fev. 2024.

Supremo Tribunal Federal já teve oportunidade de debruçar-se sobre a questão tendo também compatibilizado o direito de defesa com a racionalidade dos julgamentos[1595].

Contudo, rememora-se que, em processo em que havia dezesseis corréus, cada qual com a sua própria tese defensiva, tendo o tribunal de origem determinado que o prazo estabelecido para a sustentação oral fosse dobrado e então dividido entre os corréus, restando cada qual com menos de dois minutos para sua defesa, o Superior Tribunal de Justiça, prestigiando os princípios do contraditório e da ampla defesa, decidiu que, em havendo pluralidade de réus com patronos distintos, deve-se observar o prazo de quinze minutos para sustentação oral de cada um dos causídicos, ressalvada a hipótese de defenderem o mesmo réu[1596].

Em outro incidente, o STJ determinou a renovação de julgamento, por "inequívoco cerceamento de defesa", face ao prazo de sete minutos e meio concedido aos patronos de dois litisconsortes, tendo assentado que a prerrogativa da contagem do prazo em dobro não poderia ser afastada sequer pelo fato de terem subscrito peças processuais em conjunto[1597].

De tudo isso se infere que é preciso ter cautela quanto à adoção cega dos regimentos interno dos tribunais, vez que, em situações de múltiplos litisconsortes e Advogados, a divisão entre estes do prazo em dobro pode resultar em tempo insuficiente para uma adequada exposição de seus argumentos frente aos membros do tribunal, mormente em casos complexos em que a apresentação de defesa pode ser conflitante entre várias partes.

Assim, a sustentação oral é direito advocatício inerente ao exercício profissional, ainda que já no ano de 2006 tenha sido declarada inconstitucional a norma do inciso IX, do artigo 7°, da Lei n° 8.906, de 1994 - Estatuto da Advocacia, que previa, dentre outros pontos, o prazo mínimo de quinze minutos para a manifestação oral do procurador perante os tribunais. Foi adicionado ao mesmo dispositivo legal, por intermédio da Lei n° 14.635 de 2022, o novo texto do inciso X, que assegura ao Advogado usar da palavra, pela ordem, em qualquer tribunal, mediante intervenção

[1595] BRASIL. Supremo Tribunal Federal. RHC nº 137.994 AGR/DF. Relator: Ministro Ricardo Lewandowski. Julgado em: 09 mar. 2018. DJe de 20 mar. 2018. Disponível em: <https://redir.stf.jus.br/paginadorpub/paginador.jsp?docTP=TP&docID=14525951>. Acesso em: 06 fev. 2024.

[1596] BRASIL. Superior Tribunal de Justiça. HC nº 32.862/RJ. Relator: Ministro Felix Fischer. Quinta Turma. Julgado em: 15 mai. 2004. DJe de 16 ago. 2004. Disponível em: <https://scon.stj.jus.br/SCON/GetInteiroTeorDoAcordao? num_registro=200302381011&dt_publicacao=16/08/2004>. Acesso em: 06 fev. 2024.

[1597] Processo Civil. Recurso Especial. Serviços de auditoria independente. Ocorrência de desvio de verbas por funcionários da instituição auditada. Responsabilidade civil da sociedade auditora. redução de prazo de sustentação oral. Patronos distintos. Necessidade de prazo duplicado. Cerceamento de defesa. Ocorrência. 1. A existência de procuradores diversos confere aos litisconsortes o direito a prazo dobrado para suas manifestações nos autos, prerrogativa que não é afastada pelo fato de as peças processuais serem subscritas em conjunto. Interpretação conjunta dos artigos 191 e 554 do CPC. Precedentes. 2. No caso em apreço, houve evidente prejuízo aos recorrentes, uma vez que impossibilitados de suscitar, durante a sustentação oral, todas as questões relevantes no exíguo prazo de sete minutos e meio, vale dizer, metade do tempo a que fariam *jus*. BRASIL. Superior Tribunal de Justiça. REsp nº 888.467. Relator: Ministro João Otávio de Noronha. Julgado em: 01 set. 2011. DJe de 06 out. 2011. Disponível em: https://scon.stj.jus.br/SCON/GetInteiroTeorDoAcordao?num_registro=200302381011&dt_publicacao=16/08/2004>. Acesso em: 06 fev. 2024.

pontual e sumária, para esclarecer equívoco ou dúvida surgida em relação a fatos, documentos ou afirmações que influam na decisão.

Entre nós, entendemos que impende sempre preservar o direito a uma defesa verdadeiramente ampla, em oposição a uma meramente simbólica e, como consectário lógico disso, as prerrogativas funcionais da advocacia devem ser exercidas com plenitude. Por tal motivo, foram erigidas em sede constitucional as garantias da ampla defesa, do contraditório, do devido processo legal e da indispensabilidade do Advogado.

4.1.5.1.3 Garantia de manifestação

Por meio dessa garantia assegura-se ao interessado manifestar-se oralmente ou peticionando por escrito no processo.

Por exemplo: nos processos de auditoria é tradição que se reflete nas normas conceder ao auditado a oportunidade de discutir os achados de auditoria.[1598]

A operacionalização da discussão se dá, inicialmente, pelo uso da nota de auditoria contendo os pontos a serem analisados e esclarecidos pelo auditado. Estes esclarecimentos devem ser prestados, igualmente por escrito, sendo, no entanto, passível de discussão entre as partes, com vistas à obtenção de uma maior compreensão de ambos acerca das questões colocadas.

Ao fim da discussão, deve a equipe de auditoria ter em mãos os esclarecimentos prestados, formalmente, pela auditada acerca dos pontos importantes a serem contemplados no relatório final.

4.1.5.1.4 Garantia de ver suas razões consideradas

Essa garantia obriga o julgador, sob o risco de nulidade, a considerar razões de defesa, enfrentando-as, quer para acatá-las, quer, principalmente, quando for o caso para mostrar, fundamentalmente na prova colhida na instrução, a improcedência ou inconsistência das mesmas.

As passagens destacadas têm por escopo demonstrar vícios que afetam diretamente os princípios do contraditório e da ampla defesa, pois estes não importam simples oportunidade de autorizar a produção de prova, mas algo mais, qual seja, a de ver essas mesmas provas contrastadas e racionalmente apreciadas.

4.1.5.2 Aplicação aos sujeitos à jurisdição

Os princípios em tela aplicam-se diretamente e em favor daqueles que estão sujeitos à jurisdição, estrito senso, do Tribunal de Contas.

[1598] Achados de auditoria são os desvios significativos identificados ao se comparar situações reais com um critério de auditoria previamente definido. Estão pautados em informações, fatos ou atos significativos, observados durante determinada auditoria. Para que os achados sejam considerados como tal, as evidências ou provas de auditoria devem ser irrefutáveis e objetivas, de modo a servirem de fundamento às conclusões do analista. DISTRITO FEDERAL. Tribunal de Contas do Distrito Federal. **Manual de Auditoria Integrada.** Versão I, p. 33-42. a. 2008. Disponível em: http://www.tc.df.gov.br. Acesso em: 22 dez. 2009.

E estão, nessa condição, é consabido, apenas aqueles que têm o dever de prestar contas, na forma preconizada pelo Parágrafo único do art. 70 da Constituição, com a redação dada pela Emenda Constitucional nº 19.

Desse modo, para exemplificar, o servidor que se aposenta e tem o ato de inativação considerado ilegal pelo Tribunal não pode pretender anular o julgamento porque não participou da relação processual.[1599]

O Tribunal, nesse caso, está integrando o ato complexo de inativação[1600], com o registro e, ao mesmo tempo, fiscalizando a autoridade que praticou o ato. Assim, podem ocorrer três hipóteses:

h.1 o tribunal registra o ato, considera regular a despesa;

h.2 o tribunal nega o registro, ordena a nulidade do ato, com ou sem recomposição do erário;

h.3 o tribunal nega o registro da aposentadoria, ordena a nulidade do ato e inicia o contraditório com vistas a aplicação de multa a quem praticou o ato de inativação se verificar erro crasso, dolo ou má-fé.

Em nenhuma das hipóteses o aposentado será diretamente alcançado pela decisão do tribunal. Desse modo, quem deve garantir a ampla defesa e o contraditório, nas hipóteses h.2 e h.3 é o ordenador de despesas do órgão, que vai dar cumprimento à decisão da Corte. Nas duas hipóteses, compete, porém, ao Tribunal de Contas, se ordenar a recomposição do erário ou visar a aplicação de multa, garantir ao ordenador de despesas a eficácia desses dois princípios.[1601]

4.1.5.3 Aplicação aos terceiros interessados

No processo cível comum, o terceiro, que possua legítimo interesse, pode intervir no processo para resguardar direito próprio ou outro que pela lei esteja legitimado a defender.

Nos Tribunais de Contas inexiste como regra esse direito porque, também como regra, terceiros não são diretamente alcançados pela ação dessas Cortes. É sobre agente público ou particular jungido ao dever de prestar contas - sujeitos da jurisdição - que o controle externo atua. Pode ocorrer, porém, em decorrência do exame do ato, que a ordem expedida, indiretamente, alcance terceiro. Aqui, a expressão "indiretamente" deve ter a conotação de "por pessoa interposta". Ao ordenar, por exemplo, a declaração de nulidade da aposentadoria e a recomposição do erário, a ordem implicará que o agente público responsável pelo ato, observada a ampla defesa e o contraditório, promova a anulação e inicie os procedimentos administrativos ou judiciais para a repetição do indébito.

[1599] Nesse sentido: BRASIL. Tribunal de Contas da União. Processo TC nº 015.260/1995-0. Decisão 233/2000 - 1ª Câmara. Relator: Ministro Guilherme Palmeira. Brasília, 8 de agosto de 2000. **Diário Oficial [da] República Federativa do Brasil,** Brasília, DF, 17 ago. 2000. Seção 1, p. 59-60.

[1600] Reafirmamos nosso entendimento de que a aposentadoria não é ato complexo, mas ato composto.

[1601] Ver mais detalhes no Capítulo III, que trata da competência dos Tribunais de Contas, subtítulo 3.2.1.8, que trata de aposentadoria.

Nesse momento, porém, o aposentado - terceiro interessado -, cientificado do novo ato no mundo jurídico - decisão do Tribunal de Contas -, exerce sobre ele o princípio do contraditório, sustentando a legalidade, independente da legitimidade concorrente da própria autoridade que praticou o ato. Ambos terão legitimidade, à luz dos princípios em tela, para *recorrer*.

No mesmo sentido é o entendimento do Tribunal de Contas da União, como se observa no voto do Ministro Ubiratan Aguiar:

> 5. [...] Efetivamente, garante-se às partes o direito ao contraditório e à ampla defesa, direitos estes conferidos constitucionalmente. No entanto, em processos de aposentadoria e pensão, como no presente caso, a relação processual existente, até o momento da apreciação do ato, é estabelecida entre este Tribunal de Contas da União e o Órgão onde ocorreu a inativação.
>
> 6. Até a decisão desta Corte de Contas, nenhum direito do aposentado ou pensionista tinha sido atingido. Somente após a apreciação ter-se-á a possibilidade de ingresso do interessado aos autos, por meio dos recursos cabíveis, como feito pela ora Interessada, por meio de embargos de declaração.[1602]

Também o Supremo Tribunal Federal sufraga o mesmo entendimento na preciosa lição do Ministro Maurício Corrêa:

> Ementa: Mandado de Segurança. Ato do Tribunal de Contas que tornou nula a admissão de servidor na Secretaria do TRT 13ª Região. Legitimidade passiva do TCU. Aprovação e classificação em concurso público. Declaração de que ocupava cargo de Juiz Classista. Desincompatibilização. Posse e exercício após o prazo legal. Responsabilidade da Administração. Inexistência de culpa do servidor. Segurança concedida. 1. O Tribunal de Contas da União é parte legítima para figurar no pólo [*sic*] passivo do mandado de segurança, quando a decisão impugnada revestir-se de caráter impositivo. Precedentes. 2. Ofensa aos princípios da ampla defesa e do contraditório: inexistência, visto que o impetrante teve oportunidade de interpor pedido de reconsideração e de manifestar-se em embargos de declaração perante o órgão impetrado. [...][1603]

O que causa estranheza aos que se iniciam na advocacia perante os Tribunais de Contas é que o terceiro não sujeito à jurisdição pode recorrer, mas não pode integrar a relação processual desde o início. A explicação lógica é que só os jurisdicionados são alcançados pela ação do controle e todos os terceiros não serão, como regra, alcançados diretamente. Assim, para que o terceiro seja atingido por uma decisão do Tribunal,

---

[1602] BRASIL. Tribunal de Contas da União. Processo TC nº 012.175/1997-8. Acórdão nº 680/2003 - 2ª Câmara. Relator: Ministro Ubiratan Aguiar. Brasília, 6 de maio de 2003. **Diário Oficial [da] República Federativa do Brasil**, Brasília, DF, 16 maio 2003, p. 93.

[1603] BRASIL. Supremo Tribunal Federal. MS nº 24001/DF. Relator: Ministro Maurício Corrêa. Brasília, 20 de maio de 2002. **Diário da Justiça [da] República Federativa do Brasil**, Brasília, DF, 20 set. 2002. Ata nº 29.

indiretamente, a autoridade que recebe o pedido de esclarecimento não pode praticar atos sumários, como por exemplo reconhecer seu erro e anular uma aposentadoria. De duas uma: ou reconhece o erro e cientifica ela própria o aposentado para garantir o contraditório, ou informa ao Tribunal e esse decide, nascendo então o direito de recurso, com efeito suspensivo para o aposentado.

O mesmo raciocínio aplica-se em parte ao exame das licitações, contratos, e demais atos administrativos.[1604]

De *lege ferenda*, parece admissível que os Tribunais de Contas notifiquem os possíveis terceiros interessados para acompanhar o processo em que, por via indireta, possam ser atingidos pela decisão da Corte.[1605]

Mesmo sem lei facultando, esse procedimento parece desde logo válido.[1606]

4.1.5.4 Aplicação na Tomada de Contas Especial

Os tribunais de contas não podem instaurar Tomada de Contas Especial, podendo ordenar que os gestores o façam. Só cabe ao tribunal ordenar tomada de contas em relação a seus próprios agentes.[1607]

A aplicação do princípio da ampla defesa e do contraditório, portanto, se faz em dois pontos distintos. Sobre a ordem de instaurar e sobre o processo que sucede o procedimento de investigação.

A rigor, os processos de julgamentos de contas nos Tribunais de Contas só assumem a natureza de *processo* a partir do seu ingresso na Corte, na chamada *fase externa*. Pode e deve, na fase interna, ser assegurado a ampla defesa e o contraditório, como ocorre em qualquer processo. No passado, era dispensável a citação na fase interna.

Nesse momento, presenciando a existência de indícios, formaliza-se a acusação, seguindo-se citação, defesa e julgamento pelo Tribunal de Contas.

Em decorrência desse princípio, autoriza-se servidor ou responsável a contradizer fatos apurados pela comissão de TCE, se agasalhados pelo tribunal e inseridos na proposta de citação. A citação posterior, realizada pelo TCU,

---

[1604] a) O STF entende que o licitante é parte legítima para impetrar mandado de segurança contra decisão do Tribunal de Contas da União na anulação da licitação. BRASIL. Supremo Tribunal Federal. Mandado de Segurança nº 24510/DF. Relatora: Ministra Ellen Gracie. Brasília, 19 de novembro de 2003. **Diário da Justiça [da] República Federativa do Brasil**, Brasília, DF, 19 mar. 2004. Ata nº 7.

b) Ver, no Capítulo III, que trata da competência dos Tribunais de Contas, como é aplicado o princípio em cada subtítulo: contrato e sustação de atos.

[1605] Notificação e não citação, porque inexiste, ainda, ato concreto e imputação de irregularidade que exija defesa.

[1606] Consulte no Capítulo III, que trata da competência dos Tribunais de Contas, o subtítulo 3.2.3.12 Intervenção de terceiros.

[1607] Nesse sentido: "[...] não compete ao Tribunal de Contas da União instaurar a Tomada de Contas Especial antes da atuação dos controles internos, como decorrência do princípio da não-supressão das instâncias. [...]". BRASIL. Tribunal de Contas da União. Processo TC nº 025.494/2009-2. Acórdão nº 6853/2009 - 1ª Câmara. Ata nº 43/2009 - 1ª Câmara. Relator: Ministro José Múcio Monteiro. Brasília, 1º de dezembro de 2009. **Diário Oficial da União [da] República Federativa do Brasil**, Brasília, DF, 4 dez. 2009.

simplesmente sana o processo, na medida em que assegura a mais ampla defesa, inclusive com integral possibilidade de rever provas.

Efetivamente, todo juízo de mérito, a ser desenvolvido no âmbito do Tribunal de Contas, é antecedido apenas pela coleta de informações, documentos e outros elementos de convicção úteis para sustentar as expressões da comissão de Tomada de Contas Especial e, mais tarde, amparar a acusação. A garantia do contraditório, que pode e deve correr na fase interna, assume maior completude perante o próprio TCU, que não tem rejeitado solicitações para revisão das provas produzidas pelas comissões quando a parte ampara-se em justificativa ponderável. Não há qualquer prejuízo a esse procedimento que, *mutatis mutandis*, corresponde ao momento do indiciamento do processo administrativo disciplinar.

Nesse sentido, em mais de uma oportunidade se manifestou o plenário do TCU, averbando que "a ciência do processo pelo responsável possibilita o ajuizamento do mérito".[1608]

Outro ponto fundamental do princípio do contraditório e da ampla defesa é a possibilidade de a parte assistir ao julgamento de suas contas, fato que deve prevalecer mesmo em se tratando de processos confidenciais ou sigilosos. Nesse particular, a processualística dos Tribunais de Contas não se encontra suficientemente desenvolvida. De qualquer modo, a publicação da pauta de julgamento é o único meio juridicamente adequado de preservar a integralidade desse princípio. A propósito, o Supremo Tribunal Federal teve a oportunidade de enfrentar a questão quando a parte arguiu a nulidade do julgamento do Tribunal de Contas da União por ausência de pauta. No caso concreto, o TCU havia procedido à regular publicação, fato desconhecido da parte porque o processo entrou em pauta especial, essa também regularmente publicada.[1609] Sobre a publicação de pauta, ver o subtítulo 4.4.3 Irregularidades na pauta.

Ao ensejo, cabe registrar que o Supremo Tribunal Federal não tem anulado os julgamentos dos Tribunais de Contas quando garantida a ampla defesa e o contraditório. Por outro lado, tem levado ao extremo, a exigência de satisfação desse princípio, até para o caso em que os Tribunais de Contas têm por função apenas emitir parecer prévio.[1610]

[1608] BRASIL. Tribunal de Contas da União. Tomada de Contas Especial. Processo TC nº 020.944/1991-8. Decisão 358/1992 - Plenário. Relator: Ministro-Substituto Bento José Bugarin. Brasília, 8 de julho de 1992. **Diário Oficial [da] República Federativa do Brasil**, Brasília, DF, 21 jul. 1992. Seção 1, p. 9.622.

[1609] BRASIL. Supremo Tribunal Federal. Civil. Mandado de Segurança nº 21.644-1. Relator: Ministro Néri da Silveira. Brasília, 4 de novembro de 1993. **Diário da Justiça [da] República Federativa do Brasil,** Brasília, DF, 8 nov. 1996. Seção 1, p. 6.303- 6.305.

[1610] BRASIL. Supremo Tribunal Federal. Administrativo. Suspensão de Segurança nº 1.197-9. Relator: Ministro Celso de Mello. Brasília, 27 de junho de 1997. **Diário da Justiça [da] República Federativa do Brasil**, Brasília, DF, 22 set. 1997. Seção 1, p. 46.243-45. Nesse sentido: Supremo Tribunal Federal. Tribunal de Contas da União. Competência. Mandado de Segurança nº 23.550/DF. Relator: Ministro Spúlveda Pertence. Brasília, 04 de abril de 2001. **Diário da Justiça [da] República Federativa do Brasil,** Brasília, DF, 31 out. 2001. Seção 1, p. 6. No mesmo sentido, ainda: Supremo Tribunal Federal. **Súmula Vinculante nº 4.** Disponível em: <http://www.stf.gov.br/>. Acesso em: 13 jan. 2014.

4.1.5.5 Princípio da vedação à decisão surpresa[1611]

Igualmente contida no princípio do contraditório é a impossibilidade de o julgador proferir a chamada *decisão surpresa* ou *decisão de terceira via*, compreendida como aquela que toma por fundamento matéria que não consta dos autos e, por conseguinte, sobre a qual não foi oportunizada a manifestação das partes.

O contraditório é condição essencial de validade do processo. Deste princípio decorre que o resultado do processo só é constitucionalmente legítimo se construído de maneira colaborativa entre o juiz e as partes, a fim de que seja assegurado às últimas o direito de agirem, reagirem, provarem e influenciarem no conteúdo daquela que é o objetivo e fim de todo o processo: a decisão.

Malgrado parcela expressiva da doutrina e da jurisprudência pátrias já identificassem no princípio do contraditório o direito de os sujeitos da lide não serem surpreendidos, a lacuna da disposição expressa no Código de Processo Civil de 1973 ocasionava uma frequente transgressão a esse aspecto deliberativo do processo. Felizmente, o CPC de 2015 trouxe de maneira taxativa, em seu artigo 10, a regra da vedação à decisão surpresa[1612]. Disso tudo resulta o agora dever incontestável de o Estado-juiz, como expressão de um Estado Democrático de Direito, render observância ao contraditório, trazendo para o debate a totalidade das questões de fato e de direito capazes de fundamentar a decisão do julgador, inclusive as questões por ele cognoscíveis de ofício (exatamente o teor do art. 10, desdobramento necessário do caput art. 9°, ambos do CPC, o qual impõe: "não se proferirá decisão contra uma das partes sem que ela seja previamente ouvida"[1613].

Em sintonia, o Superior Tribunal de Justiça e diversos tribunais no Brasil vêm afastando decisões, considerando-as nulas, quando se apoiam em fundamento sobre os quais não foi previamente possibilitado o contraditório entre os sujeitos da relação processual[1614]

[1611] "Art. 10. O juiz não pode decidir, em grau algum de jurisdição, com base em fundamento a respeito do qual não se tenha dado às partes oportunidade de se manifestar, ainda que se trate de matéria sobre a qual deva decidir de ofício".

[1612] BRASIL. Lei n° 13.105 de 16 de março de 2015. Institui o Código de Processo Civil. Diário Oficial da União, Brasília, DF, 17 mar. 2015. Disponível em https://www.planalto.gov.br/ccivil_03/_ato2015-2018/2015/lei/l13105.htm. Acesso em: 11 fev. 2024.

[1613] *Idem*.

[1614] "[...]1. Na origem, o Juiz sentenciante decretou a prescrição do direito do autor, ao se pronunciar que: a prescrição pode ser conhecida de ofício pelo Juízo - ou seja, ainda que as partes não tenham alegado. 2. Com o advento do novo Código de Processo Civil, a Segunda Turma do Superior Tribunal de Justiça, no julgamento do Recurso Especial n. 1.676.027/PR, firmou a orientação de que "a proibição de decisão surpresa, com obediência ao princípio do contraditório, assegura às partes o direito de serem ouvidas de maneira antecipada sobre todas as questões relevantes do processo, ainda que passíveis de conhecimento de ofício pelo magistrado. O contraditório se manifesta pela bilateralidade do binômio ciência/influência. Um sem o outro esvazia o princípio. A inovação do art. 10 do CPC/2015 está em tornar objetivamente obrigatória a intimação das partes para que se manifestem previamente à decisão judicial. A consequência da inobservância do dispositivo é a nulidade da decisão surpresa, ou decisão de terceira via, na medida em que fere a característica fundamental do novo modelo de processualística pautado na colaboração entre as partes e no diálogo com o julgador". 3. Na hipótese há de ser aplicada tal orientação

4.1.6 Princípio da eventualidade

Antes de apresentar considerações acerca da resposta do acusado, mostra-se conveniente registrar um princípio que responde a várias questões sobre a oportunidade de oferecer argumentos, fatos e documentos relativos à defesa.

Trata-se do *princípio da eventualidade*, segundo o qual deve o citado, na sua resposta, apresentar todas as deduções de mérito e, ainda, as relativas à regularidade e ao desenvolvimento válido do processo, cumulativamente, no prazo estabelecido para resposta, mesmo que algumas delas só venham a prevalecer na eventualidade de não serem as outras acolhidas.

A noção originária do direito germânico - *eventuellprinzip* - só não admite a invocação de argumentos contraditórios entre si.

Como exemplo desse princípio, na resposta, pode o citado arguir a nulidade da citação, a suspeição do relator e, no mérito, negar a autoria do fato contra si imputado. Acolhida uma das duas primeiras preliminares, o exame da defesa de mérito é adiado até a regularização do processo.

4.2 Alegações de defesa - exceções e sua aplicação

Foge à intenção do presente trabalho o estudo detalhado da classificação das exceções e de seu escorço histórico, mas algumas ideias bastante sintéticas precisam ser assentadas ou lembradas, para adequada compreensão do que se seguirá:

I. exceção, em processo, tem sentido equivalente a defesa;

II. podem ser classificadas em substancial ou processual, sendo, como o próprio nome indica, as primeiras, voltadas ao mérito e as segundas, dirigidas ao rito processual. Enquanto as exceções substanciais permitem o desenvolvimento do processo e buscam alterar o mérito da decisão - como, por exemplo, o julgamento pela regularidade da conduta ou a redução do valor do débito -, as exceções processuais dilatam o desenvolvimento do processo ou acarretam sua extinção ou perempção, sendo por isso classificadas em exceções processuais dilatórias ou peremptórias.

III. a boa técnica processual recomenda que as exceções sejam arguidas na seguinte ordem:

1º) as exceções processuais peremptórias, que em processo nos Tribunais de Contas seriam, por exemplo:

a) coisa julgada;

b) incompetência da Corte para o julgamento da demanda.

---

jurisprudencial tendo em vista que o art. 10 do novo Código de Processo Civil estabelece que o juiz não pode decidir, em grau algum de jurisdição, com base em fundamento a respeito do qual não se tenha dado às partes oportunidade de se manifestar, ainda que se trate de matéria sobre a qual deva decidir de ofício. [...]BRASIL. Superior Tribunal de Justiça. AgInt no AREsp n. 1.743.765/SP. Relator: Ministro Og Fernandes. Segunda Turma. Julgado em: 16/11/2021. DJe de: 13/12/2021.

2º) as exceções processuais dilatórias, tais como:

a) irregularidades da citação;

b) impedimento e suspeição do relator ou dos demais membros e servidores;

c) irregularidades na pauta.

3º) as exceções substanciais, tais como:

a) regularidade da conduta;

b) quitação;

c) outras defesas.

Todas as exceções, nos processos dos Tribunais de Contas, são processadas nos mesmos autos, não havendo a formação de autos apartados, como ocorre no processo judiciário. Por esse motivo, não há suspensão do curso do prazo, podendo, a critério do relator, haver sobrestamento do processo.

4.3 Defesas processuais - peremptórias

O reconhecimento de alguma dessas exceções pelo Tribunal de Contas implica na extinção do processo sem julgamento do mérito, isto é, acarreta o arquivamento.

4.3.1 Coisa julgada

Desde o início do presente trabalho foi demonstrado que o julgamento de contas é privativo dos Tribunais de Contas. O fato de haver pendente mandado de segurança ou qualquer outro processo judiciário não pode e não deve impedir o exercício da competência por essas Cortes especializadas.

Pode ocorrer, contudo, que a conduta do agente tenha ensejado, independentemente das contas, um exame judicial estrito e, nessa hipótese, caberá à Corte de Contas, em nome da segurança das relações jurídicas e pela prevalência da decisão judicial, encerrar o processo.

Alguns exemplos elucidarão melhor essa hipótese:

a) quando a acusação envolve a concessão de vantagem a servidores - como, por exemplo, sem amparo legal, em processo de Tomada de Contas Especial - e o Poder Judiciário vem a reconhecer que a vantagem era devida por força de lei;

b) quando o agente acusado em processo de TCE de negligência na guarda dos bens públicos, em processo judiciário demonstra que a responsabilidade pelo ato competia a outro agente;

Mesmo considerando que o julgamento das contas é privativo dos Tribunais de Contas, é forçoso reconhecer que a jurisdição dessas Cortes guarda relações com o processo judiciário e, portanto, pode ter o exame de mérito impedido por força de decisão judicial transitada em julgado[1615].

Servem para o deslinde da questão algumas premissas de longa data assentadas pela doutrina pátria no detido exame das relações do processo administrativo com o judicial, as quais podem ser resumidas assim:

I. *as esferas administrativas, civil e penal são independentes;*[1616]

II. *as penalidades de cada uma das esferas de competência, descritas anteriormente, podem cumular-se;*

III. *o julgamento por fatos conexos pode ensejar a atuação simultânea de dois Tribunais de Contas, o que ocorreria, por exemplo, quando um prefeito, tendo aplicado irregularmente recursos federais, para pagar o débito utiliza-se de recursos do erário municipal;*

IV. *a responsabilidade administrativa do servidor deve ser afastada no caso de absolvição civil ou criminal que negue a existência do fato ou a autoria;*[1617]

V. *só pode ser considerada como exceção peremptória a decisão judicial que:*

VI. *tenha transitado em julgado;*

VII. *tenha adotado por fundamento fato que, diretamente, seja objeto do processo debatido nos Tribunais de Contas e sobre o qual expressamente se tenha pronunciado, reconhecendo-se não ocorrido ou sendo o responsável outro que não o indicado.*[1618]

[1615] O TCU, baseado no exercício de sua competência para apreciação de atos de pessoal, tem entendimento no sentido de que pode manifestar entendimento diferente do declarado por instâncias do Poder Judiciário e que a existência de decisão judicial transitada em julgado ampara a continuidade dos pagamentos irregulares, mas não impede a livre apreciação, pelo Tribunal de Contas da União, da legalidade do ato de concessão de aposentadoria. A situação é mais comum do que se imagina e está prevista na Resolução/TCU 353/2023. Disponível em: https://pesquisa.apps.tcu.gov.br/redireciona/norma/NORMA-21630.

[1616] Recomendamos a consulta, corroborando a assertiva, ao voto, ao parecer do MP e à decisão que conduziram o seguinte processo: BRASIL. Tribunal de Contas da União. Processo TC nº 649.010/1992-2. Acórdão nº 6/1996 - 1ª Câmara. Relator: Ministro Humberto Guimarães Souto. Brasília, 23 de janeiro de 1996. **Diário Oficial [da] República Federativa do Brasil**, Brasília, DF, 6 fev. 1996. Seção 1, p. 1.922. As esferas administrativa, civil e penal são independentes; no mesmo sentido, consultar o memorável acórdão que criou precedente histórico até hoje referido: Supremo Tribunal Federal. Recurso Extraordinário. Processo nº RE5582/PR – 1. Turma. Relator: Ministro Victor Nunes Leal. **Diário da Justiça [da] República Federativa do Brasil,** Brasília, DF, 24 nov. 1967. No mesmo sentido, ainda: Tribunal de Contas da União. Processo TC nº 650.044/1996-7. Acórdão nº 179/1996 - Plenário. Relator: Auditor Lincoln Magalhães da Rocha. Brasília, 16 de outubro de 1996. **Diário Oficial [da] República Federativa do Brasil**, Brasília, DF, 4 nov. 1996. Seção 1, p. 22.684; Tribunal de Contas da União. Processo TC nº 017.244/1994-3. Decisão nº 242/1995 - 1ª Câmara. Relator: Ministro Humberto Guimarães Souto. Brasília, 3 de outubro de 1995. **Diário Oficial [da] República Federativa do Brasil**, Brasília, DF, 17 out. 1995, p. 16.363; Supremo Tribunal Federal. Mandado de Segurança nº 22.423-1-RS. Relator: Ministro Sepúlveda Pertence. **Diário da Justiça [da] República Federativa do Brasil,** Brasília, DF, 1 fev. 1996. Seção 1, p. 283.

[1617] Por analogia ao art. 126 do Regime Jurídico Único Federal: BRASIL. Lei nº 8.112, de 11 de dezembro de 1990. Dispõe sobre o regime jurídico dos servidores públicos civis da União, das autarquias e das fundações públicas federais. **Diário Oficial [da] República Federativa do Brasil**, Brasília, DF, 12 dez. 1990, republicada em 18 mar. 1998.

[1618] Nesse sentido: BRASIL. Superior Tribunal de Justiça. ***Habeas Corpus* nº 88.370/RS.** Relator: Ministro Napoleão

VIII. *a absolvição do agente por qualquer outro motivo, como falta de provas ou prescrição do crime, não tem qualquer repercussão nos processos desenvolvidos perante os Tribunais de Contas;*

IX. *a Tomada de Contas Especial que busca apurar a responsabilidade do agente, e, se for o caso, a recomposição do erário, pode ter pleno e normal curso ainda que uma ação judicial absolva o agente da prática de determinado crime;*

X. *como os processos judiciais sofrem uma tramitação mais lenta e as esferas são independentes, os Tribunais de Contas não têm o dever de sobrestar o processo, para aguardar decisão do Poder Judiciário. Exemplo disso: o Poder Judiciário, há 25 anos, debate famoso escândalo na aplicação de recursos públicos no DF.*[1619]

Nos julgamentos do Tribunal de Contas da União encontra-se interessante caso: um prefeito, ao ser citado por esse tribunal em processo de TCE, referente a recursos repassados pela Secretaria de Assuntos Estratégicos do Governo Federal, aduziu que a Corte não poderia apreciar as contas, tendo em vista que estas, já julgadas pela Câmara Municipal da cidade, constituíram-se em coisa julgada e ato jurídico perfeito. Advertiu o referido prefeito: "[...] Se este egrégio Tribunal acolher a proposta de aplicação de multa, valer-se-á o requerente do remédio heróico [*sic*] previsto no art. 5º, LXIX, CF, posto que restaria materializada ilegalidade, abuso de poder. [...]". Em oposição a essa linha de argumentação, sustentou a zelosa SECEX-PR que "[...] esqueceu-se o responsável de considerar a competência deste Tribunal, estabelecida a partir do art. 71, da mesma Constituição Federal por ele invocada [...]". Por fim, o tribunal julgou irregulares as contas e aplicou multa ao responsável.

Nesse caso, embora o repasse tivesse que integrar também as contas municipais, é fato incontestável que o TCU permanecia com competência para julgar as contas referentes, especificamente, à prestação de contas do repasse de verbas federais e, no

---

Nunes Maia Filho. Disponível em: <http://www.stj.jus.br>. Acesso em: 21 dez. 2011. "[...] Ementa: Habeas Corpus. Denúncia recebida contra prefeito, por suposta dispensa irregular de licitação. art. 89, *caput* da lei 8.666/93. Independência das instâncias administrativa e penal. Precedentes do STJ. Situação peculiar do caso em exame: aprovação das contas do município pelo TCE/RS, com análise específica da operação realizada de compra de combustíveis, afastando eventual irregularidade no procedimento. Ordem concedida para trancamento da ação penal. 1. Conforme entendimento há muito firmado nesta Corte Superior, fato de o Tribunal de Contas eventualmente aprovar as contas a ele submetidas, não obsta, em princípio, diante da alegada independência entre as instâncias administrativa e penal, a persecução criminal promovida pelo Ministério Público, bem como a correspondente responsabilização dos agentes envolvidos em delitos de malversação de dinheiros públicos. Precedentes do STJ. 2. Todavia, no caso em exame, quando da aprovação das contas da gestão do Prefeito Municipal pelo TCE/RS, houve específica análise da operação de compra de combustíveis, que constitui o núcleo da acusação, com decisão, ao final, favorável ao paciente, afastando eventual irregularidade. 3. Conforme a decisão emitida pela Corte de Contas Estadual, não há o que censurar na compra dos combustíveis, quando há um único posto de abastecimento na cidade; não poderia a Administração concordar que os veículos do Município se deslocassem a longas distâncias para efetuar o abastecimento, com visíveis prejuízos ao Erário. 4. Opina o MPF pela denegação da ordem. 5. Ordem concedida, para determinar o trancamento da ação penal. [...]".

[1619] DISTRITO FEDERAL. Tribunal de Contas do Distrito Federal. Prestação de Contas Anual. Processo nº 270/75-A (apenso Processo nº 858/1973). Relatora: Conselheira Marli Vinhadeli. Brasília, 8 de julho de 1997. **Diário Oficial do Distrito Federal**, Brasília, DF, 16 jul. 1997, p. 5.323 - 5.330.

caso concreto, a irregularidade e omissão no dever de prestar contas.[1620] É óbvio que o tema merece evolução e esse cenário evolutivo é tratado nos subtítulos 3.2.5.1, 3.2.5.2 e 3.2.5.3.

O Poder Judiciário pode considerar, nas razões de decidir, o entendimento do Tribunal sobre ponto específico, até para fixar agravantes e atenuantes.[1621]

Diferentemente do que foi exposto até agora, ocorrerá se o gestor tiver suas contas aprovadas pelo próprio Tribunal de Contas. Inovando a sua ortodoxa jurisprudência, o próprio Tribunal de Contas da União firmou entendimento de que a decisão definitiva em processo de tomada ou prestação de contas ordinária constitui fato impeditivo da imposição de multa ou débito em outros processos nos quais constem como responsáveis os mesmos gestores.[1622]

4.3.2 Incompetência do Tribunal de Contas para o julgamento

No processo judiciário, essa exceção é considerada dilatória, porque apenas adia o julgamento da demanda, transferindo para outro juízo o exame da questão.

Efeito diverso possui a arguição dessa exceção no processo de julgamento de contas, porque é de competência privativa do Tribunal de Contas. Reconhecida a incompetência para julgamento de determinada conduta do agente, isso significará simplesmente o encerramento do processo. Quando muito, poderão ser extraídas cópias de partes, ou do todo, para subsidiar um processo penal ou civil, mas o processo de julgamento de contas, em si, extingue-se.

Alguns casos podem ser citados e têm subjacente um equívoco, às vezes, na própria instauração de processos, como por exemplo a Tomada de Contas Especial, ou apenas na continuação do processo.

Tal ocorre, por exemplo, quando o dano é causado por particular, pois à Corte de Contas compete o julgamento do agente apenas se ocorrer uma das seguintes hipóteses:[1623]

a) o agente tem vínculo com a Administração Pública jurisdicionada ao respectivo tribunal e pratica ato em razão direta ou indireta com as suas funções;[1624] ou

---

[1620] Sobre o conflito de competência entre TCU e Tribunais de Contas, consultar o subtítulo 3.2.5.1, do Capítulo III, que trata da competência dos Tribunais de Contas.

[1621] BRASIL. Superior Tribunal de Justiça. AP nº 226/SP. Processo nº 2002/0165317-8. Relator: Ministro Luiz Fux. **Diário da Justiça [da] República Federativa do Brasil**, Brasília, DF, 8 out. 2007.

[1622] BRASIL. Tribunal de Contas da União. Tomada de Contas Especial. Processo TC nº 000.078/2000-3. Decisão nº 1505/2002 - Plenário. Relator: Ministro Ubiratan Aguiar. Brasília, 6 de novembro de 2002. **Diário Oficial da União [da] República Federativa do Brasil**, Brasília, DF, 19 nov. 2002.

[1623] Consultar, no Capítulo III, que trata da competência dos Tribunais de Contas, o subtítulo 3.2.3.8 Particular sem vínculo com a administração.

[1624] Independentemente da natureza do vínculo, o TCU tem tratado juiz que desempenha função de ordenador de despesas (Diretor de Fórum) como servidor sem prerrogativas: BRASIL. Tribunal de Contas da União. Processo TC nº 675.240/1997-2. Acórdão nº 4/2001 - 1ª Câmara. Relator: Ministro José Antonio B. de Macedo. Brasília, 23 de janeiro de 2001. **Diário Oficial [da] República Federativa do Brasil**, Brasília, DF, 1 fev. 2001.

b) mesmo não se enquadrando na situação anterior, tenha o dever de prestar contas;[1625] ou

c) o agente pratica ato lesivo com a conivência de agentes da Administração Pública.

Inocorrendo qualquer dessas hipóteses, o Tribunal de Contas não pode apreciar, julgar ou tomar contas do particular e, portanto, é juridicamente incompetente para o exame.

Mesmo que, por exemplo, a TCE tenha sido instaurada pela unidade de origem e às vezes isso é necessário, exatamente para definir que o responsável é o particular, a Corte pronuncia sua incompetência, agindo de ofício ou mediante provocação do interessado ou do Ministério Público que atua junto às Cortes de Contas, restituindo os autos ao órgão instaurador, para a adoção das demais providências, visando recomposição do erário.

Na sessão ordinária de 26.10.1982, duas importantes súmulas do TCU foram aprovadas, colocando-se em perfeita simetria com o que foi exposto:

> Súmula nº 186:
> Consideram-se sob a jurisdição do Tribunal de Contas da União os co-autores, embora sem vínculo com o serviço público, de peculato praticado por servidores - quer sejam ou não ordenadores de despesas ou dirigentes do órgão - da Administração direta ou indireta da União ou de fundação instituída ou mantida pelo Poder Público, ou, ainda, pertencentes a qualquer outra entidade que gerencie recursos públicos, independentemente da sua natureza jurídica e do nível quantitativo da sua participação no capital social. A juízo do Tribunal, atendidas as circunstâncias ou peculiaridades de cada caso, os aludidos co-autores estão sujeitos à Tomada de Contas Especial, em que se qualifiquem os débitos e se individualizem as responsabilidades ou se defina a solidariedade, sem prejuízo da adoção, pelas autoridades ou pelos órgãos competentes, das medidas administrativas, civis e penais cabíveis, nas instâncias próprias e distintas. [*sic*]

> Súmula nº 187:
> Sem prejuízo da adoção, pelas autoridades ou pelos órgãos competentes, nas instâncias próprias e distintas, das medidas administrativas, civis e penais cabíveis, dispensa-se, a juízo do Tribunal de Contas, a Tomada de Contas Especial, quando houver dano ou prejuízo financeiro ou patrimonial causado por pessoa

[1625] Por exemplo, quem recebe recursos mediante convênio fica sujeito ao dever de prestar contas; cf.: BRASIL. Tribunal de Contas da União. Processo TC nº 299.076/1993-8. Decisão nº 62/1995. Relator: Ministro Olavo Drummond. Brasília, 28 de março de 1995. **Diário Oficial [da] República Federativa do Brasil**, Brasília, DF, 10 abr. 1995. Seção 1, p. 5.066.

> estranha ao serviço público e sem conluio com servidor da Administração direta ou indireta e da fundação instituída ou mantida pelo Poder Público, e, ainda, de qualquer outra entidade que gerencie recurso público, independentemente de sua natureza jurídica ou do nível qualitativo no capital social[1626].

4.4 Defesas processuais - dilatórias

Como referido anteriormente, se acolhidas as exceções dilatórias, o processo não será encerrado, mas terá o julgamento adiado até o saneamento da irregularidade apontada. A continuação do processo sem solução ou julgamento da exceção arguida poderá acarretar, inclusive, a atuação do controle judiciário, por meio de ação própria, como mandado de segurança.

4.4.1 Irregularidade da citação

A mais importante das exceções processuais dilatórias é a irregularidade da citação, seja porque realizada sob forma diversa da prevista, seja porque ausente elemento essencial.

Outro particular aspecto diz respeito a um julgamento isento e, por esse motivo, o interessado, ou o Ministério Público que atua junto às Cortes de Contas,[1627] deve arguir qualquer motivo de impedimento ou de suspeição.

Corolário do julgamento isento é a necessidade de o Ministério Público, se for autor de representação - posição de parte processual -, ser vedado a atuar como fiscal da lei. Nessa situação, haverá a participação de outro membro do Ministério Público, no processo.

4.4.1.1 Citação e audiência

A citação diz respeito à comunicação dos atos processuais, estando portanto, em relação direta com o princípio do devido processo legal.

A citação é um dos pontos basilares de qualquer processo, seja judiciário ou administrativo. Para evidenciar sua importância, basta referir que os processualistas lusitanos, segundo relata Pontes de Miranda, tinham-na como direito natural e "referiam-se ao *Ubi es, Adam?* do Gênesis, cap. 3, da Bíblia Sagrada, para dizer que o próprio Deus 'citou'".

[1626] BRASIL. Tribunal de Contas da União. **Boletim TCU Especial**, Brasília, ano XL, n. 6, 4 dez. 2007. Disponível em: <http://www.tcu.gov.br>. Acesso em: 7 dez. 2011. A relatoria ficou a cargo do eminente Ministro Luiz Octávio Gallotti.

[1627] a) BRASIL. **Constituição da República Federativa do Brasil** (Versão Bolso). Organização dos textos e índice por J. U. JACOBY FERNANDES. 2. ed. Belo Horizonte: Fórum, 2019. Art. 130.

b) Recomendamos a consulta, corroborando a assertiva, ao voto, ao parecer do MP e à decisão que conduziram o seguinte processo: BRASIL. Tribunal de Contas da União. Acórdão 6/1996 - 1ª Câmara. Processo TC nº 649.010/1992-2. Relator: Ministro Humberto Guimarães Souto. Brasília, 23 de janeiro de 1996. **Diário Oficial [da] República Federativa do Brasil**, Brasília, DF, 6 fev. 1996. Seção 1, p. 1.922. As esferas administrativa, civil e penal são independentes.

Como regra, a importância da citação é vislumbrada sob dois enfoques:

a) efetiva e concretiza o princípio do contraditório; e

b) é ato constitutivo da relação processual.[1628]

Asserem, com propriedade, Moacyr Amaral Santos e Paulo Lúcio Nogueira que a citação tem por destinatário o réu ou acusado, admitindo o Código de Processo Civil[1629] a citação ao procurador legalmente autorizado, desde que constem da procuração poderes expressos para o fim de receber citação.[1630]

Por oportuno, cabe lembrar que, ainda na vigência do Código de processo Civil anterior, foi suprimida a necessidade de reconhecimento de firma para eficácia da procuração e, consequentemente, do substabelecimento, habilitante do mandato do advogado em juízo.[1631]

Presentes essas breves considerações que situam o instituto da citação, convém estabelecer distinções entre citação do processo judiciário, seja civil ou penal, e citação promovida no curso de um processo administrativo, especialmente realizada em processos no âmbito dos Tribunais de Contas.

No processo judiciário de natureza civil, a citação é requerida pelo autor e ordenada pelo juiz; no penal e no trabalhista, não precisa ser requerida, sendo, no último, providenciada diretamente pelo escrivão ou secretário, independentemente de apreciação pelo magistrado.[1632]

Nos processos nos Tribunais de Contas, não precisa ser requerida, e é determinada, pelo plenário, qualquer das câmaras ou pelo relator, segundo dispuserem as normas legais ou regimentais, e efetuada diretamente pela unidade técnica a que estiver vinculado o órgão. Em alguns Tribunais de Contas, verifica-se

---

[1628] Esse segundo enfoque é defendido por vários processualistas pátrios, entre os quais: SANTOS, Moacyr Amaral. **Primeiras linhas de Direito Processual Civil**. São Paulo: Saraiva, 13. ed., 1993, 3 v., p. 164; em sentido contrário: PONTES DE MIRANDA, Francisco Cavalcanti. **Comentários ao Código de Processo Civil**. 5. ed. Rio de Janeiro: Forense, 1995, 1 t., p. 14 do Prólogo, averbando que: "[...] Se é certo que, *a priori*, a relação jurídica processual possa existir sem ela - referindo-se à citação - e, em Antonio Cardoso do Amaral (*Summa seu Praxis iudicium*, v. "*Citatio*", nº 25-29), o princípio, *a posteriori*, exige a citação, sob pena de nulidade do processo desde aí, como se via em Agostinho Barbosa. ***Collectanea Doctorum in Lus Pontificium***, I, 104 [...]".

[1629] BRASIL. Lei nº 13.105, de 16 de março de 2015. Código de Processo Civil. Brasília, DF: Presidência da República, [2025]. Disponível em: https://www.planalto.gov.br/ccivil_03/_ato2015-2018/2015/lei/l13105.htm. Art. 105.

[1630] SANTOS, Moacyr Amaral. **Primeiras linhas de Direito Processual Civil**. São Paulo: Saraiva, 13. ed., 1993, 3. v., p. 165-166; NOGUEIRA, Paulo Lúcio. **Curso completo de Processo Penal**. São Paulo: Saraiva, 3. ed., 1997, p. 181.

[1631] BRASIL. Lei nº 5.869, de 11 de janeiro de 1973. Institui o Código de Processo Civil. Disponível em?: https://www.planalto.gov.br/ccivil_03/leis/l5869.htm. Art. 38, com a redação dada pela Lei nº 8.952/1994. Nesse sentido, em relação à aplicação da norma nos Tribunais de Contas: DISTRITO FEDERAL. Tribunal de Contas do Distrito Federal. **Processo nº 2320/1998.** Relator: Conselheiro José Milton Ferreira. Brasília, 30 de junho de 1998. Disponível em: http://www.tc.df.com.br/. Acesso em: 28 nov. 2000.

[1632] Como dispõe o art. 841 da CLT, que, a propósito, emprega o termo *notificação*, em vez de *citação*: BRASIL. **Decreto-lei nº 5.452, de 1º de maio de 1943.** Aprova a Consolidação das Leis do Trabalho. Disponível em: <http://www.planalto.gov.br>. Acesso em: 22 dez. 2011.

que essa providência - determinar a citação - compete ao pleno ou às câmaras, e também é cumprida pelos servidores das unidades técnicas.

A Súmula nº 59 do Tribunal de Contas da União estabelece:

> A citação do responsável, para apresentar alegações de defesa ou recolher o débito, constitui formalidade essencial, que deve preceder o julgamento do processo dos responsáveis por bens, valores e dinheiros públicos, pelo Tribunal de Contas[1633].

No âmbito do Tribunal de Contas, a citação se distingue da audiência, embora ambas tenham em comum o objetivo de assegurar a ampla defesa e o contraditório: a citação só ocorre quando há débito quantificado e permite a alternativa de pagar o valor indicado, com vistas a obter a quitação; a audiência não exige débito, mas pode ensejar admoestações inclusive, dependendo da gravidade do ato, multa entre outras cominações.[1634]

4.4.1.2 Da forma

Para a validade da citação, é necessária a observância da forma definida em lei, embora admita-se, também aqui, o acatamento ao princípio do informalismo moderado, tal como ocorre com o processo judiciário.[1635]

A exemplo da antiga lei processual civil[1636], a Lei Orgânica do Tribunal de Contas da União prevê, no art. 22, três diferentes formas ou modalidades de citação:

> I - mediante ciência do responsável ou do interessado, na forma estabelecida em regime interno;
>
> II - pelo correio, mediante carta registrada, com aviso de recebimento;
>
> III - por edital publicado no Diário Oficial da União, quando o seu destinatário não for localizado.[1637]

1633 BRASIL. Tribunal de Contas da União. Súmula nº 59. **Boletim do Tribunal de Contas da União**, Brasília, DF, 4 dez. de 2007, edição especial.

1634 BRASIL. Tribunal de Contas da União. Processo TC nº 016.697/2011-1. Acórdão nº 8208/2013 - 1ª Câmara. Relator: Ministro Benjamin Zymler. Brasília, 19 de nov. de 2013. **Diário Oficial [da] República Federativa do Brasil**, Brasília, DF, 25 de nov. de 2013. Seção 1, p. 140. No mesmo sentido: Tribunal de Contas da União. Processo TC nº 007.345/2012-7. Acórdão nº 6624/2013 - 1ª Câmara. Relator: Ministro Walton Alencar Rodrigues. Brasília, 01 de out. de 2013. **Diário Oficial [da] República Federativa do Brasil**, Brasília, DF, 20 de nov. de 2013. Seção 1, p. 159.

1635 BRASIL. Lei nº 13.105, de 16 de março de 2015. Código de Processo Civil. Brasília, DF: Presidência da República, [2025]. Disponível em: https://www.planalto.gov.br/ccivil_03/_ato2015-2018/2015/lei/l13105.htm. Art. 239.

1636 O novo Código de Processo Civil, após alteração da Lei 14.195/2021 estabelece agora que "A citação será feita preferencialmente por meio eletrônico, no prazo de até 2 (dois) dias úteis, contado da decisão que a determinar, por meio dos endereços eletrônicos indicados pelo citando no banco de dados do Poder Judiciário, conforme regulamento do Conselho Nacional de Justiça." Apenas se não houver confirmação, o § 1º-A prevê a citação pelo correio, por oficial de justiça; III - pelo escrivão ou chefe de secretaria, se o citando comparecer em cartório; ou por edital. Disponível em: https://www.planalto.gov.br/ccivil_03/_ato2015-2018/2015/lei/l13105.htm.

1637 a) O Regimento Interno, com redação da Resolução-TCU nº 339, de 29/06/2022 regulamenta o tema de forma diversa e semelhante ao novo CPC: Art.179. A citação, a audiência ou a notificação, bem como a comunicação de

Desse modo, a citação pessoal é realizada sempre que o plenário, a câmara ou o relator determinarem essa forma de citação. Caso contrário, como regra, adotar-se-á a forma de citação pelo correio, através de carta registrada, com aviso de recebimento e na modalidade "mão-própria". Essa peculiaridade consiste num serviço adicional prestado pelos correios, em que, além de devolver recibo da entrega da correspondência ao destinatário - aviso de recebimento -, o carteiro deverá pedir a este que apresente documento de identificação, com a finalidade de confrontar se quem recebe é, pessoalmente, o verdadeiro destinatário da carta, inadmitindo que terceiro a receba ou firme o recibo. O carteiro anotará os dados do documento de identificação e, obtendo a assinatura do destinatário no recibo, entregar-lhe-á a correspondência, servindo, para efeitos administrativos e judiciais, esse procedimento.

Uma das características desse serviço prestado pela Empresa Brasileira de Correios e Telégrafos consiste no dever de o carteiro procurar, pelo menos três vezes, o destinatário, antes de devolver a carta ao remetente.

Não sendo possível encontrar o destinatário após três tentativas, ou estando o mesmo em lugar ignorado, incerto ou inacessível, será promovida a citação por edital.

A citação é elemento central para a concretização do princípio do contraditório. Neste contexto, a citação por edital torna-se medida excepcionalíssima, devendo-se buscar todos os meios possíveis antes de utilizá-la. Para tanto, o TCU orienta:

> Antes de promover a citação por edital, o TCU, para assegurar a ampla defesa, deve buscar ao máximo outros meios possíveis para localizar e citar o responsável, nos limites da razoabilidade, a exemplo das medidas previstas no art. 6.º, inciso II, da Resolução-TCU 170/2004, fazendo juntar aos autos documentação ou informação comprobatória dos diferentes meios experimentados que restaram frustrados, como também da impossibilidade em localizá-lo, demonstrando, quando for o caso, que ele está em lugar ignorado, incerto ou inacessível, procedimento que deve ser adotado mesmo quando for lançada pelos Correios a informação "não procurado" no cartão de aviso de recebimento da comunicação processual remetida ao responsável.[1638]

Existe a propósito, pacífica jurisprudência no Poder Judiciário no sentido de que a citação por edital só é válida quando comprovadamente atendidos os requisitos legais de sua aplicação.

---

diligência e de rejeição de alegações de defesa ou das razões de justificativa, far-se-ão: I - por meio eletrônico ou digital, regulamentado em ato normativo próprio; II - por meio de publicação no Diário Eletrônico do TCU; III - mediante comparecimento das partes nos autos ou do seu representante; IV - por servidor designado; V - mediante carta registrada, com aviso de recebimento que comprove a entrega no endereço do destinatário; VI - por edital publicado nos órgãos oficiais, quando o seu destinatário não for localizado. Disponível em: https://pesquisa.apps.tcu.gov.br/redireciona/norma/NORMA-21217.

b) Também regula o tema de forma diversa a Resolução TCU n° 360 de 25 de outubro de 2023, que dispõe sobre a realização das comunicações processuais emitidas pelo Tribunal de Contas da União.. Disponível em: https://pesquisa.apps.tcu.gov.br/redireciona/norma/NORMA-23521.

[1638] BRASIL. TCU. Processo nº 007.155/2013-1. Acórdão nº 4851/2017 – Primeira Câmara. Relator: ministro Augusto Sherman.

Por esse motivo, mostra-se recomendável que, após a tentativa de uso de uma das outras formas de citação, seja firmado no processo, mediante simples termo, o motivo pelo qual será utilizada a citação por edital.

É, no mínimo, negligente a conduta que determina a citação por edital de servidor público com endereço de trabalho certo e identificado nos próprios autos do processo submetido ao Tribunal de Contas. Aliás, como regra, todo servidor tem endereço conhecido na repartição de origem de lotação.

No TCU, como dito, a citação determinada pelo relator, ou pelo plenário ou câmara, é efetivada pela unidade técnica respectiva que está instruindo o processo.

A rigor, não se trata de nova modalidade de citação, mas apenas de desdobramento da citação pessoal a ser realizada por próprio servidor do Tribunal de Contas, diante de indícios de que o destinatário se oculta para evitar a citação. Por esse motivo, parece possível, à luz das Súmulas nº 103 e 145, do TCU,[1639] a adoção dessa variável de citação pessoal.[1640]

Numa síntese conclusiva ao tópico em epígrafe, é possível assentar que as três formas ou modalidades de citação, comumente empregadas no processo judiciário, podem ser utilizadas, nos termos da lei e regimento dos Tribunais de Contas, para chamar o responsável para se defender ou pagar o valor discutido em um processo.

Imperioso destacar que a partir de 1º de agosto de 2025, as comunicações de acórdãos passaram a ser feitas por meio de Diário Eletrônico. Citações, audiências, oitivas e diligências continuam a ser comunicadas exclusivamente por meio de ofício.

Essa mudança substituiu os ofícios de comunicação processual, inclusive aqueles enviados via Plataforma Conecta-TCU, quando a comunicação tratar exclusivamente de notificações[1641]. Efetuada a publicação da deliberação no Diário Eletrônico, considera-se a parte notificada, conforme disposto nos normativos vigentes, na data da publicação.

4.4.1.3 Das peculiaridades da citação

Nos processos desenvolvidos pelos Tribunais de Contas, envolvendo *jurisdição*, assim como no processo judiciário, o interessado é citado para se defender, mas nesse último abre-se, desde logo, a oportunidade de pagar o valor do débito que lhe for imputado.

[1639] BRASIL. Tribunal de Contas da União. **Súmula nº 103.** Na falta de normas legais regimentais específicas, aplicam-se, analógica e subsidiariamente, no que couber, a juízo do Tribunal de Contas da União, as disposições do Código de Processo Civil; Súmula nº 145. O Tribunal de Contas da União pode alterar as suas Deliberações (Regimento Interno, art. 42, itens IV e V), para lhes corrigir, de ofício ou a requerimento da parte, da repartição interessada ou do representante do Ministério Público, inexatidões materiais ou erros de cálculo, na forma do art. 463, inc. I, do Código de Processo Civil, ouvida previamente, nos dois primeiros casos, a Procuradoria junto ao Colegiado. BRASIL. Tribunal de Contas da União. **Boletim TCU Especial**, Brasília, ano XL, n. 6, 4 dez. 2007. Disponível em: <http://www.tcu.gov.br>. Acesso em: 7 dez. 2011.

[1640] Adotando-se todas as cautelas prescritas nos arts. 238 a 259 do CPC: BRASIL. Lei nº 13.105, de 16 de março de 2015. Código de Processo Civil. Brasília, DF: Presidência da República, [2025]. Disponível em: https://www.planalto.gov.br/ccivil_03/_ato2015-2018/2015/lei/l13105.htm.

[1641] Art. 2º, § 6º, da Re solução-TCU nº 360, de 2023.

É correto afirmar que, nas causas cíveis, em que se discutem direitos patrimoniais, também é possível ao requerido encerrar o processo pagando o valor reclamado pelo autor, hipótese em que se teria o enquadramento no "reconhecimento da procedência do pedido", ensejando resolução do mérito.[1642]

O que se destaca aqui, como peculiaridade, é o fato de, logo no início do chamamento do envolvido em determinados tipos de processo, como no de Tomada de Contas Especial, por exemplo, os termos da convocação fazerem referência à faculdade de pagar antecipadamente. Há um fundamento teleológico em tal providência, na medida em que estão sempre subjacentes a aplicação de recursos públicos e a preservação da regularidade da composição do erário: quanto antes retomarem à sua integralidade, melhor será para a sociedade.

Desconhecendo essa peculiaridade, muitos causídicos desavisados, ao serem procurados por algum cliente com uma citação em processo de contas, destacam, como preliminar, que houve um prejulgamento, porque o chamamento foi para se *defender ou pagar*. Improcede tal argumentação de cerceamento de defesa, pois:

a) o direito de defesa não está sendo prejudicado e a possibilidade de pagar existe como *faculdade* para o citado;
b) a hipótese do pagamento é colocada, na citação, como lembrança de uma possibilidade jurídica de extinção do processo;
c) a possibilidade de pagar, no momento da citação, existe nos processos do Judiciário em que se discutem efeitos patrimoniais do pedido; e
d) o pagamento, por si só, não implica o julgamento pela regularidade, mas garante ao citado o direito de *quitação*. Poderá, mesmo após o pagamento, ser a conta julgada irregular.

A justificativa para a manutenção dessa peculiaridade em várias legislações das Cortes de Contas reside precisamente na natureza pública dos recursos envolvidos.

A citação é um instituto do direito processual e, em sede de jurisdição de contas, pode assumir contornos peculiares, desde que sejam garantidos os postulados da ampla defesa e do devido processo legal, tal como ocorre na atualidade.

Por outro lado, como a possibilidade de pagamento é essencial para que o agente possa exercitar o direito, não é razoável que se determine a citação para posterior cálculo do valor do débito, até porque a prévia quantificação permitirá escolher defesa ou pagamento.

A necessidade de prévia quantificação do débito envolvido, notadamente em processos de Tomada de Contas Especial, como decorrência do devido processo legal e garantia da isonomia entre os agentes jurisdicionados ao controle externo, pois nada

---

[1642] BRASIL. Lei nº 13.105, de 16 de março de 2015. Código de Processo Civil. Brasília, DF: Presidência da República, [2025]. Disponível em: https://www.planalto.gov.br/ccivil_03/_ato2015-2018/2015/lei/l13105.htm. Art. 487, II, a.

mais justifica que um envolvido, seja citado para pagar ou se defender, e outro, embora formalmente chamado com o mesmo propósito, não possa exercitar essa faculdade.

No caso de processos de Tomada de Contas Especial, a citação, sem a quantificação do débito, será defeituosa ou incompleta e não poderá prosperar, mesmo em tempos de inflação alta, em que se exige a periódica liquidação do valor, com atualização monetária.[1643]

Ao ensejo, é importante notar que o pagamento na citação não deve ser confundido com o pagamento decorrente de notificação para recolher o débito, após o julgamento. No primeiro caso, apresenta-se como faculdade; no segundo, é meio de execução voluntária, anterior à forçada.

4.4.1.4 Do tempo

Ao contrário do que ocorre com o processo civil, a citação no processo de contas não é ato inicial, mas incidente no processo, que ocorre quando caracterizados os indícios da autoria do fato e quantificado o montante do débito, no caso de o processo ter sido instaurado em virtude de dano causado ao erário.

A atual sistemática no Tribunal de Contas da União, ao contrário do que ocorre em outros tribunais, autoriza a citação independentemente da participação do Ministério Público especial. Tal procedimento, conquanto agilize bastante o desenvolvimento do processo, merece maior reflexão: é que caberá ao ministro ou conselheiro relator a função equidistante de julgador do processo e, ao Ministério Público e à unidade técnica, se for o caso, sustentar a acusação formal ou a violação da lei, após a coleta dos indícios da autoria e da responsabilidade.

O procedimento mais recomendável ou rigorosamente mais correto, portanto, seria que a citação fosse ordenada após a manifestação do Ministério Público que, vislumbrando seguros elementos nos autos, faria um exame preliminar.

Como exemplo das vantagens dessa sistemática, pode ser citado o Processo TCDF nº 4.216/1995,[1644] em que um deputado denunciou a ausência de um presidente de uma estatal, que teria viajado para o exterior, sem autorização, recebendo como se em efetivo exercício estivesse. A instrução, a cargo do corpo técnico do Tribunal, concluiu pela necessidade de citação da autoridade, divergindo, porém, o Ministério Público, ao verificar elementos que constavam no processo, dando conta de que a viagem foi autorizada nos termos regimentais e que as condições de retorno

---

[1643] Em sentido contrário, já deliberou o TCU em pelo menos duas oportunidades: Processo TC nº 350.351/1995-3. Decisão nº 106/1996 - Plenário. Relator: Ministro José Antônio Barreto de Macedo. Brasília, 13 de março de 1996. **Diário Oficial [da] República Federativa do Brasil**, Brasília, DF, 26 mar. 1996. Seção 1, p. 5.005; Processo TC nº 575.477/1994-6. Acórdão nº 25/1996 - Plenário. Relator: Ministro Fernando Gonçalves. Brasília, 6 de março de 1996. **Diário Oficial [da] República Federativa do Brasil**, Brasília, DF, 18 mar. 1996. Seção 1, p. 4.551.

[1644] DISTRITO FEDERAL. Tribunal de Contas do Distrito Federal. Processo nº 4.216/1995. **Parecer do Ministério Público nº 3.0415/1996.** Procurador: Jorge Ulisses Jacoby Fernandes. Brasília, 2 de abril de 1996. Disponível em: <http://www.tc.df.gov.br>. Acesso em: 24. nov. 2000.

ao Brasil foram alteradas em razão de um furacão, que provocou o atraso de dois dias, em vista da interdição do aeroporto no país visitado.

Ademais, tendo por função a defesa do erário e dos interesses difusos da sociedade, inclusive ao sustentar uma acusação formal, não estando convencido da sua ocorrência, o Ministério Público não concordará com a citação, pois esta será apenas um procedimento inútil e dispendioso.

4.4.1.5 Dos requisitos de validade

Esse é um dos temas que está a merecer uma indispensável evolução doutrinária e normativa.

A citação promovida em processo judiciário, ao encaminhar em anexo cópia da petição inicial, fornece ao autor, de imediato, os elementos necessários à garantia da ampla defesa e do contraditório.

No processo de contas, em especial o de TCE, ao contrário, como regra, há singelo registro do fato e, não raras vezes, mera indicação do processo, de tal sorte que a plenitude da garantia da defesa exige do citado o conhecimento do processo, mediante o pedido de vista ou de cópia. Fato oneroso,[1645] notadamente para as autoridades que exerceram a função de gestores ou ordenadores de despesas em vários órgãos ou por vários anos.

Bem de ver que esse aspecto não é, por si só, causa de nulidade, na medida em que, sempre que requerido, os Tribunais de Contas concedem vistas ao interessado dos autos do processo.

Cabe obtemperar, porém, que tal procedimento não é suficiente para a plena efetivação dos postulados da ampla defesa, pois a Constituição assegura ao defendente os meios e recursos inerentes ao exercício do direito, e tem sido observado, em alguns casos, o seguinte:

a) não raro, em virtude do volume de papéis envolvido num processo – somando algumas centenas ou milhares de folhas –, a identificação do motivo determinante da responsabilidade pode estar diluída ao longo de vários documentos e manifestações;
b) outras vezes, o liame que sustenta a acusação não é facilmente identificável pelo citado/acusado, em virtude de normas específicas de administração financeira e patrimonial;
c) por fim, em face da ausência de advocacia especializada atuando nas Cortes de Contas, como regra geral, o citado deixa de sustentar questões que lhe

---

[1645] BRASIL. Lei nº 9.265, de 12 de fevereiro de 1996. Regulamenta o inciso LXXVII do art. 5º da Constituição, dispondo sobre a gratuidade dos atos necessários ao exercício da cidadania. Disponível em: https://www.planalto.gov.br/ccivil_03/leis/L9265.htm. As cópias não poderiam ser cobradas em face do disposto no inc. III, do art. 1º; estão abrangidos pela gratuidade "[...] os pedidos de informações ao poder público, em todos os seus âmbitos, objetivando a instrução de defesa ou a denúncia de irregularidades administrativas na órbita pública [...]".

favoreceriam, como a solidariedade no dever de reparar o dano[1646] e outras características peculiares a esse tipo de processo.

Todas essas irregularidades vieram sendo sanadas com a instituição e uso progressivo da matriz de responsabilidade. Nesse documento, que deve necessariamente integrar a instrução do processo, os técnicos indicam o responsável, o motivo determinante, as datas de ocorrência dos motivos determinantes e os valores e datas. Com isso, se garante aos envolvidos a plenitude da defesa.

Além desses fatores, outros pertinentes a um enfoque mais nobre da missão das Cortes de Contas situando-as como efetivadoras da justiça e não meramente ordenadoras de recomposição do erário - têm levado vários de seus membros, nas mais diversas ocasiões, a postularem a necessidade de que a citação apresente elementos necessários e úteis à defesa.

Também por esse motivo é que, na citação, se ouve o Ministério Público: esse órgão especializado indicará, entre os motivos determinantes da Tomada de Contas Especial, ou a irregularidade da conduta, se for o caso, e os elementos prescritos no art. 186 do Código Civil brasileiro – negligência, imprudência ou dolo. Mostra-se dispensável o detalhamento histórico dos fatos, mas indispensável o *motivo* da citação[1647], como por exemplo:

> [...] citado para se defender ou desde logo recolher o valor abaixo especificado, tendo em vista que, como chefe do almoxarifado, foi negligente na guarda dos bens, ensejando o desaparecimento dos bens tais. [...]
>
> [...] citado para defender ou desde logo recolher o valor abaixo especificado, tendo em vista que, como membro da comissão de licitação, foi negligente na verificação dos preços praticados no mercado, ensejando a aquisição de produtos superfaturados. [...]
>
> [...] citado para se defender ou desde logo recolher o valor abaixo especificado, tendo em vista que, no dia 4 de junho de 1996, às 16 horas, por imprudência, foi causador do acidente de trânsito, envolvendo o veículo suspeito.[1648]

As normas em vigor, em praticamente todos os Tribunais de Contas, exigem, objetivamente, que a citação contenha os "elementos necessários à apresentação de defesa ou recolhimento da importância devida".[1649]

[1646] A responsabilidade civil decorrente do abuso do direito, independe de culpa, e fundamenta-se somente no critério objetivo-finalístico: BRASIL. Lei nº 10.406, de 10 de janeiro 2002. Institui o Código Civil. Disponível em: https://www.planalto.gov.br/ccivil_03/LEIS/2002/L10406compilada.htm. Arts. 944 e 945.

[1647] BRASIL. Tribunal de Contas da União. Processo TC nº 007.651/2002-0. Acórdão nº 2677/2013 - Plenário. Relator: Ministro Benjamin Zymler. Brasília, 02 de out. de 2013. **Diário Oficial [da] República Federativa do Brasil**, Brasília, DF, 10 de out. de 2013. Seção 1, p. 67.

[1648] BRASIL. Lei nº 10.406, de 10 de janeiro 2002. Institui o Código Civil. Disponível em: https://www.planalto.gov.br/ccivil_03/leis/L9265.htm.

[1649] No caso do TCU: BRASIL. Tribunal de Contas da União. Resolução n° 360 de 25 de outubro de 2023. Dispõe

A Súmula nº 98, do colendo Tribunal de Contas da União, uniformizou a jurisprudência daquela Corte, determinando:

> Em processo de tomada ou prestação de contas, ao ser citado o responsável para os fins de direito, impõe-se que lhe sejam presentes os dados ou elementos indispensáveis à caracterização da origem ou proveniência do débito apurado.[1650]

Como a escolha da alternativa compete ao próprio citado - defesa ou pagamento -, é óbvio que a citação deve apresentar os elementos indispensáveis para o exercício das duas alternativas.

Em complemento, verifica-se o desenvolvimento dos normativos, notadamente no âmbito do TCU, onde estão registrados os elementos e informações que devem estar inseridos nas comunicações, inclusive nas citações.[1651]

Não se deve olvidar, porém, que, em muitos casos, o agente dispõe-se a efetivar o pagamento desde logo, notadamente quando possui condições econômicas para fazê-lo, mostrando-se, para este, até antieconômica a contratação de um advogado para sustentar uma defesa primorosa.

Encontramos em mais de uma oportunidade, interessados em promover o recolhimento imediato do débito indicado, enfrentando sérios procedimentos burocráticos para obter o valor atualizado.

Mais adequado seria encaminhar, junto à citação, instruções - que possam ser padronizadas pela unidade técnica: Secretaria de Controle Externo ou Inspetoria -, detalhando o procedimento, e uma tabela de atualização quando for inviável a indicação do valor atualizado.

A argumentação de que a não referência à necessidade de atualizar o débito autoriza o recolhimento extemporâneo, após o decurso de longo período sem atualização, não procede e este pode ser obviado com a indicação de um prazo razoável para recolhimento, como por exemplo 30 (trinta) dias. De igual modo, a não atualização sob o argumento de que não vale a pena o trabalho, pois só poucos se dispõem a pagar, também não procede, pois estar-se-á desprestigiando precisamente o citado, que mais prontamente considerou a possibilidade de recompor o erário.

Assim, é importante e recomendável que:

a) o valor atualizado conste de todas as citações[1652];

---

sobre a realização das comunicações processuais no âmbito do Tribunal de Contas da União. Disponível em: https://pesquisa.apps.tcu.gov.br/redireciona/norma/NORMA-23521

[1650] BRASIL. Tribunal de Contas da União. Súmula nº 98. **Boletim TCU Especial**, Brasília, ano XL, n. 6, 4 dez. 2007. Disponível em: <http://www.tcu.gov.br>. Acesso em: 7 dez. 2011.

[1651] Resolução tcu nº 360, de 25 de outubro de 2023. Dispõe sobre a realização das comunicações processuais no âmbito de Tribunal de Contas da União. Disponível em: https://pesquisa.apps.tcu.gov.br/redireciona/norma/NORMA-23521

[1652] A atual Resolução TCU nº 360, de 25 de outubro de 2023, que dispõe sobre a realização das comunicações

b) seja indicada, mesmo que anexa à citação, a forma de atualizar o valor, permitindo ao citando evitar o comum equívoco de recolher o valor desatualizado. Ao mesmo tempo, essa sistemática permite ao citando efetuar o recolhimento a qualquer tempo, mesmo após a defesa;

c) o procedimento para o recolhimento seja claramente explicitado, como, por exemplo, uso de formulário - DARF ou outro - e onde comprá-lo, conta bancária, agências que recebem, localização;

d) outras informações que possam contribuir para a defesa ou para a regularidade do recolhimento do débito, estejam explicitadas;

Na citação deve constar onde o citado pode obter maiores informações sobre o processo ou os meios de defesa. Por isso, mostra-se conveniente que:

a) os Tribunais de Contas, como partícipes do controle externo da Administração Pública, inclusive, por determinação constitucional, encarregados de zelar pela eficiência e eficácia, estruturem uma unidade/órgão ou simplesmente incumbem alguns servidores de prestar informações sobre processos;

b) os Tribunais de Contas consultem a Ordem dos Advogados do Brasil, para que esta informe a relação dos advogados, regularmente inscritos na localidade, que têm especialização ou interesse em atuar nesses tribunais, deixando ao alcance dos citados essa indicação;

c) seja providenciada uma sala com mesa e cadeiras onde, sob a supervisão de servidores das Cortes de Contas, os citados possam consultar o processo ou elaborar requerimento de pedido de vista.[1653]

4.4.1.6 Citação na fase interna dos processos de Tomada de Contas Especial

Tem suscitado dúvida a seguinte questão: há necessidade ou não de se proceder à citação na fase interna dos processos específicos de Tomada de Contas Especial?

Após longo debate sobre o tema, assentou-se o entendimento de que a administração deverá dar, previamente à conclusão da fase interna, oportunidade de defesa. Se possível, desde o início do processo de TCE.

4.4.2 Impedimento e suspeição

Os motivos de suspeição e impedimento aplicam-se, em parte, aos membros do plenário e dos serviços auxiliares. Como membros do plenário, devem-se entender também os ministros-substitutos, conselheiros-substitutos e procuradores do

---

processuais no âmbito de Tribunal de Contas da União, já o exige no art. 14 e 16. Disponível em: https://pesquisa.apps.tcu.gov.br/redireciona/norma/NORMA-23521.

[1653] Exemplo desse procedimento foi iniciado pelo TCU com a inauguração da Sala do Advogado, em 24 de abril de 1996, por iniciativa do Ministro-Presidente Marcos Vilaça.

Ministério Público especial que atua junto ao Tribunal de Contas; como órgãos auxiliares, estão compreendidos os inspetores e analistas, bem como os demais servidores que tenham participação relevante no processo.

4.4.3 Irregularidades na pauta

Uma das vigas mestras no acatamento do princípio é o dever de publicar pautas de julgamento, com correta identificação da parte e, se for o caso, do advogado constituído.[1654] Ao tempo do fechamento desta edição, alguns tribunais ainda não davam ao tema a correta aplicação.

Pode a parte alegar deficiências na tramitação do processo, como, por exemplo, a ausência de pauta de julgamento, pois essa condição integra o princípio da ampla defesa e do devido processo legal, como visto precedentemente.[1655]

A questão da necessidade de pauta de julgamento e a alegação de cerceamento de defesa foram arguidas no passado perante o Supremo Tribunal Federal, visando anular decisão do Tribunal de Contas da União. Como o TCU, à época, já publicava pauta, a pretensão foi afastada.[1656]

No âmbito do Tribunal de Contas do Distrito Federal, no exercício da função institucional de Procurador-Geral, o presente autor pugnou reiteradamente pela necessidade de instituir esse procedimento, o que foi atendido em 1999. Até hoje o tema ainda não encontrou seu balizamento adequado na prática da execução.

Não se pode olvidar que os votos elaborados pelos ministros e conselheiros são elementos fundamentais para o processo decisório, que, conhecidos pelos membros do plenário, geram decisões e acórdãos íntegros e seguros.

O aperfeiçoamento das decisões fica comprometido em decorrência da ausência de pauta e o desconhecimento de quais processos serão julgados e, entre esses, quais merecem destaque pela expressão de recursos públicos envolvidos. A oportunidade de sustentação oral fica comprometida com erros de pauta ou não-publicações.

A implantação do procedimento deveria considerar a aplicação de critérios fundados em racionalidade, relevância econômica e antiguidade, com ênfase na busca de decisões terminativas, obviamente podendo resultar em expressivo avanço da efetividade para o interesse público.

Também os processos desenvolvidos nos Tribunais de Contas devem pautar-se

[1654] Nada obstante, alguns Tribunais de Contas ainda não adotam a publicação na imprensa oficial de pauta de processos a serem julgados, indicando número de processo, nome dos envolvidos, advogados e dia e hora do julgamento.

[1655] Para evitar repetições, consultar, neste capítulo, os subtítulos 4.1.4 Princípio do devido processo legal; e 4.1.5 Princípio do contraditório e da ampla defesa, antecedentes.

[1656] BRASIL. Supremo Tribunal Federal. Civil. Mandado de Segurança nº 21.644-1. Relator: Ministro Néri da Silveira. Brasília, 10 de setembro de 1993. **Diário da Justiça [da] República Federativa do Brasil**, Brasília, DF, 8 nov. 1996. Seção 1, p. 6.303-6.305.

pela principiologia do devido processo legal, em benefício das partes envolvidas, dos deliberadores e da própria sociedade.

A organização e publicação da pauta de julgamento, como também a garantia do juiz imparcial, decorrente da distribuição aleatória de processos, são pontos angulares, verdadeiros vetores basilares do devido processo legal.

A elaboração da pauta nos Tribunais de Contas deve ser conduzida com critérios objetivos de racionalidade. Se possível, deve contemplar a separação dos processos em duas pautas distintas, sendo:

a) a primeira para os processos urgentes e de grande relevância econômica;

b) a segunda para os demais processos;

As pautas organizadas por relator e inspetoria de origem, para, no futuro, viabilizar a radiodifusão das deliberações plenárias, como fator de motivação e valorização dos trabalhos do corpo técnico da casa.

A consulta à jurisprudência[1657] firme, remansosa e consolidada, até em súmula,[1658] evidencia a nulidade dos julgamentos efetivados sem inclusão em pauta, ou por ausência de publicação, ou mesmo com identificação deficiente, ou sem identificação do advogado quando exigível.

A pauta de julgamento, publicada corretamente, pode dispensar a notificação pessoal quando a parte já sabe da existência do processo e está exercendo atos processuais, como ocorre quando ingressa com recurso.[1659]

A ausência de publicação de pauta gera, como dito, a nulidade absoluta do julgamento.

[1657] Dentre vários outros: BRASIL. Supremo Tribunal Federal. Embargos em Agravo de Instrumento nº 41.027-RJ. Relator: Ministro Barros Monteiro. Brasília, 4 de agosto de 1970. **Revista Trimestral de Jurisprudência**, v. 54, dez. 1970, p. 717-721; Embargos em recurso extraordinário nº 68077-SP. Relator: Ministro Luis Gallotti. Brasília, 5 de maio de 1971. **Diário da Justiça [da] República Federativa do Brasil**, Brasília, DF, 27 ago. 1971. Seção 1, p. 4.430; Embargos em Recurso Extraordinário nº 74630-BA. Relator: Ministro Oswaldo Trigueiro. Brasília, 14 de novembro de 1973. **Diário da Justiça [da] República Federativa do Brasil**, Brasília, DF, 2 jan. 1974. Seção 1, p. 12; ***Habeas Corpus* nº 40315**. Relator: Ministro Victor Nunes, Brasília, DF, 8 de abril de 1964. Disponível em: <http://www.stf.gov.br/>. Acesso em: 29 dez. 2000; *Habeas Corpus* nº 52909-GB. Relator: Ministro Eloy da Rocha. Brasília, 25 de fevereiro de 1975. **Diário da Justiça [da] República Federativa do Brasil**, Brasília, DF, 7 mar. 1975. Seção 1, p. 1.

[1658] BRASIL. Supremo Tribunal Federal. **Súmula nº 431**. É nulo o julgamento de recurso criminal, na 2ª instância, sem prévia intimação, ou publicação de pauta, salvo em *habeas corpus*. Disponível em: <http://www.stf.gov.br/>. Acesso em: 29 dez. 2000.

[1659] Nesse sentido: "[...] 1. Não se faz necessária a notificação prévia e pessoal da data em que será realizada a sessão de julgamento de recurso de reconsideração pelo Tribunal de Contas da União. Ausência de ofensa aos princípios da ampla defesa e do devido processo legal quando a pauta de julgamentos é publicada no Diário Oficial da União. 2. O pedido de sustentação oral pode ser feito, conforme autoriza o art. 168 do Regimento Interno do Tribunal de Contas da União, até quatro horas antes da sessão. Para tanto, é necessário que os interessados no julgamento acompanhem o andamento do processo e as publicações feitas no Diário Oficial da União. 3. Agravo regimental ao qual se nega provimento. [...]". BRASIL. Supremo Tribunal Federal. **Mandado de Segurança nº 26732/DF**. Relatora: Ministra Cármen Lúcia. Disponível em: <http://www.stf.jus.br>. Acesso em: 14 dez. 2011.

4.5 Defesas de mérito - exceções substanciais[1660]

As exceções substanciais dirigem-se ao mérito da demanda e objetivam o julgamento pela regularidade das contas. Isto distingue a ação dos Tribunais de Contas de qualquer outro tipo de julgamento feito pelos órgãos do Poder Judiciário, que deveria ensejar permanente atenção dos administradores e gestores públicos, a preservarem a instância especial de julgamento de seus atos.

Efetivamente, tendo como missão avaliar a legalidade em seus julgamentos, essas Cortes especializadas se aproximam das que integram o Poder Judiciário. Apreciando a legitimidade, a economicidade, a eficiência e a eficácia, colocam-se em plena consonância com as mais nobres aspirações da sociedade, que não se conformam com o desperdício, negligência e ineficiência de setores da Administração Pública. Considerando a superveniência da Lei nº 13.655, de 25 de abril de 2018,[1661] que ordena a consideração das consequências práticas da decisão e o dever de interpretação das normas sobre gestão pública, considerando os obstáculos e as dificuldades reais do gestor, somente os Tribunais de Contas estão aparelhados a proceder a essa avalição.

Para o administrador, esse amplo espectro constitui uma garantia de valoração da sua conduta à vista da realidade e das dificuldades em que se encontra o agente na realização de atos concretos para a satisfação do interesse público.

Além de sustentar a regularidade da conduta, podem os envolvidos expender considerações e trazer à defesa argumentos de outras ordens.

Alguns exemplos de defesas substanciais evidenciarão a nobreza da atuação das Cortes de Contas.

4.5.1 Regularidade da conduta

Pode ainda o agente apresentar defesa demonstrando que, nas circunstâncias, não era exigível, juridicamente, outra conduta ou que a sua não era injurídica. Também poderá indicar a inexistência de responsabilidade subjetiva.

Isso porque, atos sem atendimento ao caráter formal ou impropriedade exigem uma atuação comedida do Tribunal de Contas da União, já atos considerados ilegais ou irregulares comportam uma atuação mais impositiva do Tribunal.

Da mesma forma, em relação ao sujeito que praticou tais atos, é necessário verificar sua conduta, isso porque só é possível sancioná-lo no caso de dolo ou erro grosseiro.

4.5.1.1 Impropriedades formais

As denominadas impropriedades formais, por não serem configuradas como atos *contralegem*, limitam o TCU no sentido de que este pode proferir recomendações

[1660] Consulte: JACOBY FERNANDES, Jorge Ulisses. Principais argumentos de defesa nos Tribunais de Contas. **Revista do Tribunal de Contas do Distrito Federal**, v. 29, p. 9-24, 2003.

[1661] Que incluiu no Decreto-Lei nº 4.657, de 4 de setembro de 1942 (Lei de Introdução às Normas do Direito Brasileiro), disposições sobre segurança jurídica e eficiência na criação e na aplicação do direito público.

ou dar ciência[1662] ao órgão administrativo e, ainda, na forma do art. 171, inc. I, da Lei nº 14.133/2021, devem para tanto, viabilizar a oportunidade para que o órgão se manifeste sobre as possíveis propostas de encaminhamento. Nesta esteira, dispõe o art. 169, do mesmo diploma legal:

> Art. 169 § 3º [...]
> I - quando constatarem simples impropriedade formal, adotarão medidas para o seu saneamento e para a mitigação de riscos de sua nova ocorrência, preferencialmente com o aperfeiçoamento dos controles preventivos e com a capacitação dos agentes públicos responsáveis;

Observe que o controle exercido pelo TCU nesta hipótese é o denominado preventivo na medida em que visa obstar a "nova ocorrência" da impropriedade. Sobre o tema, dispõe o RITCU que:

> Art. 250. Ao apreciar processo relativo à fiscalização de atos e contratos, o relator ou o Tribunal:
> [...]
> II – determinará a adoção de providências corretivas por parte do responsável ou de quem lhe haja sucedido quando verificadas tão somente falhas de natureza formal ou outras impropriedades que não ensejem a aplicação de multa aos responsáveis ou que não configurem indícios de débito e o arquivamento ou apensamento do processo às respectivas contas, sem prejuízo do monitoramento do cumprimento das determinações;
> III – recomendará a adoção de providências quando verificadas oportunidades de melhoria de desempenho, encaminhando os autos à unidade técnica competente, para fins de monitoramento do cumprimento das determinações;

Conforme consta da Resolução nº 315/2020 do Tribunal o instrumento para "falhas formais ou descumprimento de leis, normas ou jurisprudência que não ensejem aplicação de multa aos responsáveis" é a ciência[1663].

O Tribunal denominou de "Construção Participativa das Deliberações", onde na forma do disposto, em seu art. 14, a unidade técnica instrutiva deve oportunizar aos destinatários das deliberações a apresentação de comentários sobre as propostas de determinação e/ou recomendação, solicitando, em prazo compatível, informações quanto às consequências práticas da implementação das medidas aventadas e eventuais alternativas.

Em diversas oportunidades[1664], o Tribunal tem se pronunciado no sentido de que "não se anula o procedimento diante de meras omissões ou irregularidades

---

[1662] São estes os instrumentos postos ao TCU, na forma da Resolução nº 315/2020, para prevenir casos futuros ou que possuem natureza colaborativa.
[1663] Art. 2º, inc. II da Resolução nº 315/2020 - TCU.
[1664] Neste sentido: Decisão nº 178/96 - Plenário, Ata nº 14/96, Decisão nº 367/95 - Plenário - Ata nº 35/95, Decisão nº 681/2000 - Plenário, Ata nº 33/2000 e Decisão nº 17/2001 - Plenário, Ata nº 02/2001.

formais na documentação ou nas propostas desde que, por sua irrelevância, não causem prejuízo à Administração ou aos licitantes".

4.5.1.2 Exclusão da ilicitude da conduta

Tal hipótese apresenta seu fundamento jurídico na Lei nº 13.655, de 25 de abril de 2018,[1665] que ordena um novo processo de interpretação das normas para assegurar a prevalência do princípio da segurança jurídica.

Nesse largo campo, há uma realidade inafastável: a necessidade de conhecer os fatos para que a concretização da norma resulte em Justiça.

Um caso elucidará melhor essa defesa: um motorista de uma ambulância, atendendo chamado de emergência, necessitando imprimir maior velocidade em face da gravidade noticiada, acaba por perder o controle do veículo, trazendo prejuízos ao erário pela danificação.[1666] É ilustrativo considerar inúmeros aspectos subjacentes ao fato: se, de um lado, um percurso que deveria ser feito com excesso de velocidade justifica o dano, de outro, nada autoriza a imprudência que, a pretexto de socorrer um acidente, justifique causar outros acidentes. Só no caso concreto, a perícia e as declarações do agente poderão fazer o julgador efetivar a Justiça e delimitar quais dos bens protegidos pelo Direito devem prevalecer ou serem mitigados.

4.5.1.3 Responsabilidade subjetiva

Por vezes, na busca de imprimir maior celeridade ao julgamento, define-se a responsabilidade por critérios objetivos, como por exemplo, ser o agente detentor da carga patrimonial ou gestor do contrato.

Há muito tempo não se cogita, no âmbito dos tribunais de contas, a imputação de responsabilidade objetiva. Sempre a condenação terá por causa a responsabilidade subjetiva dos agentes. Por isso, é necessário demonstrar o dolo ou culpa, pelo menos em sentido lato, para justificar a imputação de débito ou multa.

Assim, o simples fato de um servidor atestar a fatura, quando outro na prática era o gestor do contrato, não pode ensejar que apenas àquele seja atribuída integral responsabilidade pelos erros na execução do objeto contratual.[1667]

[1665] Que incluiu no Decreto-Lei nº 4.657, de 4 de setembro de 1942 (Lei de Introdução às Normas do Direito Brasileiro), disposições sobre segurança jurídica e eficiência na criação e na aplicação do direito público.

[1666] DISTRITO FEDERAL. Tribunal de Contas do Distrito Federal. Tomada de Contas Especial. Decisão nº 3486196. Processo nº 6.816/1994. Parecer do MPjTCDF nº 52.1196, de 26 de abril de 1996. Relator: Auditor Osvaldo Rodrigues. Brasília, 7 de maio de 1996. **Diário Oficial do Distrito Federal**, Brasília, DF, 14 maio 1996, p. 3.891-3.902. Parecer do MP não publicado.

[1667] a) Nesse sentido: BRASIL. Tribunal de Contas da União. Processo TC nº 020.378/2008-2. **Acórdão nº 3102/2011.** Ata nº 16/2011. Relator: Ministro Valmir Campelo. Brasília, 17 de maio de 2011. Disponível em: <http://www.tcu.gov.br>. Acesso em: 21 dez. 2011.

b) Para melhor compreensão do tema, consultar o subtítulo 1.5.5 Princípio da aderência a diretrizes e normas, no capítulo I. Sobre carga patrimonial e responsabilidade, consulte o subtítulo 3.2.1.13 Bens públicos, no capítulo III.

Outra questão relevante consiste no direito subjetivo dos procuradores de estado de avaliar a necessidade de interpor recursos. No passado, como a sucumbência do poder público exigia a confirmação da sentença em duplo grau, fecundou-se a ideia de que recorrer era dever de todo procurador. Desenvolveu-se o procedimento do recurso meramente protelatório, contrapondo-se ao dever de lealdade processual. Nas palavras do eminente Diogo de Figueiredo Moreira, "a lealdade dos agentes das procuraturas constitucionais não se dirige aos governantes, mas à ordem jurídica a que todos devem servir com elevação e *independência*".[1668]

A questão foi tratada pelo Supremo Tribunal Federal, em voto extremamente difundido do Ministro Néri da Silveira,[1669] do qual cabe destacar a ideia de que o recurso meramente protelatório, em contradição à jurisprudência assentada, apenas para satisfazer diretrizes de chefias de procuradorias, atenta contra o interesse público.

4.5.2 Quitação

Outra exceção substancial ou defesa de mérito é a quitação do débito.

Na ocorrência de um dano ao erário, o agente espontaneamente decidiu pagar o valor correspondente, fazendo *jus* à declaração de quitação pelo Tribunal de Contas.

Na Tomada de Contas Especial, por exemplo, a quitação é um dos principais objetivos, tanto que a citação é feita para o agente pagar ou se defender, mas a sua ocorrência não implica, necessariamente, no julgamento pela regularidade, conforme já foi dito.

A alegação de quitação deve vir acompanhada do respectivo comprovante de ressarcimento do dano.

O Supremo Tribunal Federal, por unanimidade, julgou constitucionais os arts. 67 e 69 da Lei n. 11.941/2009 e do art. 9º, §§ 1º e 2º, da Lei n. 10.684/2003, nos termos do voto do Relator, no sentido de que:

> [...]
>
> 6. A extinção da punibilidade como decorrência da reparação integral do dano causado ao erário pela prática dos crimes contra a ordem tributária constitui opção política há muito adotada no ordenamento jurídico brasileiro, o que demonstra a prevalência do interesse do Estado na arrecadação das receitas provenientes dos tributos, para consecução dos fins a que se destinam, em detrimento da aplicação da sanção penal ao autor do crime.
>
> 7. O parcelamento e o pagamento integral dos créditos tributários, além de resultarem em incremento da arrecadação, exercendo inequívoca função reparatória do dano causado ao erário pela

---

1668 MOREIRA NETO, Diogo de Figueiredo. As funções essenciais à justiça e as Procuraturas Constitucionais. **Revista de Informação Legislativa**, nº 116, p. 95, out./dez. 1992.

1669 BRASIL. Supremo Tribunal Federal. **Ação Direta de Inconstitucionalidade nº 159/PA.** Relator: Ministro Octavio Galloti. Disponível em: <http://www.stf.jus.br>. Acesso em: 21 dez. 2011.

prática dos crimes tributários, funcionam como mecanismos de fomento da atividade econômica e, em consequência, de preservação e geração de empregos. Concorrem, em última análise, para o cumprimento dos objetivos fundamentais da República Federativa do Brasil, previstos no art. 3º da Carta Magna, a saber: (i) construção de uma sociedade livre, justa e solidária; (ii) garantia do desenvolvimento nacional; (iii) erradicação da pobreza e da marginalização e redução das desigualdades sociais e regionais; (iv) promoção do bem de todos, sem preconceitos de origem, raça, sexo, cor, idade e quaisquer outras formas de discriminação.

8. A preponderância conferida pelo legislador à política arrecadatória, em relação à incidência das sanções penais, guarda conformidade e harmonia com os princípios da intervenção mínima (ou da subsidiariedade) e da fragmentariedade (ou essencialidade), que informam o direito penal. Tais princípios constituem expressão do postulado constitucional da proporcionalidade, que extrai seu fundamento constitucional do devido processo legal em sua acepção substantiva (CF, art. 5º, LIV).

9. A sanção penal deve ser a *ultima ratio* para a proteção do bem jurídico tutelado pelas normas instituidoras dos crimes contra a ordem tributária abrangidos pelas medidas despenalizadoras previstas na Lei n. 11.941/2009. Desse modo, a incidência da pena se justificará quando as normas tributárias que disciplinam a fiscalização e a arrecadação dos tributos - aí incluídas as reguladoras do parcelamento conducente à extinção do crédito tributário - se revelarem insuficientes para a proteção do bem jurídico tutelado pelas normas penais.

10. Os arts. 67 e 69 da Lei n. 11.941/2009 e o art. 9º da Lei n. 10.684/2003 não contrariam o art. 5º, caput, da Constituição de 1988, tendo em vista que as medidas de suspensão e de extinção da punibilidade prestigiam a liberdade, a propriedade e a livre iniciativa ao deixarem as sanções penais pela prática dos delitos contra a ordem tributária como *ultima ratio*, em conformidade com o postulado da proporcionalidade e da intervenção mínima do direito penal.

11. A suspensão da pretensão punitiva e do prazo da prescrição penal, decorrente do parcelamento dos débitos tributários, e a extinção da punibilidade, ante o pagamento integral desses mesmos débitos, mostram-se providências adequadas à proteção do bem jurídico tutelado pelas normas penais incriminadoras, porquanto estimulam e perseguem a reparação do dano causado ao erário em virtude da sonegação. Essas medidas afastam o excesso caracterizado pela restrição ao direito fundamental à liberdade, derivado da imposição da sanção penal, quando os débitos estiverem sendo regularmente pagos ou já tenham sido integralmente quitados, o que revela, nesse caso, a suficiência das normas

tributárias para a proteção do patrimônio público.

12. As medidas versadas nas normas questionadas se afiguram suficientes para a tutela do bem jurídico em análise, diante da previsão, pelo legislador, do sobrestamento da pretensão punitiva na esfera penal e do prazo prescricional para que o Estado a exerça. Rescindido o parcelamento tributário em razão do inadimplemento, caso subsista a lesão ao erário, a persecução penal se restabelecerá, podendo resultar na imposição de sanção privativa da liberdade ao autor do crime. [...][1670]

4.5.3 Outras alegações de defesas

Considerando o amplo conjunto de fatos que justificam a instauração de processo sancionador ou de apuração de responsabilidade, inclusive processo de contas especiais, por exemplo, é possível asserir que a cada um deles corresponderá uma possibilidade de defesa pela correspondente negativa.

Em todas as hipóteses, deve a defesa esmerar-se em trazer aos autos todos os argumentos que possam beneficiar o agente, em virtude do princípio da eventualidade,[1671] e juntar as provas das alegações.[1672]

4.5.3.1 Na omissão do dever de prestar contas

Diante de um processo instaurado por omissão no dever de prestar contas, por exemplo, deverá o agente demonstrar que não foi omisso e as contas foram prestadas, ou que houve uma justa causa para a omissão.

A jurisprudência a seguir elucidará melhor a sistemática de julgamento das Cortes de Contas.

4.5.3.1.1 Ausência de prova de repasse e decurso de tempo

Num processo de TCE, em que se discutia a omissão no dever de prestar contas, o relator do feito, em face do longo decurso de prazo entre o repasse de verbas e a cobrança da prestação de contas e, especialmente, porque o órgão instrutivo não demonstrou que, de fato, ocorreu o repasse de verbas, decidiu considerar as contas iliquidáveis sem imputação de débito.[1673]

[1670] BRASIL. Supremo Tribunal Federal. ADI no 4.273. Disponóvel em: https://pesquisa.in.gov.br/imprensa/jsp/visualiza/index.jsp?jornal=515&pagina=1&data=13/09/2023&totalArquivos=315.

[1671] Consultar neste capítulo, o subtítulo 4.1.6 Princípio da eventualidade.

[1672] a) consultar sobre ônus da prova o subtítulo 2.19.3.2.1, do Capítulo II, que trata da jurisdição dos Tribunais de Contas;

b) no processo, a defesa foi rejeitada porque veio aos autos desacompanhada de documentos que comprovassem as alegações do interessado: BRASIL. Tribunal de Contas da União. Processo TC nº 279.100/1993-0. Decisão nº 17/1996 - 2ª Câmara. Relator: Ministro Iram Saraiva. Brasília, 8 de fevereiro de 1996. **Diário Oficial [da] República Federativa do Brasil**, Brasília, DF, 22 fev. 1996. Seção 1, p. 2.927.

[1673] BRASIL. Tribunal de Contas da União. Tomada de Contas Especial. Processo TC nº 724.095/1993-4. Decisão nº 48/1996 - 1ª Câmara. Relator: Ministro Humberto Guimarães Souto. Brasília, 19 de março de 1996. **Diário Oficial [da] República Federativa do Brasil**, Brasília, DF, 3 abr. 1996. Seção 1, p. 5.542.

4.5.3.1.2 Execução da despesa em mais de um mandato ou gestor

Ainda na defesa, pode o interessado provar que a omissão não pode ser a si imputada. Tal ocorre quando, por exemplo, determinado prefeito recebe recursos para serem aplicados em um trabalho que se protrai no tempo, transferindo-se para a gestão seguinte. Nesse caso, a responsabilidade pela prestação de contas nasce, não havendo disposição em contrário com o encerramento da atividade, devendo o prefeito sucessor providenciar o cumprimento.[1674] O tema vem evoluindo e desde 2020, o TCU passou a entender que nos casos de omissão, há corresponsabilidade, embora o sucessor não possa ser alcançado por débitos relacionados a recursos geridos integralmente por seu antecessor, salvo se "der causa à paralisação indevida da execução do objeto, iniciada pelo antecessor, a qual resulte em imprestabilidade total da parcela executada" [1675].

[1674] a) BRASIL. Tribunal de Contas da União. Portaria nº 486-GP, de 26 de out. de 1998. Aprova o manual de recursos do Tribunal de Contas da União. **Boletim do Tribunal de Contas da União**, Brasília, DF, 27 out. 1998, ed. especial. Segundo registro constante à página 30 do referido Manual, ao prefeito sucessor cabe a aplicação e a comprovação dos recursos a ele transferidos pelo ex-prefeito, e por eles responder, dado o princípio da continuidade administrativa. Precedente nesse sentido: BRASIL. Tribunal de Contas da União. Processo TC nº 005.082/1991-9. Decisão nº 27/1992 - Plenário. Relator: Ministro Homero Santos. Brasília, 12 de fevereiro de 1992. **Diário Oficial [da] República Federativa do Brasil**, Brasília, DF, 26 fev. 1992. Seção 1, p. 2.591. b) foi superado o Acórdão nº 382/1995 - TCU - 2ª Câmara, onde constava que a SECEX/PA - órgão regional do TCU -, "por entender ser o débito de responsabilidade pessoal" deixou de acolher o pedido de parcelamento formulado em nome da Prefeitura.

b) O tema também foi sumulado pela AGU: BRASIL. Advocacia-Geral da União. Súmula nº 46, de 23 de setembro de 2009. Disponível em: https://legis.agu.gov.br/intralegis/Atos/TextoAto/349268. Súmula ratificada em 2025.

[1675] a) O TCU sumulou o tema no seguinte sentido: Súmula nº 230. "Compete ao prefeito sucessor apresentar as contas referentes aos recursos federais recebidos por seu antecessor, quando este não o tiver feito ou, na impossibilidade de fazê-lo, adotar as medidas legais, visando ao resguardo do patrimônio público com a instauração da competente Tomada de Contas Especial, sob pena de corresponsabilidade." A referida súmula, entretanto, foi revista em 2020, para estabelecer que "Compete ao prefeito sucessor apresentar a prestação de contas referente aos recursos federais recebidos por seu antecessor, quando este não o tiver feito <u>e o prazo para adimplemento dessa obrigação vencer ou estiver vencido no período de gestão do próprio mandatário sucessor</u>, ou, na impossibilidade de fazê-lo, adotar as medidas legais visando ao resguardo do patrimônio público." Disponível em: https://pesquisa.apps.tcu.gov.br/redireciona/sumula/ SUMULA-EJURIS-84720.

b) No mesmo ano, o TCU publicou a IN-TCU 88/2020, inserindo uma nova seção na IN nº 71, que tratava especificamente da Omissão na Transição de Mandatos. A IN 71/2012, entretanto foi revogada pela Instrução Normativa TCU nº 98/2024, que manteve o mesmo teor dos dois artigos anteriormente acrescentados, agora transcritos em razão de sua importância: "Art. 16 . Nos casos de omissão, a corresponsabilidade do sucessor não alcança débitos relacionados a recursos geridos integralmente por seu antecessor, sem prejuízo da sanção ao sucessor quando este for omisso em prestar, no prazo devido, as contas referentes aos atos de seu antecessor. Parágrafo único. O sucessor poderá responder pelo débito, na hipótese prevista neste artigo, quando ele der causa à paralisação indevida da execução do objeto, iniciada pelo antecessor, a qual resulte em imprestabilidade total da parcela executada. Art. 17 . Quando o período de gestão integral dos recursos não coincidir com o mandato em que ocorrer o vencimento da prestação de contas, havendo dúvidas sobre quem deu causa à omissão, antecessor e sucessor serão notificados para recolher o débito, prestar contas ou apresentar justificativas sobre a omissão, o primeiro por supostamente não ter deixado a documentação necessária para que o sucessor pudesse prestar contas e o segundo por ter descumprido o dever de apresentar a prestação de contas no prazo devido. Parágrafo único. O sucessor poderá se eximir da responsabilidade sobre a omissão se, cumulativamente, demonstrar a adoção de medida legal de resguardo ao patrimônio público e apresentar justificativas que demonstrem a impossibilidade de prestar contas no prazo legal, acompanhadas de elementos comprobatórios das ações concretas adotadas para reunir a documentação referente às contas." Disponível em: https://pesquisa.apps.tcu.gov.br/redireciona/norma/NORMA-20205.

Muitas vezes, continua inscrita como responsável a autoridade signatária do ajuste, que deve, diante da omissão de seu sucessor, arguir o fato em sua defesa.[1676]

Nesse último caso, no processo judiciário, a exceção seria peremptória, porque acarretaria a extinção da relação processual pretendida pelo autor, mas, em sede de TCE, é exceção substancial, vez que os autos terão curso normal até alcançar o responsável omisso.

4.5.3.1.3 Contas já prestadas – prova com protocolo

Ainda é possível que o agente venha a ser citado para se defender de omissão no dever de prestar contas quando já as tenha prestado. De fato, eventualmente, órgãos repassadores de recursos extraviam processos, ensejando instauração de TCE. Possuindo o responsável prova protocolar de haver entregue os documentos relativos à prestação, mesmo que já não possua mais cópias das contas, pode apresentá-la em sua defesa.[1677]

4.5.3.1.4 Omissão e improbidade

Há precedentes judiciais entendendo que a simples omissão na prestação de contas é ato de improbidade.[1678] É óbvio que sem apreciar o elemento subjetivo a decisão deveria ser anulada. No Brasil, a Constituição federal prevê exceções ao princípio da responsabilidade subjetiva; fora dessas exceções, a decisão que imputa responsabilidade sem avaliar o elemento subjetivo é nula.

4.5.3.2 Ato ilegal, ilegítimo ou antieconômico

Se o processo foi instaurado por dano ao erário decorrente de ato ilegal, ilegítimo ou antieconômico, deverá o defendente comprovar que:

a) inexistiu o dano;

b) o ato era legal, revestindo-se de legitimidade ou economicidade; ou

c) houve um motivo jurídico ponderável para a violação da lei ou da economicidade.

[1676] Nesse sentido: BRASIL. Tribunal de Contas da União. Processo TC nº 349.076/1993-6. Acórdão nº 6/1996 - Plenário. Relator: Ministro Homero Santos. Brasília, 31 de janeiro de 1996. **Diário Oficial [da] República Federativa do Brasil.** Brasília, DF, 22 fev. 1996. Seção 1, p. 2.908.

[1677] BRASIL. Tribunal de Contas da União. Tomada de Contas Especial. Processos TC nºs 007.590/1990-3; 279.038/1994-1; 279.093/1994-2; 279.103/1994-1 e 279.145/1994-2. Decisão nº 667/1995 - Plenário. Relator: Ministro Carlos Átila Álvares da Silva. Brasília, 12 de dezembro de 1995. **Diário Oficial [da] República Federativa do Brasil**, Brasília, DF, 28 dez. 1995. Seção 1, p. 22.566.

[1678] Nesse sentido: BRASIL. Tribunal Regional Federal – 1. Região. Processo nº 2003.01.00.036269-4/BA - 3. Turma. Relator: Juiz Federal Tourinho Neto [convocado]. **Diário da Justiça [da] República Federativa do Brasil**, Brasília, DF, 12 nov. 2007; Processo AI nº 2007.01.00.016602-6 - 4. Turma. Relatora: Desembargadora Rosimayre Gonçalves de Carvalho. Brasília, 10 de setembro de 2007. **Diário da Justiça [da] República Federativa do Brasil**, Brasília, DF, 28 set. 2007, p. 47. Sobre a distinção entre improbidade e crime de responsabilidade feita pelo STF, consultar: BRASIL. Supremo Tribunal Federal. **Reclamação nº 2138/DF.** Relator: Ministro Nelson Jobim. Disponível em: <http://www.stf.jus.br>. Acesso em: 21 dez. 2011.

As exceções substanciais ou contestação de mérito, dirigem-se precisamente para o mérito da demanda e, na medida em que o agente acusado tem a adequada noção do que o Tribunal considera irregular, poderá elaborar com mais eficácia sua defesa.

Para ilustrar o assunto, citam-se os seguintes casos:

a) o TCU, reconhecendo que uma questão jurídica era de alta complexidade, sendo razoável a adoção de interpretações diferentes, oriundas de pareceres jurídicos, deixou de aplicar multa e punir os agentes envolvidos;[1679] na atualidade essa interpretação deve ser adotada de forma categórica, à luz do art. 24 do Decreto-Lei nº 4.657, de 4 de setembro de 1942 (Lei de Introdução às Normas do Direito Brasileiro) com a alteração da Lei nº 13.655, de 25 de abril de 2018;

b) como ato antieconômico, pode ser citado o importante precedente que considerou o fato em que determinado agente recebeu recursos para o cumprimento de um convênio em valor insuficiente para o cumprimento das metas a serem atingidas, alegando que promoveu contatos junto ao órgão repassador, com vistas à devolução dos créditos, deixando o valor depositado em conta vinculada, sem qualquer movimentação. Examinando a defesa, o Ministério Público junto ao TCU, na autorizada palavra do Dr. Ubaldo Alves Caldas, obtemperou que "há excludente de responsabilidade, gerada a partir da não movimentação da conta bancária... provando que o dinheiro não foi retirado da conta sem movimentação - de 30.01.1990 a 12.07.1994 - até que, com a inflação, desvalorizou-se totalmente, zerando em julho de 1994". A Corte, apreciando a omissão no dever de prestar contas, e tendo em consideração o princípio da economicidade, julgou regular, com ressalvas, o presente caso;[1680]

c) como atos ilegais, ainda podem ser citados casos em que os recursos foram aplicados em finalidades diversas das estabelecidas pela lei ou ajuste promovido entre os órgãos, como o convênio. Esse é um dos pontos em que a jurisprudência ainda não se consolidou definitivamente, havendo pelo menos três vertentes de pensamento nos tribunais em geral, inclusive no TCU. A primeira, sustentando que, se os recursos foram utilizados em proveito da comunidade, sem que haja qualquer indício de locupletamento, deve ensejar a regularidade com ressalvas;[1681] a segunda, exigindo que sejam aplicados em

---

[1679] BRASIL. Tribunal de Contas da União. Tomada de Contas Especial. Processo TC nº 002.521/1995-1. Decisão nº 326/1995 - Plenário. Relator: Ministro Homero Santos. Brasília, 12 de julho 1995. **Diário Oficial [da] República Federativa do Brasil**, Brasília, DF, 1º ago. 1995. Seção 1, p. 11.513.

[1680] BRASIL. Tribunal de Contas da União. Tomada de Contas Especial. Processo TC nº 399.114/1994-7. Acórdão nº 24/1996 - 2ª Câmara. Relator: Ministro Adhemar Paladini Ghisi. Brasília, 8 de fevereiro de 1996. **Diário Oficial [da] República Federativa do Brasil**, Brasília, DF, 22 fev. 1996. Seção 1, p. 2.927.

[1681] BRASIL. Tribunal de Contas da União. Tomada de contas especial. Acórdão nº 387/1995 - 2ª Câmara. Processo TC nº 224.036/1991-2. Relator: Ministro Paulo Affonso Martins de Oliveira. Brasília, 30 de novembro de 1995. **Diário Oficial [da] República Federativa do Brasil,** Brasília, DF, 13 dez. 1995. Seção 1, p. 20.842.

objeto semelhante;[1682] a terceira, inadmitindo o desvio de finalidade e julgando irregulares as contas e ordenando a devolução dos valores pelo responsável, facultando a esse buscar a devolução pela entidade beneficiada.[1683]

4.5.3.3 Comprovação da regularidade e cerceamento de defesa

Conforme ficou assentado, o ônus da prova compete à administração,[1684] em relação à entrega de recursos, como regra, devendo o agente, porém, provar os atos de gestão documentadamente a regular aplicação, guardando os comprovantes e os termos de guarda de material. Já averbou o Ministro Adhemar Paladini Ghisi: "Vale lembrar que, em se tratando de recursos públicos, cabe ao responsável comprovar sua boa e regular aplicação, ou seja, é dele o ônus da prova".[1685] Na área de licitações e contratos, do mesmo modo, a demonstração da regularidade dos atos praticados cabe aos agentes envolvidos, por força de expressa previsão legal.[1686]

Tendo por dever a guarda de bens, não pode prosperar a alegação de defesa. Um exemplo: "Se não foram encontrados os documentos que possibilitariam o controle, essa falta não pode ser atribuída ao então secretário, que não tinha competência para a prática de atos nessa área", porque o agente público fica responsável pela guarda dos documentos, devendo estar sempre atento a esse fato. Só uma cultura subdesenvolvida justificaria que alguém, recebendo recursos de terceiros, não se preocupasse com o momento lógico subsequente: a prestação de contas.

É comum, notadamente quando há mudança de ordenador de despesa na unidade, que a autoridade, deixando o cargo, procure eximir-se do dever de prestar contas sob o singelo argumento de que os comprovantes estão no órgão, ou que não

---

[1682] BRASIL. Tribunal de Contas da União. Tomada de Contas Especial. Processo TC nº 020.570/1992-9. Acórdão nº 1/1996. Relator: Ministro Homero Santos. Brasília, 23 de janeiro de 1996. **Diário Oficial [da] República Federativa do Brasil**, Brasília, DF, 6 fev. 1996. Seção 1, p. 1.922.

[1683] No precedente relevante o TCU já deixou assentado que, mesmo quando os recursos são insuficientes para cumprir o programa, não é possível à entidade que recebe promover o desvio. Nesse sentido, colacionamos relevante manifestação da SECEX/PI, acolhida pelo Ministro-Substituto Lincoln Magalhães da Rocha: "[...] 7. Quanto à alegação inicial acerca da insuficiência dos recursos para o atingimento pleno do objeto pactuado, à constatação deste fato deveria ter sido proposta pelo convenente a reformulação do Plano de Trabalho previamente definido, a fim de regularizar tal situação, conforme preceitua o subtítulo 14 da IN/SFN 03, de 27.12.90, vigente à época. A inexistência de tal procedimento torna a situação irregular, vez que à entidade executora não compete a alteração unilateral do plano de trabalho [...]". Foi julgada irregular a TCE e ordenada a devolução dos recursos gastos com desvio de finalidade: BRASIL. Tribunal de Contas da União. Processo TC nº 549.017/1994-1. Decisão nº 58/1996 - 1ª Câmara. Relator: Ministro Lincoln Magalhães da Rocha. Brasília, 26 de março de 1996. **Diário Oficial [da] República Federativa do Brasil**, Brasília, DF, 11 abr. 1996. Seção 1, p. 6.007.

[1684] Consultar no Capítulo II, que trata da jurisdição dos Tribunais de Contas, o subtítulo 2.19.3.2.1 do ônus da prova em geral, e seguintes.

[1685] Excerto do voto dos autos: BRASIL. Tribunal de Contas da União. Processo TC nº 424.021/1993-5. Acórdão nº 383/1995 - 2ª Câmara. Relator: Ministro Adhemar Paladini Ghisi. Brasília, 30 de novembro de 1995. **Diário Oficial [da] República Federativa do Brasil**, Brasília, DF, 13 dez. 1995. Seção 1, p. 20.842.

[1686] BRASIL. **Lei nº 14.133/2021. Lei de Licitações e Contratos Administrativos.** Organização dos textos e índice por Ana Luiza Jacoby Fernandes e J. U. Jacoby Fernandes. 2. ed. rev. e atual. Belo Horizonte: Fórum, 2023. Consulte, também, jurisprudência referente ao art. 113 da Lei nº 8.666/1993 no compêndio: JACOBY FERNANDES, J. U. **Vade-mécum de Licitações e Contratos**: legislação selecionada e organizada com jurisprudência, notas e índice. 6. ed. Belo Horizonte: Fórum, 2013.

lhe compete mais qualquer ato. Em verdade, o ordenador de despesas só se exonera de sua responsabilidade após julgadas as contas pelo respectivo Tribunal de Contas.[1687]

O Tribunal de Contas da União tem dado tratamento diferenciado ao tema segundo as circunstâncias, havendo até matéria sumulada a respeito, fato que não inibe a particularização de determinados casos, segundo suas peculiaridades. Assim, a alegação desprovida dos respectivos comprovantes, equivale à ausência de prova, ensejando a condenação em contas irregulares.[1688] Já a alegação que indica o local onde se encontram os comprovantes, inacessíveis ao defendente por razões justificáveis, pode autorizar que o julgamento seja convertido em diligência para que sejam colhidos.[1689] Deve o interessado, portanto, comprovar a boa aplicação de recursos, precavendo-se contra a omissão de seu sucessor no cargo, guardando a prova em arquivo público e, dependendo das circunstâncias, até em seu particular acervo.

O Supremo Tribunal Federal já firmou entendimento de que a prova da regularidade das contas é da pessoa que gere a entidade ao tempo da aplicação dos recursos. No TCU, o entendimento é o seguinte: "O dever de prestar contas, no caso, não é da entidade, mas da pessoa física responsável por bens e valores públicos, seja ele agente público ou não".[1690]

Não só a principiologia do direito público se encontra nessa linha de entendimento. Várias normas dispõem no mesmo sentido.[1691]

Mas pode, ocorrer que, no curso das apurações, a instrução faça inferências, como, por exemplo: o veículo trafegava em alta velocidade; o agente, reiteradamente, é negligente na guarda da coisa pública; o recibo é falso; os recursos foram

---

[1687] Nesse sentido: BRASIL. Decreto-Lei nº 200, de 25 de fevereiro de 1967. Dispõe sobre a organização da Administração Federal, estabelece diretrizes para a Reforma Administrativa e dá outras providências. **Diário Oficial [da] República Federativa do Brasil**, Brasília, DF, 27 mar. 1967 (suplemento), retificado em 08 mar. 1967 e 30 mar. 1967. Art. 80.

[1688] Houve uma ocorrência em que a defesa foi rejeitada porque veio aos autos desacompanhada de documentos que comprovassem as alegações do interessado: BRASIL. Tribunal de Contas da União. Processo TC nº 279.100/1993-0. Decisão nº 17/1996 - 2ª Câmara. Relator: Ministro Iram Saraiva. Brasília, 8 de fevereiro de 1996. **Diário Oficial [da] República Federativa do Brasil**, Brasília, DF, 22 fev. 1996. Seção 1, p. 2.927.

[1689] BRASIL. Tribunal de Contas da União. Tomada de Contas Especial. Processo TC nº 014.161/1987-7. Acórdão nº 106/1992 - Plenário. Relator: Ministro Paulo Affonso Martins de Oliveira. Brasília, 2 dezembro de 1992. **Diário Oficial [da] República Federativa do Brasil**, Brasília, DF, 29 dez. 1992. Seção 1, p. 18.341. Consultar, em especial, o despacho de 5 de setembro de 1991, transcrito no voto do Ministro Néri da Silveira nos autos: Supremo Tribunal Federal. MS nº 21.644-1. Relator: Ministro Néri da Silveira. Brasília, 10 de setembro de 1993. **Diário da Justiça [da] República Federativa do Brasil,** Brasília, DF, 8 nov. 1996. Seção 1, p. 6.303-6.305.

[1690] BRASIL. Tribunal de Contas da União. Tomada de Contas Especial. Processo TC nº 014.161/1987-7. Acórdão nº 106/1992 - Plenário. Relator: Ministro Paulo Affonso Martins de Oliveira. Brasília, 2 dezembro de 1992. **Diário Oficial [da] República Federativa do Brasil**, Brasília, DF, 29 dez. 1992. Seção 1, p. 18.341.

[1691] Nesse sentido: BRASIL. Decreto-Lei nº 200, de 25 de fevereiro de 1967. Dispõe sobre a organização da Administração Federal, estabelece diretrizes para a Reforma Administrativa e dá outras providências. **Diário Oficial [da] República Federativa do Brasil**, Brasília, DF, 27 mar. 1967 (suplemento), retificado em 08 mar. 1967 e 30 mar. 1967. "Art. 78. [...] § 5º Os documentos relativos à escrituração contábil dos atos de receita e despesas ficarão arquivados no órgão de contabilidade analítica e à disposição das autoridades responsáveis pelo acompanhamento administrativo e fiscalização financeira e, bem assim, dos agentes incumbidos do controle externo, de competência do Tribunal de Contas [...]"; Decreto nº 93.872, de 23 de dezembro de 1986. Dispõe sobre a unificação dos recursos de caixa do Tesouro Nacional, atualiza e consolida a legislação pertinente e dá outras providências. **Diário Oficial [da] República Federativa do Brasil**, Brasília, DF, 24 dez. 1986. Art. 139, § 4º.

movimentados na conta particular do agente. Mesmo que não constitua motivo capital para a condenação, integrando apenas o contexto da conduta, tem direito o defendente de arguir a irregularidade pela insatisfação do ônus da prova e pleitear o arquivamento dos autos por "ausência de pressuposto de constituição e desenvolvimento válido e regular do processo".[1692]

Outra alternativa: o defendente requer à Corte, no prazo para contestação, a indicação precisa dos fatos em que se baseia a acusação, pedindo reabertura do prazo para defesa.[1693]

4.5.3.4 Falhas estruturais e inexigibilidade de conduta diversa

Como regra, todos os agentes públicos têm responsabilidade funcional perfeitamente definida. Os superiores hierárquicos recebem um acréscimo pecuniário pelo maior nível de responsabilidade no desempenho de suas funções.

Pode ocorrer, no entanto, que a estrutura da organização ou a quantidade ou qualidade do efetivo no órgão sejam incompatíveis com a atividade. Desse modo, a causa da irregularidade seria imputável à deficiência da "estrutura" do serviço (falha estrutural). Para que tal se caracterize é necessário verificar/demonstrar que a falha é causa da irregularidade e condição insuperável à vontade do agente.

É possível, portanto, a isenção quando o agente toma, formalmente, junto ao superior hierárquico, providências para o resguardo do erário e, periodicamente, reitera-as, cientificando-o, por exemplo, da necessidade de colocar vigilantes em determinado ponto do estabelecimento, colocar fechaduras em uma porta, baixar instrução obrigando realização de perícia quando houver acidente com veículos da repartição. Com tal providência, o agente demonstra zelo, ao cobrar dos seus superiores hierárquicos as medidas cabíveis, e transfere o vínculo da responsabilidade funcional.

Na década de 1990, os Tribunais começaram a desenvolver com mais técnica a responsabilização subjetiva e é dessa época que os primeiros julgados começaram a enfrentar fatos irregulares sem poder responsabilizar o gestor, porque verificaram existir situações muito além da aparente negligência de um gestor. Seria de fato impossível, mesmo aos mais cautelosos evitar o dano. Mas qual é o limite da isenção de responsabilidade e o que o controle tem direito de exigir do agente público nesse cenário? Alguns precedentes podem auxiliar na compreensão.

[1692] Nesse sentido: BRASIL. **Regimento Interno e Lei Orgânica doTribunal de Contas da União.** Organização dos textos e índice por J. U. JACOBY FERNANDES. Belo Horizonte: Fórum, 2014. Resolução - TCU nº 246/2011. Art. 212.

[1693] BRASIL. Tribunal de Contas da União. Tomada de Contas Especial. Processo TC nº 575.992/1990-5. Decisão nº 56/1996 - 1ª Câmara. Relator: Ministro-Substituto Lincoln Magalhães da Rocha. Brasília, 26 de março de 1996. **Diário Oficial [da] República Federativa do Brasil**, Brasília, DF, 11 abr. 1996. Seção 1, p. 6.007. No relatório, há referência à decisão que dilatou o prazo para que a defesa tivesse acesso às informações necessárias para instrumentalizar sua resposta.

Nesse contexto, no desempenho das funções institucionais do Ministério Público, inadmitimos, em princípio, a alegação de que a irregularidade das contas possa ser atribuída a deficiências estruturais do órgão - carência de recursos humanos, materiais etc., pois constituiria um contrassenso pagar pelo maior nível de responsabilidade e permitir que o agente, no momento de responder pelos fatos, exima-se de suas obrigações. Ademais, tal possibilidade constituiria porta aberta para infindáveis alegações e exculpação plena.

No âmbito do Tribunal de Contas do Distrito Federal, sistemática orientação nesse sentido resultou em providências eficazes em relação aos furtos em escola pública: alguns diretores, administrando o serviço de vigias e, sendo compreensivos com eventuais dificuldades desses servidores, acabavam por liberá-los algum dia do serviço; noutros casos, os diretores eram omissos em requerer "folguista" para suprir as férias de um vigia. Passando o TCDF a cobrar dos diretores as providências para a regular guarda dos bens, inclusive a formalização junto aos superiores hierárquicos e, noutra etapa do trabalho, as providências desses superiores junto aos seus superiores, a ação do controle externo percorreu a linha hierárquica e obteve, de fato, extraordinária redução dos furtos nas escolas.

Outro exemplo relevante de aplicação da defesa "falha estrutural" ocorre em relação aos convênios envolvidos em repasse de recursos. Além de descumprir a promessa formal do repasse, a falta de orientação e de assistência técnica, quando compromissadas, podem exonerar inclusive o dever de ressarcir.

Com a habitual acuidade, argumenta o Ministro-Substituto Lincoln Magalhães da Rocha:

> Assim, considerando que os novos elementos trazidos aos autos deixam claro que a ausência de ressarcimento da dívida contraída se deve ao fracasso do empreendimento implantado com a importância recebida, sendo certo que a ausência da prometida assistência técnica por parte do órgão repassador concorreu para esse desfecho e coerente com os inúmeros julgados (acórdãos 15/97 2ª Câmara TC 700.029/96-6; 75/97- 2ª Câmara TC 700.460/95-0; 304/95 2ª Câmara TC 649.014/94-4; 662/97 2ª Câmara TC 700.015/96-5; 120/98 1ª Câmara TC 012.097/96-9 e 19/8 2ª Câmara TC 000.989/97-5), excusando-me por dissentir do posicionamento da douta Procuradoria, acolho o parecer da SECEX/MT e voto por que o Tribunal adote o acórdão que ora submeto à consideração desta 1ª Câmara.[1694]

No mesmo sentido, o Tribunal de Contas, após exonerar de responsabilidade os agentes envolvidos, decidiu por determinar correções, visando inibir a repetição da irregularidade.[1695]

[1694] BRASIL. Tribunal de Contas da União. Tomada de Contas Especial. Processo TC nº 425.034/1998-4. Acórdão nº 31/2001 - 1ª Câmara. Relator: Ministro Lincoln Magalhães da Rocha. Brasília, 6 de fevereiro de 2001. **Diário Oficial [da] República Federativa do Brasil**, Brasília, DF, 15 fev. 2001. Seção 1, p. 109.

[1695] BRASIL. Tribunal de Contas da União. Tomada de Contas Especial. Processo TC nº 007.407/2001-3. Decisão

É importante notar que a formalização da requisição de providências não pode ser elidida com a afirmação de que o servidor sabe que, se assim tivesse procedido, nenhum resultado alcançaria. Pelo contrário, tal atitude revela acomodação, incompatível com a função daqueles que têm o dever de zelar permanentemente pelo interesse público.

Daí porque chegam a ser raros os casos em que os Tribunais de Contas acolhem a alegação de falha estrutural ou carência de recursos humanos ou materiais para isentar o servidor.

Em algumas oportunidades, reconhecendo a falha estrutural, o Tribunal tem relevado a irregularidade e ordenado as providências tendentes à correção.[1696]

Registra-se, a título ilustrativo, precedente do Ministro Adhemar Paladini Ghisi, na qualidade de revisor de acórdão:

> Parece-me, assim, que, ante a possibilidade então aventada, não restava a este Tribunal outra alternativa a não ser sobrestar estas contas. Mas, uma vez afastada qualquer hipótese de locupletamento, após rigorosas investigações tanto em nível da Justiça Federal como da Receita, injusto, entendo, seria punir o recorrente por fatos que sofreram influência direta da carência dos recursos humanos e materiais disponíveis naquele serviço, o que, sem dúvida alguma, concorreu decisivamente para a verificação das diversas falhas formais apontadas.[1697]

Em outra oportunidade, o TCU, no voto do Ministro Humberto Guimarães Souto, ponderou a questão da falha estrutural como possibilidade de excluir a culpa do agente pela inobservância de prazo, valendo transcrever o seguinte excerto:

> Constata-se, destes autos, que o principal motivo alegado pelo recorrente para o não cumprimento do prazo assinalado pelo Tribunal foi a fragilidade estrutural do FNDE.
>
> Observo que o fato de a autarquia apresentar falhas em sua estrutura não elide e nem justifica o não atendimento das solicitações dos órgãos responsáveis pela fiscalização dos recursos públicos. Prevalecendo esse entendimento, a ação fiscalizadora do

nº 1135/2002 - Plenário. Relator: Ministro Iram Saraiva. Brasília, 4 de setembro de 2002. **Diário Oficial da União [da] República Federativa do Brasil**, Brasilia, DF, 13 set. 2002. Seção 1, p. 97-101. No mesmo sentido: Processo TC nº 003.118/2001-2. Acórdão nº 839/2011 – Plenário. Relator: Ministro Raimundo Carreiro. Brasília, 6 de abril de 2011. **Diário Oficial da União [da] República Federativa do Brasil**, Brasilia, DF, 13 abr. 2011.

1696 *Ibidem*.

1697 BRASIL. Tribunal de Contas da União. Processo TC nº 674.018/1985-0. Acórdão nº 27/1996 - Plenário. Relator: Ministro Fernando Gonçalves. Brasília, 13 de março de 1996. **Diário Oficial [da] República Federativa do Brasil**, Brasília, DF, 26 mar. 1996. Seção 1, p. 5.005. No mesmo sentido: BRASIL. Tribunal de Contas da União. Processo TC nº 625.131/1993-2. Acórdão nº 145/1994 - Plenário. Relator: Ministro Marcos Vinícios Vilaça. Brasília, 7 de dezembro de 1994. **Diário Oficial [da] República Federativa do Brasil**, Brasilia, DF, 29 dez. 1994, p. 20.989; Processo TC nº 600.429/1991-1. Decisão nº 345/1994 - 1ª Câmara. Relator: Ministro Olavo Drummond. Brasília, 6 de setembro de 1994. **Diário Oficial [da] República Federativa do Brasil**, Brasilia, DF, 21 dez. 1994, p. 20.146; Processo TC nº 002.096/1998-6. Decisão nº 914/1999 - Plenário. Relator: Ministro Adhemar Paladini Ghisi. Brasília, 8 de dezembro de 1999. **Diário Oficial [da] República Federativa do Brasil**, Brasilia, DF, 21 dez. 1999.

> Tribunal ficaria prejudicada à vista de particularidades administrativas de cada órgão e/ou entidade da Administração Pública. Por outro lado, verifico que o Sr. [...] somente tomou posse no cargo em janeiro de 1995, sendo compreensível que não tivesse pleno conhecimento da denúncia tratada nestes autos, acrescentando-se o fato relevante do número de processos que dependem de informações daquele órgão.
>
> Considerando que o recorrente demonstrou, em seu recurso, toda a sua preocupação acerca da necessidade de um pronto atendimento às solicitações dos órgãos fiscalizadores [...]

Decidiu o Tribunal:

> [...] dar ciência ao interessado desta decisão, alertando-o que a fragilidade estrutural do órgão não justifica o favorecimento de atitudes e ações que possam impedir a fiscalização e a análise do emprego dos recursos públicos.[1698]

Aliás, a jurisprudência do TCU sinaliza que a conduta do agente frente a falha estrutural pode configurar inexigibilidade de conduta diversa, assim o isentando de culpa, como é de se inferir de caso recente de possível desfalque nos cofres da Empresa Brasileira de Correios e Telégrafos, sem indícios de arrombamento, em que as contas de dirigentes foram dadas como regulares. Nos autos ficou provado que falha anterior no sistema de segurança do cofre, não teve providências corretivas por parte dos Correios[1699].

É preciso fazer distinção entre o instituto da inexigibilidade de conduta diversa e a figura da falha estrutural.

A primeira se desdobra de um dos elementos da culpabilidade, a exigibilidade de conduta diversa, sendo que a ausência desta - a inexigibilidade - constitui uma "causa supralegal de exclusão da culpabilidade" (também são excludentes a coação moral irresistível e a estrita obediência hierárquica, porém estas são legalmente previstas).

A falha da estrutura administrativa, por sua vez, configura apenas uma das formas em que pode não ser exigível outra opção de comportamento por parte do responsável. Por conseguinte, no âmbito administrativo, a inexigibilidade de conduta diversa pode ser ocasionada por falhas estruturais do órgão, assim como por conflito de deveres (art. 36 do Código Penal).

> Assente que se trata de coisas distintas, embora possam coexistir, não será impossível que, mesmo que ocorra falha estrutural, possa

---

[1698] BRASIL. Tribunal de Contas da União. Denúncia. Processo TC nº 019.878/1993-1. Acórdão nº 9/1996 - Plenário. Relator: Ministro Humberto Guimarães Souto. Brasília, 31 de janeiro de 1996. **Diário Oficial [da] República Federativa do Brasil**, Brasília, DF, 22 fev. 1996. Seção 1, p. 2.908.

[1699] BRASIL. Tribunal de Contas da União. Representação. Processo nº TC nº 030.741/2011-4. Ac. 7694/2010 - Primeira Câmara. Relator: Ministro Bruno Dantas. Sessão de 06 fev. 2018. Ata nº 3/2018 - Primeira Câmara. Disponível em: https://pesquisa.apps.tcu.gov.br/redireciona/acordao-completo/ACORDAO-COMPLETO-2257752. Acesso em: 14 fev. 2024.

> ser esperado comportamento diverso do agente, devendo assim ser penalizado em graduação ajustada à sua culpa; ou o reverso: sem que haja falha estrutural, por algum outro motivo (conflito de deveres, por exemplo) não seja exigível outro tipo de conduta por parte do responsável, caso em que terá sua culpabilidade extirpada.

É importante notar, porém, que a pretensão de se eximir da culpa, transferindo-a para a incompetência dos órgãos de assessoramento ou técnicos não tem sido acolhida, especialmente quando é o defendente que pode discricionariamente nomeá-los.

O Tribunal de Contas da União vem sistematicamente condenando gestores inclusive por culpa *in eligendo*[1700] e *in vigilando*[1701].

4.5.3.5 Força maior e caso fortuito

A jurisprudência do TCU prevê também a possibilidade de arquivamento do processo, com baixa de responsabilidade do agente, nas hipóteses de força maior ou caso fortuito,[1702] ou quando verificada irregularidade formal que não importe em débito ou multa.[1703] Essas hipóteses não podem ser consideradas como exceção peremptória, porque exigem o exame de mérito da conduta do agente.

[1700] Culpa *in eligendo* que se traduz na má escolha de preposto ou responsável. Nesse sentido, condenando o gestor que afirma ter decidido com base em informações de assessor ou técnico:

a) "[...] No caso de se tratar de contratos de grande complexidade, o ordenador de despesas deve cercar-se de agentes idôneos com aptidão técnica suficiente, para que estes o auxiliem corretamente na execução do Contrato. Entretanto, os pareceres elaborados por tais agentes não têm força de legitimar a ação do ordenador de despesas que estará agindo, no mínimo, com culpa '*in eligendo*'. E, no caso em comento, competia ao recorrente, na condição de Presidente, designar o representante da administração para acompanhar e fiscalizar a execução do contrato e os membros da Comissão da Construção do Fórum, como demonstra, respectivamente, o art. 67 da Lei nº 8.666/1993, e o art. 122 do Regulamento Geral do TRT da 2ª Região [...]". BRASIL. Tribunal de Contas da União. Processo TC nº 001.025/1998-8. Acórdão nº 298/2000 - Plenário. Relator: Ministro Adylson Motta. Brasília, 29 de novembro de 2000. **Diário Oficial [da] República Federativa do Brasil**, Brasília, DF, 9 fev. 2001;

b) "[...] 9.6 as arguições insertas no item 42, fls. 194, não isentam o responsável, pois este deve escolher bem seus auxiliares, do contrário, responder por 'culpa *in eligendo* [...]". Tribunal de Contas da União. Processo TC nº 399.127/1993-3. Acórdão nº 238/1996 - 2ª Câmara. Relator: Ministro Adhemar Paladini Ghisi. Brasília, 2 de maio de 1996. **Diário Oficial [da] República Federativa do Brasil**, Brasília, DF, 15 maio. 1996, p. 8.454;

c) ademais, a delegação de competência não implica a delegação de responsabilidade, cabendo ao recorrente a fiscalização dos atos de seus subordinados, pois o gestor não pode isentar-se da responsabilidade pelo exercício do trabalho de seus subordinados, devendo escolher bem seus auxiliares, do contrário, responde por culpa *in eligendo*, consoante dispõe o art. 932, inciso III, do Código Civil: BRASIL. Tribunal de Contas da União. Processo TC nº 006.260/1999-3. Acórdão nº 19/2002 - Plenário. Relator: Benjamin Zymler. Brasília, 6 de fevereiro de 2002. **Diário Oficial da União [da] República Federativa do Brasil**, Brasília, DF, 6 mar. 2002.

[1701] BRASIL. Tribunal de Contas da União. Tomada de Contas Especial. Processo nº TC nº 014.262/2021-5. Ac. 8412/2023 - Primeira Câmara. Relator: Ministro Benjamin Zymler. Sessão de 25 jul. 2023. Ata nº 24/2023 - Primeira Câmara. Disponível em: <https://pesquisa.apps.tcu.gov.br/redireciona/acordao-completo/ACORDAO-COMPLETO-2591550>. Acesso em: 14 fev. 2024.

[1702] BRASIL. Tribunal de Contas da União. Súmula nº 03. O arquivamento é a solução indicada para as hipóteses em que as contas de responsáveis por dinheiros, valores e bens públicos se tornarem iliquidáveis, por causas fortuitas ou de força maior. **Boletim TCU Especial**, Brasília, ano XL, n. 6, 4 dez. 2007. Disponível em: <http://www.tcu.gov.br>. Acesso em: 7 dez. 2011.

[1703] BRASIL. Tribunal de Contas da União. **Súmula nº 142.** Cabe a baixa de responsabilidade e o arquivamento do

Arguida uma das exceções peremptórias, haverá o julgamento e, com o acolhimento, uma decisão terminativa.

4.5.3.6 Decurso de tempo

Não trataremos neste tópico, do aspecto prescricional ou decadencial do decurso de tempo[1704], mas, sim, dos prejuízos que um longo transcurso temporal entre a prática do ato/ocorrência do fato e a citação podem ocasionar à defesa.

Assim, entre os meios de defesa sustentáveis, um, que também parece possível, é aquele referente ao extenso decurso de tempo que impede a parte de desincumbir-se do ônus da prova que lhe foi imposto.

Mesmo reconhecendo que o dever de ressarcir o erário pode ser considerado imprescritível[1705] e que compete ao administrador público e ao particular que administra recursos públicos o ônus da prova pela regularidade, é possível admitir que o longo decurso de tempo entre a prática do ato e a citação torne impossível o exercício da defesa.

Essas hipóteses particularíssimas foram por nós consideradas, no desempenho das funções de Ministério Público junto ao Tribunal de Contas do Distrito Federal, independentemente de alegação do interessado, e mesmo em casos de revelia, ou até antes mesmo de proposta a citação, em casos como os seguintes: prova de quebra de estoque em supermercado estatal, quando o pedido de citação é sugerido pela unidade técnica após oito anos do fato, especialmente em se tratando de produtos perecíveis; de igual modo quando se trata de bens públicos, em grande quantidade e de pequeno valor, porque inviável o controle não sistemático;[1706] irregularidades em recebimento de prédio público, cuja citação é proposta após nove anos do fato. Em tais casos, o

---

processo, quando nas contas de ordenador de despesa, dirigente ou administrador de entidade ou qualquer outra pessoa sob a jurisdição do Tribunal de Contas da União, for apurada infringência de disposição legal ou regulamentar aplicável ou verificada irregularidade de caráter formal, que não permita o julgamento pela regularidade e quitação ou tampouco por não ser suficientemente grave ou individualizada sobre a conclusão pela irregularidade e cominação da multa prevista em lei, conforme Enunciados n°s 10, 11, 51 e 91, da Súmula da sua Jurisprudência. BRASIL. Tribunal de Contas da União. **Boletim TCU Especial**, Brasília, ano XL, n. 6, 4 dez. 2007. Disponível em: <http://www.tcu.gov.br>. Acesso em: 7 dez. 2011.

[1704] Sobre estes aspectos, reportar-se ao item 4.7. Prescrição da penalidade.

[1705] a) Será imprescritível se concorrente à prática de ilícito penal, por força do art. 37, § 5º, da Constituição Federal, que dispõe: "[...] Art. 37. [...] § 5º - A lei estabelecerá os prazos de prescrição para ilícitos praticados por qualquer agente, servidor ou não, que causem prejuízos ao erário, ressalvadas as respectivas ações de ressarcimento [...]".

b) "É prescritível a pretensão de ressarcimento ao erário fundada em decisão de Tribunal de Contas." BRASIL. STF. RE nº 636.886.

c) Para maiores detalhes, consulte o subtítulo 4.5.3.7 Prescrição.

[1706] Quem detém carga patrimonial de bens públicos deve proceder à periódica verificação dos bens. O decurso de tempo inviabiliza a imputação de débito quando se trata de expressiva quantidade, de variada espécie, como em caso que enfrentamos: cerca de oito mil bens, como um vaso, um grampeador, um porta copos, etc. O desaparecimento foi verificado no inventário, mas a responsabilização só veio a ser pedida após dez anos.

ônus da prova repousa exclusivamente sobre prova testemunhal, inibindo tão só pelo decurso do tempo a certeza, até da própria irregularidade.[1707]

O Tribunal de Contas da União acolhe o mesmo entendimento, fato que por certo muito contribuirá para edificar um modelo de controle concomitante e efetivo.[1708]

Colacionamos doutrina de Caio Mário da Silva Pereira (2009) citada pelo eminente Conselheiro Manoel Dantas Dias:

> É, então, na paz social, na segurança da ordem jurídica que se deve buscar o seu verdadeiro fundamento. O direito exige que o devedor cumpra o obrigado e permite ao sujeito ativo valer-se da sanção contra quem quer que vulnere o seu direito. Mas se ele mantém inerte, por longo tempo, deixando que se constitua uma situação contrária ao seu direito, permitir que mais tarde reviva o passado é deixar em perpétua incerteza a vida social. Há, pois, um interesse de ordem pública no afastamento das incertezas em torno da existência e eficácia dos direitos, e este interesse justifica o instituto da prescrição, em sentido genérico.[1709]

4.5.3.7 Prescrição

Juridicamente prescrição é uma defesa de mérito. Embora no subitem anterior se tenha tratado do decurso de tempo como um meio de defesa, aqui trataremos da aplicação da prescrição como defesa possível. No momento do fechamento da edição desta obra, o assunto ainda é bastante polêmico.

4.5.3.7.1 Contextualizando

É preciso reconhecer que, de fato, o sistema atual pode frustrar aqueles que se empenham muito em favor da proteção do erário, da apuração de responsabilidade e da punição dos que cometem atos irregulares.

Como já referido nesta obra, o longo decurso de tempo entre a ocorrência do fato, o julgamento e a execução da decisão são bastante lentos em nosso país. Em média, segundo dados oficiais, o Brasil leva perto de oito anos entre o início do processo e a decisão final transitada em julgado. De outro lado, tem-se que embora a

---

[1707] Nesse sentido: BRASIL. Tribunal de Contas da União. Prestação de Contas. Processo TC nº 004.273/1998-2. Acórdão nº 1545/2003 - 2ª Câmara. Relator: Ministro Ubiratan Aguiar. Brasília, 4 de setembro de 2003. **Diário Oficial da União [da] República Federativa do Brasil**, Brasília, DF, 15 set. 2003.

[1708] Nesse sentido: BRASIL. Tribunal de Contas da União. Tomada de Contas Especial. Processos TC nºs 007.590/1990-3; 279.038/1994-1; 279.093/1994-2, 279.103/1994-1 e 279.145/1994-2. Decisão nº 667/1995 - Plenário. Relator: Ministro Carlos Átila Álvares da Silva. Brasília, 12 de dezembro de 1995. **Diário Oficial da União [da] República Federativa do Brasil**, Brasília, DF, 28 dez. 1995. Seção 1, p. 22.566; Processo TC nº 927.259/1998-2. Acórdão nº 314/2004 - 1ª Câmara. Relator: Ministro Guilherme Palmeira. Brasília, 2 de março de 2004. **Diário Oficial da União [da] República Federativa do Brasil**, Brasília, DF, 11 mar. 2004. Seção 1, p. 77.

[1709] PEREIRA, Caio Mário da Silva. **Instituições de Direito Civil** *apud* DANTAS, Manoel Dias. Tribunal de Contas do Estado de Roraima. Processo TC nº 0641/2004. Recurso Inominado nº 0634/2011. Contrarrazões ao Recurso Inominado. Minuta enviada gentilmente ao autor.

administração pública brasileira tenha na Constituição federal o princípio da legalidade como o mais relevante, é a maior ré do mundo em número de processos demandados.

Na lapidar síntese de Alexandre de Moraes, Ministro do STF: "As repercussões econômico-financeiras ao Estado não legitimam o sacrifício de direitos fundamentais dos indivíduos, como forma de compensar a ineficiência da máquina pública".

Os efeitos desse cenário vão muito além da figura da impunidade que é alardeada com frequência. Multiplicam-se meios de entregar o direito, em liminares e cautelares. Os presídios, nesta época com mais de 750.000 pessoas, têm pelo menos 1/3 aguardando julgamento. Portanto, até carceragem é um efeito colateral da demora no julgamento.

Nesse contexto, não se deve buscar culpas mas estabelecer 3 ou 4 distintas causas: a necessidade de observar o devido processo legal com normas construídas com largos prazos, mantidas há décadas; a falta de capacitação para aplicar as normas com o sentido lógico que as próprias regras processuais tem estabelecido; essa motivação frente à quantidade de trabalho, insuperável pelos sucessivos acréscimos remuneratórios; o fato de a direção do Poder Judiciário estar entregue a profissionais do direito, portanto com formação profissional distante da gestão administrativa, nada obstante o apreço público à função da magistratura e seus integrantes. Sem dúvida, porém, todas as pessoas de bem, com princípios éticos e com competência profissional estão a busca de soluções.

É necessário reunir esse conjunto de ideários com um propósito maior, ao invés de ficar cerrando fileiras numa dicotomia quase insana, dos que pretendem conter a aplicação do instituto da prescrição e de outro lado daqueles que por profissão, ou por interesses simplesmente pretendem exonerar-se de processos antigos.

Atualmente não só o desenvolvimento tecnológico como o uso de inteligência artificial interfere no desenvolvimento de processos. Seja contra os interesses republicanos, desvios de recursos públicos e a apropriação indébita. Também esse mesmo cenário oportuniza a racionalização, a atualização e modernização de estruturas processos e instituições.

4.5.3.7.2 Os conceitos estruturantes da prescrição

A aplicação da prescrição no direito administrativo é, mais do que em outros ramos, uma necessidade:

a) não se pode pretender que uma pessoa tenha uma defesa justa quando, muito tempo depois de ocupar um cargo público e obrigada a conservar os arquivos na repartição, deixa de ocupá-lo e não mais tem acesso aos arquivos públicos do órgão onde trabalhou, produziu atos e, inclusive, inseriu a motivação das decisões que tomou; nesse ponto coincide a prescrição com a impossibilidade de defesa em razão do decurso de tempo;

b) o mais benéfico efeito do sistema punitivo é o caráter pedagógico pessoal e social dele decorrente, e esse benefício fica irremediavelmente comprometido quando a imputação de débito e a sanção são aplicados muito tempo depois dos fatos, em que a própria memória social já não mais atuará;

c) a continuidade delitiva, enquanto o autor da irregularidade permanece aguardando o julgamento representa um grave dano à sociedade e a sensação da impunidade começa a ser valorizada;

d) por fim, a questão patrimonial a ser considerada, vez que ninguém investe num país que leva quase uma década para julgar os atos e onde as pessoas são surpreendidas, a toda hora, com mudanças de interpretação de alguém que assumiu um cargo público com poder de julgar.

É nesse cenário que aflora a Lei da Segurança Jurídica[1710], talvez um dos maiores legados do senador Antônio Anastasia ao Brasil, concorrendo com outros de igual envergadura como dirigir o estado de Minas Gerais ou ser ministro do Tribunal de Contas da União.

A lei da segurança jurídica não trata especificamente da prescrição, mas desenha moldes que amparam um balizamento seguro para aplicação da segurança jurídica um dos consectários mais valiosos do regime democrático.

4.5.3.7.3 Balizamento constitucional

Pela Constituição Federal, art. 37, §§ 4º e 5º, há reserva legal para disciplinar o tema prescrição.

Também decorre diretamente da Constituição brasileira a necessidade de regra estabelecendo prazos de prescrição para ilícitos praticados por qualquer agente, servidor ou não, que causem prejuízos ao erário.

O terceiro ponto é que ficou ressalvado do instituto da prescrição a ação de ressarcimento. Por isso, o ressarcimento, que equivale à devolução, só deve ser aplicado às ações dolosas que gerem proveito econômico àquele que comete um ato ilícito. Isso porque, a ilicitude decorre da definição legal do que é ilícito, sendo coerente com esse cenário a exigência do dolo.

Portanto, do balizamento constitucional pode-se inferir que:

a) não são válidas as normas infralegais que regulem o tema prescrição. Claro que se reconhece a possibilidade de um tribunal editar resolução ou ato normativo para pacificar o entendimento do seu corpo técnico

---

[1710] BRASIL. Lei nº 13.655, de 25 de abril de 2018, que incluiu no Decreto-Lei nº 4.657, de 4 de setembro de 1942 (Lei de Introdução às Normas do Direito Brasileiro), disposições sobre segurança jurídica e eficiência na criação e na aplicação do direito público. Disponível em: http://www.planalto.gov.br/ccivil_03/decreto-lei/Del4657compilado.htm. Acesso em: 11 jun. 2019.

que passe a ter, por força da hierarquia, o dever de interpretar a norma em determinado sentido;

b) não são válidas as normas que estabeleçam a imprescritibilidade. Tanto na esfera civil, patrimonial ou sancionatória há de haver prazos de prescrição.

4.5.3.7.4 STF - interpretando a constituição federal

Há um esforço dos juristas mais experientes em tentar estabelecer uma lógica, coerência e harmonia nas decisões oriundas do Supremo Tribunal Federal, visando atribuir-lhes uma direção evolutiva.

Cumprindo o dever de apresentar a melhor versão das instituições públicas, porque é um dos postulados do direito administrativo, não se pode olvidar também que o direito é um sistema e, quando mal compreendido ou mal interpretado, necessariamente a sociedade passará a suportar decisões que não contribuem para a segurança jurídica.

Portanto, é necessário expor o posicionamento do Supremo Tribunal Federal, mas também cumprir com a honestidade intelectual para demonstrar porque ainda não foi atingida a linha de chegada da melhor interpretação jurídica. E essa melhor interpretação não pode decorrer de pontos de vistas distantes daqueles que consagraram o ideário da Constituição-cidadã.

Para compreender o tema, deve-se considerar as seguintes decisões do STF:

a) Recurso Extraordinário nº 636.886 - Tema 899 da Repercussão Geral;

b) Ação Direta de Inconstitucionalidade nº 5509.

A partir delas, pode-se sintetizar o entendimento do Plenário do Supremo Tribunal Federal no sentido de que:

- é prescritível a pretensão de ressarcimento ao erário fundada em decisão do Tribunal de Contas;
- no julgamento do RE 852475, com repercussão geral (tema 897), assentou o STF que somente são imprescritíveis as ações de ressarcimento ao erário com base na prática de ato de improbidade administrativa doloso, tipificado na Lei de Improbidade Administrativa (Lei 8.429/1992).

Eis o trecho da divulgação da decisão, que consta do portal do STF:

> O julgamento teve início na última quinta-feira (2), quando cinco ministros acompanharam o voto do relator, ministro Alexandre de Moraes, no sentido do desprovimento do recurso do Ministério Público estadual, entendendo aplicar-se ao caso o prazo de prescrição previsto na legislação de improbidade administrativa (Lei 8.429/1992), de cinco anos.

> O ministro Edson Fachin, acompanhado da ministra Rosa Weber, divergiu do relator por entender que o ressarcimento do dano oriundo de ato de improbidade administrativa é imprescritível, em decorrência da ressalva estabelecida no parágrafo 5º do artigo 37 da Constituição Federal, e da necessidade de proteção do patrimônio público."
> Na sessão desta quarta-feira (8), o julgamento foi retomado com o voto do ministro Marco Aurélio, que acompanhou o relator. Para o ministro, a Constituição não contempla a imprescritibilidade de pretensões de cunho patrimonial. "Nos casos em que o Constituinte visou prever a imprescritibilidade, ele o fez. Não cabe ao intérprete excluir do campo da aplicação da norma situação jurídica contemplada, como não cabe também incluir situação não prevista", disse.
> Já para o ministro Celso de Mello, que votou em seguida, houve, por escolha do poder constituinte originário, a compreensão da coisa pública como um compromisso fundamental a ser protegido por todos. "O comando estabelece, como um verdadeiro ideal republicano, que a ninguém, ainda que pelo longo transcurso de lapso temporal, é autorizado ilicitamente causar prejuízo ao erário, locupletando-se da coisa pública ao se eximir do dever de ressarci-lo", ressaltou, ao acompanhar a divergência. A presidente do STF, ministra Cármen Lúcia, votou no mesmo sentido.
> Na sessão de hoje, o ministro Luís Roberto Barroso, que já havia acompanhado o relator na semana passada, reajustou seu voto e se manifestou pelo provimento parcial do recurso, restringindo, no entanto, a imprescritibilidade às hipóteses de improbidade dolosa, ou seja, quando o ato de improbidade decorrer em enriquecimento ilícito, favorecimento ilícito de terceiros ou causar dano intencional à administração pública. O ministro Luiz Fux, que também já havia seguido o relator, reajustou seu voto nesse sentido. Todos os ministros que seguiram a divergência (aberta pelo ministro Edson Fachin) alinharam seus votos a essa proposta, formando assim a corrente vencedora.

Como se observa, a apertada maioria sustenta algo que *data máxima vênia* não está na Constituição Federal e, também, não consta da Lei de Improbidade Administrativa: imprescritibilidade.

Ao contrário: o art. 37 da Constituição define que os atos de improbidade administrativa importarão o ressarcimento ao erário, na forma e gradação previstas em lei. É uma interpretação textual.

Em relação aos atos não dolosos atentatórios à probidade da administração e aos anteriores à edição da norma, aplica-se o decidido pelo Supremo no RE 669069 (é prescritível a ação de reparação de danos à Fazenda Pública decorrente de ilícito civil – tema de repercussão geral nº 666).

4.5.3.7.5 Decisão do Tribunal de Contas prescreve

O entendimento do STF é que as decisões dos Tribunais de Contas são prescritíveis. O Relator, condutor da decisão do STF, Ministro Alexandre de Moares considera que, mesmo que a ação de ressarcimento por ato de improbidade seja imprescritível, a decisão do Tribunal de Contas é prescritível, "pois as decisões dos tribunais de contas que resultem imputação de débito ou multa têm eficácia de título executivo. Assim, é prescritível a pretensão de ressarcimento ao erário baseada nessas decisões, uma vez que a Corte de Contas, em momento algum, analisa a existência ou não de ato doloso de improbidade administrativa."

Nesse voto, há indicativo de que para ser imprescritível o dano, se faz necessária decisão judicial, caracterizando a existência de ato ilícito doloso, e atendimento do contraditório e ampla defesa plenos, "pois não é possível ao acusado defender-se no sentido da ausência de elemento subjetivo (dolo ou culpa)".

4.5.3.7.6 Como devem ser contados os prazos

Se a Constituição Federal define que os prazos prescricionais são matérias que devem ser definidas por lei, *stricto sensu*, não podem ser objeto de inovação por ato infralegal, seja por resolução ou instrução normativa.

No atual cenário tem-se duas leis:

a) Lei nº 9.873, de 23 de novembro de 1999: Estabelece prazo de prescrição para o exercício de ação punitiva pela Administração Pública Federal, direta e indireta, e dá outras providências.

Essa lei estabelece a interrupção da prescrição da ação punitiva, no art. 2º, e a interrupção do prazo prescricional da ação executória, no art. 2-A. Também essa lei estabelece os casos de suspensão da prescrição, no art. 3º.

b) Lei nº 8.429, de 2 de junho de 1992, com a redação dada pela Lei nº 14.230, de 2021. Dispõe sobre as sanções aplicáveis aos agentes públicos nos casos de enriquecimento ilícito no exercício de mandato, cargo, emprego ou função na administração pública direta, indireta ou fundacional e dá outras providências.

Essa lei estabelece o prazo para a aplicação das sanções previstas nessa Lei, a contagem do prazo, a suspensão e a interrupção do prazo da prescrição.

Não só porque atende o princípio da reserva legal, mas porque disciplina melhor o tema do que tem sido feito por meio de normas infralegais, diretamente pelos tribunais de contas.

Em uma das discussões sobre o tema prescrição no âmbito do Supremo Tribunal Federal, foi recomendada a aplicação do art. 174 do Código Tributário Nacional (CTN), que fixa em cinco anos o prazo para a cobrança do crédito fiscal e para a declaração da prescrição intercorrente.

4.5.3.8 Falecimento do responsável

O falecimento do responsável[1711] pelo dever de prestar contas pode ser motivo de defesa pelo sucessor ou substituto, na medida em que só vai responder pelas irregularidades a que tiver dado causa.

Embora o controle do rol dos ordenadores de despesas esteja bastante aperfeiçoado e a mudança de titularidade dos órgãos públicos vem sendo comunicada aos Tribunais de Contas, é fato que, muitas vezes, o falecimento do responsável não é considerado no julgamento da causa, exceto por iniciativa da própria parte ou dos sucessores.

Sobre o falecimento do responsável, é importante notar:

a) não prejudica o interesse dos sucessores de promover a defesa de mérito;
b) isenta os sucessores do dever de pagar multa, em face do caráter personalíssimo de que esta se reveste;[1712]
c) não inibe o dever de recompor o erário, quando antes do óbito já havia sido comprovada a irregularidade e o dano, mas esse dever só vai até o limite das forças da herança;[1713]
d) deve ser documentado, com a juntada, à defesa da respectiva certidão de óbito;
e) não podem os sucessores procrastinar a abertura do inventário para evitar o pagamento;[1714]
f) se anterior à citação, poderá implicar em arquivamento do processo, por ausência do pressuposto de desenvolvimento válido e regular.[1715]".

O tema na forma como hoje se apresenta na jurisprudência, ainda não encontrou seguro equacionamento. Aliás, pouco servem as noções do direito civil e penal, nesse ponto, à esfera do controle, mas é possível assentar que:

[1711] Consultar no Capítulo III, que trata da competência dos Tribunais de Contas, subtítulo 3.2.1.23.5.3 Execução voluntária pelos sucessores.

[1712] Nesse sentido, veja o voto do Ministro Paulo Affonso Martins de Oliveira, acolhido pela 2ª Câmara, que reflete uniformidade de jurisprudência: BRASIL. Tribunal de Contas da União. Acórdão nº 58/1996 - 2ª Câmara. Processo nº TC-425.042/1993-6. Relator: Ministro Paulo Affonso Martins de Oliveira. Brasília, 15 de fevereiro 1996. **Diário Oficial [da] República Federativa do Brasil**, Brasília, DF, 28 fev. 1996. Seção 1, p. 3.283. Consulte, ainda, no Capítulo III, o subtítulo 3.2.1.26.3.7 Falecimento do responsável.

[1713] BRASIL. **Constituição da República Federativa do Brasil** (Versão Bolso). Organização dos textos e índice por J. U. JACOBY FERNANDES. 2. ed. Belo Horizonte: Fórum, 2019. "Art. 5º [...] XLV - nenhuma pena passará da pessoa do condenado, podendo a obrigação de reparar o dano e a decretação do perdimento de bens ser, nos termos da lei, estendidas aos sucessores e contra eles executadas, até o limite do valor do patrimônio transferido [...]".

[1714] O TCU entende que os sucessores não podem deixar de abrir inventário para eximirem-se de ressarcir o prejuízo causado ao Erário; a União deve compelir os sucessores a recolherem o débito. O fundamento dessa obrigatoriedade encontra-se no princípio da indisponibilidade dos bens públicos. Precedente: Processo TC nº 474.019/1994-2. Decisão nº 170/1998 - 2ª Câmara. Relator: Ministro José Antonio Barreto de Macedo. Brasília, 30 de julho de 1998. **Diário Oficial [da] República Federativa do Brasil**, Brasília, DF, 20 ago. 1998. Seção 1, p. 200-01.

[1715] Sobre essa hipótese, consultar o Diário Oficial da União de 03 de abril de 1996, p. 5.561, na parte intitulada: Processos remetidos à deliberação do Plenário e voto complementar, visto na p. 5.572.

a) em relação às penalidades, é regra que as mesmas não passam da pessoa do condenado;

b) em relação ao dever de reparar o dano, o mesmo estende-se aos herdeiros e sucessores apenas até o limite das forças da herança, se:

b.1) o falecimento ocorre após garantida a ampla defesa e o contraditório;

b.2) houve apropriação indébita.

O "limite de forças da herança" restringe o pagamento da dívida até o limite do patrimônio ou renda transferida.

Em relação ao desconto em pensão, muitas vezes, acaba sendo tratado sem a devida análise técnica, inclinando-se os agentes a desonerar os sucessores do ônus de recompor o erário. O ordenamento jurídico estabeleceu certas premissas, a fim de proteger os familiares, não sendo possível agravar ou beneficiar a situação dos mesmos. Esta última situação ocorreria se o óbito desonerasse dívidas e pagamentos já decididas ao tempo da vida do falecido.

Desse modo, pode ser ordenado o desconto na pensão em todas as mesmas hipóteses em que seria lícito promover desconto compulsório nos salários e aposentadoria.[1716]

4.5.3.9 Boa-fé

Independentemente do pagamento do débito, é possível oferecer defesa com o único objetivo de demonstrar a *boa-fé* na prática do ato.

É consabido que a quitação não afasta a possibilidade de o julgamento ser pela irregularidade da conta, ensejando inclusive a inelegibilidade do agente para cargo público.[1717]

A boa-fé pode não elidir diretamente o dever de pagar o erário pelo dano experimentado, mas certamente constituirá elemento importante em relação ao *animus* do agente e permitirá à Corte contextualizar as várias dificuldades e pressões de toda ordem que foram sopesadas pelo agente no momento da decisão.

[1716] Consultar, a propósito do tema, minucioso trabalho do Auditor: CAVALCANTI, Augusto Sherman. O processo de contas no TCU: o caso de gestor falecido. **Revista do Tribunal de Contas da União**, n. 81, ano 99, p. 17-27, jul./set.

[1717] Nesse sentido é uniforme a jurisprudência do TCU. Destaque para o voto do Ministro Iram Saraiva nos autos: Processo TC nº 004.157/1990-7 (sigiloso). Acórdão nº 47/1997 - Plenário. Relator: Ministro Iram Saraiva. Brasília, 19 de março de 1997. **Diário Oficial [da] República Federativa do Brasil**, Brasília, DF, 08 abr. 1997. Seção 1, p. 6.811.

Nesse sentido, existem vários julgados em que a parte, mesmo após o julgamento pela irregularidade, decidiu quitar o débito e recorrer com o único objetivo de comprovar, nos autos, a boa-fé.[1718]

É interessante notar que, na maioria dos casos, a boa-fé não constitui condição suficiente para afastar a irregularidade até porque, no caso de contas, o ônus da prova é do agente que gere os recursos públicos.[1719]

Cabe, a propósito, trazer importante manifestação sobre o entendimento do Tribunal de Contas:

> Mesmo que fossem improcedentes as alegações dos responsáveis, diante da jurisprudência desta Corte (Decisão 613/96 - Plenário; Decisão 165/95 - Primeira Câmara; Decisão Sigilosa 215/95 - Plenário; Decisão 167/96 - Segunda Câmara; Decisão 624/94 – Plenário), a aplicação da multa seria incabível, pois essa medida só deve ser proposta em casos de flagrante transgressão, facilmente constatável, o que, de longe, não é o caso presente.[1720]

4.5.3.9.1 Acumulação de cargos

Com relação ao argumento da boa-fé na questão específica de acumulação de cargos, a jurisprudência do Supremo Tribunal Federal firmou-se no sentido de que

[1718] Consultar no Capítulo III, que trata da competência dos Tribunais de Contas, o subtítulo 3.2.1.16.3.1 Omissão e contas irregulares; ver, ainda, no sentido do exposto neste parágrafo: BRASIL. Tribunal de Contas da União. Processo TC nº 224.021/1991-5. Acórdão nº 384/1995 - 2ª Câmara. Relator: Ministro Iram Saraiva. Brasília, 30 de novembro de 1995. **Diário Oficial [da] República Federativa do Brasil**, Brasília, DF, 13 dez. 1995. Seção 1, p. 20.842; ver também: Processo TC nº 724.038/1993-0. Acórdão 391/1995. Relator: Ministro Paulo Affonso Martins de Oliveira. Brasília, 30 de novembro de 1995. **Diário Oficial [da] República Federativa do Brasil**, Brasília, DF, 13 dez. 1995. Seção 1, p. 20.842.

[1719] "[...] 12. A boa fé é, em princípio, uma presunção a militar em favor dos gestores de recursos públicos. É, todavia, uma presunção relativa, que pode ser afastada em determinadas situações, como ocorre, por exemplo, quando um gestor deixa de prestar contas de recursos sob sua guarda ou colocados à sua disposição. 13. A prestação de contas é um dever de todo administrador, não existindo, salvo caso fortuito ou força maior devidamente comprovados, justificativa para o descumprimento de tal obrigação. O gestor imotivadamente omisso na demonstração dos resultados de sua administração viola expressa determinação constitucional, fere o princípio republicano e, consequentemente, perde todo o benefício conferido pela presunção de boa-fé. (Voto do Exmo. Sr Ministro-Relator Bento José Bugarin nos TCs nºs 524.066/92-2 e 524.078/92-0 - Acórdão nº 063/1994 - Plenário *in* ata 31/1994) [...]". BRASIL. Tribunal de Contas da União. Processo TC nº 010.868/1999-2. Decisão nº 16/2001 - 1ª Câmara. Relator: Ministro Guilherme Palmeira. Brasília, 13 de fevereiro de 2001. **Diário Oficial [da] República Federativa do Brasil**, Brasília, DF, 22 fev. 2001. Seção 1, p. 94. É o que se extrai do Acórdão nº 226/1993 - 1ª Câmara, relatado pelo Ministro Homero Santos. Naquela assentada, asseverou o Relator que, para que seja reconhecida a existência da boa-fé, na aplicação da regra do § 2º do art. 12 da Lei Orgânica do Tribunal, "[...] devem ser observadas as seguintes condições: a) que o ato ilegal, ilegítimo e antieconômico gerador do débito tenha se consumado sob imperiosa necessidade do serviço ou de razoável interpretação da lei; b) que o reconhecimento do débito para ser considerado tempestivo seja feito logo após a primeira notícia sobre a glosa da despesa; e c) finalmente, que não tenha havido caracterização de qualquer outra irregularidade no acometimento do fato [...]". BRASIL. Tribunal de Contas da União. Tomada de Contas Especial. Processo TC nº 474.085/1994-5. Acórdão nº 83/2001 - 1ª Câmara. Relator: Ministro Lincoln Magalhães da Rocha. Brasília, 20 de fevereiro de 2001. **Diário Oficial [da] República Federativa do Brasil**, Brasília, DF, 8 mar. 2001. Seção 1, p. 104.

[1720] BRASIL. Tribunal de Contas da União. Processo TC nº 001.743/2003-5. **Acórdão nº 1.158/2005 - Plenário.** Relator: Auditor Lincoln Magalhães da Rocha. Brasília, 10 de agosto de 2005. Disponível em: <http://www.tcu.gov.br>. Acesso em: 21 dez. 2011.

mesmo caracterizada a ilicitude, não implica esse fato na existência de má-fé, necessariamente. Em recente decisão, esse entendimento chegou a ser aplicado quando o servidor acumulou dois cargos com jornada semanal[1721] de quarenta horas, sendo um deles em regime de dedicação exclusiva. Generosa, portanto, a tese.[1722]

4.5.3.9.2 Denunciante de boa-fé

Especificamente sobre denunciante, a alegação de boa-fé foi considerada na decisão sobre sigilo, nos seguintes termos:

> Afastada do sistema jurídico a faculdade de esta Corte de Contas deliberar pela manutenção de sigilo, resta ao denunciante de boa-fé a garantia contida no § 2º do art. 55 da Lei nº 8.443/1992 de não se sujeitar a qualquer sanção administrativa, cível ou penal. Possível desrespeito a esse dispositivo deve ser contestado junto à autoridade administrativa responsável pela prática do ato, que poderá rever seu posicionamento. Caso contrário, cabe ao prejudicado buscar a defesa de seus direitos junto ao Poder Judiciário, inclusive no que se refere às alegadas perseguição e desrespeito.[1723]

Importante registrar a faculdade do Tribunal de manter o sigilo do denunciante, que estava prevista no § 1º, tendo sido tal dispositivo suspenso pela Resolução SF nº 16, de 2006 do Senado Federal. Posteriormente, porém, foi editada Lei acrescendo ao art. 55 o § 3º, dispondo que "Ao decidir, caberá ao Tribunal manter o sigilo do objeto e da autoria da denúncia quando imprescindível à segurança da sociedade e do Estado." Ou seja, por meio de lei, foi reestabelecido o direito de manter o sigilo em relação ao denunciante. Observe essa redação com o texto do dispositivo suspenso por Resolução do Senado: "§ 1° Ao decidir, caberá ao Tribunal manter ou não o sigilo quanto ao objeto e à autoria da denúncia."

O Brasil é signatário de convenções internacionais sobre combate à corrupção[1724] e por isso passou a admitir que em determinadas situações fosse mantida em sigilo a identidade do denunciante.[1725] Com esse cenário a responsabilidade dos denunciantes

---

[1721] Veja a propósito, a Portaria GM/MS nº 3.723/2022, que regulamenta o controle de frequencia e horário de funcionamento do Ministério da Saúde. Disponível em: https://pesquisa.in.gov.br/imprensa/jsp/visualiza/index.jsp?data=07/10/2022&jornal=515&pagina=55&totalArquivos=75.

[1722] "[...] A compatibilidade de horários é requisito indispensável para o reconhecimento da licitude da acumulação de cargos públicos. É ilegal a acumulação dos cargos quando ambos estão submetidos ao regime de 40 horas semanais e um deles exige dedicação exlusiva. [...] O reconhecimento da ilegalidade da cumulação de vantagens não determina, automaticamente, a restituição ao erário dos valores recebidos, salvo se comprovada a má-fé do servidor, o que não foi demonstrado. [...]". BRASIL. Supremo Tribunal Federal. **Mandado de Segurança nº 26085/DF.** Pleno. Relatora: Ministra Cármen Lúcia. Brasília, 6 de abril de 2008. **Diário da Justiça Eletrônico [da] República Federativa do Brasil**, Brasília, DF, 13 jun. 2008.

[1723] BRASIL. Tribunal de Contas da União. Processo TC nº 015.842/2010-0. **Acórdão nº 1.096/2011 - Plenário.** Relator: Ministro José Múcio Monteiro. Brasília, 27 de abril de 2011. Disponível em: <http://www.tcu.gov.br>. Acesso em: 28 dez. 2011.

[1724] Em 14 de dezembro de 2005, entrou em vigor a Convenção das Nações Unidas Contra a Corrupção; o Brasil subscreveu.

[1725] Consulte, a propósio, norma específica da CGU sobre medidas gerais de salvaguarda da identidade de

somente em casos excepcionais existe, pondo-se em linha diametralmente oposta a garantia constitucional. A Constituição federal determina no art. 5º, inc. IV, não só que é vedado o anonimato, como complemento à regra de que "é livre a manifestação do pensamento". Em seguida, apresenta duas garantias: assegura o direito de resposta, proporcional ao agravo e, também, garante indenização por dano material, moral ou à imagem.

4.6 Inacumulação de penalidades

As penalidades não se cumulam quando implicarem em *bis in idem*.

Não pode ser um mesmo agente punido duas vezes pelo mesmo fato. Assim, se um administrador público for multado num processo de Tomada de Contas Especial pela prática de um ato irregular, nem mesmo nas contas anuais - portanto, outro processo, poderá ser penalizado pelo mesmo fato. Isso não significa que a aplicação da multa levará a que as contas anuais sejam julgadas regulares. Tudo dependerá da gravidade do caso que ensejou a multa, considerando-se sua repercussão na gestão geral. A declaração de contas irregulares não é, em si, penalidade.

A propósito, o Ministro Adylson Motta teve a oportunidade de enfrentar essa questão quando legou-nos o seguinte ensinamento:

> A despeito de o art. 19, Parágrafo único, da Lei nº 8.443/92, determinar seja multado o responsável que tiver suas contas julgadas irregulares, sem que haja débito, o caso em foco não admite, a bem da justiça, uma nova apreciação com multa. Saliento que estas contas não apresentam outras irregularidades, além daquelas já apreciadas por este Tribunal, cuja gravidade culminou com a punição pecuniária do responsável. Assim, a aplicação de nova multa ao gestor, ainda que, agora, em virtude da irregularidade de suas contas, representaria uma dupla apenação pelas mesmas faltas.[1726]

4.7 Prescrição da penalidade

O julgamento pelos Tribunais de Contas, como o do Judiciário e da própria Administração Pública, na maioria das vezes ocorre tardiamente. Três fatos são apontados como causa: a) citações, intimações, diligências, tudo em nome da garantia da ampla defesa e do contraditório; b) sobrecarga de trabalho; c) falta de racionalização de rotinas e procedimentos.

---

denunciante que comunique ilícito ou irregularidade praticada contra órgãos e entidades da Administração Pública. A salvaguarda é o conjunto de medidas ou procedimentos adotados com a finalidade de proteger a identidade do denunciante e garantir o tratamento adequado aos elementos de identificação da denúncia. CONTROLADORIA-GERAL DA UNIÃO. Resolução nº 03, de 13 de setembro de 2019. Disponível em: https://pesquisa.in.gov.br/imprensa/jsp/visualiza/index.jsp?data=16/09/2019&jornal=515&pagina=97.

[1726] BRASIL. Tribunal de Contas da União. Prestação de Contas. Acórdão nº 415/1999 - 2ª Câmara. Processo TC nº 200.239/1996-1. Relator: Ministro Adylson Motta. Brasília, 9 de setembro de 1999. **Diário Oficial [da] República Federativa do Brasil**, Brasília, DF, 20 set. 1999. Seção 1, p. 53-54.

No mundo, observa-se que a demora é comum, mas vem sendo tratada fazendo exsurgir um cenário promissor e compatível com os anseios da sociedade.

O tema prescrição apresentou evolução nas últimas décadas e após a 4ª edição desta obra. Ainda não alcançamos a linha de chegada: a tão desejada uniformidade de entendimentos.

No Brasil, a Constituição Federal estabelece no art. 37 que "§ 5º A lei estabelecerá os prazos de prescrição para ilícitos praticados por qualquer agente, servidor ou não, que causem prejuízos ao erário, ressalvadas as respectivas ações de ressarcimento."

Conclusões lógicas que o Supremo Tribunal Federal vem confirmando:

a) o tema tem relação com o amplo conjunto de competências do Tribunal de Contas;

b) os Tribunais de Contas não têm competência para apurar ilícitos penais, eleitorais ou relacionados a improbidade; a competência é relacionada a contas, legalidade e regularidade de despesas;

c) não faz sentido que há séculos a Constituição tenha inserido e mantido na estrutura estatal um Tribunal, para após desconsiderar suas decisões ou que seus efeitos se restringem ao âmbito do próprio Tribunal;

d) a garantia do devido processo legal não se antagoniza à comunicabilidade das instâncias administrativas e judicial; nesse sentido;

e) os atos administrativos, em geral estão sujeitos a prescrição, como consequência da necessidade da segurança jurídica e estabilidade das relações;

f) a Constituição Federal somente excepcionou o dever de ressarcimento quando o causa for ato de improbidade administrativa; [1727]

O balizamento exposto leva à inequívoca conclusão de que a penalidade é alcançada pela prescrição. Quanto ao dever de ressarcir ao erário, mesmo que seja imprescritível em caso de ato de improbidade administrativa (por conseguinte, doloso[1728]), nos termos da Constituição Federal e consoante o tema 897[1729] de repercussão geral, as penalidades aplicadas, mesmo a multa que tem caráter pecuniário, estão sempre sujeitas à prescrição.

[1727] Nos embargos de declaração interpostos contra decisão na ADI 5.384, proposta contra lei mineira que definia não se sujeitarem à prescrição as pretensões de ressarcimento ao erário decorrentes de ilícitos dolosos apurados pelos Tribunais de Contas, o STF destacou que "o princípio da simetria não pode ser invocado desarrazoadamente, em afronta à sistemática constitucional de repartição de competências e à própria configuração do sistema federativo". Considerou, assim, constitucional a instituição da prescrição e da decadência no âmbito dos respectivos tribunais de contas nas diversas unidades federativas. Disponível em: https://www.in.gov.br/en/web/dou/-/decisoes-446084214.

[1728] BRASIL. Lei nº 8.429, de 2 de junho de 1992. Dispõe sobre as sanções aplicáveis em virtude da prática de atos de improbidade administrativa, de que trata o § 4º do art. 37 da Constituição Federal; e dá outras providências. Diário Oficial [da] República Federativa do Brasil, Brasília, DF, 3 jun. 1992. Seção 1, p. 6.993. Art. 1º, § 1º.

[1729] Tese fixada: "São imprescritíveis as ações de ressarcimento ao erário fundadas na prática de ato doloso tipificado na Lei de Improbidade Administrativa." BRASIL. Supremo Tribunal Federal. Recurso Extraordinário nº 852.475/SP - Plenário. Relator para acórdão: Min. Edson Fachin. Julgamento em 08 ago. 2018. Publicação em 25 mar. 2019.

Nada obstante tenha o Supremo Tribunal Federal, no julgamento do Recurso Extraordinário nº 636.899, *leading case* do tema 899[1730] de repercussão geral, pronunciado-se tão somente sobre prescritibilidade da pretensão de ressarcimento ao erário fundada em decisão de tribunal de contas, a partir de tal julgado tais órgãos passaram a reconsiderar a processualística dos processos de controle sob suas respectivas jurisdições de forma mais abrangente, inclusive no que diz respeito à imposição de penalidades.

O TCU aprovou a Resolução nº 344/2022, posteriormente alterada por outras normas do mesmo nível. [1731]

Interessante observar que embora o tema tenha sido definido para a reserva legal, lei em estrito senso, a pretexto de regular o processo interno vários tribunais insistem em regulamentar a matéria. De acordo com pesquisa empreendida, regulação interna análoga ocorreu no âmbito dos tribunais de contas do Ceará, do Distrito Federal, dos Municípios de Goiás e do Município de São Paulo. Enquanto isso, tribunais de contas como os do Piauí, Santa Catarina, Mato Grosso do Sul e dos municípios do Pará optaram por promover alterações em suas próprias leis orgânicas, enquanto no Tribunal de Contas do Amazonas houve a alteração diretamente no texto da Constituição Estadual. Por seu turno, o Tribunal de Contas de Mato Grosso, promoveu alterações em seu Código de Processo de Controle Externo, a fim de contemplar a tratativa sobre prescrição.

É bem verdade que, mesmo antes do julgamento do precedente com força vinculante do STF, diversos tribunais de contas já possuíam normatização específica acerca da prescrição da pretensão punitiva, como os de Alagoas, do Espírito Santo, de Goiás, de Minas Gerais, de Pernambuco, do Rio Grande do Norte, de Roraima, de Sergipe e dos municípios da Bahia.

Seguindo-se esse escalonamento lógico, verifica-se que o prazo no âmbito da Administração Pública para faltas maiores tem sido preferencialmente de cinco anos[1732]. Dentre as várias normas, a que guarda maior identidade com as situações de controle externo e com a matéria de direito público, notadamente administrativo, é a lei que estabelece prazo de prescrição para o exercício de ação punitiva pela Administração Pública Federal, direta e indireta[1733], por regular norma bastante semelhante, pertinente à prescrição da ação punitiva diante do poder de polícia. Definiu esse diploma legal:

[1730] Tese fixada: "É prescritível a pretensão de ressarcimento ao erário fundada em decisão de Tribunal de Contas". BRASIL. Supremo Tribunal Federal. Recurso Extraordinário nº 636.886/AL - Plenário. Relator: Min. Alexandre de Moraes. Julgamento em 20 abr. 2020. Publicação em 24 jun. 2020.

[1731] BRASIL. Tribunal de Contas da União. Resolução nº 344/2022. Regulamenta, no âmbito do Tribunal de Contas da União, a prescrição para o exercício das pretensões punitiva e de ressarcimento. Diário Oficial da União, Brasília, DF, 11 out. 2022

[1732] BRASIL. Tribunal de Contas da União. Processo TC nº 027.707/2011-3. Acórdão nº 1.711/2013 - Plenário. Relator: Ministro José Jorge. Brasília, 03 de julho de 2013. Disponível em: <http://www.tcu.gov.br>. Acesso em: 07 fev. 2014.

[1733] BRASIL. Lei nº 9.873, de 23 de novembro de 1999. Estabelece prazo de prescrição para o exercício de ação punitiva pela Administração Pública federal, direta, e indireta, e dá outras providências. Diário Oficial da União [da] República Federativa do Brasil, Brasília, DF, 24 nov. 1999. Seção 1, p. 3

a) o prazo geral de cinco anos;

b) o prazo de três anos para a prescrição intercorrente;

c) a interrupção da prescrição pela ocorrência de um dos seguintes motivos:

c.1) notificação ou citação do indiciado ou acusado, inclusive por meio de edital,

c.2) qualquer ato inequívoco, que importe apuração do fato,

c.3) decisão condenatória recorrível,

c.4) por qualquer ato inequívoco: que importe em manifestação expressa de tentativa de solução conciliatória.

Os atos apontados em c.1 são comuns à atuação dos Tribunais de Contas; os atos em c.2 podem ser aplicados, por analogia, com a determinação de inspeção ou auditoria, requisições dos membros do plenário ou das inspetorias, desde que após o conhecimento da apuração pelos envolvidos; o ato previsto em c.3 guarda conformidade com a nomenclatura dos Tribunais de Contas. [1734]

Atento a essas premissas, o estudo da prescrição da pretensão punitiva deve considerar a ortodoxa divisão: antes do julgamento, após o julgamento e prescrição intercorrente.[1735]

4.7.1 Prescrição antes do julgamento

Ocorrida a irregularidade em matéria de contas públicas, nasce para a sociedade, personalizada no Estado, por intermédio do Tribunal de Contas, a pretensão de punir os responsáveis.

Essa pretensão é consumida pela ação do tempo, observadas as normais causas de interrupção e de prescrição. Exaurindo-se o lapso temporal, sem que a Administração Pública procure apurar o fato de que tinha ciência, ocorre a chamada prescrição da pretensão punitiva da Administração, em conformidade com a tradicional teoria do direito penal. Reconhecendo a prescrição, é possível pugnar pela responsabilização de quem a esta deu causa.

Decisões de ambas as turmas do STF, em sede de tutela provisória e definitiva, já reconheciam que a prescrição da pretensão punitiva do TCU é regulada integralmente pela Lei n° 9.873/1999, que fixa o prazo de 5 (cinco) anos a contar da data da prática do ato.[1736]

[1734] No âmbito do TCDF, o analista Jackson Urquiza da Costa e Silva, num importante e excelente trabalho, anterior à lei referida neste subtítulo, propôs que o prazo prescricional em relação à multa fosse de dois anos, numa analogia ao Regime Jurídico Único, reiterando-se a imprescritibilidade do dever de ressarcir o dano: DISTRITO FEDERAL. Tribunal de Contas do Distrito Federal. Processo nº 1718/1990. Decisão nº 3423/1999. Relator: Conselheiro Maurílio Silva Brasília, 10 de junho de 1999. Diário Oficial do Distrito Federal, Brasília, DF, p. 13-28.

[1735] Consulte a propósito artigo que sintetiza o entendimento sobre o tema de autoria de Mariana Carvalho.

[1736] A exemplo: MS nº 32.201/DF, Relator: Min. Roberto Barroso (DJe 07.08.2017).

Dessa forma, era indispensável que a jurisprudência sobre tão relevante tema se alinhasse o mais brevemente possível, de modo vinculativo às decisões com repercussão geral.

Mais recentemente, a prescrição quinquenal punitiva (e ressarcitória) foi reconhecida em controle de constitucionalidade nas ADI 5.509/CE[1737] e 5.384/MG[1738], portanto, com força vinculante e *erga omnes* para esses tribunais de contas, de modo a possibilitar o manejo de reclamação constitucional, em caso de inobservância do comando.

Ressalta-se que, na, ADI 5.384/MG, o STF entendeu que o termo inicial da prescrição deve ser a data do conhecimento do fato pelo tribunal de contas, consoante prescrição da Lei nº 9.873 de 1999, posicionamento este que vem encontrando respaldo em outros precedentes do STF [1739].

O Tribunal de Contas da União editou norma interna para orientar suas unidades prevendo, no art. 4º da Resolução nº 344/2022, que o prazo de prescrição será contado[1740]:

a) da data em que as contas deveriam ter sido prestadas, no caso de omissão de prestação de contas;

b) da data da apresentação da prestação de contas ao órgão competente para a sua análise inicial;

c) do recebimento de denúncia ou da representação pelo Tribunal ou pelos órgãos de controle interno, quanto às apurações decorrentes de processos dessas naturezas;

d) da data do conhecimento da irregularidade ou dano, quando constatados em fiscalização realizada pelo Tribunal, pelos órgãos de controle interno ou pelo próprio órgão ou entidade da Administração Pública onde ocorrer a irregularidade;

e) do dia em que tiver cessado a permanência ou a continuidade, no caso de irregularidade permanente ou continuada.

Perceptível que algumas das hipóteses visualizadas em muito estendem a incidência do curso prescricional, o que talvez denote o ímpeto de novamente contornar a prescrição quinquenal. Explica-se: mesmo anteriormente ao julgamento

---

[1737] BRASIL. Supremo Tribunal Federal. Ação Direta de Inconstitucionalidade nº 5.509/CE - Plenário. Relator: Min. Edson Fachin. Julgamento em 11 nov. 2021. Publicação em 23 fev. 2022.

[1738] BRASIL. Supremo Tribunal Federal. nº 5.384/MG - Plenário. Relator para acórdão: Min. Alexandre de Moraes. Julgamento em 30 mai. 2022. Publicação em 10 ago. 2022.

[1739] A exemplo: MS nº 32.201, Relator: Min. Luís Roberto Barroso (DJe 04.08.2017). MS nº 38.545/DF, Relator: Min. Dias Toffoli (DJe 04.07.2022); MS nº 38.783/DF, Relator: Min. Luís Roberto Barroso (DJe 27.02.2023); MS nº 38.138-AgR, Relator:Min. Alexandre de Moraes (DJe 21.09.2021); MS nº 37.913-AgR-ED, Relatora: Minª. Rosa Weber (DJe 13.03.2022).

[1740] BRASIL. Tribunal de Contas da União. Resolução nº 344/2022. Regulamenta, no âmbito do Tribunal de Contas da União, a prescrição para o exercício das pretensões punitiva e de ressarcimento. Diário Oficial da União, Brasília, DF, 11 out. 2022.

que fixou o tema 899, o TCU aplicava a prescrição decenal[1741] para as penalidades, contrariando a jurisprudência já consolidada no STF de que a pretensão sancionatória (e ressarcitória) via Tomada de Contas Especial (TCE) submete-se à prescrição em 5 (cinco) anos.

Assim, a prescrição contada a partir da data de denúncia ou representação, nos moldes do artigo 4°, inciso III, ou ainda a partir da data do conhecimento da irregularidade pelo TCU ou dos órgãos de controle, conforme o artigo 4° IV, potencialmente invalida a regra geral da prescritibilidade, consectário lógico dos princípios da segurança jurídica, da ampla defesa e do contraditório. Basta imaginar que tal denúncia, representação ou conhecimento da irregularidade pode ocorrer décadas após a prática do ato ou da ocorrência do fato ilícito. Impende, portanto, harmonizar os marcos prescricionais estabelecidos pela Resolução 344/2022 com a temporalidade mais objetiva da data do ato ou fato ilícito.

É precisamente o que se observa no Código de Processo Administrativo de Controle Externo do Estado do Mato Grosso[1742], quando prevê, em seu art. 83, inciso III, que as pretensões punitiva e de ressarcimento oriundas do exercício de controle externo prescrevem em 5 (cinco) anos, contados a partir da data do protocolo do processo, desde que não se tenham ultrapassado 5 (cinco) anos da data do fato ou ato ilícito ou irregular.

Como observado, o tema ainda está em evolução. Para prestigiar a segurança jurídica a *prescrição deveria ser contada da ocorrência do fato e definida por Lei, strictu sensu.*

O controle do erário aumenta com a tecnologia e a possibilidade de ocultar irregularidades tem menores possibilidades no cenário futuro, que chega justificando o balizamento que gera mais segurança jurídica para a sociedade.

Até lá, aceita-se que os tribunais de contas uniformizem o entendimento de suas unidades técnicas sobre a compreensão da lei, mediante Resolução. Os que estão sujeitos à fiscalização pelo Tribunal de Contas têm a justa expectativa que decisões em Ação Direta de Constitucionalidade ou equivalentes sejam precedentes respeitados nos julgamentos.

4.7.2 Causas interruptivas da prescrição

Nota-se que, quanto às causas interruptivas da prescrição, a Resolução n° 344/2022[1743] do TCU reiterou as hipóteses previstas na Lei n° 9.873/1999, que já vinham sendo aplicadas pela jurisprudência do STF, conforme tratado anteriormente neste item.

[1741] Nesse sentido: BRASIL. Tribunal de Contas da União, Acórdão 679/20 - Plenário. Tomada de Contas Especial (TCE).Processo nº 028.455/2008-0. Relator: Ministro Vital do Rêgo, data da sessão: 25/3/21, ata 9/2020.

[1742] MATO GROSSO. Lei Complementar nº 752/2022. Assembleia Legislativa do Estado de Mato Grosso. Código de Processo de Controle Externo do Estado de Mato Grosso. Diário Oficial do Estado de Mato Grosso, Cuiabá, MT, 19 dez. 2022.

[1743] BRASIL. Tribunal de Contas da União. Resolução nº 344/2022. Regulamenta, no âmbito do Tribunal de Contas da União, a prescrição para o exercício das pretensões punitiva e de ressarcimento. Diário Oficial da União, Brasília, DF, 11 out. 2022.

Forçoso relevar que referida resolução, contrariamente à regra civilista[1744], expressamente permite a interrupção do intervalo prescricional por mais de uma vez, por causas distintas ou pela mesma causa, desde que, por sua natureza, seja repetível no itinerário processual. Além disso, aproveitam-se as causas interruptivas ocorridas em feito diverso, quanto se tratar de fato coincidente ou presente na linha de desdobramento causal da irregularidade ou do dano em apuração.

Desse modo, as normas internas que não têm amparo em lei, desservem ao dever de garantir a segurança jurídica.

4.7.3 Prescrição após o julgamento

Após o julgamento que imputa a penalidade, é dever da Administração Pública efetivar a cobrança oriunda do título executivo do Tribunal de Contas. Caso não a promova, após o decurso de certo tempo, não mais poderá buscar a penalização, pois o tempo exonera a responsabilidade. No caso anterior, prescreve o direito de processar; aqui, cuida-se da prescrição do direito de punir.

4.7.4 Prescrição intercorrente

Denomina-se *intercorrente* a prescrição que se consuma pela superveniência do lapso temporal, após a interrupção ou suspensão do processo. Pode efetivamente ocorrer que, diante de uma irregularidade, a Administração Pública inicie a apuração, mas, posteriormente, a abandone, de modo que revele tal descaso com o já manifesto interesse de punir, que decorra integralmente novo curso prescricional.

Como regra, diante da interrupção, a contagem do prazo prescricional se reinicia, anulando o lapso temporal decorrido; na suspensão, diversamente, o interregno volta a ser contado, computando-se o prazo prescricional verificado antes do ato que gerou a suspensão.

A Resolução TCU n° 344/2022 adotou, em seu art. 8°, a incidência da prescrição intercorrente trienal[1745], seguindo a melhor orientação atual, prevista em lei. No entanto, inovou ao prever causas interruptivas, suspensivas e impeditivas em seu curso, bem como a responsabilidade funcional decorrente da paralisação processual, além do que está previsto em lei.

4.7.5 Responsabilização do causador da prescrição

Para evitar a comum ocorrência de prescrição e, tendo em conta o princípio da indisponibilidade do interesse público, as normas costumam determinar

---

1744 A unicidade da interrupção prescricional foi recentemente respaldada pelo STJ, mesmo na hipótese de intermitência de causa interruptiva extraprocessual e judicial. BRASIL. Superior Tribunal de Justiça, Recurso Especial nº 1786266/DF - 4ª Turma.Relator: Ministro Antônio Carlos Ferreira. Julgamento:.11 out. 2022.

1745 8BRASIL. Tribunal de Contas da União. Resolução nº 344/2022. Regulamenta, no âmbito do Tribunal de Contas da União, a prescrição para o exercício das pretensões punitiva e de ressarcimento. Diário Oficial da União, Brasília, DF, 11 out. 2022.

consequências graves para o agente que, pela omissão, deu causa à prescrição. Na atualidade essas normas estão impedindo a modernização e a evolução do tema.

Sob o aspecto administrativo, algumas normas preveem:

a) o Regime Jurídico Único[1746] da esfera federal manda que, quando for reconhecida a prescrição em favor do indiciado, seja apurada a responsabilidade de quem a ela deu causa;

b) a Lei Orgânica do Tribunal de Contas da União[1747] estabelece que, se a autoridade for omissa na instauração do procedimento apuratório, passa a responder solidariamente, como visto precedentemente;

c) a Lei de Improbidade estabelece como ato de improbidade ser omisso no cumprimento do dever legal.[1748]

d) mais recentemente, a Resolução n° 344/2022 do Tribunal de Contas da União[1749], em seus arts. 8° e 13, prevê, além da responsabilidade solidária da autoridade administrativa competente ou do agente público no exercício da atividade de controle interno causadores da prescrição, a responsabilidade solidária do respectivo órgão de controle interno ou da autoridade superior competente que, ao ter ciência da omissão, furta-se a promover sua imediata apuração e a dar imediata ciência da falha ao TCU.

Na esfera penal, várias leis específicas punem a omissão, enquadramento que pode ser perfeitamente elemento tipo da causa da prescrição.[1750]

4.8 Revelia

A melhor doutrina desenvolveu a premissa de que o comparecimento da parte no processo constitui um ônus em seu próprio benefício, e a "ausência envolve a perda da faculdade processual, que se transpõe pela preclusão".[1751]

[1746] BRASIL. Lei nº 8.112, de 11 de dezembro de 1990. Dispõe sobre o regime jurídico dos servidores públicos civis da União, das autarquias e das fundações públicas federais. **Diário Oficial [da] República Federativa do Brasil**, Brasília, DF, 12 dez. 1990. Republicada em: 18 mar. 1998.

[1747] BRASIL. Lei nº 8.443, de 16 de julho de 1992. Dispõe sobre a Lei Orgânica do Tribunal de Contas da União e dá outras providências. **Diário Oficial [da] República Federativa do Brasil**, Brasília, DF, 17 jul. 1992.

[1748] BRASIL. Lei nº 8.429, de 2 de junho de 1992. Dispõe sobre as sanções aplicáveis aos agentes públicos nos casos de enriquecimento ilícito no exercício de mandato, cargo, emprego ou função na Administração Pública direta, indireta ou fundacional e dá outras providências. **Diário Oficial [da] República Federativa do Brasil**, Brasília, DF, 3 jun. 1992. Seção 1, p. 6.993. Art. 11, inc. II.

[1749] 8BRASIL. Tribunal de Contas da União. Resolução nº 344/2022. Regulamenta, no âmbito do Tribunal de Contas da União, a prescrição para o exercício das pretensões punitiva e de ressarcimento. Diário Oficial da União, Brasília, DF, 11 out. 2022.

[1750] Como norma geral, consultar arts. 319 e 320 do CP: BRASIL. **Decreto-lei nº 2.848, de 7 de dezembro de 1940.** Institui o Código Penal Brasileiro. Disponível em <http://www.planalto.gov.br>. Acesso em: 9 jan. 2003.

[1751] BATALHA, Wilson de Souza Campos. **Tratado do Direito Judiciário do Trabalho.** São Paulo: LTr, 1985, 2. ed. rev. e atual., p. 475.

A *ficta confessio* não constitui penalidade, mas consequência, meramente processual, do não comparecimento.[1752]

Significativa que a evolução do pensamento jurídico vem impondo restrições aos efeitos da revelia, também denominada *contumácia*, no que se refere especialmente à confissão, restringindo o seu alcance. Podem ser citados como relevantes os seguintes aspectos, aplicáveis às contas especiais:

a) a revelia somente pode acontecer se a pessoa está na relação jurídica, embora com alguma falta ou defeito.[1753] Inaplicável a revelia quando há deficiência na citação;

b) o réu é revel quando citado e a providência cabia a ele e não ao autor.[1754] Descabe o reconhecimento da revelia quando a providência competia a terceiro, caso, por exemplo, da prestação de contas pelo sucessor do gestor;

c) o revel tem direito de ingressar nos autos a qualquer tempo, mas recebe o processo no Estado em que se encontra.[1755] Isto significa que não serão refeitos os atos ou reapreciadas provas ou, ainda, reabertas fases processuais;

d) não se pode mudar o valor da condenação ou a acusação contra um revel sem promover nova citação;[1756]

e) a parte que constitui Advogado continua a conservar o direito de defender-se diretamente perante o Tribunal de Contas, onde detém o *jus postulandi*. Por esse motivo:

   e.1) se nenhum dos dois comparece injustificadamente à Corte para defesa, pode ser decretada a revelia,

   e.2) se a parte informa no processo que fará diretamente sua defesa, salvo nos casos da defesa escrita, para a qual foi constituído advogado, a sua ausência justificada não poderá ser motivo de revelia, mesmo que ausente,

---

1752 *Ibidem citatum supra.*

1753 PONTES DE MIRANDA, Francisco Cavalcanti. **Comentários ao Código de Processo Civil.** 5. ed. Rio de Janeiro: Forense, 1995, 1 t., p. 335.

1754 *Ibidem citatum supra.*

1755 BRASIL. Lei nº 13.105, de 16 de março de 2015. Código de Processo Civil. Brasília, DF: Presidência da República, [2025]. Disponível em: https://www.planalto.gov.br/ccivil_03/_ato2015-2018/2015/lei/l13105.htm. Art. 346, aplicável por força das Súmulas nº 103 e 145 do TCU: "Súmula nº 103. Na falta de normas legais regimentais específicas, aplicam-se, analógica e subsidiariamente, no que couber, a juízo do Tribunal de Contas da União, as disposições do Código de Processo Civil;" "Súmula nº 145. O Tribunal de Contas da União pode alterar as suas deliberações (Regimento Interno, art. 42, itens IV e V), para lhes corrigir, de ofício ou a requerimento da parte, da repartição interessada ou do representante do Ministério Público, inexatidões materiais ou erros de cálculo, na forma do art. 463, I, do Código de Processo Civil, ouvida previamente, nos dois primeiros casos, a Procuradoria junto ao Colegiado."BRASIL. Tribunal de Contas da União. **Boletim TCU Especial,** Brasília, ano XL, n. 6, 4 dez. 2007. Disponível em: <http://www.tcu.gov.br>. Acesso em: 7 dez. 2011. A referência ao Regimento Interno está relacionada ao texto da Resolução Administrativa nº 15/1993, revogada pela Resolução nº 155/2002, que posteriormente foi alterada pela Resolução nº 246/2011.

1756 O teor dos artigos foi mantido nos arts. 344 e 345. BRASIL. Lei nº 13.105, de 16 de março de 2015. Código de Processo Civil. Brasília, DF: Presidência da República, [2025]. Disponível em: https://www.planalto.gov.br/ccivil_03/_ato2015-2018/2015/lei/l13105.htm. Aplicáveis por força das Súmulas nº 103 e 145, do TCU.

injustificadamente, também o advogado, que no caso não tinha o dever de ali estar,

e.3) se o Advogado constituído nos autos para defesa escrita e oral não comparecer, injustificadamente, e o interessado se fizer ausente, justificadamente, se conserva ainda o *jus postulandi* e não se caracteriza a revelia.

f) se vários são os acusados, a defesa de um pode aproveitar aos outros, quando houver um fato em comum em relação à causa que justifica a citação. Ensina Calmon de Passos, em escólio ao anterior Código de Processo Civil, que "o art. 320, I, portanto, tem de ser entendido como restrito à impugnação de fato comum a todos os litisconsortes, ou comum ao réu atuante e ao revel litisconsorte. Relativamente aos demais fatos, a sanção do art. 319 incide: eles serão reputados verdadeiros pelo juiz, eliminada a possibilidade de prova contrária do réu quanto aos mesmos" [1757].

A propósito, cabe lembrar que ser revel é um direito do acusado, o qual não pode ser penalizado apenas por exercer essa faculdade. Nesse sentido já decidiu o TCU, apoiando a manifestação da SECEX/SE e judicioso parecer da procuradora do Ministério Público junto ao TCU, Maria Alzira Ferreira, no qual averbou: "Entendo, portanto, não haver previsão legal para aplicação de multa, na hipótese de não atendimento à citação".[1758]

4.9. *Jus postulandi*

Reconhecendo na atividade dos Tribunais de Contas poder jurisdicional restrito ao julgamento de contas, passa a ser questionada a possibilidade de que os envolvidos, durante o julgamento, sejam ou não assistidos por advogados.

A primeira versão é que, por princípio constitucional, o Advogado é indispensável à administração da Justiça[1759] e, portanto, sua participação nos julgamentos é essencial à própria validade dos atos de jurisdição. O argumento, apesar de sedutor, não convence.

O direito brasileiro já teve oportunidade de enfrentar questão similar quando do advento da Constituição Federal de 1988 na Justiça do Trabalho. À época vigorava o *jus postulandi*[1760] e, com a redação dada ao art. 133, debateu-se muito sobre a sua

[1757] BRASIL. Lei nº 13.105, de 16 de março de 2015. Código de Processo Civil. Brasília, DF: Presidência da República, [2025]. Disponível em: https://www.planalto.gov.br/ccivil_03/_ato2015-2018/2015/lei/l13105.htm. Art. 321, aplicável por força das Súmulas nº 103 e 145, do TCU.

[1758] BRASIL. Tribunal de Contas da União. Tomada de Contas Especial. Processo TC nº 675.251/1996-6. Acórdão nº 36/1997 - 1ª Câmara. Relator: Ministro Humberto Guimarães Souto. Brasília, 25 de fevereiro de 1997. **Diário Oficial [da] República Federativa do Brasil**, Brasília, DF, 11 mar. 1997. Seção 1, p. 4808.

[1759] BRASIL. **Constituição da República Federativa do Brasil** (Versão Bolso). Organização dos textos e índice por J. U. JACOBY FERNANDES. 2. ed. Belo Horizonte: Fórum, 2019. Art. 133.

[1760] *Jus postulandi* corresponde à prerrogativa que a parte possui de postular, ou opor-se a postulação alheia, diretamente em juízo, sem necessidade de advogado.

continuidade ou não, sagrando-se vencedora a tese de que a redação daquele dispositivo constitucional não fazia exsurgir *ipso facto* a revogação do *jus postulandi*. De fato, não é da tradição brasileira o absolutismo da indispensabilidade. Certas ações podem ser intentadas diretamente pela parte.

Com referência à jurisdição de controle, com muito mais razão deve ser mantida a possibilidade de a parte fazer-se representar diretamente perante as Cortes de Contas. Para o caso, devem ser lembrados os seguintes fundamentos:

a) o julgamento não é restrito à legalidade, mas abrange a legitimidade e a economicidade;[1761]
b) os julgadores têm formação multidisciplinar, favorecendo a argumentação, também multidisciplinar;[1762]
c) os argumentos e a demonstração dos motivos da prática dos atos, como regra, já são previamente documentados, em matéria de contas públicas. Aqui há uma inversão do princípio da legitimidade, pois quem lida com recursos públicos administra algo que não lhe pertence e que está ineludivelmente associado ao dever de prestar contas. Logo, a documentação é um princípio não apenas da contabilidade pública, como de todas as atividades que envolvem recursos públicos;[1763]
d) os agentes públicos, mesmo perante a Corte, devem ser leais às instituições a que servem, declarar a verdade dos fatos e servir ao interesse público. De fato, mesmo que, numa primeira impressão, pareçam estar em condição oposta à do julgador, no âmago, deve existir identidade entre interesses do julgador e do julgado, pela peculiar situação de que desfrutam como vinculados ao interesse público;[1764]
e) é da tradição dos Tribunais de Contas, no Brasil e no exterior, o exercício do *jus postulandi*.

É necessário esclarecer adicionalmente, em linha de coerência com o pensamento deste autor, que o fato de se reconhecer o direito dos responsáveis irem diretamente à Corte de Contas, sem necessidade da intervenção de um Advogado, não significa dizer que a presença dessa categoria seja dispensável. A Corte é obrigada a

---

[1761] BRASIL. **Constituição da República Federativa do Brasil** (Versão Bolso). Organização dos textos e índice por J. U. JACOBY FERNANDES. 2. ed. Belo Horizonte: Fórum, 2019. Art. 70.

[1762] BRASIL. **Constituição da República Federativa do Brasil** (Versão Bolso). Organização dos textos e índice por J. U. JACOBY FERNANDES. 2. ed. Belo Horizonte: Fórum, 2019. Art. 73, extensível para os Tribunais de Contas dos Estados e Municípios por força do art. 75.

[1763] Exemplo clássico da inversão do princípio da legitimidade encontra-se nas licitações e contratos administrativos. Para saber mais sobre o assunto, consulte: BRASIL. **Lei de Licitações e Contratos Administrativos e outras normas pertinentes.** Organização dos textos e índice por J. U. Jacoby Fernandes. 15. ed. rev. e atual. Belo Horizonte: Fórum, 2014. E, veja, ainda: JACOBY FERNANDES, Jorge Ulisses. **Vade-mécum de Licitações e Contratos:** legislação selecionada e organizada com jurisprudência, notas e índices. 6. ed. Belo Horizonte: Fórum, 2013. O art. 113 da antiga Lei de Licitações e Contratos estatuia que era dever dos agentes da Administração Pública demonstrar a legalidade e a regularidade dos atos que praticam.

[1764] Esse argumento só não subsiste quando o julgado é particular, sem vínculo com a Administração Pública, responsável pela aplicação de recursos públicos.

receber os responsáveis sujeitos a jurisdição, observados naturalmente os procedimentos próprios que adotar no seu funcionamento. Não significa isso que as pessoas devam ser recebidas sem hora marcada, por exemplo, pois todos os que estão na instituição estão trabalhando. Ressalva-se, por evidente, situações de urgência, como licitação iminente ou revisão de medida cautelar.

Se, por um lado, há o dever para o Tribunal de não exigir a presença de Advogado, outra é a questão sobre a existência ou não de direito do servidor de requerer a assistência do profissional. Adiante se ilustrará melhor a questão.

4.10 Revelia e defensor dativo

Com frequência, vem à baila a necessidade ou não de os Tribunais de Contas designarem defensor dativo para os que, citados em julgamentos de contas, assumem condição de revel.

Se, no direito processual comum, a designação de defensor dativo constitui uma garantia decorrente do *devido processo legal*, com previsão em lei, em matéria de controle tal procedimento é inconveniente, desnecessário e imoral.

Os agentes envolvidos em julgamentos de contas, sob jurisdição dos Tribunais de Contas, são necessariamente responsáveis pela aplicação regular de recursos públicos. Designar terceiro é inconveniente, porque transferiria para o debate da formalística processual questão de mérito, de eficiência, de legitimidade da aplicação de recursos públicos; pretensão esta exatamente oposta à que justifica a existência dessa jurisdição especializada.

Versam as questões de julgamento de contas sobre interesses disponíveis, materiais; em pouco ou nada podendo contribuir, para a elucidação dos fatos, terceiro encarregado da defesa. Para zelar pela defesa da lei, os Tribunais de Contas já possuem, em sua estrutura orgânica, um Ministério Público em caráter especializado, que detém domínio do direito e da matéria de contas.

Na edição anterior, sustentamos: "Ofende o princípio da moralidade que a sociedade, já carente de recursos, transfira a alguém, que manifeste vontade e interesse em gerir recursos públicos, essa tarefa e depois, diante do comportamento irresponsável e omisso no dever de prestar contas, ainda tenha que suportar o ônus de contratar profissional para promover a defesa. Seria um acinte à sociedade![1765]". Ocorre que a expressão "o comportamento irresponsável e omisso no dever de prestar contas" é um julgamento e, como tal, só pode ser conclusivo, após garantida a ampla defesa e o contraditório. E essas garantias constitucionais somente são alcançadas após um julgamento e nesse ato o Estado deve garantir os "meios e recursos necessários".

[1765] Há, no âmbito do TCDF, acórdão em sentido contrário: DISTRITO FEDERAL. Tribunal de Contas do Distrito Federal. Processo nº 1.280/1993. Decisão nº 3.179/1998. Relator: Conselheiro Frederico Augusto Bastos. Brasília, 26 de maio de 1998. **Diário Oficial do Distrito Federal**, Brasília, DF, 5 jun. 1998, p. 15-19.

Portanto, a prevalência da Constituição Federal e das garantias que asseguram o estado democrático exigem que a sociedade garanta aos acusados o direito à defesa.

4.11 Assistência de defensor

Questão ainda pertinente ao princípio do *devido processo legal* é frequentemente apontada por defendentes em processos dos Tribunais de Contas: requerer auxílio de um defensor para auxiliar na elaboração da defesa.

Notadamente em um país carente como o Brasil, é raro encontrar quem saiba servir-se do uso adequado do vernáculo escrito. Por esse motivo, o pleito mostra-se justo e os Tribunais de Contas devem encontrar meios de operacionalizar tal demanda. Ideias alternativas, para evitar os custos com a estruturação de órgão para atender a esse mister, são: convênio entre os Tribunais de Contas e as defensorias públicas, escritórios modelos de faculdades, Ordem dos Advogados do Brasil etc. É sempre possível suprir de modo eficiente essa necessidade, resultando diretamente em melhoria da qualidade dos julgados.

Após a segunda edição da presente obra, a questão da assistência de defensor nos processos administrativos assumiu uma grande dimensão. O Superior Tribunal de Justiça veio a sumular: "É obrigatória a presença de advogado em todas as fases do processo administrativo disciplinar".[1766] A questão foi mal equacionada. Alegando que a decisão traria a nulidade de grande quantidade de processos, a Advocacia-Geral da União conseguiu, numa decisão estritamente política, que o Supremo Tribunal Federal editasse logo em seguida outra súmula com teor diametralmente oposto, numa situação inédita no país. Certamente, faltou aplicar a elementar lição de que interpretação de lei não retroage. Assim, sumulou o STF: "A falta de defesa técnica por advogado no processo administrativo disciplinar não ofende a Constituição".[1767]

Há questões complexas em que os responsáveis podem necessitar de apoio de advogado. Cita-se um só exemplo que inclusive prejudica os gestores que são defendidos por profissionais inexperientes: a questão relativa a efeito suspensivo nos recursos no âmbito do TCU, no qual, na verdade, da forma como hoje se interpreta, não se permite a execução de nova despesa em desconformidade com o que foi deliberado.

Desse modo, deve ser considerada a possibilidade de o responsável contar com assistência de advogado. O Tribunal de Contas da União já admitiu, por exemplo, que até as categorias muito bem-preparadas para a defesa de seus atos, como são os

---

[1766] BRASIL. Superior Tribunal de Justiça. **Súmula nº 343**. Disponível em: <http://www.stj.jus.br>. Acesso em: 22 dez. 2011.

[1767] BRASIL. Supremo Tribunal Federal. **Súmula Vinculante nº 5**. Disponível em: <http://www.stf.jus.br>. Acesso em: 22 dez. 2011

Procuradores da República, tenham advogados contratados para a defesa de atos que praticarem no desempenho de suas funções. Esse importante precedente, em caráter normativo, deve ser considerado.[1768]

4.11.1 Da obrigatoriedade (ou não) da defesa administrativa, controladora e judicial do agente público por parte do órgão jurídico-consultivo que atestou conformidade prévia do ato

Neste ponto, cumpre destrinchar importante inovação trazida pela nova lei de licitações - Lei n° 14.133/2021, bem como pela lei de improbidade administrativa - Lei n° 8.429/1992.

O art. 10 da Lei n° 14.133/2021 consagrou o dever de os advogados públicos defenderem, nas esferas administrativa, controladora ou judicial, os agentes públicos, sejam eles autoridades ou servidores, que houverem praticado ato em estrita orientação constante de parecer jurídico. Deixa claro o dispositivo que a defesa por parte da advocacia pública parecerista será acionada a critério do agente, podendo este optar por contratar procurador oriundo da advocacia privada. Não menos importante, o inciso II específica que o dever não vigorará caso conste nos autos do processo prova da prática de ilícito doloso. Por outro lado, consoante o § 2°, obrigam-se os pareceristas à defesa do agente mesmo que este já tenha deixado o cargo anteriormente ocupado[1769].A inovação é objeto da ADI n° 6915, movida pela Associação Nacional dos Procuradores dos Estados e do Distrito Federal (Anape), sob o argumento de que não compete à União, ao pretexto de tratar sobre normas gerais de licitação, estabelecer atribuições funcionais aos órgãos da advocacia pública estadual e

---

[1768] a) BRASIL. Tribunal de Contas da União. Processo TC nº 004.951/2002-3. Acórdão nº 338/2003 - Plenário. Relator: Ministro Adylson Motta. Brasília, 9 de abril de 2003. **Diário Oficial da União [da] República Federativa do Brasil**, Brasília, DF, 24 abr. 2003. "[...] Consulta formulada pelo Procurador-Geral da República. Verificação da possibilidade de realização despesas com o pagamento de advogados para a defesa de membros do Ministério Público da União, réus em ações judiciais propostas por pessoas físicas e jurídicas por eles investigadas. Conhecimento. Comunicação [...]".

b) A propósito, o ministro Nelson Jobim, quando do exercício da presidência do Supremo Tribunal Federal, deferiu pedido de assistência judiciária feito em Mandado de Segurança (MS nº 24.784) contra ato do presidente da 1ª Câmara do Tribunal de Contas da União. Nesse mandado, o servidor pediu a garantia de receber os valores correspondentes à uma determinada gratificação em sua remuneração, por entender ter direito adquirido, e também requereu os benefícios da justiça gratuita, nos termos da Lei nº 1.060/1950. Essa norma estabelece normas para a concessão da assistência judiciária, incluindo a isenção da cobrança das taxas judiciárias e custas devidas ao Poder Judiciário. O benefício foi deferido perante o STF, de modo que o servidor não teve gastos para enfrentar no Judiciário a decisão do TCU. Como no TCU há o *jus postulandi* e não se exige o depósito recursal, a parte já não tem gastos.

[1769] BRASIL. Lei nº 14.133, de 1º de abril de 2021. Lei de Licitações e Contratos Administrativos. Disponível em: https://www.planalto.gov.br/ccivil_03/_ato2019-2022/2021/lei/l14133.htm. Art. 10: "Se as autoridades competentes e os servidores públicos que tiverem participado dos procedimentos relacionados às licitações e aos contratos de que trata esta Lei precisarem defender-se nas esferas administrativa, controladora ou judicial em razão de ato praticado com estrita observância de orientação constante em parecer jurídico elaborado na forma do § 1º do art. 53 desta Lei, a advocacia pública promoverá, a critério do agente público, sua representação judicial ou extrajudicial. § 1º Não se aplica o disposto no caput deste artigo quando: I – VETADO; II - provas da prática de atos ilícitos dolosos constarem nos autos do processo administrativo ou judicial. § 2º Aplica-se o disposto no caput deste artigo inclusive na hipótese de o agente público não mais ocupar o cargo, emprego ou função em que foi praticado o ato questionado".

municipal, as quais devem se dar por legislação específica e própria do ente federado, sob pena de se incidir em ofensa ao pacto federativo[1770]. Até o momento desta edição, a ação se encontrava pendente de julgamento.

Calha salientar o erro do inc. II do § 1° da norma que dispõe não ter direito a defesa quando "II - provas da prática de atos ilícitos dolosos constarem nos autos do processo administrativo ou judicial".

A existência de prova da prática de ato ilícito só se firma com a sentença que reconhece provado determinado fato; o dolo, do mesmo modo, só é juridicamente provado quando a sentença assim reconhece. Deve-se admitir, porém, sobre a avaliação quanto ao ilícito doloso, que o próprio advogado público proceda a aferição e, em se convencendo de sua presença, poderá desobrigar-se da representação do agente decisório.

A melhor norma sobre a defesa de servidor público, no momento do fechamento desta edição é a Lei do Rio de Janeiro[1771] que trata da possibilidade de o servidor contratar Advogado para sua defesa, externo aos quadros da Administração Pública, definindo valores correspondentes ao quádruplo do valor previsto para a respectiva atividade na tabela de honorários advocatícios da Ordem dos Advogados do Brasil Seção do Estado do Rio de Janeiro.

Na mesma confluência, a Lei de Improbidade Administrativa recebeu em seu art. 17 a inclusão do § 20, promovida pela Lei n° 14.230/2021, para estabelecer a obrigatoriedade de a assessoria jurídica que lavrou o parecer de conformidade prévia promover a defesa judicial do administrador que praticou o ato, caso venha a responder por ação de improbidade administrativa, até que a decisão transite em julgado[1772].

Porém, de igual forma, o § 20 do artigo 17 da Lei n° 8.429/1992 foi questionado pelas ADIs de n° 7042/DF e 7043/DF, intentadas, respectivamente, pela mesma Anape e pela Associação Nacional dos Advogados Públicos Federais (Anafe), que lograram êxito em ter parcialmente declarada a inconstitucionalidade, com redução do texto, do dispositivo, no sentido de que não existe "obrigatoriedade de defesa judicial", havendo, porém, a mera possibilidade de os órgãos da Advocacia

---

[1770] BRASIL. Supremo Tribunal Federal. Ação Direta de Inconstitucionalidade n° 6915/DF. Relator: Ministro Nunes Marques. Disponível em: <https://portal.stf.jus.br/processos/detalhe.asp?incidente=6202990>. Acesso em: 20 fev. 2024.

[1771] RIO DE JANEIRO (Estado). Lei n° 6450, de 15 de maio de 2013. Dispõe sobre o custeio de prestação de serviços de natureza jurídica com o fim que se especifica, e dá outras providências. Disponível em: http://alerjln1.alerj.rj.gov.br/CONTLEI.NSF/c8aa0900025feef6032564ec0060dfff/1cd4bd76c0a7f44083257b7300597d13?OpenDocument.

[1772] BRASIL. Lei n° 8.429, de 2 de junho de 1992. Dispõe sobre as sanções aplicáveis em virtude da prática de atos de improbidade administrativa, de que trata o § 4° do art. 37 da Constituição Federal; e dá outras providências. Brasília, DF. Diário Oficial da União, 1992. "Art. 17 [...] § 20: A assessoria jurídica que emitiu o parecer atestando a legalidade prévia dos atos administrativos praticados pelo administrador público ficará obrigada a defendê-lo judicialmente, caso este venha a responder ação por improbidade administrativa, até que a decisão transite em julgado".

Pública autorizarem a realização da representação por parte da assessoria jurídica emissora do parecer, nos termos autorizados por lei específica[1773].

É de se destacar que o voto relator, com acerto, a nosso ver, julgou procedente a arguição de inconstitucionalidade da norma, a despeito de rechaçar o argumento e violação do pacto federativo ventilado na peça vestibular, que de fato não procede.

O acolhimento da pretensão, levando em consideração a possibilidade de elastecimento da causa de pedir na ADI, fulcrou-se na incongruência entre as funções típicas de defesa e consultoria a órgãos e entes públicos e a atipicidade da representação judicial e extrajudicial do agente público, para concluir que não cabe impor, de forma absoluta e automática, a assistência a este último. Para arrematar, ponderou que a adoção do parecer jurídico, por ter este natureza opinativa e de análise prévia, não garante que o administrador público praticará o ato nos exatos termos em que o apresentou o parecerista, o que demanda uma análise posterior da conduta efetivamente realizada.

Com efeito, em havendo dissonância entre as instâncias decisória e jurídico-opinativa em relação a elemento jurídico (e não a elemento técnico, pois o órgão de assessoria jurídica não detém a expertise necessária para sobre estes se manifestar de forma conclusiva), é salutar que o advogado público possa se eximir da responsabilidade de patrocínio ao agente.

Assim, após o julgamento da ADI, a discricionariedade quanto à defesa pela advocacia pública, que, pelo texto literal da norma, parecia partir apenas das autoridades ou servidores que praticaram o ato questionado, passou a ser também conferida ao próprio órgão parecerista, o qual terá a faculdade de, mediante lei específica, estabelecer os critérios pelos quais a representação judicial e extrajudicial do agente público será prestada.

4.11.2. Do seguro de responsabilidade civil para administradores de empresas estatais

Tão inquietante é o tema da defesa dos agentes públicos, mormente aqueles encarregados de altas funções de gestão, que o art. 17, § 1° da lei das estatais – Lei n° 13.303/2016, assevera que "O estatuto da empresa pública, da sociedade de economia mista e de suas subsidiárias poderá dispor sobre a contratação de seguro responsabilidade civil pelos administradores."

Este tipo de seguro é contratado pela pessoa jurídica, em benefício de seus administradores, visando proteger o patrimônio dos últimos quando interpelados, judicial ou administrativamente, na defluência de atos de gestão praticados no

[1773] BRASIL. Supremo Tribunal Federal. Ação Direta de Inconstitucionalidade nº 7042/DF. Relator: Ministro Alexandre de Moraes. Julgado em: 31 ago. 2022. DJe nº 28 fev. 2023. Disponível em: <https://portal.stf.jus.br/processos/detalhe.asp?incidente=6315635>. Acesso em: 20 fev. 2024; BRASIL. Supremo Tribunal Federal. Ação Direta de Inconstitucionalidade nº 7043/DF. Relator: Ministro Alexandre de Moraes. Julgado em: 31 ago. 2022. DJe nº 28 fev. 2023. Disponível em: <https://portal.stf.jus.br/processos/detalhe.asp? incidente= 6315955>. Acesso em: 20 fev. 2024.

exercício do cargo diretivo, quando ocasionarem prejuízos à estatal ou a terceiros. De tal maneira torna-se possível que os gestores, ao agirem como *longa manus* da empresa, assumindo para si riscos e obrigações, equilibrem a perspectiva de possíveis perdas oriundas de sua responsabilização.

Em 2021, o Tribunal de Contas da União apreciou a forma e os limites de aplicação do Estatuto Social da Petrobras para a contratação do seguro de responsabilidade civil de administradores de pessoas jurídicas (em inglês, *Directors & Office Liability Insurance – D&O*), bem como o exame da sua compatibilidade com o disposto na Lei 6.404/1976, que dispõe sobre as sociedades por ações.

O TCU determinou à Petrobras que passasse a prever em seu estatuto social a exclusão da cobertura de danos decorrentes de atos ilícitos eivados de dolo e "culpa grave", a fim de propiciar maior clareza à norma, alinhando-a à previsão contida no já tratado artigo 10 da Lei n° 14.133/2021, bem como que avaliasse a oportunidade de adoção de boas práticas internacionais e de mecanismos para coibição de desvios do uso do *D&O*[1774]. A mesma crítica feita precedentemente ao § 1°, inc. II, do art. 10 da Lei n° 14.133, de 1° de abril de 2021 aqui se repete. A culpa grave integra a decisão e não os documentos dos autos ou o ato acusatório. Somente o ato decisório é que pode declarar o elemento subjetivo.

4.11.3 Da defesa de servidores pela Advocacia-Geral da União

Na esfera federal, a Advocacia-Geral da União – AGU pode defender os servidores, inclusive na instância administrativa, como na judicial. Embora essa competência não esteja prevista no elenco do art. 4° da Lei complementar n° 73, de 10 de fevereiro de 1993, que instituiu a Lei Orgânica da Advocacia-Geral da União. Trata-se de importante inovação trazida pelo art. 22 da Lei n° 9.028/1995. Vale registrar que, em tese, na defesa dos atos praticados por seus agentes públicos, o Estado realiza a própria defesa e não de terceiro. Nesse sentido, é o Manual de Representação Extrajudicial da União, de agentes e ex-agentes públicos, elaborado pela AGU[1775]. A AGU defende os agentes públicos "quando vítimas de crime, quanto a atos praticados no exercício de suas atribuições constitucionais, legais ou regulamentares, no interesse público".

4.12 Forma

A defesa nos Tribunais de Contas é escrita, devendo vir desde logo acompanhada das provas das alegações. É imperioso observar o princípio da eventualidade, anteriormente referido.

[1774] BRASIL. Tribunal de Contas da União. Acompanhamento n° TC 008.487/2016-2. Acórdão n° 2158/2021 – Plenário. Relator: Ministro Raimundo Carreiro. Sessão de: 15 set. 2021. Disponível em: <https://pesquisa.apps.tcu.gov.br/documento/acordao-completo/*/KEY:ACORDAO-COMPLETO-2403740/NUMACORDAOINT%20asc/0>. Acesso em: 19 fev. 2024.

[1775] SENA JÚNIOR, Horcades Hugues Uchôa. Desafios da defesa de agentes públicos pela advocacia pública. 5 de junho de 2024. **Conjur**. Disponível em: https://www.conjur.com.br/2024-jun-05/desafios-da-defesa-de-agentes-publicos-pela-advocacia-publica/.

Cabe lembrar algumas regras tradicionais nas Cortes de Contas:

a) a defesa deve ser oferecida em petição com fls. numeradas, subscrita pelo deferente e/ou advogado;

b) atuando por intermédio de advogado, deve ser juntada procuração, dispensando-se o reconhecimento de firma;[1776]

c) é possível juntar procuração no prazo de quinze dias, aplicando-se subsidiariamente a regra do art. 104 do Código de Processo Civil;

d) a ausência de procuração, quando o defendente não assina junto à defesa, não regularizada, na forma da alínea anterior, implica o desentranhamento[1777] da petição e a desconsideração dos elementos e informações juntados;

e) ao titular do cargo de procurador de autarquia não se exige a apresentação de instrumento de mandato para a representação.[1778]

4.13 Sustentação oral

Pode o defendente ou seu advogado fazer sustentação oral das alegações de defesa. Nos Tribunais de Contas, o procedimento costuma seguir as seguintes regras:[1779]

a) só é admitida em complemento à defesa e não em substituição a esta, motivo pelo qual a parte deve sempre apresentar a petição escrita com suas alegações;[1780]

b) o advogado deve requerer o direito de sustentação oral junto com a entrega da defesa escrita ou em petição avulsa até 4 horas antes do início da sessão do julgamento; esse dispositivo repete o que é praticado em outros tribunais e facilita a programação das sessões, contudo por restringir prerrogativas da Advocacia não tem amparo jurídico, pois trata de matéria com reserva legal;

c) excepcionalmente, o Presidente do Tribunal poderá autorizar a produção de sustentação oral nos casos em que houver pedido fora do prazo estabelecido;

[1776] a) DISTRITO FEDERAL. Tribunal de Contas do Distrito Federal. Processo nº 2.320/1998. Relator: Conselheiro José Milton Ferreira: "[...] A Lei nº 8.952/1994 suprimiu, do art. 38, a necessidade de reconhecimento de firma para eficácia da procuração e, consequentemente, do substabelecimento, habilitante do mandato do advogado em juízo [...]". Disponível em: <**http://www.tc.df.gov.br**>. Acesso em: 22 dez. 2009.

b) O TCU acolheu as razões que constavam dos recursos, apesar de considerar viciada a representação: BRASIL. Tribunal de Contas da União. Processo nº 250.310/1991-0. Acórdão nº 62/1999 - Plenário. Relator: Min. Benjamin Zymler. Brasília, 26 de maio de 1999. **Diário Oficial [da] República Federativa do Brasil**, Brasília, DF, 14 jun. 1999.

[1777] Nesse caso, as folhas são presas à última contracapa, levando-se termo de desentranhamento no processo.

[1778] Transcrição parcial da Súmula nº 644 do Supremo Tribunal Federal, alterada pelo Tribunal Pleno, em sessão de 16 de novembro de 2003.

[1779] No Tribunal de Contas da União, o tema é regulado nos arts. 106 e 168 do Regimento Interno: BRASIL. **Regimento Interno e Lei Orgânica doTribunal de Contas da União.** Organização dos textos e índice por J. U. JACOBY FERNANDES. Belo Horizonte: Fórum, 2014. Resolução TCU nº 246/2011.

[1780] É necessário pensar sobre as vantagens de introduzir em nosso sistema o procedimento de audiência da corte italiana. Haverá vantagem nessa inovação.

d) o relator ou o tribunal defere o pedido e comunica ao interessado, podendo, de acordo com as normas regimentais, limitar a publicação do deferimento à imprensa oficial;

e) na data e hora marcada, a parte e/ou seu advogado comparece à secretaria das sessões, identifica-se e, se for o caso, requer orientações verbais adicionais sobre o procedimento e, se ainda não o tiver feito, entrega a petição da sustentação;

f) em alguns tribunais é exigido do advogado o uso de vestes talares - beca;

g) iniciado o relato do processo,[1781] o relator limita a leitura do voto à parte do relatório, não antecipando a parte do mérito de seu entendimento;

h) em seguida é dada a palavra ao representante do Ministério Público, que poderá prestar esclarecimento, estipular obrigações ou requerer o que julga oportuno. O objetivo desta manifestação é situar para os membros do plenário, os pontos da controvérsia. Havendo providências a serem requeridas, que o Ministério Público atue com anterioridade, para não adiar a presença do interessado, obrigando-o a novos deslocamentos;

i) após o pronunciamento do Ministério Público, o interessado ou seu advogado são convocados para ocupar a tribuna, fazendo uso da palavra uma única vez pelo prazo de dez minutos. Caso seja entendido que a matéria é de alta complexidade, pode esse prazo ser prorrogado por igual período.

j) o prazo de sustentação oral de procuradores distintos será duplicado e dividido em frações iguais entre estes. Assim, havendo mais de um defendente sustentando em causa própria, ou com advogados diferentes, o prazo será de dez minutos para cada um. Se houver mais de um defendente com o mesmo advogado, o prazo será único e de quinze minutos;

k) é facultado, nesse momento, entregar memorial a todos os membros do tribunal e requerer que uma via seja juntada ao processo. É vedado, contudo, juntar novas provas, pois o momento da defesa escrita já está precluso;[1782]

l) na votação mostra-se irregular a participação de ministro ou conselheiro que não esteve presente à sustentação oral ou, se presente, não atentou para esta;

m) após a sustentação oral, o interessado ou seu advogado deixam a tribuna, e inicia-se a fase de discussão, quando os membros do tribunal e o Ministério Público podem se manifestar e pedir vista;

[1781] Alguns tribunais alteram a pauta para favorecer a imediata sustentação oral.

[1782] Nesse sentido, o TCU, no Processo TC nº 023.032/2009-9, Acórdão 5.945/2013, decidiu que a "[...] obrigação de prestar contas com todos os documentos comprobatórios deve ser exercida no momento certo, de acordo com o termo de ajuste, convênio ou congênere. Não fica ao alvedrio do gestor a escolha desse momento obrigacional, sob a alegação de que sempre tem direito à ampla defesa e ao contraditório". O *decisum* trazia ainda, em seu bojo, pronunciamento do Serur, do qual cabe destacar "[...]que o memorial é peça com alegações que se entrega aos julgadores extra autos, não devendo o processo retornar à fase de instrução após sua apresentação, até porque nesse momento já deveria ter havido a inclusão do processo em pauta, conforme previsão regimental". Não é raro,porém, os Tribunais de Contas tolerarem a juntada quando a parte alega impedimentos à apresentação na época oportuna.

n) o Advogado pode pedir a palavra quando se trata de importante questão fática que está sendo relevante para a conclusão do julgamento, mas deve ter cautela ao usar essa prerrogativa;

o) em seguida, não havendo adiamento, começa a votação, considerando-se inicialmente, as questões preliminares e, logo após, o mérito.

Acerca dos recursos em matéria de processos no Tribunal de Contas consulte o item 3.2.4.

Capítulo V

Estrutura e composição dos Tribunais de Contas

Os Tribunais de Contas do Brasil organizam-se em simetria com o Tribunal de Contas da União, o que facilita a compreensão de suas estruturas e composição. No presente estudo, foram considerados: estrutura, composição, agentes e ética. Esta última de fundamental importância.

5.1 Breve histórico

Não é intenção desse trabalho aprofundar o estudo histórico dos Tribunais de Contas, bastando o registro tópico de alguns aspectos relevantes.

A história do controle dos recursos públicos do Brasil está intimamente ligada à escrituração contábil e tem sua matriz em Portugal.

Virgínia Rau, historiadora, esclarece que, em meados do século XVIII, deu-se regimento aos Contos do Estado do Brasil.[1783]

A contabilidade pública portuguesa, com a criação do Erário Régio, por carta de Lei de 22 de dezembro de 1761, no reinado de D. José I, simboliza o regime de centralização absoluta: todas as rendas da coroa ali davam entrada e dela saíam os fundos para todas as despesas.

Presidiu o Erário Régio, o Inspetor-Geral do Tesouro Sebastião José de Carvalho e Melo, Conde de Oeiras, depois Marquês de Pombal, desde a sua criação até 1777, destacando-se porque ficava imediatamente subordinado ao rei.

Na estrutura da organização do Erário Régio, abaixo do cargo de inspetor-geral, seguia-se o de tesoureiro-mor e respectivo escrivão, responsável pelas chaves do cofre e, inicialmente, quatro contadores-gerais, com diferentes competências territoriais:

a) Contadoria das Províncias do Reino e Ilhas dos Açores e Madeira;

b) Contadoria da África Ocidental, Maranhão e Bahia;

c) Contadoria da África Oriental, Rio de Janeiro e Ásia portuguesa.

Sem dúvida para a época, o órgão destacava-se, pois adotava uma inovação no lançamento das receitas e despesas: método das escrituradas em partidas dobradas.

Esclarece, ainda Virgínia Rau, que o Erário Régio sofreu alterações durante os tempos da ocupação francesa: por Decreto de 30 de dezembro de 1807, foram extintas

---

[1783] TRIBUNAL DE CONTAS. História do Tribunal de Contas. **Casa dos contos** (1389-1761). Órgão de ordenação e fiscalização das receitas e despesas do Estado. Disponível em: <http://www.tcontas.pt>. Acesso em: 24 out. 2002.

as duas contadorias relativas aos domínios ultramarinos, extinção esta que viria a ser revogada por Portaria de 19 de setembro de 1809. Em 1820, devido à diminuição do expediente, as duas contadorias ultramarinas são reunidas numa só: a Contadoria Geral do Rio e Bahia.[1784]

Em 1832, por meio do Decreto de 16 de maio, promulgado nos Açores por D. Pedro, foi criado o Tribunal do Tesouro Público, em substituição ao Erário Régio. Marca esse novo período a publicidade das contas públicas, em obediência à Constituição de 1822 e, também, à Carta Constitucional de 1826. Uma vez por ano, o ministro e secretário de Estado da Fazenda devia apresentar à câmara dos deputados um balanço das receitas e despesas do exercício anterior, bem como um orçamento geral de todas as despesas públicas para o ano seguinte.

Em 1844, um importante marco na história das contas públicas foi a definição da nova estrutura da Fazenda Pública, passando a administração central da fazenda a compreender a Secretaria de Estado dos Negócios da Fazenda, o Tribunal do Tesouro Público e o Conselho Fiscal de Contas.[1785] É o início da distinção entre as funções de administração e de fiscalização. Ocorre que o novo organismo não era ainda independente em face ao poder central: os membros do Conselho Fiscal de Contas eram nomeados pelo governo, escolhidos entre os membros do Tribunal do Tesouro ou de outras repartições. À semelhança do que ocorre no Brasil, junto do Conselho Fiscal de Contas, passou a funcionar com funções de Ministério Público um procurador-geral da fazenda, tendo assento no plenário e categoria iguais às dos seus vogais.

Em 1849, o Conselho Fiscal de Contas é extinto. Nasce, então, o Tribunal de Contas.[1786]

No Brasil, e sem referência ao desenvolvimento da história em Portugal, em 7 de novembro de 1890, pelo Decreto nº 966-A, o Marechal Manoel Deodoro da Fonseca, "Chefe do Governo Provisório da República dos Estados Unidos do Brazil", instituiu o "Tribunal de Contas".

Consta da norma de criação a assinatura do chefe de governo e de Rui Barbosa, um dos grandes incentivadores da criação, até hoje celebrado pela manifestação que consta da exposição de motivos, *in verbis:*

> A medida que vem propor-vos é a criação de um Tribunal de Contas, corpo de magistratura intermediária à administração e à legislatura que, colocado em posição autônoma, com atribuições de revisão e julgamento, cercado de garantias contra quaisquer ameaças, possa exercer as suas funções vitais no organismo constitucional, sem risco de converter-se em instituição de ornato apa-

---

1784 TRIBUNAL DE CONTAS. História do Tribunal de Contas. **Erário Régio** (1761-1832). Erário Régio ou Tesouro Real. Disponível em: <http://www.tcontas.pt>. Acesso em: 24 out. 2002.

1785 TRIBUNAL DE CONTAS. História do Tribunal de Contas. **Tribunal do Tesouro Público** (1832-1844). Disponível em: <http://www.tcontas.pt>. Acesso em: 24 out. 2002.

1786 TRIBUNAL DE CONTAS. História do Tribunal de Contas. **Conselho fiscal de contas** (1844-1849). Disponível em: <http://www.tcontas.pt>. Acesso em: 24 out. 2002.

> ratoso e inútil [...] Não basta julgar a administração, denunciar o excesso cometido, colher a exorbitância ou prevaricação, para as punir.
>
> Circunscrita a esses limites, essa função tutelar dos dinheiros públicos será muitas vezes inútil, por omissa, tardia ou impotente. Convém levantar entre o poder que autoriza periodicamente a despesa e o poder que quotidianamente a executa um mediador independente, auxiliar de um outro, que, comunicando com a legislatura e intervindo na administração, seja não só o vigia como a mão forte da primeira sobre a segunda, obstando a perpetuação das infrações orçamentárias por um veto oportuno aos atos do Executivo, que direta ou indireta, próxima ou remotamente, discrepem da linha rigorosa das leis de finanças.[1787]

Atribuem a criação do Tribunal de Contas a modelos de diversos países. Particularmente, melhor teria sido que o Brasil se espelhasse no modelo português, porque teria nascido verdadeiramente mais independente.

Veja por exemplo, os seguintes excertos da breve história daquele Tribunal de Contas:

> O Tribunal do Tesouro Público só viria a iniciar verdadeiramente funções 10 anos após ter sido criado pela legislação de Mouzinho da Silveira, em 1832. E permeio, foi extinto em 1836 com a Revolução de Setembro que defendia a criação de um órgão independente de fiscalização das finanças públicas, traduzido no art.º 135º da Constituição de 1838 que determinava a criação de um Tribunal de Contas.[1788]

Mesmo com fundamentos diferentes, o Brasil, logo na primeira Constituição da República, eleva o Tribunal de Contas à estatura constitucional, sendo formalizada sua instituição.[1789]

Inovando na estruturação do aparelho do Estado, a Constituição de 1934 cria um capítulo específico para cuidar "dos órgãos de cooperação nas atividades governamentais", inserindo duas seções: a primeira destinada ao Ministério Público e a segunda ao Tribunal de Contas.[1790]

A Constituição de 1937 foi mais longe, definindo o Tribunal de Contas no Capítulo IV, reservado ao Poder Judiciário, ato esse justificado pelas feições judicialiformes do Tribunal de Contas. Da Constituição de 1946 em diante, foi colocado no capítulo do Poder Legislativo.

1787 RUI BARBOSA. Exposição de Motivos: BRASIL. **Decreto nº 966-A, de 7 de novembro de 1890.** Cria um Tribunal de Contas para o exame, revisão e julgamentos dos atos concernentes à receita e despesa da República. 1ª Coleção de Leis do Brasil, v. 11, p. 3440, 1890. Disponível em: <http://www.senado.gov.br>. Acesso em: 25 out. 2002.

1788 TRIBUNAL DE CONTAS. História do Tribunal de Contas. **Tribunal do tesouro público** (1832-1844). Disponível em: <http://www.tcontas.pt>. Acesso em: 24 out. 2002.

1789 BRASIL. **Constituição da República dos Estados Unidos do Brasil** (de 16 de julho de 1934). Disponível em: <http://www.planalto.gov.br>. Acesso em: 25 out. 2002. Art. 99.

1790 *Ibidem*, Capítulo VI. Seção II.

A estrutura do Tribunal de Contas foi definida à época de sua criação, como órgão único, voltado para o exame, revisão e julgamento de todas as operações concernentes à receita e despesa da República. Apenas um para fiscalizar a República, por esse motivo o nome no singular, Tribunal de Contas sem adjetivação pertinente à área de fiscalização jurisdição.

Como embrião da descentralização administrativa e competência recursal, o art. 5º do Decreto de criação[1791] permitiu que o tribunal pudesse delegar às *Thesourarias da Fazenda* ou *em comissões de empregados*, o conhecimento em *primeira instância* das contas. Essa delegação se impunha pelo fato de que, à época, vigorava o registro prévio, exigindo-se o *visto* do tribunal em todos os atos que criassem despesa e, inclusive, nos decretos de Poder Executivo, ordens ou avisos dos ministérios.

5.2 Estrutura

No Brasil, encontra-se implícita, na Constituição Federal, a ideia de *estruturação sistêmica* da atividade de controle, sendo que, para o controle interno, a regra é compulsória.[1792] Nessa dimensão, a definição estrutural deveria levar em conta a fisionomia do paradigma estabelecido pela Constituição Federal: o Tribunal de Contas da União.

5.2.1 Estruturação sistêmica

O Tribunal de Contas da União constitui o paradigma federal de controle, devendo as normas constitucionais pertinentes serem aplicadas, *no que couber*, aos Tribunais de Contas dos Estados e do Distrito Federal, bem como aos tribunais e conselhos de contas municipais.[1793] Duas regras foram compulsoriamente definidas para os Tribunais de Contas das unidades federadas: compete à Constituição Estadual dispor sobre os Tribunais de Contas, os quais, adiantou o constituinte, devem ser integrados necessariamente por sete conselheiros.

Sobre o assunto, em comentário ao art. 75, assere Manoel Gonçalves Ferreira Filho, que "tem-se aqui uma norma de extensão normativa (ou seja, regra que estende a outro ou outros órgãos normas que presidem a instituição, ou lhe cometem poderes)".[1794] Amparado em Rubens Catelli, acrescenta que "a norma dispõe sobre matéria de competência obrigatória pelos Estados-membros, não permitindo, em consequência a estes, qualquer distorção na aplicação das normas que corporificam o sistema de fiscalização instituído".

[1791] RUI BARBOSA. Exposição de Motivos: **Decreto nº 966-A, de 7 de novembro de 1890**. Cria um Tribunal de Contas para o exame, revisão e julgamentos dos atos concernentes à receita e despesa da República. 1ª Coleção de Leis do Brasil, v. 11, p. 3440, 1890. Disponível em: <http://www.senado.gov.br>. Acesso em: 25 out. 2002.

[1792] BRASIL. **Constituição da República Federativa do Brasil (Versão Bolso)**. Organização dos textos e índice por J. U. JACOBY FERNANDES. 2. ed. Belo Horizonte: Fórum, 2019. Art. 74.

[1793] *Ibidem*, art. 75.

[1794] FERREIRA Filho, Manoel Gonçalves. **Comentários à Constituição Brasileira de 1988**. 2. ed. atual. e rev. São Paulo: Saraiva, 1992, 1. v., p. 412.

Ao final, arremata que os Estados não podem desobedecer à ordenação dada ao Tribunal de Contas da União, sendo que as normas só podem ser postas de lado onde "não couber a sua aplicação".

A lógica abona a interpretação literal, na medida em que se pretende, no art. 74, um *sistema* de controle interno, o qual certamente deve ter uma interface com o *sistema de controle externo*. Inexoravelmente, a estruturação sistêmica exige uma similitude orgânica, só permitida com a simetria imposta.

Aliás, com a singeleza e a capacidade de síntese que sempre o destacaram, pontifica Wolgran Junqueira Ferreira que "todos os órgãos estaduais e municipais devem ter simetria com o Tribunal de Contas da União".[1795] Nesse sentido, tem sido o entendimento do Supremo Tribunal Federal.[1796]

No Brasil há:

a) um Tribunal de Contas da União, responsável pelo controle dos bens, dinheiros e valores da esfera federal e sobre territórios federais, se houver;[1797]

b) vinte e seis Tribunais de Contas de Estado, sendo um por Estado, mas com jurisdições nem sempre semelhantes, conforme se observa a seguir:

b.1) nos Estados da Bahia, de Goiás e do Pará, há um Tribunal de Contas dos Municípios, órgão específico para cuidar das contas de *todos* os Municípios dos respectivos Estados e também auxiliar as câmaras municipais no controle externo. Nesses Estados, portanto, a atuação do Tribunal de Contas do Estado é restrita ao controle dos órgãos e recursos estaduais,[1798]

b.2) nos Estados do Rio de Janeiro e São Paulo, há um Tribunal de Contas do Município, nesse caso, grafado no singular, que tem por objetivo fiscalizar as contas do Município do Rio de Janeiro e de São Paulo, respectivamente. Esses Estados têm a particularidade de as respectivas capitais terem o mesmo nome do Estado e, em ambos, também há o Tribunal de Contas do Estado, agravando a confusão. Desse modo, nos Estados do Rio de Janeiro e São

---

[1795] FERREIRA, Wolgran Junqueira. **Comentários à Constituição de 1988**. Campinas: Julex, 1. ed., 1989, 2. v. p. 634.

[1796] O STF declarou a inconstitucionalidade de subtração ao Tribunal de Contas da competência do julgamento das contas da Mesa da Assembleia Legislativa para submetê-las ao regime do art. 71, c/c art. 49, IX, que é exclusivo da prestação de contas do Chefe do Poder Executivo, cf.: BRASIL. Supremo Tribunal Federal. Ação Direta de Inconstitucionalidade nº 849-8/MT. Relator: Ministro Sepúlveda Pertence. **Diário da Justiça [da] República Federativa do Brasil,** Brasília, DF, 23 abr. 1999. Seção 1.

[1797] BRASIL. **Constituição da República Federativa do Brasil (Versão Bolso).** Organização dos textos e índice por J. U. JACOBY FERNANDES. 2. ed. Belo Horizonte: Fórum, 2019. "Art. 33. A lei disporá sobre a organização administrativa e judiciária dos Territórios. [...] § 2º As contas do governo do território serão submetidas ao Congresso Nacional, com parecer prévio do Tribunal de Contas da União [...]".

[1798] No estado do Ceará existia também um Tribunal de Contas dos Municípios, que por decisão política foi extinto, sendo os servidores e Conselheiros absorvidos pelo Tribunal de Contas do Estado.

Paulo, o Tribunal de Contas do Estado exerce a jurisdição sobre o Estado e todos os Municípios, excetuando-se o Município da respectiva capital,

b.3) em todos os demais Estados da federação, o Tribunal de Contas do Estado exerce jurisdição sobre o Estado e sobre todos os Municípios, auxiliando a Assembleia Legislativa e as câmaras municipais no controle externo,

b.4) três Tribunais de Contas de Municípios, encarregados de fiscalizar as contas de todos os Municípios dos respectivos Estados, nos termos já referidos no subitem b1,

b.5) dois Tribunais de Contas de Município, encarregados de fiscalizar as contas do Município do Rio de Janeiro e de São Paulo, respectivamente, nos termos já referidos no subitem b2 supra,

b.6) um Tribunal de Contas do Distrito Federal, com jurisdição sobre todos os órgãos do Distrito Federal, o qual, a propósito, não pode dividir-se em Municípios.[1799]

Vez por outra, emendas à Constituição Federal ou às constituições dos Estados tentam extinguir os Tribunais de Contas dos Municípios[1800] ou o Tribunal de Contas do Município sob o argumento de economia.[1801] Essas teses são desarrazoadas, porque não é extinguindo unidade de controle específico que se faz economia. É precisamente a falta de fiscalização que gera desvios, corrupção e atos antieconômicos.

Após a Constituição Federal, o tema "estrutura do controle dos Estados" demorou a ser pacificado na jurisprudência. Após amplo debate, o Supremo Tribunal Federal firmou entendimento: as constituições estaduais podem criar Tribunal de Contas dos Municípios; o que a Constituição veda é a criação de Tribunal de Contas do Município, isto é, a Constituição veda a criação de modelo já existente em São Paulo e Rio de Janeiro.[1802]

1799 BRASIL. **Constituição da República Federativa do Brasil** (Versão Bolso). Organização dos textos e índice por J. U. JACOBY FERNANDES. 2. ed. Belo Horizonte: Fórum, 2019. "Art. 32. O Distrito Federal, vedada a sua divisão em Municípios, reger-se-á por lei orgânica, votada em dois turnos com interstício mínimo de dez dias, e aprovada por dois terços da Câmara Legislativa, que a promulgará, atendidos os princípios estabelecidos nesta Constituição [...]".

1800 STF decidiu que "a interpretação sistemática dos parágrafos 1º e 4º do artigo 31 da Constituição Federal revela ser possível a extinção de Tribunal de Contas responsável pela fiscalização dos Municípios mediante a promulgação de Emenda à Constituição estadual, surgindo impróprio afirmar que o Constituinte proibiu a supressão desses órgãos". BRASIL. Supremo Tribunal Federal. ADI nº 5.763. Disponível em: https://pesquisa.in.gov.br/ imprensa/ jsp/visualiza/index.jsp?jornal=515&pagina=1&data=06/11/2019.

1801 BRASIL. **Ata da Proposta de Emenda Constitucional nº 263, de 1995**. Autoria: Sr. Roberto Valadão e outros –"[...] altera dispositivos institucionais extinguindo os Tribunais de Contas dos Estados e dos Municípios, transferindo suas atribuições para Comissões nas Assembléias Legislativas e nas Câmaras Municipais [...]". Disponível em: <http://www.planalto.gov.br>. Acesso em: 22 dez. 2009.

1802 BRASIL. Supremo Tribunal Federal. Ação Direta de Inconstitucionalidade nº 596/RJ. Relator: Ministro Moreira Alves. Brasília, 5 de março de 1993. **Diário da Justiça [da] República Federativa do Brasil**, Brasília, DF, 07 maio 1993. Seção 1, p. 8.326.

Recentemente, o STF decidiu, reforçando a autonomia e independência dos tribunais de contas, que "[...] é reservada ao Tribunal de Contas a iniciativa para deflagrar processo legislativo a fim de dispor sobre a própria estrutura e organização, sendo vedado ao Poder Legislativo formalizar emendas, se impertinentes em relação à matéria originalmente proposta ou caso delas resulte aumento de despesa".[1803]

Os Tribunais de Contas não funcionam de modo integrado. O fato dificulta a ação do controle, se envolvidos recursos de mais de uma esfera de governo ou mesmo de uma só esfera, mas aplicados por autoridades de outra. As iniciativas de integração são bastante tímidas e se realizam por meio de *ato de colaboração* ou *convênio*[1804].

Não há recurso de Tribunal de Contas de Município para Tribunal de Contas do Estado, nem deste para o da União, atuando, cada tribunal, em sua esfera da federação, como instância máxima.

Os Tribunais de Contas podem se dividir em câmaras, funcionando o plenário tanto como instância recursal quanto como detentor de competência originária, segundo a natureza e importância das matérias sob fiscalização.

Integram a estrutura do Tribunal de Contas da União quatro órgãos distintos:[1805]

a) o órgão deliberativo - Plenário - pode ser dividido em câmaras, sendo composto por ministros e ministros-substitutos. Funciona junto ao órgão deliberativo um representante do respectivo Ministério Público;

b) o Ministério Público que atua junto ao Tribunal, também denominado de Ministério Público especial, composto de um procurador-geral, três subprocuradores-gerais e quatro procuradores;

c) órgãos técnicos, denominados, na atual estrutura, Secretaria de Controle Externo - SECEX, que atuam por áreas regionais, uma por Estado, e áreas temáticas, na sede;

d) órgãos componentes da estrutura de apoio administrativo; e

e) uma unidade de treinamento, pesquisa e capacitação, denominada *Instituto Serzedello Corrêa* - Escola Superior do Tribunal de Contas da União.

Os tribunais e conselhos de contas das unidades federadas guardam conformidade com o modelo federal, exceto em relação aos órgãos técnicos, que se limitam à respectiva área de jurisdição.

[1803] BRASIL. Supremo Tribunal Federal. ADI nº 6.967 Mérito. Disponível em: https://pesquisa.in.gov.br/imprensa/jsp/visualiza/index.jsp?jornal=515&pagina=1&data=21/08/2024&totalArquivos=142.

[1805] Ao tempo do fechamento desta edição a estrutura do TCU e as competências das unidades estão definidas na Resolução-TCU nº 347, de 12 de dezembro de 2022.

5.2.2 Criação dos Tribunais de Contas do Brasil

Adiante são indicadas a data e a base legal de criação de todos os Tribunais de Contas do Brasil, com suas respectivas leis orgânicas:

1. TRIBUNAL DE CONTAS DA UNIÃO

Criação: Decreto nº 966-A, de 7 de novembro de 1890[1806]

Lei orgânica: Lei nº 8.443, de 16 de julho de 1992.[1807]

Endereço eletrônico: http://www.tcu.gov.br

2. TRIBUNAL DE CONTAS DO ESTADO DO ACRE - AC

Criação: Emenda Constitucional Estadual nº 17, de 15 de setembro de 1987

Lei orgânica: Lei Complementar Estadual nº 38, de 27 de dezembro de 1993

Endereço eletrônico: http://www.tce.ac.gov.br

3. TRIBUNAL DE CONTAS DO ESTADO DE ALAGOAS - AL

Criação: Lei Estadual nº 1.365, de 29 de novembro de 1947, com vigência a partir de 1º de janeiro de 1948

Lei Orgânica: Lei nº 5.604, de 20 de janeiro de 1994

Endereço eletrônico: http://www.tc.al.gov.br

4. TRIBUNAL DE CONTAS DO ESTADO DO AMAPÁ - AP

Criação: Decreto Estadual nº 31, de 6 de fevereiro de 1991

Lei Orgânica: Lei Complementar Estadual nº 10, de 20 de setembro de 1995

Endereço eletrônico: http://www.tce.ap.gov.br/

5. TRIBUNAL DE CONTAS DO ESTADO DO AMAZONAS - AM

Criação: Lei Estadual nº 747, de 14 de outubro de 1950

Lei Orgânica: Lei Estadual nº 2.423, de 10 de dezembro de 1996

Endereço eletrônico: http://www.tce.am.gov.br

6. TRIBUNAL DE CONTAS DO ESTADO DA BAHIA - BA

Criação: Lei Estadual nº 1.120, de 21 de agosto de 1915

[1806] BRASIL. **Decreto nº 966-A, de 7 de novembro de 1890**. Crêa um Tribunal de Contas para o exame, revisão e julgamento dos actos concernentes á receita e despeza da Republica. 1ª Coleção de Leis do Brasil, v. 11, p. 3.440, 1890. Disponível em: <http://www.senado.gov.br>. Acesso em: 25 out. 2002.

[1807] Consulte a Resolução SF nº 16, de 2006, e a Lei nº 13.866, de 2019, em relação ao art. 55. No subitem XXX, o tema foi tratado, envolvendo essas normas.

Lei Orgânica: Lei Complementar Estadual nº 5, de 04 de dezembro de 1991 (alterações introduzidas pela Lei Complementar nº 12/1997)

Endereço eletrônico: http://www.tce.ba.gov.br

7. TRIBUNAL DE CONTAS DOS MUNICÍPIOS DO ESTADO DA BAHIA - BA

Criação: Lei Estadual nº 2.838, de 17 de setembro de 1970

Lei Orgânica: Lei Complementar Estadual nº 6, de 06 de dezembro de 1991 (alterada pela Lei Complementar nº 14/1998)

Endereço eletrônico: http://www.tcm.ba.gov.br

8. TRIBUNAL DE CONTAS DO ESTADO DO CEARÁ - CE

Criação: Decreto Estadual nº 124, de 20 de setembro de 1935

Lei Orgânica: Lei Estadual nº 12.509, de 06 de dezembro de 1995

Endereço eletrônico: http://www.tce.ce.gov.br

09. TRIBUNAL DE CONTAS DO DISTRITO FEDERAL - DF

Criação: Lei nº 3.751, de 13 de abril de 1960, sancionada por Juscelino Kubitschek de Oliveira.

Lei Orgânica: Lei Complementar Distrital nº 01, de 09 de maio de 1994

Endereço eletrônico: http://www.tc.df.gov.br

10. TRIBUNAL DE CONTAS DO ESTADO DO ESPÍRITO SANTO - ES

Criação: Lei Estadual nº 1.287, de 24 de setembro de 1957

Lei Orgânica: Lei Complementar Estadual nº 32, de 14 de janeiro de 1993

Endereço eletrônico: http://www.tce.es.gov.br

11. TRIBUNAL DE CONTAS DO ESTADO DE GOIÁS - GO

Criação: Constituição Estadual de 1947. A instalação se deu somente no dia 1º de setembro de 1952, por força do Decreto Estadual nº 130, de 07 de julho de 1952

Lei Orgânica: Lei Estadual nº 12.785, de 21 de dezembro de 1995

Endereço eletrônico: http://www.tce.go.gov.br

12. TRIBUNAL DE CONTAS DOS MUNICÍPIOS DO ESTADO DE GOIÁS - GO

Criação: Lei Estadual nº 8.338, de 19 de novembro de 1977, com a denominação de *Conselho de Contas dos Municípios do Estado de Goiás*. A Constituição Estadual, de 5 de outubro de 1989, substituiu o nome *para Tribunal de Contas dos Municípios do Estado de Goiás.*

Lei Orgânica: Lei Estadual nº 15.958, de 18 de janeiro de 2007, com alterações das leis estaduais nº 16.467/2009 e 17.228/2011

Endereço eletrônico: http://www.tcm.go.gov.br

13. TRIBUNAL DE CONTAS DO ESTADO DO MARANHÃO - MA

Criação: Decreto-Lei Estadual nº 134, de 30 de dezembro de 1946. A instalação se deu em 2 de janeiro de 1947, assumindo as atribuições do antigo Conselho Administrativo do Estado

Lei Orgânica: Lei Estadual nº 8.258, de 06 de junho de 2005 (com alterações dadas pela Lei nº 8.569/2007)

Endereço eletrônico: http://www.tce.ma.gov.br

14. TRIBUNAL DE CONTAS DO ESTADO DO MATO GROSSO - MT

Criação: Lei Constitucional nº 2, expedida em 31 de outubro de 1953, assumindo todas as atribuições anteriormente pertencentes à comissão legislativa

Lei Orgânica: Lei Complementar Estadual nº 269, de 22 de janeiro de 2007

Endereço eletrônico: http://www.tce.mt.gov.br

15. TRIBUNAL DE CONTAS DO ESTADO DO MATO GROSSO DO SUL - MS

Criação: Lei Complementar Estadual nº 01/79, de 28 de março de 1980

Lei Orgânica: Lei Complementar Estadual nº 48, de 28 de junho de 1990

Endereço eletrônico: http://www.tce.ms.gov.br

16. TRIBUNAL DE CONTAS DO ESTADO DE MINAS GERAIS - MG

Criação: Constituição do Estado de Minas Gerais de 1935

Lei Orgânica: Lei Complementar Estadual nº 102, de 17 de março de 2008

Endereço eletrônico: http://www.tce.mg.gov.br

17. TRIBUNAL DE CONTAS DO ESTADO DO PARÁ - PA

Criação: Constituição do Estado do Pará de 1947. A instalação se deu em 31 de janeiro de 1951

Lei Orgânica: Lei Complementar Estadual nº 12, de 09 de fevereiro de 1993, com alterações da Lei Complementar Estadual nº 20, de 18 de fevereiro de 1994

Endereço eletrônico: http://www.tce.pa.gov.br

18. TRIBUNAL DE CONTAS DOS MUNICÍPIOS DO PARÁ - PA

Criação: Emenda Constitucional Estadual nº 13, de 16 de outubro de 1980

Lei Orgânica: Lei Complementar Estadual nº 25, de 05 de agosto de 1994

Endereço eletrônico: http://www.tcm.pa.gov.br

19. TRIBUNAL DE CONTAS DO ESTADO DA PARAÍBA - PB

Criação: Lei Estadual nº 3.627, de 31 de agosto de 1970

Lei Orgânica: Lei Complementar nº 18, de 13 de julho de 1993

Endereço eletrônico: http://www.tce.pb.gov.br

20. TRIBUNAL DE CONTAS DO ESTADO DO PARANÁ - PR

Criação: Decreto-Lei Estadual nº 627, de 2 de junho de 1947, substituindo o Conselho Administrativo de Estado

Lei Orgânica: Lei Complementar Estadual nº 113, de 15 de dezembro de 2005

Endereço eletrônico: http://www.tce.pr.gov.br

21. TRIBUNAL DE CONTAS DO ESTADO DE PERNAMBUCO - PE

Criação: Lei Estadual nº 6078, de 12 de dezembro de 1967

Lei Orgânica: Lei Estadual nº 12.600, de 14 de junho de 2004

Endereço eletrônico: http://www.tce.pe.gov.br

22. TRIBUNAL DE CONTAS DO ESTADO DO PIAUÍ - PI

Criação: Constituição Estadual do Piauí

Lei Orgânica: Lei Estadual nº 4.721, de 27 de julho de 1994

Endereço eletrônico: http://www.tce.pi.gov.br

23. TRIBUNAL DE CONTAS DO ESTADO DO RIO DE JANEIRO - RJ

Criação: Decreto-Lei Estadual nº 4, de 15 de março de 1975

Lei Orgânica: Lei Complementar Estadual nº 63, de 1º de agosto de 1990

Endereço eletrônico: http://www.tce.rj.gov.br

24. TRIBUNAL DE CONTAS DO MUNICÍPIO DO RIO DE JANEIRO - RJ

Criação: Lei Municipal nº 183, de 23 de outubro de 1980

Lei Orgânica: Lei Complementar Municipal nº 289, de 25 de novembro de 1981

Endereço eletrônico: http://www.tcm.rj.gov.br

25. TRIBUNAL DE CONTAS DO ESTADO DO RIO GRANDE DO NORTE - RN

Criação: 12 de janeiro de 1961

Lei Orgânica: Lei Complementar Estadual nº 121, de 1º de fevereiro de 1994

Endereço eletrônico: http://www.tce.rn.gov.br

26. TRIBUNAL DE CONTAS DO ESTADO DO RIO GRANDE DO SUL - RS

Criação: Decreto Estadual nº 5.975, em 26 de junho de 1935

Lei Orgânica: Lei Estadual nº 11.424, de 06 de janeiro de 2000

Endereço eletrônico: http://www.tce.rs.gov.br

27. TRIBUNAL DE CONTAS DO ESTADO DE RONDÔNIA - RO

Criação: Decreto-Lei Estadual nº 47, de 31 de janeiro de 1983

Lei Orgânica: Lei Complementar Estadual nº 154, de 26 de julho de 1996

Endereço eletrônico: http://www.tce.ro.gov.br

28. TRIBUNAL DE CONTAS DO ESTADO DE RORAIMA - RR

Criação: 31 de maio de 1991

Lei Orgânica: Lei Complementar nº 06 de 24 de junho de 1994 (com alterações dadas pelas leis complementares estaduais nº 12/1995, 31/1999, 57/2002, 72/2004, 108/2006, 113/2006)

Endereço eletrônico: http://www.tce.rr.gov.br

29. TRIBUNAL DE CONTAS DO ESTADO DE SANTA CATARINA - SC

Criação: Lei Estadual nº 1366, de 4 de novembro de 1995

Lei Orgânica: Lei Complementar Estadual nº 202, de 15 de dezembro de 2000

Endereço eletrônico: http://www.tce.sc.gov.br

30. TRIBUNAL DE CONTAS DO ESTADO DE SÃO PAULO - SP

Criação: Decreto-Lei Estadual nº 16.690, de 9 de julho de 1921

Lei Orgânica: Lei Complementar Estadual nº 709, de 14 de janeiro de 1993

Endereço eletrônico: http://www.tce.sp.gov.br

31. TRIBUNAL DE CONTAS DO MUNICÍPIO DE SÃO PAULO - SP

Criação: Lei Municipal nº 7.213, de 20 de novembro de 1968

Lei Orgânica: Lei Municipal nº 9.167, de 03 de dezembro de 1980

Endereço eletrônico: http://www.tcm.sp.gov.br

32. TRIBUNAL DE CONTAS DO ESTADO DE SERGIPE- SE
Criação: Emenda Constitucional Estadual nº 2, de 30 de dezembro de 1969
Lei Orgânica: Lei Complementar Estadual nº 205, de 6 de julho de 2011
Endereço eletrônico: http://www.tce.se.gov.br

33. TRIBUNAL DE CONTAS DO ESTADO DE TOCANTINS - TO
Criação: Lei Estadual nº 001, de 23 de janeiro de 1989
Lei Orgânica: Lei Estadual nº 1.284, de 17 de dezembro de 2001
Endereço eletrônico: http://www.tce.to.gov.br

5.2.3 TCU paradigma para as unidades da federação – breve histórico

Em excelente trabalho intitulado "Limitações constitucionais à autonomia em matéria de Tribunais de Contas", apresentado no VIII Congresso de Tribunais de Contas, realizado em João Pessoa, Paraíba, em novembro de 1975, o então procurador do MPJ/TCDF, José Guilherme Villela, assentou duas premissas, que continuam atuais e plenamente válidas sob a égide da Constituição Federal de 1988:

a) os Estados membros devem, obrigatoriamente, adotar Tribunal de Contas; e
b) estão adstritos a observar, em suas linhas básicas, modelo federal de fiscalização orçamentária e financeira, no qual se incluem as normas constitucionais da União sobre estrutura, prerrogativas, competência, organização e funcionamento de seu Tribunal de Contas.

No mesmo sentido, com a singular clareza que lhe é peculiar, Lincoln Pinto da Luz, no artigo O *Instituto do Registro em face do atual sistema de controle da Administração Financeira*, pronuncia-se de forma interrogativa: "Estender-se-á, necessariamente, o paradigma federal aos níveis do Estado, Distrito Federal e Municípios?". Em seguida, esclarece peremptoriamente:

> A resposta é, sem dúvida, afirmativa. Sobre o tema, em gênero, já se tem manifestado iterativamente o Supremo Tribunal Federal, onde desde cedo se formaram duas correntes. A primeira considera impositiva a adoção do padrão federal de fiscalização financeira e orçamentária a todos os graus do corpo federativo; a segunda, levemente discrepante, sustenta que o sistema da União pode ser relegado na elaboração das Cortes estaduais, mas concordam ambas que onde for instituído Tribunal de Contas será inevitável a observância do esquema da União.[1808]

Observando a jurisprudência da Corte Suprema, consolidada em sucessivos julgados, entre os quais as Representações de nº 753 (RTJ 46/442); 755 (RTJ 52/520);

[1808] LUZ, Lincoln Teixeira Mendes Pinto da. O Instituto do Registro em face do atual sistema de controle da Administração Financeira. In: **Revista do Tribunal de Contas do Distrito Federal**, v. 6, p. 38, 1977. Disponível em: <http://www.tc.df.gov.br>. Acesso em: 22 dez. 2011.

758 (RTJ 54/642); 764 (RTJ 50/245) e 886 (RTJ 65/305), encontra-se o seguinte sumário, em parecer da Procuradoria-Geral da República, proferido no RE nº 78.568-AM:

> Se o Estado-membro decide à luz de seus próprios critérios e interesses, instituir um Tribunal de Contas para auxiliar o legislativo na fiscalização financeira e orçamentária, deverá seguir, nas suas linhas fundamentais, o modelo federal.[1809]

Para exemplificar o exposto, é oportuna a reflexão que a ministra do Tribunal de Contas da União, Élvia Lordello Castelo Branco, amparada no saudoso Ministro Aliomar Baleeiro, colhe na Representação nº 764-ES: "Desde que o Estado do Espírito Santo optou por seguir o modelo federal teria de fazê-lo nas linhas mestras que lhe dão eficácia". Firma aquela como premissa da explanação que se seguirá: "Tem-se por induvidoso que os procuradores juntos aos Tribunais de Contas constituem, pela natureza do ofício e por tratamento constitucional e legal, um verdadeiro Ministério Público especial".[1810]

5.2.4 TCU paradigma para as unidades da federação – cenário atual

A Constituição Federal impôs que os Tribunais de Contas devem efetivamente seguir o paradigma federal como ocorre em relação às demais instituições.

É preciso lembrar, contudo, a importante lição que se coloca imanente no modelo federal: os Estados-membros podem inovar para além do mínimo definido pela Constituição Federal; o mesmo ocorre quando envolve o Ministério Público que atua junto ao Tribunal: além do modelo mínimo definido pela Constituição Federal cabe inovação que guarde a austeridade que deve tipificar a ação controladora.

Há restrições, porém:

I. é vedado[1811] *criar tribunais, conselhos ou órgãos de contas municipais, a partir da Constituição Federal de 1988. Não ficou vedada a criação de Tribunal de Contas,*

[1809] BRASIL. Supremo Tribunal Federal. Recurso Extraordinário nº 78.568/AM. Disponível em: <http://www.stf.jus.br>. Acesso em: 22 dez. 2009.

[1810] Especificamente sobre o Ministério Público junto aos Tribunais de Contas, o Distrito Federal, em salutar procedimento, acompanha desde 1960 o modelo da mais alta Corte de Contas, e, pelo menos, outros dezenove Tribunais de Contas já se adaptaram ao modelo federal, conforme pesquisa promovida pela associação do Ministério Público junto aos Tribunais de Contas. É importante notar, porém, que o modelo apresenta variações, sendo que, em alguns Estados, o Ministério Público que funciona junto aos Tribunais de Contas já alcançou a plena autonomia financeira, com vinculação da receita, como ocorre no Pará.

[1811] BRASIL. **Constituição da República Federativa do Brasil** (Versão Bolso). Organização dos textos e índice por J. U. JACOBY FERNANDES. 2. ed. Belo Horizonte: Fórum, 2019. "Art. 31. A fiscalização do Município será exercida pelo Poder Legislativo municipal, mediante controle externo, e pelos sistemas de controle interno do Poder Executivo municipal, na forma da lei. [...] § 4º - É vedada a criação de tribunais, Conselhos ou órgãos de contas municipais[...]". Nesse sentido: BRASIL. Supremo Tribunal Federal. Ação Direta de Inconstitucionalidade nº 867/MA. Relator: Ministro Marco Aurélio. Brasília, 10 de outubro de 1994. Disponível em: <http://www.stf.jus.br>. Acesso em: 22 dez. 2009. "[...] Tribunal de Contas dos Municípios - Criação - Extinção. A interpretação sistemática dos §§ 1º e 4º do artigo 31 da Carta da República é conducente a concluir-se que os Estados-membros têm o poder de criar e extinguir conselhos ou Tribunais de Contas dos Municípios. A expressão onde houver inserta no primeiro

vinculado ao Estado, para fiscalizar as contas de todos os Municípios de um Estado, mas ficou vedada a criação de novos Tribunais de Contas para cuidar de contas exclusivamente de um Município, como ocorre nos Municípios do Rio de Janeiro e de São Paulo;

II. é vedado aos Tribunais de Contas possuírem mais ou menos de sete conselheiros. Trata-se de norma cogente e impositiva, ressalvados apenas os Estados com menos de dez anos de criação que deverão nesse lapso de tempo instituírem Tribunal de Contas com três conselheiros;[1812]

III. é vedado subtrair qualquer das competências dos Tribunais de Contas;[1813]

IV. por violação ao devido processo legal, também é vedado o julgamento sem a existência de Ministério Público específico para atuar junto aos Tribunais de Contas;

V. é vedado subtrair prerrogativas dos membros dos Tribunais de Contas, sob pena de comprometer as garantias expressamente asseguradas no art. 75 da Constituição Federal.

Por fim, e ratificando o exposto, já decidiu o STF que:

> Os requisitos para nomeação dos membros do Tribunal de Contas da União, inscritos no art. 73, § 1º, da CF, devem ser reproduzidos, obrigatoriamente, na Constituição dos Estados-membros, porque são requisitos que deverão ser observados na nomeação dos conselheiros dos Tribunais de Contas dos Estados e Conselhos de Contas dos Municípios. CF, art. 75.[1814]

No mesmo sentido:

> [...]
>
> 2. É constitucional a previsão de dupla deliberação pela Assembleia Legislativa para escolha de conselheiro do Tribunal de Contas, por encontrar-se albergada na margem de conformação permitida ao constituinte estadual quanto à disciplina do procedimento.
>
> 3. A Constituição Federal de 1988 não estabelece os requisitos específicos para nomeação dos conselheiros dos Tribunais de Contas dos Estados, especialmente prazo para a prática do ato pelo Chefe do Poder Executivo. O modelo federal de organização,

---

Parágrafo alberga a existência presente e futura de tais órgãos, sendo que o óbice a criação ficou restrito a atividade municipal [...]". Nesse sentido: BRASIL. Supremo Tribunal Federal. ADI nº 154. Relator: Ministro Octavio Galloti. **Diário da Justiça [da] República Federativa do Brasil,** Brasília, DF, 11 de out. de 1991. Votação: unânime. Resultado: improcedente. A propósito, na Constituição Federal de 1969, de acordo com o art. 16, § 3º, era permitido criar Tribunal de Contas específico a partir de dois milhões de habitantes e renda tributária superior a quinhentos milhões de cruzeiros novos.

[1812] Consultar, adiante, o subtítulo 5.4.1 ministros e conselheiros, item 5.4.1.4, que trata da situação peculiar dos novos Estados.

[1813] Tema desenvolvido nos Capítulos II e III.

[1814] BRASIL. Supremo Tribunal Federal. Ação Direta de Inconstitucionalidade nº 793-9. Relator: Ministro Carlos Velloso. Brasília, 3 de abril de 1997. **Diário da Justiça [da] República Federativa do Brasil,** Brasília, DF, 16 maio 1997. Seção 1, p. 19.948.

> composição e fiscalização das Cortes de Contas é de reprodução compulsória pelos entes federativos, nos termos do art. 75 da Constituição Federal, não cabendo ao Legislativo estadual substituir-se ao constituinte reformador na estipulação de regras mais restritivas ao Governador.[1815]

5.3 Prestação de contas

Os dirigentes dos Tribunais de Contas do Brasil ao aplicarem recursos públicos, gerirem as próprias dotações que recebam do orçamento, também se sujeitam ao dever de prestar contas.

Se não há dúvidas sobre a existência desse dever, o mesmo não pode ser dito sobre quem deve julgá-las.

Duas exegeses se firmaram: a primeira, que as contas deveriam ser julgadas pelo mesmo órgão que julga as contas do Presidente da República, ou seja, o respectivo Poder Legislativo; a segunda, considera que não existe processo de contas específicas do controlador, devendo estas serem gerenciadas e julgadas pelo próprio Tribunal de Contas[1816] e inseridas nas contas anuais do Presidente da República ou, conforme o caso, do respectivo Chefe do Poder Executivo.

Ocorre que o ordenador de despesas do Poder Legislativo tem suas contas julgadas pelo Tribunal de Contas, como outro qualquer ordenador de despesas. Desse modo, ao admitir-se que o parlamento julgue as contas do ordenador de despesas do Tribunal, cria-se uma relação promíscua, uma reciprocidade de competências que, por certo, afeta a parcialidade de ambos os julgamentos.

O Supremo Tribunal Federal enfrentou a questão mais de uma vez: há acórdãos que não admitem essa relação bilateral de competência,[1817] mas predomina o entendimento que considera correto que o Tribunal preste contas ao Poder Legislativo.[1818]

[1815] BRASIL. Supremo Tribunal Federal. Ação Direta de Inconstitucionalidade ADI nº 4964. Disponível em: https://pesquisa.in.gov.br/imprensa/jsp/visualiza/index.jsp?data=18/02/2025&jornal=515&pagina=1&totalArquivos=79.

[1816] O tema tem evoluído consideravelmente. Consulte, a propósito, as ADIs nº 2.238-DF e Nº 2.324-DF. A mais recente decisão do plenário do STF, acolhendo voto do Ministro Alexandre de Moraes, estabelece que os tribunais de contas são responsáveis por julgar as suas próprias contas, sendo meramente opinativo o parecer da Comissão Mista referida no art. 166, § 2º da Constituição Federal. Já a Lei de Responsabilidade Fiscal estabelece apenas um prazo para a emissão do parecer, mas não tira da Corte de Contas a competência para julgar as suas contas.

[1817] Nesse sentido: BRASIL. Supremo Tribunal Federal. Ação Direta de Inconstitucionalidade nº 1140/RR. Relator: Ministro Sydney Sanches. Brasília, 3 de fevereiro de 2003. **Diário da Justiça [da] República Federativa do Brasil,** Brasília, DF, 26 set. 2003.

[1818] Nesse sentido: BRASIL. Supremo Tribunal Federal. Representação nº 937/RJ. Relator: Ministro Cunha Peixoto. Brasília, 9 de novembro de 1977. **Diário da Justiça [da] República Federativa do Brasil**, Brasília, DF, 17 dez. 1980; Representação nº 1.021/RJ. Relator: Ministro Djaci Falcão. Brasília, 25 de abril de 1984. **Diário da Justiça [da] República Federativa do Brasil**, Brasília, DF, 1º out. 1984, p. 12.444; Ação Direta de Inconstitucionalidade nº 1175-8/DF. Relator: Ministro Carlos Velloso. Brasília, 4 de agosto de 2004. **Diário da Justiça [da] República Federativa do Brasil**, Brasília, DF, 18 ago. 2004; Ação Direta de Inconstitucionalidade nº 2.597-0/PA. Relator: Ministro Nelson Jobim. Brasília, 4 de agosto de 2004. **Diário da Justiça [da] República Federativa do Brasil**, Brasília, DF, 18 ago. 2004.

Em recente parecer para a ABRACON, entretanto, após expor esses e vários outros argumentos, atualizando a evolução do caso, relembramos que no Brasil, o Tribunal de Contas foi criado com o objetivo de garantir o exame, a revisão e o julgamento das operações concernentes às receitas e despesas, de forma autônoma e cercado de garantias contra quaisquer ameaças. A Constituição de 1891 elevou o *status* do Tribunal de Contas à nível constitucional, colocando-o, nas palavras de Castro Nunes, como "um instituto *sui generis*, posto de permeio entre os Poderes políticos da nação, o Legislativo e o Executivo, sem sujeição, porém, a qualquer deles" , modelo que foi mantido por todos as Constituições subsequentes. Posteriormente, ampliado, por meio da Constituição de 1988 essa também autorizou que estados-membros instituíssem Tribunais de Contas Estaduais e dos Municípios respectivos, vedando, contudo, a criação de novos Tribunais de Contas municipais, isto é para julgar contas de um município específico, como é no município do Rio de Janeiro e no município de São Paulo.

Os Tribunais de Contas devem também prestar contas à sociedade, como qualquer gestor de recursos alheios e esse dever é essencial à garantia do regime republicano. Importante observar que prestar contas ao parlamento é um modo de garantir a transparência das contas. O dever de julgar as contas, todavia, não se confunde com o dever de prestar contas. Quando definido o direito de julgar contas, o dever de prestar contas também é definido, mas a recíproca não é verdadeira; nem todos que prestam contas estão submetidos ao julgamento dessas contas.

Na Constituição Federal de 1988, o Congresso Nacional somente tem competência para julgar as contas do Presidente da República, conforme art. 49, inc. IX; não há nenhuma linha dispondo sobre julgamento das contas do Tribunal de Contas da União. A Lei de Responsabilidade Fiscal - LRF, por sua vez, estabeleceu, no art. 56, § 2°, que o Tribunal de Contas deve enviar as suas contas ao Poder Legislativo, por meio da comissão mista referida no art. 166, § 1°, da Constituição Federal, a qual deverá emitir parecer. Nota-se que a competência desse órgão parlamentar - a comissão mista -, se exaure na emissão de parecer. O silêncio é eloquente sobre a competência para julgar as contas do TCU.

Nesse sentido, a matriz constitucional que estrutura o sistema de controle externo, especificamente sobre prestar e julgar contas, foi interpretada em um só julgamento pelo Supremo Tribunal Federal, precisamente em relação às ADIs n° 2.238 e 2.324, que foram decidas conjuntamente. Em conformidade com o aqui exposto, o Supremo Tribunal Federal decidiu que "o Congresso e as Assembleias Estaduais designam relatores que examinam e apresentam pareceres votados nas próprias Comissões". O STF também interpretou, em absoluto respeito ao desenvolvimento histórico, decidindo que "o parecer sobre as contas dos Tribunais de Contas será proferido no prazo previsto no art. 57 pela comissão mista permanente referida no § 1° do art. 166 da Constituição ou equivalente das Casas Legislativas estaduais e municipais" e que "Não há nessa disposição qualquer subtração da competência dos Tribunais de Contas para julgar suas próprias contas".

Portanto, no modelo posterior à Constituição Federal de 1988, pela interpretação inequivocamente haurida no julgamento dessas ADIs é inconstitucional qualquer interpretação que imponha a qualquer órgão a competência para julgar as contas do Tribunal de Contas. Não é, porém, inconstitucional, como está estabelecido na Lei de Responsabilidade Fiscal que o Tribunal de Contas da União cumpra o dever de prestar contas trimestral e anual à Comissão específica do Congresso Nacional e essa emita parecer, devolvendo as contas para julgamento pelo próprio Tribunal.

O modelo definido pela Lei de Responsabilidade Fiscal para o Tribunal de Contas da União se insere na modelagem jurídica da matriz nacional de controle que se estrutura a partir do modelo da União sendo de observância compulsória pelos estados federados. Deste modo, qualquer norma que estabeleça a competência para julgar as contas dos Tribunais de Contas das unidades federadas ofende o art. 71, inc. II da Constituição Federal e o entendimento firmado pelo Supremo Tribunal Federal.

5.4 Composição

Pela Constituição Federal de 1988, o Tribunal de Contas da União é composto de nove ministros, segundo a respectiva Lei Orgânica.[1819] Todavia, é o colegiado de ministros que define o órgão. Por esse motivo, quando utilizado o termo *membros* do tribunal, há que se adotar, em regra, interpretação restritiva, açambarcando apenas os ministros; quando adotada a expressão *integrantes*, abrange esta tanto ministros, como os ministros-substitutos, membros do Ministério Público e servidores.

O que foi dito em relação aos ministros do TCU se aplica, *mutatis mutandis*, aos conselheiros dos demais Tribunais de Contas, cabendo destacar que o número de membros foi determinado, desde logo, pela própria Constituição Federal.

Nesse sentido, adverte Flávio Régis de Moura e Castro:

> Não pode haver variação no número de membros de um Tribunal Estadual para outro, dado que o número determinado pela Constituição é taxativo. Tenha o Estado o tamanho e a importância que tiver, o Colegiado terá sempre a mesma composição.[1820]

5.4.1 Ministros e Conselheiros

Uma tradição da legislação brasileira é a nomeação dos ministros do Tribunal de Contas da União pelo Presidente da República, fato que não só valoriza a titulação do cargo, como coloca essas autoridades a salvo de indébitas interferências dos escalões hierarquicamente inferiores.

[1819] BRASIL. Lei nº 8.443, de 16 de julho de 1992. Dispõe sobre a Lei Orgânica do Tribunal de Contas da União e dá outras providências. **Diário Oficial [da] República Federativa do Brasil**, Brasília, DF, 17 jul. 1992. Art. 62.

[1820] MOURA E CASTRO, Flávio Régis Xavier de. O novo Tribunal de Contas: visão sistêmica das leis orgânicas dos Tribunais de Contas dos Estados e Municípios do Brasil. In: **Revista do Tribunal de Contas do Estado de Minas Gerais.** Belo Horizonte, v. 46, n. 1, p. 140, jan./mar. 2003.

No ato de criação da primeira Corte dessa espécie,[1821] utilizou-se a denominação *funcionários com direito a voto deliberativo*, neste caso para distinguir os que decidiam em nome do órgão dos demais funcionários. A Constituição de 1891 denomina-os *membros*, adotando-se, a partir da Constituição de 1934 em diante, o termo ministro. Desde a criação do Tribunal de Contas, no entanto, os membros foram *equiparados* aos ministros do Supremo Tribunal Federal.[1822]

Os membros foram denominados *ministros*, em vários Estados e no Distrito Federal, mas, por força da Emenda 01/1969 à Constituição Federal de 1967, essa nomenclatura de cargo ficou restrita aos integrantes do Poder Judiciário e à esfera federal, adotando-se, a partir de então, a denominação de *conselheiro*.

A origem etimológica da palavra conselheiro remonta a Portugal, quando, em 1844, foi instituído o Conselho Fiscal de Contas e foi, pela primeira vez, feita a distinção entre a administração dos rendimentos e despesas do controle.

A atual Constituição brasileira estabelece requisitos e critérios para escolha dos ministros, inovando em relação às constituições anteriores, na medida em que atribuiu feição mais técnica e composição diversificada ao Tribunal de Contas da União, segundo quatro estratos diferentes, conforme será visto a seguir.

O Tribunal de Contas do Município de São Paulo, além do Plenário e das Câmaras, possui Juízos Singulares com competência específica para julgar as prestações de contas relativas às despesas feitas sob regime de adiantamento e os contratos de pequena monta e apreciar, para fins de registro, a legalidade dos atos de admissão de pessoal e das concessões de aposentadoria e pensões.

Flávio Régis de Moura e Castro[1823] observa que embora "a decisão tomada nesses processos seja, no âmbito do Tribunal de Contas do Município de São Paulo, de natureza terminativa, as demais Cortes de Contas do país deveriam adotar os juízos singulares, uma vez que contribuem substancialmente para a economia e a celeridade processuais".[1824]

5.4.1.1 Requisitos

Estabelece a Constituição:

[1821] RUI BARBOSA. Exposição de Motivos: **Decreto nº 966-A, de 7 de novembro de 1890**. Cria um Tribunal de Contas para o exame, revisão e julgamentos dos atos concernentes à receita e despesa da República. 1ª Coleção de Leis do Brasil, v. 11, p. 3440, 1890. Disponível em: <http://www.senado.gov.br>. Acesso em: 25 out. 2002.

[1822] BRASIL. Supremo Tribunal Federal. **Decreto nº 966-A/1890**. "Art. 6º. Compõem o Tribunal os funcionários, a que se conferir voto deliberativo nas matérias submetidas à competência dessa corporação. § 1º Esses funcionários serão nomeados por decreto do Presidente da República, sujeito à aprovação do Senado, e gozarão das mesma garantias de inamovibilidade que os membros do Supremo Tribunal Federal". Disponivel em: http://www.stf.jus.br. Acesso em: 12 de mar. 2012.

[1823] MOURA E CASTRO, Flávio Régis Xavier de. O novo Tribunal de Contas: visão sistêmica das leis orgânicas dos Tribunais de Contas dos Estados e Municípios do Brasil. In: **Revista do Tribunal de Contas do Estado de Minas Gerais. Belo Horizonte.** v. 46, n. 1, p. 155, jan./mar. 2003.

[1824] Ver no Capítulo III, que trata da competência dos Tribunais de Contas, o subtítulo 0. - embargos de terceiro.

a) mais de trinta e cinco e menos de setenta anos de idade;[1825]

b) idoneidade moral e reputação ilibada;

c) notórios conhecimentos jurídicos, contábeis, econômicos e financeiros ou de Administração Pública;

d) mais de dez anos de exercício de função ou de efetiva atividade profissional que exija os conhecimentos mencionados no inciso anterior;

e) ser brasileiro.[1826]

Esses requisitos buscam guardar simetria com as exigências da Constituição Federal em relação aos cargos de ministro do Poder Judiciário.

Com referência à restrição de idade, observa-se a existência de dois limites. O mínimo consagra uma exceção à regra estabelecida entre os direitos fundamentais, que veda discriminação por idade[1827] e revela a exigência de um maior nível de maturidade, experiência e vivência para o exercício do cargo. É óbvio, porém, que somente o decurso de tempo não assegura o desenvolvimento que é presumido pelo constituinte.

No que tange ao limite superior, além do primeiro aspecto exposto em relação ao limite mínimo, a norma também guarda semelhança com o modelo do Poder Judiciário, evitando nomeações às vésperas da aposentadoria, que desvirtuariam o interesse público, em prol do beneficiário de melhores proventos. É bem de ver, contudo, que essa exigência não deveria prosperar em relação às vagas reservadas ao Ministério Público e aos auditores, vez que já integrantes do Tribunal.[1828] Cabe lembrar que o aumento de limite máximo de sessenta e cinco anos para setenta anos decorreu da redação dada pela Emenda Constitucional n° 122, de 2022. Exigir pelo menos cinco anos no cargo para aposentar-se com direito aos proventos desse tem função moralizadora; o aumento do limite máximo, revelou em vários casos que a experiência somou valor.

[1825] O Supremo Tribunal Federal entende ser necessário que os demais Tribunais de Contas observem esse mesmo limite. Nesse sentido: Ação Direta de Inconstitucionalidade nº 793/RO. Relator: Ministro Carlos Velloso. Brasília, 3 de abril de 1997. **Informativo STF nº 65.** "[...] No mesmo julgamento, acolheu-se a arguição de inconstitucionalidade do art. 48, I, § 1º da Constituição de RO, com a redação da EC 3/1992, que fixou - quanto ao requisito etário para nomeação de Conselheiro ao Tribunal de Contas do Estado -, tão-só, a idade mínima de trinta e cinco anos. O STF decidiu que a regra do art. 73, § 1º, I da CF ('Os Ministros do Tribunal de Contas da União serão nomeados dentre brasileiros que satisfaçam os seguintes requisitos: I - mais de trinta e cinco e menos de sessenta e cinco anos de idade.') constitui preceito de observância compulsória pelos Estados à vista do que dispõe o art. 75 da CF ('As normas estabelecidas nesta Seção aplicam-se, no que couber, à organização, composição e fiscalização dos Tribunais de Contas dos Estados. [...]') [...]". Para o TCU a redação dada pela Emenda Constitucional nº 122, de 2022, passou a estabelecer a idade máxima de setenta anos)

[1826] BRASIL. **Constituição da República Federativa do Brasil.** Organização dos textos e índice por J. U. JACOBY FERNANDES. 2. ed. Belo Horizonte: Fórum, 2019. Requisitos constantes do § 1º do art. 73.

[1827] *Ibidem*, art. 5º e 7º, inc. XXX.

[1828] Nesse sentido, tramitou: **Projeto de Emenda à Constituição PEC-281/2000** – apresentada em 22 ago. 2000. Disponível em: <http://www.camara.gov.br/internet/sileg>. Acesso em: 10 out. 2002.

Idoneidade moral e reputação ilibada constituem requisitos de razoável subjetividade. Razoável porque pode ser enfrentada, promovendo-se a prova negativa: não possuir idoneidade moral e reputação ilibada.

Oportunamente, os conceitos jurídicos desses dois requisitos são exatamente coincidentes com as acepções vulgares: idoneidade moral é aptidão, capacidade de situar-se no plano dos bons costumes consagrados pela sociedade; reputação ilibada diz respeito ao conceito que a sociedade atribui ao sujeito "sem mancha, puro, incorrupto".

Nesse sentido, após uma grave crise, a Assembleia Legislativa do Rio de Janeiro chegou a elencar diversos impedimentos à nomeação de conselheiro ao tribunal de contas estadual. O Supremo Tribunal Federal, entretanto, por unanimidade, declarou a inconstitucionalidade da emenda à constituição estadual.[1829] Ao contrário do que ocorre nas relações sociais e em processos criminais, no plano moral inexiste "serviço de proteção ao crédito" ou "cartório de registros" das condutas, podendo-se concluir que, para possuir idoneidade moral, seria suficiente que o candidato não ostentasse condenação criminal definitiva ou fosse frequentador assíduo de colunas policiais. Já a reputação ilibada, requerida para o cargo de ministro e, por extensão impositiva do art. 75 da Constituição Federal, para o de conselheiro, exige o não envolvimento em atos de corrupção, entre outros.

Esses conceitos morais, embora prescindam de registros, são muito mais severos que os jurídicos, pois não se submetem ao princípio do contraditório e da ampla defesa. Situando-se no plano moral, não é necessário processo condenatório, mas que, aos olhos do *bonus pater familias*, a conduta seja veementemente reprovável; que o "candidato" não mais seja merecedor de crédito para desempenhar tão elevado cargo. Evidentemente que o eventual sujeito atingido pelo conceito ou pela difamação terá o direito de resposta e defesa, no sentido jurídico, garantindo-se a ampla defesa e o contraditório.

É que, não raro, pessoas de mais destaque estão sujeitas a processos difamatórios, especialmente acentuados quando enfrentam processos de escolha eleitoral.[1830] Em tese, o sistema seria perfeito, pois os nomes a serem escolhidos passam pelo crivo do parlamento, onde estão os legítimos representantes do povo. Em tese, a qualidade desses legítimos é suficiente para avaliar esses conceitos morais. A modelagem jurídica integra o dever-ser próprio do ideário da ciência jurídica, onde se lançam as pretensões do povo nas normas cujo efetivação decorre do desenvolvimento social.

[1829] BRASIL. Supremo Tribunal Federal. ADI nº 4190 Mérito. Brasília, 24.02.2025. Disponível em: https://portal.stf.jus.br/processos/detalhe.asp?incidente=2662073.

[1830] No Brasil, em várias regiões, os integrantes dos Tribunais de Contas são, eventualmente, atingidos por notícias difamatórias. Vários deles buscam o Poder Judiciário tendentes à reparação do dano moral. Zelar pela reputação própria e do Tribunal é dever de seus integrantes, pois a sociedade merece esses enfrentamentos, como condição de aumentar o crédito na própria instituição dos Tribunais de Contas. Cita-se: DISTRITO FEDERAL. Tribunal de Justiça do Distrito Federal e Territórios. Processo nº 2003.01.1.080911-5. Disponível em: **<http://www.tjdft.jus.br>**. Acesso em: 22 dez. 2011; Rio de Janeiro. Tribunal de Justiça do Rio de Janeiro. Processo nº 2005.001.020048-2.

Os notórios conhecimentos associados ao desempenho profissional, em áreas de conhecimento específico, porém, exigem prova positiva: possuir o conhecimento e comprovar o desempenho. Assim, a intensidade do conhecimento é que constituiria conceito etéreo, fluído.

Rompendo o propalado subjetivismo e demonstrando que esses requisitos não são vazios de significado, o Supremo Tribunal Federal brindou a sociedade com notável lição de hermenêutica, pondo o direito, na sua mais ampla extensão, em plena consonância com a exuberância dos valores reclamados pelo povo, tornando concreto o princípio da moralidade como elemento indissociável à validade dos atos administrativos.

Em recurso extraordinário de ação popular, guiado pelo voto do Ministro Paulo Brossard, o STF anulou nomeação de dois conselheiros, que já ocupavam o cargo há mais de três anos,[1831] em interpretação ao art. 73, decidindo que os atos de nomeação foram "lesivos à moralidade e à finalidade da norma constitucional".

Acima de um mero julgado, a decisão abriu trincheiras quando definiu que:

> [...] ao contrário do que harmonicamente dizem as impugnações à ação, a *comprovada* idoneidade e o *notório* saber, como a própria adjetivação ressalta, são elementos objetivos que não podem ser desconsiderados pela discricionariedade, pela vontade, pela simples avaliação do Governador. Esta visão distorcida do ato administrativo praticado já seria, por si só, suficiente para demonstrar a sua contaminação (grifos do original).

A possibilidade de contrastar atos de indicação e de nomeação dos membros das Cortes de Contas tornou-se efetiva e não mais poderá ser ignorada, sob pena de encontrar sobranceiro e firme o "guardião da Constituição".[1832]

Sobre as áreas do conhecimento, é importante notar que o constituinte definiu dois amplos conjuntos de conhecimentos:

I. *no primeiro, deve o futuro nomeado possuir notórios conhecimentos jurídicos, contábeis, econômicos e financeiros; ou*

II. *alternativamente ao primeiro, possuir notórios conhecimentos de Administração Pública.*

Explica-se essa exigência não pela prevalência de determinada área do saber humano sobre as outras, mas pela afinidade do conhecimento com as competências do tribunal, que, de fato, volta-se para o controle da Administração Pública. Em ambos, há uma visão multidisciplinar, essencial à ação do controle.

[1831] Discutia-se, no Recurso Extraordinário nº 167.137-8-TO, os requisitos para a ocupação do cargo de Conselheiro do Tribunal de Contas de Tocantins, tendo por esteio o disposto no art. 73 da Constituição Federal de 1988.

[1832] O STF entendeu que a qualificação formal não é requisito à nomeação. O notório saber é pressuposto subjetivo a ser analisado pelo governador do Estado: BRASIL. Supremo Tribunal Federal. AO nº 476/RR. Relator Ministro Marco Aurélio. **Diário da Justiça [da] República Federativa do Brasil,** Brasilia DF, 5 nov. 1999, p. 3.

No caso do conjunto de conhecimentos nas quatro áreas, direito, contabilidade, economia e finanças, no entanto, pode a notoriedade ser satisfeita em apenas uma delas, bastando ao candidato ter das outras conhecimento. Nesse ponto, embora afastada da literalidade da norma, a exegese se impõe pela simples impossibilidade fática de conhecimentos em grau tão aprofundado para satisfação do requisito *notoriedade*. Por esse motivo é que os extratos oriundos do Ministério Público e auditoria, costumam ser satisfeitos pelos candidatos, embora seja comum que só tenham notoriedade em uma das áreas. De fato, depois de dez anos de exercício no cargo de procurador ou auditor, o saber do profissional espraia-se para além das estritas fronteiras do seu gabinete para ser reconhecido e admirado pela restrita comunidade que orbita o círculo mais íntimo do controle externo.

Na legislação pertinente às licitações, há um conceito de Hely Lopes Meirelles, que auxilia na compreensão:

> Considera-se de notória especialização o profissional ou empresa cujo conceito no campo de sua especialidade, decorrente de desempenho anterior, estudos, experiências, publicações, organização, aparelhamento, equipe técnica, ou de outros requisitos relacionados com suas atividades, permita inferir que o seu trabalho é essencial e indiscutivelmente o mais adequado à plena satisfação do objeto do contrato.[1833]

Desse modo, não atende o requisito procurador ou auditor que, embora satisfaça o tempo de serviço, se limitou a desempenhar sua função como um autômato, nada acrescentando de profundidade à instituição, por isso se valorizam as publicações, os estudos etc.

Quanto aos não integrantes das duas carreiras, o campo de sua especialidade pode não ser coincidente com o do controle externo, bastante que, na área jurídica, contábil, econômica e financeira, seja notório, seja reconhecido como referência.

O controle social sobre as nomeações tende a se aprimorar: a sociedade e as legítimas instituições representativas - imprensa, OAB, entidades de classe, Ministério Público etc. – possuem, a partir da decisão do Supremo Tribunal Federal, meios para impugnar as nomeações e devem usá-los para impedir que "aventureiros" – que nada conhecem do controle externo, do ônus desse encargo, do compromisso dele decorrente, e, acima de tudo, que não preenchem quase nenhum dos requisitos – sejam guindados a uma posição como a de ministro e, por extensão forçada pelo art. 75 da Constituição Federal, de conselheiro.

[1833] BRASIL. **Lei de Licitações e Contratos Administrativos e outras normas pertinentes.** Organização dos textos e índice por J. U. Jacoby Fernandes. 15. ed. rev. e atual. Belo Horizonte: Fórum, 2014. Consulte, também: JACOBY FERNANDES, Jorge Ulisses. **Vade-mécum de Licitações e Contratos:** legislação selecionada e organizada com jurisprudência, notas e índices. 6. ed. Belo Horizonte: Fórum, 2013. "Art. 25. [...] § 1º. Considera-se de notória especialização o profissional ou empresa cujo conceito no campo de sua especialidade, decorrente de desempenho anterior, estudos, experiências, publicações, organização, aparelhamento, equipe técnica, ou de outros requisitos relacionados com suas atividades, permita inferir que o seu trabalho é essencial e indiscutivelmente o mais adequado à plena satisfação do objeto do contrato [...]".

Quanto ao requisito *tempo de exercício de atividades*, para as quais se exijam os "conhecimentos mencionados no inciso anterior" é importante examiná-lo com certa parcimônia. É que o inciso anterior se refere a "notórios conhecimentos", limitando-se muito a funções que poderiam ser computadas para integrar tal tempo. Observe-se que não bastaria a aprovação em concurso para que fosse satisfeita a regra. Seria necessário que, para provimento do cargo, também se exigissem notórios conhecimentos. Levada ao extremo essa interpretação, tornar-se-ia imprescindível que o candidato tivesse ocupado antes outro cargo, para o qual fossem exigidos esses conhecimentos. Esse entendimento levaria ao absurdo vez que inexistem, em nível constitucional, cargos para os quais se exijam, simultaneamente, "notórios conhecimentos jurídicos, contábeis, econômicos e financeiros", ou "notórios conhecimentos de Administração Pública".

Por isso, em termos de interpretação razoável, exige-se que o candidato possua os conhecimentos e não que tenha ocupado cargo para os quais se exijam esses requisitos.

5.4.1.2 Critérios

Muito se tem debatido acerca da validade dos critérios de escolha dos ministros dos Tribunais de Contas.

> Em Portugal, com a reforma de Salazar (1930), da sua composição são então eliminadas as representações parlamentares e as associações econômicas, por se entender que para o desempenho das funções que incubem a um vogal de uma instituição desta natureza se tornam necessários requisitos que podem não ser compatíveis com a qualidade de membros do Congresso ou representantes das referidas associações; antes deverão ser diplomados em cursos superiores adequados ou especializados em certas funções públicas.[1834]

Com frequência se discute a necessidade de impor a regra do concurso público, como critério único para seleção e nomeação.[1835] Sem dúvida, o concurso público desvincula o agente nomeado de qualquer interferência. Os nomeados por esse critério de escolha, impessoal por excelência, uma vez garantidos na continuidade da função, possuem todos os atributos para desempenhar a função com isenção e critério técnico.

Contudo, mesmo essa regra tem merecido críticas: seleciona o candidato que possui maior conhecimento, mas não necessariamente o mais apto ao desempenho da função.

[1834] TRIBUNAL DE CONTAS. História do Tribunal de Contas. **O Tribunal de Contas na reforma de Salazar** (25 de outubro de 1930-1976). Disponível em: <http://www.tcontas.pt>. Acesso em: 24 out. 2002.

[1835] BUARQUE, Paulo Plant. **Folha de São Paulo**, 25 de janeiro de 1997. "[...] Se o objetivo é dar aos Tribunais de Contas maior poder de controle, sejam transformados em tribunais administrativos, sendo escolhidos seus membros por concurso, como na magistratura em geral, salvo o chamado quinto, que, enfim, também é de escolha política, pois se faz através de indicações da OAB com outra escolha governamental [...]".

O mesmo ocorre no Poder Judiciário: juízes são selecionados pelo quanto sabem de processo e de direito, mas em nenhum momento são aferidos em relação ao senso de Justiça que possuem ou deixam de possuir. De igual modo, membros do Ministério Público vêm recebendo críticas pela atuação parcial de caráter político-partidária, ou com o simples intuito da promoção pessoal na imprensa oficiosa.

No âmbito dos Tribunais de Contas, contudo, o critério de escolha deveria ser ainda mais relevante, porque os julgadores do Poder Judiciário e do Ministério Público estão adstritos à lei, enquanto os membros das Cortes de Contas têm o poder de julgar os atos dentro do quadrante da legalidade, aferi-los frente aos vetores da legitimidade e da economicidade (tangenciando o mérito do ato administrativo) e ordenar o desfazimento de um ato que, mesmo satisfazendo os requisitos da norma, se distancie do interesse público primário.

Em exame da questão, o incansável pesquisador Marcos Valério de Araújo[1836] mostra que o critério de escolha, tanto pelo Poder Executivo quanto pelo Poder Legislativo, tem merecido fortes censuras:

> [...] o Professor Pinheiro Farinha, ex-Presidente do Tribunal de Contas de Portugal, considerava impensável o Governo escolher o Juiz que há de dar o Parecer sobre a Conta Geral do Estado ou designar o Juiz que há de intervir no julgamento de determinada conta.

Alinhando-se a este pensamento, também Servando Fernández-Victorio y Camps assinala que "quem julga, quem ajuíza, não pode em nenhum momento depender da pessoa ou ente ajuizado ou julgado. Não é legal nem tampouco seria ético".

Entre os diversos critérios de escolha observados pelo referido pesquisador, cabe sintetizar:

I. *Escolha direta pelo Poder Legislativo, sem consultas - Costa Rica, El Salvador, Equador, Espanha, Guatemala, México, Panamá, Uruguai e Venezuela. Cabe fazer alguns destaques com relação a esse item;*

II. *Brasil - duas terças partes do colegiado (seis de um total de nove) são escolhidas pelo Poder Legislativo, estando os critérios de escolha ainda pendentes de regulamentação;*

III. *El Salvador - o Poder Legislativo escolhe, sem consultas, os magistrados da 2ª instância e estes, por seu turno, escolhem os juízes da 1ª instância;*

IV. *México - o Poder Legislativo consulta a comissão de vigilância do próprio parlamento para a escolha final;*

V. *Escolha pelo Poder Legislativo mediante consulta - nesses casos, a consulta consiste do recebimento de uma lista tríplice (terna) de indicados por um segundo poder (executivo*

[1836] ARAÚJO, Marcos Valério de. **Como Controlar o Estado**: reflexões e propostas sobre o Controle Externo nas Américas, Portugal e Espanha. Brasília: UNITEC, 1992.

ou judiciário), para que o legislativo faça a escolha de um dos nomes. Adotam esse sistema as EFS da Colômbia, de Honduras, da Nicarágua, do Peru e da República Dominicana (esta, quanto à Câmara de Contas);

VI. *Escolha direta pelo Poder Executivo, sem consultas apresentam essa característica as EFS de Cuba e da República Dominicana (esta, apenas quanto à Controladoria Geral, órgão do Poder Executivo);*

VII. *Escolha pelo Poder Executivo, mediante consulta - nesses casos, a consulta consiste ora do referendo por parte do legislativo a um nome escolhido pelo executivo, ora do recebimento de uma lista tríplice (terna), oriunda das Cortes parlamentares, para que o governo escolha um dos nomes. Assim acontece com Argentina, Bolívia, Chile, Antilhas Holandesas, Paraguai, Porto Rico, Suriname e Estados Unidos. Particularmente no Brasil, uma terça parte das vagas, ou seja, três de um total de nove, é escolhida pelo Poder Executivo, mediante referendo do legislativo, sendo que duas destas três vagas devem ser escolhidas mediante listas tríplices (ternas), contendo nomes de ministros-adjuntos e de representantes do Ministério Público que trabalham junto à própria EFS;*

VIII. *Outras formas de escolha - no Canadá a escolha é feita pelo Poder Executivo, mediante consulta a setores sociais e técnicos, por uma comissão constituída para essa finalidade. Já no Peru, a escolha dos dirigentes das EFS é realizada em concurso público.*

O melhor sistema, contudo, parece ter sido instituído em Portugal,[1837] segundo o qual são abertas inscrições para um concurso de títulos, com critérios previamente definidos, julgados por uma comissão que forma lista tríplice e submete a escolha ao Poder Executivo. De *lege ferenda*, o sistema brasileiro poderia ser aprimorado, sem a necessidade de mudança constitucional, caso o Poder Legislativo abrisse inscrição para provas e títulos, visando preenchimento de suas vagas.

É inegável que o Brasil avançou muito, a partir da última Constituição, na regulamentação do tema. De fato, na ausência de critério melhor, como que estabelecendo uma linha progressiva de avanço, definiu o constituinte os requisitos já expostos e depois, uma vez satisfeitos estes, um critério de escolha que, pela divisão dos extratos de origem, equilibrasse os critérios técnicos e políticos do julgamento de contas. Cumprindo fielmente a norma constitucional, o sistema brasileiro representaria um dos mais avançados do mundo: delimita com precisão os requisitos de conhecimento e de ética, indispensáveis ao exercício da relevante função; define a experiência profissional como condição essencial para o desenvolvimento da sensibilidade e da sabedoria efetiva na aplicação do conhecimento; estabelece a escolha

[1837] Conforme arts. 18 e 20 da Lei de Organização e Processo do Tribunal de Contas de Portugal, os juízes do Tribunal de Contas têm categoria, direitos e prerrogativas idênticos aos do Supremo Tribunal de Justiça português, sendo recrutados por concurso público, perante um júri com composição fixada na lei, e nomeados pelo presidente do tribunal. PORTUGAL. **Lei nº 98, de 26 de agosto 1997**, com as alterações introduzidas pelas
Leis nºs 48, de 29 de agosto 2006 e 35, de 13 de agosto 2007. Disponível em: <http:>//www.tcontas.pt>. Acesso em: 22 dez. 2011.

com prevalência para o poder que deve impor recolhimento compulsório dos recursos públicos, definir e autorizar despesa, sendo justo que indique os mais qualificados para o mister de fiscalizar a aplicação, tudo em nome do *povo*, por meio de seus legítimos representantes.

Se disfunções ocorrem não são consectárias do critério, mas da sua incorreta aplicação, fato esse que deveria merecer censura. O que se verifica, em termos práticos, é a ausência de fiscalização no atendimento dos requisitos e manifesto descumprimento dos critérios de escolha.

Mas a quem competiria fiscalizar os atos de nomeação? Aliás, a quem compete, no regime constitucional brasileiro, fiscalizar os atos de admissão a qualquer título? Serve de resposta a presente norma expressa da Constituição, que, em único dispositivo, definiu a quem compete o exame da legalidade dos atos de admissão a qualquer título: ao Tribunal de Contas! Note-se que em nenhuma outra norma a Carta Política definiu essa competência a outro órgão, seja do judiciário, seja do legislativo. É dever constitucional do próprio Tribunal de Contas zelar para que o ingresso de novos membros se faça com estrita observância desse preceito fundamental, pois o dever de valorizar a ação dessa instituição compete, em primeiro plano, a seus próprios membros e servidores.

Verificado o descumprimento dos requisitos ou do critério de escolha, deve o tribunal, apreciando a legalidade do ato, recusar o registro e determinar o desfazimento. Recalcitrando a autoridade, o tribunal terá o direito de negar a posse ao nomeado, defendendo a negativa do ato e o exercício da competência pelos meios em direito admitidos.

Os ministros do Tribunal de Contas da União serão escolhidos:[1838]

a) um terço pelo presidente da República, com aprovação do Senado Federal, sendo dois alternadamente dentre auditores e membros do Ministério Público junto ao Tribunal, indicados em lista tríplice por este último, segundo os critérios de antiguidade e merecimento;
b) dois terços pelo Congresso Nacional.

A redação do dispositivo constitucional ensejou inúmeras dúvidas, que foram paulatinamente assentadas pelo Supremo Tribunal Federal.

Das nove vagas para ministro do Tribunal de Contas da União, compete ao presidente da República escolher três, sendo:

a) uma entre membros do Ministério Público que funciona junto àquela Corte;
b) uma entre os auditores, corpo de servidores concursados para o cargo de auditor, também denominado de ministro-substituto;

[1838] BRASIL. **Constituição da República Federativa do Brasil** (Versão Bolso). Organização dos textos e índice por J. U. JACOBY FERNANDES. 2. ed. Belo Horizonte: Fórum, 2019. Art. 73, § 2º.

c) uma de livre escolha, desde que também sejam satisfeitos os requisitos tratados no item anterior.

Na expressão literal da norma constitucional, três questões se impõem à reflexão.

A primeira consiste exatamente em verificar se uma das vagas é mesmo de livre nomeação. A resposta é inexoravelmente afirmativa, na medida em que só duas foram alcançadas pela restrição. Desse modo, um dos nove ministros será aquele que for indicado pelo presidente da República, a sua livre escolha, desde que atenda plenamente aos requisitos definidos pela Constituição Federal.

A segunda questão que ensejou debate diz respeito à expressão *alternadamente*. Demorou a ser fixado o exato sentido da expressão. Na atualidade, compreende-se que a ideia de alternância faz referência à composição provisória, isto é, enquanto não preenchidas as nove vagas. O sentido que atualmente se colhe equivale a *respectivamente*. De fato, não pode haver alternância quando as vagas ficam determinadas a partir do respectivo preenchimento, conforme assentou o Supremo Tribunal Federal.[1839]

A terceira refere-se aos critérios de “antiguidade e merecimento”. Diferentemente do Poder Judiciário, onde ocorrem habitualmente muitas vagas e pode ser adotado um critério para cada uma, nos Tribunais de Contas, como regra, ocorre apenas uma vaga, tendo o constituinte optado pela adoção de critério misto, sendo apenas uma lista integrada pelos três mais antigos com o respectivo merecimento indicado pelo tribunal. Ao chefe do Poder Executivo caberá o direito de escolha. Foi afastada a tese que pretendia, na ocorrência de vaga, encaminhar nome do auditor ou procurador mais antigo e, em vagando o cargo, o segundo preenchimento se fizesse a partir de lista tríplice, segundo o critério de maior merecimento. Entendeu o Supremo Tribunal Federal que o direito de escolha existe para o chefe do Poder Executivo e por esse motivo sempre haverá lista e que esta será composta pelo simultâneo critério de antiguidade e merecimento.[1840]

Uma vez escolhido o candidato à vaga, o nome será submetido ao Senado Federal, que poderá aprová-lo ou rejeitá-lo. Aprovado, caberá ao presidente da República nomear o novo ministro. Pode, em tese, ser rejeitado o nome, hipótese em que o direito de escolha retorna ao presidente da República para indicação de outro. São ambos os atos, do presidente da República e do Senado, discricionários e imotivados.

[1839] BRASIL. Supremo Tribunal Federal. Recurso Extraordinário nº 179.461-5. Relator: Ministro Néri da Silveira. **Informativo Supremo Tribunal Federal**, n. 24, 18 a 22 mar. 1996.

[1840] A indicação, pelo Tribunal de Contas, ao chefe do Poder Executivo, dos nomes ou de auditores ou de membros do Ministério Público junto ao tribunal, conforme o caso, alternadamente, por antiguidade e merecimento, deve ser feita sempre em lista tríplice, não prevalecendo o entendimento de cogitar nomeação apenas pelo critério de antiguidade: BRASIL. Supremo Tribunal Federal. Recurso Extraordinário nº 179.461-5. Relator: Ministro Néri da Silveira. In: **Informativo Supremo Tribunal Federal**, nº 24, 18/22, mar. 1996.

5.4.1.3 Proporcionalidade nos demais Tribunais de Contas

A Constituição Federal, após definir critérios proporcionais de um e dois terços, em relação às nove vagas do Tribunal de Contas da União, determinou que o mesmo critério fosse estendido aos Tribunais de Contas[1841] das unidades federadas. Ocorre que, nestas, os Tribunais de Contas são integrados por sete membros, número não divisível por três.

Desse modo, surgiram duas linhas de interpretação sobre a forma de equacionar a impossibilidade de divisão por três. Uma sustentando que a divisão deveria ser segundo o indicado e a outra, segundo o extrato de origem.

Foi imposto ao Supremo Tribunal Federal solucionar a questão matemática sob sólido fundamento jurídico. O resultado, ao contrário do que sustentam alhures, seria o mesmo se o estudo matemático fosse feito com fundamento na lógica e na Justiça, como será demonstrado.

A Constituição Federal estabeleceu que 2/3 das vagas do Tribunal de Contas da União seriam de escolha do Poder Legislativo e 1/3 para escolha do Poder Executivo. Aplicando-se essas frações 2/3 e 1/3 sobre nove, no caso do TCU não haverá problemas, pois o resultado será em números inteiros.

Sobre esse aspecto, comentou o Ministro Sepúlveda Pertence, em conferência proferida no XIX Congresso dos Tribunais de Contas do Brasil:

> No que toca à competência dos Tribunais de Contas, como se sabe, o artigo 75 da Constituição impôs num exemplo da pouca imaginação de que o constituinte federal tem dado sucessivas provas uma adequação completa ao modelo federal, ao modelo do TCU. O que traz de logo uma dificuldade que, antes de ser jurídica, é aritmética. A grande inovação na composição dos Tribunais de Contas, como se sabe, decorre da ruptura do modelo que vinha da Primeira República, de indicações partidas exclusivamente do Presidente da República ou do Chefe do Executivo, para reparti-las em três cotas idênticas: uma do Presidente da República, com duas indicações vinculadas à escolha entre Auditores e Procuradores, uma da Câmara dos Deputados e uma do Senado Federal. No entanto, o modelo foi mais além. E além de impor adequação ditou de logo, para todo o Brasil, o número certo de Conselheiros dos Tribunais de Contas locais em sete, que tem o capricho de ser um número primo e não se deixa dividir por três.

[1841] O STF declarou a inconstitucionalidade da Emenda Constitucional 28/2002, que acrescentou o inciso XXXVII ao artigo 29 da Constituição de Rondônia para estabelecer como atribuição privativa da Assembleia Legislativa a nomeação dos conselheiros do Tribunal de Contas Estadual, retirando do chefe do Executivo a atribuição de nomear os conselheiros do Tribunal de Contas do estado. BRASIL. Supremo Tribunal Federal. ADI nº 2.828. Disponível em: https://pesquisa.in.gov.br/imprensa/jsp/visualiza/index.jsp?data=23/09/2019&jornal=515&pagina=1&totalArquivos=113.

> Daí as sucessivas ações diretas a questionar as soluções variadas que os Estados tentaram nesta tarefa diabólica de dividir sete por três. Enfrentamos a questão, primeiramente, na Ação Direta 219, da Paraíba, de que fui o Relator. Parti de que era fatal, pela impossibilidade matemática da divisão, a diferença em relação ao modelo imposto, que não poderia resultar nos dois terços reservados ao Poder Legislativo e um terço reservado ao Poder Executivo. A partir daí, indaguei-me se havia princípio constitucional a aplicar do qual derivasse que a um dos dois Poderes correspondesse a redução de sua cota, dada a impossibilidade da divisão. E me pareceu que a tônica no modelo federal mandado observar era a prevalência do Poder Legislativo, seja pelo número de dois terços que lhe foi reservado, seja pela função do Tribunal de Contas, historicamente nascido como órgãos auxiliar do Legislativo, e, ainda hoje a isso chegaremos no final tendo, neste auxílio, senão a sua função dominante, uma função importantíssima. E, por isso, entendi válida a solução da Constituição Paraibana, repetida em numerosas Constituições Estaduais, que reservava, que descontava da Cota do Poder Executivo o número faltante na divisão. E se reservavam cinco vagas à indicação ou à eleição da Assembléia [*sic*] Legislativa e apenas duas ao Poder Executivo. Mas, no ponto, fiquei vencido, a partir do voto do Ministro Marco Aurélio, que optou pela essencialidade, na cota reservada ao Presidente da República, na composição do Tribunal de Contas da União, da única vaga de indicação livre, uma vez que duas outras estavam vinculadas à escolha entre Auditores e Procuradores. O Tribunal se dividiu, mas a maioria optou por essa solução que se consolidou nas decisões de diversos outros Estados, de tal modo que se considera essencial que reservem três vagas ao Governador de forma que, além das duas vagas vinculadas, haja uma de livre indicação do Chefe do Poder Executivo.[1842]

Quando as frações referidas são aplicadas sobre o número sete - efetivo da composição dos Tribunais de Contas das demais esferas de governo, encontram-se respectivamente 4,666666... e 2,33333..., fato que, à primeira vista, e sob a luz das regras de arredondamento, deveria impor cinco vagas para o Poder Legislativo e duas para o Poder Executivo.

Diferente e sabiamente entendeu o Supremo Tribunal Federal, definindo quatro vagas para o Poder Legislativo e três para o Poder Executivo. É que não passou desapercebido pelos eminentes julgadores o fato de que há quatro extratos diferentes para a composição dos Tribunais de Contas:

a) vagas de livre nomeação para o Poder Legislativo;

[1842] PERTENCE, Sepúlveda. Os Tribunais de Contas no Supremo Tribunal Federal: crônicas de jurisprudência. In: **Revista do Tribunal de Contas do Estado do Rio de Janeiro.** Rio de Janeiro, ano. 19, n. 41, p. 39-41, jul./set. 1998.

b) vaga de livre nomeação do governador;

c) vaga reservada ao Ministério Público; e

d) vaga reservada ao auditor.

Adaptando o modelo federal pelo método apenas matemático, tem-se que:

a) 6/9 de 7 são de livre indicação do Poder Legislativo ↔ 4,66666662;

b) 1/9 de 7 são de livre indicação do Poder Executivo ↔ 0,777777;

c) 1/9 de 7 são de indicação do Poder Executivo dentre membros do Ministério Público ↔ 0,777777;

d) 1/9 de 7 são de indicação do Poder Executivo dentre auditores do tribunal ↔ 0,777777.

As aproximações sucessivas, pelos critérios de arredondamento da Associação Brasileira de Normas Técnicas ABNT, favorecem a composição representativa das três últimas categorias, motivo pelo qual a decisão do Supremo Tribunal Federal é, pela lógica, irreparável.

Sob o aspecto da Justiça também o é.

Efetivamente, numa interpretação jurídica sistemática, o Ministério Público tem direito ao quinto constitucional na composição dos plenários dos tribunais. O constituinte de 1988, pretendendo aos Tribunais de Contas configuração semelhante aos órgãos do Poder Judiciário, impôs a reserva de uma vaga para essa instituição. Com o mesmo elevado propósito, visando ao aperfeiçoamento técnico das deliberações, até então pejorativamente alcunhadas de "políticas", conforme remansosamente a imprensa oficiosa registrava, foi outra vaga reservada para integrantes de carreira, oriundos de concurso público. Esses seriam os "auditores".

Os outros dois extratos - oriundos do Poder Legislativo e do Poder Executivo - têm nuances próprias, perfeitamente compreensíveis numa macro visão sistêmica e política de atuação e interação entre poderes. Daquele extrato, porque incumbido de impor a contribuição compulsória que pesará sobre os cidadãos para sustentar o Estado e, posteriormente exercer o controle externo, e sobre este a necessidade de julgar, considerando também a ótica do agente público do executivo, ordenador de despesa. Essa visão que abrange todos os ângulos, permite uma ampla consideração dos fatores intervenientes no julgamento das contas públicas.

Todos esses ângulos de um julgamento hão de estar representados para que seja obedecida a pretensão do constituinte para a validade de um julgamento.

O Supremo Tribunal Federal já decidiu que, nos Estados, a composição deve ser de quatro membros para o Poder Legislativo e de três para o Poder Executivo, em reiteradas decisões.

I - Ação Direta de Inconstitucionalidade (com decisão de mérito) 154-0.

Por unanimidade, julgou improcedente a ADI que pretendia alterar a escolha de conselheiros. Na Constituição do Estado (§ 1º, art. 359) é prevista a escolha de três conselheiros pelo governador do Estado e quatro pela Assembleia Legislativa do Estado.[1843]

II - Ação Direta de Inconstitucionalidade (com decisão de mérito) 219-8

Nessa. ADI, firmou-se o entendimento de que, nos Estados em que o Tribunal de Contas for composto por sete conselheiros, ao governador caberá escolher três deles, sendo um dentre auditores e outro dentre membros do Ministério Público e um terceiro a seu critério.[1844]

III - Ação Direta de Inconstitucionalidade (com decisão de mérito) 397-6.

O Tribunal, unanimemente, deferiu o pedido de liminar para suspender e, no mérito, com base no enunciado da Súmula 653, julgou procedente a ação e declarou a inconstitucionalidade dos itens "1" e "3" do § 2º do artigo 31 da Constituição do Estado de São Paulo, que previa a escolha de apenas dois conselheiros pelo governador, ficando as outras cinco vagas para escolha pela Assembleia Legislativa do Estado.[1845]

IV - Ação Direta de Inconstitucionalidade (com decisão de mérito) 419-1.

A Corte concedeu liminar e confirmou o mérito, suspendendo a eficácia de artigo da Constituição do Estado do Espírito Santo, que estabelecia para o governador o direito de escolher dois sétimos dos conselheiros, alternadamente, entre auditores e membros do Ministério Público junto àquele Tribunal.[1846]

V - Ação Direta de Inconstitucionalidade (com decisão de mérito) nº 849-8/MT.

Observância compulsória do modelo federal, inconstitucionalidade de subtração do Tribunal de Contas da competência do julgamento das contas da Mesa da Assembleia Legislativa responsável geral pela execução orçamentária.[1847]

VI - Ação Direta de Inconstitucionalidade (com decisão de mérito) 892-7.

O Tribunal deferiu pedido de medida liminar para suspender, até a decisão final, a eficácia do artigo 74 da Constituição do Estado do Rio Grande do Sul, que determina que dois conselheiros sejam escolhidos pelo governador e cinco pela

---

[1843] BRASIL. Supremo Tribunal Federal. Ação Direta de Inconstitucionalidade nº 154-0/RJ. Relator: Ministro Octávio Gallotti. Brasília, 18 de abril de 1990. **Diário da Justiça [da] República Federativa do Brasil,** Brasília, DF, 11 out. 1991.

[1844] BRASIL. Supremo Tribunal Federal. Ação Direta de Inconstitucionalidade nº 219-8/PB. Relator: Ministro Sepúlveda Pertence. **Diário da Justiça [da] República Federativa do Brasil,** Brasília, DF, 23 set. 1994.

[1845] BRASIL. Supremo Tribunal Federal. Ação Direta de Inconstitucionalidade nº 397-6/SP. Relator: Ministro Nelson Jobin. Brasília, 30 de novembro de 1991. Disponível em: https://portal.stf.jus.br/servicos/dje/listarDiarioJustica.asp?tipoPesquisaDJ=AP&classe=ADI&numero=397#

[1846] BRASIL. Supremo Tribunal Federal. Ação Direta de Inconstitucionalidade nº 419-1/ES. Relator: Ministro Francisco Rezek. Brasília, 11 de outubro de 1995. **Diário da Justiça [da] República Federativa do Brasil**, Brasília, DF, 24 nov. 1995.

[1847] BRASIL. Supremo Tribunal Federal. Ação Direta de Inconstitucionalidade nº 849-8/MT - Pleno. Relator Ministro Sepúlveda Pertence. Disponível em: https://jurisprudencia.stf.jus.br/pages/search/sjur109848/false.

Assembleia Legislativa. Também deferiu liminar para suspender, do artigo correspondente das disposições transitórias (art. 21), o critério de ocupação da sétima vaga. Decisão posteriormente confirmada por unanimidade.[1848]

VII - Ação Direta de Inconstitucionalidade (Medida Liminar) 1043-7.

Nessa ADI, a Corte, por votação unânime, deferiu o pedido de liminar para suspender, até o julgamento final da ação, a eficácia dos incisos I e II do Parágrafo 3º, do artigo 80, da Constituição do Estado do Mato Grosso do Sul, que prevê a indicação de dois sétimos dos conselheiros pelo governador do Estado, com aprovação da Assembleia, e cinco sétimos escolhidos pela Assembleia Legislativa do Estado. Na liminar, foi suspenso o correspondente dispositivo das disposições transitórias. (art. 24, incisos I e II). O mérito ficou prejudicado, porque o Poder Legislativo alterou a Constituição.[1849]

VIII - Ação Direta de Inconstitucionalidade (Medida Liminar) 1054-9.

Por votação unânime, o Tribunal deferiu o pedido de medida liminar para suspender, até a decisão final da ação, a eficácia do § 2º do art. 28, que previa a escolha de cinco conselheiros pela Assembleia Legislativa do Estado de Goiás e de dois pelo governador do Estado, com prévia aprovação da Assembleia. Na liminar foi suspenso o correspondente dispositivo das disposições transitórias (art. 7º). O mérito ficou prejudicado, porque o Poder Legislativo alterou a Constituição.[1850]

IX - Ação Direta de Inconstitucionalidade (Medida Liminar) 1389-1.

Unanimemente, foi deferida medida liminar para suspender, até o término da ação, o art. 113, §§ 3º e 4º e seus incisos I e II, da Constituição do Estado do Amapá, que previa a escolha de cinco conselheiros pela Assembleia Legislativa e dois pelo governador do Estado, com aprovação da Assembleia. O mérito ficou prejudicado, porque o Poder Legislativo alterou a Constituição.[1851]

X - Ação Direta de Inconstitucionalidade (com decisão de mérito) 1.566-4.

Na decisão do mérito, por unanimidade, o Tribunal reafirma o histórico de suas decisões, julgando procedente a ação e declarando a inconstitucionalidade dos incisos

---

[1848] BRASIL. Supremo Tribunal Federal. Ação Direta de Inconstitucionalidade nº 892-7/RS. Relator: Ministro Sepúlveda Pertence. Brasília, 27 de outubro de 1994. **Diário Oficial [da] República Federativa do Brasil**, Brasília, DF, 07 nov. 1997. Disponível em: https://redir.stf.jus.br/paginadorpub/paginador.jsp?docTP=AC&docID=266582.

[1849] BRASIL. Supremo Tribunal Federal. Ação Direta de Inconstitucionalidade nº 1.043-3/MT. Relator: Ministro Moreira Alves. Disponível em: https://portal.stf.jus.br/processos/detalhe.asp?incidente=1582848.

[1850] BRASIL. Supremo Tribunal Federal. Ação Direta de Inconstitucionalidade nº 1.054-9/GO. Relator: Ministro Francisco Rezek. Brasília, 15 de junho de 1994. **Diário da Justiça [da] República Federativa do Brasil**, Brasília, DF, 23 set. 1994. Disponível em: https://portal.stf.jus.br/processos/detalhe.asp?incidente=1584041.

[1851] BRASIL. Supremo Tribunal Federal. Ação Direta de Inconstitucionalidade nº 1.389-1/AP. Relator: Ministro Maurício Corrêa. Brasília, 19 de dezembro de 1995. **Diário da Justiça [da] República Federativa do Brasil**, Brasília, DF, 20 set. 1996. Disponível em: https://portal.stf.jus.br/processos/detalhe.asp?incidente=1631181.

I e II, § 2º, do art. 61 da Constituição do Estado de Santa Catarina, que previam a escolha de dois conselheiros pelo governador e cinco pela Assembleia Legislativa.[1852]

XI - Ação Direta de Inconstitucionalidade (Medida Liminar) 2.013-7.

Reiterando seu entendimento, a Egrégia Corte, por unanimidade, deferiu medida cautelar, suspendendo, até a decisão da Ação Direta, com eficácia *ex nunc*, a execução e a aplicabilidade dos incisos I e II do Parágrafo 2º do artigo 88 da Constituição do Estado do Piauí, que imperavam a escolha de dois conselheiros pelo governador, com aprovação da Assembleia Legislativa, e cinco pelo órgão legislativo do Estado. O mérito ficou prejudicado, porque o Poder Legislativo alterou a Constituição [1853]

XII - Ação Direta de Inconstitucionalidade (Medida Liminar) 2.502-3.

Mantendo a coerência com a jurisprudência firmada, o STF suspendeu por inconstitucionalidade os incisos I e II, do § 2º do art. 82, da Lei Orgânica do Distrito Federal. O primeiro conferiu ao governador o poder de nomear dois conselheiros, um oriundo do Ministério Público respectivo e outro dentre auditores, não, assim, um terceiro, de livre escolha. E o inciso II, porque confere, à Câmara Legislativa, a escolha de cinco membros do Tribunal de Contas, quando, para se observar a expressão "no que couber" contida no art. 75 da Constituição Federal, somente lhe caberá a escolha de quatro.[1854]

Entendeu ainda o STF que "Padece do mesmo vício o art. 8º do A.D.C.T. da L.O.D.F. (fls. 204 vº), pois atribui à Câmara Legislativa o poder de preencher cinco (e não apenas quatro) vagas de Conselheiro".

No ano de 2003, a questão da proporcionalidade foi sumulada pelo Supremo Tribunal Federal nos seguintes termos:

> No Tribunal de Contas estadual, composto por sete conselheiros, quatro devem ser escolhidos pela Assembléia [*sic*] Legislativa e três pelo Chefe do Poder Executivo estadual, cabendo a este indicar um dentre auditores e outro dentre membros do Ministério Público, e um terceiro à sua livre escolha.[1855]

[1852] BRASIL. Supremo Tribunal Federal. Ação Direta de Inconstitucionalidade nº 1.566-4/SC. Relator: Ministro Moreira Alves. Brasília, 26 de maio de 1997. **Diário da Justiça [da] República Federativa do Brasil**, Brasília, DF, 1º ago. 1997. Disponível em: https://portal.stf.jus.br/processos/detalhe.asp?incidente=1661898.

[1853] BRASIL. Supremo Tribunal Federal. Ação Direta de Inconstitucionalidade nº 2.013-7/PI. Relator: Ministro Maurício Corrêa. Brasília, 17 de junho de 1997. **Diário da Justiça [da] República Federativa do Brasil**, Brasília, DF, 8 out. 1999. Disponível em: https://portal.stf.jus.br/processos/detalhe.asp?incidente=1764671.

[1854] BRASIL. Supremo Tribunal Federal. Ação Direta de Inconstitucionalidade nº 2.502-3/DF. Relator: Ministro Sydney Sanches. Brasília, 3 de outubro de 2001. **Diário da Justiça [da] República Federativa do Brasil**, Brasília, DF, 14 dez. 2001. Disponível em: https://portal.stf.jus.br/processos/detalhe.asp?incidente=1964322. No mesmo sentido: BRASIL. Supremo Tribunal Federal. ADI nº 4.416. Disponível em: http://pesquisa.in.gov.br/imprensa/jsp/visualiza/index.jsp?jornal=515&pagina=99&data=20/11/2019.

[1855] BRASIL. Supremo Tribunal Federal. Súmula nº 653. **Diário da Justiça [da] República Federativa do Brasil**, Brasília, DF, 09 out 2003, p. 3.

5.4.1.4 Situação peculiar dos novos Estados

A Constituição Federal brasileira definiu regra própria, de caráter transitório, para a criação de Tribunal de Contas nos Estados novos, deixando em aberto a possibilidade ou não de serem aplicadas regras gerais de requisitos e critérios definidos anteriormente.[1856]

A regra tem prazo definido de aplicação: vigora apenas durante os dez primeiros anos, contados do ato de criação do Estado. Nesse prazo, o Tribunal de Contas será instalado e integrado por apenas três conselheiros, todos indicados e nomeados pelo governador, bastando que atendam apenas três requisitos:

a) ser brasileiro;

b) ter comprovada idoneidade; e

c) notório saber.

Durante esse decênio, ao governador compete indicar e nomear os três conselheiros e, vagando os respectivos cargos, provê-los com novas nomeações, observados os requisitos definidos na Constituição Federal.

Vencido esse prazo, o Tribunal de Contas passará a ter sete membros, acrescendo-se, portanto, quatro vagas de conselheiro. A extensão do número para sete constitui um dever, pois após o decênio passa a vigorar, com plenitude, a regra do art. 75, que define de forma compulsória a composição por sete conselheiros.

Não merece razão a linha de entendimento, já referida alhures, que considera que a extensão para o número de sete só poderá ser efetivada se a carga de trabalho demandar novos membros. Embora se reconheça essa Corte como guardiã constitucional do princípio da economicidade, devendo pautar-se pela austeridade que a sociedade espera dos agentes do controle, a composição do plenário fundamenta-se em outros argumentos.

A complexidade da ação do controle exige estrutura colegiada, na medida em que o novo Estado passa a titularizar todos os serviços, absorvendo-os das estruturas antes encarregadas de prestá-los. O tempo de dez anos foi definido pelo constituinte como justificador da completa assunção das competências próprias.

A regra do número certo de conselheiros não pode ser violada. Foi imposta para assegurar uma visão realizada por quatro extratos diferentes, e considera a estrutura das competências, reservadas pela Constituição Federal às unidades federadas, definidas uniformemente para todos os Estados.

[1856] BRASIL. **Constituição da República Federativa do Brasil** (Versão Bolso). Organização dos textos e índice por J. U. JACOBY FERNANDES. 2. ed. Belo Horizonte: Fórum, 2019. "Art. 235. Nos dez primeiros anos da criação de Estado, serão observadas as seguintes normas básicas: I - a Assembléia Legislativa será composta de dezessete Deputados se a população do Estado for inferior a seiscentos mil habitantes, e de vinte e quatro se igual ou superior a esse número, até um milhão e quinhentos mil; II - o governo terá no máximo dez secretarias; III - o Tribunal de Contas terá três membros, nomeados, pelo governador eleito, dentre brasileiros de comprovada idoneidade e notório saber [...]".

Mas a quem competirá indicar os novos conselheiros? Ao Poder Legislativo ou ao Poder Executivo? Surge aí questão não resolvida no nível constitucional.

Num esforço para guardar simetria com os critérios em vigor para os demais Tribunais de Contas, é preciso considerar que neles atuam quatro extratos diferentes:

a) oriundos de livre nomeação pelo chefe do Poder Executivo;

b) oriundos de nomeação pelo chefe do Poder Executivo, vinculada à carreira de auditores;

c) oriundos de nomeação pelo chefe do Poder Executivo, vinculada à carreira de procuradores do Ministério Público;

d) oriundos da indicação pelo Poder Legislativo.

Como o Poder Executivo exorbitou o número de vagas de livre nomeação, as nomeações seguintes deverão recair sobre os outros três extratos, devendo duas das quatro novas, preferencialmente as primeiras, serem indicadas pelo Poder Legislativo, a terceira dentre auditores e a quarta dentre membros do Ministério Público que atua junto ao Tribunal. A precedência das duas primeiras ao Poder Legislativo se explica pelo fato de ser o extrato de maior número faltante à integração do plenário.

Nesse ínterim, vagando cargos dentre os três de livre nomeação, preenchidos durante os dez primeiros anos, por questão da natureza da indicação, as vagas de auditor e Ministério Público devem ser preenchidas nesses extratos, e a terceira continua vinculada à livre escolha do governador. Isso se explica pelo fato de que o chefe do Poder Executivo deve perder duas vagas, mas necessariamente permanece com uma vaga dos indicados. Nesse ponto, pode permanecer com a primeira que vagar; as duas vagas seguintes seriam então providas por oriundos de Conselheiro-substituto e Membro do Ministério Público, nessa ordem ou com a precedência dessa classe sobre aquela, conforme for definido na lei orgânica do Tribunal.

Embora complexa a situação, o esforço deve realizar-se de modo que, o mais rapidamente possível, tenham assento conselheiros advindos dos quatro extratos distintos, vivificando a intenção do constituinte.

Lapidarmente, discorre o Ministro do Supremo Tribunal Federal, Sepúlveda Pertence:

> [...] o princípio lógico a observar, no campo do Direito Constitucional intertemporal, é precisamente o inverso: o problema transitório deve, sempre que possível, ser resolvido do modo que propicie a efetivação mais rápida do sistema constitucional permanente.[1857]

[1857] Voto proferido na Ação Direta de Inconstitucionalidade nº 219-8/PB, fl. 7, *in fine*, e fl. 8, *ab initio*: BRASIL. Supremo Tribunal Federal. Ação Direta de Inconstitucionalidade nº 219-8/PB. Relator: Ministro Sepúlveda Pertence. **Diário da Justiça [da] República Federativa do Brasil**, Brasília, DF, 9 set. 1994.

5.4.1.5 Vinculação das vagas

Após preenchidas as vagas, segundo o modelo constitucional, como deverá ocorrer o novo provimento?

A dúvida decorre do fato de que a Constituição brasileira, em redação defeituosa, permitiu que se entendesse presente critério específico, que ensejaria uma espécie de rodízio entre as vagas. A questão demorou a ser enfrentada pelo Supremo Tribunal Federal, porque, na maioria dos Tribunais de Contas, o preenchimento das sete vagas levou em média mais de dez anos.

Em uma das diversas ações, visando definir número de vagas que deveria caber a cada extrato, o Supremo Tribunal Federal, reiterando seu entendimento, declarou inconstitucional reservar ao Poder Executivo duas vagas e ao legislativo cinco.[1858]

O Ministro Sepúlveda Pertence, referindo-se à ADI nº 219 da Paraíba, esclarece:

> Na mesma ação direta, o Tribunal discutiu pela primeira vez, pelo menos em decisão de mérito, a questão da implantação do novo modelo. A partir dos Tribunais de Contas preexistentes, formados todos por indicação e nomeação do Executivo, como implantar o modelo novo em que, segundo a decisão tomada quanto ao primeiro ponto, a maioria, não os dois terços do modelo federal, mas a maioria de quatro sobre sete, tocaria ao Poder Legislativo? Argüía-se, na ação direta, a inconstitucionalidade da Constituição Paraibana que no ponto invertera a menção à cota do Executivo e à cota do Legislativo, de onde extraíra que os indicados pelo Legislativo seriam providos antecipadamente. Tentei mostrar e nisso o Tribunal me acompanhou unanimemente que o artigo 73, se limitava a dividir competências. Não tomara nenhuma posição quanto à ordem de provimento. Mas, se alguma preferência se tivesse de dar, seria, efetivamente, a de reservar os primeiros provimentos, a partir da Constituição, à indicação da Assembleia Legislativa. E isso por algo que me parece um princípio elementar na interpretação de direito transitório, de direito intertemporal, sobretudo das disposições constitucionais transitórias: a de que a melhor interpretação delas é aquela que torne mais breve no tempo a implantação do modelo definitivo. A esta só se poderia chegar, em relação aos Tribunais de Contas, propiciando que os primeiros movimentos tocassem à Assembleia Legislativa, na medida em que toda a composição anterior era devida à indicação do Executivo.
>
> Aí também a solução se consolidou em diversas outras decisões. Numa delas, na ADin 585, relativa ao Tribunal de Contas do Amazonas, o próprio Tribunal provocara ação direta sob a alegação

[1858] Por unanimidade, deferiu medida cautelar, suspendendo a eficácia *ex nunc* dos incisos I e II do parágrafo 2º do art. 88 da Constituição do Estado do Piauí que imperavam a escolha de dois conselheiros pelo governador, com aprovação da Assembleia Legislativa, e cinco pelo Órgão Legislativo do Estado: BRASIL. Supremo Tribunal Federal. Ação Direta de Inconstitucionalidade nº 2.013-7-PI. Relator: Ministro Maurício Corrêa. Brasília, 17 de junho de 1999. **Diário da Justiça [da] República Federativa do Brasil**, Brasília, DF, 08 out. 1999.

> de que a lei ordinária amazonense, que dispunha precisamente que o primeiro provimento tocaria à Assembleia Legislativa, afetava a iniciativa legislativa reservada ao próprio Tribunal para sua organização. Nesse ponto, a tese do Tribunal de Contas do Amazonas foi rejeitada, na medida em que pareceu ao Tribunal que não se cuidava efetivamente de norma de autogoverno ou de auto-organização do Tribunal, mas, sim, de uma divisão de competência entre os Poderes políticos para a composição de um órgão da soberania qual é o Tribunal de Contas.
>
> Ainda na questão estrutural dos Tribunais de Contas, tumultuada tem sido a história jurisprudencial dos Auditores. Efetivamente, de todas as figuras do Tribunal de Contas, é a que tem dado mais trabalho ao Supremo Tribunal Federal. Elemento essencial à composição e ao trabalho dos Tribunais de Contas, já que injetam a capacidade técnica específica, os Auditores têm sido alvo, no entanto, de uma reação dos Poderes políticos à rigidez da imposição do modelo federal e do número de sete Conselheiros; daí toda uma tentativa de utilização do quadro de Auditores como forma de ampliar o número de Conselheiros ou de dignitários do Tribunal de Contas com status similar ao de Conselheiro, dependente da escolha e da seleção pelos Poderes políticos.
>
> Foram várias as tentativas: a Adi nº 184, de Mato Grosso, que, salvo engano meu, impunha aos cargos de Auditor o provimento em comissão; a do Paraná, que os submetiam, à semelhança do próprio Tribunal de Contas, a indicações na mesma proporção do Governador e da Assembleia Legislativa; a de Minas Gerais, Ação Direta 1.067, ainda em curso de votação na decisão definitiva, mas de pré-julgamento fácil de antever dadas as soluções anteriores, que também se assegurava a nomeação pelo Governador dos Auditores; e a do Amazonas, na Ação Direta 507, em que se dava preferência aos Auditores adjuntos ao cargo de Auditor, também declarada inconstitucional.[1859]

Adicionalmente e pela primeira vez, definiu-se que, entre as sete primeiras vagas ocorridas após a Constituição Federal de 1988, deveriam necessariamente ser contemplados todos os extratos, sob pena de descumprimento da própria Constituição Federal.

Textualmente, verberou o Ministro Maurício Corrêa, relator dessa ADI:

> Item 3 da ementa: Interpretação da atual redação do artigo 88, § 2º, da Constituição Estadual conforme a Federal, declarando-se, sem redução de texto, que, *havendo vaga a ser preenchida, deve ser observada a ordem prevista no artigo 73, § 2º, I e II, da Constituição Federal, assegurando-se, em conseqüência [sic], a primeira escolha dentre Auditores.*

[1859] PERTENCE, Sepúlveda. Os Tribunais de Contas no Supremo Tribunal Federal: crônicas de jurisprudência. In: **Revista do Tribunal de Contas do Estado do Rio de Janeiro**. Rio de Janeiro, ano 19, n. 41, jul/set 1998.

Posteriormente, o critério que nessa ação foi indicado veio a ser expressamente objeto de pedido em ADI, quando a excelsa Corte assegurou, definitivamente,[1860] vinculação idêntica à que ocorre no Poder Judiciário. No voto do Ministro Maurício Corrêa, firmou-se ainda o entendimento de que a contagem deve iniciar-se a partir da Constituição Federal de 1988.

5.4.1.6 Ordem de preenchimento das vagas

Definindo-se que as vagas fiquem vinculadas aos respectivos extratos após a Constituição Federal, cabe perquirir qual deve ser a ordem de preenchimento.

Uma das primeiras ações a discutir o mérito no âmbito do Supremo Tribunal Federal pretendeu fazer com que a ordem de preenchimento das vagas fosse a mesma que consta da descrição dos critérios.[1861] Desse modo, teriam precedência as vagas reservadas ao Poder Executivo e, só após, viriam aquelas cuja escolha compete ao Poder Legislativo. Tal interpretação não mereceu o agasalho da Excelsa Corte, que entendeu tratar-se de matéria a ser decidida pelas constituições estaduais.

Com essa deliberação em várias unidades federadas, o Poder Legislativo pretendeu impor, desde logo, as vagas cuja escolha reservara a si próprio, ensejando nova intervenção do Supremo Tribunal Federal, com vistas a esclarecer que o critério pode ficar ao alvedrio das constituições estaduais, as quais, porém, devem assegurar que o preenchimento satisfaça, de modo mais rápido, o modelo constitucional.

No seu mister de interpretar a Constituição, a Excelsa Corte determinou que a vaga reservada para auditor precedesse à de livre nomeação do governador[1862] e que a do Ministério Público precedesse a quarta vaga do Poder Legislativo.[1863] À luz desses precedentes, cada tribunal, possuindo uma história de provimento de vagas, deverá considerar os antecedentes e o dever de preenchê-las de modo a que o modelo estruturado pelo constituinte, assegurando a presença de quatro extratos distintos, seja mais rapidamente completado.[1864]

5.4.2 Ministros-substitutos e Conselheiros-substitutos

Possuem os Tribunais de Contas substitutos de ministros e conselheiros concursados, prontos para atuar nos casos de vacância e durante os impedimentos por motivo de licença, férias ou outro afastamento legal. Trata-se de um traço peculiar.

O nome jurídico do cargo também é referido como auditor, e tem duas relevantes funções. A ordinária consiste em participar do plenário ou da câmara e relatar

---

[1860] BRASIL. Supremo Tribunal Federal. Ação Direta de Inconstitucionalidade nº 2117-6. Relator: Ministro Maurício Corrêa. Disponível em: <http://www.stf.gov.br>. Acesso em: 25 out. 2002.

[1861] BRASIL. **Constituição da República Federativa do Brasil** (Versão Bolso). Organização dos textos e índice por J. U. JACOBY FERNANDES. 2. ed. Belo Horizonte: Fórum, 2019. Art. 73, § 1º.

[1862] BRASIL. Supremo Tribunal Federal. Ação Direta de Inconstitucionalidade nº 2.013-7/PI. Relator: Ministro Maurício Corrêa. Brasília, 17 de junho de 1997. **Diário da Justiça [da] República Federativa do Brasil**, Brasília, DF, 8 out. 1999.

[1863] BRASIL. Supremo Tribunal Federal. **Ação Direta de Inconstitucionalidade nº 2.596/PA**. Relator: Ministro Sepúlveda Pertence. Disponível em: <http://www.stf.gov.br>. Acesso em: 25 out. 2002.

[1864] Consultar outros fundamentos no subtítulo antecedente 5.4.1.4 Situação peculiar dos novos Estados.

processos definidos especificamente nos regimentos internos como de sua competência, que pode abranger a relatoria de processos de contas, consultas, denúncias, representações, auditorias, inspeções e outros. A extraordinária consiste, precisamente, em substituir, para integrar quorum, o ministro ausente, no caso do Tribunal de Contas da União, ou o conselheiro, nos demais tribunais. Nos impedimentos eventuais e nos não eventuais, assume integralmente as prerrogativas do substituído, inclusive quanto a voto.[1865]

Nesse sentido, a Constituição Federal dispõe:

> Art. 73. [...]
>
> [...]
>
> § 4º O auditor, quando em substituição a Ministro, terá as mesmas garantias e impedimentos do titular e, quando no exercício das demais atribuições da judicatura, as de juiz de Tribunal Regional Federal.[1866]

É importante notar que o constituinte foi muito criterioso ao definir as atribuições ordinárias do ocupante do cargo que denomina de substituto, qualificando-as, não sem motivo, de "judicatura", dada a feição judicialiforme das decisões proferias pelos Tribunais de Contas. Esse argumento reforça o fato de os ministros e conselheiros, e do próprio Tribunal de Contas, exercerem funções jurisdicionais e outras funções. Assim, os auditores, por força de dispositivo constitucional, têm atribuições ordinárias de judicatura, isto é, próprias de juiz, do exercício da magistratura[1867].

[1865] O TJDF decidiu que a convocação após o período de trinta dias é compulsória: "[...] O art. 63 da Lei Complementar nº 01/1994, Lei Orgânica do Tribunal de Contas do Distrito Federal, não tem caráter facultativo no tocante à substituição dos conselheiros do Tribunal de Contas do Distrito Federal pelos auditores nem poderia tê-lo, porquanto o § 5º do art. 82 da Lei Orgânica do DF, que disciplina, é cogente [...]". Recurso em Mandado de Segurança nº 4.041. Relator: Ministro Ribeiro da Costa. Brasília, 5 de dezembro de 1956. **Diário da Justiça [da] República Federativa do Brasil**, Brasília, DF, 21 jun. 1995.

[1866] BRASIL. **Constituição da República Federativa do Brasil** (Versão Bolso). Organização dos textos e índice por J. U. JACOBY FERNANDES. 2. ed. Belo Horizonte: Fórum, 2019.

[1867] a) A semelhança, de acordo com o STF justifica equivalência do padrão remuneratório com juízes do Tribunal Regional Federal. BRASIL. Supremo Tribunal Federal . ADI nº 6.941. Disponível em: https://pesquisa.in.gov.br/imprensa/jsp/visualiza/index.jsp?jornal=515&pagina=1&data=16/09/2022&totalArquivos=850. No mesmo sentido: ADI nº 6.962.

b) "Não estabelece equiparação remuneratória inconstitucional a norma que autoriza o auditor de contas a receber os mesmos vencimentos e vantagens do conselheiro, quando estiver atuando em sua substituição. Por se tratar do exercício temporário das mesmas funções, admite-se o pagamento da mesma remuneração, por critério de isonomia". BRASIL. Supremo Tribunal Federal. ADI nº 6.944 e 6.947. Disponível em: https://pesquisa.in.gov.br/imprensa/jsp/visualiza/index.jsp?jornal=515&pagina=1&data=16/09/2022&totalArquivos=850. No mesmo sentido: ADI 6.945, 6.946 e 6.950.

c) Por maioria, os ministros do Supremo Tribunal Federal – STF julgaram inconstitucional a concessão de vantagens previstas no Regime Jurídico Único dos Servidores Públicos – RJU a conselheiros do Tribunal de Contas do Distrito Federal – TCDF. O Tribunal entendeu que deve prevalecer o princípio constitucional da simetria, segundo o qual os conselheiros do TCDF estão submetidos ao mesmo regime dos desembargadores do Tribunal de Justiça do Distrito Federal e dos Territórios – TJDFT. Esse modelo repete o adotado na esfera federal, em que os membros Tribunal de Contas da União – TCU têm o mesmo regime jurídico de subsídios e vantagens dos ministros

A respeito do tema, adverte o Desembargador Francisco Lincoln Araújo e Silva:

> Demais disso, deve-se reconhecer que o Auditor deverá atuar como magistrado, dentro dos limites constitucionalmente previstos, exercendo, portanto, o seu *mister* institucional, com total independência funcional, como o fazem, ordinariamente, os magistrados integrantes do Poder Judiciário.[1868]

No âmbito do Distrito Federal, discutiu-se se a convocação de Auditor para substituir Conselheiro seria facultativa ou compulsória e, no segundo caso, a partir de que lapso temporal seria vinculativa.

Posicionou-se o Poder Judiciário nos seguintes termos:

> Mandado de Segurança. Substituição de Conselheiros do Tribunal de Contas do Distrito Federal por Auditores. Interpretação do art. 63 da Lei Complementar nº 01/94 face à Lei Orgânica do Distrito Federal. O art. 63 da Lei Complementar nº 01/94 não tem caráter facultativo no tocante à substituição dos Conselheiros do Tribunal de Contas do Distrito Federal pelos Auditores nem poderia tê-lo, porquanto o § 5º do art. 82 da Lei Orgânica do Distrito Federal, que disciplina, é cogente. As circunstâncias em que a substituição é efetuada não restringem ao alcance da Lei Maior local, porque esta contém mandamento deixando ao legislador ordinário a incumbência de defini-las. Segundo a regra do art. 63, citado, a substituição só se dá quando o afastamento do Conselheiro for superior a 30 dias. Segurança denegada.[1869]

O cargo de auditor, conforme já definiu o Supremo Tribunal Federal, é provido necessariamente por concurso público.[1870]

Caso interessante sobre substituição por meio de atuação simultânea de

---

do Superior Tribunal de Justiça – STJ. BRASIL. Supremo Tribunal Federal. ADI nº 3.417. Disponível em: https://pesquisa.in.gov.br/imprensa/jsp/visualiza/index.jsp?jornal=515&pagina=1&data=10/10/2019.

[1868] CEARÁ. Tribunal de Justiça do Estado do Ceará. Embargos Declaratórios no Mandado de Segurança 2009.00071576.4. Relator: Desembargador. Francisco Lincoln Araújo e Silva. Fortaleza, 30 de setembro de 2010. **Diário de Justiça do Estado do Ceará**. Fortaleza, CE, 13 out. 2010, Edição 89, Caderno 2, pp 5-6.

[1869] DISTRITO FEDERAL. Tribunal de Justiça do Distrito Federal. Mandado de Segurança MSG 404195/DF. Registro do Acórdão nº 77297. Relator: Desembargador Luíz Claúdio Abreu. Brasília, 23 de maio de 1995. **Diário da Justiça [da] República Federativa do Brasil**, Brasília, DF, 02 ago. 1995. Seção 3, p. 10.382.

[1870] a) BRASIL. Medida Cautelar na Ação Direta da Inconstitucionalidade nº 1966-0/ES. Relator: Ministro Octávio Gallotti. Brasília, 17 de março de 1999. **Diário da Justiça [da] República Federativa do Brasil**, Brasília, DF, 07 maio 1999, p. 2. Nomeação de Auditor de Tribunal de Contas sujeita à prestação de concurso público. Medida cautelar deferida para a preservação dessa exigência. Votação: Unânime. Resultado: Deferido em parte; BRASIL. Supremo Tribunal Federal. Ação Direta de Inconstitucionalidade nº 1193-6/AM. Relator: Ministro Maurício Corrêa. Brasília, 09 de fevereiro de 2000. Disponível em: <**http://www.stf.gov.br**>. Acesso em: 24 mar. 2002.

b) O STJ, no Recurso Ordinário em Mandado de Segurança 10241/PB, julgou válido o requisito de formação em Direito, Contabilidade, Economia ou Administração, **fixado em edital**, sem disposição legal equivalente, para o Concurso de Auditor do Tribunal de Contas do Estado da Paraíba, considerando-o harmônico com o requisito legal de notórios conhecimentos nessas áreas. A ementa menciona, equivocadamente, concurso para Auditor Fiscal do Estado da Paraíba. Somente com a leitura do inteiro teor do acórdão verifica-se que o concurso era para Auditor do TCE/PB.

auditores veio à tona em 2017, quando a Associação Nacional dos Ministros e Conselheiros Substitutos dos Tribunais de Contas (Audicon) e a Associação dos Membros dos Tribunais de Contas do Brasil (Atricon) insurgiram-se contra o parágrafo 3º do art. 76-A, da Lei Complementar nº 63/1990 do Estado do Rio de Janeiro, por meio da ADI nº 5.698. O dispositivo vedava a atuação simultânea de mais de um auditor em substituição a conselheiro no plenário do Tribunal de Contas Estadual (TCE-RJ). O STF suspendeu a eficácia do dispositivo sob o argumento de que "não se observa, a partir do texto constitucional, qualquer restrição à atribuição dos auditores de substituírem os membros titulares da Corte em caso de afastamento". A decisão foi confirmada, por unanimidade em 2023[1871]

5.4.2.1 Distinção entre o cargo de Ministro-substituto, Conselheiro-substituto e Auditor de Controle Externo

Não raro a nomenclatura do cargo de auditor (ministro ou conselheiro-substituto) confunde até mesmo os habituados ao cotidiano dos tribunais de contas, além de contribuir para obstaculizar a uniformidade das atribuições ínsitas à função.

Em alguns dos tribunais de contas estaduais do país, é possível observar, a despeito da feição judicante outorgada pela Constituição da República, que ainda não é regimentalmente conferida aos integrantes deste cargo a competência para presidir a instrução e relatar processos.

Contribuem para com tal discrepância, não apenas o fato de que a acepção contábil da nomenclatura auditor tenha se tornado mais usual no vocabulário corrente (auditor fiscal, por exemplo), mas, também, a existência, no âmbito dos tribunais de contas, de outra carreira, também provida por concurso público, que ostenta o nome auditor de controle externo (analista de controle externo, em alguns tribunais de contas)[1872].

No modelo adotado pelo Tribunal de Contas da União, por exemplo, há a figura dos auditores, também denominados Ministros-substitutos, responsáveis por relatar os processos a eles distribuídos, com proposta de decisão a ser submetida às Câmaras e ao Plenário, tendo nestes assento permanente; e a figura dos auditores federais de controle externo, servidores do corpo técnico, também integrantes de carreira típica de Estado, responsáveis pela execução da fiscalização a cargo do tribunal, incluindo-se entre suas atribuições a realização de auditorias governamentais, instrução processual e análise de recursos.

Assim, as funções do auditor (ministro ou conselheiro-substituto), que gozam de estatura constitucional e de competências, garantias e prerrogativas próprias da

---

[1871] BRASIL. Supremo Tribunal Federal. ADI nº 5.698. Disponível em: https://portal.stf.jus.br/processos/downloadPeca.asp?id=15360340701&ext=.pdf.

[1872] Consoante a Conselheira-substituta do Tribunal de Contas do Estado do Pará, Milena Dias Cunha, em brilhante artigo sobre o tema , "apesar de a acepção contábil ser a que mais se tornou corrente, não se pode olvidar que a acepção jurídica, apesar de desconhecida, também existe e é a acepção usada pelo constituinte de 1988". CUNHA, M. D. A natureza judicante do cargo de auditor (ministro e conselheiro substituto) e seu pleno exercício: uma perspectiva evolutiva para o alcance da norma constitucional. **Revista do Tribunal de Contas do Estado de Minas Gerais**, Belo Horizonte v. 34, p. 40-65, 2016. Disponível em: <www.audicon.org.br>. Acesso em: 11 jul. 2024.

magistratura, além de permissão para chegar ao cargo de Ministro do órgão, não se compatibilizam com aquelas reservadas aos auditores de controle externo.

A Associação dos Membros dos Tribunais de Contas - Atricon editou a Resolução nº 03/2014, que previu, como uma de suas diretrizes de controle externo, "iniciar processo legislativo para que o cargo de auditor, previsto no § 4º do artigo 73 da Constituição Federal, seja denominado Ministro-Substituto, no Tribunal de Contas da União, e Conselheiro-Substituto, nos Tribunais de Contas dos Estados e dos Municípios".

Também a Associação Nacional dos Auditores de Controle Externo dos Tribunais de Contas do Brasil (ANTC) busca atualizar a nomenclatura dos cargos de sua carreira em alguns tribunais que ainda adotam a denominação analista de controle externo, a qual, de igual forma, não coaduna com as atribuições do posto, ligadas intrinsecamente à realização de auditorias governamentais, e não à mera análise processual, o que reside como função típica dos analistas jurídicos dos tribunais de justiça, por exemplo.

Tamanha ainda é a miscelânea que o Supremo Tribunal Federal, instado a se pronunciar sobre a temática no bojo da , ADI 4541/BA, vedou aos auditores jurídicos e de controle externo do Tribunal de Contas da Bahia o exercício de funções típicas do cargo de auditor previsto na Constituição Federal, dentre as quais, a substituição eventual dos conselheiros e o julgamento de contas, invalidando trechos da Lei Complementar estadual nº 5/1991 e das Leis estaduais nº 7.879/2001 e 13.192/2014[1873].

Por oportuno, quanto às atribuições do cargo de auditor de controle externo, em 2022, por unanimidade, a ADI 6655 foi ajuizada pela Associação Nacional dos Auditores de Controle Externo dos Tribunais de Contas do Brasil (ANTC), tendo como *amicus curiae* a Associação Nacional dos Procuradores do Ministério Público de Contas (AMPCON) e a Associação Nacional dos Ministros e Conselheiros Substitutos (AUDICON). O Plenário do STF, reconheceu a procedência total da ação, decidindo pela inconstitucionalidade de normas do Estado de Sergipe cuja interpretação, pelo tribunal de contas local, tem levado agentes exclusivamente comissionados, livremente indicados e demissíveis *ad nutum* pelo Conselheiro relator dos processos, a exercerem a coordenação de unidades orgânicas finalísticas do tribunal, atribuição legal de Estado, típica de auditores de controle externo[1874].

5.4.3 Servidores

Os servidores do Tribunal de Contas exercem atividade típica do Estado – fiscalização –, o que implica na necessidade de regime estatutário que lhes garanta estabilidade contra despedidas arbitrárias e outras indébitas interferências na ação de controlar.

[1873] BRASIL. Supremo Tribunal Federal. **Ação Direta de Inconstitucionalidade nº 4541/BA** - Plenário. Relatora: Ministra Cármen Lúcia. Brasília, 19 de abril de 2021. Disponível em: http://www.stf.jus.br. Acesso em: 11 jul. 2024.

[1874] BRASIL. Supremo Tribunal Federal. **Ação Direta de Inconstitucionalidade nº 6655/SE** - Plenário. Relator: Ministro Edson Fachin. Brasília, 06 de maio de 2022. Disponível em: http://www.stf.jus.br. Acesso em: 11 jul. 2024.

Vale aqui também a ortodoxa divisão entre atividade-fim e atividade-meio e os complexos problemas da definição de diretrizes sobre a parcela do serviço que pode ser terceirizada. A recomendação é terceirizar as atividades acessórias, instrumentais ou de natureza eventual.

A atividade-fim, voltada para inspeções e auditorias, deve obedecer aos princípios pertinentes ao controle, quais sejam: da segregação das funções, da independência funcional-técnica, da qualificação adequada e da aderência a diretrizes e normas, além do princípio da relação custo/benefício, todos abordados no Capítulo I.

Sobre esse último princípio é necessário, porém, obtemperar que a estrutura do controle, seja ele interno ou externo, deve viabilizar o desempenho da função, assegurando a efetividade do princípio da independência funcional. Não há que se falar em controle, quando seus servidores têm que se valer de instrumentos pessoais de trabalho, ou ficar esmolando dotações orçamentárias para garantir a subsistência de despesas correntes.[1875]

Nas sábias palavras de Aliomar Baleeiro:

> Não basta instituir ou manter um Tribunal de Contas. É indispensável que este órgão, por suas atribuições e condições de independência, esteja a salvo de qualquer pressão das autoridades sujeitas constitucionalmente à sua inspeção.[1876]

Esse postulado firmado pelo STF, na expressão daquele renomado mestre, deveria guiar a estrutura de custos e a independência do controle.

Para ilustrar essa perspectiva, cabe recordar aqui dados levantados por Marcos Valério de Araújo,[1877] apresentando os custos proporcionais ao orçamento de 12 países e, em seguida, a respectiva política salarial:

> Comparando o orçamento de cada EFS para o ano de 1991 com o orçamento público geral dos respectivos países, obtivemos o quadro comparativo abaixo, por ordem decrescente de participação:
>
> - Costa Rica - 0,53%
> - Equador - 0,47%
> - Antilhas Holandesas - 0,45%
> - Nicarágua - 0,27%
> - Venezuela - 0,17%

[1875] Para os Tribunais de Contas que, junto com o Poder Legislativo, estão contidos nos limites de despesas de pessoal, estabelecidos no art. 20 da LRF, está resguardada a garantia de repartição proporcional, conforme o § 1º da LRF: BRASIL. **Lei de Responsabilidade Fiscal.** Lei Complementar nº 101, de 4 de maio de 2000. Organização dos textos e índice por J. U. JACOBY FERNANDES. 6. ed. atual. e ampl. Belo Horizonte: Fórum, 2014.

[1876] BALEEIRO, Aliomar. Representação nº 764 – Supremo Tribunal Federal. Voto. In: **Revista Trimestral de Jurisprudência**, n. 50, p. 248.

[1877] ARAÚJO, Marcos Valério. **Como controlar o Estado:** reflexões e propostas sobre o controle externo nas Américas, Portugal e Espanha. Brasília: UNITEC, 1992, p. 69.

- Argentina - 0,09%
- Brasil - 0,08%
- Peru - 0,08%
- Paraguai - 0,07%
- Suriname - 0,06%
- Canadá - 0,04%
- Portugal - 0,04%

Comparadas as remunerações de seus auditores, fator relevante de motivação para o trabalho e para a imparcialidade de postura, tem-se o seguinte quadro de valores mensais, em dólares americanos, no início e no fim da carreira profissional (em valores de dezembro/1991):

PAÍS	MENOR SALÁRIO MENSAL EM US$	MAIOR SALÁRIO MENSAL EM US$
ARGENTINA	556	2,100
BRASIL	1,000	2,500
CANADÁ	1,225	2,700
ANTILHAS HOLANDESAS	2,000	4,000
NICARÁGUA	-	1,000
PARAGUAI	500	1,000
PERU	341	780
PORTUGAL	894	2,144
SURINAME	-	2,083
ESTADOS UNIDOS	1,880	5,921
VENEZUELA	290	758

É importante notar que o parâmetro da base de cálculo sobre orçamento não pode ser considerado como absoluto, mas não deixa de ser um bom indicador. A tendência é que o controle tenha um custo proporcional maior sobre a comunidade fiscalizada menor, ou seja, o custo não guarda relação proporcional direta crescente. Por isso, em muitas unidades federadas, o custo acaba sendo maior do que o consumido pelo TCU, em relação ao orçamento da União.

Num dos mais conhecidos estudos sobre controle da corrupção, expressou-se Robert Klitgaard[1878] acerca do custo para combater a corrupção, apresentando o seguinte gráfico:

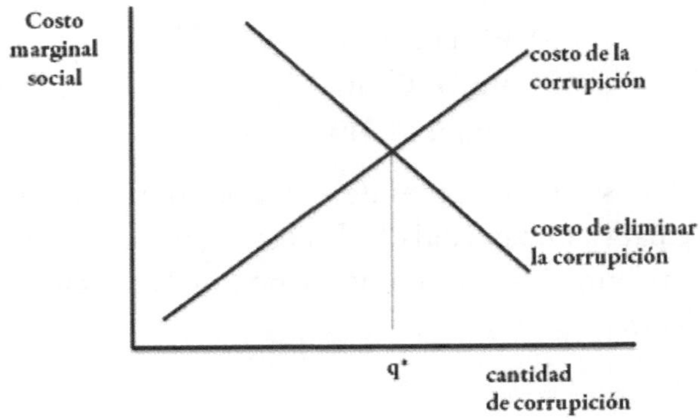

Vem daí a importância de desenvolver uma cultura que busque quantificar custos da ação do controle, mentalidade ainda incipiente no Brasil, nada obstante louváveis iniciativas.[1879]

No que se refere à atuação dos servidores, existem dois pontos que não podem ser olvidados: o primeiro, a ética na relação com os órgãos e agentes jurisdicionados. É comum a oferta de vantagens indiretas, relacionamentos, facilidades, visando cooptar os agentes de controle. Os servidores estão sempre mais expostos, porque é da essência de suas funções a relação com o jurisdicionado. O segundo ponto é a relação com o próprio tribunal, pois se não podem sofrer influências de agentes externos e muito menos devem subjugar-se às indébitas pretensões dos membros do próprio tribunal. Tal independência não afasta o dever de acatar fielmente as recomendações sobre roteiros de inspeção, horários e datas de entrega de tarefas. Esta deve se fazer no juízo de valor sobre os processos, os *achados de auditoria*, e irregularidade verificadas. Se compete aos servidores em geral representar contra ilegalidades ou abusos, para os servidores dos Tribunais de Contas essa atividade deve ser considerada como inerente à função.

A independência funcional, que garante, nos respectivos autos, a possibilidade de uma análise isenta de influências indébitas, deve ser considerada com cautela: se de um lado pode comprometer pela corrupção, de outro não pode ser levada ao extremo para justificar a emissão de juízos pessoais ou político-partidários. A essência da ação do controle é a verificação da conformidade dos atos à lei e a emissão de juízo comparativo para a aferição da efetividade e controle. Em tais searas, reside a pedra de toque de um trabalho verdadeiramente técnico.

[1878] KLITGAARD, Robert. **Controlando la corrupción**, - una indagación práctica para el gran problema social de fin de siglo, traducción de Emilio M. Sierra Ochoa. Buenos Aires: Sudamericana, 1994.

[1879] Entre essas, destaca-se o processo denominado Matriz de Risco, que define critérios e objetivos para identificação e priorização em auditorias: DISTRITO FEDERAL. Tribunal de Contas do Distrito Federal. Processo nº 4.753/1998. Relator: Auditor José Roberto de Paiva Martins. Brasília, DF, 17 de maio de 2001. **Diário Oficial do Distrito Federal**, Brasília, DF, 31 maio 2001, p. 35-44.

A faculdade/dever de emitir juízo técnico pessoal não pode desconsiderar o dever de lembrar os precedentes do próprio tribunal sobre a questão analisada. Não são raras, na jurisprudência dos Tribunais de Contas, decisões contraditórias, revelando a falta de zelo na aferição dos *leading cases* da Corte. Mesmo considerando como válido o julgamento diferenciado segundo as circunstâncias inerentes ao caso específico, há casos que colocam entendimentos tão antagônicos que causam desconfiança: conheciam os instrutores do processo o próprio tribunal?

Com a violação dessa elementar diretriz, esvazia-se a pretensão de que os julgamentos do Tribunal de Contas possuam caráter orientador para os órgãos jurisdicionados.

5.4.4 Ministério Público junto ao Tribunal de Contas

É comum confundir-se o Ministério Público que funciona junto ao Tribunal de Contas com o ordinário ou comum, que atua junto ao Poder Judiciário. Para melhor compreender as peculiaridades da instituição é preciso considerar razões históricas e jurídicas que justificam sua existência diferenciada.

5.4.4.1 Breve histórico

Em 17 de outubro de 1892, há mais de um século, portanto, o Decreto nº 1.166 delineava o perfil do Tribunal de Contas da União, estatuindo no art. 19:

> Art. 19. O pessoal do Tribunal de Contas compor-se-á de cinco membros, o Presidente e quatro Diretores, com voto deliberativo, um dos quais representará o Ministério Público.

Seguiu-se o Decreto nº 392, de 08 de outubro de 1896, que reorganizou o Tribunal de Contas e assim dispõe sobre o controle da legalidade e sobre outras funções assemelhadas:

> Art. 81 O representante do Ministério Público é o guarda da observância das leis fiscais e dos interesses da Fazenda perante o Tribunal de Contas. Conquanto representante dos interesses da Pública Administração, não é todavia delegado especial e limitado desta, antes tem personalidade própria e no interesse da lei, da Justiça e da Fazenda Pública tem inteira liberdade de ação.

Muito embora o Ministério Público se tivesse iniciado como órgão no Brasil desde 1828, por lei de setembro desse ano, segundo Mário Dias,[1880] o legislador pátrio não investiu um dos membros do *parquet* ordinário de autoridade para atuar no Tribunal de Contas. Ao contrário, criou órgão próprio.[1881] Aliás, delineou-se com maior isenção do que o Ministério Público comum, porque este deveria primar pela

---

[1880] DIAS. Mário. **Ministério Público Brasileiro.** São Paulo: Kofino, v. I, p. 40.

[1881] BRASIL. **Decreto nº 392, 8 de outubro de 1896.** Reorganiza o Tribunal de Contas. 1ª Coleção de Leis do Brasil, v. 1, p. 16, 1896. Disponível em: <http://www.senado.gov.br>. Acesso em: 25 out. 2002. Arts. 1º, 5º e 80.

defesa da Fazenda Pública e aquele, *especial*, deveria atender aos interesses da lei, da Justiça e, também, da Fazenda Pública.[1882]

Assim se fez porque o Ministério Público ordinário não poderia, efetivamente, participar da função de controle exercida pelo Tribunal de Contas, se mais não fosse, porque à época integrava a estrutura jurídica do executivo, poder que se submetia à jurisdição da Corte. A garantia de um Ministério Público separado, independente daquele comum, representaria a própria independência da ação do controle.

À época, o Tribunal de Contas adotava o sistema italiano de fiscalização orçamentária, exigindo o Regulamento nº 1.166 de 1892 o *exame prévio* e o *veto absoluto* e obrigando a existência de estrutura organizacional capaz de responder à premência no atendimento das necessidades da sociedade, celeridade impraticável se fosse necessário remeter os autos ao prévio exame do Ministério Público comum, onde a atividade de contas assumiria menor relevância e, com certeza, seria relegada frente às outras prioridades.

Outro aspecto a ressaltar é que, naquele tempo, os membros do Ministério Público ordinário não possuíam a garantia de inamovibilidade, e a transferência seria incompatível com o elevado grau de especialização exigido pelo Tribunal de Contas.

A ênfase sobre o aspecto da legalidade no âmbito dos Tribunais de Contas demanda conhecimento profundo dos subtemas do direito financeiro e impõe a especialização como necessidade inafastável.

Por outro lado, se o Tribunal de Contas tem por função o controle externo da Administração Pública, com ênfase sobre a legalidade no cumprimento da Lei Orçamentária, não pode submeter-se a qualquer dos poderes. A presença em sua estrutura de membro de um dos poderes fiscalizados ainda mais com o direito de voto, que, até 1896 se deferia ao representante do Ministério Público, seria bastante para desnaturar o controle e prejudicar sua indispensável isenção.

Em consonância com essas considerações, registra o eminente professor de Direito Administrativo e Constitucional, Carlos Ayres de Brito:

> é que podemos compreender por que a Magna Lei enuncia que o Ministério Público comum atua junto ao Judiciário ("Juízes e Tribunais"), como órgão externo a esse poder, cumprindo uma função que não é materialmente judicante, ao contrário do Ministério Público especial, que não oficia ao lado do Tribunal de Contas, mas dentro dele, compondo-lhe a intimidade estrutural, porque o ofício que lhe incumbe é tão materialmente fiscalizatório, ou de controle, quanto a global atribuição do Colégio de Contas.[1883]

[1882] O STF reafirma que o MP não pode atuar em favor da fazenda estadual: BRASIL. Supremo Tribunal Federal. AI nº 153.992-5. Relator: Ministro Marco Aurélio. Brasília, 11 de dezembro de 1998. **Diário da Justiça [da] República Federativa do Brasil**, Brasília, DF, 9 abr. 1999. Seção 1, p. 571.

[1883] BRITTO, Carlos Ayres. Ministério Público da União e do Tribunal de Contas da União – órgãos distintos. In: **Revista de Direito Público.** São Paulo, v. 17, n. 69, p. 32–44, jan./mar. 1984.

Se há um século a função do Ministério Público junto aos Tribunais de Contas não poderia ser desempenhada pelo Ministério Público ordinário, razões maiores, hodiernamente, reforçam a existência deste órgão autônomo, com quadro próprio.

Entre as principais características do Ministério Público que atua junto ao Tribunal de Contas está essencialmente a de fiscal da lei e a iniciativa, em parte concorrente com a dos titulares dos órgãos técnicos, de promover ações no âmbito do Tribunal. Aliás, uma dessas características foi muito bem destacada no começo da República: se o Poder Executivo não remetesse o contrato para julgamento, deveria o Ministério Público junto ao Tribunal de Contas da União representar ao Tribunal, visando assegurar o desempenho dessa função.[1884]

5.4.4.2 Autonomia do Ministério Público de Contas

A Constituição brasileira não dispôs expressamente sobre a autonomia da instituição do Ministério Público junto aos Tribunais de Contas, ensejando controvérsias que foram levadas ao Supremo Tribunal Federal.[1885] Mais do que isso, a redação do art. 127 e do art.130 deu oportunidade a divergentes interpretações até que fosse reconhecida a distinção do Ministério público que atua em caráter especializado junto ao tribunal de contas, previsto no artigo 130 da Constituição federal. O desconhecimento da história e da natureza dessa instituição especializada foi a causa do atropelo de algumas manifestações.

Na literatura especializada, coube a primazia de lançar o debate à ministra do Tribunal de Contas da União, Élvia Lordello Castelo Branco, em precioso artigo,[1886] destacando que a natureza das funções dessa instituição só poderia ser de Ministério Público. É que, à época, muitos Tribunais de Contas ainda não tinham uniformizado essa titulação de cargos, limitando-se a referi-los como procuradores, ou mais grave, não possuindo essa instituição ou deixando que fosse exercida por procuradores da fazenda ou integrantes do Ministério Público comum.

Mas, e principalmente, a partir de 5 de outubro de 1988, o Ministério Público passou a ter funções institucionais definidas em nível constitucional. Significa que seus membros trazem consigo como elemento fundamental e indissociável da sua atuação todas as "prerrogativas-deveres" insculpidas no art. 129 da Constituição.

[1884] BRASIL. Decreto nº 2.511, de 20 de dezembro de 1911. Regula a tomada de contas do governo pelo Congresso Nacional, art. 5º. Os contractos celebrados pelo governo serão publicados no Diário Official, dentro de 10 dias da sua assignatura e no mesmo prazo remetidos ao Tribunal de Contas, para seu julgamento, que será proferido dentro de 15 dias; findo este prazo, sem ter havido julgamento, o contracto será tido como registrado para todos os effeitos. Se o governo não fizer a remessa do contracto ao tribunal, no referido prazo, o representante do Ministério Público promoverá o julgamento do contracto, em petição instruída com o número do Diário Oficial em que elle estiver publicado. **Coleção de Leis da República Federativa do Brasil**, Brasília, DF, v.1, p. 80.

[1885] Não tem fundamento jurídico algum a denominação de Ministério Público de Contas. Essa terminologia foi por mim proposta em texto de anteprojeto de emenda à Constituição que não prosperou. Na atual Constituição, a terminologia correta é "Ministério Público junto ao Tribunal de Contas", indicando a independência funcional com que atuam. *De lege ferenda* a terminologia pode ser alterada.

[1886] CASTELLO BRANCO, Élvia Lordello. Ministério Público e procuradoria nos Tribunais de Contas. In: **Revista do Tribunal de Contas do Distrito Federal.** n. 12, p. 37-48, 1982.

Apurado senso crítico levou o ilustrado Conselheiro Miguel Roumié a observar que:

> as funções institucionais do Ministério Público, estabelecidas na Constituição Federal em seu art. 129, não se coadunam com as atribuições cometidas aos Tribunais de Contas para o exercício da fiscalização orçamentária e financeira. São distintos e inconfundíveis, pois ambos dispõem de autonomia administrativa.[1887]

Despiciendo demonstrar que, se os membros do *parquet* junto aos Tribunais de Contas se investissem de todas essas funções na apreciação dos processos, tornar-se-iam vazias de significado as deliberações destas Cortes. Harmonizando as instituições do Tribunal de Contas e do Ministério Público, o art. 130 da Constituição Federal exclui da atuação destes últimos as funções institucionais reservadas ao *parquet* ordinário, mandando aplicar as disposições da respectiva seção pertinente a direitos, vedações e forma de investidura. Só será exercida, portanto, função institucional compatível com as atribuições elencadas em norma infraconstitucional.

Não que esse *parquet* especializado se submeta às deliberações dos ministros do Tribunal de Contas. Cabe, aqui, a percuciente lição do notável Lincoln Pinto da Luz, amparado no renomado Cretella Júnior:

> Isso porque - em contraste com o que se passa no círculo do Executivo, onde os órgãos se estruturam em cadeias de subordinação, ao longo das rígidas linhas hierárquicas - na dimensão do Legislativo, como de resto na do Judiciário, prepondera uma organização composta por *coordenação*; não há pensar em instituições *superiores ou inferiores*, em órgãos principais ou auxiliares.[1888]

A coordenação e harmonização de interpretações e funções diferentes verifica-se no colendo Tribunal de Contas da União, mediante a reverência entre ministros e membros do Ministério Público que ali atuam. Ressoa a mesma relação protocolar e funcional entre todos os Tribunais de Contas. Para além dos limites da mais alta Corte de Contas, a segurança e a operosidade devem estar em destaque na atuação dos membros desse *parquet*, conduzidos com a discrição e serenidade próprias dos que reconhecem o valor da nobilíssima e árdua missão que devotam à nação. A relação entre o corpo deliberativo e o Ministério Público completou mais de cem anos, e, do seu amadurecido convívio, muito tem lucrado a pátria. Em perfeita similitude está a atuação do procurador-geral da República no Supremo Tribunal Federal.

Com visão atenta à realidade histórico-político-organizacional[1889] do Brasil e, buscando dar assento na Carta Magna às mais relevantes instituições, o legislador

---

[1887] ROUMIÉ, Miguel. **Congresso dos Tribunais de Contas do Brasil**, 15., 1992, São Paulo: anais, v.2. p. 44.

[1888] Para saber mais sobre o assunto, confira primoroso estudo: O controle da atividade pública pelo Poder Legislativo. In: **Revista do Tribunal de Contas do Distrito Federal**, n. 11, 1981, p. 47-78.

[1889] Interessante o estudo de importante precedente do STF, que distinguiu o Ministério Público que funciona junto ao Tribunal da Procuradoria do Estado do Ministério Público ordinário: BRASIL. Supremo Tribunal Federal.

constituinte não olvidou de destacar, em artigo próprio, esse *parquet* especializado: "Art. 130. Aos membros do Ministério Público junto aos Tribunais de Contas aplicam-se as disposições desta seção pertinentes a direito, vedações e forma de investidura".

5.4.4.3 Distinção do Ministério Público comum

As pretensões de absorver o Ministério Público especializado no Ministério Público comum foram várias. Ao invés de buscar criar um inciso específico no art. 128, a pretensão inicial era extinguir a instituição e demitir todos os membros, exceto aqueles que já tivessem adquirido a estabilidade, que seriam colocados na desonrosa condição de cargo em extinção.

Desconhecendo os fatores determinantes da elaboração desse dispositivo, sustentaram alguns que a Constituição Federal havia mandado ocupar a função do Ministério Público junto ao Tribunal de Contas membros do Ministério Público integrante dos ramos elencados no art. 128 – Ministério Público comum ou judicial. Entre os estudos que perfilharam essa trilha, registra-se a seguinte indicação de Hugo Nigro Mazzili, que merecer ser transcrita:

> Por outro lado, o Ministério Público junto ao Tribunal de Contas deixou de ser previsto, como instituição própria, no art. 128, tendo em vista a supressão da alínea "e" do inc. I desse dispositivo, que previa Ministério Público autônomo junto ao Tribunal de Contas (Ato Declaratório nº D.1.144, constituinte Ibsen Pinheiro, Emenda 2t00452).
>
> O dispositivo do art. 130 será fonte perpétua de dúvidas, dispositivo de péssima técnica legislativa. Apenas para argumentar, se tivesse ele criado um *novo* Ministério Público, que não fosse nem o da União, nem o dos Estado, e que se destinasse a oficiar junto aos Tribunais e Conselhos de Contas, imperdoável erro técnico teria sido não estar incluído entre os diversos Ministérios Públicos de que cuida o art. 128, imperdoável, ainda, não tivesse cuidado a Constituição de 1988 do processo legislativo para sua organização, da escolha de sua chefia, da definição de suas atribuições, pois o

---

Representação nº 770/GB. Relator: Ministro Djaci Falcão, Brasília. 26 de fevereiro de 1969. Diário da Justiça [da] República Federativa do Brasil, Brasília, DF, 17 out. 1969. In: **Revista Trimestral de Jurisprudência**, vol-00051-01, p. 00214. Excerto da ementa: "[...] inclusão da procuradoria-geral do Estado na carreira do Ministério Público. Infringência do Município inserto no art. 188 da carta política de 1967, por extravasar os limites das transformações institucionais. Análise do art. 66, '*caput*', e seus parágrafos 1., 2., 4. e 6., em face do parágrafo 1º. do art. 138, e do art. 136, inc. IV, da Constituição Federal. O constituinte da Guanabara pretendeu conservar a procuradoria-geral do Estado como órgão destinado a representação e defesa dos interesses da administração estadual, não só na esfera judicial, mas também no âmbito administrativo, com atribuições até de consultoria jurídica (art. 66, parágrafo 2º.), mantida a sua autonomia; integrando-o, porém, de modo ilegítimo, no Ministério Público onde ira usufruir os benefícios estabelecidos nos parágrafos 5. e 6. do art. 66, da carta política da Guanabara. A coima constitucionalidade decorrente da inclusão da procuradoria do Tribunal de Contas no Ministério Público do Estado, não merece ser acolhida, porquanto a carta política da Guanabara adaptou ao modelo federal (parágrafo 5º. do art. 73) o juízo da conveniência, ou do acerto dessa classificação, foge ao controle judicial. Representação julgada procedente em parte, com a declaração de inconstitucionalidade do art. 66 da Constituição do Estado da Guanabara, no que tange a inclusão da procuradoria-geral do Estado no Ministério Público local. Constituição do Estado da Guanabara - artigo 66 – inconstitucionalidade [...]".

> art. 130 só lhe torna aplicáveis as normas da seção pertinentes a direitos, vedações e forma de investidura. Entretanto, *se não criou novo* Ministério Público, não deveria dizer que se aplicam as disposições do capítulo pertinente a direito, vedações e forma de investidura, pois que todos os membros do Ministério Público, oficiando ou não junto aos Tribunais e Conselhos de Contas, já teriam tais garantias.[1890]

Essa tese, que ignora mais de cem anos de história, foi por unanimidade rejeitada no 15º Congresso dos Tribunais de Contas, realizado em 1989, na cidade de São Paulo, quando ali apresentada. Mas, por amor ao debate, convém examiná-la.

Pertinente é a lição do abalizado mestre da hermenêutica Carlos Maximiliano:

> Não é raro fazerem os mais esclarecidos juristas obra de obstinados demolidores apenas, embora exerçam o papel de construtores de algum ramo de Direito. Quando adotam o processo exegético, isto é, seguindo a ordem das matérias estabelecidas pelos artigos de um repositório, limitam-se, às vezes, a criticar e condenar um dispositivo, ao invés de explicar a origem do mesmo, o objetivo colimado e a aplicação prática; de sorte que o estudioso fica habilitado a promover a reforma do texto, porém não a compreendê-lo e observá-lo.[1891]

Parece, por tudo, mais adequado adotar a exegese que leva à harmonia do texto constitucional com os princípios que consagrava, com as instituições históricas e a ordem lógica do direito.

Refutando as considerações expendidas por aquele autor, cabe lembrar que o art. 128 da Constituição Federal listou a abrangência do Ministério Público no Capítulo IV, do título IV, que trata das funções essenciais à Justiça, no âmbito da organização dos poderes. Natural, portanto, não fosse citado, na subclassificação, o Ministério Público junto ao Tribunal de Contas, já que este não funciona junto à Justiça, inserindo-se, sim, no bojo dos órgãos coordenados com vistas ao controle externo cometido ao Poder Legislativo.

Adotando metodologia incensurável, o constituinte delineou com precisão os contornos do Ministério Público que atua junto à Justiça, definiu-lhe funções, direitos, garantias e vedações, para, só depois, fazer breve referência àqueloutro *parquet*, guardando estreita consonância com o quadro próprio a que se referiu no art. 73, § 2º, inciso I.

Impunha-se elevar também a condição desse Ministério Público, dando-lhe lastro na Constituição, a exemplo da Carta Fundamental de 1967, e assegurando-lhe as prerrogativas indispensáveis ao desempenho da função.

[1890] MAZZILLI, Hugo Nigro. **O Ministério Público na Constituição de 1988**. São Paulo: Saraiva, 1989. p. 65. Grifos não constam do original.

[1891] MAXIMILIANO, Carlos. **Hermenêutica e Aplicação do Direito**. 10. ed. Rio de Janeiro: Forense, 1988. p. 40.

Em escólio ao art. 130, manifesta-se Célio Debes:

> Este preceito afasta, irremediavelmente, a possível suposição de que o Ministério Público junto aos Tribunais de Contas escapara, por descuido, da relação constante do art. 128, como integrante do Ministério Público de que cuidou a Seção I, do Capítulo IV, do título IV, da Constituição.
>
> Se assim fosse, supérfluo seria o contido no art. 130. E como a lei não pode conter palavras e muito menos preceitos inúteis, resulta que, em verdade o Ministério Público junto aos Tribunais de Contas nenhuma vinculação tem com seu homônimo.[1892]

O mesmo entendimento foi também sufragado pela Procuradoria-Geral da República. Num estudo minucioso e preciso, a então Subprocuradora Anadyr de Mendonça Rodrigues manifestou parecer do qual se extrai:

> Com efeito, trazida a peculiar representação do Ministério Público junto ao Tribunal de Contas à categoria constitucional, pela primeira vez, para o específico efeito de fazê-lo incluir-se entre a clientela da qual serão necessariamente escolhidos os Ministros daquela Corte *sui generis*, tornou-se explícito o tratamento constitucional que, a partir de então, merecera: não será sequer razoável a exegese que pretenda entrever, em tal dispositivo, a faculdade de abrigar OUTROS membros do Ministério Público, que não aqueles que, na forma da lei ordinária até então vigente, atuavam exclusivamente junto à Corte de Contas.[1893]

O processo a que a precitada subprocuradora emprestou o brilho de sua inteligência, para adequado posicionamento do assunto RE nº 120.970-4/RO, discutia precisamente a possibilidade de o Ministério Público comum atuar junto aos Tribunais de Contas. A ementa do pronunciamento daquela autoridade foi a seguinte:

> EMENTA: Ministério Público junto aos Tribunais de Contas: *parquet sui generis*, instituído pela lei ordinária, sem ofensa à Lei Máxima, ao qual a Carta de 1988 veio a conferir fundamento constitucional (artigos 73, § 2º, I, e 130). Art. 130 da CF/88: norma restritiva da integral aplicação das disposições constitucionais pertinentes ao Ministério Público em geral, cuja inserção na Carta Magna se fez tecnicamente adequada e de forma inteligível, porque necessária ao resguardo das peculiaridades que constituíram a própria razão de ser da instituição de um Ministério Público especial. Recurso Extraordinário insuscetível de conhecimento.[1894]

[1892] DEBES, Célio. **Tribunal de Contas**: uma Instituição. Rio de Janeiro: Imprensa Oficial, 1990.

[1893] BRASIL. Supremo Tribunal Federal. **Recurso Extraordinário nº 120.970-4/RO**. Relator: Ministro Moreira Neves. Diário da Justiça [da] República Federativa do Brasil, Brasília, DF, 8 mar. 1991. Parecer da Dra. Anadyr de Mendonça Rodrigues colacionado ao relatório do acórdão. Disponível em: <http://www.stf.jus.br>. Acesso em: 13 fev. 2012. Grifos não constam do original.

[1894] *Idem*.

O Pretório Excelso adotou a tese propugnada pela eminente jurista e negou conhecimento ao recurso.

O assunto retornou ao Supremo Tribunal Federal para nova definição, desta feita quando o Tribunal de Contas da União lançou o edital de concurso público para provimento dos cargos de procurador e subprocurador geral do Ministério Público.[1895] A pretensão da confederação dessa instituição, ignorando completamente quase um século de história, era ambiciosa: prover imediatamente os cargos vagos com procuradores da República e, mediatamente, o cargo de ministro do Tribunal de Contas da União, reservado ao extrato do Ministério Público junto àquela Corte. Em essência, sustentou aquela entidade, na inicial, que a existência de um Ministério Público junto ao Tribunal de Contas violaria o princípio da unidade institucional, definido na Constituição Federal de 1988.

Um dos grandes conhecedores da ação do Tribunal de Contas, o Ministro Celso de Mello, foi designado relator dessa histórica ação. No relatório, resumiu a controvérsia doutrinária assim:

> A matéria controvertida na doutrina, que se divide entre aqueles que vêem no Ministério Público junto ao Tribunal de Contas da União uma instituição autônoma, independente do *parquet* federal (Jorge Ulisses Jacoby Fernandes, "Ministério Público junto aos Tribunais de Contas", in Caderno de Direito e Justiça do Correio Braziliense, exemplar de 14/09/92), e aqueles, como HUGO NIGRO MAZZILLI (O Ministério Público junto ao Tribunal de Contas", in RT 650/40), que o consideram integrante do Ministério Público da União".[1896]

Após transcrição de excertos das referidas doutrinas, trouxe outros valiosos argumentos para situar a questão, cabendo destacar, das lúcidas e atiladas observações do relator, o seguinte:

> [...] confesso que tenho sérias dúvidas sobre essa integração, porque, por exemplo, não consigo imaginar um membro do Ministério Público, junto ao Tribunal de Contas da União, concorrendo a uma colocação em lista sêxtuplo visando à nomeação para um cargo de juiz em Tribunal Regional Federal ou para um de Ministro do Superior Tribunal de Justiça. Claro, deveria haver aí a recíproca, mas ela é claramente afastada pela Constituição de 1988, no que revela que para os lugares destinados ao Ministério Público, junto aos Tribunais de Contas, somente concorrem

[1895] Petição subscrita pelo então presidente da Confederação Nacional do Ministério Público CONAMP, Voltaire de Lima Moraes, em 21 de setembro de 1992, encampada pelo Procurador-Geral da República, que deu início a uma Ação Direta de Inconstitucionalidade perante o Pretório Excelso, com petição protocolizada em 5 de outubro do mesmo ano: BRASIL. Supremo Tribunal Federal. **Ação Direta de Inconstitucionalidade nº 789-1**. Relator: Ministro Celso de Mello. Brasília, 26 de maio de 1994. Disponível em: <http://www.stf.gov.br>. Acesso em: 29 out. 2002.

[1896] BRASIL. Supremo Tribunal Federal. Ação Direta de Inconstitucionalidade nº 789-1. Relator: Ministro Celso de Mello. Brasília, 26 de maio de 1994. **Diário da Justiça [da] República Federativa do Brasil**, Brasília, DF, 19 dez. 1994. Seção 1, p. 35.180. Fls. 13 do relatório.

> aqueles membros que atuem junto ao respectivo Tribunal. Por outro lado, não vejo a possibilidade de ter-se a designação de membros do Ministério Público da União, de forma definitiva, para atuar no Tribunal de Contas da União, já que, no caso, a inamovibilidade é uma garantia constitucional e diz respeito em si a esse Tribunal. Soma-se a isso outro aspecto. Tanto não se tem a integração sustentada, pelo menos não vejo essa integração reflexão inicial, que a atuação do Ministério Público junto aos Tribunais de Contas não está mencionada no art. 128. É certo que se estendeu aos integrantes direitos, vedações e também a forma de investidura relativos àqueles dos Ministérios Públicos mencionados no artigo 128. Todavia até mesmo esta extensão é indicadora de que não há a integração sustentada.
>
> A discussão pertinente à existência autônoma, sob regime jurídico especial, do Ministério Público junto aos Tribunais de Contas assume relevo jurídico em face de posição doutrinária que reconhece ao Ministério Público comum ou ordinário a atribuição institucional de atuar perante aqueles órgãos auxiliares do p. no exercício do Controle Externo.

O acórdão ficou assim ementado:

> Ministério Público junto ao TCU - instituição que não integra o Ministério Público da União taxatividade do rol inscrito no art. 128, I, da Constituição vinculação administrativa à Corte de Contas - competência do TCU para fazer instaurar o processo legislativo concernente a estruturação orgânica do Ministério Público que perante ele atua (cf. art. 73, *caput, in fine*) - matéria sujeita ao domínio normativo da legislação ordinária - enumeração exaustiva das hipóteses constitucionais de regramento mediante lei complementar - inteligência da norma inscrita no art. 130 da Constituição - ação direta improcedente.
>
> O Ministério Público que atua perante o TCU qualifica-se como cargo de extração constitucional, eis que a sua existência jurídica resulta de expressa previsão normativa constante da Carta Política (art. 73, par. 2., I, e art. 130), sendo indiferente, para efeito de sua configuração jurídico-institucional, a circunstância de não constar do rol taxativo inscrito no art. 128, I, da Constituição, que define a estrutura orgânica do Ministério Público da União.
>
> O Ministério Público junto ao TCU não dispõe de fisionomia institucional própria e, não obstante as expressivas garantias de ordem subjetiva concedidas aos seus Procuradores pela própria Constituição (art. 130), encontra-se consolidado na "intimidade estrutural" dessa Corte de Contas, que se acha investida - até mesmo em função do poder de autogoverno que lhe confere a Carta Política (art. 73, *caput, in fine*) - da prerrogativa de fazer instaurar o processo legislativo concernente a sua organização, a sua estruturação interna, a definição do seu quadro de pessoal e a

> criação dos cargos respectivos. - Só cabe lei complementar, no sistema de direito positivo brasileiro, quando formalmente reclamada a sua edição por norma constitucional explícita. A especificidade do Ministério Público que atua perante o TCU, e cuja existência se projeta num domínio institucional absolutamente diverso daquele em que se insere o Ministério Público da União, faz com que a regulação de sua organização, a discriminação de suas atribuições e a definição de seu estatuto sejam passíveis de veiculação mediante simples lei ordinária, eis que a edição de lei complementar é reclamada, no que concerne ao *parquet*, tão-somente para a disciplinação normativa do Ministério Público comum (CF, art. 128, par. 5.).
>
> - A cláusula de garantia inscrita no art. 130 da Constituição não se reveste de conteúdo orgânico-institucional. Acha-se vocacionada, no âmbito de sua destinação tutelar, a proteger os membros do Ministério Público especial no relevante desempenho de suas funções perante os Tribunais de Contas. Esse preceito da Lei Fundamental da República submete os integrantes do MP junto aos Tribunais de Contas ao mesmo estatuto jurídico que rege, no que concerne a direitos, vedações e forma de investidura no cargo, os membros do Ministério Público comum.[1897]

Dois aspectos merecem destaque e exigem maior reflexão sobre essa ementa:

a) o primeiro deles é pertinente à expressão *Ministério Público junto ao TCU não dispõe de fisionomia institucional própria*. Tal entendimento deve ser acolhido em termos, porque diz respeito à ausência de definição pela Constituição Federal. Não que seja instituição sem fisionomia, sem caracteres definidores da sua atuação. No regime federativo, pode e deve cada Constituição Estadual definir essa instituição, ou mesmo lei ordinária, desde que ao fazê-lo não invada competência constitucional do Ministério Público ordinário ou do Tribunal de Contas;[1898]

b) o segundo é que a iniciativa de lei, caso a Constituição Estadual ou Federal não a permita ao próprio Ministério Público especial, deve caber aos respectivos Tribunais de Contas.

[1897] BRASIL. Supremo Tribunal Federal. Ação Direta de Inconstitucionalidade nº 789-1. Relator: Ministro Celso de Mello. Brasília, 26 de maio de 1994. **Diário da Justiça [da] República Federativa do Brasil**, Brasília, DF, 19 dez. 1994. Seção 1, p. 35.180. Ementa do acórdão.

[1898] "[...] Falta de legitimidade ativa da autora, - Associação Nacional do Ministério Público junto aos Tribunais de Contas - por ser integrada por servidores públicos que não constituem uma determinada categoria funcional, mas apenas fração dela, não se caracterizando, assim, como entidade de classe. Ademais, o Ministério Público junto ao Tribunal de Contas da União não dispõe de autonomia institucional própria. Precedentes do S.T.F. Ação direta de inconstitucionalidade não conhecida [...]". BRASIL. Supremo Tribunal Federal. Ação Direta de Inconstitucionalidade nº 2.353-5/SE. Relator: Ministro Moreira Alves. Tribunal Pleno, 06 de junho de 2001. **Diário da Justiça [da] República Federativa do Brasil**, Brasília, DF, 30 abr. 2004.

Em outra memorável Ação Direta de Inconstitucionalidade, o Supremo Tribunal Federal afastou definitivamente a possibilidade de o Ministério Público comum ter assento no Tribunal de Contas, definindo a ementa no seguinte sentido:

> EMENTA: Relevância da argüição [*sic*] de inconstitucionalidade, perante o art. 130 da Constituição Federal, do art. 26 da Lei Complementar sergipana nº 4-90, que implica o funcionamento, junto ao Tribunal de Contas, de órgão do Ministério Público comum, bem como, perante o art. 37, II, também da Carta da República, do art. 83 do mesmo diploma estadual que transpõe, para cargos de Procurador de Justiça, os ocupantes dos de Procurador da Fazenda Pública junto ao Tribunal de Contas.[1899]

Aliás, no exame que fez a Câmara Constitucional e Infraconstitucional do Ministério Público Federal, manifestou-se aquele órgão nos seguintes termos:

> As atividades inerentes ao Ministério Público no âmbito dos Tribunais de Contas são privativamente exercidas por membros da carreira desse ramo especializado, somente a eles cabendo as competências específicas que lhes estão reservadas. Todos os demais ramos do Ministério Público cumprem as suas atribuições essenciais às funções jurisdicionais. Descabida superposição do Ministério Público estadual comum nessas esferas de atribuições ao Ministério Público junto ao Tribunal de Contas, caracterizando frontal desrespeito à autonomia funcional e administrativa reconhecida, indistintamente, a todos os ramos que compõem o universo da instituição. Desrespeito à autonomia funcional e administrativa aplicável a todos os ramos do Ministério Público, conforme inscrito no art. 127, § 2º, da Constituição Federal.

Distinguindo o Ministério Público, assentou o STJ:

> Consoante decisão do STF, interpretando preceitos da C Federal (arts. 128 e 130), o Ministério Público que funciona junto ao Tribunal de Contas não dispõe de fisionomia institucional própria e encontra-se consolidado na intimidade estrutural dessa Corte de Contas, malgrado as prerrogativas que lhe são peculiares (art. 73 da C. Federal)
>
> O Ministério Público especial junto ao Tribunal de Contas tem existência institucional específica e funciona independentemente de intervenção da Instituição do Ministério Público do Estado, não lhe guardando subordinação ou dependência.[1900]

[1899] BRASIL. Supremo Tribunal Federal. Ação Direta de Inconstitucionalidade nº 1.545 MC/SE. Relator: Ministro Octavio Gallotti. Brasília, 26 de maio de 1997. **Diário da Justiça [da] República Federativa do Brasil**, Brasília, DF, 24 out. 1997. Disponível em: http://redir.stf.jus.br/paginadorpub/paginador.jsp?docTP=AC&docID=347122. Grifos não constam do original. [*Sic*]

[1900] BRASIL. Superior Tribunal de Justiça. Recurso em Mandado de Segurança nº 6.852/RS. Relator: Ministro Demócrito Reinaldo. Brasília, 26 de setembro de 1996. **Diário da Justiça [da] República Federativa do Brasil**, Brasília, DF, 29 out. 1996. No mesmo sentido: Supremo Tribunal Federal. Medida Liminar na Ação Direta de

Pouco a pouco, os demais Tribunais de Contas do Brasil devem se ajustar à determinação constitucional e estruturar o Ministério Público nos moldes previstos pela Constituição Federal. A definição da fisionomia institucional, porém, ainda demandará algum tempo, porque o paradigma federal Ministério Público junto ao Tribunal de Contas da União, só teve preenchidos seus cargos a partir de 1994, tendo funcionado precariamente com o último remanescente do concurso anterior por quase cinco anos até o advento dos novos concursados.

Em importante lição, o Ministro Celso de Mello decidiu:

> O Ministério Público especial junto aos Tribunais de Contas – que configura uma indiscutível realidade constitucional – qualifica-se como órgão estatal dotado de identidade e de fisionomia próprias que o tornam inconfundível e inassimilável à instituição do Ministério Público comum da União e dos Estados-membros.
>
> Não se reveste de legitimidade constitucional a participação do Ministério Público comum perante os Tribunais de Contas dos Estados, pois essa participação e atuação acham-se constitucionalmente reservadas aos membros integrantes do Ministério Público especial, a que se refere a própria Lei Fundamental da República (art. 130).
>
> O preceito consubstanciado no art. 130 da Constituição reflete uma solução de compromisso adotada pelo legislador constituinte brasileiro, que preferiu não outorgar, ao Ministério Público comum, as funções de atuação perante os Tribunais de Contas, optando, ao contrário, por atribuir esse relevante encargo a agentes estatais qualificados, deferindo-lhes um "status" jurídico especial e ensejando-lhes, com o reconhecimento das já mencionadas garantias de ordem subjetiva, a possibilidade de atuação funcional exclusiva e independente perante as Cortes de Contas.[1901]

Em alguns casos, o Ministério Público já alcançou fisionomia mais compatível com o novo ordenamento constitucional, como ocorre com o Ministério Público junto ao Tribunal de Contas do Estado do Pará, possuem a devida autonomia administrativa e financeira, quadro próprio, mantendo-se com recursos vinculados no orçamento e dentro dos mais lídimos padrões de austeridade.[1902]

Inconstitucionalidade 1858-9/GO. Relator: Ministro Ilmar Galvão. Brasília, 16 de dezembro de 1998. **Diário da Justiça [da] República Federativa do Brasil**, Brasília, DF, 18 maio 2001.

[1901] BRASIL. Supremo Tribunal Federal. Ação Direta de Inconstitucionalidade nº 3160-1/CE. Relator: Ministro Celso de Mello. Disponível em: <http://www.stf.jus.br>. Acesso em: 22 dez. 2011. Em 2020, mais uma vez, citando esse precedente, o STF decidiu que o Ministério Público junto ao Tribunal de Contas não tem autonomia administrativa e financeira e integrantes denominam-se Procuradores de Contas. BRASIL. Supremo Tribunal Federal. ADI nº 5.174. Relator: Ministro Luiz Fux, 13 de dezembro de 2019. Disponível em: http://portal.stf.jus.br/processos/downloadPeca.asp?id=15342346665&ext=.pdf. Acesso em: 28 fev. 2020.

[1902] Em importante reflexão sobre o tema, destaca José Afonso da Silva, um dos mais expressivos constitucionalistas da atualidade: "[...] Entendo que os princípios fundamentais que regem o Ministério Público em geral se aplicam também ao Ministério Público junto aos Tribunais de Contas. É verdade que essa aplicação não é automática. Mas

O Supremo Tribunal Federal, em sentido oposto ao texto, decidiu ratificando o entendimento da ADI nº 789 que o Ministério Público junto ao Tribunal de Contas não pode ter autonomia financeira e orçamentária. O STF invalidou trechos de leis do Pará que davam autonomia financeira e administrativa aos Ministérios Públicos de Contas (MPC) junto aos Tribunais de Contas do estado e dos municípios. A decisão, tomada em resposta a uma ação da Procuradoria-Geral da República (PGR), considerou que essas leis eram inconstitucionais por ferirem o princípio da unidade do Ministério Público[1903].

Na decisão o STF não considerou:

a) que embora os Tribunais de Contas dos estados e dos municípios devam seguir a simetria do modelo federal, a Constituição Federal de 1988 não pretendeu criar um modelo exato e único a ser copiado pelas unidades federadas; ao contrário, em modelagem jurídica respeitou todos os entes federativos e o balizamento que historicamente erigiram para controle de contas; a nova decisão sem dúvida ofende o regime federativo;

b) ao invocar o modelo único do MP, o STF, mais uma vez, ignora a existência de um Ministério Público que não está no rol do art. 128 da Constituição e por consequência a história que ajudou a moldar a partir da ADI 789, respeitando mais de um século do Ministério Público que atua nos Tribunais de Contas;

c) ignora também a melhor e mais respeitada doutrina nacional "[...] Entendo que os princípios fundamentais que regem o Ministério

é lícito, segundo me parece, às Constituições dos Estados ou mesmo às Leis Complementares orgânicas do Ministério Público, ou mesmo uma lei ordinária específica, definir-lhes o regime orgânico e administrativo, incluindo a autonomia funcional e administrativa. Se a Constituição Federal não lhes deu expressa e especificamente essas prerrogativas, também não as proibiu. Ao contrário, o sentido que ela deu ao Ministério Público em geral, comporta reconhecer que ela o admite. Por isso mesmo parece-me, com a devida vênia, incorreto o julgamento de inconstitucionalidade do § 5º do art. 35 da Constituição do Estado de Tocantins que reconhecia ao Ministério Público junto de seu Tribunal de Contas a autonomia funcional e administrativa que a mesma Constituição confere ao Ministério Público em geral [...]". A ação referida é a Ação Direta de Inconstitucionalidade nº 160-4/TO. O tema, contudo, não é pacífico: "[...] Ministério Público junto ao Tribunal de Contas do Estado de Goiás. EC nº 23/1998. Inconstitucionalidade. 1. Esta Corte já firmou orientação no sentido de que o Ministério Público que atua junto aos Tribunais de Contas não dispõe de fisionomia institucional própria (Ação Direta de Inconstitucionalidade nº 789, Celso de Mello, DJ de 19.12.94). 2. As expressões contidas no ato legislativo estadual que estendem ao Ministério Público junto ao Tribunal de Contas do Estado as prerrogativas do Ministério Público comum, sobretudo as relativas 'à autonomia administrativa e financeira, à escolha, nomeação e destituição de seu titular e à iniciativa de sua lei de organização' são inconstitucionais, visto que incompatíveis com a regra do art. 130 da Constituição Federal. 3. Disposição reintroduzida na Constituição do Estado de Goiás pela EC nº 23, de 9 de dezembro de 1998, malgrado o seu teor já houvesse sido declarado inconstitucional pelo STF (ADIMC 1.858, Ilmar Galvão, j. na Sessão de 16.12.98). Medida cautelar deferida [...]". BRASIL. Supremo Tribunal Federal. ADI nº 2378-1/GO. Relator: Ministro Maurício Corrêa. Brasília, 19 de maio 2004. **Diário da Justiça [da] República Federativa do Brasil**, Brasília, DF, 2 jun. 2004. Veja sobre agentes de controle - direitos e prerrogativas da Corregedoria, o subtítulo 0., do Capítulo V, que trata da estrutura e composição dos Tribunais de Contas.

[1903] BRASIL. Supremo Tribunal Federal. Ação Direta de Inconstitucionalidade nº 3192. Plenário. Relator: Ministro Luís Roberto Barroso. Brasília, 21 de agosto de 2024. Disponível em: https://portal.stf.jus.br/processos/detalhe.asp?incidente=4727820>. Acesso em: 2 jun. 2025.

> Público em geral se aplicam também ao Ministério Público junto aos Tribunais de Contas. É verdade que essa aplicação não é automática. Mas é lícito, segundo me parece, às Constituições dos Estados ou mesmo às Leis Complementares orgânicas do Ministério Público, ou mesmo uma lei ordinária específica, definir-lhes o regime orgânico e administrativo, incluindo a autonomia funcional e administrativa. Se a Constituição Federal não lhes deu expressa e especificamente essas prerrogativas, também não as proibiu." A frase é de autoria de José Afonso da Silva, um dos mais expressivos constitucionalistas do Brasil e aborda a relação entre os princípios gerais do Ministério Público e o Ministério Público junto aos Tribunais de Contas. Ele reconhece que a aplicação dos princípios gerais não é automática, mas defende que as constituições estaduais, leis complementares orgânicas do Ministério Público ou leis ordinárias específicas podem definir o regime orgânico e administrativo desse órgão junto aos Tribunais de Contas. [1904]

A natureza das funções de Ministério Público também impede que profissionais estranhos à carreira exerçam essa função ou a chefia do órgão. Mesmo sendo elementar, já houve tentativa de amesquinhar a instituição, após a Constituição Federal de 1988.[1905]

[1904] SILVA, José Afonso da. O Ministério Público Junto aos Tribunais de Contas. Disponível em: https://www.tcm.ba.gov.br/tcm/DiretorioPublicacao/DoutrinaMPC/O_Ministerio_Publico_junto_aos_Tribunais_de_Contas_Jose_Afonso_da_Silva.pdf.

[1905] BRASIL. Supremo Tribunal Federal. Ação Direta de Inconstitucionalidade nº 1791-1/PE. Relator: Ministro Sydney Sanches. Brasília, 23 de novembro de 2000. **Diário da Justiça [da] República Federativa do Brasil**, Brasília, DF, 11 set. 1998. "Ementa: Direito constitucional e administrativo. Nomeação para os cargos de Procurador-Geral, Procurador-Geral Adjunto e Procuradores do Ministério Público junto ao Tribunal de Contas do Estado de Pernambuco. Ação Direta de Inconstitucionalidade do art. 75, '*caput*', da Lei nº 10.651, de 25/11/1991, com a redação dada pela Lei nº 11.435, de 28/05/1997, do Estado de Pernambuco. Alegação de violação dos arts. 128, § 3º, 129, §§ 2º e 3º, c/c art. 130, e, ainda, dos arts. 75, 73, § 2º, inc. I, da Constituição Federal. 1. Conjugados os arts. 71, 73, § 2º, I, e 75 da Constituição Federal, é de se concluir que sempre há de haver um Ministério Público, ainda que especial, atuando junto aos Tribunais de Contas dos Estados, constituído na forma prevista em seus arts. 128, Parágrafo 3º, 129, Parágrafos 2º e 3º, e 130. 2. Contudo, o art. 1º da Lei nº 11.435, de 28.05.1997, do Estado de Pernambuco, com a redação que deu ao art. 75 da Lei estadual nº 10.651, de 25.11.1991, assim dispôs: 'Art. 75. A procuradoria-geral é integrada por um procurador-geral, de provimento em comissão, nomeado pelo presidente do tribunal dentre brasileiros portadores de diploma de Bacharel em Ciências Jurídicas, emitido por estabelecimento de ensino oficial ou reconhecido, mediante aprovação de pelo menos dois terços dos conselheiros, de um procurador-geral adjunto e de cinco procuradores, que sejam portadores de idêntico diploma'. 3. Com essa redação, a norma extingue a carreira e a própria instituição do Ministério Público especial, que deve atuar junto ao Tribunal de Contas do Estado de Pernambuco (atribuindo as respectivas funções a órgão administrativo inteiramente diverso e estranho àquele) e, por essa forma, também impede que seus integrantes formem, dentre eles próprios, a lista tríplice para escolha de seu Procurador-Geral e que este seja investido no cargo por essa forma. Tudo em dissonância com os arts. 73, § 2º, inc. I, 75, 128, § 3º, 129, §§ 2º e 3º, e 130 da Constituição Federal, conjugadamente interpretados. 4. Por outro lado, ao exigir do Procurador-Geral Adjunto e dos cinco Procuradores apenas que sejam portadores de diploma de Bacharel em Ciências Jurídicas, emitido por estabelecimento de ensino oficial ou reconhecido, deixa de cumprir a exigência relativa ao ingresso no Ministério Público, mediante o respectivo e específico concurso público de provas ou de provas e títulos, como determinam o Parágrafo 2º do art. 127 e o art. 129 da CF Quanto a esse ponto, basta, porém, que se retirem do novo texto as expressões finais 'que sejam portadores de idêntico diploma', pois os Parágrafos 4º e 5º do mesmo artigo, ainda com a nova redação, deixam claro que o Procurador-Geral Adjunto e os

Importante referir que, sendo definido o papel da instituição em nível da Constituição, a ausência de atuação gera nulidade da deliberação seguinte a sua manifestação. Várias vezes, na prática, quando o fato é verificado em plenário, o membro do Ministério Público presente à sessão costuma colaborar com a intenção de dar celeridade ao julgamento suprindo a nulidade com parecer verbal. Tal situação revela-se sempre como ato de colaboração e não pode tornar-se direito do relator do processo pretender exigir essa colaboração. Os integrantes do Ministério Público têm prazo legal para se manifestar e tem direito de exigir esse direito.

O TCU já decidiu, em consonância com o exposto, que há nulidade nos processos de intervenção obrigatória do Ministério Público, caso este não se tenha manifestado.[1906] Não supre essa nulidade a atuação de Procuradores da Fazenda.[1907]

Também o STF tem entendimento de que:

> [...] é inconstitucional o texto normativo que prevê a possibilidade de Procuradores de Justiça suprirem a não-existência do Ministério Público especial, de atuação específica no Tribunal de Contas estadual.[1908]

Nos tribunais de contas municipais, como tal entendidos órgãos municipais para controlar um só Município, o Ministério Público não tem assento. Justifica-se: sendo o Ministério Público instituição com perfil estadual, somente nos Tribunais de Contas Municipais – órgão estadual que controla todos os municípios de um Estado federado – é que se concebe o Ministério Público junto ao tribunal de contas. A solução encontrada para suprir esta omissão, que interfere até na composição da Corte, é a criação de procuradorias próprias, com a função de fiscal da Lei. Esse entendimento ainda não tem precedentes a favor ou contra a interpretação aqui adotada.

Procuradores integram a carreira e nela ingressam por concurso público de provas e títulos, assegurada a participação da Ordem dos Advogados do Brasil - Seccional de Pernambuco - em sua realização e, observada nas nomeações a ordem de classificação, em harmonia, pois, com o disposto no Parágrafo 3º do art. 129 da CF, desde que se trate de ingresso no Ministério Público especial junto ao T.C.P.E. 5. Ação Direta julgada procedente, em parte, pelo Plenário do Supremo Tribunal Federal, para declarar a inconstitucionalidade da expressão 'de provimento em comissão, nomeado pelo Presidente do Tribunal dentre brasileiros portadores de diploma de Bacharel em Ciências Jurídicas, emitido por estabelecimento de ensino oficial ou reconhecido, mediante aprovação de pelo menos dois terços de Conselheiros'; e também da expressão final 'que sejam portadores de idêntico diploma'; constantes do '*caput*' do art. 75 da Lei nº 10.651, de 25 de novembro de 1991, com a redação que lhe foi dada pelo art. 1º da Lei nº 11.435, de 28.05.1997, ambas do Estado de Pernambuco. Tudo por unanimidade e nos termos do voto do Relator [...]". Votação: Unânime. Resultado: Procedente em parte.

[1906] BRASIL. Tribunal de Contas da União. Processo TC nº 002.686/2009-0. Acórdão nº 829/2009 - Plenário. Relator: Ministro Raimundo Carreiro. Brasília, 29 de abril de 2009. Disponível em: **<http://www.tcu.gov.br>**. Acesso em: 7 dez. 2011.

[1907] Nesse sentido: BRASIL. Supremo Tribunal Federal. Ação Direta de Inconstitucionalidade nº 328/PR; Mandado de Segurança nº 27.339/RS; Ação Direta de Inconstitucionalidade nº 3307/MT. Disponíveis em: **<http://www.stf.gov.br>**. Acesso em: 21 dez. 2011.

[1908] BRASIL. Supremo Tribunal Federal. Ação Direta de Inconstitucionalidade nº 3192. Plenário. Relator: Ministro Eros Grau. Brasília, 24 de maio de 2006. Disponível em: **<http://www.stf.gov.br>**. Acesso em: 22 dez. 2011.

5.5 Da representação judicial do Tribunal de Contas

Os Tribunais de Contas são órgãos não personalizados, inseridos na estrutura da unidade federada que controlam. Mesmo não possuindo personalidade jurídica própria, podem demandar e ser demandados em juízo.[1909]

A Constituição brasileira definiu que compete à Advocacia-Geral da União - AGU representar a União e, unificando terminologia e competências não uniformes até 1988, definiu que compete às procuradorias dos Estados e do Distrito Federal representar as respectivas unidades federadas.

5.5.1 Regra geral

Desse modo, em sendo demandados ou na condição de demandantes, os Tribunais de Contas são representados em juízo pela mesma instituição encarregada da representação judicial da pessoa jurídica em cuja estrutura se inserem: o Tribunal de Contas da União é representado pela AGU; os Tribunais de Contas dos Estados e do Distrito Federal, pelas respectivas procuradorias do Estado e do Distrito Federal; os Tribunais de Contas dos Municípios, órgãos estaduais, pelas respectivas procuradorias dos Estados; o Tribunal de Contas do Município, órgão municipal, pela procuradoria do Município, no caso do TCM do Rio de Janeiro e do TCM de São Paulo.[1910] Admite-se, também, que nesses dois últimos casos que a representação seja por procuradoria própria.

5.5.2 O Tribunal como autoridade coatora em ações de Mandado de Segurança

No caso específico das ações de mandado de segurança, os atos do colegiado, tecnicamente, são imputados ao respectivo presidente, e sendo o órgão tribunal apontado como *coator*, caberá ao respectivo presidente prestar as informações ao juízo.[1911] Na maioria das vezes em que o Tribunal de Contas é chamado em juízo, como autoridade coatora, a inicial incorre em equívoco. Nos atos jurisdicionais que determinam às autoridades administrativas providências, aquele que cumpre a determinação é que deve ser apontado como *coator*, nome técnico adequado do legitimado passivo.[1912] O

[1909] O Ministério Público que atua junto ao Tribunal de Contas não pode, em hipótese alguma, representar o Tribunal.

[1910] SILVA, José Afonso da. **Curso de Direito Constitucional Positivo**. São Paulo: Malheiros Editores, 11 ed., p. 586, destaca em escólio ao art. 132 da Constituição Federal que: "[...] Os Procuradores dos Estados e do Distrito Federal há de ser organizados em carreira na qual ingressarão por concurso público de provas e títulos (art. 132) estando, pois, vedada a admissão ou contratação de advogados para o exercício das funções de representação judicial (salvo, evidentemente, impedimento de todos os Procuradores) e de consultoria daquelas unidades federadas, porque se não deram essas funções aos órgãos, mas foram diretamente imputadas aos Procuradores [...]".

[1911] MEIRELLES. Hely Lopes. **Mandado de segurança, ação popular, ação civil pública, mandado de injunção, "habeas data"**. 21. ed. 2. tiragem. São Paulo: Malheiros. p. 57: "[...] Nos órgãos colegiados considera-se coator o presidente, que subscreve o ato impugnado e responde pela sua execução [...]".

[1912] Nesse sentido, é pacífico não só no TJDFT (MSG n°s 1999.00.2.003847-6, 1999.00.2.003400-3 e 1999.00.2.003385-9, com relatoria do Desembargador Otávio Augusto, e MSG nº 1998.00.2.00.2384-9, com relatoria da Desembargadora Nancy Andrighi), mas também no STJ (REsp nº 158.060/DF – 5. Turma, Relator Ministro Edson Vidigal), o entendimento de se considerar coatora a autoridade que executou o comando normativo advindo da

tribunal será autoridade coatora quando for competente para corrigir a ilegalidade impugnada, como acontece quando ordena a glosa de parcela de vencimento de um servidor do seu próprio quadro de pessoal.

A mais moderna corrente processual vem entendendo que o sujeito passivo no mandado de segurança é a pessoa jurídica de direito público ou aquela que maneje poderes estatais, sendo que a autoridade apontada como coatora teria apenas o dever de informar. Nas palavras da eminente Lúcia Valle Figueiredo, amparada em Rogério Lauria Tucci:

> No mandado de segurança, a autoridade coatora faria o mesmo papel que o Ministério Público na ação penal. Seria *parte processual*, mas não parte *no sentido material*, porque, no sentido material, o sujeito passivo do mandado de segurança é a pessoa jurídica [...].[1913]

Ademais, o Supremo Tribunal Federal já admitira, em outra oportunidade, a possibilidade de o tribunal integrar diretamente a relação processual, no âmago de sua competência privativa, ao asserir que o Tribunal de Contas "é parte legítima para recorrer, como autoridade coatora em MS, notadamente quando defende sua atribuição constitucional".[1914]

5.5.3 Ações de defesa institucional

O Tribunal de Contas pode ainda ser sujeito ativo, isto é, autor de mandado de segurança quando, em razão de ato ilegal, tiver que defender o exercício de sua função própria. Do saudoso Aliomar Baleeiro é o precedente que pacificou definitivamente a jurisprudência:

> Mandado de segurança impetrado pela Presidência do Tribunal de Contas contra atos do Governador e da Assembléia [*sic*] Legislativa, ditos ofensivos da competência daquele Tribunal. Legitimidade ativa. Órgão Público despersonalizado e parte formal. Defesa do exercício da função constitucionalmente deferida ao Tribunal

Corte de Contas, porquanto suas recomendações não obrigam a autoridade administrativa a quem são dirigidas. No mesmo sentido: BRASIL. Superior Tribunal de Justiça. Apelação Civil e Remessa *ex officio* 2000.01.10.058798 - 3. Turma Cível. **Diário da Justiça [da] República Federativa do Brasil**, Brasília, DF, 17 out. 2001; MSG nº 2000.00.2.0036332. Relator: Desembargador Vaz de Mello. **Diário da Justiça [da] República Federativa do Brasil**, Brasília, DF, 5 jun. 2001; MSG nº 2000.00.2.0015660. Relator: Desembargador Joazil M. Gardés. **Diário da Justiça [da] República Federativa do Brasil**, Brasília, DF, 25 abr. 2001. Em sentido contrário: Apelação Civil nº 46.230/1997. Relatora: Desembargadora Adelith de Carvalho Lopes; MSG nº 2001.00.2.004099-9. Relator originário: Desembargador Jeronymo de Souza. Relator designado: Desembargador Nívio Gonçalves.

[1913] TUCCI, Rogério Lauria. Autoridade Coatora e o sujeito passivo no Mandado de Segurança, *in* GONÇALVES, Aroldo Plínio (Coord.). **Mandado de Segurança.** Del Rey, 1993 *apud* FIGUEIREDO, Lucia Valle. **Curso de Direito Administrativo**. 5. ed. São Paulo: Malheiros, 2001. Exemplo de defesa de ato do Tribunal é o Processo nº 20021190/33-2, em que o Presidente do Tribunal de Contas do Estado de Sergipe, eminente Conselheiro Carlos Alberto Sobral de Souza, requereu a sua admissão à lide na qualidade de litisconsorte passivo, defendendo com competência ato normativo da Corte.

[1914] BRASIL. Supremo Tribunal Federal. **Revista de Direito Admistrativo,** n. 177, p. 77; **Revista Trimestral de Jurisprudência**, n. 126, p. 265.

> de Contas. Poder jurídico, abrangido no conceito de direito público subjetivo. Mandando de segurança cabível.[1915]

Em relação a suspensão de segurança, o Ministro Asfor Rocha do STJ assentou:

> Registro, inicialmente, que o Tribunal de Contas do Estado de Sergipe tem legitimidade para apresentar a presente suspensão de segurança, objetivando defender a própria competência interna de punir seus membros e de proteger a instituição. Sobre o tema confira-se a SS n. 3.182/TO, do Supremo Tribunal Federal, relatada pela em. Ministra Ellen Gracie, decisão publicada em 21.6.2007.[1916]

O tema da defesa institucional foi pacificado em outro importante precedente:

> Cabe à Corte de Contas demandar em juízo quando algum outro órgão do Estado ou um dos Poderes interfira no funcionamento, ou na realização de suas atividades, ou lhe suprima ou minimize algumas de suas prerrogativas ou direitos subjetivos.[1917]

Na ADI nº 7.177, o Supremo Tribunal Federal fixou as seguintes teses de julgamento:

> 1. É constitucional a criação de órgão para assessoramento e consultoria jurídica de Tribunal de Contas, podendo, todavia, realizar a representação judicial da Corte exclusivamente nos casos em que discutidas prerrogativas institucionais ou a autonomia do TCE.
>
> 2. É inconstitucional, por violação ao art. 37, II, da CF/1988, o aproveitamento de servidores titulares de cargos públicos diversos, por designação, para atuarem como advogados do Tribunal de Contas.[1918]

A decisão está em consonância com decisão anterior da Corte, mencionadas na Nota Técnica Conjunta ATRICON-ABRACOM-CNPTC nº 01/2024[1919].ações em conflito com o ente a que se vinculam.

Situação muito peculiar como essa, ocorre no *leading case* apontado, quando ambos os polos da relação processual são representados em juízo pelo mesmo órgão.

[1915] BRASIL. Supremo Tribunal Federal. Recurso Extraordinário nº 74836/CE. Relator: Ministro Aliomar Baleeiro. Brasília, 7 de junho de 1973. **Diário da Justiça [da] República Federativa do Brasil**, Brasília, DF, 19 nov. 1973.

[1916] BRASIL. Superior Tribunal de Justiça. **Suspensão de Segurança nº 1919/SE**. Decisão monocrática – Ministro César Asfor Rocha. Brasília, 15 dez. 2008. Disponível em: <http://www.stj.jus.br>. Acesso em: 22 dez. 2011.

[1917] BRASIL. Superior Tribunal de Justiça. **Recurso Especial nº 121.053/PB**. Relator: Ministro Demócrito Reinaldo. Disponível em: http://www.stj.jus.br. Acesso em: 22 dez. 2011.

[1918] BRASIL. Supremo Tribunal Federal. ADI 7.177 Mérito. Disponível em: https://pesquisa.in.gov.br/imprensa/jsp/visualiza/index.jsp?jornal=515&pagina=1&data=14/08/2024&totalArquivos=166.

[1919] ATRICON. Nota Técnica Conjunta ATRICON-ABRACOM-CNPTC nº 01/2024. Disponível em: https://atricon.org.br/wp-content/uploads/2024/02/Nota_Tecnica_Atricon-Abracom-CNPTC_nC2BA_01-2024_-_Procuradorias_2814-022C_15h29_assinado_assinado.pdf.

Nessa situação, a jurisprudência vem admitindo que o Tribunal de Contas seja representado por assessor jurídico, devidamente habilitado,[1920] ou por advogado para esse fim especialmente contratado.[1921]

Diversas situações podem levar a conflito entre órgãos da mesma pessoa jurídica: o Poder Executivo não efetua o repasse de recursos ou, ao contrário, o Tribunal de Contas realiza ato implicando em dano ao erário da unidade federada em que se insere, como aposentar servidor do seu quadro sem amparo legal. Nesse último caso, há interessante precedente julgado pelo Superior Tribunal de Justiça, entendendo que a Procuradoria-Geral do Distrito Federal não poderia ser autora de mandado de segurança contra o Tribunal de Contas do Distrito Federal.[1922] Nesse caso, embora tenha sido diferente o entendimento do Superior Tribunal de Justiça, parece que o tema está a exigir maior reflexão. Examinando a situação em tese, caberia questionar: quem está habilitado a defender o erário contra ato lesivo do próprio Tribunal de Contas?

Nesse precedente a situação não ficou esclarecida: a 5ª Turma do Superior Tribunal de Justiça, por diferença de apenas um voto, decidiu que compete

> à Procuradoria-Geral do Distrito Federal a defesa do Tribunal de Contas/DF e do Poder Executivo local, conforme se depreende dos arts. 578, 110 e 111 da Lei Orgânica do Distrito Federal, com a redação dada pelas Emendas nº 09/96 e 14/97, não podendo este órgão acionar o Poder Judiciário contra o seu próprio representado. Tal iniciativa é de competência do Ministério Público Distrital.

É precisamente sobre essa última parte que repousa o equívoco, pois, desde o advento da Constituição Federal, o Ministério Público comum, ou ordinário, não pode mais exercer a representação da Fazenda Pública. Mais adequado seria, então, que a unidade federada pudesse demandar o Tribunal de Contas e este contratasse, nos termos da Lei de Licitações e Contratos, advogado próprio para defender ato administrativo tipicamente seu. Aliás, esse entendimento coincide, portanto, com o sustentado pelas brilhantes procuradoras do Distrito Federal, Dras. Márcia Guasti Almeida e Isabel Paes de Andrade Banhos, na referida ação judicial.

Recentemente, o STF decidiu limitar a "atuação judicial dos Procuradores do Tribunal de Contas aos casos em que atuem em nome do TCE/MG para a defesa de sua autonomia, de suas prerrogativas e de sua independência diante dos Poderes". Esclareceu, ainda, que "não se inclui no âmbito das atividades de consultoria e

---

[1920] BRASIL. Supremo Tribunal Federal. Recurso Extraordinário nº 178.904/AC. Relatora: Ministra Nancy Andrighi. **Diário da Justiça [da] República Federativa do Brasil**, Brasília, DF, 14 mar. 2000.

[1921] BRASIL. Superior Tribunal de Justiça. Recurso Extraordinário nº 106.923-ES. Relator: Ministro Sydney Sanches. Brasília, 26 de abril de 1988. **Diário da Justiça [da] República Federativa do Brasil**, Brasília, DF, 12 ago. 1988.

[1922] BRASIL. Superior Tribunal de Justiça. Recurso em Mandado de Segurança nº 12483/DF - 5. Turma. Processo nº 990.020.000437. Relator: Ministro Jorge Scartezzini. Brasília, 20 de setembro de 2001. **Diário da Justiça [da] República Federativa do Brasil**, Brasília, DF, 29 out. 2001.

assessoramento prestados pelos Procuradores do TCE/MG o exercício das funções privativas dos Procuradores do Estado, sem prejuízo de assessoramento às atividades finalísticas" [1923].

5.5.4 Ações para execução de suas próprias decisões

Quanto à representação judicial do Tribunal de Contas para executar suas próprias decisões, o tema ainda comporta discussão.

Prevalece, nos Tribunais de Contas, o entendimento de que essas Cortes não detêm competência para executar suas decisões, limitando-se a constituir um título executivo, fato que enseja a necessidade de iniciar o processo de execução perante o Poder Judiciário, ressalvada a hipótese de ordenar o desconto na remuneração do servidor público, nos estritos termos das respectivas leis orgânicas.

O tema permite evolução.

No ensinamento do festejado Pontes de Miranda, seria possível ao Tribunal de Contas executar suas próprias decisões, pois o juiz comum não pode modificar o julgado do Tribunal de Contas, bastando para tanto que lei ordinária determinasse nesse sentido. Acrescentava, então, que, embora não resulte do texto constitucional caber-lhe necessariamente a execução das próprias sentenças, esta norma não seria mais que conformar-se com o princípio geral, raras vezes derrogado, de que ao juiz sentenciante cabe executar.[1924]

Na atualidade, porém, como dito, tem prevalecido o entendimento de que a competência para cobrar os títulos executivos é da Advocacia-Geral da União ou das procuradorias do Estado ou Município, conforme o caso. Explica-se tal posição porque o beneficiário desse título é a pessoa jurídica em favor da qual agiu o controle externo. Quando o título executivo foi lavrado, visando repetição do indébito, reparação do dano, o legitimado ativo para proceder a execução é o titular que teve o patrimônio lesado. Numa extensão desse raciocínio, quando o lesado tem personalidade jurídica própria e distinta da unidade federada, as execuções têm sido promovidas pela respectiva procuradoria. Assim é, por exemplo, em relação às empresas públicas que executam títulos executivos lavrados em favor dos seus cofres.

5.5.5 Ações de cobrança de multa

Diferentemente ocorre quando se trata de execução de multa: nesse caso, a dívida é sempre cobrada em favor do "cofre" que mantém o Tribunal de Contas. Ideia engenhosa, que vem sendo desenvolvida por alguns Tribunais de Contas, consiste em instituir um fundo de qualificação de servidores, tendo por base a receita proveniente de multas aplicadas. Nesse caso, os recursos reverteriam para o treinamento dos agentes de controle e dos agentes dos órgãos jurisdicionados, levando ao extremo o caráter orientador da ação do Tribunal de Contas e o caráter pedagógico da multa.

[1923] BRASIL. Supremo Tribunal Federal. ADI nº 7441. Disponível em: https://portal.stf.jus.br/peticaoInicial/verPeticaoInicial.asp?base=ADI&numProcesso=7441. Acesso em 27 ago. 2025.

[1924] PONTES DE MIRANDA, Francisco Cavalcanti *apud* MARANHÃO, Jarbas. Tribunal de Contas e Poder Judiciário. In: **Revista de Informação Legislativa**, Brasília, ano 27, n. 107, jul./set. 1990.

Importante lembrar que a Lei nº 14.133, de 1º de abril de 2021, Lei de Licitações e Contratos Administrativos, estabelece que "os tribunais de contas deverão, por meio de suas escolas de contas, promover eventos de capacitação para os servidores efetivos e empregados públicos designados para o desempenho das funções essenciais à execução desta Lei". O nobre ideário, contudo, não definiu a fonte de receita, obrigando os tribunias de contas a utilizarem verba própria para essa função.

5.6 Agentes de controle

Nesse item serão analisados os direitos e deveres peculiares à categoria dos agentes que se dedicam à ação do controle interno e externo da Administração Pública.

A nomenclatura adotada - agentes de controle - abrange o gênero, no qual se inserem os agentes políticos e servidores. No conjunto dos primeiros, inserem-se as espécies ministros do Tribunal de Contas da União, conselheiros dos Tribunais de Contas estaduais e municipais, auditores e membros do Ministério Público que funciona junto aos Tribunais de Contas; no conjunto de servidores, estão inseridos os servidores públicos civis, que desempenham a função de controle, seja interno ou externo, inclusive os dirigentes desses órgãos, não alcançados pela primeira classificação.

Indispensável, como será demonstrado, a ênfase na ética entre os deveres, como fator essencial à ação do controle.[1925]

5.6.1 Direitos e prerrogativas

Para assegurar a isenção e a efetividade da ação do controle, a Constituição brasileira buscou equiparar, para alguns fins, os agentes dos Tribunais de Contas aos agentes políticos do Poder Judiciário, ou seja, magistrados e membros do Ministério Público.

Na Constituição Federal e, portanto, a salvo de pretensões menores veiculadas por legislação infraconstitucional, foram assegurados direitos e prerrogativas aos agentes de controle, conforme se examina a seguir.

[1925] Alice Gonzalez Borges, em interessante artigo, destaca: "[...] Esse quadro vem contribuindo para uma danosa e dissolvente inversão dos valores consagrados na doutrina e na experiência universal dos povos civilizados. Pois se, entre os cânones do direito administrativo, emerge, incontroversa, a *presunção de legitimidade e veracidade dos atos do Poder Público*, arraigou-se, no entendimento do cidadão brasileiro comum, profunda convicção em sentido absolutamente inverso... A seus olhos – esta, a dolorosa realidade que precisa ser refletida – todo administrador da coisa pública é considerado, em princípio, *incapaz e corrupto, até prova em contrário*. E essa prova, aliás, deverá ser excepcionalmente sólida, para tornar-se convincente. De tal fato resulta o fenômeno do progressivo afastamento da vida pública, por parte de cidadãos probos, capazes e responsáveis, porém justamente receosos de macular sua vida, até então irrepreensível. RÔMULO ALMEIDA, há duas décadas atrás, já lamentava essa '*omissão dos bons*', como profundamente detrimentosa à República. [...]". BORGES, Alice Gonzalez. O controle jurisdicional da Administração Pública. In: **Revista Direito Administrativo**, Rio de Janeiro, n. 192, p. 49-60, abr./jun. 1993.

5.6.1.1 Dos Ministros e Conselheiros

Em Portugal, desde a criação do Tribunal de Contas, em 10 de novembro de 1849 - foi declarado como "Instituição necessária em qualquer Governo regular, qualquer que seja a forma e princípio da sua constituição", como expressamente consta no Diário do Governo nº 267, de 12 de novembro de 1849.

Desde o ato de criação, foram definidas as suas competências, mas também a garantia da **independência** dos seus membros enquanto julgadores. É assim que, no decreto da sua criação, se estabelece a perpetuidade do cargo de conselheiro do Tribunal de Contas e a sua incompatibilidade com o exercício de quaisquer outras funções na Administração e na Justiça.[1926]

No Brasil, por equiparação, a Constituição Federal[1927] assegurou a estes as mesmas garantias, prerrogativas, impedimentos, vencimentos e vantagens dos ministros do Superior Tribunal de Justiça, sendo aplicadas, para aposentadoria e pensão, as normas do art. 40. As garantias correspondem às gerais da magistratura, referidas também na Constituição Federal:[1928] vitaliciedade, inamovibilidade e irredutibilidade de subsídio.

A vitaliciedade, no caso de ministros do Tribunal de Contas da União, é garantida desde a nomeação e posse, contanto que se realize com observância da lei, posto que de ato nulo não nascem direitos. O período de dois anos para aquisição da vitaliciedade não se aplica aos Tribunais de Contas, vez que inexiste primeira instância ou primeiro grau, sendo o preenchimento do cargo efetivado diretamente no Tribunal.[1929]

A vitaliciedade se aplica aos conselheiros[1930] dos Tribunais de Contas estaduais e municipais, bem como do Distrito Federal, por força do art. 75 da Constituição Federal,[1931] inclusive quanto à inexigência de decurso de prazo para aquisição do direito.

Desde a posse, portanto, os ministros do TCU e os conselheiros dos Tribunais de Contas *só podem perder o cargo por sentença transitada em julgado* ou na forma da Lei

---

[1926] TRIBUNAL DE CONTAS. História do Tribunal de Contas. **Tribunal de Contas** (1849-1911). Disponível em: http://www.tcontas.pt. Acesso em: 24 out. 2002.

[1927] BRASIL. **Constituição da República Federativa do Brasil** (Versão Bolso). Organização dos textos e índice por J. U. JACOBY FERNANDES. 2. ed. Belo Horizonte: Fórum, 2019. Art. 73, § 3º.

[1928] BRASIL. **Constituição da República Federativa do Brasil** (Versão Bolso). Organização dos textos e índice por J. U. JACOBY FERNANDES. 2. ed. Belo Horizonte: Fórum, 2019. Art. 95.

[1929] Em Portugal, vitaliciedade também se denomina *perpetuidade do cargo* e tem origem no decreto de criação do Tribunal de Contas, de 10 de novembro de 1849.

[1930] Os antigos Ministros dos Tribunais de Contas são transformados em Conselheiros pela Emenda nº 01/1969 à Constituição Federal de 1967, conceito que também foi aproveitado pela Constituição de 1988.

[1931] Não pode a Constituição Estadual reduzir a garantia, nem condicioná-la a tempo. Precedente: BRASIL. Supremo Tribunal Federal. Ação Direta de Inconstitucionalidade nº 183-3/MT. Relator: Ministro Sepúlveda Pertence. Brasília, 7 de agosto de 1997. No mesmo sentido: Ação Direta de Inconstitucionalidade nº 98-5/MT. Relator: Ministro Sepúlveda Pertence. Brasília, 18 de outubro de 1989. **Diário da Justiça [da] República Federativa do Brasil**, Brasília, DF, 31 out. 1997.

Orgânica da Magistratura Nacional.[1932] Essa última possibilidade de perda do cargo, contudo, deve ser sopesada com parcimônia. Foi expressamente admitida pelo Poder Judiciário sua aplicação subsidiária aos Tribunais de Contas em memorável precedente da Ministra Eliana Calmon, com a seguinte ementa:

> Administrativo. Ato de improbidade. Membro do Tribunal de Contas da União. Perda do cargo. Lei 8.429/92. Competência.
>
> I - Os membros do Poder Judiciário, após a vitaliciedade, podem perder o cargo em duas hipóteses: por sentença judicial transitada em julgado, quando de crime se tratar, e por decisão do seu próprio Tribunal (art. 95, I, da CF e art. 27 Loman).
>
> II - Os integrantes do Tribunal de Contas, por atos de improbidade, por importarem em sanção administrativa que chega à perda do cargo, devem ser julgados pelo próprio Tribunal, de acordo com o disposto na LC 35/70.
>
> III - Improvimento do apelo do Ministério Público Federal e, de ofício, reconhecida a incompetência da Justiça Federal.[1933]

Se é vitalício desde a posse, não pode ser destituído do cargo, por decisão liminar de juiz singular. Também o afastamento cautelar, quando cabível, não pode ser

---

[1932] BRASIL. Lei Complementar nº 35, de 14 de março de 1979. Dispõe sobre a Lei Orgânica da Magistratura Nacional. **Diário Oficial [da] República Federativa do Brasil**, Brasília, DF, 14 mar. 1979. "Art. 26. O magistrado vitalício somente perderá o cargo (vetado): I - em ação penal por crime comum ou de responsabilidade; II - em procedimento administrativo para a perda do cargo nas hipóteses seguintes: a) exercício, ainda que em disponibilidade, de qualquer outra função, salvo um cargo de magistério superior, público ou particular; b) recebimento, a qualquer título e sob qualquer pretexto, de percentagens ou custas nos processos sujeitos a seu despacho e julgamento; c) exercício de atividade político-partidária. § 1º - O exercício de cargo de magistério superior, público ou particular, somente será permitido se houver correlação de matérias e compatibilidade de horários vedado, em qualquer hipótese, o desempenho de função de direção administrativa ou técnica de estabelecimento de ensino. § 2º - Não se considera exercício do cargo o desempenho de função docente em curso oficial de preparação para judicatura ou aperfeiçoamento de magistrados; Art. 27. O procedimento para a decretação da perda do cargo terá início por determinação do Tribunal, ou do seu órgão especial, a que pertença ou esteja subordinado o magistrado, de ofício ou mediante representação fundamentada do Poder Executivo ou Legislativo, do Ministério Público ou do Conselho Federal ou Secional da Ordem dos Advogados do Brasil. § 1º - Em qualquer hipótese, a instauração do processo preceder-se-á da defesa prévia do magistrado, no prazo de quinze dias, contado da entrega da cópia do teor da acusação e das provas existentes, que lhe remeterá o Presidente do Tribunal, mediante ofício, nas quarenta e oito horas imediatamente seguintes à apresentação da acusação. § 2º - Findo o prazo da defesa prévia, haja ou não sido apresentada, o Presidente, no dia útil imediato, convocará o Tribunal ou o seu órgão especial para que, em sessão secreta, decida sobre a instauração do processo, e, caso determinada esta, no mesmo dia distribuirá o feito e fará entregá-lo ao relator. § 3º - O Tribunal ou o seu órgão especial, na sessão em que ordenar a instauração do processo, como no curso dele, poderá afastar o magistrado do exercício das suas funções, sem prejuízo dos vencimentos e das vantagens, até a decisão final. § 4º - As provas requeridas e deferidas, bem como as que o relator determinar de ofício, serão produzidas no prazo de vinte dias, cientes o Ministério Público, o magistrado ou o procurador por ele constituído, a fim de que possam delas participar. § 5º - Finda a instrução, o Ministério Público e o magistrado ou seu procurador terão, sucessivamente, vista dos autos por dez dias, para razões. § 6º - O julgamento será realizado em sessão secreta do Tribunal ou de seu órgão especial, depois de relatório oral, e a decisão no sentido da penalização do magistrado só será tomada pelo voto de dois terços dos membros do colegiado, escrutínio secreto. § 7º - Da decisão publicar-se-á somente a conclusão. § 8º - Se a decisão concluir pela perda do cargo, será comunicada, imediatamente, ao Poder Executivo, para a formalização do ato".

[1933] BRASIL. Tribunal Regional Federal - 1. Região. Apelação Civil nº 95.01.11616-6/DF - 4. Turma. Relatora: Juíza Eliana Calmon. Brasília, 30 de outubro de 1995. **Diário da Justiça [da] República Federativa do Brasil**, Brasília, DF, 30 nov. 1995. Seção 2, p. 82.941.

ordenado por decisão unipessoal. Desde a posse é vitalício e desde a posse a decisão é do Tribunal. No Judiciário, a competência é do Superior Tribunal de Justiça.

A inamovibilidade é garantia que põe o ministro a salvo de pretensões que visem mudá-lo de circunscrição, fato em regra impensável no âmbito do Tribunal de Contas da União. Assim, uma vez empossado no tribunal, o ministro ou conselheiro, não poderá ser removido, promovido ou obrigado a se transferir em razão da mudança da sede do tribunal, contra a sua vontade. Para casos em que há mudança de sede, adota-se o instituto da disponibilidade.

Sobre o assunto, em decisão perfeitamente aplicável aos Tribunais de Contas, o Supremo Tribunal Federal firmou entendimento de que não sendo a disponibilidade punitiva, o aproveitamento no mesmo local e em cargo idêntico ao que ocupava pode ser determinado pelo Poder Judiciário. Desse modo, não tem o magistrado direito líquido e certo de permanecer em disponibilidade.[1934]

O magistrado pode ser removido em duas hipóteses: por ato de vontade, abrangendo os institutos da promoção e remoção, e por motivo de interesse público, conforme deliberado pelo tribunal.

Ocorre que a extensão dessa norma aos ministros e conselheiros encontra limitação estrutural: não há cargo que enseje promoção, não se admite remoção para outro tribunal. Também não há outro órgão para o qual possa ser removido compulsoriamente.

Como o artigo que garante a inamovibilidade[1935] remete a outro,[1936] que admite que o tribunal, na expressão do poder de autogoverno, possa, por motivo de interesse público, tanto remover quanto colocar em disponibilidade e, ainda, aposentar, resta que somente as duas últimas possibilidades podem existir em relação aos ministros e conselheiros. Aplicando, por analogia, o procedimento da Lei Orgânica da Magistratura Nacional, o tribunal poderá, garantida a ampla defesa e o contraditório, determinar a disponibilidade de membro, chamada de disponibilidade punitiva - ou impor o aposentamento. A imposição desses afastamentos sempre observa a ampla defesa e o contraditório e realiza-se nos casos em que, no prudente arbítrio do tribunal, não se justifique a penalidade maior, que é a perda do cargo.

Há na história dos Tribunais de Contas precedente relacionado a extinção do tribunal de contas dos municípios do Ceará que ensejou a colocação em disponibilidade dos conselheiros que culpavam o cargo nesse tribunal, permitindo se

---

[1934] BRASIL. Supremo Tribunal Federal. Recurso em Mandado de Segurança nº 21.950/DF. Relator: Ministro Paulo Brossard. Brasília, 09 de agosto de 1994. **Diário da Justiça [da] República Federativa do Brasil**, Brasília, DF, 27 out. 1994. Seção 1, p. 29.165.

[1935] BRASIL. **Constituição da República Federativa do Brasil** (Versão Bolso). Organização dos textos e índice por J. U. JACOBY FERNANDES. 2. ed. Belo Horizonte: Fórum, 2019. Art. 95, inc. II.

[1936] *Ibidem*, art. 93, inc. VIII.

o aproveitamento no tribunal de contas do estado do Ceará. Somente um conselheiro teve a oportunidade de exercer essa função nos dois tribunais.[1937]

Já a irredutibilidade de vencimentos constitui garantia que não vai ao ponto de exonerar o magistrado da contribuição dos impostos referidos na Constituição Federal. De fato, foram expressamente excepcionados da garantia:

a) dever de fixar os vencimentos ou subsídios, por lei[1938] assegurada a revisão geral e anual da remuneração na mesma data que os demais servidores públicos e no mesmo índice;
b) observância do limite constitucional máximo de remuneração;[1939]
c) a definição da remuneração exclusivamente por subsídio;
d) submeter-se aos impostos, sem distinção de profissão ou função;[1940]
e) descontar o imposto sobre a renda.[1941]

Entre os direitos dos ocupantes dos cargos de ministro e conselheiro está a remuneração. A partir da Emenda Constitucional nº 19, a remuneração dos ocupantes dos referidos cargos deveria ser fixada por meio de subsídio. Este, remetida a regulamentação à lei ordinária, objetivou definir parâmetro único de remuneração, de modo a permitir a aferição do teto constitucional. O *subsídio*[1942] é, portanto, fixado em parcela única, vedado acréscimo de qualquer gratificação, adicional, abono, prêmio, verba de representação ou outra espécie remuneratória.

Embora se tenha referido várias vezes à exigência de lei para definir a remuneração dos agentes públicos, os ocupantes dos cargos de ministro e conselheiro estão garantidos por uma equiparação definida pela própria Constituição Federal. Desse modo, embora esta tenha proibido à lei promover equiparações e vinculações de remuneração[1943], o comando normativo deve ser compreendido de modo a entender-se que foi vedado a outras normas infraconstitucionais fazerem-no. A proibição não se dirige, evidentemente, à própria Constituição Federal.

Exatamente para evitar a submissão dessas autoridades, como em outros casos, o constituinte houve por bem *equiparar* a remuneração.

A equiparação, na lição de Carmem Lúcia Antunes Rocha:

> [...] é uma igualação horizontal de vencimentos ou de remuneração, determinada mediante comparação que conduz à conclusão sobre a analogia possível, juridicamente, de cargos, funções ou

---

[1937] Conselheiro Ernesto Saboia.

[1938] BRASIL. **Constituição da República Federativa do Brasil** (Versão Bolso). Organização dos textos e índice por J. U. JACOBY FERNANDES. 2. ed. Belo Horizonte: Fórum, 2019. Art. 37, inc. X.

[1939] *Ibidem*, art. 37, inc. XII.

[1940] *Ibidem*, art. 150, inc. II.

[1941] *Ibidem*, art. 153, inc. III, e respectivo § 2º, inc. I.

[1942] BRASIL. **Constituição da República Federativa do Brasil** (Versão Bolso). Organização dos textos e índice por J. U. JACOBY FERNANDES. 2. ed. Belo Horizonte: Fórum, 2019. Art. 39, § 4º.

[1943] Vide ADI nº 4570, em que o Supremo Tribunal Federal declarou inconstitucionais trechos da Lei estadual nº 16.661/2010 do Paraná que estendiam aos servidores da Assembleia Legislativa um reajuste originalmente proposto para o Tribunal de Contas estadual. Disponível em: https://portal.stf.jus.br/processos/detalhe.asp?incidente =4041501.

> emprego ou das atribuições que lhe são inerentes. Os cargos, funções ou empregos são desiguais, mas, pela via comparativa, chega-se ao resultado jurídico de que os vencimentos que lhe são inerentes devem ser igualados. Equipara-se o que não é igual, mas que pode ser, juridicamente, tratado como se o fora promovendo-se, então, a igualação dos vencimentos ou da remuneração que deve ser atribuída a um servidor. Acrescenta: A consequência da equiparação é a definição de vencimentos iguais, em razão daquele fator de identidade tido como próprio pelo constituinte (e apenas por ele) para cargos que não iguais, mas formalmente igualados no sistema fundamental. Encerra com esta advertência: Note-se, pois, que a equiparação somente pode ser considerada válida se feita pelo próprio constituinte, pois a Constituição, seguindo orientação que já se continha em Leis Fundamentais anteriormente vigentes (como a do art. 98 da Emenda Constitucional n. 1/69), proibiu o seu advento pela legislação infraconstitucional (art. 37, XIII).[1944]

Concedido aumento de remuneração ou subsídio aos ministros do Superior Tribunal de Justiça, certidão do ato deve ser requerida pelo Tribunal de Contas da União que aplica automaticamente aos seus membros, independentemente de novo ato. Nesse sentido, a lapidar síntese de José Afonso da Silva:

> a equiparação [...] é a igualação jurídico-formal de cargos ontologicamente desiguais, para o efeito de se lhes darem vencimentos idênticos, de tal sorte que, ao aumentar-se o padrão do cargo-paradigma automaticamente o do outro ficará também majorado na mesma proporção.[1945]

Essa equiparação entre os ministros do Tribunal de Contas da União e do Superior Tribunal de Justiça[1946] se reflete nos tribunais estaduais, aí compreendidos o Tribunal de Contas do Estado e, onde houver, Tribunal de Contas dos Municípios, bem como do Distrito Federal,[1947] pela simetria que decorre da aplicação do art. 75 da Constituição Federal. Aliás, num dos primeiros incidentes de uniformização de jurisprudência, o Supremo Tribunal Federal assentou súmula cujo entendimento permanece inabalável: "Súmula nº 42. É legítima a equiparação de juízes do Tribunal de Contas, em direitos e garantias, aos membros do Poder Judiciário".[1948]

[1944] ROCHA, Carmem Lúcia Antunes. **Princípios Constitucionais dos Servidores Públicos**. São Paulo: Saraiva, 1999, p. 331.

[1945] SILVA, José Afonso da *apud* ROCHA, Carmem Lúcia Antunes, *ibidem*.

[1946] BRASIL. **Constituição da República Federativa do Brasil** (Versão Bolso). Organização dos textos e índice por J. U. JACOBY FERNANDES. 2. ed. Belo Horizonte: Fórum, 2019. Art. 73, § 3º.

[1947] BRASIL. Supremo Tribunal Federal. Recurso Extraordinário nº 100.172/PR – 2. Turma. Relator: Ministro Carlos Madeira. Brasília, 10 de dezembro de 1985. **Diário da Justiça [da] República Federativa do Brasil**, Brasília, DF, 14 fev. 1986, p. 1.218; Medida Cautelar na Ação Direta de Inconstitucionalidade nº 1960/MA. Relator: Ministro Moreira Alves. Brasília, 25 de março de 1999. **Diário da Justiça [da] República Federativa do Brasil**, Brasília, DF, 18 maio 2001, p. 431; Recurso Extraordinário nº 116.969/CE. Relator: Ministro Célio Borja. Brasília, 07 de abril de 1989. **Diário da Justiça [da] República Federativa do Brasil**, Brasília, DF, 28 abr. 1989, p. 6.299.

[1948] BRASIL. Supremo Tribunal Federal. Súmula nº 42. Diário da Justiça [da] República Federativa do Brasil, Brasília, DF, 24 set. 1953. Disponível em: <**http://www.stf.gov.br**> Acesso em: 30 out. 2002.

Em importante artigo, destaca Roberto Rosas:

> As constituições outorgam ao Tribunal de Contas as atribuições constitucionais dadas aos outros tribunais, como seja eleição de seu Presidente, elaboração de seu regimento, organização de serviços auxiliares, provimento de seus cargos, etc. (art. 72, § 1º, da Const. RMS 16.190, R.T.J. 38/242), identificando prerrogativas e direitos iguais aos da magistratura, hoje ponto pacífico na jurisprudência sumulada pelo Supremo Tribunal Federal.
>
> Da mesma forma é o parecer do Prof. Alfredo Buzaid na Representação nº 753 de São Paulo no S.T.F. defendendo a aplicação do princípio federal ao Tribunal de Contas de São Paulo, cujos membros foram equiparados aos Desembargadores (art. 89, § 1º, da Const. São Paulo); Repres. 865 - R.T.J. 61/606.[1949]

Ainda sobre a remuneração, o STF decidiu pela inconstitucionalidade da expressão "de caráter indenizatório", atribuída à gratificação para cargos de direção constante do art. 24 do Regimento Interno do TCMRJ. A ADPF foi proposta pela Procuradoria-Geral da República, sob a alegação de que algumas das regras do Tribunal de Contas dos Municípios do Rio de Janeiro (TCMRJ) violavam preceitos fundamentais da Constituição Federal, especialmente os princípios republicano, da moralidade, impessoalidade e teto remuneratório. Após a discussão, os ministros decidiram que:

> 3. A norma que permite uma única reeleição para os cargos de direção do TCMRJ não afronta os princípios constitucionais, pois assegura alternância no exercício de funções de direção e se alinha a disposições de outros tribunais de contas, como o TCU e o TCE-RJ.
>
> 4. A gratificação prevista para os cargos de direção do TCM-RJ, pela sua natureza remuneratória, deve ser submetida ao teto constitucional, uma vez que não se trata de verba indenizatória, mas de acréscimo patrimonial por serviços prestados.
>
> 5. A expressão "de caráter indenizatório" constante do art. 24 do Regimento Interno do TCM-RJ viola o art. 37, XI, da Constituição Federal. [1950]

Expostas as garantias e direitos, cabe examinar as prerrogativas da magistratura, estendidas aos ocupantes dos cargos de ministro e conselheiro. As primeiras não se confundem com as últimas. Aquelas se destinam a amparar e possibilitar o exercício da função, enquanto estas visam proteger o próprio magistrado.[1951]

[1949] ROSAS, Roberto. **Aspectos Jurisdionais na Competência do Tribunal de Contas**. Revista do Tribunal de Contas do Distrito Federal, Brasília, n. 1, p. 110, 1975.

[1950] BRASIL. Supremo Tribunal Federal. ADPF nº 593 Mérito. Disponível em: https://pesquisa.in.gov.br/imprensa/jsp/visualiza/index.jsp?data=18/02/2025&jornal=515&pagina=2&totalArquivos=79.

[1951] NETO, Indalécio Gomes. **Revista do Tribunal Superior do Trabalho**, São Paulo: LTr, p. 56, 1994.

A primeira prerrogativa de ministro do Tribunal de Contas da União é o título do cargo. A rigor, pela Lei Orgânica da Magistratura Nacional, só poderiam usufruir do título de ministro, membros dos tribunais superiores do Poder Judiciário. Ocorre que a designação de ministro para membros do TCU decorre expressamente da Constituição Federal.[1952]

Outras prerrogativas da magistratura, aplicáveis aos ministros e conselheiros:

> I - ser ouvido como testemunha em dia, hora e local previamente ajustados com a autoridade ou juiz de instância igual ou inferior;
>
> II - não ser preso, senão por ordem escrita do tribunal ou do órgão especial competente para o julgamento, salvo em flagrante de crime inafiançável, caso em que a autoridade fará imediata comunicação e apresentação do magistrado ao presidente do tribunal a que esteja vinculado (vetado);
>
> III - ser recolhido em prisão especial, ou em sala especial do Estado-Maior, por ordem e disposição do tribunal ou do órgão especial competente, quando sujeito a prisão antes do julgamento final;
>
> IV - não estar sujeito a notificação ou a intimação para comparecimento, salvo se expedida por autoridade judicial;[1953]
>
> V - portar arma de defesa pessoal.[1954]

Dispõe, ainda, o parágrafo único do art. 33 da LOMAN que, se no curso de investigação, houver indício da prática de crime por parte do magistrado, a autoridade policial, civil ou militar, remeterá os respectivos autos ao tribunal ou órgão especial competente para o julgamento, a fim de que prossiga na investigação.

No caso, os ministros do Tribunal de Contas da União têm foro especial e o juízo competente para processá-los é o Supremo Tribunal Federal.[1955] Os conselheiros também gozam dessa prerrogativa e devem ser processados perante o Superior Tribunal de Justiça.[1956]

[1952] BRASIL. **Constituição da República Federativa do Brasil** (Versão Bolso). Organização dos textos e índice por J. U. JACOBY FERNANDES. 2. ed. Belo Horizonte: Fórum, 2019. Art. 73, c/c o art. 34 da Lei Complementar nº 35/1979.

[1953] Aliás, nesse sentido já assentou o STJ: BRASIL. Superior Tribunal de Justiça. *Habeas Corpus* nº 4.590/DF. Relator: Ministro Nilson Naves. **Diário da Justiça [da] República Federativa do Brasil**, Brasília, DF, 15 set. 1997: "[...] Há ilegalidade ou abuso de poder no ato de expedição, se a notificação é expedida sem que se observe a prerrogativa do cargo do destinatário [...]".

[1954] BRASIL. Lei Complementar nº 35, de 14 de março de 1979. Dispõe sobre a Lei Orgânica da Magistratura Nacional. **Diário Oficial [da] República Federativa do Brasil**, Brasília, DF, 14 mar. 1979. Art. 33.

[1955] BRASIL. **Constituição da República Federativa do Brasil** (Versão Bolso). Organização dos textos e índice por J. U. JACOBY FERNANDES. 2. ed. Belo Horizonte: Fórum, 2019. "Art. 102. Compete ao Supremo Tribunal Federal, precipuamente, a guarda da Constituição, cabendo-lhe: I processar e julgar, originariamente: [...] c) nas infrações penais comuns e nos crimes de responsabilidade, os ministros de Estado, ressalvado o disposto no art. 52, I, os membros dos Tribunais Superiores, os do Tribunal de Contas da União e os chefes de missão diplomática de caráter permanente; d) o *habeas corpus*, sendo paciente qualquer das pessoas referidas nas alíneas anteriores; o mandado de segurança e o *habeas data* contra atos do Presidente da República, das Mesas da Câmara dos Deputados e do Senado Federal, do Tribunal de Contas da União, do Procurador-Geral da República e do próprio Supremo Tribunal Federal [...]".

[1956] *Ibidem*: "Art. 105. Compete ao Superior Tribunal de Justiça: I processar e julgar, originariamente: a) nos crimes comuns, os governadores dos Estados e do Distrito Federal, e, nestes e nos de responsabilidade, os desembargadores

Também o Supremo Tribunal Federal deixou assentado que é inconstitucional norma que atribui crime de responsabilidade a Conselheiro que deixa de atender a convocação de comissão do Poder Legislativo (CPI) sobre atos de julgamento da competência do Tribunal.[1957]

5.6.1.2 Dos Ministros e Conselheiros-substitutos

Estes, também incorretamente denominados de auditores, têm duplo regime: quando no desempenho das funções de ministro ou conselheiro, aproveitam todas as garantias, prerrogativas, direitos e deveres correspondentes aos cargos do substituído; quando no desempenho das demais funções da *judicatura*, ou seja, em não estando substituindo, correspondente às de juiz de Tribunal Regional Federal e, no caso de conselheiro, às de juiz de primeiro grau.[1958]

Com frequência encontra-se violação dos deveres pelos Ministros-substitutos e pelos Conselheiros-substitutos. É que por dever de ofício aguçam o espírito auditor e, por vezes, dão continuidade a apuração que iniciaram quando assumem a função do titular onde é vedado auditar. A função de julgar, ainda que na função de controle, exige imparcialidade. Aliás, nesse caso, quando em substituição deve ou adiar a programação de pauta, retomando o processo quando deixa de substituir, ou declarar-se impedido.

A ciência jurídica não permite a contaminação da função de julgar. Perceba que é vedado a um magistrado julgar quando atuou no mesmo processo em instância inferior ou quando atuou como membro do Ministério Público no mesmo processo. A garantia constitucional do juiz natural, independente e imparcial fica comprometida quando um Conselheiro ou Ministro-substituto se serve de conhecimento que tem do processo em razão de sua atuação fora da substituição.

5.6.1.3 Dos Procuradores do Ministério Público

A Constituição Federal definiu linhas diretivas do regime jurídico dos membros do Ministério Público que atua junto aos Tribunais de Contas em dispositivo próprio,

---

dos Tribunais de Justiça dos Estados e do Distrito Federal, os membros dos Tribunais de Contas dos Estados e do Distrito Federal, os dos Tribunais Regionais Federais, dos Tribunais Regionais Eleitorais e do Trabalho, os membros dos Conselhos ou Tribunais de Contas dos Municípios e os do Ministério Público da União que oficiem perante tribunais [...]".

1957 BRASIL. Supremo Tribunal Federal. Ação Direta de Inconstitucionalidade nº 1.170-7/AM. Disponível em: http://www.stf.jus.br. Acesso em: 22 dez. 2009. "[...] Curvando-me, pois ao precedente, concluo que o Poder Legislativo de Roraima pode exigir do Presidente do Tribunal de Contas que preste contas de sua administração. Não, porém, de suas decisões, de seus julgamentos, como membro da Corte, pois assim fica preservada sua autonomia [...]".

1958 Salienta-se, outrossim, que conselheiro substituto não pode ser equiparado a juiz de tribunal de alçada. Nesse sentido: BRASIL. Supremo Tribunal Federal. Ação Direta de Inconstitucionalidade nº 134/RS. Relator: Ministro Maurício Corrêa. **Informativo STF,** n. 342, mar./abr., 2004. Disponível em: http://www.stf.jus.br. Acesso em: 22 dez. 2011.

devendo ser aplicadas as disposições previstas na seção reservada ao Ministério Público ordinário pertinentes a direito, vedações e forma de investidura.[1959]

A exemplo do que faz a Constituição em relação aos membros do Tribunal de Contas, que formalmente equipara à magistratura, o regime jurídico dos membros do Ministério Público especial foi definido a partir do delineamento do Ministério Público ordinário.

Entre os direitos, expressão que deve ser tomada em sentido amplo, estão as garantias e prerrogativas, tema desenvolvido precedentemente. Quanto à remuneração, a Constituição Federal nada dispôs. A solução será dada pelas constituições estaduais ou no plano infraconstitucional.[1960] A questão, contudo, pode merecer outro enfoque, permitindo inferir que entre os direitos está consagrado o fundamento pertinente à remuneração.[1961]

Aqui repetem-se os argumentos que foram apresentados sobre o cargo de Conselheiro-substituto e Ministro-substituto no sentido de preservar a integridade das funções. É que o Ministério Público que atua junto ao Tribunal de Contas tem a função de fiscal da lei, mas também pode ter iniciativa de ação, assumindo a função de parte no processo. É evidente que exercendo a segunda função, outro membro do Ministério Público deve atuar como fiscal da lei no processo, nos casos em que a audiência do MP for obrigatória.

É comum, no entanto, a violação das garantias processuais quando o Procurador faz uma representação para apurar um fato e depois atua conduzindo a produção da prova. É uma linha tênue que exige esforço e conhecimento jurídico em matéria processual para avaliar se o devido processo legal foi ou não comprometido. Uma petição para apurar um fato, feita com isenção, não necessariamente compromete a função de fiscal da lei; mas a mesma petição com argumentos apontando irregularidades ou assimilando a narrativa acusatória de terceiro ou da imprensa contamina a função de fiscal da lei. Nessa situação o membro do MP ocupa a função de parte e outro membro deve atuar como fiscal da lei.

[1959] BRASIL. **Constituição da República Federativa do Brasil** (Versão Bolso). Organização dos textos e índice por J. U. JACOBY FERNANDES. 2. ed. Belo Horizonte: Fórum, 2019. Art. 130.

[1960] BRASIL. Supremo Tribunal Federal. Ação Direta de Inconstitucionalidade nº 115/PR. Relator: Ministro Octávio Gallotti. Brasília, 22 de abril de 1993. **Diário da Justiça [da] República Federativa do Brasil**, Brasília, DF, 01 jul. 1993, p. 10.793. "Ementa: A vinculação entre os vencimentos dos auditores e procuradores e dos Conselheiros do Tribunal de Contas do Paraná (art. 251 da Constituição Estadual) incide da vedação do art. 37, X, da Constituição da República. mesmo em relação aos primeiros (os auditores), só se permite, no modelo federal (art. 73, par. 4. da CF), o estabelecimento da equiparação, quanto a garantias e impedimentos não para o efeito de remuneração [...]".

[1961] Embora seja comum que o Procurador-Geral seja equiparado aos membros do Tribunal junto ao qual oficiam, no caso do Tribunais de Contas o entendimento do STF parece ter se firmado em outra linha: BRASIL. Supremo Tribunal Federal. **Representação nº 826/MT**. Relator: Ministro Barros Monteiro. Brasília, 21 de outubro de 1970. Disponível em: <http://www.stf.gov.br>. Acesso em: 31 out. 2002. "[...] Ementa: [...] XII) inconstitucionalidade do art. 112, '*caput*', quando submete, a apreciação da Assembléia Legislativa, o cargo de Procurador-Geral do Tribunal de Contas e, bem assim a da clausula constante de seu Parágrafo único relativa a equiparação de vencimentos deste cargo aos dos Conselheiros do mesmo Tribunal." Ementa Vol-00835-01 p. 76. RTJ Vol-00057-03. p. 00358. Diário da Justiça [da] República Federativa do Brasil, Brasília, DF, 14 maio 1971.

5.6.1.4 Dos servidores do Tribunal de Contas

Os direitos dos servidores dos Tribunais de Contas e do controle interno, ao contrário do que ocorre com os membros do Tribunal de Contas e do Ministério Público que junto dele atua, não foram definidos no plano constitucional com características próprias, aplicando-se-lhes as regras dos servidores públicos estatutários. Além dos direitos dos servidores estatutários, são atribuídos poderes instrumentais mínimos para o desenvolvimento das ações de inspeção e auditoria.

Infelizmente não foram inseridos e classificados como carreira de estado, natureza jurídica mais apropriada à valorização da carreira.

Assim, a lei deve conceder:

I. *amplo acesso aos arquivos, documentos e informações que estejam sob a responsabilidade de órgãos e agentes da Administração Pública direta e indireta;*

II. *livre acesso às repartições públicas da administração direta e indireta, com a finalidade de apurar os fatos;*

III. *poder de inquirir servidores e contratados pela Administração Pública;*

IV. *amplo acesso a bancos de dados públicos, nesse caso sem necessidade de revelar o interesse, e independentemente do pagamento de taxas ou emolumentos;*

V. *poder de documentar as informações prestadas, colher provas, determinar a abertura de armários, cofres e, na presença de testemunhas, examinar e determinar reprodução de documentos.*

Esses poderes, contudo, *não podem ser exercitados sem que o servidor esteja devidamente identificado perante a autoridade e instrumentalizado com os poderes formalizados no ato de designação para a inspeção ou auditoria.* Em termos de procedimentos, não se deve permitir aos servidores que iniciem auditorias ou inspeções com a simples apresentação de carteiras funcionais. É indispensável que estejam, expressa e previamente, autorizados pelos superiores hierárquicos a auditarem ou inspecionarem. Esse é o único meio de impedir que os servidores do controle adotem o procedimento incorreto de se valer da função para obter vantagens pessoais. De fato, desse modo a autoridade que recebe o controle fica previamente avisada dos limites da ação dos servidores e, pela simples leitura do documento, é informada do nome e função das autoridades superiores que realizam a auditoria ou inspeção, podendo facilmente contactá-la em caso de abusos ou desvios.[1962]

O desempenho dessas atividades sem a estreita conexão com o serviço para o qual o servidor foi designado, isto é, em proveito de atividade pessoal ou de terceiro, constitui falta grave.

[1962] Sobre ilegalidade de fiscalização através da popular "carteirada": BRASIL. Tribunal de Contas da União. Processo TC nº 002.567/2011-3. Acórdão nº 1550/2011 - Plenário. Relator: Ministro-substituto Augusto Sherman Cavalcanti. Brasília, 8 de junho de 2011. **Diário Oficial da União [da] República Federativa do Brasil**, Brasília, DF, 15 jun. 2011.

5.6.1.5 Do foro especial

A Constituição Federal garante tratamento processual diferenciado no julgamento dos ministros do TCU e dos conselheiros dos Tribunais de Contas dos Estados, Distrito Federal e Municípios.

Foro especial[1963] ou privilegiado, segundo De Plácido e Silva,[1964] é considerado como sendo "aquele que se atribui competente para certas espécies de questões ou ações ou em que são processadas e julgadas certas pessoas". É foro determinado em razão da pessoa (*ratione personae*), tendo em vista a nobreza da atividade desempenhada. Por essa razão, é chamado, também, de foro por prerrogativa de função.

Decorre da equiparação dos ministros do Tribunal de Contas da União aos do Superior Tribunal de Justiça e dos conselheiros a desembargadores e, além dessa equiparação está expressamente previsto na própria Constituição.[1965]

José Delgado, citando Frederico Marques, ao comentar as regras que dispõem sobre foro especial, afirmou:

> No processo penal, o que se ensina é que, em lugar de privilégio, o que se contém nessa competência *ratione personae* constitui sobretudo uma garantia. Os dispositivos que a estabelecem, como dizia o Professor Beleza dos Santos, nas lições proferidas em Coimbra em 1919, 'longe de representarem um favor, muito ao contrário exprimem um dever de justiça.' É o que também ensina Alcalllá-Zamora, para quem não se cuida, na espécie de um privilégio odioso, e sim de elementar precaução para amparar a um só tempo o acusado e a justiça e ainda para evitar por esse meio a subversão resultante de que inferiores julgassem seus superiores.[1966]

O foro por prerrogativa de função visa garantir aos agentes políticos uma segurança nascida do fato de que passam a ser julgados por um órgão colegiado, para cuja composição concorrem magistrados mais experimentados e que atuam de modo coletivo.

A análise dessa exceção processual harmoniza-se com o denominado princípio da razoabilidade, inspirador do aperfeiçoamento das estruturas de um regime

---

1963 Este texto foi integralmente baseado no trabalho elaborado pelo eminente Professor Doutor José Delgado, apresentado no Pré-Congresso dos Tribunais de Contas do Brasil, realizado em Foz do Iguaçu no ano de 2002 e gentilmente cedido ao autor.

1964 SILVA, De Plácido e. **Vocabulário jurídico.** 16. ed. Rio de Janeiro: Forense, 1999, p. 368.

1965 BRASIL. **Constituição da República Federativa do Brasil** (Versão Bolso). Organização dos textos e índice por J. U. JACOBY FERNANDES. 2. ed. Belo Horizonte: Fórum, 2019. Art. 102, inc. I, alíneas "c", "d" e "q" e art. 105, inc. I, alíneas "a" e "c".

1966 MARQUES, José Frederico. Elementos de Direito Processual Penal *apud* DELGADO, José Augusto. O Foro por pregorrativa de função: conceito e outros aspectos - a lei nº 10.628/2002 - parte II. Editora L&C. In: **Revista de Direito e Administração Pública**, v. 7, n. 70, p. 29-44, abr. 2004. Disponível em: <http://www.bdjur.stj.gov.br>. Acesso em: 22 dez. 2011.

democrático. Este, pela sua própria natureza, impõe que os julgamentos transmitam absoluta segurança aos que por eles são atingidos e à própria sociedade.

a) Ato de improbidade

Após a segunda edição deste trabalho, o tema foi pacificado por meio da Reclamação 2.138,[1967] julgada pelo Supremo Tribunal Federal. Nessa decisão, por maioria, firmou-se o entendimento que não pode um mesmo agente ficar sujeito a dois regimes. Desse modo, os agentes políticos submetidos à legislação que trata do crime de responsabilidade não podem responder pela Lei nº 8.429/1992 - Lei de Improbidade Administrativa. A essa lei ficam submetidos os servidores, não os agentes.

Coerentemente com o julgamento dessa reclamação, de forma pretérita julgou-se a seguinte ação de mesma espécie, com voto vencedor do eminente e culto Ministro César Asfor Rocha:

> O foro especial, entendo-o como um resguardo da isenção do julgamento de pessoa que, em razão do encargo que cumpre, pode se tornar alvo dos seus opostos, por razões legítimas ou não, fundadas ou não, superiores ou subalternas, elevadas ou rasteiras. O acionamento judicial de uma pessoa em tal posição pode significar (e não-raramente significa) um trampolim para a notoriedade de alguém, ainda que fugaz, para a aparição sob a imagem e a figura de um paladino, na exata proporção em que pode nodoar para sempre conceitos e virtudes cultuados ao longo da vida por quem for acionado por aquelas motivações menores.
>
> E esse risco se torna ainda mais presente na medida em que se sabe que os veículos que propagam o ingresso da ação se impressionam com o rótulo "improbidade administrativa" e não conseguem distinguir, ainda que movidos pela boa-fé, se as razões são legítimas ou não, fundadas ou não, superiores ou subalternas, elevadas ou rasteiras.
>
> Com estes mínimos argumentos, voto pelo reconhecimento de que, na ação judicial fundada em ato de improbidade administrativa (Lei nº 8.429/92), ao acionado que desfruta de foro especial por prerrogativa de função se assegura a garantia que se encarta na prerrogativa outorgada pela Carta Magna (art. 105, I "a").
>
> 9. Crimes de responsabilidade fiscal. Conselheiros dos Tribunais de Contas. Foro privilegiado.
>
> A Lei n. 10.028, de 19 de outubro de 2000, alterou o Dec.-Lei n. 2.838, de 7 de dezembro de 1940 Código Penal, a Lei n. 1.079, de 10 de abril de 1950, e o Decreto-Lei n. 201, de 27 de fevereiro de

---

[1967] BRASIL. Supremo Tribunal Federal. Reclamação nº 2138. Relator: Ministro Nelson Jobim. Disponível em: <**http://www.stf.jus.br**>. Acesso em: 22 dez. 2011. O tema ainda merece discussão, porque não foi dado efeito vinculante a essa decisão, encontrando-se, ainda, jurisprudência divergente: BRASIL. Tribunal Regional Federal - 1. Região. Processo AP nº 2.002.370.000.6704-4/MA. Relator: Juiz Federal Ricardo Felipe Rodrigues Macieira [convocado]. Brasília, 16 de março de 2009. **Boletim de Jurisprudência TRF-1**, n. 64.

> 1967, com a finalidade de definir crimes denominados de responsabilidade fiscal. [1968]

Ocorre que, em 2018, no julgamento da Petição (PET) 3240 AgR, o Plenário do Supremo Tribunal Federal, por maioria de votos, decidiu que a Corte não tem competência para processar e julgar ação de improbidade administrativa contra agente político[1969], negando provimento a agravo regimental interposto contra decisão do relator originário, Ministro Ayres Britto, na qual foi determinada a baixa dos autos para a primeira instância, por atos praticados por deputado federal, quando no exercício do cargo de Ministro de Estado.

Logo, a partir de tal decisão, o STF assentou que o foro por prerrogativa de função previsto na Constituição Federal em relação às infrações penais comuns não é extensível às ações de improbidade administrativa, que ostentam natureza civil.

Assim, até mesmo os agentes políticos, com a única exceção do presidente da República, cuja responsabilização contra atos contrários à probidade compete ao Senado Federal[1970], encontram-se sujeitos a um duplo regime sancionatório, submetendo-se tanto à responsabilização civil pelos atos de improbidade administrativa, quanto à responsabilização político-administrativa por crimes de responsabilidade, inexistindo impedimento à concorrência de esferas de responsabilização diversas.

O entendimento não é novo, vez que, já no julgamento da Ação Direta de Inconstitucionalidade (ADI) 2797, foi declarada a inconstitucionalidade formal da Lei 10.628/2002 – que estendia à ação de improbidade administrativa o foro por prerrogativa de função destinado constitucionalmente às ações penais, sob o argumento de que a lei ordinária não está autorizada a criar hipótese de foro especial.

b) Limitação temporal

O foro por prerrogativa de função passou a ter limitação temporal desde a vetusta Súmula nº 349 do STF, que o alongava ao ex-agente público, para os casos de fatos ilícitos penais tentados ou consumados durante o exercício do mandato.

Posteriormente, o Supremo Tribunal Federal firmou nova tese que rege o julgamento de autoridades com foro por prerrogativa de função: a prerrogativa de foro para julgamento de crimes praticados no cargo e em razão das funções subsiste mesmo

---

[1968] BRASIL. Superior Tribunal de Justiça. **Reclamação nº 580/GO** - Corte Especial. Relator: Ministro José Arnaldo da Fonseca. Disponível em: <http://www.stj.jus.br>. Acesso em: 22 dez. 2011.

[1969] BRASIL. Supremo Tribunal Federal. **Pet 3240 AgR**, Relator: Min. Teori Zavascki, Relator(a) p/ Acórdão: Min. Roberto Barroso, Tribunal Pleno, julgado em 10/05/2018, DJe-171 de 22-08-2018. Disponível em: <http://www.stf.jus.br>. Acesso em: 08 jul. 2024.

[1970] BRASIL. **Constituição da República Federativa do Brasil** (Versão Bolso). Organização dos textos e índice por J. U. JACOBY FERNANDES. 2. ed. Belo Horizonte: Fórum, 2019. "Art. 86. Admitida a acusação contra o Presidente da República, por dois terços da Câmara dos Deputados, será ele submetido a julgamento perante o Supremo Tribunal Federal, nas infrações penais comuns, ou perante o Senado Federal, nos crimes de responsabilidade".

após o afastamento do cargo, ainda que o inquérito ou a ação penal sejam iniciados depois de cessado seu exercício.[1971]

Em face dessa decisão, o STF firmou, atualmente, o entendimento de que, mesmo após o afastamento do cargo, mantém-se o foro por prerrogativa de função. A nova interpretação possui aplicação imediata aos processos em curso, ressalvados, todavia, os atos praticados pelo próprio Supremo Tribunal Federal e pelos demais Juízos com base na jurisprudência anterior.

5.6.1.6 Da Corregedoria

No desenvolvimento das relações funcionais no âmbito do Tribunal de Contas podem ocorrer conflitos que, extrapolando os limites da urbanidade, mereçam reprimendas. Em outros casos, a violação de deveres funcionais implicará no inexorável dever de apuração, observadas as garantias constitucionais da ampla defesa e do contraditório.

Essas infrações administrativas devem ser apuradas no âmbito do próprio Tribunal pelo Corregedor, normalmente previsto na estrutura administrativa dessas Cortes[1972]. A esta autoridade compete a responsabilidade, agindo de ofício ou por provocação, de apurar "infrações funcionais e administrativas, praticadas por servidores, Auditores, Procuradores do MP junto ao Tribunal e Conselheiros".[1973]

5.6.2 Deveres e restrições

É consabido o elevado nível de responsabilidade dos agentes de controle.

[1971] BRASIL. Supremo Tribunal Federal. Plenário. HC 232.627. Rel. Min. Gilmar Mendes, Brasília, 11 de março de 2025.

[1972] No caso do TCU, na forma do § 2° do art. 69 de sua Lei orgânica, as funções de corregedor são exeercidas pelo seu Vice-Presidente.

[1973] Nesse sentido, é o parecer emitido pelo Consultor Jurídico Dr. Sebastião Baptista Afonso, nos autos do Processo nº 1970/2004. Cabe transcrever os seguintes excertos: "[...] a) o órgão competente, para apurar infrações funcionais e administrativas, praticadas por servidores, Auditores, Procuradores do MP junto ao TCDF e Conselheiros é o Corregedor, conforme art. 87, inciso IV, alíneas 'b' e 'c' do Regimento Interno deste Tribunal, ressalvado quanto àqueles primeiros o disposto nos arts. 143/seguintes, da Lei nº 8.112/1990, aqui recepcionada; b) as penalidades, que administrativamente podem ser aplicadas, em razão de ofensa irrogada a Conselheiro, por parte daquelas mesmas enumeradas pessoas, estão elencadas e dosadas, respectivamente, nos arts. 127 e seguintes do citado diploma legal, 42, itens IV a VI da LOMAN e 231 da LC nº 75/1993, quanto a servidores, Conselheiros efetivos e substitutos e Procuradores; c) a penalidade legal cabível, dependendo de sua dosagem e do seu destinatário, seria aplicável pelas autoridades previstas nos artigos 68/III da LC/DF nº 1/94, 141 da Lei nº 8.112/1990 e 84/XVIII do RI/TCDF ou ainda o próprio Egrégio Plenário, em função do poder de autogoverno que lhe confere a Constituição (art. 82 *in fine* da LODF), ressalvado que na competência de nomear está implícita a de aposentar e demitir (teoria dos poderes implícitos); d) a Procuradoria do MP junto ao TCDF tem sua natureza definida no art. 76, da LC/DF nº 1/1994, mas a jurisprudência predominante no SUPREMO TRIBUNAL FEDERAL, em sentido diverso, induz à conclusão de que esse nobre órgão 'não dispõe de fisionomia institucional própria', estando consolidado na 'intimidade estrutural' do respectivo Tribunal, a cujo poder de autogoverno se subordina, pois a cláusula de garantia inscrita, no art. 130 da Constituição, acha-se vocacionada a proteger os membros desse *parquet*, que ficam submetidos ao mesmo estatuto jurídico dessa instituição, só quanto aos direitos, vedações e forma de investidura no cargo, bem como se orienta, no sentido de que ele não é dotado de autonomia administrativa nem funcional, sem embargo da plena independência de atuação assegurada, individualmente, aos seus membros integrantes (cfr. Acórdãos STF nas ADIs nºs 789-1/DF, 160-4/TO e 2.378-1/GO, anexos por cópia) [...]".

Várias normas penalizam com maior intensidade aqueles que ocupam escalões maiores da Administração Pública, quando cometem as mesmas faltas que os demais servidores.

Assim ocorre, por exemplo:

a) com as penalidades previstas no regime jurídico único da esfera que mandou aplicar a penalidade de demissão ao servidor ocupante de cargo em comissão, sem vínculo efetivo, nos casos em que, para os demais, caberia suspensão;[1974]
b) com os crimes previstos no Código Penal brasileiro, em que os dirigentes têm a pena aumentada em um terço.[1975]

Os membros dos Tribunal de Contas respondem por Crime de Responsabilidade[1976] quando cometem infrações típicas daqueles a quem a Constituição Federal definiu maior nível de competência no processo decisório.[1977] Eventualmente, admite-se que os membros sejam chamados para responder por ato lesivo ao Patrimônio Público quando o aprovam.[1978]

Ao presente estudo interessa expender considerações sobre os deveres e restrições, abrangendo vedações e impedimentos.

5.6.2.1 Deveres

O Brasil é um país ávido de controle dos recursos públicos. Não tanto pela escassez de recursos, mas muito mais pela sistemática e inadequada aplicação desses, frutos, na maioria das vezes, da incompetência e, eventualmente, da corrupção. A verdadeira alavanca para o desenvolvimento do país está efetivamente no

---

[1974] BRASIL. Lei nº 8.112, de 11 de dezembro de 1990. Dispõe sobre o regime jurídico dos servidores públicos civis da União, das autarquias e das fundações públicas federais. **Diário Oficial [da] República Federativa do Brasil**, Brasília, DF, 12 dez. 1990. Republicada em 18 mar. 1998. "Art. 135. A destituição de cargo em comissão exercido por não ocupante de cargo efetivo será aplicada nos casos de infração sujeita às penalidades de suspensão e de demissão. Parágrafo único. Constatada a hipótese de que trata este artigo, a exoneração efetuada nos termos do art. 35 será convertida em destituição de cargo em comissão".

[1975] BRASIL. **Código Penal Brasileiro**. Org. Juarez de Oliveira. 31. ed. São Paulo: Saraiva, 1993. "Art. 327. Considera-se funcionário público, para os efeitos penais, quem, embora transitoriamente ou sem remuneração, exerce cargo, emprego ou função pública. [...] § 2º A pena será aumentada da terça parte quando os autores dos crimes previstos neste Capítulo forem ocupantes de cargos em comissão ou de função de direção ou assessoramento de órgão da admi-nistração direta, sociedade de economia mista, empresa pública ou fundação instituída pelo poder público [...]".

[1976] Consultar: a) BRASIL. Supremo Tribunal Federal. Reclamação nº 2138/DF. Relator: Ministro Nelson Jobim. Disponível em: http://www.stf.jus.br. Acesso em: 21 dez. 2011. b) É pertinente, ao exame da questão, a decisão do STF que considerou inconstitucional emenda à constituição do Estado do Rio de Janeiro que pretendia ampliar o conceito de crime de responsabilidade e determinar as condições de perda do cargo de Conselheiro do Tribunal de Contas: BRASIL. Supremo Tribunal Federal. Ação Direta de Inconstitucionalidade nº 4.190-8. Relator: Ministro Nunes Marques. Disponível em: https://pesquisa.in.gov.br/imprensa/jsp/visualiza/index.jsp?data=21/03/2025&jornal=515&pagina=7&totalArquivos=122.

[1977] BRASIL. Lei nº 1.079, de 10 de abril de 1950. Define os crimes de responsabilidade e regula o respectivo processo de julgamento. Disponível em: https://www.planalto.gov.br/ccivil_03/leis/l1079.htm.

[1978] BRASIL. Superior Tribunal de Justiça. Recurso Especial nº 8.970/SP. Processo de origem: 9100043605. Relator: Ministro Gomes de Barros. **Diário Oficial [da] República Federativa do Brasil**, Brasília, DF, 9 mar. 1992.

desenvolvimento de um eficiente sistema de controle. Muito mais que a corrupção, a incompetência é a maior causa de perda de recursos públicos. [1979]

A maior demonstração desse fato está presente nos processos eleitorais, em que simbolizam os candidatos a promessa de controle, sempre embalada pelos espetáculos pirotécnicos da mídia (a *vassoura* de Jânio Quadros, a *caça aos marajás* de Fernando Collor etc.).

Por esse motivo, o primeiro dever dos agentes de controle é a dedicação à função, visando precisamente responder a esses anseios. A conduta austera e o profissionalismo não podem deixar de ser efetivados no cotidiano da função. O agente de controle deve ter compromisso com a função e deve externar sistematicamente esse compromisso de modo a contribuir para o resgate dos valores da ação.[1980]

Assentada essa premissa, podem ser classificados os deveres dos agentes de controle em geral, pertinentes às categorias que se vinculam à Administração Pública e específicos, relacionados particularmente à ação do controle.

Os gerais encontram-se nas leis que definem o regime jurídico da categoria onde se insere o agente de controle. Para os ministros e conselheiros, e respectivos substitutos, os correspondentes à magistratura quando couber; para os integrantes do Ministério Público junto ao Tribunal de Contas, os atinentes à instituição do Ministério Público ordinário; para os servidores do tribunal e do controle interno, os definidos no respectivo regime jurídico dos servidores.

Quais seriam os deveres específicos?

Na definição dos agentes políticos, o direito não define deveres expressos, porque o nível de complexidade das atribuições exige um processo decisório voltado para o cumprimento das finalidades e competências do órgão. Os agentes políticos, que falam em nome da *polis*, expressando a vontade do povo, têm relação de deveres bastante tênue, embora exerçam atividade de alta complexidade, exigindo maior responsabilidade.

Compreendido esse traço característico, os deveres dos ministros e conselheiros e respectivos substitutos estão delineados nas competências do órgão, definidas na Constituição Federal.[1981] O dever de tais agentes é conduzir o processo decisório, definir diretrizes, estabelecer o plano de ações para que esses objetivos sejam atingidos.

Entendido o motivo pelo qual os deveres não estão elencados, verifica-se que o nível das atividades é superior e ainda mais complexo. O dever dos membros do

---

[1979] Perto da incompetência, a corrupção é o mal menor Gilberto Dimenstein (21/05/2001). Disponível em: https://www1.folha.uol.com.br/folha/pensata/ult508u15.shtml.

[1980] Nesse sentido, cabe lembrar que a SECEX/MA defendeu o TCU, na imprensa, de declaração feita por juiz do TRT/MA acerca de inspeção de cargos em comissão naquele tribunal: COARACY, José Henrique Cabral. **O que diz o leitor**. São Luís, 1 ago. 1995. À época, o autor da matéria ocupava o cargo de secretário de controle externo do TCU no Maranhão.

[1981] BRASIL. **Constituição da República Federativa do Brasil** (Versão Bolso). Organização dos textos e índice por J. U. JACOBY FERNANDES. 2. ed. Belo Horizonte: Fórum, 2019. Arts. 71 e 75.

plenário é precisamente levar a termo o desenvolvimento das competências. A atuação dos membros do tribunal, auditores e procuradores pode e deve ainda ser regulada em códigos de ética específicos do tribunal. Os deveres específicos dos servidores devem constar de norma interna dos Tribunais de Contas, dos seus regulamentos de pessoal. Além da lealdade para com a instituição e zelo no trato das informações, devem ser definidas restrições e delineada a ética no desempenho da função.

Quando a apuração dos fatos é acobertada pelo corporativismo, a instituição enfraquece. É necessário, porém, que a instituição instrumentalize meios para que seus membros tenham defesa compatível com a complexidade dos cargos que exercem. Nesse sentido, vislumbra-se um hiato institucional cada vez mais crescente. Um exemplo, colhido ao correr da pena revela que os servidores públicos nos estados estão tendo leis que estabelecem o direito de defesa nas instâncias administrativa, judicial e, inclusive de controle.1982 Nas empresas estatais já existe a possibilidade de contratação de seguro de responsabilidade.[1983]

5.6.2.2 Restrições

É preciso distinguir restrições expressamente decorrentes da Constituição Federal, daquelas que constituem corolários dos princípios adotados pela função do controle.

5.6.2.2.1 Restrições constitucionais

A Constituição brasileira definiu que:

a) aos ministros do Tribunal de Contas da União, aplicam-se os *impedimentos* previstos para o cargo de ministro do Superior Tribunal de Justiça;[1984]

b) aos conselheiros, estendeu esse comando, correspondendo ao dos desembargadores;

c) aos auditores, substitutos de ministros ou conselheiros, os mesmos impedimentos do titular; e

d) aos procuradores do Ministério Público, impôs as mesmas vedações do Ministério Público que atua junto ao Poder Judiciário.

[1982] RIO DE JANEIRO. Lei Estadual nº 6.540/2013. Dispõe sobre o custeio de prestação de serviços de natureza jurídica com o fim que se especifica, e dá outras providências.

[1983] BRASIL. Lei nº 13.303, de 30 de junho de 2016. Dispõe sobre o estatuto jurídico da empresa pública, da sociedade de economia mista e de suas subsidiárias, no âmbito da União, dos Estados, do Distrito Federal e dos Municípios. Art. 17. [...] § 1º O estatuto da empresa pública, da sociedade de economia mista e de suas subsidiárias poderá dispor sobre a contratação de seguro de responsabilidade civil pelos administradores."

[1984] BRASIL. Supremo Tribunal Federal. MS nº 21102/DF. Relator: Ministro Sepúlveda Pertence. Brasília, 28 de novembro de 1990. **Diário Oficial [da] República Federativa do Brasil,** Brasília, 26 nov. 1993, p. 25.532. "Ementa: Ministro do Tribunal de Contas da União cargo eletivo suplência impedimento Constituição de 1969. Sob a égide da Constituição Federal anterior, os ministros do Tribunal de Contas da União tinham as mesmas garantias, prerrogativas, vencimentos e impedimentos dos ministros do Tribunal Federal de Recursos, sendo que, até a Emenda Constitucional nº 25/1985, vigorou a fidelidade partidária. Daí a perda da qualificação de suplente de senador pela assunção do cargo de ministro do Tribunal de Contas da União [...]".

Quanto às vedações do Ministério Público, a remissão é feita à seção onde constam expressamente as vedações dos membros do Ministério Público.[1985]

Dificuldade surge diante do emprego da expressão *impedimentos* referentes aos integrantes do Poder Judiciário, porque nem a Constituição Federal nem a Loman - Lei Orgânica da Magistratura Nacional titularizam restrições como *impedimentos*.

Duas possibilidades exsurgem: a primeira, em que a restrição na verdade dirige-se às vedações constantes do Parágrafo único do art. 95, da Constituição Federal;[1986] a segunda, na qual os impedimentos não dizem respeito à pessoa do ministro, mas à atuação diante do processo, hipótese tratada no Código de Processo Civil - CPC.[1987]

Admitir que aos ministros do Tribunal de Contas da União não se apliquem as vedações dos ministros do Superior Tribunal de Justiça corresponderia a mutilar o regime jurídico; adotar apenas os impedimentos do CPC seria olvidar parcela relevante de restrições. Por esses motivos, mais correto parece o entendimento que acolhe os dois conjuntos de restrições e os aplica com as devidas adaptações. Assim é que o exercício da atividade de magistério[1988] é permitido. Quanto ao recebimento de custas e participação em processo, devem ser compreendidos como judiciais e administrativa perante o Tribunal de Contas, promovendo acerto de contas com os clientes até a data da posse, não se admitindo que, após esta, sejam recebidas. Já o exercício de atividade político-partidária só pode ser admitido nos mesmos moldes em que é para o Poder Judiciário.

Com referência aos impedimentos de ministro e conselheiro, são restrições de ordem processual e, no caso de integrantes oriundos do extrato de procurador, já tivemos oportunidade de sustentar que deve ser exigida certa dose de parcimônia, porque os processos nos Tribunais de Contas passam várias vezes pelo plenário e, em cada oportunidade, pode atuar um membro diferente. Desse modo, o impedimento deve estar relacionado à última manifestação nos autos do Ministério Público e não

---

[1985] BRASIL. **Constituição da República Federativa do Brasil** (Versão Bolso). Organização dos textos e índice por J. U. JACOBY FERNANDES. 2. ed. Belo Horizonte: Fórum, 2019. Art. 128, § 5º, inc. II, alíneas "a" a "d". Sobre a vedação ao exercício da advocacia, é necessário lembrar que esta não se aplica aos que tomaram posse antes da Constituição Federal.

[1986] *Ibidem*. "Art. 95. Os juízes gozam das seguintes garantias: [...] Parágrafo único. Aos juízes é vedado: I - exercer, ainda que em disponibilidade, outro cargo ou função, salvo uma de magistério; II receber, a qualquer título ou pretexto, custas ou participação em processo; III dedicar-se a atividade político-partidária [...]".

[1987] BRASIL. Lei nº 13.105, de 16 de março de 2015. Código de Processo Civil. Brasília, DF: Presidência da República, [2025]. Disponível em: https://www.planalto.gov.br/ccivil_03/_ato2015-2018/2015/lei/l13105.htm. Art. 134, que está transcrito no capítulo IV, que trata da defesa nos Tribunais de Contas, subtítulo 0. - impedimento e suspeição.

[1988] Outras questões continuam sendo objeto de estudo da doutrina: um Conselheiro, é regido pela LOMAN? Aplica-se ao Conselheiro o entendimento e diretrizes sobre a LOMAN expedidos pelo CNJ? Um Conselheiro pode exercer magistério público ou privado? Um Conselheiro pode integrar instituição privada de ensino? Para reduzir a carga tributária, um Conselheiro pode fazer parte de uma empresa privada? Pode ser gerente? A atividade de "mentoria" é expressão que abrange magistério? *Coaching* é expressão que abrange magistério? Se um Conselheiro ministrar curso para uma instituição privada, remunerado por essa, pode participar de julgamento envolvendo essa instituição privada? Pergunta igual a anterior, trocando a atividade "ministrar curso" por mentoria? Pergunta igual a anterior, trocando a atividade "ministrar curso" por *coaching*? As atividades de "*mentoring*" e "*coaching*" podem ser remuneradas?

em relação a qualquer tempo de atuação.[1989] Isso quando atua como fiscal da lei. Contudo se foi autor de pedido de apuração, posição que pode equivaler à de parte processual, pode continuar atuando nessa condição, mas não pode na condição de fiscal da lei, fato que exigirá a atuação de dois distintos representantes do Ministério Público.

Não há registro de ocorrência de representação ao Tribunal feita por membro do Ministério Público comum perante o Tribunal, mas é plenamente possível. Nessa atuação, como equivalente à parte, pode requerer providencias. É tema a ser regulado especificamente pelo Tribunal, com observância de garantias institucionais pertinente.

Após a Emenda Constitucional 45[1990] também as restrições de advocacia no tribunal do qual se afastou, antes de decorrido o interstício de três anos, deve ser aplicada. Note-se que por se tratar de regra que restringe direitos não se lhe pode atribuir interpretação ampliativa.

5.6.2.2.2 Das restrições principiológicas

Algumas restrições nascem para o controle a partir da aplicação dos princípios que são inerentes a essa função.

5.6.6.2.2.1 À imposição de obrigações

O controle não pode e não deve interferir no desempenho das funções do controlado, salvo, mediante procedimento cautelar, para evitar grave lesão ao erário. O alerta é importante porque vislumbra-se com frequência a intenção de determinar aos órgãos jurisdicionados que apresentem informações dessa ou daquela forma, remetam ao tribunal determinado ato para exame, paralisem o procedimento e aguardem uma decisão. A função de coleta de informações não deve obrigar o controlado a parar o desenvolvimento de suas atividades para elaborar, tabular e remeter para o Tribunal de Contas.

A eficácia da ação do controle depende substancialmente de sua capacidade de auditar, de ir ao local e extrair informação, sem manipulações, de ter capacidade de entrar em sistemas e bancos de dados e definir uma matriz de risco para fiscalização.[1991]

A competência para sustar ato e outras medidas cautelares só devem ser utilizadas em casos extremos e, uma vez prestadas as informações, o tribunal deve proceder ao exame imediato, voltando todos os esforços para restaurar a normalidade.

[1989] BRASIL. Lei nº 13.105, de 16 de março de 2015. Código de Processo Civil. Brasília, DF: Presidência da República, [2025]. Disponível em: https://www.planalto.gov.br/ccivil_03/_ato2015-2018/2015/lei/l13105.htm.

[1990] BRASIL. **Constituição da República Federativa do Brasil** (Versão Bolso). Organização dos textos e índice por J. U. JACOBY FERNANDES. 2. ed. Belo Horizonte: Fórum, 2019. Emenda Constitucional nº 45, de 30 de dezembro de 2004. Altera dispositivos dos arts. 5º, 36, 52, 92, 93, 95, 98, 99, 102, 103, 104, 105, 107, 109, 111, 112, 114, 115, 125, 126, 127, 128, 129, 134 e 168 da Constituição Federal, e acrescenta os arts. 103-A, 103-B, 111-A e 130-A, e dá outras providências.

[1991] Sobre a importância da matriz de risco, consulte: BRASIL. Tribunal de Contas União. Levantamento de Auditoria. Processo TC nº 015.229/2002-2. Acórdão nº 1.143/2003 - Plenário. Relator: Auditor Lincoln Magalhães da Rocha. **Diário Oficial da União [da] República Federativa do Brasil**, Brasília, DF, 25 ago. 2003. Seção 1, p. 134-140.

A determinação para paralisar um procedimento, muito comum no Poder Judiciário, só se admite por extrema exceção nas Cortes de Contas, porque estas não têm compromisso só com a legalidade, mas também com a eficiência da Administração Pública[1992]. O mesmo se diga em relação a alguns abusos normativos. Todas as orientações dos Tribunais de Contas, revelando orientação, ou melhor ainda, desvendando a jurisprudência, devem ser saudadas com entusiasmo. Mas, as Cortes de Contas, é preciso lembrar, não detêm poder normativo, ressalvado apenas e por exceção, os processos de consulta.[1993]

Por outro lado, o regimento interno, como o próprio nome indica, deve destinar-se ao disciplinamento de questões *interna corporis* e ao desenvolvimento dos ritos processuais. Não deve ser fonte normativa a ponto de estabelecer obrigações que interfiram na rotina dos órgãos.

Nesse contexto, é importante lembrar que, no passado, o legislador pátrio chegou a enfatizar esse princípio, dispondo, expressamente, que é vedada a imposição de normas não previstas na legislação geral ou específica.[1994] Em decorrência da letargia que dominou durante muito tempo o Poder Legislativo, em decorrência de fatores políticos, a definição de normas acabou sendo transferida para graus inferiores. O Estado Democrático de Direito obriga, no entanto, que se busque definir obrigações por via legislativa, mesmo quando o destinatário dessa norma é órgão da Administração Pública.

Note que na lei de responsabilidade das estatais essa vedação se fez mais eloquente, estabelecendo que "as ações e deliberações do órgão ou ente de controle não podem implicar interferência na gestão das empresas públicas e das sociedades de economia mista a ele submetidas nem ingerência no exercício de suas competências ou na definição de políticas públicas".[1995] É evidente que, muitas vezes, o Congresso Nacional é uma caixa de ressonância dos anseios da sociedade civil, para conter exageros.

Aqui é preciso expender outras considerações. Numa reflexão lógica, os chefes de repartições podem impor normas de serviço que devem ser acatadas pelos

---

[1992] Consulte exemplo do sopesamento dos princípios da legalidade e eficiência. No caso concreto, para justificar a decisão e manter o contrato, o TCU justificou que além da representante e a empresa vencedora apresentarem propostas com 0,5% de diferença em termos relativos, o interesse público primário restaria mais bem atendido com o andamento do contrato já assinado, uma vez que qualquer alteração, naquele momento, após o início da estação chuvosa, implicaria atrasos na prestação dos serviços e causaria mais prejuízos do que benefícios aos usuários e ao erário. Acórdão nº 516/2022 - TCU – Plenário. Disponível em: https://pesquisa.in.gov.br/imprensa/jsp/visualiza/index.jsp?jornal=515&pagina=219&data=28/03/2022&totalArquivos=238.

[1993] BRASIL. Lei nº 8.443, de 16 de julho de 1992. Dispõe sobre a Lei Orgânica do Tribunal de Contas da União e dá outras providências. **Diário Oficial [da] República Federativa do Brasil**, Brasília, DF, 17 jul. 1992. Art. 1º, inc. XVII.

[1994] BRASIL. Lei nº 6.525, de 11 de abril de 1978. Altera a redação do artigo 7º da Lei nº 6.223, de 14 de julho de 1975, que dispõe sobre a fiscalização financeira e orçamentária da União pelo Congresso Nacional e dá outras providências. **Diário Oficial [da] República Federativa do Brasil**, Brasília, DF, 15 jul. 1975.

[1995] BRASIL. Lei nº 13.303, de 30 de junho de 2016. Dispõe sobre o estatuto jurídico da empresa pública, da sociedade de economia mista e de suas subsidiárias, no âmbito da União, dos Estados, do Distrito Federal e dos Municípios.

subordinados, com a ressalva em relação à validade de não serem contrárias à lei. Isso significa que o poder hierárquico é fonte de legitimidade da ordem, a qual, para melhor desenvolvimento do trabalho, se realiza por meio de normas.

A relação entre as Cortes de Contas e os demais órgãos da Administração Pública não decorre do poder hierárquico, mas do poder de fiscalizar o que não abrange o poder de dar ordens. Quando se busca a nova finalidade no controle – reorientar as ações programadas a partir dos resultados avaliados, *feedback* – em nada se legitima o poder normativo.

É óbvio que essa perspectiva deve motivar o ajustamento progressivo das normas, separando o que se deve fazer por lei e o que pode e deve ser definido no regimento interno. No plano teórico, a distinção é extremamente fácil: todas as obrigações que alcancem terceiros, não vinculados à hierarquia do tribunal, devem ser feitas por lei; todos os procedimentos que digam respeito à atuação interna dos membros, auditores, procuradores e servidores do tribunal podem ser normatizados no regimento interno, em resoluções, em instruções normativas, ou outros documentos. A questão pertinente à organização de documentos também pode, uma vez definida a obrigação, ser regulamentada em documento da própria Corte. Assim, por exemplo, se a lei define o dever de prestar contas, pode uma norma interna determinar quais documentos integram a prestação de contas e como deve ser satisfeita a obrigação.

A restrição que atinge a todos os agentes de controle é a seguinte: não impor obrigações ao controlado ou determinar a remessa de informações constituídas, manipuladas, apenas para o exame do controle, salvo se a remessa for estabelecida em lei.[1996]

5.6.2.2.2.2 Pertinentes à preservação da unidade de doutrina

Há ainda que se observar a necessidade de os Tribunais de Contas manterem uma unidade de doutrina no seu corpo técnico, fato que só pode ser alcançado com a preservação de uma política de remuneração compatível com as atribuições e a restrição ao ingresso de servidores sem vínculo efetivo com o próprio órgão ou a liberação destes.[1997]

Os Tribunais de Contas têm a função de auxiliar o Poder Legislativo, em razão das competências próprias que exercem e da autonomia funcional de que dispõem. É, todavia, fundamental que esse auxílio se faça mediante entendimento prévio.

[1996] Como ocorre com o Relatório de Gestão Fiscal, previsto no art. 54 da LRF: BRASIL. **Lei de Responsabilidade Fiscal.** Lei Complementar nº 101, de 4 de maio de 2000. Organização dos textos e índice por J. U. JACOBY FERNANDES. 6. ed. atual. e ampl. Belo Horizonte: Fórum, 2014.

[1997] Honrosa exceção consta da Lei nº 9.096/1995, cujo art. 34, parágrafo único, autoriza a Justiça Eleitoral requisitar técnicos do Tribunal de Contas da União ou dos Estados, pelo tempo que for necessário, para apreciar as contas da campanha eleitoral: BRASIL. Lei nº 9.906, de 19 de setembro de 1996. Dispõe sobre partidos políticos, regulamenta os arts. 17 e 14, § 3º, inciso V, da Constituição Federal. **Diário Oficial da União [da] República Federativa do Brasil**, Brasília, DF, 20 set. 1995. Disponível em: https://www.planalto.gov.br/ccivil_03/leis/l9096.htm.

Ademais, com acerto, algumas Cortes, como o Tribunal de Contas da União, vedam a cessão e requisição de seus servidores para outros órgãos.[1998]

5.6.2.2.2.3 À ocupação de cargos e funções

Outras restrições de direito vêm corajosamente sendo sustentadas rumo à tão almejada moralidade administrativa.[1999]

Nesse sentido, saudamos entusiasticamente as sucessivas tentativas de estruturação do sistema de Controle Interno Federal, que, no capítulo pertinente à nomeação para o exercício de cargo em comissão, no âmbito desse sistema, veda a nomeação de pessoas que, nos últimos cinco anos, tenham sido responsáveis por atos julgados irregulares de forma definitiva pelo Tribunal de Contas da União, por Tribunais de Contas de Estados, do Distrito Federal ou de Municípios, ou ainda, por Conselhos de Contas Municipais.[2000] Pretende ainda o mesmo diploma elastecer a restrição a nomeações para alcançar os cargos em comissão que impliquem gestão de dotações orçamentárias, de recursos financeiros ou de patrimônio, na administração direta e indireta dos poderes da União, bem como para os membros de comissões de licitação.[2001]

5.6.2.2.2.4 À divulgação de informações

A sociedade deve ter o direito de ser informada de que os órgãos responsáveis agiram para preservar a legalidade. Não se trata apenas de zelar pela imagem

---

[1998] O TCU já negou cessão de servidores para Procuradoria da República no Estado do RS, em razão de escassez momentânea de pessoal, com a finalidade de apreciar regularidade em processo licitatório de bens federais, matéria pertinente às competências outorgadas àquele Tribunal: BRASIL. Tribunal de Contas da União. Processo TC nº 625.071/1997-2. Decisão nº 568/1998 - Plenário. Relator: Ministro Bento Bugarin. Brasília, 26 de agosto de 1998. **Diário Oficial [da] República Federativa do Brasil**, Brasília, DF, 4 set. 1998. Seção 1, p. 59-60.

[1999] BRASIL. Conselho Federal de Engenharia e Agronomia. **Resolução nº 430, de 13 de agosto de 1999**. Relaciona os cargos e funções dos serviços da administração pública direta e indireta, da União, dos Estados, do Distrito Federal e dos Municípios, cujo exercício é privativo de profissionais da Engenharia, da Arquitetura ou da Agronomia e dá outras providências. Disponível em: <http://www.confea.org.br>. Acesso em: 22 dez. 2011. "Art. 4º Os CREAs investigarão toda denúncia acerca da ocupação ilegal de cargo e função, mesmo que não fundamentada, [...] e tomarão as seguintes providências: [...] IV denunciar ao Tribunal de Contas competente a ocupação ilegal de cargo ou função, com a consequente irregularidade dos gastos financeiros [...]".

[2000] a) BRASIL. **Lei nº 10.180, de 06 de fevereiro de 2001**. Organiza e disciplina os Sistemas de Planejamento e de Orçamento Federal, de Administração Financeira Federal, de Contabilidade Federal e de Controle Interno do Poder Executivo Federal, e dá outras providências. Disponível em: https://www.planalto.gov.br/ccivil_03/leis/leis_2001/l10180.htmhttp://www.planalto.gov.br>. Acesso em: 10 junout. 2025. Art. 29.

b) DISTRITO FEDERAL. Lei nº 830, de 27 de dezembro de 1994. Cria o Sistema de Controle Interno de que trata o artigo 80 da Lei Orgânica do Distrito Federal e dá outras providências. **Diário Oficial do Distrito Federal,** Brasília, DF, 28 dez. 1994.

[2001] BRASIL. Superior Tribunal de Justiça. Recurso Orginário em Mandado de Segurança nº 6234/DF. Relator: Ministro José Delgado. **Diário da Justiça [da] República Federativa do Brasil,** Brasília, DF, 06 abr. 1998, p. 21. Decisão prestigia o Tribunal de Contas do Distrito Federal; Supremo Tribunal Federal. Ação Direta de Inconstitucionalidade nº 1.782-2. **Diário da Justiça [da] República Federativa do Brasil,** Brasília, DF, 21 set. 1999. Seção 1, p. 27; Decreto nº 392, de 8 de outubro de 1896. Dispõe sobre equiparação dos servidores do TCU e do Senado Federal. **Diário Oficial [da] República Federativa do Brasil,** Brasília, DF, 14 out. 1896. "Art. 1º. [...] § 11. A nenhum membro do Tribunal é permitido intervir na decisão de negócio seu ou de algum parente seu até o segundo grau inclusive".

institucional na imprensa, porque tal perspectiva não seria juridicamente tutelada. Trata-se, ao contrário, de permitir à sociedade o conhecimento e controle sobre os órgãos que têm o dever de zelar pelo bom emprego dos recursos públicos: efetivar o princípio da publicidade.

Em Portugal, a denominada "relações com os media" assim se expressa:

> Trata-se de uma faculdade intrinsecamente ligada à afirmação do Tribunal de Contas como órgão de controlo financeiro externo e independente com a missão fundamental de informar os cidadãos de como são geridos os recursos financeiros e patrimoniais públicos.[2002]

Nesse diapasão, a instauração do processo para apurar a irregularidade pode ser levada à imprensa, desde que não prejulgue condutas ou pessoas, sob pena de violação ao devido processo legal.

Peculiar posição respalda a ação do Ministério Público, incumbido constitucionalmente de zelar pela defesa da ordem jurídica, do regime democrático e dos interesses sociais e individuais indisponíveis.

Em razão de tal mister, podem os membros dessa instituição dar publicidade de seus atos, inclusive pela imprensa oficiosa, não se constituindo esse fato em violação a preceito jurígeno, se houver equilíbrio, ponderação e amadurecido senso crítico, respeitando, sempre, a inocência presumível que paira sobre todos os integrantes de uma coletividade. Essa publicidade deverá ainda se efetivar somente após a preclusão das fases processuais, de tal forma que registre fatos ocorridos. Assim, pode o representante do Ministério Público informar que deu entrada numa ação ou representação para apurar um fato, que determinado agente foi citado para se defender, quando será o julgamento do processo, qual foi o *decisum* adotado, se ingressou com recurso etc. Não se pode olvidar que também é dever dos integrantes dessa instituição zelar pelo respeito à autoridade dos agentes públicos.

O eminente procurador da República, Wellington Cabral Saraiva, em lapidar síntese, averbou que

> imprensa é um instrumento de trabalho do Ministério Público e do Poder Judiciário. A divulgação ampla dos atos dessas instituições, além de dar cumprimento ao direito da população de saber o que fazem os seus servidores, serve como meio de comunicação social das ações de responsabilização dos infratores da ordem jurídica.[2003]

Acresce, ainda, que

[2002] PORTUGAL. TRIBUNAL DE CONTAS. Apresentação Institucional. **O Tribunal de Contas na Atualidade.** 5. Publicidade dos Atos. Disponível em: <http://www.tcontas.pt>. Acesso em: 24 out. 2002.

[2003] SARAIVA, Wellington Cabral. **Correio Braziliense**, Caderno Direito e Justiça, p. 5, 26 fev. 1996.

> a divulgação da responsabilização e das sanções decorrentes de lesão aos valores juridicamente protegidos funciona como meio de tornar eficaz a chamada prevenção geral. Como diz Aníbal Bruno, promove-se a prevenção geral dos crimes por meio de ação educativa sociocultural que o direito punitivo exerce pela definição dos bens jurídicos fundamentais e pela ameaça da sanção com que procura assegurar a sua inviolabilidade. Desse modo, o direito dá segurança e força a seus preceitos e incute na consciência coletiva o valor desses bens e o respeito que o sistema jurídico lhes quer garantir, prevenindo sua violação (Das penas, Rio de Janeiro, Rio, 1976, p. 22-3).

O servidor do Tribunal de Contas, conduzido pelo regime geral dos servidores,[2004] tem o dever de "guardar sigilo sobre assunto da repartição". Após o julgamento essa atividade compete à assessoria de imprensa do Tribunal que deve ser permanentemente orientada e balizada para não transformar o dever de informar em pretensão ofensiva.

Em edições anteriores, alertamos: Contudo, como a manifestação envolve a instituição, é temerário admitir a possibilidade de qualquer servidor manifestar seu entendimento porque o órgão tem apenas uma vontade. Aliás, a exteriorização dessa vontade não deve ser feita de forma empírica, necessitando de profissionais qualificados.

Nessa seara, divergem os sistemas que vêm sendo adotados, embora todos estejam cônscios do dever de melhorar a imagem da instituição.[2005]

Muitos tribunais têm criado o cargo de assessor de imprensa para desenvolver esse mister. As vantagens da vinculação profissional, sob regime profissional, são o comprometimento do agente com a estrutura e, com o passar do tempo, o conhecimento das funções do tribunal. Mas há desvantagens, na medida em que personaliza a divulgação da informação. Sob o ponto de vista estratégico, é consabido que a informação deve ser *pulverizada* e, para aprimorar a credibilidade, veiculada como notícia. Por esses motivos, o processo de terceirização por meio de empresa, pessoa jurídica vinculada a contrato de prestação de serviços, é mais conveniente até porque limita o tempo de vinculação e facilita o rodízio de profissionais. Em ambas as opções, é importante que a informação a ser veiculada seja previamente avaliada em relação aos impactos possíveis por servidor do Tribunal previamente designado.

[2004] No caso dos jungidos à Lei nº 8.112/1990, têm sua ação restringida pelo disposto no art. 116, VIII: BRASIL. Lei nº 8.112, de 11 de dezembro de 1990. Dispõe sobre o regime jurídico dos servidores públicos civis da União, das autarquias e das fundações públicas federais. **Diário Oficial [da] República Federativa do Brasil**, Brasília, DF, 12 dez. 1990, republicada em 18 mar. 1998.

[2005] Relata Renato Jorge Brown Ribeiro que, em 1999, o Tribunal de Contas da União promoveu pesquisa sobre a imagem da corte, sendo a primeira conclusão: "[...] A imagem do TCU na sociedade não pode ser considerada ruim, para um órgão público, porém não é sólida por mostrar forte desconhecimento da população sobre a sua atuação [...]". RIBEIRO, Renato Jorge Brown. **Controle externo da Administração Pública federal no Brasil: O Tribunal de Contas da União - uma análise jurídico-administrativa.** Rio de Janeiro: América Jurídica, 2002, p. 97.

Também neste caso de serviço especializado na divulgação parece indispensável que a veiculação na imprensa oficiosa somente ocorra após a publicação oficial.[2006]

Contudo o Tribunal de Contas da União decidiu de forma divergente, nos seguintes termos:

> 9.3. determinar à Assessoria de Imprensa do TCU para que, quando dos contatos realizados com a sociedade em geral e com os veículos de comunicação em especial, consigne que a decisão divulgada está sujeita a recurso, quando for o caso;[2007]

Quanto aos ministros do Tribunal de Contas da União, por força do disposto no art. 73, § 3º, da Constituição Federal, são equiparados em impedimentos aos ministros do Superior Tribunal de Justiça, regidos pela Lei Orgânica da Magistratura Nacional. Assim, de igual modo, esses magistrados submetem-se à vedação do art. 36, III, da Lei Complementar nº 35, de 14 de março de 1979, que averba:

> Art. 36. É vedado ao magistrado:
>
> I - [...]
>
> III - manifestar, por qualquer meio de comunicação, opinião sobre processo pendente de julgamento, seu ou de outrem, ou juízo depreciativo sobre despachos, votos ou sentenças, de órgãos judiciais, ressalvada a crítica nos autos e em obras técnicas ou no exercício do magistério.[2008]

Aos conselheiros das Cortes de Contas se aplica igual restrição, em decorrência de expressa equiparação aos desembargadores, encontrada nas leis orgânicas desses órgãos, como pela implícita regra que decorre do art. 75 da Constituição Federal.

Na atualidade, a propósito, mostra-se indispensável que os Tribunais de Contas organizem um sistema de divulgação de suas ações, a exemplo do que já vem fazendo o Supremo Tribunal Federal, com o encarte do *Diário Oficial da União*, "Informativo do STF". Sendo a vida em sociedade uma fonte primária do direito, é indispensável

---

2006 Nesse sentido, ponderou o órgão técnico SERUR: "[...] convenha-se, uma coisa é publicar a r. decisão no Órgão Oficial como expressamente determina a lei. Outra - bem distinta e não autorizada expressamente pela lei - é o uso da mídia com o envio, pela Assessoria de Imprensa do TCU, a alguns jornais, de matéria jornalística redigida com referência a resultados de julgamento antes mesmo de sua publicação no Diário Oficial e quando ainda inexiste nos autos, sequer, o trânsito em julgado dessas respeitáveis decisões. A utilização da mídia, nesse ponto, não encontra autorização legal, ferindo, pois, o princípio da legalidade. [...]". BRASIL. Tribunal de Contas da União. Processo TC nº 300.072/1997-0. Acórdão nº 674/2003 - 2ª Câmara. Relator: Ministro Guilherme Palmeira. **Diário Oficial da União [da] República Federativa do Brasil**, Brasília, DF, 16 maio 2003.

2007 BRASIL. Tribunal de Contas da União. Processo TC nº 300.072/1997-0. Acórdão nº 674/2003 - 2ª Câmara. Relator: Ministro Guilherme Palmeira. **Diário Oficial da União [da] República Federativa do Brasil**, Brasília, DF, 16 maio 2003.

2008 a) BRASIL. Lei Complementar nº 35, de 14 de março de 1979. Dispõe sobre a Lei Orgânica da Magistratura Nacional. **Diário Oficial [da] República Federativa do Brasil**, Brasília, DF, 14 mar. 1979.

b) Decisão do STF deferiu, em parte, "pedido de medida cautelar para determinar a suspensão dos processos judiciais que visam a condenar o poder público ao pagamento de indenizações com base no art. 37, § 6º, da Constituição Federal, tendo como causa de pedir a impropriedade ou o excesso de linguagem de membro da magistratura nacional (art. 41 c/c arts. 35 e 36, todos da LC nº 35/1979), até ulterior decisão em sentido diverso ou julgamento definitivo no âmbito" da ADPF nº 774/DF. Disponível em: https://portal.stf.jus.br/processos/downloadPeca.asp?id=15350283287&ext=.pdf.

considerar que a informação correta feita institucionalmente constitui o mais importante formador de opinião. Nessa linha de entendimento, compreende-se que a ação dos Tribunais de Contas só alcançará a eficácia desejada com o engajamento da coletividade no controle, se houver ressonância positiva nas ações destas Cortes.

Após o advento da Lei nº 11.419/2006, os meios eletrônicos de divulgação foram validados como fonte de informação, inclusive em âmbito judicial.[2009]

5.6.3 Defesa judicial dos agentes públicos

O tema foi tratado, em parte, no subitem "5.5.3 Ações de defesa institucional". Cabe, agora, complementá-lo.

Os agentes de controle, no regular desempenho de suas funções, podem ser demandados direta e pessoalmente pela prática de atos que praticarem no desempenho da função.

No sistema positivo brasileiro, alguns tipos de ações podem ser dirigidos à pessoa física que pratica o ato, como ocorre com a ação popular, abuso de autoridade. É preciso considerar que não cabe ao erário suportar o ônus da defesa judicial do agente que dolosamente tenha fraudado o patrimônio público, desviado a finalidade de interesse público, agido de forma não ética. Contudo, também não é possível deixar que o agente público, regularmente investido e no desempenho legítimo e legal de suas funções deva suportar o ônus de pagar a defesa judicial de seus atos. É importante observar que, nessa situação a defesa do agente coincidirá com a defesa do próprio interesse público primário e, poderá, portanto, competir à Procuradoria da unidade federada.

Poderá ocorrer, contudo, de os interesses da unidade federada não serem coincidentes com a conduta praticada pelo agente de controle, objeto da ação judicial. Assim ocorre, por exemplo, se um Conselheiro concede liminar sustando o pagamento de uma vantagem autorizada pelo Chefe do Executivo e um dos atingidos ingressa com uma ação por abuso de autoridade. Certamente, de antemão, se localiza interesses antagônicos entre os Procuradores da unidade federada e a conduta do Conselheiro. Aqueles devem defender a legalidade do ato ou o Chefe do Poder Executivo.

Em tais casos, a defesa do agente do controle deverá ser feita por advogado não integrante da Administração Pública, contratado especificamente com esse propósito,

---

[2009] BRASIL. Lei nº 11.419, de 19 de dezembro de 2006. Dispõe sobre a informatização do processo judicial; altera a Lei nº 5.869, de 11 de janeiro de 1973 – Código de Processo Civil; e dá outras providências. **Diário Oficial da União [da] República Federativa do Brasil**, Brasília, DF, 20 dez. 2006. A referida lei, ao criar regras para a virtualização dos processo judiciais, também autorizou a publicação dos atos processuais em diários de justiça eletrônicos, com validade para quaisquer efeitos legais, à exceção dos casos que, por lei, exijam intimação ou vista pessoal. Nesse sentido: "[...] exigir-se que o advogado, para obter informações acerca do trâmite processual, tenha que dirigir-se ao cartório ou Tribunal seria, pelo menos na compreensão desta Relatoria, verdadeiro contra-senso, sob a ótica da Lei n. 11.419/2006. [...]". BRASIL. Superior Tribunal de Justiça. Recurso Especial 1186276/RS – 3. Turma. Relator: Ministro Massami Uyeda. Voto. Disponível em: <http://www.stj.jus.br>. Acesso em: 23 dez. 2011.

se o Tribunal de Contas não tiver procuradoria própria. Interessante notar que o TCU já deliberou pela possibilidade de agentes políticos terem advogado contratado e pago pelo erário. [2010]

Se o ônus da defesa judicial dos atos legais e legítimos que praticar devessem ser suportados pelo próprio agente, certamente as medidas por vezes "amargas", mas necessárias e justas, deixariam de ser adotadas.

Admitida a verdade dessa premissa, o que se dirá da defesa dos atos dos agentes de controle? Ora é consabido: é próprio dessa função, de si mesma austera, corretória e meticulosa, gerar "malquerenças, antipatias e desforços".[2011]

A ausência de assistência judicial por parte do Poder Público aos agentes de controle teria como inevitável reflexo a inibição desses agentes de exercerem a missão constitucional que lhes foi cometida.

Esse entendimento que se deve amparar todo agente público, com mais ênfase se revela em relação aos agentes de controle.

Sensível a essa questão, o Tribunal de Contas da União já firmou entendimento, em caráter normativo, admitindo a realização de despesas com o pagamento de advogados para a defesa de membros do Ministério Público.[2012] Não é preciso maior esforço exegético para admitir a extensão desse entendimento aos demais agentes de controle e servidores.[2013]

Nesta situação em particular de realização de despesa, deve o respectivo ordenador de despesa acautelar-se verificando: a) se o ato efetivamente revestia-se de legalidade e legitimidade, sob pena de provocar ônus indevido para o erário; b) as regras gerais de contratação de serviços de terceiros, como a Lei de Licitações e as normas sobre dispensa e inexigibilidade; c) a existência de dotação específica.

Do mesmo modo, nota-se que a exigência de cumprimento de deveres de atividades complexas e austeras vem reforçando o que no passado era a legitimidade da função pública. Renova-se aqui apelo precedente neste capítulo: é mesmo

[2010] BRASIL. Tribunal de Contas da União. Processo TC nº 004.951/2002-3. Acórdão nº 338/2003 - Plenário. Relator: Ministro Adylson Motta. Brasília, 9 de abril de 2003. **Diário Oficial da União [da] República Federativa do Brasil**, Brasília, DF, 24 abr. 2003. "[...] Ementa: Consulta formulada pelo Procurador-Geral da República. Verificação da possibilidade de realização despesas com o pagamento de advogados para a defesa de membros do Ministério Público da União, réus em ações judiciais propostas por pessoas físicas e jurídicas por eles investigadas. Conhecimento. Comunicação [...]".

[2011] LUZ, Ivan. Competência do Tribunal de Contas da União. **Revista do Tribunal de Contas da União**, Brasília, n. 28, p. 7, jun. 1983.

[2012] BRASIL. Tribunal de Contas da União. Consulta. Processo TC nº 004.951/2002-3. Acórdão nº 338/2003 - Plenário. Relator: Ministro Adylson Motta. Brasília, 9 de abril de 2003. **Diário Oficial da União [da] República Federativa do Brasil**, Brasília, DF, 24 abr. 2003, p. 138.

[2013] No âmbito da Receita Federal, o assunto foi regulado por decreto: BRASIL. Decreto nº 2.752, de 26 de agosto de 1998. Estabelece condições para prestação de assistência judicial aos servidores integrantes da Carreira de Auditoria do Tesouro Nacional e aos titulares de cargos de Direção e Assessoramento Superiores, em ações decorrentes do exercício de cargo na Secretaria da Receita Federal. **Diário Oficial [da] República Federativa do Brasil**, Brasília, DF, 27 ago. 1998.

necessário que a instituição instrumentalize meios para que seus membros tenham defesa compatível com a complexidade dos cargos que exercem. Nesse sentido, verifica-se que os Tribunais de Contas estão atrasados em relação a parcela dos serviços públicos. Em vários estados, os servidores públicos estão sendo beneficiários de leis que estabelecem o direito de defesa nas instâncias administrativa, judicial e, inclusive de controle, sendo uma boa referência a lei do Rio de Janeiro.[2014] Nas empresas estatais já existe a possibilidade de contratação de seguro de responsabilidade.[2015]

5.6.4 Ética e controle

A relação entre ética e controle vem sendo anunciada como um novo paradigma de ação, na medida em que se faz mais presente, no desenvolvimento das funções das Cortes de Contas, a permanente cobrança da sociedade por valores como austeridade e exemplo de conduta.

Há uma explicação lógica para a repercussão das exigências de valores éticos, porque o Tribunal de Contas trabalha no terreno que se expande além da fronteira da legalidade, alcançando a necessidade de aferição do ato legal, sob o aspecto da legitimidade e economicidade. Não é raro o uso de valores éticos na aferição da conduta do administrador público.

Interessa notar que o desenvolvimento do tema *ética e controle* tem exigido a difusão de códigos, como que retornando à antiga e confusa interação entre ética (moral) e direito (leis).[2016]

As acepções de controle próximas às da atualidade, *fiscalizando agentes da administração*, nascem inseridas no Estado, nos principados, e se destinam a verificar se os súditos dos governantes realizam adequadamente o mister. Por esse motivo, revela a história, a gênese de *controle* é deturpada, vez que destinada a fiscalizar aqueles que não merecem a confiança direta do soberano, pessoas de menor importância na administração dos negócios do Rei.

Estabelecido um conjunto de regras na ciência jurídica tão cônscia de sua autonomia como ciência pura e distante da moral, surgem duas questões no seu

---

[2014] RIO DE JANEIRO. Lei Estadual nº 6.540/2013. Dispõe sobre o custeio de prestação de serviços de natureza jurídica com o fim que se especifica, e dá outras providências.

[2015] BRASIL. Lei nº 13.303, de 30 de junho de 2016. Dispõe sobre o estatuto jurídico da empresa pública, da sociedade de economia mista e de suas subsidiárias, no âmbito da União, dos Estados, do Distrito Federal e dos Municípios. Art. 17. [...] § 1º O estatuto da empresa pública, da sociedade de economia mista e de suas subsidiárias poderá dispor sobre a contratação de seguro de responsabilidade civil pelos administradores."

[2016] a) Na relação entre moral e direito, aproveitando a lição de Paulo Dourado de Gusmão, podemos distinguir, de forma muito singela, para fins acadêmicos, uma ampla corrente de pensamentos com seus extremos e uma infinidade de matizes: - os que reconhecem uma influência mínima da ética sobre o direito, como Jellinek e Wundt; - os que, no outro extremo, pecam pelo excesso, considerando como a moral sancionada pelo poder público, ou como a moral codificada, na perspectiva de Maggiore, ou como o máximo ético, no pensamento de Schmoller. GUSMÃO, Paulo Dourado de. **Filosofia do Direito.** 4 ed. Rio de Janeiro: Forense, 1998, p. 63.

b) Mais recentemente, Jurgen Habermas, dentre outros, ocupou-se de resolver a intricada questão de em que sentido e de que maneira podem ser fundamentados os mandamentos e normas morais. HABERMAS, Jurgen. **Consciência Moral e Agir Comunicativo.** Rio de Janeiro: Tempo Brasileiro, 1989, p. 78.

âmago, irredutível para a função do controle, cujo direito já estava assegurado, inclusive com feições de direito fundamental.

A primeira delas é que as leis e normas não poderiam regular o amplo espectro de funções do Estado: por mais que avance a regulamentação no sentido de limitar a vontade do administrador, sempre restará um grande espaço que será regulado pela ética. Montesquieu alerta que "a degradação moral já matou muitos Estados" exatamente pela impossibilidade jurídica de enfeixar todas as ações possíveis e imagináveis no âmbito da lei.

Pouco a pouco, encontrando-se já assentada a autonomia do direito como ciência, vai se desenvolvendo o esforço pela tutela da ética, da moral, da probidade e, com tantas outras expressões, como será visto.

No direito administrativo, portanto, inclusive com repercussão na esfera penal, a tutela da ética se faz com extrema intensidade.[2017] Anulam-se atos lesivos à moralidade, integram-se normas com base no princípio da probidade administrativa, por ato doloso e danoso, pune-se o agente por violar o Código de Ética do Servidor Público.[2018]

Sobre a segunda questão, relacionando ética e controle, cabe recordar interessante passagem de um dos mais emblemáticos conselheiros: Maquiavel. No seu opúsculo sobre o poder, em aconselhamento ao príncipe para a instalação de um novo principado, assinala que: "Aquele que se dedica a tal empreendimento tem por inimigo todos quantos se beneficiavam das instituições antigas, e só acha tíbios defensores naqueles a quem seriam úteis as novas". Impossível não deixar de estabelecer um paralelo, guardadas as devidas proporções, com o exercício da função de controle num país em desenvolvimento.

Os que gerem a coisa pública, antigos "detentores do poder", não querem o controle; aqueles que seriam beneficiados mostram-se tíbios nessa exigência: seja porque cuidam de forma egoística da própria vida, sem viverem a extensão do termo *res publicae*, seja por temerem a retaliação dos poderosos. Assim, como operacionalizar a feição ética do controle?

Só o poder controla e limita o poder. Todo poder sem limites não poderá ser legítimo. Dos pensamentos de Montesquieu, usualmente referidos, estruturou-se o sistema de *checks and balances*, definindo-se de permeio entre os poderes delineados por aquele filósofo para assegurar o efetivo comando do dever de prestar contas. Nascia assim um órgão com feições diferenciadas, encarregado de fiscalizar, uma

---

[2017] Ruppert assinala que, entre a regra jurídica e a moral, não há diferença de domínio, de natureza e de fim. Aliás não pode mesmo haver "[...] porque direito deve realizar a Justiça e a ideia de justo é uma ideia moral [...]". Exemplifica a íntima relação com as obrigações do direito civil, como a teoria contratual que nega proteção ao sujeito que agiu de má-fé, com malícia ou fraude; com o princípio do enriquecimento sem causa, e outros. Na doutrina pátria, encontram-se iguais representantes como Washington de Barros Monteiro, Sílvio Rodrigues e Pontes de Miranda.

[2018] BRASIL. Decreto nº 1.171, de 22 de junho de 1994. Aprova o Código de Ética Profissional do Servidor Público Civil do Poder Executivo Federal. **Diário Oficial [da] República Federativa do Brasil**, Brasília, DF, 23 jun. 1994.

auditoria geral, um Tribunal de Contas. No outro segmento das garantias, forjavam-se os instrumentos jurídicos de defesa contra o abuso de direito em relação ao particular, assegurando-se os chamados direitos de primeira geração. Mais tarde, o ordenamento jurídico – Constituição do México (1917), da Alemanha de Weimar (1919) – vai definir nova categoria de direitos, de segunda geração, consistentes numa prestação de conteúdo obrigacional positiva, até que exsurgem os direitos difusos, sem titularidade determinada, destinados ao último grau de proteção.

Poucos se aperceberam, mas o direito administrativo acolheu a ética como bem jurídico a ser tutelado e a assegurou definitivamente no seu arcabouço. Só no plano federal, entre leis e decretos, temos 256 ocorrências das palavras ética, moral, probidade e improbidade. Presentes nas normas as duas questões aqui lançadas: a primeira, o inegável fato de que a norma não conseguiu prever todos os possíveis fatos que poderiam ocorrer na atividade administrativa; a segunda, a definição de uma titularidade para o exercício do direito, em caráter subsidiário à iniciativa do cidadão.

Há pelo menos três interrelações entre a atividade de controle e a ética. A primeira é dirigida aos fundamentos do controle; a segunda, aos agentes do controle; a terceira, ao julgamento.

5.6.4.1 Os valores tutelados pelo controle

Diferentemente do Poder Judiciário, que está adstrito ao exame da legalidade, o controle da Administração Pública fica mais distante das operações de subsunções lógicas da lei. Julga além da lei,[2019] porque tutela outros valores que dão suporte à gerência administrativa.

Nesse julgamento, tanto o suporte legal pode ser exigência, pressuposto - por exemplo, quando o ato, embora revestido de legalidade, não atende ao parâmetro de legitimidade -, ou não ser essencial, como ocorre com a chamada falha estrutural.[2020]

Os vetores interferentes na formação desse juízo têm por centro da constelação, intimamente amalgamados, a moral (*ethos*) e a Justiça (*justitia*). Como uma lenda, assumindo, em cada momento, um personagem, um matiz diferente de uma mesma luz.

A Constituição alemã em vigor,[2021] como parece pretender a brasileira, dá ênfase à regularidade, expressão também sem conteúdo jurídico predefinido a indicar a interação com a ética.

[2019] JACOBY FERNANDES, Jorge Ulisses. Julgar além da Lei. **Correio Braziliense** - Suplemento de Direito e Justiça, p. 4, 14 mai. 1997; **Revista do Tribunal de Contas do Estado de Minas Gerais**, n. 3, p. 75-81; **Revista do Tribunal de Contas do Estado do Rio Grande do Sul**, ano XV, n. 27, p. 251-253, 2. sem. 1997; **Informativo Notícias**, Tribunal de Contas do Estado de Goiás, ano IV, n. 17, p. 04-05, 1998.

[2020] JACOBY FERNANDES, Jorge Ulisses. **Tomada de Contas Especial**: processo e procedimento na Administração Pública e nos tribunais de contas. 5. ed. rev., atual. e amp. Belo Horizonte: Fórum, 2012, p. 366-392.

[2021] ALENCAR, Ana Valderez A. N.; CERQUEIRA, Laudicene de Paula de. **Constituição do Brasil e constituições estrangeiras/textos, índice temático comparativo.** Subsecretaria de Edições Técnicas. Brasília: Senado Federal, 1987, v. 1, p. 170, art. 114.

Foi-se o tempo em que o julgamento das contas anuais limitava-se a verificar se os gastos efetivavam-se de acordo com a lei orçamentária anual; observavam os créditos; assinavam as despesas. No novo milênio, tal como já prevê a atual Lei Orgânica do Tribunal de Contas da União e de todas as esferas de governo, os Tribunais de Contas analisam a eficiência dos órgãos jurisdicionados. Basta ver o que estabelece, *v.g.*:

a) art. 5º - definida a jurisdição, determina sua abrangência: representantes da União ou do Poder Público na Assembleia Geral das empresas estatais e sociedades anônimas, de cujo capital a União ou o Poder Público participem, solidariamente, com os membros dos Conselhos Fiscal e de Administração, os quais respondem pela prática de atos de gestão ruinosa ou liberalidade à custa das respectivas sociedades;

b) art. 49 - determina a avaliação das metas previstas no Plano Plurianual, a execução dos programas de governo e dos orçamentos da União e a comprovação da legalidade e avaliação dos resultados quanto à eficácia e à eficiência da gestão orçamentária, financeira e patrimonial, nos órgãos e entidades da Administração Federal, bem como da aplicação de recursos públicos por entidades de Direito Privado;

c) art. 58 - autoriza a aplicar multa pela prática de ato de gestão ilegítimo ou antieconômico, de que resulte injustificado dano ao Erário.[2022]

Por esse motivo, no mundo inteiro, as entidades de fiscalização externa caminham por abandonar o controle contábil e buscar o controle gerencial, que não se limita a dizer se a despesa foi realizada de acordo com os critérios de validade da contabilidade, mas define a contabilidade analítica de custos e busca de resultados efetivos. Luz para o princípio da eficiência, colaborando com o processo decisório de políticas públicas, como o controle tradicionalmente estabelece o *feedback* para o sistema administrativo, o redirecionamento das ações programadas. Agora, anuncia-se que os Tribunais de Contas zelarão pela eficácia das políticas públicas.

Essa ambiciosa avaliação pressupõe o conhecimento, pelo controle, num hospital, por exemplo, do custo dos medicamentos e equipamentos, da equipe, da folha de pagamentos, das compras e serviços contratados, da aplicação da dotação orçamentária, de geração de receita, de êxitos em tratamentos médicos. Isso é controle!

Assim, se o controle avançar no campo da discricionariedade, pode contribuir decisivamente na estruturação de um modelo capaz de açambarcar as expectativas de controle da corrupção. Levado adiante, por que não considerar que compete também à função de controle a fiscalização do fluxo de capitais especulativos, da política monetária, das alterações cambiais, de empréstimos internacionais?

[2022] BRASIL. **Regimento Interno e Lei Orgânica do Tribunal de Contas da União**. Organização dos textos e índice por J. U. JACOBY FERNANDES. Belo Horizonte: Fórum, 2014.

Todos os anos, o Tribunal de Contas da União progride no controle dos programas de governo, e lança novos paradigmas, sem olvidar as atuais e menores competências.

O Decreto nº 9.830/2019, que regulamentou os dispositivos previstos na Lei nº 13.655/2018 que alterou a Lei de Introdução das Normas do Direito Brasileiro – LINDB, destacou com clareza as regras que deverão ser adotadas na interpretação das normas sobre gestão pública. E isto é de fundamental importância para um julgamento que leve em conta a situação fática do dia a dia do gestor público.

Em muitas ocasiões, diante do risco da paralisação das obras ou de um prejuízo maior causado pela interrupção da prestação de serviços, o gestor público adota posicionamento que, posteriormente, vem a ser questionado perante os órgãos de controle. Nessas situações, exige-se uma postura do julgador que observe a realidade posta e não apenas a letra crua da lei. A LINDB destaca:

> Art. 22. Na interpretação de normas sobre gestão pública, serão considerados os obstáculos e as dificuldades reais do gestor e as exigências das políticas públicas a seu cargo, sem prejuízo dos direitos dos administrados.
>
> § 1º Em decisão sobre regularidade de conduta ou validade de ato, contrato, ajuste, processo ou norma administrativa, serão consideradas as circunstâncias práticas que houverem imposto, limitado ou condicionado a ação do agente.
>
> § 2º Na aplicação de sanções, serão consideradas a natureza e a gravidade da infração cometida, os danos que dela provierem para a administração pública, as circunstâncias agravantes ou atenuantes e os antecedentes do agente.
>
> § 3º As sanções aplicadas ao agente serão levadas em conta na dosimetria das demais sanções de mesma natureza e relativas ao mesmo fato.[2023]

Assim, quando o controlador for analisar as condutas, deve considerar as alternativas que possuía ao tempo da prática do ato. A conduta, assim, deve estar individualizada para uma melhor avaliação dos julgadores. A norma liga-se diretamente às regras de motivação da ação do gestor prevista no art. 20 da LINDB.

Diante disso, é muito importante observar o que o Decreto nº 9.830/2019 dispõe sobre as decisões que determinem a invalidação de atos administrativos. O texto estabelece:

> Art. 4º A decisão que decretar invalidação de atos, contratos, ajustes, processos ou normas administrativos observará o disposto no art. 2º e indicará, de modo expresso, as suas consequências jurídicas e administrativas.
>
> § 1º A consideração das consequências jurídicas e administrativas

---

[2023] BRASIL. Decreto-Lei nº 4.657, de 04 de setembro de 1942. Lei de Introdução às normas do Direito Brasileiro. Disponível em: http://www.planalto.gov.br/ccivil_03/decreto-lei/Del4657compilado.htm. Acesso em: 11 jun. 2019

> é limitada aos fatos e fundamentos de mérito e jurídicos que se espera do decisor no exercício diligente de sua atuação.
>
> § 2º A motivação demonstrará a necessidade e a adequação da medida imposta, consideradas as possíveis alternativas e observados os critérios de proporcionalidade e de razoabilidade.[2024]

A norma ainda destaca que, quando for cabível, a decisão indicará, na modulação de seus efeitos, as condições para que a regularização ocorra de forma proporcional e equânime e sem prejuízo aos interesses gerais. Nesse caso, mesmo que o ato seja invalidado, é possível que alguns de seus efeitos sejam validados de modo a preservar as ações já realizadas e o próprio interesse público envolvido.

O texto complementa que a modulação dos efeitos da decisão buscará a mitigação dos ônus ou das perdas dos administrados ou da administração pública que sejam anormais ou excessivos em função das peculiaridades do caso.

O código de ética e padrões de conduta profissional dos administradores da dívida pública[2025] também definiu condutas vedadas, entre elas a de receber presentes e utilizar informações privilegiadas para qualquer fim, em benefício próprio ou de terceiros.

Esse amplo elenco de ações pretendidas, possíveis ou já efetivadas, revela os valores éticos a definir o campo de atuação do controle, para além da lei, mas em absoluta consonância com as pretensões da sociedade de controlar o poder discricionário do administrador público.

5.6.4.1.1 Legitimidade

A Constituição Federal emprega diferentemente os termos legalidade e legitimidade, definindo, a toda evidência, a necessidade de que sejam distinguidos.

Manoel Gonçalves Ferreira Filho esclarece que

> [...] a legitimidade diz respeito à substância do ato, revelando insuficiente ter sido adotada a forma prevista ou não de defesa em lei para exigir-se o ajustamento da substância à lei, *assim como aos princípios da boa administração.*[2026]

Tem a tentativa de conceito o mérito de destacar a existência de um valor não implícito na lei, embora como a imensa maioria não o situe na esfera do controle e da ética, perdendo, pois, a validade da especialização.

[2024] BRASIL. Decreto nº 9.830, de 10 de junho de 2019. Diário Oficial da União: seção 1, Brasília, DF, ano 157, nº 111, p. 04-06, 11 jun. 2019.

[2025] BRASIL. Secretaria do Tesouro Nacional. Portaria nº 27, de 18 de janeiro de 2008. **Diário Oficial [da] República Federativa do Brasil**, Brasília, DF, 21 fev. 2001, p. 13.

[2026] FERREIRA Filho, Manoel Gonçalves. **Comentários à Constituição Brasileira de 1988**. 2. ed. atual. e rev. São Paulo: Saraiva, 1992, 1. v.

Fernando Augusto Mello Guimarães[2027] e Ricardo Lobo Torres assinalam que o aspecto da legitimidade engloba os princípios orçamentários e financeiros, a apreciação de justiça, a apuração da relação custo/benefício e a segurança jurídica.

Marcos Vinícios Vilaça, situando o tema na esfera do controle, assinala que a legitimidade apresenta duas acepções distintas: a primeira, formal, significa que as contas estão em conformidade com a lei; a segunda, substantiva, significa o bom uso dos recursos públicos, o uso socialmente desejado, tecnicamente factível e economicamente eficiente.[2028]

Foi preciso mesmo a experiência do controle para trazer essa dupla acepção aos nominados doutrinadores, no sentido de que há uma correlação para além da estrita legalidade, quando se refere a recursos públicos e sua regular aplicação. A legitimidade no plano jurídico é o atributo do ato que se conforma com a pretensão da lei, guarda conformidade com a forma, com o seu objetivo. Quando, porém, na esfera particular do controle, sem incorrer numa transladação de sentido, o termo vivifica o componente subjacente, a origem dos recursos públicos pode com esta se compatibilizar. Desse modo, não é legítimo o uso de recurso público que não vise à preservação do elemento intrínseco à origem, ou seja, que não emprega a finalidade pública. É o caso do gasto feito por um órgão em coquetel para o qual está prevista dotação orçamentária: legal, mas não legítimo. Diversamente, se o mesmo ocorre numa embaixada, que tem em sua natureza a atividade de representação, o fato pode ser legítimo.

Compreende-se por que a legitimidade assume a feição ética, o agir virtuoso, a efetivação do *bem* e da Justiça.

Sob o aspecto do controle a apreciação deontológica da legitimidade, encontra-se em íntima afinação com os princípios da razoabilidade - para alguns autores -, da proporcionalidade, da supremacia do interesse público sobre o privado.

5.6.4.1.2 Economicidade

Como regra, no Direito, o exame da conveniência e da oportunidade do ato administrativo, terreno do mérito, é de competência exclusiva da autoridade administrativa. Nele não pode penetrar o judiciário.[2029] Por força de expressa previsão constitucional, porém, o Tribunal de Contas pode fazer o exame de mérito, apreciando inclusive a relação custo/benefício.

É corolário da lição dos gregos de *éthos*: a distribuição equitativa ou proporcional do *bem* constitui o justo. No caso em que a comunidade define o uso dos recursos públicos, é preciso que ele seja adequado, maximizando a relação custo/benefício.

2027 GUIMARÃES, Fernando Augusto Mello. Julgamento das contas anuais pelo Tribunal de Contas. **Revista do Tribunal de Contas do Estado do Paraná**, v. 117, p. 71-91, jan./mar., 1996.

2028 VILAÇA, Marcos Vinícios. Contas públicas e descentralização. **Jornal do Brasil**, 30 maio 1988.

2029 CRETELLA Jr., José. **Dos Atos Administrativos Especiais**. Rio de Janeiro: Forense, 1995, p. 488.

Referindo-se à ética do homem público, assinala Josaphat Marinho: "É a forma adequada de proceder, que vale como padrão para todo o corpo social".[2030]

Assim como na avaliação da legitimidade, os Tribunais de Contas aferem a correlação entre a origem e o destino, na economicidade aferem a relação entre o custo da medida e o benefício coletivo. O conteúdo ético seria enfraquecido, verdadeiramente empobrecido, se a Constituição Federal estabelecesse a aferição do menor custo ou, isoladamente, do maior benefício. No entanto, o estatuto político usou o termo mais nobre e compatível com a ética e o conteúdo axiológico da economia. Isso porque a aferição pretendida pelo constituinte não repousa necessariamente no aspecto limitado da economia. Deve-se recordar aqui um fato curioso ocorrido em Curitiba no qual uma autoridade administrativa, prefeito Jaime Lerner, provou que, sob o aspecto econômico, foi vantajosa a construção de um viaduto, computando o número de óbitos e acidentes e inferindo a receita tributária que deixaria de ser arrecadada. Tal perspectiva não deve ser parâmetro de conduta, valendo pela curiosidade o caso, pois as políticas públicas têm um retorno benefício sem expressão econômica, como é o caso da construção de uma calçada.

A ética é orientada para exercitar a atividade mais alta que o "raciocínio possa consagrar-se, que é a *theoria* ou contemplação das realidades".[2031] A aplicação do princípio da economicidade só tem sentido nessa percepção do *ethos*, concebida pela abstração entre as possíveis alternativas existentes à época do fato e a escolhida. Releva obtemperar, porém, que em homenagem ao princípio da segregação das funções, o controlador não pode substituir a vontade do administrador,[2032] especialmente quando as opções postas no processo decisório têm todas em tese ou melhor, sobre a contingência do acaso, a que se referem os gregos (*tyche*), iguais riscos e/ou semelhantes vantagens, benefícios. Nesse caso, a aferição da economicidade, no processo de julgamento, deve dirigir-se apenas à correção futura do ato.

5.6.4.1.3 Probidade administrativa e moralidade

Celso Antônio Bandeira de Mello assere que, de acordo com o princípio da moralidade:

> a Administração e seus agentes têm de atuar na conformidade de princípios éticos. Violá-los implicará violação ao próprio Direito, configurando *ilicitude* que assujeita a conduta viciada à invalidação,

[2030] MARINHO, Josaphat. **Ética e Justiça**; *apud* PINHEIRO, Pe. José Ernane, *et al.* **Ética, justiça e direito:** reflexões sobre a Reforma do Judiciário. Petrópolis: Vozes, 1996. p. 125-132.

[2031] ARISTÓTELES. Ética a Nicômaco, X, caps. 6-9, *apud* VAZ, Henrique C. de Lima: **Ética e Justiça:** Filosofia do Agir Humano; PINHEIRO, Pe. José Ernane, *et al*, **Ética, justiça e direito:** reflexões sobre a Reforma do Judiciário. Petrópolis: Vozes, 1996. p. 19-40.

[2032] No mesmo sentido, com o uso de outras expressões: MEDAUAR, Odete. Controle da Administração Pública pelo Tribunal de Contas. **Revista de Informação Legislativa**, Brasília, ano 27, n. 108, p. 18-19, out./dez. 1990.

> porquanto tal princípio assumiu foros de *pauta jurídica*, na conformidade do art. 37 da Constituição.[2033]

Como foi assinalado anteriormente a grande marca para o direito administrativo foi exatamente ter tutelado juridicamente o valor ética, transferindo-o para a órbita da validade do ato, impondo-o como pedra angular a sustentar a validade dos atos administrativos. Corresponde ao outro extremo da evolução de uma ideia: o direito, para firmar-se como ciência, divorcia-se da moral; autônomo, com ela se reconcilia e a açambarca em sua estrutura como elemento integrador da validade da conduta.

Forçoso reconhecer que os primeiros passos na ciência jurídica foram incorretos. De hora para outra pretenderam julgar como ato de improbidade a violação da ética, sem ato doloso; sem dano. Como núcleo jurídico a proteção da moralidade abriria oportunidade para punir atos sem tipificação concreta e objetiva. Nessa esteira, travestidos em paladinos da probidade abusaram das interpretações absurdas. Foi necessário alterar a lei de improbidade para limitar esses abusos.

O problema seguinte à tutela da ética, promovida com estatura constitucional, é sua aferição. O saudoso Diógenes Gasparini, referindo-se a Maurice Hauriou, sistematizador do princípio da moralidade administrativa, esclarece que este "extrai-se do conjunto de regras de conduta que regulam o agir da Administração Pública; tira-se da boa e útil disciplina interna da Administração Pública".[2034]

Como explicação, o critério de Hauriou parece satisfatório; como elemento para definir a validade para controlar a conduta, não. Klitgaard, em aprofundado estudo,[2035] observa que o contágio pela corrupção pode ser uma questão cultural, hipótese em que "o agir da Administração Pública" não estaria compatível com a moralidade.

É novamente o precursor da ética, Aristóteles, na preciosa síntese de Henrique C. L. Vaz, que responde: o agir ético, tanto da comunidade como do indivíduo, compreendendo os costumes e hábitos, exprime a nossa situação fundamental como seres que habitam a morada do *ethos*. O agir é voltado a um fim, o que significa que é movido por *razões*, mas o fim na lição de Aristóteles é sempre o *bem*, aparente ou real, ou seja, apresenta-se sempre sob a razão do *melhor*.

Daí que a exteriorização das razões do agir do administrador público integra a ética da conduta, constituindo-se em elemento fundamental para a atividade do controle. A produção, *a posteriori* da motivação - que ocorre porque os órgãos de controle devem garantir o primado da ampla defesa -, não é de todo suficiente para a aferição da conduta. Somente o será a prévia motivação, dever ao qual estão jungidos todos os administradores na prática do ato.

[2033] BANDEIRA DE MELLO, Celso Antônio. **Curso de Direito Administrativo.** 9 ed. São Paulo: Malheiros, 1997. Grifos do original.

[2034] GASPARINI, Diógenes. **Direito Administrativo.** 11. ed. rev. e atual. São Paulo: Saraiva, 2006, p. 11.

[2035] KLITGAARD, Robert. **Controlando la Corrupción:** una indagación práctica para el gran problema social de fin de siglo, traducción de Emilio M. Sierra Ochoa. Buenos Aires: Sudamericana, 1994.

É nessa concepção da *theoria*, extraída da contemplação e da busca racional do bem que pode ser aferida, sempre com o esforço da abstração, a moralidade administrativa para a efetivação do controle.

José Afonso da Silva lembra o ensinamento de D'Entrève:

> a recuperação do liame entre legalidade e legitimidade, sob bases diferentes, deve ocorrer a partir do abandono da noção formal da primeira, visando à efetivação das condições necessárias para o desenvolvimento da dignidade humana, portanto, associada à moralidade.[2036]

5.6.4.1.4 Agentes de controle

A relação entre ética e controle também ilumina a situação dos agentes de controle externo. Não poderia ser diferente, até pelo fundamento lógico, eis que encarregados de formar juízo de valor sobre a moralidade dos atos praticados pela Administração Pública, sem ficarem restritos às fronteiras da legalidade.

Para os membros julgadores de contas, a Constituição Federal exige, entre outros, o atributo da "idoneidade moral e reputação ilibada".

Marcos Valério de Araújo, em estudo de direito comparado, assinala que, em alguns países, do candidato ao cargo máximo das entidades de fiscalização superior - EFS - é exigida conduta moral inquestionável, "o que significa nunca ter se envolvido em qualquer escândalo".[2037]

Tema que desperta debates é a inserção da ética enquanto componente dos procedimentos e critérios da escolha.

Há diversos processos, cada um com suas vantagens e desvantagens.

O Brasil, em particular, caminha numa história lenta, mas firme, rumo ao aperfeiçoamento, sendo possível inferir a inevitável concretização de novos critérios num prazo razoável, vez que reclamada por vários setores e frequente nas iniciativas de parlamentares do Congresso Nacional.

O elemento ético pode ser considerado no processo de escolha de dois modos: primeiro, a reflexão sobre a ética do próprio processo; segundo, como critério a ser aferido em relação à conduta do candidato ao cargo.

5.6.4.2 Ética no julgamento pelo controle

A terceira interrelação entre ética e controle diz respeito à aplicação de preceitos éticos como critério de julgamento.

[2036] SILVA, José Afonso da. **Curso de Direito Constitucional Positivo.** São Paulo: Malheiros, 9. ed., 2. tir., 1993, p. 371.

[2037] ARAÚJO, Marcos Valério. **Como controlar o Estado:** reflexões e propostas sobre o controle externo nas Américas, Portugal e Espanha. Brasília: UNITEC, 1992. p. 22.

Os órgãos de controle têm uma função essencial na manutenção dos valores éticos de uma sociedade e podem alavancar a restauração dos mais nobres valores da cultura moral, inclusive servindo-se da indignação popular para colocá-la a serviço da dignidade.

Nesse árido tema, mais do que em outros, a parcimônia e o equilíbrio de espírito se impõem.

5.6.4.3 Exemplo e ação pedagógica do controle

Há um tipo específico de agentes sujeitos à ação do controle: agentes públicos ou particulares que, por lei ou contrato, passaram a ser responsáveis pela gestão de recursos públicos. São, pois, alvos permanentes da atenção do povo, mesmo onde a cultura da virtude não tem plena ressonância.

E quel che fa il signore fanno poi molti, che nel signore son tutti gli occhi volti.[2038]

A força do exemplo, do mau exemplo, foi considerada por Maquiavel, nessa oração apontada numa referência à conduta corrupta de Lorenzo de Medici. Para esse estudioso do poder, o pior de todos os pecados seria a corrupção dos governantes pelo mau exemplo que dão à sociedade.

É nesse sentido que assere Montesquieu à expressão anteriormente citada: "A degradação moral já matou muitos Estados",[2039] revelando que a violação da ética pelos governantes é um mal da civilização e um mal contagiante.

A corrupção não beneficia a todos, mas a todos afeta, porque a uns espolia e de outros retira a tranquilidade e a qualidade de vida pela miséria que, expandindo-se, circunda a esfera dos que dela sobrevivem. É a vantagem de poucos sobre muitos. Por isso, mais cedo ou mais tarde, a civilização corrompida entra em crise. Já foi dito, e com muita propriedade, que "insurreições armadas só eclodem quando malogram os esforços da política, ou falta coragem aos juízes" e que "a derrubada das tiranias, o mais das vezes, exige o tributo do sangue. Governos corruptos caem acossados pela voz irada do povo, e, sempre, pela ação das leis onde há democracia e instrumentos institucionais".[2040]

Por esse motivo, ao zelar pela ética na gestão pública, em mero cumprimento ao dever, no Brasil, os Tribunais de Contas contribuem para a justiça, para o *bem*, para a paz social.

A corrupção não mais pode ser considerada nos restritos campos da criminologia. Antes, é no campo da moral, da filosofia, da antropologia cultural, que deve ser analisada e compreendida para ser combatida. Não existe um corrupto

[2038] Em vernáculo: "Aquilo que fazes, fazem também os outros, depois de ti, porque sobre o senhor todos os olhos se voltam" [tradução livre].

[2039] MONTESQUIEU. Grandeza e decadência dos romanos *apud* AMARAL, Luiz Otávio O. Endemia Nacional corrupção generalizada. **Revista Jurídica Consulex**. Brasília, ano III, v. I, n. 33, p. 26-29, 30 set. 1999.

[2040] Na apresentação do Relatório Final da Comissão Parlamentar de Inquérito, criada pelo Requerimento nº 151/93-CN, destinada a apurar os fatos contidos nas denúncias do Sr. José Carlos Alves dos Santos, referente às atividades de parlamentares, membros do governo e representantes de empresas envolvidas na destinação de recursos do Orçamento da União.

isolado, mas uma *societas sceleris*.[2041] Quanto mais elevado o posicionamento social, econômico ou hierárquico do portador da doença – corrupção –, mais larga a amplitude do seu contágio, mais nefastos seus efeitos, mais miséria semeia.

A experiência revela que as maiores expressões desse mal, os doentes mais enfermos, nem sempre se encontram entre os menos privilegiados pela sorte ou pela intelectualidade. Ao contrário, e por isso mesmo exige-se das estruturas de controle a percepção ética de que a busca da apenação é um dever inexorável da atividade.

A postura pedagógica da ação do controle, tantas vezes enaltecida como finalidade mais nobre do controle, tem espaço, tempo e destinatário determinado. É possível sustentar que o efeito pedagógico também existe no combate à impunidade.

A crença na capacidade do controle de orientar e do controlado de aprender é a percepção de que essa atividade - controle - constitui apenas uma etapa do processo decisório, a última que completa a ação, a primeira que redireciona os esforços. Por isso, a punição somente se evita quando ausente a má-fé, sendo possível e factível uma mudança. O *ethos* que aponta o caminho do *bem*; o controlador que tem motivo para ter esperança; o controlado com a vontade do aprimoramento; cada qual, a seu modo, com a percepção do interesse público e da sua menor dimensão frente ao todo.

Mas há também a pedagogia do castigo, da punição. Aqui, um estreito caminho entre a possibilidade de resgatar a credibilidade de todos, pela punição dos que a merecem, ou o equívoco de aceitar o clamor público e satisfazê-lo, contribuindo para uma vingança coletiva.

Se o controle tem o dever de prestar contas à sociedade, não é menos certo que deva julgar pela serenidade, de forma equidistante das paixões e sem medo de reprimendas quando efetiva a Justiça, mesmo que a muitos contrarie. Mahatma Ghandi ensina que na aplicação do "olho por olho" todos acabarão cegos, numa alusão ao resultado prático da vingança.

É preciso, porém, não ignorar que a indignação da comunidade deve servir aos propósitos de restaurar a dignidade, o *ethos* coletivo.

A proposta de aplicação da ética ao controle deve repousar em vertentes que compõem um mesmo todo. O rigor competente na apuração, a firmeza e a adequada fundamentação da acusação, a serenidade na garantia da defesa, o equilíbrio, a maturidade e a sabedoria no julgamento e a precisão na dosimetria da pena. Que tanto sirva ela como castigo que pelo exemplo educa a todos, quanto não sirva de instrumento de vingança destrutiva.

Esse ciclo vital de controle, porém, resta absolutamente vazio de significado quando não se efetiva *opportunus tempore*. O tempo é serventia crucial da estratégia: tempo é prazo e oportunidade. Renato Jorge Brown Ribeiro revela que, em pesquisa

---

[2041] Em vernáculo: "sociedade de celerados" [com fins criminosos – tradução livre].

promovida pelo Tribunal de Contas da União, "o problema da tempestividade é considerado crucial" pelos pesquisados.[2042]

Ética também pressupõe ajustamento entre o idealizado e o concreto. Pressupõe conhecimento da raiz, da causa, da origem, porque só pelos efeitos não se julga com sabedoria. Calheiros Bonfim assinala que, "acossado pela fome, o homem sobrepõe o instinto de sobrevivência à razão, não respeita leis, costumes, moral, nem se detém diante de obstáculos materiais".[2043] Guardadas as devidas proporções não se evidencia Justiça quando a apenação dirige-se para os que, submetidos a um esforço invencível e irrecusável, administraram com o que tinham, vivenciaram a carência dos organismos públicos mais pobres, sobrelevaram o espírito para fazer frente às necessidades da comunidade e do princípio da continuidade do serviço público. Não se podem julgar todas as consequências de fatos iguais pela mesma pena, quando lhe estão subjacentes causas diferentes. É preciso não se deixar seduzir pela igualdade dos resultados quando a semelhança desaparece pela investigação prudente. Essa é a forma de vivificar a Justiça muito mais do que com o emprego da estrita legalidade, que no plano ocidental valoriza efeitos antes do contexto. O *éthos iter para tutum*,[2044] flexível para percorrer com sabedoria e impor com rigor, até extremo rigor, que considera boa-fé e honestidade pressupostos da gestão pública e não qualidades excludentes de responsabilidade, que guia um combate efetivo e sem tréguas pela *virtude*, ao mesmo tempo em que pode esculpir em monólitos o caminho da Justiça que consome esforço e energia para o *bem*, permitindo que seja admitido descumprir a lei por desconhecimento, que uma falha estrutural[2045] possa ser invencível ao esforço humano.

Por mais cépticos que se oponham a essa aquarela, no sentido de que é o *controle* a porta mais eficaz para a reconstrução das virtudes e da ética, é fato inconteste que existe um poderoso instrumental jurídico à espera de bons operadores do direito, considerado este complementado com a moral, com capacidade para fazer desta última baluarte e critério de julgamento.

Essa é a virtude da coragem de julgamento, que cala canhões, ressuscita a Justiça, ensina pelo exemplo, orienta pela oportunidade, abate a letargia, vivifica a temperança e resgata, na crise, o caminho do *bem*.

[2042] RIBEIRO, Renato Jorge Brown. **Controle Externo da Administração Pública federal no Brasil:** o Tribunal de Contas da União - uma análise jurídico-administrativa. Rio de Janeiro: América Jurídica, 2002, p. 98.

[2043] BONFIM, B. Calheiros. **Pensamentos Selecionados.** 2 ed. Rio de Janeiro: Destaque, p. 108.

[2044] Em vernáculo: "prepara o caminho seguro" [tradução livre].

[2045] Consultar no Capítulo IV, que trata da Defesa nos Tribunais de Contas, o subtítulo 4.5.3.4 Falhas estruturais.

Índice Remissivo Alfabético

Controle

Esta obra composta em fonte *Goudy Old Style*, capa dura e cartão supremo 350g, miolo em papel Offset 75g, impressa pela Rona Editora